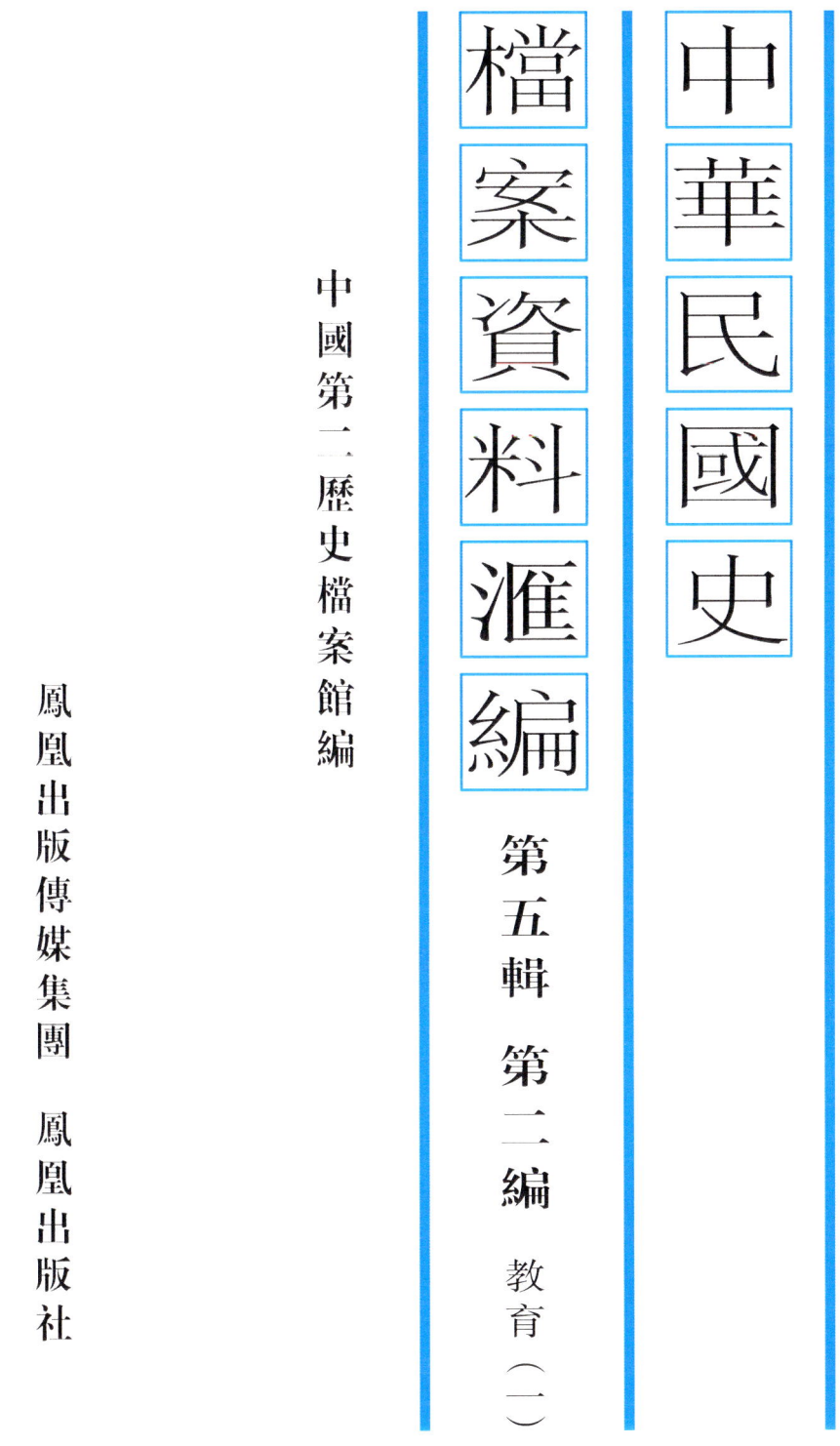

中華民國史檔案資料滙編

第五輯 第二編 教育（一）

中國第二歷史檔案館編

鳳凰出版傳媒集團
鳳凰出版社

图书在版编目（CIP）数据

中华民国史档案资料汇编. 第5辑. 第2编. 教育 / 中国第二历史档案馆编. -- 南京：凤凰出版社, 1997.9 （2025.3重印）
ISBN 978-7-80519-930-6

Ⅰ. ①中… Ⅱ. ①中… Ⅲ. ①档案资料－汇编－中国－民国②教育史－档案资料－汇编－中国－民国 Ⅳ. ①K258.063

中国版本图书馆CIP数据核字(2010)第085846号

书　　　　名	中华民国史档案资料汇编 第五辑　第二编　教育（共二册）
编　　　　者	中国第二历史档案馆
责 任 编 辑	杜基顺
责 任 监 制	程明娇
出 版 发 行	凤凰出版社（原江苏古籍出版社） 发行部电话025-83223462
出 版 社 地 址	江苏省南京市中央路165号，邮编：210009
印　　　　刷	上海世纪嘉晋数字信息技术有限公司 上海市汇金路899号，邮编：201700
开　　　　本	850毫米×1168毫米　1/32
印　　　　张	56.375
字　　　　数	1414千字
版　　　　次	1997年9月第1版
印　　　　次	2025年3月第5次印刷
标 准 书 号	ISBN 978-7-80519-930-6
定　　　　价	520.00元

（本书凡印装错误可向承印厂调换，电话：021-69214197）

编 辑 说 明

《中华民国史档案资料汇编》(1912—1949),是为了适应中国近现代史的科学研究与教学需要,就馆藏历史档案中具有一定史料价值的资料编辑而成的一套综合性资料汇编。

这套档案资料汇编,系原副馆长王可风生前主持编辑的《中国现代政治史资料汇编》(1919—1949)初稿为基础,进行修订补充的,全书扩编为五辑:第一辑《辛亥革命》(1911年);第二辑《南京临时政府》(1912年);第三辑《北洋政府》(1912—1927年);第四辑《从广州军政府至武汉国民政府》(1917—1927年);第五辑《南京国民政府》(1927—1949年)。

本汇编为第五辑《南京国民政府》,由施宣岑、方庆秋主编。

本辑分为三编:第一编《南京国民政府的建立与十年内战》(1927.4—1937.7);第二编《第二次国共合作与八年抗战》(1937.7—1945.8);第三编《蒋介石发动全面内战与南京国民政府的覆灭》(1945.8—1949.9)。以上每编各按政治、军事、外交、财政经济、文化教育等分为若干分册。

本分册为第五辑第二编的教育分册。全书分为十一部分:〔一〕战时教育概况,〔二〕初等教育,〔三〕中等教育,〔四〕高等教育;〔五〕社会教育;〔六〕边疆教育;〔七〕侨民教育;〔八〕战区教育;〔九〕特种教育;〔十〕抗日根据地的教育;〔十一〕学术机构与教育社团。以上档案资料共360题120万字,基本上反映了抗日战争期间的教育概貌。

本分册档案资料的编选校对为王少胜,全书经施宣岑、方庆秋审阅、统编定稿。此外,本分册还蒙唐彪等承担部份审校工作,在此并致谢意。

本汇编由于涉及的面广量大,加以档案资料等条件的种种限制,以编者有限的水平,在档案史料的选编等方面,难免有不当和错漏之处,谨希读者批评指正。

编者 1994年9月28日

编　例

一、本汇编所选资料，为保持档案文件原貌，凡原文中对中国共产党及革命人民的诬蔑不实之词，均未加改动，全文照录。但对少数文件因内容重复及与主题无关者，则酌予删节。资料出处，于文件篇后注明之。

二、本汇编所选资料，按问题分类排列，并以文件形成时间先后为序。但属综合性或追述性的资料，则按其内容酌加调整。

三、本汇编所选资料，一般以一篇为一题。但同属一事，彼此间又有直接联系者，则以一事为一题。文件标题、标点，均为编者所加，沿用原标题、原标点者，则予篇目之后加注说明之。

四、本汇编所选资料，一般均用简体字，但遇有可能引起文义歧异者，则保留原来繁体字。

五、本汇编所选资料、排印格式一律采用横排，凡竖排原件文中有"如左""如右"者，横排后应为如下、如上，例如"命令如左（下）"，"右（上）令"等，文中不再一一注明。

六、本汇编所选资料，凡有破损缺漏或字迹不清者，以□号代之，错字、别字和衍文的校勘以及简单注释，均加在正文之后，以〔　〕号标明之，较长的注释，在正文之后以①②等号标明之；增补的字，以【　】号标明之；文件内容删节者，以……符号标明之；待考的字，以〔？〕符号标明存疑。

1

南京国民政府时期

第 二 编

教 育

目 录

〔一〕战时教育概况

（一）战时教育方针政策

1. 行政院核发《总动员时督导教育工作办法纲领》的指令
    （1937年8月11日）……………………………（ 1 ）
2. 教育部检发《战区内学校处置办法》的密令
    （1937年8月19日）……………………………（ 2 ）
3. 战事发生前后教育部对各级学校之措置总说明
    （1937年9月29日）……………………………（ 4 ）
4. 教育部拟定之平津沪战区专科以上学校整理方案
    （1937年）………………………………………（ 10 ）
5. 国民党临时全国代表大会通过之战时各级教育实施方案纲要
    （1938年4月 日）……………………………（ 13 ）
6. 教育部订定之战时各级教育实施方案
    （1938年）………………………………………（ 16 ）
7. 教育部制定的教员服务奖励规则
    （1940年4月29日）……………………………（ 38 ）
8. 教育部公布之修正私立学校规程
    （1933年10月19日）……………………………（ 40 ）
9. 学生自治会规则
    （1943年11月22日）……………………………（ 48 ）

1

10．教育部捐资兴学褒奖条例
　　（1944年2月10日）……………………………（ 51 ）
11．教育部订定之著作发明及美术品奖励规则
　　（1944年7月7日）………………………………（ 55 ）
12．国民政府抄发修正教育会法致政务官惩戒委员会训
　　令
　　（1944年10月31日）……………………………（ 58 ）

（二）教育行政组织

1．教育部组织法
　　（1940年11月16日）……………………………（ 65 ）
2．修正教育部各司分科规程
　　（1940年11月16日）……………………………（ 68 ）
3．教育部各委员会组织章程
　　（1938—1945年）…………………………………（ 75 ）
4．各省(市)教育厅（局）及教育部所属机关学校主管
　　人员名单
　　（1944年11月）……………………………………（ 91 ）

（三）教育实施概况

一、战时教育计划与建议
（1）教育实施计划
1．教育部战时动员计划（草案）
　　（1937年　月　日）………………………………（ 112 ）
2．教育部第二期战时教育行政计划
　　（1939年12月）……………………………………（ 114 ）
3．教育部制定的教育计划与国防计划之联系方案大纲
　　（1940年　月　日）………………………………（ 124 ）

(2)教育工作建议
1．行政院秘书处奉发朱经农、吴南轩等关于战时教育
   问题之意见致教育部函
      （1937年8月13日）……………………………（ 133 ）
2．教育部关于战时设法维护文化与尽量恢复教育计划
   密公函
      （1937年9月28日）……………………………（ 136 ）
3．行政院秘书处抄送平津同学会关于抗战时期教育意
   见函
      （1937年10月2日）……………………………（ 137 ）
4．国民党中央秘书处检送张继等关于拨款补助河北省
   实施战时教育救济与青年培训办法案
      （1937年11月12日）……………………………（ 140 ）
5．军事委员会抄转焦易堂条陈矫正教育不良状态意见
   书的代电
      （1939年3月4日）………………………………（ 144 ）
6．国民参政员胡秋原等提议取消庚子赔款办理教育办
   法案及外交与教育等部商办往来函件
      （1943年1—3月）………………………………（ 146 ）
二、训导制的推行
（1）"训育制"实施概况
1．青年训练大纲
      （1938年2月23日）……………………………（ 151 ）
2．高中以上学校新生入学训练实施纲要
      （1938年9月14日）……………………………（ 157 ）
3．教育部颁发之训育纲要
      （1939年9月25日）……………………………（ 162 ）
4．教育部公布小学训育标准令
      （1942年10月8日）……………………………（ 179 ）

5. 教育部订定之中等学校训育标准
   （1944年9月9日）……………………………………（ 202 ）
（2）"导师制"实施概况
1. 教育部颁发之中等以上学校导师制纲要
   （1938年3月28日）…………………………………（ 212 ）
2. 教育部关于各校实施导师制应注意各点令
   （1938年3月28日）…………………………………（ 213 ）
3. 教育部公布切实推进导师制办法
   （1939年7月13日）…………………………………（ 215 ）
4. 教育部制定之学生军事训练实施方案
   （1940年5月12日）…………………………………（ 216 ）
5. 教育部与军委会政治部关于调正高中以上学校训导
   与军事训练办法呈
   （1940年8月6日）……………………………………（ 220 ）
6. 国民党第五届中央第八次会议通过的加强学校训导
   以期青年思想导入"正轨"案
   （1941年4月1日）……………………………………（ 222 ）
7. 国民党中央秘书处就落实赖琏等关于"加强学校训
   导工作严防异党活动"提案事致教育部函
   （1941年6月）………………………………………（ 223 ）
8. 教育部关于各国立中学应实行导师住校制度的训令
   （1942年1月20日）…………………………………（ 227 ）
9. 教育部关于制定中等与专科以上学校导师制纲要呈
   及行政院批
   （1943年1—2月）……………………………………（ 228 ）
10. 云南省教育厅关于推行训导工作状况的报告书
    （1943年4月）………………………………………（ 231 ）
11. 行政院关于中等学校与专科以上学校导师制实施办

法的指令

　　　（1944年8月16日）……………………………（237）
12．蒋介石关于防止中共利用学生组织活动代电及朱家
　　骅办理情形的签呈

　　　（1945年6—8月）…………………………………（240）
三、教育施政报告与教育概况统计
1．教育部为国民党六中全会撰写的教育报告书

　　　（1939年10月）……………………………………（243）
2．朱家骅关于中英庚款董事会成立经过及其与中国教
　　育文化事业关系的报告

　　　（1941年4月8日）…………………………………（272）
3．教育部关于国民党历届会议对于教育决议案及其实
　　施情形之检讨总述

　　　（1942年8月）……………………………………（280）
4．抗战期间的中国教育

　　　（1937—1945年）…………………………………（298）
5．教育部战时教育概况统计表

　　　（1936—1945年）…………………………………（345）
6．战时各省市岁出教育经费数及其占总岁出百分比统
　　计表

　　　（1939—1944年）…………………………………（352）
7．战时历年度中央教育文化费分析表

　　　（1939—1945年）…………………………………（357）
8．战时各省（市）教育文化费分析表

　　　（1939—1944年）…………………………………（361）

（四）战时教育文化事业损失

1．"八一三"后上海教育文化机关遭受日军破坏情形

调查统计表

  （1937年10月21日）……………………………………（363）

2. 夏颂明：抗战一年来图书馆的损失

  （1938年8月6日）……………………………………（367）

3. 战区各省市中小学及社教机关财产损失概况表

  （1939年1月）………………………………………（369）

4. 教育部编报的抗战以来公私立专科以上学校财产损失统计表

  （1939年4月）………………………………………（371）

5. 美国调查委员会关于日本在华文化侵略种种罪行的新闻一则

  （1940年4月24日）…………………………………（378）

6. 袁同礼关于抗战以来国立北平图书馆遭敌劫掠与破坏损失情形呈

  （1943年9月20日）…………………………………（379）

7. 国立东北大学校长臧启芳关于抗战以来学校蒙受损失情形呈

  （1943年9月21日）…………………………………（380）

8. 国立西北工学院呈报抗战后遭受损失情形的代电

  （1943年9月）………………………………………（382）

9. 教育部统计处编全国各级学校及教育机关战时财产损失数量统计表

  （1945年5月）………………………………………（383）

10. 教育部统计处编全国教育文化机关战时财产损失统计表

  （1945年11月）………………………………………（401）

11. 教育部统计处编全国教育文化机关战时财产损失统计表

  （1945年10月）………………………………………（407）

〔二〕初等教育

（一）初等教育法规

1．教育部订定之国民教育实施纲领
　　　（1940年3月21日）……………………………………（421）
2．小学教员待遇规程
　　　（1940年5月6日）…………………………………………（427）
3．教育部订定之保国民学校及乡镇中心学校基金筹集办法
　　　（1940年6月）………………………………………………（430）
4．教育部订定之乡（镇）中心学校设施要则
　　　（1942年3月）………………………………………………（436）
5．保国民学校设施要则
　　　（1942年3月）………………………………………………（438）
6．国民政府公布之国民学校法
　　　（1944年3月15日）…………………………………………（441）
7．国民政府公布强迫入学条例
　　　（1945年2月17日）…………………………………………（443）
8．教育部公布之国民学校及中心国民学校规则
　　　（1945年9月19日）…………………………………………（445）

（二）初等教育实施概况

一、小学教科书的修订与对教员的统制
1．国立编译馆关于编辑中小学课本注意发扬国家民族意识道德以配合抗战军事呈
　　　（1937年8月16日）…………………………………………（455）
2．军事委员会委员长侍从室奉发蒋介石关于编订中小

学教科书应注意事项等手令及教育部办理情形呈
　　（1939年10月—1943年1月）……………………………（ 456 ）
3．军委会委员长侍从室奉发蒋介石关于加强对中小学
　　生航空知识教育的手令与教育部办理情形呈
　　（1941年7—8月）…………………………………………（ 461 ）
4．蒋介石关于加强全国小学教员统制与训练的手令及
　　教育部办理情况报告书
　　（1942年6—7月）…………………………………………（ 464 ）
5．教育部关于奉令办理修订小学教科书情形致蒋介石
　　呈
　　（1942年6月23日）…………………………………………（ 495 ）
6．军委会委员长侍从室奉发蒋介石关于对小学生应加
　　强农村生活与农业知识教育手令与教育部办理情况
　　的函呈
　　（1943年11月）……………………………………………（ 496 ）
7．教育部关于编订小学群育课程训练标准问题致蒋介
　　石呈
　　（1944年2月11日）…………………………………………（ 498 ）
8．教育部关于中小学教科书编辑主旨与方法问题致蒋
　　介石呈
　　（1944年5月2日）…………………………………………（ 500 ）
二、各省市国民教育会议的召开
1．陈立夫在各省市国民教育会议开幕式上的讲演词
　　（1942年3月）………………………………………………（ 503 ）
2．蒋介石在全国国民教育会议上的训词
　　（1942年3月）………………………………………………（ 509 ）
3．陈立夫在各省市国民教育会议闭幕式上的总结报告
　　（1942年3月）………………………………………………（ 511 ）
三、初等教育概况的报告与统计

1. 抗战以来后方各省初等教育概况统计表
   （1937—1939年）………………………………………（ 517 ）
2. 湖北省教育厅关于战时初等教育概况的报告
   （1937—1945年）………………………………………（ 519 ）
3. 青海省政府报送三十一年度国民教育实施计划致行政院审核呈
   （1942年6月13日）……………………………………（ 524 ）
4. 安徽省国民教育实施概况
   （1942—1944年）………………………………………（ 529 ）
5. 福建省教育厅关于实施国民教育第二期工作概况的报告书
   （1943年1月—1945年12月）…………………………（ 533 ）
6. 教育部国民教育司司长顾树森关于三十二年实施国民教育工作总检讨呈稿
   （1944年3月18日）……………………………………（ 546 ）
7. 教育部关于办理三十三年度国民教育概况的报告书
   （1945年7月10日）……………………………………（ 554 ）
8. 抗战前后国民教育比较表
   （1936—1944年）………………………………………（ 558 ）
9. 全国学龄儿童及已入学儿童数统计表
   （1936—1945年）………………………………………（ 559 ）
10. 历年度全国国民学校及小学概况表
    （1936—1945年）………………………………………（ 560 ）
11. 各省（市）中心国民学校基金筹集情形表
    （1940—1944年）………………………………………（ 562 ）
12. 各省（市）举办小学教员假期训练班受训学员人数比较表
    （1941—1944年）………………………………………（ 564 ）

9

13．各省（市）办理国民教育历年进度概况表
（1941—1945年）……………………………………（566）
14．历年度全国幼稚园概况
（1937—1945年）……………………………………（568）
15．后方十九省(市)三十四年度实施国民教育成绩简表
（1945年）……………………………………………（569）

〔三〕中等教育

（一）战时中等教育政策与措施

一、普通中学
1．教育部颁发国立中学课程纲要
（1938年2月25日）…………………………………（571）
2．教育部关于中学学生毕业会考仍继续举行的训令
（1939年5月—1940年5月）………………………（574）
3．教育部颁发修正国立中学暂行规程
（1939年12月17日）…………………………………（576）
4．教育部关于促进中等学校校务、培养学风实施方案
（1941年11月18日）…………………………………（578）
5．教育部召开各省市中等教育检讨会议的决议案
（1942年1月30日）…………………………………（585）
6．教育部订定中等学校校务处理办法大纲的训令
（1942年2月17日）…………………………………（600）
7．教育部制定县市立中等学校设置办法的训令
（1942年4月19日）…………………………………（620）
8．教育部订定之高级中学实施劳动服务及国防训练办法
（1943年11月）………………………………………（623）
9．教育部令颁之国立中学、师范职教员支薪标准与员

额配置表

　　　　（1942年）……………………………………（625）

二、师范教育

1．教育部关于确定师范教育设施方案的训令

　　　　（1938年5月7日）………………………………（633）

2．教育部订定各省市师范学校辅导地方教育办法

　　　　（1939年7月21日）……………………………（635）

3．教育部订定之特别师范科及简易师范科暂行办法

　　　　（1940年2月29日）……………………………（637）

4．师范学校毕业生服务规程

　　　　（1942年3月22日）……………………………（639）

5．教育部次长顾毓琇在师范教育座谈会上关于增加师
　　范生来源与改进训练办法等问题的报告

　　　　（1942年4月1日）………………………………（641）

6．教育部中等教育司长章益在师范教育座谈会上作关
　　于师范教育状况与今后改进意见的报告

　　　　（1942年4月　日）………………………………（644）

7．全国师范学校学生公费待遇实施办法

　　　　（1944年12月22日）…………………………（646）

8．抗战前后历年师范教育演进表

　　　　（1928—1945年）………………………………（648）

三、职业教育

1．教育部制订之创设县市初级实用职业学校实施办法

　　　　（1938年7月5日）………………………………（649）

2．教育部颁发国立中学增设职业科办法

　　　　（1938年12月26日）……………………………（652）

3．教育部协助职业学校生产资金暂行办法

　　　　（1940年5月）……………………………………（653）

4．教育部关于办理国民党五届八中全会提议增设职业

学校以发达地方产业案情况复行政院秘书处函
　　（1941年5月）………………………………………（654）
5．教育部奖励农工商业团体办理职业学校、职业训练
　　班及职业补习学校办法
　　（1941年6月7日）…………………………………（655）
6．教育部与经济部等订定之公私营工厂矿场农场推行
　　职业补习教育并利用设备供给职业学校学生实习办
　　法纲要
　　（1941年8月4日）…………………………………（656）
7．教育部订定之短期职业训练班实施办法
　　（1945年7月20日）…………………………………（658）

（二）战时中等教育概况统计

1．教育部关于中等教育概况报告
　　（1939年2月）………………………………………（660）
2．抗战以来各省市中等学校迁移概况表
　　（1937—1938年）……………………………………（665）
3．抗战以来后方各省中等教育概况表
　　（1937—1939年）……………………………………（667）
4．抗战以来增设国立中等学校概况表
　　（1939年4月）………………………………………（669）
5．国立各中等学校设置班级概况表
　　（1943年）……………………………………………（672）
6．国立各中等学校员工人数概况表
　　（1943年）……………………………………………（678）
7．抗战前后中等教育比较表
　　（1936—1944年）……………………………………（686）
8．抗战期间全国中等教育概况表
　　（1936—1945年）……………………………………（690）

〔四〕高等教育

（一）高等教育法规

1. 教育部颁发大学行政组织补充要点
（1939年5月16日）……………………………………（699）
2. 教育部颁发独立学院及专科学校行政组织补充要点
（1939年5月16日）……………………………………（701）
3. 教育部公布国立各院校统一招生办法大纲
（1939年6月21日）……………………………………（702）
4. 教育部订定之专科以上学校实施战时教程
（1939年6月23日）……………………………………（704）
5. 修正大学研究院暂行组织规程
（1939年6月23日）……………………………………（705）
6. 教育等部关于订定《大学理工学院与经济交通及军备工厂合作办法》的会呈
（1939年8月9日）………………………………………（707）
7. 教育部颁行大学及独立学院各学系名称令
（1939年9月4日）………………………………………（709）
8. 教育部颁行专科以上学校毕业生统筹分发服务办法令
（1940年3月9日）………………………………………（710）
9. 教育部制定之专科以上学校分布原则
（1940年5月）……………………………………………（711）
10. 教育部订定之全国专科以上学校学生学业竞试办法
（1940年5月）……………………………………………（713）
11. 教育部公布各公立院校统一招生委员会章程
（1940年5月22日）………………………………………（714）
12. 教育部公布大学及独立学院教员资格审查暂行规程

（1940年8月）……………………………………（716）
13．教育部制定之《农林技术机关与农林教育机关联系与合作办法大纲》
　　（1941年4月5日）………………………………（718）
14．教育部颁发公私立专科以上学校毕业生派往边地研究办法
　　（1941年5月28日）………………………………（720）
15．教育部设置部聘教授办法
　　（1941年6月3日）…………………………………（723）
16．政府机关委托大学教授从事研究办法大纲
　　（1941年9月29日）………………………………（724）
17．大学各学院、独立学院及专科学校附设中小学或职业学校暂行办法大纲
　　（1941年12月13日）………………………………（725）
18．教育部公布修正师范学院规程
　　（1942年8月1日）…………………………………（726）
19．教育部公布师范学院学生实习及服务办法
　　（1943年8月17日）………………………………（734）
20．国立专科以上学校教员支给学术研究补助费暂行办法
　　（1943年10月30日）………………………………（738）

（二）高等学校内迁与设置概况

一、高等学校概况统计

1．抗战以来全国专科以上学校增设概况表
　　（1939年4月）……………………………………（739）
2．民国二十七年度全国专科以上学校分布概况表
　　（1939年5月）……………………………………（741）
3．民国廿六——廿九年度全国高等教育概况统计表

（1940年）…………………………………………（744）
4．全国专科以上学校内迁及其分布统计表
　　　（1941年）…………………………………………（745）
5．国立专科以上学校院系设置概况表
　　　（1943年10月　日）…………………………………（750）
6．国立各高等学校教职员工人数表
　　　（1943年10月　日）…………………………………（761）
7．全国专科以上学校一览表
　　　（1944年）…………………………………………（767）
8．抗战期间全国专科以上学校概况表
　　　（1936—1945年）……………………………………（778）
9．抗战前后高等教育比较表
　　　（1936—1945年）……………………………………（790）
10．战时全国专科以上学校职员数统计表
　　　（1939—1945年）……………………………………（796）
11．战时全国专科以上学校毕业生数统计表
　　　（1936—1945年）……………………………………（798）
12．战时全国专科以上学校教员数统计表
　　　（1936—1945年）……………………………………（802）
13．战时全国专科以上学校学生之科别数统计表
　　　（1936—1944年）……………………………………（803）
14．教育部检报国立专科以上学校教员及国立研究机关
　　科研人员统计总表呈
　　　（1945年4月27日）……………………………………（804）
15．战时全国专科以上学校之岁出经费数统计表
　　　（1936—1945年）……………………………………（812）
16．战时公私立专科以上学校岁入经费表
　　　（1936—1945年）……………………………………（816）
二、高等学校动态

1. 陶行知等人呈请设立晓庄学院的有关文电
   （1938年9—10月）……………………………（817）
2. 陈立夫抄报中央大学对于抗战直接有关之各项工作节略致行政院密呈
   （1939年2月15日）…………………………（819）
3. 中统局关于江苏教育学院概况的调查报告
   （1940年 月 日）……………………………（821）
4. 中统局等关于成都朝阳学院因更易校长发生学潮事致教育部函件
   （1940年3—5月）……………………………（824）
5. 国立艺专校长滕固关于该校学潮经过情形致教育部呈
   （1940年7月17日）…………………………（829）
6. 农林部等关于嘉奖金陵大学农学院三十年来办学成绩呈
   （1942年1月）………………………………（833）
7. 教育部关于调查整顿私立民治新闻专科学校文件
   （1944年9—10月）…………………………（836）
8. 教育部关于私立复旦大夏两校申请改为国立呈与行政院批
   （1939年6月）………………………………（839）
9. 行政院关于省立广西大学改为国立呈与国民政府批
   （1939年8—9月）……………………………（842）
10. 教育部关于省立河南大学改为国立呈与国民政府批令
    （1942年3月）………………………………（844）
11. 教育部关于改私立大夏大学为国立贵州大学呈与行政院批及该校云南校友会请求缓改的代电
    （1942年2—4月）……………………………（846）

12. 教育部与行政院就私立复旦大学改为国立大学的往来文件
　　（1942年11—12月）……………………………………（847）
13. 行政院关于改重庆、英士、山西等大学为国立并恢复北洋工学院呈与国民政府批及有关文件
　　（1943年1月）…………………………………………（852）

（三）留学概况

一、战时留学生管理法规
1. 教育部公布抗战期间回国留学生登记办法
　　（1939年1月31日）……………………………………（861）
2. 修订抗战期间国外留学生救济办法
　　（1939年6月2日）………………………………………（862）
3. 教育部颁发抗战期间回国留学生分发服务简则
　　（1939年7月28日）……………………………………（864）
4. 教育部公布修正限制留学暂行办法
　　（1939年8月1日）………………………………………（865）
5. 教育部国外留学生奖助金设置办法
　　（1942年7月）……………………………………………（866）
6. 教育部第一届国外自费留学生考试章程
　　（1943年10月）…………………………………………（868）
7. 教育部国外留学自费生派遣办法
　　（1943年10月）…………………………………………（872）
8. 教育部颁发大学教授、副教授自费出国进修办法
　　（1944年4月1日）………………………………………（875）
9. 教育部在国外大学设置中国文化奖学金办法
　　（1944年6月1日）………………………………………（876）

二、战时留学生概况
1. 中华建设协会建议政府广纳流亡海外知识分子为国

家抗战服务呈

  （1939年1月13日）……………………………………（877）

2. 驻德陈介大使报告德国实业家伍尔福资助中国留德学生电与教育部对助款用途支配意见函

  （1939年1—2月）……………………………………（878）

3. 教育部请转饬各部会录用回国留学生服务呈

  （1940年4月）………………………………………（880）

4. 教育部关于大英文化协会与英国工业协会资助中国学生赴英学习呈及行政院指令

  （1942年5—8月）……………………………………（881）

5. 行政院核发1943年度派遣国外学习人员计划及经费表的训令

  （1944年8月12日）…………………………………（886）

6. 教育部抄送派遣国外研究人员名单并请转知有关单位拨付外汇事致财政部公函

  （1944年12月19日）…………………………………（889）

7. 抗战前后历年度出国留学生数统计表

  （1929—1946年）……………………………………（890）

8. 抗战前后历年度出国留学生之留学国别表

  （1929—1946年）……………………………………（892）

〔一〕战时教育概况

（一）战时教育方针政策

1. 行政院核发《总动员时督导教育工作办法纲领》的指令

（1937年8月11日）

行政院指令　字第壹——3478号
　　令教育部
　　二十六年八月三日密呈一件，为拟具总动员时督导教育工作办法纲领草案，呈候核定，如蒙裁可，恳由院分令各省市政府及财政部遵照由。
　　呈件均悉。此案并经饬据财政部与该部会商决定报告，拟将第五条文字酌加修正，请鉴核等情，应准照办。除分令各省市政府及财政部遵照外，仰即知照。办法纲领抄发。此令。
计附抄发总动员时督导教育工作办法纲领一份
中华民国二十六年八月十一日

　　　　　　　　　　　　　　院长　蒋中正

　　总动员时督导教育工作办法纲领
　　一、战争发生时，全国各地各级学校暨其他文化机关，务必镇静，以就地维持课务为原则。
　　二、比较安全区域内之学校，尽可能范围内，设法扩充容量，收容战区学生。
　　三、各级学校之训练，应力求切合国防需要。但课程之变更,仍须遵照部定范围。

四、各级学校之教职员暨中等以上学校之学生,得就其本地成立战时后方服务团体,但需严格遵照部定办法,不得以任何名义妨害学校之秩序。

五、为安定全国教育工作起见,中央及各省市教育经费在战时仍应照常发给。倘至极万不得已有量予紧缩之必要时,在中央应由财教两部协商,呈准行政院核定后办理;在地方应由主管财教厅局会商,呈准省市政府核定后办理。

六、中央及各地方主管教育行政机关,对非战区内学校之经费得为财政紧急处分,酌量变更其用途,必要时并得对于其全部主管教育经费为权宜之处置,以适应实际需要。

〔国民政府教育部档案〕

2. 教育部检发《战区内学校处置办法》的密令

(1937年8月19日)

教育部密令　特字第四十号

各省市教育厅(局)

令 国立各大学院校
省立各专科以上学校
私立

本部现订定战区内学校处置办法,除呈请行政院鉴核施行,并经摘要电达各有关地区厅局外,特检发此项办法( )份,令行查照办理。并转饬所属一体遵照,并随时具报。此令。

计检发战区内学校处置办法　份

中华民国二十六年八月十九日

战区内学校处置办法

教育部机密　第肆号

一、对外发生战争时，左列之区域，概视为战区。

甲、战争已发生之地区；

乙、国内一切最易受敌人攻击之地区。

由本部会商军事机关后以密令通告者。

二、各省市教育厅局如其主管区域辖有战区，应斟酌情形分别为左列之措置：

1．于其辖境内或辖境外比较安全之地区，择定若干原有学校，即速尽量扩充或布置简单临时校舍，以为必要时收容战区学生授课之用，不得延误。

2．受外敌轻微袭击时仍应力持镇定，维持课务，必要时得为短期休课。

3．于战事发生或迫近时，量予迁移。其方式得以各校为单位，或混合各校各年级学生统筹支配暂时归并，或暂时附设于他校。

4．暂时停闭。

三、国立各校由本部依照前条之规定，查酌情形径行处理。

四、战区内学校，于战事发生或逼近时，应酌量将学生成绩照片、重要帐簿、册籍、学校贵而易于移动之设备，预为移藏。

五、暂时停闭之学校，应发给学生借读证书，注明学生姓名、性别、年龄、籍贯、科别、年级等项，以便学生自由择校借读。

战区内之初中及小学，虽未停闭，得依学生家属之请求，发给借读证书。

六、主管教育行政机关，对于战区各学校之教职员，应酌量迁调服务或予以救济。

前项迁调及救济事宜，如时机许可，并应于事前详密规划之。

七、主管教育行政机关，为执行本办法，对于战区各学校之经费，得为财政紧急处分，变更其用途，惟仍应于事后呈报上级机关。

八、战区教育行政机关，因事实障碍，不得执行职务时，得借用或委托邻近教育行政机关办理。

九、战区学校对于学生除主管教育行政机关另有规定调遣服务者外，务应劝告其迁地入学，以备异日为国效用，并设法与其家属取得联络。其体力强健，素有训练而志愿参加各项后方勤务工作者，得由学校代向军事机关接洽。

十、军事结束后，战区学校之迁移、归并、附设或暂行停闭者，应由主管教育行政机关，尽可能范围，妥筹恢复。

十一、本办法自呈经行政院核准之日施行。

机密
左列地区拟于现时即通告视为战区：
一、上海、南京、北平、天津、青岛。
二、江苏沿京沪、津浦两线各地，沿海地带。
三、山东沿津浦、胶济两线各地，沿海地带。
四、河北沿平汉、平浦两线各地。
五、福建沿海地带。
六、广东汕头附近。
七、绥远、察哈尔。
八、浙江沪杭铁路及沿海地带。

〔国民政府教育部档案〕

3．战事发生前后教育部对各级学校之措置总说明

（1937年9月29日）

战事发生前，本部鉴于华北情势严重，战事有一触即发之

势，不得不未雨绸缪，预为计划，以减少战事对于教育工作之打击。我国易受敌人攻击之区多为学校文化中心，本部因责令比较安全地域各校，预定战事发生收容战区学生计划，以免战时学生流离失所，无法就学。一面并责令危险地域各校预为安全措置，如迁移仪器图书等，以防不测，此外关于教科书籍之印刷及纸张供给等事，亦陆续订定办法，责成各书局实施。总期在战事发生时期，教育工作可以照常进行。自平津沦陷，战事扩大以后，关于战区学校教职员学生之安置，亦已先后依照预定步骤，并随时呈准蒋院长宣布办法，付诸实行。如规定学生临时借读办法，设立临时大学，与军政训监等部订定学生战时服务办法等皆是。兹将以上各项措置，胪陈于后。

一、战事发生前之诸种措置

（一）责令比较安全地域各校预定收容战区学生计划

凡比较安全地域之各级学校，对于因战事关系由他地迁来之同等学校学生，志愿继续就学者，应尽量设法收容借读。收容借读生之学校应按照现有之宿舍、教室及可能租用与短时期可添造之房屋各情形，估定尚可收容借读生之最大容量。关于专科以上学校之借读，成都、武昌、西安、长沙、昆明、重庆、开封、安庆、武功等处公私立专科以上学校，已将计划直接报部，经核准者，截至现在止，共可容纳借读生九千六百四十五名，业经本部在报端公告。关于中小学收容借读学生人数，亦已由部迭饬各省市教育厅局办理，并饬令登报通告。

（二）责令危险地域各校预为安全之措置

当抗战期间，国内一切最易受敌人攻击之地区，自应先为必要之安全措置。本部于战前即已分令各省市教育厅局及直辖各校与其他文化机关斟酌情形，分别为下列处置：（一）速择比较安全之地区，预为简单临时校舍之布置，以便于战事发生或逼近时量为迁移，或暂行归并，或暂行附设于他校。（二）于战事发生或逼近时，将各校学生成绩照片、重要帐簿、册簿、学校贵重而易于移动之设备，预为移藏。此事迄今各专科以上学校均已分别妥速筹办，径行呈明本部；关于中等以下学校则由各校将办理情形，呈明各省市主管教育行政机关。

（三）教科用书

关于中小学在非常时期内所需教科用书问题，本部早经令饬商务印书馆、中华书局、正中书局及世界书局四大书坊，在长沙、南昌、广州等处开设分厂，布置印刷，以便各科教科用书，于战时仍得源源出版，藉资应用。至所需纸张，教育部并曾向行政院会议提案，由部令饬各大书坊订购大量纸张，一面由财政部转知中央信托局准许各书局将是项纸张抵押现款，俾资周转，并由交通、铁道二部令行所属交通机关在运输纸张及教科用书时予以便利。现内地所存教科书籍，足敷春季以前之用，本部仍在设法促令续运与在内地设法开印。

二、战事发生后之诸种措置

（一）设施之原则

平津沦陷后，上海战事爆发，发生战事之范围甚广，教育工作应依据若何方针方可减少战事对于教育工作之打击为一亟待切实决定之问题。本部爰即请示蒋院长，嗣即由蒋院长核定总动员时督导教育工作办法纲领六条，以为战事发生后教育设施之原则。此项办法纲领六条，本部于奉颁后，即密令各省市教育厅局及本部直辖之公私立专科以上学校遵照办理。该六条条文如下：

（1）战事发生时，全国各地各级学校暨其他文化机关，务力持镇静，以就地维持课务为原则。

（2）比较安全区域内之学校，应尽可能范围内，设法扩充容量，收容战区学生。

（3）各级学校之训练，应力求切合国防需要，但课程之变更，仍须遵照部定范围。

（4）各级学校之教职员暨中等以上学校之学生，得就其本地成立战时后方服务团体，但须严格遵照部定办法，不得以任何名义妨害学校之秩序。

（5）为安定全国教育工作起见，中央及各省市教育经费在战时仍应照常发给，倘至极万不得已有量予紧缩之必要时，在中央应由财教两部协商呈准行政院核定后办理，在地方应由主管财教厅局会商呈准省市政府核定后办理。

（6）中央及各地方主管教育行政机关，对于战区内学校之经费得为财政紧急处分，酌量变更其用途，必要时并得对于其全部主管教育经费为权宜之处置，以适应实际需要。

（二）战区学生之临时借读办法

本部于战事发生后，即照预定方针，订定各级学校临时借读办法，以救济战区学生。各级学校学生因战争关系，得暂行借读于性质相同之他校。公立学校应尽量收容借读生，私立学校由主管教育行政机关考核其办理成绩及一切设备，经指定后亦就可能范围收容之。嗣又订定专科以上学校借读办法三则，以资补充。此项补充办法及可容借读生之专科以上学校及其容量已分别令知战区各专科以上学校，并公布周知。中等学校借读学生由各地方教育行政机关就地配置。借读得由学生自行请求，不必限由原校移送。其应缴纳之学费及其他费用，依所借读学校之规定，但得因借读期间之长短，由该校依照比例另定之。小学学生因住址迁移，得随时随地请求借读，为数过多时，并应由各校酌量添设班次，或采用二部制。

（三）关于平津专科以上学校之处置

平津专科以上学校教职员学生为数极众，势非借读办法所可完全救济。本部为使优良教授得以继续服务，并使学生完成学业，且隐为内地高等教育扩大规模起见，业经呈奉蒋院长核准，先在长沙、西安等处设立临时大学各一所，近已分别成立筹备委员会，派员分赴长沙、西安积极筹备，期能早日开学。并定就平津各校院原有经费划拨一部分充各该临时大学经常费。所有开办费亦经商得管理中英庚款董事会同意协助五十万元。关于校舍业经觅定暂时需用之房屋。至于图书仪器，则除利用平津各校院业经迁出之设备外，并正一面另行设法补充。

（四）上海专科以上学校之措置

上海租界以外之学校，大多数沦为战区。势已无法就地开学，即在租界内者，亦直接间接大受战事打击。惟上海学校如完全停顿，则影响极大，而于大学教育为尤甚。用是本部根据前述设施之原则，对于上海方面专科以上学校，决定次列办法：（一）凡可在租界内开班者，仍应设法开学。（二）各校对于相同及相关科系，认为彼此宜于联合开班者，可联合开班，其经费之分担由相关学校商定。（三）由上海市社会局克日约集公私立校院长商定详细办法，并酌量组织：（1）国立各校院联合办事处，（2）私立各校院联合办事处，以利彼此协商与合作。（四）国立各校能开学者，应将开学计划（包括所拟开设之班数与所能容纳之学生数事项）及开学后每月所需最低经费呈部，以凭核定。（五）私校能开学者应将开学详细计划呈报，以凭核发原定之补助费。现本部已另派专员赴沪协同社会局处理此事。

惟上海已成战区，即在租界开课各校，亦有不少困难。本部近复：（一）令准国立同济大学迁往浙江金华，业已觅定校舍，不久即可开课；（二）令准私立复旦、大夏两大学联合迁往内地，在江西及贵州设立校舍，此项计划已在进行中。

（五）比较危险地域内各级学校之迁置与避难设备

战事发生后，沿江沿海以及其他处若干大都市，均受敌机威胁。本部最近电令各关系省市之教育厅局，对设在各主要城市之公私立学校，倘因已受或易受敌人袭击不便开课，应尽力设法在比较安全之县区或乡村布置开课。一面本部严令各校于开课以前，完成最低限度之避难设备，而尤注重于房屋倒塌、火灾及机关枪扫射等普通危险。各级学校避难设备之各种简单方式，并经本部制定颁发。

（六）高中以上学校战时训练

高中以上学生之在校者，其在战时所受训练，经本部提出国家总动员设计委员会议，并经会同训练总监部订定高中以上学校学生战时后方服务组织与训练办法大纲及中国童子军战时后方服务训练办法大纲。高中以上学校学生战时后方服务组织与训练办法大纲，已由该会转呈军事委员会核准，并已由本部与训练总监部分别令饬各省市教育厅局与国民军事训练委员会暨全国公私立考〔专〕科以上学校遵照。其要点为：（一）在战时各学校每周得酌减普通学科教学时数四小时至六小时，即以此时间施行特殊科目之教学训练。（二）规定高中以上各校学生，课外之后方服务办法。（三）训练特殊技能之高级职业及专科以上学校，应就机械、电机、土木、化学等工程以及医药救护与驾驶各项，酌量加重训练。中国童子军战时后方服务训练办法大纲，适用于初级中学，设侦察、交通、宣传、工程、募集、救护、消防各组训练之。每组以教练员或教员为组长。每月训练一小时，训练毕后，凡年在十五岁以下者，均只在校内服务。

（七）学生战时参加服务办法

战事发生后，本部曾会同军政部训练总监部制定高中以上学生志愿参加战时服务办法大纲，自上月底起已施行。该项大纲要点如下：（一）凡战区高中以上学校学生，年在十八岁以上，志愿参加战时前方或后方服务者，须先向指定之地点登记，听候分别训练。（二）凡年满二十足岁，志愿担任前方作战工作，经教育部检验身体合格者，由教育部商由训练总监部军政部收入军官训练机关，施以预备军官训练后，配定其工作。（三）凡年满十八足岁，曾受专门技能训练，志愿参加战时后方技术工作者，由教育部商由军政部责成其所属机关（如兵工署军医署等），或转送其他军事技术机关（如航空委员会、资源委员会及经济委员会、公路处等），依其能力，配置其工作，有必要时得施以预备训练。（四）凡志愿从事战时宣传及民众组织等工作者，由教育部商请中央办理。（五）凡参加前方后方服务学生，概予保留原校学籍，战时服务期满，而愿继续完成学业者，得仍回原校肄业。（六）各军事机关训练此项学生，需要专家协助时，得商由教育部就高中以上学校教员酌量遴充。

（八）战区教职员及学生之登记与救济。

自平津失陷以后，平津专科以上学校教职员，多数南下，本部为接洽通讯便利起见，在部内设立平津国立校院通讯处，办理登记事宜。嗣上海战事发生，租界以外各专科以上学校，大多数又沦为战区，为统筹处置起见，乃将原设之平津国立校院通讯处扩大范围，改组为战区专科以上学校教职员通讯处，办理登记及代向军政机关接洽教职员战时服务事宜。（至长沙、西安临时大学所需教职员，自以由战区各校调用为原则，惟事实上该两大学势难全部容纳，本部现正通盘筹划，拟于一定期限内，对于因战事失业者，请政府就其原校经费，酌发若干成，给予生活费，俾资维持）关于战区流亡来京之学生，本部已设有战区来京学生登记处；对于能返家之学生，由部给予免费舟车证明书，予以行旅上之便利，其志愿向他校肄业者，由部通知依照前述借读办法与临时大学办法办理。其志愿参加战时服务者，则依照前述高中以上学生参加战时服务办法大纲办理。

〔国民政府教育部档案〕

4. 教育部拟定之平津沪战区专科以上学校整理方案

（1937年）

全国高等教育，因战事影响，亟待整理，其整理方案，正在通盘拟议中。兹遵国防最高会议常务委员会第十八次会议决议案，先就平津沪战区专科以上学校作初步整理，拟具方案。

查战区专科以上学校，无论已迁出战区与否，学生人数均已减少，自不能维持原有规模。并拟就组织及经费方面力求切合实际需要，予以紧缩，即以节余之经费作救济战区专科以上学校员生之用，并办理其他必要之高等教育事业。目前因战事而失业之教员与费用断绝之学生，流离失所，亟应救济，为国储才。本部现正办理此项员生登记，登记事竣，即须分别设法安置。国难严重之时，筹款艰难，不得不暂以整理各校节余之款，移作救济之用。其他必要之高等教育事业经费亦可由此挹注。至于各校整理办法，及经费之支配，列举如次：

（一）国立北京大学、国立清华大学及私立南开大学。现为发展西南高等教育，推进边疆文化起见，拟将长沙临时大学移设昆明，改称国立西南联合大学。其院系仍旧，经费自廿七年一月份起，国立北京大学、国立清华大学、私立南开大学，各支原校经常费或补助费之六成，各以其中之四成，作国立西南联合大学经费，二成作学生贷金及教职员救济金。学生贷金及教职员救济金准实支实销，但总数不得超过所指定之二成。又三校原有教授，多数集中一校，未免超过需要。本部拟调用十二人，分别指定任编译、研究或训练师资工作。其薪金仍照原校实发之数额，在应发国立西南联合大学经费中，由部直接支给。

（二）国立北平大学、国立北平师范大学及国立北洋工学院，原联合组成西安临时大学，现为发展西北高等教育，提高边省文化起见，拟令该校各院逐渐向西北陕甘一带移布，并改称国立西北联合大学，院系仍旧。其经费支配及调用教授办法，悉仿国立西南联合大学办理。

（三）国立北平艺术专科学校已令与国立杭州艺术专科学校合并为国立艺术专科学校，经费预算另行编造。未核定前暂准领用两校原定经费之五成。

（四）国立交通大学上海本校照常办理。其所属之唐山工学院，现已令准暂设湘潭。并令将北平铁道管理学院并入，改设铁道管理学系，经费原由铁道部支给，已奉院令改列在案，拟请交通部查案将该校及所属两院经费拨由本部转发。交通大学本校经费自一月份起拟令支六成。唐山工学院与已并入之铁道管理学院经费概算另行编造，未核定前，暂按原经费之五成支给。

（五）国立上海商学院、国立音乐专科学校及国立暨南大学自一月份起各支原经费之六成。

（六）国立同济大学因德籍教授人数较多，薪金不便折减，至去年十二月份止，原准支原经费之九成。现战区各校经费既经普减，该院经费拟自一月份起令改支八成。

（七）中法大学及民国学院之补助费，自一月份起各支六成。

（八）中国学院情况不明，拟俟查明后再定整理办法。

（九）节余经费之支配。

以上各校，除杭州艺术专科学校、北平艺术专科学校及交通大学所属之唐山工学院及北平铁道管理学院各减经费二成外，其余各校各减经费一成。节余之经费，拟均多移作本部统筹救济战区专科以上学校员生之用，有余额时，即用以办理其他有关高等教育之必要事业。

以上整理方案之施行，限于经费，须专案呈核之平津沪战区专科以上学校。其他平津沪各校之另有专案核定者不列，合并声明。

〔国民政府教育部档案〕

5. 国民党临时全国代表大会通过之战时各级教育实施方案纲要

(1938年4月 日)

教育为立国之本，整个国力之构成，有赖于教育，在平时然，在战时亦然，国家教育在平时若健全充实，在战时即立著其功能；若有缺点，则一至战时，此等缺点即全部显露，而有待于急速之补救与改正。所贵乎战时教育之设施者，即针对教育上之缺点，以谋根本之挽救而已，非战时教育之必大有异于平时也。

我国古代教育，向以德、智、体三育为纲，礼乐射御书数六艺为目，故德智并重而不偏废，文武合一而无轩轾，文科与实科兼顾，而克应群己之需要，家庭教育与学校教育一贯，以造成完全之公民。迨六艺之真义一失，而教育之基础动摇矣。

今试检讨过去我国所谓新教育之病根，大要不外数端，学校徒偏重课本之讲授，而忽略德行之指导，由此于修己合群之德育，未加重视者一也。运动之目的在竞赛，操场之建筑为点缀，此由于强身卫国之体育全被误解者二也。本国之历史不重，乡土之教材不谈，社会生活与学校设备绝不相侔，经济组织与学校课程截然两事，此由于利用厚生之智育远离实际者三也。积此三者之症结，而社会乃充满人人谋事、事事找人之怪象，国家亦充满贫病乱愚之惨剧，驯至国力空虚薄弱，在平时已失其自立自存之基础，至战时更不能适应非常之需要，挽救之道，更有恃乎教育。

今后教育之实现，其方针有可得而言者，一曰三育并进；二曰文武合一；三曰农村需要与工业需要并重；四曰教育目的与政治目的一贯；五曰家庭教育与学校教育密切联系；六曰对于吾国固有文化精粹所寄之文史哲艺，以科学方法加以整理发扬，以立民族之自信；七曰对于自然科学，依据需要，迎头赶上，以应国防与生产之急需；八曰，对于社会科学，取人之长，补己之短，对其原则之整理，对于制度应谋创造，以求一切适合于国情；九曰，对于各级学校教育，力求目标明显，并谋各地平均发展，对于义务教育，依照原定期限，以达普及。对于社会教育与家庭教育，力求有计划之实施。

根据上述之方针，拟具整理及改善教育之方案，以为今后实施之准则，其要点为：

（一）对现行学制，大体应仍维现状，惟遇枸泥模袭他国制度，过于划一而不易施行者，应酌量变通，或与以弹性之规定，务使因事制宜，因才施教，而收得实际效果。

（二）对于全国各地各级学校之迁移与设置，应有通盘之计划，务与政治经济实施方针相呼应，每一学校之设立及每一科系之设置，均应规定其明确目标与研究对象，务求学以致用，人尽其才，庶几地尽其利，物尽其用，货畅其流之效可见。

（三）对师资之训练应特别重视，而亟谋实施。各级学校教师之资格之审查，与学术进修之办法，须从速规定，为养成中等学校德、智、体三育所需之师资，并须参酌从事高等师范之旧制而谋设。

（四）对于各级学校各科教材须彻底加以整顿，使之成为一贯之体系而应抗战与建国之需要，尤宜尽先编辑中小学公民、国文、史地等教科书及各地乡土教材，以坚定爱国爱乡之观念。

（五）对于中小学教学科目，应加以整顿，毋使过于繁杂，致损及学生身心之健康。对于大学各院科系，应从经济及需要之观点设法调整，使学校教学力求切实，不事铺张。

（六）订定各级学校训育标准，并切实施行导师制，使各个学生在品格修养及生活指导与公民道德之训练上，均有导师为之负责，同时可重立师道之尊严。

（七）对于学校及社会体育应普遍设施，整理体育教材，使与军训童训取得联贯，以矫正过去之缺点，强迫课外运动，以锻炼在学青年之体魄，并注意学生卫生方法之指导，及食物营养之充足。

（八）对于管理，应采严格主义，尤注重于中学阶段之严格管理，中等以上学校，一律采军事管理方法，养成清洁、整齐、确实、敏捷之美德，劳动服务之习惯，与负责任、守纪律之团体生活。

（九）对于中央及地方之教育经费，一方面应有整个之筹集与整理方法，并设法逐年增加，一方面务使用得其当，毋使虚糜。

（十）对于各级学校之建筑，应只求朴实合用，不宜求其华美，但仪器与实习用具之设备，应尽量充实，期达到规定之标准。

（十一）各级教育行政机构，应设法使其完密，尤应重视各级督学工作之联系与效能，对各级教育行政人员之人选，应以德行与学识并重，特别慎重其铨衡。

（十二）全国最高学术审议机关应即设立，以提高学术标准。

（十三）改订留学制度，务使今后留学生之派遣，成为国家整个教育计划之一部分，对私费留学亦应加以相当之统制，革除过去分歧放任之积弊。

（十四）中小学之女生，应使之注重女子家事教育，并设法使学校教育与家庭教育相辅推行。

（十五）督促改进边疆教育与华侨教育，并分别编订教材，养成其师资，从实际需要入手。

（十六）确定社会教育制度，并迅速完成其机构，充分利用一切现有之组织与工具，务期于五年内普及识字教育，肃清文盲，并普及适应于建国需要之基础训练。

（十七）为谋教育行政与国防及生产建设事业之沟通与合作，应实施建教合作办法，并尽量推行职业补习教育，使各种职业之各级干部人员均有充分之供给,俾生产机构,早日完成。

以上数点,均切合国家社会之急迫需要,务必于最短期内而完成其使命。

〔国民政府教育部档案〕

6. 教育部订定之战时各级教育实施方案

(1938年)

(密20号)　　　　目　录

(一)总纲

(二)过去的检讨

(三)现在之方针

(四)今后之设施

一、学制	二、置配
三、师资	四、教材
五、课程与科系	六、训育
七、体育	八、经费
九、建筑与设备	十、行政机构
十一、学术研究及审议	十二、留学制度
十三、女子教育与家庭教育	十四、边疆教育与海外侨民教育
十五、社会教育	十六、建教关系

(五)结论

教育为立国之本,本固则国强,今国弱民贫,强敌入寇,一切弱点,尽行暴露,不揣其本,更复何待。爰将过去教育之设施重加检讨,明其症结,以定其方针,更依此方针,以定其实施之办法与步骤,制成方案如次:

(一)总纲

建国之要素有三：一曰武力，二曰经济，三曰文化。有充备之武力而后自立自强之基础立，国家之生存得以保障；有计划之经济而后自给自足之基础建，国民之生计得以发展；有光荣之文化而后自尊自信之基础固，民族之生命得以光大，此三者互为因果，相生相成者也。国者人之积也，未有一国之人民无健全之体魄、生产之智能与高尚之道德，而能完成建国之伟大使命者，故管理此三事者政治也，谓之卫、养、教；培植此三事者教育也，谓之体育、智育、德育；集中全民之共信以赴同一之目的者主义也，谓之民族、民权、民生，而确定其建国之步骤，循序以进者，军政、训政、宪政三时期是也。

有目标而后动向定，动向定而后路线明，目标者志也，路线者道也，即主义也（义，路也），建民国，进大同，民族之共志也（同此志者，故称为同志），三民主义者，即民族求达此目标所共遵行之正确路线也，是故教育之最高原则在昔谓之修道（修道之谓教），在今则谓之实行三民主义，而其目的则在使人人立其志以成事，共其志以建国也。

今武力损耗亟待补充，经济摧毁亟待重建，文化摧残亟待挽救，思想复杂亟待齐一，是教育之责任，至今而益加重焉。

（二）过去之检讨

昔时我国以六艺为教，六艺者礼、乐、射、御、书、数是也。礼与乐为德育之两大原素，礼所以调节众人之行动，使之合乎共同之标准，乐所以调和众人之情绪，使之趋于和谐之畴范，其目的在使人人于集团中成为合乎标准（人格）之个体，而使团体为一有组织有纪律之集体，是故以形体言，群已在其中，以精神言，美育（艺术化）之意义存焉；射与御为体育之两大原素，射（弓矢之用）所以杀敌，御（车马之用）所以追敌，为昔时之军事技能，与今日之枪炮战车交通工具同一功用，平时用之以建身运输，战时用之以杀敌卫国，是学校军训乃体育之一部份，依其年龄之大小而异，其施教之方法，使之共趋于军事也，书与数为智育之两大原素，书所以明理，数所以计算，无论自然科学与社会科学，不过说理与计数二者之配合，其目的则使人人具生产之技能（生产化），使人尽其才，以达地尽其利，物尽其用，货畅其流之目的而已，苟国文史地不修，则不足以言书，何能知已国之事，算学代数几何不重，不足以言数，何能知宇宙之用。故六艺之真义一失，教育之基础动摇矣。

由上述观之，昔时我国之教育，以德、智、体为纲，以礼、乐、射、御、书、数为目，其所表现之功效则为：

（一）德育以达修已合群之目的，而以发扬文化为其归宿；

（二）体育以达强身卫国之目的，而以充实武力为其归宿；

（三）智育以达服务创造之目的，而以发展经济为其归宿。

是故德、智、体重而不偏废，文武合一而无轩轾，文理兼顾而应需要，家国一教而合国情，至于修已所以善群，齐家志在治国，治国所以平天下之道，更为明显之标示，故教育之目的与内容，几为家喻户晓之常识，宜乎礼教，昌明文化，发皇而不坠焉。

夫教育者民族之生理卫生学也，抗战军兴与民族种种弱点全部暴露，国人莫不归罪于过去之教育，谓其不适合国情，亟图补救，竟一视教育为医学矣。民族之病根已深，药若妄投，无补于病，徒陷之于更危险之境地而已。今宜先索其病源，再定其诊断，然后斟酌用药之先后轻重，标本兼治，庶几起死回生之功可见。其病根为何？

一曰德育之未重视也：学校徒注重课本之教授，忽略生活之指导，家庭诿诸学校，学校推诸家庭，互相推诿，几致有教无育，是故学生对师长不知所敬，对同学不知所爱，对自身不知所信，是做人最低限度之条件——共信、互信、自信三者，在校时均已丧失殆尽，人与人间之爱力（仁）已消，追入社会，又安得不造成攻讦、谩骂、不合作、无自信之现象哉！以言组织，有魄而无魂，以言事业，先私而后公，欲求"负责任、守纪律"之份子，不可得已。盖人人失其做人之标准（人格），社会遂亦失其是非善恶之裁制力，而国民道德之基础动摇矣。盖集无数行动无标准（无礼），思想不和谐（无乐）之众人在一处，结果必为一盘散沙，在个人不明责任之所在，在团体不明纪律之尊严，盖礼、义、廉、耻四者为维系集体（国家为一大集体）之基本条件，今条件不张，安能成为凝固之集团哉，礼乐不兴，则刑罚不中（无善恶则无赏罚），刑罚不中，则民无所措手足，（乱象）宜也。

二曰体育之被误解也：于己不能健其体，于国不能卫其国，文武分离而体育遂成为点缀之品、消费之事矣。学校视之如此，学生视之亦如此，卫生之道理不谈，生活之习惯无定，运动之目的在竞赛，学校养运动家以耀名，体育之真义既失，自卫卫国之效能更无从谈到，幼童与成人之运动不分，都市与农村之运动无异，是离时间空间以谈适应，宜乎不合乎生理与经济各项条件，其结果自成为敷衍塞责，功效难期，于个人为弱而病，集多数弱而病之人以成民族，其民族焉有不表现病与弱之象哉。

三曰智育之离实际也：人未有不自知而能自立者，亦未有不自信而能自救者，民族亦然，集无数不自知、无自信之人以成民族，则其民族之前途可以预测，从纵的方面以认识其民族者历史也，从横的方面以认识其民族者地理也，乡有乡之史地，县有县之史地，省有省之史地，国与世界，亦各有其史地，因其才具之大小，定其认识之范围，一乡一县之过去光荣与未来光明有人识之，一省与一国亦然，夫认识之然后能爱慕之，爱慕之然后能保卫之、教养之，保之卫之，教之养之，则人人自能尽其才，以达地尽其利，物尽其用，货畅其流之目的。总理以县为建国之基础，各县自成为政治经济之单位，故曰地方自治是以县之乡土教材与国家教材应视为同等重要,而地方需要与国家需要应为施教之根据也。今则不然,本国之史地文学不重,乡土之教材不谈,而日以世界各国之文学教材为用,宜严〔而〕学生对本国社会经济实况茫然无所知,欲求学以致用难矣。

夫家庭社会生活与学校教育打成一片,然后教育乃能改善社会与家庭之生活,经济组织与学校教育打成一片,然后教育乃能发展,国民之经济政治设施与学校教育打成一片,然后教育乃能辅助国家推行其政策,使之社会教育与学校教育成为一元化,使离学校入社会之青年与在社会未入学校之人民,随时随地明"修德进业"之道,日知其所无,月无忘其所能,坚定人格之基础,增进人才之数量,维持人范之尊严,发扬光大本国之道德智能,迎头赶上世界之实用科学,集他人之所长,补自己之不足,则学术研究之对象,俱为本国所亟待解决之问题,操之自我,决之在我,享之在我。非悬理想以期善之至,而据事实以见善之成(可欲之谓善)知自身之需要,为自身谋解决,智之实也。故书数不修,则无论研究任何学问,其理不足以说明,其数不能以计算,是智育之基础已毁,又安能望其深造,自然科学之进展既不可得,工农学术之昌明亦难望达致,则所谓建设现代国家之物质条件——国防工业与生产事业——不可能,将何以言救亡图存乎?再以社会科学而论,亦不能离说理与计数二者,今所说之理为外国之社会实况,所计之数为外国之社会统计,以之为参考材料则可,以之作基本教材则不可,离本国社会实况而谈社会科学,既未能尽科学之功能,更难以解决社会之问题,则在个人为缺乏生活技能,在社会为减少生产能力,造成社会贫愚纷乱之象必也。

贫、病、弱、乱、愚固为我国社会之征象而造成之者,德、智、体三育之未能尽其功能也,挽救之道,犹在教育。

(三)现在之方针

从上述之分析，吾人应知目前教育之改良刻不容缓，而收效则非短期间所能致，要在明其症结，合乎国情，定其方针，循序以进。兹举其要点如下：

一、三育共进　过去教育偏于智育，而忽视德体二育，致国民体弱而德不修，今宜三者并重，以救此弊。

二、文武合一　过去学校与社会对于军训未能了解其真义，今在学校，宜以军事教科列入课程中，军事教官为学校教官之一，使观念改变，认军事知能为人生应具之智能，而无歧视，造成全国军国民之精神。

三、农工并重　过去学制大部抄袭自欧美工商业国者，于农业部门缺乏全盘之计划，今国家虽从农业而入于工业建设之途，大多数人民，固犹在农业社会中度其生活，故宜兼顾不可或偏。

四、政教合流　教育为造就人才以备国家推行其政策，完成其政治经济之建设，自应与国家施政方针相吻合，故于自身其目光须远于各部，其联系缜密，以期质量之随时调整而合于需要。

五、男女异教　男女受教机会务求平等，课程及教材不必尽同，盖男女各具有特长，能发挥其特性所长以施教，使人尽其才，是为教育者之责任。盖男女各能有特长之贡献，然后有平等之可言，有整齐优美之家庭，然后有强固之国家。

六、家校联系　家庭教育为一切教育之本，不可忽视，否则一曝十寒，学校教育之功效减少，故应使学校与家庭取得密切之联系，分工合作，共底于成，并注重母亲之补习教育，以振家教，而宏师道。

七、对于吾国固有文史哲艺，以科学方法从根救起，以立民族之自信。

八、对于自然科学，依据需要，迎头赶上，以应国防与生产之急需。

九、对于社会科学，取人之长，补己之短，整理创造，以适国情。

十、对于各级学校教育,力求各地平均发展,对于义务教育,依照原定期限,以达晋及,对于社会教育与家庭教育,力求有计划之实施。

兹根据上述方针,对于各级教育确定设施之目标与施教之对象如次:

一、幼稚园教育应为协助家庭教养幼稚儿童,藉以辅助家庭教育之不足,故保育与教导并重,增进幼儿身心之健康,使其健全发育,并培养其人生基本的良好习惯,以为养正之始基。过去幼稚园仅能收容家境较优之儿童,今后施教之对象,应推广及于贫苦儿童,凡在工厂附近及乡村中,应多设幼稚园及托儿所,以收容父母出外工作者之子女,代为教养。

二、小学教育 应为国民基础教育,以发展儿童身心,培养其健全体格,陶冶其善良德性,教授以生活必需之基本知能,养成其好学习惯,使其应对、进退合乎礼节,以为将来自立之准备。故施教之对象,应及于全体学龄儿童,国家对于全国各地应普遍设立各类小学,使全国学龄儿童均有入学之机会,在预定年限内,达到普及教育之目的。同时全国人民,对于子女均应尽强迫入学之义务,使全国学龄儿童,至少均须受此最低限度之义务教育。

三、中学教育应为继续小学施行国民基础教育,以造就社会一般事业之中级中坚份子及准备进修专门学术为二大目的。县为政治经济之自治单位,故初级中学教育之一切设施,应以一县之所需为其计划之根据,由省统筹平均普遍设立于各县。其教学除一般规定外,应特别注重公民常识之灌输,生产劳动之训练,以及本县乡土教材之讲授,使其爱国而同时爱乡。其招收之学生,应以本县各地小学之优秀儿童为对象,并使贫寒者亦得有免费入学之机会,以养成地方自治及从事农村事业之初级干部人才,高级中学应以一省数县之所需为施教计划之根据，由省分区设立，为初中毕业生之能升学者入之，以养成地方自治及建设事业之中级干部人才，并预备一部份学生升入专科学校及大学，继续训练。

四、职业学校教育应为发展生产事业之教育，以注重公民道德与职业道德之陶冶，劳动习惯之养成，职业知能之增进，创造精神之启发，俾养成各种职业界中等创业及技术人才为目的。故初级职业学校应以县或一地方现有职业之改良与应创立之职业为施教计划之根据，故宜注重各种短期职业训练班及各种职业补习学校，使无力升学者及工厂商店之徒弟，农村青年均可利用余暇，入班入校补习有关职业之知识技能及公民常识，高级职业学校应视一省职业之需要，为施教计划之根据，专招收各县初中毕业生之不能升学者入之，以造就农工商各业中之中级技术人才。

五、师范学校教育应为培养小学健全师资之教育，应根据三民主义的精神，参照社会生活的需要，用最新式的科学教育及最严格的身心训练，养成具有忠孝仁爱、信义和平诸德及各种专科学识为教授方法之德智体三育所需之师资为目的。师范学校应与社会沟通，造成教、学、做合一之环境，使学生对于教育及社会事业有改进的志愿与终身服务的精神。故全国师范学校校长应由中央特别训练后直接委派之。各省立师范学校应视一省师资之需要，分区设立，专收当地优秀之青年，免费入学。

中等学校师资之训练，应视全国各省市之需要，于全国划分若干区域内，恢复设立高等师范学校，施行德、智、体三育所需专业师资之训练。

六、专科学校教育应为培养各业专门技术人才之教育。其课程应视各省市地方建设事业之需要，而以应用为主，并应尽量充实其生产技术训练之设备，注重设计与实习。使学生毕业后对于所习农工商各业之技术与业务各有专长，对于已成之事业，能加以改进，对于未举之事业复能创造。故对于此等专科学校应由省市地方视其事业之需要，为施教计划之根据，分别设立于现有企业之附近地区，专以造就本省市各项事业应用之专门人才为主。

七、大学教育应为研究高深学术、培养能治学、治事、治人、创业之通才与专才之教育。其农工商医等专门学院，应施行高深专门技术教育，养成高级技术人才，以国家物质建设之需要，为施教之对象。其文、理、法、教育等学院，应注重各项基本学问之广博研究，再由博返约，养成能治学、治事、治人之技能，应以国家文化建设、经济建设、社会建设之需要，为施教之对象。

八、研究院　研究院为创造发明整理学术之机关。纯粹学术及应用学术之创造发明，应顾及国家需要，分别缓急先后，其应用学术之研究，应与主管教育机关及事业机关相联系，而以实际问题为对象。

九、社会教育以增进全民之知识道德与健康，以提高国家文化水准，使全体民众具备公民常识及民族意识，明瞭本国现状与世界大势，成为新时代所需要之良好公民，俾新兴事业易于推行，国家政策易于实现，故其施教之范围甚广，要其大端，不外训练民众，熟习四权，能实行自治，并陶冶其忠、孝、仁、爱、信、义、和平之国民道德，增进其应用职业知能，以培养其改善家庭经济，增加社会生产能力，同时并注重国民体育及公共娱乐，以养成其健全之身心，实行新生活之条件，故其施教之对象为全民，其施教之目的为"作新民"，故应分为普及民众识字、公民训练、青年训练与妇女训练各项，在各地分别实施之。其推行此种教育之工具，应充分扩展科学馆、图书馆、美术馆、博物馆及民教馆、展览会、戏剧音乐院、广播电台等，而推行此等教育之机关，应充分利用政治的及社会的一切已存之组织，并应与各地党部、中小学校联络实施，俾得普及，易而长效速。

十、家庭教育为学校教育与社会教育之基础教育，苟家庭教育不改良，而所施之一切教育，难免一暴十寒，仍未易收实效，盖社会教育之基础在家庭，儿童之教养在母亲，其关于何等重大。故今后施教之领域应由社会推而及于家庭之母亲，再由母亲以改造家庭之教育，各地中小学校中应利用星期日上午举行家校联教会，家教研究会教以改良家庭生活及教养子女方法，以及日常礼仪作法等常识。同时对于女子教育在中小学中应特别重视，分别教学，授以家庭必需之应用知能，使之明瞭为妻为母之特殊责任，而期造成整齐、清洁、质朴、勤劳、分工合作之理想家庭，为今后改进家政之基础。

（四）今后之设施

自抗战发生以来，国人咸感觉过去我国之教育未能完全适合战时之需要，惟教育本身原无所谓战时与平时之分，平时教育实应包含战时之准备，战时教育之未能适合战时需要，正因平时教育未尽完善之故。在此时期，吾人自应将过去教育之缺点，切实加以整顿及改善，以树立整个教育系统之基础。其因战时之需要及经验而认识之各项方针，尤应于今后教育实施中充分贯彻。至于战区学校之处理，教师学生之救济，特种教育之实施，军事训练之加紧，战时服务之训练，政府前已订有办法，中央应责成政府切实办理。兹将今后各级教育之实施事项，其应改革及策进者，分别述之如下：

（一）学制

现行学制，大体上仍应维持原状，不宜多所更张。惟我国地方辽阔，对于各级学校制度如有遇于计划不易施行之处，应视实际情形，得酌量变通，俾有相当之弹性，以适合各地方之需要。其要点如次：

一、初等教育，仍应行多轨制，以达到普及教育之目的。各地方得视其财力施行一年制、二年制短期小学，进而至于**四年**制、六年制小学，务期于预定期限内，达到全国学龄儿童至少有百分之八十以上入学。

二、中等教育三三制与四年制、六年制并行。初中三年制，适宜于各县城市或乡村，多注重职业训练与公民政治训练，英文选修，使其毕业后以即在当地乡村服务为主，必要时得加长一年，办理短期职业之训练班或为简易师范科之训练班。

三、简易师范学校，得归并于初中附设之简易师范科，一年毕业，以训练乡村简易小学与短期小学之师资。

四、初级职业学校，应专注重短期职业训练班及各种职业补习学校，使小学不能升学者及各职业界之工人徒弟入之。高级职业学校应与专科学校及各工厂联络而附设之。

五、高等师范学校制度应即恢复，以实行中等学校师资之专业训练。

（二）置配

关于各级学校之设置问题，我国向不重视，故往往支配不当，漫无标准。有一、二市区内集合设有若干大学者，有若干省区竟无一高等教育机关者，有一县中区之下竟设有若干所中学者，亦有一县内小学尚未普及而移其经费为设立中学用者。此种现象，实因各级学校之设置从未有相当规定之故，故今后各级学校之设置，应视地方之需要，而有一原则之规定，其办法如下：

一、全国各县，应以地方自治最小单位之区域（例如一保或一乡镇），划定为小学区。每一小学区至少应设短期小学一所。合数小学区为联合小学区，区内至少有四年制之小学一所，为各小学区内短期小学之中心小学。此项短期小学与中心小学，为一地方最小单位之文化中心机关，亦即为推行民众教育与地方自治之中心机关。

二、全国一省中之各县，至少设立初级中学一所，以为一县最高之文化中心机关，凡全县各乡村小学优秀毕业生，均可选拔，免费送入肄业。毕业后，其不升学者，即在本地服务。

三、全国各省应视省区之大小与需要，划分为若干中学区，若干师范学校区，若干职业学校区，分别设置省立各高级中等学校，以为各县初中毕业生升学之所。

四、全国各省应视其需要或于特殊产业之区内，设置若干专科学校，以为高中及职业学校毕业生升学之所。

五、全国应划分为若干大学区，若干高等师范学校区，分别设置大学及高等师范学校。

六、各种专科学校以由省市设立为原则，大学及独立学院以由国家设立为原则，大学各院系关于政治、法律、经济及教育部分，应完全由国立或省市立之大学或独立学院设立之。私立校院以不设此等科系为原则。对于边远省区应设法整理并扩充其中等学校，并应尽先设置大学，以提高其文化。

七、各级学校之设置，应尽可能范围内，设立于各地乡村，以为提高农村文化，改进农村事业之基础。

（三）师资

各级教育之良否，全系于师资之得人与否，故欲改进各级教育，求其一贯有效起见，即从师资之训练、进修与保障入手。其主要点如下：

一、今后各级师范学校师资之训练，应完全由中央主持办理，其校长应由中央特别训练后委派之。

二、现有中学师范学校之教员，应由中央举行检定后分期召集加以相当时期之训练。

三、各地简易师范学校，应切实整理，俟义务教育推行至相当程度时，得酌量减少，以后训练小学师资，应渐次集中于师范学校，以提高其程度。

四、中等学校师资之训练，应集中于各地高等师范学校内。

五、各地师范学校为师范区内小学教师之辅导中心机关，各地高等师范学校为其区内中等学校教师之辅导与研究中心机关。

六、各省市中小学教师，平时并由主管教育机关予以有关教育之定期指导通讯研究，俾得有进修之机会。于暑期中举行讲习会，由各该区内之高等师范学校及师范学校主持办理之。

七、**师范生应受严格之训练**，其费用应完全由公家负担，毕业后须实行其所规定之服务年限，与指定之服务地点。

八、凡受检定合格及受过完全训练之中小学校教师，应予保障，不得无故辞退。

九、凡小学教师应提高其待遇，俾能维持其最低限度之家庭生活。

十、全国专科以上学校教员资格，应由教育部审定，以重师道而示保障，**教员待遇及等级**，并拟令促各校院一律遵照规定办理，对于服务有成绩之教员，应予以在国内外进修研究之机会。

（四）教材

各级学校各科教材与所用之教科书，为教学时最重要之工具，故对于教材之选择与教科书之编订，实与训练师资同样重要，今后各级学校所用之各科教材与教科图书，国家应另定专款，聘请有名学者及有教学经验之专家及教师从事搜集与整理，继之以编辑，以为教学时之工具，其要点如下：

一、教育部应成立各级学校各科教材编订委员会，先草订或修正各级学校各科课程标准，再依据课程标准订定各科教材要目，以为选择教材及编辑教科书之标准。

二、小学教科书及中学、师范用之公民、国文、历史、地理教科书，**应由国家编辑**，颁发应用。

三、选定国民必需之常用字汇，以为编辑小学教科书及民众课本之用。

四、编辑国民必读读本，**将国民应有之常识包含在内**，为推行义务教育与民众教育最低限度之**读本**。

五、令各省市教育厅局编辑各地乡土教材，以为中小学及民众学校之补充教材。

六、**整理历史地理教材**,以备编辑中小学历史、地理教科书,供中小学应用。

七、**精选外国中小学数理化教材与教科书**,选译或编译为中小学数理化教科书及歌曲故事等。

八、**扩充国立编译馆**,整理我国固有名著,并翻译各国代表作品,并从事编译各级学校教科书及教师所用之参考书籍。

九、**创设中国文化研究所**,整理国故,供给专科以上学校关于中国文哲史地之教材。

十、**编辑儿童读物及青年读物**,对于各书坊出版者,加以严密之审查。

(五)课程与科系

现行中小学教学科目与课程标准,曾经数次之修订,但仍觉过于繁重,学生不易负担,故应重行加以审订,酌量减少,而大学各院之设科设系,全国至不一致,亦应加以厘订,设法调整,兹分述如次:

一、各级学校教学之科目,应全部加以整理与检讨,使纵的方面互相衔接,横的方面互相贯通,不致失去联络,而合战时需要。

二、中小学之教学科目,应酌量合并,其时间酌量减少,加授关于生产之训练及军事之知识。

三、设立于各县之初级中学,英文可改为选修科,本国史地教材应尽量增加,加习金木竹工及农业等劳作科目。

四、高初混合设立之六年制中学,其教学科目、时间与课程,应另行订定。

五、大学各学院科系之设立,应先参照全国公私机关与社会各项事业所需要专门人材之种类与数量,然后再决定全国各大学应设何科何系,现有各大学之院科系,其重复及不需要者,并拟分别裁并。

六、各大学各院科系所教授之科目，亦应延聘专家从速详细订定，依照实施，各文法学院科系应速添设有关国情之课程。

七、各大学各院科系所设之科目订定后，应聘请专家，订定教授内容，以供各校参考。

（六）训育

各级教育之设施，应以德、智、体三育并重为施教之原则，尤应特别重视德育，以培养国民之健全人格，务使将来成为宪政时期之善良公民，为一切教育之基础训练。当此抗战时期，青年之训练，尤须有一贯之系统与整个之方案，方可以齐一思想与行动。兹规定设施之要点如下：

一、应依据中华民国教育宗旨及其实施方针，以实现三民主义为一切训练之最高原则，使全国青年皆有正确之观念及救国之决心。

二、应遵从先哲遗训，以"诚"字为训练人生之中心目标，并确定忠孝仁爱信义和平为各个人对己、对家庭、对社会、对国家、对世界之基本伦理观念。依此训育之中心目标与观念，就各级教育之范围与程度，订定各级学校训育标准，切实施行。

三、各级学校施行训练时，为求其切实有效起见，应实行导师制，每一学级中，由校长负责选择优良教师足为学生模范者，分别担任指导学生十人至十五人，凡学生之思想、言语、行动、生活习惯、研究方法，均由导师负责指导。

四、各级学校应指导学生自治组织，以培养其组织能力，并采军事管理方法，以养成遵守纪律及共同生活之习惯。

五、在小学校中应依照公民训练标准，切实实施，务使小学毕业生必须具备公民常识与道德，以养成其为良善之公民，对于民权初步之练习，尤须使其能运用自如。

六、在中等学校中，对于公民道德之训练与知识之培养，童子军训练及军事训练,更应力求充实,使其将来在社会上成为各种事业之中坚份子,并能养成其为县地方自治之干部人才。

七、在各种补习学校,青年训练与民众训练,除授与以职业应用知能外,应特别注重施以公民教育与军事训练。

(七)体育

体育之目标,平时乃为自强,战时乃为卫国,故体育之设施关系于民族强弱之前途至为重大,此种观念亟应在抗战期间确实建立,以为复兴民族之基本工作。兹规定设施之要点如下:

一、各级学校应按照规定切实推行军事训练及童子军训练。

二、凡各县中之城镇,至少须设有体育场一所,务使全国男女老幼各有参加运动之机会。

三、提倡社会上业余运动,在一定时间举行团体比赛,以鼓励其兴趣。

四、奖励我国固有拳术及其他运动方式,并整理其教材,以恢复我国固有之运动。

五、整理各级学校体育教材,使与童子军训练、军事训练之教材连为一贯。

六、充分利用例假时间,提倡爬山、游泳、划船、射击等运动比赛,以养成国民之尚武精神。

七、中小学校应提倡劳动服务,以养成其耐劳耐苦,增强其体力。

八、各级学校应切实实行强迫课外运动,并注意学生食物之营养。

九、订定各级学校体格测验标准,及最低限度运动及格标准。

凡不及格者不得升级或毕业。

(八)经费

教育经费为一切教育事业推进之原动力,苟教育经费无整个之来源与具体之规定，则一切教育上理想之计划与事业，均无由实现。惟一方对于新增者，应有整个之筹集，一方对于旧有者，亦应有切实之整理，为合理之支配，举其要者如下：

一、中央对于整个之教育文化事业费与逐年增加之额数，应与其他事业费，有相当之比额，俾不致有所偏枯。

二、中央对于教育文化事业费之用途，须为合理之支配。

三、中央补助各省市之义务教育与民众教育经费，仍应按照预定计划，逐年增加，以期达到预定之目的。

四、各省市之义务教育经费，必须依照中央补助额数，设法筹足。

五、各地方之教育经费，其依法独立者，仍应予以保障。

六、各省市之教育经费及其款产，应积极设法清理，呈报中央备案。

七、各地方筹集义务教育经费，中央应规定其来源，或指定其税收，财政机关应予以相当之协助。

（九）建筑与设备

现今各级学校校舍之建筑与各科之设备，往往无标准，以致所费甚巨，而所得甚微，殊觉太不经济。依过去情形，往往有一大学建筑费，至数百万元以上者，而乡村之小学竟有求一茅舍而不可得者，有重要之学科，需要试验或实习之设备，而竟至一无所有者，此皆由于各级学校向无具体标准规定之故，故今后对于各学校之建筑与设备，应分别详为厘订标准，通令施行。

一、教育部应聘专家，按照本国实际情形，参考各国资料，订定各级学校建筑标准。

二、校舍建筑原则，应顾到：（1）须坚固质朴，（2）须合学校卫生，（3）须切实用，（4）与社会一般生活标准勿距离太远。

三、各学校之校舍，应尽可能范围内，设于距都市繁华市区较远之地区。

四．教育部应聘请专家，组织各级学校各科教材编订委员会编订各科教材时，同时并应订定各科必需之设备标准。

五、各地城市之中小学校应联合设立公共科学实验室及公共图书馆，以备各学校轮流借用。

六、各级教育行政机关视察各级学校，对于科学之设备，应特别注重，务须督促依照标准，充实设备。

（十）行政机构

教育行政机构之健全与否，对于推行一切教育事业之关系甚大，苟行政机构不健全，主持行政者不得其人，则虽有完密之制度，良善之方法，仍无法推行，故教育部今后对于各级教育行政机关，应设法使其组织完密，对于教育行政主持人员之人选，尤应特别审慎，郑重选定，务使其能上下沟通，活动灵敏，以达身手臂指使用之效。

一、省市教育行政主管人员之人选与任免，必须集权于中央，由教育部主持之。

二、各省市教育厅局内部之组织，应由教育部订定，以完密其机构。

三、各县教育局或教育科之组织、人选之资格与任用之方法，应由教育部分别订定施行。

四、各县之县督学，应由省教育行政机关委派之，各省市之主任督学应由部委派，使部督学与省市县督学间发生联系，上级机关能切实明瞭下级机关之施政情形。

五、县以下之教育行政制度与组织系统，应由教育部另行订定。

（十一）学术研究及审议

一、各大学研究院、研究所应由各大学有相当导师、优良成绩及设备之院系研究室发育而成，并与之联络为一体。

二、各大学研究院之研究科目及研究计划，应由教育部统计并筹划之。

三、教育部应设立全国最高学术审议机关，其职务如下：

1．统筹全国各大学研究院研究所之研究科目专题及研究计划；

2．主持学位授予事宜；

3．审核出国回国留学生法定资格与学术成绩；

4．筹划国立图书馆、科学馆、艺术馆、体育馆之设立；

5．筹划聘请外国学者入国讲学事宜；

6．审议教育部委托事件。

四、全国最高审议机关应由教育部征询全国各大学及国立研究院之意见，并就其所推举之学者聘定组织之。

（十二）留学制度

派遣学生出国学习各种学术，我国行之已久。然今日国内学术水准之高，远非二、三十年前可比。留学生之派遣，自应由泛而严。兹定其要点于下：

一、派往外国学习之科目及专题，以在国内不能得到适当之指导及设备而为国家所需要者为限。

二、派往外国求学之学生，以在国内对于所学科目及专题，已有适当之准备者为限。

三、官费留学生分左列之数类：

1．国内大学毕业生，经考试及格者。留学生考试之科目及专题，应由考试及派送机关呈请或商请教育部指定之。

2．国内大学毕业生，在研究院继续研究二年以上，经研究院之考试，成绩优良者，得由研究院向教育部推荐，经部详悉审定，得派遣出国，继续研究其原定科目及专题。

3．国内大学毕业生，因成绩优良，留校任助教或讲师二年以上，能继续研究其所学科目及专题，有心得及著作者，得由该校向教育部推荐，经部详悉审定，得派遣出国，继续研究其原定科目及专题。

4．国内大学教授继续服务五年以上而有特殊成绩者，应由该校资助出国研究。如原校无休假研究之办法者，教育部得就留学经费内拨助之。

5．无前述之资格或大学毕业生不合二、三、四各项规定而有专门著作之人，得由大学向教育部推荐，经部详悉审定，派遣出国，继续研究其原定科目及专题。

四、在国内不能得到适当指导与设备之科目及专题，如国家所需较广，得由教育部从国外聘请适当之学者入国讲授，并充实其设备，不必派遣学生出国留学。

五、自费留学生之资格，准用三之1项，由教育部规定之。

六、有艺术天才而需要出国留学以资进修者，应另定审核办法。

七、留学生监督制度，应加改定，除管理留学生之经费以外，应有指导留学生选择学校及考核留学生研究题目及成绩之责任。

八、留学生求学完毕回国时，应将其成绩及资格证明文件交教育部参考，留学生监督之报告，加以审定，予以审定证明文件。

（十三）女子教育与家庭教育

女子教育为家庭教育之基础，故在中小学中，对于女子除施以一般正常教育外，应有特殊之设施与训练，以为将来改进家庭教育之预备。

一、在高级小学中，对于女子应有家事科之设备与教学，如缝纫、洗濯、烹饪、家庭卫生等课。

二、在中学中，女生劳作科应专习家事，设置模范家庭、轮流实习缝纫、洗濯、烹饪，对于管理家庭、保育子女、事亲养老，家庭卫生、家庭经济、园艺等知识，尤应特别注重。

三、每一省市应设立一家政补习学校，其入学程度及修学年限，应富有弹性，以便年长失学之女子得以入学。

四、女子师范学校及高等师范学校中，应设家事师资养成科及专修科，以养成中小学之家事科师资。

五、中小学中及民众教育机关有家事科设备者，应附设各种女子家事科补习班，使在家庭中妇女得利用星期日或晚间入校补习有关各项家庭实用常识与技能。

六、小学中应利用星期日或农闲时举行亲师恳谈，研究家庭教育，以期改良家庭及教养子女之方法。

（十四）边疆教育与海外侨民教育

各地边远省区，民情风俗特殊，施教方法自应略异，海外侨胞，远隔异乡，施教尤见困难。故今后对于边疆教育与华侨教育，应如何设法联络督促或协助其进行，其要点如下：

一、教育部对于蒙回藏各级学校应加以切实整理与改进，并指定若干学校加授蒙回藏语文，并研究其文化。

二、海外侨民子女之回国求学者，应视其需要予以补习之机会及入学之便利。

三、补助边远省区之蒙回藏教育及华侨教育经费，应逐年增加，列入文化教育事业内，以助边疆教育与华侨教育事业之发展。

四、边疆教育及华侨教育之师资，应特设机关，分别训练，以供边疆各省及华侨学校应用。

五、蒙回藏之小学教科书，应从速编译完成印行后，分发边疆各省应用。

六、各地华侨学校所用之教科书，应分别搜集材料，从速编辑印行后分发各地华侨学校应用。

七、教育部每年应会同蒙藏委员会及侨务委员会遣派视察专员分赴边远各省及海外各地视察蒙回藏教育及华侨教育之实施情形,并协助其改进。

（十五）社会教育

一、制订并颁布社会教育制度,规定各种社教机关设立程序及工作标准。

二、健全并充实社会教育行政机构,各县应添设社教督导员,并订定辅导社教办法。

三、设立培植社教人员专科学校,并订定社教人员任用待遇规程。

四、宽筹社教经费,使达到规定标准,中央应继续拨款补助各省兴办新的社教事业。

五、应普设民众学校,积极推行成年失学民众补习教育,务期于五年内普及识字教育,肃清文盲,实施识字教育时应注意民族意识之灌输及自卫训练。

六、应改良旧有民众读物及编辑新的民众读物。

七、每县应设一民众教育馆,为全县之社会教育中心机关,省应按照行政专员督察区划分为若干民众教育辅导区,各设省立民教馆一所。

八、每省应设立图书馆一所,博物院一所,科学馆一所,音乐戏剧院一所,举办各种有关社教事业及辅导各县有关社教事业。

九、电影教育应积极推进,务期于五年内达到每县成立一教育电影巡回放映区,播音教育亦应继续推行,务期于五年内完成全国播音教育网,使每乡（镇）学校能有一架收音机。

十、应遵照中央决定,从速成立国立中央图书馆、国立中央博物院、国立中央音乐戏剧院,并筹设中央教育馆,以供全国教育界观摩改进之用。

十一、督促各级学校社会化,办理扩充教育,使贫寒未学青年及一般民众能有继续研究学术机会。

十二、社会教育应充分利用各种政治的及社会的一切现存组织，并应与各级学校联络实施。

（十六）建教关系

学术界与事业界关系至为密切，盖欲求地尽其利，物尽其用，货畅其流，首须人尽其才。社会各项事业需要人才之种类，与各学校毕业生之出路，在在有谋沟通求合作之必要，故建教合作已成为建设行政与教育行政共同重视之目标。教育部今后应积极推行此项计划，以实现合作之目的。

一、教育部应约集中央有关经济建设各机关，如财政部、经济部、交通部、内政部、军政部等，组织中央建设合作委员会，共同商订建教合作办法。

二、中央建教合作委员会，对于各方所需要专门人才之种类与数量，应作详密之调查，供教育部参考。教育部对于各校院科系之设置、教材之选择、实习研究之进行以及毕业生之服务〔下缺结论部分〕

〔国民政府教育部档案〕

7. 教育部制定的教员服务奖励规则

（1940年4月29日）

第一条　教员服务之奖励除别有规定外，依本规则行之。

第二条　本规则所称之教员，系统指各级公立及已立案之私立学校校长及专任教员而言。

第三条　凡连续服务十年以上成绩优良之教员，经查明属实者，分别授予各等服务奖状。

第四条　教员服务奖状，分为左列三种：

一、一等服务奖状

二、二等服务奖状

三、三等服务奖状

第五条 教员服务奖状之给与标准如左：

一、在同一学校连续服务在十年以上十五年未满者，授予三等服务奖状；

二、在同一学校连续服务十五年以上二十年未满者，授予二等服务奖状；

三、在同一学校连续服务二十年以上授予一等服务奖状。

第六条 教员服务年数，自到职之日起算，在本规则公布前或在学校立案前之服务年数，得照追计，但以有确据者为限。

第七条 学校改组或变更校名者，各教员在改组或变更校名前之服务年数，得照追计。

第八条 教员经主管教育行政机关改任他校服务，或因特殊情形在同一学校离职后而重复任职者，其前后服务年数得合并计算。

第九条 领受服务奖状之教员，以在职者为限。

第十条 应授予服务奖状之教员，由各该校开列姓名、性别、年龄、籍贯、担任学科、学历、经历、所服务学校名称、到校年月、连续服务年数等项，连同证件，依照左列规定呈请核明授予。

一、一等服务奖状依照规定，径呈或转呈教育部核明授予；

二、二等服务奖状及三等服务奖状呈请主管教育行政机关核明授予。但县市乡镇及保立学校暨私立小学教员二等服务奖状，应由主管教育行政机关转呈教育厅核明授予。

第十一条 各县市教育行政机关应于每年四月底以前，将授予三等服务奖状之教员姓名、所服务学校名称、担任学科、到校年月、连续服务年数等，汇报教育厅转呈教育部备案。

第十二条 各省市教育行政机关，应于每年六月底以前，将授予二等及三等服务奖状之教员姓名，所服务学校名称、担任学科、到校年月、连续服务年数等，汇报教育部备案。

第十三条 侨民学校教员连续服务在十年以上者,其请奖手续,由各驻外领事馆开列姓名、性别、年龄、籍贯、担任学科、学历、经历、所服务学校名称、到校年月、连续服务年数等项连同证件,呈请教育部核办。

第十四条 凡已受一等以下服务奖状者,如继续服务达规定年限者,得晋等授予服务奖状。

第十五条 服务奖状如有遗失时,得声叙原因,呈请补给。

第十六条 各省市县教育行政机关授予服务奖状之教员姓名、所服务学校名称及奖状种类,每月由主管教育行政机关定期公布一次,全国授予服务奖状之教员姓名、所服务学校名称及奖状种类,由教育部定期公布之。

第十七条 服务奖状之式样如附图。

第十八条 本规则自公布日施行。

服务奖状式样:

```
              奖  状  字  号
(某某)学校(校长)(教员)(某某)在该校连续服务(若干)年以上
按照教员服务规则之规定特授与(某某)服务奖状
此状
                                    授与者署名
中华民国    年    月    日
```

〔国民政府教育部档案〕

8. 教育部公布之修正私立学校规程

(1933年10月19日)

第一章 总纲

第一条　私人或团体设立之学校为私立学校，外国人设立之学校亦属之。

第二条　私立学校之开办、变更及停办，须经主管教育行政机关之核准。私立专科以上学校，以教育部为主管机关。（下略）

第三条　私立学校须经主管教育行政机关立案，受主管教育行政机关之监督及指导。其组织课程及其他一切事项，均须遵照现行教育法令办理。

第四条　私立学校不得设分校。

第五条　私立专科以上学校　非遇必要时不得设附属中等学校或附设小学。

第六条　外国人不得在中国境内设立教育中国儿童之小学。

第七条　私立学校校长均应专任，不得兼任其他职务。

外国人设立之私立中等以上学校，须以中国人充任校长或院长。

第八条　私立学校不得以宗教科目为必修科及在课内作宗教宣传，宗教团体设立之学校内如有宗教仪式，不得强迫或劝诱学生参加。在小学及其他同等学校并不得举行宗教仪式。

第九条　私立学校办理不善或违背法令时，主管教育行政机关得撤销其立案或令其停办。其开办三年尚未立案者，主管教育行政机关得令其停办，并撤销其校董会之立案。

第十条　私立学校之名称应明确标示学校之种类，不得以省市县等地名为校名，并须冠以私立二字。

第二章　校董会

第十一条　私立学校以校董会为其设立者之代表，第一任校董由设立者聘请相当人员组织之。

设立者为当然校董。设立者人数过多时，得互推一人至三人为当然校董。

第十二条　校董会校董名额不得过十五人，应互推一人为董事长。

第十三条　校董会之组织及职权暨校董之任期及改选办法应于校董会章程中规定之。

第十四条　校董会至少须有四分之一之校董，以曾经研究教育或办理教育者充任；现任主管教育行政机关及其直接上级教育行政机关人员，不得兼任校董，有特别情形者得以外国人充任校董，但名额至多不得过三分之一，其董事长须由中国人充任。

第十五条　校董会设立后，须开具左列各事项，呈请主管教育行政机关立案。

一、名称；

二、目的；

三、事务所所在地；

四、校董会章程；

五、资产资金或其他收入详细项目及其确实证明；

六、校董姓名、年龄、籍贯、职业及住址。

立案后如第三、第五、第六各项有变更时，须于一个月内分别呈报主管教育行政机关备案。

第十六条　校董会呈请立案时，在私立专科以上学校校董会应呈由该管省市（行政院直辖市）教育行政机关转呈教育部核办，在私立中等学校校董会，应呈由该管县市教育行政机关转呈教育厅或径呈该管市（行政院直辖市）教育行政机关核办；在私立小学及其同等学校校董会，应呈请该管市（行政院直辖市亦在内）县教育行政机关核办，转呈时对于前条所列各项均需切实调查，开具意见，以备审核。

第十七条　已核准立案之私立中等学校校董会，应由该管省市（行政院直辖市）教育行政机关转呈教育部备案，已核准立案之私立小学及其同等学校校董会，应由该管县市教育行政机关转呈教育厅备案。

第十八条 私立专科以上学校之附属中等学校及私立中等以上学校附设之小学暨其同等学校应另设校董会，其呈请立案及备案手续与普通私立中等学校及小学暨其同等学校同。

第十九条 校董会之职权以左列各项为原则，但因特别情形经主管教育行政机关核准者，不在此限。

一、关于学校财务，校董会应负之责任如左：

（1） 经费之筹划；
（2） 预算及决算之审核；
（3） 财务之保管；
（4） 财务之监察；
（5） 其他财务事项。

二、关于学校行政，由校董会选任之校长或院长完全负责，校董会不得直接参预。所选校长或院长应得主管教育行政机关之认可，如校长或院长失职，校董会得随时改选之。主管教育行政机关如认校董会所选之校长或院长为不称职时，亦得令校董会另选之，另选仍不称职，得由主管教育行政机关暂行遴任；校董会发生纠纷以致停顿时，得由主管教育行政机关令其限期改组。遇必要时，得径由主管教育行政机关改组之。

私立专科以上学校之附属中等学校及私立中等以上学校附设之小学暨其同等学校，其校长由另设之校董会选任之。

第二十条 校董会须于每学年终结后一个月内，详开左列事项，连同财产项目分别径报或转报主管教育行政机关备案。

一、学校校务状况；
二、前年度所办重要事项；
三、前年度收支金额及项目；
四、校长、教职员、学生一览表。

第二十一条 主管教育行政机关每学年须查核校董会之财务

及事务状况一次，于必要时得随时查核之。

第二十二条　私立学校因事停办时，校董会应于十日内呈请主管教育行政机关派员会同清理其财产。清理了结时，由清理人员呈报主管教育行政机关备案。

第二十三条　私立学校及其财产不得收归公有，但学校停办、校董会失其存在时，其财产得由主管教育行政机关处置之。

第二十四条　关于校董会债权债务诸事项发生轇轕时，应归法院处理。

第二十五条　校董会自身之解散，须经主管教育行政机关之许可。

第三章　私立专科以上学校

第二十六条　私立专科以上学校之设立，应遵照左列规定程序办理：

一、呈报开办应于校董会立案后行之。凡非经主管教育行政机关核准开办者，不得遽行招生。呈报时应开具左列各事项，连同本校平面图及说明书，送呈审核：

（1）学校名称（如有外国文名称者亦应列入）及其种类；

（2）学校所在地；

（3）学校及校舍情形；

（4）经费来源及经常开办各费预算表；

（5）组织编制及课程；

（6）参考书或教科书目录；

（7）图书馆全部图书目录及实验室全部仪器、标本目录及其价值；

（8）校长或院长及教职员履历表。

二、呈请立案应于开办一年后行之。呈请时须开具左列各事项，送呈查核。

（1）开办后经过情形；

（2） 前项第四款至第八款各事项；
（3） 各项章程规则；
（4） 学生一览表；
（5） 训育实施情形。

第二十七条　私立专科以上学校呈请开办及呈请立案时，应由该校校董会备具呈文及附属书类，呈由该管省市（行政院直辖市）教育行政机关转呈教育部核办，转呈时对于前条所列各事项均须切实调查，开具意见，以备审核。

第二十八条　私立专科以上各学校须具有左列各项，方得呈报开办：

一、大学或独立学院按所设学院或科之数目及种类，至少须有大学规程第十条所规定之开办费及每年经常费。

二、专科学校按所设专科之数目及种类，至少须有修正专科学校规程第十条所规定之开办费及每年经常费。（附注）开办费及第一年经常费，均须以现款照数存储银行。

第二十九条　私立专科以上学校之立案，须具有左列各项：

一、呈报事项查明确实者；

二、对于现行教育法令切实遵守，并严厉执行学校章则者；

三、教职员合格胜任，专任教员占全数三分之二以上者；

四、学生入学资格合格，在校学生成绩良好者；

五、设备足敷应用者；

六、资产或资金之租息连同其他确定收入（学费收入除外）足以维持其每年经常费者。

第四章　私立中等学校及小学暨其同等学校

第三十条　私立中等学校及小学暨其同等学校之设立，应遵照下列规定程序办理：

一、呈报开办　应于校董会立案后行之，凡非经主管教育行政机关核准开办者，不得遽行招生。呈报时须开具下列各事项：

连同全校平面图及说明书，送呈查核。

（1）学校名称（如有外国文名称者，亦应列入）及其种类；

（2）学校所在地；

（3）校地及校舍情形；

（4）经费来源及经常、开办各费预算表；

（5）组织编制及课程；

（6）教科书及参考书目录；

（7）图书、仪器、标本、校具及关于运动卫生各种设备及其价值；

（8）校长及教职员履历表。

二、呈请立案 应于开办一年后行之，呈请时须开具下列各事项送呈查核：

（1）开办后经过情形；

（2）前项第四款至第八款各事项；

（3）各项章程规则；

（4）学生一览表；

（5）训育实施情形。

第三十一条 私立中等学校呈报开办及呈请立案时，应由该校校董会备具呈文及附属书类，呈由该管县市教育行政机关转呈教育厅或径呈该管市行政院直辖市（教育行政机关）核办。转呈时，对于前列各事项，均须切实调查，开具意见，以备审核。在私立小学及其同等学校，应由该校校董会备具呈文及附属书类，呈请该管县市（行政院直辖市亦在内）教育行政机关核办。

第三十二条 私立中等学校及小学暨其同等学校须具有下列各项，方得呈报开办：

一、中学及高级职业学校 高级中学、初级中学及高级职业学校至少须有下表规定之开办费及经常费。〔表略〕惟第一年之经常费至少须各有额定数目三分之二。又下表每校以开设三级，每级分两班为准，其每级仅设一班者，经常费得减三分之一。其高中与初中合办者，开办费得经主管教育行政机关核准，照下表酌减。〔表略〕

二、初级职业学校

经费　有确定之资产或资金，其租息足以维其每年经常费者，或另有其他确定收入，足以维持其每年经常费者。

设备　有自置或拨用之校舍，相当之校地、活动场、理科实验室、实习场所、标本、仪器、图书、校具各项者。

三、小学及其同等学校

经费　有确定收入，足以维持其每年经常费者。

设备　有相当之校地、校舍、运动场、校具、教具图书各项者。

第三十三条　私立中等学校之立案，须具有下列各项：

一、呈报事项查明确实者；

二、对于现行教育法令切实遵守，并严励执行学校章则者；

三、教职员之名额、资格及任务，均合于中学规程及职业学校规程所规定者；

四、学生入学资格合格，在校学生成绩良好者；

五、设备足敷应用者；

六、资产或资金之租息，连同其他确定收入（学费收入除外）足以维持其每年经常费者。

第三十四条　私立小学及其同等学校之立案，须具有下列各项：

一、呈报事项查明确实者；

二、教职员之名额、资格及任务均合于小学规程所规定者；

三、设备足敷应用者。

第三十五条　已核准立案之私立中等学校，应由省市（行政院直辖市）教育行政机关转呈教育部备案；已核准立案之私立小学及其同等学校，应由县市教育行政机关转呈教育厅备案，核准备案后，其立案手续为完成。

第三十六条 私立专科以上学校之附属中等学校及私立中等以上学校附设之小学，暨其同等学校之呈报开办，呈请立案及备案手续，与普通私立中等学校及小学同。

第五章 附则

第三十七条 未依照本规程完成立案手续之私立学校，其肄业生及毕业生，不得与已完成立案手续之私立学校学生受同等待遇。

第三十八条 本规则自公布日施行。

〔国民政府教育部档案〕

9．学生自治会规则

（1943年11月22日）

第一条 学生自治会以根据三民主义培养学生法治精神，并促进其德育、智育、体育、群育之发展为目的。

第二条 学生自治会为学生课外活动之唯一组织，以在学校以内组织为限，不得有校与校间联合组织，并不得以会参加校外各种团体组织或活动。

第三条 凡中等以上学校学生，不分性别，应一律参加本校学生自治会。

第四条 学生自治会之名称应冠以各校校名。学校设有分部、分校或分院，距离本校过远者得组织分部、分校、分院学生自治会。

第五条 学校校长及主管训导人员负学生自治会指挥监督之责。学生自治会之各种活动应由学校选聘教职员，分别担任指导。

第六条 学生自治会之组织应由学校训导处或教导处指定

每年级或每院系学生二人至三人先成立筹备会，由筹备会于成立二星期内，登记会员，召开大会通过办事细则及选定职员，正式成立学生自治会。

第七条 学生自治会应于成立后两星期内，缮具办事细则及职员履历、会员人数报由学校转呈主管教育行政机关核准备案。

职员履历表：

一、会员号数；

二、姓名；

三、籍贯；

四、性别；

五、年龄；

六、学历；

七、现在职务；

八、是否中国国民党党员或三民主义青年团团员；

九、住址及通讯处。

第八条 学生自治会之权力机关为会员大会，在会员大会闭会期间为理事会。全校学生人数在五百人以上得以代表大会代替会员大会。代表大会由各年级或院系按照人数比例选出代表，组织之代表人数由各校自定。

第九条 理事会设理事十一人至十七人，候补理事三人至五人，并由理事互选常务理事一人至三人。

第十条 理事会之理事由各年级或院系推举候选人三人至九人，提请会员大会按照规定名额选举之。任期定为半年，但得连任一次。

第十一条 理事会分设服务、学艺、健康、风纪、事务五部，各部设总干事一人，干事若干人。总干事由理事会推选理事兼任，干事由理事会指定会员充任。各部之任务如下：

一、服务部 关于学校服务、社会服务及生产劳动事项；

二、学艺部　关于学术研究、书刊出版及艺术表演事项；

三、健康部　关于卫生及体育活动事项；

四、风纪部　关于新生活规律之实践及秩序与纪律之促进事项；

五、事务部　关于文书、庶务、会计及会员之登记事项。

第十二条　学生自治会理事、总干事有下列各款情事之一者，应即解任：

一、有不得已事故，经会员大会议决，准其辞职者；

二、旷废职务，经会员大会议决令其辞职者；

三、违背校规，受学校惩戒处分，经会员大会议决令其退职或由学校令其退职者；

四、经学校核准休学或退学者。

干事之解任，除上列第四款外，由理事会决定之。

第十三条　学生自治会理事及总干事中途解任者，理事以得票较多之候补理事补充，总干事由理事会另行推定。均以补足前任之任期为限。学生自治会干事有解任者，其缺额由理事会另行指定其他会员充任之。

第十四条　会员大会于每学期之始及每学期之终各举行一次。遇必要时，经理事会之决议或会员四分之一以上之建议，经学校之允许，得由理事会召开临时大会。

第十五条　理事会每两星期开会一次。遇必要时，得由常务理事召开临时会。

第十六条　学生自治会举行各项会议时，均应先期请求学校派员指导。

第十七条　学生自治会之决议以在规定之任务范围以内为限，并不得干涉学校行政。有违反上项情形者，学校得撤销之。

第十八条　学生自治会会员在会务范围以内，具有选举、罢免、创制、复决之权。

第十九条 学生自治会如有违背校规,情节重大时,学校得解散之。

第二十条 学生自治会之经费以会员会费充之,必要时得请学校补助。

第二十一条 本规则自公布日施行。

〔国民政府教育部档案〕

10. 教育部捐资兴学褒奖条例

(1944年2月10日)

第一条 凡以私有财产捐助公立或已立案之学校、图书馆、博物馆、美术馆、体育场、民众教育馆或其他教育事业者,依本条例褒奖之。

第二条 依前条规定捐资者,无论用个人名义、合捐名义或用团体名义,一律按照其捐资多寡,依左列规定分别授与各等奖状:

一、捐资一千元以上者,授与七等奖状;
二、捐资三千元以上者,授与六等奖状;
三、捐资五千元以上者,授与五等奖状;
四、捐资一万元以上者,授与四等奖状;
五、捐资三万元以上者,授与三等奖状;
六、捐资五万元以上者,授与二等奖状;
七、捐资十万元以上者,授与一等奖状。

前项奖状格式,由教育部定之。

第三条 捐资应授与四等以下奖状者,由各省市教育厅局开列事实表册及捐资证件,呈请省市政府核明授与,仍于年终汇报教育部备案。

应授与三等以上奖状者,由各省市教育厅局或受捐之国立学校、省市立专科以上学校或其他国立教育机关开列事实表册及捐资证件，呈请教育部核明授与。

第四条　捐资在蒙古、西藏应授与四等以下奖状者，由蒙古各盟旗官署、西藏各地方官署分别授与，仍于年终汇案分报教育部及蒙藏委员会备案。

应授与三等以上奖状者，由各该地方官署开列事实表册及捐资证件，送蒙藏委员会核明，咨请教育部查酌授与。但蒙藏委员会查有应授与三等以上奖状者，亦得自行咨请教育部授与。

第五条　侨民在国外捐资应授与各等奖状者，由当地领事馆或教育专员开列事实表册及捐资证件送侨务委员会，在未设领事馆或教育专员地方，得由学校校长或校董会董事长或其他侨民教育机关主管人员呈侨务委员会核明，咨请教育部查酌授与。但侨务委员会查有应授与各等奖状者，亦得自行咨请教育部授与。

第六条　捐资在二十万元以上者，除授与一等奖状外，并另予奖励如左：

一、捐资二十万元以上者，年终由教育部汇案呈请行政院转呈国民政府明令嘉奖；

二、捐资一百万元以上者，由教育部专案呈请行政院转呈国民政府明令嘉奖。

侨民在国外捐资兴学者，其请奖事务由教育部会同侨务委员会办理之。

第七条　捐资在蒙古、西藏或其他语言文化具有特殊性质之地方至三万元以上者，除依第二条规定授与奖状外，并另予奖励如左：

一、捐资三万元以上者，由教育部、蒙藏委员会分别题颁匾额；

二、捐资五万元以上者，由教育部、蒙藏委员会分别题颁匾额，并由行政院明令嘉奖；

三、捐资十万元以上者,由行政院明令嘉奖,题颁匾额;

四、捐资二十万元以上者,由行政院转呈国民政府明令嘉奖,题颁匾额。

第八条 一人于两处以上捐资兴学者,得依本条例声请分别或合计受奖。

第九条 凡受有奖状续行捐资者,得请合计先后数目晋授奖状。

第十条 经募捐款十倍于第二条各款所列数额者,得分别比照授与奖状。

第十一条 凡以动产或不动产捐助者,按捐助时之价值折合国币计算。

第十二条 本条例自公布日施行。

附奖状图样〔略〕

捐资兴学褒奖条例修正第二、六、七条条文
(1945年5月10日)

第二条 依前条规定捐资者,无论用个人名义、合捐名义或用团体名义一律按照其捐资多寡依左列规定,分别授予各等奖状。

一、捐资壹万元以上者授予七等奖状;

二、捐资叁万元以上者授予六等奖状;

三、捐资伍万元以上者授予五等奖状;

四、捐资拾万元以上者授予四等奖状;

五、捐资叁拾万元以上者授予三等奖状;

六、捐资伍拾万元以上者授予二等奖状;

七、捐资壹佰万元以上者授予一等奖状;

前项奖状格式由教育部定之。

第六条 捐资在二百万元以上者,除授予一等奖状外,并另予奖励如左：

一、捐资在二百万元以上者，年终由教育部汇案呈请行政院转呈国民政府明令嘉奖。

二、捐资壹仟万元以上者，由教育部专案呈请行政院转呈国民政府明令嘉奖。

三、侨民在国外捐资兴学者，其请奖事务由教育部会同侨务委员会办理之。

第七条 捐资在蒙古、西藏或其他语言文化具有特殊性质之地方至三十万元以上者，除依第二条规定授予奖状外，并另予奖励如左：

一、捐资三十万元以上者，由教育部、蒙藏委员会分别题颁匾额。

二、捐资五十万元以上者，由教育部、蒙藏委员会分别题颁匾额，并由行政院明令嘉奖。

三、捐资一百万元以上者，由行政院明令嘉奖，题颁匾额。

四、捐资二百万元以上者，由行政院转呈国民政府明令嘉奖，题颁匾额。

附录 历次所定捐资数额

等第＼数额＼时期	民国二年	民国三年	民国七年	民国十八年	民国卅三年	民国卅四年	备考
七	一百元	一百元	一百元		一千元	一万元	民国十四年所受捐资数额与民国七年同
六	三百元	三百元	三百元		三千元	三万元	
五	五百元	五百元	五百元	五百元	五千元	五万元	

续上表

等第 \ 时期数额	民国二年	民国三年	民国七年	民国十八年	民国卅三年	民国卅四年	备考
四	一千元	一千元	一千元	一千元	一万元	十万元	
三	三千元	三千元	三千元	三千元	三万元	三十万元	
二	五千元	五千元	五千元	五千元	五万元	五十万元	
一	一万元	一万元	一万元	一万元	十万元	一百万元	

〔国民政府教育部档案〕

11. 教育部订定之著作发明及美术品奖励规则①

（1944年7月7日）

第一条 教育部对于专门著作、科学技术发明与美术作品之奖励，依本规则办理之。

第二条 奖励之范围如左：

著作：

（一）文学（包括文学论文、小说、剧本、词曲及诗歌）；

（二）哲学；

（三）社会科学；

（四）古代经籍研究。

发明：

（一）自然科学；

---

① 本规则民国三十三年五月五日行政院义陆字第10176号指令核准，教育部于同年七月七日参字第3291号文公布。

（二）应用科学；

（三）工艺制造。

美术：

（一）绘画（包括中画、西画及图案等）；

（二）雕塑；

（三）音乐（包括乐曲及乐理等）；

（四）工艺美术。

前项奖励，以本国学者于最近三年内完成者为限。

第三条　著作及发明有下列情形之一者不得请求奖励：

（一）中小学教科书；

（二）通俗读物；

（三）纪录表册或报告说明；

（四）三人以上合编之著作；

（五）翻译外国人之著作；

（六）编译各家之著作而无特殊之见解者；

（七）字典及辞书；

（八）演讲集；

（九）无正确学理根据及说明之发明；

（十）发明之程序不明或发明事项未完成者；

（十一）他人已经发见之事项；

（十二）无法试验或证实之发明事项。

第四条　每年奖励种类及名额，由教育部就第二条所列范围内酌定之。

第五条　著作发明及美术作品参加奖励之候选者，由教育部径行提出，或由学术审议委员会推荐，原著作人发明者或美术制作者亦得自由申请。但每人于每类中以参加一种作品为限。

前项推荐及自行申请之作品，均须于每年三月一日起至九月底止呈送教育部。

第六条　申请奖励之著作及科学发明之论文，以用中文叙述并已出版者为原则，原稿如系用外国文字撰述者，须将全文译成中文随缴。

其因印刷困难，尚未出版之著作，以缮正本申请奖励者，字数须在五万字以上。但诗歌词曲及科学发明论文不在此限。

第七条　申请奖励之发明，必须详细叙明或发现经过，必要时并须呈缴图样及原发明品。

第八条　申请奖励之工业发明品，以获得专利证书者为限。

第九条　参加奖励之候选者，均须附具左列各件：

（一）用中文叙述之说明书三份（式样附后）〔略〕；

（二）原著作发明或美术制作（已出版之著作及发明中，自然科学、应用科学二类论文须缴送原稿二份）；

（三）介绍书须详载推荐人或介绍人对于该著作发明或美术作品之意见；

（四）属于工业发明者之专利证书。

说明书及介绍书概不发还，除已出版之著作及科学发明论文留存一份备查外，其余各件于审查竣事后发还。

第十条　自行申请者之介绍书，以具有左列资格之专家二人填具之。

（一）曾任或现任专科以上学校校长、院长或教授，担任有关该项著作或发明之科学者；

（二）曾任或现任研究所之研究员，原系研究该项科学者；

（三）对于该项科学确有研究，已有重要著作者。

第十一条　参加奖励候选作品，由学术审议委员会专门委员或另行聘请之专家负初审之责，初审合格者，提出学术审议委员会大会决定其应否给奖及评定其等第。

第十二条　审查合格评定等第在奖励名额以内之各种著作发明及美术作品，每种均由教育部给予奖金，其得二等奖者，授予学术奖状或艺术奖状，其余发给得奖证明书。

第十三条　申请奖励之著作发明及美术作品，第一次未获奖金者，得将原作品详加修正，再报第二次之申请，惟续请以一次为限，并须将作品附缴。

第十四条　本规则自公布日施行。

〔中央大学档案〕

12．国民政府抄发修正教育会法致政务官惩戒委员会训令

（1944年10月31日）

国民政府训令　渝文字第六四〇号

令国民政府政务官惩戒委员会

查教育会法现经修正，明令公布，应即通饬施行。除分行外，合行抄发该法，令仰知照，并转饬所属一体知照。此令。

计抄发教育会法一份

国民政府主席蒋中正

立法院院长孙　科

中华民国三十三年十月三十一日

教育会法

第一章　总则

第一条　教育会以研究教育事业，发展地方教育，并协助政府推行教育政令为宗旨。

第二条　教育会为法人。

第三条　教育会之主管官署，在中央为社会部，在地方为省市县社会行政主管机关，教育部或各省市县教育行政主管机关为其目的事业主管官署。

第四条 教育会之任务如左：
一、关于地方教育之研究设计及建议改进事项。
二、关于增进人民生活上之知识之指导事项。
三、关于地方教育之调查、统计及编纂事项。
四、举办各种教育研究会及学术讲演会。
五、举办各种教育事项，但须经主管教育行政机关之核准。
六、关于一般教育事项得建议于教育行政机关。
七、处理各主管官署委办或咨询事项。
八、办理其他合于教育会宗旨之事项。
第五条 教育会不得为营利事业。
第六条 教育会分乡镇教育会、市区教育会、县教育会、市教育会及省教育会。
下级教育会应受上级教育会之指导。
第七条 有左列情形之一时，教育部、社会部得会同召集全国省市教育会联合会议。
一、教育部或社会部认为必要时；
二、经七省市以上教育会之提议时。
前项联合会议之代表人数由教育社会两部会同定之。

第二章 设立

第八条 同一区域内每级教育会以一个为限。
第九条 各级教育会之区域，依其现有之行政区域。但乡镇教育会或市区教育会遇有特别事由时，经当地主管官署会商目的事业主管官署核准，得不依现有之行政区域设立之。
教育会区域依其现有之行政区域者，冠以该区域之名称，其不依现有之区域者，得另冠名称，呈当地主管官署核定之。
第十条 乡镇教育会或市区教育会之设立，应有该区域内具有会员资格者二十人以上之发起，县市以上教育会之设立，应有直接下级教育会过半数之成立。

第十一条　教育会之组织，应由发起人向当地主管官署申请许可，经许可后，该主管官署应即派员指导。

第十二条　教育会经许可组织后，应即推定筹备员组织筹备会，呈报当地主管官署备案，并分呈目的事业主管官署

第十三条　教育会章程应载明左列事项：

一、名称；

二、宗旨；

三、区域；

四、会址；

五、任务或事业；

六、组织；

七、会员入会出会及除名；

八、会员之选任解任及其权利与义务；

九、职员名额、权限、任期及其选任解任；

十、会议；

十一、会费之数额；

十二、经费及会计；

十三、章程之修改。

第十四条　教育会于召开成立大会前，应将筹备经过连同章程草案，呈报主管官署，并请派员监选。

第十五条　教育会组织完成时，应于十日内造具会员名册、职员略历册连同章程各一份，呈请当地主管官署立案，并应分呈目的事业主管官署备案。

第十六条　教育会经核准立案后，应由当地主管官署颁发立案证书及图记。

第三章　会　员

第十七条　凡中华民国人民住居该区域内，年满二十岁，具有左列资格之一者得加入乡镇教育会或市区教育会为会员。

一、现任公立或已立案之学校教职员或社会教育机关职员，但职员以中等以上学校毕业者为限。

二、曾在公立或已立案之大学或独立学院教育科系或师范学院毕业者。

三、曾在师范专科学校或师范学校毕业者。

四、曾在公立或已立案之专科以上学校毕业，并从事教育事业一年以上者。

五、曾在公立或已立案之学校或社会教育机关服务三年以上者。

六、对于教育确有研究、并有关于教育著作者。

第十八条 有左列情事之一者，不得为教育会会员。

一、背叛中华民国者。

二、褫夺公权者。

三、禁治产者。

第十九条 上级教育会以其下级教育会为会员。下级教育会为上级教育会之会员时，各得派代表出席。

前项代表之名额，乡镇教育会或市区教育会二人、县教育会或市教育会一人，各由会员大会选举之，任期二年，期满应即依法改选，连选得连任。

第四章 职员

第二十条 乡镇教育会或市区教育会设理事三人至五人，候补理事一人或二人，监事一人，候补监事一人，由会员大会就会员中选举之，理事得互选一人为常务理事。

第二十一条 县市教育会设理事五人至九人，候补理事一人至三人，监事一人至三人，候补监事一人，由会员大会选举之，并得由理事互选一人至三人为常务理事。

前项常务理事为三人时，得互选一人为理事长，监事为三人时，得互选一人为常务监事。

第二十二条 省教育会或院辖市教育会设理事九人至二十五人，候补理事三人至七人，监事三人至七人，候补监事一人至二人，由会员大会选举之。

前项理事互选三人至五人为常务理事，必要时常务理事得互选一人为理事长，监事得互选一人为常务监事。

第二十三条 上级教育会职员之候选人，不限于下级教育会出席之代表。

第二十四条 上下级教育会职员，不得互相兼任。

第二十五条 各级教育会职员之候选人，以其所属乡镇教育会或市区教育会会员为限。

第二十六条 教育会选举之职员为无给职。

第二十七条 教育会职员任期二年，期满应即依法改选，连选得连任。

第二十八条 教育会职员改选完成后，应于十日内造具职员略历连同会员增减名册呈报当地各主管官署备案、各该主管官署应将改选总报告表，分别逐级转报社会部及教育部备案，其整理与改组时同。

第二十九条 教育会选举之职员因有不得已之事由，得经会员大会议决，准其辞职，其因职务上违背法令、营私舞弊或有其他重大之不正当行为，得经会员大会议决令其退职或由主管官署将其解职。

第五章 会议

第三十条 教育会会员大会，分定期会议及临时会议两种，由常务理事或理事长召集之。

前项定期会议每年一次。

第三十一条 教育会会员大会之决议，以会员过半数之出席，出席会员过半数之同意行之。

第三十二条 左列各款事项之决议，以会员过半数之出席，出席会员三分之二以上之同意行之。

一、修改章程。

二、会员除名。

三、职员退职。

第三十三条 教育会理事会议，县市以下教育会每月一次，省市教育会每两月一次，由常务理事或理事长召集之，必要时得开临时会议；监事会议，县市教育会每二月一次，省市教育会每四月一次，由常务监事召集之，必要时得开临时会议。

第六章 经费

第三十四条 教育会经费，分左列两种：

一、会员入会费及常年费；

二、事业费。

前项事业费，经会员大会或代表大会议决得依法募集之，必要时亦得由中央或地方政府补助之。

第三十五条 各级教育会收支，应于每年度终了时，呈报当地主管官署核销，并通告各会员。

第七章 解散及清算

第三十六条 教育会违反法令，妨害公益，怠忽任务时，主管官署得分别施行左列之处分：

一、警告；

二、撤销其决议；

三、整理；

四、解散。

教育会经解散后，应即重新组织。

下级主管官署为第一项第三款或第四款之处分时，应经上级主管官署之核准。

第三十七条 教育会解散时，其财产应由当地主管官署指派人员清算，其清算人有代表教育会执行清算一切事务之权。

第八章 附则

第三十八条 本法自公布日施行。

〔国民政府档案〕

（二）教育行政组织

1. 教育部组织法①

（1940年11月16日）

第一条　教育部管理全国学术及教育行政事务。

第二条　教育部对于各地方最高级行政长官执行本部主管事务有指示监督之责。

第三条　教育部就主管事务，对于地方最高级行政长官之命令或处分，认为有违背法令或逾越权限者，得请由行政院院长提经行政院会议议决后，停止或撤销之。

第四条　教育部置左例各司：

一、总务司；

二、高等教育司；

三、中等教育司；

四、国民教育司；

五、社会教育司；

六、蒙藏教育司。

第五条　教育部于必要时，得置各委员会，其组织另以法律定之。

第六条　教育部经行政院会议及立法院之议决，得增置裁并各司及其他机关。

第七条　总务司掌左列各事项：

一、关于收发分配撰拟缮校保存文件事项；

二、关于部令之公布事项；

---

① 本组织法于民国二十九年十一月十六日修正公布。

三、关于典守印信事项；

四、关于本部及所属机关人员之任免奖惩事项；

五、关于编印公报及发行事项；

六、关于本部官产官物之保管事项；

七、关于款项之出纳规划事项；

八、关于本部庶务及其他不属于各司事项。

第八条 高等教育司掌左列各事项：

一、关于大学教育及专科教育事项；

二、关于国外留学及国际文化事项；

三、关于各种学术机关之指导事项；

四、关于学位授予事项；

五、关于其他高等教育事项。

第九条 中等教育司掌左列各事项：

一、关于中学教育事项；

二、关于师范教育事项；

三、关于职业教育事项；

四、关于地方教育机关之设立及变更事项；

五、关于其他中等教育事项。

第十条 国民教育司掌左列各事项

一、关于小学教育事项；

二、关于失学民众教育事项；

三、关于幼稚园教育事项；

四、关于其他国民教育事项。

第十一条 社会教育司掌左列各事项：

一、关于家庭教育及补习教育事项；

二、关于学校办理社会教育事项；

三、关于低能残废者之教育事项·

四、关于文化团体之指导事项；

五、关于民众教育馆事项；

六、关于图书及保存文献事项；

七、关于公共体育事项；

八、关于音乐戏剧电影播音及其他美化教育事项；

九、关于其他社会教育事项。

第十二条　蒙藏教育司掌左列各事项：

一、关于蒙藏地方教育之调查事项；

二、关于蒙藏地方各种教育事业之兴办事项；

三、关于蒙藏教育师资之培养事项；

四、关于蒙藏子弟入学之奖励事项；

五、关于其他蒙藏教育事项；

六、关于其他边疆教育事项。

第十三条　学校所用图书仪器及其他教育用品，由教育部审查核定，其办法由教育部定之。

第十四条　教育部部长综理本部事务，监督所属职员及各机关。

第十五条　教育部政务次长、常务次长辅助部长处理部务。

第十六条　教育部设秘书六人至八人，分掌部务会议。

第十七条　教育部设参事三人至五人，撰拟审核关于本部之法案命令。

第十八条　教育部设司长六人，分掌各司事务。

第十九条　教育部设督学八人至十六人，视察员十六人至二十四人，视察及指导全国教育事宜。

第二十条　教育部设科长十八人至二十四人，科员一百人至一百四十人，承长官之命，分掌各科事务。

第二十一条　教育部设技士二人至四人，承长官之命，办理技术事务。

第二十二条　教育部部长特任，次长参事司长秘书二人及督学四人简任,其余秘书督学科长荐任,科员视察员技士委任。

第二十三条 教育部因事务上之必要,得酌用雇员。

第二十四条 教育部设会计长一人,统计主任一人,办理岁计会计统计事项,受教育部部长之指挥监督,并依国民政府主计处组织法之规定直接对主计处负责。会计处及统计室需用佐理人员名额,由教育部及主计处就本法所定荐任委任及雇员名额中会同决定之。

第二十五条 教育部处务规程以部令定之。

第二十六条 本法自公布日施行。

〔国民政府教育部档案〕

2. 修正教育部各司分科规程

(1940年11月16日)

第一条 本部各司掌管事项,依本规程之规定分科处理之。

第二条 各司分科办事,其科额由部长按照各司科事务之繁简,酌定之。

第三条 总务司置第一、第二、第三、第四四科。

第一科掌左列各事项:

一、关于文件之收发分配及撰拟缮校事项;

二、关于部令之公布事项;

三、关于印信之典守事项;

四、关于档案之保管事项;

五、关于公报之编辑发行及其他部编刊物之发行事项。

第二科掌左列各事项:

一、关于本部官产官物之登记及保管事项;

二、关于本部之购置、印刷及设备事项;

三、关于本部之建筑及修缮事项;

四、关于本部警卫及工役之管理事项；

五、关于本部消防及卫生事项。

第三科掌左列各事项：

一、关于本部人员之任免升降迁调事项；

二、关于本部所属机关学校人员任免手续之办理事项；

三、关于本部人员考勤及奖惩之纪录事项；

四、关于本部所属机关学校应行铨叙人员之查催及转送审查事项；

五、关于本部及所属机关学校主要人员动态之登记事项；

六、关于本部职员之抚恤及教育人员养老金恤金事项；

七、关于本部及所属机关学校主要人员履历之调查登记事项；

八、关于本部及所属机关学校人事管理之建议事项；

九、关于本部及所属机关学校人员名录之汇编事项。

第四科掌左列各事项：

一、关于本部经费之筹划分配事项；

二、关于本部所属机关学校经费之调节分配事项；

三、关于本部所属机关学校款项之收支保管事项；

四、关于本部及所属机关学校缴解款项之核收及转解事项；

五、关于本部现金票据证券存款折据等件保管及移转事项；

六、关于现金出纳帐银行往来帐现金分户帐之登记事项；

七、关于现金收支表册之编造事项；

八、关于其他有关财务事项。

第四条　高等教育司置第一、第二、第三、第四四科。

第一科掌左列各事项：

一、关于专科以上学校之设立及变更事项；

二、关于专科以上学校之组织及行政事项；

三、关于高等教育经费之计划及支配事项；

四、关于专科以上学校之建筑设备事项；

五、不属于本司其他各科与高等教育有关之事项。

第二科掌左列各事项：

一、关于专科以上学校学生之学籍事项；

二、关于专科以上学校毕业生资格之审核事项；

三、关于专科以上学校学生学业成绩之复核事项；

四、关于专科以上学校毕业生之实习及服务指导事项；

五、关于专科以上学校学生之免费、公费及奖学金事项。

第三科掌左列各事项：

一、关于专科以上学校之训育事项；

二、关于专科以上学校之课程及教材事项；

三、关于专科以上学校教员之资格审查及任用待遇事项；

四、关于专科以上学校之体育卫生及军事训练事项；

五、关于学术研究及奖励事项；

六、关于学术机关团体之指导事项；

七、关于学位授予事项。

第四科掌左列各事项：

一、关于国外留学事项；

二、关于国外学术机关团体之联络事项；

三、关于国外教授之交换讲学及学生之交换留学事项；

四、关于国际出版〔品〕之交换事项；

五、关于其他沟通国际文化事项；

六、关于侨民高等教育事项。

第五条　中等教育司置第一、第二、第三三科。

第一科掌左列各事项：

一、关于地方教育机关之设立及变更事项；

二、关于中学之设立及变更事项；

三、关于中学之训育事项；

四、关于中学之课程教材及设备事项；
五、关于中学教育经费之规划及支配事项；
六、关于中学用图书仪器及其他教育用品之审查核定事项；
七、关于中学教员之任用待遇事项；
八、关于中学教员之检定、进修及临时训练事项；
九、关于中学之体育及卫生事项；
十、关于中学之军事训练及童子军教育事项；
十一、关于中学学生之免费、公费及奖学金事项；
十二、关于侨民中学教育事项。

第二科掌左列各事项：
一、关于师范学校之设立及变更事项；
二、关于师范学校之训育事项；
三、关于师范学校之课程教材及设备事项；
四、关于师范学校经费之规划及支配事项；
五、关于师范学校用图书仪器及其他教育用品之审查核定事项；
六、关于师范学校教员之任用待遇事项；
七、关于师范学校教员之检定进修及临时训练事项；
八、关于师范学校之体育卫生事项；
九、关于师范学校之军事训练及童子军教育事项；
十、关于师范学校辅导地方教育事项；
十一、关于师范毕业生之服务及指导事项；
十二、关于师范生之待遇及奖学金事项；
十三、关于其他国民教育师资训练事项；
十四、关于侨民师范教育事项。

第三科掌左列各事项：
一、关于职业学校之设立及变更事项；
二、关于职业学校之训育事项；

三、关于职业学校之课程教材及设备事项;

四、关于职业教育经费之规划及支配事项;

五、关于职业学校用图书仪器及其他教育用品之审查核定事项;

六、关于职业学校教员之任用、待遇事项;

七、关于职业学校教员之检定进修及临时训练事项;

八、关于职业学校之体育卫生事项;

九、关于职业学校之军事训练及童子军教育事项;

十、关于职业学校学生之免费、公费及奖学金事项;

十一、关于短期职业训练及职业补习学校事项;

十二、关于职业指导事项;

十三、关于推行职业教育与其他有关机关团体之合作事项;

十四、关于侨民职业教育事项。

第六条 国民教育司置第一、第二、第三三科。

第一科掌左列各事项:

一、关于国民教育之计划设施事项;

二、关于学龄儿童失学民众之调查及入学事项;

三、关于地方教育机关与地方自治机关之联系事项;

四、关于中心学校国民学校教员之登记及任用待遇事项;

五、关于中心学校国民学校教员之检定事项;

六、关于私塾之整理事项;

七、关于侨民小学教育事项;

八、其他有关国民教育之行政事项。

第二科掌左列各事项:

一、关于中心学校国民学校及幼稚园之课程教材训育及设备事项;

二、关于中心学校国民学校及幼稚园用图书仪器及其他教育用品之审查核定事项;

三、关于中心学校国民学校及幼稚园教员之进修事项；

四、关于中心学校国民学校及幼稚园之体育及卫生事项；

五、关于中心学校国民学校及幼稚园教学方法之改进及测验事项。

第三科掌左列各事项：

一、关于国民教育实施状况之视导事项；

二、关于办理国民教育成绩考核事项；

三、关于国民教育经费之计划及支配事项；

四、关于国民教育经费用途之考核事项；

五、关于各省市国民教育基金之筹集事项。

第七条　社会教育司置第一、第二、第三三科。

第一科掌左列各事项：

一、关于社会教育行政计划及经费之规划支配事项；

二、关于民众教育馆事项；

三、关于注音符号及识字运动事项；

四、关于民众读物事项；

五、关于补习教育及巡回教育事项；

六、关于低能残废等特殊教育事项；

七、关于社会教育人员之训练登记及任用待遇事项；

八、关于文化团体之指导事项；

九、关于侨民社会教育事项。

第二科掌左列各事项：

一、关于图书馆、博物馆事项；

二、关于体育场及民众体育事项；

三、关于音乐、戏剧艺术及其他美化教育事项；

四、关于文献古物之保存事项；

五、关于通俗讲演、改良风俗及民众娱乐事项；

六、关于国民历事项；

七、关于各级学校办理社会教育事项；

八、关于家庭教育事项。

第三科掌左列各事项：

一、关于播音教育事项；

二、关于电影幻灯教育等事项；

三、关于电化教育教材编辑事项；

四、关于电化教育推广事项；

五、关于民众科学教育事项。

第八条 蒙藏教育司置第一第二两科。

第一科掌左列各事项：

一、关于蒙藏暨其他边疆各种教育事业之计划兴办及管理事项；

二、关于蒙藏暨其他教育之调查及督导事项；

三、关于蒙藏暨其他边疆教育经费之规划及支配事项；

四、关于蒙藏暨其他边疆教育师资之培养事项；

五、关于蒙藏暨其他边疆学校教员之任用待遇及登记检定进修事项；

六、关于蒙藏暨其他边疆子弟入学升学补习之指导及奖励事项；

七、关于蒙藏暨其他边疆教育之实验事项；

八、关于其他蒙藏及边疆教育行政事项。

第二科掌左列各事项：

一、关于蒙藏暨其他边疆教育法案之翻译事项；

二、关于蒙藏暨其他边疆教育图书之编译及审查事项；

三、关于蒙藏暨其他边疆地方乡土教材之搜集研究及编译事项；

四、关于蒙藏暨其他边疆语文之研究整理及沟通事项；

五、关于蒙藏暨其他边疆语文图书之印刷、保管及分配事项；

六、关于蒙藏及其他边疆地方学术之考查事项；

七、关于其他有关蒙藏暨边疆教育之编译及研究事项。

〔国民政府教育部档案〕

3. 教育部各委员会组织章程

（1938—1945年）

（1）教育部训育委员会章程（1938年3月3日）

第一条 教育部为指导推进各级学校及社会教育机关之训育工作，根据教育部组织法第五条之规定，设立训育委员会（以下简称本会）。

第二条 本会之任务如左：

一、关于三民主义之教导及公民道德之培养事项；

二、关于训育实施之指导及考核事项；

三、关于礼制之厘订事项；

四、关于训育经费之筹划及支配事项；

五、关于培养训导人员之计划事项；

六、关于军事管理及童子军管理之督导事项；

七、关于学生自治团体之指导事项；

八、关于训导书刊之编审事项；

九、关于训导学术之研究事项。

第三条 本会委员，除由部长指派各司司长参事一人、简任秘书一人、简任督学一人及国立师范学院院长、师范学校校长充任外，并聘请对于训育有研究者三十七人至四十五人充任之。

第四条 本会设主任委员一人，综理会务，副主任委员一人，襄理会务，由部长就委员中指定之。

第五条 本会设专任委员三人至五人，专掌训育之设计与训导问题之研究，由部长就聘任委员中指定之。

第六条 本会设秘书一人，秉承正副主任之命，处理日常事务，由部长指定委员兼充，或另行派充之。

第七条 本会分设左列三组：

第一组 办理各校训导工作之指导，计划训导人员之培养及学生自治团体工作之指导事项；

第二组 办理军事管理及童子军管理之督导事项；

第三组 办理礼制之审订及训导书刊之编审事项。

第八条 本会设组长三人，干事九人至十二人，助理干事三人至六人，秉承各该主管人员之命，分办各组事务，均由部长派充之，必要时得经部长之核准，酌用雇员。

第九条 本会全体委员会议每半年举行一次，由部长主席，部长因事不能出席时，由主任委员主席。

第十条 本会委员除专任者外，均为无给职，但非专任之委员得于开会时，由部长酌送旅费。

第十一条 本会办事细则另订之。

第十二条 本章程自公布之日施行。

附录：教育部训育委员会委员名单

一、指派委员

蒋志澄	吴俊升	章　益	张廷休	顾树森
刘季洪	彭百川	许心武	孟寿椿	孙本文
黄钰生	齐泮林	廖世承	李　蒸	王克仁
谢循初	王　琎	马客谈	江学珠	

二、聘任委员

章渊若	徐君佩	余俊贤	杜心如	庞镜塘
李锡恩	汪仲让	陆殿扬	温　麟	方　治
王凤喈	周邦道	朱元懋	钱用和	洪瑞钊

贺麟	钱云阶	樊际昌	施嘉炀	朱光潜
张其昀	梁之彦	刘拓	罗廷光	白世昌
余光烺	吴南轩	黄庭中	王慕尊	熊庆来
陈时	陈礼江	赖琏	曾济宽	王衍康
杨宙康	杨希震	陶尧阶	陈际唐	钱穆
林本	李相勖	邱椿	丁锦	姜琦
高维昌				

三、正副主任委员

正主任委员　方治

副主任委员　钱云阶

（2）教育部学术审议委员会章程（1939年7月　日）

第一条　教育部为审议学术文化事业及促进高等教育设施起见，依照教育部组织法第五条之规定，设立学术审议委员会（以下简称本会）。

第二条　本会之任务如左：

一、审议全国各大学之学术研究事项；

二、建议学术研究之促进与奖励事项；

三、审核各研究院所研究生之学士及硕士学位授予暨博士学位候选人之资格事项；

四、审议专科以上学校之重要改进事项；

五、专科以上学校教员资格之审查事项；

六、审议留学政策之改进事项；

七、审议国际文化之合作事项；

八、审议教育部长交议事项。

第三条　本会委员除本部部次长及高等教育司司长为当然委员外，设聘任委员二十五人，由部直接聘任十二人，国立专科以上学校院校长选举十三人，由部聘任，选举办法另定之。

第四条　本会聘任委员应具左列资格之一：

一、现任或曾任公司立或已立案之私立大学校长或独立学院院长者；

二、现任或曾任公立研究院院长或研究所所长者；

三、曾任公立及已立案之私立大学教授七年以上著有成绩者；

四、对于所专习之学术有特殊之著作或发明者。

第五条　聘任委员任期三年，但得连任。

第六条　聘任委员在任期内辞职或出缺时，依照原聘手续另聘，其任期以补足原任期为限。

第七条　本会设常务委员五人至七人，由教育部部长于本会委员中聘任之，于大会闭会期间处理日常会务。

第八条　本会每学期开大会一次，由部长召集，遇有必要或经委员三分之一以上之请求时，得召集开临时会。

第九条　常务委员每两月开会一次。

第十条　大会及常务委员开会时，均由部长主持。

第十一条　本会决议案由部长采择施行。

第十二条　本会得设专门委员若干人，由教育部部长聘任之，负研究本会及教育部部长交议之专门学术问题。

第十三条　本会委员均为无给职，但开会时得酌送旅费或公费。

第十四条　本会设秘书一人，干事二人，由部长就部员中指定兼任或派充之。

第十五条　本会办事细则另订之。

第十六条　本章程自公布日施行。

附录：学术审议委员会组织经过

二十七年四月本党举行临时全国代表大会，通过战时各级教育实施方案纲要，其中要点第十二项有云：

"全国最高学术审议机关应即设立,以提高学术标准"。本部本此方案,于二十八年七月间,制定学术审议委员会章程公布。

依该会章程规定,该会委员除部次长、高等教育司司长为当然委员外,设聘任委员二十五人,由部长直接聘任者十二人,经国立专科以上学校院校长选举后再由部聘任者十三人。本部当即依据是项规定拟定选举办法,该办法第二条规定:"聘任委员,由国立专科以上学校院校长用记名投票法分科选举之。文、理、法三科,每科选举二人;农、工、商、医、教育、艺术、军事及体育七科,每科选举一人。各科依定额得票最多者由教育部长聘任为委员。"

又第三条规定:"上项选举,遇得票相同时抽签决定之。"

二十八年十二月由部印就选举票分发各专科,以上学校院校长选举,迄本年一月,各单位选举票先后寄部,选举结果统计如下:

一、各科得票最多、依选举办法应聘为委员者:

文科:冯友兰十票(哲学)、傅斯年六票(史学);

理科:竺可桢七票(气象)、吴有训六票(物理);

法科:周鲠生十票(法学)、王世杰六票(政治);

工科:茅以升七票(土木工程);

商科:马寅初九票(商学);

医科:颜福庆十票(医学);

艺术:滕固八票(文艺)。

二、各科得票相同,应俟抽签决定之人员再行加聘者:

教育:蒋梦麟、廖世承各得六票;

农科:辛树帜、邹树文各得五票;

军事及体育:张伯苓、郝更生、马约翰、袁敦礼各得四票。

依照教育部学术审议委员会聘任委员选举办法第三条之规定,上列第二类三科得票相同人员应举行抽签,以便决定各该科之当选人。

得票相同,经抽签决定者为:

教育蒋梦麟,农科邹树文,军事及体育马约翰。

(3)教育部大学用书编辑委员会章程(1940年3月 日)

第一条 教育部为编辑大学用书起见,设立大学用书编辑委员会(以下简称本会)。

第二条 本会设委员三十人至五十人,由部长聘任或指派之。

第三条 本会设常务委员三人,由部长于委员中指定充任之。

第四条 本会之任务如左:

一、拟订及审核大学用书之编辑方针;

二、计划大学用书之编辑事项;

三、计划优良大学用书之选择与介绍事项;

四、拟订本会之各项章则事项;

五、其他部长交办事项。

第五条 本会为增进编辑工作效能起见,得依大学学科之类别分设各组,各组委员及召集人名单,由部长决定之。

第六条 本会全体委员会议及常务委员会议,均由常务委员召集之。

第七条 本会全体委员会议每半年开会一次,开会时由部长主席,常务委员会议每三个月开会一次,开会时由常务委员互推一人为主席,必要时均得召开临时会议。

第八条 各组会议由各组召集人召集,并主持。

第九条 本会设秘书一人,处理会中日常事务,由部长就常务委员中指定充任。

第十条 本会设干事一人,书记一人,由部长委派或调用之。

第十一条　本会委员均为无给职，但外埠委员到会开会时得酌支旅费。

第十二条　本会议决事项呈经教育部核定之，交国立编译馆施行。

第十三条　本会处理事务，依照教育部各委员会办事通则办理之。

第十四条　本章程自公布日施行。

（4）教育部边疆教育委员会章程（1940年5月8日）

第一条　教育部为谋推进边疆教育，调整各机关对于边疆教育设施起见，依修正教育部组织法第五条之规定，组织边疆教育委员会（以下简称本会）。

第二条　本会委员，由教育部、蒙藏委员会各派主管人员二人，经济部、内政部、中央组织部、中央政治学校、中英庚款董事会各派代表一人，并由教育部聘请其他熟悉边疆教育情形之专家十二人至十六人充任之。

聘任委员任期一年，续聘得连任之。

第三条　本会设主任委员一人，由教育部就委员中指定之。

第四条　本会之任务如下：

一、研究边疆教育之办理原则及各项实际问题；

二、筹拟并审议推进边疆教育各种方案；

三、建议调整各边疆教育事业机关；

四、建议调整各机关边教经费；

五、指导边疆青年升学及就业。

第五条　本会应事实上需要得分组研究。

第六条　本会每年于七月及十二月各开常会一次，遇必要时，得开临时会，均由主任委员召集。

第七条　本会委员均为无给职，但居住外埠者，到会开会时，得由教育部酌送川旅费。

第八条　本会议决事项由教育部商同各关系机关施行。

第九条　本会设秘书一人，秉承主任委员处理会中日常事务，并得设干事一人至二人，书记一人，均由教育部派充或指定职员兼任之。

第十条　本章程如有未尽事宜，得随时由本会呈请教育部修改之。

第十一条　本章程自公布日施行。

（5）教育部修正医学教育委员会章程（1940年5月　日）

第一条　教育部为谋规划改进医学药学暨护士助产教育起见，依照修正教育部组织法第五条之规定，设立教育部医学教育委员会。（以下简称本会）

第二条　本会设护士教育专门委员会、助产教育专门委员会、牙医教育专门委员会、药学教育专门委员会，及中医教育专门委员会，如必要时并得设其他有关医学教育之专门委员会，其章程另定之。

第三条　本会之任务如左：

一、拟订医学、药学、护士及助产教育计划；

二、审议医学、药学、护士及助产学校之课程设备标准；

三、审查医学、药学、护士及助产学校之立案备案事项；

四、编辑医学、药学、护士及助产学校教材；

五、复议本会各项专门委员会议决之其他事项；

六、建议与医学教育有关之一切兴革事项；

七、议复部长交议事项。

第四条　本会委员之人选如左：

一、教育部高等教育司、普通教育司司长及指派人员；

二、卫生署署长、军政部军医署署长、中央国医馆馆长；

三、国立大学医学院或独立医学院院长及国立医药专科学校校长；

四、医学专门人员九人至十五人。

前项第二款、第四款委员均为教育部聘任之。

第五条　本会委员任期一年，但得连任。

第六条　本会设常务委员三人至五人，审议会务，由部长于委员中指定之。

第七条　本会设秘书一人，秉承常务委员处理会中日常事务，由部长就委员中指派之，干事一人或二人，书记一人或二人，由本部委派之。

第八条　本会得设编辑三人至五人，分别办理医学、药学、护士及助产教育之编辑事宜。

第九条　本会全体委员会议每年举行一次，常务委员会议每两个月一次，均由常务委员定期召集，遇必要时得召集临时会议，本会全体委员会议及常务委员会议均由常务委员互推一人为主席。

第十条　本会处理重要会务及支配经费用途，须经常务委员会议之决议。

第十一条　本会决议事项呈请部长核夺施行。

第十二条　本部得指聘或指派本会委员或职员视察公私立医学、药学、护士及助产学校。

第十三条　本部得聘中外医学专家为本会顾问。

本会开会时得请顾问列席。

第十四条　本会各项专门委员会委员遇必要时得列席本会全体委员会议。

第十五条　本会秘书得参加本会各项专门委员会会议。

第十六条　本会委员除专任者外，其他委员及顾问均为无给职，但居住外埠者，开会时得由本部酌送川旅费。

前项专任之委员，其名额以七人为限。

第十七条　本会办事细则另定之。

第十八条　本会处理事务除依照本会办事细则外，并应依照教育部各委员会办事通则办理之。

第十九条　本章程自公布之日施行。

（6）教育部电化教育委员会章程（1941年1月17日）

第一条　教育部为促进全国电化教育起见，设立电化教育委员会（以下简称为本会）。

第二条　本会之任务如左：

一、计划全国电化教育推进事项；

二、计划全国电化教育推广事项；

三、设计及摄制教育影片与幻灯片事项；

四、选购普通影片及编制事项；

五、推进本部教育播音事项；

六、编辑及出版电化教育刊物与教材事项；

七、关于全国电化教育技术指导事项；

八、规划本部教育影片流通事项；

九、举办电化教育示范或实验推广事项；

十、电化教育实际问题之研究事项；

十一、建议电化教育之兴革事项；

十二、议复部长交议事项。

第三条　本会设委员十七人至二十五人，由教育部就左列人员聘任或指派之。

一、电影及播音技术专家或教育专家六人至十四人；

二、中央宣传部、军事委员会政治部、三民主义青年团中央宣传处、中央广播事业管理处、中央广播电台、中央摄影场、中国电影制片厂代表各一人；

三、教育部简任秘书一人、总务司司长、社会教育司司长及社会教育司主管电化教育科长。

第四条　本会委员任期一年，但得连任。

第五条　本会设主任委员一人，处理日常会务，由教育部部长指派社会教育司司长充任之。

第六条　本会设秘书一人，由教育部部长指派社会教育司主管电化教育科长兼任之。

第七条　本会为便利工作之进行，分设编辑、推广及技术等三组，每组设主任一人，由教育部委派，或指派部员兼任之。

第八条　本会视事务之繁简，得设编辑一人，技师两人至三人，干事二人至四人，助理干事二人至四人，书记一人至三人，由部长委派之，秉承主任委员、秘书及各组主任办理各组事务。

第九条　本会全体委员会议每年举行一次，由教育部召集之，必要时得召集临时会议，开会时部长为主席。

第十条　本会委员均为无给职，但居住外埠者，开会时得由本部酌送川旅费。

第十一条　本会决议事项，送请教育部部长核定施行。

第十二条　本会处理事务，依教育部各委员会办事通则办理之。

第十三条　本章程自公布日施行。

（7）教育部史地教育委员会章程（1941年3月）

第一条　本部为促进史地教育之发展起见，依修正教育部组织法第五条之规定，设置史地教育委员会（以下简称本委员会）。

第二条　本委员会之任务如左：

一、计划关于中国史地书籍之整理研究事项；

二、计划各级学校关于史地教学之改进事项；

三、审议各学校或团体关于史地学术之研究事项；

四、关于史学书籍及一般史地读物之编撰事项。

五、关于中国地理之调查研究事项;

六、其他有关史地教育之事项。

第三条 本会委员以左列人员充任之:

一、聘任委员十五人至二十一人,由本部聘任之;

二、当然委员:本部司长三人、秘书一人、参事一人、国立编译馆馆长、教科用书编辑委员会主任委员为当然委员。

第四条 本委员会得应需要设置专门委员会。

第五条 本委员会设主任委员一人至三人,由部长于委员中指定之。

第六条 本委员会设秘书一人、编辑二人、干事二人,由本部委派或指定职员兼任之。

第七条 本委员会每半年开会一次,由部长主持,遇必要时得开临时会。

第八条 本委员会开会遇必要时,得请专家列席讨论。

第九条 本会委员除专任委员外,均为无给职,但外埠委员到会开会时得由部酌送旅费。

第十条 本会议决事项呈请部长采择施行。

第十一条 本章程自呈准公布之日施行。

(8)教育部公布修正战区教育指导委员会章程(1941年6月2日)

第一条 教育部为指导战区各省市办理战区教育及战区教师服务团推进工作起见,依修正教育部组织法第五条之规定,在抗战期间特设战区教育指导委员会(以下简称本会),本会成立后,原有之特种教育委员会日常工作暂并入本会办理。

第二条 本会之任务如左:

一、关于教育部原有之特种教育委员会之实施事项;

二、关于战区教育实施方案之计划事项；

三、关于战区教育之推进及督导事项；

四、关于战区教育问题之研究事项；

五、关于战区教育之调查及统计事项；

六、关于与战区党政及教育行政机关之联络事项；

七、关于战区教师服务团之指导事项；

八、关于战区教职员之登记分配事项；

九、关于部长交办事项。

第三条　本会设委员十一人至十五人，由部长聘请或就部员派充之，任期一年，必要时得由部长变更之。

第四条　本会设主任委员一人，副主任委员一人，由部长就本会委员中指定之。

第五条　本会设秘书一人，秉承主任委员、副主任委员处理会中日常事务，由部长就本会委员中指定之。

第六条　本会分设下列三组：

第一组　办理原有特种教育事宜；

第二组　办理战区教育一切事宜；

第三组　办理战区教师服务团暨登记战区教职员一切事宜。

第七条　本会各组各设总干事一人，秉承主任委员、副主任委员之命及秘书之指导，办理各该组事务，由部长委派之。

总干事下设干事、助理干事、书记各若干人，分别承办各该组事务，由部长委派之。

第八条　本会设督导员或督导干事若干人，必要时得设视察员若干人，由部长委派之。督导员、督导干事秉承本会推动战区教育工作，视察员秉承本会视察战区教育工作，其服务规则另定之。

督导员下得设干事或助理干事、书记各一人，由督导呈由本会转呈部长委派之。

第九条　本会每月开会一次，必要时得开临时会。

第十条　本会委员均为无给职。

第十一条　本会处理事务，除遵照教育部各委员会办事通则外，其细则另定之。

第十二条　本章程有未尽事宜，得随时修改之。

第十三条　本章程由教育部订定施行。

（9）教育部国民教育辅导研究委员会章程（1942年5月4日）

第一条　教育部为辅导各省市各级国民教育研究会之推进与砥砺全国小学教师之进修起见，依照教育部组织法第五条之规定，设立国民教育辅导研究委员会（以下简称本会）。

第二条　本会之任务如左：

一、关于各级国民教育研究会之筹组与考核事项；

二、关于各级国民教育研究会题材之编拟解答与实验事项；

三、关于砥砺小学教师进修通讯事项；

四、关于进修研究书刊之编纂出版发行事项；

五、关于辅导小学教师福利事业之筹划事项。

第三条　本会设置委员十一人至二十一人，由部长聘请之或就部员派充之，设主任委员一人，主持会务，常务委员三人，襄理会务，设秘书一人，秉承主任委员与常务委员之命指导各组办理日常事务，均由部长就委员中指定之。

第四条　本会分设左列四组：

第一组　办理各级研究会之筹组、通讯、督导与考核等事项；

第二组　办理各级研究会研究题材之编拟、解答、实验与进修书刊之纂述等事项；

第三组　办理进修研究书刊之出版、校对、保管、发行等事项；

第四组　办理辅导小学教师福利事业之筹划及其他事项。

第五条　本会四组，各设组长一人，干事三人至五人，助理干事二人至三人，均由部长派充之，必要时得经部长之核准，酌用雇员。

第六条　本会每年举行全体会议一次，遇必要时得召集临时会议。

第七条　本会委员概为无给职，于开会时酌送旅费。

第八条　本会办事细则另订之。

第九条　本章程自公布之日施行。

(10)教育部教育研究委员会组织条例(1945年4月14日)

第一条　教育部设教育研究委员会，其任务如左：

一、关于教育制度之研究计划事项；

二、关于学生训导之研究计划事项；

三、关于学校行政之研究计划事项；

四、其他有关教育之研究计划事项。

第二条　教育研究委员会设主任委员一人，由教育部部长兼任之，委员二十五人至四十人，其中七人至十一人专任，余兼任，由教育部部长聘请左列人员充任之。

一、对于教育富有研究或经验之国内学者二十人至三十二人；

二、在华从事教育多年著有成绩之外国学者，五人至八人。

第三条　教育研究委员会开会时，教育部部长得指定参事秘书督学各一人及各司司长列席。

第四条　教育研究委员会开会时，由主任委员或其指定人员主席。

第五条　教育研究委员会设学制、课程、师资、行政四组，置组主任四人，秘书一人或二人，专员八人至十二人，均荐派，干事十二人至二十人，助理干事八人至十六人，均委派。

前项职员，由教育部部长就部内职员中指派兼任。

第六条 教育研究委员会必要时,得酌用雇员。

第七条 教育研究委员会办事细则,由教育部定之。

第八条 本条例自公布日施行。

(11)教育部国语推行委员会组织条例(1945年6月9日)

第一条 教育部设国语推行委员会,其任务如左:

一、关于本国语言文字整理之审议事项;

二、关于本国语言文字标准书籍之编订事项;

三、关于本国语言文字资料之搜集事项;

四、关于本国语言文字教学方法之实验改进事项;

五、关于统一中外译名音读标准之订定事项;

六、关于推行国语教育人员之训练事项;

七、关于国内不识字者及侨居国外人民语文教育之设计实施及视导事项;

八、关于边疆地方施行语文教育之设计事项;

九、其他关于语文教育事项。

第二条 国语推行委员会置委员十九人至二十七人,由教育部部长聘任之。

第三条 国语推行委员会置主任委员一人,常务委员一人至三人,由教育部部长就委员中指定之。

第四条 国语推行委员会全体委员会议,每年举行一次,必要时得开临时会议,常务委员会议每月举行一次,均由主任委员召集并主持。

第五条 国语推行委员会得分组办事,每组置主任一人,由教育部部长指定委员兼任之。

第六条 国语推行委员会置编辑二人,荐派;干事、助理干事各一人至三人,委派。

第七条 国语推行委员会于讨论专门问题时,得聘请会外专家参加。

第八条　国语推行委员会委员，除专任委员外，概为无给职，但举行会议时出席委员得由部酌送旅费。

第九条　本条例自公布日施行。

〔国民政府教育部档案〕

4. 各省（市）教育厅（局）及教育部所属机关学校主管人员名单

（1944年11月）

（1）各省（市）教育厅（局）

名　称	职称	姓名	别号	到职年月	地址	备　注
浙江教育厅	厅长	许绍棣	尊如	二十三年十二月	丽水	
湖北教育厅	厅长	钱云阶		三十三年十月	恩施	
安徽教育厅	厅长	汪少伦		三十三年八月	立煌	
江西教育厅	厅长	程时煃	柏庐	二十二年三月	泰和	
湖南教育厅	厅长	王凤喈		三十二年四月	耒阳	
福建教育厅	厅长	徐　箴		三十二年十二月	永安	新任李黎洲
甘肃教育厅	厅长	郑通和	西谷	二十七年十一月	兰州	
陕西教育厅	厅长	王友直		三十三年三月	西安	
四川教育厅	厅长	郭有守	子杰	二十八年三月	成都	
贵州教育厅	厅长	欧元怀	槐安	二十九年五月	贵阳	新任傅启学
江苏教育厅	厅长	金宗华	崇如	二十九年一月	东台	
绥远教育厅	厅长	潘秀仁		二十九年十二月		
广东教育厅	厅长	黄麟书		二十九年一月	曲江	

续上表

名　称	职称	姓名	别号	到职年月	地址	备注
广西教育厅	厅长	黄朴心		三十二年十月	桂林	
河南教育厅	厅长	王公度	海涵	三十三年七月	洛阳	
河北教育厅	厅长	贺翊新		三十二年三月	磁县	
云南教育厅	厅长	龚自知		十八年十二月	昆明	
新疆教育厅	厅长	许莲溪		三十三年十月	迪化	
察哈尔教育厅	厅长	胡子恒		二十八年七月	西安双仁府街火巷13号	
宁夏教育厅	厅长	王星舟		三十一年六月	宁夏	新任杨德翘
青海教育厅	厅长	刘承德		三十三年三月	西宁	
西康教育厅	厅长	程其保	稚秋	三十二年五月	康定	
山东教育厅	厅长	刘道元		三十一年四月	山东黄县	
山西教育厅	厅长	薄毓相		三十一年十二月	山西西吉	
重庆市教育局	局长	雷啸岑	南雷	三十二年二月	重庆	新任任觉五

（2）国立大学校

名　称	职称	姓名	别号	到职年月	地址	备注
国立中央大学	校长	顾毓琇	一樵	三十三年八月	重庆沙坪坝	新任吴有训
国立西南联合大学	常务委员	蒋梦麟 梅贻琦 张伯苓		二十六年九月	昆明	
国立武汉大学	校长	周鲠生	抚五	二十二年二月	四川乐山	
国立浙江大学	校长	竺可桢	藕舫	二十五年四月	贵州遵义	
国立中山大学	校长	金曾澄	湘帆	三十四年六月	广东坪石	新任王星拱

续上表

名称	职称	姓名	别号	到职年月	地址	备注
国立交通大学	校长	吴保丰			重庆九龙坡	
国立西北大学	校长	刘季洪		三十三年	陕西城固	
国立同济大学	校长	徐诵明	轼游	三十三年九月	四川南溪	代理
国立东北大学	校长	臧启芳	哲先	二十六年一月	四川三台	
国立四川大学	校长	黄季陆		三十二年一月	四川成都	
国立暨南大学	校长	何炳松	柏丞	二十四年七月	福建建阳	
国立湖南大学	校长	鲁荡平	若衡	三十三年八月	湖南辰溪	何五泰代理
国立厦门大学	校长	萨本栋	亚栋	二十六年七月	福建长汀	现汪德耀代理
国立云南大学	校长	熊庆耒	迪之	二十六年八月	昆明	
国立广西大学	校长	李运华		三十二年一月	贵州榕江	
国立中正大学	校长	萧蘧	叔玉	三十三年五月	江西泰和	宁都长胜市
国立贵州大学	校长	张廷休	梓铭	三十二年七月	贵阳花溪	
国立河南大学	校长	张广兴			河南荆紫关	代理
国立复立大学	校长	章益	友三	三十二年三月	四川北碚	
国立山西大学	校长	王怀明	念文	三十二年五月	陕西宜川	
国立重庆大学	校长	张洪元		三十二年一月	重庆沙坪坝	
国立英士大学	校长	杜佐周	纪堂	三十二年八月	浙江云和	
国立交通大学贵(兰)州分校	校长	罗忠忱		三十二年七月	贵州平越	璧山丁家场
国立浙江大学龙泉分校	校长	路敏行		三十二年九月		

(3) 私立大学校

名称	职称	姓名	别号	到职年月	地址	备注
私立金陵大学	校长	陈裕光	景唐		成都	
私立大同大学	校长	胡敦复			上海	代理
私立沪江大学	校长	樊正康			上海	新任麦宪扬
私立光华大学	校长	张寿镛	咏霓		上海、成都	
私立大夏大学	校长	王伯群			上海、贵阳	
私立燕京大学	校长	梅贻宝			成都	代理
私立辅仁大学	校长	陈垣	援庵		北平	
私立东吴大学	校长	沈体兰			广东曲江	新任杨永清
私立武昌中华大学	校长	陈时	敬登		重庆南岸	
私立岭南大学	校长	李应林			广东曲江	
私立广东国民大学	校长	吴鼎新	在民		广东曲江	
私立中法大学	校长	李麟玉	圣章		昆明	
私立齐鲁大学	校长	汤吉禾		三十□年七月	成都	代理
私立武昌华中大学	校长	韦卓民			云南大理	
私立广州大学	校长	陈炳权			广东连县	
私立震旦大学	校长	胡文耀	雪琴		上海	
私立华西协合大学	校长	张凌高			成都	
私立福建协和大学	校长	林景润	琴雨		福建邵武	

(4)国立独立学院

名称	职称	姓名	别号	到职年月	地址	备注
国立上海医学院	院长	朱垣璧	亚完	十七年十月	重庆歌乐山	
国立中正医学院	院长	王子玕		二十六年七月	江西瑞金、泰和及塘江	
国立贵阳医学院	院长	李宗恩		二十七年一月	贵阳	
国立江苏医学院	院长	胡定安		三十一年七月	四川北碚	洪式闾代
国立西北医学院	院长	侯宗濂		三十三年七月	陕西南郑	
国立湘雅医学院	院长	张孝骞		二十九年八月	贵阳次南门外	
国立师范学院	院长	廖世承	茂如	二十七年十一月	湖南溆浦	
国立西北师范学院	院长	李蒸	云亭	二十八年八月	兰州	城固设分校
国立女子师范学院	院长	谢婕初		二十九年八月	四川江津白沙	
国立贵阳师范学院	院长	齐米林	伯芹	二十二年八月	贵阳	
国立社会教育学院	院长	陈礼江	逸民	三十年八月	四川璧山	
国立西北工学院	院长	潘承孝		三十三年三月	陕西城固	
国立西北农学院	院长	邹树文		三十三年六月	陕西武功	新任邹重琳代理
国立商学院	院长	张伯琴		三十二年八月	湖南乾城所里	
国立桂林师范学院	院长	曾作忠		三十二年六月	广西之江	贵州榕江
国立北洋工学院	院长	陈荩民		三十二年七月	浙江泰顺	代理
国立北洋工学院西京分院	院长	李书田				
国立湖北师范学院	院长	叶叔良		三十二年十二月	湖北恩施	新任江奠基
国立甘肃学院	院长	宋恪	宾三	三十三年七月	兰州	
国立赣闽师范学院	筹备主任	罗廷光		三十三年八月		

（5）省立独立学院

名　　称	职称	姓名	别号	到职年月	地址	备注
新疆省立新疆学院	院长	万昌言		三十三年十月	迪化	
广东省立勷勤商学院	院长	黄典元			广东曲江	
福建省立农学院	院长	严家显			永安	
广西省立医学院	院长	叶　培			广西融县	
湖北省立农学院	院长	管泽民			恩施	
福建省立医学院	院长	李鼎勋			福建沙县	
广东省立文理学院	院长	黄希声			广东曲江	代理
四川省立教育学院	院长	颜　欶	实甫		重庆磁器口	
山东省立临时政治学院	院长	徐轶千			安徽阜阳	
新疆省立女子学院	院长	邱毓芳			迪化	
江苏省立江苏学院	院长	戴克光			福建三元	
鲁苏豫皖边区学院	院长	张清涟			河南浙川	已令结束
安徽省安徽学院	院长	朱佛定			安徽立煜	
湖北省立医学院	院长				恩施	

（6）私立独立学院

名　　称	职称	姓名	别号	到职年月	地址	备注
私立上海法政学院	院长	王宠惠	亮畴		安徽屯溪	李辛阳代
私立南通学院	院长	郑　瑜				现迁上海
私立中国学院	院长	王正廷	儒堂		北平	
私立朝阳学院	院长	孙晓楼				重庆兴隆场

续上表

名　　称	职称	姓名	别号	到职年月	地址	备　注
私立上海法学院	院长	褚凤仪			安徽休宁	代理
私立金陵女子文理学院	院长	吴贻芳			成都	
私立之江文理学院	院长	李培恩			福建邵武	
私立福建学院	院长	郭公木			福建闽清	
私立诚明文学院	院长	蒋维乔	竹庄		上海	
私立北平民国学院	院长	鲁荡平	若衡		湖南宁乡	
私立上海女子医学院	院长	劳合理			上海	代理
私立广东光华医学院	院长	陈衍芬			澳门	
私立华南女子文理学院	院长	王世静	仲止		福建南平	
私立同德医学院	院长	顾毓琦	景韩		上海	
私立东南医学院	院长	郭琦元			上海	
私立川康农工学院	院长	魏嵒	时珍	二十九年八月	成都	
私立南华学院	院长	锺鲁齐			广东□县	
私立天津工商学院	院长	刘斌			天津	代理
私立铭贤学院	院长	杨蔚			四川金堂	代理
私立北平协和医学院	院长				成都	暂恢复护士专修科

（7）国立专科学校

名　　称	职称	姓名	别号	到职年月	地址	备　注
国立艺术专科学校	校长	潘天寿		三十三年七月	重庆	
国立中央工业专科职业学校	校长	魏云光	明初	二十六年七月	重庆三峡口	
国立药学专科学校	校长	陈恩义	诵谊	二十八年八月	重庆歌乐山	
国立牙医专科学校	校长				成都	中大校长兼

97

续上表

名　　称	职称	姓名	别号	到职年月	地　址	备　注
国立国术体育专科学校	校长	张之江	子姜	二十二年一月	四川北碚	
国立中央技艺专科学校分校		马　杰			自贡市	
国立中央技艺专科学校		张仪尊		三十三年四月	四川乐山	
国立西北技艺专科学校		曾济宽	慕樵		兰州	
国立西康技艺专科学校	校长	雷祚雯		三十三年四月	西昌	
国立戏剧专科学校	校长	余上沅		二十四年八月	四川江安	
国立体育师范专科学校	校长	方万邦		三十年八月	四川江津	
国立福建音乐专科学校	校长	梁龙光			福建永安	新任张兆焕
国立西北医学专科学校	校长	齐清心		三十二年二月	兰州	
国立黄河流域水利工程专科学校	校长	刘德润	敬修		河南西峡口	
国立东方语文专修学校	校长	江懋祖		三十三年八月	云南呈贡	
国立康定师范专校	筹备主任	陈维纶			西康康定	
国立音乐院	院长	吴伯超		三十二年八月	重庆青木关	
国立边疆学校	校长	王衍康	仲和	三十一年十一月	四川巴县界石	
国立电化教育专科学校	校长	张北海		三十三年九月	北碚	
国立海疆学校	校长	梁龙光	蔚文		福建仙游	
教育部特设体育师范训练所	所长	郝更生				
教育部特设大学先修班	主任	蒋程九			四川白沙	代理
教育部特设苏浙皖区大学先修班	筹备主任	吴企云		三十二年七月	安徽休宁	
教育部特设赣县大学先修班	主任	胡昌骐				

（8）省立专科学校

名称	职称	姓名	别号	到职年月	地址	备注
浙江省立医药专科学校	校长	王佶			浙江临海	
江西省立工业专科学校	校长	李右襄			江西雩都	
江西省立农业专科学校	校长	詹纯鉴			江西泰和	
江西省立医学专科学校	校长	熊俊	天珍		江西赣县	
江西省立兽医专科学校	校长	王承钧		三十二年八月	江西泰和	
山东省立医学专科学校	校长	尹莘农	志伊		四川万县	
江苏省立蚕丝专科学校	校长	郑辟疆			四川乐山	
湖南省立农业专科学校	校长	张农	书绅		湖南南岳	
湖南省立工业专科学校	校长	锺伯谦			湖南南岳	
湖南省立商业专科学校	校长	王镜澄			湖南南岳	
四川省立艺术专科学校	校长	李有行			成都	代理
福建省立师范专科学校	校长	唐守谦			南平	
陕西省立商业专科学校	校长	王志刚			西安	新任李恂
四川省立体育专科学校	校长	刘昌合			成都	
广东省立艺术专科学校	校长	赵如琳			广东	
广东省立工业专科学校	校长	谭孟衍				
四川省立会计专科学校	校长	王荫初		三十二年二月	成都	

99

续上表

名称	职称	姓名	别号	到职年月	地址	备注
陕西省立医学专科学校	校长	张善钧			西安	
云南省立英语专科学校	校长	水天同			昆明	
江西省立体育师范专科学校	校长	余承祜			吉安	

（9）私立专科学校

名称	职称	姓名	别号	到职年月	地址	备注
私立无锡国学专修科学校	校长	唐文治	蔚之		广西桂林	冯振代
私立武昌文华图书馆学专科学校	校长	沈祖荣	绍基	十年八月	四川江北	
私立武昌艺术专科学校	校长	蒋兰圃		三十二年五月	四川江津	
私立东亚体育专科学校	校长	陈梦渔			上海	
私立上海美术专科学校	校长	刘海粟			上海	
私立新华艺术专科学校	校长	徐朗西	峪云		上海	
私立立信会计专科学校	校长	潘序伦			四川北碚	
私立苏州美术专科学校	校长	颜文梁			上海	
私立求精商业专科学校	校长	杨重熙			重庆	
私立西北药学专科学校	校长	薛道五		二十九年一月	西安	
私立沪江英文专科学校	校长	金维城			上海	

续上表

名　　　称	职称	姓名	别号	到职年月	地址	备　注
私立华西工商专科学校	校长	胡仲实			重庆	
私立中国乡村建设育才院	院长	晏阳初			四川巴县歇马场	
私立国文专科学校	校长	吴　康			广东坪石	

（10）国立中学、师范学校、职业学校

名　　　称	职称	姓名	别号	到职年月	地址	备　注
国立第一中学	校长	杨玉如	愠斋	二十七年一月	河南淅川	
国立第二中学	校长	严立扬	晓帆	二十九年九月	四川合川	
国立第三中学	校长	钟　宏	松若	三十三年八月	贵州铜仁	
国立第四中学	校长	黄怀信	际常	三十三年三月	四川阆中	
国立第五中学	校长	史久垣		三十三年十月	甘肃天水	
国立第六中学	校长	葛为荣	兰笙	二十八年二月	四川绵阳	
国立第七中学	校长	杨德荣		三十年五月	陕西洋县	新任丁绍光
国立第八中学	校长	王贤敏	逊甫	三十二年七月	湖南乾城	新任苏家祥
国立第九中学	校长	邵　华	健工	三十二年十二月	四川江津	新任胡秉正
国立第十中学	校长	高维昌	思庭	三十年十月	甘肃清水	
国立第十一中学	校长	李际间		三十二年一月	湖南溆浦	
国立第十二中学	校长	陶尧阶		二十八年五月	四川长寿	
国立第十三中学	校长	陈颖春	际唐	二十八年十月	江西吉安	
国立第十四中学	校长	杨希震	葆初	二十七年八月	贵阳	

续上表

名　　称	职称	姓名	别号	到职年月	地址	备注
国立第十五中学	校长	吴若愚		三十年八月	四川荣昌	
国立第十六中学	校长	夏赓英		三十三年八月	四川永川	
国立第十七中学	校长	范德一		三十三年八月	四川江津金刚沱	
国立第十八中学	校长	于苏武		三十二年十二月	四川三台	兼代
国立第十九中学	校长	刘信纯	学一	三十二年六月	江西赣县	
国立第二十中学	校长	罗益增			贵州玉屏	
国立第二十一中学	校长	仝菊圃		三十三年四月	河南镇平	
国立第二十二中学	校长	孔静庵			安徽阜阳	新任郑仲平
国立女子中学	校长	龚慕兰	沐兰	三十一年八月	四川合江	
国立汉民中学	校长	任中敏		三十二年二月	贵州榕江	
国立东北中山中学	校长	王天民		三十三年十一月	四川威远	
国立西南中山中学	校长	陈保泰		三十二年六月	云南昆明	
国立绥远中学	校长	潘秀仁		三十一年十一月	绥远陕坝	兼
国立重庆师范学校	校长	马客谈		二十七年三月	四川北碚	
国立女子师范学校	校长	江学珠	龙渊	三十年八月	四川洛碛	
国立梓橦师范学校	校长	蔡复元	子韶	二十八年八月	四川梓橦	
国立茶洞师范学校	校长	刘家祥	瑞棠	三十一年十二月	湖南茶洞	新任刘鹏九
国立童子军师范学校	校长	严家麟		三十三年二月	重庆青木关	
国立劳作师范学校	校长	徐康民		三十三年十月	重庆青木关	
国立铅山师范学校	校长	李中安		三十一年十月	江西宁都	
国立幼稚师范学校	校长	陈鹤琴		三十二年二月	江西泰和	

续上表

名　称	职称	姓名	别号	到职年月	地址	备注
国立成达师范学校	校长	谢松涛	潋波		贵阳文庙街	
国立陇东师范学校	校长	马汝邻		三十一年九月	甘肃平凉	
国立四川造纸印刷科职业学校	校长	石显儒		二十八年六月	重庆沙坪坝	
国立江西造纸印刷科职业学校	校长	萧坚白		三十一年九月	江西雩都	
国立中央高级护士职业学校	校长	谢蕴华		三十三年四月	重庆歌乐山	
卫生署教育部医教会合办护产助理员训练班	主任	周美珠			重庆新桥	
国立四川水产职业学校	校长	王刚		三十三年六月	四川合川	
国立中央高级助产职业学校	校长	屈锦琴		二十三年九月	重庆歌乐山	
国立歌剧学校	校长	王泊生	玄然	三十一年二月	四川北碚	
国立河西中学	校长	张素	朴如	三十三年十月	甘肃酒泉	
国立黔江中学	校长	陈达夫		三十三年十月	贵州安顺	
国立湟川中学	校长	王文俊		三十三年十月	青海西宁	

(11) 国立边疆中等学校

名　称	职称	姓名	别号	到职年月	地址	备注
国立伊盟中学	校长	黎圣伦		三十三年二月	绥远邵生旗戴生召	代理
国立西南师范学校	校长	张兰堂		三十三年二月	云南昭通	
国立贵州师范学校	校长	黄质夫		二十八年十月	贵州榕江	赵峻山代

续上表

名 称	职称	姓名	别号	到职年月	地址	备 注
国立西宁师范学校	校长	康世诚		三十一年八月	青海西宁	
国立西北师范学校	校长	吴正桂		三十四年七月	甘肃宁夏	
国立大理师范学校	校长	钟志鹏		三十年十月	云南大理	
国立肃州师范学校	校长	陈增吉		三十年八月	甘肃酒泉	
国立绥宁师范学校	校长	边振方	理庭	三十一年二月	宁夏黄渠桥	
国立丽江师范学校	校长	宗亮东		三十一年二月	云南丽江	
国立宁夏实用职业学校	校长	徐梦麟		三十一年八月	宁夏	
国立青海初级实用职业学校	校长	马生芝		三十二年三月	青海贵德格杖敦	
国立拉卜楞初级实用职业学校	校长	黄景文		三十三年四月	甘肃夏河	
国立松潘初级实用职业学校	校长	王由煦			四川松潘	代理校务
国立金江初级实用职业学校	校长	冯慰农		三十年七月	西康会理	
国立清溪初级实用职业学校	校长	陶 玄		三十一年十一月	四川屏山清溪	
国立西康初级实用职业学校	校长	江 标	左贤	三十一年三月	西康荣经	
扑卜楞寺青年喇嘛职业学校筹备会	主任委员	嘉木样		三十三年六月	甘肃夏河	

(12) 国立华侨中等学校

名 称	职称	姓名	别号	到职年月	地址	备 注
国立第一华侨中学	校长	陈永康		三十三年十一月	福建南安	
国立第二华侨中学	校长	李次温	丘夷	三十三年八月	四川綦江	

续上表

名称	职称	姓名	别号	到职年月	地址	备注
国立第三华侨中学	校长	周元吉		三十三年五月	广东连县	新任许尔功
国立第一侨民师范学校	校长	郑 坦	恩勤	三十三年四月	福建长汀	
国立第二侨民师范学校	校长	郑伯豪		三十一年八月	广东南雄	

（13）国立专科以上学校附设中等学校

名称	职称	姓名	别号	到职年月	地址	备注
国立中央大学师范学院附属中学	校长	魏绍舜	孝亭	三十三年七月	重庆青木关	
国立中央大学师范学院附属中学分校	主任	曹书田		三十三年七月	重庆沙坪坝	
国立西南联合大学师范学院附属中学	主任	黄钰生		二十九年十一月	昆明大西门外	
国立浙江大学附属中学	主任	胡哲敷		三十二年十二月	贵州遵义	
国立云南大学附属中学	校长	杨春洲		二十六年九月	云南昆明	
国立中山大学师范学院附属中学	校长	段 铮			广东乐昌	
国立师范学院附属中学	校长	张文昌		三十三年	湖南蓝田	
国立西北师范学院附属中学	校长	方永蒸		三十一年四月	陕西南郑	向兰州迁移中
国立女子师范学院附属中学	校长	刘英舜		三十三年八月	四川白沙	
国立女子师范学院附属师范	校长	刘汉良		三十一年八月	四川白沙	
国立同济大学附属高级中学	校长	曹融南			四川南溪李庄	
国立社会教育学院附属中学	校长	王义周	郁之	三十一年十二月	重庆青木关	

续上表

名称	职称	姓名	别号	到职年月	地址	备注
国立桂林师范学院附属中学	校长	黄公健			广西桂林	
国立武汉大学附属中学	主任	涂允成			四川乐山	
国立四川大学师范学院附属中学	校长	黄绪瓒			四川峨眉	代理
国立甘肃学院附属中学	校长	汝若愚			兰州	
国立西北农学院附属高级农业职业学校	校长	温槐三		三十二年三月	陕西武功	
国立同济大学附设高级工业职业学校	校长	祝元青			四川宜宾	
国立贵州大学附设工业职业学校	校长	丁道衡			贵州安顺	
国立同济大学医学院附设高级护士职业学校	校长	章元瑾			四川宜宾	
国立江苏医学院附设高级护士职业学校	校长	王剑尘			四川北碚	
国立贵阳医学院附设高级护士助产士职业学校	校长	管葆真			贵阳	
国立河南大学附属中学	校长	刘蔚同			河南崇县	
国立河南大学附设高级助产职业学校	校长	徐桐清			河南嵩县	
国立黄河流域水科工程专科学校附设职业科	主任	刘德润			河南镇平石佛寺	兼
国立药学专科学校附设高级药剂职业科	主任	陈思义			重庆歌乐山	兼

续上表

名　称	职称	姓名	别号	到职年月	地址	备注
国立边疆学校中等部分	主任	壬衍康	仲和		四川巴县界石	兼
国立中央大学附设高级医药检验职业科	主任				四川成都	中央大学校长兼
国立戏剧专科学校中级话剧科	主任	余上沅			四川江安	兼
国立贵阳师范学院附属中学	校长	齐泮林				

（14）国立社会教育机关及团队

名　称	职称	姓名	别号	到职年月	地址	备注
国立礼乐馆	馆长	汪东		三十三年二月	四川北碚	
国立北平图书馆	馆长	袁同礼	守和	三十一年十月	昆明	
国立中央图书馆	馆长	蒋复璁	慰堂	三十二年四月	四川江津白沙	
国立西北图书馆	馆长	刘国钧	衡如	三十三年七月	甘肃兰州	代理
国立中央博物院筹备处	筹备主任	李济	济之	二十三年七月	四川南溪	
国立中央美术馆筹备委员会	主任委员	张道藩		三十二年八月	重庆曾家岩	
国立中央民众教育馆	馆长	张渊扬		三十二年十二月	重庆中一路	
教育部中华教育电影制片厂	厂长 副厂长	李清悚 余仲英		三十一年一月	重庆北温泉	
教育部附设青木关民众教育馆	馆长	费石师		三十二年十一月	重庆青木关	
教育部西北公路线社会教育工作团	队长	虞文	君质	三十一年四月	兰州	

107

续上表

名称	职称	姓名	别号	到职年月	地址	备注
教育部川康公路线社会教育工作队	队长	韩镜溪			四川成都	代理
教育部实验戏剧教育队	队长	阎葆明	哲吾	二十九年八月	重庆北碚	
教育部巡回戏剧教育队	队长	曾 鲁		三十二年六月	江西赣县	
教育部中华交响乐团	团长	司徒德		三十一年十一月	重庆黄桷垭	
教育部艺术文物考察团	团长	王子云		二十九年七月	兰州	
教育部特设盲哑学校	校长	陈光煦	育之	三十年五月	四川江津	
教育部电影艺术人员训练班	主任	李清悚		三十二年十月	重庆北温泉	兼
教育部音乐教育人员训练班	主任	张光中		三十四年元月	兰州	
教育部电化教育工作队	队长	高亚光				

（15）边地设立之小学

名称	职称	姓名	别号	时间	地址	备注
绥远额济纳旗小学	校长	孔宪河		三十二年八月		
绥远准噶尔旗小学	校长	徐东济		三十二年六月		
青海柴达木旗小学	校长	张书阁		三十二年五月		
绥远达拉特旗小学	校长	成本扶		三十二年七月		
绥远杭锦旗小学	校长	郭振方		三十二年四月		
绥远鄂托克旗小学	校长	官 仁		三十三年二月		
西康德格小学校	校长	高镜佛		三十一年九月		
绥远扎萨克旗小学	校长	贺守忠		三十二年四月		

续上表

名　称	职称	姓名	别号	时　间	地　址	备注
宁夏定远营小学	校长	张永成			宁夏定远营	
西康越巂小学校	校长	林达珊			西藏越嶲	
拉萨小学	校长	王信隆		三十一年十一月	西藏拉萨	
国立玉树学校	校长	吴乃越				代理
果洛小学	校长	王建光		三十二年五月		
拉萨藏民子弟学校筹备委员会	主任委员	沈宗濂		三十三年八月	西藏拉萨	
教育部附设青木关小学	校长	陈玉珍		三十三年八月	重庆青木关	
教育部附设青木关国民教育实验区第一实验中心国民学校	校长	李乃正				

(16) 教育文化机关及研究所

名　称	职称	姓名	别号	到职年月	地　址	备注
国立编译馆	馆长 副馆长	陈可忠 叶溯中		三十三年四月	重庆北碚	
国立北平研究院	院长	李石曾		十八年九月	昆明	
国立中国医药研究所	所长	经利彬		三十一年三月	昆明	
国立敦煌艺术研究所	所长	常书鸿		三十二年六月	甘肃敦煌	
三民主义教育研究会	会长	陈立夫 甘乃光			重庆青木关	
两广地质调查所	所长	何　杰		三十一年九月	广东坪石	
华侨教育总会	驻会常务委员	余俊贤		二十九年十月	重庆	
南洋研究所	所长 副所长	萧吉珊 何葆仁		三十三年五月	重庆山洞	
教育部科学仪器制造所	所长	余青松			重庆小龙坎	

续上表

名　　称	职称	姓名	别号	到职年月	地　址	备注
教育部博物标本制造所	所长	马汝梅		二十八年四月	四川合川	
国际学术文化资料供应委员会		顾毓琇 袁同礼	一樵 守和		重庆	
国立甘肃科学教育馆	馆长	袁翰青		三十三年十月	兰州	

(17) 战时教育机关

名　　称	职称	姓名	别号	到职年月	地　址	备注
教育部东北青年教育救济处	主任	王杰夫		三十年十二月	重庆青木关	
教育部平津冀察战区教育督导专员办事处	督导专员	徐　治		三十一年十月	暂移西安	
教育部湘鄂赣边战区教育督导专员办事处	督导专员	王广来		三十一年十月	江西宜春	
教育部苏浙皖边战区教育督导专员办事处	督导专员	李南苎		三十二年四月	安徽屯溪	新任刘韶中
教育部苏鲁战区教育督导专员办事处	督导专员	梁醒黄		三十一年十月	安徽界首	新任潘维芳
教育部豫皖战区教育督导专员办事处	督导专员	刘金钰		三十二年一月	安徽蒙城	
教育部晋绥热战区教育督导专员办事处	督导专员	张明经		三十一年八月	绥远陕坝	
教育部苏鲁豫皖边区教育督导专员	督导专员	王保身		三十二年六月		

名称	职称	姓名	别号	到职年月	地址	备注
教育部太行山战区教育督导专员办事处	主任督导员	陈鉴波		三十三年六月		
教育部苏浙战区巡回教学团	主任	华士兰			江浙战区	新任邓传楷
中法国立工学院保管委员会	主任	农汝惠			上海	
国立山东大学校产保管处		黄龙先		二十七年十一月	四川白沙	
教育部战区教师第一工作团	团长 副团长	张宗良 彭振球		三十二年三月	安徽屯溪	
教育部战区教师第二工作团	团长 副团长	王公度 时克信		三十三年四月	西峡口	
教育部战区教师第三工作团	团长 副团长	黄麟书 陈跃云		三十三年二月	曲江	兼
教育部战时边疆教育西康工作团	团长 副团长	程其保	稚秋	三十二年九月	雅安	兼
教育部战时边疆教育宁夏工作团	团长 副团长	王星舟 李国栋		三十二年九月	宁夏	兼
战地失学失业青年招致训练委员会	主任委员	朱家骅		三十二年七月	重庆青木关	
教育部闽粤桂战区教育督导专员办事处	督导专员	李伯鸣		三十二年十二月	曲江	

（三）教育实施概况

一、战时教育计划与建议

（1）教育实施计划

1. 教育部战时动员计划（草案）

（1937年 月 日）

（秘密）

一、关于战区及非战区学校之措置

甲、战事发生时，战区以外各级学校，应照常授课，不得自相惊扰，任意停课离散，或自行变更学则。

乙、战区学校，得由主管教育行政机关于战事发生时或战事逼近时期，准许其暂行停闭或迁移。

丙、战区学校于战事逼近时期，应为下列之措施：

（1）将名册、帐簿及重要仪器、图书等件，移藏于比较安全处所。

（2）向所管教育行政机关，密商停闭时之善后办法。

（3）暂行停闭之学校，应发给学生借读证书，以便学生自由择校借读。

丁、战区以外之中小学校，于战事发生后，当尽可能范围内补足其原有各班之名额，增设临时班，或采用二部制（指小学言），藉以收容相当数量之战区中小学学生。为达到此项目的，各省市主管教育行政机关应为下列之措施：

（1）在准备方面：由教育部密饬各省市教育厅局就各该省

市中小学之设在比较安全地点者，迅即查明其有余之容量，与可扩充之容量，并得拟各校扩充办法。

（2）在实施之时，关于教员方面，应尽量利用战区原有学校教职员，俾获继续服务；关于经费方面，各省教育厅对于公立学校，应得就其现行教育总预算，统筹支配，为一切必要之增减与移转。

戊、为救济战区专科以上学校学生起见，教育部应为下列之措施：

（1）各专科以上学校之设在比较安全地点者，由部迅即查询其有余之容量，与可扩充之容量，以及临时扩充之办法，以为战时增收相当数量学生之准备。

（2）战事发生时，政府得就海会寺，以及湖北、江西、湖南、广东等省集中军训之房地，举办战时服务训练班，以收容不能转学他校之专科以上学校学生，并利用其原有教职人员。

（3）为适应战时教育之需要，教育部得将教育文化总预算上之经费，统筹支配，变更用途，以利战时教育之措施，庚款机关用于文化事业之经费，亦得由部呈准行政院令其酌量变更原定用途。

二、关于普通教育与军事教育之方案

甲、战时各级学校教育，均应力求切合战时需要，各级学校之课程与管理应视实际情形，量予变更。各级学校教职员并应各于其学校常职以外，依其地位与环境，执行特种社会指导职务，凡此均应由教育部另拟详案，呈院核行。

乙、战时高中以上学校学生除已成年而志愿参加作战工作者外，不令其参加作战工作为原则；其已成年而志愿参加作战者，应依军事机关之规定，在特定处所接受军事训练（或入战时服务训练班）。

丙、高中以上学校应一律加紧军事训练，其办法由训练总监部与教育部会同决定。

三、关于保护重要文物之措置

甲、京沪平津教育文化机关之特殊重要文物，由部密嘱各该机关，尽一个月内为必要的与可能的安全措置，其所需经费准其动支经常费。

乙、关于古物之保存，其与内政部或与故宫博物院有关者，由教育部与各该部院迅即会商办理。

四、关于教科图书及其他图书供给之措置

甲、由教育部督促上海方面中国书店，迅就长沙等地增设印刷厂所，将上海方面现有之印机酌移一部分于各该地（移置内地之印机，并应注意能印国产纸张）。

乙、由部密令上海各书店，将现存之教科图书迅速尽量移存于其内地分店。

丙、上海一、二大书店设在香港之印刷厂所，暂时仍应令其扩充排印量。

丁、政府对于各书店之遵令措置者，在运输及其他方面，予以必要之便利与援助。

〔国民政府教育部档案〕

2. 教育部第二期战时教育行政计划

（1939年12月）

甲　高等教育

一、运用高等教育设施协助抗战军事

1．协助政治部及军政部造就军事方面之人才，分别担任军队之工程工作，后方动员工作，与敌人后方政治工作。

2．于敌人占领区域秘密设置临时政治学院，以号召青年，团结人心，并为规复之准备。

3．令各大学研究所研究军事上亟待解决之问题，专科以上学校注意战时教程，培养军事工程技术及医药救护人材，并于必要时特设专修科，以应需要。

4．规定学生参加抗战优待办法。

二、调整全国专科以上学校之科系设置与地域分配

1．划全国为若干大学区，每区至少配置国立大学一所，特别注意研究本区内文化历史社会经济等特点，并与区内政治文化及生产事业机关联系合作。

2．划分高级师范教育区，每区设立师范学院一所，其设系与招生以本区中等学校师资之需要为标准，并研究区内中等教育问题，辅助教育行政机关指导公私立中等学校，二十七年度已成立师范学院六所，自二十八年度拟再增设二所，其一为女子师范学院。

3．划定区域统筹设置农工商医等独立学院及专科学校，以应当地社会生产事业之需要。

三、订定专科以上学校行政组织与经费支配标准及教学设备标准，教育部对于各校会计制度已确实改进，自二十八年度拟依各校科系之多寡分为数类，规定其职员人数并统一名称，经费亦拟由部厘订标准，统筹支配，使无过多或不足之弊，并力求图书仪器设备费之增加与行政费之减少，教学设备规定最低标准，将来对各省及私立专科以上学校之补助亦以此为准则。

四、整理与发扬吾国固有文化，以民族立场与科学方法研究吾国之文哲史地，并拟先事编撰本国历史。

五、设置各国文化讲座及外国语言专科学校。

1．在国立各大学分别设置各国文化讲座，除担任学校课程外，并负专门研究各国文化及政治社会等实际问题。

2．自二十八年度筹设外国语言专科学校一所，并于校中酌设各国文化讲座，兼负研究与介绍各国文化与学术之责，使渐成各

国问题研究之中心处所。

六、**整理大学课程**，规定各学系必修选修科目表暨课程纲要，教育部对于大学课程除医学院课目表早经颁行，并于二十七年规定文理法农商各学院之分院必修科目表施行外，其分系科目表已经专家拟具草案分别审查，拟于二十八年起实行。

1．召集大学课程分系讨论会，决定分系科目表发交各校院试行。

2．以二十八年与二十九年为试行期间，各校院于二十九年秋季将试行结果及所拟各科目纲要报部。

3．二十九年秋召集第二届大学课程分系讨论会，修订科目并制定大学课程纲要，于民国三十年起施行。

4．以后每年召开大学课程讨论会一次。

七、筹设大学委员会，主持学术奖励、学位授予及统筹学术研究。

八、编著大学教本，奖励私人著述，并评选坊间已出之书籍。

1．就坊间已出适合大学程度之书籍，选择最优者每科各若干种公布之，以后于每年一月底将上年出版新书评选公布一次。

2．编著主要科目之教本，委托专家先编党义、国文、英语、数学、本国史五科教本，限二年完成之。

3．**筹设奖金**，规定办法，奖励私人对于大学用书之著述。

九、改进专科以上学校训育。

1．依据中华民国教育宗旨及其实施方针，以实现三民主义为最高原则。

2．规定各校设置训育处，建立训育组织。

3．与三民主义青年团商定专科以上各学校设三民主义青年团，其指导员就校长及教职员中选定，由总团部委派。

十、拟订教员资格审查、任用、服务及待遇规程。

1．大学教员即教授、副教授、教〔讲〕师、助教四种，一律须经教育部大学委员会审查通过，并经教育部复核认可，方为合格。

2．各大学教授、副教授，须就合格教员中选定，呈经教育部核准后聘任之。

3．院长、教务长、秘书长一律由教授或副教授兼任，由校长遴选，呈部核聘。

4．此外，如服务、待遇、保障、进修等办法，均妥为规定。

十一、限制留学及实施留学生救济与补助。

1．修正限制留学办法。在抗战期内，公费留学生，凡非研究急切需要之科目，一律暂缓选派；自费生，除得有国外奖金及其他外汇补助无需请购外汇者外，一律暂缓出国。

2．留学生出国已满三年，应即回国，家在战区、经济困难者，由部酌给旅费，其有特殊成绩，确需继续在外国研究者，得准延长年限，但名额公费自费合计不得越过一百五十名。

3．设置留学补助费生学额，由部组织审核委员会办理之。

4．整顿留学学务，拟在欧美设置留学学务专员或就驻外使馆派员兼办，于二十八年筹备，二十九年开始实施。

十二、督促学术团体之研究工作。

1．于二十八年上半年举办全国各学术团体总登记。

2．拟定各项问题，令各相关学术团体研究。

3．规定奖励办法，成绩优良之各学术团体，分别给予褒奖或补助。

十三、民国二十八年度以前，已经举办而须继续办理各事项择要列后：

1．战区学校之安全措置。

2．科学研究设备之补充。

3．学风之整伤。
4．学生学业成绩考核方法之改进。
5．体育及军训之改进。
6．战区员生之救济。
7．毕业生服务之介绍及专门人才之登记。
8．建教合作之推进。
9．国立院校之统一招生。

乙　普通教育

一、中学教育

1．中学之设置与调整：教育部已于二十七年确定各省划分中学区办法，以每区设省立中学一所，每县设县立初级中学一所为原则，区内各校联合组织中学教育研究会，研究中学教育各问题。现拟：（子）二十八年上半年各省将区划及现有各校之调整办法，呈部核定。（丑）二十八年下半年各省一律分区设校，组织各区中学教育研究会。（寅）二十九年各省核定各区中学教育研究会之研究报告，采择施行，呈部备案。

2．修订中学课程及其标准：（子）二十八年上半年召集专家修订各科教学时数及课程标准。（丑）二十八年下半年至二十九年上半年聘请专家依照新订标准，起草各科教授要目。（寅）二十九年下半年起通令全国各中学一律实施新课程标准。

3．充实中学设备之筹划。关于科学仪器者：（子）二十八年上半年调查各中学科学设备实况设法补充，一面筹办科学仪器制造厂，（丑）二十八年下半年正式开办制造厂，一面继续补充各校设备，（寅）二十九年各省应总查各区各校，限是年内一律设备完全。关于图书者：（子）三十八年上半年，由部约集专家，订定各级中学图书设备标准，一方调查各省中学现有图书目录，（丑）二十八年下半年至二十九年上半年，限令各省统筹各区中学图书配备，务须达到最低标准。

4．中学教员检定与进修：(子)二十八年上半年各省一律再举行中学教员无试验检定一次，遵照规程，从严办理，不得另定单行办法；(丑)二十八年暑假由部严定讲习办法，各省酌令全部或一部中学教员参加讲习，严定考试；(寅)二十九年继续举行试验检定，暑期讲习会，长期进修班，总查各省中学教员，非经检定及格或参加讲习会进修班考试及格，不得继续任职。

二、师范教育

1．规定师范学校之设置与调整：教育部于二十七年制定统筹师范教育计划设施办法，规定省应划分若干师范教育区，省于每区设立师范学校或乡村师范学校一所，每县自设或数县联设简易师范或简易乡村师范一所。现定：(子)二十八年上半年各省须将区划办法呈核，(丑)二十八年下半年各省应照核定办法实行，(寅)二十九年上半年各省调查各区内不合定章之短期师资训练班，拟定调整办法呈部核定，(卯)二十九年下半年遵照核定办法实行调整。

2．修订师范课程及其标准：检讨已颁行之师范学校课程标准、教学科目及时间表，其办法及进度与中学课程标准修订同。

3．充实师范学校之设备，规定最低标准，限于二十九年度内一律完成。

4．改正师范生之服务：使小学无不合格之教员，而师范毕业生无一不得服务机会。

5．地方教育之辅导：师范教育为小学教育之基础，师范学校亦应为地方小学之辅导机关。(子)二十八年各省划定师范区，同时即应划定各县小学区，并定师范区为地方教育辅导区，开始举行区内各级辅导会议，(丑)二十九年上半年调查区内各小学情形，完成各级辅导制度，(寅)二十九年下半年加强辅导会议之职权，调整地方教育之设施。

三、职业教育

1．职业学校之设置与调整：（子）督促陕、甘、宁、青、川、康、滇、黔、桂各省，实施推进农工职业教育方案；（丑）二十七年已在桂、黔、甘三省，各创设初级实用职业学校一所，二十八年决定在川、滇、康三省，分别创设。二十九年在陕、青、宁三省创设；（寅）二十八年调整川、滇、黔三省原有职业学校，划分职业学校区，每区联络专科以上学校一所，负区内职业学校技术行政方面推进之责，二十九年以同一方法推行于桂、陕、甘、宁、青、康各省；（卯）办理各项职工训练班，如车工、钳工、铸工、锻工、模型工、电信修理、汽车修理及驾驶，与药剂生等训练班，二十八年内分别举办，并令各省教育厅会同建设厅办理小型工厂，招收艺徒，训练优良职工，二十九年指定各省立职业学校附设性质相同之训练班。

2．充实职业学校之设备：（子）二十八年订定农工各科设备标准，并补助各省农工职业学校，限期完成必要之设备；（丑）二十九年订定商业及女子家事各科标准，并限各校完成其设备。

3．订定职业学校课程与教育：（子）二十八年订定农工各科课程标准，（丑）二十九年订定商业及女子家事各科课程标准，（寅）编辑各科教科书，于二年内分别进行。

4．职业学校学生之生产实习：（子）二十八年各省市农工科职业学校之实习作业，应完成基本训练，协助经济建设，军需制造及国防农工业之发展，（丑）二十九年各职业学校之实习，作业须与社会发生密切联系，（寅）二十九年各职业学校应一律成立实习生产组织，如工厂、农场、银行及缝纫、饮食、商店等。

5．职业教育师资之训练：（子）二十八年开始指定大学招收高级职业学校毕业生，予以四年或五年之训练，（丑）奖励优良师资，提高其待遇，并由部予以名誉奖状。

四、初等教育

1．推行义务教育：（子）短期小学逐渐改为二年制，各地小学区至少应设短期小学一所,使区内之失学儿童,至二十九年底均能入学;(丑)全国各小学自二十八年起,均设儿童义务随习班,鼓励小学生于指定时间,率同邻近失学儿童到校入班受课;(寅)二十八年积极实验卡片识字教学法,如有成效,二十九年起推行全国。

2．改进初等教育:(子)编订小学各科教育要目与教学实例,尽二十九年底完成;(丑)整理儿童读物,甄别坊间出版品,并补充编辑,于两年内完成,可供儿童阅读之图书数套;(寅)编制小学用各科标准测验及各科成绩考查法,两年内完成之;(卯)编订小学设备标准,两年内完成之;(辰)由教育部延聘小学教育专家,组织实验教育辅导委员会,负全国实验教育指导之责。

五、蒙藏边疆教育

1．由中央各关系机关代表及专家组织边疆教育委员会为设计研究机关,于二十八年上半年成立。

2．二十八年在甘肃之兰州设国立西北师范学校,招收甘、宁、青、绥四省之蒙藏等籍学生,在西康之西昌设国立西南师范学校,招收康、川、滇、黔各省之苗夷学生,培养边教师资。

3．筹设国立边疆实验小学:二十八年先设立五校,二十九年增设十五校,分布边疆各省,为各该区域初等教育实验及辅导之中心机关。

4．二十八年召集边疆各省教育厅厅长,商订增设各族小学之具体计划。

5．筹设边疆教育干部人员训练班,于二十八年成立,分甲乙两班,甲班招收已通边疆语文者训练一年,乙班招收小学教师,训练两年。

6．设边疆巡回教育工作团,二十八、二十九两年各设一团,深入蒙藏等边疆地方工作。

7．设置边区教育督导员及劝学员,劝导边疆子弟入学。

六、侨民教育

1．二十八年上半年成立华侨教育设施委员会，由教育部、侨务委员会会同外交部及中央关系机关派员组织之。

2．海外各地设置侨民教育专员，分驻所在地领事馆。

3．组织侨民教育流动讲学团：延聘教育专家之熟悉侨教情况者为团员，往海外讲学。

4．设置模范中小学于海外各地，利用战区退出之师资办理之，拟在二十八年筹办。

5．于二十八年下半年在国内或国外举办华侨师范学校一所，造就侨民学校师资。

七、战区教育

1．战区未沦陷各地教育，以尽量维持原有事业为原则。

2．战地沦陷区域教育之设施，已订有详细方案，由部派员前往指定区域推行，今后应尽量由地方教育行政机关主持办理，并劝导退至后方之教师回转本地服务。

八、地方教育行政

1．调整省市教育行政机关：(子)于二十八年上半年由部斟酌各地情形，制定省与市之教育行政机关组织纲要，俾各省市据以改善其机构；(丑)慎重省市教育行政人员之人选，由部根据"专家政治"之原则，于二十八年上半年拟定厅局长以下人员任用标准；(寅)现任教育行政干部人员，由部分期调集相当地点，予以短期训练，尽两年内办竣；(卯)改善省市教育视导制度，先就川滇黔试设视导区，于二十八年举办；(辰)二十八年下半年举行省市教育行政会议；(巳)规定合作置备统一办法，普遍推行。

2．调整县(市)行政机构：(子)健全县教育行政组织，由部于二十八年制定大纲；(丑)改善县教育视导方法，由部筹划于二十九年实施。

丙　社会教育

一、推进民众补习教育　此项事业开始于二十五年秋，应于六年内完成，已办班两年有半，亟应继续，以竟全功。其内容现拟特别注重于发扬民族精神，灌输抗战常识，后方重要都市积极举行，限于二十八年度内普及。

二、推广电影教育，购置并摄制教育影片，增添其设备，以谋电影教育之普及。

三、扩充播音教育，期于两年内，使各教育机关一律装设收音机。

四、推进音乐教育。

五、举办战时社会教育：

（1）于二十八年组织第三社会教育工作团、第四巡回戏剧教育队，并联合关系机关大规模办理伤兵教育，难民教育，难童教育等。

（2）沦陷区域每省至少成立社会教育工作团一团。

六、筹设国立社会教育学院，培养社会教育高级人才，并训练社会教育干部人员。

七、推行家庭教育，自二十八年起，中等以下学校，皆应利用假日举办母姊教育班。

八、编制社会教育各项教材：

1．整理已有之图书、幻灯、电影、播音音乐、戏剧等各项教材，使成系统。

2．编辑民众文库，非常时期民众读物及国民必读各一套。

3．审查坊间已出版之各项新旧民众读物。

4．审查及编制新旧剧本。

九、登记战区社教人员。

〔行政院档案〕

3. 教育部制定的教育计划与国防计划之联系方案大纲①

(1940年 月 日)

依据抗战建国纲领教育部门之四大原则：(一)改订教育制度及教材，推行战时教程，注重于国民道德之修养，提高科学的研究与扩充其设备；(二)训练各种专门技术人员与以适当之分配，以应抗战需要；(三)训练青年，俾能服务于战区及农村；(四)训练妇女，俾能服务于社会事业，以增加抗战力量，拟定教育与国防之联系实施要项如左：

壹　高等教育

一、院系之调整　战前专科以上学校几均集中于京沪及平津等地，院系之设立亦未能尽与国防计划相符，战后各校均迁至西南西北各省，俟抗战军事成功后，专科以上学校设置区域，应依国家总复员计划，统筹规定，分别迁置，以利国防，并将各院系按照国防需要加以调整，其农工商医各学院以分区设置为原则。同时，对于未及退出以及前往游击区域之高中以上学校学生分区设置临时政治学院，予以协助游击工作之训练。

二、专科学校及专修科之设置依环境之需要，设立中央、西北、西康等技艺专科学校，并指定大学办理各种专修科，注重实用知能，如制革、造纸、兽医、蚕丝、农产制造、统计、药剂、机械、电讯等，予以二年至三年之训练。

三、国防教材之添授　专科以上学校应减去次要课目，加授有关国防之教材，或尽量补充原有课目，并撙节开支，用以购买应用设备，各系应添授之教材略列如左：

1. 理学院

物　理：气体动力学、弹道学、侦察摄影、无线电、测量器

---

① 原件未标明时间，从内容推断，似是1940年前后的文件。

玻璃之设计与制造等等。

化　学：军事化学（如毒气、病菌、炸药、防御毒气、病菌之材料等制造）、化学工程、汽油代替品。

生　物：细菌之培养、微生物之利用、传染病菌之预防等等。

算　学：应用算学。

地　理：军事地理，战时地理，日本地理等等。

2．工学院

机　械：航空工程、兵器学、战车舰舶、潜艇、鱼雷、汽车火车等之制造与修理。

土　木：桥梁、轻便铁道、炮垒及一切防御工事之建筑、航空测量。

电　工：军用电讯、电网之构成与使用、发电机、无线电收发机之制造与修理。

矿　冶：矿冶之分工合作与研究、铅铝汽油之开采。

3．农学院：

战时畜牧、救荒植物之利用、食物统制、军粮研究。

4．医学院：战时救护、战时公共卫生、药品调制、战时医院组织、军事看护。

5．商学院：战时消费统制、战时对外贸易统制、战时金融、货物与粮食运输、中国公债问题。

6．文　科：近百年外交史之研究、民族革命战争及民族运动之搜讨、孙吴兵法、社会调查、抗战文献研究。

7．师范科：

战时教育问题、公民教育之研究、民族心理学、军用心理学、军队心理测验、青年训练问题。

8．法科：

现代国际政治、中外条约、战时财政、战时经济政策、日本政治经济危机。

9．艺术科：

民族独立或革命图画、民族英雄画像及雕刻、标语插画。

10．体育科：

搜集军事与体育教材、注意目力、足力、臂力之锻炼。

四、设置讲座及研究所　专科以上学校得单独或联合数校设置军事讲座，择定成绩优良、设备完善之学校，设立有关国防教材之研究所，其经费另行补助之。

五、专科以上学校毕业生兼授予军官衔：(一)专科以上学校学生在修业期间于应修各学科外，实授国民军事教育，期满考试及格者，为陆军备役移补军官，(二)选修有关国防军事科目，经考试及格，短期入营者，应分别请求予以陆海空军备补军官。

六、留学生之限制　抗战军兴，留学生之限制除与国防有关系者仍准留学外，甚为严格。但其动机在撙节外汇，将来核准留学生出国时不特应消极的限制、更应积极的调查全国各项事业对于人才之需要，然后切实指定留学生应习学科，并指导其入何学校，务使各项事业均能取得其所需之人材，同时留学生归国后亦均有机会展其所长，学国防军事者由军事教育机关另订。

七、奖励研究及创造　最新式武器及有关国防工业，各国均守秘密，今后我国如不能自行创造或改进此等制造，则国防将永落人后，故学校应设法引导少数天才学生选题研究。但不宜鼓励人人参加，以免虚费光阴财力，在研究过程中，各教授认为成功有望时，得呈请教育当局予以精神及物质上之协助，经军事主管机关指定科目，研究试验成功者，得请求给予科学专家及技术专家之奖凭。

八、学校与军事机关合作　学校应根据工厂与学校合作办法与所在地之军事机关取得密切合作，使学生增加军事上实际知能。

九、军训与体育　军训体育应列为各年级必修科目，军训应以寓将于学为目标，各学生应实施陆军备役移补军官佐教育，在训练期间，年须定期实弹演习若干次，对于步兵所用之兵器构造使用，应求充分明瞭。体育课目内应多列军事上应用之技能，以普及为原则，避免专重少数选手之通病，军训体育各年级均须列为必修课，女生以看护代军训。

十、精神训练 各校实行导师制，并成立训导处，设置训导长或主任，以资统率，划一步骤，培养纯正思想及真实简朴耐劳之校风，并严格励行军事管理，养成整齐严肃、操作勤敏、守纪律、负责任、明礼义、知廉耻，现代国民之美德。

贰 中等教育

中学、师范、职业，均各依其文化、经济生产、交通原料等之需要，分区设立，以求平均发展，中学师范学校与所在地之国立师范学院联络，并受其督促辅导，职业学校与所在地同性质之专科以上学校联络，并受其督促辅导，各省市应克期达到部颁中学师范职业之设置标准，力避畸形发展之敝。

甲、精神训练

一、依据中华民国教育宗旨及其实施方针，以实施三民主义为其训育之最高原则，以实践新生活为其入手方法。

二、实行导师制，注重训教合一，人格感化，对于学生之思想行为，学业健康为切实有效之诱导。

三、每晨举行升旗礼，下午举行降旗礼，全体员生一律参加，礼毕由校长教员训话。

四、每周总理纪念周及其他集会，讲演总理遗教、军事及政治经济上国际现势及抗战建国进程中之一切重要事项。

五、初中施行童子军管理，高中施行军事管理，实行绝对严格训练，养成整洁朴素、确实敏捷、明礼义、知廉耻之美德、劳动服务之习惯与负责任、守纪律之团体生活。

六、中等学校教职员及学生应于课余时间，视其学识能力及环境需要，为社会服务，唤醒民众，对于抗战建国能有正确认识，俾各尽其所能，以充实抗战建国之力量。同时学校应协助所在地党政机关办理民众组织与训练。

七、使学生深切瞭解中学教育，不仅为升学与就业之准备，且应担负地方服务及抗战建国之各种工作。初中之训练，除正常学科外，尤应注意地方自治能力之培养；师范学生应认识文化国防第一线之真义及献身教育事业之精神；职业学生应认识生产救国与国防产业之重要及创业精神与职业道德之价值。

乙、体格训练

一、中等学校分别严格实施军事训练及童子军训练（初中及同等学校学生实施青少年陆军军事教育，高中及同等学校学生实施陆军预备军事教育，初高中及同等学校女生均实施军事救护教育）。并集中训练与长期露营，以获得实地经历。

二、**规模较大之学校**应陈列各种兵器或模型图表，以资研究，必要时并得分区集中陈列。

三、**各校体育**应注意目力、足力、臂力之锻炼，并利用环境及设备，多为爬山、游泳、露营、远足、脚踏车、汽车驾驶、骑马、滑翔机等练习，以养成坚强体魄与军事训练之基本技能。

四、每日实行早操及午后课外运动，除一般动作外，均举行跑步一次，职业学校并应举行实习工作时间内课间操一次，以防过度疲劳。各种团体操、田径赛、球类、国术等均应分别实施，但其设备须力避浪费金钱。

五、各校应遵照中等学校卫生教育实施方案及设备标准，切实施行，并指派教员负责办理。

六、对于学生营养及健康问题，应严密研究，并尽量与家庭联络，取得合作。

七、定期举行健康检查，如有缺陷及早期疾病，务须设法矫治，并按期施行各项预防及接种。

丙、学科训练

一、中学每周授课时数至多不得超过三十一小时，师范不得超过三十二小时，职业以减至四十二小时为度，各校主要学科之教学时间每周至多不得超过二十四小时，并排在工作有效时间，如上午九时至十一时，下午二时至四时，其余时间为实习体育军训及童子军劳作与生产劳动，音乐图画等。

二、公民科须于三民主义建国方略、建国大纲、国家民族之认识、本国政治经济及社会情况、国际现势及我国与各国之关系等项特加注意。

三、国文应酌选发挥民族意识、民族道德之文字，历史上成仁取义之模范人物之传记及总裁训词与讲演为教材。

四、历史、地理须注重本国部份，外国史地可酌量减少，历史教学须于本国史上过去之光荣抗战民族英雄及抗战建国之国策特别注重，地理须注意历代疆域之沿革、总理实业计划、现时中日国势、国防形势与各战区地域之认识与变迁，对于乡土情形亟应比照研究，并制作各种战争地图与战争损失图表。

五、自然科须注意现象观察实验与学理互相参证取材，应侧重实用知识与新发见以及与国防军事有关之讲习，删去不必要之理论。

六、外国语注重基本训练、初中为选修科目，高中注重阅读及简单翻译与写作能力之培养。

七、劳作须注重实际生产，学习木工、简易金工、兵器及国防模型、种植、畜养、酿造或学校所在地之主要工艺，高中并应兼习钳工、锻工、模工、铸工、车工等，务使获得修造寻常日用品之能力，及明瞭无线电、汽车等之装修与运用。

八、音乐须注重歌唱，并应练习军歌及激发志气、陶冶性情之歌曲。

九、图画应注重基本练习、自然写生及初步用器画；高中应侧重图案画、机械画及初步测量绘画工作。

十、师范学校应兼重民众教育、乡村教育与抗战建国教育之理论与实施军事训练，以及地方自治之政治训练。

十一、职业学校应注重经济建设，并与建设军需工业机关密切合作，注意实习与实际生产，协助农工商及家庭工艺等生产事业之发展。

丁　特殊训练

中等学校除实施上列各项训练外，应依照部颁中等学校特种教育纲要、高中以上学校学生战时后方服务组织与训练办法大纲及中国童子军战时后方服务训练办法大纲施行特殊训练：

一、课外特殊教材之教学以军事后方勤务为主，可分为防空、警卫、救护、民众组织、粮食管理、交通运输及工程等，其内容如左：

1．防空组　注重灯火管制，警报信号，交通管制，避难管制等项。

2．警卫组　注重警察消防斥堠保卫侦缉等项。

3．救护组　注重急救、看护、担架、防毒、公共卫生等项。

4．民众组织组　注重宣传、组织、救济、慰劳、募集物品、金融统制、紧急集合及各项调查等项。

5．粮食管理组　注重粮食之调查运输制造及统制等项。

6．交通运输组　注重邮电、通讯、驾驶、管理车辆、牲口、船只、辎重运输等项。

7．工程组　注重破坏修筑道路及桥梁、掘壕、筑垒、掘井、掘地窖、辟火巷及其他土木工程。

二、职业学校并应注重与国防有关教材，如机械科之注重简易军械制造、修理及零件配置、汽车及飞机引擎之构造修理，电机科之注重电信、电话、无线电、电网装置与修造，应用化学科之注重药用品、食用品、日用品、军用化学品等之制造，农科之注重战时农业生产、经济合作推广及仓库等。

叁　小学教育

一、小学教育为国民基础教育，一部份准备升学，其他一大部份则毕业后即当服务家庭或社会，或从事职业，故其高年级课程应有相当之差别，如简易职业训练或技能陶冶，俾毕业移有参加社会上基层经济生产工作之能力，同时小学校舍应为城乡民众组织及活动之中心，同时切实推行国民教育，于最短期内达到每保设立国民学校每乡（镇）成立中心学校之目的，以提高民众文化之水准，增强抗战建国之力量。

二、学校环境之布置应力求足以补助精神与体格训练之实施，并应多挂适当图表，给予儿童以正确刺激之印象，并随时举行集会，讲演浅近重要之时事。

三、各学科教材应为左列之补充：

1．国语科　增授日本帝国主义侵略文字通俗化之抗战救国文电、诗歌、戏剧、故事画、战地通讯及军民壮烈牺牲事略或图画等，并随时指导学生，将报纸上抗战文电及新闻改为通俗文字，以便转告不识字之民众。

2．社会科　注重日本帝国主义侵略史实、中国民族复兴运动史实、中国历史教训失地及国防经济地理等。

3．算术科　注重中日国力、东北失地及战区各项损失日常应用等数字。

4．自然科　东北华北等地之富源，普通兵器性能制造以及防毒救护等常识。

5．图画科　绘制国难简略地图、抗战宣传画等。

6．劳作科　制作战争玩具、失地模型及利用荒地种植作物，增加生产等。

7．体育科　注重战争体育模拟战、童子军训练、侦察救护、防空防毒等演习、远足爬山等运动，以及其他类似之游戏。

8．音乐　多唱富有战斗意志的歌曲。

肆　边疆教育

边疆各省学校，除依照上述各点实施外，并应注意左列三点：

一、边民素习逐猎，长于乘马爬山射击各种技术，应加以合理之指导训练，以增强其体魄作战知能，保卫国家之精神。

二、对于应行指导及宣传办法，除学校增加各种设备外，应增设巡回教育工作团，以明此种教育国防联系之责任，该团人员须招集精通当地语文及曾在中央受教之边疆学生施行短期训练，收效较宏。

三、增强边民敌忾及乐服兵役之心理，在各种教科书增加鼓励中华大民族精神之教材，应注重短期小学课本对于成年人民影响较为迅速。

伍　社会教育

一、扫除文盲　保国民学校及乡（镇）中心小学办理初高级男女成人班级，期于短期内扫除文盲，并实施国民基础教育。

二、推行保甲制　利用教育机关推进保甲制度。

三、壮丁训练　协助办理国民初步军事训练。

四、指导人民增加生产　举办工艺及农村副业短期训练班，指导防除害虫，提倡造林，改良家庭等。

五、激发民族意识　利用通俗演讲、书册、壁报、电影、播音等工具，以提高人民对于国家民族应有之认识。

六、劳动服务　动员民众参加地方建设工作，军事运输通讯。

〔国民政府教育部档案〕

(2) 教育工作建议

1. 行政院秘书处奉发朱经农、吴南轩等关于战时教育问题之意见致教育部函

（1937年8月13日）

奉院长谕：准中央政治委员会秘书处函以奉交庐山第二次谈话会，朱经农等陈述关于战时教育问题之意见，请裁夺施行等情。奉批：抄送行政院参考。请查照等因。相应抄同原件，函达查照。此致
教育部
　　计附抄送朱经农等建议一件

　　　　　　　　　　　　　　　行政院秘书长　翁文灏
　　　　　　　　　　　　　　　　　　　　　魏道明　代

中华民国二十六年八月十三日

汪主席
蒋委员长　钧鉴：敬启者：庐山第二次谈话会，教育界同人于七月二十八日下午假座牯岭图书馆举行分组谈话会，交换关于战时教育问题之意见，得下列共同意见数点，敬请为钧座陈之。

第一、战时高等教育问题议定数原则如下：

一、分区

（一）紧急区即已经作战之地，如平津。

1．抱定上最后一课之精神，尽量维持学校教学活动。

2．制表调查教职员及学生之战期服务志愿内容，注重其个人的专长和志趣，以为将来分派战区服务工作之根据，于可能时并施以临时速成的训练，以期提高其服务的效能。

3．学校于迫不得已完全停顿时，采用下列两种救济办法：

（1）根据上节调查及训练情形，呈报中央或地方军政当局或抗敌后援会分派战时服务工作，一般学生所担任之战时服务工作，以限于后方救护、慰劳、工程、交通运输等工作为原则。其志愿参加前方工作，或调至后方平常区继续读书者，政府与学校当局亦尽力成全之。

（2）与后方平常区学校接洽，请其尽量收容本区之失学青年。

（二）次紧急区即作战可能性很高之地，如上海、青岛。

1．镇静维持学校平常教学活动。

2．同时必施行前节所述之教职员与学生之战期服务志愿调查与临时训练，同时亦得与平常区学校非公开的接洽前节所述之收容问题，以为紧急发生时之准备。

3．准许教职员与学生于其课余时间，在抗敌后援会统一的指导之下，参加后援工作。

（三）平常区即暂时少作战可能性之地，如内地各处。

1．由教育部命令现有各校，除维持其本身平常教学活动外，并尽量收容紧急区之失学青年。

2．由教育部在本区内设立临时学校，收容紧急区之失学青年。

3．准许教职员与学生于其课余时间，在抗敌后援会统一的指导之下，参加后援工作。

二、经费

（一）战时教育经费应由政府竭力维持与军政费之相当比率。

（二）紧急区、次紧急区及平常区之各校经费，应由政府通盘筹划，公平分配。

（三）学校当局应节省其一切非绝对必要之经费。

（四）无论学校经费于迫不得已时减少至何等程度，教育同人应当尽力维持学校。

三 课程

（一）平常区 维持平常课程，但须切实奉行教育部前颁特种教育计划，以期适应战时需要。

（二）次紧急区与紧急区，尽力维持平常课程。但于必要时得酌量变更，并应添设速成训练班，授青年以战时某种服务之必须的知识或技能。

第二 战时中等初等教育问题 大致参照上述战时高等教育之原则办理，特别注重以下三点：

一、尽力维持平常学校教学活动；

二、经费亦维持最低限度之比率；

三、课程内容，注重战时应用之常识与常〔技〕能。

第三 战时社会教育问题 注重以下两点：

一、唤起人民之热烈的爱国与忾敌的情绪，由中央宣传部颁订战时中心信条，以为全国统一宣传之根据。

二、利用紧急区大学、中学之失学青年，施以临时特殊训练，使其有担任民众组织与宣传之能力。

第四 附带建议

一、请中央设法统一青年训练机关。

二、请教育部迅速召集战时教育会议，商讨战时教育之实施问题。

以上所陈是否有当。敬请钧座裁夺施行。专肃。敬请

钧安
　　　　　　　朱经农　吴南轩
　　　　　　　胡定安　张凌高
　　　　　　　杨立奎　许仕廉
　　　　　　　林济青　章　益　谨启
　　　　　　　张耀翔　吴泽霖
　　　　　　　陈振鹭　王世颖
　　　　　　　孙寒冰　萧一山

二十六·八·二·

〔国民政府教育部档案〕

2. 教育部关于战时设法维护文化与尽量恢复教育计划密公函

（1937年9月28日）

教育部公函　　密

案准贵部二十六年九月十八日忠字第三七号密函，节录国防参议会黄参议员炎培提总动员计划大纲中特别急要事项请提前施行案第四点，"设法维护文化机关，在可能范围内恢复教育事业，但减缩原定课程，加入各种必要训练"，希查照核办等由。准此。查关于设法维护文化机关，在可能范围内恢复教育事业一节，在沪战发生之初，本部即拟具纲领，请示行政院蒋院长，嗣奉蒋院长核定总动员时督导教育工作办法纲领六条，以为实施之原则。此项办法纲领，本部于奉颁后，即密令各省市教育厅局及本部直辖之公私立专科以上学校遵照办理。现在比较安全区域内之学校，亦经本部设法扩充容量，收容战区学生。在战区内之学校，亦经本部设法向内地迁移，并正督促加紧实施。本部筹设之长沙及西安临时大学，十一月初即可先后开课。国立同济大学，已令准迁往浙江金华，不久亦可开课。私立复旦、大夏等校，亦正由部助其联合迁往江西或贵州。此外，关于教科书籍之印刷及纸张供给等事，亦已陆续订定办法，责成各书局实施。至减缩原定课程加入各种必要训练一节，本部近与训练总监部会订之高中以上学校学生战时后方服务组织与训练办法大纲第四条内曾规定，"在战时各学校每周得酌减普通学科教学时数四小时至六小时，即以其时间施行特殊科目之教学训练"；第五条内并有"训练特殊技能之高级职业学校及专科以上学校，除照前条规定施行特殊教育外，并须就其专门部份与战事有关联者加紧训练，其时间即在减少普通或次要学科之时间抵充"之规定。此项办法大纲，业已由部令饬各省市教育厅局及专科以上学校遵照实行。以上所述系大概情形，其详细处置经过，具见本部另函检送贵部之《战事发生前后教育部对于各级学校之措置总说明》内。准函前由，相应函复查照。此致
军事委员会第二部
中华民国二十六年九月廿八日

〔国民政府教育部档案〕

3. 行政院秘书处抄送平津同学会关于抗战时期教育意见函

（1937年10月2日）

奉院长谕："平津同学会条陈抗战时期教育意见一案，应交教育部"。等因。相应抄同原件函达查照。此致
教育部
　　计抄送原呈一件，名单一纸。
　　　　　　　　　　　　行政院秘书长　魏道明　印
中华民国二十六年十月二日

　　抄原呈
军事委员会委员长蒋钧鉴：
　　现在我们平津学生，谨以赤忱贡献我们的意见，于为民族的生存而奋斗的敬爱的政府之前。
　　第一，自平津失陷以后，我们就失去了国家的保护，不仅继续就学没有可能，就连生命的安全也毫无保障。我们都是受着国家长期教养的青年，不能甘心在敌人的统治下作驯民，在祖国到此生死决斗的最后关头，我们尤愿贡献我们所有的一切，报效于危难的祖国。因此，我们才下着最大的决心，冒着一切艰苦危

难，挣脱了敌人的樊〔藩〕笼。

在一路上，我们睡沙滩，吃冷馒头，受敌人残酷的盘查拷问，拘捕杀戮，历尽苦难磨折，而没有屈挠我们的意志，为的是我们希望能够重回到祖国国徽的照耀下面，在政府的培育之下自由呼吸，在政府的领导之下从事工作。当我们重见到祖国可爱的国徽，看到中央政府率领全国军民的忠勇杀敌，以及全国上下的和衷共济，齐赴国难的慷慨热【烈】情况，我们真是说不出的感奋。我们平津学生，被敌人的炮火轰出了我们所生息着的北平、天津，亡家失国之痛益为深切，愿意为民前驱，参加一切救国工作，实属义无反顾，惟工作须在中央政府及钧座的统一领导之下，步伐才能整齐，收效乃能宏大。故我们大部同学，全都待命都门，听候中央策驱，我们希望中央能按照现在各工作部门的需要，给我们以适当训练，分发任用，使我们千辛万苦投奔中央而来的平津学生，得遂报效祖国的夙愿。

现在政府已准备设立各种训练班，这将使我们可以能够得到训练和工作的机会，我们除欢欣鼓舞以外，第一，希望这些训练班均能于最短期间即行实现，使同学得以早日受训，早日为国效力，不致坐使时间蹉跎。第二，希望尽可能的充实训练班内容，使同学能于训练中获得最完善的教育，异日在工作上能发挥最大的效能。第三，更希望能把容量加多，范围扩大，不仅是容纳平津的学生，而且更进一步能吸收全国的优秀青年到中央政府的指导之下，有计划的配备到前后方抗日的战线上去。最主要的一点，我们希望中央要把这种训练班看做发动战斗力的积极准备，绝不是一种不得已的安插同学的消极办法。

第二，教育为立国根本，虽在战争紧急时期，亦绝不可完全废止。故我们希望中央政府，尤其是教育部当局，尤要重视青年的学业，对平津以及其他战区同学的求学问题，能谋妥善的补救办法，对于教育部所已公布的在西安、长沙设立临时大学的办法，我们希望能够早日实现。同时我们还希望政府及教育部能够顾念到我们学生实际的困难，平津以及其他战区的同学，现在不仅是失去了学校，而且失去了自己的老家，不仅是学膳费用无所出，而且连最低限度的生活都难于维持，希望政府能够切实救济。

其次，尤其要特别强调提出来，我们希望今后的教育内容，能有彻底的改变，要认真实施切合国防需要的非常时期教育。现在我们民族到了生死决斗的非常时期，我们感觉到前线的抗敌将士为祖国的生存而抗战，后方的教育也应为抗战的胜利而准备，最主要的我们希望现在这非常时期的教育，必须建筑在下列几个基础上。

（甲）整个教育方案，必须【与】整个政府计划取得密切联系，俾学生在校所学，必可为国家所用，人才均得录用，学习不致浪费。

（乙）理工科学程应着重军事工程及国防科学的训练，同时并能有充分实习的机会；文法科学程应着重国防经济、国防文学、国际知识等研究，及组织民众训练民众等实际技能的学习，同时并应减少室内的刻板功课，俾同学得有充分时间，能与现实社会沟通声气，与自由发展的机会。

（丙）全体同学应普遍实施严格的政治训练及军事训练。政治训练之目的在灌输孙中山先生的民族主义精神，激发青年爱护祖国，为国牺牲的精神，军事训练之目的在锻炼同学的体魄，及灌输必要的军事知识和自卫技能，二者均须严格执行。

第三，在需要全民动员，才能争取抗战最后胜利的现在，我们希望政府不遗弃一点一滴力量。因为，中国是个落后国家，民智未开，交通不便，开展全国群众运动感觉非常困难，唯有学生的文化程度较高，爱国心特别热烈，而且过惯集体生活，便于组织，同时学生的分布极广，影响最为普遍而深入，假使能得中央及各地政府当局的切实指导与帮助，那么各地学生运动就可很快的蓬蓬勃勃地开展起来。成为全国开展群众运动的有力响导，故我们请求中央及各地政府当局，能够尽量的扶助各地的学生运动，使全国的青年底力量，能够有计划的集合起来，帮助政府推进抗敌救国事业的完成。

平津同学会谨上

附平津同学会负责人名单一纸

平津同学会执行委员会委员名单

郑代巩	贵州正安	北平大学法商学院	总务股
孙鸿志	河北东光	河北商业职业学校	总务股
王文彬	江苏丰县	师范大学	交际股
葛佩琦	山东平度	北京大学	交际股
何维登	云南大关	清华大学	交际股
吴承明	河北滦县	北京大学	交际股
姜世勋	辽宁沈阳	北京大学	组织股
方琦德	安徽桐城	清华大学	组织股
丁发善	吉林宁安	师范大学	组织股
施克俭	河北滦县	辅仁大学	组织股
刘玉柱	河北盐山	北京大学	宣传股
陆钦鑫	江苏吴县	中国大学	宣传股

以上执行委员会留京委员十二人

会址　暂设本京白下路八府塘市立第二中学

〔国民政府教育部档案〕

4. 国民党中央秘书处检送张继等关于拨款补助河北省实施战时教育救济与青年培训办法案

（1937年11月12日）

中央执行委员会秘书处公函　孝第13458号

案准张继、于右任、张厉生、王秉钧、李嗣聪等五委员提议拨用中央每年补助河北省教育经费，实施战时教育，拟具战时河北青年之救济与训练办法，请公决一案。当经提出中央常务委员会第五十七次会议讨论，决议："（一）通过，经费由河北省已停各校补助费拨充之，（二）察绥平津四省市亦应依此办理，（三）并交行政院迅速办理"在案。相应检同原提案，录案函达，即希查照办理为荷。

此致

行政院

附原提案一件。

中华民国二十六年十一月十二日

张继等原提案①（1937年10月27日）

自全面抗战展开以来，冀察晋绥沧为战区，华北教育遂陷停顿。仅就河北一省而言，原有独立学院五校，高级中学二十八校，初级中学四十四校，师范学校十五校，简易师范一百三十四校，乡村简易师范十二校，职业学校二十四校，总计中等以上学校学生及专科学院以下各级学校教职员为数在十万人以上，（据民国二十三年度统计，全省中学、师范职业学校及独立学院在校学生人数达三万五千余人，全省中学师范及小学教职员达六万五千余人。）此刻彼等除小部份已就地参加抗敌工作外，其余成千累万之学生及青年教职员大都流离失所，生活维艰，投笔有心，请缨无路，倘不设法予以收容及训练，不惟文化上之损失滋大，抑恐无救热情有为之青年于亡家破国之余，精神上毫无归宿，陷于消极悲观之境。矧冀省自民二十四年党部撤退后，民众组织缺乏基础，青年知识份子为社会民众之中坚，当兹战时，犹不能动员集中，加紧工作，势将影响于整个华北民众抗战情绪之消沉与低

---

① 本案经国民党第五届中央常务委员会第五十七次会议通过。

落。言念及兹，殊堪忧虑。今为动员河北全省青年，加强抗战力量计，拟请中央对于冀省青年学生及各级学校教职员全部予以救济，并实施战时教育，集中训练，以表示国家对战区青年爱护与期待之殷，将来彼等感激奋发，效命前驱，既可组织民众，领导民众，争取抗敌战争之最后胜利，且因寓学习于工作之中，可继续造就国家急需之实际人才，为收复失地复兴民族而奋斗。至于经费一项，祇须由中央将每年补助河北一百六十万元以上之教育经费，按照实际需要，分期移用，如此既不增加国家战时财政之负担，且足收事半功倍之效。兹根据上述理由，拟具战时河北青年之救济与训练办法，**提请大会公决**。

一、目的　动员河北青年与师范职业及中小学服务人员，使之集中受训后成为组织民众、训练民众之干部，以期早获抗战胜利，与完成民族复兴之工作。

二、组织　（一）由中央于中央委员、教育部及地方党政关系人员中指定若干人组织"战时河北教育工作委员会"，负责推动工作；（二）教育工作委员会下设青年救济处与青年训练处，其人选以河北中等以上学校原任校长为设计员（教员可在训练处任教职），并另委正副主任各二人主持之；（三）被救济与受训之青年智识份子，须成为军事化的组织（例如河北青年干部队之系统组织），直接受国家之指挥调遣，并受军法部勒。

三、训练　（一）对象——第一期暂定集中专科学院及中学师范学校学生一万人，中学及师范教职员六百人，小学教员二千人，（二）特殊的训练——将所有受训人员按照个性与平日所学分为下列各组，施以专门科目之训练：A、军官预备组——授以较高深之军事学科，B、军事技术组——授以通信、交通、筑城及军事化学等科目，C、国防经济组——授以战时经济、粮食管理、军需生产、及辎重管理等应用科目，D、国民教导组——注重民众组织、民众自卫、防毒、防空、救护、侦察等科目；（三）

一般的训练——所有受训人员除在各该组受较专门科目之训练外，并须一律受普通军事训练，战地工作常识训练，及一般的精神训练与政治训练；（四）受训时间——A、B两组较长，暂定为三个月至六个月，C、D两组较短，暂定为一个月至三个月，但必要时得随时调赴战地实习工作；（五）集中地点——拟在豫南或皖赣诸地。

四、救济 （一）对象——A、河北省公私立各级学生及教职员（暂以中学以上学生为限），B、河北省籍学生在他处求学因受战事影响失学者。（二）办法—A、由救济处登记河北各级学校失学流亡学生及失业教职员，大批移送训练处受训或任职，B、由救济处保送冀籍学生入中央各种军事机关受训（如中央军校航空〔学〕校交辎学校），C、由救济处审查并斟酌津贴在内地各省市求学冀籍学生之学费，D、与各地学校商洽，尽量容纳冀省学生借读，F、救济处除在京设办事处外，并于国内各大都市酌设通信处。

五、经费 （甲）来源——由中央每年补助河北省教育经费一百二十万及义务教育经费三十余万元项下分期拨用；（乙）预算——（一）每一受训青年平均每月费用十元，以一万人计，月需十万元，（二）每一参加动员之学院及中学师范教职员每月平均生活费三十元，以六百人计，月需一万八千元，（三）每一参加动员之小学教职员每月平均生活费二十元，以二千人计，月需四万元，以上三项每月共需十五万八千元。

（附注）（1）救济费大部份包括于训练费中，只少数冀籍学生在他省肄业应受之津贴须另立预算；（2）受训后分发工作费仍与受训时略相等，平均每人每月以二十元计，故预算仍可平衡。

〔国民政府教育部档案〕

5. 军事委员会抄转焦易堂条陈矫正教育不良状态意见书的代电

（1939年3月4日）

国民政府军事委员会快邮代电　侍秘渝字第4764号

教育部陈部长：据焦院长易堂条陈矫正教育不良状态意见书前来，查所言颇多可采。兹将原意见书随文抄转，即请参考核办为要。中正。支。侍秘。谕。

中华民国二十八年三月四日

抄焦院长函

总裁钧鉴：窃惟建国之要图，莫〔不〕急于教育，不特各种实用科学亟需人才，急应培养，而欲运用科学完成物质建设，社会建设，必须以心理建设为其基础，以故作人之教育，实为作事教育之前堤。各种科学者，作事之教育也；道德伦理之说，则作人之教育也。凡不知作人者必不能作事。我国近年各种法令章则，大体皆备，各种物质建设、社会建设、亦皆应有尽有。但以教育不良，一般人既不重视作人，又不肯深切请求作人教育之实施办法，一种虚伪苟且之习深入人心。

钧座虽大声疾呼提倡新生活，又尝以儒家大学、中庸、礼运各书，义蕴情深，极应讲求。但一般人仍未能彻底了悟，设有学校读大学、中庸者，则必哗然曰：此"读经"耳，——若读经即为冒大不韪，而蒙无上之垢辱，实则选国文读本者，随意选辑诸子史乘各书，其难解或且有甚于学庸，此诚心理之病态不可解者也。我国教育窳败，其来已久，始则学术不明，通儒甚少，对于古书古义之应取应去，无力辨识，而一概抹煞之，对于东西文明之应因应革，无力鉴别，而一概传习之，此乃受病之始。继则以古义既废，人心荡然，无复忠国爱人之诚，尤无守正不阿之义，甚且昌言世界原无真〔假〕是非，根本上且无守正之可言，一唱百和，不可究诘，相率而习于虚伪，守正则诋为拘墟，恣诞则誉为达人，一切良法美意，只有躯壳，並无实际而倨傲残险嗜利纵欲之习，则牢不可拔，教者学者习以为常，教者视教授为职业，不惟不肯直道正辞，抑且委曲求全，学生则视教员为雇佣，无复尊师重道之义，而其修习科学也，无非以得文凭图进身为急。窃尝谓科学虽远胜于八股，然学科学者之心，则实无以异于□哗入股之人，何则？大本不明，人格不修，只以个人之利益为最终目的，而不知其他也。德国以战败国，而数年间，即现飞跃之势，诚以其一般国民皆具笃实苦干之习，良非偶然。当德国被法国战败时，德国有大哲学家菲希体（Feicht）作告德国青年书，反复以修养人格为言，该国青年思想为之一振。又查德国凡投考入师范学校者，必先具人格证书，证明无败誉干法之行，方可取录。盖以其将为人师，故不得不加慎重，我国"尊师"之义，素极隆重，然至今日，则一落千丈，无复计及，可为叹浩。窃意以为欲矫正现代教育不良状态：（一）对于学生教员之行检应严格律之，倘有学生或教员不自爱惜，从事于娼赌或其他不道德事件，必严格以绳，无或稍恕。最低限度，亦应与公务员受同一拘束。因今日之学生，即将来之公务人员也。（二）学校教材中应将大学、中庸、礼运三书请通儒以语体文译之，令学生讲习，至大学高中学生，或即将原文授读，亦无不可。（三）抬高教师地位，恢复旧日"尊师"之义，不许学生以己意动辄反抗师长，而教师亦应抗颜为师，直道正辞，不得徒以容悦固位为能。抑又有说者，前哲有云："苟非其人，道不虚行"，今欲正青年之风气，拯人心于既死，挽国魂于垂绝，非徒高标口号，诵习古经所可奏效，必有人师为之表率，然后可以正视听而资观感。我国历代不乏硕学名儒，远者无论矣，即以近代而论，如明代之胡敬斋、薛文清、吕新吾，逊清之陆稼书、汤潜庵、张伯行，又如明末清初之黄黎洲、李二曲、孙夏峰、顾亭林、王船山诸君子率皆道明德立，堪为导师。现在岩穴之下，侧微之中，未必即无其人，特以此人抱道自守，行与时违，稍一启示，则众咻丛至。凡腐化、迷信、固执、拘墟种种攻击，不一而足，未及启齿，而身无完肤矣。究竟迂儒、真儒，谁辨识之，迷信、智信、孰抉择之。兰蕙与凡卉共弃，驽骀与骐骥不殊，倘谓中国之大，竟无导师其人，恐非笃论。倘留心延聘，对此等人加以礼貌，主持国学讲座，士习当为丕变也。再近闻由战区西来之失业教育家甚多，分散于渝蓉陕滇各地，诚宜收罗，使其担任社教，深入民间，推行抗战教育，吸收农村党员。又，战时教育不免有所侧重，然正常教育，仍宜照常推进，盖人才乃百年建国大计，所系不仅限于一时作用也。至于党化教育之重要，凡属同志，皆喻其旨，自不待易堂之凌陈。想不日教育会议开幕，对于上述各节，必有更详尽之提议与讨论，姑述千虑所及，敬祈采择是幸。祗颂
钧绥

    焦易堂谨上言
     二、廿四、
    廿八年三月四日抄
〔国民政府教育部档案〕

6. 国民参政员胡秋原等提议取消庚子赔款办理教育办法案及外交与教育等部商办往来函件

（1943年1—3月）

（1）参政员胡秋原等提议取消庚子赔款办理教育办法案

  查庚子赔款乃不平等条约结果之一，亦国家巨创深痛之一。幸以美国首先退还余款，办理教育，各国亦相率采取类似办法。其中如美如英固意在沟通文化，敦睦邦交，殊堪感激，然亦有利用中国金钱进行文化侵略者如日寇是。随世局变化，赔款办法多

有变更，或由我国政府自动停付。目前中国继续偿付赔款者，仅美英二国，向由中外混合机关管理。其对于文化事业，亦颇著勤劳。惟此款一日存在，实吾人精神上物质上之一大苦痛；而由中外人士另组特殊机构管理，在国家体制上亦欠圆满。过去有识之士，多主张与美英交涉取消。惟事关外交，允宜慎重。今在百年屈辱之后，友邦表示废止在华特权及有关事项，此事自应一并提出交涉。拟请政府正与友邦谈判之时，请友邦允将庚子赔款取消，其用途由政府统筹支配。原有庚款保管办理文化事业机关，即行撤销。今日美英均我盟邦，同仇共命，断不致坚持监督此款用途，以贻为德不卒之讥，而我国亦应以独立精神，极力交涉，以维国家行政之统一，而涤四十年耻辱之伤痕。是否有当？敬候

公决

	提案人	胡秋原	卢　前
		金志超	李鸿文
		王世颖	李　治
		朱贯三	常志箴
		张作谋	谭平山
		彭革陈	靳鹤声
		余家菊	陈志学
		叶溯中	萨孟武
		黄同仇	李中襄
		梅光迪	黄宇人
		李汉鸣	李廉方
		喻育之	马　毅
		张定华	陈　时
		席振铎	

审查意见

本案修正通过，修正之点如下：（一）提案主文"取消庚子赔

款办理教育办法案",修正为"请交政府交涉取消庚子赔款协定,並对原有事业另订维持办法案";(二)提案说明"在与友邦谈判之时……即行撤销",修正为"请政府交涉取消庚子赔款协定并对原有事业另订维持办法"。

国民参政会决议文:

原案连同审查意见送请政府斟酌办理。

(2)外交部致教育部快邮代电(1月30日)
国民政府外交部快邮代电　欧(32)字第0598号

教育部勋鉴:准行政院秘书处一月八日孝字第七二九四二号通知单,以国防最高委员会交办国民参政会三届一次大会建议取消庚子赔款办理教育办法一案,奉院长谕:交财政部、教育部及外交部核办等因。相应通知等由。抄送原函检送原案及审查意见各一件。准此。旋复准院秘书处转送行政院第一五九○号训令,饬将办理情形于文到一个月内即二月十五日以前具报等因。此事应如何办理,除分电财政部外,相应电请查照核办见复为荷!外交部。卅。

中华民国三十二年一月三十日

(3)外交部致教育部公函(3月8日)
外交部公函　美(32)字第1265号

准贵部本年一月二十八日高字第四六○号及二月二十七日第九四三号代电,以关于行政院秘书处送交国民参政会建议取销庚子赔款办理教育办法一案,请查照主稿挈衔会复等由。查此案本部前准行政院秘书处本年一月八日通知单,当经拟具审核意见,于二月二十五日函请行政院秘书处查照转陈在案。准电前由,相应抄同该函一件,函复查照为荷。此致

教育部

附件原函

中华民国三十二年三月五日

抄原函

准一月八日孝字第七二九四二号通知单，以关于国民参政会建议取消庚子赔款办理教育办法一案，奉谕：交财政部、教育部及外交部核办，相应通知等由。查关于各国庚子赔款一案，英美两部份庚子赔款均经先后退还我国，作为发展教育文化事业之用，并设立专管机关管理其事；此外，法、比、和等国部份庚子赔款亦经分别退还，作为教育、文化、慈善或其他事业之用。各国庚子赔款原指定由海关税收拨付。抗战发生后，沦陷区域海关税收被敌劫夺。我政府因于二十八年一月宣布停付一切海关税收所担保之债务，庚子赔款亦在其内。最近我国与英美签订新约，按照中英新约第三条及中美新约第二条之规定，一九〇一年在北京签订之议订书（即辛丑条约）应行取销。依照规定，英美庚子赔款不必再行支付。将来我国与其他各国签订新约后，其他各国之庚子赔款自亦同样办理。目前单就英美庚子赔款而言，现可分为三部：(一)新约生效之日以后应付之部份；(二)因停付关系自二十八年起至新约生效之日止，应付未付部份；(三)二十八年以前已支付之赔款并已指定用途之部份。关于(一)(二)两项，基于新约之规定，新约生效后我方支付之义务自应解除。至于(三)项，则原为我方已付给英美之赔款，其退还之初，曾与我国成立协定。此项协定并非一九〇一年在北京签订之议定书，或其附件之一部。而应视为修正该项议定书或其附件之国际协定，此项协定不能随该议定书而同时消灭，故我方如欲将各项基金改由政府统筹分配，并撤销专管机关，似应先商得对方之同意。又就事实上言，各国以前退还庚子赔款原为一种友好表示，亦可视为废除不平等条约之初步。此项退还之庚子赔款似不能认为国耻。且其用途亦由我方自动指定，各国代表从未任意干涉。即就英美两部份庚子赔款而言，若干年来，在特设机构管理之下，支配尚属公允，对于我国教育文化及建设各项事业之发展为助匪浅，对于中英、中美邦交之增进尤多贡献。此事在英美人民间已有深刻之印象，而视为我国恪守信义之表征。今新约初订，我国即行更改以往之办法，则在英美人民方面或不能谅解，甚或引起心理上之不安，虑及将来我国外交之趋势。其政府即使不作公开反对之表示，但社会舆论之指摘难期其必无。直接影响一般人民对我之观感，间接影响其政府之政策。是以从外交运用言，不如仍维持各国退还庚子赔款原定之用途，藉以保持我国之信誉，且可利用为促进对外文化活动之工具，当有裨于国策之推行。再者，各项基金由政府统筹分配后，原由庚子赔款举办之事业，如继续维持，所需之经费势须由国库负担。故事实上，各项基金改由政府统筹分配，恐亦无补于国家之财政。是以对于本案，本部审核意见如下：（一）自新约生效之日起，所有未付庚款一律停付。（二）各国退还庚子赔款之用途，仍维持原定办法。（三）庚款等字样取消，各管理机关改用教育文化基金或其他名称。以上为本部从外交立场对于本案之意见。至于本案究应如何办理之处，似宜由各有关机关会商决定，以期妥善。相应函复，即希查照转陈鉴核示遵为荷。此致

行政院秘书处

（4）教育部致行政院函（3月14日）

教育部函　高字第13280号

案准贵处本年一月八日发孝字第七二九四二号通知及二月十九日仁字四三八〇号函，以国民参政会建议取销庚子赔款办理教育办法案。奉谕："交财政部、教育部及外交部核办。"特通知等由。又准二月十六日发爱字第七一九四号通知，以管理中英庚款董事

会呈为新约成立，拟改易名称一案，奉谕："交外交、教育两部迅速议复"，特此通知等由。另准外交部送所拟对于参政会决议案审核意见到部，当经详加研究。查新约成立后，我政府对于各庚款管理机关，如何管理，似尚在审慎筹划中，如认为庚款名义，不宜存在，则参政会之决议案，尚可采用，若以为各国退还庚款，仍应照旧保留，继续使用，则管理中英庚款董事会名称，拟准其改为"中英文教基金董事会"。至该会组织及职掌范围，似宜重行厘订。再，外交部建议本案宜召集有关机关会商决定，以期妥善一节，本部表示赞同，有无必要，仍候钧院裁夺。准函前由，相应复请查照转陈为荷。此致
行政院秘书处
中华民国三十二年三月十四日

〔国民政府教育部档案〕

二、训导制的推行

（1）"训育制"实施概况

1. 青年训练大纲

（1938年2月23日）

基本规念
一、人生观
子　目标
1．认清生活之目的，为增进人类全体之生活。
2．认清生命之意义，为创造宇宙继续之生命。
　丑　实施要点
1．征服自然，利用万物，宇宙万物皆为我而生，待我而

用，故必须努力征服自然，尽量利用万物，以增进及充裕人类全体之生活。

2．为主义、民族、国家而牺牲，一已的生命并非唯一的生命，要将一已的生命溶汇于整个民族历史的生命之中。抱定在必要时牺牲小我，以成大我，牺牲个人，以复兴民族的决心。

3．作事要有目的，任作何事，要有目的有意义，有正当的目的，作事始能成功，所作之事才有意义。

4．要能自觉自反自立自强，能自觉自反者始能进步，能自立自强者始能不亡。

二、民族观

子　目标

1．认清中华民族为世界上最优秀民族之一。

2．认清中华民族对于世界文化有其独特之贡献，应该发扬光大。

3．认清中华民族为富有创造精神之民族。

丑　实施要点

1．说明中华民族之特性及其成为世界上优秀民族之理由及例证。

2．讲述中华民族固有文化的特点，阐扬其优点，矫正其缺点。

3．养成民族自信自尊的信念。

三、国家观

子　目标

1．确立国家高于一切之信念。

2．认清个人与国家之关系。

3．认清我国之现状及此后应努力之途径。

丑　实施要点

1．讲述个人之存亡与国家之存亡相终始之意义及例证。

2．说明现代公民对于国家所应担负之基本责任。

3．讲述先有义务始有权利之理论及例证。

4．讲述我国历史地理，尤注意于历来外患史实。

5．讲述富于国家思想及民族意识之故事。

6．讲述建设现代国家所必须具备之条件及中国目前之需要，并研究努力实现此项需要之方法。

7．充分利用乡土教材并实地考察。

四、世界观

子　目标

1．认清世界各国之现状。

2．认清近代国际社会之性质。

3．认清我国与世界各国之关系。

4．认清我国在国际上所居地位及对世界所负之使命。

5．说明我国须先恢复自由独立与平等，始能促进世界于大同之意义。

丑　实施要点

1．讲述近数十年来各国之状况，尤注重于军事、政治、外交、经济之动向及其原因。

2．分析近代国际关系错综复杂之性质，以说明我国之国际地位。

3．讲述我国近数十年来与外国交往之史实。

4．说明我国恢复自由独立与平等的奋斗即为维持世界和平、促进世界大同的努力。

乙　训练要项

一、信仰

子　目标

1．信仰三民主义。

2．信仰并服从领袖。

丑　实施要点

1．阐发三民主义之精义，认清三民主义为广大精微之救国救民主义，为中国建国最高理想，并说明其在现代国际政治经济文化上所占之地位。

2．讲述领袖之言行，激发其信仰领袖、服从领袖之情绪，使青年耳听心唯，时时刻刻以领袖之言行为念。

二、德行

子　目标

1．发挥忠孝仁爱信义和平诸美德。

2．实现领袖提倡礼义廉耻之意义。

3．涵养公诚朴实之精神。

丑　实施要点

1．依照下列十二守则，体会力行：

一、忠勇为爱国之本

二、孝顺为齐家之本

三、仁爱为接物之本

四、信义为立业之本

五、和平为处世之本

六、礼节为治事之本

七、服从为负责之本

八、勤俭为服务之本

九、整洁为强身之本

十、助人为快乐之本

十一、学问为济世之本

十二、有恒为成功之本

2．遵照军人读训之精神，自省自立：

一、实行三民主义，捍卫国家，不容有违背怠忽之行为。

二、拥护国民政府，服从长官，不容有虚伪背离之行为。

三、敬爱抱择，保护人民，不容有倨傲粗暴之行为。
四、尽忠职守，奉行命令，不容有延误怯懦之行为。
五、严守纪律，勇敢果决，不容有废弛敷衍之行为。
六、团结精诚，协同一致，不容有散漫推诿之行为。
七、负责知耻，崇尚武德，不容有污辱贪鄙之行为。
八、刻苦耐劳，节俭朴实，不容有奢侈浮滑之行为。
九、注意礼节，整肃仪容，不容有亵荡浪漫之行为。
十、诚心修身，笃行信义，不容有卑劣诈伪之行为。

三、体格

子 目标

1．健全的体魄。

2．自卫卫国的技能。

丑 实施要点

1．锻炼身体。体格的好坏，十分之七八由于锻炼，故须养成恒心毅力及刻苦耐劳之体魄，始能历尽风霜、不避艰险、肩负对国家民族所应负之责任。

锻炼方法举例如下：

（1）登山 （2）游泳 （3）远足 （4）拳术 （5）竞赛

2．注重卫生。

（1）饮食要定时，（2）衣服要整洁，（3）早睡早起，呼吸新鲜空气，（4）多到野外与阳光接触。

3．学习军事技能。

（1）射击 （2）驾驶 （3）骑御 （4）露营 （5）救护 （6）侦察

四、生活

子 目标

1．军事化。

2．生产化。

8．艺术化。

丑　实施要点

1．重秩序、守纪律。一切行动务须敏捷确实整齐严肃，力除浪漫懒惰颓唐之恶习。

2．劳动与节俭。从事劳作，学习技能，以求**增进生产**，利用废物，减少浪费，以求节省消耗。

3．整齐与清洁。凡物之整齐清洁者自然美观，故衣食住行全须整齐清洁，一洗污秽泄沓之恶习。

4．简单与朴素。衣物什物，务求简单朴素，当知什物系为人所用，勿使人为什物所累。

五、服务

子　目标

1．认清人生之目的在于服务，不在夺取。

2．认清服务社会为人类生存之基本义务。

3．认清服务之精义在能彼此互助，祛除自私自利心，以社会福利为前堤。

丑　实施要点

1．在政府指导下协助民众组织，倡导生产能力之提高，参加各种宣传队或训练班，及协办义务教育、平民教育及社会教育，以提高民众政治常识及生产能力之水准。

2．参加各慈善团体救济灾难，参加战区服务，难民安抚，伤民救护及防空防毒消防等工作。

3．协助军队保护地方，捍卫国家，帮助维持秩序，及必要时参加抗战等。

丙　训练方式

1．　日常活动

子　小组集会　除讨论及研究各种政治、经济、社会问题及应付之具体方案外，并联络感情、及练习四权之使用及组织能力之培养。

丑　野外远足及聚餐　除锻炼身体联络感情外，并练习各小组间之相互联络，俾一旦有事可在随时指定地点集合。

寅　农村服务　为了解当地之稼穑情形与民间疾苦，除锻炼身体外，并应在政府指导之下，教育训练民众，使其增加组织及生产之能力。

卯　救济服务　使练习各种救济事业，如防空消防、水灾抢险、战区难民收容安置、伤兵看护等，以达到人生以服务为目的之意义。

辰　露营训练　使练习军旅习惯及集团生活，以为异日捍卫国家驰赴疆场之用。

巳　外省旅行　使了解本国各地之情形风俗，以消除隔阂而资团结，并认识吾国之境界，而起爱护及保卫之心志。

2、教学课程

（另订）

〔国民政府教育部档案〕

2. 高中以上学校新生入学训练实施纲要

（1938年9月14日）

甲　总则

（一）教育部为注重新生训导工作，增进各校优良校风校纪起见，特订定本纲要，通令全国高中以上学校遵行。

（二）高中以上学校于新生入学时举行训练，训练期间定为两周。

（二）新生受训期，应举行仪式及宣誓。誓词为："余以至诚爱我中华民国，信仰三民主义，拥护国民政府，服从蒋委员长之领导，并遵守校规，努力求学，如有违背誓言　愿受处分，谨誓"。其誓词由全体新生签名后存校备查。

乙　目标

（一）在使新生对于国家民族有正确之观念。

（二）在使新生对于三民主义有坚定之信仰。

（三）在使新生对于学校之历史规章及内容有深切之了解。

（四）在使新生对于求学有坚定之志愿。

（五）在使新生对于学校之性质（例如大学之各院系，专科学校之各科及高级中学与同等之师范、职业学校等个别性质）有明确之认识。

（六）在使教职员明瞭新生之个性。

丙　组织及人员

（一）新生训练之组织，适用高中以上学校军事管理办法办理。高中以上各学校，应将各该校全数新生，另行编制为一中队，隶属于各该校之军事训练队或军事训练团，中队队长由队长或团长兼任，主持新生训练事宜，该中队并得增设队附一人至二人，由军事训练队或团之队附或团附兼任之，襄助队长办理训练事宜。

（二）中队之下设置区队及分队（专科以上学校）或小队（高级中学及同等学校）、区队及分队或小队各设队长一人，队长得就旧生中品学优良者派充之，负传达报告及维持风纪之责。

（三）每一区队及分队或小队，各派指导员一人，由校（院）长指定专任教师充任之，负各该队新生思想、生活、修学等指导之责。

（四）训练期内，至少开新生训练会议二次，以中队队长、队附及各队指导员组织之，队长为主席，讨论新生训练一切事宜，区队及分队或小队长均得列席。

丁　训练科目

训练科目分为政治训练、修学指导、道德修养、小组讨论、校史章则、军训体育、音乐等科,其细目与教材,由各校参照附列大纲及各该校性质与学生程度拟订。

戊　实施原则

(一)应用亲切的态度,积极的精神,以期确立学生自动、自觉、自省、自治之基础。

(二)厉行军事管理,培养纪律生活,但须保持青年之朝气与活泼之精神。

(三)注意个性调查,思想指导,生活指导与修学指导。

己　实施要点

(一)新生训练开始及完毕时,均需举行仪式。

(二)新生于训练开始时,每人须作自述一篇,详述家庭环境,过去经历,并对自身作一个性分析,列举过去优点、弱点及今后努力方针,训练完毕时,须作受训后之感想,此项自述及感想,由指导员核阅后存校备查。

(三)指导员以在队为原则,便于新生共同生活,实施生活指导,以收潜移默化之效。

(四)对于思想不正确及见解错误之学生,由指导员与之多作个别谈话,并介绍读物,令其阅读,竭力善导,使入正规。

(五)拟定个性调查表,由指导员填写存校备查,并作训练完毕后分配导师时之参考。

(六)每日早起点名后,早操三十分钟,其教材应注意锻炼目力、足力、臂力、肺量及敏捷、活泼、持久等能力。

(七)每日下午举行课外运动,除身体有病不宜运动者外,每人至少须参加一种集体运动或游戏。

(八)新生入校时,因病不宜劳动者,须设法治疗,并施以特殊训练。

(九)小组讨论,每周三次,每次二小时为限,题材由指导员预先拟定,学生依次发言,最后由指导员作结论,讨论时应注重民权初步之练习，其记录由指导员指定学生担任。

（十）新生对于演讲笔记、阅读笔记、小组记录及日记等，均须按时缴送指导员核阅。

（十一）同乐会每周举行一次，全体新生均须参加。

（十二）训练期间，由队长、指导员等率领新生参观校内各项设备及环境，其因规模宏大不能于短时间内参观完竣者，得另行定期举行。

庚 考核

训练期间，发现新生之思想行为确有不堪造就者，得按其情节之轻重，令其退学或编为试读生，试读生经一学期之考核，确有改悟之表现，即由其所属组之导师提出训导会议核准为正式生。

辛 附则

（一）各校依据本纲要拟订施行细则，呈报主管机关备案。

（二）各校新生训练完毕时，即将经过情形专案具报主管机关备查。

（三）本纲要倘有未尽事宜，由教育部修改之。

（四）本纲要由教育部公布施行。

附科目及教材大纲

科目	每周时数	内容
政治训练	六	（一）三民主义及其哲学基础，（二）总裁对于教育青年之指示，（三）国民革命史，（四）抗战建国纲领，（五）国民党及三民主义青年团之内容，（六）国际现势及中国与各国关系之认识，（七）我国现行教育宗旨及政策，（八）国民精神总动员纲领及其实施办法

续上表

科目	每周时数	内容
修学指导	六	（一）一般设科之性质与目的，（二）专门科目及专业科目之性质与目的，（三）各科目之间相互关系，（四）各科目之研究深度与方法，（五）图书馆、实验室及其他作业坊所之利用与应守之章则，（六）选择学系及科目之标准（专科以上），（七）专业之意义与重要
小组讨论	六	（一）三民主义之研究，（二）抗战形势与国力检讨，（三）军事、政治、文化、经济等建设问题，（四）地方自治实施问题，（五）青年修养问题，（六）学生生活问题
道德修养	六	依照部颁训育纲领及青年训练大纲有关各点实施训练
个别谈话		（一）家庭状况，（二）学历经历，（三）有何困难，（四）将来志愿，（五）目前希望
校史章则	三	（一）本校校史（二）本校使命、目的及校规，（三）本校组织及教职员，（四）本校环境及设备，（五）本校章则
军训	三	（一）军事学术科，（二）行陆军礼节，（三）国内外战局之说明

续上表

科目	每周时数	内容
体育	三	（一）体育，（二）各种运动规则，（三）姿势矫正，（四）锻炼体力之方法
音乐	二	（一）国歌校曲及其他重要歌曲之练习，（二）音乐与人生之关系

〔国民政府教育部档案〕

3. 教育部颁发之训育纲要

（1939年9月25日）

中华民国教育所需之训育，应为依据建国之三民主义与理想之人生标准（人格）教育学生，使之具有高尚之志愿，坚定之信仰，与智仁勇诸美德，在家为良善之子弟，在社会为有守之分子，在国家为忠勇守法之国民，在世界人类为维护正义促进大同之先锋，故必须依照学生在校之程度，作有系统、有步骤之实施，并尽量要求家庭社会之合作，与教师之身体力行，以期达到同一之目的。兹将训育纲要及其实施要目述之于次：

（一）训育之意义

训育之意义，在于陶冶健全之品格，使之合乎集体生存（民生）之条件，而健全品格之陶冶在于培养实践道德之能力，培养社会实践道德能力之道无他，好学、力行、知耻三者而已。好学而不惑，智者能之，力行而不忧，仁者能之，知耻而不惧，勇者能之。培智之道在于求真，求真则知益，行仁之道在于博爱，博爱则情厚，养勇之道在于自强，自强则志坚。而培养此三者，尤以意志之坚定为先，盖意坚而后力固，今之青年之大病在缺乏自动能力与劳动习惯，欲培养此能力与习惯，尤非先坚定其意志不可也。故意知情三者之发展与完整，为构成品格之要素，缺其一则不能全其功。过去各级学校对于学生意志之激勉，知识之传授，情感之陶冶，未能遂其平均之发展，是故道德式微，精神衰颓，青年心理，不流于浮夸，即趋于消沉，致此之咎，责在训育。考其原因，实由于师教之忽于德育指导，盖教育主要目的在于培养完全之人格，否则纵有精深之智识，健强之体格，而无高尚之道德以正其用，于个人则为自私自利，日趋于自残，于国家则未获其益，而适承其病。故训育在教育上之功能实为显示智育与体育之目的与意义，使之用得其当，以提高人生之价值，而为完成知识技能的教学效果之保证，而究其实践，则在使德智体三育能相互为用，以完成健全品格之基础者也。

（二）道德之观念

训育既为培养实践道德之能力，故于训育实施之先，必须对于道德有明确之概念。过去言道德者，多着重于个人私德之修养，而忽于团体生活之训练，偏于静止工夫之修习，而忽于进取精神之培养，涉于因果报应之迷信，而忽于科学观念之启迪。忽于团体生活之训练，则社会日趋于散漫与无组织之状态；忽于进取精神之培养，则民族自缺乏蓬勃向上之热情；忽于科学观念之启迪，则民族之创造力量与一切文物无由彰明而光大。兹欲矫正道德之概念，必须先明道德之所以产生。

总理中山先生谓"生存为进化之中心，民生为人类历史进化之中心"盖人类历史愈进化，人与人间之关系愈繁复，则因共同生活所发生之问题亦愈增，于是制定各种制度，规范人类之行为，以为解决各种问题之准则。而道德亦为人类行为规范之一，是道德之产生，实起于民生（集体生存）之要求。道德既起源于民生，则民生之概念，即可以生活之目的与生命之意义确定之。

生活之目的为何？曰："在增进人类全体之生活"，生命之意义为何？曰"在创造宇宙继起之生命"。无团体生活之训练，不足以促人类全体生活之增进，无进取精神之培养，不足以谋宇宙生命之继续；无科学观念之启迪，不足以促进民族文物之彰明。是故人民生活之充实，社会生活之扶植，国民生计之发展，民族生命之延续，须赖团体的进取的科学的道德行为以完成。

道德之内容　不外修己与善群，善群为修己之表现，修己为善群之始基。就修己而言，养心则以格物、致知、正心、诚意为尚；养身则以勤四体、节衣食、慎起居为贵，治生则以勤劳、俭朴、创造、服务为务。就善群而言，则以齐家、治国平天下为目的；对家族则为亲慈子孝，兄友弟恭，夫妇和顺，邻里敦睦，对社会则为信义谦和，博爱互助，尊贤敬长，怜孤恤贫，育幼乐群，对国家则为忠贞公勇，明礼义，知廉耻，负责任，守纪律，对国际，则为平等互惠，和睦尚信，重义明耻；对万物则为同情博爱，创造善用。凡此诸端，均为人生应具之最低限度条件，亘久而不变者也。惟自古昔圣哲，昭示德目，往往参差错纵，互有重复，今既时代变迁，名词亦随之而异。因是，总裁综合纲要订为党员守则，凡十有二，学子青年尤当身体力行，为修己善群之始基。

一、忠勇为爱国之本；

二、孝顺为齐家之本；

三、仁爱为接物之本；

四、信义为立业之本；

五、和平为处世之本；

六、礼节为治事之本；

七、服从为负责之本；

八、勤俭为服务之本；

九、整洁为强身之本；

十、助人为快乐之本；

十一、学问为济世之本；

十二、有恒为成功之本。

苟人人能本此以行，父以之教子，师以之教弟，长官以之教属僚，将帅以之教士兵，则爱国、齐家、接物、立业、处世、治事、负责、服务、强身、快乐、济世、成功之道，各有所本。道德之概念必能复见彰明，而道德之标准亦随之而建立矣。

（三）训育之目标

建国之事，虽云多端，简括之可分为四：曰管、曰教、曰养、曰卫。管之对象为事，其标的为政治建设；教之对象为道，其标的为文化建设；养之对象为人，其标的为经济建设；卫之对象为国，其标的为军事建设；治事之前堤为自治，能自治乃可以治事；信道之前堤为自信，能自信始足以信道；养人之前提为自育，能自育斯有以育人，卫国之前堤为自卫，能自卫方克以卫国。管养卫皆达材之事，而信道则所以成德。教育既系应国家之需要以设施，故教育之标的即针对建国之四大需要，而为：（一）自信信道，（二）自治治事，（三）自育育人，（四）自卫卫国之四点。培植上述四者之知识，系属于教材与教法，至于坚强其信仰，锻炼其力量，则属于训育之功能。今后训育方面，务须训练青年具有：

一　高尚坚定的志愿，与纯一不移的共信——自信信道；

二　礼义廉耻的信守，与组织管理的技能——自治治事；

三　刻苦俭约的习性，与创造服务的精神——自育育人；

四　耐劳健美的体魄，与保卫卫国的智能——自卫卫国。

根据上列四目标，更为分别说明：

自信信道

民无信不立，古有明训。信以立己，则为自信，信以行道（行道释以今语，则为实行主义，在我国则为实行三民主义），则为共信；自信坚，则能自强不息，共信笃，便能舍生取义。自信与共信之动力，导源于立志。昔时我国教育系以立志为重，语云"士尚志"，大学所谓"知止"者，皆指立志而言。志向既立，行为则专，历艰险而不馁其气，临危难而不丧其守，朝斯夕斯，事必有成。所谓立志，岂特学生宜然，即人人均应以此为做人之鹄的。志有大小，随其智能而定，如农民之努力耕种，以增加其产量，工人悉心研究技艺，以发挥其效率，力之所注，心之所向，无非导源于立志。盖志者所以征人生之目的，无目的之人生必难期事业之有成。学生为国家大业所赖以继承，民族未来光明所赖以创造，吾人对其志趣之定立，须有合理之指导。中山先生以青年要"立志做大事"谆谆告诫全国青年学者，其意亦在此。立志之重要，不特在个人为急务，其于国家尤感其殷切。盖个人立志，所以决其一生之成就，而国家之志，则所以明一国之前途及其对于世界文化所负之责任。我国对于世界人类所抱之志愿，为实现三民主义之理想，进世界于大同之域，而其步骤则从建设三民主义之中国为入手。故灌输三民主义为教育青年者所应有之责任，而实行三民主义为全体青年应有之义务。吾国今日正在抗战建国之时期，训育之重心，必然与国家文化政治经济军事种种建设相配合，而以国家至上，民族至上为依归。建国方略，建国大纲、三民主义及抗战建国纲领，为抗战建国之全部方案。总裁为执行方案、领导建国之领袖，吾人必须竭尽忠诚，遵从努力，以期抗战必胜、建国必成。使民族生命得以延续不断，国民生计发展无穷，社会生存扶植有方，人民生活充实美满，以促进世界于大同。兹为明晰建国之目的与程序，以及应备之要素与动力起见，谨将总裁手订三民主义之体系与其实行程序表及前年庐山集训时手订之建国运动（第五项略加补充）列表如下〔表略〕，以明人人应有之共信。

苟人人在此共同目的之下，同心协力，各竭所能，各尽其职，则国家建设大业之完成，可计日而待。而此共信之建立，即为民族自信力之始基。共信不立，互信不生，团结不固，则是主义之共信（信道）实为民族统一团结之主要条件也。故自信以求事业之创造，信道以求建国之成功，是吾人所应努力以求其实现者一也。

关于自信信道之训练，应从本国地理说明吾国地大物博，无量宝藏，亟待开发，无数事业，亟待兴办，以引起青年从事事业之兴趣，从本国历史说明我国文化之博大精深，至今更待发扬光大，以引起青年前进向上之勇气；更应从中外历史说明前人成功之事迹，证明有志者事竟成，以示立志之重要。从本国实际情况及各国实例，说明三民主义之适合性与伟大性，及其对于世界所负之责任，以启发民族自尊心与自信心；从总理与总裁的革命史实与言行，以提高学生奋斗情绪，务期人人立志，并躬行实践，以促进民族之独立，民权之普遍，民生之发展，以底世界于大同。

自治治事

自制为自治必备之条件，服务为治事应具之德性。有自制之能力，则能守纪律以去邪欲；有服务之美德，则能负责任以厌众望。学生自治能力之涵养，服务精神之锻炼，其达成之方法，有赖于教师率之以身教，树之以楷模，使其翕然而景从。如古时儿童随家长为之洒扫、应对、进退之服习，使之孝于父母，友于兄弟，敬于长上，慈于少幼，信于朋友，睦于邻里戚族，言忠信，行笃敬，庶几生活中一切无往而不合乎礼义廉耻之道。今者此种训练，学校应负大半之责任，去洒扫、应对、进退，不外为对事、对人、对物之训练。对事耐劳苦，必能历艰险而不避；对人能恭敬，必能谦虚以受益；对物知辞让，必能临取与而不苟。处事而不逃避其艰险（义），待人而不怠慢其礼节（礼），接物而不苟且其取与（廉耻），则虽富贵不能淫其心，贫贱不能移其志，威武不能屈其节。如是，则外力不足以动其心，始可谓之具有自治之能力矣。**管理人事，贵有条理，而条理实有赖于组织。**维持组织之条件为"礼"，谐和组织之条件为"乐"，为防纵恣而无纪，故范之以礼，藉以节制其身心，为防枯燥而无趣，故陶之以乐，藉以感化其性灵。礼则方而智，乐则圆而韵，礼乐之性质虽不同，而其助长治事之功用则一致，故以礼乐调协刚柔并济之组织，自必克奏庶事之肤功。今我国政制为民主集权制，人民对于治事之训练，必须合乎民权主义中关于"权""能"分使之原理；须知"政权"属于团体构成之分子之全体。"治权"属于执行团体事务之职员，职员之选任，应以贤能为标准，但能者须知自身为公仆，不能凭藉威势以凌众。政权之行使，须以信任为前堤，不能妄作无理之干涉，以阻事务之进行。且对事务之治理，务须顾及上下左右前后之关系，上应严明以驭下，下应服务以事上，前应以善传于后，后应以美彰于前，左应以和交于右，右应以顺交于左；必也上下层层节制，左右分工合作，前后步伐整齐，然后关系分明，事乃协治。大学之以"所恶于上，毋以使下，所恶于下，毋以事上，所恶于前，毋以先后，所恶于后，毋以从前；所恶于右，毋使交于左；所恶于左，毋以交于右"为絜矩之道者，其意即在此。自治则丝毫不苟，治事则有条不紊，是吾所应努力以求其实现者二也。

关于自治治事之训练，以个人生活言之，应从洒扫应对进退之习练始，以养成恻隐辞让羞恶是非之心为依归，使自身一言一行，莫不合乎忠孝仁爱信义和平八德，礼义廉耻四维。以集体生活言之，应从学校内部各种组织——如学生自治会、演说会、辩论会、座谈会、游艺会、音乐会、奕棋会、服务团等组织——锻炼治事取人之能力，发扬服务自动之精神，并以民权初步之方式实习四权之行使，而使民权主义早日实现。

自育育人

昔人训练学子，每以"忠恕"二字为教，"尽己之谓忠，推己及人之谓恕"，故律己惟求其严，待人力求其厚，为至高无上之道德，总理中山先生亦以"人生以服务为目的，不以夺取为目的"为训，亦无非欲使一般受学青年减少自私之欲念，增强创造之能力，激发爱人之热忱，涵养助人之德性。盖今日我国之社会经济情形，尽是大贫与小贫，学生如不能发挥创造之能力，从事物资之开发，以裕国民之生计，而误解求学为升官发财之途径，徒以个人之享受为务，则于国家将无由完成现代工业化之建设，于社会则更为增加剥削负担之苦痛，国计民生交受其累，教育而得如此之结果，岂非作茧自缚、害国而速亡乎。夫小学、中学、大学为一县、一省、一国之人民出其财力所办理者，其学生既受多数人民之供养以成其学，自应以充实创造之能力，发挥服务之宏愿，为多数自身无求学机会之人民解除其生活上所感一切痛苦，为其应有之信念。负有教育责任者，对此观念，务当随在激劝，随时提示，使学生了解求学之机会得之自谁，求学之责任应为谁负，而后饮水思源得以坚定其先公后私，厚人薄己之认识，而增强其创造服务之精神于无穷。我国历史上人物，可为后世楷模者至多，如颜回之乐道忘贫，不以"一箪食一瓢饮"而改其乐，"禹思天下有溺者，由己溺之也"，故其治水，"八年于外，三过其门而不入。"凡此乐道忘忧之研究兴趣，公而忘私之服务精神，实足提倡模仿，今后德育训练，若不自此公的观念培养学生之研究兴趣与服务精神，而但造成好以学者自命、专谋个人享受之分子，则教育难见其功效，无功效之教育，纵能发达，其如国家之贫弱、民生之凋敝何！

过去多数未受教育之青年，原可以自力维持其生活，及受教育以后，仅至对其个人之生活亦无法以维持，自育不得，安能育人。考其原因，由于现时学校设备，每易造成极端享受之环境。校舍堂皇，陈设华贵，消费设备，穷极奢侈，学生享受数年如此之生活，已成奢侈之习惯，一出校门，生活骤改，由俭入奢易，由奢入俭难，遂至灰心失望，怨天尤人，加以社会恶势力之引诱，不知不觉中感染卑劣之行为，为求一己生活享受之满足，因而忘其对人民对国家所应负之责任。今后之学校训育，务须注意学生之生活，不可使之与社会生活悬殊，减少其安乐之待遇，增进其勤苦之习性，然后能推其造福人群之宏念，光大其服务创造之能力。而此种美德之养成，全赖学校训育之功。自奉力求俭约，赡人力求丰足，是吾人所应努力求其实现者三也。

关于自育育人之训练，各级学校应指导学生利用假期从事社会调查，俾明民众之疾苦而增加其同情之心，切实推行劳动服务，以培养学生之服务精神，施行生产训练与随时领导学生参观工厂矿厂及农场，以启发学生对于工艺农业的兴趣，而增进其对于数理化应用之认识，同时使学生了解创物治事之艰难而知节俭，以励其廉，明了创业之急需与"有志竟成"之意义，而知进取以鼓其勇，讲述各国工农商各业发达之史实及其创业人物之传记，并授以建国方略之要义，以征建设国家之艰巨，以激发其迎头赶上之勇气，用以促进民生主义之完成。

自卫卫国

个人事业之成就，国家生存之保障，莫不出之于持久之奋斗。而奋斗之能持久则有赖于健全之体格。惟从一般统计数字观之，我国人民平均死亡年龄之低与健全体格之少，殊足惊人。而社会一般人观念中之书生，辄以文弱二字为形容，甚至有以"手无搏鸡之力，肩无负担之能"为文弱书生写照者。社会优秀分子具如此羸弱之躯，不仅难于任重致远，抑且无以抵抗疾病之侵袭，自卫既不可能，将何以望其"执干戈以卫社稷"！

一般劳苦民众，其体格之不健全，或则由于营养之不良，或则由于劳动之过度，或则由于卫生常识之不足，但学生之起居作息，既有规定时间，学生饮食服用，亦有相当配备，且对学生卫生之知识，有生理卫生之教授，对于学生体格之锻炼，复有体育运动之设备，而学生体格备呈如此现象，宁非怪事！今后各级学校对于学生之健全问题，务须特别注重，对于起居之定时，饮食之清洁，寒暖之调适，动静之有节，应有专人负责，亲自检点，爱学生如子女，重体育如智育，则学生身体之健康，必可猛进而无已。同时对于学生忠勇爱国之精神，尤当特殊陶铸，导入正轨，军事管理务必严格执行，以养成其整齐、清洁、迅速、确实、勤劳、质朴之习惯，俾合乎新生活之规律。对于国耻之史事，亦应特别讲解，明耻所以教战，自尊乃能自强。人人且有健康之身体，不仅可以犯风霜以抗疾病，且可振奋精力以当大任；人人具有忠勇爱国之精神，不仅平时可以服兵役，可以执干戈，以御侵略，且能扬国威以进大同。保健康以自卫，执干戈以卫国，是吾人所应努力以求其实现者四也。

关于自卫卫国之训练，各级学校除国术、体育、卫生、军事训练以外，如率领学生登高远足，驾车竞渡等，以锻炼其体格，注意饮食居住以及各种环境之清洁，以养成其卫生之习惯，规定起居时刻以调摄其精力；并随时讲解个人与国家之关系，以鼓励其忠勇，随时讲解国耻之历史与革命先烈之史实，以激发其雪耻奋斗之志愿，使其明了服兵役为国民人人应尽之义务，而乐于牺牲个人以谋国家之自由平等，以促民族主义之早日实现。

以上对于自信信道、自治治事、自育育人、自卫卫国四种目标之意义及其训练之方式，已有大体之说明，其工夫则如次述：自信信道为诚的工夫，自治治事为仁的工夫，自育育人为知的工夫，自卫卫国为勇的工夫。能诚乃能发生坚定的志愿与统一的信仰，信仰即是力量；能仁乃能发挥服务的精神，合群的习惯，与组织管理的技能，团结即是力量；能知乃能发展创造的能力与科学的方法，知识即是力量；能勇即能发扬奋斗的毅力与牺牲的精神，决心即是力量。人人有奋斗与牺牲之精神，则民族可以独立，人人有服务与团结之精神，则民权可以普遍；人人有创造与科学之精神，则民生可以发展，人人有真诚的自信与共信，则三民主义可以实现。而实现三民主义即为我国教育之终极目的也。

（四）训育之实施

甲　小学

1．应根据总理遗教，幼童军训练法、新生活规律，及小学公民训练标准以制定训练儿童之具体方案。

2．注意训育与教学之合一，并顾到生活及环境之实际情形，以谋学校与家庭社会之联系。

3．小学全体教职员应共负训练之责任，务使随时随地注意儿童各种活动，直接间接引用小学公民训练规律和条目，指导儿童遵守。

4．由历史地理之研习及各种纪念会之举行，以启发儿童爱国家民族之精神，并培育其热忱、负责、急公、好义诸美德。

5．讲述国耻及民族先烈故事，以激发儿童雪耻图强之勇气，与忠勇牺牲之精神。

6．由总理及总裁言行之阐述，以树立儿童对领袖之尊崇与信仰，并培育其忠贞、服从、贡献、牺牲诸美德。

7．由日常生活中实际知识之授与，以引起儿童好学兴趣及探讨科学之习惯，并培育其勤勉、精细、虚心、审问、慎思、明辨、有恒诸美德。

8．由劳作教学、游戏运动及课外作业之实施以启发儿童生产劳动之兴趣，并培养其敏捷、活泼、劳动、敬业之精神。

9．由消费合作的训练及储蓄等事项之指导，以养成儿童节俭的习惯与互助合作的精神。

10．由学校卫生及幼童军事训练以养成整齐、清洁、刻苦、耐劳之习惯。

11．举行消防、急救、警报、灯火管制、交通管制、避难练习等特种训练，使儿童明白战时的状态，以便有所准备。

12．由音乐、美术等之研习以陶冶儿童情操，并使多与自然界接触，以养成其审美观念。

13．演习洒扫、应对、进退等，使儿童熟悉对人、处事、接物的礼节，以养成孝顺、敬爱、友恭、敦睦之情谊。

14．指导儿童组织级会及自治团体，使儿童演习民权初步，略知四权之运用。

15．由团体运动、集会等训练，以养成儿童守时间，守规律的习惯。

16．布置适合卫生的环境，揭示有关公德之标语于公共场所，并指导实践方法，以养成儿童注意公共卫生、爱护公物之美德。

附　小学公民训练标准

第一　目　标

根据建国需要，发扬固有道德及民族精神，制定本标准，训练儿童，以养成奉行三民主义的健全公民。其目标如下：

（一）关于公民的身体训练，养成运动卫生的习惯，快乐进取的精神，使能自卫卫国。

（二）关于公民的道德训练，养成礼义廉耻的观念，亲爱精诚的德性，使能自信信道。

（三）关于公民的经济训练，养成节俭劳动的习惯，生产合作的知能，使能自育育人。

（四）关于公民的政治训练，养成奉公守法的观念，爱国爱群的思想，使能自治治事。

第二　愿词及规律

（一）愿词（歌词）

我愿遵守中国公民规律，修成我的人品；

使我的身体强健，使我的道德增进！

我愿遵守中国公民规律，立定我的决心；

为大众生产服务,为国家奋斗争存!
我愿做一个中国的好公民,中国的好公民,
奉行三民主义,向大同的世界前进!前进!

一、规律

1．中国公民是强健的,我保持我的身体、衣服、饮食、住所等的清洁,并且注意营养,锻炼体格,遵守新生活的规律,使我的身体强健。

2．中国公民是快乐的,我精神快乐,态度活泼,并且能和大家一同快乐。

3．中国公民是勤劳的,我爱好学问,认真做事,愿意劳动,准备创造,并且有决心。

4．中国公民是节俭的,我节省钱财,爱惜物品,并且注意储蓄。

5．中国公民是诚实的,我说真话,干实事,不欺骗自己,也不欺骗别人。

6．中国公民是敏慎的,我对于读书做事的一切举动,都力求敏捷。并且仔细地观察,精密地辨别是非。

7．中国公民是负责的,我应当做的事情,一定去做,并且尽力做好,即使遇到了困难,也不放弃责任。

8．中国公民是忠勇的,我努力职守,不怕一切困难,爱护国家,不顾一切牺牲。

9．中国公民是孝敬的,我孝顺父母,尊敬师长,服从领袖,听从父母师长领袖的教训,和遵守团体的决议。

10．中国公民是仁爱的,我爱护兄弟姊妹,和睦邻里亲戚,帮助国内同胞以及国外的朋友,并且救助灾难残废,保护无害于人的动物。

11．中国公民是守礼的,我不粗暴,不骄傲,无论对什么人,都有礼貌,并且遵守一切应守的礼节。

12．中国公民是好义的，我热心公益，喜欢为公众服务，决不损害公物，妨碍大众。

13．中国公民是廉洁的，我不取不应得的财物，不做损人利己的事情。

14．中国公民是知耻的，我不让我自己和国家受到一点耻辱，如果受到了，一定想法洗刷。

15．中国公民是生产的，我努力学习生产的知能，努力增进生产，为大众谋福利。

16．中国公民是互助的，我帮助别人，并且和大众互相团结扶助，共同生产消费，以求达到共有、共治、共享的目的。

17．中国公民是奉公守法的，我遵守团体的规则，国家的法律，并且尽应尽的义务，享应享的权利。

18．中国公民是爱国爱群的，我爱护我的团体，我的国家和民族，决心为团体努力，为国家民族奋斗。

19．中国公民是拥护公理的，我主持公道，同情弱小，愿为公理和平而抵抗强权。

20．中国公民是信奉三民主义的，我遵行总理遗教，信仰并且实行三民主义。

乙　中等学校

1．讲解三民主义之要义及孙总理与蒋总裁之言行，以确定并加强青年对三民主义之信仰，并以童子军誓词规律及青年守则，切实陶冶其国民应备之道德，发扬忠贞、公勇、服从、牺牲之精神。

2．对于青年之训导，横的方面，应以其全部实际生活为对象，而以本身为出发点，贯通家庭、社会、国家、世界各方面之联络，纵的方面，应顾及小学与中学训育事项之联系与衔接。

3．由家庭伦理观念之启发，以昭示青年对于家庭宗族之责任，并革除其依赖家庭之心理。

4．由历史地理公民科及时事之讲解，灌输民族意识，树立"民族至上、国家至上"之自信，使知如何爱护国家复兴民族，以尽其对国家民族之责任。

5．由体操、游戏、竞技、爬山、游泳等运动，以锻炼其强健之体格，养成其敏捷活泼之习惯，并且在行动中训练其集体生活。

6．由劳作课程生产训练与举办各种合作事业，社会事业，以训练青年刻苦、耐劳、勤俭、有恒之习惯，协同互助之精神，与服务社会之热忱。

7．指导组织学生自治会及其他各种集会，以训练青年四权之运用。

8．由各种学术之自动研究及课余各项娱乐之指导，以养成潜心学问之兴趣，注意音乐歌唱，以陶冶优美之情操。

9．切实施行军事管理及童子军管理，以养成青年简单、朴素、整齐、清洁、严肃、敏捷之生活，及负责任、守纪律诸美德。

10．师范学校并应指示教育救国之真义，及中外大教育家献身教育事业的精神，以坚定其学生尽瘁教育事业的志愿与乐育为怀的情操。

11．职业学校并应特别注意建国方略中之物质建设一章之讲解，指示生产救国之真义与国防产业之重要，以增进学生创业精神与职业道德。

12．女子学校并应特别指示妇女在家庭与社会上之地位，借以培养对于改善家庭之热忱，以为改善社会之始基。

丙　专科以上之学校

1．由民族历史文化的特性，研究各种学说主义之各自适合性，归纳其结论于三民主义创见于中国之必然性及其适应性之理由，使学生切实理解三民主义之真谛，并依据孙总理、蒋总裁之训示确立三民主义的革命人生观。

2．由军事教育、竞技运动等严格的训练，以锻炼强健的体魄，及奋斗为国，坚忍图强之精神。

3．注重实际问题之调查与研讨，切实了解建国方略、建国大纲之内容，鼓励创作之志趣，以养成穷理尽性的学术研究精神，与学以致用的建国责任之自觉。

4．陶冶爱好自然情绪，及崇尚礼乐之美德，以养成优美刚健之风格。

5．厉行节约运动，纠正浮华习气，以养成俭朴勤劳之平民生活。

6．对于学生自治团体及三民主义青年团之校内组织与以适切之指导，以养成有组织、有规律之习惯，及组织管理之能力。

7．鼓励并指导社会服务及劳动服务，使学生深入社会内层，从事民众知识之提高，与社会利弊之兴革，以养成工作劳动的习惯，服务社会的热忱，与做事的责任心。

8．指导学生从事各种合作事业，以养成互助合作的精神，及准备负荷对于社会国家以及世界人类之责任。

丁　社会教育机关

1．依据三民主义的精神与建国方略中社会建设之原理，养成公民应备的资格。

2．宣扬社会中忠孝仁爱信义和平种种实例，以明八德之真义。

3．厉行新生活运动，以养成明礼义、知廉耻、负责任、守纪律之高尚的精神。

4．由职业之指导，以养成勤劳作业的习惯。

5．由理化常识之教学，以破除迷信，而养成科学的思想。

6．由公共事业之爱护而积极参加养老、抚孤、恤贫、防灾、互助等社会工作，以培养其服务心与公德心。

7．由尽力提倡业余各种运动及国术，以养成公民应有的健康体魄。

8．在教育馆、图书馆、博物馆、美术馆、科学馆、公共体育场、国术馆、阅报馆、公园、电影院、剧场等有关社会教育机关及事业，应随时地充分表现整齐清洁质朴迅速的精神，并在思想上、行动上养成崇礼爱乐的美德，使之增进集体生活的习惯与组织管理的能力。

戊　边疆学校及华侨学校

1．边疆学校及边疆教育机关训育之实施，除参照内地各级学校及社会教育机关训育标准外，并应特别注意下列各点：

（1）以内地固有之语文文化渐次陶冶边疆青年及儿童，力求语文与意志之统一；

（2）阐发国族精神，泯除其地域观念与狭义的民族观念所生之隔阂。

（3）注意讲解民族融合史及边疆与内地地理经济等之密切关系，以阐明国内整个民族意志与力量集中之必要。

（4）维持其宗教信仰，并随时利用科学常识，以破除其有碍于智育体育进展之迷信习惯。

（5）由国际时事之讲解，与团体生活之训练，以养成其爱国家爱民族之精神。

（6）引证内地及边疆之礼俗，说明其利弊，使其知对于社会国家及国际间应有之态度。

2．华侨学校训育标准，除适用国内各级学校训育标准外，并应特别注意下列各点：

（1）提示我国固有文化，以启发华侨学生之爱国思想，并培养其国民道德。

（2）注意本国历史地理之教学，以坚定其国家民族观念。

（3）多讲国内时事，以激发其爱护国家之精神。

(4)指示侨民所在地人民风俗习惯之优点及缺点,以使其知所取舍。

(5)引证我国及所在地之道德规律,以训练其对于个人家庭社会国家及国际间应取之态度。

(6)提示祖国之需要与华侨之责任,以使其了解未来之使命。

〔国民政府教育部档案〕

4. 教育部公布小学训育标准令

(1942年10月8日)

教育部令 总字第38887号

兹制定小学训育标准公布之,此令。

中华民国三十年十月八日

小学训育标准

第一 目 标

根据建国需要,发扬我国固有道德及民族精神,制定本标准。训练儿童,以养成奉行三民主义的健全公民。其目标如下:

一、关于公民的身体训练:养成运动卫生的习惯,活泼勇敢的精神,使能自卫卫国。

二、关于公民的道德训练:养成礼义廉耻的观念,亲爱精诚的德性,使能自信信道。

三、关于公民的经济训练:养成节俭劳动的习惯,生产合作的知能,使能自育育人。

四、关于公民的政治训练:养成奉公守法的观念,爱国爱群的思想,使能自治治事。

第二 愿词及守则

一、愿词

我愿遵守青年守则,修养我的人品,
使我的身体强健,使我的道德增进!
我愿遵守青年守则,立定我的决心,
为社会生产服务,为国家奋斗争存!
我愿做一个中国的好公民(歌唱时重复一句),奉行三民主义,向大同的世界前进!(歌唱时重复二字)

附歌谱

    我愿歌   吴研因撰词 〔略〕
            熊乐忱作曲

二、青年守则
(一)忠勇为爱国之本
(二)孝顺为齐家之本
(三)仁爱为接物之本
(四)信义为立业之本
(五)和平为处世之本
(六)礼节为治事之本
(七)服从为负责之本
(八)勤俭为服务之本
(九)整洁为强身之本
(十)助人为快乐之本
(十一)学问为济世之本
(十二)有恒为成功之本

第三 训练要项
一、训练要目

要目	细目	适用年级	训练主旨
忠	1. 我尊敬党旗国旗	低	养成观念习惯
	2. 国旗升降的时候,我一定对国旗行礼	低	养成习惯
	3. 唱国歌的时候,我一定脱帽立正	低	养成习惯
	4. 我见了国父的遗像,就肃立致敬	低	养成习惯
	5. 听到读国父的遗嘱,就肃立敬听	中	养成习惯
	6. 我遵奉国父遗教	高	养成观念能力
	7. 我信仰三民主义	高	养成观念
	8. 我遵奉总裁训示	高	养成观念能力
	9. 我尊敬我国的元首	中	养成观念习惯
勇	10. 我爱护我们的国家和民族	高	养成观念
	11. 我愿意牺牲自己,保卫国家和民族	高	养成观念
	12. 我长大了愿意服兵役	高	养成观念
	13. 我牢记民族光荣的历史	高	养成观念

续上表

要目	细目	适用年级	训练主旨
忠	14. 我立志发扬国家民族的光荣	中	养成观念
	15. 我爱用本国货	中	养成观念习惯
	16. 我爱护我国的名胜古迹和纪念物	中	养成观念
	17. 我替别人做事，一定尽力做好	中	养成能力
	18. 我爱护我们的团体	高	养成观念
	19. 我爱护我的学校	低	养成观念习惯
勇	20. 别人有危险，我立刻去救护他	中	养成习惯能力
	21. 我不怕强暴，也不欺侮弱小	高	养成观念能力
	22. 我受了不正当的攻击，决不屈服	高	养成习惯
	23. 我遇到患难，不畏缩，不规避	高	养成能力
	24. 我受了耻辱，一定努力洗雪	中	养成能力
	25. 我有了过失，一定悔悟改正	中	养成能力
	26. 我在黑暗的地方不害怕	低	养成习惯
	27. 我身体上受了小伤，不哭也不吵	低	养成习惯

续上表

要目	细目	适用年级	训练主旨
	28.我相信忠勇是爱国的基本	中	养成观念
孝顺	1.我听从父母的教训	低	养成观念习惯
	2.我对待兄弟姊妹都亲爱	低	养成习惯
	3.我出外和回家,一定告诉父母	低	养成习惯
	4.我尽力帮助父母和尊长料理家事	高	养成习惯能力
	5.我尽力帮助父母和尊长做生产的工作	高	养成习惯能力
	6.父母和尊长有疾病的时候,我尽力服侍	高	养成观念能力
	7.我敦品力学,锻练身体,使父母喜欢	高	养成观念能力
	8.我恭敬祭祖,并爱护祖先的遗物	高	养成观念习惯
	9.我相信孝顺是齐家的基本	中	养成观念
仁爱	1.我对待亲戚朋友都亲爱和睦	低	养成观念习惯
	2.我在拥挤的地方,让年老年幼的先走先坐	高	养成习惯
	3.我周济穷困的人	中	养成观念
	4.我尽力扶助有疾病的人	高	养成能力习惯

续上表

要目	细目	适用年级	训练主旨
仁爱	5.我同情不幸的人们和国家	高	养成观念
	6.我热心救济事业	高	养成观念
	7.我保护有益于人类的动物	中	养成观念
	8.我爱护公共的花木和图书	中	养成观念习惯
	9.我相信仁爱是接物的基本	中	养成观念
信义	1.我答应做的事，一定做到	低	养成习惯
	2.我说要做的事，一定尽力去做	中	养成习惯
	3.我应当做的事，一定去做，并且要做得好	中	养成习惯
	4.我不愿意做的事，决不叫别人做	中	养成观念
	5.别人有事问我，我恳切地回答他	中	养成观念
	6.我不说谎话，不欺骗人	低	养成习惯
	7.我不隐瞒自己的过失	高	养成习惯
	8.我和别人的约会，一定准时践约	高	养成习惯
	9.我借了别人的东西，到期一定归还	中	养成习惯

续上表

要目	细目	适用年级	训练主旨
信义	10.我损坏了别人或公共的东西,一定自己承认	低	养成习惯
	11.我拾到了别人的东西,一定想法送还他	低	养成习惯
	12.别人有了冤屈,我替他伸诉	中	养成习惯能力
	13.我帮助了别人不受酬谢,也不夸说自己的功劳	高	养成观念
	14.邻里有急难,我尽力救助	高	养成习惯
	15.我反对大欺小,强欺弱	高	养成习惯
	16.我相信信义是立业的基本	中	养成观念
和平	1.我对人和颜悦色	中	养成习惯
	2.我不打人骂人	低	养成习惯
	3.我和人谈话诚恳而且和气	中	养成习惯
	4.别人和我争论,我心平气和地回答他	高	养成习惯
	5.我和别人合作,肯牺牲自己的成见	高	养成观念
	6.我得罪了人,一定向他道歉	中	养成习惯
	7.我原谅别人无心的错误	高	养成观念习惯

续上表

要目	细目	适用年级	训练主旨
和平	8.我以平等的精神，和悦的态度，对待外国人	高	养成习惯
	9.我相信和平是处世的基本	中	养成观念
礼节	1.我遇见老师和尊长一定行礼	低	养成习惯
	2.我每天第一次遇见熟人，一定行礼	低	养成习惯
	3.我和别人分别的时候说"再见"	低	养成习惯
	4.我坐时看见客人或是尊长，一定站起来招呼	中	养成习惯
	5.我把帽子戴正，钮扣扣上，鞋跟拔上	低	养成习惯
	6.我不赤膊	低	养成习惯
	7.我和别人并坐，不多占地位	低	养成习惯
	8.我离开坐位，一定把桌椅放端正	中	养成习惯
	9.我开关门窗，移动桌椅，一定很轻，很仔细	低	养成习惯
	10.我在屋子里走路，脚步很轻	低	养成习惯
	11.我依次出入教室或会场，不争先，不落后	低	养成习惯
	12.我没有得到别人的允许，不走进他的屋子	高	养成习惯

续上表

要目	细目	适用年级	训练主旨
礼节	13. 我走路靠左边，不乱跑	中	养成习惯
	14. 我和年老年幼的人并行，让他靠里边走	高	养成习惯
	15. 我不对着别人咳嗽	低	养成习惯
	16. 我说话的时候，不喷唾沫	低	养成习惯
	17. 我静听别人说的话，也不打断别人的话	中	养成习惯
	18. 我在公共的地方，不高声乱叫	低	养成习惯
	19. 我在开会的时候，一定很安静	中	养成习惯
	20. 我不私自开看别人的信札、包裹或抽屉	高	养成习惯
	21. 我没有得到别人的允许，不动用他人的东西	高	养成习惯
	22. 我受了别人的赠品，一定向他道谢	低	养成习惯
	23. 我受了奖誉不骄傲	高	养成习惯
	24. 我招待客人要诚恳	中	养成习惯能力
	25. 我做客人要有礼貌	中	养成习惯能力
	26. 亲友邻里如有灾难，我恳切地去慰问	高	养成习惯能力

续上表

要目	细目	适用年级	训练主旨
礼节	27.亲友如有疾病，我小心地去慰问	高	养成习惯能力
	28.亲友如有喜事，我去庆贺	高	养成习惯能力
	29.亲友如有丧事，我去吊唁	高	养成习惯能力
	30.我相信礼节是治事的基本	中	养成观念
服从	1.我每天准时到校，准时回家	低	养成习惯
	2.我排队很敏捷，很安静，很整齐	低	养成习惯能力
	3.我仔细辨别各种信号，并且立刻遵行	中	养成能力
	4.我离开了老师或家长，也能严守秩序	中	养成习惯能力
	5.我乐意的接受别人正当的劝告	高	养成观念
	6.我听从维持秩序的人的指导	低	养成习惯
	7.我听从并尊敬团体的指导	中	养成观念习惯
	8.我准时出席会议	中	养成习惯
	9.我实行团体的决议	高	养成习惯
	10.我服从多数人的意见	高	养成习惯

续上表

要目	细目	适用年级	训练主旨
服从	11. 我不放弃选举权，并且选举我所佩服的人	中	养成习惯能力
	12. 社会团体委托我做的事，我尽力去做	高	养成能力
	13. 我遵守考试的规则	中	养成习惯
	14. 我遵守新生活规律	中	养成习惯
	15. 我遵守国民公约	高	养成习惯
	16. 我服从政府的命令	高	养成习惯
	17. 我遵守国家的法律	高	养成习惯
	18. 我相信服从是负责的基础	中	养成观念
勤俭	1. 自己的事，我能做的，一定自己做	低	养成习惯
	2. 家里的事，我能做的，一定去做	中	养成习惯
	3. 我尽力做学校里轮值的事	中	养成习惯
	4. 我每天做完应做的工作	中	养成习惯
	5. 我做一切工作，都很高兴快乐	中	养成观念
	6. 我的东西自己能收拾保管	低	养成能力

续上表

要目	细目	适用年级	训练主旨
勤	7.玩具用品能够自己做的，我一定自己做	高	养成能力
	8.我能利用空地栽种蔬菜果树	高	养成能力
	9.我能利用废物修理损坏的用具	高	养成能力
	10.我每天早起	高	养成习惯
	11.我没有特别的事不请假	中	养成习惯
	12.我爱惜时间	高	养成观念
俭	13.我的服装要朴素	中	养成观念
	14.我能定期储蓄	中	养成习惯
	15.我不浪费或是污损公共的东西	中	养成观念
	16.吃的、用的、玩的东西，我都不贪多	低	养成观念
	17.我不私用公家的东西	中	养成习惯
	18.我不私取别人或公共的物品	中	养成习惯
	19.我不取非分的钱财	高	养成观念
	20.我经手的钱财，处理得很清楚	高	养成习惯

续上表

要目	细目	适用年级	训练主旨
	21.我相信勤俭是服务的基本	中	养成观念
整洁	1.我每天朝晚一定洗脸刷牙	低	养成习惯
	2.我用自己的脸布洗脸	低	养成习惯
	3.我常常梳洗头发	中	养成习惯
	4.我的服装，常常保持清洁	低	养成习惯
	5.我依照天气的冷热加减衣服	低	养成习惯
	6.我的衣服用品，收拾得很整齐	中	养成习惯
	7.我留心开关门窗，调换空气	中	养成习惯
	8.我住的屋子，常常保持清洁	低	养成习惯
	9.我不随地吐痰	低	养成习惯
	10.我不随地丢纸屑果壳	低	养成习惯
	11.我尽力扑灭蚊虫、苍蝇、蚤虱	高	养成习惯
	12.我留心保持公共地方的清洁	中	养成习惯
	13.我吃东西细细地嚼碎了，方慢慢地咽下去	低	养成习惯

续上表

要目	细 目	适用年级	训练主旨
整洁	14. 我不吃苍蝇停过的东西	低	养成习惯
	15. 我不吃腐烂的东西	低	养成习惯
	16. 我用自己的茶杯喝开水	低	养成习惯
	17. 我用鼻子呼吸,不用嘴呼吸	低	养成习惯
	18. 我常常留心身体姿势的正直	低	养成习惯
	19. 我在光线充足的地方看书	高	养成习惯
	20. 我看书写字时，常常留意眼睛和书本的距离	高	养成习惯
	21. 我常常修剪指甲	低	养成习惯
	22. 我常常洗澡	低	养成习惯
	23. 我不随地大小便	低	养成习惯
	24. 我每天大便有一定的时候	低	养成习惯
	25. 我大小便后一定洗手	低	养成习惯
	26. 我每天在一定的时候运动	高	养成习惯
	27. 我常常到野外阳光充足的地方去散步游戏	高	养成习惯

续上表

要目	细目	适用年级	训练主旨
	28.我睡觉的时候，头露出在被窝外面	低	养成习惯
	29.我相信整洁是强身的基本	中	养成观念
助人	1.我常常快乐，还愿意和别人一同快乐	低	养成习惯能力
	2.我每天做一件有益于别人的好事	高	养成习惯能力
	3.我随时随地帮助别人	低	养成习惯
	4.我随时随地为社会谋利益	中	养成观念
	5.我看见别人有不正当的举动立刻劝止他	中	养成习惯
	6.我很高兴帮助别人做事，使他成功	高	养成能力观念
	7.我所获得的知能，愿意告诉别人或教导别人	高	养成能力观念
	8.我尽力帮助抗战军人的家属	高	养成能力观念
	9.我尽力帮助老弱残废的人	高	养成能力观念
	10.我愿意慷慨地捐助钱财，周济别人	高	养成能力观念
	11.我相信助人是快乐的基本	中	养成观念
	1.我每天上学，一定携带要用的课业用品	低	养成习惯

续上表

要目	细目	适用年级	训练主旨
学问	2.我把预定的功课赶快做好	低	养成习惯能力
	3.我缺了课,赶快补习	低	养成习惯
	4.功课不好,我一定努力用功	中	养成能力
	5.我求学的时候,一定很专心,不潦草	高	养成习惯
	6.我留意学习各种生产技能	高	养成观念
	7.我随时随地仔细观察,用心学习	高	养成习惯
	8.我有疑难的问题,时时请教教师、父母或同学	中	养成习惯
	9.我相信随时随地都是知识,都应该学,都应该问	高	养成观念
	10.我相信学问是济世的基本	中	养成观念
有恒	1.我每天起身饮食、工作、休息、运动、睡眠,都有一定的时间	中	养成习惯
	2.我每天用心学习规定的功课	低	养成习惯
	3.我不怕大风大雨,每天一定上学	低	养成习惯
	4.我求学做事,有决心有毅力,不怕困难,也不怕失败	高	养成观念

续上表

要目	细目	适用年级	训练主旨
有恒	5.我做事一定要求得结果	中	养成习惯
	6.艰难的功课,我天天学习,到完全了解才止	高	养成习惯
	7.繁重的事情,我天天工作,到成功才止	高	养成习惯
	8.我每天记日记	高	养成习惯
	9.我相信有恒是成功的基本	高	养成观念

附注

(一)本细目根据二十九年九月中国国民党中央执行委员会常务会议通过之三民主义教育实施原则第一章初等教育第二节实施纲要训育项第一条"根据中山先生遗教中合于儿童身心发展之事理,制为信条,以指导其整个的生活"之规定,并根据总裁订定的党员守则"分别制定训练细目共二百条,作为训练儿童整个生活的方针,建立修己善群爱国的基础。

(二)上表适用年级栏所注"低"是指一、二学年起开始训练的条目,共六十三条;"中"是指三、四学年起开始训练的条目,共六十八条,"高"是指五、六学年起开始训练的条目,共六十九条。但低年级开始训练的条目,如在中、高年级尚未达到养成习惯或能力或观念的目的时,仍应逐项实施训练。反之,如在低年级开始训练的条目,已经达到训练的目的时,亦得将中高年级训练的条目,配量提前实施。

(三)实施训练各条目时,应依据训练主旨分别养成儿童的习惯或能力或观念,并应参照"实施方法要点"三项(一)(二)(三)

各条所举养成习惯的训练方法、养成能力的训练方法、养成观念的训练方法等的实例，分别实施。

（四）训练时间：除个别训练和利用集会训练外，团体训练每天以二十分钟为度。

二、起居规律〔略〕

第四　实施方法要点

一、小学训育的实施，须根据下列各原则：

（一）全校的行政设施，环境布置，应按照训育目标，直接间接以改进儿童全部生活为鹄的。关于卫生的设备，尤须特别注意。

（二）各科的教材和教法，应尽量根据训育要项，以谋培育儿童的公民理想，养成儿童的公民习惯。

（三）全校的教职员，共负训育的责任，应随时随地注意儿童的活动，直接间接引用训练细目，指导儿童切实遵守。

（四）训育用的教材，各校得根据情况，酌量减少或活用，或将最重要的细目，尽先实施。

（五）训练儿童的方法，应注重间接的和积极的指导，并注重实践和考查。教师须以身作则，常和儿童的家庭密切联络。

二、小学训育的实施，须依照下列的程序：

（一）全校教职员应组织训育委员会，共同议定训育的组织系统和训育的具体方法，惟国民学校或不满四级的小学，得由教导会议主持训育事宜，各教职员对于儿童的智力体格、兴趣、家庭状况、社会环境和训育有关系的，应在学期开始时，精密地检验和调查。并应随时注意儿童的活动和检验调查的结果对照比较。

（二）各校在每学期开始时，应将各学年训育要项分别印成小册或活页，分发儿童，使儿童明瞭本学期内应该注意的事项，常常对照反省，并可根据适合儿童程度和易获训练效果两原则，将全部细目依各年级儿童程度，分别编定若干阶段（例如每一学期或每一学年为一阶段），以利训练。

（三）各校教职员应指导儿童组织自治团体，实施集团生活的训练，养成儿童适应群体生活的能力，获得各种现实的知识，并促进儿童经验的发展，练习办事的才能等。每学期开始时各级任教员应指导儿童组织"级会"，全校各级的级会应联合组织"校会"，各级级会得分总务、学艺、健康娱乐……等组，校会得设巡察团、卫生队、图书馆、演讲会、体育会、新闻社、合作社、俱乐部……等各机关，都须切合实际环境、适应儿童需要，并且要有实际工作可做，例如由儿童分别担任轮流工作等。开始时组织不妨简单，以后可以逐渐扩充，并应随时改进，以求完善，级会校会可仿照地方自治组织，以每个儿童为一户，自己做户长，每十人或八九人为一甲，甲设甲长，每级为一保，保设保长，合全校为一乡或一镇，设乡长或镇长，以便实施学校自治，并可互相策励。

（四）团体训练的时间，应利用每天举行的晨会，或夕会和每周举行的纪念周，此外，每周末的周会、每月一日的国民月会、每学期内各种纪念会和其他集会，都可实施集团训练，各种集团训练分别规定训练事项，训练的方式，不可常用一种方式，陷于呆板机械，务使变化多而效率大。

（五）各校应定期奉行健康检查，如每天一次的清洁检查，每月一次的身高体重测量，每学期或每学年一次的健康总检查或总比赛，都得设计实施。

（六）各校应时常举行：（1）避灾练习，如避火灾，避盗劫，避空袭，避毒气等，（2）救护练习，如各种急救法的练习，（3）警备练习，如站岗、侦察、报信等。

（七）各校应定期举行恳亲会或邀请家长参加纪念周和其他集会，或引导家长参观学校各项设施和儿童的集团活动。如全校儿童过多，恳亲会等可分部（高初二部或高、中、低三部）举行。並应随时访问或通讯商讨，或邀请面谈，实施训育须与家庭充分联络，才能收效。

（八）各教职员对于儿童的实践训练细目，应随时并分期纠正、考查、记载、统计，并应将考查结果，在学期终了时，填入成绩表，报告儿童的家庭。

（九）训育委员会在学期终了时，应检讨本学期实施状况和实施效率，研究利弊的原因，拟具改进的计划，作为下学期实施方案的张本。

三、小学训育的实施，须采用下列各方法：

（一）训练要项就是行动的规范，要使儿童一切行为合乎规范，必须在实际的情境里，实施训练。训练细目有些已经表明情境，或在某时或在某地应有某种行为，教员应利用这些情境，随时指导儿童实践。例如，要训练儿童："唱国歌的时候我一定脱帽立正"，教员应在每天升降旗、每次国父纪念周和其他集会唱国歌时，随时注重儿童是否脱帽立正，并予以指导纠正。又如要训练儿童"我和别人并坐，不多占地位"，教员应在上课（特别注意写字、美术等课）、用膳……时，随时指导儿童和人并坐时怎样可以不占别人的地位。这种训练细目，另编"起居规律及社交礼仪挂图"和图说，歌词，教学时应先揭示挂图，使儿童观察，次由教师参观图说，说明作法，并令儿童演习，在中高年级，最后可教授歌词，使儿童吟唱。有些训练细目，未曾标明情境的，教员应提示各种常见的重要情境，指导实践的方法，例如要训练儿童"我爱惜一切用品"，教员应提示爱护玩具和不浪费书籍文具等，并举行簿本整洁比赛等，指导儿童努力实践。如果没有实际的情境可以利用，也得假设实际的情境。例如"我遇见危险，很快地避免"这一细目，有些儿童也许没有那种危险的实际情境，教员要假设危险的情境，如举行避灾练习、警备练习等施以训练。

（二）训练细目中，有一部份目的在养成儿童的观念，观念的训练方法，第一应用归纳的方法，例如要训练"我立志抵抗敌国和敌人"这一个细目，教员不仅应在训练时间指导儿童如何抵抗敌国和敌人，并应在各科教学中尽量以抗敌为中心教材，如常识科中教学敌人加于我国的种种压迫和暴行，国语科中教学各种抵抗敌国和敌人的英勇故事，算术科中计算敌我两国各项人力物力的数量，音乐科中教学抗敌歌曲，体育科中举行拟战演习，美术、劳作科中绘制各种抗敌兵器、模型等，使儿童在许多实习的情境里，经验了许多特殊的行为，而后建立一个"立志抵抗敌国和敌人"综合观念。第二要培养儿童的情操，情操是超脱利益打算的一种高尚的感情，可以支配日常的行为。例如我们要训练儿童"我不说谎话"，必须培养儿童不愿说谎的情操，儿童有了这种超脱利益打算的高尚感情，不但只能在某种情境中实践这一个细目，并且能够依据不说谎话的条目，推行到各种需要不说谎话的情境上去，决不会为了目前的利害（例如受罚等）变更他平日所持的态度。

（三）训练细目中，有一部分目的在养成儿童的能力，能力的训练方法，可以分为三个步骤：先分析某能力必须包含几种基本的能力，次诊察儿童身体的和心理的程度，而后按照儿童程度，施行渐进的训练。例如要训练"我阅读图书力求迅速"这一细目，教员必须知道阅读迅速这种能力是包含：（1）有规律的眼动，（2）每次休息时间较短，（3）回复眼动次数极少，（4）扫视正确等几种基本能力。要求儿童"阅读迅速"，必须按照儿童程度，经过多年的训练，逐渐具备各种阅读的基本能力，才综合而成"阅读图书迅速"的能力。

（四）训练细目中有一部分目的在养成儿童的习惯，习惯的训练方法可分五个步骤：（1）分析，（2）示范，（3）试做，（4）纠正，（5）练习。例如"我关门很轻"，可分析为把握门把儿或门扣，推上或拉上等几个动作，先由教员示范后，儿童试做，如有错误，须即纠正。复杂的动作，须经满意的反复练习，才能习惯。在练习的时候，或养成习惯以后，不可偶有例外，以致尽弃前功。

（五）团体的训练，应利用团体生活的方式，借重社会制裁的力量，所以当让儿童做主体。例如各种儿童自治活动，都应由儿童主动，教员仅处于辅导地位。又如举行清洁、勉学、秩序等比赛，当以一组一团或一级的团体单位，在较高年级，应随时训练儿童调查并判断自己各种团体组织和社会环境中各种事业的优点和劣点，并计划如何改进。又应酌量各年级儿童的能力，随时使儿童参加社会活动，如灭蝇运动，大扫除运动，户口调查等。以发展社会的意识，练习社会的服务。

（六）团体的训练，为集中注意，加强训练效能起见，得举行中心训练，中心训练应根据全校儿童的共同需要，选择适当的守则为某一时期内的训练中心。例如学期开始时，校内的秩序不像平时整饬，儿童的行动也不上轨道，可参考训育标准中"礼节"、"服从"等守则，以"秩序"或"礼貌"为训练中心，引用两守则中的适当细目，编为训练条文，并订定实施大纲，为实施的根据。举行中心训练应注意训练目标，环境布置，并与各科教学、儿童自治活动等充分联络。

（七）晨会或称朝会，在每天早晨上课前，集合全校儿童在一处举行。目的在使儿童在空气清新的早晨，振作活泼愉快的精神，作全日工作的准备。实施训育可以利用晨会的时间检查或报告各级儿童的清洁和秩序的成绩，以及其他偶发事项，促起儿童的注意和反省。如全校儿童过多，可以分部（高、中、低三部或高中与低二部，或初高二部）举行。在晨会前，应先举行升降旗礼，晨会后，并可实施十分钟的早操。

（八）夕会在每天下午放学前分级举行。目的在使儿童对一失的活动有反省的机会,实施训育也可以利用夕会时间,促起儿童自己省察全日的行为,并报告次日应注意的事项,夕会以后,各级排队到运动场举行降旗礼,然后放学。每日晨夕会的时间都以十分钟为度。

(九)国父纪念周在每星期一上午举行。如全校儿童过多,亦可分部举行。纪念周的目的在使儿童效法国父伟大的精神,培养爱护国家、复兴民族的意志,实施时除随时利用机会,讲述国父遗教外,每次举行的中心训练,即可在纪念周时开始,纪念周应由主席领导全体师生宣读青年守则一遍。

(十)国民月会也是极好的团体训练,各校应郑重举行,实施时,除讲述国民公约和总裁训示外,并应检讨一个月来训练细目的实践成绩。

(十一)个别的训练比团体的训练尤为重要。团体的训练,往往侧重于普遍的原理,个别的训练,可以指示实际的情境,纠正恶劣的行为(一般所谓顽劣儿童,尤当受个别的训练)。训练开始时,当先探究错误行为发生的原因。用调查法,分别研究儿童产生前后的家庭环境,特殊的习惯和兴趣,父母的健康状态,家庭经济和家庭教育,以及邻里情形。用体格检查法研究儿童的身长、体重、体力、发育状况以及各种缺陷疾病。用心理检查法,研究儿童的智力、听觉、视觉以及精神平衡等状态,次考察校内情形以及当时情境,或足以影响儿童发生错误行为。明白了原因,才可予以相当的矫正或训练。

(十二)训育的考查法可分为两种:一由教员考查,一由儿童考查。教员考查可从几个方面着手,平时随时考查记载,并征求其他教员的报告,听取儿童间的舆论,询问家长的意见。儿童考查,重在反省,或按期做报告,或随时记反省表,或共同批评讨论,或受测验。又,属于习惯和能力的训练细目,应在平日随时随地注意考查记载;属于理想的训练细目,可采用测验法,教员记载表，儿童报告单，反省表以及测验材料等，得由各校斟酌情形，自行拟订。

〔国民政府教育部档案〕

5. 教育部订定之中等学校训育标准

(1944年9月9日)

甲　总　则

一、要旨

中等学校训育之实施，根据部颁训育纲要及其他训育法令之规定，策励学生实践共同校训——礼义廉耻，以陶融忠孝仁爱信义和平之美德，及养成诚智仁勇俱备之品格，俾能成为建设三民主义新中国之优秀国民。

二、训导总目标及要目

子、训导总目标

(一)　高尚坚定的志愿与纯一不移的共信——自信信道。

(二)　礼义廉耻的信守与组织管理的技能——自治治事。

(三)　刻苦俭约的习性与创造服务的精神——自育育人。

(四)　耐劳健美的体魄与保国卫民的智能——自卫卫国。

丑、训导要目——青年守则

(一)　忠勇为爱国之本

(二)　孝顺为齐家之本

(三)　仁爱为接物之本

(四)　信义为立业之本

(五)　和平为处世之本

(六)　礼节为治事之本

(七)　服从为负责之本

(八)　勤俭为服务之本

(九) 整洁为强身之本
(十) 助人为快乐之本
(十一) 学问为济世之本
(十二) 有恒为成功之本

三、训导原则
(一) 训导实施与各科教学应密切联系；
(二) 个别训导与团体训导应兼顾并重；
(三) 直接训导与间接训导应相辅而行；
(四) 学校训导与社会教育应密切配合；
(五) 教师身教与教师言教应表里为一；
(六) 初级中等学校或中心学校训导应互谋衔接；
(七) 消极训导与积极训导应循序以进。
（1） 由服从规律到服从理性；
（2） 由教师管理到团体制裁；
（3） 由消极禁止到积极启迪；
（4） 由道德的责任到道德的情操或兴趣。

四、训练要项

要目	细 目 要 例	训练主旨
忠 勇	1.敬爱党国旗，参加升降旗典礼 2.闻唱国歌起立致敬 3.参加国父纪念周及各种法定集会 4.奉行三民主义，服膺总裁训示 5.认识国难国耻事实 6.努力参加战时服务 7.临难无惧，知耻图强	爱 国

203

续上表

要目	细目要例	训练主旨
孝顺	1. 敬爱父母，恭敬尊长 2. 发扬祖先事功 3. 友爱兄弟姊妹 4. 和睦亲族邻里 5. 注意身心摄卫 6. 努力德业进修 7. 居家躬亲洒扫，出外常写家信	齐家
仁爱	1. 克己利群，劝善规过 2. 扶持疾病，周济穷困 3. 珍惜公物，爱护生灵 4. 不泄一己之忿，不夺他人之好 5. 不作昧心之事，不嫉他人之能	接物
信义	1. 对人对事诚信不欺 2. 认清是非，辨别义利 3. 砥砺廉隅，决不营私舞弊 4. 重视诺守时间 5. 不矜己长，不议人短 6. 不阿所好，不私所亲	立业

续上表

要目	细目要例	训练主旨
和平	1.言语态度谦恭和蔼 2.喜怒哀乐合乎节度 3.尊重他人人格 4.不意气用事 5.不欺侮弱小	处世
礼节	1.对人对事敬而有礼 2.在校遵守学生礼节 3.出校实践社会礼节 4.集会议事谦和有礼 5.对人失礼立致歉意 6.他人失礼不予计较	治事
服从	1.维持法律尊严，遵守社会秩序 2.遵守学校规章，接受师长指导 3.尊重合法团体正当决议 4.不阳奉阴违，不诿卸责任	负责
勤俭	1.早起早眠，严守作息程序 2.努力劳动服务 3.爱惜物力，利用废物 4.力行节约，服用国货	服务

续上表

要目	细 目 要 例	训练主旨
勤俭	5. 摒绝不良嗜好 6. 革除苟且偷安习惯	服务
整洁	1. 保持环境清洁 2. 注重仪容整齐 3. 出入公共场所循序而行 4. 站队集合迅速整齐 5. 行坐起立姿态端正 6. 定时锻炼身体，注意饮食清洁	强身
助人	1. 尽力协助新到同学 2. 尽心扶持他人危困 3. 助人为善，劝人改过 4. 助人不问亲疏，施予不求报答 5. 热心公益事业 6. 努力社会服务	快乐
学问	1. 立定求学计划，切实检讨，虚心请益 2. 研究本国文化优点 3. 致力国防科学研究 4. 参加学术集会，发表研究心得 5. 体认力行哲学，努力贡献专长	济世

续上表

要目	细 目 要 例	训练主旨
有恒	1. 读书能终篇 2. 习字不潦草 3. 日记不间断 4. 不见异思迁,不半途而废 5. 不屈不挠,愈挫愈奋 6. 常读中外名人传记 7. 随时检讨身心进修	成功

乙 实施方法

一、程序

（一） 各校训导处或教导处,应于每学期开始,依据训导总目标及要目,参酌学校性质及学生性能,因时因地详订分目、分月将训导计划及具体实施方法,经训导会议通过,由校公布施行,并呈报主管教育行政机关备查。

（二） 各校训导处或教导处每次召开训导会议或教导会议,除讨论一般训导问题外,应对训导计划实施情形,提出检讨,并求完善。

（三） 各校训导处或教导处,应于每学期结束后,缮具详实训导工作报告,呈主管教育行政机关备核。

二、方法

子、团体训导

(一) 训导与各科教学

（1） 关于语文学科者：如讲述先贤励志言行与近代世界新知，诱掖青年欣赏固有文化之兴趣及创造未来社会之理想,并使青年养成治事合于条理，待人准乎仁恕之美德。

（2）关于史地学科者：如叙述我国文化之悠久，山河之壮丽及祖先之丰功伟业，以激发青年爱护国族情绪，承继文化大志及开拓自然宏愿。

（3）关于社会学科者：如阐述群己关系及社会建设基本法则，以养成青年奉公守法习惯，敬业乐群精神。

（4）关于自然学科者：如解释自然现象及法则，以养成青年观察分析之习惯，准确合理之行动，并鼓励青年探求事物本末及发展国际民生之志趣。

（5）关于艺术学科者：如藉练习雄伟乐曲临摹自然美景，使青年性情和乐调畅，欣赏能力提高，并使其行动活泼而能中乎规矩，态度积极而不涉于浮燥。

（6）关于师范学科者：如解释教育之宗旨与功能，使青年建立崇高之理想，并讲述乐育英材之意义，以增强其服务之信念。

（7）关于职业学科者：如讲述从业之意义与功用，以启发青年利用厚生志向，养成其刻苦耐劳习惯，提高其合作互助精神。

(二)课外活动

（1）集团训练：利用国父纪念周升降旗、国民月会及其他集会时间，作有关诚智仁勇及忠勇孝训等十二守则之精神讲话。

（2）中心训练：因时因地举行各项中心训练，着重于某一要目之具体实施。

（3）自治训练：辅导学生自治会及其他经学校允许之学会活动，以养成学生有自治之习惯，并培育社会制裁之风尚，以养成学生自律之精神。

（4）集体讨论：如举行读书方法座谈会、国际问题座谈会、三民主义座谈会、时事座谈会及定期性之小组讨论，藉以培养学生研究之风气。

（5） 专题讲演：分学术讲演、时事报告、生活指导等，用以策励学生德业之进修。

（6） 参观旅行：分学术参观、普通参观、修学旅行、郊游会等，用以加强学生观察能力。

（7） 德行竞赛：分整洁竞赛、储蓄竞赛、秩序竞赛、服务竞赛等，用以加强各项德育训练之效果。

（8） 体育活动：如举行体格检查、强迫运动、级际比赛、姿势比赛、爬山比赛、国术比赛、游泳比赛运动会、滑翔机或汽车驾驶练习等，用以强身益德。

（9） 游艺表演：如举行音乐会、同乐会、戏剧表演等，用以培养学生优美情操。

（10） 生活展览：如举行学生新生活展览、卫生展览等，用以启迪学生爱好整洁。

（11） 社会服务：如组织消费合作社、清洁服务团、防疫服务队、民众代笔问事处、抗属慰问队、荣誉军人慰劳团等，用以训练服务助人之美德。

（12） 劳动生产：如努力农事生产、小工业生产、家事练习等，用以养成勤俭劳作之习惯。

（13） 其他。

丑、个别训练

(一)个人及家庭状况调查：由学校制定个人及家庭状况调查表，于每学期开学之始调查一次，以作个别训练之参考，必要时得举行家庭访问或通讯，俾使学校与家庭联为一片。

(二)个别谈话：各校导师应于每周规定个别谈话时间，与各该级学生轮流个别谈话，藉以体察学生之个性及其进修状况，以便指示其精进之途径。

(三)个性考查：各校导师除由日常生活中随时体察学生个性外，应用后列方法，搜集有关学生方面之材料，以为实施个别训练之参考。

（1） 初级中等学校或中心学校训导纪录之利用——调查学生在下级学校肄业时之思想性行。

（2） 各级导师及教师意见之交换——随时征询其他各级导师及任课各教师对于各该级学生之意见。

（3） 校内与学生生活有关各方面意见之征询——随时征询军训教官、童子军教练员、教务处、事务处及其他有关方面对于各该级某一学生之意见。

（4） 同学互相意见之征询。

(四)个案研究：对某一学生之思想行为或某一方面发生较严重之问题，应用科学方法详加研究，以明真象而谋根本救治之方法。

寅、环境设备

（1） 各校应选择适当地点，悬挂有关训练德目之各项挂图及格言，以资观摩。

（2） 各校应注意全部环境之整洁，尤应注意疟蚊臭虫跳蚤及其他流行性疾疫之防治，以维持学生健康。

（3） 各校应尽可能充实运动场地设备，生产劳作工具及其他团体活动所必须之环境设备，以便实施各项团体训练。

（4） 各校应注意校外环境之改善，并设法侦察及取缔足以影响学生行为思想之设施。

三、操行成绩考查

（一） 操行成绩考查方法：

（1） 测验——如时事测验，道德判断测验，假选举等。

（2） 调查——如学生志愿及兴趣调查、生活调查等。

（3） 观察——随时随地留心观察学生行为，并相机予以指导。

（4） 谈话——如定期谈话，相机谈话，个别谈话，分组谈话。

(二) 操行成绩评定标准：

根据前列训练要项，切实考查评定优劣。兹附中等学校学生操行等级表于左：

德目＼等第	100—90	89.9—80	79.9—70	69.9—60	59.9—
	优	良	中	可	劣
忠 勇	优	良	中	可	劣
孝 顺	优	良	中	可	劣
仁 爱	优	良	中	可	劣
信 义	优	良	中	可	劣
和 平	优	良	中	可	劣
礼 节	优	良	中	可	劣
服 从	优	良	中	可	劣
勤 俭	优	良	中	可	劣
整 洁	优	良	中	可	劣
助 人	优	良	中	可	劣
学 问	优	良	中	可	劣
有 恒	优	良	中	可	劣

说明：操行总成绩列可等以上者为及格，列劣等者为不及格。

〔国民政府教育部档案〕

（2）"导师制"实施概况

1. 教育部颁发之中等以上学校导师制纲要

（1938年3月28日）

一、本部为矫正现行教育之偏于知识传授而忽于德育指导，及免除师生关系之日见疏远而渐趋于商业化起见，特参酌我国师儒训导旧制及英国牛津、剑桥等大学办法，规定导师制，令中等以上学校遵行。

二、各校应将全校每一学级学生分为若干组，每组人数以五人至十五人为度，每组设导师一人，由校长指定专任教师充任之。校长并指定主任导师或训育主任一人，综理全校学生训导事宜。

三、导师对于学生之思想、行为、学业及身心摄卫，均应体察个性，施以严密之训导，使得正常之发展，以养成健全之人格（训导纲要另定之）。

四、训导方式不拘一种，除个别训导外，导师应充分利用课余及例假时间集合本组学生举行谈话会、讨论会、远足会等，作团体生活之训导。

五、导师对于学生之性行、思想、学业、身体状况各项，应依照格式详密记载，每月报告学校及学生家长一次，其缴学校之报告，主管教育行政机关，得随时调阅之。

六、各级导师应每月举行训导会议一次，汇报各组训导实施情形，并研究关于训导之共同问题。训导会议由校长主席，校长因故不能出席时，得由主任导师或训育主任代表主席。

七、各组导师对学生之思想与行为各项应负责任。学生在校或出校后在学问或事业方面有特殊之贡献者,其荣誉应同时归于原任导师。其行为不检、思想不正如系出于导师之训导无方者,原任导师亦应同负责任,其考查办法另订之。

八、导师认为学生不堪训练时,可以请求校长准予退训,其受退训之学生,得就本校导师中自选一人受其训导,如再经退训时,即由学校除名。

九、学生毕业时导师应出其训导证书,对于学生之思想、行为及学业各项,详加考语,此项证书在学生升学或就业时,其关系方面得随时调阅之。

十、本部指定督学随时视察各校师导制实施情形,专案报部,各省市教育厅局应派督学随时视察指导。

十一、各专科以上学校得依本纲要另订导师制施行细则,中等学校导师制施行细则得由各教育厅局依本纲要规定之。

十二、本纲要经呈行政院备案后施行。

〔国民政府教育部档案〕

2. 教育部关于各校实施导师制应注意各点令

(1938年3月28日)

导师制纲要,本部已经制定,现颁发全国中等以上学校施行。惟此项训育制度,在我国新教育史上,系属首创,欲求推行尽利,则在实施以前,非有充分考虑不为功,故于颁发导师制纲要之时,更举述实施时应注意之各点,以备各校之参考。

本部创设导师制之宗旨,已于纲要中言其梗概,我国过去之教育,本以德行为重,而以知识技能为其次。师生之关系,亲如家人父子,为师者之责任,非仅授业解惑而已,且以传道为先。自行新教育以来,最初各校犹列修身伦理为教科,而老师宿儒,流风未泯，人格熏陶，收效尚巨。迨至近十余年前，放任主义与个人主义之思潮，泛滥全国，遂影响于教育制度。修身伦理既不复列为教科，而教育功能亦仅限于知识技能之传授。师生之关系，仅在口耳授受之间，在讲堂为师生，出讲堂则不复有关系。师导既不讲，学校遂不免商业化之讥。凡此情形，不仅使教育失效，实为世道人心之患，早为有识者所深忧。本部为矫此弊失，复纳教育于正轨起见，爰参酌我国昔时师儒训导之旧法及欧西有名大学之规制，订立中等以上学校导师制度。其办法已于纲要中明白规定。但此制之能否成功，不全恃条文之规定，而系于实施之精神。如果各校无实施此制之决心，但知虚应故事，则纲要将成为具文，如果决心实施，而考虑欠周，则流弊亦所不免。故于师导制施行之时，各校校长、导师及学生家长，均应多加注意，并保持密切之合作。

导师制之能否成功，大部分系于校长。于实施此制时，首宜由校长慎选导师，选择导师时，不应仅视其学问如何，尤应视其道德人格是否足为学生之表率。校长于选定师导以后，对于学生之分组，亦应考察各生个别情形，加以特别之注意。其年龄、学力及品行相若者是否应分归一组，抑或于一组之内分派年龄长幼不同及学行优劣不同之学生，此须斟酌实际情形而决定。此等办法，涉近微妙，非可以公式规定，悉心体验，是在各校校长。校长对于各导师之施行训导，应随时加以协助与指导。遇有困难问题，应随时商讨解决，其在中等各校及中等以上女校，如教员及教职员人数不多，亦得将每组学生人数较规定酌量增多。

导师为直接实施训导之人，其重要更不待言。导师实施训导时，最应注意之点为以身作则。古语谓："以身教者从，以言教者讼。"又谓："其身正，不令而行；其身不正，虽令不从。"为导师者，首宜谨饬言行，示学生以楷模，对于学生之训导，应依照本部颁发之训导标准，对于学生个性，亦应深加体察，其有特长者，应予发展之机会，勿令埋没于一般标准之下，导师对于学生之关系，虽应力求亲切，但仍须保持师道之尊严。各组导师，应彼此保持训导上之联络，不可各不相谋。导师对于学生家庭，尤须有密切之联络。导师训导学生，除对于国家社会负责而外，对于学生家长，尤应负直接责任，除依纲要之规定，按期向学生家长报告学生在校情形而外，访问与通信，应随时行之。

学生家长对于导师制之推行，亦负有责任。盖导师制之目的，不仅为国家造就好公民，亦在为家庭培植佳子弟。过去学校与家庭之隔膜，将因导师制之施行而破除。凡为家长者，应随时将子弟之个性以及在家庭内之行为，随时报告导师，使导师于训导时得所依据，同时家长对于导师应致其尊敬。在昔日家塾制度中，西席为家庭之上宾，备受家长之尊崇与礼遇。今虽行学校制度，亲师之关系变更，但为导师者，如能尽心训导其子弟，家长亦应同样致其尊敬，固不应有今昔之别也。

各校校长导师及学生家长，诚能依照以上指示各点，共助导师制之推行，则不特可免流弊，且将为学校训育开一新纪元，为社会道德立一新基础，本部有厚望焉！

〔国民政府教育部档案〕

3．教育部公布切实推进导师制办法

（1939年7月13日）

第一条　根据中等以上学校导师制纲要第十条之规定，各级教育行政机关，对于所属中等以上学校，应随时派员督导导师之推进，并以切实推进导师制与否，为考查所属各校成绩之一。如各校奉行导师制著有成绩者，应予以奖励。

第二条　各校校长应以身作则，督率各教师履行导师之任务，并以各教师切实执行导师制之任务与否，为进退教师标准之一。导师中对于学生训导著有成绩者,得由校长呈请主管教育行政机关核予奖励。

第三条 各校导师应规定训导时间,以与各该组之学生接触。遇有偶发事项时,并应随时施行训导。

第四条 中等学校专任教员授课时数,如系确因训导而感觉繁重者,得将规程中所规定之最高时数酌减,但各校不得以授课最高时数减少,而减低该教员之待遇。

第五条 本办法如有未尽事宜,由教育部修正之。

〔国民政府教育部档案〕

4．教育部制定之学生军事训练实施方案

（1940年5月12日）

第一章 总 则

第一条 学校军事训练,由军事委员会政治部(以下简称政治部)与教育部订定本方案实施之。

第二条 学校军训之目的

一、在造成体魄坚强、人格高尚、学识丰富与行动积极、能为民族牺牲、为国家奋斗的中国国民。

二、在造成态度庄严、操作勤敏、负责任、守纪律、明礼义、知廉耻的现代国民。

三、在造成思想统一、精诚团结、爱国爱群、共同奋斗、以复兴中华民族、完成国民革命为自任的忠勇国民。

第三条 学校军训之要旨:

一、以精神教育,确定学生爱国爱群,服从总裁之信念,坚定其牺牲小我,以成大我之决心。

二、以学术训练,灌输学生现代必备之军事学术与技能。

三、以军事管理,养成学生确实迅速、静肃秘密之习惯,使

其生活方式与战斗方式形同一致。

四、以野营演习，启发学生接近自然、艰险不避之志趣，达到征服自然，利用万物之目的。

五、以诸般勤务，锻炼学生劳动服务互助之德性，与处理修理整理之能力。

第四条　凡大学、独立学院、专科学校、高级中学及其同等学校，除女生依另章规定外，均以军事训练为必修科。学生军训成绩不及格者不得毕业。

学生军训成绩之核算方法，如附件一。〔略〕

如因残废痼疾，经教育部会同政治部核准长期半休者，得以学科成绩为军训成绩。

第五条　实施军训之各校，应参照陆军军队内务规则，不分年级，均实行军事管理，其办法如附件二。〔略〕

第六条　学校军训教官之任免办法如附件三。〔略〕

第七条　学校军训教官，按照学生人数配派，以百五十人至二百人，分派教官一员为原则。同校有教官二员以上时，应指定一员兼主任教官。

第八条　为使学校军训与训育工作密切联系起见，军训教官应兼训育职务，出席训育或训导会议，主任教官（教官）并应出席教务会议，遇与军训有关事项时，列席校务会议。

第九条　专科以上学校（院）暨国立高中及其同等学校军训教官，受政治部与教育部之管辖，其他公私立高中及其同等学校军训教官，受省市军训主管机关及省市教育行政机关之管辖，并应受各该校（院）长之指挥监督。其服务规则如附件四。〔略〕

第十条　关于军训设备，非学校所能置办者，由政治部筹发。其余学校应按照最低标准，规定数量，分期购置齐全。其设备最低标准如附件五。〔略〕

第十一条　平时训练与集中训练之实施，政治部与教育部应

随时会同或分别派员督察。并按其成绩予以奖惩。其奖惩规则如附件六。〔略〕

政治部与教育部如分别派员督察，其结果得咨商办理。

第十二条　军训期满、成绩及格之学生，由政治部、教育部会呈军事委员会给以军事训练期满证书，其证书式样如附件七。〔略〕

第十三条　军政部得依其需要，会同教育部、政治部召集志愿学生，举办备役候补军官佐考试，其考试办法由军政部另订之。

第二章　平时训练

第十四条　平时训练之教育计划及教材，由政治部会同教育部订定之。其教育计划表如附件八。〔略〕高中及高级职业学校（包括五年制专科学校前三年）各学年平时训练，每周三小时，计学科一小时，术科二小时，每年野外演习至少四次，每次二小时以上，实弹射击二次。师范学校第一、二学年平时训练每周四小时。第一学年学科一小时，术科三小时；第二学年学术科各二小时，每年野外演习至少四次，每次二小时以上。实弹射击二次。

初级职业及简易师范学校，其修业年限在四年以上者，第四学年平时训练每周四小时，计学科一小时，术科三小时。每年野外演习至少四次，每次二小时以上，实弹射击二次。

专科以上学校其修业年限在三年以上者，第一、二、三学年均实施平时训练，每周二小时，学术科各一小时。其修业年限仅二年者（包括五年制专科学校二年）各学生平时训练，每周三小时，第一学年学科一小时，术科二小时，第二学年学科二小时，术科一小时，每年野外演习至少四次，每次二小时以上，实弹射击三次。

第十五条　专科以上学校应就其性质，酌设与军事有关之专门学科，予学生以特别训练。

第三章 集中训练

第十六条 集中训练在高中及高级职业学校第三学年学科结束后（高级职校并须在假期实习完毕后）举行。教育计划及教材，由政治部会同教育部另订之。

集中训练时期三个月，自八月一日至十月三十一日，但因地域气候得酌量变更。

师范学校集中训练，在第三学年第一学期上项规定时间内举行。

五年制专科学校集中训练，在第四学年第一学期上项规定时间内举行。

初级职业及简易师范学校之修业年限，在四年以内者，暂免集中训练。

第十七条 集中训练，由省市军训主管机关与省市教育行政机关组织总队实施之，称某年某省市学生集中训练总队，总队编制及人事任免办法另订之。

第十八条 学生参加集训往返舟车费，由省市政府支给，公私交通机关并应分别减免。

第十九条 集中训练，所需枪弹、器材、服装、装具、药品、书籍、膳费及其他办公等费用，由中央支给。

第二十条 集中训练地点及营房，由省市政府指定，如须修理或添造，其费用由省市政府支付之，木器用具并由省市政府筹措。

第四章 女生训练

第二十一条 高中及其同等学校女生，以军事救护及卫生技术训练，代军事训练。其平时训练时间，如高级中学、高级职业学校、师范学校及五年制专科学校第一、二学年，每周二小时。

简易师范学校之第四学年，每周二小时。

教育计划及教材,由政治部会同教育部另定之。

第二十二条 专科以上学校女生,免受军训,但应以战时妇女勤务为必修学科。(其施行时期另以命令定之)

第五章 附 则

第二十三条 本方案呈奉军事委员会／行政院核准公布施行。

〔国民政府教育部档案〕

5. 教育部与军委会政治部关于调正高中以上学校训导与军事训练办法呈

(1940年8月6日)

查学校教育,首重训导。近年来军事训练既为学校必修科目之一,训导制度亦复积极推行,以期陶冶青年之品德,锻炼青年之体魄,而造成健全之国民。惟学校军训实施之时,军训教官之职权与主持学校训导人员相互之关系,以无适当之联系,尚未能收预期之功效。本政治部与本教育部考察学校实际情形,深觉学校课程多至数十种,军事训练仅为其中之一科,学校教师多至数十人,军训教官仅为其中之一员,各科教师之训导均以启迪诱导为教学之极则,军训教官则以严格训练为主,青年学生平时在校受各科教师训导之时多,受军训教官训导之时少。军训教官与训导人员举措稍有歧异,即足减少学生信仰之心,为求统一训导起见,军训教官之职权似应有明白之规定,而平时军事训练亦似应以教育意义为重。俾青年学子得于潜移默化之中养成军事化之习惯。迨集训之时,再施以严格军事管理之生活,以达军训最后之目的。兹经会商议定调正学校训导与军事训练办法五项,是否可行,理合检呈鉴核,指令祗遵。谨呈

委员长 蒋

附呈调正高中以上学校训导与军事训练办法一份

政治部部长陈　〇

教育部部长陈〇〇

中华民国二十九年八月六日

调正高中以上学校训导与军事训练办法

一、学校军训教官主持军事学科术科之教学事宜，受教务长或教务主任之指导。

二、学校训导由训导处总其成。关于军事管理部份，于训导处设军事管理组主持之，大学军训主任教官如具有：（一）为中国国民党党员，（二）将官阶级，（三）品学兼优之资格者，得由学校聘为副训导长，协助训导长主持训导处事宜。军事管理组主任由军训主任教官或军训教官兼任之，其任务如次：

1．关于升降旗及各种集合之领队；

2．关于膳堂、操场、宿舍之管理；

3．关于参观旅行之指导；

4．关于劳动服务之指导。

为训导便利起见，各校应组织学生总队，由训导长或训导主任任总队长，主任导师、副训导长或军训主任教官分任副队长。

三、高中及其同等学校训导处管理组组长，由军训主任教官或军训教官兼任。

四、高中及其同等学校军训教官如依照中等学校训育主任、公民教员资格审查条例审查合格者，得由学校聘为训导主任，其未经审查者，得聘为导师，协助管理事宜。

五、军训实验区不设总教官，关于各军训实验学校军训事宜，设军训实验学校军训会议，由学校校长、教务长或教务主任、训导长或训导主任、副训导长、军训主任、教官组织之，每两周开会一次，由各校校长轮流主席，轮流召集、开会时教育部、政治部各派高级人员一人参加。

〔国民政府教育部档案〕

6. 国民党第五届中央第八次会议通过的加强学校训导以期青年思想导入"正轨"案

（1941年4月1日）

一 理 由

学校训导工作，关系綦重，若望青年思想纳入三民主义之正轨，一方面固在主持学校者之得人，另一方面则全恃训导人员之潜移默化，以及学校党务之积极推进。现在各级学校最感困难者，实为训导主任之人选。而党务工作未能与学校行政妥善配合，亦为训导失败之一主因。最近异党宣传，日益嚣张，青年意志薄弱，易受煽惑，允宜加强训导工作，改善学校党务，以期奠定百年大计之基础。

二 办 法

1．慎重遴选训导主任，或由部派，或由校长推荐。

2．对于学生各种课外活动，只可防患未然，因势利导，不可动启猜疑，横加压迫。

3．提高学生对于体育、艺术、文学、音乐之兴趣。

4．关于党务工作，在任何学校内，不得同时有两个对峙之团体。

5．关于推进党务之机构，小学以童子军为主，中学以三民主义青年团为主，专科以上学校以区党部为主。

6．专科以上学校学生如已成立青年团，即不再设立区党部。如已成立区党部，即不再设青年团。

7．专科以上学校如已成立区党部及青年团者，则教职员划入区党部，学生划入青年团，青年团应受党部之指导。

8．党务工作，应与训导工作相配合，在任何环境下不得以党务机构干涉学校行政。

教育组审查意见：学校训导工作，应力求统一与切实。党与团在学校之工作，应明晰划分，并应辅助训导工作之实施。学校主管训导人员，应以本党具有相当学历及党务工作经验之党员充任，拟请根据上列原则，将本案交由中央党务委员会拟订办法施行。

决议：照审查意见通过。

〔国民党中央执行委员会秘书处档案〕

7. 国民党中央秘书处就落实赖琏等关于"加强学校训导工作严防异党活动"提案事致教育部函

（1941年6月）

（1）国民党中央秘书处致教育部函（6月17日）中国国民党中央执行委员会秘书处公函　渝丰机字第九六六号

查八中全会赖委员琏等提加强学校训育工作，以期青年思想均能导入三民主义正轨一案，经全会决议："学校训导工作，应力求统一与切实，党与团在学校之工作，应明晰划分，并应辅助训导工作之实施，学校专管训导人员，应以本党具有相当学历及党务工作经验之党员充任。"根指上列原则，交党务委员会拟订办法施行。查党与青年团之关系，中央已另案规定办法颁行，关于加强学校训育工作一节，经党务委员会拟具加强学校训导之指示一件，陈奉中央第一七七次常会决议通过，交教育部在案。特录案并检同指示全文函达，即希查照为荷！此致
教育部
　　附加强学校训导之指示一件
中华民国三十年六月十七日

加强学校训导之指示

（甲） 提高训导人员标准

一、为建立学生之正确思想，训导人员须由对三民主义有深切研究者充任之。

二、训导人员须由具有相当学识资历及训育经验，能取得学生信仰者充任之。

三、为纠正分歧错乱思想、工作技术，相当重要，负训导责任者，应尽先由经训练合格或具有此种工作经验之人员充任之。

四、训导人员须经检定合格者，始得充任，并提高检定标准。

（乙） 训导方式

一、现各校训导人员，管理学生多偏重于表面纪律，而疏忽实际生活及思想，嗣后应切实遵照修正中等学校训育主任公民教员工作大纲之所规定，注重生活及思想之指导，不得本末倒置。

二、训育人员应发动各种科学研究，领导学生课外活动，提高其科学、文学、音乐、艺术、体育、社会服务等兴趣，并增进其技能，使能安心学业，向正途发展。

三、各级学校教职员均须切实同负训育责任，破除从前教学训育分裂之积习，除于训练方面分任工作外，应利用教学机会，切实训导。

四、各社会科学及国文教员间有迎合青年好奇心理，言论偏激，影响学生思想甚巨。遇此情形，训导人员应报告学校当局，予以说服或劝告，如仍无效，可直接报告教育行政主管机关，酌予适当之处理。

（2） 国民党中央秘书处致教育部函（6月27日）

查八中全会赖委员琏等提"加强学校训育工作"一案，复经党务委员会决议："交专员室商征教育部意见，报告下次会议决定"。兹检同原提案各一件函达，即希查照。于本星期六（三十

一日）上午八时派员来处，共同研商为荷。此致
教育部

　　附检送原提案一件
　　专员室拟具办法草案一件

　　　　　　　　　　　　中央秘书处
中华民国三十年六月二十七日

　　加强学校训导工作严防异党活动以期青年思想均能导入三民主义正轨案（提案第三十一号）

　　理由

　　学校训导工作关系甚重。若望青年思想纳入三民主义之正轨，一方面固在主持学校者之得人，另一方面则全恃训导人员之潜移默化，以及学校党务之积极推进。现在各级学级最感困难者，实为训导主任之人选，而党务工作未能与学校行政妥善配合，亦为训导失败之一主因。最近异党宣传，日益嚣张，青年意志薄弱，易受煽惑。允宜加强训导工作，改善学校党务，以期奠定百年大计之基础。

　　办法

　　1．慎重遴选训导主任，或由部派，或由校长推荐。

　　2．对于学生各种课外活动，只可防患未然，因势利导，不可动启猜疑，横加压迫。

　　3．提高学生对于体育、艺术、文学、音乐之兴趣。

　　4．关于党务工作，在任何学校内，不得同时有两个对峙之团体。

　　5．关于推进党务之机构，小学以童子军为主，中学以三民主义青年团为主，专科以上学校以区党部为主。

　　6．专科以上学校学生，如已成立青年团，即不再设区党部，如已成立区党部，即不再设青年团。

7．专科以上学校如已成立区党部及青年团者，则教职员划入区党部，学生划入青年团。青年团应受党部之指导。

8．党务工作，应与训导工作相配合，在任何环境下，不得以党务机构干涉学校行政。

提案人　赖　琏　陈泮岭　詹菊似
吴经熊　程天放　谢作民
闻亦有　赵棣华　徐恩曾
邵　华　狄　膺　王澍芳

加强学校训导办法草案

（甲）　提高训导人员标准

一、为建立学生之正确思想，训导人员须由对党的理论有深切研究者充任之。

二、训导人员之学识、资历必须优越，并须具有训育经验，方能取得学生信仰，同级学校毕业者，不得充任同级学校之主持训导人员。

三、为防范异党活动，工作技术相当重要。负训导责任者，应尽先由具有党务工作经验之同志充任。

四、训导人员须经检定合格者，始得充任，并提高检定标准。

以上一、二、三项教育部以命令行之，四项由党部与教育部会同修定之。

（乙）　训导方式

一、现各校训导人员，管理学生多偏重于表面纪律，而疏忽实际生活及思想。嗣后应切实遵照修正中等学校训育主任、公民教员工作大纲之所规定，注重学生生活及思想之指导，不得本末倒置。

二、训导人员应发动各种科学研究，领导学生课外活动，提高其科学、文学、音乐、艺术、体育、社会服务等兴趣，并增进其技能，使能安心学业，向正途发展。

三、各级学校教职员均须同负训导责任，破除从前教学、训育分裂之积习，除于训练方面分任工作外，应利用教学机会切实诱导。

四、各社会科学及国文教员间有迎合青年好奇心理，言论左倾，影响学生思想甚巨。遇此情形，训导人员应报告学校当局予以说服或劝告，如仍无效，可直接报告教育行政主管机关，酌予适当之训诫。

五、教育部已颁布导师制度，其导师之聘任更调，由主持训导人员商请校长办理，以促进导师与主管训导人员之合作。

以上四项，由教育部以命令行之。

至党与青年团之关系，中央已有原则之决定，组织部与青年团亦商有实施办法，最近即可提呈中央常会，学校与党及青年团关系，本会第一零四次会议已有决定，拟不另拟办法。

〔国民政府教育部档案〕

8. 教育部关于各国立中学应实行导师住校制度的训令

（1942年1月20日）

教育部训令

各国立中等学校

令　各省教育厅

重庆市社会局

查导师制颁行已久，而成效尚未显著，要以导师忙于课业，鲜有充足时间与所训导之学生密切接触为重要之原因。现时国立中学之导师已予改进为一重要之职位，仅次于各处主任，每一班级以设一导师为原则，所任课业时数已力求减少，俾得有充裕之时间实行训导。各省市厅局应察核所属各校实施导师制情形，斟酌人才多寡，比照国中办法，订定各省应设导师人数，减少其课时，提高其待遇，务期克举训导之职责。所有各校导师以能住宿校内为主，应能朝夕不懈，实事求是。至于专任教员依照规定每日在校时间须为七小时，于以改订学生作业，督导自习，对于学生品格之砥砺，知能之训练，无论课内课外随时潜移默化，方足以收教训合一之效。其余职员皆分掌一部分校务，主办某种事项，亦须勤劳不懈，始能使务蒸蒸日上，学风趋于淳朴活泼，非谓不为导师，即于训管无关，是以全校教职员总以能多留校内、多住校内为善，视校事如家事，孳孳矻矻，锐意经营，方臻上乘。除分令外，合行令仰切实遵照办理具报。此令。

中华民国三十一年元月二十日

〔国民政府教育部档案〕

9．教育部关于制定中等与专科以上学校导师制纲要呈及行政院批

（1943年1—2月）

（1）教育部致行政院呈（1月10日）

教育部呈 训字第2096号

案查本部为矫正现行教育之偏于知识传授，而忽略于德育指导及免除师生间关系之日渐疏远起见，曾经拟订中等以上学校导师制纲要，呈奉钧院二十七年三月汉字第一〇九二号指令，准予备案。并于同年元月二十八日由部通令中等以上学校遵行在案，惟本推行该制之经验觉于专科以上学校与中等学校实有分别制定之必要。兹经详加审议，分别订定专科以上学校导师制纲要及中等学校导师制纲要，理合备文呈送，祗请鉴核备案。谨呈

行政院　院长蒋
　　　　副院长孔

附呈专科以上学校导师制纲要与中等学校导师制纲要各一份

教育部部长 陈立夫

中华民国三十二年一月十四日

专科以上学校导师制纲要

一、教育部为促进专科以上学校训教合一，发挥教育功能起见，特制定专科以上学校导师制纲要。

二、各校（院）应将全校学生按其所属院系（科）分为若干组，每组设导师一人，由校（院）长聘请专任教师充任之，每组学生人数由各校（院）酌定，但至多不得超过二十人，各校（院）专任教师皆有充任导师之义务。

三、各校（院）应于每学期之始由训导处拟订训导计划，并记载学生身体状况及学行成绩分送各组导师，以作实施训导之参考。

四、各组导师对于学生之思想行为，学业及身心摄卫，均应体察个性，依据训育标准及各该校（院）训导计划施以严密之训导，使得正常发展，养成健全人格，训导标准另订之。

五、训导方式不拘一种，除个别训导外，导师应分别利用课余及例假时间，集合本组学生举行谈话会，讨论会，远足会，交谊会以及其他有关团体生活之训导。

六、各组导师对于学生之性行思想学业身体状况，各项均应详密记载，并应针对学生缺点，提出改进意见，每学期报告训导处一次，并由训导处根据考察结果及导师报告，通知学生家长，如平时发现学生不良习性或其他特殊事项，应随时通报。

七、各组导师认为学生不堪训导时，可请校（院）长准予退训，由学校另行聘请导师训导，如再经退训时，即由学校予以惩处。

八、各组导师应每月出席训导会议一次，会报各组训导实施情形，并研究关于训导之共同问题，训导会议由训导处召集，校（院）长为主席，校（院）长缺席时以训导长或主任为主席，各大学如因学生人数过多而设有训导分处者，得分院每月举行训导会议，由训导分处召集，该院院长为主席，院长缺席时，以训导分处主任主席，但全校训导会议每学期至少须举行一次，各学院按照导师人数比例，推派代表参加。

九、导师训导成绩特别优异者，得由各该校（院）长详叙事实，报请教育部核予奖励。

十、导师制施行细节由各校（院）依据本纲要订定，呈部备查。

十一、本纲要由教育部呈经行政院备案后施行。

十二、自本纲要施行之日起，原订之中等以上学校导师制纲要即行废止。

中等学校导师制纲要

一、教育部为促进中等学校训教合一、发挥教育功能起见，特制定中等学校导师制纲要。

二、各校应于每级设导师一人，由校长聘请专任教员充任之，各校专任教员皆有充任导师之义务。

三、各校应于每学期之始，由训导（教导）处拟定训导计划，并记载学生身体状况及举行成绩分送各级导师，以作实施训导之参考。

四、各级导师对于学生之思想行为学业及身心摄卫，均应体察个性，依据训育标准及各该校训导计划，施以严密之训导，使得正常之发展，以养成健全之人格，训育标准另订之。

五、训导方式不拘一种，除个别训练外，导师应充分利用课余及例假时间，集合本级举行谈话会，讨论会、远足会、交谊会以及其他有关团体生活之训导。

六、各级导师对于学生之性行思想学业、身体状况，各项详密记载，并应针对学生缺点提出改进意见，每学期报告训导（教导）处二次，并于可能范围内举行学生家庭访问及与学生家长或监护人通讯，训导（教导）处于每学期之终根据考察结果及导师报告，通知学生家长，如平时发现学生不良之习性或其他特殊之事项，应随时通报。

七、各级导师应每月出席训导会议一次，会报各级训导实施情形，并研究关于训导之共同问题，训导会议由训导（教导）处召集，校长主席，校长缺席时，以训导（教导）主任主席。

八、导师训导成绩特别优异者，得由各该校校长详叙事实，报请各该管教育行政机关核予奖励。

九、本纲要由教育部呈经行政院备案后施行。

十、自本纲要施行之日起，原订之中等以上学校导师制纲要即行废止。

（2）行政院致教育部指令（2月2日）

行政院指令　仁陆字第2566号

　　令教育部

三十二年一月十四日训字第二〇九六号呈送专科以上学校导师制纲要及中等学校导师制纲要由。

呈件均悉，准予备案。此令。

中华民国三十二年二月二日

行政院院长蒋中正
〔行政院档案〕

10. 云南省教育厅关于推行训导工作状况的报告书

（1943年4月）

一、导师制之实施

(一)过去实况 导师制为融汇我国师儒制度暨西洋教育制度而成。本省自奉到部颁"中等以上学校导师制纲要"后,即依据实际情况,订定"云南省中等学校导师制施行细则"通饬推行,嗣后并遵照前后部令,逐步改进,粗具规模。惟因专任教员不敷分配,故各校之应分组训导者,皆改为以级为单位,设级任导师。本厅于各校经常费预算额中,除专任教员俸给外,另有导师津贴,并规定每周兼级任导师之专任教员得减少教学时数四小时。在学校组织系统上,其有九个以上学级之学校分设教务、训导、事务三处,所有全校之训导事宜,统由训导主任综其成。其九个以下学级之校则设教导处。由教导主任综其成。关于导师职责,悉依部章及上项细则办理,另由各校自行拟具级任导师服务细则及各项工作报告表式,并须将训导情形按每学期呈报来厅查核。

(二)今后计划 专任教员授课时数较多,时间不敷分配,多数专任教员不愿担任导师繁重工作。加以战时物价环境之刺激,教员变动太快,及理想之导师人材不易得,无法开展工作。兹复除加强视导工作,积极指导改进,宽筹训导经费,推行"计划实施检讨"之训导三联制外,拟自三十二年度起:(甲)设法培养导师人材,提高训导人员标准,(乙)减少专任教员授课时数,(丙)维系优良专任教员,俾导师得安其业。并励行服务九年之导师得休假一年,从事于研究考察之规定。

二、新生入学训练之实施

(一)过去实况 本省各中学高中一年级新生入校之最初两周,为新生入学训练周。一律遵照部颁高中以上学校新生入学训练实施纲要,于入学前由各校排定训练日程。举行入队仪式,开始其政治训练,修学指导,道德修养,小组讨论、校史章则讲解,军训、体育、音乐等各科训练。务使来自各地各校之学生冶为一炉,俾从深澈了解并薰陶于本校优良校风之后,进而建立学生自动自觉自省自治之基础。并保持其青年之朝气与活泼进取之精神，惟各学校率因人材经费关系，大多未能切实符合部颁规定。

（二）今后计划 （甲）其有尚未依据实施纲要将施行细则拟呈者，严加督促；（乙）其各校新生训练完毕后，未将经过情形报呈备查，或所报不实，经督学查有实据者，当一并议处；（丙）省会办有高中之各公私立中学，向由本厅派遣督导人员，协助或联合各校统一举行。（小组讨论，个别谈话，校史章则仍分校办理）。

三、军事管理（初中童军管理）之推进

（一）过去实况 本省军事管理，有其悠长之历史。近年遵照部章，高中及其同等学校一律实施军事管理。初中及其同等学校则实施童子军管理。高中编组为军训队，初中则为童军团。各项军训童训设备尚能符合规定标准。至训练实施，纯全以学生实际生活为对象，倘能获有大量优良军训教官及童军教练员，当不难收到简单、朴素、整齐、清洁、严肃、敏捷与负责任、守纪律之预期成果。惟以军训教官与童军训练员质量上不无缺乏，因之常有不能与校长及其他训导人员之行动密切配合之现象发生。至童子军教练员则缺乏尤甚。

（二）今后计划 （甲）提高军事教官之素质，随时由军训部轮流调训，俾其对于教育，有相当之认识，并其自身之学识能力，随时有进修补充之机会。此外，并谋军事教官之加倍待遇，大量补充。（乙）童军教练员则拟与西南联大师范学院合作。作相当之训练补充。（丙）确定军训教官、童军训练员与其他训导人员之职权，并调整训导处与军训队、童军团之机构，俾取得合理之联系，而收分工合作之实效。

四、学生团体之指导

（一）过去实况 本省中等学校经常性之学生团体组织，有学生自治会及级会。学生自治会尚能遵照部章规定，受学校及当地党政机关之监督,而为抵〔砥〕励学行、运用四权之活动。凡属学艺、康乐、生活等项活动,均分别隶属上项组织。至各级之级会或班会,则由级任导师领导。于自治、生活、游艺、球类、演讲等,采竞赛性质,尚具生气。至于战时后方服务团,及消防担架救护等组织,兼办社教、话剧、歌咏等抗敌宣传,有单独组织,而直接隶属于学校者,有附属于学生自治会或级会者,情形殊不一致。

(二)今后计划 (甲)青年特性,喜变化而厌呆板,爱自发而恶强制。负训导责任之人,苟能善为启发诱导,则即此一切学生团体组织,不难达到训育之四大目标:即纯一不移的共信(自信信道),组织管理的技能(自治治事),创造服务的精神(自育育人),保民卫国的智能(自卫卫国)。要当去其虚矫浮嚣散漫凌乱之积习,而使训育与教材教法有严密之配合,而无操切与放任之过与不及也。(乙)普遍展开三民主义青年团分团或直属区队,由学校党团领导一切学生团体活动,使一切青年真能服膺主义、奉行国策,而达到抗战建国成功之目的。

五、劳动服务之进行

(一) 过去实况 本省中等学校劳动服务之推行,遵照部令办理,计有"中等学校生产劳动训练"、"学校农艺生产"、"兼办社会教育"、"假期兵役宣传"、"战时后方劳动服务"及其他慰问征人家属、校景培植、市街卫生等。本省青年,多数来自农村,习于勤劳刻苦。故于劳动服务之推行,较易举办。

(二) 今后计划 滇省物价,节节上涨,其影响于学校者,为学生费用之增大,营养之不足。学校必须教学用具之无法购备等。今后拟:(甲)遵照部章督饬各学校尽量就所有校产,推行农业园艺生产;(乙)今后劳动服务须与校内整个教学训管作严密的配合,不使再有顾此失彼之虞。

六、对学生思想之指导

（一）过去实况　本省中等学校对于学生之思想指导，除于课业教学时随时加以注意外，（甲）训导主任级任导师批阅学生周记日记时，遇有应加注意者予以个别指导谈话；（乙）利用纪念周升降旗礼新生入学训练及其他纪念节日，由学校教职员或敦请外界名人作精神训话，务期坚定其对主义及领袖之信仰；（丙）介绍学生加入国民党，其有三民主义青年团组织之处，则介绍加入三民主义青年团；（丁）遇有人生观错误、思想纷歧错杂之学生，视其情节轻重，遵照部令一律送入战时青年训练团，施以特别训练。

（二）今后计划　统制学生一切读物，并督饬各校训导人员，特别注重纠正纷歧错杂之学生思想。

七、学生礼节之训练

（一）过去实况　学生入校后即施以严密的礼节训练。高中及其同等学校之学生行军人礼节，初中及其同等学校之学生，行童子军礼节，务养成青年明礼义知廉耻之习尚。

（二）今后计划　（甲）通饬各中等以上学校以后应由各负训导责任之教职员随时依照部颁"中等以上学校学生礼节"，加以督促指导，并由督导人员随时加以考核。（乙）礼仪与音乐密切配合，应即拟具文体办法，通饬遵行，藉收礼乐潜移默化之宏效。

八、课外运动之指导

（一）过去实况　本省各中等学校尚能遵照部颁中等学校强迫课外运动办法，实施强迫课外运动。此外，并利用所在环境，作爬山、竞渡、国术、骑马、游泳等课外体力运动。

（二）今后计划　除继续督饬考核外，拟就经费许可范围内添补遭受空袭损失学校之课外运动设备。

九、学校清洁卫生之设施

（一）过去实况　本省各中等学校之清洁卫生及疾病医疗统

由本厅卫生教育委员会所委派之各校医师、护士会同各校训导主任及军训教官、童训员、事务主任负责。关于学生之普通疾病、防疫注射、种痘、健康检察、缺点矫治等概归各校卫生室负责。此外，学生营养膳食改进，学校环境之清洁卫生，厨房厕所、学生服装、被褥寝室等之清洁，则由训导、事务、军训、童训、卫生室各部份人员共同按照部颁学校整洁实施计划办理。并照军事管理及童子军管理办法定期举行学校清洁大扫除及内务检察。

（二）今后计划：（甲）充实各校卫生室设备，普遍委派各中等学校医师及护士；（乙）定期举行整洁比赛，加紧学校卫生视导考察；（丙）与社会联络，发动扑鼠灭蝇除虱等运动。

十、训导与党团之联系

（一）过去实况　本省中等学校训导工作与党团活动以尽量单一化为原则，即遵照部令：（甲）在学校内每周举行党务团务训导军训联席会议；（乙）在省会则由党部、团部、教育厅及军管区每月举行会议一次。

（二）今后计划　通饬各校认真举行，并将会议结果呈报备查。

十一、训导人员之培养

（一）过去实况　本省中等学校之训育主任公民教员均遵照中央规定，须经本省训育主任公民教员资格审查委员会之审查合格，方得充任，以期控制。年来：（甲）与西南联大师范学院合作，每年举办中等学校教师暑期讲习会，侧重调集中等学校训导负责人员参加；（乙）由西南联大师范学院添办公民训育系，招收高中毕业生，予以专业严格训练，不久即有该项毕业生分发各校服务。

（二）今后计划　加紧各校训导人员之检定及调训。

十二、训导工作之督导

（一）过去实况　关于训导之督导，完全遵照部颁"中等以上学校训育视察要点"及"中等以上学校训育视察表",再加本省订定之各项视察法规及报告表式办理。每年全省各中等学校之训导工作,至少须经过督导员两次普遍视察,各视导报告呈厅后即据以考核奖惩,并饬令改进。

(二)今后计划 除加紧督导外,并:(甲)令饬各校认真按期造报训导计划及按月呈报实施经过;(乙)附近省会各中等学校与党部、青年团、军管区司令部会同指派人员作集体训导视导;(丙)以校风之优劣作为各学校之主要考成。

〔国民政府教育部档案〕

11. 行政院关于中等学校与专科以上学校导师制实施办法的指令

(1944年8月16日)

行政院指令 义陆字17445号

  令教育部

  三十二年十二月二日参字第五八八〇〇号三十三年四月二十八日参字第二〇一〇五号暨六月九日参字第一八七七四一号呈送专科以上学校及中等学校导师制实施办法由。

  呈暨附件均悉。原办法业经分别酌加修正,并准备案,仰即知照。此令。

计抄发专科以上学校导师制实施办法暨中等学校导师制实施办法各一份

中华民国三十三年八月十六日

          院　长　蒋中正

专科以上学校导师制实施办法

  第一条　专科以上学校导师制之实施,依本办法之规定。
  第二条　各校(院)应将全校学生按其所属院系(科)分为若干

组，每组设导师一人，由校(院)长聘请专任教师充任之，每组学生人数由各校(院)酌定，但至多不得超过二十人，各校（院）专任教师皆有充任导师之义务。

大学各学院院长、系（科）主任为各该院系（科）主任导师，负责领导各该院系（科）导师实施训导工作。

第三条　各校（院）应于每学期之始，由训导处拟定训导计划，并记载学生身体状况及学行成绩，分送各组导师，以作实施训导之参考。

第四条　各组导师对于学生之思想行为、学业及身心摄卫均应体察，个性依据训育标准表之规定及各该校（院）训导计划施以严密之训导，使得正常发展，养成健全人格。

前项训育标准表另定之。

第五条　训导方式除个别训导外，导师应分别利用课余及例假时间集合本组学生举行谈话会、讨论会、远足会、交谊会以及其他有关团体生活之训导，各该院系（科）主任导师得参加该项团体生活之训导。

第六条　各组导师对于学生之性行、思想、学业、身体状况各项均应详密记载，并应针对学生缺点，提出改进意见，每学期由各院系（科）主任导师汇集报告训导处一次，并由训导处根据考察结果及导师报告通知学生家长，如平时发现学生不良习性或其他特殊事项，应随时通报。

第七条　各组导师认为学生不堪训导时，可商请各该院系（科）主任导师转请校（院）长准予退训，由学校另行聘请导师训导，如再经退训时，即由学校核予惩处。

第八条　各学院系（科）主任导师及各组导师应每月出席训导会议一次，会报各组训导实施情形，并研究关于训导之共同问题。训导会议由训导处召集,校（院）长为主席,校（院）长缺席时，以训导长或主任为主席。大学如因学生人数过多，而设有训导分导者，分院每月举行训导会议，由训导分处召集，该院院长为主席，院长缺席时，以训导分处主任主席，但全校训导会议，每学期至少须举行一次，各学院按照导师人数比例，推派代表参加。

第九条　导师训导成绩优良者，由教育部订定办法给予奖励。

第十条　本办法自公布日施行。

中等学校导师制实施办法

第一条　中等学校导师制之实施，依本办法之规定。

第二条　各校应于每级设导师一人，由校长聘请专任教员充任之，各校专任教员皆有充任导师之义务。

第三条　各校应于每学期之始，由训导（教导）处拟定训导计划，并记载学生身体状况及学行成绩，分送各级导师，以作实施训导之参考。

第四条　各级导师对于学生之思想、行为、学业及身心摄卫，均应体察个性，依据训育标准表之规定及各该校训导计划，施以严密之训导，使得正常发展，以养成健全人格。

前项训育标准表另定之。

第五条　训导方式，除个别训导外，导师应充分利用课余及例假时间，集合本级学生举行谈话会、讨论会、远足会、交谊会以及其他有关团体生活之训导。

第六条　各级导师对于学生之性行、思想、学业、身体状况各项均应详密记载，并应针对学生缺点，提出改进意见，每学期报告训导（教导）处二次，并于可能范围内举行学生家庭访问及与学生家长或监护人通讯，训导（教导）处于每学期之终，根据考查结果及导师报告，通知学生家长。如平常发现学生不良之习性或其他特殊之事项，应即时通报。

第七条　各级导师应每月出席训导会议一次，汇报各级训导实施情形,并研究关于训导之共同问题,训导会议由训导(教导)处召集,校长主席,校长缺席时以训导(教导)主任主席。

第八条　导师训导成绩特别优异者,得由各该校校长详叙事实,报请各该管教育行政机关核予奖励。

第九条　本办法自公布日施行。

〔国民政府教育部档案〕

12. 蒋介石关于防止中共利用学生组织活动代电及朱家骅办理情形的签呈

（1945年6—8月）

（1）蒋介石致教育部代电（6月23日）

国民政府军事委员会代电　字第一六五九二号

教育部朱部长勋鉴：据报昆明中法大学学生自治会在奸伪指使之下发表对国是主张宣言,中等以上学校学生联合会亦在奸伪指使下开成立大会,并发表成立大会通电等情。查目前各校多在动荡不宁之状态中,若纯采消极防制办法,不惟不能收预期成果,且将使全部学生走入反政府路线。除另饬三民主义青年团中央团部发动全部学校青年团主动组织自治会因而掌握一切学生团体外,即希与该团商定具体办法,转饬学校行政当局与自治会诚恳合作,以改进学校行政,使奸伪无门藉口为要。中正。(卅四)已漾。侍秦。

（2）朱家骅致蒋介石的签呈稿（7月21日）

案奉钧座已漾侍秦第一六五九二号代电,为据报昆明中法大学学生自治会在奸伪指使下发表对国是主张宣言,中等以上学校学生联合会亦在奸伪指使下开成立大会等情。饬与三民主义青年团中央团部商定具体办法,转饬学校行政当局与自治会诚恳合作,以改进学校行政,使奸伪无门藉口。等因。自应遵办。惟经本部派员赴中央团部，数度洽商结果，以该团方在赶办改隶事宜，尚未确定今后团务工作方针，关于钧电所令会商拟定之具体办法，暂时殊难商定。现值暑假期间，各校学生自治会照章须于下学期开始时一律改选，谨先遵照钧旨，由部密令各校校长对于下学期自治会改选事宜，务与学校团部预为筹商，俾纯正学生确能主动组织自治会，从而掌握一切学生团体不使奸伪再有乘隙活动之余地。以上关于本案洽办情形，理合签呈鉴核。谨呈

委员长蒋

教育部部长朱〇〇

（3）朱家骅致蒋介石的签呈稿（8月24日）

案奉钧座已漾侍秦第一六五九二号代电，为据报昆明中法大学学生自治会在奸伪指使下，发表反动宣言，中等以上学校学生联合会亦在奸伪指使下开成立大会，饬与三民主义青年团中央团部研究以积极方法掌握学生团体等因。自应遵办。查半年来昆明等地学校学生自治会在奸伪指使下妄发宣言及违法组织学生联合会本部亦迭据密报，经分别密令各校当局切实纠正，并于上月召集陪都附近学校主管训导人员举行训育会议，研拟防止学生联合会活动办法呈核在案。至关于学生自治会之组织，今后应如何以积极方法加强指导与管理，在此次训育会议中亦曾加研讨，会后本部复经派员赴中央团部会商。兹将商讨意见及拟办事项缕陈如左：

（一）查学生自治会之性质，在学生自治会规则中经明白规定为学生在校内之课外活动团体，不得干涉学校行政及参加校外团体组织，其各种活动，校长及主管训导人员须负监督之责，并应由学校选聘教职员分别担任指导，如其活动逾轨而情节重大，学校得随时解散之。以上各项规定之目的，即在使各校行政当局对于学生自治会之组织能确实掌握，**并灵活运用**，拟由本部申令**各校行政当局务必切实遵照此项规定施行，以宏实效。同时对于**

学生自治会之学术、康乐、服务等项中心活动，学校当局应率同教职员特别注意辅导，加紧推进，俾学生心力有所专注，而不致驰骛外事，误入歧途。

（二）学生自治会虽有不得干涉学校行政之规定，但学校行政以及国家政治等问题，奸伪每用为挑拨煽惑之资料。拟由本部令饬各校当局尽量改进行政设施，树立对于学生之信仰，同时如发现学生对于时局缺乏认识，应以公正态度向学生分析国内政治问题之症结及国际形势之趋向，以免受奸伪之蛊惑。

（三）奸伪分子潜伏学生自治会中活动，系以奸伪组织为其背景。欲予以有效之制止，自亦须运用组织力量。拟由中央团部密令各学校分团，发动团员设法领导学生自治会，并尽量与品学兼优之中立同学合作，万一领导权旁落奸伪手中，致有不良后果，则由学校使之解散，但此事之进行，必须由团务及训导负责人员预先缜密筹商，并循合法手续，不可暴露痕迹，致贻奸伪攻击之口实。

四、奸伪在各校假借学生团体从事非法活动，大都方式诡秘，而呼应灵活，防制之法除学校中之训导与团务应在人事上设法配合，在工作上密切联系外，拟恢复本部与中央团部之会报，以便随时协商处理。关于各校学生团体之指导及奸伪活动之防制事项，同时拟由本部令饬各校关于学生团体之指导方法及奸伪活动防制情形，应随时与他校互相通报，俾能取得一致之步调，增加工作之效果。

以上四项，是否可行，理合签请钧座核示，以便分别遵办。
谨呈
委员长蒋

教育部部长朱〇〇

中华民国三十四年八月二十四日

〔国民政府教育部档案〕

三、教育施政报告与教育概况统计

1. 教育部为国民党六中全会撰写的教育报告书

(1939年10月)

甲　高等教育

（1）　增设与停办之专科以上学校

（一）增设之学校　教育部为谋专科教育及边疆各省高等教育之发展，经于四川嘉定设立国立中央技艺专科学校，兰州附近设立国立西北技艺专科学校，西昌设立国立西康技艺专科学校，重庆设立国立重庆商船专科学校。又为适应各省环境上需要，经核准浙江省设立浙江省立英士大学，绥远省设立绥远省立绥蒙法政专科学校，陕西省设立陕西省立医学专科学校，并准国立浙江大学在浙东龙泉设立分校，国立湖南大学在湘东鄙县设立分校。其他私立学校新增设者：广东梅县之私立南华学院，已准校董会立案；天津之私立达仁学院，经暂准试办；上海之私立立信会计专科学校，经核准招生。

（二）停办之学校　中法国立工学院院长褚民谊附逆，适法方拟停止核发该院经费，经令饬该院订办，原有员生由部设法安置。又私立持志学院平日办理成绩原欠优良，近该院院长何世桢亦已附逆，为彻底整顿起见，亦令饬停办，并撤消校董会立案。此外，以经费设备种种困难，呈报暂行停办者，有私立广东光华医学院。

（2）　改组与恢复之专科以上学校

（一）改组之学校　为谋奠定西北高等教育基础起见，教育部经将原有平津各校合并组织之国立西北联合大学改组，分为国立西北大学、国立西北医学院、国立西北师范学院三校，使成为

243

永久性之西北高等教育机关。又以广西省立广西大学办理尚属完善，业准广西省政府请求呈准将该校改为国立。近江苏省立商业专科学校，以自战区迁出，经费困难，并经呈奉行政院核准，自本年度下半年改为国立。其他省立学校改组者：广东省立体育专科学校前经停办，兹并入广东省立教育学院设体育专修科办理，广东省立教育学院复经改为广东省立文理学院。

（二）恢复之学校　山西省立山西大学于临汾失陷后停顿，近准山西省政府电告，该校于山西吉县恢复上课，并将该省原有农工两专科学校并入办理，已电复准予备案。此外，因战事停顿，现已复课者，私立南通学院迁移上海开学，江苏省立蚕丝专科学校迁四川嘉定复课，私立山西川至医学专科学校迁陕西宜川开学。

（3）　改进学校制度及组织

（一）组织方面　教育部为使专科以上学校行政组织更趋于合理起见，本年五月订发大学及独立学院与专科学校行政组织补充要点十二项，规定大学设教务、训导、总务三处，分设教务长、总务长、训导长各一人，独立学院及专科学校，亦得分设教务、训导、总务三处，各设主任一人。

（二）制度方面　关于制度方面，专科学校向收高中毕业或同等学力学生，修业二年或三年，对于专门技能，每感不易熟练，教育部已据第三次全国教育会议之决议，通令先自音乐、艺术、兽医、蚕丝等专科，试行五年制，招收初中毕业生，为五年一贯之技能训练。

（4）　改进专科以上学校训育

专科以上学校在组织上既须设立训导处，教育部复呈准中央执行委员会组织专科以上学校训导人员资格审查委员会，颁布条例，审查训导人员之资格。凡国民党党员曾任大学教授或专科学校专任教员二年以上，著有成绩，学望品行足资表率，经审查合格者，得充任大学训导长或专科学校训导主任。国民党党员在国内外大学毕业,曾任专科以上学校助教,经审查合格者,得充任专科以上学校训导员。近已令各校呈荐训导人员资格备审。专科以上学校训育纲要八条,亦经颁发各校,俾资遵守。

（5） 整理课程与编著用书

大学课程,自去年五月着手整理,先后于九月十一日间,将文理法农工商各学院分院共同必修科目表订定颁发,已具载于五中全会教育报告。嗣遂继续编订各学系之分系必修及选修科目表,分别召开各学院课程讨论会议,于本年八九两月,将文理法农工商师范各学院之分系必修及选修科目表颁发各校,令自本年度之二年级起遵照实施,其三四年级,则用作参考。同时将各学院所属学系之名称,分别规定颁布,以免各院校设系时名称隶属上之彼此歧异。为对于大学程度作进一步之整顿计,复令行国立编译馆负责编著大学主要科目之教本及评选坊间已出版合于大学程度之优良书籍。并通令各大学呈报分院共同必修科目教材纲要及各学系必修选修科教授细目,藉供编著大学用书时之参考。

（6） 推进学术研究工作

吾人本自力更生之义,从事抗战,故对于国内各种学术之高深的研究,有积极提倡之必要。教育部有鉴于此,曾举办下列各事:(一)扩充各大学各科研究所,均令于二十八年度招生,由部拨给研究生生活费用,经指定设立者,计凡七科三十二学部。(二)旧制研究所之研究生不得兼有给职务。第三次全国教育会议决议请对于大学助教,不列此限。本年九月教育部颁订助教兼作研究生办法,通令施行,以宏造就。(三)特准浙江大学史地系附设史地研究室,编辑史地读物,发行关于史地之定期刊物,编制史地教科设备、各种挂图、画片、模型、史地参考工具及社会教育史地材料等,以提倡史地教学。(四)令江苏医学院研究本国中小学学生之营养生理,以期改进中小学学生之养护问题。(五)为统筹全国各大学之学术研究计,**教育部特设学术审议委员会**,负规划审议之责。委员二十五人，由部就学术界著有成绩及贡献之人士，聘任十二人，另十三人由国立专科以上学校院校长选举后聘任之，现正进行选举，积极筹备。

（7）注重抗战教材，研究抗战问题

本年六月，教育部制定专科以上学校各院系应注重有关抗战之教材或增加战时教程办法，通令各校遵行。其有特殊研究及发明之教员或学生，并得由学校将其成绩转呈该部奖励。同时为谋专科以上学校与政府所设工厂密切联系起见，会商军政、交通、经济各部及航空委员会订定"大学理工学院与经济交通及军备工厂合作办法"，呈经行政院核准公布。并与各部会会同指定应行合作之学校与工厂，令饬遵办。本年九月复准军政部函送关系抗战之实际问题，如军需品、兵工制造、处置伤兵、陆军马政及防空等类问题，分令各校院各就有关问题，切实研究，迅将结果呈报，以凭汇转，俾利抗战。

（8）赓续举办统一招生

去年举办国立各院校统一招生情形，已具见五中全会之教育报告。本年度继续举行，分全国为十五招生区及十三分处。考试题目由教育部统一颁发。报名学生二一，二三八人，实际应考者二万零六人。经各区考试评定成绩送部审核，计录取大学新生五千三百七十一人，其成绩较低录入大学先修班者，一千一百零三人，两共录取六，四七四人。免试升学学生，各省教育厅保送一百三十五人，大学先修班保送一百二十四人。俱与录取各生，一并分发国立中央大学等二十五校院及各大学先修班。其中海外侨生，业依照华侨学生回国升学办法，从宽录取，计有大学新生十九名，先修班学生三十二名。复准国立暨南大学，另在暹逻、新加坡、缅甸、巴城等地，招考学生。蒙藏学生应考者，除成绩及格取录者外，另依修正待遇蒙藏学生章程，从宽录取十九名。至所有录取之学生如经济确实困难，不克赴校者，并由部酌予补助赴校旅费。同时复令公立专科以上学校概予免收学杂费，私立专科以上学校酌量减免学杂费之一部或全部。

（9）设立大学先修班

去年统一招生结束后，应考逾期及未经录取学生，应如何补救问题，颇为各方所注意。教育部为救济失学青年起见，除设立中央技艺专科学校及在各大学分别设立专修科十五班外，特设大学先修班一所于四川江津之白沙，计八班，每班五十人，并令西北联大、云南大学、广西大学各设先修班一班或二班。试行以来，对于学生基本功课之训练，颇有进益。本年统一招生，应考人数较前增加一倍，请求派入大学先修班者，数亦遽增，为应目前需要起见。除白沙大学先修班增设四班外，复于西北大学、西北师范学院、国立师范学院、西南联大、云南大学、广西大学、浙江大学、交通大学，暨南大学等校，各校设立一班至三班，现共有大学先修班二十四班，可容学生一千二百人。

（10）推进战区青年之高等教育

战区高中毕业生之升学问题，教育部曾拟具游击区域及接近前线各省设立临时政治学院办法，呈经行政院核定，近已检同该办法，咨请安徽、江西两省政府及陕西省政府分别于皖赣边境及陕西相当地点，酌量筹设临时政治学院各一所。其志愿升学内地专科以上学校者，教育部订定游击区各省市选送中等学校毕业生升学内地专科以上学校办法，令游击区各省市选送到达指定区域，参加考试，其旅费由部酌予补助，入学后并由部按月贷给生活费用。前项学生业经各省选送报部者，计河北省一百零二人，山东省二十五人，安徽省八十人，江苏省一百零六人，绥远省三人。至平津学生，教育部派员在平津照料，均令集中昆明，其经济困难者由部津贴旅费，并由部在昆明设立各地来昆学生就学指导处，照料学生住宿，指导学生生活及思想，登记由沦陷区来昆失学学生。中学尚未毕业者，由云南省教育厅分发借读，专科以上学校学生由教育部分发借读。不及参加大学入学考试之高中毕业学生，由教育部另令国立西南联合大学举行甄别试验。此项试验已于十月七日起举行，参加考试者计八百零五人，即将复核成绩，分别录取，统筹分发。

(11) 修正限制留学办法及国外留学生之救济

限制留学暂行办法，经由行政院修正公布，嗣后派遣公费生出国，所习学科属于军事方面者，必须经教育部呈请军事委员会委员长核准，如其予普通各科，必须呈请行政院院长核准派遣。自费生除得有国外奖学金或其他外汇补助，足供留学期间全部费用者外，一律不予核准。自费生出国已满三年，或虽满三年，而所习学科不合目前国防上急切需要与研究成绩不良者，皆立即回国。其未满三年成绩优良而家在战区或因受战事影响，家庭无力担负其费用者，得由部按照所学状况，酌给生活救济费或回国旅费。此项生活费，酌定为一年半或一个月，每月国币二百五十元。旅费国币八百元，自本年一月起，经部核准发给生活费者计三十人，核准发给旅费者一百四十人。本年欧战发生，我驻德大使馆电教育部救济留德学生，当经电驻德大使馆，将各该国留学生暂移中立国居住，复经呈奉行政院核准，先后拨发英金二千二百五十镑，补助留德、义、奥、捷各国留学生移住中立国者之旅费及生活费，每人各十镑。英法两国留学生，并由部各汇寄一千镑，以备战时救济之需。

(12) 战区员生及归国留学生之救济

（一）因受战事影响而失业之专科以上学校教员，自去年四月起，教育部办理登记，予以救济。本年继续进行，截至十月底，先后核准者凡四九一人，俱经指派担任青年读物编辑、临时编译、地方教育行政辅导或临时教席诸职。

（二）战区专科以上学校失学学生，自去年举办登记，按其志愿介绍受训或分发后方各校借读，本年继续办理，截至十月份止，前后登记合格学生共三千六百九十四人，除介绍受训服务者外，分发各专科以上学校借读者共计三千二百十四人。

（三）留学生于战事期间归国，尚未得有工作者，教育部亦举办登记，为之统筹工作，截至本年十月止，经审查合格准予登记者凡一五五人，除已指派工作或介绍服务者外，均由教育部暂派，担任编译工作，酌予生活费。

(13) 大学毕业生之就业与征调

去年大学毕业生就业之介绍，已见五中全会教育报告，本年赓续举行援照成例，由教育部分函中央及地方各机关，请予尽量容纳。嗣准交通、军政、内政、经济、军训等部，四川、安徽、福建等省政府函复，分别开送所需各科人数，由该部分别饬各校择优保送，计各机关容纳之毕业生共一千六百名。关于医药科毕业生，军政、内政两部合设之战时卫生人员征调委员会，为充实战时医务人才起见，函请教育部令医药专科以上各学校转饬本年毕业生，认定半数为军事后方医院服务，半数为国家医疗卫生机关服务。经该部令据各校呈报本年医药科应届毕业学生共计四百零四人，转送军政、内部两部，以备征调。又上海情势特殊，本年暑期各大学毕业生，为期适当安插，并免敌伪利用起见，特由教育部通饬上海国立各院校本年毕业生须一律集中昆明，听候分发工作，否则不给毕业证书。私立院校毕业生志愿来后方工作者，亦予分配服务，旅费一律由部津贴。

乙　普通教育

子　中学教育

（1）　中学区之划分

教育部为使各中学之分布适合省内各地之文化、经济、人口、交通等因素起见，令行后方各省教育厅将全省划分为若干中学区，每一区内之公私立中学应有适当之分配，庶各地中学教育均能平均发展，无畸重畸轻之弊。区内各校应联合组织一中学教育研究会，并以次就公私立中学内指定规模较完备之一校为其召集人。现据呈报已划区者，计有四川、云南、贵州、广西、宁夏、青海等省，均经该部分别指示改正，督导实施。嗣后复将分区办法纲要令知各战区省份，使预为计划，俾便在战后实施改进。

（2） 中学课程标准之修订

本年三月间，教育部于第三次全国教育会议开幕后，约集各省教育厅长及中学各科专家，讨论修正初高中每周教学科目及时数表，复由部拟定六年一贯制中学之每周教学科目及时数表，一并令发各省教育厅及著名之公私立中学，并检送各科专家，限期将意见及具体修正之各科课程标准送部，以便汇集整理后修正公布，现正在汇集整理中。

（3） 中学设备之充实

本年七月间，教部制就各省中学现有科学仪器设备调查表及图书设备调查表，发交各省教育厅转发所属各中学填注，由厅汇集整理，将结果送部，以便根据是项结果订定图书设备标准，并统筹科学仪器之配备。至以前委托中央研究院物理研究所制就之初高中理化仪器已由申先运一百套至内地，拟再运相当套数以便分配于内地各省各校。一面更与该所商洽计划在西北、西南各设制造厂一所。其川教厅所设之化学仪器制造所，部方亦酌予补助。至生物标本之制造，则径行由部聘任专家办理。

（4） 毕业会考之继续举办

教部于本年五月间，订定二十七年度暑期中学学生毕业会考办法，规定川、滇、黔、桂、甘、宁、青、新各省正式举行会考。福建省特经核准亦举行中学学生会考。其余半成战区或接近战区之省份，则由教育厅派员赴各校监考。其已成战区之省份，则免予举行。其余会考科目及会考手续等项，与二十六年度规定之办法相同。

（5） 国立中学之添设与改革

自上年十二月迄今国立中学计添设三所：国立第十一中学设湖南武冈，学生三千名；国立第十二中学设四川长寿，学生千二百名；国立第十三中学设于赣西，学生一千二百名，均收容战区失学青年。本年六月间，教育部曾颁发国立中学整顿办法，对于分校之划分，学生之管理，学风之整饬，教职员之责任待遇及教学成绩之稽核，无不详细规定。八月间复举行国立中学校长会议四日，关于国中之编制、经费、训育课程、卫生等方面，均有适当之解决。

（6）五省暑期讲习讨论会之举行

本年四月教部训令四川、云南、贵州、陕西、甘肃等省教育厅，颁行二十八年暑期中等学校教员讲习讨论会办法，分别于成都、昆明、贵阳、西安、兰州等处举行，自七月十五日起至九月一日止，共六星期。是项讲习讨论会由委员会主持办理；其主任委员由教部分别指定与聘请。其演讲及讨论题材并呈经教部核准。

（7）川滇黔等七省教育行政人员之调训

九月间教部电川、滇、黔、陕、甘、宁、鄂七省教育厅，调各该省教育行政人员参加中央训练团第四期党政训练班，受训期间为一月，七省学员之总额为五百名，包括各教育厅高级职员及各省中学、师范、职业学校校长、县教育局科长等。

（8）川滇滇〔黔〕桂陕甘等省中等教育之视察

教部为便利督促川、黔、滇、桂、陕、甘等省中等教育之改进计，于上年十二月派员赴川黔两省，本年十月派员赴滇桂陕甘四省视察中等教育。出发前均经举行会谈，决定视察要项，视察毕复会商讨论结果，缮具报告，分令各省依照改进，本期各员视察，除注意各校之实际办理情形外，特别注重省教育行政之如何推动与领导。

（9）川省中等学校校长之会谈

本年二月下旬，教育部鉴于川省中等学校训育与教学之改进，有待于积极督导，故召集全川中学、师范、职业学校校长都四百人在重庆举行座谈会，先分小组讨论，再由总裁及党国先进亲密训话，然后分别介绍各校长入党入团。

(10) 战区员生之救济

教育部为救济中等学校教职员及中等学校学生，前经令饬各省教育厅及战区小学教师第三服务团长期举行登记，按周呈报，截至本年九月底止，登记中等学校教员五八二三人，均经教部分发各省支配工作，登记中等学校学生一一六〇八人，亦已分令各省就各生学历编入相当学校肄业。

(11) 调查后方各省每学期所需中学教科书数量

教育部鉴于抗战期间，后方各省教科用书供应困难。拟调查所需数量后，筹谋补救办法，特于二十八年四月，令饬后方各省教育厅呈报每学期所需中等学校教科书数量，同时并令各书坊呈报每学期在后方各省可销中等学校教科书数量。计教厅之已呈报者，有黔、青、陕、甘、滇、康、粤、湘、鄂、新、豫、宁、浙、川、闽等十五省，约共需三百四十六万余册；书坊之已呈报者，仅商务、中华、正中三家，约共可销二百九十万册。

(12) 暂定中学教科书补充办法

抗战期间，教科用书供应困难，售价增加，教育部曾筹拟临时补救办法，迭令各省教育厅遵照办理。惟恐二十八年度中等学校教科书补充更感困难，为未雨绸缪计，应在暑假前准备油印用具及纸张、蜡纸、油墨等，通盘筹划，分配于所属中等学校；在某种中学教科书未能如数购到以前，准其先行油印讲义，分发各生应用。如各科教科书能足敷购取分配时，应由各校将教科书加价部分津贴贫寒各生，作正开支。是项办法，经于二十八年元月通令各省教育厅遵照办理。

(13) 编印中学各科战时补充教材

中等学校采用之教科书,虽经教育部审定,但多数系在抗战前编辑,于抗战建国纲领及国民精神总动员教材多付缺如,**教育部为补救此项缺点起见,特编辑战时补充教材,用以激励抗敌情绪,发扬民族精神。是项教材,计有国文、公民、历史、地理四种,业已次第出版。**

丑 师范教育

(1) 令饬各省订定师范教育整个实施方案

教育部为对各省师资训练特别重视,并加以调整起见,于上年五月拟定各省师范教育设施方案,令饬各省教育厅规定各该省若干年内师范教育整个设施方案,其内容包括以下各要点:(一)各省每年应详确计算增加义务教育及普通小学教员人数,其年老退休、死亡、离职之人数,以统计之平均数计入。(二)暂行划一小学师资标准,规定小学教员以师范学校及乡村师范学校毕业为合格,原有县立简师及各种短期师资训练班,酌量各省情形,分年结束。(三)划定师范区,每区至少设师范学校或乡村师范学校一所,应于师范学校内设立女子师范部、简易师范学校及简易乡村师范学校,以由区内数县联合设立为原则,各区内所设省立各种师范学校校数、级数及招收学生数,均应由厅参照逐年所需增补之数,通盘筹划,分别规定。(四)现有不合格不健全之小学教员及私塾塾师,由省教育厅调查详确,分别予以相当时期之补充训练,重予支配工作。(五)每年暑假毕业之师范生,应由省教育厅于下年度详为分配于各县,指导工作;过去失业之师范毕业生,由各省教育厅举办登记,经审查合格后,一律分派工作。(六)各省应订定小学教员任用服务待遇、进修考绩各项划一办法,呈经教育部核定后施行。其已订有一种或数种单行法规者,应参照令开各点,酌量修正。上项各要点颁布后,各省教育厅遵照拟定各该省师范教育实施方案或计划者,已有贵州、云南、江西、广东、广西、湖南、湖北、四川、甘肃、西康、宁夏、青海等省；其现时成为游击战区各省份，亦已由教育部令饬各该省遵照上项规定各要点，先行研究一适合该省之师范教育整个实施方案，以便将来战事平定，实行划区时之准备。

（2）厉行师范毕业生服务

各种师范学校毕业生须实行所规定之服务年限与指定之服务地点，过去教育部已有规定，惟各省遵照实行者尚不多见，致师范生毕业后升学或失业者颇多，殊违设立师范学校之本旨。教育部为厉行师范生服务起见，本年七月订定师范学校毕业生服务规程二十一条，内容明确规定服务年限、分配服务机关、展缓服务及升学之具体办法，以及师范生失业及在服务期间改就他业之限制等等。本年暑假，各国立中学、师范毕业生由教育部令所在地省教育厅切实分配服务处所，其各省所属师范学校毕业生亦责成省教育厅遵办，并令填各毕业生服务处所报告表，以备查核，而免遗漏。

（3）推行师范学校辅导地方教育制度

各地师范学校应为师范区内小学教师之辅导中心机关，教育部过去已有明令规定，该部为谋各学校推行是项辅导制度便利计，本年七月订定各省市师范学校辅导地方教育办法九条，令饬各省切实推行，并于各省呈报师范学校立案时指示将是项辅导办法列为立案事项之一，期使全国各师范学校均为小学师资之辅导中心机关，以加强师范学校行政之地位。

寅　职业教育

（1）继续推进西北、西南各省农工职业教育

教育部为适应战时需要，于本年一月订定推进陕、甘、宁、青、川、康、云、桂、黔各省农工职业教育计划，通令各省遵办各节，业将详情于上次报告在案。现已据陕、甘、川、云、桂、青、康等省，遵拟实施办法呈送到部，经部分别审核指示，并酌予经费补助，以期切实施行。

（2）规定各省市分区辅导职业学校办法

教育部为改善各省市职业学校教学实习，以造就中级优良技术人员起见，订定各省市实施分区辅导职业学校办法大纲十条，先由各省市依照省市内物产、交通、文化及已设与拟设各科职业学校分布情形，划分职业学校区。各区由教育厅会同省内公私立专科以上学校就其地域及所设科系之便利，分负辅导职业学校教育实习改进之责，并得商请有关之生产建设军事工业机关，协同辅导，其辅导工作范围，暂定为：（一）编订教材，选择教本，改进教学方法；（二）拟定实习工作进度，指示实习方法；（三）指导教员进修；（四）借用教具教材及参考资料；（五）供给教员学生之试验及实习等。

（3）筹设国立四川造纸印刷科职业学校

为解决西南西北各省推行文化之困难起见，对纸张产量之增加改良及印刷技术之增进，实为目前急需问题。教育部于本年度内决定在川省创设国立四川造纸印刷科职业学校，以造就相当技术人才，业已聘请专门人员负责筹备，为交通运输之便利，校址暂设在巴县，现印刷部份机器已大部置备就绪，本年内可先将工厂开工，明年一月招生开学。

（4）扩充各业职工训练班

教育部在上年办理机械、电讯、汽车驾驶修理等各业职工训练班，至本年九月训练期满，现各方纷纷预约学生前往服务，目前尚觉求过于供，不敷分配。本年内已决大量扩充，除通饬各省市教育厅转令公私立职业学校、乡村师范学校及中学师范之有特殊劳作设备者，一律设置同性质之各种职业训练班外，并由部在救济费项下特拨款三十余万元，指定各科职业学校办理机械、土木电机、电信、制革、印染、棉织、毛织、农产制造、蚕桑、助产、护士等各业训练班，约计三十余班，以招收战区学生为原则，均定于本学期内一律开课。

（5）推广各省初级实用职业学校

教育部为解决抗战期间人民日用生活需要，在上年内创设初级实用职业学校，先就黔、桂、甘三省各设一校，现均已正式开课，本年内决定在滇、川、康、陕、赣、宁等省各设一校或数校，已开始筹备。

（6）继续补助各省职业学校充实设备

近年以来，教育部以每年在生产教育经费项下拨助各省经费，充实优良职业学校设备，以期养成优良技术，业已稍具成效。二十八年协助各省推行生产教育经费，已依照各省情形斟酌分配，计四川五万五千元，西康二万五千元，云南七万元，陕西四万六千元，广西三万九千元，贵州五万五千元，江西二万六千元，宁夏二万元，福建三千元。同时，并由各省依照该部补助数额，增拨经费，并拟具用途计划，经部核准后，即行拨发。

（7）督促各省市职业学校完成基本训练，并成立生产组织

教育部为使职业学校训练适合实际应用起见，令饬各省市实行以下之工作：（一）在本年度内，将所属公私立职业学校充实必要设备，对于学生实习作业，一律完成基本训练，并依照环境需要，从事实际生产工作，以协助经济建设、军需制造及国防、农工业之发展；（二）在本年度内应令已具备基本设备之各科职业学校，一律成立生产组织（如工科之工厂、农科之农场、商科之银行商店、家事科之缝纫、针织、饮食、商店等）以供学生实地练习，其生产基金，公立学校由省市县核拨，私立学校自行筹措，由公家酌予补助，成本以外之盈余，并得提成奖励成绩优良学生。

（8）编辑职业学校教科书

教育部以职业学校教科书，向无适当教本，以致各地学校学生程度差错不一，亟应指定优良职业学校，根据实际经验，从事编辑，以矫正过去编书者与用书者不相系之联弊，现已由部先行

令饬国立中央工业职业学校、国立同济大学附设高级工业职业学校、私立中华职业学校等三校分别编辑机械、电机、电信、土木等科专门及普通学科教科书,其编辑大纲及要目,均已由校拟订呈部核定,并酌给补助费,期于本年以内完成三分之二。

(9) 训练职业学校师资

教育部前派员视察各省职业学校,据报告,以各地缺乏优良师资,最为严重问题。该部现已拟具分年训练计划,本年度先指定国立中央大学、武汉大学、私立金陵大学等分别办理农艺、机械、园艺师资科,招收同性质之高级职业学校毕业生,予以四年之训练。

(10) 办理各种暑期职业教员讲习会

本年暑假指定国立中央大学、中央工业职业学校、省立重庆大学会同中央工业试验所办理陕、川、滇、黔、康六省工业职业学校教员暑期讲习会。指定国立中央大学、私立金陵大学会同中央农业实验所办理陕、甘、川、滇、黔、康六省农业职业学校教员暑期讲习会。指定国立西北联合大学办理陕、甘两省家事教员暑期讲习会,以便各科教员均得有进修之机会。

卯　初等教育

(1) 颁发幼稚园规程

教育部为整理及促进全国幼稚教育起见,特制定幼稚园规程,以为办理幼稚园之准则。是项规程,已于十月公布,并已通令各省教育厅遵照办理。

(2) 继续救济战区小学教师

教育部为救济战区小学教师,继续办理登记,并随时分发工作,计自开始办理救济起,至本年九月底止,除经查明重复登记或另有工作及因故除名者概予剔除外,现在实受救济之战区小学教师共计九千七百〇三人。

(3) 继续实验卡片识字教学方法

教育部为继续实验卡片识字教育方法,除分发实验教育训练班毕业学员继续在四川、广西等省办理卡片教学实验班外,并令饬湖北省教育厅在该省恩施县设置卡片教学法实验小学两所,最近该部在青木关设置中心小学,其初级部分完全采用卡片教学方法,以便积极推进此项实验工作。

(4) 增拨义务教育补助费

中央义务教育经费,自抗战军兴后,即折减发放,于义务教育之进行不无影响。至本年度仍改为十足拨发,其总数较上年度增加二百八十余万元,分配各省额数因是均有增加。

(5) 视导后方各省义务教育

教育部于本年一月间,派员视导川、黔义务教育,又于九月间派员前往陕、甘、云、桂四省视导。并拟于视察完毕后,分省召集厅长及主管科长等到部详予指示,以便改进。

(6) 改组全国义务教育委员会

全国义务教育委员会为襄助教育部推行义务教育之机关,早已于二十四年八月间组织成立。兹为加紧工作起见,经教育部将该会改组扩充,添聘委员,增设视导员及干事等,俾能切实襄办义教工作。

(7) 督促广设儿童义务随习班

教育部为谋迅速普及义务教育起见,令饬各省教育厅依照颁布之小学增设儿童义务随习班办法,另订施行细则,通饬各小学普设儿童义务随习班,广收失学儿童,施以相当教育,俾义务教育得以早日普及。

(8) 颁发部编小学教科书稿本

抗战期间,交通阻梗,运输异常困难,后方各省所需教科书,不但售价高昂,亦且供应不易。教育部有鉴及此,特将部编小学各科教科书稿本,赶速缮写油印后,于二十八年度学期开始前,陆续颁发各省教育厅,令饬仿照翻印,分发所属各小学应用。

(9) 暂定小学教科书补充办法

教育部恐各省教育厅未能在学期开始前将部编小学教科书翻印分发，而各校所需各科课本有中断之虞，复暂定补充办法：（一）学校图书馆应购置足敷一级儿童应用之各科教科书，以备缺书之儿童借用；（二）小学写字作业，扩大为以抄写小学各科课本为主，其抄写之课本，由教员随时加以个别订正，以便分发于缺乏教科书之学级或学校应用；（三）训练儿童对于原用课本，加意爱护，俾得保持完整，以便转借或出售于缺乏教科书之学级或学校应用。是项办法，业于二十八年六月通令各省教育厅转饬所属一体遵照。

(10) 编印小学各科战时补充教材

现时各校采用之各科教科书，多半在抗战前编印，未能容纳有关抗战建国之教材，教育部为补救此项缺点起见，特搜集抗战期间前线英勇将士，后方忠义群众之可歌可泣的故事，及抗战建国纲领，国民精神总动员等，编为战时补充教材，发交正中书局印行，以供各校应用。是项教材，计有国语、常识、社会三种，现已次第出版。

辰　边疆教育

(1) 组织边疆教育委员会

教育部为谋积极推进边疆教育，并调整中央各机关对于边疆教育之设施起见，曾于廿七年十一月间召开边疆教育问题讨论会，根据讨论会决议案，组织边疆教育委员会，拟定章程由中央各有关机关各推代表一人及聘专家五人至九人为委员，本年一月二十一日召开第一次大会，宣布正式成立，会议三日，通过议案十五件。

(2) 修正待遇蒙藏学生章程及补助办法

修正待遇蒙藏学生章程施行已久，与现在情形多已不能适合，教育部会同蒙藏委员会会商修正，并呈报行政院转呈核准后公布。又，该部补助蒙藏回学生升学内地专科以上学校办法大纲，亦以事实需要加以修正。

（3）推进边疆教育

边疆教育之推进工作，可得而纪者约有数端，兹分述如下：

（一）绥远伊克昭盟蒙旗教育会，因战事影响，稍有停顿，教育部以沙王亲自来渝接洽，借知该省最近状况，即准其设立伊盟中学及伊盟民众教育馆各一所，并酌增各小学补助费。该部又为切实明了伊盟各旗战时教育实况起见，派察绥党务特派员王天籁赴旗视察，以便督促改进。为适应战时各地蒙旗教育起见，复制定推进蒙旗教育方案，战区与将接近战区及非战区之蒙旗教育应办事宜，详为规定，密令察绥宁青各省教育厅遵照办理。（二）甘肃拉卜楞一带蒙民教育，除拨款组成巡回施教队外，并准该藏民文化促进会增设小学师资训练班暨小学二所，卓尼土司小学六所，前因故停办，现准予恢复。兹与禅定寺半日学校，一并令饬甘肃省教育厅酌予补助。又，据果洛代表康万庆等呈请设学，经核准，本年度由部拨款二千元，予以补助。（三）西藏教育前因交通不便，迄未能积极推进。兹为充实拉萨小学师资起见，先选派教师一人前往，俟有相当成效时，再行酌量增派。该部又为明了藏地教育情形起见，并派边疆教育委员会委员奚伦，就便视察，并选择当地教材，以为改进之用。又因班禅行辕呈拟恢复附设之两藏补习学校计划，经会同蒙藏委员会转呈行政院奉准照办。（四）马军长步青在甘凉河西一带设立青云中学一所，小学二十二所，请予补助。经转呈行政院核准，本年度补助一万元；私立北平成达师范学校，在桂林开校，增加班次，并创设小学六所，经核准本年增发补助费三千元。（五）广东边民各族教育，李主席汉魂电请拨款补助，经该部核准，一次补助一万元。

（4）设立蒙藏教理院

教育部迭准阎主任锡山电请将五台山蒙藏学校改为蒙藏学

院，并聘请章嘉呼图克图为院长，以吸收蒙藏优秀份子，增加抗战力量，经教育部会同蒙藏委员会呈请行政院核准，改为蒙藏教理院，并征得章嘉同意，聘为院长。

（5） 筹设国立西南师范学院

西南边地，民族复杂，各该省教育厅对于边地教育虽努力建设，但仍未易发达，教育部鉴于目前事实上之急切需要，又深知其不发达之症结在缺少师资，故必须先从培养师资入手，爰在云南昭通筹设国立西南师范学校一所，专为培植边教师资之中心，现已派曹书田为校长。该师范学校校址，借设昭通女中旧址，附设之小学，借用武庙，均已于本年九月初旬正式开学。

（6） 改进回胞子弟教育

回胞教育，除新疆得按当地情形办理外，其余各地，均须遵照部章规定办法办理，并不得标明回民字样，迭经教育部通令在案。近该部复据各地回胞领袖呈请改进回胞教育，认为各地回胞子弟入学者甚少，应予特别提倡，已通令各省教育厅转饬各校，除得就回教向来生活之需要，酌予便利外，其余仍按部章办理。

（7） 派喜饶嘉错赴青海各寺庙宣传讲学

青海为黄教发祥地，绾毂南北，与抗战建国关系至巨。教育部以现任中央等五大学西藏文化讲座喜饶嘉错先生之道德学问，素为边民所信服，特会同蒙藏委员会，商得其同意，派赴青海各寺庙宣传，并于沿途所经各校讲学，预定期间一年，并经呈准行政院核发旅费，现喜饶嘉错先生业已抵青。

（8） 编译边疆文字教科书

教育部为从事大规模编译边疆图籍及教科书起见，令饬国立编译馆增设边疆组，聘请专家，编译蒙藏回文书籍。该馆已着手先编教科书国文部份，经费由部补助。

（9） 组织边疆教育考察团

教育部为切实明了各地教育情况起见，拟组织西南、西北、康蒙、新疆等边疆教育考察团四团。二十八年度上半年，先组织西南边疆教育考察团，内分教育、社会、自然三组，聘专家七人为团员。该团已于七月底出发，现已抵云南、正在腾冲、大理等地工作，待工作完毕，再转往广西及贵州考察。工作期间，预定半年，将来或须酌量延长。

（10） 改进边疆寺庙教育

边疆民众，尊崇喇嘛及寺庙，其信心根深蒂固，未易破除。教育部认为推进边疆教育，必须先从改进寺庙入手。故饬该部边疆教育委员会研究并拟定办法外，一面令饬各边省教育厅，就各寺庙附设民众学校，以为小喇嘛经生及附近民众求知之所。并令各清真寺所设之阿文学校，增加国语、算术科目。

巳　华侨教育

（1） 举行华侨教育问题讨论会

教育部于上年十一月二十三日在重庆举行华侨教育问题讨论会，邀请侨务委员会、中央海外部代表出席讨论，经议决：（1）变更补助侨校经费之支配；（2）改善侨校立案手续；（3）完成侨民学校教科图书等十二要案，已由该部与侨委会斟酌情形，酌予实施。

（2） 厘订设置海外教育专员规程

教育部依据第三次全国教育会议之决议，拟在海外重要地点，如新加坡、马尼剌等处设置教育专员，以促进侨民教育。故于本年八月间，拟订设置海外教育专员规程，对于专员之人选、职权，均详细规定，已函征外交部与侨务委会会意见，一俟确定，即可施行。

（3） 筹设国立华侨中学

教育部与侨务委员会因暹罗侨生受当地政府之排斥，纷纷返国求学者，为数甚多，故拟在昆明设一国立华侨中学，以收容之，已会衔专案呈请本院核办。

（4） 筹备侨民教育设计委员会

教育部与侨务委员会为力谋改进海外侨民教育起见,拟在最近期间,筹备侨民教育设计委员会,已于本年八月间,订就侨民教育设计委员会规程,并拟就当然委员与聘任委员之人选,现正与侨委会会商,并请中央海外部及外交部派员参加,即可筹备成立。

午　战区教育

（1）　战区教育督导人员之派遣

教育部为推行战区教育计,曾于二十七年将沦陷战区划分五十教育督导区,本年复增为七十区,每区设督导员一人至二人,下设干事、书记各一人,除各省教育厅派遣外,由教育部直接委派者计有：督导员三十一人,视察员十六人,督导干事十九人,又为坚强其意志、增进其工作技能起见,并设训练室,施行严格训练。

（2）　战区教育工作之具体实施

各督导员之工作方针,曾由教育部颁发沦陷区教育实施方案。兹为更进一步之具体指示,除编制"如何做战区督导员"手册印发外,又根据方案,分别详拟具体实施之各种办法,规定调查、组织、训练、奖励、救济等各项目,积极进行。至各督导员之工作如何报告,并经规定报告项目,令其按期报告,切实考核。

（3）　战区失业失学青年之收容与训练

教育部对于战区失业失学青年之收容办法,已分见前项报告。兹除再由督导员遵照安抚办法,视失业失学青年之能力志愿,分别指派工作,从事抗战教育及自修运动,各由教育部酌给生活费,并由各督导员就地设法收容优秀失学青年来后方升学外,另拟具训练办法,令饬各战区省市教育行政机关开班施以短期之训练,同时与军委会军训部商订收容及训练办法,就其年龄、学力编入军校受训,或分发其他学校继续求学。

（4）　发动战区教育人员回乡工作运动

查沦陷区之知识青年，因战事而退至后方者甚多，致沦陷区域内之教育无形停顿，又因交通运输之困难，后方书报杂志不能深入，人民精神食粮亦大感缺乏，其影响于抗战至大。教育部有鉴于此，特分别拟具办法，一方面作大规模之教育工作人员回乡工作运动，凡有志愿工作者，先由教育部登记，予以训练后，分别派往各战区从事抗战教育；一方面与中央广播电台订定时间，按日派人播送时事消息、政府法令以及领袖言论，以沟通战区民众与政府的隔阂，打破敌伪虚伪的宣传，坚强其抗战的信念。并计划集合沦陷区各地教育界领袖商讨如何推进沦陷区之教育工作，并发扬教育界之正气。

（5）打击敌伪的奴化教育

查敌人所占领地带，除以武力保卫外，即为实施奴化教育，麻醉青年。教育部为打击敌人此种阴谋，严令各学校、各教育行政机关，切实维持正常之教育外，并设法吸收知识份子，宣传政府意旨，坚强抗战决心，使不得已参加敌伪组织之学校员生，能一致敌忾同仇，削减其奴化之效能，而对汉奸之活动，则更予以极大之监视与裁制。

丙　社会教育

（1）推进成年失学民众补习教育

教育部自二十五年七月颁布实施失学民众补习教育办法大纲及施行细则以来，各省市均能遵照规定，切实施行。关于战时民众补习教育前曾令饬渝、川、黔、甘等省市办理。嗣再先后令行陕、闽、桂、宁、青、粤、浙等省各就省会及重要县市办理，限期一年肃清文盲，现在实施者已有十二省市，均由部订定实施要点饬由教育厅会同有关厅局组织战时民众补习教育推行委员会为负责执行机关，广西省且定本年为实施成人教育年，全力以赴。该部为严加督导起见，令各该省每月将办理情形报部一次，以资考核。又指示川、陕等省沿公路重要县份积极推动，接近战区省份如浙、粤等省，尤应尽力推行，所有各该省市已办毕第一期民众学校者，并令办理毕业学生之继续教育。该部又于五月间公布修正民众学校规程及中等以下学校学生抄写民众学校课本办法，以为各省办理民众学校之准绳。最近又拟订发动全国知识分子办理民众学校教育暂行办法，呈经本院核准施行，并经分函中央社会部拟定办法，通令各省市党部协助推动。现该部又着手草拟普及成年失学民众补习教育，肃清全国文盲两年计划，期肃清文盲工作得收速效。又二十八年度该部补助各省市推行是项教育费及民校课本印刷费，共为六十四万元，至未办战时民众补习教育之县市，仍遵照前项办法大纲及细则，分年办理，肃清文盲工作。

（2）改进全国民众教育馆

民众教育馆为实施社会教育之中心机关，教育部对此特加注意，本年四月该部将二十四年二月公布之民众教育馆规程加以修正，规定省县市设立民众教育馆数量，公私立民众教育馆之立案程序，各县民众教育馆之内部组织及其任务，馆长馆员之任用资格、经费之支配等项。嗣复于五月制定民众教育馆工作大纲，民众教育馆辅导各地社会教育办法大纲，均经次第公布施行。兹该部为谋加紧推动民众教育馆工作，已着手举办各省市民众教育馆馆长训练班，分期调集川、黔、滇、陕、甘等省市立民教馆长入班受训，以两个月为一期，每期训练一百人左右，预定办理五期，可使后方各省县市民众教育馆长普遍受到适当训练，第一期定本年十二月开班，该部为实验民众教育馆划区指导制之利弊起见，特指定四川省第三行政督察区所属十县民众教育馆，由该部督同四川教育厅及第三行政区专员公署指导改进。曾于七月间召开该区民众教育馆工作讨论会，制定改进方案，并补助经费举办该区民众教育馆工作人员训练班。又为改进全国民众教育馆起见，特通令调查各省已设及拟设之各级民众教育馆，以便考核。现正着手订定全国民众教育馆改进方案，以期逐步实现。

（3） 推广电影教育

关于电影教育，教育部除仍督促各省电影教育施教区施教外，已恢复江苏、上海两省市施教区工作，其增设新区方面，业委托中央信托局代购放映机、发电机、幻灯机各二十四架，一俟运到即分送川、康、黔、滇等省增设新施教区。训练人才方面，该部与金陵大学理学院合作，在该学院设置电化教育专修科，分年补助经费共二万元，令饬各省市保送学员受训，期造就之人才分布周密。制片方面，业经派员随同管理中英庚款董事会所组之川康考察团前往西康摄片及自行摄制战时教育设施影片，交商复印抗战影片多种，分发各省巡回演映，绘制幻灯片已完成者，计有"黄帝"、"大禹治水"、"郑成功"、"文天祥"等数种，并编订各片教学方案，编制全国教育影片总目等。又以复制影片每多仰给外商，力谋在西南方面设置复印、冲洗影片厂，以谋自给，现正在积极进行中。

（4） 推行播音教育

关于播音教育，教育部已与中央广播事业管理处等有关机关，会商制定普设后方收音机方案，通令施行。其对于各省市推行播音教育，该部仍按成案办理，计二十八年度补助各省市收音机一百五十架，干电池一千套，惟因运输困难，改用现金补助，由各省市自购报部备查，补助办法亦经通令知照，该部又为调整各省市之收音机分布状况，特规定各省市请领收音机要点三项通令施行，规定每县至少装设收音机一架，以冀普及。又以各省所需干电池，未能适合供之，殊为推行之障碍，特与金陵大学理学院合办干电池厂，俾可自行出品供应。此外，一面派员视导陕、甘、宁、青四省播音教育，至教育播音除仍照原有给"抗战教育"、"战时民众常识"、"青年自修讲座"三项节目，逐日派员在中央广播电台分别播讲外，近更增加对欧美作教育情报播音，使国际间明了我国教育进步之状况。

（5）推进音乐教育

教育部曾设置音乐教育委员会，兹为充实内容起见，特加该组分设教育、编订、研究、社会四组，专负设计推进音乐教育之责，又与内政部商定恢复两部合组之乐典编订委员会从事编订乐典。本年一月间，又开办各省市音乐教导员训练班，由各省市保送学员入班受训，施以六个月之训练，已于七月间受训期满，分发原保送机关担负推行音乐教育工作。又为提高学生音乐兴趣、增长歌咏技能计，特与中央社会部合办重庆市学生歌咏比赛会，已于四月间在渝举行。该部所设之实验巡回歌咏团业在川沿成渝路及嘉陵江航线内各县施教，于行抵各县市时，实行指导当地民众组织歌咏团体，并举行音乐大会，传授各社团抗战歌曲，解答有关音乐教育问题，今后该团即将分赴黔、滇两省施教，该部对于各级学校校歌及音乐教材，近正严加审核，并自行编撰，已印行者有民众教育唱歌集，民众学校唱歌教材，已编成者有抗战歌曲等。

（6）推进戏剧教育

关于戏剧教育，教育部第一巡回戏剧教育队已由湘至桂，第二队由浙至闽，第三队由川至黔分别工作，对于抗战之宣传，收效颇宏。其已演及拟演之剧本，亦经该部加以审核，现已增加第四队，规定在西北各省巡回施教。至该部前所登报征求之抗战剧本，分话剧、歌剧两种，已经截止，应征者共有一百六十五种，经聘请专家组织审查委员会评定，不久即可揭晓。教育部对于平剧与话剧亦极注意，平剧方面除令饬国立戏剧学校拟订研究我国固有戏剧计划，并补助山东省立剧院经费测重研究歌剧外，近曾聘请专家，甄审平剧，已审定禁演平剧剧目百出，函送中央宣传部公布，并严加查禁，话剧方面除与中央宣传部、军委会政治部合办抗敌剧场外，已着手选编优良话剧选，即将付印，公开介绍。该部又以各地方剧及民间歌曲如利用"旧剧新演"、"新词旧调"

方式宣传抗战则效力益宏，已通令各省市教育厅局专饬各级社会教育机关及各抗敌宣传团体注意研究创作，随时进行公演。此外，更补助各戏剧团体经费，期谋协同扩张戏剧宣传工作。

（7） 移藏文献古物

我国历代珍藏之碑版图书器皿者，关系本国文化至深且巨，自抗战军兴，教育部即设法协助保存古物机关运藏后方，现已移出者计有国立北平故宫博物院文物、浙江范氏天一阁藏书、浙江文澜阁四库全书、河南省立博物馆古物、安徽省立图书馆图书、陕西省立西京图书馆图书、广东省立中山图书馆古物图籍及南京古物保存所古物、武昌杨著水经注疏等均经分别运藏安全地点。该部对于古版书籍，亦着手搜集价购庋藏，或加影印。在影印中者有也是园元曲多种，已购定者有吴兴许氏申申阁一部份宋、元、明、清刻本及抄本书籍共计五十七种。又该部以二十四年我国在伦敦举行之国际艺术展览会，决定以票价赢余内提出一千镑购买艺术品赠送英方以为纪念。当由旅法华商卢静斋将在展览会陈列之六朝大石佛像捐助政府转赠英方，其价约值千磅，并请移作国内慈善事业之用。该部以卢商慨捐赠物，裨益邦交，经呈准国民政府明令褒奖，由内政部颁给特种奖状，用昭激励。关于文献古物运往国外研究者，本院亦曾通令应援用古物出国护照规则办理，并应严切执行非常时期保管古物法令各项规定。该部又通令专科以上学校应将战区及后方移藏图书文物编目造报。至各机关文献古物之移运收藏及毁劫情形，现仍继续调查。

（8） 推行图书馆教育

教育部为推广各地图书馆以辅助民众教育及学校教育起见，于二十八年七月间公布修正图书馆规程，旋又制定图书馆工作大纲，及图书馆辅导各地社会教育机关图书教育办法大纲公布施行，近复着手草拟图书馆设备标准，至原有之图书馆，拟设法使之充实，国立北平图书馆已迁昆明办公，现正筹措经费补充图籍。中央图书馆筹备处原迁重庆，嗣于五月间奉令疏散，继迁江津白沙工作。该馆为适应需要，在重庆两路口建筑该馆重庆分馆一所，馆基系重庆市政府指拨苗圃余地，开工数月，行将落成。

（9）促进各级学校兼办社会教育

学校兼办社会教育，为沟通学校与社会间之重要设施。自教育部于上年五月制定各级学校兼办社会教育办法通令施行以来，各方均有进展，该部为使各级学校兼办社会教育有所遵循起见，关于组织方面，制定各级学校社会教育推行委员会组织纲要，各省市县社会教育推行委员会组织纲要，各大学及各省市县均已遵办；关于工作方面，制定各级学校兼办社会教育暂行工作标准，并派督导员分赴各省视导；关于辅导方面，制定师范学院、教育学院、师范学校及民众教育馆辅导中等以下学校兼办社会教育办法，社会教育机关协助各级学校兼办社会教育办法，并着手编订各级学校兼办社会教育辅导丛书十二种；关于训练人才方面，制定教育部二十八年度暑期分区举办中等学校社会教育兼办干部人员讲习讨论会办法，并已分设川鄂、云贵二区讲习会，由部委托华西协合大学及大夏大学主持办理，复制定要点，通令各省应于本年暑假起举办中小学教员兼办社教讲习会，各省或单独举办该会或原设之中小学教员暑期讲习会合并办理，均已先后分别呈复，关于经费方面，制定各级学校兼办社会教育经费支给办法，并由该部补助兼办社教成绩优良之学校，以示奖勉；关于考成方面，现已制定各级学校兼办社会教育考核办法，复通令各省饬报省督学视察学校兼办社教之报告，以凭奖惩。

（10）印行民众读物暨编辑社会教育教材

教育部为适应战时环境需要起见，除已编辑民众学校课本乙种及教学法，内容侧重战时材料，足供两个月教学之用外，又采取民众传说、战时常识、以及战事演进中可歌可泣之壮烈故事编辑非常时期民众丛书与民众文库,现计陆续出版者将达百种,均分发各省教育厅翻印分发作为宣传之用，各省并饬教育厅与境内书肆接洽以廉价代售，期谋普及。关于社会教育辅导丛书已编成"民众教育馆"、"民众学校"、"图书馆"、"体育场"、"家庭教育"、"电化教育"、"学校兼办社会教育"等七种，现正着手编辑民众教育馆实施小丛书，以备应用。

(11) 救济战区社教人员推行各项社会教育及伤兵难民教育

战区退出之社会教育机关工作人员，前由教育部登记，经审查合格后，分别组织第一、第二社会教育工作团，并分发川、湘、鄂、豫、陕、甘、浙、赣等省指派办理战时社会教育工作；近来除随时仍继续办理登记外，特指派驻沪工作人员举办登记居留沪上之社教机关工作人员，审查合格后，就地分派办理社会教育工作，截至现在止，综计该部已登记合格者共有一千五百二十三人，该部第一社会教育工作团，设于贵阳，分为六个施教队，在贵州省境内施教，并派一部份团员前往广西，协助该省办理成人教育；第二社会教育工作团设于巴县，另设团分部于南溪。该团除自行办理青木乡民众教育馆，乡村施教区、巡回施教队与多量之民众学校外，复接受四川省教育厅委托，办理嘉定、永川两区十六县之战时民众补习教育。又该部为宣传抗战之意义及实施巡回教育起见，特设有民众教育巡回施教车一辆，已在川黔两省境内施教完毕，现在滇省境内继续施教。关于伤兵与难民教育，该部早经注意办理，业经分饬第一、二社会教育工作团，第一、二、三巡回戏剧教育队，各战区中小学教师服务团，川、湘、桂、黔、陕、闽、浙、赣、皖等省教育厅各就所在地对伤兵与难民切实施以精神训练，公民教育，识字教育，技能训练，职业指导等项。

(12) 编辑国民月会讲材

国民精神总动员会已编印国民月会讲材多种，为各地举行国民月会时讲演之用，委托教育部主编三种：第一种名为"不成功即成仁",叙述"张巡"、"宗泽"、"岳飞"、"文天祥"、"陆秀夫"、"熊廷弼"、"袁崇焕"、"史可法"、"郑成功"、"左宝贵"等十人之忠烈事略;第二种"抗战与国民之责任",叙述历史上毁家纾难输财出力之故事;第三种"国民道德须知",提示忠孝仁爱、信义和平及礼义兼耻之要义。本年七月间已编竣,送交该会印发全国应用。

(丁)其他

(1) 举行第三次全国教育会议

教育部依据第一届国民参政会关于教育方面之议决案第二项,于本年三月一日在重庆召开第三次全国教育会议,为时共历九日,出席者一百八十六人。列席者六十五人,其决议通过议案百有九件,送部参考者九十三件,保留者十九件,战时之特殊教育案二十三件,对于教育上应兴应革事宜,均有缜密之讨论与决议,所有重要决议,现已由教育部分别参照实施。

(2) 订定各级学校体育实施方案

过去学校体育除体育课程曾有明白规定外,对于整个学校体育设施尚无具体办法,教育部为切实促进学校体育起见,特遵照战时各级教育实施方案纲要第七项之原则,订立小学中学校及专科以上学校体育实施方案共三种,发交该部体育委员会慎密研讨后,即可令发各级学校依照实施。该方案中对于体育、军训及童训行政上及教学上之联系有确切之指示,而于课外强迫运动尤有详细之规定,并拟依此方案订立考核标准,以便督促实行。

(3) 测验学生体格技能厘订体育成绩标准

体育成绩之优劣,必须有合理之标准,方能作准确之评判,而此种标准必须从实地测验统计中得来,方能合理,教育部有见及此,特拟具计划切实进行,其初步工作为就渝市各校作小规模之试验,以证明所拟计划之可靠性如何,现试验业已完成,结果颇为圆满,正筹组体育测验团分赴各地实行测验学生体格及运动技能，期以半年，然后加以统计研究，制成各级学校学生体格及技能及格标准与纪分表，待全部工作完成，再定我国体育训练之标准。

（4）扩充体育师资训练机关修正教学科目

体育专门人材之缺乏，为我国体育发展之最大困难（公私立体育师资训练机关历年造就之专门人材，不足全国大中小学数之三分之一），故为推行国民体育锻炼国民体格计，不能不从事于是项专门人才之培植，本年特于国立师范学院增设体育童子军专修科，国立中央大学增设童子军专科，国立西北师范学院增设体育教员进修班，期新体育人材得以充分培养，原有体育人员得有进修机会，将来更拟逐渐扩充，以求适应全国之需要，而于体育师资训练课程亦经详细修正，使训练效能得以增加。

（5）举办童子军教导人员训练班

童子军为极有价值之教育方法，尤以战时为然，但合格之童子军人材亦极感缺乏，教育部乃会同中国童子军总会办理童子军教导人员训练班，调训现有童子军教练，使能负起时代之使命，该班第一期已经训练完毕，分发各学校服务，第二期正在训练中，将来仍拟继续调训，以期达到改进童子军教育之目的，该班并由中央训练团主持精神及政治训练事宜，以期受训者将来服务时能与各方面相配合。

〔国民政府教育部档案〕

2. 朱家骅关于中英庚款董事会成立经过及其与中国教育文化事业关系的报告

（1941年4月8日）

今天是本会成立十周年纪念，承各位先生光临参加，至感宠幸。本会过去当承各位关切，趁这个机会，把英庚款退还经过和十年来管理情形，作一简单叙说。

英庚款退还，发动在民国十一年（一九二二年）十二月之间，当时英政府宣言，以后中国应付逐期庚款，英国政府预备悉数退还，作为两国互有利益事业之用。宣言以后，中国方面逐期付去庚款，即由英国政府提存于伦敦汇丰银行，不复划入国库。惜其时值英国国会改选，致此事无形搁置，到民国十四年（一九二五年）才有"中国赔款案"的通过，和咨询委员会的组织。咨询委员会设委员十一人，内有中国委员胡适、丁文江、王景春三君，他的主要任务是研究如何可使退还的庚款得到最适宜的处理。为要知道中国方面的需要，这委员会有派遣代表团来华调查，与我国朝野人士，尤其教育界方面交换过不少次的意见。后来把调查结果向英国外交部提出书面报告，其中有一个建议，是成立退还款项的管理机关，这便是本会设置最早的一个根据。

代表团之后，又停顿几年，到民国十九年，经我外交部长王正廷氏与英国驻华公使蓝浦森氏继续接洽，双方才正式成立换文。换文里主要的规定，除了设立董事会之外，还有两点：一是确定用途，把全部退还庚款设置基金，借充整理建筑铁路和经营其他生产事业，再以利息所得兴办教育文化事业；一是另设购料委员会，凡铁路和其他生产事业，借用资金，如需外洋材料，必须交购料委员会在英国购买。购料委员会成立，在民国二十年五月，较本会略迟一月。它的组织有委员六人，即以在伦敦之我国外交代表为当然主席，另加铁道部代表一人，其余四人均为英籍，由英外交部推荐于本会，再请国府简派。至本会自身系直隶于行政院，董事十五人，其中英籍五人，华籍十人，统由国府简派。

退还庚款，总额英金一千一百十八万余镑，其中分为两部：一为储存部分，就是从民国十一年十二月英政府宣言退还起到本会成立止，陆续由我国解去而由英政府提存于汇丰银行的；一为到期部份，就是从本会成立起到民国三十四年止，应由我国逐期解付的。积存部份，照换文规定提出四十六万五千镑补助香港大学及伦敦各大学中国委员会等机关，其余三百五十万余镑悉交购料委员会作为料款。到期部份约七百万镑，规定一半交付本会，一半交付购料委员会，与积存部份并作料款。不过料款的借拨，也是由本会支配，借款机关须先经本会通过允借，再由本会通知购料委员会代办购料。

基金息金用途，在换文里虽确定了原则，但基金支配生产事业的标准，处理各事业的请款和还本保息的办法，以及息金支配教育文化事业的标准，却未曾提及，这都是后来另行厘订的。基金支配标准是前中央政治会议所订，即铁道事业可借全部庚款三分之二，其余三分之一中，导淮事业可借百分之四十，广东治河可借百分之二十，黄河水利、基本工业和电气事业可以各借百分之十三·三，借用利息，一律周年五厘，其本身不能生利的事业，由国家负担利息，处理各事业请款规则和还本保息办法以及息金支配标准，都是本会成立以后所订。照息金支配标准，分教育文化事业为五类：甲类建设中央图书馆，中央博物馆，并保存国有文化史迹古物等，每年支配息金得百分之二十五；乙类补助高等教育及研究机关得百分之二十五，特别注重农工医理四科；丙类设置留英学额得百分之十五；丁类专门著作及中小学、职业学校、教科书奖励金得百分之一；戊类建设模范中小学、农工职业学校、助产学校及兴办农村教育得百分之二十四。建设程序侧重僻远和内地省份，先从教育最不发达的地方着手，逐渐于若干年内推广各重要地区。

从息金支配和基金支配两个标准里，各位可以看到中央的政策和本会工作的动向，庚款的数额有限，而生产建设事业和教育文化事业则需至广，普遍支配，必无功效，自不得不力求集中，以期裨益，所以基金支配集中于铁道、电讯和水利工程等，息金支配集中于博物馆、图书馆的建筑，高等教育及研究机关的建筑设备，留英公费生的考送，模范中小学和职业学校的建设，在学科方面注重理农工医，在地域方面注重僻远和内地省份，这些有的是国家目前所急切需要的，有的是国家将来必须举办而目前还不及顾到的，所以我们来首先提倡，建立初基。庚款不是一笔光荣的款子，我们用庚款一钱，自然纪念到我们的国耻，思量如何洗雪过去的屈辱，我们主要的目的，是要将每一分从庚款得来的钱，切实而有效的用于建设国家，复兴民族的工作上面。

从二十年本会成立到二十七年底，收到的庚款，连购料委员会所保管的料款在内，共为七百三十六万九千余镑，约占退还金额三分之二弱，现在除一些极少数外，都早经陆续借出。从二十八年起，因为财政部停付债赔各款，已有两年多没有收到到期庚款。十年来本会的工作，就是以这些已收到的七百三十六万九千余镑款项，照支配标准，运用于生产建设的投资，教育文化事业的补助与提倡。初起几年，因为先要把款项借放出去，大部份工作是在生产建设方面，中间几年，因为已有一部款项借出，可以收息，所以生产建设和教育文化事业各居工作之半。最近几年，因为款项多半已经放出，只要收息，大部的工作就转在教育文化事业方面。这几年来，照算每年息收可有六七百万元，这在平时一定可以办许多的事业。然以战事之故，既大部份利息不能收到，而物价又是高涨，同样出了一笔钱，而所能办的事情，却和前几年大不相同，所以有许多事业，都不能依我们预定计划那样进行。我们很知道教育文化机关在战事期间经费支绌，希望于本会的一定格外殷切，极想趁这个时机，能多尽一分帮助力量，以表示我们的微忱，可是在上述情形之下，往往心有余而力不足，使许多方面感到失望，这是我们所十分抱憾的。

现在把十年来本会工作情形，就分生产建设事业和教育文化事业两部门来说。

一、关于生产建设事业者〔略〕

二、关于教育文化事业者：

各庚款之中，英庚款数量本不算最多，但美庚款既以一部分创办清华，法庚款又以大部份充汇理银行基金，还有俄德庚款，前次欧战后得以取消，结果英庚款可以支配的数独多，因此教育文化机关对英庚款的希望，就特别的高，在董事会成立之初，便接到许多声请补助的书件，当时因为借款刚才开始，息金收入还须相当时候，不能立刻补助，到了第四年才作第一次支配。自此以后，每年一次，最近几年因为战事影响，息收减少，所以统计七次支配总数仅一千八百余万元。这七次支配，抗战以前的四次是全照息金支配标准分类办理的。

甲类 第一项附于保存固有文化史迹古物，曾补助过十余起，最主要的是整理影印敦煌经卷，这些经卷，本是我国至宝，过去已有大部份流散国外，所以整理影印是一件最低限度应做的工作；第二项关于建设中央博物馆和中央图书馆，在第一次支配时，就定补助建筑费各一百五十万元，分年拨付。在南京撤退以前，中央博物馆已经兴工建筑，中央图书馆也已经择定地址，预备标建，照时间来算，如果没有战事，应该都以落成。我们当初的计划，本来想先在首都完成大规模中央博物馆及中央图书馆各一所，然后再在各省市逐渐作较小规模的同样建设。今天我们在中央图书馆重庆分馆开会，这分馆房子就是从原定补助该馆建筑费内提出一小部份来移用的，他们当初的预算，不过预备五万元，后来虽因物价步涨，有些超过，但照平时来说，以五万至十万元来建筑一个规模较小的博物馆或图书馆的房屋，一定可以够用。只要一年能有一百二三十万元，以平均每馆八万元来计算，就可建筑十五、六馆，如此，两三年内，则全国各重要的都市，就可都有博物馆及图书馆一所，所以这几年来假使没有敌人的侵略战争，我们这个计划，或者也已经完成。

乙类 高等教育和研究机关的补助，大概可分为建筑、设备、讲座三项。现在全国专科以上的学校，无论国立、省立、私立、大半都受过英庚款的补助，研究机关方面，其主要的院所，也都得到过补助。

丙类 考留英公费生，在本会计划之中，也是一件重要的事业，所以到成立后第三年，就开始办考，时间上比支配息金还提早一年。这件事业的宗旨，是要培养许多专门学者，去充实高等教育。现在先后已考过七届，总共为一百四十八名，学科侧重理农工医，学成回国的，已有一百零几人，成绩也都很好，并且很符合本会的宗旨，几乎全数都在大学执教。第八届考试，原定去年举行，后来因为欧战紧张，中途停止，待将局势好转，环境许可，还是要预备继续办理。

丁类 关于教科书一项，曾设奖征求过民众教育读本，小学乐歌、小学历史教本、初中历地教本等几种，可惜应征的人数不多，而且没有十分精采的作品，最大的原因，是在这些科门本身的困难，尤其小学乐歌，本来是件很不容易的事。

戊类 包括事业比较的多。几年来因为湘鄂皖赣闽五省特种教育需要的迫切，支配了本类大部份的经费，不过其余的助产教育，农工职业教育和中小学教育，还仍竭力兼顾，并未因此偏废。关于工业职业教育曾与教育部和南京市政府合办过中央工业职业学校，由本会担任设备经费。关于农业职业教育，也在湖南补助过两个学校。关于助产教育，到抗战开始时已补助过十四省的助产学校，可惜有几省因为战事关系，没有动用，后来就改为其他用途。至于中小学教育，大部份的补助是用于西北，西北之中尤以甘肃为最；教育部办理义教，本会几次的补助，也大部份指定甘肃。甘肃在地理上居西北之枢要，并且原有的教育事业情形也略好，要树立基础比较容易，所以先把它作为工作中心，而再求逐渐的扩充和发展。

这些都是抗战以前的事情。抗战以来，固然因息收影响，感到许多困难。但为适应战时需要，仍竭力参照支配标准，去进行各项事业，归纳起来，可以分为下列几种：

第一，保存文物，有三件事情：一是抢运古物。在南京撤退的时候，因为过于仓卒，故宫博物院有大部份古物没有搬运，本会就自告奋勇，发动其事，一面派人抢运，一面垫付运费，经种种设法，到了沦陷前八天，才把最贵重的一万三千余件古物抢运出来。一是整理影印居延汉简。这些汉简和敦煌石经，都是国家至宝，过去西北科学考察团，既因种种关系，未曾彻底整理，而七七以后，由平运沪，由沪运港，又展转数千里，出土已久，朽损堪虞，所以整理影印，不容再缓，现在已整理完竣，摄影付刊，大约今年秋后，可望出版。一是收购古籍。战事以来，沦陷区内公私藏书，类多散佚，并且国外方面，又多方设法，尽力搜购，若不及时防止，则将来研究本国文献者，势非出国访求不可，此实国家一个奇耻大辱，所以本会和中央图书馆订立合作办法，来肩起这件事情。

第二，对"人"的补助。当抗战开始之时，全国教育界发出一种普遍失业的现象，北方各大学教授，既因学校停办，以致生活困难，而各处科学人员也多因机关紧缩而被疏散，至于大学新毕业青年，在这种情势之下，当然更难找寻工作了。从学术的立场看来，这是一个亟严重极迫切的问题，本会为适应当前需要起见，就办理三件事情：一在内地各大学设讲座数十席，容纳北方一部份教授，这固为各教授本身生活着想，但同时也为帮助内地大学着想，使内地各校能趁此以充实干部教授。二是协助科学工作人员，三是设置科学研究助理，前者是补助一般原有工作而被疏散的人员，后者是补助大学新毕业而有志科学工作的一般青年。现在这三件事情，还在继续办理，统计有讲座三十余，科学工作人员一百余，研究助理七十余。我们的目的是要使这些受补助的人员，安心教学，安心研究，造成学术界安定的环境。现在办理此事，虽然是为适应抗战需要，但实际上在抗战之前早曾计划及此，将来就是抗战宁了，还是要继续来办。我们是要把有科学成就或有成就希望的一类人，都给以相当长久或者竟是终身的补助，使他们一心一意，无忧无虑，终身为学术而努力，有助于全国学术的发展。

第三，自办事业，抗战以后，本会自己办了几个事业，在遵义设了一个中国蚕桑研究所，在北碚设了一个中国地理研究所。蚕桑研究所从前浙江省政府虽曾办过，但成立不久，因故事停办，四川、贵州两省本是西部产丝重要区域，我们想趁抗战期间，为西部蚕桑事业作一个学术上的研究，以助其将来的发展。至于地理研究所，本来中央研究院也有筹设之意，因为经费关系，迄未实现，但本会对于地理和大地测量两种学问向极提倡，所以无论如何，要把他设所研究。现在大地测量学和另外的海洋学，都暂在所内附设一组，将来还想把他们扩充组织，单独设所。此外，在兰州设有甘肃科学教学教育馆，在肃州设有河西中学，在西宁设有湟川中学，在安顺设有黔江中学。又在西康巴安和云南南腾，也拟各设一校，现均在筹备之中。就近年收入论，虽已非昔比，然这些事业本来是我们预定计划，而目前政府亦正积极推进西部和西南西北的建设，所以不计困难，竭力赶办。前年并曾派遣一个川康科学考察团，对四川的西部北部和西康的东部中部作过详细的科学考察。

总之，十年来本会的工作，无论生产事业方面，教育文化事业方面，都是遵照中央政策来办，处处以适合国家需要为前堤，选定最紧急的几种，集中力量，尽速进行，我们的目的是要以国耻而来的庚款，一分一文切实而有效的用于建设国家和复兴民族的工作上面。本会内部的事务处理，也统照政府法令办理，所管款项，除极少数零星用款外，全部都存放中央银行，一切会计帐目，也聘有中英会计师按期分别审查，并且照一般行政的手续,随时呈请行政院转送审计部核销,这一点也将向各位附带报告的。今天承各位光临,希望对本会过去工作能给予切实指正,使我们以后得以随时改善,而于国家民族,可有更多的贡献。

〔国民政府教育部档案〕

3. 教育部关于国民党历届会议对于教育决议案及其实施情形之检讨总述

(1942年8月)

本党自兴中会成立,以迄于今,厂历四十七年。对于教育上之主张,始终一贯。历届会议对于教育均有详尽之决议与指示,所决定之原则,或为总理所手订,或一本于总理遗教,而其主张目的,乃在于实行三民主义的教育,以建设三民主义的国家,并进而跻世界于大同。谨按历届会议宣言及决议,配合政府实施情形,可分为四大时期:(一)兴中会成立至三全大会以前(光绪二十一年至民国十七年)为革命行动时期,对于教育仅作原则上之主张,致力于与社会教育有关之革命宣传工作,间接影响于教育思想者甚大,实为革命教育的准备时期。(二)三全大会至四全大会(民国十八年至二十年),北伐成功,全国统一,教育宗旨方为确定,各级教育方针一齐确立,实施方案详细具备,为三民主义教育实施之开端,可名为革命教育的开始时期。(三)四全大会迄五全大会(民国二十年至二十四年),值九一八事变以后,全国振奋,中央正作抗战之准备,教育设施在此大目标之下,亦力谋改造,以资适应。此时期之教育,可名为革命教育的进展时期。(四)五全大会迄临全大会,以至现在,实施战时教育,以教育增强抗战力量,奠立建国基础。此时期之教育,标本兼治,制度渐立,其设施非仅不受战事影响而萎缩,反呈突飞猛进之象,故此时期,可名为革命教育的建设时期。兹更缕陈各时期详情如次:

一、第一时期(光绪二十一年至民国十七年)

兴中会至三全大会以前。

兴中会于清光绪二十一年成立，其宣言中列举帝制之弊害及革命之必要。关于教育文化之主张凡二端：一为立学校以育人材，一为设报馆以开风气，前者为学校教育之开始，后者为社会教育之发凡。清廷之废科举，兴学校，实受此主张之影响。此宣言发表后至光绪二十八年及二十九年，清廷先后颁布钦定与奏定学堂两章程，可为明证。民国元年，国民党宣言第八项，主张振兴法政、工商、中学、师范、小学及女子教育，并主张国立学校为中央所直辖，省教育行政宜为省行政长官所掌。民元改建学制，各级学校普遍设置工业及商业专门学校，各省均有设立，而尤以法政专门学校较为发达，盖即依照此宣言之主张。又于是年一月二十九日由教育部通电各省筹办社会教育，实为我国社会教育之发轫。但自民初以后，内战频仍，政治未入常轨，教育因乏中心思想为之维系，故设施亦呈紊乱之象，自由思潮因之产生。盖以欧战之刺激及日寇二十一条之压迫，学生爱国情绪之高涨，学风受其影响，自由风尚益趋发展。民国十一年新学制之诞生，其原因即由于此。民国十二年总理改组中国国民党，其宣言中对于教育政策为"厉行教育普及，增进全民族之文化"。十一年第一次全国代表大会所宣示之对内政策，关于教育者凡二项："厉行教育普及，以全力发展儿童本位之教育，整理学制系统，增高教育经费，并保障其独立"，"于法律上、经济上、教育上、社会上确认男女平等之原则，助进女权之发展"。十五年第二次全国代表大会青年及妇女运动决议案，亦有如下之指示："在教育方面应使革命化与平民化，并注意于平民学校的扩充。""男女教育平等，并注重农工妇女教育"。综按第一次、第二次全国代表大会对于教育之政策，凡四要义：（一）普及教育，男女教育机会均等，使教育革命化、平民化为现代国家必具之基本条件。（二）发展儿童本位教育，使合于近代心理学之原则。（三）整理学制系统，意在纠正因新学制而产生之自由与散漫的思潮。(四)**增高教育经费**，并保障其独立，使教育获得充分之发展。惜当时本党势力尚未达到全国，故未能发生巨大之影响，而于本党执政后之**教育政策**，实为最高之准绳，革命教育的进展，上项政策盖其原动力也。迄十六年国民政府建都南京，本党政治力量已普遍达于全国。十七年二月，二届四中全会宣言指示教育建设目标凡四项：（一）保护教育独立，（二）充实教育内容，(三)防止青年恶化腐化，（四）普及国民教育。盖其时军阀势力尚未肃清，教育极待建设，而共党活动甚烈，思想尚属纷歧，上述决定所以针对当时之缺点而发也。是时大学院之成立，即以行政学术化为其目标，此制虽施行未久，而教育行政权之统一，则自此始。他如学校之设置整理，经费之确定，设备之扩充，学风也整饬，均所以实施上项方针者也。

二、第二时期（民国十八年至二十年）

三全大会至四全大全

在此时期，全国统一，建设开始。教育方面自教育宗旨及其实施方针颁行以后，三民主义教育乃正式开始施行，行政方针，学校之设施，课程之厘订，训导之原则，悉本教育宗旨及历次中央决议以施行。兹分述如下：

（甲）十八年三月第三次全国代表大会决议之确定教育宗旨及其实施方案，明定"中华民国之教育根据三民主义，以充实人民生活，扶植社会生存，发展国民生计，延续民族生命为目的，务期民族独立，民权普遍，民生发展，以促进世界大同"其实施方针因与三届一次临时全体会议决议之"确定教育设施之趋向案"及"三民主义教育实施原则"精神相同，并述如次：

（一）各级学校三民主义之教学应与全体课程及课外作业相贯连，以史地教科阐明民族之真谛，以集团生活训练民权主义之运用，以各种生产劳动的实习，培养实行民生主义之基础。务使

知识道德融会贯通于三民主义之下，以收笃信力行之效。(教育宗旨实施方针)

各级学校之训育必须根据总理恢复民族精神之遗训加紧实施，特别注重于刻苦勤劳的习惯之养成与严格的规律生活之培养。(教育设施趋向案)

(实施情形)三民主义之教学本期内渐有改进，十九年一月中央通过学生自治会组织大纲，学生集团训练日渐注意。自十七年起，小学及初中童子军教育开始实施，十八年起军事训练定为高中以上学生必修科目。

(二)普通教育须根据总理遗教以陶融儿童及青年"忠孝仁爱信义和平"之国民道德，并养成国民生活技能，增进国民生产力为主要目的。(教育宗旨实施方案)

中小学教育应体察当地之社会情况，一律以养成独立生活之技能与增加生产之能力为中心，务使大多数不能升学之学生，皆有自主之能力。(教育设施趋向案)

三民主义教育实施原则案，关于中小学之训练，与前二项大体相同。

(实施情形)忠孝仁爱信义和平之国民道德，已定为各级学校训练之标准，学校及社教机关礼堂，均须张悬此项匾额。生活技能及生产训练，除职业学校外，高中分设甲、乙两组，文理科目授课时数不同，俾便升学。高中三年级虽规定得设职业及业务管理科目，使不升学学生便于就业，惟成效未著。中小学有重劳作，女生则习家事。

(三)社会教育必须使人民具备近代都市及农村生活之常识，家庭经济改善之技能，公民自治必备之资格，保护公共事业及森林园地之习惯，养成恤贫防灾互助之美德(教育宗旨实施方针)。

社会教育应以增加生产为中心目标，就人民现有之程度与实

际生活，辅助其生产技能之增进。(教育设施趋向案)

三民主义教育实施原则案，前二项与上述同，第三项训练民众熟习四权，并陶铸其国民道德，第四项注重国民体育及共公娱乐，第五项培养社会教育干部人才。

(实施情形)社会教育机关设有民众教育馆，并编印民众学校课本，教育广播及教育电影亦能渐次推行。

(四)大学及专门教育，必须注重实用科学，充实学科内容，养成专门智识技能，并切实陶融为国家社会服务之健全品格。(教育宗旨实施方针)

尽量增加各种有关产业及国民生计之专科学校，大学教育以注重自然科学及实用科学为原则。(教育设施趋向案)

三民主义教育实施原则与上述二项大体相同。

教育部十八年公布之大学组织法，明定须具备三学院方得称为大学。且三学院必须设有理学院或农工医学院之一，其用意一面在贯彻教育宗旨实施方针中注重实用科学之原则，一面在调整新学制后单科大学随意设置。又十八年公布之专科学校组织法，专科学校分农工商医等类，亦即贯彻以上两案之精神。

(五)师范教育为实现三民主义的国民教育之本源，必须以最适宜之科学教育及最严格之身心训练，养成一般国民道德上、学术上、最健全之师资为主要上之任务。于可能范围内，使独立设置，并尽量发展乡村师范教育。(教育宗旨实施方针)

三民主义教育原则案，关于师范教育之目标与上述略同。

(实施情形)师范学校之设置，以独立为原则，并规定由政府统筹办理，私人不得设置，乡村师范，简易师范，各省设立亦渐多。

(六)男女教育机会平神，女子教育并须注重陶冶健全之德性，保持母性之特质，并建设良好之家庭生活及社会生活。

(实施情形)男女教育机会均等，原则上已无问题，受高等教育之女生约当男生十分之一。中等教育阶段，女生人数尤多，家事科目已定为女生之必修，俾能达到建设良好家庭及社会生活之目的。

（七）各级学校及社会教育，应一体注重发展国民之体育，中等学校及大学专门须受相当之军事训练，发展体育之目的，固在增进民族之体力，尤须以锻炼强健之精神，养成规律生活习惯为主要任务。（教育宗旨实施方针）

（实施情形）体育之提倡，开始注意。以后复于二十年公布国民体育实施方案，公共体育场各省市已逐渐注意设置，全国运动会于十九年举行，国术之训练亦渐普及，体育科目各级学校定为必修。

（八）农业推广须由农业教育机关积极设施，凡农业生产方法之改进，农民技能之增高，农村组织与农民生活之改善，农业科学智识之普及，以及农民生产消费合作之促进，须以全力推行。（教育宗旨实施方针）

尽量增设职业学校及各种职业补习学校，职业教育之制度科目，应使富有弹性，并接近固有经济情况。私人筹设职业学校者，国家应特别奖励之。（教育设施趋向案）

（实施情形）农业推广，农业教育机关逐渐设置，职业学校及职业补习学校亦年有增加。

三、第三时期（民国二十年至二十四年）

四全大会至五全大会

四全大会值九一八事变以后，国难方殷，大会决议各案，均针对当时之需要，作应战之准备。其最重要之国家建设初期方案，实即准备抗战之四年计划，一切均以日寇为对象，教育建设自宜异乎寻常。教育方针及设施，当亦灌输民族意识及储备技术人才为要义。在此时期，对于教育上影响最大者，一为国家建设初期方案中之教育建设案，一为改革教育初步方案；兹撮述其内容与实施情形如次：

（一）教育建设方针一，各种教育应养成被教育者坚强之民族意识，并使之明瞭国家民族之地位与危险，养成其奋发为难之爱国精神。此项方针，在教育上之意义极为重大，教育部因即分别责成各级教育行政机关及各级学校与社教机关，以各种有效方法与方式，注意民族意识之培养，尤其对于学校之各项训练中特别重视此项目标之实施。二十五年并召开特种教育会议，制定特种教育纲要，其中关于精神训练一项，并列举实施事项，通饬施行，以培养发奋为荣，敌忾同仇之精神。

（二）教育建设方针二，教育应以严格诚实、刻苦勤劳之训导施之被教育者，使之在困难时期，明瞭奋斗之途径，遵守共同之纪律，具有坚忍之精神而矫正其轻率逾轨浪漫虚浮之行动，使救国运动渐趋于纪律与实际。当时各地学生，因突受重大国难之刺激，致发生轻率逾轨之爱国行动，教育当局，除派员驰赴各地剀切开导外，并由行政院下令整饬学风，不久即行恢复常态。为根本矫正起见，并令各校切实加强训导制度，以培养其坚忍刻苦及遵守纪律之学风。

（三）教育建设方针三，各级学校应特别注重与国家建设有直接关系之科学知识与适用技术。国家对于中等以上之实业学校，应特别奖励，并统计国防建设上需要之人才。充实各专门大学之设备，限期造就并极力奖励青年迎头去学西洋科学，以资应用。特种教育纲要曾规定中等以上学校得设置特殊科目与研究，当时各校所设科目达五十余种。如毒气化学、国防化学、火药学、兵器学、筑城学、防空学、战时救护、军事看护、粮食管理、汽车驾驶等，迄今各校对于此类科目，仍照常设置。至实科学校之奖励与大学设备之扩充，历年亦均注意办理。

（四）教育建设方针四，学校军事训练应注意受教育者之生活与技能适应战时之需要。高中以上学校之军事训练，应养成初级干部之知识与技能，同时必须注重一般的体育，养成学生健全之身体与精神，俾有勇敢耐劳之气力，为国牺牲之决心。特种教育纲要关于体格训练者，分军事训练及普通体育两项。军事训练之加紧实施，在二十年十月即已开始。当时规定训练程序为四期，按期实施。二十三年六月实施暑期集中训练。嗣后军事训练方法，即分平时训练、集中训练、医务及看护训练三部，集中训练为期两个月。体育方面，本期内亦渐渐注意普及。民国二十二年七月举行全国运动会。

（五）教育建设方针五，"中小学应施以特殊的课外训练，使学生更深切感觉敌国之压迫，我国之危急，并明瞭政府人民救国之正当方法，及己身对于国家应尽之责任，藉以激发其志气，增进其勇力"。特种教育纲要关于精神训练，与中小学公民教学以及其课外活动为讲演会、朝会、升降旗礼时，由校长或教员作时事讲演，同时并说明中央意旨，以免青年盲目走入不正当途径。一面藉此精神训练，以激发智勇。

（六）"中小学校之教科书，应完全由教育部编印，中小学校应采用此项教科书，同时对于坊间所售之教本，中小学教育自编之讲义，一律禁止或取缔"。中小学教科书，一面进行部编，于部编教科书尚未印行以前，仍用审查办法，以杜绝不良教科书之发行。

在此时期，中央尚有一种大决议，影响于教育者至深且巨，即发展实科，改革文法科之决议是也。二十一年十二月四届三中全会对于教育之决议有云：各省立及私立大学或学院，应以设立农工商医理各学院为限，不得添设文法科。同年，中央政治会议改革教育初步方案议决改革大学文法科，发展实科，其要义在限制文法科之过分发展，俾以节省之经费，充实与发展实科，期为国家储备建设之技术人才。自二十二年暑期起，中央议决案即已付诸实施。平沪广州等地之文法科学校，因办理不善，撤消立案或勒令停办者计有八校。文法科自限制增设后，实科逐渐发展。二十二

287

学年度起，为使文实两科学生平均发展起见，并订定限制招生办法，规定每校文实两类新生，须维持均衡比例。实施结果，原已超过实类学生甚多之文类学生，乃渐见减少，实类因亦逐年增加。同时，历年院系之调整，亦本此指示办理。

四、第四时期

五全大会至现在（民国二十五年至今）

五全大会举行于二十四年十一月，为战事发生之前夕。彼时日寇迫我益甚，谋我益亟，战事有一触即发之势。迄二十六年七月七日芦沟桥事变发生，全面抗战，遂告开始。迨首都失陷，政府西迁重庆，长期战争之局已启。沿海沿江各城先后沦陷，中等以上学校向来最密聚于此，相率被迫西迁或停闭，师生流离失所，文化备受摧残，是时中央所定国策，为抗战建国齐头并进。教育事业，既在动荡之中自宜先求其安定，再求其发展。本此方针，戮力以赴，幸能不仅维持旧观，且益趋于发展，以增强抗建动力。本党在五全大会及临全大会对于教育之决策，均以准备抗战及推动战时教育为其主要目标 兹分述如次：

（一）五全大会 五全大会宣言，对于教育之提示凡二端，关于兴实学以奠国本者，一曰学术研究机关必须与国家社会密切联系，二曰确立奖学制度，三曰促进科学之独立与发展，四曰注重技术之修习。自兹方针宣示以后，战事即将变动，故均于战后方克实施。中央研究院、北平研究院之工作，战后及抗战发动以前，均以战时为其对象，而尤注重于科学方面之研究，如自然科学及工程理化等，颇多实际之贡献。大学之研究所，战事初发，原已停顿，二十七年以后，一律予以恢复，且尽力充实军事上及技术上之若干问题，多由主管机关转咨教育部分发各大学研究，于应用方面，多所裨益。奖学金制度，除公费免费于二十三年即已实施外，二十九年夏建立国家奖学金制，是年设置四百名，三十年新增四百名，称为林主席及中正奖学金。本年及明年，各增四百名，期于四年内扩充至一千六百名。其他公私机关及个人所设之奖学金，亦卑有增加。学术奖励，著作发明及学术品之奖励，三十年政府指拨奖金十万元，本年倍之，第一届之举办，颇有成就，以后每年举行一次，以奖助学术之进步，促进科学之独立与发展。近年国防科学运动之推进，社会科学教学内容之整理，实用科学之推广，俾造成坚实之国力，推进久远之文明。技术教育之扩展，近年尤多所努力，如技艺专科之建立，技术科系之增设，工科学生人数之激增，假期实习之规定，专门人才之登记，职业教育之扩展，均有显著之成效。

五全大会宣言关于宏教育以培民力之提示者，一曰实行教科书之统一与改良，二曰积极推行义务教育，三曰充实师范教育之制度，四曰发展女子教育，五曰增加教育经费，六曰普遍推行国民训练，七曰推行社会教育与成年补习教育。教科书之审查，久已施行，部编教科书之计划，中学部分明年可以完成，中等以上学校教本由部统一编订，亦正积极进行，期于短期内完成。国民教育第一期计划业已实施，结果颇佳，现正推行二期计划。小学课程已予改订，注重劳作及实用科目施以简易之职业训练。师范教育已与中学教育分离，以独立设置为原则。师范生采公费制度，在中央已完成实施，各省亦逐渐改进，师范学院业已逐年增设，中小学教师待遇虽较战前提高，犹待继续改进。女子教育进展尤速，受高等教育人员中女生已占五分之一，较战前增加了一倍。中学女生数显著增加，为女生独立设立之学校，女子中学及师范学院近年已次第成立。教育经费之增加，政府颇为注意。且建立学校会计独立之制度，俾与政府主计制度相配合。推行国民训练与社会教育，以限于经费，尚与预定计划相去甚远。文盲之扫除，二十六年度达二千一百万，二十八年度已达□□一百万，三十年度已超过千万，但壮丁之训练亦有赖于文盲之扫除，有待于□□□□成人补习教育，归并于国民教育，收效当益较宏。

（二）临全大会　临全大会通过之抗战建国纲领，关于教育者凡有四项：

（甲）改订教育制度及教材，推行战时教育，注重国民道德修养，提高科学研究与扩充其设备；（乙）训练各种专门技术人员与以适当分配，以应抗战需要；（丙）训练青年，俾能服务于战区及农村；（丁）训练妇女，俾能服务于社会事业，以增加抗战力量。战时教育之方针，既已制定，遂根据此方针以订定战时各级教育实施方案纲要，以为战时教育实施之准绳。该项方案纲要凡十七项，兹按其性质区分为八类：一为适应时代需要，二为充实学校内容，三为提高学生程度，四为加强身心训练，五为培养技术人才，六为注重学术研究，七为健全教育行政，八为发展社教边教。兹按各类分述，其实施情形如次：

（一）适应时代需要　纲要第一项明白规定："对现行学制，大体应仍维现状，惟过于拘泥模袭他国制度、过于划一而不易施行者，应酌量变通，或与以弹性之规定，务使因事制宜，因材施教，而收得实际效果。"现行学制在战时因求其安定，故未多加改变，大体上仍维现状。但为因时因事制宜起见，对于不切实用与不易施行者不得不予变通。如招收高中毕业生之三年制专科，同时得招收初中毕业生称为五年制专科（医学仍为六年制），意在使初中学生继续五年之修习，避免重复之课程，多作专业之训练，并可缩短修业年限，以应战时需要。师范学院肄业年为五年，但因假期之缩短，课程已限于四年三个月中教授完毕，实习三个月即分发为实习教师。同等学力原仅准投考专科（此额为百分之二十），自二十七年起已准其投考大学，但限制此额为百分之五，以免宽滥。他如先修班之设立，在谋学力较差及学期中战区退出学生之补习，六年一贯制中学之试办，在避免高初中学课之重复修习，使准备升学〔入〕大学之学生有充分之时间，受一贯之训练，以提高其程度；国民教育之改制，在使小学教育与成人补习教育打成一片。以上学制上之改变,均所以使教育适应时代之需要也。

(二)充实学校内容　纲要第二项:"对于全国各地各级学校之迁移与设置,应有全盘计划,需与政治经济方针相呼应,每一学校之设立,及每一科系均应规定其明确目标与研究对象,务求学以致用,人尽其才,庶几地尽其利,物尽其用,货畅其流之效可见"。第五项:"对于大学各院科系,应从经济及需要之观点,设法调整,使学校教学力求切实,不事铺张。"第九项:"对于中央及地方之教育经费,一方面应有整个之筹集与整理方法,并设法逐年增加,一方面务使用得其当,毋使虚糜"。第十项:"对于各级学校之建筑,应力求朴实合用,不宜求其华美。但仪器与实习用具之设备,应尽量充实,期达到规定之标准"。第十四项,"中小学中之女生,应使之注重家事教育,并设法使学校教育与家庭教育相辅推行"。

年来学校之迁建、裁并与改组,均求其合于政治经济及国家社会之需要,院系之调整与增设,新校之设立,均本此原则以行。中央教育经费已有相当之增加。惟以限于国家财政困难,仍待于继续筹措。地方教育经费之整理与保管,亦经迭饬遵办。会计制度国立学校实行已有四年,俾各校经济用得其当,不致虚糜。以上措施,为充实学校内容之要图,均已逐渐实施。

(三)提高学生程度　纲要第三项规定:"对师资之训练,应特别重视而亟谋实施,各级学校教师之资格审查与学术进修之办法,应从速规定",第四项规定:"对于各级学校各科教材,应彻底加以整理,使之成为一贯之体系,而应抗战建国之需要"。年来举凡高级师范教育制度之建立,师范学校之增设,大学教员资格之审查、聘任、待遇及进修之规定,部聘教授之设置,中学教师之检定,大学课程之整理,中等学校课程之编订,小学课程之修订,教科用书之着手编辑,以及严格考核学业成绩,举行学业竞试,改进毕业试验,悉本此方案以行,以求学生程度之提高。

（四）加强身心训练　纲要第六项规定："订定各级学校训育标准，并切实施行导师制，使各个学生在品德修养及生活指导与公民道德训练上，均有导师为之负责，同时可重立师道之尊严"。第七项规定："对于学校及社会体育应普遍设施，整理体育教材，使与军训童训取得联系，以矫正过去之缺点，强迫课外运动，以锻炼在学青年之体魄，并注意学生卫生方法之指导，及食物营养之充足"。第八项规定："对于管理应采严格主义，尤注重于中学阶段之严格管理，中等以上学校一律采军事管理方法，养成清洁、整齐、确实、敏捷之美德，劳动服务之习惯，与负责任、守纪律之团体生活"。年来学风之力谋整饬，训导制之实施，新生之训练，体育法之创定公布，体育师资之大量培养，体育国术教材之编订，军训之改进，军事管理之实施，新生活运动之推行，社会服务及劳动服务之推进，俾本加强中心训练之原则，制定各项方案，以实施上项方案所规定者也。

（五）培养技术人才　纲要第十三项规定："改订留学制度，务使今后留学生之派遣成为国家整个教育计划之一部份，对于私费留学，亦应加以相当之统制，革除过去分歧放任之积弊。第十七项规定："为谋教育行政与国防的生产建设事业之沟通与合作，应实施建教合作办法，并尽量推行职业补习教育，使各种职业之各级干部人员均有充分之供给，俾生产机构早日完成"。此等方案，皆注重技能人材之培养。近年来，实行留学之限制，无论公自费留学生均以学习军工理医，切合国防急切需要者为限。专科以上学校，则扩充实科院系，增加实科班级，添设技术专科，增设中等技术科，统筹毕业生服务，登记技术人员，均力谋与建设事业相配合，以获取密切联系。凡此均为上项方案之实行，以符合培养技术人才之原则。

（六）注重学术研究　纲要第十二项有："全国学术审议机关应即设立，以提高学术水准"之规定。教育部本此方案，于二十九年成立学术审议委员会，为审议全国学术研究之机关，他日研究院所扩展著作及科学发明之奖励，教育研究工作之推进，学术机关及学术团体研究工作之督促进行，即系本"注重学术研究"之原则而实行上项方案也。

（七）健全教育行政　纲要第十一项："各级教育行政机构应设法使其完密，尤应重视各级督学工作之联系与效能，对各级教育行政人员之人选，应以德行与学识并重，特别慎重其铨衡"。如督导制度之改善，督导人员之增加，省市教育行政人员之慎选，即本此方案以行者也。

（八）发展社教边教　纲要第十五项"督促改进边疆教育与华侨教育，并分别编订教材，养成其师资，从实际需要入手"。第十六项："确定社会教育制度，并迅速完成其机构，充分利用一切现有之组织与工具，务期于五年内普及识字教育，肃清文盲并普及适应于建国需要之基础训练"。社教如中央图书馆之成立，中央民教馆之筹设，电化教育之扩充，戏剧美术音乐及国语之推行。边教如边地师范学校及职业学校之扩充，边地学生之优待，苗夷青年之筹办，均本此项方案以实施者也。

五届五中全会以后，此时期教育当局以全力实施战时各级教育实施方案中所定之条款，未施行者力求实现，已施行者冀其贯彻。五中全会以迄九中全会，历次对于教育之指示，亦有若干要点，足资申述者，兹分列如次：

（甲）关于高等及中等教育者　五中全会决议，对于学校之迁移地址，应为有计划之指定，战区青年，应尽量吸收。六中全会议决，统筹专科以上学校图书仪器，以充实教学设备，大量培养技术人才，以应需要，并特别注重于高等教育有质的改进。七中全会决议毕业生服务之分配，应设法扩充容量，并尽量吸收战区大学毕业生。八中全会决议，对于研究院所应再予扩充。九中全会决议增设师范学院及水利工科大学，并注意学生营养问题。

以上各案之实施情形：（甲）中等以上学校之迁移为数极多，为避免集中于少数地区起见，教育当局已预为筹划，指定迁移地点。现时除四川一省学校分配较多外，其余各省均分别设有专科以上学校一、二校至三、四校不等。国立中学现时分布情形，亦尚无偏枯现象。（乙）统筹设备，已由政府先后拨美金一百万元，向美国洽购各校所需图书仪器，已运到一批，余在洽运中。（丙）研究院所战事发生后多已恢复，原有六十四学部，本年已增设十二学部，独立设置之研究所已由一所增至三所。（丁）增设师范学院及水利大学，师范学院已由五院增至九院，及分院一所，水利工科大学因与学制不合，已将河南水利工专改组为国立黄河流域水利专校。（戊）技术人才之培养，自二十九年起，已在公私立大学增设电机机械二十五班，每年招生一千名，三十年及本年仍各续增二十五班。（己）高等学校质的改进，教授资格审查，已完成二分之一，教材编辑、教科用书之编译，正积极进行中，学业考核及学校考试亦已加严，毕业考试已实施总考制。（庚）收容战区学生，大学部份每年均在千人以上，自战事发生至现在，分发后方各校借读学生已达五千五百人，战区高中毕业生升学亦订有保送办法，收容战区中学肄业生现已达五万人，均分发国立中学及省私立中学肄业。（辛）国立中等以上学校学生膳食所需主食品，以中等熟米二市斗一升为标准，另按各地物价情形核给副食费，自本年五月起，已将各校副食费酌予增加，最低限度之营养，差可维持。

（乙）关于国民教育及师资者，国民教育最大之问题，一为经费，一为师资。大量养成国民教育师资，在五届六中、七中、八中全会均有决议。经费问题，九中全会之提示为："地方公款公产以前曾经专案指定为教育基金或经费者，应彻底清理，以充裕地方经费，不得挪作他用，庶在统收统支原则下仍能维持教育经费独立之精神。至国民教育经费之分担办法，现行之有年而收效甚宏,中央应负担之部分经费仍应继续负担,以示倡导而俾督促"。

右二案实施情形,关于国民教育师资训练方面,近年来除督导各省市尽量增设师范学校、简易师范学校并扩充师范班级外,因国民学校及中心学校大量增设,师资不敷仍巨,故一面督导各省市大量举办国民教育师资短期训练班,造就代用教员,以应急需。并督促各省市每年举办教师登记及检定,选取合格人员,充任教员。一方面利用暑期举办现任教师训练班,并督导厉行教员进修工作,以期逐渐提高教员程度。国民教育经费,虽中央提倡地方自行增筹,并规定筹集国民教育基金办法,但总数仍不能增加。自九中全会,上项提案决议后,经国防最高委员会送由国民政府转饬行政院通令各地政府施行,同时并由教育部、财政部、内政部等会同决定县地方教育经费成立特种基金专帐保管,至此教育经费之保障遂得明令恢复,但已成立教育特种基金者仍甚少,尚有待于督促施行。

(丙)关于社教及边疆教育者,八中全会通过国府教育文化建设方针,对于社会教育提示应特别注重人民生活之改进,民智民德之培养,抗战意识之增强,并注意培养师资,编订教材。关于边疆教育,历次大会亦提示注意改进。

右案之实施关于社教者,以四维八德为国民道德标准,近年来所编课本及补充读物中颇能注意实施。发扬民族意识,近年各项刊物、剧本、电影及广播等均甚注意。编订教材,年来教育部所编民众读物辅导丛书颇多,仍在继续编印中。培养师资,国立社会教育学院初成立,各师范学院及大学社会科系亦颇能注意社会教育师资之培养。至边疆教育之改进年来亦尚有进展,已设立之学校计有专科学校一所,中学一所,师范学校十一所,职业学校六所,小学五所,共计八百九十五班,学生八千六百九十九人。但边疆各地小学尚未普遍成立,小学毕业之边疆青年太少,上述各校中蒙藏回学生人数仍占少数，有待继续改善是也。

结论

综观上述历届中央决议及宣言中指示要点，政府当局勉力遵行，或于决议原则制成方案，分期实施，或于宣示要点订定办法督促施行，而实施之先后，容或间有与决议时期相距较远者，于施行以前作周密之计划与详晰之考虑所致，且有若干事项需要大量之经费，不能不事先妥为筹措，以免实施时之困难。但就成效言，亦有难达预期之成果者。亦间有少数决议，因经费一时无法筹措，未克施行者。以上两项应由政府分别缓急，权衡轻重，妥求实现，以免决议事项，久延不行。盱衡目前教育设施情形，困难之点，当亦不少，特提示下列各点，俾政府当局加以注意。

一、我国教育已较落后，教育经费虽年有增加，在国家总预算中所占成份则逐年减少，各项教育维持已感不易，难期发展，加以物价步涨，困难自增，尚原有事业又不能一日停止，教职员以生活艰苦纷纷求去，学生以未获充分之营养，体质渐趋弱象，应由政府宽筹各项教育经费，提高教师待遇，充实教学设备，以维国本。各省市之国民教育经费，尤应明令规定中央划拨地方国税内之成数，俾国民教育得以如期完成。

二、高等教育之管理，如学校行政机构之规定，教员资格之审查，课程之厘订等，年来施行已见成效。惟散漫之风气，仍未能完全祛除，应督促教育主管机关本中央既定之方针，积极推行，以期政令之贯彻。

三、留学教育，年来因外汇及交通关系，几陷于停顿，影响专门人才及大学师资者甚大。际此同盟国家战争生产猛进之时，应由政府从速规划改善留学办法，作有计划之大量遣派，以为国家储备技术与管理之人才。

四、中学教育为高等教育之基础，影响至巨。苟中学教育内容不克充实，学生程度即无法提高，势将影响大学之素质。而目前国立中学及各私立中学之设备，贫乏特甚，影响教学及学生程度者至巨，应由政府拨给大量经费，扩充图书仪器标本等必需之设备，以期充实内容，提高程度，仪器标本并应设法制造，俾可自给。

五、为实施精神训练与加强学生之管训起见，必须全体教职员通力协作，树立楷模，尤重在领导之集中与统一。今后对于中等学校校长人选，应特别注意其品德与信仰，并应责成其切实推行三民主义的教育与军国民教育，除学校经常行政以外，一切员生党团活动以及军事管理皆应由校长主持，担负实际领导责任。

六、现行学制已富有弹性，惟学生之入学尚不能完全根据其个性之需要。今后不仅应探寻学生个性与资质之高下，指导其分别进入中学、师范与职业学校，且应使国立、省立与县立之中等学校，各具特殊任务，按学生之秉赋善为导引，或使转学至更适合之学校，庶能收因材施教之效。

七、小学为国家基础教育，服务小学之教师其所贡献于国家者几不下于服兵役。而目今小学教师异常缺乏，实为教育上一严重问题。为尊重及奖劝小学教师起见，应规定凡受师范教育之学生，应免除其兵役，但须加强师范毕业生之管理，严密统制其服务，在规定期限内，必须以担任国民学校与中心学校之教师为限，并严禁各级行政机关及公私立职业团体招用服务未满期限之师范毕业生与师范生。

八、国民教育之师资供求过于悬殊，今后仍须督促各省市除注意师范学校之质的改进外，并应继续大量增设师范学校，增收师范生，并设置短期师资训练班，以资补救。

九、社会教育，除应由政府根据五届九中全会决议办法确定社教经费数额外，并应切实训练社教人才，充实社教机关内容，使担任教化民众之责任。

十、战时教育之训练，如训导之加强，导师制之施行，军事训练、军事管理及童子军管理之加紧实施，员生礼仪之注重，劳动服务生产之训练，课程教材之编订，教育当局原已注意实施，惟尚未臻于理想之境地而合乎军事化之要求，今后之战时教育应以实施严格之军事化为中心目标，并应由教育部依照下列原则制成详细之具体实施方案。

（一）厉行生活指导，使每一学生生活谨严，容止合度，对于国家能负责任，一切行动能守纪律，明礼义，知廉耻，具备圆满人格之修养，一改过去积重难返之弊习，使成为坚强果敢、真正力行，能奋斗、能创造之建国桢干。

（二）训练手脑并用，必使各级学校依其所在之环境，充其所有之设备，俾学生于日常生活必需之技术中寻求人生之真意义与真本领，引起学生对于近代科学与机械技术之兴趣与应用，使所学所用，不致远离生活之需要。

（三）提倡劳动服务，对于学生课业必须因应现实，善为活用。关于课外时间由校长，教职员躬为倡导，督率学生从事于劳动服务或社会服务。

（四）修订课程教材。中等以上学校之课程，应与军事教育之科目相衔接，使为战事工具使用之准备，并经常举行对于军事学校与军需工业及军事演习之参观，使青年咸能明瞭军器生产与使用之实际，战斗修养与战斗实务之内容，养成其自卫卫国之能力。

〔国民政府教育部档案〕

4．抗战期间的中国教育①

（1937—1945年）

一、概 述

抗战八年间，我国教育文化，曾受敌人的重大摧残。日人认为各级学校均为反日集团，所有智识青年，均系危险分子。为欲

---

① 本文系教育部为一九四六年十一月联合国教科文组织举行的第一届大会撰写的报告书，原题为《一九三七年以来的中国教育》。

达到其长期统制中国之目的，故极力奴化我青年之思想，**摧毁我教育及文化机关**，欲以消灭我固有之文化。因此之故，战时我国教育文化之损失，乃至足惊人。

然我政府及教育界人士，相信"抗战""建国"应同时并进，而教育尤为建国之基础，故虽在艰难困苦之中，仍坚忍奋发，辛苦维持。遂使抗战八年间，各级教育俱能逐渐发展，并未停止其进步。

以言初等教育，战时创设了新的国民教育制度，融合义务教育、失学补习教育于一炉，此系一举两得的办法。同时我教育学者复不断研究各种方法，利用各种新的工具，以期推进教育之普及。小学儿童人数，据一九四四年统计，未被敌人占领区域之入学儿童数，已等于战前全国儿童之数目。文盲之扫除，若干年来，迄未松懈。似此情形，继续发展，在战后政治上轨道，社会安定，生产事业发达，国民经济改善之后，普及教育目的，不难在短期内达到。

我政府为保持我悠久文化及维持社会上之中级干部人才起见，自一九三七年以来，苦心维持中等教育。设立四十八所国立中等学校，并大量举行员生之救济。胜利以后，此等国立中等学校多数已交还地方，并严格注意中学、职业、师范之比例发展，以期适应战后建国之政治、经济及社会的各方面之需要。关于中等学校课程及教学方面，复时时在整理研究之中，以期教育效率之增强。中等学校学生由战前六十二万余人，经若干年之推进，已增至一百一十六万余人。

高等教育在战时不仅能照常发展，并已渐能纳入轨道。如学校组织之厘订，课程之整理，师资之审查，学术研究之提倡等，均足以形成完美之制度。专科以上学校学生，战前仅四万余人，现已增至十万余人，约当战前之两倍半。关于师资及科研人员之补充，我国大学及研究院所，已可造就所需之候补人材。同时并继续派遣学生出国深造，研究西洋最新之科学，并欢迎与盟邦各国交换教授、交换学生,加强国际文化之合作。

此外,关于边疆教育之推进,华侨教育之注意,社会教育之扩张,国民体育之重视,均能同时并进,具有相当成绩。

惟是战时教育之成绩,殊不能与战前之进步相比拟。战前十年间,即自一九二七年国民政府成立至一九三七年对日抗战开始时期,我政府深信教育为建设自由民主国家之重要工具,决定三民主义之教育宗旨,以充实人民生活,扶植社会生存,发展国民生计,延续民族生命为教育目标。订定各级教育制度,增加教育经费,整顿大学,推行义务教育,扩充社会教育,提倡科学研究等工作。此十年间可称为实施新教育以来最有成效之时期。一九三七年以后,我国教育虽仍有相当进步,然若不遭遇日本之侵略,无此次之战争,使循战前进步之迹向前发展,其进步必较今日为大,可断言也。

按照我国本身之需要,政治方面建设自由民主之新中国,经济方面实现国父之实业计划,亟需培养二百万以上之高级与中级技术人才,方足以适应此种需要。为达到此种目的,今后教育:第一,须大量推广教育,积极扫除文盲;第二,须普及科学知识,提倡科学研究;第三,须奖励学术自由,建立现代文化。此为我教育从业人员所共晓,今后所应努力从事者。

惟自日人全面投降以后,广大地区,突告收复。战时西迁的学校既须迁回,西南西北之文化水准又必须设法维持,而经八年毁废之沦陷区的学校及文化机关,均须一一修整,在极短的时间内,要顾及到这若干方面,实在是一种艰巨的工作,其困难当较战时为尤甚。况目前各级学校之学生数量,均已较战前增多,战后中国,物资缺乏,财政困难,生活费用高涨,虽然政府有于战后一年内将各级教育恢复到战前状况的决心,但恐不易有这种力量。

关于物资缺乏情形,战时全国各级学校与教育人员直接间接所受损失总额国币三，二七四，八一九，〇〇〇元，合美金九亿六千六百零二万三千四百九十元，今后如何偿补，如何恢复，真是严重的问题。（竺可桢先生在联合国文教会所报告七亿余万元，系仅就直接损失而言，仅为损失总数字之一部份。）

而其严重者，为教育人员目前精神之□□，教育为一种精神工作，必须具有向上的理想与热情，方足以培养下一代国民之努力前进。抗战八年间，虽在敌人军事压迫之下，吾人尚能坚持"抗战必胜"的决心，憧憬着未来的光明，争取民族的生存，为国家造就新进的分子。乃自胜利以后，内乱不已、交通未复，经济日益艰窘，生活不能安定。因而影响教育人员，使之与其他人员一样失去其坚持的信念。只求维持现状，而缺乏一种崇高的理想，不图克服目前的困难，以培养下一代的国民。此种危险，实较物资缺乏为更甚。此为吾人检讨过去之余，所不能不深自猛省者也。

至于一九三七年以来各种教育情形，请详下文。

二、高等教育

一、战前概况

在一九三七年七月，中日战事发生之前，中国计有专科以上学校一〇八所，计大学四十二，独立学院三十四，专科学校三十二。大学分文理法工农商医教育八个学院，凡具备三个以上学院者，即称为大学。惟此三个学院必须包含理学院或农工商各学院之一，不足三个学院之学校，为独立学院，得分两科办理。各学院修业期限，除医学院修业五年，实习一年方得毕业外，其余均系四年毕业。专科学校，规模较小，修业期限，按其性质，有二年制与三年制两种，当时多数学校均具有坚固合用而美观的校舍，以及适当设备的图书馆、实验室、礼堂、宿舍与体育馆或体育场。学术研究甚为重视，若干教授俱能一面教学，一面从事研究，除以本国文字发表论文或著作外，并常以外国文字发表其研究结果。独立研究机关有中央研究院（The National Central Research Institute or Academia Sinica）及北平研究院（The National Research institute of peiping）十二个大学中，有十二大学设有研究学部，为大学毕业生深造之所，授以硕士学位。当时全国计有专科以上学校学生及研究生四一，九二二人。

二、战时学校迁移与战后之调整

战事既起，北平及上海首遭敌攻击，此两市人口和所设学校颇多。日人既指青年为抗日份子，以教育机关为培养抗日主义之集团，对于学校之破坏，尤属毫无忌惮。中国政府及学校当局为保全教育文化计，于是尽全力于学校之迁移，其确无力继续办理者，亦必将其财产迁出，然后予以停办。其后，战区继续扩张，学校所在地相继沦陷，学校亦不断再迁。战前一百零八校，因校舍遭敌人占领或轰炸，不得已而迁移或停顿者，达九十四校之多。其中有一迁再迁，迁移至五次之多者，经不断迁移的结果，财产的损失，经济之浪费，甚至性命之伤亡，乃至不可以数计。

过去专科以上学校，多设在沿江沿海各大都市，战时学校既大量迁移，政府遂藉此时期，对于高级教育机构之分布，作适当之调整，西南西北地区如云南、贵州、陕西、甘肃、四川等省，素称教育落后，以战时有多数大学迁至后方，其教育乃大为发达。

抗战胜利，迁设后方之若干著名大学，固须迁回原址，继续其过去的历史，发扬光大，但为维持后方文化计，甚多新设的大学、学院及专科学校均即留在后方。高等教育机构，战前集中在东南及北部之缺点，赖此已有所矫正。

三、学生之救济与学生之战时服务

战事发生后，政府已命令各校迁移后方安全地带，此即于一九三七年夏组织一委员会于南京，办理战区学生之登记、遣送事宜，同时命令各省均有此种同样之组织。分别登记学生，并分发后方学校肄业，各级学校学生因获此种帮助，遂得以安全到达后方。其后战区日益扩大，教育部乃经常有一组织，办理战区学生之招致、救济与复学或就业。因而接近战区之地点，设立招致站。

藉隶战区之青年，大多经济来源断绝。政府为使安心求学计，于一九三八年开始设置大量公费学额，最初称为贷金，规定毕业后应将服务所得缴还学校，其后一律改为公费。抗战胜利后，政府公布从前领得贷金之学生，虽已毕业，亦免予归还。专科以上学校学生获得此种贷金或公费者每年常在五万人至七万人左右。现虽中日战事结束，但社会经济状况尚未改善。公费制度，尚继续存在。将来或永久保留一部分，以奖励清寒优秀的学生。

政府虽设公费学额，以救济青年之学生，但同时有一瞭解，即遇国家有所需要时，即随时予以征调。战事初起时，战区青年虽纷纷移向后方，若干鉴于抗战意识伟大之青年，多在西安、洛阳、成都各地直接参加军队工作或投入军校。其余继续入校肄业者，战时数年中，亦颇多被征调，参加战时服务。一九三九年教育部开始征调大学医学院毕业生，从事军医工作，数年之中，此项被征调之学生，不下三千余人。后因赶造公路及加强兵工制造，自一九四一年起，大批工科学生被征调参加此类工程。同年秋，美空军来华，遂征调外国语系学生担任译员工作。其后美军人数增多，大学学生被征调任译员者逐渐渐加，迨战事结束，总计达二千六百余人。除医科毕业生调充军医外，医科之低年级生（junior students）多调充护士或其他医药工作。法科学生调充军队之法官。一九四四年，政府号召青年从军，专科以上学校学生，自动报名者甚为踊跃。

四、提高教员水准

战前大学教员之资格，素无统一规定，各校聘请教员，宽严不一。以致同称大学教员，因所隶学校不同，往往程度悬殊。政府为保障专科以上学校教员计，于一九四〇年颁布规程二种，规定教员应具之资格及待遇之标准。

依照该项规定，专科以上学校教员分教授、副教授、讲师及助教四等。教员须将其学历及服务经历，报经教育部审查后方可核定等别。除具有一定之资格外，任教具有成绩，且有专门及有价值之著作者，然后始可逐渐升等。自一九四〇年开始办理以来，经审查合格者，计有教授二四二九人，副教授一〇四三人，讲师一七八五人，助教一九一一人，共七一四一人。尚有四分之一教员正在继续办理中。

为增进大学教员学术地位计，教育部于大学中设部聘教授若干名，由国立专科以上学校各科教授就其本科中选举后，教育部聘定。一九四二年三十名，一九四三年增为四十五名。另为促进大学教员学术进修计，每年选择若干教授，予以一年之休假，使从事考察或研究。一九四〇年十人，一九四一及一九四二年各二十人，一九四三及一九四四各三十人。

五、整理大学课程

中国大学课程，向由各校自订。各校每骛于高深，有将研究院应习之专门科目，列入大学课程之内者，遂使四年时间，既无法专精，复不能建立普通之基础。同时各校之间，亦失却最低之标准。同为大学毕业生，因毕业之学校不同，其所习学科与所有程度，往往差异甚大。战前两年，中国政府即曾着手调查各大学所设科目，加以比较，觉科目繁多，漫无标准。嗣经整理研究，经各大学系主任及教授发表意见之后，于一九三八年九月制定大学科目表，由教育部公布施行。

大学课程整理之原则，约有三点：一、注重一般学术之基本原则；二、求各种课程之集中，避免支离庞杂；三、立一最低限度之标准,使大学毕业生有一定程度。大学课程整理之结果,有两种趋向可以看出,一为偏重文化陶冶,二为合于中国自己需要之课程比战前为多。

六、发展研究院所

一九二八、一九二九两年,中央研究院及北平研究院先后成立,均为独立设置之研究院。

甲、中央研究院直隶于国民政府,设有物理、化学、工程、天文、气象、心理、历史语言、社会科学、动植物等研究所,各研究所皆设有研究员、副研究员、技术员及助理研究员各若干人,抗战时期,分别迁至昆明、桂林、四川之李庄等地,继续工作。

乙、北平研究院隶属于教育部。设有物理、化学、药学、镭学、生理、动物、植物、地质、史学等九个研究所,共有研究员二十五人,助理员五十人,技术员四十人。战时迁昆明继续工作。

以上两个研究院均不招收研究生。教育部计划于此两研究院之外,择大学与独立学院之设备充实、师资健全者,设大学研究院所,为大学毕业生深造之所。于一九三四年公布大学研究院暂行组织规程,规定大学或独立学院毕业生继续研究两年以上,作为论文,经该院考核成绩合格者,得提出为硕士学位候选人。战前各校设置研究院或研究所者,计十二校,凡四十五学部。战事前两年,因学校迁移关系,大学研究院所曾一度停顿,一九三八年始逐渐恢复,并酌予增添。截止最近,设立研究院所之学校已达二十五校,凡八十六学部。

硕士学位候选人之论文,例须呈送教育部审查,经核定后,给予硕士学位。教育部在战前对于硕士论文之审查并无专管机构。自一九四三年开始,此项论文之审查,划为教育部学术审议委员会办理,迄一九四六,三年之间,经该会审查通过之硕士论文，凡九十九篇。其中颇不乏有价值之著作。

中国大学授予之学位，现以硕士为最高。但中国政府现正研究博士学位之设置。拟以考试方法，授予博士学位。此种办法，数年后或即可以规定实行。

七、奖励著作发明

中国政府对于一般学术研究之提倡，虽在战时，仍甚积极。教育部一九四一年开始举办著作发明及美术之奖励，分：（一）文学（包括文学论文、小说、戏剧及诗歌），(二)哲学,(三)自然科学,(四)社会科学,（五）古代经籍研究等五类。科学及技术发明之奖励，分：(一)应用科学,(二)工艺制造等两类。美术类之奖励，包括图画、音乐、建筑及雕塑等四种。每年举办一次，截止去年，已举办四届。前四届得奖者，共一九九人，计一等奖十四人，二等奖六十二人，三等奖一二三人。

八、学校及学生数量之增加

高等教育根据上述情形，故在战时仍能继续发展。去年八月，日寇投降，沦陷区域全面收复，国土重光，经一年来之调整，全国现共有专科以上学校一八二校,计大学五十三校,独立学院六十二校,专科学校六十七校。总计较战前增百分之七十。其分类统计如左：

类别	国立	省市立	私立	共计
大学	三一		二二	五三
独立学院	二一	一六	二五	六二
专科学校	一八	二九	二〇	六七
总计	七〇	四五	六七	一八二

学生人数，据一九四五年下学期统计，即日寇投降之时，为

八〇,六四六人,较战前约增一倍。近一年来,因青年军之复员,沦陷区学生之加入,现在学生数已将近十二万人矣。

三、中等教育

中国所谓中等教育,包括三类学校,即中学、师范学校与职业学校,此三类学校大都以省办者为多,间亦有私立、县立、市立或联立者。关于师范教育,将另列一章加以叙述。兹将一九三七年以来中学与职业学校之重要设施略述如左:

(甲)中等学校数量上的进展 战事未发生前,中等教育之概况,据教育部一九三七年春所发表的统计,全国中等学校共三,二六四校,学生六二七,二四六人,其中中学一,九五六校,学生四八二,五二二人,师范学校八一四校,学生八七,九〇二人,职业学校四九四校,学生五六,八二二人。

抗战爆发后,沿江沿海各重要城市先后沦陷,而此类重要城市,乃中国中等教育最发达之地区,敌骑所至,黉舍为墟,中等教育受摧毁极大。中国政府认为教育乃百年树人大计,不可一日中断,故于极窘困环境中,仍设法排除困难,以维持各地中等教育于不坠,虽烽火漫天,而弦诵不绝。

经数年不断之努力,中等教育反较战前为进步,据一九四四学年度——即战争开始后之第八年统计,全国除沦陷区外,已有中学二,七五九校,学生九二九,二九七人,师范学校五六二校,学生一五七,八〇六人,职业学校四二四校,学生七六,〇一〇人,合计三,七四五校,学生一,一六三,一一三人。一九四五年敌人投降,陷区收复,学校及学生数量,还不止于,就此以观,已显然较战前为进步。

(乙)国立中等学校制度的建立 战事起后,教育部为救济青年失学,并发挥教育功能增加抗战力量起见,特于一九三七年底起先后在后方安全地区设置国立中等学校,以收容与救济由战区流亡至后方之中学员生,一九三八年教育部订颁国立中学课程纲耍，国立中学课程计分精神训练、体格训练、学科训练、生产劳动训练与特殊教学及战时后方服务训练五项。

国立中等学校成立之初，原为收容战区中等学校员生，惟各校既由中央自行办理，其任务自应不限于战区员生救济与训练，对于中等教育设施多所建树，藉为各省市县私立中等学校之楷模。截至一九四四年第一学期止，计有国立中学二十八所，国立边疆学校三所，国立华侨学校三所，国立专科以上学校附设中学十六所，共五十校，八九三班，学生三八，〇一一人，国立师范学校一〇所，国立边疆师范学校九所，国立华侨师范学校二所，国立专科以上学校附设师范一所，共二十二校，二二〇班，学生七，八四一人，国立职业学校七所，国立边疆职业学校八所，国立专科以上学校附设职业学校一三所，共二八校，一〇一班，学生五，〇八七人。所有在校学生百分之八十以上均由政府供给膳食，特别贫苦学生并分别发给制服及书籍零用等费。

（丙）分区设校计划的拟订　过去各省中等学校之设置，每多集中于省会或交通便利之城市，以致各省地方文化，多为畸形之发展，教育部为纠正此种设校偏枯之弊，并谋中学、师范、职业三类学校之均衡发展起见，于一九三八年起，先后订颁"划分各类中等学校区办法"，令各省依照省内各地交通、人口、经济及文化发达情形，分别划定三类中等学校区，分期按区设置各类中等学校。一九四二年，复订定"中等学校设校增班注意事项"，规定中学、师范、职业三类学校之设置比例，在初级中等学校之比例为：六比三比二，这就是说，假如某一省或某一区设初级中学六所，即必须同时设有初级师范学校三所及初级职业学校二所。在高级中学校之比例为：一比一比一，换句话说，就是：假如某一省或某一区设有高级中学二所，即必须同时设置高级师范一所及高级职业学校一所。

（丁）战区教师与学生的救济　抗战之初，教育部对于各省中等学校曾规定紧急处置办法，准备应变，迨战争扩大以后，战区与邻近战区各地中等学校，或遭敌人破坏，或受军事影响，不能继续施教，教育部除于一九三七年底先后在后方创设国立中等学校外，并在四川、贵州、广西、陕西、湖南、湖北、甘肃、宁夏等省创设战区中小学教师服务团十处，分别收容战区中小学教职员，推进当地之义务教育与民众教育，同时，又办理中山中学班、中学班、中学补习班、短期职业训练班等，收容中等学校学生。一九三八年，教育部公布《战区中小学校教师服务团附设中山中学班办法》，曾规定：中山中学班课程除中学及师范学校基本学科训练外，特别注重劳作及生活技能之训练，其方法切实简易，便于实施，藉对中学生毕业后不能升学之困难，谋部份的解决。并于增进后方生产有所裨益。一九四一年，为划一设置加强管制起见，将原有教师服务团所办理之中山中学班一律改组为国立中学，或合并于其他国立中学收容训教。

一九四一年起，为免除战区学生前来后方长途跋涉起见，教育部特通令战区与各省教育厅就原有学校增设班级收容战区退出青年，所需经费及学生膳食费，由教育部分别酌予核拨，江苏、河南、安徽、江西、浙江、福建、湖南、陕西等省，共设临时中等学校十一所，一六八班，学生八六〇〇名。

自一九四四年以后，战区日益扩大，如湖南、云南等省亦为战火所蔓延，中等学校学生之失学与流亡者，更形增多。为救济此类学生起见，教育部特令饬各国立中等学校增加班级，在一九四四年两学期以内，计增加二二〇班，收容学生约一四，〇〇〇余名。同时，教育部又呈请行政院，增拨员生救济费，在后方各省设立战区学生临时中学进修班，计贵州设二〇班，河南五班，陕西八班，湖南十四班，共收容学生二四〇〇名。除此以外，教育部又特拨专款一，〇〇〇，〇〇〇元，作为救济江苏、甘肃两省境内战区学生之用。

（戊）中级技术人员的培养　在抗战期间，对于职业教育设施，除注意多设学校外，并于一九四〇年起办理中等机械电机技术科，以培养大量中级建设技术人才，此类中等机械电机技术科计第一年办理二十班，第二年四十班，第三年起每年六十班。又于一九四三年起，办理中等水利科，计第一年八班，第二年十六班，第三年起每年二十四班。一九四四年起，增办农工医各科职业班，第一年一百班，第二年增加一百四十班，第三年再增加一百四十班。

除此以外，教育部曾于一九三八年起，指定公私立优良职业学校办理各种短期训练班，所设科目先后有农艺、森林、畜牧、兽医、水利、化学、工艺、汽车驾驶、修理、电气技术、染织、制革、陶瓷、会计、事务管理、档卷管理、护士、调剂、助产、家事等科，均分别予以一年训练，办理以来，对于一般技术人员之供应，颇有成效。

（己）中等学校设备的补充　战争期间，一切中等学校均深感图书与设备之缺乏，为补救此种缺陷起见，教育部曾致力于教科书的编辑与印刷，教育部根据新颁之课程标准编辑中学教科书多种，分别由七大书局印刷发行。初级中等学校所用之国文、历史、地理、公民等科之教科书，自一九四三年起，七大书局已印行数万部。至于高级中学学校所用之教科书，亦正在陆续编印中。一九四五年，教育部特订购中学生文库二百套，分发于各校。

第二项工作为仪器标本的制造与购置。在一九四四年，教育部所设之科学仪器制造所，曾制就理化仪器一九六套，以备各中等学校采购与运用，除此以外，又制成显微镜三〇架，天秤一〇架。国立北平研究院亦制就显微镜五〇座。至于各种生物标本，教育部亦指导各校设法自制，并鼓励私人设厂制造。

一九四五年起，教育部督促部设之科学仪器制造所，博物标本制造所及甘肃科学仪器制造所，扩充改进，以资大量供应。同时，并订购高中理化仪器一一〇套，分发各校。在抗战以前，教育部曾向中央研究院订购理化仪器二〇〇〇余套，除于战时陆续分发一〇〇〇余套外，尚有一〇〇〇余套寄存上海，战时竟未损失，近已洽商点交，于胜利后即分发于各省市及国立各中等学校。

抗战胜利以后，教育部曾与经济部会商，请其将一部分从敌伪政府所接收过来之小型工厂转让于职业学校，以便学生之试验与实习，同时，又与交通部商洽，请其将一部分敌伪政府的船舶转让，以便于商船渔捞等职业学校学生的实习。

（庚）教学法与课程的改进　已往的中国中等教育，往往过分的偏重注入式的教育讲解或班级教学，而忽视了学生的自发活动、自修与实习。近年来，教育部特别提倡学生的自学辅导或自习，并通令各校尽可能的多多举行辩论会、演说会、论文写作、手工、劳作等等的竞赛。为改善中学教学法起见，教育部已编就中学教师参考书十四套，此类参考书包括各种教学原则与建议。

关于课程的改进，教育部亦曾不断努力。一九四四年曾邀请各科专家开会，研究职业学校所用的各科教科书，同时，并制订课程标准草案十五种，此类草案分寄全国专家，请其表示意见，以便作最后决定。为实现缩短中学教育年限起见，曾在国立第三中学与第十四中学进行实验，将六年缩短为五年。关于教学法的改进，教育部近年来亦积极注意，对于国文、英文、历史、地理等科教学法的改善，尤为重视。关于改进中学各科教学法的研究会或委员会，均已经陆续组织完成。在一九四五年秋，创设一个中学英语教学改进委员会，专门研讨改善中学英语教学之途径。战后鉴于国际关系之日趋密切，英语教学甚为重视，中学英语，一律加为每周六小时，以期加强青年之英文程度。

（辛）中等教育的战后复员　自一九四五年八月敌人投降以后，教育部即通令各省市教育厅局，令其尽可能保持各校原有情况，以便学生学业不致中断，同时，并制订有关于甄审中等学校教职员与学生之章程与办法多种，凡非有显著叛国行为之教职员，均可继续任教，学生经过甄审分班以后即可承认其学籍。因为有了这些措施，所以各沦陷区中等学校于初收复时均能够弦歌不辍。

为适应战时需要新创设之国立中等学校，原有四十八所，即中学二六所，师范学校一一所，职业学校一一所，经分别订定复员计划，决定其中职业学校仍酌量由教育部办理，中学及师范学校除边远省份及有特殊性质者外，其余均交由地方接办。

关于各省市中等教育部分，原在战区各省所设学校，多迁移停办，亟须整理恢复。后方各省因近年国民教育发展与中等学校数量增多，决定各类中等学校区须重行规划，加以调整，已由教育部拟订"复员后方各省市中等教育计划设置实施要点"，期将全国中等教育为有计划之设置。

四　初等教育

一、战前普及教育之推行

我国自清末废除科举，采行学校制度以来，对于普及教育，早具决心。惟历次有关推行义务教育之计划，每因当时政局之动荡与国民经济之困难，未能全部实现。据一九三二年度统计，全国入学儿童数占学龄儿童总数，仅及百分之二十四强。教育部乃于一九三五年订颁"实施义务教育暂行办法大纲"及"施行细则"，规定学龄儿童之能入四年制初级小学或六年制之高级小学者，仍受正常初等教育；若地方财力与师资，不够设置适当之初高级小学以收容所有学龄儿童，或儿童因家庭环境不能受较长年限之教育者，得受短期之义务教育一年或二年。依照此种计划预计一九四四年以后，全国学龄儿童，均可入四年制之初级小学。届时可将受义务教育之期限，延至四年，以提高一般国民之知识水准。

此种办法实施以后，颇见成效，据一九三五——一九三六年统计，全国入学儿童数占学龄儿童总数已有百分之三十强。惜一九三七年抗战军兴，东南"地方教育"较发达之省份相继沦陷，于是普及教育计划，又受一番顿挫。

二、国民教育制度之成立

一九三七年以后，军事日趋紧张，全国人民在国民政府领导之下，对于"抗战"与"建国"二事，同样重视。初等教育方面，教师流离死亡，校舍毁损，学生人数减少，固为当时战事难免之现象。但除被敌人占据之市县外，其余地区，均仍继续依照战前之义务教育计划进行义务教育。

一九三九年国民政府为推行地方自治起见，公布县各级组织纲要，实施新县制度，规定以十户为甲，十甲为保，十保为乡，集十五乡至三十乡为区，隶属于县政府。教育部乃配合此种行政制度，于一九四〇年六月订颁"国民教育实施纲领"，以代义务教育计划。规定推行新县制之县市，乡镇设六年制之中心国民学校，保设四年制之国民学校，各校均设儿童教育与失学民众补习教育两部，以期实施普及教育与扫除文盲工作。此之谓国民教育制度。其内容包括原有初等教育与失学民众识字教育两部份，且与地方自治之推行相配合。其目标在于普及教育，其特点在于管教养卫之联系。现行法令规定，凡已编组保甲之地方，即可推行国民教育。以后每保至少设一国民学校，每乡镇至少设一中心国民学校。前者在完成四年制初级小学之任务，并办理初级成人班与妇女班为原则。后者则完成六年制小学任务，并办理高级成人班与妇女班为原则。分别收容六足岁至十二足岁之学龄儿童，及十六足岁至四十五足岁之失学成人与妇女，而授之以国民应有之知能。

同时，中心国民学校、国民学校教师之责任与地位，亦显然较前提高。因彼等所努力者已由学校内之讲习训导，进而为地方社会实际工作之示范。现行法令规定，国民教育人员，得参加乡镇保地方自治机构。因彼等为地方较优秀份子，应倡导教育、文化、保甲、壮丁队、合作社……等事业。以前学校教育所奠之基础，进而为广泛之社会教育。此种延展教育功能，以谋完成地方自治之国民教育制度，实为中国近年来之一大进步。

三、两个五年计划

国民教育之实施，始于一九四一年。其实施之区域，当时以四川、贵州、云南、广西、广东、安徽、福建、浙江、湖南、湖北、江西、河南、陕西、甘肃、宁夏、西康、青海、新疆、重庆等十九省市为主；余如山西、绥远、察哈尔、河北、山东、江苏、上海等七省市，或在战区，或已多半陷于敌手，故仅能酌量进行，盖为战事所限也。

国民政府为实施国民教育，自一九四〇年以来，曾先后订定两次五年计划，第一次五年计划，规定自一九四一至一九四五年分为三期，内容如左：

（一）一九四一年一月至一九四二年十二月，为第一期。在此期内，各乡镇均应成立中心国民学校一所，至少每三保成立国民学校一所。在一期终了时，入学儿童须达学龄儿童总数百分之六十五以上；入学民众须达失学民众百分之三十以上。

（二）一九四三年一月至一九四四年十二月，为第二期。在此期内，保国民学校数应逐渐增加，或就已有国民学校增加班级。在二期终了时，入学儿童须达失学儿童总数百分之八十以上，入学民众须达失学民众总数百分之五十以上。

（三）一九四五年一月至十二月为第三期。在此期内国民学校数，以达到一保一校为目的。在本期终了时入学儿童须达到学龄儿童总数百分之九十以上，入学民众须达失学民众总数百分之六十以上。此项五年计划，原冀于一九四五年底达到普及目标，惟在艰苦之抗战阶段中进行，其最大之阻力，为"经费"与"师资"之缺乏。故在十九省市中，除一部份省市，能如期完成者外，余已呈准中央政府，延长其期限。

一九四五年秋，日人乞降，沦陷地区，相继收复。国民政府为继续督导后方各省市实施国民教育，并使各收复省市积极推行国民教育起见，于一九四六年，即胜利后之第一年，乃有第二次五年计划之订定。依照此项规定，自一九四六至一九五〇年，全国各省市应分别依其实际情形，对于国民教育，作量的增进与质的改善。计划内容述要如左：

（一）已完成第一次五年计划，一保有一国民学校，一乡镇有一中心国民学校之省市，应进行下列之工作：

1．将已有之国民学校，列为甲、乙、丙三等，分期整理并充实之。

2．境内全部学龄儿童及失学民众，均受相当之义务教育与补习教育。

3．境内国民学校增设高级班。

4．提高各学校教师资历，至少为简易师范学校毕业者。

（二）未完成上次五年计划之省市，应进行下列工作：

1．设校数量暨入学儿童及入学民众人数，应达到上次五年计划之规定。

2．将已有之中心国民学校，列为甲、乙、丙三等，分期加以整理并充实。

3．各校教员至少应受过一年以上国民教育师资之专业训练。

（三）开始实施国民教育而原来地方教育已有相当基础之省市，为江苏、山东、河北、山西、辽宁、安东、北平、天津、青岛、上海、南京、大连、哈尔滨等十三单位，应自一九四六年至一九四八年，三年以内，完成一乡镇设一中心国民学校，一保设一国民学校，入学儿童至少须达学龄儿童总数百分之九十以上，入学民众至少须达失学民众总数百分之六十以上。自一九四九至一九五〇年两年以内，应对已设之各校，切实调查其内容设施情形，分甲、乙、丙三等，分期调整并充实之。换言之，五年以后，此十三省市之国民教育，应与后方先实施国民教育之十九省市，成并驾齐驱之状。

（四）其余各省市初实施国民教育者——绥远、热河、察哈尔、辽北、吉林、松江、合江、黑龙江、嫩江、兴安等十单位——第一年应从保甲组织入手，并改组原有之小学，第二年完成一乡镇一中心国民学校，平均每三保一国民学校之设置。嗣后逐年增设国民学校，以期到一九五〇年底，乡镇每保均有学校，而使入学儿童及入学民众之百分比率，能与他省相埒。

（五）台湾省原有之学校数量，暨入学儿童占学龄儿童之百分比率，均甚可观。此后五年内推行国民教育，应注意行政制度及学校内容设施之调整，使与其他省市不过特殊。原有教职员应予登记，训练后予以任用。自一九四六至一九四七年内，尤当以国语教学之推行，为中心工作。

四、五年来国民教育之成就

国民教育制度推行以后，虽因战事影响，种种设施未能达到原来之理想。但学校数与入学儿童数，因此项教育制度与地方自治相配合之故，几年以来，颇有显著之增进。一九四一年开始实施国民教育之后方十九省市，至一九四五年底，平均每四保设有三校，就已实施国民教育之十九省市而言，据三十四年度统计已入学儿童占学龄儿童总数百分之七十六强，是可谓距普及教育目标，已甚接近。附表如后：

项目＼年度		廿九学年度	卅学年度	卅一学年度	卅二学年度	卅三学年度
学校数	国民学校	一三,七九二	一四〇,一一九	一八四,六八二	二〇八,七八一	一九九,三五〇
	中心国民学校	一六,六二七	一九,六九二	二五,一五四	二七,四一九	二六,九四九
	其他小学校	九〇,七九四	六四,八九六	四八,四四七	三七,二四三	二八,〇七八
学生数	国民学校 儿童	六,〇〇八,二六七	八,二六四,六四七	一〇,五五六,五〇三	二,三六四,六六九	一〇,一八六,五五三
	国民学校 成人	二,九九七,六七七	四,九四三,四三七	五,四八七,二一八	六,八〇二,一九四	六,一〇〇,〇〇四
	中心国民学校 儿童	二,六一五,五一〇	三,二一九,五五五	四,五七二,九二〇	四,九三一,五〇九	五,一七二,六九一
	中心国民学校 成人	九一三,四二四	一,四六〇,四五三	一,六五八,七三一	一,八八五,九一七	二,二一四,五六二
	其他小学校	四,九二二,〇六六	三,五七三,八四九	二,五九一,六八〇	二,三〇六,〇六一	一,八六二,五七〇
教员数	国民学校	二〇九,八六三	二七八,二一五	三七三,〇七九	四一〇,八五〇	三七八,一五九
	中心国民学校	一一四,二七九	一四八,一〇一	一九一,六三四	二〇一,九二五	二〇五,八四二
	其他小学校	一六五,九一一	一二二,四二一	一〇四,九〇三	八三,九八二	七一,六一〇
十九省市入学儿童占学龄儿童之百分比		百分之四十二强	百分之六十六强	百分之七十弱	百分之七十四强	百分之七十六强

附注：一、本表系根据江苏、浙江、安徽、江西、湖北、湖南、四川、西康、河北、山东、山西、河南、陕西、甘肃、青海、福建、广东、广西、云南、贵州、绥远、宁夏、新疆、重庆

等二十四省市各年度所报国民教育统计材料编制。

二、入学儿童与学龄儿童总数之百分比,系以实施国民教育之十九省市为准。

五、社会教育

中国社会教育包含电化教育、补习教育、科学教育及美术音乐与戏剧、民众教育馆、图书馆、博物院、与一切文物之保存与清理等项。

国民政府成立后,对于社会教育积极进行、抗战时期,国民之民族意识加强,抗战情绪热烈,推进社会教育,贡献甚大,皆国民政府成立以来积极提倡所致也。兹将一九三七年以来我国社会教育进展情形分述于后:

甲、民众教育馆之加强

民众教育馆为实施社会教育之中心机关。其主要业务为:(一)普及失学民众之补习教育;(二)办理规模完备之民众学校;(三)办理书报杂志阅览,编印民众读物,并征存地方文献;(四)协助推进保甲制度、地方自治及壮丁训练或自卫训练;(五)办理健康教育,指导民众业余运动;(六)指导及介绍各种职业;(七)试验农作物土质,推广优良品种,防除病虫害,提倡造林,改良家畜品种;(八)传习各种工业;(九)提倡并扶助合作社之组织及改良;(十)表演戏剧,介绍剧本,并组织民众戏剧队;(十一)办理歌咏演奏,编印歌曲,并组织民众歌咏队;(十二)绘制并展览历史、地理、政治、经济及文化教育各种图表;(十三)制备并展览理化仪器,生物矿物标本,生理卫生模型,防空防毒器材及职业用具、生产物品等;(十四)改良礼俗,提倡正当娱乐;(十五)调查并统计本区社会概况;(十六)研究、实验、视察、辅导各种民众教育,编辑各种社教刊物及民教工作人员之进修与训练。

教育部为集中力量增加效率,复订定民众教育馆中心工作,每月至少限定一种，循环施行，另辅以当地之特殊需要，每月中心工作如左：

一月份美术教育

二月份生计教育

三月份家庭教育

四月份音乐教育

五月份卫生教育

六月份科学教育

七月份国防教育

八月份礼俗教育

九月份国民教育

十月份戏剧教育

十一月份语文教育

十二月份电化教育

战争期间，民众教育馆之设立，固不免受经费及战事影响，稍为减少。但主要业务，从未中断。一九四二年并设立中央民众教育馆于重庆，其目的为研究实验，辅导各省市立民众教育馆及供应各种社会教育教材与方法，以资示范。旋于一九四四年因中央各机关紧缩，经费困难停办。至在各省，每行政督察专员区应设一省立民众教育馆，每县市至少设一县市立民众教育馆，必需时并得设立乡村民众教育馆。战时各省市县民众教育馆，虽没有达到规定数量，但自二十八年（一九三九年）后，即逐年增加。二十七年全国共计八百二十八所，三十三年增至一千一百四十八所。

乙、普通科学教育之推进

科学研究工作除由研究院及各大学负责进行外，关于一般人之通俗科学教育，设有公私立科学馆主持办理。各馆之施教范围，均以当地全体民众为对象。其主要业务为：

一、举办各种中心展览,如国防科学展览,卫生展览,科学生产展览,及科学现象图说展览等等;二、举办科学实验表演或科学示范工作;三、设置理化实验室,辅助中小学科学实验;四、以科学方法指导纠正民众迷信思想与习惯;五、举行科学演讲或科学宣传;六、组织科学研究会、座谈会及科学化运动促进会,推广科学教育;七、举办科学巡回施教工作。

战时公私立科学馆仍能继续存在或新创办者,计有国立甘肃科学教育馆、湖北、四川、广西、湖南、云南、西康、贵州、江西、福建、山西、广东等十一省立科学馆,及私立北碚科学馆。正在筹备中者,计有国立重庆科学馆、及新疆、安徽、河北、宁夏、陕西、青岛市五省市立科学馆。

丙、图书馆、博物馆之维持

中国藏书楼汉唐已盛,历史悠久,清末施行新教育,遂改为图书馆。一九〇二年(民元)八月京师图书馆正式开馆,为国内最大图书馆之一。一九二八年七月,国民政府成立,改京师图书馆为国立北平图书馆。旋复设立国立中央图书馆于南京。此外公私立之图书馆,亦均有相当基础。战前全国计共有一八四八所。

抗战发生,图书馆事业受影响最大,或被摧毁,或被掠夺,其幸而存在或外迁者,无不尽力设法维护。国立北平图书馆所有图书,虽大都存于北平,未能迁出,然仍在渝昆两地设立办事处,广收战时材料及其他机关所不易得之外文书籍与图志影片。中央图书馆迁移四川重庆,并另设重庆分馆。数年来派员深入战区,收购善本,藏书渐丰。一九四一年曾于兰州筹设国立西北图书馆。至各省市之公私立图书馆,因战事影响,损毁停顿者达百分之五十以上,其能幸存者亦均损失甚多。后虽逐渐恢复,据一九四三年之统计,全国亦仅有图书馆九百四十所,约占战前百分之五〇.八六。

全国博物馆,战前计有三十七所,工作人员一一〇人。战事起后，故宫博物院所藏之文物珍品多迁至四川、贵州各地妥藏。国立中央博物院筹备处亦迁四川李庄继续筹备。各省设立之博物馆则以战事影响，大多停办。一九四四年统计，全国仅存博物馆十八所。

现在战事结束，各地之图书馆、博物馆，均正力谋恢复，惟困难亦甚多。

丁、美术音乐与戏剧之发展

抗战期间，由于民族意识之激发，美术、音乐、戏剧较战前均大有进步。艺术人材之培养，除大学或学院所设立之学系或专修科外，另有独立设置之艺术专科学校两校，现已增至四校。三十一年底（一九四二年）曾举行第三次全国美术展览会，抗战胜利后，拟于一九四七年举行第四次全国美展。至私人展览，则抗战期间，迭有举行，不可胜计。

音乐方面有音乐学校二所，培育高级音乐人材。教育部并积极搜集及审查现有音乐教材，订定标准，划一音乐通用名词，编纂音乐辞典，拟订标准音，以适应当前需要。

戏剧为综合性之艺术，在教育上功效极大。战事初起时，教育部特登记编训战区退出之爱好戏剧人员，组织第一第二第三巡回及实验戏剧教育队，分赴各省重要城市举行公演。一九四四年，经戏剧界人员之公议，教育部之核定，定二月十五日为戏剧节，社会人士对于戏剧乃更增好感。关于戏剧之编审，教育部力加整理与奖励，国立编译馆整理旧剧，收效极大。国立戏剧专科学校及国立歌剧学校，均系战时设立，各省市之设有戏剧学校以培养戏剧人材者亦多。二十八年全国戏剧学校仅七所，学生二五七人。三十三年已增为十所，学生六五八人。

戊、电化教育之运用

自一九三五年起，教育部已利用电化教育为推动社会教育之工具，电化教育包括电影教育与播音教育两种。部内设有电影与播音两教育委员会,负设计指挥监督考核之责。各省市则成立电化教育服务处,计划电化教育之推行。嗣为加强推行机构,藉以积极推行业务起见,复将电影与播音两委员会并为电化教育委员会,并于社会教育司增设第三科,办理电教行政事宜。各省市电化教育服务处,亦扩充改组为电化教育辅导处。

中国推行电化教育,首须训练电化教育人员,此项设施,经常有金陵大学及国立社会教育学院所设之两电化教育专修科,历年毕业生已达百余人,此外教育部及各省市教育厅局曾举办电教人员训练班,毕业生达五百余人。最近更于社会教育学院添设电化教育系,以培养电化教育高级专门人材。

各省市电化教育器材,大都由教育部统筹供应。每一巡回施教区,分发电影机件全套,计包括放映机、发电机及幻灯各一架,历年共发一百三十五套,影片亦由教育部供应流动。收音机已发二千九百四十一架,现拟添购一千架,分发补充,然与全国需要量,相差仍远。

自一九三五年十月十日起,教育部即与中央广播电台合作,设置教育节目,实施教育播音,由各省市电台转播各地,藉以扩大播音效率。所播材料内容,有儿童教育,青年讲座,教育消息,公民训练,社会教育等类,收效甚宏。

各省市放映之影片,皆由教育部向国外选购,或由中华教育电影制片厂自行摄制,并另制袖珍教育影片,藉以补充应用。惟数量均不甚大,抗战期间,颇承盟国各大使馆新闻处之赞助,借映各盟国抗战影片及袖珍片。抗战胜利后,影片需要更增,教部扩充制片厂外,并拟选购外国制之教育影片,俾供全国之应用。

己、补习教育之恢复

国民政府成立后,对于补习教育甚为重视。一九三六计有各种补习学校二,一四八所。战事开始后,校数大减,教育部以战时失学者更多,乃于一九四三年七月修正补习学校规程,次年十月扩充为补习学校法,由国民政府公布。依照新规定,补习学校有相当于小学者,有相当于初级中学者,有相当于高级中学者,有相当于专科学校者。于是各级失学学生,均得有机会继续求学。教育部特设立补习教育推行委员会,负责计划推行,并规定各省市县及各厂场公司均须办理补习教育。中等以上学校,兼办社教,即以开办补习学校为中心工作,因是补习学校逐渐恢复,一九四四年计有一〇九四所,然与战前相较,尚仅及半数。

六、识字教育

我国自古以来,不特在政治与社会方面,向有"天视自我民视,天听自我民听",以及"民贵君轻"之民本的意识,即在教育上,一方有"有教无类"之主张,一方有"尊师重道"之风气。社会上尊重教育,确为历史的传统之一部份。然以农业生产社会之实际需要不及工业社会对教育需要之迫切,遂使多数民众尚未能获得其基础的教育。为实现新中国的社会生活,适应时代的需要,以及达成有教无类的民主教育理想。关于扫除文盲工作,中国政府及社会人士,一向均极为重视。兹将战前及现在对于此种工作努力情形,分述于下:

一、战前之识字教育

民国初年,对于识字教育之推行,多利用露天学校、补习学校及半日学校为实施场所。当时亦有相当成绩,迨第一次世界大战后,各方努力,更趋积极。约可分为社会及政府两方面言之:

(甲)社会方面 一九一九年中国对日外交失败,国内发生广大的学生运动。此种运动,初为对促进政府之外交,继则演进为改造社会之运动。中等以上学校学生感觉欲谋社会进步,必须人民均受适当之教育,故全国各地学生会及各级学校均附设义务学校,办理民众补习教育,且皆极为热心。

第一次大战时，晏阳初博士在法国办理华工教育，颇著成效。晏氏归国后，遂以其办理华工教育之经验，提倡平民教育，全国响应，自一九二二至一九二五年之四年间，平民学校，遍及国内。嗣晏氏感到国内实施平民教育的困难，自十五年起，选定定县为平民教育实验区，开始做实验工作，从事社会调查以及平民教育之各种准备。

定县平民教育之实验，以"作〔除〕文盲，作新民"为目标，实施文艺教育，卫生教育，生计教育，公民教育，以救人民之"愚、弱、贫、私"四大病。自一九二六年起，全国社会团体从事乡村教育实施者，除晏氏领导之平民教育促进会外，有中华职业教育社，江苏省立教育学院，金陵大学农学院，燕京大学社会系，苏州基督教青年会，以及私人如钮永建等。以各种不同的方式，分别努力于民众生产技能之获得，与知识之进步。直至一九三七年战事起后，其工作方告停顿。

（乙）政府方面 一九二八年国民政府成立后，对于识字教育，甚为重视。各地均设民众学校与民众识字处推行识字教育。后为加强起见，于一九二九年颁识字运动宣传计划大纲，令各省市县均组织识字运动宣传委员会，从事识字宣传，务使人民先感觉识字之需要。一九三〇年复颁实施成年补习教育计划，推行识字运动。

依照该项计划估计，全国人口假定为四三六，〇九四，九五三人，不识字者约占百分之八十，即三四八，八七五，九六二人，除去十五岁以下者百分之二六、五，六十岁以上者百分之七，其在十六岁以上六十岁以下应受补习教育者，约百分之四六、五，共计二〇二，〇〇〇，〇〇〇人强。该项计划，预计于六年之内，尽先完成此二亿人之识字训练与公民训练。此六年中，只须每一个识字者教两个半识字者，补习教育就可以完全普及。自一九三一年起，继续过去民众学校及识字班之组织，在各级学校、机关、店铺、家庭，分别进行识字教育。

同时河南、山东、河北、广西各省均设立研究院或实验区，从事民众自治与教育工作。

以上社会及政府两方面所进行之民众教育工作，直至一九三七年战事发生以前，迄未间断。

二、战时之识字教育

战事起后，素来从事民教运动之据点，如北平、定县、山东邹平、江苏无锡等地，相继沦陷，彼等之工作，不能不暂时停止。晏阳初博士所领导之研究工作，则迁移四川重庆之歇马场，设立乡村建设学院，继续培养乡村教育人才。其他大部份工作，惟有依赖政府规定之识字教育计划，继续进行。

一九三九年政府曾发动自战区内来之中小学教师，在后方各大城市如重庆、成都、西安、兰州、昆明、贵阳各地成立民教班，推行识字教育。同时因配合抗战的需要，教学方法多利用电影、话剧、歌咏、巡回施教车等，故实施结果，反较战前成绩进步。

课本方面，教育部曾先后编印初级民众读本、高级民众读本两种，取材皆以公民常识、历史故事、生活常识、科学常识为主体。盖熔识字教育与公民训练为一炉。同时并发行千字报，以为推广识字教育之助，对于一般民众究应识若干单字足资应用问题，亦曾加研究，教育部曾编拟国民基本字汇草案一种，选择一千五百字，印请全国专家发表意见，拟于汇合各方意见后，作为编撰民众读物之基本字汇。

一九四一年，为加强成人教育起见，创立国民教育制度，规定每乡设一中心国民学校，每保设一国民学校，各校均开设儿童班及成人班、妇女班。此种制度建立之后，民众识字教育与公民训练，乃纳入正常之教育系统。

国民教育制度，原系将儿童义务教育及成年失学民众教育，并合实施，齐头并进，以期普及教育之早日实现。惟战时生活程度，日升月涨，成人妇女为日常生活所迫，纵对识字教育具有热忱，亦以为时间与经济所阻，未能大量入学。政府除订定强迫入学条例外，最近并订定种种实施办法，以期补救。其主要点约如下：

甲、各省市分期普及失学民众补习教育——就全国各省市办理失学民众识字教育实际情形，分别自一九四五年或一九四六、一九四七年开始，次第实施此项计划。第一年先就各省省会所在地、示范县、一等县、及国民教育示范区实施。第二年为二等县，第三年为各省三等以下各县。均限于开始实施以后三年内，普及失学民众识字教育。

乙、各地中心国民学校，国民学校分期办理失学民众补习教育办法——各县市政府应责成各乡镇保甲长，就本保内各户调查失学民众人数，造具每保失学民众清册，送交本保内国民学校或中心国民学校。各校收到是项清册后，应视本保内失学民众人数之多寡，预定分为若干期，办理民教部，并将各期应行入学之民众，由保长会同中心国民学校或国民学校校长，通知本保内失学民众，限期分别认定在某期内入学，并须亲自签名或划押于清册内，在某期民教部开学前，各保内国民学校或中心国民学校校长，应会同保甲长分别通知应行入学之失学民众，督令入学。

丙、机关团体办理民众学校办法——凡各级行政机关、党部、教育机关、工厂、公司等，均得依照规定设立民众学校。此类学校、设成人班、妇女班、分高初两级，初级班得单独设置，高级班须与初级班合并设立，均受当地主管教育行政机关之管辖。其班级设置、学额、结业期限、课程、教材及教师资格等，均与国民学校民教部同。

丁、集体巡回施教——各省市招收志愿担任民教人员，或利用中心国民学校原有社教干部，施以短期训练。结业后，分为三人或五人一组，派往各乡镇保巡回施教。施教期限，约为两个月，实施后颇有成效。

三、历年扫除文盲之成绩

自一九二八年国民政府成立以来，由于社会与政府各方面之努力，对于文盲之扫除，确具有相当之成绩。兹将历年扫除文盲之数字统计，表列如后：

年别	人数	年别	人数
一九二八	二〇六，〇二一	一九三七	三，九三七，二七一
一九二九	八八七，六四二	一九三八	二，八一五，六〇八
一九三〇	九四四，二八九	一九三九	五，三九九，二三五
一九三一	一、〇六二，一六一	一九四〇	八，一〇九，四九八
一九三二	一、一〇九，八五七	一九四一	八，六〇三，五五八
一九三三	一、二九二，六七二	一九四二	九，〇二一，八五一
一九三四	一、三五三，六六八	一九四三	一〇，四〇七，六一二
一九三五	一、四四六，二五四	一九四四	九，六〇八，三七八
一九三六	三、一二一，八二〇	共　　计	六九，三二七，三九五

尚有文盲（十五足岁至六十足岁）一三二，六七二，六〇五人。

前已言全国文盲总数，估计为二〇二，〇〇〇，〇〇〇人，经历年推行识字教育之结果，尚有文盲一三二，六五一，六〇五人。约占全国人口总数百分之三十。如能依照上述办法，分期施行强迫入学，并积极进行民教部之教材与教法，则扫除文盲之全部工作，依照计划，当能于一九四九年底，观厥成也。

七、师范教育

关于师范教育，吾人将分为两部份加以叙述：一部份为普通师范教育，一部份为高等师范教育。

甲、普通师范教育 师范学校修业年限三年，并得附设特别师范科与幼稚师范科，特别师范科修业年限一年，幼稚师范修业年限二年或三年。师范学校与幼稚师范科均招收初中毕业生，特别师范科招收高中或高级职业学校毕业生。师范学校之专收女生称女子师范学校。各地方为急需造就义务教育师资起见，得设简易师范学校，或于师范学校及公立初级中学内附设简易师范科。简易师范学校修业年限三年，招收高小毕业生，简易师范科修业年限一年，招收初中毕业生。师范学校之入学年龄为十五足岁至二十足岁。简易师范学校设于乡村地方而以培养乡村国民学校师资为主旨者，称简易乡村师范学校。

教育部于一九三八年拟订《第一次师范教育方案》，以一九三八年至一九四一年为实施期限，规定各省每一行政监察员区，约合五县左右，为一师范学校区，至少应有男女师范学校各一所。县立简师每三县须有一校。嗣又于一九四二至一九四五年实施《第二次师范教育方案》，各县市已大都能达到每一师范学校区有师范学校二所，每县有简易师范一所之理想。一九四六年又拟订《战后各省市五年师范教育实施方案》，此方案之要点为：

（一）师范学校之增设，应与国民教育师资之需要配合，预计今后五年内增加师范生五〇〇，〇〇〇人。

（二）本方案实施期间为五年。四川、云南、贵州、广西、广东、湖南、福建、江西、浙江、湖北、河南、安徽、陕西、甘肃、宁夏、青海、西康、新疆、重庆市等十九省市应一律自一九四六年八月起实施，并于实施前将第二次各省市师范教育方案作一结束，分别检讨实施结果，参照本方案另订五年内实施之第三次师范教育方案。江苏、山东、河北、山西、绥远、热河、察哈尔、辽宁 吉林、黑龙江、安东、辽北、松江、合江、嫩江、兴安、台湾、南京、上海、北平、天津、青岛、大连、哈尔滨等十四省市一律自一九四六年八月起参照本方案或各该省市已订而未实施之师范教育方案，拟订五年内实施之第一次师范教育方案。

近年来师范生数目之增加，极为迅速，在一九三六年，全国师范生数为八七，九〇二人，战争初期突然减少为四八，七九三人，一九四四年，升为一三〇，九九五人，在一九四五年，则为一六〇，〇〇〇人，在这里，我们可以看出：近九年来师范生的总数差不多已经增加了一倍，师范生之数量虽有增加，但需要却非常巨大，仅就国民教育推行计划最初五年内而言，即需要教师二，九六〇，〇〇〇人，目前全国师范生总数仅有一六〇，〇〇〇人，而在职之小学教师亦不过七〇〇，〇〇〇人，需要与供应两者悬殊甚大，故教育部顷正以最大之努力，以致力于师范教育之扩充。除扩充师范学校外，同时，一方面教育部又规定，高中得附设特别师范科，初中得附设简易师范科，另一方面，教育部又于一九四〇年订定："初级中学三年级设置师资训练科目办法"，通令各省，各县如觉国民教育师资异常缺乏，而该地方又无正式师资训练机关可以造就师资时，得由省教育行政机关暂行指定公立中学，或由县政府呈请核准于县立初级中学三年级增设师资训练科目，以培养国民学校代用教员，选习者年龄须满十七足岁。凡此类措施，皆所以解除师资缺乏之困难也。

为谋在职教师之进步起见，教育部于一九四三年订颁《师范学院附设中心学校及国民学校教员进修暨函授学校办法》，规定：凡在进修班进修期间之教员，其薪俸仍由原服务学校支给，并规定：函授学校除分期设置函授科目，用通信方法指导学生进修外，并得解答各地中心学校及国民学校教员书面提出有关国民教育之实际问题。除此以外，一九四二年亦曾规定"各省市办理中心学校及国民学校进修办法大纲"，规定：各省市教育厅举办之进修事业，可以包括以下各类：(一)进修刊物，(二)进修辅导，(三)通讯研究，(四)进修班，(五)教员暑期训练。以上各种设施，对于在职教员之进修，均极有裨益。

乙、高等师范教育 一九三八年起，教育部创立师范学院制度，规定师范学院以单独设立为原则，或于大学中设置之，若干教育学院均改为师范学院。男女均收。并于一九四〇年筹设独立女子师范学院一所。师范学院修业年限为五年，毕业后由校授予学士学位，并由教育部给予中等学校某某科教员资格证明书，师范学院得设各种专修科，修业年限三年。师范学院须附设中小学，藉供学生参观与实习，并得设第二部，招收大学其他学院性质相同学系毕业生，授以一年之专业训练。

此外，师范学院并得附设下列各部门：(一)初级部招收高级中学或同等学校毕业生，肄业年限三年；(二)师范研究所，研究期限二年，授予教育硕士学位；(三)高级中学教员进修班，肄业期限一年；(四)初级中学教员进修班，肄业期限一年；(五)小学教员进修班，肄业期限亦为一年。

师范学院学生，一律免收学膳费，并酌给公费与制服费。惟毕业以后，必须服务教育，其年限须照修业年限加倍计算。在规定服务期间内，不得从事教育以外之职务。

在一九四六年十月，全国共有国立独立师范学院九所，省立师范学院一所，大学附设之师范学院四所，共十四所。其名称与设置地区如下：(一)国立师范学院(湖南)，(二)国立女子师范学院(重庆)，(三)国立贵阳师范学院(贵州)，(四)国立湖北师范学院(湖北)，(五)国立桂林师范学院(广西)，(六)国立昆明师范学院(云南)，(七)国立北平师范学院(北平)，(八)国立西北师范学院(兰州)，(九)国立长白师范学院(永吉)，(十)河北省立河北女子师范学院(河北)，(十一)国立中央大学师范学院(南京)，(十二)国立四川大学师范学院(成都)，(十三)国立浙江大学师范学院(杭州)，(十四)国立中山大学师范学院(广州)。

依据一九四五年的统计：师范学院与专科学校内之师范学生总数不过一〇，〇〇〇余人，而中等学校日益加多，所需师资极多，两者相比，供求之悬殊颇大，为补救计，故教育部除努力尽可能多设师范学院外，并规定：未设师范学院之大学，亦可于文科设立教育系，俾文理学院学生在教育系选修教育学科二十二学分，即可取得中学教师资格，设立农工学院之大学，亦可以此方法培养职业学校师资。

关于在职中学教师之进修，教育部亦极为注意，一九四二年，教育部曾订颁"奖励中等学校教员休假进修办法"，规定：凡在一校继续服务九年以上之中学教师即可休假进修一年，仍支原薪。一九四四年，教育部又订颁《师范学院附设中等学校教员进修班办法》，规定：进修班修业期限为一年。进修班学员，由师范学院辅导区内各省市教育厅局，就具有两年以上教学经验应受试验检定之高初级中等学校在职专任教员遴选保送，并应尽先保送此项曾受试验检定而未合格之教员。

八、边疆教育

中国西部及西南西北各边远地区中，尚有习用特殊之语言文字者，最著者为蒙文、藏文及回文。其教育程度亦比较落后。国民政府成立，对于此等地区教育之推进，至为重视。战前曾就绥远设立蒙旗师范一所，创办经年，即因战事影响而停顿。一九三七年以后，中日战事，日趋激烈，边远各省，成为抗战之重要根据地，教育文化，亟待推进。边疆教育，乃因抗战而开展成长。一九三九年政府颁布《边地青年教育实施纲领》，规定以蒙藏及其他各地人民语言文化之具特殊性质者，为实施边疆教育之范围，遵照中华民国教育宗旨，切实推进边地教育，彻底培养国族意识，以求全国文化之统一。并根据人民各别之特殊环境，切实谋其知识之增高，生产技术之增进，生活之改善，体育卫生及国防教育之注重。数年以来，其重要设施大率如下：

一、边疆各级学校之创设及其制度

国立边疆各级学校，全系一九三九以后所创设或接办改组，为直接教育边地学龄儿童，并实验示范起见，先后创设国立边疆小学二十四所；为培养边地小学师资，并辅导地方边教计，先后接办或创设国立边疆师范十二所；为训练边地干部职业技术人员，改善边胞经济生活计，筹设国立边疆职业学校九所，创办国立边疆中学三所，以便边地青年之升学深造，设国立边疆专科学校二所，以培养边地中等学校师资。总计六年之间，设校五十所，其间若干地方，因实施边教以后，特殊文化，渐趋统一，乃将原有边校，移交地方，改办普通教育。截至一九四五年夏季止，所有国立各级边校，总数三十九，分专科学校二，中学一，师范十，职校九，小学十七。共计班级二〇三班，学生五，八五八名，教职员九七〇人，各师范附属小学数字，概未计入。

边疆各级学校之制度，均有其特殊之规定。边疆小学，以兼收各族学生，混合编制，混合教学为原则。为适应环境需要，游牧区域，实施流动教育，耕牧区域，设立山寨学校，使教育能普及于基层民众。又多数边疆小学，兼办社会教育，并有医药卫生之设备，所有边疆小学学生，均补助膳食、制服、书籍及零用等费，此为内地小学所无，且亦不可能者。

边疆师范，招收高小毕业生，修业年限为四年。其中约以三年之时光，读完内地简师之课程，以总计一年之时光，学习所在地区之边文——蒙、藏、回、夷语文中选学一种。教学科目中增列"边地知识"与"卫生及医事"两科，边疆师范各设附属小学，并以分班散设于附近草原山寨为主，所有师范生均享受公费之待遇。但亦有至少服务三年之义务。

边疆职业学校，多数为初级并实用性质者。设置科系，胥视边地环境之需要而定，以农垦、畜牧、畜产制造等科居多。边疆语文，亦为各科所共同必修。边地招收高小毕业生比较困难，故各校多设预备班级，招收及龄儿童，先予一二年之补习，迨其程度相当于高小毕业时，再编入正式班级。此种办法，实乃艺徒制之改进，为边地职校特有之办法。职校学生，亦有公费待遇。

边疆中学仅一所，其制度与内地中学大体相同。另设预备班以配合边地小学毕业生升学之需要。关于边疆学生有初中毕业以上程度前来内地升学者，则有特殊优待办法。凡依法由规定机关保送，经教育部核准后，得予分发入学，或令志愿学校从宽取录。已升学后，可依据学业成绩，分等核给常年补助金，或体念其家庭经济特别困窘，核发特别补助金。补助金额，根据在校费用之递增，逐年调整。

国立边疆学校与国立海疆学校，均为师范专科性质。分二年制与五年制两轨，前者招收高中毕业学生，后者招收初中毕业学生，边疆语文之学习，及边事研究之侧重，为其特色。招收新生，半数由边远省份保送，半数由内地青年有志边疆事业者自动投考。其待遇与服务办法，与师范生同。

边校教员，处荒僻之区，工作繁重，生活清苦，非有奖励，无以久留，特订定奖励办法。如供给眷属住宅及煤水，提高薪给，并实行年功薪俸。

边疆学校，无成规可循，学校不断增加，环境不断蜕变，制度自亦不断改进。常受经费及人力之限制，吾人对于现行制度，并不认为已近理想，已可满意。

二、边疆考察与研究工作

中国若干边地，向以缺少科学调查考察，情形颇为隔阂，边教设施如何适合当地需要，应从调查考察入手，此项工作，除零星派员赴察哈尔、绥远、宁夏、青海、甘肃及新疆等省边地考察外，规模较大者，厥为一九三九年至一九四〇年之西南边疆考察团，该团团员九人，分教育、社会及自然三组，遍历四川、云南、贵州及广西四省边区,对于西南夷教育,曾作有价值之建议。

一九四一年举办大学生暑期边疆服务团,选派八个大学之教员十人,学生四十七人,前赴四川西部黑水杂谷河流域,实地调查羌戎边民,并作教育及医疗之服务,调查部门,分边疆文化、边疆经济、边疆农业、边疆畜牧、边疆地理、边疆生物及医疗卫生等七类。其出版之报告书名川西调查记。

有计划的边疆研究工作,始于一九三九年补助五个大学经费,设置边疆建设科目及讲座。自后补助学校,常有增加,并依中国边疆之自然分区,厘定研究专题,交受补助设科设座之大学,分头研究,缴送研究报告。惟此种办法,终因经费甚少,人才分散之故,成绩至为有限,乃于一九四四年另行筹设国立边政学院——一九四五年改称国立边疆文化教育馆,专事边疆文化教育之研究及发展工作。该馆分设研究、编译及文物等三部门,邀聘边事专家及边文人才,共同筹备,预定一九四七年正式成立。

此外,自由组合之边疆文化团体,从事边疆考察或研究,政府历年均补助其经费,督导其工作,或指定作专门问题之研究。

三 边地教材之编译

边疆地方,无论学校教材,民众读物,均极缺乏。惟其造因,大抵由于边地语文特殊,内地所印之教材读物,不能适用于边地,而边地复无法自行编印,因此形成严重之书荒。教育部对此项问题,早在一九三五年已予注意,着手编印。抗战发生,边文印刷设备全毁,编译工作,一度停顿。一九四三年创设简陋之边文印刷机件,译印初级小学国语常识课本蒙、藏、回文各一套,(回文本并未出全)分发应用。同时将重要边教法令及三民主义要义,分译蒙文藏文,印发边民阅读。一九四五年出版"中央边报",分蒙文、藏文、回文版三种,每月发行一期,作为边疆民众之主要读物。

吾人认为边文与国文同为介绍内容之工具,可以并行不悖,故学生愿学国文用国文课本,抑愿学边文用边文课本,悉听其自由选择，不加限制。至于教材方面，不仅内地标准不合边地情形，即蒙与藏、藏与回、回与蒙之间，亦相互悬殊。故边地教材，理想办法，为分区编著，而后分译各该区边文。分区编著可以乡土资料为核心，渐次介绍全国一致性之教材，务使边地学生，先养成纯正的爱国观念，而后扩充光大，发为爱国家爱民族之热心。此为中国一贯的王道精神之理想，吾人正积极准备，求此理想之实现。

四、各边省边地教育之督导与补助

以上各节仅以述中央直接办理之边教事业，地方所办者，并不在内。实则凡有边民聚居之省份，如热河、察哈尔、绥远、甘肃、宁夏、青海、新疆、西康、四川、云南、贵州、广西、广东等省，对于边民教育，远在一九二〇年以前，已有特殊设施。（辽北、兴安及台湾亦将办理边教）。教育部公布之一九三四年边疆教育计划即以推进各边省兴办边教事业为主，一九三五年各边省均按照规定拟订实施办法呈部核定，业务逐渐扩展，是项边教事业或为省立县立，或为盟、旗、宗、土司所设立，或为某一民族文化会所设立。教育部概采取补助经费办法，从旁督导考核。一九四三年根据考核结果，斟酌各省人力财力及实际需要情形，订定"各边省办理边教三年计划"，令绥远、宁夏、青海、甘肃、西康、四川及云南等七省，依照规定项目及进度，切实推进。（所称三年者，系指一九四四年起至一九四六年止。）该项计划实施结果，尚未获完全之报告。

各边省中，云南、贵州、广西、广东等省，曾受战祸，边教设施，损失甚大，现在逐渐复员中。辽北、兴安、热河、察哈尔及绥远之一部份，沦陷最久，边疆青年，被迫接受日本之奴化教育。战事现虽结束，时局尚不宁靖，阻碍政权之接收，影响复员之进展，迄今各该省边教设施，仍未能恢复旧观，遑论扩充改进。此于中国边疆教育前途，实为一大打击。

总之，边疆教育为草创之事业，亦为艰巨之工作。其主要目的，在求各族文化之交融，以达大中华民族之团结，而其方法，即一本中国传统的王道精神，力求适应各边区之特殊需要，因地制宜，因时利导，因人施教。故自政府推进边教以来，虽为时甚暂，而边疆各族，已有广设学校之普遍要求，并在抗战期间，自动捐献食粮、马匹、毛革及广大之人力，或供军用，或助运输，精诚团结，共赴国难，迄抗战终止而不替。此为中国边疆教育已收之效果，预计此种效果，将与边教推进之时间成正比。

九、体育

我国自古重视体育，孔子提倡六艺，射御均属体育范围。十九世纪末叶，西洋体育随学校制度输入中国，当时所设学校，无论大学中学或小学均皆必须有体育场，田径球类等运动，及体操课程等。且均甚为学校及社会人士所重视，民国初年，一仍过去风气。惟以国内时局不靖，殊少积极发展。国民政府成立后，对于体育，加意提倡。而对于社会体育之发展，尤为注意。各城市均设有体育场，为民众运动之所。据一九三六——三七年统计，全国除学校体育场外，计有公共体育场二八六五所。战事期间，敌人所到之地，即将学校焚掠，或霸占作为军用。教育既已停顿，遑论体育？但在后方，国民政府对于体育，仍积极发展。惟战事期间，由于物质基础之不足，体育发展，至为困难。如一、战时体育器材，不易进口，以致各学校体育设备，不能充实。二、国产体育器材，生产少而成本高，学校财力困难，无力购买。三、战时学校多迁在西南山地，无力开辟大规模之体育场。四、学生营养太差，致多不愿练习体育，以增加其体力消耗。以是之故，战时中国体育，远较战前为逊。然政府及体育家努力之情形，仍有足多。兹略如下述：

甲　学校体育

一九四〇年，教育部分别订颁小学、中学、师范学校、大学暨专科学校之体育课程纲要及体育实施方案,依照该项规定,小学之体育正课,每周有一百二十分钟至一百八十分钟,视年级之高低约有增减。中等学校以及大学或专门学校,每周体育正课二小时或三小时不等。此外各级学校尚有早操或课间操,小学每日六分钟至十分钟,中等以上学校每日十五分钟至二十分钟。各级学校每周"课外运动"必须有若干时间。至运动比赛、表演、野外活动等,时间即无限定。

各级学校所采用之教材,视学生身心之发育状况而定,一般约有如下之种种项目:

(1)整队与走步

(2)体操

(3)韵律活动

(4)游戏运动

(5)技巧运动

(6)球类运动

(7)竞技运动

(8)自卫活动与国术(包括少林拳、形意拳、太极拳、八卦拳、刀术、棍术、枪术、剑术、弹丸、摔交、搏击等——女生无摔交)

(9)水上及冰上运动

(10)和缓运动

(11)野外活动

各级学校学生之体育考核力主严格,凡学生体育成绩不及格者,不得毕业。

乙　社会体育

(一)体育场　体育场为实施社会体育之机关,规定各省市至少设立省立或市立体育场一所,各县市设立县立或市立体育场一所,并应按市县区内需要情形,设简易体育场若干所。据民国三十二年(一九四三年)教育部之统计：全国计有体育场一·四九八所，其中省立者六一所，县立者一·一七二所，私立者二六四所，较战前减少十分之四。抗战胜利，失地收复，曾经沦陷地区之体育场，现正积极整理恢复中。

(二)运动会　教育部规定全国运动会每两年举行一次，就首都及各省市适当地点用间隔之次序轮流在秋季举行。省市县运动会以每年举行一次为原则，举行时期由各省市自行决定。自一九三九以来，以交通关系，全国运动大会未能举行。至各省市运动会在非战区之省市，大都能如期举行。至县市运动会在非战区之县市亦皆普遍举行。此外各大都市如重庆、成都、昆明、贵阳亦曾举行专科以上学校或中等学校联合运动会，情况至为热烈。

(三)体育团体　一九四四年政府为普及体育起见，曾公布《体育会组织办法》一种，以普及体育、增进健康、发扬民族精神及研究体育学术为宗旨。体育会行政区域为组织区域，分乡镇体育会、县市体育会及省或院辖市体育会三级。除各地方之体育会以外，尚有"中华全国体育协进会"、"中华体育学会"及"中央国术馆"三团体，教育部均负指导监督之责。为使事务之开展起见，每年均拨款予以补助。此外对于工厂、矿场、农场职工之体育，亦均订定奖励办法，使其事业得以顺利发展。

丙　国民体育法

一九二九年，政府曾颁布国民体育法，嗣以该法令历时已久，不合时代需要，爰于一九四一年加以修正，由国民政府明令公布，按照该法规定，中华民国国民，不分性别年龄，应根据体格检查之结果，一律受适当之体育训练，于家庭学校及机关团体中分别实施，由父母教师及主持人员负领导督促之责，以谋国民体育之均衡发展与迅速普及。

丁　体育人才之训练

中国体育师资训练最高之机关，为各大学师范学院体育系，入学资格须高级中学毕业，修业年限定为四年，毕业后可担任高级中学体育教员、体育系或体育专修科助教，或省市立体育场场长等职务。其次为各大学师范学院附设之体育专修科或体育师范专科学校。入学资格与体育系同。修业年限定为二年，毕业后可担任初级中学体育教员或体育场职员等职。再次为体育师范学校或各师范学校附设之体育师范科，入学资格须初级中学毕业，修业年限定为三年。毕业后可担任小学体育专任教员或县立体育场职员等职。此外于一九四一年创设五年制体育师范专科一种，招收初中毕业学生，予以五年之训练。是项学制尚属初创，其成绩如何，尚在缜密研讨中。

各大学师范学院体育系或附设之体育科，大都系国立。一九三九年以前仅有四所，迄一九四六年为止，已增立八所。此外省立者一所，私立者一所，分布于全国各区。各体育师范学校及师范学校附设之体育师范科，均系省办。迄一九四六年止，共有十六所，预计复员后收复区之各省市均将继续设置，以应需要。

戊　体育图书之编辑

教育部国民体育委员会年来对于研究及编审工作异常注意。关于研究工作者，曾拟订各种研究问题，交由中华体育学会及各体育师资训练机关研究。但是项研究工作，由于战时参考书籍之缺乏，进行颇为迟缓。此外，并曾举行体育教员论文比赛，藉以提高其学术兴趣。关于编审工作者，自一九三九年迄一九四六年止，曾编辑体育教材九种，体育参考书二十二种，民众体育丛书三种。

十、国际文化合作

近代科学进步，交通便捷，国际关系日趋接近。各国文化之交流，亦显较前世纪为繁密。此次大战中，并肩作战之国家，不下三十余，我国抗战最早，又届太平洋战区之冲，故在军事、政治、经济各方面，各国均与我国取得联系，而文化事业之合作，

尤足增进中外思想之沟通,及情感之融洽,一九三七年以来,国际文化合作事项,兹姑就四点分述之:

一、留学生之交换

芦沟桥炮火扩展以后,各级教育,均有适应战时环境之新措施。留学政策亦有变更。廿七年四月临时全国代表大会通过之战时各级教育实施方案第十三条云:"……改订留学制度,务使今后留学生之派遣,成为国家整个教育计划之一部份,而于私费留学亦加以相当统制。革除过去分散放任之积弊"。故战事初起,中国一度限制留学生之出国。惟有特准得有外汇奖学金或补助费者,仍得出国,但以攻习军工理医等科目为限。所以一面节约外汇,一面提高留学生素质,俾学有所专,且配合国防需要也。

当时中英庚款留学考试及清华留美考试,赓续举行。一九三六年中英庚款董事会举办第六届留英公费生考试,计录取廿名,分配为理科五名,工科八名,农科三名,法科二名,文科及教育各一名。一九三七年又举办第七届考试,录取廿四名,分配为理科八名,工科六名,农科三名,医科一名,法科一名,教育三名,地理二名,是年因欧战发生,考取各生,不克赴英,乃改送加拿大就学。至清华五届公费考试,系一九三八年举办。计录取十七名,分配为工科十一名,医科二名,农科二名,法科一名,商科一名,一九三九年七月,该校本拟赓续举办六届公费考试,因太平洋战事而中辍。

一九四二年英国文化协会(British Council)及工业协会(F·B·I)先后设置奖学金及实习生名额,请中国选派学生前往,计选派学生三十九名,并派教授一人为领导,同时赴英。一九三七至一九四二年数年间之出国者,除上述公费生外,留学生自费出国人数,因限制之故,较战锐减。综六年之间,共仅八二八人,其学科分配情形,大概可列如左表:

年度	科目								共计
	文	法	商	教育	理	工	医	农	
一九三七	二〇	六一	三三	二四	四六	一〇七	三四	四一	三六六
一九三八	二	七	一	三	一八	三四	二〇	七	九二
一九三九	一	九	一	九	二〇	一三	八	四	六五
一九四〇	八	一〇	七	七	八	二五	一一	六	八六
一九四一	三	一〇	二	二	八	一三	一一	四	四三
一九四二	一三	三六	一三	六	三二	五七	七	一二	一七六

迄一九四三年教育部开始举行第一届自费留学生考试，录取三百余人，均赴美肄业。是年中英庚款董事会七届公费生，亦录取二十四人，印度政府与我商定交换留学生，中印各派学生十名，分赴各大学研究。

一九四四年中国继续举行英美奖学金研究实习生考试，计录取留英研究生六五名，实习生六九名，留美研究生六一名，合计一九五名。清华大学亦考取第六届公费生三十余名。各生均于一九四五年陆继到达英美。同时在租借法案（C·E·F）项下中国政府从各机关工作人员中挑选优秀份子赴美实习者，计一千二百名。一九四五年美国罗氏基金团华医社捐赠之奖学金额，亦有三名。一九四四至四五年，中英庚款八届公费生，取录廿八人出国。其自动得有国外奖学金或应约出国研究者，亦有三百余人。

抗战胜利，国际交通无阻，国内建设亦亟需人才，故一九四六年夏曾举行公费留学考试，录取各项公费生一百四十八名，（包括中英庚款九届公费生）暨自费生一千二百十六名，分赴英美及欧洲诸国。此两项学生，目前正准备一切，拟明秋以前，可以出国。至战时担任译员工作，或参加青年军，其服务成绩优良者，不久亦将由政府考试，酌派出国。

中国政府除在印度国际大学成立中国学院外，自一九四五年起，并在英、美、印度十四大学中，设置中国文化奖学金，以奖助研究中国学术之学生。迄今得此项奖学金之学生，已有七十一人。本年度又为酬答盟军之友谊起见，设中国战区美军在华服务人员奖学金十名，申请者甚为踊跃。

二、教授之交换

一九四〇年英国牛津剑桥两大学各组织中英文化合作委员会，向我建议互派教授。原定每年交换六人，于一九四二年春，先派该校教授羑卡伦与休士（E. R. Hughes）两先生来华，卒因战事中止。是年四月，英技术教育权威萨金特教授来华。休士先生则于一九四三年得Lererhue Research Fellowshib之资助，继续完成其东来之志，在华研究哲学。牛津大学希腊文教授陶德斯，剑桥大学生物化物〔学〕教授尼德汉（Dr Joseph Needham）携带英皇家学院，大英学会，大英科学协进会等学术团体函件，被派来华访问，并商讨加强中英文化之合作。一九四五年，英文化协会特派地理学名教授罗士培（Percy Mande Roxby）为驻华代表，中央大学即敦聘为名誉教授，讲授文化地理。中英文化事业之联系益密。同时李约瑟博士所主办的中英科学合作馆，在自然科学方面之成就，亦极可观。

美国亦有对华文化合作委员会之组织。自一九四二年至四五年，先后由美国国务院派遣来华之教育家或技术家，不下二三十人。并为加强中美文化联系起见，美方特任费正清博士为国务院文化事务局驻华代表，一九四三年又任命葛利石教授继费氏工作。胜利以后，哥伦比亚大学国际问题教授裴裴（Pro. N. Peffer）暨儿童教育专家（Pro. Ryan相继来华讲学，均极受欢迎。

除英美外，印度教授之应聘来华讲学者亦颇多。如赖达克里希那，拉曼爵士，甘歌利（Prof.O.C.Gangoly）等，均载誉而归。

中国亦派遣教授往国外讲学：一九四〇年我政府应英国大学中国委员会函请，派郭任远博士赴英讲学，并与英朝野商谈中英文化交流方案，继又派彼往美国讲学，并洽商中美文化合作事宜。一九四一年我政府选派武大徐贤恭教授赴缅，为中缅交换教授之先声。一九四三年，教授周厚复，应聘赴英讲学，自一九四三至一九四五年，应美国国务院聘请由中国政府选派赴美讲学之教授，前后共十七人。应英国文化协会聘请选派之教授五人，应聘派赴印度讲学之教授五人。均于一九四四年出国。彼等在英美印学术界，均曾获得好评。国内各机关工作人员暨各大学教授，以服务年资或工作成绩，由中国政府遴派赴美考察教育、农业、交通、经济等部门者，共二百人，均于一九四五年出国。本年（一九四八）因交换教授或得美国奖学金之教授名单亦已检定，计四十二人。此外例年由美英各大学直接聘请不由中国教育部选派者，人数亦颇有可观，不再列举。

三、图书之交换

中国早于一九二五年正式加入出版品国际交换公约。叠由教育部附设出版品国际交换局，中央研究院附设出版品国际交换处，暨国立中央图书馆附设教育部出版品国际交换处，专司其事。抗战以后，此项工作，并未停顿。且因敌人占据沿海各省，对于文教机关之毁坏过大，一九三九年冬，中国曾组织战时征集图书委员会，向英美征集大学用书。一九四二年，由英募到图书已六〇余箱，分发各专科以上学校。美国对我国之图书援助尤多，国务院科学教育艺术局（原名文化事务局）曾将六十余种有关科学技术之新刊物，按月制成缩小图书影片，连同放映机运华。一九四五年五月统计，每月运到之图书影片，约为十万余页，国立中央图书馆现设有对外图书征集委员会，系由国内学术界知名之士所组成,赓续作有计划之征集工作。

中国亦曾将国家丛书分送智利大学及秘鲁图书馆。并将教育资料分送盟国,又将国立编译馆所编中国文化史、中国哲学史、中国艺术史、中国建筑史、中国音乐史、中国绘画史、中国戏剧史、中国工业史等书,译为英文,向外介绍。一九四四年,又敦聘中大范存忠教授主编英文中国文化丛刊,广延国内各专家编选专题小册十余种。中美、中英文化资料供应委员会成立以后,于三国文化之交换,更增效率。此外私立编辑之书刊,于国际文化合作有贡献者,教育部亦均给予奖励。如罗忠恕教授所编"东西文化",暨世界学生会中国分会所编"抗战中的大学"等,均为值得重视之书刊。

中国国立北平图书馆珍藏之四库全书暨善本书籍,实为世界之瑰宝,非特中国之文粹而已。在敌人占领北平之前,幸得设法迁运,未遭劫夺与毁损。近且在美缩印为图书影片,以广流传,原件不久亦可运返中国。此更为国际文化合作所值得记载者也。

四、参加国际文化团体会议

早在一九三〇年,中国已开始参加国际同盟所主持之国际文化合作委员会。一九三八年,国联发起在巴黎举行国际文化合作会议,中国政府当即表示赞成,由北平研究院院长李煜瀛氏代表,出席大会,并签订该会所议订之文件。迨此次大战告终,有识人士深知欲消弭国际战祸,永奠和平,必须从各国文化科学之合作肇始。一九四五年举行联合国教育科学文化组织会议于巴黎,中国曾派胡适博士、赵元任博士等为代表出席。今后中国更当以会员国之立场,尽力赞助会务之进展。近年文化学术团体在欧美各地举行会议者,有世界民主青年协会、世界学生会、牛顿三百周纪念会、自然科学社会议、国际应用力学会议、世界新教育研究会等,中国均曾由各有关团体或学术界推举知名之士,前往出席。庶几如百流汇海,以各界学者之倡导与努力,取得世界各国之谅解合作,以谋全人类之和平与幸福。

五、补助国内外国际文化团体

国际文化之合作，固须政府倡导，并须私人团体努力。国内之文化团体，如中美文化协会、中英文化协会等，对于中外文化之联系，厥功甚著，国外之日内瓦国际图书馆，加尔各答之印度国际大学等，亦曾完成中外文化沟通之使命。我政府于上述各团体，均予以精神及物质之赞助，以推进其业务。余如中苏文化协会、中法比瑞文化协会、中印学会、世界学生会中国分会、世界学生服务社以及美国之世界学生会纽约分会，均经常由教育部补助。一九三五年，教育部并曾分拨专款以充实国内各国际文化协会及学术团体之图书设备，俾更增文化沟通之效率。

〔国民政府教育部档案〕

5. 教育部战时教育概况统计表

（1936—1945年）

（1）抗战前后全国各级学校教育及社会教育概况一览表

（1936—1945年）

项别	年度	学校或机关数	学生数	教职员数	岁出经费数	说明
高等教育	25	108	41,922	11,850	39,275,286	各级教育数字系按学年度计算，三十学年度迄本年七月底终了，中等初等及社会教育数字须俟各省市呈报齐全后始能结算。又社会教育二十九年度数字较前减少，系因各地
	26	91	31,188	8,623	30,431,556	
	27	97	36,180	9,301	31,125,068	
	28	101	44,422	10,684	37,348,890	
	29	113	52,376	12,828	58,296,680	
	30	129	59,457	15,169	41,196,550	

续上表

项别	年度	学校或机关数	学生数	教职员数	岁出经费数	说明
中等教育	25	3,264	627,246	60,047	61,035,605	基层社教机关已与国民学校及乡镇中心学校合并，未再另列。
	26	1,896	389,948	33,497	30,396,258	
	27	1,814	477,585	38,340	34,647,885	
	28	2,278	122,803	40,114	44,889,288	
	29	2,606	168,533	52,700	79,703,919	
初等教育	25	320,080	18,364,956	702,831	119,725,603	
	26	229,911	12,847,924	482,160	73,444,593	
	27	217,394	12,281,837	432,630	64,932,910	
	28	218,758	12,669,976	427,454	56,673,491	
	29	224,403	13,804,488	497,051	172,494,096	
社会教育	25	158,038	3,867,158	211,192	17,866,426	
	26	132,842	4,220,444	129,357	9,678,966	
	27	147,526	3,175,457	159,392	8,441,832	
	28	170,902	5,690,591	196,053	11,848,436	
	29	132,832	4,614,561	151,690	17,986,651	

（2）抗战期间全国各级学校校数及学生数一览表

（1937—1945年）

学年度别	高等教育		中等教育		初等教育	
	学校数	学生数	学校数	学生数	学校数	学生数
三十四学年度	一四一	八〇，六四八				
三十三学年度	一四五	七八，九〇九	三，七四五	一，一六三，一一三	二五四，三七七	一七，二二一，八一四
三十二学年度	一三三	七三，六六九	三，四五五	一，〇七八	二七三，四四三	一八，六二二，二三九
三十一学年度	一三二	六四，〇九七	三，一八七	一，〇〇一，七三四	二五八，二八三	一七，七二一，一〇三
三十学年度	一二九	五九，四五七	二，八一二	八四六，五五二	二二四，七〇七	一五，〇五八，〇五一
二十九学年度	一一三	五二，三七六	二，六〇六	七六八，五三三	二二〇，二一三	一三，五四五，八三七
二十八学年度	一〇一	四四，四二二	二，三七八	六二二，八〇三	二一八，七五八	一二，六六九，九七六
二十七学年度	九七	三六，一八〇	一，八一四	七四四，五八五	二一七，三九四	一二，八一，八三七
二十六学年度	九一	三一，一八八	一，八九六	三八九，九四八	二二九，九一一	一二，八四七，九二四

347

（3）战时全国公私立专科以上学校岁出经费概况统计表

（1936—1945年）

学年度	学校数	岁出经费数（单位：国币元）	
		甲	乙
三十四	一四一	6,563,456,591	16,766,763,264
三十三	一四五	1,869,869,039	3,199,190,837
三十二	一三三	41,985,372	645,452,335
三十一	一三二	169,976,900	233,536,650
三十	一二九	91,196,550	102,927,050
二十九	一一三	58,296,080	61,105,940
二十八	一〇一	37,348,870	
二十七	九七	31,125,068	
二十六	九一	30,431,556	
二十五	一〇八	39,275,386	

说明：①岁出经费"甲"不包括公立各院校教职员生活补助费及薪金加成。

②岁出经费"乙"包括国立及省立各院校教职员生活补助费及薪金加成，又公立院校教职员生活困难补助费之规定，系自廿九年一月起（二十八学年度）。

③校数、教职员数系各学年度第一学期数字，毕业生数岁出经费系各学年度第一、第二两学期合并计算。

（4）战时国家岁出总预算与中央教育文化费支出比较表

（1936—1945年）

年度别	国家岁出总预算数	总教育文化费		普通教育文化费		备注
		金额	占总岁出百分比	金额	占总岁出百分比	
二十六年度	1,000,149,496	45,884,096	4.58	……	……	
二十七年度	856,412,700	18,915,519	2.21	……	……	廿七会计年度系半年
二十八年度	1,705,512,879	55,857,004	3.27	33,906,140	1.98	
二十九年度	2,488,074,685	67,851,233	2.72	44,042,187	1.77	
三十年度	7,533,877,542	146,533,285	1.94	79,324,396	1.05	
三十一年度	17,310,618,343	374,929,640	2.17	241,426,270	1.36	
三十二年度	36,236,413,861	667,572,508	1.81	556,002,116	1.54	
三十三年度	79,501,431,808	3,490,165,865	3.13	2,489,277,426	3.13	
三十四年度	263,844,138,900	7,932,140,300	3.01	6,836,078,000	2.59	

材料来源：根据国民政府公布之各年度岁出总预算编制。

说　　明：

（1）总教育文化费包括教育文化费本款暨补助费；建设费各款中有关教育文化部份经费，中央办理与补助各级学校社会教育机关、学术机关、学术团体、三民主义青年团，（下转第352页）

（5）战时历年教育文化费统计表（经济部份）

（1938—1945年）

年度	类别	本部经费	高校	中教	国教	社教	边教	侨教
27	金额	182,070	8,917,907	2,188,500	1,457,080	808,376	41,425	
28	金额	564,492	23,597,813	6,537,780	4,331,500	2,095,546	45,390	290,000
29	金额	1,223,330	34,611,494	12,887,457	6,602,000	2,907,462	212,355	323,600
30	金额	1,903,110	72,529,324	28,187,950	18,186,768	3,512,456	2,433,144	1,759,690
31	金额	2,564,738	102,936,811	30,407,216	18,036,884	8,555,403	7,566,899	1,701,822
32	金额	4,977,465	240,001,642	51,516,371	26,382,600	19,447,208	14,781,704	3,491,100
33	金额	9,742,607	387,893,414	119,386,948	33,274,380	33,718,303	28,699,827	10,800,760
34	金额	14,160,300	411,162,500	65,847,900	105,377,300	33,136,300	36,941,200	4,764,400

（5）战时历年教育文化费统计表 （续完）

年度	类别	体育	训育	战教	特教	其他	预备金	合计
27	金额			695,730		10,684,324		24,975,332
28	金额	88,000		1,839,938		22,088,862		61,477,311
29	金额	88,000		4,137,896		34,389,721		96,781,305
30	金额	88,000		5,028,401		81,246,340		214,875,230
31	金额	88,000	300,020	12,343,574	1,800,000	278,124,998	4,333,424	419,464,353
32	金额	3,010,000	1,318,000	20,499,000	2,195,000	237,121,926	156,179,310	779,921,320
33	金额	2,102,268	1,713,400	21,188,945	2,882,300	1,944,409,078	18,902,700	12,615,715,343
34	金额	3,303,900	2,570,100	17,909,000	4,191,300	7,158,943,100	45,907,700	7,904,215,000

（上接第349页）军事教育机关、新闻事业等经费。

（2）普通教育文化费包括教育文化费本款暨补助费，建设费各款中有关教育文化部份经费,中央办理与补助各级学校、社会教育机关、学术机关及学术团体等经费。惟三民主义青年团、军事教育机关、新闻事业、中央政治学校等经费，均经剔除。

（3）本表所列均系原预算数，凡追加数均未计入。

（4）自三十二年度起，军事教育费改为国防支出，未列入计算。

〔国民政府教育部档案〕

6. 战时各省市岁出教育经费数及其占总岁出百分比统计表

（1939—1944年）

（甲.1）

地域别	二十八年度		二十九年度		三十年度	
	岁出教育经费数	占总岁出百分比	岁出教育经费数	占总岁出百分比	岁出教育经费数	占总岁出百分比
总计	32,807,798	8.93	54,876,279	11.40	100,297,916	13.02
江苏						
浙江	2,697,051	6.83	4,376,962	6.98	6,972,269	8.63
安徽	1,298,509	8.23	1,858,523	9.37	3,101,900	13.80
江西	2,724,756	7.44	4,357,923	11.14	9,113,755	14.72

续上表

地域别	二十八年度		二十九年度		三十年度	
	岁出教育经费数	占总岁出百分比	岁出教育经费数	占总岁出百分比	岁出教育经费数	占总岁出百分比
湖北	3,014,474	11.75	3,505,865	17.75	7,540,875	24.16
湖南	2,603,712	9.09	2,886,639	9.64	9,825,432	20.94
四川	5,211,662	8.37	11,250,000	13.04	16,281,921	11.64
西康	746,101	43.99(?)	1,199,997	13.73	2,488,350	11.14
河北						
山东	6,320	0.17	2,188,891	22.74	2,329,448	8.03
山西						
河南	1,997,807	13.49	2,982,157	15.14	9,525,458	35.74
陕西	2,020,751	8.59	2,135,602	8.29	5,726,487	12.81
甘肃	857,202	13.35	1,125,729	13.30	3,016,917	11.71
青海	122,739	19.25	198,371	20.78	304,057	20.78
福建	1,866,203	6.16	4,109,480	12.91	4,960,197	6.61
广东	1,884,778	8.15	3,599,003	9.06	5,792,470	9.43

353

续上表

地域别	二十八年度		二十九年度		三十年度	
	岁出教育经费数	占总岁出百分比	岁出教育经费数	占总岁出百分比	岁出教育经费数	占总岁出百分比
广西	4,041,533	11.59	6,819,736	12.96	7,379,667	14.49
云南						
贵州	1,061,656	10.84	1,116,704	11.77	3,593,396	19.60
察哈尔	56,833	15.79	90,000	8.98	109,400	13.61
绥远					146,685	2.10
宁夏	353,688	7.73	468,738	13.44	763,561	20.06
新疆						
重庆市	241,625	7.54	605,950	7.09	1,325,671	6.06

地域别	三十一年度		三十二年度		三十三年度	
	岁出教育经费数	占总岁出百分比	岁出教育经费数	占总岁出百分比	岁出教育经费数	占总岁出百分比
总计	183,105,032	11.04	298,456,159	6.87	363,275,077	7.17
江苏	1,595,585	8.65	3,161,260	8.17	5,458,448	9.17
浙江	13,909,986	14.80	17,061,750	11.44	21,093,550	7.56

续上表

地域别	三十一年度 岁出教育经费数	占总岁出百分比	三十二年度 岁出教育经费数	占总岁出百分比	三十三年度 岁出教育经费数	占总岁出百分比
安徽	4,221,594	10.09	9,762,096	7.29	14,841,697	7.86
江西	11,525,580	12.75	16,335,104	8.30	24,054,170	7.41
湖北	13,634,833	19.13	18,954,680	14.14	23,927,376	10.60
湖南	12,461,052	14.70	17,582,127	4.91	25,639,694	6.39
四川	23,814,474	7.06	30,075,378	5.08	35,845,618	4.08
西康	3,025,920	6.75	4,853,704	8.03	8,283,426	6.57
河北	688,054	22.63	1,946,180	33.37	2,609,318	14.38
山东	3,743,384	10.12	4,598,466	7.92	5,727,450	6.88
山西	3,700,406	8.62	3,163,974	4.82	5,477,346	5.45
河南	11,031,444	24.20	22,563,009	12.87	30,068,095	11.84
陕西	9,795,541	15.02	17,722,737	8.00	18,773,646	5.47
甘肃	6,382,909	15.59	15,082,774	12.00	19,240,790	9.52
青海	707,175	15.14	1,481,745	5.47	2,932,798	7.07

续上表

地域别	三十一年度		三十二年度		三十三年度	
	岁出教育经费数	占总岁出百分比	岁出教育经费数	占总岁出百分比	岁出教育经费数	占总岁出百分比
福建	9,237,656	10.87	12,408,287	7.07	22,097,926	8.23
广东	9,151,961	9.25	13,072,319	6.68	20,777,442	7.14
广西	18,237,318	20.59	19,976,716	12.07	26,211,402	10.25
云南	10,374,334	8.03	16,314,848	7.61	19,763,055	6.59
贵州	4,841,214	10.56	8,860,880	6.89	14,292,955	7.32
察哈尔	115,060	9.17	159,021	7.51	454,515	9.58
绥远	832,888	11.02	477,244	2.35	1,018,661	3.79
宁夏	748,032	13.84	1,680,935	4.63	3,496,309	5.65
新疆	4,650,000	51.98	40,958,945	4.11	……461,220	……0.33
重庆市	4,178,626	6.10	201,980	0.26	10,741,170	7.73

〔国民政府教育部档案〕

7. 战时历年度中央教育文化费分析表

(1939—1945年)

费别	二十八年度 金额	二十八年度 百分比	二十九年度 金额	二十九年度 百分比	三十年度 金额	三十年度 百分比	三十一年度 金额	三十一年度 百分比
总计	33,906,140	100.00	44,002,787	100.00	79,324,396	100.00	241,426,270	100.00
教育行政	450,000	1.33	486,600	1.11	943,189	1.19	2,541,090	1.05
高等教育	18,678,236	55.09	20,595,218	46.76	40,277,909	50.78	84,747,182	35.10
中等教育	5,219,976	65.40	7,903,216	17.96	14,131,710	17.82	26,895,557	11.14
国民教育	4,274,000	12.60	7,260,000	16.50	11,832,000	14.92	17,970,884	7.44
社会教育	1,409,552	4.16	2,220,752	5.05	2,443,152	3.08	10,582,643	4.38

续上表

费　别	二十八年度 金额	百分比	二十九年度 金额	百分比	三十年度 金额	百分比	三十一年度 金额	百分比
音乐教育	—	—	—	—	—	—	—	—
边疆教育	529,790	1.56	964,615	2.19	3,102,351	3.91	6,151,031	2.55
侨民教育	140,000	0.41	200,000	0.45	1,468,500	1.83	1,959,522	0.80
国民体育	—	—	—	—	88,000	0.11	800,000	0.33
战区教育	105,924	0.31	663,124	1.51	1,063,000	1.34	7,787,424	3.22
特种教育	200,000	0.59	600,000	1.36	1,200,000	1.51	1,800,000	0.74
改进训育	—	—	—	—	11,880	0.02	300,000	0.12
其　他	2,898,662	8.55	3,128,662	7.11	2,762,705	3.49	75,227,513	31.18
统筹分配部分	—	—	—	—	—	—	—	—
第一预备金	—	—	—	—	—	—	4,703,424	1.93

续上表

费别	三十二年度 金额	百分比	三十三年度 金额	百分比	三十四年度 金额	百分比
总计	556,002,116	100.00	1,529,170,226	100.00	3,470,590,800	100.00
教育行政	3,397,465	0.6	6,080,865	0.39	14,160,300	0.41
高等教育	184,186,940	33.13	474,310,613	31.02	1,150,764,900	33.15
中等教育	52,787,599	9.49	276,594,764	18.09	69,441,200	2.00
国民教育	26,484,000	4.76	34,216,380	2.24	105,377,300	3.04
社会教育	19,098,340	3.43	29,084,400	1.90	33,194,500	0.96
音乐教育	—	—	—	—	3,128,900	0.09
边疆教育	14,803,812	2.66	30,298,003	1.98	37,207,200	1.07

续上表

费别	三十二年度 金额	百分比	三十三年度 金额	百分比	三十四年度 金额	百分比
侨民教育	2,810,300	0.51	8,438,800	0.55	4,764,400	0.14
国民体育	1,318,000	0.24	2,405,400	0.61	3,303,900	0.10
战区教育	20,499,000	3.69	21,035,000	1.37	17,909,000	0.52
特种教育	2,195,000	0.40	2,853,500	0.19	4,191,300	0.12
改进训育	1,318,000	0.24	1,713,400	0.11	2,570,100	0.07
其他	223,702,860	40.23	623,236,460	40.76	5,644,900	0.16
统筹分配部分	—	—	—	—	1,973,025,200	56.85
第一预备金	3,400,800	0.61	18,902,701	1.24	45,907,700	1.32

材料来源： 根据各年度国家岁出总预算编制。
说　明： 1．本表数字系指普通教育文化而言，即除教育本款暨补助费、建设费中有关教育文化部份经费等外，三民主义青年团、中央干部学校及新闻事业等费均经剔除。

2．三十四年统筹分配部分经费，包括中等以上学校教员进修及奖助金、国立各级学校学生膳费、公费及国立各级学校加班费等。

〔国民政府教育部档案〕

8．战时各省（市）教育文化费分析表

（1939—1944年）

费 别	二十八年度		二十九年度		三十年度	
	金　额	百分比	金　额	百分比	金　额	百分比
总　计	37,917,234	100.00	63,911,748	100.00	107,672,061	100.00
教育行政	1,387,752	11.79	2,696,774	4.22	4,154,427	3.86
高等教育	3,806,588	10.04	5,832,240	9.13	11,776,566	10.94
中等教育	18,128,478	47.81	27,273,843	42.67	48,561,136	45.10
国民教育及初等教育	7,748,776	20.44	16,428,205	25.70	27,132,149	25.19
社会教育	2,372,279	6.72	3,982,243	6.23	4,619,316	4.29
边疆教育	—		—		—	
其　他	4,473,361	3.66	7,698,443	12.05	11,428,467	10.62

续上表

费别	三十一年度		三十二年度		三十三年度	
	金额	百分比	金额	百分比	金额	百分比
总计	197,233,706	100.00	307,153,597	100.00	363,275,077	100.00
教育行政	12,067,639	6.12	25,511,683	8.31	23,219,368	6.39
高等教育	14,512,807	7.35	22,363,040	7.28	25,928,948	7.14
中等教育	77,990,507	39.52	143,548,920	46.74	161,712,080	44.51
国民教育及初等教育	43,143,544	21.86	38,221,080	12.44	40,243,875	11.05
社会教育	7,919,711	4.01	12,603,788	4.10	16,137,199	4.44
边疆教育	73,000	0.04	1,857,356	0.60	4,490,283	1.24
其他	41,626,498	21.10	63,047,730	30.53	91,644,324	25.23

材料来源：二十八至三十年度系根据各省市呈报省市教育经费统计报告表编制，三十一至三十三年度系根据行政院每年国家普通岁出各省市预算数字编制。表二各年度教育文化费总计均较表一省市教育文化费支出栏数字为大，因表二包括中央补助各项教育经费在内，表一则纯系地方教育经费预算。

〔国民政府教育部档案〕

(四)战时教育文化事业损失

1. "八一三"后上海教育文化机关遭受日军破坏情形调查统计表

(1937年10月21日)

(上海航讯)此次暴日进犯,对我教育文化机关肆意破坏,不遗余力,本市自"八一三"开战以来,教育文化机关遭敌军蹂躏者不一而足,即在非战区域之学校亦同遭殃及。兹将上海市社会局十月十五日止调查之结果,统计大学校损害六百六十二万三千一百五十九元,中学校损害二百十九万九千九百五十四元,小学校损害二十五万九千一百二十九元,计教育机关如博物馆、图书馆、体育场等损害一百八十六万元,总计一千零九十四万二千二百四十二元。兹将详细统计,分列于左:

一、大学之部

校　　名	被毁详细情形	损害估计
同济大学	全部被轰炸	一,八四六,〇一八
暨南大学	局部被轰炸	
大同大学	局部被轰炸	一〇,〇〇〇
沪江大学	校舍被敌军占领	一,六七九,七四九
音乐专科	校舍被敌军占领	一七一,六三二
上海商学院	校舍被敌军占领	二〇一,〇〇〇
上海法学院	全部被毁	二一〇,〇〇〇

363

续上表

校　　名	被毁详细情形	损害估计
正风文学院	局部被毁	一五〇,〇〇〇
同德医学院	大部被毁	五〇〇,〇〇〇
持志学院	大部被毁	二,二〇〇,〇〇〇
复旦大学	大部被毁	四〇六,七六〇
商船学校	全部被毁	二三〇,〇〇〇
东南医学院	全部被毁	二三〇,〇〇〇
市立体育专科学校	校舍被日军占领	
总　　计	十四校	六,六二三,一五九

二、中学之部

校　　名	被毁详细情形	损害估计
新陆师范	大部被炸（鸡场农场全部）	一〇九,〇〇〇
立达中学	局部被炸（校舍校具被毁）	二五,五〇〇
吴淞中学	全部被炸	五〇,八三〇
复旦中学	全部被炸	一一九,四〇四
爱国女中	全部被毁	一〇五,九五〇
持志附中	全部被毁	四〇,〇〇〇
新民中学	详情不悉	四〇,〇〇〇
育青中学	详情不悉	四〇,〇〇〇
东南女体师范及附中	全部被炸	一五〇,六〇〇
澄衷中学	局部被炸	六〇,〇〇〇

续上表

校　　名	被毁详细情形	损害估计
麦伦中学	全部被毁	八二,〇〇〇
沪北中学	详情不悉	五〇,〇〇〇
惠群中学	全部被炸	一〇〇,〇〇〇
建国中学	详情不悉	一〇〇,〇〇〇
安徽中学	校具被毁	三,〇〇〇
新亚中学	校具被毁	六,〇〇〇
两江体师	全部被毁	一一〇,〇〇〇
浦东中学	局部被炸	二〇,〇〇〇
市北中学	全部被炸	一二〇,〇〇
启秀女中	全部被炸	二二一,〇〇〇
大公职中	局部被炸	三〇,〇〇〇
崇德女中	详情不明	二九〇,〇〇〇
广东初中	全部被毁	一四〇,〇〇〇
岭南初中	局部被炸	三〇,〇〇〇
同德助产	局部被炸	三,〇〇〇
三育初中	详情不明	
粤东中学	全部被炸	三〇〇,〇〇〇
总　　计	二十七校	二,一九九,九五四

三、小学之部

区　　别	损害校数	被毁情形	损害估计
闸　北	八	在火线内详情无从得悉	四七，九五三
引　翔	七	同　上	五〇，一八五
江　湾	九	同　上	六一，八九〇
吴　淞	九	同　上	一九，二二四
中心区	三	同　上	五四，三五六
殷　行	八	同　上	二五，五三九
总　计	四四		二五九，一二九

四、社教机关之部

名　　称	被毁详细情形	损害估计
市博物馆	全部被毁	三九〇，〇〇〇
市图书馆	全部被毁	四七〇，〇〇〇
市体育场	局部焚毁（现被敌军占领）	一，〇〇〇，〇〇〇
商务印书馆	详况不悉	
航空协会	详况不悉	
新中国建设协会	详况不悉	
工程师学会	详况不悉	
德比奥同学会	详况不悉	
总　计	八　处	一，八六〇，〇〇〇

五、教育文化机关损害统计

机　　关	损害估计
大学之部	六，六二三，一五九
中学之部	二，一九九，九五四
小学之部	二五九，一二九
社教之部	一，八六〇，〇〇〇
总　　计	一〇，九四二，二四二

〔国防部史政局及战史编纂委员会档案〕

2．夏颂明：抗战一年来图书馆的损失

（1938年8月6日）

一年抗战中，我国政府及人民的损失不可以数计。即以图书馆一部分而言，我们究竟损失了多少图书馆？我已经查出一个确数来：

南京五十三所

上海一百七十三所

江苏三百所

浙江三百七十七所

安徽一百一十一所

北平九十六所

天津三十六所

河北一百七十六所（冀东二十二县系一年前所失，故未计算在内）

青岛十二所

山东二百七十六所

威海卫五所

山西一百二十七所

河南三百九十二所

察哈尔十三所（察北六县系一年前所失，故未计入）

绥远十九所

南京中央图书馆及各机关图书馆曾搬出一小部分书来；浙江省立图书馆和北平故宫博物院图书馆的四库全书均已运出；全馆图书悉数迁出的只有南京中央大学图书馆，此次各学校图书馆随学校迁出的以清华大学迁出图书的数量最大，其他学校有的简直一本书未带出来。这些我在上面并未减去关于他们的数字，因为迁出的馆数既少，而馆中的书完全迁出者又仅一所，数量甚微，故不必减去。

上海租界上的图书馆，和各省敌踪未至各县，其图书馆亦未及除去，但事实上这些图书馆，亦必在停顿状态之中，其命运正不可卜。而且敌踪所至多为交通便利的地方，图书馆设立最多的亦正是交通便利的地方，所以即使将敌踪未至各县的图书馆减去，数字亦降低有限。何况此处所计，对于私人藏书楼并未加入，正可以将应减去的数字，作为私人藏书楼损失的假设的数字。

以藏书的数量而论，南京五十三所图书馆除去十所不详外，其余四十三所共藏一百七十一万二千二百三十八册，平均每馆约藏四万册。上面所列我国一年来损失的图书馆计共二千一百六十六所，即使每馆藏书平均数仅及南京每馆藏书平均数的十分之一——四千册计算，二千一百六十六所即达八百六十六万四千册之巨。

我所根据的书是青年会蟾秋图书馆所藏的《全国机关公团名录》一书的第十二卷，这一卷专记全国各个图书馆的状况。该书系二十六年四月出版，早于芦沟桥事变仅三个月，故可视为抗战前夜的记载。又这书于东四省及冀东二十二县察北六县的图书馆概未列入,所举图书馆共三千七百四十四所,而现在损失竟达二千一百六十六所之多,即从这一点上,已足证明日本是世界文化的罪人了。

〔国防部史政局及战编纂委员会档案〕

3. 战区各省市中小学及社教机关财产损失概况表

(1939年1月)

省市名称		损失价值
	总　　计	204,383,587
已呈报者	共　　计	4,115,647
	浙　　江	112,596
	江　　西	343,674
	湖　　北	550,870
	四　　川	100,000
	广　　西	110,235
	云　　南	91,000
	山　　西	1,303,052
	陕　　西	44,220
	福　　建	1,460,000
	共　　计	
	江　　苏	43,947,398
	安　　徽	9,063,760

续上表

省　市　名　称		损　失　价　值
尚未呈报暂代估计者	湖　南	19,616,015
	广　东	6,362,464
	河　北	22,775,284
	山　东	44,146,957
	河　南	12,992,782
	察哈尔	2,447,905
	绥　远	994,748
	南　京	5,246,915
	上　海	8,704,882
	北　平	13,128,308
	天　津	7,164,051
	青　岛	2,920,469
	威海卫	756,022

注：（1）已呈报者均系各该厅呈报数字，尚未呈报者系根据各该省各项教育资产数估计填列；

（2）本表各数均以法币元为单位；

（3）本表材料截至二十八年一月底止。

〔国民政府教育部档案〕

4. 教育部编报的抗战以来公私立专科以上学校财产损失统计表

(1939年4月)

校　　　别	死伤人数	财产损失数 (单位：元)	备　注
总　　计	108	65,367,409	
合　　计	50	36,527,231	
国立各大学	50	35,003,383	
国立各独立学院	—	813,329	
国立各专科学校	—	240,005	
公立各专科学校	—	470,514	
合　　计	8	6,177,468	
省立各大学	—	3,088,607	
省立各独立学院	—	2,410,067	
省立各专科学校	8	678,794	
合　　计	50	22,662,712	
私立各大学	36	15,384,834	
私立各独立学院	14	6,306,225	
私立各专科学校	—	971,653	

二十八年四月编

一、国立各校损失

校　　别	死伤人数	财产损失数（单位：元）	备　注
总　　计	50	36,527,231	
国立各大学	50	35,003,383	
中央大学	6	3,383,400	呈报数
北平大学	—	1,922,317	呈报数
北京大学	—	1,628,515	校舍价值数及呈报损失价值数
清华大学	—	6,050,000	呈报数
北平师范大学	—	1,502,871	校舍价值及呈报损失价值数
武汉大学	—	2,875,937	校舍价值数
中山大学	12	6,217,828	校舍价值数及呈报损失价值数
山东大学	—	3,611,663	呈报数
暨南大学	2	413,000	校舍价值数
浙江大学	—	1,560,000	呈报数
交通大学	—	2,369,650	校舍价值数
同济大学	—	1,480,000	呈报数
湖南大学	30	700,000	呈报数
厦门大学	—	1,288,202	呈报数
东北大学	……	……	不详
国立各独立学院	—	813,329	
上海商学院	—	183,066	呈报数
上海医学院	……	……	不详

续上表

校 别	死伤人数	财产损失数（单位：元）	备 注
北洋工学院	一	629,063	校舍价值数
广东法科学院	……	……	不详
中正医学院	一	1,200	呈报数
国立各专科学校	一	240,005	
杭州艺术专科学校	一	81,030	校舍价值数及呈报损失价值数
音乐专科学校	一	158,975	校舍价值数
北平艺术专科学校	……	……	不详
药学专科学校	……	……	不详
牙医专科学校	……	……	损失数字并入中央大学
公立各专科学校	一	470,514	
吴淞商船专科学校	一	290,700	呈报数
中央国术馆体育专科学校	一	179,814	呈报数

二、省市立各校损失

校　　别	死伤人数	财产损失数 （单位：元）	备　　注
总　　计	8	6,177,468	
省立各大学	—	3,088,607	
安徽大学	—	170,000	校舍值价数
河南大学	—	1,600,000	呈报数
□□□□	—	366,770	校舍价值数
□□□□ ①	—	……	不详
□□□□	—	951,837	校舍价值数
省立各独立学　　院	—	2,410,067	
江苏医政学院	—	325,106	校舍价值数
江苏教育学院	—	249,678	校舍价值数及呈报损失价值数
河北工业学院	—	800,000	呈报数
河北女子师范学院	—	696,000	呈报数
河北农学院	—	152,253	校舍价值数
河北医学院	—	186,930	校舍价值数
河北法商学院	……	……	不详
省市立各专科学校	8	678,794	
浙江医药专科学校	—	138,982	校舍价值数
山西农业专科学校	—	14,587	校舍价值数

① 原档破损，不易辨认。

续上表

校　　别	死伤人数	财产损失数（单位：元）	备　　注
山西工业专科学校	—	163,95	校舍价值数及呈报损失价值数
山西商业专科学校	……	……	不详
江西工业专科学校	……	……	不详
江西医学专科学校	8	50,000	呈报数
河南水利工程专科学校	—	45,530	校舍价值数
山东医学专科学校	—	143,470	校舍价值数
江苏制丝专科学校	—	64,051	校舍价值数
北平市体育专科学校	……	……	不详
山东乡村建设专科学校	……	……	不详
广东省立体育专科学校	—	58,022	校舍价值数

三、私立各校损失

校　　别	死伤人数	财产损失数（单位：元）	备　　注
总　　计	50	22,662,712	
私立各大学	36	15,384,834	
金陵大学	7	2,316,310	校舍价值数
复旦大学	—	544,975	校舍价值数及呈报损失价值数
光华大学		800,000	呈报数
大夏大学	7	550,000	呈报数
东吴大学	—	1,510,000	校舍价值数及呈报损失价值数
沪江大学	2	599,368	校舍价值数

续上表

校　　别	死伤人数	财产损失数（单位：元）	备　　注
燕京大学	20	……	不详
辅仁大学	……	……	不详
中法大学	……	……	不详
南开大学	—	3,000,000	呈报数
齐鲁大学	—	957,350	校舍价值数
武昌华中大学	—	292,397	校舍价值数
武昌中华大学	—	431,910	校舍价值数
岭南大学	—	3,800,000	校舍价值数
广东国民大学	—	383,080	校舍价值数
广州大学	—	192,444	校舍价值数
私立各独立学院	14	6,306,225	
金陵女子文理学院	2	1,311,736	校舍价值数及呈报损失价值数
上海法学院	—	510,000	呈报数
持志学院	—	516,100	呈报数
朝阳学院	—	247,750	校舍价值数
中国学院	—	433,800	校舍价值数
中国公学	……	……	不详
正风文学院	—	100,000	呈报数
协和医学院	……	……	不详

续上表

校　别	死伤人数	财产损失数 （单位：元）	备　注
民国学院	11	213,000	呈报数
天津工商学院	—	1,200,000	校舍价值数
南通学院	—	307,810	校舍价值数
之江文理学院	—	600,000	校舍价值数
广东光华医学院	—	169,926	校舍价值数
焦作工学院	—	184,452	校舍价值数
上海女子医学院		34,651	呈报数
同德医学院		160,000	呈报数
东南医学院	1	270,000	校舍价值数
上海法政学院	—	50,000	呈报数
私立各专科学校	—	971,653	
武昌艺术专科学校	—	165,700	校舍价值数
新亚体育专科学校	—	92,000	呈报数
苏州美术专科学校	—	123,000	校舍价值数
上海美术专科学校	—	180,920	校舍价值数及呈报损失价值数
新华艺术专科学校	—	110,000	呈报数
无锡国学专修学院	—	26,000	呈报数
武昌文华图书馆专科学校	—	140,391	校舍价值数
山西川至医学专科学校	—	192,150	校舍价值数
铁路专科学校	—	390,028	校舍价值数

附注：呈报数系各校呈报数字，其余均系就校舍价值数估计。
二十八年四月编

〔国民政府教育部档案〕

5. 美国调查委员会关于日本在华文化侵略种种罪行的新闻一则[①]

（1940年4月24日）

兹据美国调查委员会调查所得，日本在华之文化侵略，已产生一文化上及道德上破坏性之悲惨结果。总计中日战争爆发以后，中国损失书籍达一千五百万册，其中若干为稀有之古版，以及手抄之古书。中国高等教育机关一〇八所中被迫停闭者达二十五所之多，可见日方蹂躏文化罪行之严重。日本利用各种已知方法从事宣传，希图利用"统制思想"之办法，促成其在华之阴谋。其在中国之出版品，计有华文报纸一百种，华文刊物及小册子教科书凡九百余种，更在日本控制下之师范学校，"训练"中国教员，并以电影赠奖威吓等种种方法，举行种种民众大会，日本所创造标语之多，更可打破世界纪录，日本曾举行全国标语创造竞赛，在华日人约三十万人，彼等均为宣传日本政策之人员。此外，统制思想之办法，更有检查电讯、邮件、无线电广播、禁止使用四灯以上之收音机，删改学校教科书，停闭高等教育机关，并将所有学校交由日本顾问控制等各种办法，日本伎俩虽已穷尽，仍不能使华人自动赞助日本控制之傀儡组织，而华人之逃避天才正复巧妙，如举行某种集会时，人民则诡称无暇参加，学校则于适时放假，被迫悬旗者，则谓旗已遗失，儿童则故意力摇纸旗，使之在数分钟内破裂，日方广播之宣传，民众则诡称无电力闭而不听。总之日本文化侵略之收获可谓几稀，其宣传技术已证明完全无效，日军占领区中各外籍观察家称从未见中国之民众有一人因日方之宣传而变为亲日，真正使华人接受日方奉令者，大半由于利诱，大半系由于饥寒所迫或受威胁不得已而为之，少数份子为个

[①] 本篇选自教育部机要组编印的《文化与社会》情报汇编第六三号，原题为"外人调查敌以文化侵华之种种及其收获"。

人之私欲，即在傀儡组织之人员中仇日之空气亦甚浓厚，汪精卫之党羽亦师法日本之宣传伎俩，且常膺造许多文件，谓系何团体何名人所发表，实则该团体及该人士从未表拥护汪精卫云。

〔国民党中央执行委员会秘书处档案〕

6. 袁同礼关于抗战以来国立北平图书馆遭敌劫掠与破坏损失情形呈

（1943年9月20日）

案奉钧部本年八月十六日高字三九四九五号密 代电 内 开："密。案准行政院政务处蒋处长函：以联合国战后救济及复兴协定业已签订，该协定所载范围极广，举凡敌军占领区内一切生活之复原、无不涉及。查我国沦陷区内教育文化机关，遭受之损失极大，复原自多困难，将来势必有赖于联合国家之协助与合作。美国政府将于今秋召集会议讨论一切，即请饬属将有关资料广为搜集送院，以便汇成提案。等由。该校（院所馆在抗战期间如有损失，应即详晰查明其现值）又战后倘有复原之必要所需用费，并应确实估计，分列清单，克日呈报，以凭汇转，仰即遵照办理具报"。等因。奉此。窃查职馆系由钧部所属之京师图书馆及中华教育文化基金董事会所办之北海图书馆合组而成。计京师图书馆藏书二十万册，北海图书馆藏书十万册。自民国十六年至二十六年六月底，历年增益中外文图书十五万册，共四十五万册，此七七事变以前之大概情形也。职馆所藏图书，如善本部甲库之宋元明旧椠，乙库之清代精刻批校以及罕见之本，文津阁本四库全书，敦煌唐人写经，以及内阁大库明清舆图，皆为国家瑰宝，非仅能以货币价格估计。除宋元旧刊一部分于二十四年冬间运往上海妥慎保管，并于三十年十月奉令运往美国、商妥该国国会图书馆代为保管，订有契约外，其余北平全部馆舍建筑及设备，以及留在北平未及运出之藏书，于二十六年七月底北平失守后，悉数沦陷。职馆在南京分设之工程参考图书馆，于二十六年十二月亦随首都之沦陷而全部损失。二十六年冬间，职馆在长沙设立办事处，积极进行复兴工作。复派员在香港设立通讯处，征集图书，因运输困难，大部分暂存该埠。三十年十二月，太平洋战事爆发，此项图书亦沦敌手。先后沦陷损失，估计约值战前国币一仟万元，依照战前汇率，折合美金约叁佰叁拾万元。至北平馆舍建筑及现存该处图书，将来敌军撤退时，是否遭遇毁坏，未能预卜。是以战后复原之计划，一时无从详拟，其现存昆明、重庆两地图书，将来运回北平，所需运输费用，以及工作人员回平旅费，约需一百万元，依现时汇率折合美金五万元。上开数目，系照最低价格估计，另开职馆战时损失项目估价表、及战后复原需用费用表各二份，一并附呈，即希鉴核汇转，实为德便。谨呈
教育部部长　陈

国立北平图书馆代理馆长　袁同礼

中华民国三十二年九月二十日

〔国民政府教育部档案〕

7. 国立东北大学校长臧启芳关于抗战以来学校蒙受损失情形呈

（1943年9月21日）

国立东北大学呈　总字第1976号

案奉钧部三十二年八月十六日高字三九四九五号铣代电内开："案准行政院政务处蒋处长函，以联合国战后救济及复兴协定业已签订，该协定所载范围极广，举凡敌军占领区内一切生活之复原，无不涉及。查我国沦陷区内教育文化机关遭受之损失极大，复员自多困难，将来势必有赖于联合国家之协助与合作，美国政府将于今秋召集会议，讨论一切，即请饬属将有关资料广为

搜集送院，以便汇成提案等由。该校（院所馆）在抗战期间，如有损失，应即详晰查其现值。又战后倘有复原之必要，所需费用并应确实估计，分列清单，克日呈报，以凭汇转，仰即遵照办理具报"。等因。奉此，查本校原设辽宁沈阳，"九一八"事变后，沈阳校舍及各种设备，均沦入敌手，约值过去之银币一千零七十余万元。嗣于同年十月十八日在北平复校，经过五年余之惨淡经营，粗具规模，迨二十六年"七七"事变起，复全校徙至西安，所有北平校舍及设备，约值银币八十二万元，亦均陷入敌手。二十七年春，以敌机空袭频繁，西安校舍密迩机场，无法继续上课，乃迁至四川三台，所有西安校舍虽在，但以不能利用，本校不能不列为损失，约值银币五十万元，尚有不便迁徙之设备损失，即迁移费约值银币七万元。在三台遭受敌机轰炸及历年防空设备之损失，约合银币五万元。是本校在抗战前后共计损失，约合银币一千二百十四万余元。以上数字，以不明现时物价指数之折合率，无法折合现值。

再本校既定名为东北大学，负有开发东北、建设东北之特殊使命，战后必须迁回辽宁沈阳，其复原所需费用，以目前物价指数计之，由四川迁辽宁之迁移费，约需法币三千万元，校舍复原约需法币十五万万元，机器及仪器药品七万五千万元，图书设备约需九万万元，总计复原所需当在三十一万八千万元以上。谨特遵令分列清单竣事。理合检件具文呈祈鉴核施行！

谨呈

教育部部长 陈

附呈清单二份〔缺〕

国立东北大学校长臧启芳

中华民国三十二年九月十一日

〔国民政府教育部档案〕

8. 国立西北工学院呈报抗战后遭受损失情形的代电

（1943年9月）

国立西北工学院快邮代电　代字第350号

教育部陈部长钧鉴：案奉钧部本年八月十六日高字第三九四九五号铣代电，略以该院在抗战期间，如有损失，应即详晰查明其现值。又战后倘有复原之必要，所需费用，并应确实估计，分列清单，克日呈报，以凭汇转，饬即遵照办理等因。奉此，遵查本院于民国二十七年秋，奉令并合国立北洋工学院，国立北平大学工学院，国立东北大学工学院及私立焦作工学院改组而成，本院前身各校院于抗战开始时，由平津各地，几经南移，图书仪器等物，有未及抢运出险者，有既经搬运而于途中遗弃者，损失甚巨。该院校等直接所受损失亦即本院间接之损失，迨至本院成立后数年来，锐意经营、而设备仍欠充实，实缘抗战中所遭损失有以致之。兹经查明图书仪器损失现值亦即系本院于抗战后期待复原所需费用，计中英文图书约值美金三十三万二千元，各工程学系仪器约三百二十万元，总计共需美金三百五十三万二千元。奉电前因，理合缮具本院损失清单一纸，随电呈请鉴核，实为公便。国立西北工学院院长赖琏，教务主任潘承孝代。感。叩。计呈清单一纸。〔清单缺〕

中华民国三十二年九月　　　日

〔国民政府教育部档案〕

9. 教育部统计处编全国各级学校及教育机关战时财产损失数量统计表

(1945年5月)

(密件不发表)

一、建筑物

学校机关别	共 计			平 房		楼 房		其他建筑
	座	间	处	座	间	座	间	处
总 计	1,843	316,583	23	1,440	256,483	404	60,100	23
公私立专科以上学校及国立教育机关计	1,843	61,094	23	1,400	46,673	404	14,421	23
教 育 部	2	37	—	2	37	—	—	—
国立大学	689	20,701	—	663	19,967	26	734	—
省立大学	—	362	2	—	362	—	—	2
私立大学	383	8,715	1	339	569	44		1
国立学院	352	11,719	—	251	11,719	101	—	—
省立学院	20	9,650	—		9,650	20	—	—
私立学院	25	3,086	—	16	1,140	9	1,946	—
国立专科	79	444	—	—	444	79	—	—

续上表

学校机关别	共计			平房		楼房		其他建筑
	座	间	处	座	间	座	间	处
省立专科	1	1,089	—	—	1,089	1	—	—
私立专科	146	133	18	69	133	77	—	18
国立中等学校	72	3,848	2	69	273	5	3575	2
国立社教机关	7	—	—	3	—	5	—	—
国立学术机关	30	800	—	21	794	7	6	—
其他国立教育机关及学术团体	37	510	—	7	1196	30	14	—
各省市县公私立各级学校及教育机关计	—	255,489	—	—	209,810	—	45,679	—
中等学校	—	81,421	—	—	54,247	—	27,147	—
小学	—	118,551	—	—	118,551	—	—	—
社教机关	—	55,517	—	—	37,012	—	18,505	—

二、图书

学校机关别	共计						中文书					外文书		
	部	套	箱	册	帙	部	套	箱	册	帙	部	箱	册
总　　计	338	3,757	737	72,591,388	444	170	3,757	392	72,394,378	444	168	345	557,010
公私立专科以上学校及国立教育机关计	338	3,757	737	6,510,188	444	170	3,757	392	5,953,198	444	168	345	557,010
教 育 部				12,524					7,326				5,198
国立大学		575	139	2,703,871			575	139	2,536,043				167,828
省立大学				27,842					27,842				
私立大学				238,121					150,382				87,739
国立学院				1,069,537					1,069,537				
省立学院				493,451					262,279				231,172

续上表

学校机关别	共计					中文书				外文书		
	部	套	箱	册	帙	部	套	箱	册	帙	部	箱	册
私立学院		11		627,568			11		565,164				62,404
国立专科				153,056					153,056				
省立专科				51,175					51,175				
私立专科	140	3,169		110,308		140	3,169		109,365				943
国立中等学校	198	2		14,248		30	2		14,017		168		231
国立社教机关				297,890					297,890				
国立学术机关			18	381,401	444			18	381,401	444			
其他国立教育机关及学术团体			580	329,196				235	327,701			345	1,495

续上表

学校机关别	共计						中文书					外文书		
	部	套	箱	册	帙	部	部	套	箱	册	帙	部	箱	册
各省市县公私立各级学校及教育机关共计				66,441,200						66,441,200				
中等学校				16,157,000						16,157,000				
社教机关				50,284,200						50,284,200				
备 注							珍本书籍二十四史、十三经注疏				藏经地图			

三、仪器标本

学校机关别	共计						物理仪器					化学仪器				测量仪器		医学仪器	
	架	箱	套	部	座	件	架	箱	套	部	件	架	箱	套	件	架套	件	箱	件
总计	6,396	2,674	70,019	11,218	974,117	6,394	55	120,650	8	169,217	2	2	10,956	339,674	61	404	3	4,830
公私立专科以上学校及国立教育机关计	6,349	905	9,202	11,218	530,073	6,347	551	7,050	8	150,165	2	2	104	329,038	61	395	3	4,830
国立大学	173	69	5,847	24	25,710	171	34	5,805	—	33	2	1	1,696	39	3	—	—
省立大学	—	—	2,001	—	291,716	—	—	—	—	2,145	—	—	—	289,511	—	—	—	—
私立大学	20	184	1,140	8	37	123,395	20	57	1,140	8	123,395	—	—	—	—	—	—	—	—
国立独立学院	6,055	526	148	—	—	6,43	66,053	460	93	8	1	2	53	6,053	—	3	—
省立独立学院	32	—	—	3	45,697	32	—	—	—	19,772	—	—	—	4,025	—	—	—	—

388

续上表

校别机关	共计						物理仪器					化学仪器				测量仪器				医学仪器
	架	箱	套	部	座	件	架	箱	套	部	件	架	箱	套	件	架	套	件	箱	件
私立独立学院	35	126	—	—	148	27,144	35	—	—	—	—	—	—	—	26,303	—	—	—	23	—
国立专科学校	31	—	44	—	9	3,284	31	—	1	—	2,915	—	—	—	—	—	20	369	—	—
省立专科学校	—	—	—	—	—	5,086	—	—	—	—	3,490	—	—	—	1,390	—	—	—	—	—
私立专科学校	3	—	22	—	—	1,605	3	—	11	—	414	—	—	—	—	—	—	—	—	—
国立中等学校	6	—	—	—	—	12,321	6	—	—	—	12,133	—	—	—	—	—	—	—	—	—
国立学术机关	—	1,769	141	—	—	6,918	—	—	34	—	6,918	—	—	28	—	—	—	—	—	—

续上表

学校机关别	共 计					物理仪器					化学仪器			测量仪器			医学仪器	
	架	箱	套	部座	件	架	箱	套	部	件	架	箱	套	件	架	套	件	箱	件
其他国立教育机关及学术团体	41	—	23	—	424,805	41	—	1	—	1	—	—	22	10,636	—	—	9	—	—
省市县公私立各级学校及教育机关计	—	—	60,653	—	—	—	—	13,565	—	—	—	—	10,852	—	—	—	—	—	—
中等学校	—	—	27,130	—	—	—	—	13,565	—	—	—	—	10,852	—	—	—	—	—	—
社会教育机关	—	—	33,523	—	—	—	—	—	—	—	—	—	—	—	—	—	—	—	—

四、仪器标本

学校机关别	生物仪器			标本模型			工程仪器		天文仪器	蚕丝仪器	数学仪器		农学仪器		教育仪器		美术仪器	语言仪器
	箱	套	部	件	箱	套	座	件	套座	件套	件	箱	件	件	件	箱	件	箱
总　　计	64	2,003	3	2,300	1,756	36,270	24	56,615	16,194	69	63	103	2	93	63	252	125	44
公私立专科以上学校及国民教育机关共计	64	2,003	3	2,300	1,756	34	24	56,615	16,194	69	63	103	2	93	63	252	125	44
国立大学	2	2	—	—	31	—	24	23,978	—	—	—	—	—	—	—	—	—	—
省立大学	—	2,001	—	—	—	—	—	—	—	—	—	—	—	—	—	—	—	—
私立大学	62	—	—	—	—	—	—	—	37	—	—	—	1	—	—	—	—	—
国立独立学院	—	—	—	—	—	—	—	382	—	—	—	—	—	—	—	126	—	—
省立独立学院	—	—	3	2,300	—	—	—	16,770	—	—	—	—	1	—	—	—	—	—
私立独立学院	—	—	—	—	—	—	—	818	148	—	—	—	—	—	—	126	—	—

续上表

学校机关别	生物仪器				标本模型				工程仪器			天文仪器		蚕丝仪器	数学仪器		教育仪器		美术仪器	语言仪器
	箱	套	部	件	箱	套	座	件	套	座	件	套	件	件	箱	件	箱	件	件	箱
国立专科学校	—	—	—	—	—	23	—	—	9	—	—	—	—	—	—	—	—	—	—	—
省立专科学校	—	—	—	—	—	—	—	103	—	—	—	—	—	103	—	—	—	—	—	—
私立专科学校	—	—	—	—	—	11	—	386	—	—	690	—	—	—	—	—	—	—	—	—
国立中等学校	—	—	—	—	—	—	—	178	—	—	—	—	—	—	—	—	—	—	115	—
国立学术机关	—	—	—	—	1,725	—	—	414,000	4	—	—	63	—	—	—	—	—	—	10	—
其他国立学术机关及学术团体	—	—	—	—	—	—	—	—	—	—	—	3	—	—	—	93	—	63	—	44
各省市县公私立各学校及教育机关计	—	—	—	—	—	36,236	—	—	—	—	—	—	—	—	—	—	—	—	—	—
中等学校	—	—	—	—	—	2,713	—	—	—	—	—	—	—	—	—	—	—	—	—	—
社会教育机关	—	—	—	—	—	33,523	—	—	—	—	—	—	—	—	—	—	—	—	—	—

五、器具

学校机关别	共计 件	共计 辆	共计 架	木器 件	家具 件	体育用具 件	交通用具 辆	乐器 架	乐器 件	机械 架	机械 件	水电设备 件	其他用具 件
总计	29,841,172	250	761	16,377,818	7,075,803	347,555	2,250	871	1,640	674	673,063	117,466	5,847,827
公私立专科以上学校及国立教育机关计	13,007,992	250	761	6,440,490	505,111	22,395	2,250	871	1,640	674	673,063	117,466	5,847,827
教育部	60,430	1	—	2,875	11,500		—						46,055
国立大学	9,673,865	32	288	3,869,338	130,750	3,941	32	20		14268	1,423	42,599	5,625,800
省立大学	4,777	—	—	4,457	320	—	—			10,463	—	—	—
私立大学	825,651	28	251	460,942	209,501	261	28	20	10923	157,500	34,072	110,298
国立学院	2,020,395	6	16	1,899,176	63,408	—	6	2		14	—	311	—

续上表

学校机关别	共计(件)	共计(辆)	共计(架)	木器(件)	家具(件)	体育用具(件)	交通用具(辆)	乐器(架)	乐器(件)	机械(架)	机械(件)	水电设备(件)	其他用具(件)
省立学院	69,656	2,162	14	18,960	14,860	—	2,162	8	291	6	—	10,327	25,218
私立学院	64,107	—	33	47,148	5,950	3,972	—	101,150		23	—	1,265	4,622
国立专科	71,055	—	11	49,890	18,278	1,847	—	5	1	6	—	93	946
省立专科	36,946	—	45	4,968	—	11,500	—	—	—	45	91	6,015	14,372
私立专科	44,637	—	50	30,281	6,716	874	—	13	75	37	—	2,588	4,103
国立中等学校	65,987	3	13	30,692	13,744	—	3	6	—	7	—	7,834	13,717
国立社教机关	18,067	1	26	3,414	11,492	—	1	—	—	26	2,249	517	395
国立学术机关	22,999	16	3	4,130	3,718	—	16	—	—	3	1,331	11,845	1,975

续上表

学校机关别	共计			木器	家具	体育用具	交通用具	乐器		机械		水电设备	其他用具
	件	辆	架	件	件	件	辆	架	件	架	件	件	件
其他国立教育机关及学术团体	29,420	1	11	14,219	14,874	—	1	3	—	8	1	—	326
各省市县公私立各级学校及教育机关计	16,833,180	—	—	9,937,328	6,570,692	325,160	—	—	—	—	—	—	—
中等学校	1,625,800	—	—	812,900	487,740	325,160	—	—	—	—	—	—	—
小学	11,855,100	—	—	17,113,060	4,742,040	—	—	—	—	—	—	—	—
社会教育机关	3,352,280	—	—	2,011,368	1,340,912	—	—	—	—	—	—	—	—

六、医药用品

学校机关别	共计						药品			化学药品			医具		
	磅	瓶	箱	盒	支	件	磅	瓶	箱	磅	瓶	箱	盒	支	件
总计	4,038	101,233	610	161	55,222	70,400	1,721	87,747	62	2,317	13,486	548	161	55,222	70,400
公私立专科以上学校及国立教育机关计	4,038	22,917	610	161	55,222	76	1,721	9,431	62	2,317	13,486	548	161	55,222	76
国立大学	528	13,470	36	3	44,601	3	215	5,390	36	313	8,080	—	3	44,601	3
省立大学	—	285	26	—	1,081	—	—	116	—	—	169	—	—	1,081	—
私立大学	756	110	—	51	443	—	304	45	26	452	65	—	51	443	—
国立学院	1,423	10	—	—	167	—	571	5	—	852	5	—	—	167	—
省立学院	575	5,808	—	107	5,503	53	230	2,139	—	345	3,669	—	107	5,503	53
私立学院	—	1,725	—	—	2,817	—	—	690	—	—	1,035	—	—	2,817	—

续上表

学校机关别	共计						药品				化学药品				医具		
	磅	瓶	箱	盒	支	件	磅	瓶	箱	磅	瓶	箱	盒	磅	瓶	支	件
国立专科	5	—	—	—	—	—	1	—	—	4	—	—	—	—	—	—	—
省立专科	575	771	—	—	575	—	230	308	—	345	462	—	—	—	—	575	—
私立专科	—	—	—	—	35	—	—	—	—	—	—	—	—	—	—	35	—
国立中等学校	170	738	—	—	—	4	170	738	—	—	—	—	—	—	—	—	4
国立学术机关	—	—	467	—	—	—	—	—	—	—	—	467	—	—	—	—	—
其他国立教育机关及学术团体	6	—	81	—	—	16	—	—	—	6	—	81	—	—	—	—	16
各省市县公私立各级学校及教育机关	—	78,316	—	—	—	70,324	—	78,316	—	—	—	—	—	—	—	—	70,324
中等学校	—	21,736	—	—	—	32,604	—	21,736	—	—	—	—	—	—	—	—	32,604
社会教育机关	—	56,580	—	—	—	37,720	—	56,580	—	—	—	—	—	—	—	—	37,720

七、其他

学校机关别	共计（单位名称不完全同不列共计）	衣着类			粮食			牲畜		树木		其他		
		套	件	箱	石	袋	担	头	群	株	亩	个	斤	头	合
总 计		1,257	48,116	5	184	17,443	1,208	5,906	58	27,353	2,185	60,162	1,553	1,700	6,917
公私立专科以上学校及国立教育机关共计		1,257	48,116	5	184	17,443	1,208	5,906	58	27,353	2,185	60,162	1,553	1,700	6,917
教 育 部		—	—	—	—	—	—	—	—	—	—	—	—	—	—
国立大学		104	1,615	—	92	—	—	128	—	11,500	—	33,388	633	—	—
省立大学		—	—	—	—	—	—	—	—	—	—	—	—	—	—
私立大学		—	31,510	—	—	—	1,208	1,635	—	10,103	1,955	3,036	—	—	—
国立学院		—	502	5	92	—	—	5	58	—	—	591	920	—	—

398

续上表

学校机关别	共计单位名称（完全不同不列共计）	衣着类			粮食			牲畜		树木			其他		
		套	件	箱	石	袋	担	头	群	株	亩	个	斤	头	合
省立学院		3	1,520	—	—	17,250	—	60	—	5,750	—	995	—	—	—
私立学院		—	317	—	—	—	—	4,078	—	—	230	—	—	—	—
国立专科		—	—	—	—	—	—	—	—	—	—	—	—	—	—
省立专科		—	—	—	—	—	—	—	—	—	—	9,200	—	—	—
私立专科		1,150	199	—	—	—	—	—	—	—	—	1,150	—	—	—
国立中等校		—	1,026	—	—	193	—	—	—	—	—	6,412	—	—	—
国立社教机关		—	9	—	—	—	—	—	—	—	—	—	—	—	—
国立学术机关		—	—	—	—	—	—	—	—	—	—	2,415	—	1,700	6,917

续上表

学校机关别（其计单位名称不完全同列共计）	衣著类			粮 食			牲畜		树 木		其 他			
	套	件	箱	石	袋	担	头	群	株	亩	个	斤	头	合
其他国立教育机关及学术团体	—	11,518	—	—	—	—	—	—	—	—	2,975	—	—	—
各省市公私立各级学校及教育机关计	—	—	—	—	—	—	—	—	—	—	—	—	—	—
中等学校	—	—	—	—	—	—	—	—	—	—	—	—	—	—
小　学	—	—	—	—	—	—	—	—	—	—	—	—	—	—
社会教育机关	—	—	—	—	—	—	—	—	—	—	—	—	—	—
备　注				面粉及种子			牛马羊等	蜜蜂		树秧	古铜器瓷器等	油盐	铜制器等	纸件

〔国民政府教育部档案〕

10. 教育部统计处编全国教育文化机关战时财产损失统计表

(1945年11月)

(1)总计

机关学校别	共　　计	直接损失	间接损失
总计　国币数（三十四年八月价值）折合美金数	1,959,619,743,506 97,980,987,176	1,924,837,975,100 96,241,898,756	34,781,768,396 1,739,088,420
教 育 部	762,091,864	498,164,638	263,927,226
公私立专科以上学校	419,882,672,372	141,094,388,636	5,837,283,736
国立中等学校	3,277,314,442	2,678,841,566	598,472,876
国立边疆各级学校	3,581,709,600	3,325,873,200	255,836,400
国立教育学术机关	469,108,251,333	467,102,555,785	2,005,695,548
各省市县公私立中等学校	306,434,444,010	300,714,368,500	5,720,075,510
各省市县公私立小学校	379,120,763,205	379,120,763,205	——
各省市县公私立社会教育机关	377,452,496,680	357,348,019,580	20,104,477,100

401

（2）直接损失

机关学校别	共　计	建　筑　物	图　书	仪　器
总计 国币数（三十四年八月价值） 折合美金数	1,924,837,975,110 96,241,898,756	743,257,693,858 31,162,884,693	652,798,712,263 32,639,935,613	135,019,519,55 6,750,975,977
教育部	498,164,638	141,059,663	138,578,050	—
公私立专科以上学校	414,049,388,636	154,304,470,950	56,927,936,521	64,125,563,060
国立中等学校	2,678,841,566	1,781,225,134	84,250,444	522,084,734
国立边疆各级学校	3,325,873,200	1,513,698,700	426,394,000	319,795,500
国立教育学术机关	467,102,555,785	5,977,438,401	453,570,708,084	5,397,101,243
各省市县公私立中等学校	300,714,368,500	208,432,647,050	34,446,239,290	28,920,173,050
各省市县公私立小学校	379,120,763,205	252,747,175,470	—	—
各省市县公私立社会教育机关	357,348,019,580	118,360,578,490	107,204,405,874	35,734,801,958

续上表

机关学校别	器具	医药用品	现款	其他
总计 国币数（三十四年八月价值）折合美金数	224,726,869,000 11,236,343,450	33,367,913,393 1,668,395,670	407,769,110 20,388,456	165,259,497,94 6,762,974,89.
教育部	218,526,955	—	—	—
公私立专科以上学校	42,443,821,187	1,657,947,809	406,027,291	91,183,623,81
国立中等学校	273,590,146	5,652,911	1,065,365	10,972,817
国立边疆各级学校	426,394,000	—	—	659,593,62
国立教育学术机关	1,925,362,919	14,710,593	675,834	216,358,711
各省市公私立中等学校	17,330,784,130	11,525,124,980	—	—
各省市县公私立小学校	126,373,587,735	—	—	—
各省市县公私立社会教育机关	35,734,801,958	20,104,477,100	—	46,208,954,260

403

(3) 间接损失

机关学校别	共 计	迁 移 费	防空设备费	疏散费	救济费	抚恤费	其 他
总计国币（三十四年八月之价值）	34,781,768,396	31,862,329,130	556,223,019	408,504,158	764,056,062	33,627,380	1,157,028,647
折合美金数	1,739,088,420	1,593,116,457	27,811,151	20,425,208	38,202,803	1,681,369	57,851,432
教育部	263,927,226	197,426,818	66,500,408	—	—	—	—
公私立专科学校	5,833,283,736	3,147,078,798	380,884,015	374,133,866	756,203,141	23,195,651	1,151,788,265
国立中等学校	598,477,876	518,836,326	36,227,962	29,950,718	3,932,228	4,351,351	5,174,291
国立边疆学校	255,836,400	213,197,000	42,639,400	—	—	—	—
国立学术机关	2,005,695,548	1,961,237,578	29,971,234	4,419,574	3,920,693	6,080,378	66,091
各省市县公私立中等学校	5,720,075,510	5,720,075,510	—	—	—	—	—
各省市县公私立小学校	—	—	—	—	—	—	—
各省市县公私立社会教育机关	20,104,477,100	20,104,477,100	—	—	—	—	—

编制说明：

一、本编系根据教育部直属公私立各级学校及教育机关呈报战时财产损失表及各沦陷区省市以下公私立中小学与社会教育机关估计损失编制，其中本部直属公私立各级学校及教育机关之受战时损失者多数均已呈报，惟各沦陷区中小学等因损失材料一时不及征齐，暂照战前各该省市所属教育机关财产价值，一般学校及教育机关之设备情形与沦陷区域之范围（根据行政院所编战时治权行使情形统计）加以估算，均俟继续呈报，再行补编。

二、表中所列直接损失系指因敌机轰炸及敌军进攻，各学校建筑物、器具、图书、仪器等之毁于炮火及被敌人掠夺之损失，间接损失系指学校迁移、防空设备及人员伤亡之抚恤拯济等费。

三、二十六年全国专科以上学校计有108校，七七以后，因战事停顿及先后迁移后方者达三分之二以上。其后又陆续增设，至三十四年八月共有专科以上学校142校，其中受战事损失者共115校，占总校数百分之八十以上，其未受损失者，仅后方新设之少数学校。

四、抗战期间以江苏、浙江、江西、安徽、湖北、湖南、广东、广西、河北、山东、山西、河南等省及南京、上海、重庆、贵阳、昆明等市受害最烈，各级学校设立在各该省市境内者损失最重，其中专科以上学校校舍校具破坏几达百分之八十以上，图书仪器损失平均约达百分之六十以上。各省市县公私立中等学校、小学校及社会教育机关之建筑物、图书、仪器等被焚毁掠夺，数年之中，损失几尽。至各公私立专科以上学校多迁移后方，各省中等学校及重要社会教育机关亦多辗转迁移，所费均巨。

五、表内所列公私立专科以上学校为国立、省立、私立大学，独立学院及专科学校等，国立边疆各级学校为南京国立边疆学校、松潘国立初级实用职业学校及包头国立绥蒙师范等校，国立教育及学术机关为国立编译馆、中央研究院、中央图书馆等

（附学术团体）。

六、珍贵物品及古物文献等无法估价者未列入，教育人员私人财产损失亦未列入，均待另行补编。

七、损失时间自二十六年七月起三十四年八月止。"九一八"以后东北各校损失仅有东北大学、冯庸大学具报，已并入二十六年损失价值内，其余尚未据报。

八、损失数字均依价值计算，以国币为单位，其原报材料间有用外币者，均已折成国币。

九、历年损失数字分别按照各该年九月份重庆市趸售物价折为三十四年八月之价值，（战事结束时间）并依国币二十元折合美金一元之比率将总计一栏数字折为美金，以便参考。物价指数如下：

廿六年上半年＝100　　廿七年九月＝135
廿八年九月＝258　　廿九年九月＝725
卅年九月＝1,865　　卅一年九月＝5,465
卅二年九月＝17,783　　卅三年九月＝51,122
卅四年八月＝212,197　　卅四年九月＝196,288

附注：

（一）本编与前送抗战损失调查委员会材料不同之点如下：

1．本年十月本部送抗战损失调查委员会之材料，系以截止三十四年九月底已呈报者为限，本编则加入本部直属学校及教育机关在十、十一两月的继续呈报之材料。

2．上次所送材料内"省市中小学及教育机关一项仅系沦陷区各省市已报之一部份损失，本编因沦陷省市全部损失一时不及征齐，暂就战前各省市所属各级教育机关财产价值，一般学校及机关之设备情形与沦陷区域之范围估计列入。（同时将原报之一部份损失删除，以免重复）

（二）本编与前送出席伦敦联合国教育会议代表团材料不同

之点如下:

1．本年十月本部所送出席伦敦联合国会议代表团之材料系截止三十四年九月止,已报及估计〔即(一)2所述〕材料为限,本编则加入本部直属学校及教育机关在十、十一两月内继续呈报之材料。

2．上次送出席伦敦联合国教育会议代表之材料系折成二十六年上半年价值,本编则折成三十四年八月价值。

〔国民政府教育部档案〕

11．教育部统计处编全国教育文化机关战时财产损失统计表

(1945年10月)

机关学校别 (损失年份)	共　　计(国币元)	
	历年损失总计	依照历年损失数折合三十四年八月之价值
总　　计	1,151,360,376	1,049,792,170,152
二十六年	435,715,485	901,931,053,950
二十七年	75,532,175	119,265,324,325
二十八年	11,219,423	9,233,601,587
二十九年	27,262,369	8,015,130,486
三十年	81,441,132	9,284,289,048
三十一年	17,864,576	696,718,464

续上表

机关学校别 （损失年份）	共　　计（国币元）	
	历年损失总计	依照历年损失数折合三十四年八月之价值
三十二年	2,008,742	24,104,904
三十三年	279,881,644	1,119,526,576
三十四年	220,434,810	220,434,810
教 育 部	511,840	748,327,770
二十六年	276,950	513,286,500
二十七年	52,800	83,371,200
二十八年	72,080	59,330,670
二十九年	110,000	32,340,000
教育部所属机关学校	1,150,848,536	1,019,041,842,332
二十六年	435,438,535	901,357,747,450
二十七年	75,479,375	119,181,933,125
二十八年	11,147,353	9,174,271,519
二十九年	27,152,369	7,982,796,486
三 十 年	81,441,132	9,284,289,248
三十一年	17,864,576	676,718,464
三十二年	2,008,742	24,104,904
三十三年	279,881,644	1,119,526,576
三十四年	220,434,810	220,434,810

续上表

机关学校别（损失年份）	直接损失		间接损失	
	历年损失总计	依照历年损失数折合三十四年八月之价值	历年损失总计	依照历年损失数折合三十四年八月之价值
总　　计	769,956,771	1,035,098,702,636	381,403,605	14,691,467,516
二十六年	434,081,432	898,548,564,240	1,634,053	3,382,489,710
二十七年	70,862,988	111,892,658,052	4,669,187	7,372,646,273
二十八年	9,367,906	7,709,803,098	1,851,517	1,523,798,491
二十九年	24,761,279	7,279,816,026	2,501,090	735,320,460
三十年	74,426,088	8,484,574,032	7,015,004	799,715,016
三十一年	15,527,172	605,637,708	2,335,404	91,080,756
三十二年	1,742,242	20,906,904	266,500	3,198,000
三十三年	139,135,644	556,742,576	140,696,000	562,724,000
三十四年	——	——	220,434,810	220,434,210
教育部	272,500	484,155,000	239,340	264,182,770
二十六年	227,500	470,925,000	49,450	102,361,800
二十七年	——	——	52,800	83,311,200

续上表

机关学校别（损失年份）	直接损失		间接损失	
	历年损失总计	依照历年损失数折合三十四年八月之价值	历年损失总计	依照历年损失数折合三十四年八月之价值
二十八年	——	——	72,090	59,330,070
二十九年	45,000	13,230,000	65,000	19,110,000
教育部所属机关学校	769,684,271	1,034,614,547,636	381,164,265	14,427,294,746
二十六年	443,853,932	898,077,639,240	1,584,603	3,280,128,210
二十七年	70,862,988	111,892,658,052	4,616,387	7,289,275,073
二十八年	9,357,926	7,709,803,098	1,779,427	1,464,468,421
二十九年	24,716,273	7,266,586,026	2,436,090	716,210,460
三十年	74,426,082	8,484,574,032	7,015,044	799,115,016
三十一年	15,529,172	665,637,208	2,335,404	91,080,756
三十二年	1,742,242	20,906,904	266,500	3,198,000
三十三年	139,185,644	556,742,576	140,690,000	562,784,000
三十四年	——	——	220,434,810	220,434,810

说明：遵抗委会汇呈委座，清册系用土报纸缮写，其总计数字为1,151,361,938，因油印时又重行校对，千位以下略有错误。

全国教育文化机关战时财产损失统计表

机关学校别（损失年份）	共计(国币元)	直接损失	间接损失	备注
总　　计	1,151,360,376	769,956,771	381,403,605	
二十六年	435,715,485	434,081,432	1,634,053	
二十七年	75,532,175	70,862,988	4,669,187	
二十八年	11,219,423	9,367,906	1,851,517	
二十九年	27,262,369	24,761,279	2,501,090	
三十年	81,441,132	74,426,088	7,015,044	
三十一年	17,864,576	15,527,172	2,335,404	
三十二年	2,008,742	1,742,242	266,500	
三十三年	279,881,644	139,185,644	140,696,000	
三十四年	220,434,810	——	220,434,810	
教　育　部	511,840	272,500	239,340	
二十六年	276,950	227,500	49,450	
二十七年	52,800	——	52,800	
二十八年	72,090	——	72,090	

续上表

机关学校别（损失年份）	共 计（国币元）	直接损失	间接损失	备　注
二十九年	110,000	45,000	65,000	
国立各大学	323,422,804	149,897,602	173,525,202	已呈报损失者为国立中央、西南、中山、交通、交大重庆分校，同济、暨南、武汉、东北、浙江、四川、湖南、厦门、云南、广西、中正、河南、复旦、山西、山东、北平师范、北平、清华、东南、北京各大学。
二十六年	47,151,324	46,989,223	162,001	
二十七年	17,700,508	17,653,395	247,113	
二十八年	1,412,604	1,191,879	220,725	
二十九年	20,399,486	20,363,593	35,893	
三十年	5,434,792	5,432,117	2,675	
三十一年	98,265	36,280	61,985	
三十二年①				
三十三年	114,431,015	58,431,115	56,070,000	
三十四年	116,794,810		116,794,810	
国立各独立学院	66,063,432	26,797,869	39,065,563	已呈报损失者为上海商、上海医、中正医、贵阳医、江苏医、湘雅医、西北工、
二十六年	9,071,709	9,007,299	64,410	

① 原件漏列三十二年，原因不详。

续上表

机关学校别（损失年份）	共 计（国币元）	直接损失	间接损失	备 注
二十七年	126,162	49,337	76,825	西北农、唐山工程、北洋工、甘肃、桂林师范各独立学院。
二十八年	587,701	363,089	224,612	
二十九年	605,598	548,602	56,996	
三十年	665,931	653,211	12,720	
三十一年	11,416,331	11,376,331	40,000	
三十二年	30,000	——	30,000	
三十三年	26,160,000	5,000,000	21,160,000	
三十四年	17,400,000	——	17,400,000	
国立各专科学校	21,276,670	4,859,590	16,417,080	已呈报损失者为国立音乐专科、牙医专科、国术体育师范专修科、西康技艺专科、重庆商船专科、戏剧专科、黄河流域水利工程专科各校。
二十六年	1,504,120	1,497,687	6,433	
二十七年	645,961	624,040	21,921	
二十八年	39,436	——	39,436	
二十九年	33,265	18,748	14,517	
三十年	2,700,888	2,700,115	773	

续上表

机关学校别（损失年份）	共　计（国币元）	直接损失	间接损失	备　注
三十一年				
三十二年	84,000	——	84,000	
三十三年	3,069,000	19,000	3,050,000	
三十四年	13,200,000	——	13,200,000	
省立各大学	6,646,166	6,643,127	3,039	已呈报损失者为省立安徽大学
二十六年	865	——	865	
二十七年	6,645,301	6,643,127	2,174	
省立各独立学院	15,785,486	15,562,979	222,507	已呈报损失者为省勤勤商、广东文理、四川教育、福建医、湖北农、江苏医政、江苏教育、河北工业、河北女师、河北农、河北医、河北法商、广西桂林师范各独立学院。此外，尚有三十一年损失港币30,000元未计在内。
二十六年	11,556,499	11,527,499	29,000	
二十七年	2,539,636	2,533,849	5,787	
二十八年	755,815	682,680	73,135	
二十九年	17,208	7,600	9,608	
三十年	823,470	810,151	13,319	
三十一年	92,858	1,200	91,658	

续上表

机关学校别(损失年份)	共计(国币元)	直接损失	间接损失	备注
省立各专科学校	8,009,983	7,918,128	91,855	已呈报损失者为省立浙江医学、江西医学、山东医学、江苏蚕丝、山西农业、山西工业、杭州艺术、吴淞商船、山西商业、河北水利工程、广东体育、安徽师范各专科学校。
二十六年	2,552,444	2,550,144	2,300	
二十七年	1,703,579	1,680,024	23,555	
二十八年	11,000	——	11,000	
二十九年	67,844	12,844	55,000	
三十年	2,700,116	2,700,116	——	
三十一年				
三十二年	975,000	975,000	——	
私立各大学	112,053,705	108,640,161	3,413,544	已呈报者为私立金陵、大同、沪江、光华、大夏、东吴、武昌、中华、岭南、广东、国民、中法、武昌华中、广州震旦、福建协和、南开、沈阳冯庸各大学。
二十六年	61,168,746	60,998,090	170,656	
二十七年	3,314,621	3,000,722	313,839	
二十八年	332,476	2,113	330,363	
二十九年	1,783,849	1,260,412	523,437	
三十年	39,122,018	38,687,425	434,593	

续上表

机关学校别（损失年份）	共计（国币元）	直接损失	间接损失	备 注
三十一年	1,640,656	——	1,640,656	
三十三年	4,691,339	4,691,339	——	
私立各独立学院	33,710,118	24,966,459	8,743,659	已呈报损失者为私立上海法政、南通、朝阳、上海法、金陵女子文理、之江文理、福建成明文、北平民国、上海女子医、同德医、东南医、广东光华、南华持志、湘雅医、正风文、铭贤、焦作各独立学院。
二十六年	6,572,320	6,492,513	79,807	
二十七年	1,584,855	1,316,236	286,619	
二十八年	92,233	——	92,233	
二十九年	566,000	209,000	357,000	
三十年	19,398,600	13,838,600	5,560,000	
三十一年	510,110	10,110	500,000	
三十三年	4,986,000	3,100,000	1,886,000	
私立各专科学校	3,547,955	3,400,645	147,310	已呈报损失者为私立无锡国学专科、武昌文华图书馆、武昌艺术、东亚体育、上海美术、新华艺术、立信会计、苏州美术、铭贤农工、山西川至各专科学校。
二十六年	973,132	860,742	112,390	
二十七年	411,386	383,956	27,430	
二十八年	7,490	——	7,490	

续上表

机关学校别（损失年份）	共　计（国币元）	直接损失	间接损失	备　注
三十一年	2,155,947	2,155,947	——	
国立中等学校	203,971,124	72,078,743	131,892,381	已呈报损失者为国立第十一、中央工业、中央护士、中央助产、汉民、绥远、东北、中山各中学及师院附属中学、重庆师范学校、松潘初级实用职业学校、黄河流域水利工程专科学校、附属高级水利职业科。
二十六年	508,043	478,699	29,344	
二十七年	662,429	625,562	36,867	
二十八年	165,409	4,640	160,769	
二十九年	205,893	180,492	25,401	
三十年	3,161,570	3,161,570	——	
三十三年	126,227,780	67,627,780	58,600,000	
三十四年	73,040,000	——	73,040,000	
国立学术机关	6,084,428	5,173,753	910,675	已呈报损失者为国立编译馆、北平研究院、中央研究院、教育部博物标本制造所。
二十六年	5,912,685	5,023,753	888,932	
二十七年	11,427	——	11,427	
二十八年	6,916	——	6,916	
二十九年	153,400	150,000	3,400	

续上表

机关学校别（损失年份）	共计（国币元）	直接损失	间接损失	备注
国立社会教育机关	210,533,383	210,498,625	34,758	呈报损失者为国立中央博物院筹备处、国立中央图书馆、教育部第二社会教育工作团及各处收藏重要图书。外有3子56dd 452.58马克74.6美元
二十六年	210,516,457	210,495,255	21,202	
二十七年	8,120	——	8,120	
二十八年	6,657	1,221	5,436	
三十年	2,149	2,149	——	
其他国立教育机关	182,707	162,872	19,835	已呈报损失者为东北青年教育救济处战区中小学教师第二服务团、战区中小学教师第三服务团、教育部第二巡回剧队。
二十六年	1,989	63	1,926	
二十七年	1,244	——	1,244	
二十八年	66,609	49,744	16,865	
二十九年	111,612	111,612	——	
三十年	1,253	1,253	——	
学术团体	4,430,686	4,430,686	——	
二十六年	2,390,132	2,390,132	——	
二十七年	1,316,224	1,316,224	——	

续上表

机关学校别（损失年份）	共 计（国币元）	直接损失	间接损失	备 注
二十八年	391,588	391,588	——	
二十九年	144,702	144,702	——	
三十年	188,040	188,040	——	
省市县立小学及教育机关	135,129,889	128,453,032	6,676,857	
二十六年	75,558,070	75,542,733	15,337	
二十七年	38,807,922	35,236,456	3,571,466	
二十八年	7,271,419	6,680,772	590,647	
二十九年	3,063,512	1,708,674	1,354,838	
三十年	7,242,305	6,251,341	990,964	
三十一年	1,950,409	1,949,304	1,105	
三十二年	919,742	767,242	152,500	
三十三年	316,510	316,510	——	

编制说明：

一、此项统计系根据教育部所属公私立各级学校及教育机关呈报战时财产损失表编制，其中公私立专科以上学校多数均已呈报，各省市中小学等，则因沦陷区内损失情形一时未能尽悉之故，呈报甚少，均俟继续呈报，再行补编。

二、表中所列直接损失系因敌机轰炸及敌军进攻，各学校建筑物器具、图书、仪器等之毁于炮火及被敌人掠夺之损失，所列间接损失系学校迁移、防空设施、人员伤亡、抚恤救济等用费。

三、珍贵物品及古物文献等无法估价者未列入，教育人员之私人损失未编。

四、损失时期以自二十六年七月起至三十四年九月止各处呈报之材料为限；"九一八"东北损失仅有冯庸大学具报，已并入二十六年价值内，其余均未据报。

五、损失数字均依价值计算，以国币元为单位，间有外币暂列备注栏内，在分表内损失时期之价值均按损失之价值填列，在第一总表内并将历年损失数字分别按物价指数折为三十四年八月之价值，以便比较。

〔国民政府教育部档案〕

〔二〕初等教育

（一）初等教育法规

1. 教育部订定之国民教育实施纲领

（1940年3月21日）

第一章　总　则

第一条　教育部为谋全国国民教育之迅速普及起见，依照县各级组织纲要，保国民学校及乡（镇）中心学校之规定，订定本纲领，以便国民教育之实施。

第二条　国民教育分义务教育及失学民众补习教育两部份，应在保国民学校及乡镇中心学校内同时实施，并应尽先充实义务教育部分。

全国自六足岁至十二足岁之学龄儿童除可能受六年制小学教育者外，应依照本纲领受四年或二年或一年之义务教育，全国自十五足岁至四十五足岁之失学民众，应依照本纲领分期受初级或高级民众补习教育，但得先自十五足岁至三十五足岁之男女实施，继续及年龄较长之民众，其十二足岁至十五足岁之失学儿童，得视当地实际情形及其身心发育情况，施以相当之义务教育或失学民众补习教育。

第三条　国民教育之实施，应遵照中华民国教育宗旨及其实施方针，注重民族意识、国家观念、国民道德之培养及身心健康之训练，并应切合实际需要，养成自卫自治之能力，授以生活必需之知识技能。

第二章　施行程序

第四条　国民教育之普及以五年为期,自民国二十九年八月起至民国三十四年七月止,分三期进行。

一、自民国二十九年八月起至三十一年七月止为第一期,在本期内各乡(镇)均应成立中心学校一所,至少每三保成立国民学校一所,在本期终了时,须使入学儿童达到学龄儿童总数百分之六十五以上,入学民众达到失学民众总数百分之三十以上。

二、自民国三十一年八月起至三十三年七月止为第二期,在本期内保国民学校数应逐渐增加或就原有之国民学校增加班级,在本期终了时,须使入学儿童达到学龄儿童总数百分之八十以上,入学民众达到失学民众总数百分之五十以上。

三、自民国三十三年八月起至三十四年七月止为第三期,保国民学校数应尽量增加,以期达到每保一校为目的,或就原有之国民学校增加班级,在本期终了时,须使入学儿童达到学龄儿童总数百分之九十以上,入学民众达到失学民众总数百分之六十以上。

其有特殊情形之省市国民教育普及期限,得呈准中央缩短或延长之。

第五条　乡(镇)及保在第一期内应先就当地原有之公立小学及单独设立之民众学校改组为中心学校及国民学校,但改组时至少应维持其原有之学级,其未设有学校者,应依前条之规定分期筹设。

当地原有之私立小学得维持其原状,但当地因经费关系不能设置学校者,得指定私立小学并补助其经费作为代用中心学校或国民学校。

当地改良之私塾,得由国民学校指定代办一年或二年结束之班级,当地各机关团体附设之民众学校,仍应继续办理。

第六条　各省市应于本纲领实施后六个月内,将所属地方各保学龄儿童数及失学民众数调查完竣,造具统计表册,呈报教育部。

第七条 各省市应于本纲领实施后四个月内，核定所属地方分期推设国民学校计划，在第二期内须使国民学校平均分配于每三保及二保内。

第八条 各省市应于本纲领实施后六个月内，依据全省市筹集经费，造就师资，分期增设国民学校及设置中心学校之计划，拟就全省市整个实施计划，呈报教育部。

第三章 学校设施

第九条 国民学校以每保设立一所为原则，称某保国民学校，保之人口稠密、面积不及四方里者，或一村一街之自然单位不可分离者，得就二保或三保联合设立一所，称某某保联立国民学校。

保之面积过于辽阔而村落疏散者，其国民学校得分设班级于各校落，或设置巡回教学班。

第十条 每一乡（镇）应设中心学校一所，称某乡（镇）中心学校，兼负辅导本乡（镇）各保国民学校之责。

乡镇内已设有中心学校之保或各保虽离中心学校不足三里者，不另设国民学校，其应就学之儿童及失学民众即入中心学校肄业。

第十一条 保国民学校及乡（镇）中心学校均应设置小学部及民教部。

国民学校之小学部以完成四年制小学为原则，但为迅速普及义务教育起见，得办理一年或二年结束之班级，民教部以办理初级成人班及初级妇女班为原则。

乡（镇）中心学校之小学部，以办理六年制小学为原则，民教部以办理高级成人班及高级妇女班为原则。

第十二条 保国民学校及乡（镇）中心学校校长，在教育经济发达之地方，应由县政府遴选具有修正小学规程第六十四条规定资格之人员任之。

第十三条　乡（镇）中心学校应专设教导主任一人，除主持本校教导事宜外，并应协助校长辅导各保国民学校关于教导之一切事宜。

保国民学校于可能范围内，亦应增设教导主任一人，主持校务。

第十四条　保国民学校及乡（镇）中心学校小学部，应遵照修正小学规程及有关小学教育法令办理，民教部应遵照修正民众学校规程及有关之民众教育法令办理。

第四章　经费筹集

第十五条　保国民学校之经费，应以由保自行筹集为原则，不足时应由县市经费项下支给之。

第十六条　保国民学校应由保在一定期限内筹集相当之基金，为扩充学校设备之用。基金筹集办法另定之。

第十七条　乡（镇）中心学校之经费，其校长、教员之薪给，由县市经费项下开支，办公费及设备扩充等费，应由所在地方自筹之，并应参照保筹集基金办法筹足基金。

第十八条　保国民学校教员之薪给，至少以学校所在地个人食衣住等生活费之两倍为标准，校长并应酌量提高乡（镇）中心学校教员之薪给，以得与保国民学校校长同额为原则，校长并应酌量提高。县教育经费之支配及保国民学校基金之筹集，其薪金支出部份，均应依照此项标准。

第十九条　各县市筹设国民学校及中心学校经费不足时，应由省在省经费及中央拨助之经费项下，酌予补助之。

第二十条　训练师资之经费，应由省市在省市经费及中央拨助经费项下动支。

第二十一条　贫瘠省份及其他有特殊情形之省市推行国民教育，得由中央酌量增加其补助经费。

第五章　师资训练

第二十二条　各省市将原有小学及单独设立之民众学校改为中心学校暨国民学校之前，应调集准备任为中心学校及国民学校校长人员施以一个月至三个月之短期训练。

第二十三条　各省市应于本纲领实施后六个月内，举行各县小学教员及民众学校专任教员总登记及检定，检定不及格而其学历尚可胜任者，得分别予以三个月至六个月之短期训练，作为代用教员。

第二十四条　各省市应确切统计所属地方所需中心学校及国民学校师资数量，依照师资训练办法，订定分区分期训练师资计划，呈部核定后实施。

第二十五条　各省市分期训练师资，中心学校校长教员及国民学校校长，以由师范学校及特别师范科训练为原则，国民学校教员以由简易师范学校及简易师范科训练为原则。

第二十六条　各省市办理上列二十二条及二十三条各项师资训练之主任人员，由教育部会同内政部及中央训练团调集，施以相当时期之训练。

第二十七条　各省市训练师资办法另订之。

第六章　校舍设备

第二十八条　乡（镇）中心学校及保国民学校之校舍，除改组者仍用原有校舍外，其新设者应充分利用当地公所、祠庙及其他公共房屋，并得借用民房。

第二十九条　乡（镇）中心学校及保国民学校之未有适当校舍者，应在四年内择定相当地址，规划建筑正式校舍，其建筑费以由乡（镇）保自筹为原则，其不能自筹者，由县市政府统筹之。

第三十条　乡（镇）中心学校之校舍，应在本乡（镇）公所邻近，保国民学校之校舍，应在保办公处邻近，其校舍建筑标准另订之。

第三十一条 乡（镇）中心学校及保国民学校之教室及课桌椅，以小学部与民教部合用为原则。

第三十二条 乡（镇）中心学校应备之图书仪器标本模型及各项教学用具，应分别设置完全，保国民学校得较中心学校酌量减少，其标准另定之。

第三十三条 乡（镇）中心学校应设备简单之诊疗室，保国民学校应设备简单之药箱，以便应急治疗之用。

第七章 强迫入学及缓学、免学

第三十四条 在所设乡（镇）中心学校及保国民学校已足收容当地学龄儿童及失学民众之地方，应由乡（镇）公所及保办公处实行强迫学龄儿童及失学民众入学，凡应入学而不入学者，应对其家长或保护人或本人予以一定期限必须就学之书面劝告，其不受劝告者，得将姓名榜示示警，其仍不遵行者，得由县市政府处一元以上五元以下之罚锾，或以相当日期之工作抵充，并仍限期责令入学。

第三十五条 学龄儿童及失学民众有疾病或有其他一时不能入学原因者，得由家长或保护人或其本人请求缓学，其有疾病不堪受教育者，得请求免学。

第三十六条 强迫入学及缓学、免学之详细办法另订之。

第八章 考成及奖惩

第三十七条 各省市主管教育行政长官办理国民教育之成绩，应由教育部每年度终了时，依照考成办法，严加考核，分别奖惩。

第三十八条 各县市主管推行国民教育之长官及科长督学，应由省教育厅依照考成办法，于每年度终了时，严加考核，提请省政府分别奖惩。

第三十九条 区乡（镇）保各级负责推行国民教育之人员，

及中心学校与国民学校校长,应由省教育厅订定考成办法,于每年度终了时严加考核,分别奖惩。

第九章 附 则

第四十条 本纲领公布后,各地方依照实施时,以前颁布之实施义务教育暂行办法大纲及施行细则、实施失学民众补习教育办法大纲及施行细则,均停止适用。

第四十一条 本纲领由教育部呈准行政院备案后公布施行。

〔行政院档案〕

2.小学教员待遇规程①

(1940年5月6日)

第一条 全国保国民学校、乡镇中心学校及其他小学幼稚园教员(以下简称小学教员)之待遇,除遵照修正小学规程所规定者外,均依照本规程之规定。

第二条 小学教员之薪给,每年均以十二个月计算,按月十足以国币发给,不得折扣或延欠。其最低薪额,除依照修正小学规程至少应以当地个人食衣住三者所需生活费之两倍为标准外,并应视左列各点分别增加其薪额。

一、资历高下;

二、职务繁简;

三、任期久暂;

四、成绩优否。

上项薪给之支配及实施办法另定之。

第三条 小学教员职务之支配,除兼任校长,由各省教育厅核定担任小学教学时数外,应依照如左之标准:

一、单级编制之保国民学校校长,担任小学教学时间,至少

---

① 本规程经行政院1940年5月6日阳字第9565号训令核准公布。

相当于一学级总时间之二分之一，但至多不得超过三分之二。

二、二学级至四学级之保国民学校或乡（镇）中心学校校长，担任小学教学时间，至少相当于一学级时间之三分之一，但至多不得超过二分之一。

三、五学级至八学级之乡（镇）中心学校校长，担任小学教学时间至少相当于一学级总时间六分之一，但至多不得超过四分之一。

四、九学级以上之中心学校校长，得不担任教学。

五、级任教员除兼任一部分校务外，至多担任一学级总时间三分之二之教学，专科教员除兼任一部分校务外，至多担任相当于小学一学级总时间四分之三教学。

六、兼任民教部教学时间者，应减少相当分量之小学部教学时间。

第四条 小学教员遇有左列事项请假时，仍领原薪。代课教员之薪给，由校另行支给之。

一、本人婚嫁，给假二星期；

二、父母或配偶或承继祖父母丧，给假一个月；

三、女教员生育，给假两个月；

四、在一地连续十足年以上，应按照修正小学规程第七十五条之规定休假一年。如未休假，每年给假二星期。

五、在一地连续服务十五足年以上，每年给假二星期。前项代课教员薪给，由校列入预备费中，作正开支，但给假时均须取具切实证件，呈请主管教育行政机关备案，不得滥冒。

第五条 乡村小学教员，呈经主管教育行政机关之核准，得接受儿童家庭关于食宿之供给，其办法另定之。

第六条 现任小学教员对于常备兵役及其他公共服务，应予以缓役或免役。

第七条 小学教员之子女，除肄业小学者一律免学费外，其肄业中等以上学校者，依照如左之标准。

一、肄业于本县（市）或其服务所在县（市）之县（市）立中等学校者，免其学费。

二、服务在五足年以上者，其子女肄业于公立中等学校，均免其学费。

三、服务在十足年以上者，其子女肄业于公立中等学校，免其学宿费；肄业于国立专科学校或大学，免其学费。

四、服务在二十足年以上者，其子女肄业于国立或省立专科学校或大学，免其学宿费。

上项教员子女免费办法另订之。

第八条 小学教员服务年期长久，成绩优良者，应予以年功加俸，其办法另定之。

第九条 小学教员服务成绩特别优异者，主管教育行政机关，应给予相当奖励，其办法另定之。

第十条 小学教员服务五年以上，具有某种学科之特长，经证明确定者，得于进修后聘为初级中学教员，担任其所特长学科之教学，其办法另定之。

第十一条 小学教员有左列服务成绩，志愿升学，经主管教育行政机关之核准，得于其考入学校后，补助或贷以半数之升学费用。

一、在一校连续服务满五足年者；

二、服务期满曾受奖励或者有价值之著作者。

第十二条 小学教员应由主管教育行政机关提倡，协助储金，以备不时之需，其办法另定之。

第十三条 小学教员养老金及抚恤金，依照学校教职员养老金及恤金条例办理。

第十四条 本规程第二、五、六、七、八、九、十、十一、十三各条待遇之享受，以合于修正小学规程第六十二条及六十四条所规定资格或经检定合格者为限。

第十五条 保国民学校及乡（镇）中心学校民教部合格教员之待遇，除另有规定外，适用本规程之规定。

第十六条 本规程经呈行政院核准后公布施行。

〔国民政府教育部档案〕

3. 教育部订定之保国民学校及乡镇中心学校基金筹集办法

（1940年6月）

第一条 本办法依照国民教育实施纲领第十六条及第十七条之规定订定之，凡保国民学校及乡（镇）中心学校基金之筹集，均依照本办法之规定。

第二条 保国民学校经费及乡（镇）中心学校办公设备扩充等费，应以基金所生之利息为大宗来源。

第三条 保国民学校之基金由保筹集之，乡（镇）中心学校之基金，由学校所在地不另设国民学校之保筹集之。

第四条 保国民学及乡（镇）中心学校小学初级一学级应筹集之资金最低额为国币二千五百元，或每年有二百五十元以上收益之财产，乡（镇）中心学校小学高级一学级应筹集之基金最低额为国币四千元，或每年有四百元以上收益之财产，民教部每两班应筹集之基金，最低额为国币二千五百元，或每年有二百五十元收益之财产，在生活程度较高地方，基金额应随之提高，俾足敷校长教员薪给及扩充学校设备之用。

第五条 保国民学校及乡（镇）中心学校基金全额分三期筹集之，每期之筹集时间为三年，由保国民大会决定后呈准县（市）政府备案施行。

县（市）政府对于能在规定第一、二期内筹足基金之保，应予以补助金或其他奖励，对于不能如期筹足之保，得限期加以强制。

第六条　保国民学校及乡（镇）中心学校基金之筹集，适用左列各法：

一、劝勉当地寺庙、祠会等拨捐财产，充作基金；

二、经营公有生产事业；

三、公耕田地；

四、分工生产；

五、搜集出售天然物品；

六、征集买卖双方共同认捐之手续费；

七、征集劳动服务者捐助其所得之酬金或奖金；

八、由居民依其富力，自认捐款；

九、劝募；

十、其他。

第七条　由各省（市）政府遵照监督寺庙条例第十条之规定，参酌内政部所颁佛教寺庙兴办公益事业规定第五条所定出资标准，及行政院二十四年十二月令："寺庙产业之充公益者，应着重于兴办教育事业"等之规定，就各该省寺庙祠会情形，拟订劝勉寺庙祠会拨捐财产充作保国民学校及乡（镇）中心学校基金办法呈准行政院施行之。

第八条　经营生产办法适用如左之规定：

一、按当地情形选择左列一种或数种，设计生产及经营方法，拟具计划，呈由县（市）政府转呈省政府备案施行。

（1）建筑摊贩商场　凡行商集中之地，备款或集会款建筑商场，租赁于各业摊贩，依期卖买，由学校收取租金，除归还借款外，均作学校之财产。

（2）栽植果木　凡产水果桑茶白腊等物，并有荒山荒地可征之区，由学校征荒辟置果园，校内并设园艺部，聘请栽植果木有经验者为主任，主持经营果木种苗，由学校供给，按工作人员计数，分发居民，指导其分栽于自己土地上，无土地者，则栽植于公共地方，凡整枝施肥除虫保护等，均由学校园艺部指挥，栽植者依法工作，生产品收获时学校与栽植者各半分配。

（3） 造林 凡有荒山可征用之地方，由学校排定造林时期，商得保民同意后，征工造林，松柏杉槐白杨油桐各按地土之宜，选择种植，经营办法同栽植果木。

（4） 育蚕 宜育蚕之地，至育蚕时期，由职教员领导学生饲养，二眠以后，并得停课工作，以收益充作基金。

（5） 烧窑 有砖瓦石灰陶瓷等原料，并有烧窑设备之地，由学校商得保民同意后，排定工作日程，在农闲时期，征工樵柴，采料制造，每年烧窑若干次，变价充作学校基金。

（6） 利用水力 于溪涧坡势倾斜或水流急湍之地，借款或集会款以建筑磨坊或碾坊于其上，利用水力磨粉或碾米出租于人，收取租息，充作基金。

（7） 其他。

二、生产事业之经营，宜由乡（镇）中心学校主持其事，合全乡（镇）各保各校，通力办理。

三、造林种植果木等生产事业，初经营时人事及事业设备等特殊支出，应由县（市）政府视其需要予以补助，补助时间，以三年为限，三年后必需生产自给。

第九条 公耕田地办法适用如左之规定：

一、利用荒山荒地为公有田地，由学校雇一有经验之农夫主持之，按田地作物之需要，于商得保民同意后征用民工耕种。

二、征用之民工，以壮丁及本保保民雇用之佣工为限。

三、民工工作时期，应排定工作表，按日轮流。

四、民工征用手续待遇、工作、奖惩等由县（市）政府订定统一办法，呈由省政府转咨内政部备案施行。

第十条 分工生产办法，适用如左之规定：

一、按依地方情形，酌量选择左列之一种或数种，拟具计划，呈准县市政府后施行之；

（1）分工养鸡　于每年春季由保办公处按户分发小鸡，小户一只，中户两只，大户三只，代为饲养，至冬季收回之，变价充作学校基金；

（2）分工育蚕　于每年育蚕季节由学校预备蚕种桑叶，按育蚕户口分发若干，请为带育，至收成时，取其茧变价，充作学校基金；

（3）其他。

二、此项办法如可行之全县（市），应由县（市）政府拟订统一办法，呈请省政府备案施行。

第十一条　采集出售天然物品办法，适用如左之规定：

一、按地方情形酌量选择左列之一种或数种，拟具计划呈准县（市）政府后施行之。

（1）各种野生药材；

（2）各种野生可充食品之动植物；

（3）其他。

二、在某种野生物品成熟时期，由保办公处按人口规定采集数量，令居民各自采集，如数缴纳。

三、由学校雇工将征集之物品整理调制发售，充作学校基金。

第十二条　征集买卖双方共同认捐之手续费办法，适用如左之规定：

一、按地方情形酌量选择左列一种或数种，拟具计划，呈准县（市）政府后施行之。

（1）田地房屋买卖佣费之提成　凡是项卖买，必有佣费（即中资）可规定提取若干成充作基金；

（2）市集公秤公斛公斗公升之设置　由乡（镇）公所借款

设置数套,指派政警执管,买卖双方如欲假手此项公秤等物衡量物品,应各认捐手续费若干,除归还置备费外,其收入均作学校基金;

(3) 其他。

二、田地等买卖佣费之提取,得由省政府拟具全省统一办法,通令施行;公秤等施用手续费得由县(市)政府拟定全县(市)统一办法,通令施行。

第十三条 征集劳动服务者捐助其所得之酬金或奖金办法,适用如左之规定:

一、本保人民如遇有机关团体,征工筑路筑地、开河、平坡等所得之奖金或酬金,得征集其若干成或全部充作学校基金。

二、此项酬金奖金之征集数量,须征得服役者之同意,并应呈准县(市)政府施行。

第十四条 由居民依其富力自认捐办法适用如左之规定:

一、由保长或乡(镇)长将决定欲按富力自认之基金数量,提出于保民大会组织委员会办理之;

二、居民之富力,以左列四者为准:

(1) 工商业收入,

(2) 房地租收入,

(3) 田亩收入,

(4) 薪给收入。

三、先由人民自由认捐,如有不足,再行认筹;

四、认筹之成数,由委员会拟定,经保民或乡(镇)民大会认可,并呈准县(市)政府施行。

五、认筹之基金应在各项财产收入时期收取之,并得以货物代替缴纳。

第十五条 劝募办法适用如左之规定:

一、向居户之富有者劝请自动捐助;

二、向举行庆吊之居户劝请移款捐助；

三、向因款产纠纷息颂之居户劝请双方息争捐助；

四、其他。

第十六条 筹得之基金，各保应组织国民学校基金保管委员会保管之，除校长及教员代表一人为当然委员外，其余各委员由保民大会选任之，其详细办法由各省政府另行订定公布施行。

第十七条 筹得之基金，由保民大会依照左列运用办法决定选用一种或数种，呈准县（市）政府后施行之。

一、投资于各项生产事业；

二、购置田地等不动产；

三、筑圩围沙田；

四、贷款人民购置应用之土地，分期取回本息；

五、贷款人民建筑房屋，分期取回本息；

六、购置肥料农具工具借贷于人民，分期取回本息；

七、购置打水机等公用农具，以备人民使用，而取其租金；

八、购置公债；

九、存储国省银行；

十、轻利借贷于人民以充工本，至收获时收回本息；

十一、其他。

第十八条 基金之筹集运用，其收据均应由县（市）印之三联单，应用后，并应将第二联单报县（市）政府备核。

第十九条 基金之筹集运用，每学期应由保管委员会列册，经委员全体及保之全体甲长或乡镇之全体保长签名盖章后，提交保民或乡（镇）民大会审核签证，按级呈报审核，并公布周知。

第二十条 基金之运用，均须有可靠之保证，保证者如不能负责时，应请全体保管委员代负责任。

第二十一条 基金数额及运用情形，应由县督学及区教育指导员随时认真抽查，如发现挪用侵占等情弊，应即报告县（市）

政府，除予以行政处分及责令赔偿外，并将负责人员送请法院依法从严惩处。

第二十二条　本办法呈奉行政院核准后公布施行。

〔行政院档案〕

4. 教育部订定之乡（镇）中心学校设施要则

（1942年3月）

一、本要则依照国民教育实施纲领第三章之规定订定之。

二、乡（镇）应设置中心学校一所，称某乡（镇）中心学校，除为所在保办理国民教育外，并为本乡（镇）各保国民学校毕业生升学之所，兼负辅导各保国民学校之责。

三、中心学校应设在乡（镇）公所所在地，其校舍须以与乡（镇）公所邻近为原则。

四、中心学校设置小学部与民教部。

小学部依照小学之编制，自一年级起至六年级止，设置六个以上之学级，收受乡（镇）内六足岁至十二足岁之学龄儿童，分别施以六年、四年或二年或一年之小学教育，并得附设幼稚园或幼稚班。

民教部依照修正民众学校规程之规定，设置高级成人班及高级妇女班，收受乡（镇）内已受初级补习教育之民众，施以高级补习教育，并应设置初级成人班及初级妇女班，收受学校所在地之失学民众，施以初级补习教育。上项高初级成人班及妇女班，应尽先收受自十五足岁至三十五足岁之男女分别施教。

小学部及民教部，均得视当地实际情形，分别酌收超过十二足岁至未满十五足岁之失学儿童施以教育。

五、中心学校小学部应于儿童入学时，依其年龄智力等分别编制学级，每级学额以五十人为度。

民教部得依其职业、性别分班教学，每班学额以五十人为度。

六、中心学校小学部应于日间上课，其课程及教学时数，应照小学课程标准及短期小学课程标准办理。民教部视季节选择适当时间上课，其课程及教学时数，应依照修正民众学校规程办理。

七、中心学校之经费其相当于国民学校部分之薪给办公设备等费，由保自行筹集，其余经费由县（市）政府支给之。

八、中心学校小学部不收学费，其必需之学用品，得由学校联合当地合作机关以低价售诸儿童。

民教部不收学费，其应用之课本，由学校呈请县（市）政府拨发之。

九、中心学校设校长一人，主持全校校务，并负辅导改进本乡（镇）内各保国民学校之责，在教育经济较为发达之区，应由县政府遴选具有修正小学规程第六十四条规定资格之人员专任之。

人才、经费困难地方，校长得暂兼任乡（镇）长或副乡（镇）长，乡（镇）长或副乡（镇）长之具有小学校长资格者，亦得暂兼校长。

十、中心学校应专设教导主任一人，除主管本校教导事宜外，并应协助校长辅导各保国民学校关于教导之一切改进事项。

十一、中心学校教员由校长遴选具有修正小学规程第六十二条规定之资格及检定合格者聘任之。

人才、经济困难之地方，得依照修正小学规程第六十六条之规定，聘任代用教员。

十二、中心学校教员得于教学工作时间外，兼办乡（镇）公所事务。

十三、中心学校为辅导各保国民学校起见，应办理左列各事项：

1.召集各保国民学校校长会议,讨论各校应兴应革事宜,是项会议,每月应举行一次。

2.督促各保国民学校教员研究改进教材教学及训育等事项,每三个月召集各校教员举行研究会一次,讨论关于教学及训育等问题,并举行某种成绩展览会或讲演会等。

3.由中心学校教员或各保国民学校教学方法优良之教员,轮流担任示范教学,以供各校教员观摩,并举行批评会,以讨论教学方法之改进。是项示范教学,每三个月至少举行一次。

4.由中心学校校长择定科目,规定日期,延聘教育专家讲演教育问题,以资各校依照改进。

5.由中心学校选购各种教学参考图书及教师进修用书,巡回递送各校,供给教员阅览。

6.其他有关小学教育及民众教育之辅导事项。

十四、中心学校应斟酌地方需要,依照修正民众学校规程第二十三条之规定,举办各种社会教育事业。

十五、中心学校应于学期开始后一个月内,将本校组织及经费设备概况、教职员名册、入学儿童名册、入学民众名册等,呈报主管教育行政机关备案。

十六、中心学校之经费编制、训育设备、成绩考查、教职员等项,除本要则各条之规定外,均遵照修正小学规程及修正民众学校规程之规定。

十七、本要则自公布之日施行。

〔国民政府教育部档案〕

5.保国民学校设施要则

(1942年3月)

一、本要则依照国民教育实施纲领第三章之规定订定之。

二、为普及国民教育起见，各保设国民学校称某保国民学校。

三、国民学校以每保联立一所为原则。保之人口稠密而面积四方里者，或一村一街之自然单位不可分离者，得就二保或三保联合设立一所，称某某保联立国民学校，保之面积过于辽阔而村落疏散者，其国民学校得分设班级于各村落，或依照实施巡回教学办法设置巡回教学班，施行巡回教学。

已设有中心学校及中心学校周围距离三里以内之保，不另设国民学校，其应就学之儿童及民众，应入中心学校小学部及民教部肄业。

四、国民学校应设在保办公处所在地，其校舍须以与保办公处邻近为原则。

五、国民学校设置小学部与民教部。

小学部依照初级小学编制，自一年级起至四年级止，设至四个以上之学级，收受保内六足岁至十二足岁之学龄儿童，分别施以四年或二年或一年之国民小学教育，并得附设幼稚园或幼稚班。

民教部应设置初级成人班及初级妇女班，至少各一班，依照修正民众学校规程之规定，尽先收受自十五足岁至三十五足岁之失学民众，施以初级补习教育，并得酌设高级成人班及妇女班，收受初级成人班或妇女班毕业学生，施以高级补习教育；小学部及民教部均得视当地实际情形，分别酌收超过十二足岁至未满十五足岁之失学儿童施以教育。

六、国民学校小学部，应于儿童入学时依其年龄、智力等分别编制学级；每级学额以五十人为度，视地方情形采用二部编制或复式单级等编制，民教部得依其职业、性别分班教学，每班学额以五十人为度。

七、国民学校小学部，应于日间上课，其课程及教学时数应依照小学课程标准及短期小学课程标准办理。

民教部视季节选择适当时间上课,其课程及教学时数,应依照修正民众学校规程办理。

八、国民学校之经费,以保自筹为原则,其筹集办法另订之。

九、国民学校小学部不收学费,其必需之学用品得由学校联合当地合作机关以廉价售诸儿童。

民教部不收学费,其应用之课本由学校呈请县市政府拨发之。

十、国民学校设校长一人,主持全校校务,在经济、教育较为发达地区,应由县政府遴选具有修正小学规程第六十四条规定资格或检定合格人员委任之。

人才经济困难地方,校长得暂兼任保长或副保长,保长或副保长之具有小学校长资格者,亦得暂兼校长。

十一、国民学校校长兼任保长时,于可能范围内,应增设专任教员一人,兼任教导主任,襄助校长处理校务。

十二、国民学校教员,由校长遴选具有修正小学规程第六十二条规定之资格及检定合格者聘任之。

人才、经济困难之地方,得依照修正小学规程第六十六条之规定,聘任代用教员。

十三、国民学校教员,得于教学工作时间外,兼办保办公处事务。

十四、国民学校应斟酌地方需要,依照修正民众学校规程第二十三条之规定,举办各种社会教育事业。

十五、国民学校应每学期开始后一个月内,将本校组织及经费设备概况、教职员名册、入学儿童名册、入学民众名册等报告乡(镇)公所,汇报主管教育行政机关备案。

十六、国民学校之经费、编制、训育、设备、成绩、考查教职员等项，除本规程各条之规定外，均遵照修正小学规程及修正民众学校规程之规定。

十七、本要则自公布之日施行。

〔国民政府教育部档案〕

6. 国民政府公布之国民学校法

（1944年3月15日）

第一条 国民学校实施国民教育，应注重国民道德之培养及身心健康之训练，并授以生活必需之基本知识技能。

第二条 前条国民教育为六岁至十二岁之学龄儿童应受之基本教育，及已逾学龄未受基本教育之失学民众应受之补习教育。

第三条 国民学校应每保设置一所，但地方有特殊情形者，得增设之，或联合数保共设一所。

第四条 一乡（镇）内之国民学校，应以一校为中心国民学校，设于乡（镇）适当地点，兼负辅导各保国民学校之责。

乡镇区域辽阔，或国民学校校数较多者，得增设中心国民学校。

第五条 国民学校分设儿童教育及失学民众补习教育两部，均分高初两级，儿童教育之修业年限，初级四年，高级二年，失学民众补习教育，初级四个月至六个月，高级六个月至一年。

中心国民学校之儿童教育，高初两级合设。各保国民学校，设初级，必要时并得设高级，但失学民众补习教育，均设高初两级。

第六条 私人或团体设立小学，办理国民学校之儿童教育，其规程由教育部定之。

私立小学成绩优良者，得指定为代用国民学校，其规程由教育部定之。

第七条　师范学校附属小学,办理国民学校之儿童教育及失学民众补习教育。

附属小学校长,由主管学校校长聘请合格人员充任,并呈请主管教育行政机关备案。

第八条　国民学校及中心国民学校,均得附设幼稚园。

第九条　国民学校及中心国民学校学生修业期满,成绩及格,由学校分别给予毕业证书。

第十条　国民学校及中心国民学校用单式编制,但有特殊情形者,得用复式及单级或二部编制。

第十一条　国民学校及中心国民学校之教学科目及课程标准,由教育部定之。

第十二条　国民学校及中心国民学校,应采用教育部所编辑或审定之教科图书。

第十三条　国民学校及中心国民学校隶属于各县(市)政府、院辖市主管教育行政机关,但应与乡(镇)公所保办公处密切联系。

第十四条　国民学校及中心国民学校,各置校长一人,综理校务,中心国民学校校长兼负辅导各保国民学校事宜。

国民学校及中心国民学校校长,由县市政府或院辖市主管教育行政机关遴选合格人员委任之。

第十五条　中心国民学校置教导主任一人,秉承校长主持本校教导事宜,并协助校长辅导各保国民学校之教导事宜,中心国民学校教导主任由校长遴选合格人员聘任之。

第十六条　国民学校之学级数达六学级以上者,亦得置教导主任一人,秉承校长主持本校教导事宜。

国民学校教导主任,由校长遴选合格人员聘任之。

第十七条　国民学校及中心国民学校之教员,由校长遴选合格人员聘任之,应呈请主管教育行政机关备案。

前项合格人员不敷时,得遴聘具有相当资格者为代用人员,并应呈请主管教育行政机关备案。

第十八条 国民学校及中心国民学校教职员,应协助乡(镇)公所及保办公处训练民众,推进地方自治。

第十九条 国民学校及中心国民学校之经常费,由主管教育行政机关统筹支给之。

国民学校及中心国民学校之开办、设备等费,除由主管教育行政机关筹给外,得由乡(镇)保筹给之。

第二十条 国民学校及中心国民学校,应会同乡(镇)公所或保办公处筹集基金,以其孳息补充学校经费及设备费用。

前项筹集基金办法,由教育部会同内政部、财政部拟订,呈请行政院核定之。

第二十一条 国民学校及中心国民学校,均不得收取学费或杂费。

第二十二条 关于学龄儿童及失学民众之强迫入学,另以法律定之。

第二十三条 国民学校及中心国民学校教职员之检定、任用、待遇、保障、进修办法,由教育部定之。

第二十四条 国民学校及中心国民学校规则,由教育部定之。

第二十五条 本办法自公布日施行。

〔国民政府教育部档案〕

7. 国民政府公布强迫入学条例①

(1945年2月17日)

第一条 学龄儿童之强迫入学,依本条例之规定。

第二条 各县为办理强迫入学事宜,得设置县强迫入学委员

---

① 该条例于民国三十三年七月十八日国民政府公布,三十四年二月十七日修正公布。

会，由县长、教育科科长、督学、各乡镇长会同县公民代表组织之，以县长为主任委员，教育科科长为副主任委员。

第三条 各乡镇得设置乡镇强迫入学委员会，由乡镇保长、乡镇公所文化股主任、各乡镇保中心国民学校国民学校校长会同镇内国民代表组织之，以乡镇长为主任委员。

第四条 各县应督令各乡镇保长会同国民学校教员，就本保内各户调查学龄儿童人数，造具清册。

中心国民学校或国民学校应按本保内学龄儿童人数，预定设立班级数，每班学额以五十人为度。

中心国民学校或国民学校设立班级数办法确定后，由保长会同中心国民学校或国民学校校长通知本保内各户户长，令儿童入学。

各保内国民学校或中心国民学校校长，应于开学前会同保甲长，分别通知各户应行入学之儿童，督令入学。

第五条 各保学龄儿童清册，应造具三份，一份存保办公处，一份存乡镇强迫入学委员会，一份交与保内国民学校或中心国民学校。

第六条 本乡镇强迫入学委员会应将各保所送之学龄儿童清册统计全乡镇学龄儿童总数及已入学人数，呈报县政府备案。

第七条 各县政府应将各乡镇所报学龄儿童之总数及已入学人数统计其结果，呈报省教育厅备案，省教育厅根据各县所报人数统计全省学龄儿童之总数及已入学人数，呈报教育部备案。

第八条 学龄儿童之强迫入学，依左列程序办理：

劝告 凡应入学而未入学之学龄儿童，应由保长会同中心国民学校或国民学校校长用书面或口头劝告其父母或监护人，限令入学。

警告 父母或监护人经劝告后，如仍不遵限令其子女或受监护人入学者，得于劝告期限届满五日内将其姓名榜示警告，并仍限期入学。

罚锾 榜示警告后仍不遵行者，得于限满七日内，经乡镇强迫入学委员会议决，处以十元以下之罚锾，仍限期入学，并汇报县政府。

第九条 已入学之儿童，如不经学校之许可，中途停学或任意缺课者，应由学校及强迫入学委员会共同劝告督促，如不遵从，得依前条罚锾之规定处罚其父母或监护人。

第十条 学龄儿童如因疾病经指定医师证明一时不能入学者，经当地强迫入学委员会证明属实者，得准其缓学，但健康恢复时仍应入学。

第十一条 学龄儿童如因痼疾或肢体残废，经指定医师证明不堪入学，并经当地强迫入学委员会证明属实者，得准其免学。

第十二条 凡已入学或已届入学期限之儿童，如随同父母或监护人迁移时，应由保长报告乡镇强迫入学委员会通知该儿童所迁往地点之强迫入学委员会，执行强迫入学或转学事宜。

第十三条 市之学龄儿童强迫入学，准用本条之规定。

第十四条 失学民众之强迫入学，得准用本条例之规定办理。

第十五条 本条例施行细则由教育部定之。

第十六条 本条例自公布日施行。

〔国民政府教育部档案〕

8．教育部公布之国民学校及中心国民学校规则

（1945年9月19日）

第一条 本规则依照国民学校法第二十四条订定之。

第二条 国民学校及中心国民学校之设置，应照左列之规定：

（一）国民学校以每保设置一所为原则，称某某县（市）某某乡（镇）某某保国民学校。

（二）保之区域辽阔，或有其他特殊情形者，得联设国民学校，与原设之国民学校以数字区别之，称某某县（市）某某乡（镇）某某保第几国民学校。

（三）保之户口密集或有其他特殊情形者，得联合二保或二保以上设置国民学校一所，称某某县（市）某某乡（镇）某某保国民学校。

（四）一乡（镇）内应于适当地点设置中心国民学校一所，称某某县（市）某某乡（镇）中心国民学校，负辅导该乡镇各保国民学校之责。

（五）乡镇区域辽阔，或国民学校数较多者，得增设中心国民学校，与原设之中心国民学校以数字区别之，称某某县（市）某某乡（镇）第几中心国民学校，分任辅导各保国民学校之责。

（六）乡（镇）户口密集或有其他特殊情形者，得联合二乡（镇）或二乡（镇）以上设置中心国民学校一所，称某某县（市）某某乡（镇）中心国民学校，负辅导各乡（镇）内各保国民学校之责。

市之保甲编制设区而无乡（镇）者，应按照上列（四）（五）两项规定，分区设置中心国民学校。

第三条 国民学校及中心国民学校之管理，应照左列之规定：

（一）国民学校及中心国民学校，隶属于各县（市）政府或院辖市主管教育行政机关。

（二）国民学校及中心国民学校，应于每学期开始后一个月内，将全校组织概况、学校编制、教职员名册、儿童名册等，呈报主管教育行政机关备案，并将学级编制、儿童名册分送保办公处乡镇公所备查。

（三）国民学校与保办公处，中心国民学校与乡（镇）公所应取得密切联系。

第四条 国民学校及中心国民学校之编制，应照左列之规定：

（一）国民学校及中心国民学校，均分设儿童教育，失学民众补习教育两部。

（二）国民学校之儿童教育，以仅设初级——自一年级起至四年级止，四个学级为原则，必要时得增设高级——五年级及六年级——两个学级，分别收受保内六足岁至十二足岁之学龄儿童施以四年或六年之基本教育。

（三）中心国民学校之儿童教育，设高初两级——自一年级起至六年级止设六个学级——除收受学校所在保及附近未设有国民学校各保之学龄儿童，施以四年或六年之基本教育外，并得收受本乡（镇）内各保国民学校初级毕业生，施以基本教育。

（四）国民学校及中心国民学校之办理失学民众补习教育得分高初两级，各级均分为成人班及妇女班，应在儿童班上课时间外，按季节选择适当时间（如晨间下午或晚间）上课，初级班收受已逾学龄至四十五足岁之失学民众，施以四个月至六个月之补习教育，高级班收受已受初级补习教育之男女施以六个月至一年之补习教育。

（五）国民学校及中心国民学校之学级编制，以用单式为原则，但有特殊情形者，得用复式及单级或二部编制，每学级学额以五十人为度，至少二十五人。

（六）国民学校及中心国民学校儿童入学时，应依其年龄智力学力等，分别编级。

国民学校及中心国民学校失学民众入学时，应依其性别学力分别编级，必要时，并得依其职业，分班教学。

（七）国民学校及中心国民学校均得依照幼稚园设置办法，附设幼稚园。

第五条 国民学校及中心国民学校之课程，应照左列之规定：

（一）国民学校及中心国民学校之儿童班级，应于日间上课，其各科课程及教学实施方法，应依照教育部颁布之小学课程标准办理各年级教学科目列举如左：〔表略〕

（二）国民学校及中心国民学校之成人班及妇女班，其各科课程及教学实施方法，应依照教育部颁布之民教部课程标准办理，其教学科目列举如左：〔表略〕

（三）国民学校及中心国民学校附设之幼稚园，其课程应依照教育部颁布之幼稚园课程标准办理。

第六条 国民学校及中心国民学校之教材，应照左列之规定：

（一）国民学校及中心国民学校儿童班、成人班、妇女班之各科教材，应用国定本教科书或教育部审定之课本。

（二）各地地方性教材及补充读物，应由省市主管教育行政机关或当地主管教育行政机关编辑，呈请上级教育行政机关核定。

（三）国民学校及中心国民学校幼稚园之教材，得由学校或当地主管行政机关，依照部颁幼稚园课程标准编送。

第七条 国民学校及中心国民学校之训育，应照左列之规定：

（一）国民学校及中心国民学校儿童部、民教部之训育，应依照教育部颁布之小学训育标准实施。

（二）国民学校及中心国民学校为训练学生（儿童及失学民众）团体生活，应作种种集团活动，并得指导组织简单易行之自治团体。

（三）国民学校及中心国民学校，为便利个别训练起见，得施行训导团制，小学教员均负直接训育之责任。

（四）国民学校及中心国民学校，为增进训育效能起见，应随时联络学生家长，讨论关于训育等之实际问题。

（五）国民学校及中心国民学校训育实施，不得施行体罚。

第八条 国民学校及中心国民学校之设备，应照教育部颁布之设备标准办理。对于左列各点，尤应切实注意。

（一）选择校址，对于地位环境，务求适宜，并便于扩充发展。

（二）校舍建筑，务求质朴坚固，适于教学管理及卫生。

（三）运动场工具、农场、校园等之面积，均须足敷应用。

（四）儿童所用桌椅，务须适合身长比例。

（五）清洁卫生及医药等设备，务须随时注意改进置备。

第九条 国民学校及中心国民学校之成绩考查，应照左列之规定。

（一）国民学校及中心国民学校儿童部之学业成绩考查，除平时考查外，并分别举行临时试验，学期试验，毕业试验。

（二）国民学校及中心国民学校民教部之学业成绩考查，除平时考查外，并分别举行临时试验及毕业试验，其为一年毕业者，并应于第一学期终了时，举行学期试验。

（三）临时试验于每月月终举行之，每学期至少须举行二次。

（四）学期试验于学期终举行之，但将届毕业之一学期，免除学期试验，而以平时成绩为学期成绩。

（五）毕业试验于修业期满时举行之。

（六）学业成绩计算方法，体育成绩考查方法，由省市教育行政机关订定，呈请教育部备案。

（七）操行成绩，以团体训练之成绩为准。

第十条 国民学校及中心国民学校学生入学及毕业，应依照左列之规定：

（一）国民学校及中心国民学校儿童入学年龄为六足岁，失学民众入学年龄为十二足岁。

（二）国民学校之儿童因身体或家庭之特殊情形，得请求休学一学期或一年，期满复学。

（三）国民学校之儿童，因身体或家庭之特殊情形，经学校调查属实者，得准予转学或退学。

（四）国民学校及中心国民学校之儿童或失学民众，经初级或高级修业期满，成绩及格，由学校分别给予毕业证书。

第十一条 国民学校及中心国民学校之休假，应照左列之规定：

（一）暑假年假寒假春假日数及起讫日期，应依照教育部之规定办理，但因各地气候及特殊情形者，得由各省市教育厅局呈报教育部核准后酌量变更之。

（二）关于纪念日放假及举行纪念办法，应依中央之规定办理。

第十二条 国民学校及中心国民学校之开办，设备等费除由主管教育行政机关筹给外，得由乡（镇）保筹给之。

第十三条 国民学校及中心国民学校之经常费，由县市主管教育机关统筹支给之。除中心国民学校应另列辅导经费外，其他各项经费之支配，应以如左之百分比为原则。

（一）教职员俸金约百分之六十；

（二）图书、仪器、运动器具等设备费及卫生费约百分之二十；

（三）实验、研究、文具、水电、薪炭等消耗费约百分之十；

（四）参观、旅行、保险及教师福利等特别费约百分之五十；

（五）预备费约百分之五。

上项预备费，非经教育主管行政机关核准不得动用。

第十四条　国民学校及中心国民学校经费支给标准及学校开支公开审核办法，由各省市教育行政机关订定，呈请教育部备案施行。

第十五条　国民学校及中心国民学校，应会同保办公处或乡镇公所,依照教育部颁布之基金筹集办法筹集学校基金,并组织基金保管委员会，保管运用。

第十六条　国民学校及中心国民学校均不得收取学费或杂费，其必需之学用品，得由学校发给，或由学校或地方教育行政机关组织消费合作社，照成本价格售诸儿童。

第十七条　国民学校及中心国民学校设置教职员名额，应照左列之规定：

（一）　国民学校及中心国民学校，各置校长一人。

（二）　中心国民学校置教导主任一人，国民学校之学级数达六学级以上者，亦得置教导主任一人。

（三）　国民学校及中心国民学校之儿童班，每学级置级任教员一人，并得酌量情形设置专科教员，但平均每两学级之学员人数应以三人为度。

（四）　国民学校及中心国民学校之成人班及妇女班，以每两班置教员一人为度,如每班置教员一人应酌量兼儿童班专科教员。

（五）　国民学校及中心国民学校附设之幼稚园，置主任一人，其设置教员人数，应照幼稚园设置办法办理。

（六）　国民学校及中心国民学校得单独或联合设置校医或护士，其有六学级以上者，得酌设事务员，但须呈请主管教育行政机关核准。

第十八条　国民学校及中心国民学校教职员职掌，应照左列之规定：

（一）　国民学校及中心国民学校校长之职掌如左：

（1） 综理全校校务，并指导教职员分掌校务及训教事宜；

（2） 督率教职员协助乡镇公所及保办公处训练民众，推进地方自治，举办社会服务事业；

（3） 中心国民学校校长应负辅导各保国民学校事宜；

（4） 中心国民学校校长兼负协助办理地方自治之责任。

（二） 国民学校及中心国民学校教导主任之职掌如左：

（1） 秉承校长主持全校教导事宜，并酌量担任教学。

（2） 秉承校长协助乡镇公所及保办公处训练民众推进地方自治，举办社会服务事业。

（3） 中心国民学校教导主任，并应协助校长辅导各保国民学校之教导事宜。

（三） 国民学校及中心国民学校教员之职掌如左：

（1） 依照聘约并接收教导会议之决议，担任教学及训育等事宜。

（2） 接收校长之指导及校务会议之决议，分掌校务。

（3） 秉承校长协助乡镇公所及保办公处训练民众推进地方自治，举办社会服务事业。

（四） 国民学校及中心国民学校附设之幼稚园，其教职员之职掌如左：

（1） 幼稚园主任，应秉承校长主持全国教务，并担任教学保育等事宜。

（2） 幼稚园教员应秉承主任担任教学保育并分担园务。

（五） 国民学校及中心国民学校教职员每日在校时间以八小时为度，任课时间每日至多二百四十分钟。

第十九条　国民学校及中心国民学校教职员之资格，应照左列之规定：

（一） 凡具有左列资格之一者，得为国民学校及中心国民学校教员。

（1）师范学校毕业者。

（2）旧制师范学校本科或高级中学师范科或特别师范科毕业者。

（3）高等师范学校或专科师范学校毕业者。

（4）师范学院或大学教育学院教育科系毕业者。

（二）国民学校或中心国民学校教员，无本条第一项所列各款资格之一者，应受主管教育行政机关之检定。

国民学校及中心国民学校教员检定办法另定之。

（三）具有本条第一项所列各款资格之一，或经检定合格之教员服务一年以上具有成绩者，得为国民学校或中心国民学校教导主任。

（四）幼稚师范毕业者，或具有本条第一项所列各款资格之一及经检定合格之教员，对于幼稚教育富有经验或研究者，得为幼稚园主任。

第二十条　国民学校及中心国民学校教职员之登记、任用待遇、保障进修等办法另订之。

第二十一条　国民学校及中心国民学校之辅导研究应照左列之规定。

（一）中心国民学校为辅导各保国民学校应办理左列各事项：

（1）召集各保国民学校校长会议，讨论各校应兴应革事宜，是项会议每月应举行一次。

（2）督促各保国民学校教员研究改进教材教学及训育等事宜，每二个月召集各教员举行乡镇国民教育研究会一次，由中心国民学校校长为主席，讨论关于教学及训育等问题，并得举行某种成绩展览会或讲习会。

（3）由中心国民学校及国民学校教育方法优良之教员，轮流担任示范学校，以供各校教员观摩，并举行批评会，以讨论教学方法之改进,是项示范教学,每三个月至少举行一次。

（4） 由中心国民学校校长择定科目,规定日期,延聘教育专家讲演教育问题,以资各校改进。

（5） 由中心国民学校选购各种教学参考图书及教师进修用书,巡回递送各校阅览。

（6） 其他有关事项。

（二） 各省市为实施层级辅导起见,除各级师范学校分区辅导国民学校及中心国民学校外,并得组织省市巡回辅导队（或团）、县市巡回辅导队（或团）,层级辅导国民教育之实施。

（三） 各省市为督导国民教育研究改进起见,除组织乡镇国民教育研究会外,应分别组织左列各项国民教育研究会。

（1） 省市国民教育研究会。

（2） 省市师范学校区国民学校研究会。

（3） 县市国民学校研究会。

第二十二条 师范学校附属小学及私立小学等之设施,应依照本规则各条办理。

第二十三条 本规则自公布日施行。

〔国民政府教育部档案〕

（二）初等教育实施概况

一、小学教科书的修订与对教员的统制

1. 国立编译馆关于编辑中小学课本注意发扬国家民族意识道德以配合抗战军事呈

（1937年8月16日）

国立编译馆呈　告玖3第19125号

案奉钧部二十六年发告玖3第一五二三四号训令内开："案准行政院秘书处函为转送训练总监部徐兵监廷瑶报告三项，请查照参酌办理等由，准此，查三项之中"请编辑民族精神文学读本，以为中小学教材"一项，应由该馆拟具办法，送部核定。除分令外，合亟抄同原案令饬遵照。此令。"等因。附发抄件一份。奉此。查国难时期，原报告请编辑精神文学读本，以为中小学教材一节，自属急切需要。惟部中馆中早经注意及此。查部颁现行之中小学国语国文课程标准中，关于我国含有道德教训或国家民族意识等历史故事（见修正小学国语课程标准第三作业要项四页六页）及凡代表民族人物之传记及其作品唤起民族意识并发扬民族精神者（见修正初中国文课程标准总目标第贰项）均有详尽之规定。编译馆于审查该项课本时，亦特别注意，凡原报告所提民族精神文学如文天祥之正气歌、史可法之答书等作品，均令行编入。并于二十一年编辑中学国文特种读本一种，于翌年完成由商务印书馆出版，印行全国，该读本编辑例言中载明："一、本书以唤醒我国固有民族精神为宗旨。一、本书选材标准：1．对于民族发展上有关系的先民著述及传记。2、含有抵抗外侮、不屈不

挠的精神的论著及抒情文。3．当代革命先辈之论著及诗歌。4．国外富于爱国思想之文艺作品"等项，即可见该读之旨趣。奉令前因，原报告所提，除于审查各书时特别严密注意外，理合具文呈请钧部鉴核！谨呈
教育部部长王

国立编译馆馆长陈可忠

中华民国二十六年八月十六日

〔国民政府教育部档案〕

2. 军事委员会委员长侍从室奉发蒋介石关于编订中小学教科书应注意事项等手令及教育部办理情形函呈

（1939年10月—1943年1月）

（1）侍从室第二处致陈立夫函件（1939年10月1日）

径启者：顷奉委员长交下手令机秘(甲)字第三一八七号一件，相应备函送请查收见复为荷。
此致
陈部长立夫

附手令一件

国民政府军事委员会
委员长侍从室第二处启

廿八年十月一日

机秘(甲)字第3187号
教育部陈部长：

以后修正中小学教科书时应特别注重"养正遗规"，并多取其中之材料，此实古之小学最善之教本也。中正。
中华民国二十八年九月三十日

（2） 侍从室第二处致陈立夫函件（12月5日）

径启者：顷奉委员长交下手令机秘（甲）字第三三五七号一件，相应备函送请查收见复为荷。此致

陈部长

附手令一件

国民政府军事委员会委员长侍从室第二处 启

廿八年十二月五日

机秘（甲）字第3357号

陈部长立夫：

中小学教科，除民族精神与道德为中心以外，其他可分为历史、地理、机械、电气与经济五大部门之常识为基准，而此五大部门之常识，亦即提高民族精神、道德与文化之最重要材料，尤以对于经济之常识更应特别注重。但必须适合于吾国现在之经济为主，而世界各国经济之现状亦不可忽视，机械与电气二门亦应处处提示为要。

中　正

十二月三日

（3） 侍从室第二处致陈立夫函件（1942年5月26日）

径启者：顷奉委员长交下手令机秘（甲）字第6542号乙件，相应备函送请查收见复为荷。此致

教育部陈部长

附手令乙件

国民政府军事委员会委员长侍从室第二处 启

卅一年五月廿六日

机秘(甲)字第6542号
陈部长立夫：

现在各小学所用教科书是否由部自编，抑由各书局编订后经教育部审定发行，以后凡小学教科书应一律限期由部自编，并禁止各书局自由编订。又，小学教科书对于卫生、农艺以及保甲等项常识，应一并予以编入为要。

中　正
五月廿六日

（4）　侍从室第二处致陈立夫函件（8月15日）

径启者：顷奉委员长交下手令机秘(甲)字第6847号乙件，相应备函送请查收见复为荷。
此致
教育部陈部长
　　附手令乙件

国民政府军事委员会
委　员　长　侍　从　室第二处　启

中华民国三十一年八月十五日

机秘(甲)字第6847号
陈部长立夫：

中小学之地理教科书对于我国边疆各省如新疆、蒙古、西藏以及东三省等地，凡其有关古代史迹名胜物产者必须特加宣扬，俾引起学生对于边疆工作之兴趣，使其自动前往服务，以达成中央开发边疆之目的，希将各地理教科书照此编审为要。

中　正
八月十五日

（5） 教育部致蒋介石呈（1942年9月24日）

教育部呈　中字第38149号

案奉钧长机秘(甲)字第6847号手令一件，内开"中小学之地理教科书对于我国边疆各省如新疆、蒙古、西藏以及东三省等地，凡其有关古代史迹名胜物产者，必须特加宣扬，俾引起学生对于边疆工作之兴趣，能使其自动前往服务，以达成中央开发边疆之目的，希将各地理教科书照此编审为要"。等因。奉此，遵即转饬史地教育委员会与国立编译馆遵照办理。并分令各省市教育厅局、国立各边疆学校一体遵照在案，理合将办理经过情形呈请鉴核备查。谨呈
委员长　蒋

教育部长陈○○

中华民国三十一年九月二十四日

（6） 侍从室第二处致陈立夫函件（10月29日）

径启者：顷奉委员长交下手令机秘(甲)字第7124号乙件，相应备函送请查收见复为荷。此致
教育部陈部长

国民政府军事委员会
委员长侍从室第二处　启

十月廿九日

机秘(甲)字第7124号

陈部长立夫：

战后中小学教科书之内容,当详加研究改正。对于下列二点：(一)提倡军国民教育，(二)对于打倒帝国主义与取消不平等条约以及有涉及排外等文字,可斟酌裁删。希照此方针预为筹划为要。

中　正

十月廿八日

（7） 教育部致蒋介石呈（11月9日）

教育部呈　中字第45552号

案奉钧长机秘(甲)字第7124号手令内开："战后中小学教科书之内容当详加研究改正，对于下列二点：（一）提倡军国民教育，（二）对于打倒帝国主义与取消不平等条约，以及有涉及排外等文字，可斟酌裁删，希照此方针预为筹划为要。"等因。奉此，遵即转饬国立编译馆对战后中小学教科书之编审，遵照钧长指示方针，预为筹划，俾利进行在案。理合将办理情形呈请鉴核备查。谨呈
委员长　蒋

教育部部长陈〇〇

中华民国三十一年十一月九日

（8） 蒋介石给陈立夫手令（12月29日）

机秘(甲)字第7365号

陈部长立夫：

对于公民修身之课本应即派员编纂，其中对于国民责任一节如纳税、服役当兵等，尤须详加阐释，希即从速编订，早日出版为要。

中　正
十二月二十九日

（9） 教育部致蒋介石呈（1943年1月13日）

教育部呈

谨呈者：案奉钧长手令机秘(甲)字第七三六五号内开："对于公民修身之课本应即派员编纂，其中对于国民责任一节，如纳税、服役当兵等，尤须详加阐释，希即从速编订，早日出版为

要"。等因。奉此。查中小学公民及修身课本之编纂，中等学校方面，初中公民课本第一、二册现已编竣付印，第三、四册最近即可完成，高中及师范学校，公民课本正由国立编译馆编辑中。并另辑修身读本一种，作为各类中等学校学生之必读书籍。小学方面，修身教材包括于公民科目内，公民习惯部分包括在小学训育标准中，公民知识部分初小包括在常识科课程中，高小为社会科课程之一部分。上项训育标准业于三十年十月颁行，初小常识业已出版，高小公民课本正由国立编译馆编辑中。关于国民责任，如纳税、服役当兵等，除于课本中详加阐释外，拟编入补充教材，以资习练。至尚在编纂中之各中小学公民修身课本，当遵令督促国立编译馆从速编辑，并限期完成。奉令前因，理合将办理情形呈复鉴核。谨呈
委员长　蒋

教育部部长　陈○○谨呈

中华民国三十二年一月十三日

〔国民政府教育部档案〕

3. 军委会委员长侍从室奉发蒋介石关于加强对中小学生航空知识教育的手令与教育部办理情形呈

（1941年7—8月）

（1）委员长侍从室致教育部函（7月21日）

径启者：顷奉委员长交下手令机秘（甲）字第4679号乙件，相应备函，送请查收见复为荷。此致
陈部长立夫
　　附手令乙件

国民政府军事委员会
委员长侍从室第二处　启

卅年七月廿一日

抄手令

机秘(甲)第4679号

陈部长立夫：全国中小学教育应注意于航空知识之贯输与滑翔运动之提倡，凡中小学课本内均可将飞行与制造等材料特别编入，以作教材，使普遍深入于一般学生头脑中，以收积极提倡航空之实效。

中　正
七月二十一日

（2）　教育部致蒋介石呈

教育部呈　中字第30976号

案奉钧座手令机秘(甲)第4679号一件内开："全国中小学教育应注意航空知识之灌输与滑翔运动之提倡，凡中小学课本内均可将飞行与制造等材料特别编入，以作教材，使普遍深入于一般学生头脑中，以收积极提倡航空之实效"。等因。奉此，遵查中小学各科教科书中，对于航空知识已酌有编入，尚应加强，尤其对于滑翔运动，有待提倡。奉令前因，谨拟中小学各科教科书编入航空教材实施办法，除令教科用书编辑委员会、国立编译馆及出版中小学教科书之各书局切实遵照外，理合缮呈实施办法一份，仰祈鉴核备案。谨呈

军事委员会委员长　蒋

附呈中小学各科教科书编入航空教材实施办法一份

中华民国三十年八月十六日

中小学各科教科书编入航空教材实施办法

(一)中小学各科教科书均应编入有关航空、尤其对于提倡滑

翔运动之教材，以便实施教学。

（二）由本部教科用书编辑委员会搜集关于航空及滑翔运动之资料，依中小学学生之程度，分别编入各科教科书，其分编之原则如下：

（1）关于航空之重要及历史，应于中学国文、历史及小学国语、常识、社会等科教科书中编入。

（2）关于航空与军事之关系，应于初中童子军事训练、历史、地理教学以及小学童子军常识自然社会等科教科书中编入。

（3）关于飞机及滑翔机之制造及原料，应于中学物理、劳作及小学常识、自然劳作等科教科书中编入。

（4）关于飞行技术及滑翔运动，应于中学体育、童子军军事训练及小学体育、童子军常识、自然等科教科书中编入。对于滑翔运动，尤应普遍提倡，并视学生年龄及体格作相当练习。

（5）关于我国空军作战忠勇事迹及中外飞行故事，应于中学国文、外国语及小学国语等科教科书中编入。

（6）其他关于航空之教材，应视其性质，分别编入有关之各科教科书中，务使深切了解，以收实效。

（三）各书局所编之中小学教科书，应一并遵照上项原则，分别编入，呈部审查时，务须特别注意，如尚欠缺，应予指示补列。

（四）为使中小学生对于航空有更详及系统之知识，应由本部教科用书编辑委员会及各书局依中小学学生程度，编成航空知识丛书或故事，作为补充教材或课外读物。

〔国民政府教育部档案〕

4. 蒋介石关于加强全国小学教员统制与训练的手令及教育部办理情况报告书

（1942年6—7月）

（1） 蒋介石手令（6月10日）

机秘（甲）第6585号

陈部长立夫：

全国小学教员之统制与训练，现已进行至如何程度，应按时按地先定整个计划，俾得分期分地逐步推进，务使全国小学教员皆为三民主义之宣传员为要。

中　正

六月十日

（2） 教育部呈（6月16日）

教育部呈　国字第27814号

案奉钧长三十一年六月十日机秘（甲）第六五八五号手令开："全国小学教员之统制与训练，已进行至如何程度？应按时按地，先定整个计划，俾得分期分地逐步推进，务使全国小学教员，皆为三民主义之宣传员为要。"等因。奉此。查上年五月间奉令饬利用暑假期间举办小学教员训练，当经拟具各省市小学教员假期训练实施办法呈核，并通令遵办。嗣据各省市呈报举办小学教员暑期训练情形，除陕西省延迟至寒假举办外，计有甘、湘、黔、豫、桂、闽、滇、川、粤、浙、赣、渝等十二省市及迁建区受训学员，共有六万一千一百另三人。训练经费由本部依照各省市实际需要，分别核给补助。至训练实施一面除补充教学知识外，尤注意思想之薰陶。经由本部颁发小组讨论办法、小组讨论题目、小组讨论会学员发言要点表，通令遵办，以期训练与考核，双方兼顾。嗣后分函各省市教育厅局，择其成绩优秀者，报部备核。同时设法介绍入党，藉使全国小学教员皆为三民主义忠实信徒。又，为统筹并改进今后各省市小学教员训练计，同年十二月复令饬各省市拟具小学教员分区分期训练计划，呈部核夺。现已先后报部者，计有湘、浙、赣、滇、黔、甘、桂、渝等七省市。均经分别核准在案。至办理小学教员统制情形，现已颁发各省市国民教育辅导研究办法大纲，并于部内设立国民教育辅导研究委员会，专司其事，督促各省市县乡镇各级国民教育研究会之组织与成立。以乡镇国民教育研究会为组织基点，乡镇中心学校校长为核心，完成各地小学教员通讯网，寓组织于研究之中，藉通讯为训练之方。并供给大量进修书刊，切实办理小学教员福利事业，用以灌输知识，改善待遇，使其得安心工作，同时并促其为主义效忠，而经常统制体系亦得以按步建立。兹将经过详情，辑成全国小学教员之统制与训练报告一册，备文呈请鉴核示遵。

谨呈

军事委员会委员长　蒋

附抄呈全国小学教员之统制与训练报告一册

中华民国三十一年七月十三日

教育部关于全国小学教员之统制与训练的报告（1942年6月）

甲、全国小学教员训练概况

一、训练计划

本部于三十年五月间，奉委员长手谕："全国小学教员应特别注意培植，并可利用暑假期间举办小学教员训练"。当经拟具各省市小学教员假期训练实施办法，令饬遵办（附件一）。

二、训练概况

三十年度暑期各省市举办小学教员训练情形，据各该省市教育厅局呈报，除陕西省延至是年寒假分区举行外，计有甘肃、湖南、贵州、河南、广西、福建、江西、云南、四川、广东、浙江、重庆等十二省市，及迁建区各小学，均照本部规定日期举办。训练课程，仅甘肃、四川、浙江等三省，因特殊情形，经呈准本部，略有变更，其余九省市悉照部颁办法实施，此次训练结果，计参加训练之学员共六万一千三百零三人。训练经费由部依照各省市实际需要分别核给补助。并为统一学员讨论办法起见，由本部颁发小组讨论办法（附二）、小组讨论题目（附三）、小组讨论会学员发言要点表（附四）通令遵办。为严密考核学员成绩计，分函各省市教育厅局，择其成绩优秀者（附五）报部备核。同时设法介绍入党（附六）。

兹将三十年各省市举办暑期小学教员训练情形，列表报告如左：

民国三十年各省市举办暑期小学教员训练概况表

省别	分区情形	经费	课程	训练时期	训练人数	备注
甘肃省	分平凉、陇西两师范区	由省政府拨发，未请补助	与本部规定略有出入	七月二十日至八月二十日	三百二十五人	
贵州省	第一批分在遵义、镇远、盘县等三区举办，第二批分在贵阳、都匀、毕节等三区举办	共二四一，七六〇元，请部补助一五〇，〇〇〇元，余由省政府设法筹拨	照部颁规定	四星期	九百十六人	
重庆市		共二六，二三〇元，由市政府拨一三，一一五元，请补助一万三千一百十五元	照部颁规定	七月十五日至八月十五日	一百六十人	

续上表

省别	分区情形	经费	课程	训练时期	训练人数	备注
广东省	分北江区、南路区、四色两阳区、梅州区、东江区、粤北区、连州区、潮江区、西江区、钦廉区等十区	共四十一万二千三百十二元，在本年追加国民教育经费项下拨支，未请补助	照部颁规定	八月三日至三十日	四千八百九十人	
广西省	分平桂柳庆浔梧郁南武百色天保龙州等七师范区	共二一四，四八〇元，特请优予补助	照部颁规定	七月二十一日至八月十七日	四千二百人	
四川省	由各县市举办	一百三十万元，未请补助	与部颁规定略有出入	四周至六周为限	一万五千四百二十三人	
湖南省	分省区县三级举办	未请补助	照部颁规定	训练期限根据受训人员资历而定	二万四千五百人	
河南省	分郑州、许昌、南阳、周口、汝南、洛阳、陕州等七区	二十一万一千一百九十一元请予补助	照部颁规定	四星期	七千七百五十二人	
云南省	因奉令较迟，已由该省教育厅订定小学教师暑期训练办法，令各县市举办	四十三万元，请补助二十一万五千元	与部颁规定略有出入	四星期	七千七百五十二人	
江西省	因本年暑假各师范学校校长或教务主任均奉令赴	未报（自筹）	照部颁规定	一个月	五千三百八十九人	训练中心学校校长一

467

续上表

省别	分区情形	经费	课程	训练时期	训练人数	备注
江西省	中央受训，无人主持。现由省行政干部训练团受训					千人，分批训练国民学校校长
福建省	因交通不便，时局紧张，未便分区办理，仍分县区联合举办	未报	照部颁规定	四周	一千八百一十七人	训练中心学校、国民学校及私立小学教员
迁建区	不分区	由部拨款三万元	遵照部颁规定	七月二十五日至八月二十三日	一百零四人	
浙江省	因教育经费大量削减，已饬分县举办	由各县自筹未报	未报	未报	二千一百九十九人	
陕西省						延迟寒假分区举办已令准

三、今后计划

本部为统筹并改进各省市小学教员训练计，于三十年年终，令饬各省市编造分期分区训练计划呈核，除随时予以指正外，并编造江西等七省市小学教员假期训练实施计划一览表，以便随时考核督导。（附七）至检讨第一次各省市办理小学教员暑期训练工作，拟有下列各点之改进：

一、关于主持人员 各省训练全省小学教员，应依照师范学校区分区举行，并指定区内师范学校为训练场所，并应指定已受中央训练团训练之师范学校校长为训练班主任,主持全班训练事宜。故本部应咨请中央训练委员会从速调训各省省市立师范学校校长,否则此项资格在各省市甚感困难,将无法办理训练事宜。

二、关于课程教材　为统一全国小学教员训练起见,除各省市小学教员训练班主持人员必先受中训团训练,训练方式与训练课程,由本部依照中训团规定颁订外,目前最紧要者厥为教材之统一。故本部拟准备根据各科课程纲要,编印"全国小学教员训练教材",印发各省市应用。

三、关于训练经费　第一年各省市小学教员训练经费,由中央按照各省市情形酌予分别补助,实际此项经费应由各省市在国民教育经费内正式列支(本年度已由本部令饬各省市遵办)。

四、关于设备方面　为重视及统一精神训练起见,本部原定各省市小学教员暑期训练实施办法上曾规定各省市在各区训练班内,均应设法装置收音机,以备精神训话时,得由中央各部会长官,以广播传达训话。三十年度第一期办理全国小学教员暑期训练,以各省市无法装置此项设备,致广播传达中央各部会精神训话,无由实施,为事实便利计,此项收音机,拟由本部设法赠送各省市应用之。

附一：各省市小学教员假期训练实施办法

甲　训练目的

一、训练全国小学教员,使真能恪遵总理遗教,服从总裁领导,成为实现三民主义之信徒,与彻底奉行命令之基本干部。

二、训练全国小学教员具有革命的精神,统一的意志及正确的人生观,以为地方自治之主干人员。

三、培养全国小学教员,对于国民教育有深切的认识,必要的知能,使成为健全的国民教育教员。

乙　训练要旨

一、养成小学教员有自动自觉、笃实负责、团结努力、积极奋斗之精神。

二、使小学教员切实明瞭三民主义教育的原理与方法。

三、使小学教员确切明瞭推行国民教育之步骤与地方自治联系之重要。

四、使小学教员获得新教育方法与基层政治建设必要之知识技能。

丙 训练内容

根据训练目的与要旨,对与全国小学教员之训练,其内容分为精神、生活、知能、体格四部份。兹分述如下:

一、精神训练

1. 讲述总理遗教;

2. 讲述总裁言行;

3. 讲述中国国民党政纲与政策;

4. 讲述中国国民党组织与党员须知;

5. 精神训话。

二、生活训练

1. 新生活规律之实践;

2. 集团生活习惯之训练;

3. 刻苦耐劳操作之练习;

4. 行动敏捷确定之练习。

三、知能训练

1. 讲述战时政治建设与经济建设;

2. 讲述县各级组织与地方自治问题;

3. 讲述国民教育之理论;

4. 讲述各科新教学法;

5. 国民教育实际问题之讨论;

6. 专题讲演。

四、体格训练

1．各项基本运动之练习；

2．军事常识与基本动作之演习；

3．卫生常识之讲述与实习。

丁　受训人员

训练全国小学教员，因人数过多，分为数期举行。

第一、二期，先在实施国民教育的十二省市，召集中心学校及国民学校校长，分区训练之人数约十三万余。

第三、四、五期，分别召集十二省市中心学校及国民学校教员训练之，人数约三十万余。

戊　受训期间

受训期间定为一年、六个月、四星期三种，于每年假期中举行之，必要时得酌予变更。

己　实施办法

一、各省市举办假期训练，全省市小学教员应先组织全省市小学教员假期训练委员会，规划全部训练事宜，以教育厅局长为主任委员。

二、各省训练全省小学教员，应依照师范学校区分区举行，并指定区内师范学校为训练场所（各省分区表附后）。

三、各省在各区举办小学教员假期训练班，应由教育厅指定该区内师范学校校长、各县县长、教育科科长组织区小学教员暑期训练委员会，计划商讨该班训练事宜。

四、各省应指定已受中央训练团训练之师范学校校长或县长或其他适当人员为训练班主任，负责主持全班训练事宜。

五、各省市在各区训练班内，均应设法装置收音机，以备精神训话时得由中央各部会长官以广播传达训话。

六、教育部得指派视察各省市之督学或视察员，分驻各省或各区协助办理训练事宜。

七、训练班各学员来回之旅费，平均每人二十元，由本县县政府支给之，膳食费平均每人捌拾元，由省市教育厅局支给之。

八、训练班讲师旅费膳食，平均每人一百五十元，讲演费每小时五元，均由省市教育厅局支给之。

九、凡贫瘠之县份，学员旅费无法筹措者，得经省市教育厅局补助之。

十、凡贫瘠之省份，训练经费无法全部负担者，得呈请中央补助其一部份。

十一、各省市须根据本期训练教员人数，编造预算送核。

庚 训练时间分配

全部作业时间，共为二十八日（四星期），除开学典礼、毕业典礼及星期日外，共作业二十四日，每日作业六小时，合计一百四十四小时。除训育实施、自修及课外活动不计外。其分配如下：

一、精神训话八小时。

二、关于本党之基本认识者二十小时。

三、关于抗战建国工作者十八小时。

四、关于生活训练者十二小时。

五、关于教育学科者五十小时。

六、关于体格训练及卫生常识者二十八小时。

七、关于业务演习者八小时。

辛 训练方式

一、讲演 采取启发与问答式，注重实际问题之研究与实际工作之讲习。

二、讨论 提出与实际工作有关之各项重要问题，将学员分成若干小组，组织讨论会。

三、设计演习 将与实际业务上有关之重要问题，先令学员设计，再指定场所，分别演习。

四、谈话 在课余时间外,可分别约全体学员,举行个别谈话,或座谈会。

壬 成绩考核

训练班各学员成绩之考核,可分三部份:

一、日常生活行动习惯之考核,由训练班训育员及军事管理员,在平时注意各学员之生活、行动、习惯是否合于新生活规律,考核之。

二、学科成绩之考核,由各科讲师命题试验考核之。

三、实习之考核 就各学员对于主要各科实习之成绩考核之。

训练成绩考查及格后,发给训练及格证书。

癸 课程纲要

类别	课目	时数	讲授要目
精神训练	精神训话	八	
	总理遗教,总裁言行	十四	
	中国国民党政纲与政策	二	讲述本党政纲政策及历次重要决议之演进与精神
	中国国民党史及组织	二	讲述本党各时期之重要历史教训与一贯的革命精神及本党之组织
	党员须知	二	就本党党员须知阐明其大意
生活训练	国民精神总动员	二	讲述国民精神总动员之纲领内容与推进办法
	新生活运动与规律及实习	四	讲述新生活运动之意义与推进办法
	军事管理规则	六	

续上表

类别	课目	时数	讲授要目
知能训练	战时政治建设	四	讲述政府最近对于政治建设之计划及重要措施
	战时经济建设	四	讲述政府最近经济建设计划与措施及今后应努力之工作
	县各级组织纲要	二	讲述县各级组织之内容
	地方自治	四	讲述地方自治之基本工作
	合作事业	四	讲述各种合作社之组织法与经管方法及我国合作事业之现状与改进
	推行国民教育实际问题	六	讲述推行国民教育各项要目实际问题
	中心学校及国民学校行政	八	讲述办理中心学校及国民学校行政问题
	各科教材与教法	二十	讲述小学各科教材之组织编选及教学方法
	注音符号	八	讲述注音符号之演进及发音原理,并熟习拼音
	工作讨论	八	
体格训练	各项运动练习	八	
	军事基本动作演习	十二	
	卫生常识讲演与实习		
业务演习	各项业务之设计与演习	八	

附（一）十二省市已设国民学校中心学校教员人数一览表
（二）十二省市师范学校区及师范学校地点一览表

四、就各省市已设中心及国民学校校数统计，假定每一中心学校平均有教职员十一人，每一国民学校平均有教职员二人，各省市应有小学教员人数如左：

省市别	乡镇数	保数	已设学数		教员约数		教员总数
			中心学校	国民学校	中心学校	国民学校	
四川省	4000	50000	3200	33280	35200	64500	99760
广西省	2336	23942	2030	19603	22330	39386	62190
河南省	1478	16409	1545	15366	17325	30732	49057
福建省	1427	15514	1427	4888	15697	9776	25473
江西省	2300	33600	1600	4000	19800	8000	27800
湖南省	1616	21316	1616	18749	17776	37498	55274
云南省	1500	18000	1000	13000	11000	6000	17000
广东省	5210	59658	2540	11441	27940	22882	50822
浙江省	2000	22000	1000	6000	11000	12000	23000
贵州省	2303	15421	539	970	5927	1940	7869
甘肃省	940	7699	495	2992	5445	5984	11429

续上表

省市别	乡镇数	保数	已设学数		教员约数		教员总数
			中心学校	国民学校	中心学校	国民学校	
安徽省	3152	29341					
陕西省	1512	12764					
湖北省	2343	23480					
宁夏省	233	624					
西康省	289	2639					
重庆市	62	772	31	93	341	1023	1364
合 计	32744	343179	17253	119522	189442	228758	428674

五、各省每区每次召集小学教员训练，其数量以至少百人为限度，每班五十人，分十班，同时集中训练，照现有小学教员数量，在分区分批训练原则下，订定下列各表。

1．四川省现有小学教员约数为九万九千〇六十人，依照该省师范学校设置情形，分为十六区训练，其分配如左表：

名　　称	暑期训练班设置之师范	小学教员分布之县市
第一师范学校区	省立成都师范学校	温江、成都、华阳、新津、崇庆、新都、郫县、双流、彭县、新繁、崇宁、灌县
第二师范学校区	省立资中师范学校	资中、资阳、内江、简阳、仁寿、荣县
第三师范学校区	省立重庆师范学校	永川、巴县、江津、合川、江北、荣昌、綦江、大定、璧山、铜梁
第四师范学校区	省立彭山师范学校	眉山、蒲江、邛崃、大邑、彭山、洪雅、夹江、青神、名山、丹陵
第五师范学校区	省立乐山师范学校	乐山、屏山、马边、峨边、雷波、犍为、峨眉
第六师范学校区	省立宜宾师范学校	宜宾、南溪、庆符、江安、兴文、洪县、高县、筠连、长宁
第七师范学校区	省立泸县师范学校	泸县、隆昌、富顺、叙永、合江、纳溪、古宋、古蔺、自贡
第八师范学校区	省立酉阳师范学校	涪陵、南川、酆都、石砫、酉阳、秀山、黔江、彭水

续上表

名　　称	暑期训练班设置之师范	小学教员分布之县市
第九师范学校区	省立万县师范学校	万县、奉节、开县、中心县、巫山、巫溪、云阳、城口
第十师范学校区	省立大竹师范学校	大竹、渠县、广安、梁山、青水、垫江、长寿
第十一师范学校区	省立南充师范学校	南充、岳池、蓬安、营山、南部、武胜、西充、仪陇
第十二师范学校区	省立遂宁师范学校	遂宁、安岳、中江、三台、潼南、蓬溪、乐至、射洪、盐宁
第十三师范学校区	省立绵阳师范学校	绵阳、绵竹、广汉、安县、德阳、什邡、金堂、梓潼、罗江
第十四师范学校区	省立剑阁乡村师范学校	剑阁、阆中、昭化、广元、章明、北川、平武、苍溪
第十五师范学校区	省立达县师范学校	达县、巴中、开须、宜汉、万源、通江、南江
第十六师范学校区	省立威州乡村师范学校	茂县、理番、懋功、松潘、汶川、靖化

（注）：每区应如何分批召集训练，由该省拟定分配办法。

呈部查核。

2．广西省现有小学教员约数六万二千八百十六人，依该省师范区拟分为七区训练，其分配如左表：

名　称	暑期训练班设置之师范	该区小学教员分布之县中
平桂区	省立桂林师范学校	资源、龙胜、全数、义宁、永福、桂林、灵川、兴安、灌阳、富川、锺川、阳朔、荔浦、蒙山、昭平、信都、怀集、贺县、恭城、平乐、修仁
百色区	省立田西师范学校	西隆、乐业、凤山、凌云、田西、西林、万冈、百色
天保区	省立天保师范学校	田阳、田末、敬德、天保、镇边、靖西、向都、镇结
龙川区	省立崇善师范学校	万承、龙茗、养利、左县、崇善、雷平、龙津、凭祥、宁明、上金、明江、思乐天峨、南丹、东兰、河池、宜地、
柳庆区	省立宜山师范学校	思恩、天河、宜山、罗城、昕城、三江、融县、百寿、中渡、柳城、柳江、雒容、榴江
南宁区	省立隆山师范学校	都安、平治、隆山、那马、口德、隆安、武鸣、上林、宾阳、横县、永淳、邑宁、同正、扶南、绥绿、上思
浔梧郁区	省立客县师范学校	象林、来宾、迁江、武宣、平南、桂平、宾叔、兴业、藤县、苍梧、岑溪、客县、北流、郁林、陆川、博白

（注）每区应如何分批召集训练，由该省依照上列分区训练办法，详拟计划呈部备核。

3．河南省现有小学教员四八零五七人，依照该省师范区拟分为六区训练，其分配如左表：

名　　　称	暑期训练班设置之师范	该区小学教员分布之县市
第一师范学校区	省立开封师范学校	开封、兰封、原武、阳武、封邱、延谨、考城、陈留、通许、中牟、尉氏、禹县、洧川、郑县、新郑、广武、荥阳、民权、密县、长葛
第二师范学校区	省立淮阳师范学校	淮阳、夏色、沈邱、项城、商水、西华、永城、夏邑、虞城、商邱、宁陵、柘城、睢县、扶沟、太康、鄢陵、圯县
第三师范学校区	省立信阳师范学校	信阳、确山、罗山、先山、浅川、商城、固始、经扶、正阳、汝南、新蔡、上蔡、遂平、西平、息县、桐柏、临颖
第四师范学校区	省立洛阳师范学校	洛阳、孟津、偃师、巩县、伊川、伊阳、宜阳、登封、嵩县、洛宁、陕县、灵宝、阌乡、卢氏、新安、渑池、温县、孟县、氾水

续上表

名　　称	暑期训练班设置之师范	该区小学教员分布之县市
第五师范学校区	省立汲县师范学校	汲县、安阳、内黄、汤阴、林县、沙县、临漳、武安、滑县、浚县、新乡、辉县、获嘉、汉县、修武、武陟、博爱、沁阳、济源
第六师范学校区	省立南阳师范学校	南阳、南台、镇平、内乡、淞江、新野、邓县、方城、泌阳、唐河、叶县、舞阳、襄县、宝丰、郏县、临汝、许昌、鲁山

（注）由该省依照上列分区训练办法，详拟计划呈部备核。

4．福建省现有小学教员二五四七三人，拟分为九个师范区训练如左表：

名　　称	暑期训练班设置之师范	该区小学教员分布之县市
第一师范教育区	省立师范（在永安）及沙县国民师范（顺昌简师改设）	沙县、南平、永安、将乐、顺昌、大田、九溪、三元
第二师范教育区	省立建阳国民师范（建瓯简师改设）	建阳、建瓯、邵武、松溪、政和、崇安、浦城、泰宁、建宁、水吉
第三师范教育区	省立闽清国民师范（新设）	闽清、闽候、长乐、连江、平潭

续上表

名　　称	暑期训练班设置之师范	该区小学教员分布之县市
第四师范教育区	省立福安国民师范（福安简师改设）	寿宁、福安、霞浦、福鼎、宁德、屏南、罗源
第五师范教育区	省立南靖国民师范（龙溪简师改设）	南靖、龙溪、长泰、海澄、漳浦、云霄、诏安、东山、平和、厦门及厦门市
第六师范教育区	省立仙游国民师范（仙游简师改设）	仙游、莆田、惠安、福清
第七师范教育区	省立德化国民师范（新设）	德化、永春、同安、晋江、南安、安溪、永泰、金门
第八师范教育区	省立龙岩国民师范（龙岩简师改设）	龙岩、漳平、华安、永定、上杭、宁洋
第九师范教育区	省立连城国民师范（连城简师改设）	连城、长汀、武平、宁化、明溪、清流

（注）由该省依照上列分区办法，详拟计划呈部。

5．江西省现有小学教员二七八零人，拟分十个师范区训练之，如左表：

名　　称	暑期训练班设置之师范	该区小学教员分布之县市
第一师范教育区	省立南昌师范学校	南昌、新建、丰城、进贤、高安、安义、东乡、南昌市
第二师范教育区	省立武宁乡村师范	武宁、修水、铜鼓、奉新、靖安、瑞昌、德安、永修、九江、星子
第三师范教育区	省立宜春乡村师范	宜春、萍乡、分宜、万载、上高、宜丰、新喻、清江、新淦
第四师范教育区	省立吉安乡村师范	吉安、吉水、峡江、永丰、安福、永新、莲花、宁冈、泰和、乐安
第五师范教育区	省立赣县乡村师范	赣县、南康、大庾、上犹、崇义、兴国、遂川、万安
第六师范教育区	省立龙南乡村师范	龙南、定南、虔南、安远、信丰、五县
第七师范教育区	省立浮梁乡村师范	浮梁、鄱阳、都昌、湖口、彭泽、婺源、乐平、德兴、余干
第八师范教育区	省立贵溪乡村师范	贵溪、余江、万年、弋阳、横峰、铅山、广丰、上饶、玉山
第九师范教育区	省立南城乡村师范	南城、临川、金溪、崇仁、宜黄、南丰、黎川、资溪、光泽
第十师范教育区	省立宁都乡村师范	宁都、瑞金、石城、广昌、雩都、会昌、寻邬

（注）由该省依照上列分区办法，详拟计划呈部。

6．湖南省现有小学教员约数五五二七四人，拟分为十个师范学区训练之，如左表：

名　称	暑期训练班设置之师范	该区小学教员分布之县市
第一师范区	省立长沙师范学校	长沙、湘潭、浏阳、平江、岳阳、湘阴、醴陵、临湘
第二师范区	省立茶陵师范学校	衡阳、衡山、耒阳、修县、当宁、茶陵、安仁、酃具
第三师范区	省立资兴师范学校	郴县、桂阳、永乐、宜章、资兴、汝城、临武、兰山、嘉示、桂东
第四师范区	省立桃源师范学校	常德、华容、南县、石门、慈利、桃源、澧县、安乡、临澧
第五师范区	省立益阳师范学校	益阳、湘乡、宁乡、安化、汉寿、沅江
第六师范区	省立武冈师范学校	邵阳、武冈、新化、新宁、城步
第七师范区	省立道县师范学校	零陵、邵阳、宁远、道县、东安、江华、永明、新田
第八师范区	省立永顺师范学校	永顺、龙山、大庸、桑植、保靖、古文

续上表

名　称	暑期训练班设置之师范	该区小学教员分布之县市
第九师范区	省立乾城师范学校	沅陵、辰溪、溆浦、凤凰、永绥、乾城、麻阳、泸溪
第十师范区	省立会同师范学校	芷江、会同、绥宁、黔阳、晃县、靖县、通道

（注）由该省依照上列分区办法，详拟计划呈部。

7．云南省现有小学教员约数一七〇〇〇人，拟分为九个师范学校区训练之，如左表

名　称	暑期训练班设置之师范	该区小学教员分布之县市
第一师范学校区	省立昆明师范学校	昆明市、昆明县、嵩明县、呈贡县、晋宁县、昆阳县、安宁县、禄劝县、元谋县、罗次县、宜良县、路南县、澂江县、陆良县、玉溪县、江川县、华宁县、通海县、何西县、峨山县、新平县
第二师范学校区	省立宣威师范学校	宣威县、曲靖县、霑益县、平彝县、马龙县、寻甸县、会泽县、巧家县、昭通县、大关县、永善县、绥江县、鲁甸县、彝良县、镇雄县、威信县、盐津县

485

续上表

名　　称	暑期训练班设置之师范	该区小学教员分布之县市
第三师范学校区	省立滇西师范学校	滇西县、罗平县、师宗县、弥勒县、邱北县、广南县、富宁县、文山县、砚山县、马关县、西畴县、麻栗坡对汛区
第四师范学校区	省立石平师范学校	石屏集龙武设治局、尤江县、建水县、曲溪县、平河设治局、蒙自、开远县、简旧县、屏边县、合平县、河口对汛区
第五师范学校区	省立思茅师范学校	思茅县、宁洱县、墨江县、江城县、卞顺县、车里县、佛海县、南峤县、临江设治局、镇越县、澜沧县、沧源设治局
第六师范学校区	省立缅宁师范学校	缅宁县、顺宁县、昌宁县、云县、镇康县、双江县、景东县、镇沅县、景谷县
第七师范学校区	省立保山师范学校	保山县、永平县、云龙县、泸水设治局、腾冲县、龙陵县、染河设治局、盈江设治局、潞西设治局、莲山设治局、宾川设治局、瑞丽设治局

续上表

名　　称	暑期训练班设置之师范	该区小学教员分布之县市
第八师范学校区	省立剑川师范学校	剑川县、鹤庆县、丽江县、兰坪县、华坪县、宁浪设治局、永胜县、德钦设治局、中甸县、维西县、康乐设治局、碧江设治局、贡山设治局
第九师范学校区	省立镇南师范学校	镇南县、楚雄县、广通县、盐兴县、牟定县、双柏县、姚安县、大姚县、永仁县、丰县、文理县、凤仪祥云县、弥渡县、蒙化县、宾川县、邓川县、洱源县、漾濞县

（注）由该省依据上列分区办法，详拟计划呈部。

8．广东省现有小学教员约数五〇八七二人，拟分为十个师范学校区训练之，如左表：

名　　称	暑期训练班设置之师范	该区小学教员分布之县市
广　州　区	省立江林师范学校	广州市、南海、番禺、东莞、顺德、中山、三水、宝安、增城、龙门、从化、花县、沟远、佛冈
惠　州　区	省立考隆师范学校	惠阳、博罗、河源、龙川、紫金、新远、佛冈

续上表

名 称	暑期训练班设置之师范	该区小学教员分布之县市
潮州区	省立韩山师范学校	汕头市、潮安、潮阳、揭阳、丰顺、饶平、惠来、澄海、普宁、南澳、大埔、海丰、陆丰、南山
梅州区	省立梅州师范学校	梅县、五华、共宁、平远、蕉岭
南诏连区	省立韶州师范学校	南雄、始兴、典江、乐昌、英德、仁化、乳源、连县、连山、阳山、安化
肇罗区	省立肇庆师范学校	高要、高明、四会、新兴、广宁、德庆、封川、开建、罗达、云浮、郁南
五雨邑阳区	省立长沙师范学校	新会、台山、开平、恩平、鹤山、赤溪、阳江、阳春
高雷区	省立雷州师范学校	茂江、电白、信宜、化县、吴川、廉江、海康、徐闻、遂溪、梅菉局
钦廉区	省立钦州师范学校	钦县、防城、合川、灵山
琼崖区	省立琼崖师范学校	琼山、文昌、定安、琼东、乐会、陵水、万宁、临高、澄迈、感恩、昌江、儋县、崖县、保亭、乐东、白沙

（注）由该省依据上列分区办法，详拟计划呈部。

9．浙江省现有小学教员约数二三〇〇〇人，拟分为五个师范区训练之，如左表：

名　　称	暑期训练班设置之师范	该区小学教员分布之县市
联合师范教育区	省立联合师范	杭嘉湖三属各县
湘湖师范教育区	省立湘湖乡村师范	处衢属各县
锦堂师范教育区	省立慈溪锦堂乡村师范	宁绍两属各县
金华师范教育区	省立金华师范	金衢严三属各县
温州师范教育区	省立温州师范	温台两属各县

（注）由该省依据上列分区办法，详拟计划呈部。

10．贵州省现有小学教员约数七八六九人，拟分为六个师范区训练之，如左表：

名　　称	暑期训练班设置之师范	该区小学教员分布之县市
第一师范区	贵阳女子师范学校	贵阳、平越、铲山、麻江、贵定、龙里、定番、广顺、长寨、清镇、平坝、修文、息烽、开阳、瓮安
第二师范区	省立镇远师范学校	镇远、思南、沿河、印江、铜仁、松桃、江口、省溪、石阡、岑巩、玉屏、清溪、天柱、三穗、锦屏、剑河、召拱、黄平、施秉、余庆

续上表

名　　称	暑期训练班设置之师范	该区小学教员分布之县市
第三师范区	省立都匀师范学校	都匀、黎平、永从、榕江、下江、都江、丹江、八寨、三合、荔波、大塘、独台、平丹、罗甸
第四师范区	省立盘县师范学校	盘县、安顺、普定、镇宁、关岭、郎岱、安南、普安、兴义、贞丰、安龙、册亨、紫云
第五师范区	省立遵义师范学校	遵义、赤水、鳛水、仁怀、桐梓、绥阳、湄潭、凤冈、正安、德江、婺川、后砰
第六师范区	省立毕节师范学校	毕节、黔西、大定、织金、水城、威宁

（注）由该省依据上列分区办法，详拟计划呈部。

11．甘肃省现有小学教员约数为一一四二九人，拟分为十个师范区训练之，如左表：

名　　称	暑期训练班设置之师范	该区小学教员分布之县市
第一师范学校区	省立兰州师范学校	皋兰、榆中、定西、靖远、会宁、景泰、永登、海原
第二师范学校区	省立临洮师范学校	临洮、洮沙、渭源、临潭、康乐、卓尼

续上表

名　称	暑期训练班设置之师范	该区小学教员分布之县市
第三师范学校区	省立天水师范学校	天水、泰安、清水、甘谷、西和、礼县、徽县、雨当
第四师范学校区	省立平凉师范学校	平凉、静宁、降德、庄浪、华度、崇信、固原、化平
第五师范学校区	省立陇西师范学校	陇西、通渭、漳县、岷县、武山
第六师范学校区	省立武威师范学校	武威、方浪、民勤、永昌、张掖、山丹、民乐、临泽
第七师范学校区	省立酒泉师范学校	酒泉、敦煌、安西、玉门、金塔、鼎新、肃北设治局、高台
第八师范学校区	省立庆阳师范学校	庆阳、镇原、正宁、合水、环县、宁县、泾川、灵台
第九师范学校区	省立临夏师范学校	临夏、永靖、宁定、夏河、和正
第十师范学校区	省立武都师范学校	武都、文县、成县、康县、西固

（注）由该省依据上列分区办法，详拟计划呈部。
附一：各省市小学教员暑期训练班小组讨论办法
　二：各省市小学教员暑期训练班小组讨论题目
　三：各省市小学教员暑期训练班小组讨论会发言要点表　〔均略〕
　四：三十年度各省市暑期训练优秀学员一览表
　五：三十年度甘肃省暑期训练优秀学员介绍入党一览表

乙、全国小学教员统制概况

一、原因及经过

全国小学教员向少组织，过去除办理学校行政与书本教学外，甚少与地方政事发生关系。自新县制推行以来，管教养卫合一，小学教员之地位则日渐重要。年来奸伪颇注意此潜藏之巨大力量，用各种方法吸收各地小学教员参加其组织，并编印不纯正之书刊，作不良之宣传，藉以麻醉教员与儿童，影响所及，危害甚大。三十年十一月二十八日调查统计局曾有"奸伪中央关于积极参加国民党的小学教育与社会教育的指示"之报告到部，其中说明共三部分：第一，对于本党基层教育政策的认识；第二，指示其下层争取小学教员；第三，指示其党员经常研究本党教育政策。此项报告到部，经数度商讨，拟定原则数项，作为对策：（一）积极进行全国乡（镇）保学校教职员之组训工作；（二）在精神与物质方面增益小学教员之福利事业（一面辅导其进修研究，一面安定工作，改善待遇）；（三）在省以下不增设机构，尽量利用现有之机构与现行之办法，并充实其内容，推进其工作。因此，决定根据本部三十年十月间公布之"各省市国民教育辅导研究办法大纲"（附件一）筹组省以下之各级国民教育研究会，而于部内设国民教育辅导研究委员会，综理此事。

二、筹备情形

教育部国民教育辅导研究委员会，系教育部国民教育研究委员会改组，会中酌量派定过去领导党务工作有成绩之部内同志，与聘请对国民教育有研究之部外专家参加。该会已于三十一年五月成立，工作逐渐开展，人员亦视需要委派。委员会之组织，计分四组，分办组训、研究、出版与福利事业。

三、今后计划

第一，指导各级国民教育研究会成立。

据"各省市国民教育辅导研究办法大纲之规定，国民教育辅导研究之组织层级有四：一、全省市国民教育研究会；二、省师范学校区国民教育研究会；三、县市国民教育研究会；四、乡镇国民教育研究会。组织方式拟由下而上，先从乡镇国民教育研究会起，至全省国民教育研究会止。关于区域方面，拟先就三十一年度办理国民教育之十九省市（四川、云南、贵州、广东、广西、湖南、江西、福建、浙江、河南、陕西、甘肃、重庆、湖北、安徽、宁夏、青海、新疆、西康）开始办理。

筹组方法：先将各级国民教育研究会组织原则颁布，一面调查各乡镇中心学校校长姓名及所在地，由本部制订乡镇国民教育研究会组织办法，指导其组织成立，拟订会员调查表，办理会员登记；一面指导研究进修，编印国民教育实际问题之指导丛书，分发会员阅读，拟订与筹划各种福利事业，安定其工作。各乡镇国民教育研究会组织成立，代表推定，则指导筹组县国民教育研究会，登记县国民教育研究会会员。县国民教育研究会组织成立，代表推定，继续指导组织省师范学校区国民教育研究会，登记省师范学校区国民教育研究会会员；省师范学校区国民教育研究会组织成立，代表推定，则指导组织省国民教育研究会，登记省国民教育研究会会员。各级国民教育研究会拟于三十一年度内分批成立。

第二，完成全国各乡镇中心学校之通信网。

乡镇国民教育研究会为统制小学教员之基本组织，中心学校校长为核心，直接通讯。会员调动，新会员吸收，每年办理变更登记一次。研究题材，按月颁发。新书刊随时附送，寓组织于研究之中，藉通讯为训练之方，举凡优良教师之征举，各地国民教育设施之动态，政教联系之实际情形（由下而上），国家法令之阐释，三民主义之宣扬，政治训练之设施（由上而下），均藉通讯方法，以沟通与运用。一面增益其知识，辅导其进修研究，一面坚定其信仰，养成其领导办理地方事业之能力。凡优秀者经多方之训练与考核后，介绍其入党，告知其党员必须之知识，砥砺其为党工作之忠贞精神，用以感召其他小学教员与地方优良国民，而为本党之忠实信仰者与拥护者。

第三，建立经常统制体系。

小学教员之组织，固难于筹划，但最大之困难，在难得维持长久。因此，须注意组织之严密，与各种训练之举办，辅导研究之督促，进修之奖励，各种福利事业之实行，更有视察人员之实地指导与考核，然后始可建立一经常之组织体系。严密组织在层级分清，各个组成会员，均能认识组织之重要与工作之要点。既有完密之通信网联络消息，更有坚强之监察网督导考核。对于会员之训练，可用各种方式进行，通讯训练，集中调训，会议时派员指导，各级视察人员到达一地，召集训话，服务满相当年限后，再入校受训，举办函授，筹组参观团，交换教学，巡回辅导等，俱应逐一推行，训练求其普遍，思想精神尤应着重。在训练与辅导研究进修之中，订立各种奖惩考核办法，选拔优秀与干练者予以升迁机会。斟酌各地实际情况，改善小学教员之生活，严励实行年功加俸、储蓄保险、养老金等制度，使多工作一年，即多一年之福利，养成敬业乐业之心，自可生公忠服务之精神。由教育学术上之组织，更配合党团之作用，加强政治训练与切实指导其如何组训民众与推进地方自治工作之方法，以教为出发点，而养、而卫、而管，使政教强固联系。而小学教员之经常统制体系于以建立。

（3）委员长侍从室致教育部代电（7月27日）

国民政府军事委员会代电　　侍秘　字第13302号

教育部陈部长勋鉴：七月十三日国字二七八一四号呈暨所附报告一册均悉。关于全国小学教员分区训练方法尚属可行，惟其主任教员必须由中央在党政班受过训而优秀者派充为负责主持训练之人，否则必无成效也。中正手启。午感。侍秘。
中华民国三十一年七月二十七日

〔国民政府教育部档案〕

5．教育部关于奉令办理修订小学教科书情形致蒋介石呈

（1942年6月23日）

教育部呈　国字第24863号

案奉钧长本年五月二十六日机密（甲）第六五四二号手令开："现在各小学所用教科书，是否由部自编，抑由各书局编订后经教育部审定发行？以后凡小学教科书，应一律限期由部自编，并禁止各书局自由编订。又，小学教科书对于卫生、农艺、以及保甲等项常识，应一并予以编入为要。"等因。奉此，查我国小学教科书，向系采用审定制，各书商或团体或私人遵照部颁课程标准编辑之教科书，经本部审定者，均得发行，各学校亦得自由选用。审定制之利，在著作家及出版界为营业之竞争而能随时改善，其弊在易被商贾操纵，而妨碍教育文化之推进。本部鉴于教科用书为训练德性，传授知能之工具，关系至为重大。在二十五年间，即着手编辑小学各科课本，用作书商编印教科书之规范，亦为国定教科书之嚆矢。至二十六年而稿本完成，交由各大书局承印。嗣以芦沟桥事变发生，全面抗战开始，情势变更，教材内容应重加厘定。前项稿本之制版印刷，遂告中止。本部复于二十七年间，设置教科用书编辑委员会，积极从事于教科用书之改善工作。为适合抗战建国国策起见，除重行复审坊间已出版之国语、常识、社会等课本，详加增删，令饬修订后发行；同时并编印战时各科补充教材，以应时代需要，通令全国各校采用外，并编辑初级小学用国语、常识，高级小学用国语、公民、历史、

地理等主要科目之课本。是项工作，业已先后完成。嗣以实施国民教育后，小学部各科课程标准均经分别修订，前项已编成之各种稿本，亦经依照标准，重行修正，并详加审查，以昭慎重。兹已陆续交由正中书局制版，年内当可次第出书。惟该局以原料来源短少，尚难大量印刷，运输工具缺乏，不易普遍供给。本部当尽力之所及，予以便利，务使源源出货，以应各地需要。复查抗战期间，交通阻梗，教科用书供不应求，以后方各地，形成书荒现象。本部经多方设法补充，始能勉强敷用，而不致中断。在部编教科书尚未全部完成，印刷数量不足供给全国需要前，各书坊编印之教科书，经审定或核定者，暂拟准予发行，以资救济，而免青黄不接。一俟部编课本准备充足，全国各地均能供给时，当即禁止各书局自由编印，以杜操纵之弊，而收统一之效。

至最近修订之小学课程标准，已将"保甲"及"农艺"常识分别规定在初小常识、劳作、高小公民、自然等科目中教学。"卫生"一项，除知识部分排列在初小常识、高小自然等科目中教学外，复将习惯部分，订定"卫生训练标准"，以期养成卫生习惯，而增进身心健康。奉令前因，理合略陈梗概，呈请鉴核示遵！
谨呈

军事委员会委员长 蒋
中华民国三十一年六月二十三日

〔国民政府教育部档案〕

6. 军委会委员长侍从室奉发蒋介石关于对小学生应加强农村生活与农业知识教育手令与教育部办理情况的函呈

（1943年11月）

（1） 委员长侍从室致教育部函（11月10日）

径启者：顷奉委员长交下手令机密（甲）第8150号乙件，相应备函送请查收见复为荷。此致

陈部长立夫

  附手令乙件

国民政府军事委员会第二处 启
委员长侍从室
卅二年十一月十日

抄手令

机密（甲）第8150号

陈部长立夫：

  现行小学教科书及小学教授法等皆注重于都市之生活习惯，而与我大众之农村社会相离太远，此应切实改正。为适合我国实际情况计，对于农村生活习惯以及农业常识等，皆应编入小学教科书内。又，小学教科书内容应注意于启发自动之教育，使自小即养成其自动自发之精神，希即照此重予修正。又，现在大中小学各级教科书最近由教育部主编完成者，希各检一册呈阅为要。

中 正
十一月九日

（2） 教育部致蒋介石呈（11月24日）

教育部呈 国字第57511号

  案奉钧长本年十一月九日机密（甲）字第八一五〇号手令开："现行小学教科书……（接叙原令至）……希各检一册呈阅为要。"等因。奉此。查本部三十一年修订颁行之小学课程标准，对于**农业常识**、**农村生活**教材业经配合儿童程度，分别规定在有关科目中教学。如初小常识科中有"**农具之认识研究**"，"**稻麦杂粮棉麻等之观察研究**"，"**动物与农作物之关系的研究**"，以及

"水、旱、风、虫等灾害之预防等的研究"。高小自然科中有重要的农作物"、"主要的蔬菜"、"食用的禽兽"、"肥料"、"土壤"、"益农动物和害农动物",以及"衣服的原料"等之观察研究。最近本部印行之小学统一课本,即依照各科课程标准编辑,其于农村生活习惯之教材,则在国语课本中酌量编选。至小学各科应注重启发式的自动教学,除已在部颁小学各科课程标准教学要点中分别规定外,并在课程标准总纲、教学通则内严密订定。而于统一课本之教学指引中尤为注意。又,大学教科用书自大学用书编辑委员会成立后,即依照部颁大学科目表迅聘专家分别编审。关于编著审校工作,该会慎重时事,以求完善。现已编印成书者,计有大学国文选、中国历史通论第一册、中国通史要略第一册、国史大纲四种,正在印刷中者有社会学原理等十种。经常会通过正在本部核定中者,有经济、昆虫学等八种,校订完毕由原著作人修订中者有大学英文等二十一种,复审合格在校订中者有工程材料等二十一种,初审合格在复审中者有图解力学等三十三种,仍在初审中者有投影几何等二十四种,已特约编著者有两汉通史等七十四种,共计一百九十五种。奉令前因,理合检具小学课程标准、大学科目表及部编大中小学统一课本已出版各册各一份、大学用书编辑委员会工作概况一份,呈请鉴标示遵。谨呈军事委员会委员长蒋

中华民国三十二年十一月二十四日

〔国民政府教育部档案〕

7. 教育部关于编订小学群育课程训练标准问题致蒋介石呈

(1944年2月11日)

教育部呈　渝秘字第16号

案奉钧长本年一月十六日侍秘字第二一一五二号代电开:"一

月五日渝秘发3号签呈及所附修正小学课程标准均悉。我国人民最大弊害在缺少组织与合群精神。小学课程标准即应针对此项缺点，另立群育一目，使特别注重。至关于课本之编订，凡浅易简单之要字，应在国语教科书第一册内尽量编入；如教育心理学家所谓字之容易认识与否，不在笔画之多寡，而在字形对于儿童影响之深浅，此种论断是否正确，应再详切研究，以免贻误。又，初小第一年是否即须编订算术教科书，并希再加研究为要！"等因。奉此，除当遵照指示召集专家将小学课程标准再加研究修正外，谨先呈复如下：（一）查二十七年本党临时全国代表大会通过之"战时各级教育实施方案纲要"规定"三育并重"为九大方针之一，而以群育为德育之中心训练。本部三十一年修订小学课程标准，即遵照前项纲要，将小学课程分为三大训练，即（1）道德训练，（2）身体训练，（3）知能训练。而德育训练则不但注意个人德性之修养，更特别注重团体群育之发展。是以在课程总目标中，规定小学教育，应以"养成修己善群爱国之公民为目的"。而对于"社会组织"、"集团生活"、"合群精神"、"公众福利"等等，均甚注重；并每周规定"团体训练"、"集团活动"之时间。其在训育标准中，以守纪律、守秩序、守规则、守时刻、服从领袖指导、服从公众意见、参加团体活动、遵守团体决议、服务社会、爱护团体等等，分析编订为训练条目，以期儿童身体力行，养成其良好习惯，或则制成挂图、编成韵语，以资观感而助其记忆。并规定训育之实施程序，以指导儿童组织学级会及自治团体，演习民权初步为实施集团生活之训练，养成其适应群体生活之能力。其在初小常识科，初小须与常识科教材配合，高小须与社会等科教材配合，其内容亦应注重描写集体活动，提倡合群精神之故事，以及其他各科课程中，均视教材之性质、儿童之能力，学校之环境，注重组织训练与合群精神，儿童之课外活动，则有每周举行之朝会、夕会、周会与纪念日之各种集会。（二）

关于课本所用文字，本部三十二年编辑之初小国语、常识课本，在第一二两册内，已将浅易简单之常用重要文字，分别编入于各课之内，如父母、哥弟、姊妹、朋友、上下、多少、大小、长短、高低、前后、左右以及一至十各数字。今后拟作更进一步之研究，再就儿童家庭环境内日常应用而习见之各字，分别统计，以便修正课本时，再行列入。一面并拟将我国日常应用之文字，就笔画之多寡，结构之形体与认识之难易，用科学方法，加以试验，就多数儿童试验之结果与统计，求得正确之论断，以期便于教学。（三）关于小学算术课程，本部三十一年公布之修订标准，与二十五年颁行之标准，在初小第一学年，教材内容已尽量改浅，仅注重培养数的观念，而并不注重演算练习。故开始教学者，为大小、长短、轻重、厚薄、多少、方圆等之认识，进而认识一到九及十到十九各数之数法与数字之写法，再进而利用游戏，计算二十以内之不进位加法及不退位减法，均无须立式演草。在六周岁之儿童，似尚能学习。将来试验结果，如儿童能力仍难负担，则第二次修订课程标准时，算术一科之学习，当改为从初小第二学年开始。以上各项是否有当，理合呈请鉴核示遵！

谨呈

委员长 蒋

教育部部长陈〇〇

中华民国三十三年二月十一日

〔国民政府教育部档案〕

8. 教育部关于中小学教科书编辑主旨与方法问题致蒋介石呈

（1944年5月2日）

教育部呈

案奉钧长本年三月五日机密（甲）第八四六四号手令开，

"今后对于中小学教科书之编审，必须有一负责大员主持办理，而此机构即请戴院长指导。惟编审中小学教科书时，最应注意之要旨：一、伦理科目应以春秋与礼记材料为中心；二、农村生活为国民生活之本位；三、自然科学之浅说与注重机械之原理与常识。希即依照此旨，商承戴院长办理为要！"等因。奉此，遵即晋谒戴院长，面陈钧旨，并请指导方针，当蒙允诺，复于四月十五日函复："总裁手谕，已详细拜读，此事在本党为多年有志而未竟之大业，当民国七年总理由粤回沪之时，即命展堂、执信、仲恺先生及贤致力于中小学、师范学校、女学校教科书之编辑，同时即发起建设杂志。是时印就之教科书编辑用纸，十七八年犹有存者，惜以能力经验皆缺，人人眼高手低，终未能如总理之愿。二十一年后，贤曾尽两年之力，详阅各书局出版之中小学教科书及日本之中小学、女学、师范学校之教科书、教授用书，并曾就读后感想，在中央纪念周报告。惜乎当时未曾记录，大抵日本之教科书，其内容较三十年前并无进步，而其编辑法与教学预备，则远较三十年前为优也。总裁令贤指导，诚不敢当；惟无论何时，倘教育部同人讨论此事，贤亦极愿聆教，更望先与兄详商也"惠允。国立编译馆爰于四月八、九两日，邀集陪都附近中小学教育专家，及部内馆内有关人员开会商议，初步交换修订中小学教科书意见，金认钧长指示各点，确为中小学课程教材上之主要问题，应即依据研究，如何实施。现行中小学课程标准及馆编之中小学各科课本，对于上列各项教材，虽经分别内容性质，估量学生程度，编入各科各册之内，但重要项目有无遗漏，采用分量是否适当，应加检讨。爰决议修订原则如下：

一、春秋礼记教材，除高中国文科可选读原文外，初中及小学公民、国语、历史、地理等科，应编辑适合春秋礼记等经训精神之教材；自然科学浅说与机械原理常识，应在初小常识科、高小自然科、初高中博物、物理、化学等科中，分别编述，并加重其分量，为有系统之编排；农村生活应在公民、自然科中灌输知识，劳作科中注重实习，国语、国文科中应增加欣赏描写田园风景及农家生活之诗歌故事；至群育之陶冶，除注重团体生活训练外，各科有关教材亦应增加分量。根据上项原则，将现行中小学课程标准与馆编中小学各科课本，详细审查，编拟"中小学各科教材之检讨报告"，复根据检讨报告，修订课程标准及编辑修正统一课本。

二、小学教科书应多采用韵文，低年级用之教材，应仿照三字经、千字文之体裁，多用语句整齐之韵文，以便吟诵而助记忆。部颁训育标准中所订起居规律与社交礼仪歌词，及现编之国民必读，均可用作小学中高年级国语教材之一部份，前者用四言韵语编辑，其内容材料与礼记中之曲礼之少仪、内则诸篇相符，足为儿童日常生活之规范。后者用五言韵语编辑，内容根据党员十二守则，详列人生必需之常识与教训，尤为现代国民所必读者。

三、初小国语常识课本第一、二册内，应尽量编入意义浅显，笔画简单之日常应用文字，国立编译馆所编统一课本是否尚有遗漏，应再加审查，以便补充。并应根据儿童生活、社会习尚，编订分级分类字汇与词汇，以为编辑各科教材时选用文字之标准，又应根据说文编辑六书浅说，为小学高年级之补充读物，编辑小学词典，采纳尔雅所列事物名称之为现代所适用者，为小学高年级之工具用书。

四、注重自发自动之精神，为教学上之重要原则，现行中小学各科课程标准，于教学要点内，均经分别规定。惟中小学各科教科书应由浅入深，尽量减少艰深语句与繁复事实，俾学生易于阅读，以期渐达自动学习之目的。而于小学各科教学指引内，尤应注重激发学生自动自发之精神。

五、初小第一学年算术课程可保留，但可融合于国语、常识、体育等科中教学，不必另编课本，因国语、常识、体育等科中含有数量问题之教材颇多，大可联络教学，以收机动协调之效。其教学方法，应详列于各科教学指引中。

六、建议教育部设置中小学课程教材修订委员会，从事修正中小学课程标准及修订各科统一课本，并一方面应研究学生经验范围与实际生活，以及现代国民生活上所必需之知能，分年分级规定各科教材进度标准；一方面普遍征求各方面对于中小学课程标准之改进意见，以供参考；对于中小学课程之衔接问题，亦须注意。国立编译馆所编统一课本当由委员会详加审查，分别修正。此委员会工作即请戴院长指导。

以上各项决议，似尚切实，除设置中小学课程教材修订委员会一项现正拟订组织办法、物色人选、改期成立外，其余各项业经督责国立编译馆分别办理。至决议案二项所称"起居规律与社交礼仪"歌词，及"国民必读"一俟修正完竣后，再行呈核。奉令前因，除将上述修订中小学教科书会议经过及初步修订意见，函请戴院长指导，并经戴院长允于中全会后召集专家，再行详加指正外，理合报告办理经过，呈请鉴核示遵！谨呈

军事委员会委员长蒋

中华民国三十三年五月二日

〔国民政府教育部档案〕

二、各省市国民教育会议的召开

1. 陈立夫在各省市国民教育会议开幕式上的讲演词

（1942年3月）

各位来宾、各位会员：

今天我们在此地举行各省市国民教育会议，人人心中都蕴蓄着无穷的感想，——一方面是感觉到兹事体大，一方面也感到悟责

任严重。自从中央颁布县各级组织纲要以后，凡是与县政有关的各种业务，都须根据纲要的规定，重建新的制度，厘定新的方案，以适应实际的需要。教育是政治工作——管教养卫——四大业务之一，而县是政治机构的单位，所以对于县各级组织的教育业务，也应重建新的制度与方案。因此本部决定将义务教育、民众教育合而为一，改称为"国民教育"。国民教育能否顺利推行，不仅是教育本身的问题，而有关于新县制的成败。依照纲要的规定，县各级组织的政治与教育是由一个组织担任的。每保设立一个国民学校（保是县组织的基层单位，虽然保以下还有"甲"，但是实际负推行政令责任的还是"保"），在政教合一的原则下，**保国民学校显然担负着政与教的两重责任。保国民学校制度能否成功是建国能否成功的主要关键。过去县以下地方学校的设置，一向是采取自由主义**，所有学校的分布，颇不平均。**有热心人士，有宽裕经费的县城**，学校林立，反之，无人无钱的地方，一、二个小学已经成为麟角了。这一种缺乏整个计划，自由发展的教育，造成了各地人民的知识程度不能平均而影响到政令不能普遍推行的局面。今后我们要建设国家，国家的建设要有计划的进行，建国方略建国大纲是总理所指示我人建国的计划。推行建国计划关系最密切的便是教育。所以教育无计划，一切建设都会因此而无法进行。近几年来保甲组织，因抗战的关系，比以前要切实健全。政治的基本组织已经完成，今后需要设法将教育与保甲配合起来，才能完成政教合一的功效。假如今后的教育还不能配合与运用保甲组织，有什么方法利用教育的力量推行政令呢？因此，国民教育实施纲要中明白规定，国民教育之初步普及以五年为期，自民国二十九年八月起至民国三十四年七月止，分三期进行。希望在此五年以内，至民国三十四年七月止，入学儿童须达到学龄儿童总数百分之九十以上，入学民众达到失学民众总数百分之八十以上。这是今后从事教育行政人员应努力的目标，这关系于主义的实行，建国的完成，还望各位努力。

总理在地方自治开始实行法里明白指示，以清户口、立机关、修道路、垦荒地、设学校六事为地方自治开始实行的要务。立学校既是地方自治开始实行六大要之一，而他的工作与清户口、立机关、修道路、垦荒地同样重要。因为政治工作不外乎管教养卫，就政治的整个性来说，应该管教养卫同时进行。政治不能离开实际社会，教育也不能离开政治目标。当地方自治开始实行时，"立学校"等工作，必须有整个的计划，详尽的方案，不单注意到学校分布的平均，并且要注意教学的内容须与国家整个政略相合。一定要学校教育分布平均，施教有方，然后才能管理得法，而养卫亦能同时并进。教育——尤其是国民基础教育——的重要，是从总理遗教中可以理解到的。

完成如上所述的教育工作，除了师资以外，便是经费的问题。各县举办国民学校乡镇中心学校的经费如何筹措，在大会中将有较详尽的讨论。总理对于地方教育经费的筹措，在地方自治开始实行法中亦有指示。第六节里说："或疑经费无从出（即指举办各级学校、公共讲堂、书库夜校等之经费）此不足忧也，以人民一月义务劳力之结果，必足支持此费'如仍不足、则由义务劳力之内议加五日或十日以至一月，则无不足矣。"这明白的指示我们，如果为举办学校缺少经费，可以增加国民义务劳动五至一月，将这增加劳力所得的价值，来完成教育的目标。总理又说："学校者，文明进化之泉源也，必学校立而后地方自治乃能进步"，是地方自治与学校的关系如此密切，所以特别指示出教育经费筹措的办法，以供吾人的遵循。

人类是天生的不平的，惟其是天生不平，所以需要以人力平之。总理不以人的天生不平的智慧为分类的标准，而将人分为先知先觉、后知后觉、不知不觉三大类。这种分类说明人的不同，只是"知"与"觉"的先后问题，以知觉先后为人的分类方法是总理独创的。人之所以不同,暨然由于知与觉的先后,所以要达到人人平等的阶段,当然先向"知"与"觉"的方向努力推行。革命的目的为多数人得到平等的机会,所以过去我们只为少数人求知达觉的办学校的方法是错误的。今后必须纠正此种只为少数人求知办学的方式而努力于保国民学校的建立。依照各县组织纲要的规定,每保的人数自七百至一千,最多是一千人。每保设立保学一所,换句话说,每七百至一千人中间有一所学校。其中以十分之一为学龄儿童计算,每保最多只有一百儿童,保学的义务教育儿童班容纳五十人,二年以内,全保儿童可以受一年的短期小学教育,如果经费宽裕,人才充实,采用双轨制,全保儿童可以人人入学。保学除了儿童班以外,尚有民众班,专为失学成年人施以补习教育。是以保学不单是儿童的乐园,同时亦是社会教育的中心。国民教育实施纲要所定的原则办法能切实做到,五年以后,全国学龄儿童人人至少有接受一年短期教育的机会。一年的教育是不够的,这不过是我们五年以内所希望实现的国民应受最低限度的教育,我们希望由此基础使全国学龄儿童从受一年的短小教育,慢慢的有受四年而六年的完全小学教育的机会。

此次会议因为种种关系,全国各单位未能都派员出席。但是到会也有二十个单位的厅长或主管科长,出席会议者占全国过半数以上。过去我们虽然也有相类似的会议,但是此次会议的实质与内容与过去会议截然不同。过去因为国家没有走上组织的轨道,有些事务不能依照预定计划实行,现在县以下的保甲组织已经完成,有了组织的保甲,还需要力量充实组织,来实现实施政策的目的。这一个责任何等重大?我们身负教育责任的人要负担起这个任务,因此,这次会议所讨论的不是理论问题而是如何实施的方法问题。举办国民教育,其重要是人人知道的,其困难也是人人所感觉的。许多实际的困难问题需要到会的会员详细研讨,觅得所以解决的途径。有些同志在某些省区已经试行有效的，不妨仿行。我们知道在施行上有不少的难题，但是这件事势在必行，所以我们必须用苦干的精神往前做去。

总理所昭示我们的知难行易的学说，惟其知难所以要集思广益来求知，惟其行易，所以用全副精神去实行。这一件工作，不单要在此五年以内推行，而且要推行有效，不然，整个国家的建设计划无法实现，而建国于抗战之时的志愿也无从达到。关系于国家建设前途的国民教育的推行，在此次会议中集中会商必须要求得一个合理详善的方法。会议是在几天以内要结束的，会议中所决定的办法还要各位切实去实行，因为时间是宝贵的，时间不容许我们再有迟疑，错过了这一次的良机，后来的追悔已无济于事。

因为我们决定此次会议着重商讨如何实施的问题，所以在事前通令各省市根据所定原则决定各该省市实施的方案。尤希望各省市在推行国民教育的五年计划中，将该省市所有文盲及学龄儿童的数目以及每年肃清的数字明白列。这不但可以作为我们努力的目标，也可作为今后考核成绩的根据。会议中我们要商定这五年中每年的百分比，全国各省市的百分比。每年百分比决定以后，是一定要做到的，因为这是各省市教育行政人的责任。惟其这次会议所决定的是硬性的，所以各位有什么困难在讨论中尽量说明，办法决定后，只有苦干以完成各位所负的使命。

在神圣抗战期中，若干被敌人侵占的地区内学龄儿童不能离开他们的父母退居的后方，所以在商讨中我们还要注意到已被敌寇的侵占区域内的儿童。这件事尤望战区各省的会员特别注意。因为环境的不同，后方、战区与沦陷的地域不必采取同一办法。

此次会议所要决定的是国家五年内教育实施的方案，教育在此五年中间将要根据方案督促各省负教育实际责任的全体人员，努力工作，实现目的。因此在讨论时要详尽切实，千万不能离开实际环境。假使这次会议中所决定的方案离开了事实，教育部五年内的设施也会离开事实，将来各位的成绩也会离开事实的。

抗战到现在，已经转入重要的阶段。在军事方面从敌人几次进攻的失败，证明了敌人的精疲力尽，也证明抗战胜利的绝对把握。今天的问题只是取得胜利的时间的问题。我们要什么时候实现胜利，什么时候就可以实现。军事上面的胜利是必然的了，怎样保持我们的胜利是今后的政治问题——便是要看在这个与敌人长期撑住的中间，我们的政治能否建立，国家能否建设。总裁常说建国的力量——即是革命的武力——有三：曰军事，曰教育，曰经济。国家的武力在抗战中建立了，今后要问全国负教育责任的人是否有树立教育的基础，成为建国力量的把握。如果我们无此把握，虽有军事的胜利，一切还是空的。必须要教育继军事胜利之后完成其应负的责任，以组织健全的学校，引导青年向着生产方向去努力。政府有经济计划也可以透过教育的机构而完成。一方面以武力扫除政治的障碍，一方面以教育训练生产的技能。即使负经济责任的人不敢说有把握，我们负教育责任的人敢替他们说一声"有把握"，今天这一个阶段是教育的时代。总理所手定国家建设之程序有军政、训政、宪政三个时期，训政时期便是教育时期，一切宪政时期的条件必须在顺政时期培养的。中国国民党的革命方略与别国不同之点即是在此，别的国家大都是军政一跃而至宪政，我们在军政与宪政之间，加列一个训政时期。我们所要求的是真实的宪政不是虚伪的宪政，训政便是实现"真实的"宪政的过程，换句话说真实的宪政必须经过一个广大的教育时期。今天已经临到了这个阶段，我们负教育工作的人应如何的努力才不负时代给我人的使命。抗战必胜毫无问题，建国必成尚待努力，我们感觉到此事的重要，责任的严重，真是既惶悚又感奋。在建国必成的要求下，身负教育责任的同人们必须加紧努力，以完成建国时期中的教育使命。

〔国民政府教育部档案〕

2. 蒋介石在全国国民教育会议上的训词

（1942年3月）

教育部陈部长转国民教育会议诸公鉴：

此次教育部召集全国各省市主管教育人员与各有关机关代表，荟萃一堂，讨论国民教育推进问题，实为抗战建国进程中之一大事。盖立国之道，千头万绪；然着手所在，不外提高国民之道德、智能与体力，养成人人皆为健全之公民，俾人人皆能担当应负之任务，然后生活得以改进，国力由此增加。故一言以蔽之，即国民教育为一切之根本是已。

中央推进义务教育，早经确定计划，逐年实施。抗战军兴，斟酌事势之异宜，审察需要之迫切，更觉基础教育与成年补习教育，应在可能范围之内打成一片，以完成建国必需之国民教育。同时更鉴于教育事业与地方自治关系之密切，宜使教育人员以为人师者为之长，庶人力得以集中，事业得以锐进。爰于去年颁行县各级组织纲要，规定每保必设一国民学校，每一乡镇必设一中心小学；更规定此项教育机关与政治基层组织相互配合，取三位一体之制，凡乡镇保之学校校长、教员，即为基层政治建设之干部。

此其目的：一在提高教育人员之责任与地位，使教育人员所努力者，由学校教室之讲习，进而为地方社会实际工作之示范；二在延长并扩展教育之功能，使学校教育所奠立之基础，即由教育人员从保甲壮丁队合作社等群体机构中，实施训导，成为经久不断之社会教育，而后教育事业功绩之累进，即为地方自治真正之完成。

中央所期望于国民教育者，既如此其厚，则我地方教育人员之责任，自亦益见其艰巨。

教部召集此会，旨在解决经费筹集，师资供给以及推行之种种步骤实际问题，深知与会诸君，必能交换各自之经验，报告现实之情况而各有关机关亦必视此为建国必需之大计，充分讨论，以求至当。

中正欲为我各省市主管教育行政人员特致数言者：第一，望各以勇锐之精神，贯彻国民教育之计划。凡事难于图始，为我国百事落后之主因。今当抗战建国之非常时期，集中心力，突破艰难，我教育方面，宜为之先导。迩来教费艰绌，各地皆然，无足为讳。然现有款产，应有彻底整理之方针，地方捐输，亦当因应时地以为策动。经始之际，所宜确立决心，亦以必行，规模既定，则逐步推行，自能尽利。

第二，望策动地方贤达士绅，一致协成此举。兴学育才，本为人民乐闻。诚能就省区各县，虚心咨访，其物望所归之人士，告以国民教育推行之步骤，与其对地方关系之重要，以及中央期成此举之决心，俾其辗转劝导，或躬为倡率，则相互感召，响应必多。

第三，望注重师资培养，实行就地督导。此项实施办法，会议必有决定。我主管教育之长官，对于师资训练，尤必躬亲其事，提高教育人员之自尊心与责任心，使其视置身教育为神圣事业，更须不惮辛劳，巡行各县，或派员经常视导，既可指示施行之方法，亦可为解决当地之困难。

第四，应酌用竞赛方法，并厉行实施考核。国民教育施行成绩之高下，不仅为各级主管教育人员之责任，实亦为各级行政长官之责任，故必须规定考成之标准，厉行实施之考查。设置固求其普遍，而质量尤必求其精实。书面浮报之积习，名存实乖之弊病，非执行考核，无由揭其欺伪而督其改进，如能酌用分县分区竞赛之方法，定期公布，以为激励，则相观而善，收效必宏。

此则全在我主管教育人员，因时因地，以制其宜，苦干实干,以为之倡。总之,三民主义之实现,革命建国之完成,实皆以国民教育之推行为其发轫。深望补已往之磋砣,策今后之猛进。与会诸君,幸加勉之!

蒋中正、寅、寒、侍秘、渝。

〔国民政府教育部档案〕

3. 陈立夫在各省市国民教育会议闭幕式上的总结报告

(1942年3月)

自中央颁布县各级组织纲要后,各省市实施国民教育,亟待进行,不容或缓。本部爰有此次国民教育会议之召集。虽筹办时期异常局促,会期仅有五日,而与会均甚热心努力,诸多赞助,因之所成就者,颇为重大。其中决议各案,有为关于整个实施计划者,有为关于经费者,有为关于师资训练者,有为关于教员待遇者,有为关于教育行政者,有为关于教科书之供应及救急者。均经详密讨论,决定具体而切实易行之办法。兹撮叙大要如次:

第一,关于设施国民教育整个计划者:

(一)决定办理保国民学校各项重要原则,并修正通过保国民学校设施原则,凡设校要点、教职员人选职务等,均有具体规定。

(二)决定办理乡镇中心学校各项重要原则,并修正通过乡(镇)中心学校设施要则,除规定校长教职员人选等外,并将辅导保国民学校事项,亦一一具体规定。

(三)决定各省市应依照中央颁布之国民教育实施纲领及保国民学校乡(镇)中心学校各项重要原则,于最短期限内,根据本省市实际状况,拟定五年实施国民教育具体计划,送到教育部后，再分别详加讨论，作最后之决定。

（四）决定扩大各地提倡设校造产运动，使全国民众咸明瞭各保建立学校普及全民教育之意义，以利国民教育之推行。同时，并注重各校造产，以充实国民学校之基金，俾学校有永久巩固之基础。

第二，关于经费及小学教员待遇者：

（一）决定保国民学校基金之筹集，修正通过由教育部所提出之保国民学校基金筹集办法，基金筹足后，以其利息充作经常开支，俾经费有确实来源，学校基础庶可稳固。筹集办法共有九项，约述如下：

（1）尽力设法劝导当地寺庙，使其以一部份举办公益事业之财产充作国民学校基金；

（2）经营公有生产事业；

（3）实行公耕田地；

（4）分工生产；

（5）采集出售天然物品；

（6）征集买卖双方共认捐助之手续费；

（7）收取劳动服务者自愿捐输之所得酬金或奖金；

（8）由居民依其富力自认捐款；

（9）劝捐；

（10）其他。

如各省市能按照当地情形分别采用实施，则数年内各地方保国民学校之经费，即可由此得一永久解决之办法。

（二）决定全国在五年内分期在各保内普设国民学校共约八十万校。除现有小学可资改办者约有二十万校外，尚须增设六十万校，逐年增设是项学校所需经费，由中央、各省及县保分担之：

（1）全国国民学校每年每校经常费平均以八〇〇元计；

（2） 第一年增十六万校，所需经费总数为一二八，〇〇〇，〇〇〇元，分担办法为：

1．中央补助25%，计三二，〇〇〇，〇〇〇元；
2．省市拨助25%，计三二，〇〇〇，〇〇〇元；
3．县及保自筹50%，计六四，〇〇〇，〇〇〇元。

（3） 第二年增设十二万校，连前共二十八万校，所需经费总数为二二四，〇〇〇，〇〇〇元，分担办法为：

1．中央补助25%，计五六，〇〇〇，〇〇〇元；
2．省市补助25%，计五六，〇〇〇，〇〇〇元；
3．县及保自筹50%，计一一二，〇〇〇，〇〇〇元。

（4） 第三年增设十二万校，连前共四十万校，所需经费总数为三二〇，〇〇〇，〇〇〇元，分担办法为：

1．中央补助20%，计六四，〇〇〇，〇〇〇元；
2．省市补助20%，计六四，〇〇〇，〇〇〇元；
3．县及保自筹60%，计一九二，〇〇〇，〇〇〇元。

（5） 第四年增设十万校，连前共五十万校，所需经费总数为四〇〇，〇〇〇，〇〇〇元，分担办法为：

1．中央补助20%，计八〇，〇〇〇，〇〇〇元；
2．省市补助20%，计八〇，〇〇〇，〇〇〇元；
3．县及保自筹60%，计二四〇，〇〇〇，〇〇〇元。

（6） 第五年增设十万校，连前六十万校，所需经费总数为四八〇，〇〇〇，〇〇〇元，分担办法为：

1．中央补助15%，计七〇，〇〇〇，〇〇〇元；
2．省市补助15%，计七〇，〇〇〇，〇〇〇元；
3．县及保自筹70%，计三三六，〇〇〇，〇〇〇元。

（7） 各县除原有之小学教育经费，应仍列支为改办之国民学校经费外，并应筹措各校设备及建筑等费。

（三）决定各省市训练师资之经费，应依预定计划，将所需之经费，自筹的款，并请由中央照数予以补助。

（四）决定各省市应负担之国民教育经费，应每年列入预算。

（五）决定县财政实施统收统支后，教育经费之处理办法。

（六）决定提高小学教员待遇，应根据小学教员待遇规程，并分别将教育部所订定之小学教员薪给支配及实施办法，儿童家庭供给小学教员食宿办法，小学教员子女入学免费办法，小学教员年功加俸办法，优良小学教员奖励办法，小学教员储金办法等，予以修正通过。

第三，关于师资训练者：

（一）决定从速调整现任教员，其要点如下：

（1）厅以下教育行政机关，应设置人事专股或专人，注意办理改进关于人事管理之一切事宜。

（2）由各省市一律举行现有小学及民众学校教员检定外，对于被选任之中心学校及国民学校校长，得举办一个月至三个月之短期训练，对于不及格而学力尚可之教员，分期调集予以三个月至六个月之训练，于民国三十一年底以前，调训完毕。

（二）决定加紧培养师资，其要点如下：

（1）各省市国民教育师资培养数量其百分比应逐年递增，在第三期终了时，全国合格教员至少应达到百分之六十。并各按照需要，订定培养师资计划，分年增设师范学校及学级。

（2）为适应目前急需起见，各省市得大量尽先举办简易师范科及特别师范科。

（3）师范学校及简易师范学校得酌采训练实习间期制，例如简易师范训练二年，实习二年，或一年，再训练二年，师范学校训练二年，实习二年，或一年，再训练一年。

（4）各省市应设置清寒优秀师范生奖学金，每名年给六十元。

（5）各地方对于师范学校师范生不免膳费者,应责令各地教育行政机关,实行予以免费待遇。

第四,关于行政者：

(一)决定省教育行政机构中,应有主管国民教育之一科,得将师范教育及县(市)教育行政事项,并归本科办理。并决定科长人选,应具有与职务相当之资历。

(二)决定县教育行政机构,原设县教育局者,得暂缓裁撤,原为建教合科者,应速改设专科。

(三)决定县教育行政暂行要则,对于县各级教育行政组织人选及职掌等,均有详密之规定。并决定办理县教育行政之注意事项,以期增加行政效率。

(四)决定全国教育视导制度之原则,大致为：

（1）分全国为若干督导区,每区由部督学及视导员督率区内省以下各级督导人员,从事工作。

（2）各省分全省为若干区,每区由厅设督学及视导员,督率区内县以下各级督导人员从事工作。

（3）县设督学,督率县区以下各级指导人员从事工作。

第五,关于教材、教科书及教学设备者：

(一)决定教科书之供应及救济书荒办法,其要点如次：

（1）在政府方面：

1．请部设专管机关,主持教科书印刷、运输、调查、平价等事宜；

2．请部速即完成教科书编辑工作；

3．请行政院拨款五百万元为救济书荒之用,由部统筹支配；

4．请部联合有关机关,健全文化运输机构；

5．请部成立印刷所,并协助各省,扩充印刷所；

6．请部及省设造纸厂,并节约纸张；

7．请部速定抗战期间奖励书商捐献教科书版权办法，以应急需；

8．协助书商，予以种种便利。

（2） 学校方面：

1．采用公购递用方法，并训练学生爱护书籍；

2．扩大抄写教科书运动；

3．多采实物教学；

4．采用木刻教科书方法。

（3） 书商方面：

1．促其速在内地设分印刷所；

2．提高书价时，应先得政府核定。

（二）决定小学、短期小学、民众学校课程标准，均应由部加以修订，以使适应国民教育之需要。

（三）决定现有小学之设备与教学，急应充实改进。其要点为各依财力、人力，分别订定充实改进计划及步骤，由厅以下各级教育行政机关，分工辅导，督率学校等实施，并考核其成绩，指导其改进。并附实例，以资参证。

以上各种决议，不特将来教育部可据此订定全国实施国民教育整个方案，即各省市教育行政机关亦可依此订定推行各该省市国民教育之计划，并依其计划以考核其成绩。在会议期间，各省市代表，先行草拟实施国民教育大纲，并经分别谈话，作一初步之决定，约定各代表返省后，应再拟具体详细之计划，送部核夺。

国民教育为抗战建国过程中精神总动员之最重要工作之一，中央志在必行。故中央虽年需千万元之补助费，在总裁及孔副院长领导之下，当必予以采纳，尽先设法筹拨。所望各省市当局及主管教育行政人员，体念中央推行新县制及实施国民教育之决心，振刷精神，排除万难，加紧工作，切实实施，俾抗战力量得藉此增强，而建国基础，得由此奠定，则幸甚焉！

〔国民政府教育部档案〕

三、初等教育概况的报告与统计

1. 抗战以来后方各省初等教育概况统计表

（1937—1939年）

省市名称	学校数			儿童数		
	二十八年度	二十七年度	二十六年度	二十八年度	二十七年度	二十六年度
总 计	212,740	217,394	229,911	12,180,524	12,281,837	12,847,924
浙 江	14,718	14,718	14,330	913,868	913,868	890,405
江 西	16,664	16,664	18,120	689,132	689,132	850,869
湖 北	2,923	6,552	6,552	163,361	373,985	373,985
湖 南	26,929	25,631	28,500	1,258,784	1,139,222	1,194,567
四 川	25,874	25,975	24,474	1,986,091	2,001,194	1,891,979
西 康	1,210	1,210	119	72,940	72,940	6,109
山 西	22,469	22,469	26,651	681,770	681,770	952,422
河 南	21,854	21,854	21,854	1,173,433	1,173,433	1,173,433
陕 西	13,038	12,105	11,722	656,511	532,839	484,078

续上表

省市名称	学校数			儿童数		
	二十八年度	二十七年度	二十六年度	二十八年度	二十七年度	二十六年度
甘肃	4,576	4,099	3,887	221,711	187,555	162,756
青海	915	800	748	58,632	46,649	35,527
福建	3,707	3,707	4,741	474,818	474,818	498,034
广东	14,992	15,820	24,031	985,912	971,510	1,544,478
广西	20,697	23,450	24,276	1,508,950	1,698,534	1,665,092
云南	16,286	17,069	14,163	882,591	909,700	704,328
贵州	3,886	3,443	3,171	309,982	293,030	264,588
宁夏	350	277	211	25,466	20,489	13,612
新疆	1,387	1,387	2,197	101,469	101,469	141,662
重庆	101			15,103		
蒙古	158	158	158			
西藏	6	6	6			

附注：二十八年度浙江、江西、湖北、四川、西康、山西、河南、福建、新疆、蒙古、西藏省及地方材料未据呈报，本表材

料照上年度估计列入。

〔国民政府教育部档案〕

2．湖北省教育厅关于战时初等教育概况的报告

（1937--1945年）

一、学前教育

（一）战时学前教育概况：抗战发生之初，湖北全省尚设有幼稚园二十四所，及至二十七年秋季武汉转进，各中等以上学校，忙于迁校，中经廿八、廿九、三十年，幼稚教育，无形停顿。迨三十一年为实施计划教育，始筹设省立实验幼稚园于恩施。兹附湖北省战时幼稚园概况一览表于后：

湖北省战时幼稚园概况一览表

项目	二十六年	二十七年	二十八年	二十九年	三十年	三十一年	三十二年	三十三年	三十四年	备注
园数	二四	二四				一	一	一	一	
班数	二六	二六				二	二	二	二	
儿童数	一,五二五	一,六三七				五〇	五〇	六九	八一	

（二）复员后学前教育概况：抗战胜利后，湖北省立实验幼稚园亦首先随省府迁复于武昌三佛阁，并扩充班次，教育儿童，此外秭县、通城、黄冈、宜昌、咸丰等县，各于中心国民学校附设幼稚园一所，其他各县市亦多筹划设立幼稚园，以实施学前教育。兹附湖北省三十五年省县立幼稚园概况一览表于后：

湖北省三十五年省县立幼稚园概况表

园　　　别	园　址	班　数	儿童数	备　　注
省立实验幼稚园	武昌三佛阁	二	五四	
□□□中心国民学校附设幼稚园	秭县	二	八〇	
咸丰县区镇中心国民学校附设幼稚园	咸丰	一	二一	
黄冈县乡保学校附设幼稚园	黄冈	二四	三一四	
宜昌县中心国民学校附设幼稚园	宜昌	一	四二	
通城县中心国民学校附设幼稚园	通城	一	二〇	
总　　计		三一	五三一	

二、国民教育：

（一）战时国民教育概况：抗战初期，湖北省初等教育，除政治力量不能达到县区外，仍本常轨进行，迨二十九年五月湖北教育厅先后奉颁国民教育实施纲领，乡镇中心学校设施要则，保国民学校设施要则，保国民学校及乡镇中心国民学校基金筹集办法，小学教员总登记办法大纲等重要法令，经分别转令各县遵办,并一面拟具湖北省实施国民教育五年计划,订定湖北省各县设立乡镇中心学校及保国民学校暂行规则,学龄儿童强迫入学办法,失学民众强迫入学办法,及小学教员总登记办法大纲施行细则,经分别签府咨部通令施行。按湖北省实施国民教育第一次五年计划要点,略分为设校、师资、经费三项,并规定中心国民学校于三十二年依照乡镇数设置完成,国民学校分年扩充,至三十五年依照保数设置完成,中心国民学校及国民学校师资,依照中央法令规定,小学部平均每两学级以三个教员计算,民教部暂由小学部兼任,国民教育经费,则在各县自治财政项下统筹支给,实施以后,除地属战区者,多所牵制外,其余各县均能逐步推行,截至三十四年底止,全省中心国民学校已设置一,三六一校,占乡镇总数百分之七十七,国民学校已设置一〇,九五一校,占全省保数百分之三十八强,若将收复区县区除开,则后方各县中心国民学校,大致已照乡镇数完成,国民学校亦将达到三保二校之标准。兹附湖北省战时国民教育概况一览表于后:

湖北省战时国民教育概况一览表				
项　　目		二十六年	二十七年	二十八年
学　校　数		二、九二三	二、八八八	四、〇四四
学级数	小学	四、三八四	四、二二八	五、一六一
	民教			
学生数	小学	一六三、三六一	一五八、二四〇	一七八、二〇九
	民教			

续上表

湖北省战时国民教育概况一览表			
项目		二十九年	三十年	三十一年
学校数		五、一六六	八、九三三	七、九一〇
学级数	小学	八、八〇五	一九、七三〇	二三、〇九五
	民教		三六、八五八	九、四〇六
学生数	小学	三〇一、四四九	七七九、八八〇	六〇八、九三五
	民教		七五三、九二〇	五四五、四五〇

续上表

湖北省战时国民教育概况一览表			
项目		三十二年	三十三年	三十四年
学校数		一三、〇八七	一二、二九三	一二、二八七
学级数	小学	三一、八九六	二六、六六〇	二三、九七六
	民教	七、二三〇	一一、五〇二	九、一七六
学生数	小学	一、二七五、八七二	七四二、三三八	七〇一、一八六
	民教	四三三、七五四	二六七、三七一	二五五、三二二

（二）复员后国民教育概况：湖北省国民教育之实施，至抗战胜利前夕，所有后方未经沦陷县份，其各级教育行政机构，均已完成，各级教育行政人员，亦经严格甄审，分别任用；乡保学校数量，均依照规定设置，惟民教部因战时民众，差役频繁，招生不易，故未能普遍设立；师资尚欠健全，各项设备，未能达到规定标准，基金未能稳固，辅导工作，未能展开。迨复员以后，针对上述各点，督饬各县完成，其对收复区各县，则通饬依照国民教育实施计划，迎头赶上，加速完成。兹附湖北省三十五年国民教育概况一览表于后：

校　　别	校　数	班　数	
		小　学　部	民　教　部
中心国民学校	一、六九五	九、四四九	一、三九八
国民学校	一二、一四一	一八、三四六	四、八四五

续上表

湖北省三十五年国民教育概况一览表

校　　别	学　生　数		教　员　数
	小　学　部	民　教　部	
中心国民学校	三五三、八四三	四九、二四六	一六、三二六
国民学校	五八八、五〇九	一二七、一二一	二三、六九九

〔国民政府教育部档案〕

3. 青海省政府报送三十一年度国民教育实施计划致行政院审核呈

（1942年6月13日）

青海省政府呈　丁教国字第68号

查本府为积极实施国民教育计，已拟具本省三十一年度国民教育实施计划，惟以经费不敷，业于本年五月二十七日以丁教国字第五〇四号呈将本省历年度于中央补助义教费项下前后节余积存款二十八万零九百九十三元一角二分，移作本年度国教经费之用，以资浥注，呈请俯准追加预算在案。现斯款业已列本年计划概算内，除已送教育部外，理合具文呈赍计划一份，恭请钧院鉴核备查。谨呈

行政院院长蒋

附呈赍本省三十一年度国民教育实施计划一份

青海省政府主席马步芳

中华民国三十一年六月十三日

青海省三十一年度国民教育实施计划

甲　总　纲

本计划依据部颁国民教育实施纲领及各省市拟定实施国民教育计划格式，并参酌本省实际情形及需求拟定之。

乙　概　况

一、本省现有十七县四设治局，业已清查户口、编组保甲之各县区仅有十一县二百三十四乡镇、九百三十七保、八十四万六千二百八十一人，若以未编保甲地区人口全部估计约有人口一百二十余万人。

二、全省共有学龄儿童约计一十二万六千五百人，成年失学民众估计二十万零七千八百人。

三、学校数目：

1．全省现有小学校一千一百一十八校，内有完全小学一百零一校,计五百零四学级,初级小学七百五十一校,计七百五十一学级（单级编制），短期小学二百六十六校,计二百六十六学级,共计一千五百二十一学级,入学儿童数为四万三千五百八十九人。

2．本年度所有小学及国民学校一律附设民众识字班,共八百四十一班,就学民众为四万二千一百五十人。

四、本年除就学者外,尚有未入学儿童八万二千九百一十一名,失学民众一十六万五千六百五十人。

五、现有小学师资一千三百七十四人,民众学校师资多由普通小学师资或中等以上学生兼任,小学师资检定合格者,共有九百五十一人。

六、省库拨支中小学校经费：

1．省库拨支小学经费每年为八千七百四十七元,又由马子香先生捐产管理委员会每年拨给经费洋三千六百元。

2．师范学校经费每年由省库拨支共计四万八千四百零九元,又由马子香先生捐产管理委员会每年拨给经费洋六千元（内省立女子师范经费为二万一千七百七十九元,省立化隆简易师校经费为一万三千五百五十五元,省立民和简易师校经费为一万三千五百五十五元,省立大通蒙藏简易师范学校经费为五千五百二十元）。

丙　设　校

一、乡镇中心学校：

1．改组现有完全小学为中心学校——现有完全小学一百零一校,本年度加以扩充及调整,使之一律改为中心学校,分配设置于各该县五保以上之各乡镇,并充实内容,期适合中心学校之条件。

2．扩充中心学校数目及办法——已编组保甲之十一县,共二百三十四乡镇，除原有完全小学改组为中心学校，共有一百零一乡镇中心学校外，尚有一百三十三乡镇无中心学校之设置，本年度选择地点适中之乡镇、预定设置三十校，以各该乡镇中原有初级小学为基础，**扩充班次**，增加经费，添派师资，使能达到中心学校规模而尽辅导之责任。预计各校成立后，可容纳学龄儿童一千五百人，其余一百零三乡镇中心学校拟于下年度起，四年内增设齐全。

二、国民学校——本省共有九百三十七保，本年除将原有初级小学七百五十一校一律改为国民学校外，尚缺学校一百八十六校，拟于短期小学二百六十六校内择其地点适中者五十校予以增加班次，扩充设备，使之改为保国民学校。此外，不敷国民学校一百三十一校，拟于下年度起逐渐充实，以达每保设一国民学校之原则。

丁　经　费

兹将本省本年度国民教育实施计划所需经费列表如左：

青海省三十一年度国民教育实施计划所需经费概况表

年别＼数目＼别	中心学校		国民学校		短期小学经费	师资训练费	师资进修费	国民教育课本经费	儿童教育馆费	行政视导费	合计
	经常费	开办费	经常费	开办费							
三十一年度	二三八,〇〇〇元	六〇,〇〇〇元	五四六,〇〇〇元	二五,〇〇〇元	一一四,九二二元	四四,二〇〇元	二〇,〇〇〇元	二四,〇〇〇元	六,〇〇〇元	九,六〇〇元	一〇七九,五六三元
备　注											

说明：（三十一年度）

一、中心学校经常费——改组原有完全小学一百零一校为中心学校，每校每日增加经常费一百元，共一万零一百元，年共支洋一十二万一千二百元；扩充原有初级小学三十校为中心学校，每校教员七人，每人月薪四十元，共计八千四百元，年共支洋一十万零八百元；每校行政设备费二百元，计需洋六千元，总共支洋二十二万八千元。

二、中心学校开办费——扩充原有初级小学三十校为中心学校，每校补助扩充设备费二千元，共支洋六万元。

三、国民学校经常费——扩充原有初级小学七百五十一校为保国民学校，每校每月增加经常费五十元，共计三万七千五百五十元，年共支洋四十五万零六百元，扩充原有短期小学五十校为保国民学校，每校教员四人，每人月薪四十元，共计八千元，年共支洋九万六千元，总共支洋五十四万六千六百元。

四、国民学校开办费——扩充短期小学，五十校为保国民学校，办开费每校以五百元计，共支洋二万五千元。

五、本省现有短期义校二百六十六校，三十一年度除扩充五十校为保国民学校外，其余二百一十六校仍拟继续办理，以备下年度改充保国民学校之用，本年依照上年度咨准预算每校全年共需经费洋五百三十二元，年共支洋一十一万四千九百一十二元。

六、师资训练费——补助省立西宁女子师范学校、大通蒙藏简易师范学校、民和简易师范学校、化隆简易师范学校四校及回教教育会立西宁中学校附设简易师范科年各经费五千元，共计二万五千元，以作各该校充实内容、培养国民教育师资之用此外，筹设国民教育师资短期训练班四班，每班每月计需经费洋八百元，共需洋三千二百元，半年共支洋一万九千二百元，总共支洋四万四千二百元。

七、为增进师资进修起见，拟利用寒暑假期，分区举办讲习会，以提高教员智能，共需洋二万元。

八、国民教育课本费——印发各学校所需国民教育课本及民众识字课本费洋二万四千八百五十一元。

九、儿童教育馆经费——本年在省垣省立西宁中心小学内筹设儿童教育馆一处，计需开办费四千元，每月经费二百元，共支洋六千四百元。

十、行政视导费——视导员四人，每人月薪及视学旅费洋二百元，年共支洋九千六百元。

戊　筹款方法

一、本年由教育部补助本省国教经费共十五万元（奉教育部国字〇八〇二〇号训令三十一年度教育部补助本省国教经费十五万元）。

二、本省本年由省经费项下拨发国教经费二十七万一千元。

三、本省历年在中央补助义教经费项下节存经费洋二十八万零九百九十三元，列入本年计划预算内开支（奉教育部国字第一三六五三号真代电呈行政院追加中）。

四、本省本年各县自筹国教经费共计三十七万七千五百七十元。

五、三十一年度本省省县自筹连同中央补助，国家经费共计洋一百零七万九千五百六十三元，故本计划本年度国教经费预算即以上列数目列支。

己　训练师资

一、共需师资数——第一年新设乡镇中心学校每校平均以六人、国民学校每校平均以四人，计共需教师三百八十人。

二、培养及训练方法——本年于回教教育促进会立西宁中学校内附设简易师范科一班，可培养小学教员八十人，本年各师范学校毕业学生约计五十人，共不敷师资拟于各师范学校附设国民教育师资短期训练班四班，招收初中毕业学生及同等学力者予短期

(半年)训练,约计可训练教员三〇四人。

三、进修方法——拟利用寒暑假期分区举办讲习会,以提高教员知能,并由各师范学校对于区域内小学教育负责指导研究。

庚　视　导

一、省县督学秉承主管长官之命,按期视导各县教育,并由教育厅随时指派省立各师范学校教职员在各该师范区辅导推行国民教育。

二、省设教育行政视导员,协助省县督学负分区视导之责,本年国民教育实施时拟派赴各县坐地整理,期收彻底整顿之效。

辛　考成及奖惩

一、各县县长、教育科长、省县督学及视导员推进国民教育之成绩,由教育厅考核,提请政府分别奖惩。

二、乡镇保长及中心学校与国民学校校长教员办理国民教育之成绩,由县政府考核,分别奖惩。

〔国民政府行政院档案〕

4. 安徽省国民教育实施概况

(1942—1944年)

一、行政组织

(1) 省教育行政

教育厅内第一科,分国民教育、师范教育及国教经费三股,设科长一人,主任科员三人,科员九人,办事员一人,另设国民教育视导员十六人。

(2) 县(市)教育行政

实行新县制县份,设教育科,主管国民教育,设科长一人,并按县之等级,设督学二人至三人,科员一人至二人,事务员一人至二人。

(3) 乡(镇)教育行政

乡(镇)公所设文化股,设股主任一人,干事二人,受乡镇长之指挥,推动全乡镇教育事宜。

二、学校设施

皖省实施国民教育,于三十一年度开始,是年有中心学校一五一〇所,国民学校八七八九所,私立小学五所,省立小学五所,战地教养院一所,共计一〇三〇二所。三十二年度有中心学校一五五三所,国民学校九三七六所,私立小学五所,省立小学四所,共计一〇,九三八所。三十三年度有中心学校一五五三所,国民学校九一七六所,幼稚园一所,私立小学五八所,未改设小学九所,省小一一所,其他学校三二六所,共计一一,一三四所。按是年皖省有二一三〇乡镇(内安全乡镇四一五)二四〇五一保(内安全保一四四七三)设校数量,约为五保二校。又查是年在学儿童九四七,四一四人,已受义教儿童五三四,三二〇人,失学儿童二,三〇一,三〇九人,失学儿童约占学龄儿童总数百分之六十。在学成人一,三六三,八六六人,已受教育成人一,八一九,一三六人,失学成人七,六八〇,九四九人,失学成人约占文盲总数百分之七十。

(1) 教导概况

各县国民学校之教学方法,小学部以采用注入式者居多数,惟未受师范教育及不事进修之教员,仍多沿用讲演式。民教部大多采用分组教学法,训育方法,依照部颁训育标准实施。教科用书系采用教育部审定之小学教科书及部颁民众学校课本,由教育厅统筹印发样本,各县按照实际需要,翻印转发应用。

(2) 设备概况

各县国民学校之就原有小学改设者,设备较为完备。而新设者,除必要之用具外,他如图书仪器,体育卫生等设备,因经费与交通之困难，购买不易，仍感缺乏。近由教厅令饬各校于三十四年度内，务必完成初步设计标准。

三、师资

（1）教师资格

皖省各县国民学校教师，昔年曾经注意培养，资历略较整齐。三十一年度计有专科以上学校毕业者四七人，师范毕业者二三六三人，简师毕业者三五〇人，幼师毕业者七人，曾受师资训练者一八四〇人，高中程度毕业者一六二人，初中程度毕业者五〇二七人，检定合格者二四〇〇人，小学毕业者一五四七人，登记代用者三二〇三人，其他资历者一九四七人，共为一八，八九三人。三十二年度计有专科以上学校毕业者三五人，师范学校毕业者二八六三人，简师毕业者八六〇人，幼师毕业者五人，曾受师资训练者二八八七人，高中程度毕业者二七一人，初中程度毕业者五四一七人，检定合格者二四〇〇人，小学毕业者五七一人，其他资历者三九八七人，共为一九，二九六人。三十三年度计有专科以上学校毕业者三一人，师范学校毕业者三七九〇人，简师毕业者一六九七人，幼师毕业者五人，曾受师资训练者二八八七人，高中程度毕业者二三四〇人，初中程度毕业者五八一五人，检定合格者三三九〇人，小学毕业者一二三〇人，登记代用者三二〇三人，其他资历者三八五四人，共为二八，二四二人。

（2）师资训练

皖省国民教育之师资训练，三十一年举办短期班九级，学生四五〇人。三十二年度举办一年制二十一级，学生一〇五〇人，又短期班二级，学生九五人。三十三年未经设班训练。

（3）师资进修

三十一年度举办假期训练者一六处，参加学员二一四五人。三十二年度参加假期训练者九处，参加学员一〇二九人。三十三年度举办假期训练者一〇处，参加学员九四八人。进修刊物，计有国民教育指导月刊及安徽省教育二种，按期印发各校教员阅读。其他如通讯研究、问题解答、教学参考等，亦经各县分别举办。

（4）教师待遇

各县国民学校教师待遇，三十一年因战时生活程度之高涨，逐年均有提高。校长由乡（镇）保长兼任者，不支薪。教员月薪最高四五元，最低二八元，三十二年校长月薪最高八〇元，最低五〇元，教员月薪最高七〇元，最低四五元，津贴每月九〇元，实物补给每月米六市斗。三十三年校长月薪最高一六〇元，最低六五元，教员月薪最高二一二元，最低五九元，津贴每月三六〇元，实物补给每月米六市斗至八市斗。

四、经费

（1）中央及省补助费

三十一年中央及省国教补助费计二，二七六，一〇〇元，三十二年度中央补助费计七五〇，〇〇〇元，省补助费计五九二、一七三元，三十三年度中央补助费计七二〇，〇〇〇元，省补助费计九六六，九四七元，其预算分配，为补助各县设校增级以及师资进修训练及视导等费用。

（2）县（市）自筹经费

各县（市）自筹国教经费，三十一年计四，九三五，五三二元，县教费占县总经费百分之一七·七，县国费占县教费百分之六十。三十二年计一七，〇一九，六七〇元，县教费占县总经费百分之一一，县国费占县教费百分之八六·八。三十三年计一二四，一四七，七〇九元，县教费占县总经费为百分之九·〇七，县国费占县教费百分之八七·六五。

（3）学校基金

皖省各县国民学校，筹集基金，以捐拨寺庙祠会收益及由居民依其富力自认捐款为主要办法，三十年度筹集五，五〇〇，七三八元，三十一年度增筹一三，八〇五，四二八元，三十二年度未据呈报，三十三年底共筹集一九，三〇一六，六六元。

〔国民政府教育部档案〕

5. 福建省教育厅关于实施国民教育第二期工作概况的报告书

（1943年1月—1945年12月）

一、概述

本期始于三十二年一月迄于三十四年十二月，计两周年，其工作计划，系检讨过去各种缺点，加以改进，并力谋业务之开展。兹先提要简述如下：

（一）设校 自二十九年二月至三十一年十二月，为实施国民教育第一期，是时全省中心学校一二二四校，国民学校四一六一校，私立小学二八九校，初级小学一七一校，省立小学及其分校一三所，合计五八五八校，平均超过五保两校。第二期设校计划以完成一乡镇一中心学校，两保一国民学校，为最低限度之要求。在本期中，中心学校重质，国民学校质量并重，迄第二期结束（三十三年度终结），全省共设中心国民学校一三三四校，国民学校四四一一校，省立小学一一校，分校三所，私立小学二八八校，合计六〇四四校。（幼稚园二五所，未计算在内）是时全省保数为一〇七七〇，已超过两保一校之标准。

（二）师资 第一期结束时，应需师资二五，二一五人，但检定登记合格之教员，间多流动或改业，代用教员超过合格教员之数，致形成师荒之现象。第二期因着重提高教员待遇，奖进优良教员，鼓励教员进修研究，加强师范毕业生管理及合理分配，以安定小学教师生活，并改良其素质。本期结束时，各县（市）（区）实有教师人数为二一，五四三人，校数增加，员额减少，为本期实施中之特征。

（三）经费　第一期（二十九年二月至三十一年十二月）计二年又十一个月，应需经费省预算列支一〇，三七一，二九五元，县预算列支三一，二四七，六五二元，中央补助费为二，三六七，六〇〇元，本期因省库补助各县（市）（区）地方款补助费，系在各县（市）（区）田赋改征实物溢额解省部分拨抵，间因征收不足，致教育经费间有积欠。第二期以积极整理及增筹教育款产，建立国民教育特种基金，并提倡兴学捐资，以裕经费来源，在本期两周年中，列支国教经费，省预算为一，六三八，一九八元，县地方预算为四三，九三九，二六五元，中央补助费为二，五八〇，〇〇〇元，教职员生活津贴薪俸加成及食米，系在本预算以外开支。

（四）筹集基金　第一期各县(市)(区)开始筹集学校基金，计有大田等十九县，数量无多。三十二年度起，开始发动建立国民教育特种基金，迄三十三年度终止，各县(市)(区)已报筹集基金数量估值八万万元，年可收孳息八千万元。

（五）充实设备　二十九年度迄三十一年度就省国教经费及中央补助费项下划拨一，三〇三，五九〇元，为各学校充实内容设备费之用。第二期起系先从充实中心国民学校着手，再推及于国民学校。自三十二年度迄三十三年度，计列支二，一〇五，九九七元。

二、行政组织

（一）县(区)乡(镇)保组织及数量变迁

县（区）乡（镇）保组织及数量变迁，与国教推行颇有关系，兹就二十九年度迄三十四年度变迁概略，列表如左：

年度	县	区	乡镇	保	备 注
29	66	122	1428	15692	依本省民政厅公布保甲统计数目填列
30	66	122	1443	15362	同 上
31	67	66	1284	14353	依三十一年度第四期乡镇保甲户口数目统计表填列
32	68	66	1183	14346	依本省民政厅公布保甲统计数目填列
33	68	28	938	10770	依三十二年度第四期乡镇保甲户口数目统计表填列

（二）历年人口、学龄儿童、失学成人数与现有失学儿童及成人数之比较

年度	人 口	学龄儿童数	失学成人数	备 注
29	11,500,000	1,774,103	3,580,433	三十三年度终结现有失学儿童计1,394,159人,失学成人计3,850,739人。
30	11,224,032	1,400,758	3,006,498	
31	11,022,480	1,528,972	2,404,410	
32	11,605,965	1,366,691	4,131,357	
33	11,349,226	2,518,348	3,519,663	

（三）视导辅导及实验研究实施状况

本期视导辅导及实验研究实状，提要列举如次：

1．省视导人员分区出发，特别注意督导整理及增筹教育款产，拨充国民教育特种基金，并指导各乡镇组织学董会及国民教育研究会。

2．国民教育巡回辅导团，从七团缩编为一团分组出发，除推行前项工作外，并以辅导各校教员对于教学及训导技术之改善。

3．省立师范学校设置地方教育指导员，在各该师范区内，分县指导，注意中心国民学校内容之改善。

4．县视导人员，注意普遍深入，对于边僻地区，更应积极督导，并发动中心国学校辅导工作。

5．健全各级国民教育研究会机构，并以推进小学教师福利事业为中心工作，迄三十三年度终止，计全省十师范区国民教育研究会，除仙游外，均已组织成立。县国民教育研究会已组织成立者计四十四单位，乡镇国民教育研究会已全数组织成立。

6．按月编印国民教育指导月刊，大量提供实际资料，分赠国民教育各有关机关及工作人员参考。

7．继续编印国教辅导丛书及小学教师用书，充分供给研究国教人员研究。

8．订定国民教育视导要点及各级视导人员联系办法，通饬施行。

9．划拨省国教辅导人员旅费，俾能按期出发辅导，以增进国民教育工作效率，改善国教行政设施。

10．省组织联合视导团分区出发，凡担任各部门视导工作人员，均附带视导国民教育，以期周详。

11．颁发国民教育研究题，通饬国教人员切实研究，并将情形具报。

12. 省立实验小学及师范附属小学，着重于教学技术、补充教材编订及训育实施等实验研究工作之推行。

（四）政教联系工作实况

1. 订定并颁行福建省国民组训联系办法及乡镇保政教联系办法，但县各级实施不力，未著成效。

2. 乡镇保人员应切实协助筹设学校募集基金及强迫入学等工作，曾经一再通令，仍鲜成绩表现。

3. 中心及国民学校教师应协助政府办理清查户口，编组保甲，宣导政令及组训民众等工作，但能切实遵行者尚属少数。

4. 国民兵团组训时应由学校施行成人补习教育，但各县区尚未能切实办理。

5. 乡镇保人员应会同学校调查学龄儿童及文盲数，已有一部分县区正着手办理。

三、学期设施

（一）历年各种学校设置状况

年度	国民学校数	中心国民学校数	省立小学	私立小学	私立初级小学	合计	全省保数	校数与保数百分比	备注
29	3700	875	1	291	295	5162	15629	33%	本省私立小学与私立初小合并计算
30	3369	1047	1	235	295	4947	15362	32%	
31	4161	1223	13	289	171	5857	14353	40%	
32	4479	1320	13	288	109	6209	14346	43%	
33	4411	1334	14	288		6044	10770	56.1%	

（二）历年全省收容学龄儿童失学成人及毕业人数比较

年度	学龄儿童总数	收容学龄儿童数	在学学龄儿童与失学儿童数百分比	小学毕业生数	失学成人总数	收容失学成人数	在学成人与失学成人总数百分比	民教部毕业人数
29	1774103	514490	29%	19 5507	3580433	644478	18%	
30	1400758	648551	46.3%	186539	3006498	694501	23.1%	
31	1528972	770592	50.4%	230103	2404410	776640	32.2%	
32	1366691	654424	48.8%	200361	4131357	413320	10%	
33	2518348	676943	26.9%	97774	3519663	387352	20%	65202

（三）充实学校内容

本期充实学校内容系着重于中心国民学校方面，并拟定要点如次：

甲、行政部分

1．人员　校长应用合格人员，教员至少有二分之一以上系登记或检定小学教员充任。

2．校舍　全省三分之一以上中心国民学校须有适合中心学校初步设备标准之校舍。

3．设备　（1）图书依照初步设备标准积极充实，并由厅统筹编印，一面购备教师参考图书及儿童阅读书籍若干册分发各校备用；（2）设立小学自然科教具制造厂；（3）续印各科教学挂图；（4）印制表册，通饬采用。

4．辅导　注重中心学校辅导工作及乡镇国民教员研究会之举行。

乙、教学部分

1．教材　（1）采用国定本教科书；（2）编印地方教材。

2．教法　中心学校举行扩大示范教学；

丙、训导部分

1．标准　依照小学训育标准及卫生训练标准，切实办理。

2．方法　除通饬依照前项标准外，并参照本厅印行国民教育辅导丛书所介绍之各项办法办理。

至实施结果，关于行政部分者：一、合格小学教员数量稍有增加；二、合理校舍虽有增建，但未达到预定数量；三、教具挂图由省统筹转发，因交通不便，仅发驿运到达之县份，计永安等五十三县。检讨实施结果，属于优点者：一、中心国民学校师资及设备较第一期有进步；二、城镇中心学校较乡村中心学校为完善；三、省自然科教具及算术、国语、挂图对于教学上颇有裨益。属于缺点者：一、边远县份中心学校办理成绩甚差；二、中心学校未能全部负起辅导责任；三、国定本教科书供应困难，学校教材极感缺乏；四、教学优良之教员甚少；五、辅导工作未臻周密；六、教师精神食粮弥感不足；七、督导人员协助未见得力。

（四）编印地方性教材及教科书状况

本期为计划编印地方性教材，特于三十二、三十三两年度部拨国民教育补助费项下划拨一十六万元，为编印地方补充教材之用。两年来由厅编印发行者，计有高小适用地方教材十七种，乡土补充教材四册，暨保卫大福建高中低教材一套。此外，并另划经费，购备联合国挂图，发给全省各中心学校，每校一套，另编印训育挂图、名人画像、算术教学挂图、小学国语挂图等各一种，普遍分发全省各校。至教科用书，在战事未扩大至本省时，为统筹供应起见，曾有编印中小学各科讲义及读本之拟议，嗣为补救书荒起见，因有选定本之采用。所谓选定本，系就各书局出版之审定本教科书重加指定，一面责成书局供应，一面通饬各校采用，以解除书局运输课本，无法脱售，与学生购买不到教科书之痛苦。最近教育部通令采用国定教科书,并由七家联合供应,经本厅与七家联供处接洽大量供应各地学校备用,嗣因粤汉、浙赣等战事影响,交通阻梗,教科书供应遂形成本省教育上之一严重问题,今后必须设法统筹补救。

四、师资

(一)小学教员数量与素质

自二十九年至三十三年度,全省小学教员总数从一六,六五〇人递增至二一,五四三人(二十九年度一六,六五〇人,三十年度一五,二〇三人,三十一年度一八,四〇〇人,三十二年度二一,七〇七人,三十三年度二一,五四三人)。就本期两年中观察,第一年合格人数为八,八〇五人,占总数百分之四十一,第二年合格人数为一一,四五九人,占总数百分之五三。此项不合格师资由政府尽量指导,参加短期训练及升学师范学校,使进为合格教员。

(二)师资训练与进修

本省关于国民教育师资短期训练,前曾办理义务教育、民众教育、特种教育等师资训练班,并于各师范学校开办甲乙丙三种简易班,(甲种招收初中毕业程度,学生修业半年;乙种招收小学毕业程度,学生修业二年,丙种招收初中毕业相当程度,学生修业一年)从事训练,嗣以省立师范学校,业已增设一一校,依照规定办理普通师范科、简易师范本科暨艺师、体师、社师、幼师等科。县立简师迄三十三年度止,已设九校,每年毕业生尚足供应各地需求,不另办理短期师资训练,藉以提高师资素质。至关于小学教员假期训练班,则按年均依部颁办法举办,计二十九年度举办一八县,三十年度举办二二县,三十一年度举办三八县,三十二年度举办三三县,三十三年度举办五一县。在最近两年中,第一年参加训练三,一四六人,及格者二,九五八人;第二年参加训练五,〇一八人,及格者四,九一六人。在本期中,为使各县

(市)(区)举办小学教员假期训练,有实际效益起见,由厅依照部颁小学教员假期训练教材大纲编订讲义,印发备用。此外,如鼓励短期师资训练班毕业,服务成绩优良人员升学简易师范学校,鼓励各小学教员参加各师范学院附设之中心学校,国民学校教员函授学校。一面遴选小学教员参加国立师范学院附设之中心学校、国民学校进修班,并组织乡镇国民教育研究会,由省发出研究题,以便定期研究。

(三)提高教员待遇

本期对于提高小学教员待遇,除由厅切实督饬各县区依照部颁小学教员待遇及服务办法,参照本省中心学校及国民学校管理规则修正条文第一〇四条之规定办理外,并按照县政人员待遇发给战时生活补助费及薪俸加成。公粮部分,三十二年度合格教员比照县级人员待遇标准发给,最高额为月给一百五十市斤,不合格教员比照乡镇人员待遇标准发给,其最低额为四十市斤。三十三年度起,一律准照县级人员待遇标准,不论合格与否,概以年龄为标准,发给食米。薪津部分,亦酌予提高,此外为注意教员专业精神起见,经订定下列数项办法以资保障:一、各县教育科无特殊事故,不得任意更动小学校长;二、小学教员薪俸按资历核叙,尽量提高;三、小学教员食米,一律准照省级人员发给,薪津亦酌予增加;四、各小学教师依照规定申请检定或登记合格者,并予尽先任用;五、甲校教员中途应聘乙校时,须先取其甲校同意证明书呈核,如无前项证明书,不予核聘;六、各校教员过去核定薪额,较现行法令为低者,得检齐资历证件,申请改叙;七、各校教员经核准聘任后,不随校长或主管教育行政长官之变迁而进退;八、教员薪津不得延欠,应领公粮,并应就学校所在地附近地点拨给。

检讨两年来实施结果,有一部份县区,确能依照规定办理,办理最为妥善者,当推林森、尤溪、泰宁 沙县等县,而县长注意教育，财政科长热诚协助，实为改善教员待遇之最大动力。

（四）小学教员任用检定及服务

本省小学校长教员之任用，以登记或检定合格者尽先委聘为原则，次及于具有代用资格之人员。教育行政机关对于中心学校教员资格审核较严，对于国民学校教员则从宽办理。两年来，服务情形，合格人员仍多浮动，所补充者，多半为不合格人员。此种现象，在待遇提高，按期发放薪津食米之县份，殊少发现，而教育经费积欠愈多者，异动愈剧，足见安定教员生活，实为当务之急。又关于举行小学教员检定登记，历年均在积极办理之中，而各县登记检定合格人员，不在学校工作，而在学校工作者，又多为未登记检定合格之人，此种反常现象，今后必须加以改进。兹将历年办理登记检定情形列表如左：〔略〕

五、经费

（一）历年中央补助费分配状况

中央补助本省国民教育经费，二十九年度一六〇，〇〇〇元，三十年度一，一五〇，〇〇〇元，三十一年度一，〇五七，六〇〇元（原额一，〇〇〇，〇〇〇元，另拨特教巡回团经费五七，六〇〇元），三十二年度一，三〇〇，〇〇〇元，三十三年度一，二八〇，〇〇〇元，合计为四，九四七，六〇〇元。兹将本期分配预算列表如左：

科 目		三十二年度	三十三年度	备注
款项	名 称	预 算 数	预 算 数	
1	国民教育经费支出	一，三〇〇，〇〇〇元	一，二八〇，〇〇〇元	三十二年度另追加预算三八一，三六
	1 补助各县市区及省立小学暨儿童教育馆充实内容设备费	三九一，〇〇〇	四二〇，〇〇〇元	

续上表

科目			三十二年度	三十三年度	备注
款	项	名称	预算数	预算数	
	2	补助各县市区教具及地方教材经费	五〇六,六〇四元	二九〇,〇〇〇元	九元,系三十一年度剩余数留用者,此项经费专拨为充实内容设备费之用
	3	国民教育研究及辅导事业费	二五二,三九六元	四七〇,〇〇〇元	
	4	国民教育示范区经费		一〇〇,〇〇〇元	
	5	建立国民教育特种基金督导经费	八五,〇〇〇元		
	6	国民教育准备金	六五,〇〇〇元		

(二)省县乡镇经费状况

年度	省列经费	县及乡镇列支经费	备注
二十九年度	一,九七五,一二九元	四,五八一,二四〇元	战时生活津贴及应给公粮不在内
三十年度	一,三二二,四二六元	八,三六九,六三九元	
三十一年度	七,〇七三,七四〇元	一九,五〇一,四八八元	

续上表

年　　　度	省　列　经　费	县及乡镇列支经费	备　注
三十二年度	八七七,〇三一元	一八,九八四,八四八元	
三十三年度	七五六,四四〇元	二四,九五四,四一七元	

（三）筹集国教基金及学田拨充校产状况

三十二年度关于学校基金之筹集者计二六、七五五、五三九、六八元，筹集国民教育特种基金计连江、南安、大田、长汀、漳平、永定、连城、武平、清流、明溪、屏南、泰宁、水吉、华安、宁化等十五县，共计二八,八九六,一三四元，至学田拨充校产者，计有连江三二,一七七·五斤，南平一一,三〇〇斤，顺昌八六,六二四斤，将乐七九三,二九亩，尤溪四一六,一二九斤，浦城七一七,二〇〇斤，邵武六七,六六〇斤，崇安七〇,三〇亩，古田四二二,〇五亩，水吉七七五,二六亩，永春三四四,六四亩，长泰五三,二七亩，永定四七,〇〇〇斤，漳平三四,六〇〇斤，连城九四〇,七八亩，武平一,〇〇八,九〇九,七六斤，清流五,〇四〇斤，明溪六六,九五亩，仙游五二,二一亩，福清四〇三,九六亩，德化二六,二八亩，沙县三〇,一五五斤，建瓯四二,六〇八斤，周墩二〇,〇〇〇斤，柘洋四,一〇〇斤。

三十二年度筹集国教基金之结果，计有田地六二,六三一·一四亩，年收干谷一二八,〇四八·九三担，现金一〇,五八四,七九九·八五元，债券一一,九七〇,四七三·二九元，另募有按年献谷二八,六八〇·五一担，按年献金四八七,二二〇元，其他收入二,二二一,四二二元，总计母金约达八万万元，年可孳息约八千万元。

六、结论

本省自二十九年开始推行国民教育,迄今已届五年,间因战事及国民经济基础未臻巩固,致影响预定计划。兹将三十三年度本省施政总检讨结果,订定推进办法,以为今后实施之标准。爰将前项要点列左,作为本编之结论。

福建省各县(市)(区)推进国民教育实施要点

一、中心国民学校经费公粮,由县市区政府统筹国民学校,以每保设置一所为原则,经费公粮由保自筹。

二、凡已设有国民学校之保,原有国教基金足敷国民学校经费及教职员公粮者,应即组织学董会接办,其不足者应组织学董会,责令限期筹足,接办贫瘠之保,亦应令饬组织学董会,限期募集基金接办。

三、凡未设国民学校之保,应由县市区政府订定设校计划,划饬保组织学董会,筹集国教基金,限期成立,原在该保筹集之国教基金,即予发还。

四、本年度预算所列国民学校经费暨国教员役生活补助费公粮等,除签发各保外,所任经费公粮(员额保留)仍予保留充作补助贫瘠保国民学校之用,但以有收入来源者为限。

五、下年度应比照上年度预算编列贫瘠保国民学校经费、生活补助费公粮项目。

六、国民教育特种基金由各保学董会保管者,县市区政府应严密监督,随时予以考查,如发现舞弊侵蚀情事,应依法究办。

七、凡未经划入国教基金之学田学产,应由县市区政府编列预算,拨充中心国民学校经费。

八、保国民学校校长,由保学董会遴选合格人员报请县市区政府核委,教职员由校长遴聘合格人员报核。但合格人员不敷时,得呈准聘用代用教员,此项教员应于每年暑期予以调训。

〔国民政府教育部档案〕

6. 教育部国民教育司司长顾树森关于三十二年实施国民教育工作总检讨呈稿①

（1944年3月18日）

卅二年度后方各省市实施国民教育者，共有十九省市，根据各省市报告设校数字，统计结果，计设有中心学校共二五，七一三校，国民学校共一九四，一四四校，两共二一九，八五七校，若以十九省市之保数三〇一，六三七保计之，则平均为三保设有二校强，尚有其他小学二五，一六五校未计算在内，此为十九省市设校之大概情形也。至所收容儿童数，计中小学校共五、一三三，五二七名，国民学校共一〇，九七八，四一三名，其他小学共收一，九六九，五〇一名，三项共收儿童一八，〇八一，四四一名，再加在学龄儿童期内已受义教而不在校者，共有五，三三三，三五六名，合计学龄儿童已入学者共为三三，四一四，七九七名，若以十九省市学龄儿童总数共为三三，〇三四，〇三六名计之，则入学儿童占学龄儿童总数为万分之七〇·八，此为儿童入学之大概情形。至所收容成人数，计中心学校共收成人一，六七九，三一三人，国民学校共收成人六，七六九，〇二一人，两共收成人八，四四八，三三四人，再加以十七年至三十年共扫除文盲三〇，六二三，七七六人，三十一年共扫除文盲八，二二四，一〇二人，共扫除文盲四七，二九六，二一二人，若以全国文盲总数二万万二百万内减去此数，则尚有文盲一五四，七〇三，七八八人，占全国人口总数百分之三十四强。此为扫除文盲之大概情形也。

至前方游击战区各省市，对于推行国民教育，亦有相当进展，三十二年度共计设有中心学校一，四六五校，国民学校一

---

① 此文稿部分衔接处似有脱漏。

八,〇三一校,两共一九,四九六校,尚有其他小学一五一,九三二校。其中以山东一省,推行国教最为努力而最有成绩,所收儿童数,因报告未全,无法统计,此为前方游击战区各省市实施国民教育之大概情形也。

若以后方推行国民教育之十九省市设校数字分别计之,则:(1)已达一保一校者有湖南、河南、广西、四川、陕西五省;(2)已超两保一校者有江西、广东、甘肃、贵州、安徽、青海、重庆七省市;(3)已达二保一校者,有云南、浙江、西康、宁夏四省;(4)超过三保一校者有湖北、福建二省;(5)新疆省因保甲尚未改编完成,现正在进行中。兹分别述其概况如下:

(1)已达一保一校者

(甲)湖南省

该省为推行国民教育最努力之一省,不但于二年内已完成一保一国民学校,一乡(镇)一中心学校,且于人烟稠密之区,均设有分校或分班,故实际校数,超过保数及乡镇数甚多。且各校均有捐募田亩为其基金,多数学校每年可收田租四五十石至一千石以上。而教职员薪给,以致改发米谷为原则,故其待遇提高,合格教师因之加多,学校质量因之改善。但自田赋征购实物后,各校基金,不免发生动摇,学校收入,亦随之减少。

(乙)河南省

该省亦为推行国民教育最努力之一省,在三十一年度,已达到一保一校,其故由于主持省政者,对于县行政人员之考成,以办理国民教育成绩为主,如有办理不力者,立即撤换,而厅方对于训练师资及统一教材,办理均极努力,故其成绩特著。且该省又能利用征工征料,兴建新校舍,故在短时期内,得以普遍设置学校。又,该省办理民教部,较有成绩,入学民众已达失学民众百分之四十,尤以第十一区办理民教部之妇女班成绩为最佳。

(丙)广西省

该省为推行国民教育最早之一省,其设校数量,亦已达到一保一国民学校,一乡镇一中心学校之规定。但其推行之初,以扩充设校数量过促,师资训练未能充分准备,大多数之教师为小学毕业生,仅受过短期之训练而已,故其质量方面,实较逊于其他省市。现虽积极加以整理,并从速训练未来之教师,但以数量多,一时尚未能见效。

(丁)四川省

该省推行国民教育,原定三年内完成,现除马边等二十三县局,因边区情形特殊,呈准行政院得分别展缓完成新县制,国民教育亦因之展缓外,其余各县均已达到一乡镇一中心学校、一保一国民学校之规定,入学儿童已达百分之八十左右。其成绩特别优良者,而荣县一县,各乡镇各保之中心学校与国民学校,均有完整之校舍,并与乡镇公所及保办公处均合在一处,故政教联系工作十分切实,可谓全省之模范县。该省视导工作相当完密,各县督学达四百五十人。教师待遇亦相当提高,筹集基金已达一万万元以上。惟学校内容,大部份尚未能充实,民教班尚未能照计划设齐,师资培养,仍与实际需要相去甚远。

(戊)陕西省

该省设置中心学校及国民学校数量,虽超过乡镇数及保数甚多,但该省所编乡镇及保之区域,均较县各级组织纲要规定之标准超过甚巨,故学校数量,虽已超过标准,事实上距普及之期尚远,入学儿童仅能达到学龄儿童总数百分之五十以上,现正令其增设分校,以事补救。又,该省各县女子入学者特少,亦已令其设法纠正。

(2)已超过二保一校者

(甲)江西省

该省各县,原设有保学,相当普遍,但大都内容简陋,设备不足,故在推进国民教育之初,教厅为慎重起见,分年将保学逐渐整理,改为国民学校,结果除南昌等十四县游击区未改外,其余修水等六十三县,已设中心学校一,七三五校,国民学校一〇,九一一校,已超过二保一校,再加原有之保校合并计算,实近乎一保一校。该省教师待遇未能十分提高,因之合格教师较少,幸由地方自行筹给学谷五市斗至六市斗,尚能勉维教师生活。人民自动捐资兴学之风亦甚盛,且于第四区内校舍俱系新建,办理民教亦颇有成绩,惟多数县份,办理民教部不甚努力,各县教育款产多未整理,亦未成立特种基金。

(乙)广东省

该省共设中心学校三,二三五校,在前方各县,已达每乡镇一中心学校,共设国民学校二〇,六三八校,在后方各县,亦已达到平均每二保一校;在游击区各县,则平均每三。五保设置一校。该省各县地方人士多热心兴学,故筹款建校之风较盛,多数学校基金筹有成数,每年收租达二、三百石者不少,因之学校本身有校产,地方有津贴米谷,各地小学教师待遇较高于他省,故该省小学教师素质甚健,小学毕业生担任教职者甚少。惟该省中心学校,办理民教部者为数尚少,国民学校更无论矣。

(丙)甘肃省

该省乡镇数为八二九,已设中心学校六九一校,共有七,六五五保,已设国民学校六,〇六六校,实际已超过二保一校甚多。该省国教费较诸战前激增至二十五倍,居全国第一位,教师待遇亦相当提高,故教师服务精神亦健。各县整理教育款产颇著成效,惟县督学视导工作,未见周详切实。内地各校学额,不能十分充实,女子教育,颇不发达,与陕西同。乡镇自筹经费太少,民教部亦未能普遍设置。

(丁)贵州省

该省为贫瘠之区,原有初等教育本不发达,故实施国民教育分为三期进行:(一)贵筑等十二县及贵阳市,分三年完成;(二)盘县等二十六县，分六年完成；(三)岑巩等四十县，分九年完成。截至三十二年底止，已设中心学校一，四一八校，国民学校六，五四四校，平均实已超过二保一校，其办理情形，尚称切实，并能超过原定计划。各县地方自筹国教经费达一千万元以上，占县教育费百分之五十七。各地方自筹修建校舍亦相当踊跃，自筹学校基金亦达三百余万元。惟各校学额均欠充实，民教部未能努力推进，合格师资仍嫌不足，均为该省之缺点。

(戊)安徽省

该省自三十一年度起，开始实施国民教育，共有一，五八九乡镇，现已设中心学校一，五五三校，共有一五，六一八保，已设国民学校九，三七六校，故实际上亦已超过二保一校。该省小学教育，原有相当基础，故增设学校，异常迅速，一切设施亦有相当成绩。且该省三面临敌，教师待遇，异常菲薄，而一般教育人员，仍能安心服务，埋头苦干，殊称难得。其缺点为：(一)省教育经费，不能按月发放；(二)各县教育款产，多被挪用，未能成立特种基金；(三)学校基金，亦未能筹足。

(己)青海省

该省原有二三四乡镇，已设中心学校一三一校，原有九三七保，已设国民学校八〇五校，亦已超过二保一校，惟学校内容，尚欠充实，教师素质甚差，民教部亦未能切实办理。

(庚)重庆市

该市有七一镇六三二保，已设中心学校五十五校，国民学校一〇二校，与第一期平均三保有一校之规定，相距尚远。但该市区内，街道纵横，人口密集，与内地各县所编之乡镇保情形不同，依照规定，得联合数保设立一国民学校，故以中心学校与国民学校数相加，共为一五七校，若以三保合设一校计，则可谓四百七十余保，均已有合设之国民学校一所。尚有一百余保，尚未有合设之校。若以全市学童九九，四九九人计，已入学及已受儿童教育者,共为五四,七六六人,失学儿童为四四,〇六七人,尚不及百分之六十。惟该市主要困难,为校舍不易寻觅,设校计划,不易实现,地方财力与物质,供应不能配合,故今后尚有待于行政方面之努力。

(3)已达二保一校者

(甲)云南省

该省已设中心学校一,八三一校,国民学校一六,四五八校,平均已达每二保有一校之标准。入学儿童占学龄儿童总数百分之六十余,受教育成人约占失学民众百分之三十,师资训练有省县立三十五个师范学校及各县办理一年师训班,培养合格师资,每年可补充二千七百余人。教师待遇,亦相当提高,并能发给米谷津贴,实行年功加俸。各县市自筹之国教费,计有三千一百余万,占各县市全部教费百分之七十。边地三十一县局设有二十六县边地省立实验中心学校,以为边地国教示范。

(乙)浙江省

该省因受历年战事影响,致推行国民教育相当迟缓。现已设中心学校一,七二一校,国民学校八,七七八校,仅能达到平均每二保有一校之规定。因该省原有富庶区域,初等教育前称发达者,今已大部份沦陷为游击战区,其余贫瘠之区,推行不无困难。该省各县教育经费特别不能按年增加,能达到规定百分之二十五标准者,绝无一县,至多百分之二十,平均为百分之十五强,反不如后方各省市增加数量之多。民教部不能一律办理,地方公款公产,已为乡镇公所支配殆尽,学校筹集基金,甚为困难。

(丙)西康省

该省设有中心学校一三一校,国民学校一,二二五校,亦已达二保一校之标准。该省原以省教育行政未能十分健全,致一切教育设施未能进展,现已逐渐加以整理与改进,学校内容,亦渐次充实，视察考核亦相当严密，今后或可与其他省市做到水平线以上。

（丁）宁夏省

该省设有中心学校七六校，与乡镇数一三一相较，相差尚远，但其保数为六三九保，已设有国民学校三五〇校，亦已达到二保一校之标准。学校内容，尚欠充实，教师质量亦差，且甚缺乏。

（4）超过三保一校者

（甲）湖北省

该省设有中心学校一，四六三校，与乡镇数相较，尚差二百余校。已设国民学校一一，五三〇校，与保数相较，平均尚能达三保一校。该省国教经费，由县自筹者为三百余万元，由乡镇自筹者为一千一百余万元。而省方之国教费，其用途过于分散，以致应办事件不办，而反有积余移作他用。地方自筹经费，无确实来源，以致时断时续，各校多未办理民教部，各校每班只设教员一人，且多教法陈旧，课程不齐，师范毕业生中，十无一二能遵章服务者。

（乙）福建省

该省设有中心学校一，二八三校，与乡镇数相较尚差一百余校，已设国民学校四，一六七校，平均仅能达到三保一校。该省因受省行政之牵制，省教育行政未能充分发挥其力量，致未能达到预定之计划。且最近主持省政者，以中心学校与国民学校，同时并重其量，今后国民学校非特不能按照计划增加，且将有减少之势。该省原有国教经费，多划由乡镇自治捐筹给，今自治捐奉令取消，国教经费，根本无着。最近则国民学校与中心学校经费，全划归乡镇预算范围内列支，县教育经费预算内，并不列入，而移作办中学及民教馆经费之用，国教经费，根本动摇，危险孰甚，且与中央核定中心学校国民学校应隶属于县之本旨相抵触。虽该省已集有学校基金达一万万元之巨，但亦不足以弥补。

（5）新疆省

该省保甲尚未编制，故设置中心学校与国民学校，尚未有正确之数字。

〔此处有脱漏〕

（三）学校隶属问题　县为自治单位，一切组织机构，较为完备，县事业附属机关，自应隶属于县政府较为相宜，乡镇虽为县以下之基本单位，但对于主持文化教育机构仅设有文化股，而其职务由中心学校教员担任，保仅设文化干事，如期将中心学校及国民学校隶属于乡镇保组织之下，事实上易致窒碍难行，而于事业之推行，恐亦有莫大影响。

（四）教育经费之保障问题　保障教育经费载在我党政纲约法，为我国兴学以来唯一之政策，历次参政会及中央全会均有建议及决定，自财政统收统支实行后，各级机关往往藉口挪移教育经费，成为各地推行国民教育最严重问题，其实统收不过为管理财务之行政手续，并非经费支配权之移转。且私人捐资兴学以及整理学产，亦因教费之无保障，意存观望，不易实施，瞻念前途，不胜杞忧，似应特别设法解决。

（五）师资之缺乏问题　各省市因学校数量大加扩充，而原有优良教师，多因待遇问题，纷纷改业，以致无法解决。现有师范学校学生八万余名，每年仅能毕业一万余名，不及需要数量的百分之三十，亟宜宽筹经费，办理短期训练，以解决目前之困难，一面并应由各省市注意师范训练及提高现任小学教员待遇，以为根本之救济。

（六）失学民众补习教育问题　推行失学民众补习教育，本为中心学校及国民学校民教部之责任，目前除豫、桂、赣、闽、湘、川各省办理较有成绩外，其余各地尚有未能全部实施者。虽经教育部一再严令督促，渐次增设，今后仍应设法推进，一面谋得解决民众入学之种种困难,一面应由行政当局及学校切实注意办理。

以上所述,胥为目前实际情况,今后对于进行顺利各点,益矢奋勉,以期策进而收宏效。对于困难各点,实为事实上所必需解决者。谨请撮要折呈,伏乞钧座鉴核。指示方针,庶几今后国民教育之推行,得以顺利进展,而完成国家百年大计。谨呈

部长核转

委员长 蒋

职

教育部国民教育司司长顾〇〇

卅三、三、十八、

〔国民政府教育部档案〕

7. 教育部关于办理三十三年度国民教育概况的报告书

(1945年7月10日)

一、总述

三十三年度推行国民教育之省市,除后方四川、重庆等十九省市外,战区鲁、苏、绥等省,亦酌量推行。教育部鉴于各省市设校数量多已超过预定计划,故自本年度起,注意充实学校内容,提高教员素质,以求质量并顾。并扩充民教班与妇女班。

二、设校

包括四川、贵州、云南、广西、广东、浙江、甘肃、安徽、西康、新疆、青海、宁夏、重庆、山西、绥远、察哈尔、河北、福建、江西、湖南、湖北、河南、陕西、山东、江苏、上海等二十六省市实施状况统计:

(一)三十三年度设置学校数:

(1) 国民学校——二三四,七九六校

（2）中心国民学校——二九，四九四校
（3）其他小学——三七，四七九校
（二）三十三年度学生数：
甲、国民学校
（1）儿童数——一〇，一五〇，〇四一人
（2）成人数——六，〇一七，五四三人
乙、中心国民学校
（1）儿童数——六，五三一，二六三人
（2）成人数——二，四六九，二五五人
丙、其他小学儿童数——二，九五六，四四二人
（三）教员数
（1）国民学校——三八〇，九三五人
（2）中心国民学校——一九七，〇六七人
（3）其他小学——六六四，九二二人

至三十三年度入学儿童占学龄儿童之百分比，根据后方实施国民教育之川、黔、滇、桂、粤、浙、闽、赣、湘、鄂、豫、陕、甘、皖、康、新、青、宁等省及重庆市统计，达百分之七十三强。

三、推行失学民众补习教育

三十三年度为加强推行失学民众补习教育起见，教育部特订颁机关团体附设民众学校办法，通饬机关团体积极办理。此外，复订定普及失学民众识字教育计划大纲及三十四年普及失学民众识字教育实施计划，拟于三十四年度起实施。

四、教员进修训练与待遇

子、教员进修，继续依照各省市国民学校教员进修办法大纲之规定办理，其主要事项如左：

甲、编印进修刊物——继续编印国民教育指导月刊及国民教育实际问题小丛书，分发各中心国民学校，以辅导教员进修。

乙、组织各级国民教育研究会——依照教育部颁"各级国民教育研究会组织通则"及"各级国民教育研究会筹组办法"之规定，督导各省市组织各级国民教育研究会。计组织完成者省市级有五单位，省师范学校区级有三十八处，县市级有三百六十三处，乡镇级有七千三百十一处，共计会员九万三千零九十六人。

丙、举办进修班及函授学校——依照师范学院附设中心学校及国民学校教员进修班暨函授学校办法规定指定国立师范学院及国立西北师范学院附设国民学校教员进修班，由各省遴选成绩优良教员，入班进修。本年结业返省服务者计二十四人。指定国立中央大学、国立浙江大学、国立中山大学师范学院，暨国立西北师范学院，国立女子师范学院附设国民学校教员函授学校。报名参加者，每校达三百人至六百人。

丑、教员训练——三十三年度内各省市继续举办小学教员假期训练班，已据呈报者有滇、湘、川、新、黔、鄂、粤、豫、陕、闽、宁、康、渝等十三省市，受训学员共四万零六百九十一人。

寅、教员待遇——三十二年度全国小学教员之待遇较上年度尚能普遍提高，薪给之平均数为每月一百元，米谷津贴以来原增等不易，与上半年度甚出入，其平均数仍在每月三市斗至四市斗之间，生活补助费除西康、新疆等省外，各省市已普遍发给。其平均数为每月五十五元。三十三年度全国小学教员之待遇，较诸三十二年度仍能普遍提高。其薪给之平均数为每月一百五十元。米谷津贴之平均数为每月七市斗。生活补助费之平均数为每月二百元。

五、课程教材及设备

子、订颁国民学校民教部课程标准　民教部暂行课程标准业经修订为国民学校民教部课程标准，于三十三年一月公布施行，是项标准分为：一、总纲，二、国语科，三、常识科，四、算术科，五、音乐科等五项。

丑、继续编印国定本小学教科书　国定小学教科书除上年度编印者外，本年内继续编辑出版者有高小国语、公民、历史、地理各第二、三、四册，初高小算术及高小自然第一、二两册。

寅、设备　教育部于三十三年三月及十二月，先后订颁国民学校暂行设备标准，及中心国民学校暂行设备标准，并饬各省市拟具实施计划，核准施行。

六、经费

国民教育经费之来源如下：

子、中央补助费　三十三年度为三千二百四十一万二千三百八十元，除以二千一百万另二千七百六十元分别补助各省市中心国民学校，国民学校作为充实学校内容，办理辅导研究及举办短期师资训练等用途，令饬拟具分配预算表呈核外，其外一千一百四十万九千六百二十元，由本部编拟分配预算，作为充实全国中心国民学校、国民学校设备，及补助公私立小学及民众学校、办理实验研究教师进修训练教材编订，暨奖励办理国民教育成绩优良之县市及优良人员等之用。此外，尚有临时事业费八十万元，指定作为战时国民教育推进及救济费。

丑、地方经费　分省市及县市两部分，三十二年度实施国民教育之四川等十九省市国教经费，较上年度均有增加，省市部分共有三千七百九十一万零四十元，县市部分共有四万一千四百八十五万三千九百二十六元。

寅、国民教育基金　本年将前颁保国民学校及乡（镇）中心学校基金筹集办法，根据实施经验，予以修正。至各省市筹集基金数额至三十三年四月份止，川、滇、黔、桂、粤、闽、浙、赣、湘、皖、豫、陕、甘、青、渝等十五省市共筹得十万三千八百十八万三百三十三元。

〔国民政府教育部档案〕

8. 抗战前后国民教育比较表

(1936—1944年)

(甲)全国国民学校及小学之校数、儿童数、教职员数

学 年 度 别	学 校 数	儿 童 数	教职员数
二十五学年度	320,080	18,364,956	702,831
三十三学年度	254,377	17,221,814	655,611
二十五学年度较三十三学年度增减数	-65,703	-1,143,142	-47,220
增减百分比%	-20.52	-6.22	-6.70

(乙)推行国民教育十九省市之国民学校及小学之校数、儿童数、教职员数

学 年 度 别	学 校 数	儿 童 数	教 职 员
二十五学年度	194,546	11,670,588	447,163
三十三学年度	231,722	16,204,080	614,126
二十五学年度较三十三学年度增减数	+37,176	4,533,492	+166,963
增减百分比%	+19.11	+38.85	+37.34

说明：1. 第一表内二十五学年度初等教育之各项数字系根据全国二十八省五市二区之材料编制，战事发生后各学年度材料来源如下：三十三学年度为江苏、浙江、安徽、江西、湖北、湖南、四川、西康、河北、山东、山西、河南、陕西、甘肃、青海、福建、广东、广西、云南、贵州、绥远、宁夏、新疆、重庆市等二十四省市之材料。

2. 第二表内二十五及三十三学年度之各项数字系推行国民教育十九省市之材料，计浙江、江西、安徽、湖北、湖南、四川、西康、陕西、河南、甘肃、青海、福建、广东、广西、云南、贵州、宁夏、新疆等省及重庆市。

〔国民政府档案〕

9. 全国学龄儿童及已入学儿童数统计表

（1936—1945年）

学 年 度 别	学龄儿童数	已入学儿童数	已入学儿童占学龄儿童之百分比	Academic year
三十四学年度	61,800,000	24,201,911	39.2	1945—1946
三十三学年度	59,200,000	21,897,468	37.0	1944—1945
三十二学年度	59,200,000	21,409,547	36.2	1943—1944
三十一学年度	59,200,000	20,186,255	34.1	1942—1943
二十五学年度	67,815,000	21,038,830	31.0	1936—1937

说明：1. 学龄儿童数根据浙江芝溪县人口调查之年龄分配比例（6岁至12岁占15.07%）计算；

2. 已入学儿童数包括在学儿童数及曾入学儿童数，超龄儿童（约占全部在校儿童23.9—20%）不计算在内。

〔国民政府教育部档案〕

10. 历年度全国国民

（1936—

学 年 度 别	学校数	学级数	儿 童 数	毕业儿童数①
三十四学年度	269,937	680,298	21,831,898	4,688,606
三十三学年度	254,377	513,969	17,221,814	3,871,688
三十二学年度	273,443	530,993	18,602,239	3,798,116
三十一学年度	258,283	505,371	17,721,103	3,308,307
三十学年度	224,707	424,227	15,058,051	2,952,148
二十九学年度	220,213	382,971	13,545,837	2,787,923
二十八学年度	218,758	368,975	12,669,976	3,027,885
二十七学年度	217,394	383,634	12,281,837	2,733,846
二十六学年度	229,911	410,093	12,847,924	2,497,378
二十五学年度	320,080	559,534	18,364,959	……

说明①：毕业儿童数包括高级部及初级部毕业儿童数在内。

学校及小学概况表

1915年）

教职员数	岁出经费数(元)	Acaedmic year
785,224	21,863,334,281	1945—1946
655,611	1,833,746,308	1944—1945
696,757	1,164,939,346	1943—1944
669,616	567,077,733	1942—1943
547,735	354,054,155	1941—1942
490,053	172,746,505	1940—1941
427,854	65,870,491	1939—1940
432,630	64,932,910	1938—1939
482,160	73,444,503	1937—1938
702,831	119,725,603	1936—1937

〔国民政府教育部档案〕

11. 各省(市)中心国民学校基金筹集情形表

（1940—1944年）

省市别＼基金数＼年份	二十九及三十年筹集数	三十一年增筹数	三十二年增筹数	至三十三年底所报各年共筹数
四　川	20,841,995	82,869,024	11,482,320	115,193,319
贵　州	1,561,408	8,922,869	18,756,562	29,240,839
云　南	53,514,395	66,611,122	49,500,462	169,625,979
广　西	48,267,369	201,518,480	尚 未 报	249,785,849
广　东	9,966,660	79,578,590	82,612,664	172,152,914
福　建	941,139	25,814,400	90,098,241	116,853,780
浙　江	6,778,178	118,761,643	139,108,416	264,648,237
江　西	22,183,446	91,451,761	119,985,054	233,620,261
宁　夏	无	未　　筹	尚 未 报	未　　筹
湖　南	39,528,860	未　　报	862,455,814	901,984,674

续上表

年份基金数省市别	二十九及三十年筹集数	三十一年增筹数	三十二年增筹数	至三十三年底所报各年共筹数
湖 北	未 报	未 报	本年行政会议议不单独举办，并入乡镇财政统筹	未 筹
安 徽	5,500,738	13,805,428	尚未报	19,306,166
河 南	12,784,539	18,884,441	119,202,404	150,871,390
陕 西	33,866,467	26,322,625	5,861,902	66,050,994
甘 肃	1,346,659	4,033,732	22,816,214	28,196,605
重 庆	1,260,000	三十、三十一两年因敌机轰炸所筹不下百万元，均用于恢复校舍		1,260,000
西 康	无	无	1,239,429	1,239,429
新 疆	无	未 报	未 筹	未 筹
青 海	1,725,959	109,984	尚未报	1,916,943
共 计	260,062,792	738,765,105	1,523,119,482	2,521,947,379

〔国民政府教育部档案〕

12. 各省（市）举办小学教员假期训练班受训学员人数比较表

（1941—1944年）

省(市)别	三十年度	三十一年度	三十二年度	三十三年度	总　　计
甘肃省	三二五人	三〇〇人	二一〇人	未据报	八三五人
贵州省	九一六人	一,九八六人	五,一八七人	四,二四九人	一二,三三八
重庆市	一六〇人	六二人	一六九人	一三五人	五二六人
广东省	四,八九〇人	二,五〇〇人	五〇〇人	一,〇〇〇人	八,八九〇人
广西省	四,二〇〇人	四,二〇〇人	六〇〇人	未据报	九,〇〇〇人
四川省	一五,四二三人	三一,四六四人	一二,七三三人	九,七〇八人	六九,三二八人
湖南省	二四,五〇〇人	一〇,七〇〇人	三,七四六人	一二,五五〇人	五一,四九六人
河南省	三,〇三三人	二,五〇七人	二,四二〇人	一,二〇〇人	八,九六〇人
云南省	七,七五二人	一五六人	七〇〇人	一,七二〇人	一〇,三二八人
江西省	二二一人	二,〇〇〇人	三,九六二人	未据报	六,一八三人
新疆省	未实施国民教育	一,〇七五人	九〇〇人	一,二一五人	三,一九〇人
福建省	四二二人	二,四〇〇人	未据报	六八六人	三,五〇八人

续上表

省(市)别	三十年度	三十一年度	三十二年度	三十三年度	总　计
迁建区	一〇四人	未　办	未　办	未　办	一〇四人
浙江省	二,七〇五人	未　办	九五八人	未据报	三,六六三人
陕西省	未据报	二六六人	四〇〇人	二,二〇〇人	二,八六六人
宁夏省	未实施国民教育	五〇〇人	未据报	三二八人	八二八人
安徽省	未实施国民教育	一,〇二五人	二五〇人	未　办	一,二七五人
湖北省	未实施国民教育	一,三〇〇人	七八六人	四,八〇〇人	六,八八六人
西康省	未实施国民教育	二一五人	未据报	九〇〇人	一,一一五人
青海省	未实施国民教育	七一九人	未据报	未据报	七一九人
合　计	六四,六五一人	六三,三七五人	三三,五二一人	四〇,六九一人	二〇二,二三八人

说明：1．三十年举办小教假训　　十三省市及迁建区

2．三十一、二、三年举办小教假训　　十九省市

〔国民政府教育部档案〕

13. 各省（市）办理国民

（1941—

	年度 项目	三十年度	三十一年度
学校数	国民学校	一三八,〇七三	一六九,六一一
	中心国民学校	一八,五一〇	二三,二一四
	其他小学等	七五,五六二	六一,九六一
学生数	国民学校 儿童	九,三一一,五九三	一一,〇四一,八四二
	国民学校 成人	四,九〇八,〇一六	六,八九八,一一九
	中心国民学校 儿童	三,一五六,七二八	四,〇六四,一四四
	中心国民学校 成人	一,〇五八,四八八	一,三二五,九八三
	其他小学校	三,九九〇,〇五九	三,五八六,二九八
教员数	国民学校	二四九,九五五	三八〇,〇二九
	中心国民学校	一四五,二三四	一五六,八〇九
	其他小学等	一五六,二一三	九四,六五六
失学儿童占学龄儿童之百分数		百分之四十二强	百分之六十六强

教育历年进度概况表

1945年）

三十二年度	三十三年度	三十四年度
二二一，七八四	二三四，七九六	二一四，三七〇
二七，七五〇	二九，四九四	二六，八一二
四二，七一八	一二七，四七九	一七，二九七
一一五，〇八，五五四	一〇，一五〇，〇四一	一〇，九五九，一〇九
六，六四六，八八一	六，〇一七，五四二	六，六六六，四一八
五，一九三，四五一	六，五三一，二六三	四，九八一，一六四
一，六二四，一九三	二，四六九，二五五	二，四二四，四四九
三，〇九五，六八四	二，九五六，四四二	一，七六三，〇六二
四一三，三六五	三八〇，九三五	三八〇，三六八
一八五，一八一	一九七，〇六七	二〇五，五五九
六九，四八三	六六四，九二二	一二七，三九五
百分之七十强	百分之七十四强	百分之七十六强

附 注

一、本表系包括四川、贵州、云南、广西、广东、浙江、福建、江西、湖南、湖北、河南、陕西、甘肃、安徽、西康、新疆、青海、宁夏、重庆、山西、绥远、察哈尔、河北、山东、江苏、上海等二十六省市。

二、本表系根据各年度统计数字。

三、入学儿童与学龄儿童总数之百分比系以实施国民教育之十九省市为准。

〔国民政府教育部档案〕

14．历年度全国幼稚园概况

（1937—1945年）

学年度别	幼稚园数	班 级 数	儿童数	保育期满儿童数	教职员数
三十四学年度	1,029	2,889	106,248	28,281	2,407
三十三学年度	428	1,527	50,491	20,193	1,393
三十二学年度	441	1,190	46,202	16,910	1,021
三十一学年度	592	1,398	51,749	14,305	1,014
三十学年度	367	925	58,339	12,060	789
二十九学年度	302	791	28,517	8,395	973
二十八学年度	574	754	40,479	7,597	946
二十七学年度	857	1,157	41,324	8,301	1,491
二十六学年度	839	1,180	46,299	9,825	1,400
二十五学年度	1,283	1,988	79,827	—	2,607

说明：幼稚园数系指单独设立者而言，其余各数包括单独设立者及小学附设者两种数字。

〔国民政府档案〕

15. 后方十九省（市）三十四年度实施国民教育成绩简表

（1945年）

一、十九省市校数

中心国民学校　二五,六〇四 ⎫
国　民　学　校　一九六,一一七 ⎬ 二三七,〇〇〇校
其他小学等　　一五,二七九 ⎭

各省共有三一五,七八〇保,平均四保设有三校。

二、学生数比较

（一）在校儿童

中心国民学校　四,六九一,四二九 ⎫
国　民　学　校　一〇,一九八,九九九 ⎬ 一六,一七四,九〇二
其他小学等　　一,二八四,四七四 ⎭

（二）已受一年至四年之义务教育儿童（现不在校）共一二,九八五,九〇一名。

（三）以上两项共计已受教育儿童二九,一六〇,八〇三名,十九省市共有学龄儿童三八,一七三,七六五名,故已教育儿童占学龄儿童总数百分之七十六强。

三、失学成人数比较

（一）本年度受教成人共九,二一九,五四二名。

（二）以前各年受教成人五五,九八八,六五五名。

（三）全国共有文盲约二〇二,〇〇〇,〇〇〇名,历年共扫除六五,二〇八,一九七名,尚有文盲一三六,七九一,八〇三名,占全国人口总数百分之三十强。

（四）十九省市文盲总数九二，八九〇，二二七名。

（五）十九省市历年共扫除文盲五三，一六三，〇七七名，尚有文盲三九，七二七，一五〇名，故十九省市入学成人占文盲总数百分之五十七强。

〔国民政府教育部档案〕

〔三〕中等教育

（一）战时中等教育政策与措施

一、普通中学

1. 教育部颁发国立中学课程纲要

（1938年2月25日）

一、总纲

一、国立中学课程分精神训练、体格训练、学科训练、生产劳动训练及特殊教学与战时后方服务训练五项。

二、学科训练集中于每日上午，生产劳动训练及特殊教学与战时后方服务训练排列于下午，精神及体格训练均分别于晨间及下午举行之。

二、精神训练

三、依据中华民国教育宗旨及其实施方针，以实施三民主义教育为训育之最高原则，以实践新生活为其入手方法。

四、每晨举行升旗礼（四月至九月晨五时半举行，十月至三月晨六时半举行），下午举行降旗礼（四月至九月下午五时半举行，十月至三月下午五时举行），全校员生均须一律参加。升降旗后，由校务委员、校长、各主任轮流训话，每次约三十分钟为限。

五、每周日曜日上午七时举行。总理纪念周，就总理遗教、三民主义、建国方略、建国大纲、军事及政治经济上重要事项，国际形势及我国与各国之关系，由主要教职员或特聘专门人员分别为有系统之讲述。各日曜日应充分利用，作为会操、旅行、劳动或服务日。

六、初中实施童子军管理,高中实施军事管理,学生须一律着制服。

七、各级学生约以十人至十五人为一组,分成若干组,每组设导师一人,由该校教职员分别担任,指导学生之思想、学业、行动等。

八、导师及教职员须与学生共同生活,实践新生活规律。

三、体格训练

九、初中各年级实施童子军训练,高中各年级实施军事训练,其时间支配于下午。

十、每晨升旗训话后,举行早操跑步,下午练习课外运动,均作为体育正课之一部分,严格且普遍实施。

十一、利用环境,多为爬山、游泳、露营及远足等练习,以养成坚强体魄与军事训练之基本技能。

十二、田径赛及球类等之课外运动,可酌依体育课程标准实施,但设备及运动服装,须力避浪费金钱。

四、学科训练

十三、为实施总纲所举各项训练以适应国家需要起见,初高中师范及职业各科之教学科目及时数,应依照下列规定分别变更之。

十四、各科主要学科之教学时间,每周至多不得超过二十四小时,均应排列于上午。

十五、各科教学目标及教材内容,除遵照课程标准之规定外,应视实际需要尽量补充与国防生产有关之教材。

十六、初中上午之教学科目的:(1)公民,(2)国文,(3)算学,(4)历史,(5)地理,(6)自然,(7)英文;下午之教学科目为:(1)体育及童子军,(2)劳作与生产劳动,(3)音乐,(4)图画。

公民科须于三民主义、建国方略、建国大纲、国民天职、国

家民族之认识,本国政治经济及社会情况、国际形势及我国与各国之关系等项,特加注意。〔下略〕

十八、师范科教学总时数须酌量减少,其主要学科之教学时间,应比照高中,排列于上午。公民、国文、历史、地理各科教学注重之点与高中同。教育学科可酌量合并,并得略减其时数,民众教育应作为必修科,下午课程,应比照高中,尽量排列。

五、生产劳动训练

十九、国立中学各科各年级学生均须受生产劳动训练,其初中劳作科教学,可并入此项训练。

二十、生产劳动训练须令每一学生就农业及工业范围内尽量学习,务求确实娴熟,以期养成劳动习惯,增进生产能力。

二十一、农业生产训练须就作物、畜牧、园艺、育蚕、酿造及农村合作等科,分别设施。

二十二、工业生产训练如一时无机械设备,得先就当地主要之手工业训练之。

二十三、凡校内之清洁整理及校外附近之环境卫生,均应由全体学生分组轮流担任。

二十四、生产劳动训练时间,除星期日得特别指定外,平均每日至少以一小时为度。

六、特殊教学与战时后方服务训练

二十五、各年级学生除实施上列各项训练外,并应依照部颁中等学校特种教育纲要,高中以上学校学生战时后方服务组织与训练办法大纲,及中国童子军战时后方服务训练办法大纲,分别在教师指导下,施行特殊教学,与战时后方服务训练。

二十六、凡施行战时后方服务分组训练时,各组教材内容含有专门知识技能者,宜延聘专门人员或当地关系机关之技术人员分别教学,并指导实习。

二十七、战时后方服务各组,得在教师指导下举行研究会及讨论会。

二十八、战时后方服务各组，在校外附近应举办义务教育及社会教育等服务工作，服务时须与当地有关机关取得密切联络。

二十九、战时后方服务各组除服务外，并应注意社会调查工作，俾于本国情形、民众生活、社会环境有正确之认识。

三十、前项特殊教学与后方服务及社会调查等工作，除星期日得特别指定外，平均每日约以一小时为度。

〔国民政府教育部档案〕

2. 教育部关于中学学生毕业会考仍继续举行的训令

（1939年5月—1940年5月）

（1）教育部致各省教育厅训令（5月25日）

教育部训令　会一字1029号

　　令各省教育厅（河北、绥远、察哈尔、山西暂不发）

查二十七年度暑期，转瞬将届，在此抗战建国时期，各省中学有受战事影响者，其学生之毕业会考自得暂行停止或变通办理，但后方各省仍应继续举办。兹经本部订定二十七年度暑期中学学生毕业会考办法，除分令外，合行检发一份，仰即遵照。又本年师范学校学生毕业会考，暂不举行，并仰知照。此令。

附发二十七年度暑期中学学生毕业会考办法一份

中华民国二十八年五月二十五日

二十七年度暑期中学学生毕业会考办法

一、川滇黔桂甘宁青新八省仍举行中学学生毕业会考。

凡区域较大、交通困难之省份，初中会考得以抽考为原则，高中会考得视实际情形，多分数处集中举行。

二、晋、陕、豫、鲁、鄂、湘、赣、粤、闽、浙、苏、皖等省中学毕业会考，本年暂不举行。但现在开学各校之毕业考试由省教育厅派员监试，其命题、监试、弥封等手续均应由监试员会同校长督率各教员参照各项会考规章严密办理。

三、凡国立各中学或由战区迁移至各地之学校已届毕业学生，应比照当地同等学校，或参加毕业会考，或由所在地主管教育行政机关派员监督学校举行毕业考试。

四、本年度中学学生毕业会考科目规定如左：

国文、外国语、算学、理化（物理化学）、史地（历史地理）五科，但初中得由各省酌量情形，免试外国语。

五、学生毕业名次之排列，暂定为各生名次依照其各科毕业成绩总平均数排列之；此项总平均数之核算方法为会考各科成绩与非会考各科成绩之和，除以会考科目数与非会考科目数之和。

六、本年度仅须发表参加会考学校名单，毋庸依学生成绩计算学校成绩。

七、学生操行成绩及体育成绩不及格者不得毕业，各校对于应届毕业学生之操行及体育成绩，应严加考核。不得因学业成绩尚能及格，即不论操行与体成绩能否合格，即准其一体参加会考。

八、举行会考之省份，其高初中会考及格学生总数中成绩较优者百分之十五，准其免试升学。

但初中毕业会考如免试英语者，升学时仍应考试英语。

（2）教育部致各省教育厅代电（1940年5月14日）

教育部代电　第14605号

各省教育厅、重庆市社会局览：查本年暑期各省市中学学生毕业会考，均应继续举行，或变通方式举行。兹检发二十八年度暑期中学学生毕业会考办法，仰即遵照办理。教育部。寒。印。

（河北、察哈尔暂不发）

附发二十八年度暑期中学学生毕业会考办法〔略〕。

中华民国二十九年五月十四日

〔国民政府教育部档案〕

3. 教育部颁发修正国立中学暂行规程

（1939年12月17日）

第一条　教育部为谋战区省市立中等学校教职员及公私立中等学校学生继续施教与受教起见，特暂设国立中学若干所，以继续发挥教育功能，充实民族力量。

第二条　国立中学依设立次序，冠以数字，称国立第几中学。

第三条　国立中学收容战区公私立中学及师范学校男女学生，必要时亦得收容职业学校学生。

第四条　国立中学各校于必要时得酌设分校。

第五条　国立中学设校长一人，主持校务，分校各设分校长一人，秉承校长主持各该分校校务，校长由部委派；分校长由校长加倍遴荐，由部委派或由部径派之。

第六条　国立中学设教导、总务二处及会计室，教导、总务二处各设主任一人，不设分校之中学，其高中、初中、师范（或另有职业及女子）等部分，得各设部主任一人，各主任由校长遴聘，并呈部备案。

教导处分教务、训导、体育三组，总务处分文书、出纳、卫生、庶务四组。各组设组长一人，干事及书记若干人，主任由校长聘任之，干事及书记由主任商请校长分别聘派之。

各分校设教导及总务两课，各设主任一人，干事及书记若干人，主任秉承分校长并分别商承本校教导及总务两主任处理其职务。

各部份职员均以就战区各教职员中选任为原则。

会计室设会计员一人，佐理员若干人，依主计处组织法之规定办理。

第七条 国立中学各科教员分别由分校长、教导处主任及各部主任商请校长就战区合格教员中遴聘之，必要时得另行延聘。

各年级各设级任导师一人，导师若干人，均由教员兼任之，女生导师应选任女教员，必要时得另设女生指导员。

第八条 国立中学得设立校务委员会为本校审议机关，由部就部派人员及教职员中指定七人至十一人为委员，并指定一人为主席委员。

第九条 校务委员会之职权范围如左：

(一)关于校政方针之决定事项；

(二)关于校务上应兴应革事宜之审议事项；

(三)关于学校经费预算决算之审核事项；

(四)关于训育工作之研究改进事项；

(五)关于学生重大奖惩事项；

(六)其他临时发生重大事项。

第十条 校务委员会决议事件，交由校长执行，执行遇有困难时，校长得提请委员会复议。

第十一条 不设校务委员会之国立中学，应组织校务会议，执行本规程第八条所列举之职权，此项教务会议由校长、分校长、各处部课主任、会计员、各组长及各级任导师组织之，以校长为主席，校长因事不能出席时，得指定一人为主席，每学期至少应开会四次。

分校或各部，其课主任及级任导师，得不出席校务会议。

第十二条 分校校务会议由分校长召集主任及各级任导师举行之，商讨分校应行兴革事项，每学期至少应开会四次。

各处部课主任得就职掌范围内，召集各该处部课会议。

第十三条 本校与分校间遇事以直接洽商办理为主，其必须文书往来者，本校对分校用通知、分校对本校用报告，须力求简单、正确、迅速，避免虚文迂缓。

第十四条 分校长在分校内得发布告,必要时并得对外行文,但仍须报告本校。

分校各科教职员聘函及学生毕业证书,由分校长副署。

第十五条 国立中学每校之预算为整个的,分校各教职员应支之薪俸,学生之待遇,由本校照额拨交分校转发,其分校办公费应视人数班级数及校舍等各项情形酌量比配,分拨应用,分校对本校负责,报销由本校综合造报。

第十六条 国立中学应注重精神训练,体格训练,学科训练,生产劳动训练及特殊教学与战时后方服务训练。

第十七条 国立中学训育管理应根据部颁高中以上学校军事管理办法,初中童子军管理办法,青年训练大纲,中等以上学校导师制纲要及中等学校特种教育纲要等严格实施。

第十八条 国立中学教职员服务细则另订之。

第十九条 本规程未尽规定事项,均依照修正中学、师范及职业学校各规程办理之。

第二十条 本规程自行政院核准颁布之日施行。

〔国民政府教育部档案〕

4. 教育部关于促进中等学校校务、培养学风实施方案

(1941年11月18日)

查学风陵夷,其来有自,教学管训,生活状态,直接影响于青年身心者显而易见,校务行政推而至于环境布置,间接转移学生之风者隐而难察,故弭风潮莫若修校政,端士习应先杜渐微,事有终始,义属一贯,将欲矫治情习,恢复教化,树百年之至计,作抗建之枢机必便学校教育之各方面俱臻于合理化,经费有限,而精神裕如,设备待充,而变通为用,砥砺奋发,勇往直前,研究探讨,兼赅巨细,而后生徒感召,事容禽从,成德进

业，蔚为邦材，战时教育，庶几无忝，爰续整饬学风之前令，制为促进中等学校校务，培养学风之一般，实施方案如下：

甲、关于场所及环境布置者

一、重要场所之配备 教学场所除教室外，凡自习室、图书室、实验室、运动场等应分别设置，即使限于经费，不能编设，亦应尽量设法，求敷应用，教室如兼作自习室，应注意两用之便利与布置，礼堂、饭厅、医药室、疗养室，或单设，或兼用，总不可缺少，浴室须有适当之设备，令全体学生以时轮流沐浴，确保清洁，严防自由浴身溪河之习，寝室须注意阳光□爽，防备蚊蚋，灭绝臭虫等事均应有详密之规定及定期之检查，厨房厕所相离须远，扑灭苍蝇，排除污水。

二、环境布置 环境布置影响青年之身心甚巨，不必富丽壹定始可以言布置，清洁整齐，简单朴素，实为优美布置之基本条件，茅茨土阶，清除洒扫，一草一木，布置得宜，皆足以培养青年崇高纯洁之观念，祛除其纷歧错杂之思想，礼堂布置应恭悬，国父遗像遗嘱，国府主席肖像、总裁肖像，以资景仰，总裁亲书之礼义廉耻共通校训制为匾额，朝夕薰陶，各类中等学校教育目标之各项训练（分见修正中学、师范及职业学校规程）及青年守则十二条均可制成标语，题诸礼堂及办公室等处，期共惕励，教室美化，图书点缀，须令各级学生自行设计，各尽所能，使成读书佳地，置身其中，兴趣盎然，勿使索然寂寞，凌乱不洁。

乙、关于学校行政及事务管理者

三、行政处理 各处组织职掌分明，职分内事应悉力以赴，关系事项应协商处理，有商洽，而无推诿，宜迅速而无拖延，校务、教务、训育、事务等会议须按时举行，会内有辩论，会外无批评，办公守定时，时间以外仍有负责轮值人员无间昼夜，不得因假期而办公无人。

四、簿册图表，法令章则，学校历、行事厝，图书仪器，标本模型各项财产，教职员履历职务进退年月日，俸给数额，请假补课，各级教学时间，采用教本，学生学籍，出席缺席，各种成绩，体格检查，奖惩登记，教学进度，教室日记，学校日记，会议纪录，会计出纳，一切应备簿册图表均须分别置备，以时记载，无或缺少，易于呈报，便于检讨。

五、**管理修缮** 校舍校具，图书物品，登记须详，管理贵严，日常稽查，学期终了，必须清点，严防散失，教职各员务须率先爱惜，则学生观感易趋正确，勿有侵蚀，勿令损毁，物既敝旧，随予修复，不堪应用，速予更易，毋使残缺，致生觖望而启忽视之渐。

六、**经费开支** 经费开支须于遵照预算之中力求撙节核实，物价趋涨，节约为先，邮电文具灯油消耗可省之处不少，要在悉心研究，设法节俭，收支情形须依照规定交付经费稽核委员会严密审查，当公布者依时公布，实践经费公开之主旨。

七、**学生膳食** 学生膳食学校应不仅以交由学生办理为毕其事，事务人员须不惮烦而负责处理或督导，使清洁而合卫生，凡各种可能之弊端应详予考察，力求改革，能节省一分漏卮与浪费，即增进一分营养，培植一分廉洁，至学生因管理膳食之时间，须竭力减少，旷废课业，须设法补充。

八、**事务人员之服务态度** 学校事务人员务必以能任劳任怨之人充之，尤贵廉明而谦和，非廉明不足以服众，廉明而缺谦和，易招怨尤，而起纠纷，各该校长主任时加规劝，严密督导，使其有亲爱和蔼之态度，严正清廉之标守，则互信可生，共信以立，非但事务管理自趋正轨，且以示学生以管理方法之模范，亦教育之一道也。

丙、关于教学者

九、**充实教学** 充实教学须严守下列各点：

1．各级各学期每周教学科目及时数须恪遵规定办理，不得以任何藉口擅自变更，开学放假须严遵规定时日，不得早放迟开，其因特别原故而开学较迟，应减少假期，藉为补足，不得缩减教材以求适合，亦不得增加每周教学时数，骤增担负，妨碍学习效率。

2．各科教学须依照各该科课程标准，将学期教材内容分配适当，指定进度，循序前进，每教学一时即填列实际进度，以资比对，摈除失宜，即予调整。

3．各科教材内容与教学时数，配合严密，减少一小时，影响至巨，故各科教员实不容稍有缺课，其不已而须请假者，均须分别补换，请假达两周者，须请人代课。

4．改善教学方法首在教员之切实准备，纵教材甚易而教学复极娴熟，亦须于教学前加以必要之准备，庶能以现代实例充实内容，引起学生之兴趣，而适合教学之需要；其次须有研究组织，各科教学研究会应即分别组织成立，策动研究工作。

5．改进教学方法之实施，须将注入式的讲演教学法，尽量革除，易以唤起学生自动学习之教学方法，而其要在对学生之个别性能先予详密考查，认识明确，而后分别施以适当的教学，在差异中力求齐整，在诱导中加以督察，使优秀者得适量进展，不受牵制，鲁钝者得由门庭而渐升堂奥，不至茫然，人尽其性，各底于成，斯在班级教学中所谓大量生产，粗制滥造之弊得以减少，中学生程度低落情形，得以改善。

6．自动学习教学法之另一要点为实际考证，不惟理化之实验，劳作之实习为然，各科教学莫不如是，如公民关于政治、经济部分须率领学生参观当地机关团体各种机构与地方自治之种种活动，史地数学应令学生绘制图表，考察古迹古物，山川形势，物产企业，民生风俗等项。博物则观察自然，采集标本而剥制之，数学则实地测量，图画则野景写生，画展观摩，音乐则集会演奏，参加歌咏，如是种种，运用适宜，既饶兴味，复切实际。

7．教本配备，事属切要，如不能人手一编，或由校贷与，或二、三人共用一本，均须严予计划，使各有预习复习之机会，慎防长期间无书寓目之弊，参考图书应尽量设法供给，实验器材、实习工具须设法充实，尽量运用，遇有缺乏，能代用者设法替代，能手抄或自制者，设法抄写为作，须知双手万能，慎勿束手无策，陷教学于僵化。

8．督学自习，鼓励审问，为促进学业增进思索能力、改善教学方法之另一要着，各校应订定各科教员轮流辅导自习审问之整个计划，切实施行，呈报备核。

十、严密作业及成绩考查。各科各种作业及日常、临时、学期、毕业等各种试验，均须依照修正中学规程之规定严密办理，临时试验须随时举行，不得预为暗示，以养成学生习于考试、乐于考试之风尚，消灭其对于考试之恐怖心理而养成好学力行之习惯。同时考试结果可反映教学情形，为改进教学方法之良好依据。至各种作业除规程已有规定者外，其批改次数应照下列规定：

1．国文　约每周改订作文一次，每学期不得少于十六次。

2．数学　除教室练习须随时订正外，每周至少改订练习一次。

3．英语　除教室练习须随时订正外，造句等项练习每周改订一次或二次，高中作文每周改订一次。

4．公民、历史、地理　每两周改订作业一次。

5．博物、生理、卫生、化学、物理　每二周改订作业一次。

6．图画　每周改订练习一次。

7．劳作家事　每二周或三周校正作业一次。

各项作业之改订须于校内进行，随时发交学生，并面予指示，专任教员每日在校时间至少七小时（修正中学规程第一〇一条），兼任教员之在校时间应由各校酌为规定，各员生在校时间除教学及督导自习外，即为改订作业并与学生接触之时间，时间以内，改订未毕，得量为延长或携回改订之。

丁、关于训管者

十一、指导学生生活　指导学生生活应以礼义廉耻为准则，自起居作息以至思虑行为，自个人活动以至团体活动，均应密切顾到，以能切实做到清洁整齐、迅速确实、简单朴素、静肃勤俭为最低限度之条件。

1．学校军事管理　童军管理为约束青年身心，养成其纪律化团体化行动之不二法门，须由全体训导人员一致动员，协力合作达成要求，不得束手旁观，委其事于教官及教练员，团体精神，向感缺乏，须于军训、童训、体育、劳动服务等活动中训练其公正、合作、牺牲、服务等品格。

2．每一教员对于每一学生之个性应有明确之观察，而导师于所训导之学生尤应深切了解，随时与各教员交换意见要求，以证所见之异同，而谋协合之指导，导师复与学生同生活、共起居、兼严父慈母于一身，于其身心之摄卫，督责将护，恩威并济，几于读书风气之陶冶，性情好尚之修养，信仰理想之培育，三致意焉。遇有思想错误之学生，除力于制止活动外，更详察其故而善加诱导，青年有过，不忘纠正，仍予规劝，慎施奖惩，施则必信。

3．假期作业之指定与家庭之联系为假期生活必要之措施，在国立中学，假期留校学生众多，则管训课读、劳动服务，尤须有整个详细办法，勿使平时谆谆教诲之功，毁于假期优游放纵之中。

4．言教者讼，身教者从，欲使训导有功必须教职各员先自严正其个人生活始，而彼此相互间更须开诚布公，协力同心，尽泯猜忌摩擦之嫌，则奋发蓬勃，和谐畅适之空气，自充塞于学校中矣。

十二、推进党团活动　学校之党团活动须由校长及教职员依照规定参加，勿持旁观态度，勿存歧视心理，而积极领导活动，以训练学生对三民主义之正确信仰与健全之组织能力，养成忠党爱国，肯牺牲能奋斗之革命志士。

十三、发展课外活动　课外活动之组织应遵照学生自治会组织大纲之规定，受导师之指导，以陶冶青年体育的艺术的及学术的康乐生活，补充并调节正式训练之不足，劳动服务与战时后方服务，并可利用此项组织以推进其工作。各项活动可举行竞赛，以增加兴趣，而促进成绩，消费合作社为学生自治机构中应有之组织，须由学校扶植其发展，所有学生应用书籍、课业用品暨日用必需品均由其统购，廉价发售，以训练学生办事能力，而安定其生活。

十四、指示课外读物，促进学业非仅诵读课本所克济，应由校长与各科教员事前商定对于各科之参考图书分别一般的与个别的指定其阅读，庶旁征博引，触类贯通，抑青年兴趣又决不限于攻习学科而已，必于学科之外务为涉猎浏览。近年习尚多喜阅读社会学科，而忽于自然学科，于此自然学科教员须特加注意，凡科学、文艺、故事传记、期刊专著为之多方提供，挈要钩元，反复指引，不难激发兴趣，转移风气，其喜阅社会学科者，亦须由各该科教员因势利导，指示以有价值之正当书刊，循循善诱，自亦培养正确之观念，不致趋向迷津。要之学校图书室应不仅为自由阅览之场所，而须由各科教员及导师随时启示，因时制宜，以发挥其效用。

以上所举，均属学校实际问题，而易知易行，革新之基即在于是，仰即恪遵办理具报，本部将据以为视察考核。此令。

〔国民政府教育部档案〕

5. 教育部召开各省市中等教育检讨会议的决议案

(1942年1月30日)

第一组 中学及中等学校一般问题

甲 讨论问题（教育部交议）

按：本组讨论问题十则，均系教育部交议，由教育部中等教育司提供意见，拟订办法，并印附各省市意见，经分组审查，会议修正及大会讨论通过，成为决议案 ——编者附注

一、中学设置上之划分中学区应如何贯彻而促进其效果？

（说明）中学区之划分在求中学设置之地点，得有平匀之分布，且与环境之需要相适合，故区内中心学校每年毕业生人数及各中学每年招收新生时其投考之人数应有详确之统计，增设学校或增设班级应经省教育厅事先核准。一面顾及地方之需要，一面亦须顾及各校之人力、物力与财力。同时须有中学教育研究会之组织通力合作，谋中学教育之改进。

决议：

1. 未分区各省如何准备实施？

未分区各省应即依照二十七年十二月一四三九二号令饬分划中学区之教育部训令所列注意各点中第八点之指示，着手划分中学区，将实施分区计划及分区图呈报教育部备查。

2. 已分区各省各区内县数与校数之分配之比例如何？每一区内各中学近三年新生报名人数如何，取录之比例如何，私立中学之增设及现有各校每年招收新生之班数及学生数有无实施统制？

已分区各省，本题所列各点，应据实列报。区内各县，平均每县有县立初级中学一所为原则，省立中学（高初中合设或单设高中）以每县至少有一所为标准。区内初级中等学校，每届新增班级，应

以能收容当地中心学校毕业生四分之三为度，对于应设立或应调整之中学，应如期完成；区内私立中学，应即督促整理及充实。

3. 省内中学区与师范学校区及职业学校区在地理上之配合如何？各区内省立中学与距离最近之其他省立中等学校相隔若干里？中学区内中心学校毕业生升学中学，在交通上有无困难？

中学区、师范学校区及职业学校区内之各类学校在地理上之配合，务求匀称，勿使有过分疏密之弊，其不同类之中等学校及中学与中心学校相隔之距离，宜参照各该地交通情形，予以适当之配置，以期尽量取得联系及升学之便利。

4. 区内中学教育研究会办理情形如何？研究结果有无据以实施？其效果如何？

各中学区内及中学教育研究会应即设立，并订就工作进度表，逐步切实依照推行，中学各科教学，训导及行政问题，经研究需要改进之处，应即据以实施。

二、中等学校应报各项表册统计应如何使其迅速准确？

（说明）中等学校经常应报各项表册统计，修正中学、师范及职业学校规程中均有具体规定，各项表册并经本部制定颁发，至各校临时应报材料，则由本部随时制表颁发令填，各项行之虽已有年，惟始终未臻迅速确实之境。各校未能按时呈报，各省市亦未能按时报部，且所报材料，前后又多有出入，致本部诸多设施难凭依据，迅赴时机，表册统计为一切行政之始基，中等学校一切设施之推进与改善，须依据此项统计者至大，究应如何使之迅速确实，实为当前之急务。

决议：

1. 各项表册统计何以不能迅速确实填报？并应如何改善？

各省市教育厅局未能按时将应报各项表册统计迅速送部，间有送部者，又多表式不合、表式不全、内容错误或统计数字不确者，其原因当系由于各校未能按时迅将各项表册统计呈报之故，各校之所以未能迅报者，或以主持学校行政者不重视此项表册造送之重要性，或以办事人员少，未能指定专人负责，或以应报之各项表册种类繁多，未能分别缓急，定期呈报。改善之途，应由各省市教育厅局督促各校务使按时呈报，各校应指定专人负责办理，各项表册统计呈报事宜，在可能范围内，设法减少一部分不十分重要之表册，并视情形分别规定其呈报日期（但表册须再研究，使简单化，各省市教育厅内应严令各校遵办）。

2. 各校所报表册统计应如何使其正确翔实？各省市对各校所报表册统计应如何加以考核？

各校办理表册统计人员须慎密精细，务使表册内容无错，统计数字正确，各厅于各校所报各项表册统计，应严加考核，并于督学视察各校时加以核对，作为各校办理行政成绩之一部。

3. 各省市教育厅局有无专司统计之机构？其工作情形如何？

各省市教育厅局尚未设有专门统计之机构者，应一律设置统计室股，或专办统计人员，负责审核各校呈报之统计表，并按期迅速汇集整理报部。

4. 各校如何将重要统计（如教职员数、班级数、学生数、经费数等）于开学一月内用最速方法(快函、航快或电报)报告各该省市教育厅局，并于开学二月内各省市教育厅局用最速方法汇报教育部，有无何种困难及其解决方法？

如何指定有专人办理统计事宜，各省市教育厅局设置有统计室股或专办统计人员，应无若何困难，并自三十一年度起实行。

三、中等学校教科用书应如何统筹配备，以应急需？

（说明）教科书为施教之工具，至关重要。在纸价昂贵，运输困难之时，不特书价激涨，学生无力负担，且书源时断，欲购无从，倘非设法统筹配备，则教员无以为教，学生无以为学，势将动摇教育根本。除由本部迭招书商谈话，商讨供给办法，并呈请行政院设法予以救济外，各省市应分别筹谋，以应急需。

决议

书荒已成严重问题，亟应设法补救，兹拟可能之补救办法如次：

1．呈请行政院令饬经济部继续督促各造纸厂、印刷所增加产量，并鼓励增设厂所，予以技术上之协助，一面督导各地改良土纸。

2．呈请行政院令饬财政部及各省政府，拨款或贷款协助各地造纸厂、印刷所从事扩充（本部曾函四联总处转饬西安分处，贷与中国文化服务社西安分社一百万元，以充资本，尚未准复，拟呈行政院令饬财政部转饬切实办理）。

3．呈请行政院拨款完成本部设立造纸厂、印刷所之计划，惟原拟设置地点为四川、贵州、江西、陕西四省，查川黔均已设有造纸厂，赣陕亦已设有适当规模之印刷所，设厂地点，应依照各地能否供给造纸原料及需要数量情形，重行支配。

4．呈请行政院转呈国防最高委员会，通令全国节约纸张消费，并减少非必要之印刷，腾出一部份印刷机器专印教科图书。

5．调查各省每学期需要各科教科书数量，划分若干区域，分别指定各书局于各区设立印刷所，或指定原有印刷所专印教科图书，由政府予以协助或贷款。

6．由国库、省库或县库征款，一次订购订印各年级各科教科书贷予学生使用，用后缴还，如此每学期只需补充一部份，较易供给（国立中学已办）。

7．令各省市教育厅局转饬各校选定各科教科书后，非有必要，不得更换，俾一家兄弟姊妹数人，可以续读同一本，既节约物力，又省民力（第二届参政会第一次大会有此建议，经国防最高委员会决议，交行政院转发参考）。

8．由部从速完成各科教科书工作颁发翻印。

9. 由部订定办法，奖励各书局于抗战期间暂时捐献版权。

10. 规模较大之学校或与同地各学校联合购备石印机，翻印教科图书（国立第十一中学已办）。

11. 由部继续商请运输、交通、财政各机关，对于运输、邮寄、汇款各项予以便利。

关于运输拟设立公营运输机构，并与文化驿站切取联系（本部、中宣部及文化服务社，曾合办文化用品联合运输）。

12. 由部令饬战区各省教育行政机关筹集资本（可于省县教育经费内借拨），创办流动书社巡回至适当地点发售，每学期至少一次（已令冀、豫、鲁、苏、皖各省试办）。

13. 由各省市县教育行政机关直接订印或订购教科图书，令各校备价购领，以杜书商牟利，或组织合作社办理之。

14. 关于分配及管理，拟由本部会同有关机关组织实施统制。

15. 关于奖励暂时捐献版权办法，由教育部召集各书局讨论决定。

四、中等学校教学设备应如何设法充实？

（说明）各省市中等学校教学设备，因受战事影响，多受损失，其能随学校疏散照旧保全者究居少数。至应需补充增置之件，多属无从购置。其在抗战开始以后，所设学校更是无法置备，亟应设法提倡制造，暨鼓励师生自制，以应需用，而利教学。

决议：

1. 理化仪器及药品由各省市利用原有厂所委托制造之，分发各校应用，其原有厂所规模狭小，设备缺乏者，予以补助。

2. 生物标本，由各省市指定数校采集制造或联合数校共同采集制造，分发各校应用。

3. 关于各省理化仪器及生物标本之制造，本部廿九年一八九五七号通令有详尽之指示，仍应遵照实施。

4．各科挂图及教具，由各省市令各校师生自制，并以此课为劳作科之成绩，鼓励大量生产，期能售给他校应用。

5．国立浙江大学史地教育研究室，近受部委托，制绘史地挂图，已经出版，各省均可购用。

6．福建、广西两省教育用品制造所出品仪器，可供购用。

7．教科图书由各省市统筹购置，并印刷分发各校应用。

8．由高级工业职业学校制造供给。

五、如何促进中等学校各科教学研究，如何实施中学生升学就业指导？

（说明）本部对于中等学校之改进，质量兼重，曾经订定中等学校各科教学研究会组织通则，颁发施行。惟应如何实施，方能收效，亟待研讨，并谋推进。中学生之升学就业指导，办理未著成效，应如何予以促进？

决议：

（一）关于各科教学研究

（1）　督促遵照部颁通则切实组织。

（2）　研究问题酌由部省拟发（并供给参考资料）。

（3）　订定考核及奖励办法（参考第二项）。

（二）关于鼓励教员研究兴趣

（1）　晋级或加薪（晋级包括擢升高一级学校教员）。

（2）　进修（参观、考察、参加讲习、休假进修、资送留学等）。

（3）　表扬（发表著作、给与奖状等）。

（4）　奖励金（部发及省市发）。

（三）关于教学研究之联络

（1）　同校各科教学研究之联络。

（2）　同地各校教学研究之联络（由主管教育行政机关指定一校主持）。

（3） 同学区校教学研究之联络（由各学区教育行政机关主持），参照部颁省市中学师范教育研究会办法大纲之规定。

（4） 同省市各校教学研究之联络（由省市教育行政机关主持，参照部颁省市中学师范教育研究会办法大纲之规定）。

（5） 举行分科视导及教学示范（包括相互参观教学）。

（6） 交换研究结果及刊物。

(四)关于教学视导

（1） 各级视导人员，应注意教学视导，省市对于所属公私立中等学校应订定分期中心科目之视导方法。

（2） 校长、教务主任或教导主任应注意教学视导。

(五)关于升学及就业指导

（1） 遵照部颁各省市县教育行政机关暨中小学施行升学及职业指导办法大纲，切实实施。

（2） 对于省市县及各校办理升学及就业人员予以训练（可于星期讲习讨论会设一组）。

（3） 各省市县教育行政机关应遵照中央法令，切实办到中学、师范、职业三类学校之校数及班级数适宜设置。

（4） 初中毕业生升入高中、师范、职业应有合理之分配。对于经过调查及测验结果，确宜升入高中之学生给予升学高中证明书，初高中混合设立之中学，其初中毕业学生升学本校高中，亦应经过严格考试。一面积极指导学生升入师范或职业学校，就□□职校。

六、如何促进严格管训及改善学生生活问题？

（说明）军事管理与童子军管理现为中学管训之基本办法，不仅教官与教练员应负其责，全体训导人员均应通力合作，以达成要求。导师制为训导实施之原动力，今成效未著，症结所在应如何力予改进，学校生活应如何使之丰富谐和，兴趣勃发，其物质生活应如何使之改善。

决议：

（一）关于如何推进学校管训者

1．切实推行导师制

（1）校长以身作则，实行并领导一切。

（2）慎选优良导师，并令一律住校，共负训导之责。

（3）增加导师待遇，以安定其生活，必须附训导证章，并得酌减任课时数，以加多训导活动之时间。

（4）提高导师权力，学生毕业必须附训导证书，非经导师签字，不得发给训导证书。

（5）由训导主任或教导主任发动并处理一切训导活动。

（6）规定导师例行工作，如个别谈话、□□□□□、参加升降旗礼、参加各种集会，领导学生活动等项。

（7）规定每周例行训导活动时间及中心活动，使导师与学生保持密切接触之机会。

（8）规定导师成绩办法，导师成绩优良者酌予加薪或晋级。

（9）实施导师制之是否切实推行，为学校成绩考查标准之一。

2．采用左列方法，力谋学校训管之统一

（1）各校应加强军事管理，由校长及训导人员负责主持。

（2）各校军事教官由校长就军训部公布各校之军事教官名单中选聘之，薪金由学校支给。

（3）高中毕业后，集中军训半年。

3．实行新生入学训练办法，励行青年守则，以树立优良学生之基础。

4．把握左列机会，唤起爱己、爱群、爱校爱国之情绪，以促进整□之校风。

（1）各种纪念日及集会；

（2） 各种团体活动；
（3） 各种重要偶然事件。
5．订定训导中心活动，及行事历，分期实施。
（1） 学期之始即行订定；
（2） 分期切实施行；
（3） 学期之终，举行检讨，以谋改进。
（二）关于改善学生生活者
（1） 采用左列诸端，培养读书风气。
（2） 聘用优良教师，严格施行学科训练，以满足学生求智之要求。
（3） 设置较优美之课外研究环境，如阅览室、图书馆等，并多备书报杂志，以供给研究条件。
（4） 励行严格考试，嘉奖成绩优良学生，以树立努力学问之荣誉。
（5） 严格督促自修，并征得各学生家长之协助，以增进自修之效果。
（6） 酌设壁报、级刊、校刊等，诱导学生写作，分登报章杂志，以培养发表之能力。
（7） 组织各种研究会、讨论会等学术团体，分由教师指导举行各种比赛，以发挥学生之特长。
（8） 吁请热心教育人士，设置奖学金，以培植特殊之人材。
2．采用左列诸端，以改良膳食：
（1） 遵照部颁各级学校实施农业生产办法，努力劳动生产教育，增加营养资料。
（2） 遵照部颁学生营养补救办法，参食各种杂粮，以补充米面之不足。
（3） 师生会办膳食，并指导学生自办膳食，使了解物力艰难及练习办事能力。

（4）应注意厨房膳厅之清洁卫生及食物养料之成份，以谋得最佳之营养。

3．采用左列诸端，以丰富学校生活之内容。

（1）设置适度之运动器具及场所，实施课外强迫运动，提倡比赛，以促进学生运动之兴趣与健康。

（2）举办并分配适当之团体活动和郊游、远足、音乐会、运动会、同乐会、展览会、月光会及各种比赛活动，以变化学生之生活。

（3）设置浴室、疗养室、诊察室，并备药品及时予以治疗，以解除学生疾病之痛苦。

（4）举行个别谈话及各种调查，以了解学生之个性、环境与其苦闷之所在，指导解决，并纠正其不良之行为与习惯。

七、如何确立教员检定制度，如何促进教员进修？

（说明）在师资受业训练制度未建立以前，凡毕业学生可充任教员，果能胜任中学教学与否，端赖其教学相长之经验与自行研究之功效如何以为断。于此教员检定制度乃有其绝对必要，以确保师资之水准。过去教员检定办理无甚成效之故，由于奉行故事，对检定合格者未予以优越之待遇与保障，对未经检定与检定不合格者亦未订有补充训练之办法。今后必须分别处理，斯检定制度可以确立，教员进修过去仅有暑期讲习讨论会办法，且究为合格教员之进修，抑为不合格教员之补充训练性质不明，今后亦应分别办理。

决议：

（一）规定制度

由教育部以命令规定左列各项：

1．中等学校教员必须聘请检定合格者充任。

2．各校如不得已聘请未受检定之教员，应于学期开始前呈报主管教育机关核准后，始得聘为正式教员。

3．各省市公立中等学校如聘请未受检定之教员，未经核准者，主管教育行政机关得不予核销其薪给。

4．各省市私立中等学校如不遵办，得取消其立案或补助费之一部或全部。

5．在抗战期间，师资过分缺乏之省市，得呈教育部核准后变通办理。

（二）举办检定

（1）各省市教育厅局，应遵照规定，按期举办中等学校教员检定。

（2）各省市教育厅局应将检定合格教员，于办理检定完竣一月内分科列表报部备核。

（3）调查现任未受检定教员，于每次举办检定之前二月报部备查。

（4）检定合格之有效期间暂定为六年，连续任教者得延长为十年。

（三）保障与奖励

（1）检定合格之教员，各校应优先聘用，其续聘期限应照章办理。

（2）检定合格之教员无工作者，得由主管教育机关派往各公私立中等学校担任职务。

（3）规定中等学校教员加薪及晋级标准，凡检定及格之教员，得尽先享受此权利。

（4）各校聘定检定合格之教员，如无重大过失，不得解约。

（四）促进进修

（1）各校应遵部定"中等学校各科教学研究会组织通则"之规定，组织各科教学研究会，使各教员认定专题，分期从事研究，由校分期将结果汇呈主管教育行政机关备核。

（2） 各省市各中等学校区应照前述通则组织学区教学研究会，由区内省立学校主持，使区内各校各科教员从事研究，分期将结果汇送主管教育行政机关备核。

（3） 各校应预拟计划，使教员从事各种参观，并将参观心得、问题编成报告，选交原校教学研究会讨论参考，其经费由学校供给之。

1．本校同科教员相互参观科学，每学期一次；

2．至于各地中等学校参观，每学期一次；

3．选派教员至外地参观，每年一次。

（4） 各省市教育厅局，每年应选派优良教员至国内或国外参观一次，参观之后，将心得问题作成报告，印发各校参考，其经费由主管机关供给之。

（5） 各省市教育厅局应举办署期讲习会，或讨论会，分期派定各校教员参加，其成绩优良者奖励之。

（6） 各省市教育厅局应与附近国立师范学院或大学教育学院联合举办初高中教员进修班，招收或抽调检定不合之教员或有志从事教育之不合格者，入班进修，其成绩优良者，得由主管机关核定给与检定合格证书，并报部备案。

（7） 各省市教育厅局、国立师范学院或国立大学教育学院应派定专员，主办通讯研究事项，并得约定各中等学校优良教员或专家分负解答指导之责。

（8） 各省市教育厅局得会同各师范学院组织中等学校巡回辅导团，聘请教授专家及富有经验之教员分区辅导各校教员教学进修及训导研究事项。

（9） 各省市教育厅局、国立师范学院或国立大学教育学院应举办进修刊物一种，刊印左列各种资料，以供参考，以资奖励。

（1） 各校各科教学研究会报告；

（2） 各种参观报告；

（3） 各校教员专题研究结果；

（4） 通讯研究资料；

（5） 关于教学方面专家论著。

（10） 各省视导人员，各校校长，应以督促教员研究为主要任务之一，其推动教员进修之成绩为其考绩之一项。

（11） 检定合格之教员和私立中学继续服务满十年者，得请求进修一年，不必在校服务，仍支原薪。

（12） 各校教员如有专门著作，得呈请主管机关转呈教育部核定给予奖金。

八、如何改善中等学校教职员之待遇？

（说明）各省市中等学校教职员待遇，多系按抗战军兴以前原标准办理，间有少数省份能略予提高亦仍与当前实际生活所需相差悬殊，其因教费困难，尚按战前标准，折成支薪，亦又所在多有，欲求各校教员生活安定，实为目前亟待解决之一的问题，亟宜详加研讨，以谋改善。

决议：

1．厉行审核各校拟聘教员资历，凡经核明合格之教员其任期容有一年服务，成绩优良者任期满后应予续聘二年或三年。在聘约期间不得中途离职。

2．各校教员应实行专任制（废止钟点支薪制）每年按照十二个月发薪。

3．分别提高省县立中等学校教职员支薪标准，各校应按教职员学历经历，服务年限，暨服务成绩酌定其支薪等级，并应实行年功加俸。

4．省县立中等学校参照非常时期国立学校教职员改善生活办法，酌定省县立学校教职员改善生活办法。（须依各地生活程度暨地方经济情形酌办）增给教职员生活补助费，并津贴教职员本身暨家属米谷。

5．私立中等学校应参照当地县立中等学校教职员支薪标准及生活补助办法，提高教职员待遇。

九、县立中等学校应如何推进并确定其设置标准。

（说明）新县制实施以后，为提高各县教育文化程度，自应督导各县逐渐增设中等学校，至原有各中等学校亦应督导改进，各省在推行新政之始，对于各县立中等学校整个推行计划及设置标准，亟应统筹考虑，以求妥当。

决议：

1．各县市中等教育应求中学、师范、职业学校之均衡发展，以适应社会各方面之需要。

2．各县市设置中等学校应以开办初级中学、简易师范学校及实用职业学校为原则。

3．各县市境内未有中等学校而每年小学毕业生数达到二百人以上时，应筹设市立中等学校。在国民教育师资最缺乏地方，以尽先开办简易师范学校。

4．各县市已设有初级中学，但每年小学毕业生数量远超过于收容量，同时县市财力充裕，拟再筹设中等学校时，应尽先开办初级实用职业学校，或简易师范学校。

5．县市中等学校之开办费、经常费，应由县市另行筹划，不得妨碍国民教育及社会教育之发展。

6．县市财力困难者，县市立中等学校经常费，得由县市政府呈请省政府酌予补助。

7．县市立中等学校，应设百分之二十至三十免费学额，百分之十至二十公费学额，以便利清寒优秀学生之升学。

8．上列各点，由部修正，部颁各县市设立中等学校程序之规定，通令各省市办理之。

十、各省市私立中等学校应如何调整改进？

（说明）一般私立中等学校以人力财力之限制办理多欠完

善,教学不严,管制松懈,甚至不遵规章,玩忽法令。近年以战时影响,各私立中等学校尤感周牵简陋日甚,在后方各省市则以战时人口迁移,私立中等学校雨后春笋,资金不充,设备缺乏,假兴学以为投机渔利者亦所难免。据最近统计,各省市私立中学约八百余所,几达全国中等学校总数百分之四十,有待今后之调整改进,关系整个中等学校前途实为至巨。

决议:

私立中等学校调整改进办法规定如左:

(一)限制设置

省市教育行政机关于私立中学呈请设置时,应注意各地已有中等学校数、中心学校毕业生数及地方财力暨需要情形,酌予核定。

(二)规定省市私立中等学校补助费比额

1．根据各省市私立中等学校办理情形,分别予以奖励及补助。

2．依照部订私立中等学校考核表,考核各私立学校办理情形,其成绩在600分以上者,得受补助。由各省市教育行政机关,按照校成绩统筹支配。

(三)取缔未经核准开办先行招生之私立学校

1．由各厅局经常严密考查,每学期制定表式,督令各县市查报境内新增之私立中等学校。

2．由各厅局督令省视察人员注意查报。

(四)私立中等学校校董会及资金查核标准

1．私立中等学校校董不在学校所在省市境内者,不得超过全体校董四分之一。

2．私立中等学校开办时,须具有足敷应用之校舍、校具、图书仪器及其他实验实习之各项设备。

3．私立中等学校经常费之来源,须具有筹措经费能力之法定团体提供保证。

4．私立中学资产收入仅能符合于修正私立学校规程之规定者，应予核准立案时，限制每学年不得招收两班以上之新生。

5．私立中学呈报立案时，校产之估价，应由各厅局发交校产所在地县政府审核具复，或派员查明。

〔国民政府教育部档案〕

6．教育部订定中等学校校务处理办法大纲的训令

（1942年2月17日）

教育部训令　中字第13594号

令
各省教育厅
重庆市社会局
国立中央、中山、西南联合、浙江、云南、同济各大学
国立师范学院、国立西北师范学院
国立各中等学校（附单）

查中等学校处理校务，虽有各项法令足资依据，上年十一月本部通令促进校务，亦曾列举重要事项，严饬注意，虽尚无具体办法之规定，各校不无纷歧延缓之处。兹由本部订定中等学校校务处理办法大纲，除公布并分令外，合亟检发办法大纲一份，令仰该 厅局 所属各中等学校 校(院) 转饬 附属中等学校 遵照实施，为要。此令。

附发中等学校校务处理办法大纲一份

中华民国三十一年二月十七日

中等学校校务处理办法大纲

一、中等学校之行政组织及工作事项，应视学校之性质，学级之多寡，遵照各类中等学校规程及中等学校行政组织补充办法

暨各项有关法令之规定分别设置及分配之，务期员不虚设，事克尽举，俾能增进教育效率。

二、中等学校校务处理须合于教育的经济的原理与训教合一及职教合一的原则，并注重实事求是的精神。

三、中等学校校务处理须有适当的分工与密切的合作，各处组职掌分明，分内事应尽力以赴，相互有关事项应协商办理，不得推诿。

四、中等学校校长，领导员生，综理校务，必须刻苦淬励，以身作则。其应行处理之重要事项，列举如次：

（1）规划校务改进与发展　每学年及每学期开始，均应拟订校务改进与发展之计划，并详订进度及行事历公布之，随时检查，督促实施，学年及学期终了时，应作全部检讨，与有关人员商洽，以为次学年或次学期校务设施之依据。

（2）厘订及审核各项章则　各项章则均应订定，并应切合实际，各处组所订各项章则须予审核，并应经过校务会议通过手续，如发现有不适用者，应即修订。

（3）聘请或遴荐各科教员　各科教员须依法定资格专习学科、品格修养、服务道德等项详细查询，□□□□，其规定应由部省派充者，应依规定遴荐。

（4）派定各处组职员　派用职员应为事择人，除一部份须遴派适当人充任外，余应指定教员分别兼任之。

（5）考察辅导教学督促研究及协助进修各班各科教学及实习实验等各项作业，须分别轮流为充分时间之考察，每周至少举行三次。考察结果应随时与各该科教员商讨改进。各科教学研究会并应出席参加，督促研究，协助进修。

（6）考核及调整职员工作　职员工作应随时考核，如发现分配不甚相宜，应即予以调整。对于教职员之合作精神，尤应注意倡导。

（7）调阅学生各科作业簿及试卷　为明瞭教员教授及学生学习情形，应随时调阅学生作业簿及试卷，如发现作业或考试数未符规定，应即督促改进。

（8）考查学生健康性能及思想　除特别需要外，并应经常的与学生个别谈话，考查其健康性能及思想，分别予以指导及纠正。

（9）检查校舍及设备　校舍设备均应随时检查，注意支配是否适当，设备是否敷用，保管是否得宜，及是否达到整齐清洁之标准。

（10）核阅往来公文　来往公文均须详细核阅，依时办理，毋使积压。

（11）编制经费分配预算稽核经费收支　于经临费奉核定后，应即按推进校务计划，妥为分配，提交校务会议通过后，送请主管机关核定。各项经费收支，均应遵照预算，随时稽核。

（12）主持或参加各种重要会议及集会　各种重要会议，各种委员会及定期与不定期之各种重要集会，均应亲自主持或参加。

（13）办理对外联络事宜　如对官厅、对□会、对家长，均应注意联络，各项社会活动及集会，均应依照规定参加，以期发展校务，增进校誉。

（14）其他重要校务之处理。

五、教务方面重要工作之处理，列举如次：

（甲）关于教学者：

（1）拟订或修订教学上各种章则；

（2）拟订各科教学实施计划；

（3）拟订各科教学研究计划；

（4）拟订学生实验及实习计划；

（5）依据课程标准，会同各科教员订定每学期教学进度；

（6）编配各级教学时间；

（7） 支配教室、自修室、实验室及实习场所；
（8） 会同各科教员选定各科教科书、参考书及教具；
（9） 查核教员自编讲义及补充教材状况；
（10） 查阅各级各科教学预定实际进展；
（11） 查阅各级教室日记；
（12） 办理教员缺课补课及调课事宜；
（13） 检查各科作业次数；
（14） 订定学业成绩计划办法；
（15） 规定学业试验及补试办法；
（16） 订定教员督导学生自修办法；
（17） 考查学生自修状况；
（18） 指导学生课外研究；
（19） 拟订各学科竞赛办法；
（20） 拟订学生假期作业办法；
（21） 办理学生升学及就业指导事宜；
（22） 造报教学实施状况；
（23） 其他有关教学事业。

(乙)关于注册者：

（1） 办理新生插班生入学考试；
（2） 办理新旧生入学及注册；
（3） 编定学生学号；
（4） 登记新生插班生学籍；
（5） 整理及保管学籍簿；
（6） 登记及保管学生各科成绩；
（7） 编制学生学习成绩报告；
（8） 统计各级学生各科成绩及升留级补考人员；
（9） 办理学生转学休学复学退学及毕业事宜；
（10） 处理学生课间请假及旷课；

(11) 指导学生选定服务生；
(12) 造报各项员生表册；
(13) 办理毕业生联络事宜；
(14) 其他有关注册事项。

（丙）关于设备者：
(1) 会同事务处计划及支配全校教学设备；
(2) 会同事务处整理及保管全校教学设备；
(3) 商请各科教员自制教学设备；
(4) 拟订管理各项教学设备之章则；
(5) 注意设备使用之节约与损坏之修理；
(6) 办理设备上各项统计事宜；
(7) 其他有关设备事项。

（丁）其他关于教务事项。

（子）关于生产劳动训练者：
(1) 拟订生产劳动训练实施方案；
(2) 拟订生产劳动训练各项章则；
(3) 拟订生产劳动训练设备计划；
(4) 调查生产劳动训练实施状况；
(5) 考核生产劳动训练工作成绩；
(6) 编造生产劳动训练实施报告；
(7) 联络当地生产机关；
(8) 其他有关生产劳动训练事项。

（丑）关于战时后方服务训练者：
(1) 拟订战时后方服务训练实施方案；
(2) 拟订战时后方服务训练各项章程；
(3) 拟订战时后方服务训练设备计划；
(4) 调查战时后方服务训练实施状况；
(5) 奖励学生参加抗战工作。

（6） 考核战时后方服务训练成绩；
（7） 编造战时后方服务训练实施报告；
（8） 其他有关战时后方服务训练事项。

（寅）关于兼办社会教育者：
（1） 拟订兼办社会教育实施方案；
（2） 拟订兼办社会教育各项章则；
（3） 拟订兼办社会教育设备计划；
（4） 搜集兼办社会教育各项资料；
（5） 调查兼办社会教育实施状况；
（6） 考核兼办社会教育工作成绩；
（7） 编造兼办社会教育实施报告；
（8） 其他有关兼办社会教育事项。

（卯）关于专业训练者：
（1） 拟订专业训练实施方案；
（2） 拟订专业训练各项章则；
（3） 编制专业训练学科教材纲要；
（4） 规划专业训练各科教学设备（包括实验及实习设备）；
（5） 规划专业训练各项实习；
（6） 订定专业训练实习办法；
（7） 考查专业训练实习成绩；
（8） 联络专业训练有关机关（包括生产事业场厂）；
（9） 编造专业训练实施报告；
（10） 其他有关专业训练事项；

六、训导方面重要工作之处理，列举如次：

（甲）关于训育者：
（1） 拟订或修订训育上各种章则及学生生活公约；
（2） 拟订训育实施计划；
（3） 拟订训育研究计划；

（4） 拟订导师制实施办法；
（5） 调查导师制实施状况；
（6） 拟订新生入学训练实施办法；
（7） 拟订精神训练实施办法；
（8） 拟订学生自治指导办法；
（9） 会同事务处研究及实施学校环境布置；
(10) 拟订训育德目分期实施办法；
(11) 拟订各项德行竞赛办法；
(12) 考查及指导学生思想与行为；
(13) 调查及统计学生各种活动状况；
(14) 检查及指导学生课外阅读；
(15) 检查及指导学生参加社会服务；
(16) 检查及指导学生团体组织；
(17) 办理党团委托事项；
(18) 订定学生作息时间；
(19) 分配导师轮值工作；
(20) 造报训育方面各项表册；
(21) 编造训育实施报告；
(22) 其他有关训育事项。

（乙）关于管理者：

（1） 拟订军事管理、童子军管理各项章则；
（2） 拟订军事管理、童子军管理实施办法；
（3） 规定导师与军事教官及童子军教练员之管理职责；
（4） 训练及考查学生礼仪习惯；
（5） 办理学生请假缺席事项；
（6） 调查及处理学生各种集会缺席；
（7） 登记及统计学生请假及缺席；
（8） 检查及督促学生内务整洁；

（9） 调查登记及统计学生奖惩状况；

（10） 其他有关管理事项。

（丙）关于导师者：

（1） 主持本级级务；

（2） 出席办公室办公；

（3） 出席各种有关会议委员会与集会；

（4） 执行各种会议有关之决议案；

（5） 协助教导主任（或训育主任）、军事教官、童子军教练员编排本级学生各种席次及实施军事管理及童子军管理事项；

（6） 与本级学生共同饮食起居劳作游息；

（7） 担任纪念周升降旗礼及自习室寝室与各种集合结队之点名；

（8） 掌理教室、自习室、膳厅、宿舍等处之整洁检查及秩序维持等事项；

（9） 领导本级学生远足、参观生产劳动及后方服务；

（10） 协助体育处检查本级学生体格；

（11） 指导本级学生之思想学习及身心摄卫等事项；

（12） 指导本级学生各项课外活动及社会服务；

（13） 召集本级学生谈话并随时举行个别谈话；

（14） 检阅本级学生生活日记或周记及课外读物；

（15） 会同军事教官、童子军教练员核夺本级学生之请假；

（16） 处理轮值事务；

（17） 处理偶发事项；

（18） 调查本级学生家庭状况并约定或往访学生家长谈话；

（19） 考查本级学生操行成绩，并出具训导证书；

（20） 其他有关训导事项。

七、体育方面重要工作之处理，列举如次：

（甲）关于体育者：

（1） 拟订或修订体育上各种章则；
（2） 拟订体育实施计划；
（3） 拟订体育研究计划；
（4） 拟订体育设备计划；
（5） 选编体育正课教材；
（6） 编组及指导学生课外运动；
（7） 支配及管理运动场地及设备；
（8） 拟订各种运动竞赛办法；
（9） 筹办全校运动会及体育表演会；
（10） 考查及统计学生体育成绩；
（11） 记录及统计各种运动成绩；
（12） 编造体育实施报告；
（13） 其他有关体育事项。
（乙）关于卫生者：
（1） 拟订或修订卫生上各种章则；
（2） 拟订全校卫生实施办法；
（3） 拟订卫生设备计划（包括治疗用具及药品）；
（4） 举行健康检查并矫治其缺点；
（5） 施行传染病预防接种；
（6） 治疗员生及工友疾病；
（7） 改进学校环境卫生；
（8） 研究及改进膳食营养；
（9） 注意学校饮料清洁及卫生；
（10） 推进社会卫生及参加各种卫生运动；
（11） 编造卫生实施报告；
（12） 其他有关卫生事项。

八、事务方面重要工作之处理，列举如次：
（甲）关于文书者：

（1）摘由编号及登记收登文件；
（2）撰拟文稿；
（3）保存学校印件及文卷；
（4）缮写教职员聘书及办理人事登记事项；
（5）整理各种工作报告及讲演记录；
（6）担任各种重要会议及委员会记录；
（7）记载工作日记及学校大事记；
（8）办理校长指定或委托事项；
（9）其他有关文书事项。

附注：文书处理应求迅速，其处理之程序如次：
（1）来文由收发摘由编号登记；
（2）送由组长逐级转呈校长核阅；
（3）校长批示办法或交由有关人员签注意见，经核可后发还文书组；
（4）文书组长分发组员或干事，遵照批示办法或签注意见拟稿；
（5）文书组长核阅后，逐级转呈校长核阅，其与各处组有关者，应于事务主任核阅后送请会核，然后呈送校长；
（6）校长核判后发还文书组转发书记缮写；
（7）书记缮就稿件后，须详细校对，送请组长核阅后盖印，再由收发摘由编号封发；
（8）文件发出后，得连同来文及附件分类编号归档备查；
（9）收发密件及尚未公开之重要文件，承办人员须严守秘密，不得泄漏；
（10）承办文件不得积压、紧急公文应随到随办，每周末应将本周内已办未办、已发未发各件分别列表呈由组长逐级转呈校长核阅；
（11）应行呈报各事项须由各处组供给材料者，应由文书组查明随时催促。

（乙）关于庶务者：

（1） 拟订或修订庶务上各种章则；

（2） 支配及布置校舍场地；

（3） 计划及监督校舍建筑及修理；

（4） 整理及登记各项校产校具；

（5） 购办保管及分发各项设备及办公用品；

（6） 编造财产目录及登记减损；

（7） 管理学校警卫及消防事项；

（8） 进退及管训校工厨工；

（9） 督促校舍整齐清洁；

（10） 监督或办理膳食茶水；

（11） 代办学生各项用品；

（12） 办理校长交办及教员委托代办事项；

（13） 其他有关庶务事项。

附注：庶务组购置保管校具用品，其手续如次：〔略〕

（丙）关于出纳者：

（1） 掌理款项收入及支出；

（2） 保管不属于公库之现金及票据；

（3） 请领经费及分配拨付；

（4） 登记出纳及制发凭证；

（5） 发放薪俸及扣解捐款；

（6） 其他有关出纳事项。

附注：出纳组办理出纳，其手续如次：

（1） 各项收入款项除代办费及暂收款外，均应由出纳组长在原始凭证存根盖章收讫，送会计室编制传票。

（2） 凡经费款项除零用金及公库法第四或第五条之情形外，均应由校长（或授权人）及会计主任或会计员签名盖章，随时存入公库，临时费及专款应按其性质，分别立户，存储国家银行。

（3）凡经常支付在五十元以下者得由捐纳人员报请事务主任核准执行，再送会计主任或会计员签制传票，如在五十元以上者，或系特别开支及有暂付垫付预付等性质者，应由出纳人员送经校长（或授权人）核准外，并应由会计主任或会计员会签，始可作支付之执行。

（4）各项支付应查照公库法之规定，尽量利用支票，支票由出纳员保管，出纳员签填后送请出纳组长、事务主任及校长盖章，会计主任或会计员会章。

（5）出纳员应于每日编制现金日报表、库存表，送由组长事务主任转呈校长核阅。

（6）凡暂付垫付预付款项、应随时设法转帐，学生代办费应于代办事项终了或学期终了时结算，有余发还，不足补款。

（7）有分校或分部者，其经费由出纳组秉承事务主任按分配办法，商由会计室编制传票，分别拨付。

（8）凡俸给费支出应由出纳员先期编造薪俸表及工饷表送事务主任及会计室主任或会计员会核，转呈校长核准，然后由会计室编制传票，交出纳组发放。

（9）各项预算计算决算书类，由会计室编造送由事务主任转陈校长核阅盖章后，再提经费稽核委员会审核。

（10）出纳人员对于应负责保管之现金票据证券，及其他重要财物单据等项，应分解公库及妥为保管，倘因急忽致有遗失，应负赔偿责任。

九、各主任秉承校长主持本处各项校务，分配及督促本处职员工作，重要事项并应亲自处理。

十、各中等学校为商讨及办理各项校务，应依学校组织及需要，设立各种会议委员会及研究会。兹将其组织及职员分别举示如左：

（1） 校务会议

（甲）组织：由全体教员及干事以上之全体职员或校长、各主任、校医、会计及教职员选举代表若干人组织之，校长为主席，每学期开会二次，或每月开会一次，必要时得召集临时会。

（乙）职责：

（一）决定校政方针；

（二）审核校务上应兴应革事项；

（三）解决各部份相互有关事项；

（四）审核各种计划及章则；

（五）审查预算及决算。

（2） 教务会议

（甲）组织：由校长、各主任、全体教员及教务训导体育等处组长组织之，校长或教务主任为主席，每月开会一次，必要时得召开临时会。

（乙）职责：

（一）决定教学方针；

（二）规划教务上应行改进事项；

（三）审订教务上各项章则；

（四）讨论课堂分配及教材编订；

（五）研订各学科成绩考查办法；

（六）讨论图书设备购置事项；

（七）其他关于教务事项。

（3） 训导会议

（甲）组织：由校长、各主任、各导师、军事教官、童子军教练员及训导、教务、体育会等处各组组长组织之，校长或训导主任为主席，每月开会一次或二次，必要时得召开临时会。

（乙）职责：

（一）决定训导方针；

（二）规划训导上应行改进事项；

（三）审订训导上各项章则；

（四）研讨训导实施方法；

（五）研讨学生操行成绩考查办法；

（六）审查学生操行成绩；

（七）其他关于训导事项。

（4）体育会议

（甲）组织：由校长、各主任、体育教员及体育教务训导等处各组组长组织之，校长及体育主任为主席，每月开会一次，必要时得召集临时会。

（乙）职责：

（一）订定体育卫生实施方案；

（二）规划体育卫生上应行改进事项；

（三）审订体育卫生各项章则；

（四）研讨体育卫生成绩办法；

（五）规划体育卫生设备；

（六）其他关于体育卫生事项。

（5）事务会议

（甲）组织：由校长、各主任、各组长及事务处干事以上全体职员组织之，校长或事务主任为主席，每月开会一次，必要时得开临时会。

（乙）职责：

（一）规划校舍及设备；

（二）研讨事务处理及校产保管方法；

（三）改进学校环境布置；

（四）其他关于事务事项。

（6）训育指导委员会

（甲）组织：由校长、各主任、各教员及校医组织之，校长为主席，每月开会一次，必要时得召开临时会。

（乙）职责：

（一）订定指导学生生活设施方案：

（1） 关于学生自治会；

（2） 关于课外活动及服务者；

（二）研讨学生自治及课外活动问题；

（三）促进公民教育实践；

（四）研讨青年身心摄卫方法；

（五）考查学生自治及课外活动成绩；

（六）决定学生重大奖惩事项；

（七）其他关于指导学生事项。

（7） 升学就业指导委员会

（甲）组织：由校长、各主任、各导师及校长聘请教员及专家五人至七人组织之，校长为主席，每学期开会至少二次。

（乙）职责：

（一）订定升学及就业指导实施方案；

（二）考查学生性能分别予以指导；

（三）调查中等以上学校及各项职业状况，分别予以指导及介绍；

（四）调查毕业生升学就业状况，以作参考；

（五）编造升学就业指导实施报告；

（六）其他关于升学就业指导事项。

（8） 社会教育推行委员会

（甲）组织：由校长聘请教职员七人至九人为委员，互选一人为主席，每月开会一次，必要时得召集临时会。

（乙）职责：

（一）订定兼办社会教育实施方案；

（二）督促及指导兼办社会教育工作；

（三）考查兼办社会教育成绩；

（四）编造兼办社会教育实施报告；

（五）其他关于兼办社会教育事项。

（9）经济稽核委员会

（甲）组织：由全体教员及干事以上职员选举五人组织之，（经办会计及经手款项人员不得当选）互选一人为主席，每月开会一次，必要时得召集临时会。

（乙）职责：

（一）事前审核事项：

① 属于器物之应否购置及价格之是否核实；

② 关于修缮之是否需要及价额之是否适当；

③ 关于川旅费之预领及核定；

④ 关于庶务预领各项开支请款单之审核；

⑤ 其他支用款项之事前审核；

（二）事后审核事项：

① 每月计算书表之核对；

② 各项单据之审查；

③ 其他支用款项之事后审核。

（10）招生委员会

（甲）组织：于每届招生时，由校长聘请教职员九人至十五人组织之，校长为主席，会期无定，必要时召集之。

（乙）职责：

（一）议订招生简章；

（二）推定命题、监试及阅卷人员；

（三）办理考试应行准备各事项；

（四）议订录取标准及决定去取；

（五）其他关于招生事项。

（11）实习指导委员会

（甲）组织：由校长聘请委员七人至九人，名誉委员三人至五人组织之，校长为主席，会期为不定期。

（乙）职责：

（一）订定有关实习各项章则；

（二）订定有关实习各种应用表式；

（三）支配实习时间与事项；

（四）审核与实习有关各种报告；

（五）评核学生实习总成绩；

（六）其他有关实习事项。

(12) 地方教育辅导委员会

（甲）组织：由师范学校校长、附属学校校长、地方教育指导员及有关系之本校及附属学校教职员组织之，以校长为主席，每学期开会一次，必要时得召开临时会。

（乙）职责：

（一）计划地方教育辅导工作；

（二）召集师范学校区辅导会议；

（三）举行某种专题讨论会；

（四）指导教育实验；

（五）供给乡土教材及其他补充教材；

（六）开办假期讲习会或短期师资训练班；

（七）办理通讯研究；

（八）编发教育进修刊物；

（九）其他有关国民教育辅导事项。

(13) 师范生服务指导委员会

（甲）组织：由校长聘请校内教职员五人至七人组织之，以校长为主席，会期无定。

（乙）职责：

（一）指导师范生服务时间自每一师范生入学时起，至毕业后服务期限届满为止。

（二）**依据**师范教育法令及师范毕业生服务规程各条之规定，处理关于师范生中途休学退学转学以及毕业后分配服务及指导服务等事宜。

（三）**遵照**省市教育行政机关订定之师范学校新生入学指导办法切实指导，以确定师范生从事教育及基层政治工作之知识及志愿。

（14）职业指导推广委员会

（甲）组织：由职业学校校长主任及实习学科教员组织之，以校长为主席，每学期开会一次或二次。

（乙）职责：

（一）指导毕业生就业；

（二）推广职业知能；

（三）研究改进本地有关职业；

（四）办理职业补习学校或短期训练班。

（15）各科教学研究会

（甲）组织：分科组织，各该学科教员均为会员，由校长指定或由会员互选一人为主席，每月至少开会一次。

（乙）职责：

（一）讨论课程标准实施之结果；

（二）研究各学校教学方法；

（三）选择或搜集补充教材及乡土教材；

（四）选定教科用书及教学参考书；

（五）预定每学期各学科进度；

（六）规划及指导实习；

（七）规划教学实验实习之设备；

（八）其他关于教学研究事项。

（16）学术研究会

（甲）组织：一般的或分科的，由全体教职员或各有关学科教员组织之，互选一人为主席，每月至少开会一次。

（乙）职责：

（一）研究总理遗教及总裁言论；

（二）研究各项教育学术；

（三）订定研究计划及分配研究；

（四）编辑研究进修刊物或报告；

（五）其他关于学术研究事项。

十一、各处组各委员会职责相同等者，应力求联系与分工合作。

各校不设某种委员会者，其工作由有关处组办理。

十二、本办法对于各项校务之处理，仅能列举大纲，实际处理时应查照各项法令规章之规定，切实办理。

十三、各校职员应依规定时间办公，专任教员应依各类中等学校规程之规定，每日在校时间至少七小时。除教学外，并督导学生自习、课外活动及批改作业，并予以指示讲解。

十四、教员对各项有关校务之处理，均有接受校长或各主任指定或分配担任之责任。

十五、关于会计事务之处理，应依会计法令所规定处理之。

十六、各处组会拟订之各种章则或规约，须呈送校长核阅后提交校务会议通过。

十七、各处组会拟订之工作计划或方案，须呈送校长核定，重大者并应提请校务会议通过。

十八、各处组会处理各项校务，均应就一学年或一学期订定行事历，送交文书组汇编全校行事历，以免重复及冲突，订定后如有变更，亦应通知。

十九、各处组会处理各项校务应备记事牌，书明每日或每周应办事项，以免遗忘。

二十、各处组会处理各项校务，应制定各项簿册图表，**如各类中等学校规程及三十年十一月促进校务通令所指示者**，并应切实记载，以便稽查。

二十一、各处组会得撰发文件，但与其他处组会有关者，应先送会核，重大者应呈送校长核可，并将副稿送交文书组归档备查。有关数字之统计，尤宜正确，应先向有关处组会查对，以免歧异。

发出之文件，如须答复或办理者（查询事项，布告作业，**或寄发调查表等**），应另登录，随时查催，不得以文件发出，即为了事。

二十二、各种会议委员会或研究会应依规定时间举行，决议案并应切实遵守，会内有讨论，会外无批评。

二十三、各种会议委员会或研究会之决议案，由各该会主席**执行**，或送请有关部门执行，重要者应先呈送校长核定，校长认为有疑义时，得交复议。

二十四、各**校**设有分校或分部者，各分校或分部得酌设置各处组（或称课股以别于本校之处组），分别处理各项校务，但须与本校各处组取得**密**切联系。

二十五、各**校**对主管教育行政机关应行呈报之表册及报告，应查照法令之规定，依时编造送交文书组汇报，不得迟延，如其他机关团体学校有所查询，亦应忠实答复。

二十六、各项法令规章，簿册图表，往来文件，以及各项试卷，均应妥慎保存，以备查考。

二十七、各项设备除由事务处登记保管外，各有关处组或人员亦应共同负责，全体教员均应一致爱护。

二十八、各项公物之使用，全体教职员应力求节约，不使有**丝毫之浪费**，以为学生表率，培成风气。

二十九、本办法自公布日起施行。

〔国民政府教育部档案〕

7. 教育部制定县市立中等学校设置办法的训令

（1942年4月19日）

教育部训令　中字第19108号

令 各省教育厅
　　重庆市社会局

查本部二十年六月颁发之各县市设立中等学校程序，已不尽适用，际此推行新县制之时，为造就地方各项基干人才，提高各县文化水准，县市立中等学校之设置，必有大量之扩充。爰经本部根据中央既定政策，斟酌当前需要，并参照县政计划委员会意见，另行制定县市立中等学校设置办法，以为各县市设置中等学校之准则，俾能逐渐建立计划教育之基础。上项办法，业经呈奉行政院核定。除以部令公布外，合行检发该办法一份，仰遵照切实执行，并转饬所属一体遵照为要。此令。

附县市立中等学校设置办法乙份

中华民国三十一年四月十九日

县市立中等学校设置办法

第一条　各县市中等教育，应求中学、师范、职业三类学校之均衡发展，以适应社会各方面之需要。

第二条　各县市设置中等学校，应以开办初级中学、简易师范学校及初级职业学校（或初级实用职业学校）为原则。

第三条　各县市开办中等学校，应由主管教育行政机关先就下列各点开具说明及办法，呈送省教育厅核夺：

一、全县或市最近三年内逐年高小毕业生人数一览表，升学者总数及升入初级中学、简易师范学校及初级职业学校人数调查表。

二、县或市境内如有公私立中等学校者，应报告各该校之办理情形及招生概况。

三、邻县境内如有公私立中等学校者，应报告各该校之办理情形及其与拟设之中等学校相距之路程。

四、县或市境内小学校数、学生数、经费数一览表，及失学儿童数。

五、拟开办何种中等学校及拟设班级数。

六、该地方需要是项拟开办中等学校之情形。

七、经费来源及经常、开办各费预算表。

八、校舍及各种设备与实地工作场所之计划。

九、开办后之扩充计划。

十、学生毕业后出路计划。

第四条　省教育厅审核县市所呈说明及办法，必要时得派员调查。审核结果，如合于下列各点，应准各县市筹备设立。

一、该县市每年高小毕业生达到二百人以上，其升学情形有设立该中等学校之必要者。

二、经费来源稳固，数额敷用，且不侵占当地固有教育经费、妨碍国民教育及社会教育之发展者。

三、校舍及各项设备与实地工作场所足敷应用者。

第五条　各县市境内未设有中等学校呈请设立中等学校者，如在国民教育师资特别缺乏地方，应尽先开办简易师范学校。

第六条　各县市已设有初级中学，但每年高小毕业生数超过于其收容量，同时县市财力充裕，应再筹设初级职业学校或简易师范学校。

第七条　省教育厅对于各县市呈请设立之中等学校，如认为与境内或邻近已设立之公私中等学校，在性质、数量或分布上有重复时，得限制或变更其设立。

第八条　各县市已设立之中等学校如办理成绩不良者，应限制其再行增设中等学校。

第九条　各县市立中等学校，应于省教育厅核准设立后六个月内，开具左列各项，由县市政府呈报备案：

一、学校组织编制及各项章程规则；

二、校舍平面图；

三、开办费收支对照表；

四、课程表；

五、教科书及参考书目录；

六、图书仪器标本目录（如附属工场应开具器械目录）；

七、体育及卫生设备；

八、训育、军训、童军设备；

九、校长及教职员履历表。

第十条 省教育厅对于各县市中等学校之设置及班级数、学生数均应注意调整，使全省内各类中等学校有适当之配备与均衡之发展。

第十一条 各县市初中、简师、初职每年招收学生数，约须相当于当地高小毕业生人数四分之三，其中初中应招人数约占招收总数百分之六十。

第十二条 省教育厅对于县市中等教育经费与其他教育经费，应斟酌情形规定适当之比例。

第十三条 省教育厅对于县市立各类中等学校之开办费及经常费之数额，应斟酌地方情形规定标准，严格执行。

第十四条 地方贫瘠之县份财力困难，而有设立中等学校之必要时，其经常费得由县政府呈请省政府分别等级，予以补助。

第十五条 省教育厅对于县市立中等学校之师资，教学设备及教科用书等，应统筹规划，分别予以协助充实。

第十六条 县市立初中或初职，应设百分之二十至三十免费学额，百分之十至二十公费学额，以便利清寒优秀学生之升学。简易师范学生，应一律由县市政府给予公费待遇。

第十七条 省教育厅应将核准备案之县市立中等学校，转报教育部备案。

第十八条　县市以下各区区立中等学校之设立，视同县市立中等学校，须遵照本办法办理。

第十九条　本办法公布后，以前颁布之各县市设立中等学校程序停止适用。

第二十条　本办法自公布之日施行。

〔国民政府教育部档案〕

8．教育部订定之高级中学实施劳动服务及国防训练办法

（1943年11月）

一、目标

1．启发学生尊重与爱好劳动之观念。

2．培养学生自助助人之德性。

3．训练学生手脑并用，使能习得一种实用技艺。

4．锻炼学生担负国防工作所必备之体格与技能。

二、设备

高级中学实施劳动服务及国防训练应有之设备另订之。

三、服务及训练项目

甲、服务

1．平日的——校内一切劳役及生产劳动服务。

2．定期的——星期六全日，分校内校外两种：

校内的——如校舍之修缮，环境卫生之整理，生产作业之实施，物资之搬运，及校具教具之修理制作等。

校外的——如修筑道路，改善地方公共卫生，从事社会服务、后方服务及帮助农人工人等工作。

3．不定期的——遇特种季节（如植树季节、农忙季节等）或临时发生意外事件，随时组织。

乙、训练

1．**体育训练**——平日训练依照中等学校体育实施方案所规定者实施；定期训练按照平时训练之类别举行集体演习及各种竞技比赛。

2．**军事训练**——平日训练依照高中以上学校军事教育实施方案所规定者实施；定期训练注重检阅、行军、野操、滑翔、驾驶、骑马、射击等。

四、工作及时间支配

1．男生以农工为主。

2．女生以家事为主。

3．高中一年级应于平时课内或课外实施。

4．高中二、三年级，除于平时课内或课外实施外，并将每星期全日定为"体育日"，分班分队组织专事服务与训练。

5．平时服务应将全体学生分班或分队轮流担任，每人每周以三小时为度，学校工役应尽量裁减，一切劳役由学生担任。

6．星期六全日时间之支配，劳动服务约占二分之一，体育及军训合占二分之一。

五、课程调整

1．高中课程应加调整，各科教学时数及教材大纲由部修订之。

2．初中及高一劳作应改为实用技艺（包括家事），如有必要并得设置与服务及训练有关之科目（参照战时后方服务训练办法大纲之规定）。

六、指导与管理

1．各校应组织劳动服务及国防训练指导委员会，负责规划、指导与考核，指导委员会组织规程另订之。

2．校内服务由训导主任，事务主任及级任导师负分配工作及指导之责。

3．校外服务由军事教官、体育教员及训导人员分别督率指导。

4．需要技术辅导之工作，由实用技艺教员或由学校聘请之专门技术人员予以必需之指导。

5．体育竞技由体育主任及体育教员担任指导。

6．军事训练由军事教官担任指导。

7．应由各校订定指导及考核办法。全体学生均须参加，成绩不及格者，不得升级或毕业。

七、附则

1．各项服务及训练现行法令已有规定者，应参照办理。其实施细则得由各校自行订定，呈报主管教育行政机关备案。

2．本办法由教育部公布施行。

〔国民政府教育部档案〕

9. 教育部令颁之国立中学、师范职教员支薪标准与员额配置表

（1942年）①

（1）国立中学师范职教员支薪标准表

职　别	俸　额					备　注
	一	二	三	四	五	
校　长	三二〇	三〇〇	二八〇			
分校长	二六〇	二四〇	二二〇			
处主任	二六〇	二四〇	二二〇			

① 原件未标明时间，但同卷中其他文件多为1942年前后形成。

续上表

职别	俸额 一	二	三	四	五	备注
课主任	二二〇	一八〇	一六〇			
导师 高中	二〇〇	一八〇	一六〇	一五〇	一四〇	导师应视为重要职员之一，与处主任、课主任等职务性质相同，每周教学时数以10小时至14小时为度，俾便有充分时间训导及管理事务，不及10小时及超过14小时均属不宜，兹改定导师为专任制，兼任教学不另支薪。
导师 初中	一六〇	一五〇	一四〇	一三〇	一二〇	
高中专任教员	二〇〇	一八〇	一六〇	一五〇	一四〇	高中专任教员每周教学时数为16小时至20小时
初中专任教员	一六〇	一五〇	一四〇	一三〇	一二〇	初中专任教员每周教学时数为18小时至22小时

续上表

高中兼任教员	每小时月支八元至十元					高中教员每周教学时数不及16小时为兼任教员按教学时数计工薪
初中兼任教员	每小时月支六元至八元					初中教员每周教学时数不及18小时为兼任教员按教学时数计薪
军训主任教官	二〇〇	一九〇	一八〇	一七〇	一六〇	
军训教官	一四〇	一三〇	一二〇	一一〇	一〇〇	
军训助教	一〇〇	九〇	八〇			
童军教练	一四〇	一三〇	一二〇	一一〇	一〇〇	
组　　长	一八〇	一七〇	一六〇	一五〇	一四〇	
干　　事	一二〇	一一〇	一〇〇			
校　　医	二二〇	二〇〇	一八〇	一六〇		
护　　士	一四〇	一三〇	一二〇			
书　　记	九〇	八〇	七〇	六〇		
主办会计人员	二四〇	二二〇	二〇〇	一八〇	一六〇	
会计佐理员	一六〇	一五〇	一四〇	一三〇	一二〇	
会计室雇员		八〇	七〇	六〇	五〇	

附记：

1．职员除文书出纳庶务等组长暨会计人员以及干事书记护士不兼课导师另有规定外，其余均应兼任教学，每周教学时数由各校视各员事务之繁简酌定，最少不得低于四小时，最多不得超过十二小时，军事教官、童军教练员不在此限，惟一律不另支薪。

校长、分校长月支特别办公费，按设班之多寡支给：1．设班在六班以下者月支八十元，2．七班至十班者，月支一〇〇元，3．十一班至十四班者月支一二〇元，4．十五班至二十班者月支一四〇元，5．二十一班至三十班者月支一六〇元，6．三十一班至四十班者月支一八〇元，7．四十一班以上，每增十班月增支二十元。

2．职教员俸薪订有最高额暨最低额者，由校长查核担任人员资历暨所任教学时数与成绩或工作情形，就经费许可范围内酌定，其经费不敷分配者，应以最低额为准。

3．职教员服务中等学校在七年以上，并在国立中学师范一校继续服务三年以上、成绩优异、能提出毕业证书暨全部服务证件者，得由校长核明，检同各件呈部查核，特予提高其俸薪，此项**增薪**由部另拨，以示鼓励。

4．会计室人员薪俸应照本部会计处核定额支给。

（2）国立中学师范职教员员额表

职　别	设级在八级以下应设员额	设级在九级以上至二十级应设员额	设级在二十级以上应设员额	备　　注
校　长	一	一	一	校本部以设教导、总务二处为原

续上表

职　别	设级在八级以下应设员额	设级在九级以上至二十级应设员额	设级在二十级以上应设员额	备　注
处主任	二	二	二	则，各设主任一人，不设分校之国中或校本部，兼办某一分校（或高中部、初中部女子部）之行政，得将教导处分设教务训育二处，各设主任一人，并得设体育处主任一人
组　长	五	七一十	七一十	以分设教务、训导、体育、文书、出纳、卫生庶务等七组为原则，必要时得将体育卫生合为一组，教务组分为教学注册设备三组，训育组分为训育管理二组
干　事	五	七一十	十一二〇	以每组平均一人为原则，得按各组事处之繁简，由校长酌予增减，不设分校准分校高初中女子部干事得量予额外增设
校　医	一	一一二	二一四	校址集中一地，不设分校或虽设分校，分校较近，校医由校本部统筹，设置之员额应按照规定聘任，并应聘请领有医师执照者

续上表

职　　别	设级在八级以下应设员额	设级在九级以上至二十级应设员额	设级在二十级以上应设员额	备　　注
护　士	一	二一三	三一五	
书　记	二一五	五一十	十一一十五	
合　计	十七一二十	二五一三六	三五一五七	以上系校本部应设员额
分校长或分部主任	一	一		
课主任	二	三		
导　师				每学级设置一人
专任教员				各分校设专任教员人数应将专任教员与导师，以每学级二人为限
兼任教员				兼任教员人数不得超过全体教员人数四分之一
主任军训教官		一		军事教官员额仍由本部与军训部商定
军训教官	一	一		同　　右

630

续上表

职别	设级在八级以下应设员额	设级在九级以上至二十级应设员额	设级在二十级以上应设员额	备注
军训助教	一	一		
童子军教练员	一	一一二		
干事	三一五	五一七		分校或分部与校本部同在一地者应尽量减少设置干事员额
校医	一	一一二		
护士	一	一一二		
书记	一一三	三一五		分校或分部与校本部同在一地者，应尽量减少设置书记员额
合计	十一一十五	十五一二六		以上系分校或分部应设职员员额、导师及专任教员以及兼任教员人数，未设分校或分部与校本部校址集中一地者，各项职员应尽量由校本部职员兼任，不得分别逐一照额设置

附注：

1．本表所定各项职员名额系依据各国立中学每校现设员额加以检讨，既不以职员人数最多之学校为职员员额之最高额，职员人数最少之学校定为职员人数之最低额，表内所列各项职员员额乃就学校设置员额之最适当者分别厘定，自不免有少数学校因过去用人过多，依照实施稍感困难，理应由校长悉心规划，妥为调整，其原设职员员额甚少，较之表列各项职员员额尚不及最低额者，亦仍照旧有人数设置，不必因实施新订员额表骤予增设，以增加经费支配之困难，各校如能共体斯旨，则各校组织暨人员配备俱可逐渐趋于正常化之境，务使今后不致再有少数学校形成用人过多之弊。

2．表内所列各项职员系依据修正中学规程、修正国立中学暂行规程暨中等学校行政组织补充办法各规定，酌予订定划一职称，以免纷歧。至表内各项职员如少数学校之设有农场主任等职务，仍得陈明理由，继续设置，至设有生产劳动指导、生产导师、农业导师、农场指导员等，如确能切实负责，仍准照设，惟须一律改称农场主任，按其资历及服务成绩比照组长或干事薪额酌支。

3．推行社教人员应由教职员兼任。

4．校本部兼办高中部、初中部或女子部之行政暨校本部与分校集中一地者，其高中部、初中部、女子部或分校之课主任，应尽量由校本部处主任或组长兼任。

5．会计室员额另案规定。

〔国民政府教育部档案〕

二、师范教育

1. 教育部关于确定师范教育设施方案的训令

(1938年5月7日)

教育部训令　汉教字第3018号
　　令各省教育厅

　　查各省师范教育设施，素鲜明确规定之方案，在昔日旧府州区域，有一省立中学即有一师范学校，其后新学制施行，师范学校率多并入于同地之中学。自国府统一以还，师范教育制度遂加改善，初令以独立设置为原则，继颁布师范学校法，确定其与中学分离，本部复据以订定师范学校规程，其要点为师范学校概由各级政府机关设立，无私人设立者。又各省应划分为若干师范区，每区得设男女师范各一所，此为规定师范教育应为计划的设施之始，顾各省罕有严密依照办理者。省立师范学校数既多，未恢复前，此依府州设立之数，而历来各县所办简师及各项短期师资训练班，未予调整，小学教员之任用，又初无确定方式，或感师资不敷，或嫌过剩，而不合格与不健全之师资，复比比皆是，所谓师范生服务办法不过于其将届毕业，由省厅通令各县设法任用而已。至于何种小学须配备以何种师资，全省每年小学教员须增补者几人，届退休者几人，应进修者几人，使师资之培养与任用联系沟通，统策筹画，俾供求适合，为一完密之规划方案者，可谓绝无。当此第一期义务教育进行甫及其半，而抗战犹在继续之际，全国师范教育亟须力矫过去漫无规划之设施，而应由各省分别规定今后若干年内师范教育设施之明确方案，庶小学师资得以逐渐整理改进，而师范生之供求相应，校得良师，师无间旷，教育效率于以宏增。兹开示计划方案时应行注意之点如下：

（一）自下学期起，至第一期义务教育完成之时为止，各省每年应增加义务教育及普通小学教员若干人，应有一详确之计算，其因年老退休，死亡离职之人数，亦应调查最近若干年统计之平均数，量予计入。

（二）暂行划一小学师资标准，可规定小学教员以师范学校及乡村师范学校毕业生为合格，初小及短小教员以简易师范学校及简易乡村师范学校毕业为合格，今后补充师资应依照标准。原有各县立简易师范其年限不足四年者及各种短期师资训练班，应分年结束。

（三）二十七年度应即划定师范区，每区至少设师范学校或乡村师范学校一所，各区不能单独设立女子师范学校时，应于师范学校内设立女子师范部，简易师范学校及简易乡村师范学校以由区内数县联合设立为原则。各区内所设省县立各种师范学校校数及招收学生数，均应由厅参照逐年所需增补之教员数，通盘筹划，分别规定。

（四）现有不合格及不健全之小学教员及私塾塾师，统应由厅调查详确，分别予以相当时期之补充训练，训练毕考查成绩及格者，应重予支配工作。

（五）本年暑假毕业之师范生，应由厅于下年度详为分配于各县，指派工作，其过去失业之师范毕业生，并应由厅举办登记，经审查合格后，一律分派工作。

（六）各省应即订定小学教员任用、服务待遇、进修、考绩各项划一办法呈经本部核定后于下年度开始施行，其已订有一种或数种单行法规者，应参照令开各项酌予修正。

（七）各厅应综合以上各点，规定各该省今后若干年内师范教育整个设施方案（其期限须参合各省实施义务教育情形，酌量规定）；如因战事关系，一时未便一律实施时，得予呈部核准后，分别展缓一部分之施行期间。仰即遵照办理。此令。

中华民国二十七年五月七日

〔行政院档案〕

2. 教育部订定各省市师范学校辅导地方教育办法

（1939年7月21日）

一、为改进地方教育起见，各省省立师范学校（以下简称师范学校），对于各该师范学校区内各县市地方教育，应遵照本办法予以切实之辅导。

二、各师范学校区内有师范学校两校以上时，应由省教育厅分别指定各该师范学校在区内实施辅导之地方。

三、师范学校应设置地方教育辅导委员会，以校长、附属小学校长、地方教育指导员及有关系之本校及附属学校教职员组织之。

除左列甲乙两事项必须办理外，并应视区内之需要办理丙以下各事项之全部或一部。

甲、召集辅导会议。秉承省教育厅参照初等教育辅导研究办法大纲，召集本师范学校区（即省分区）辅导会议（包括初等及民众教育）。

乙、设置地方教育指导员。是项人员每区设置一人至四人，由校长遴选本校或附属小学教员对于小学及民众教育有优良经验及心得者，呈经省教育厅核准后任之。每学期往各县市抽选代表各种教育情形者五校至十校，予以切实详细之辅导（如示范教育等），并于结束时召集全县市学校代表，予以改进教育之切实指示。

丙、举行某种专题讨论会。例如为某科教学方法，某种训育问题等专题，特别利用假期召集区内各县市优良学校与专题有关之优良教员举行讨论会讨论之，先定专题，再约定出席人员，就专题范围提出问题或意见，届期提会讨论。但不取表决方式，只纪录各方面意见，编成专册，供各校教员参考。

丁、指导教育实验。由师范学校约定区内优良小学及民众学校分别支配关于教育实验工作。并提出实验事项，制定实验方案，指导约定之学校予以实验。每学期须将实验研究结果呈报省教育厅，转呈教育部备核。并报告于区内各校。

戊、办理通讯研究。由师范学校征求区内小学及民众学校教员为参加人员予以登记。凡参加者均得提出有关教育之疑问，由委员会分别予以切实之答覆，或由委员会提出问题，向参加者征求答案，择优通知全体参加人。

己、供给乡土教材及其他补充教材。由委员会约定各地方各校教员搜集此类教材，编成要目或课文草稿，交由委员会，再由委员会指定教员整理校订，编辑成材，呈送教育部审定后分发各校应用。

庚、开办假期讲习会或短期师资训练班。受省教育厅指示，视各县市需要，利用假期开办讲习会或训练班，招收小学及民众学校教员予以讲习或训练，以增进各校教员研究教育之兴趣及学识。

辛、发行教员进修刊物，定期或不定期刊物。

壬、其他有关初等及民众教育之辅导事项。

四、师范学校每年应将辅导计划及预算（概算）呈请省教育厅核定实施。

五、师范学校遇必要时，得由校长将辅导要点函请县市政府令各校遵照切实改进。

六、师范学校校长应向省教育厅报告经办辅导工作，每三个月至少一次，并应向该区省督学随时提供辅导经过之材料，且与之取得密切之联络。

七、行政院直辖市立师范学校对于全市各校之辅导与省立师范学校对于师范学校区内各校之辅导同。

八、各省市教育行政机关对于师范学校辅导地方教育事宜，应充分予以辅助，并应考核其成绩，每年将辅导情形汇报教育部至少一次。

九、本办法自公布之日施行。

〔行政院档案〕

3. 教育部订定之特别师范科及简易师范科暂行办法

（1940年2月29日）

第一条 为各省市大量造就国民教育师资起见，特订定本办法。

第二条 特别师范科及简易师范科以附设于师范学校为原则，但公立中学及公立高级中学内得附设特别师范科，公立中学及公立初级中学内得附设简易师范科。

第三条 特别师范科及简易师范科修业年限均为一年。

第四条 特别师范科入学资格为高级中学或同等学校毕业，或具有同等学力者，均须经入学试验。

简易师范科入学资格为初级中学或同等学校毕业，或具有同等学力者，均须经入学试验。

上项同等学力录取名额，不得超过录取总数百分之二十。

第五条 特别师范科及简易师范科入学试验科目如下：

公民、国文、史地、算学、自然（理化生物）、口试及体格检查。

第六条 各省市开设特别师范科，以办理普通组为原则，必要时得设体育、艺术、劳作等组。

第七条　特别师范科普通组教学科目如下：

三民主义、伦理、体育、军事训练、军事救护（女生）、卫生、国语及注音符号、应用文、农工艺及实习、家事及实习（女生）、音乐、教学原理及方法、学校行政、童军教育、中华民国政府国势概要、地方自治、农村经济及合作与实习。

第八条　简易师范科教学科目如下：

三民主义、公民、体育、军事训练、军事救护(女生)、卫生、国语及注音符号、应用文、历史、地理、农工艺及实习、家事及实习(女生)、音乐、教学原理及方法、学校行政、童军教育、地方自治、农村经济及合作、实习。

第九条　特别师范科普通组以外其他各组教学科目另订之。

第十条　特别师范科及简易师范科得缩短休假日期。

第十一条　特别师范科及简易师范科学生之教学实习，除附属小学外，应指定附近中心学校或国民学校为实习场所。

第十二条　特别师范科学生毕业后，得充任中心学校或国民学校教员。

简易师范科学生毕业后得充任国民学校教员。

第十三条　特别师范科及简易师范科得设主任一人，商承校长主持科内教学及训导事宜。

第十四条　特别师范科主任，以曾任师范学校校长、教务主任、训育主任及曾任师范学校教育学科教员二年以上著有成绩者为合格。

简易师范科主任，以曾任简易师范学校校长、教导主任及曾任师范学校或简易师范学校教育学科教员二年以上著有成绩者为合格。

第十五条　特别师范科及简易师范科主任，应担任教课。其时间不得少于专任教员教学时间最低限度二分之一。

第十六条　除本办法所特别规定者外，其余均适用修正师范学校规程之规定。

第十七条　本办法自公布之日施行。

〔行政院档案〕

4．师范学校毕业生服务规程

（1942年8月22日）

第一条　本规程依据师范学校法第十六条订定之。

第二条　各省市（行政院直辖市）各类师范学校及各种师范科（以下简称师范学校）毕业生之服务，均照本规程办理。

第三条　师范学校毕业生服务年限一律定为三年。

第四条　省市教育行政机关于所属师范学校学生将届毕业时期，应预为计划分配服务处所，毕业后即派至预定处所服务。

第五条　各县市教育行政机关，在接受省教育厅所分发之师范学校毕业生后，应即依据实际情形，妥为分配服务学校，并呈报省教育厅备案，各该师范学校毕业生在被分发之县市，如不得服务学校时，得呈请省教育厅核办。

第六条　师范学校毕业生无论服务期限业已届满是否，如不得服务处所，均得请由省市教育行政机关登记，分配至相当处所服务。

第七条　师范学校毕业生有因特别情事，呈请省市教育行政机关核准者，得服务于其他省市。

第八条　师范学校毕业生被派至各县市服务时，应服从各该县市教育行政机关之支配与指导。

第九条　师范学校毕业生服务期内，继续任职两校或两校以上者，其期得合并计算。

第十条　师范学校毕业生在服务期间，非有修正小学规程第七十八条情形之一者，应予保障，不得解职。

第十一条　师范学校毕业生有因身患疾病或其他障故，不能服务时，得呈请省市教育行政机关酌量展缓其服务时期，但除痼疾或残废外，展缓时期不得超过两年。

女生不得因结婚请求展缓服务时期。

第十二条　师范学校毕业生有左列情形之一者，得请由各省市教育行政机关即予恢复原职或另派工作。

（一）无正当理由而被解职者；

（二）在服务未满期间其所服务之学校因故停办者；

（三）因受特别情形之影响而失业者；

（四）展缓服务时期已满者；

（五）学校聘约已满无故不予继续者；

（六）受停职处分已满期者。

第十三条　师范学校毕业生在规定服务期内不得升学或从事教育以外之职务。但服务满一年成绩优良，愿升入师范学院或简师毕业生志愿升入师范学校者，得于呈请省市教育行政机关核准后投考升学。

第十四条　师范学校毕业生在服务期间有左列各款之一者，应由各省市教育行政机关追缴其在修业期间历年免缴之学膳书籍各费全部。

（一）无正当理由拒绝服务者；

（二）展缓服务时期满二年仍不服务者；

（三）改就他业或擅自升学者。

第十五条　各省县市督学对于初期师范学校毕业生，应特别予以关于改进教学方法及进修等之辅导，培植其服务教育之兴趣与信念。

第十六条　师范学校毕业生服务期间，应于每学期结束时，将本学期服务概况分别报告于原毕业学校及所在地之教育行政机关，所在地教育行政机关应考查其服务状况，服务期满并无过失者，给予服务期满证明书，并呈报省教育厅备案。

第十七条　师范学校毕业生在外省市服务者，得请由主管教育行政机关考查其服务状况，服务期满并无过失者，给予服务期满证明书，并转报其本省市教育行政机关备案。

第十八条　师范学校对于各该校之毕业生就业或失业状况，每学期应报告省市教育行政机关一次，省市教育行政机关对失业之师范学校毕业生，应设法予以工作。

第十九条　各省市或县市教育行政机关根据法令规定所办之短期义务教育师资训练班等，其毕业生之服务，应依照本规程之规定办理。

第二十条　各省市教育行政机关应依据本规程，订定实施细则，呈报教育部核定施行。

第二十一条　本规程自公布日施行。

〔行政院档案〕

5. 教育部次长顾毓琇在师范教育座谈会上关于增加师范生来源与改进训练办法等问题的报告

（1942年4月1日）

教育部鉴于师范教育的重要，特根据八中全会决议之旨，规定每年三月二十九日起至四月四日止，举行师范教育运动周，发动各省市教育行政机关及师范学校同时举行，藉以唤起社会人士的注意。今天柬请诸位专家来参加开会，目的是想借此得到多方面的意见，承诸位远道而来，足见对于师范教育的热心与同情，相信今天必有一番精彩的议论，师范教育能得到各方面的重视与扶持，前途一定是很乐观的。

师范教育的重要，我们已充分的认识，因为师范教育为国民教育之母，国民教育是民族文化的柱石，又是地方自治的基础，师范教育就是培养民族文化的基本干部与推进地方自治的基层人材。总裁在国民精神总动员三周年纪念日广播讲演曾经昭示我们说:"三民主义文化的建设特别要注重在教化方面入手,来树立爱国的道德和建国的信心"。教育的重要性更于此可见。

目前师范教育的推进困难甚多,而亟待解决的则有下面四个问题:

（1）社会人士不愿送子弟入师范学校;
（2）一般青年不愿升学师范学校;
（3）师范生毕业数量不能配合推行国民教育之需要;
（4）应如何坚定师范生"服务教育,献身国家民族之信念"。

不愿送子弟入师范学校与不愿升学师范学校这种心理的形成,包括许多因素,成为师范教育推进途中之一大障碍,结果造成师范生的总数字不易增加。我们自然需要设法去解决这个问题,希望很多的青年,都高兴地升进师范学校,可是即使师范生总数字不向后退减,其距离实际的需要量仍属很远,本部推行国民教育五年计划,估计设成六十万校,每校平均有教师三人,即需一百八十万人,除原有教师七十余万人及短期师资训练可有六十万人外,尚少师资四十余万人,似此情形,每年至少需有十万人毕业,方足敷用,照这样估计,每年如需十万人毕业,即应有三十万人在校,就目前情况论,能达到此数三分之一,即已满意,然而根据统计,二十九年七月在校师范生数只有六万多人,三十年七月约增至八万人,本年内可望增至九万余人,每年仍只有两万多人毕业,尚未达到三分之一的数字。而且毕业出来的两万多人以及原有服务的教师还不能如数保持。主要的自然是因为教师本身**待遇微薄**,发生流动倾向,这种流动倾向,一半也因为各机关**爱用师范生**的缘故,因为师范生素来刻苦耐劳,安贫乐道,充任机关职员,**做事既负责**,又守规矩,对于待遇的要求也不高,这自然使人乐于任用。目前小学教师改业的人数已经很多，就是尚未改业的而心理已在动摇的人恐怕也不少，所以如何**挽留**及如何增加师范生数量，是必须从速求得一个根本解决的办法，我以为除**尊师重道**，予以精神上的安慰外，根本还是要从改善教师物质待遇着手。教育经费原是民族繁荣的保险费，扩充师范教育、优待师范生及保障教师生活，更是民族保险中一个重要的度支，如不能扩充师范教育，不能优待师范生，不能保障教师生活，就无异废弃民族文化，轻视国家基本建设，所以现在不能着力于此，民族就没有将来，国家就没有前途。

所以，如何改进师范生待遇，**增加师范生人数**，保障教师生活，是大家一致主张需要解决的问题。说到这里，我想起湖南教师一件事，即湖南有五万个合格教师，年来已经走了一半，这种事实足够我们警惕的。

中央对此已加注意，上年八月全会曾有筹拨专款改善师范生待遇、增设师范学校以及提倡师范教育运动的决议，政府**根据**是项决议，积极提高师范生待遇，以前有几省不照公费待遇的办法，只有少数的津贴，现在大多数省份都能供给师范生**膳食**及其他各种优待，师范学校也已逐渐增加。至于小学教师待遇，**除规定改善提高薪额外**，并另有供给食米的办法，但师范教育的问题尚不止此，而且上面所说的亦并未得到彻底尽善的解决，所以希望在座诸位先生，**多多指教**。今天所要商谈的归纳起来有下面三个中心问题：

1．如何增加师范生来源；

2．如何改进师范生训练；

3．如何确立计划的师范教育。

各位远道而来，除代表教育部致谢外，并请**趁**此机会，多多发表意见。

〔国民政府教育部档案〕

6. 教育部中等教育司长章益在师范教育座谈会上作关于师范教育状况与今后改进意见的报告

（1942年4月 日）

本人兹代表教育部，将数年来对于师范教育之重要设施作一简要报告：在战前政府对于师范教育已经完成两大政策，第一为师范学校由国家办理之政策，确定师范学校一律由各级政府设立，私人不得创设，因为国家一切政策必须透过师范生而贯彻于一般国民；其次为师范学校独立设置政策，确定师范学校与中学应分别单独设立，因为师范与中学在课程、教材训练以及待遇等各方面性质上都各不相同，所以必须独立，以保持师范教育之特殊精神，这两大政策在战前已经完成，战后对于师范教育之量的扩充与质的改进，均切实注意。兹分别说明如次：

二十五年全国师范生人数为七万六千四百四十五人，二十六年因受战事影响，降为四万八千七百九十三人，二十七年以后，政府即注意如何恢复师范生原有人数，并设法增加，自确定实施国民教育以后，预计在五年之内，至少须设立保学六十万所，需要补充师资数十万人，为企求适应上项需要，因特采用下述方法督导进行。

第一，推进分区设校制。各省应参照各地方人口、交通、经济状况及所需师资数量划全省为若干师范学校区，以为规划设校之张本，使各区师资培养机关与各区所需师资数量，能获得适当之配合，按照规定，各省每一师范学校区必须有男女师范各一所，各县须尽先设立简易师范学校、师范学校及公立中学内并应大量附设简易师范科及特别师范科，经部按照规定积极督促办理，师范学校数量逐渐增加，师范生人数亦随之递增。不过师范生毕业以后，是否能全部担任小学教师工作，则成问题。据教育部某视察报告，有一个税收机关将一个师范学校的毕业生，悉数招收录用，此种现象确是一个严重问题，所以第二步便实行加强师范毕业生服务统制，使其不能随意升学或改业，可是这样一来，一般青年又多不愿投进师范学校，因为统制既严，师范生一方面感觉责任重大，同时又鉴于出路狭窄，不能上进，而最大困难，还是因为师范生待遇菲薄，不足鼓励青年升学师范，因此，第三步便考虑如何改善他们的待遇。关于这一点，我们注意到两方面：一面使他们在服务期满以后，有升学上进的机会，办法就是师范生投考师范学院，初级部免考英文，考取以后，再让他们去补习进修；另一方面，就是改善他们的物质待遇。这个问题，政府与社会都已一致主张，八中、九中全会，关于这方面的决议案都很多，参政会也决议，改善师范生待遇，提高小学教师薪金，行政院更注意及此。所有改善师范生的呈请，都予通过，粮食部对于师范生食粮的供应，也有办法。据今天粮食部出席的尹司长说：凡师范学校，无论省立县立，如果拨发公粮不够，由粮食部另想办法；新闻界也加赞助，常常代表舆论促请切实执行改善的办法，这样看来，料想改善师范生待遇，一定可以得到圆满解决的。去年下半年各省因物价高涨，师范生膳食发生问题，本部根据八中全会改善师范生待遇的决议，呈准中央拨发专款三百万元，其中二百万元已由本部按照各省师范生人数分配，作为膳食补助'其余一百万元则作为设置清寒优秀师范生奖学金及充实师范学校设备等项用途，于此亦可见中央对于全国师范生之关切。本年度已将上项补助分别列入各省预算，继续由国库支给。最近复呈准中央师范生食米改由各省公粮项下拨给，原列经费则作为副食费之用，现在已由粮政机关保证实行，师范生膳食问题，至此已获得适当之解决，而其他改善待遇事项，更可望逐年推进。在划区增校以及待遇改善之下，师范生数量自二十七年以后，已逐年增加，现在把各年来增加的数目报告一下：

二十七年　五六，六七九人
二十八年　五九，四三一人
二十九年　六七，五五一人
三十年　八五，○○○人（约）
三十一年　一○○，○○○人（约）

但这个增加数字，距离实际需要还很远，因为照我们的希望，每年要有三十万人，在校十万人毕业，所以又不得不打算在三十二年要增加五万人，连前要达到十五万人；三十三年要增加七万人，连前达到二十二万人；三十四年要增加八万人，连前要达到三十万人，今后我们自然要逐步努力，以求完全实现这个希望。

至于师范生质的问题，当然同样重要，我们的敌人——日本小学师资采用专科训练，程度提高到中学以上，我们预计将来也必须如此。至于本部近年关于师范生质的改进，也有很多积极的实施，暂时不想多说。概括一句，总希望质与量兼筹并顾，能达到预期的效果，希望诸位多多指教。

〔国民政府教育部档案〕

7. 全国师范学校学生公费待遇实施办法

（1944年12月22日）

第一条　全国各级师范学校学生（包括简易师范）公费待遇依本办法之规定。

第二条　师范生公费待遇之项目如下：

（甲）应享受公费部分：

一、师范生除保证金外免缴学费、宿费及图书、体育、医药卫生等杂费。

二、膳食（包括主食费副食费）全部由学校供给，但主食费得依照规定数量拨发公粮。

三、所用各科教科书由学校供给。

（乙）得享受公费部分：

一、制服应由学校供给，每三年每生发单制服二套，棉制服一套。

二、第三年依照规定外出之参观，用费由学校供给。

三、劳作、美术、理化、生物等科实习材料费由学校供给或酌予补助。

四、新生到校及毕业生经分派服务者，应按程发给或补助旅费。

除前项各款规定外，其清寒优秀者得依照法令规定受领奖学金。

第三条　前条乙款得享受公费部分各款待遇由负担经费之各机关斟酌财力，一部或全部实施之。

第四条　师范生公费待遇所需经费，国立学校学生由中央负担，省立学校由省款负担，县级学生由县款负担，分别列入省县预算，唯新生到校旅费得酌由保送机关补助之。

第五条　师范生如有不遵照规定在学时中途离校或规避服务情事，得依照"修正师范学校毕业生服务规程"第三十二条之规定，追缴其在修业期间所享之一切公费，并没收其保证金。

上项追缴之公费及没收之保证金，分别由教育部及省市县主管教育行政机关每学期核实保存，留作下一期补充师范生公费之用。

第六条　本办法自公布日施行。

〔国民政府教育部档案〕

8. 抗战前后历年师范教育演进表

（1928—1945年）

学　年　度	师 范 学 校 数	师 范 学 生 数
十 七 年	236	29,470
十 八 年	667	65,695
十 九 年	816	82,809
二 十 年	867	94,683
二 十 一 年	664	99,606
二 十 二 年	893	100,840
二 十 三 年	876	93,675
二 十 四 年	862	84,512
二 十 五 年	814	87,902
二 十 六 年	364	48,793
二 十 七 年	312	56,677
二 十 八 年	339	59,431
二 十 九 年	374	78,342

续上表

学　年　度	师 范 学 校 数	师 范 学 生 数
三　十　年	408	91,239
三 十 一 年	455	109,009
三 十 二 年	498	130,995
三 十 三 年	562	157,806
三 十 四 年	662	180,344

〔国民政府档案〕

三、职业教育

1. 教育部制订之创设县市初级实用职业学校实施办法

（1938年7月5日）

一、教育部为谋养成实用技术人员，以解决一县人民食、住、行、日常生活必需之供给起见，设置各县初级实用职业学校。

二、关于初级实用职业学校之设置者：

（一）各省教育厅应会同建设厅民政厅调查各县市主要农业及日常生活必需品物之产销与供求实况，分类编制统计，呈送教育部。

（二）根据前项调查统计，选择一地生活需要最切要而最感缺乏之职业，分别缓急，决定办理学校地点及设置科目。

（三）学校之设置以与生产机关合作办理为原则，如某项职业尚无具有规模之生产机关，应与当地从事该业者，联络办理。

（四）学校之设科，暂定如下：

（甲）农艺科　包括各种农作物之改良及果瓜菜蔬、日常必需食品之生产。

（乙）农产制造科　包括农产品之加工制作保藏，及油、盐、酱、醋、烟、糖、茶、烟草等之制造。

（丙）畜殖科　包括畜养猪、牛、羊、鸡、鸭、鱼、蜜蜂等农家副产。

（丁）纺织科　包括日用衣料及服品之纺织制作，如半机械纺织、手工纺织、及棉、毛、丝纺织等。

（戊）应用化学科　包括印染、制革、制皂、制肥料、油漆等及其他日用化学品之制造与改良。

（己）木工科　包括家具、农具、工具、舟、车、轿舆之制作与改良。

（庚）机工科　包括农具、日用家具及简单机器之制作。

（辛）土木科　包括房屋、公路、桥梁之修造，及陶瓷、石灰、水泥、砖瓦、石料等之制造。

（壬）印刷科　包括各项铅印、石印、木刻等工艺品之制作。

上列科目，系属举例，各地尽可依照需要斟酌设置相当科目。

（五）各科办理之科目，视各地方需要而定，但以相关之科目得依实际情形，酌量增设之。

（六）学校需有同时足供全部学生工作之实习设备，此项实习设备，除依照第（三）项办理外，一切出品务求精良适用，并应充分商业化。

（七）学校应设置出品售卖部，并将每种出品编制养殖、制作或种植等程序图表,公开展览。

（八）二十七年度,先就川、滇、黔、桂、陕、甘等省指定一县或数县试办,俟战争平定后,再由其他各省分别先后普遍推行。

三、关于初级实用职业学校之师资者：

（一）教育部及各省教育厅应即依照教育部规定办法（办法另订之）举行技术人员登记,凡高级职业学校以上毕业人员及各业原有小作工艺技师,均应尽量甄拔。

（二）凡登记合格之人员,经甄别任用者,应先由教育部召集举行一周至二周之讨论会,指示办理学校方针。

（三）校长资格　以在专科以上学校毕业（所习学系须与学校设科相同）有三年以上教授经验,著有成绩或在高级职业学校毕业（所习科别与学校设科相同）担任职业专科教员五年以上著有成绩者为合格。

（四）教员资格　除前项规定人员充任外,并得聘请各业熟谙技术之技师或技匠,充任工作指导员。

四、关于初级实用职业学校之教学者：

（一）学生修业年限,以所习科目技术进程之难易,酌量规定之,自一年起至三年为度。

（二）教学科目　应先注重实习,俟技能娴熟,再予以学理之印证。各科课业分配之百分数另定之,但实习至少占百分之五十。

（三）实习时,教员应共同工作,以为学生表率。

（四）学校除切实训练学生知识技能外,并应充分培养其自力经营能力,俾毕业后可在社会独立发展。

五、关于初级实用职业学校之推广事业者：

（一）学校所在地县市内,对于学校设科相同之职业,应尽量密切联络,并随时指派教员前往指导改进,或分派学生实习。

（二）学校应指导县市内办理各业急要任务,如农业方面之推行合作事业,指导垦荒,组织农村仓库,节制粮食消耗,指导防除虫害，扶助失业农民等。工业方面如指导节省原料，增加生产办法，指导发达地方特产方法，指导实施分工合作办法，扶助失业工人等。应择要次第实施。

（三）学校为办理推广事业起见，得在县市内各乡村举行短期讲习会，办理改进各业讨论会，或设置短期职工训练班等。

（四）毕业学生，应以在本市县内服务为原则，每月应制作服务工作报告，送交学校查核。并由学校利用假期召集毕业生，举行二周至四周训练，改善工作方法并灌输新知能。

六、关于初级实用职业学校之组织者：

（一）初级实用职业学校为求建教合作起见，应组织顾问委员会（可参照教育部颁行之办法）协助学校规划一切进行事宜，其会议记录应按月送呈教育厅转呈教育部备案。

（二）各校规定为〇立〇〇市县初级实用职业学校。

七、关于初级实用职业学校之经费者：

（一）每校开办设备费，暂定六万元；

（二）每校经常费，暂定每年四万元；

（三）每校添置设备及举办推广事业等费，暂定二万元；

（四）关于各项经费之支配，应先由学校就规定范围内拟具预算，呈送教育部核定施行。

〔国民政府教育部档案〕

2. 教育部颁发国立中学增设职业科办法

（1938年12月26日）

一、凡国立中学未设职业科或虽设科而学生不多者，均应依照本办法，筹划设置或充实内容。

二、职业科之设置，以不需多量及特殊设备而切合于地方或抗战建国之需要者为限。

三、职业科训练目标,以培养学生有一技之长,足以参加社会生产工作,或独立经营。

四、职业科设置范围,暂定如下:

1.学校附近有生产或国防建设机关者,应与之密切联络,即设置此项学科,以供给学生实地练习,并可聘请该机关技术人员担任实习指导。

2.如学校附近并无生产及国防建设机关者,其设科可就农工商生产经济方面斟酌决定。农业科目如作物、养殖家禽家畜、养蜂、蚕桑、酿造、种植蔬菜瓜果等。工业科目除当地主要之手工艺外,如简易金工、棉织、漂白、染色以及日用竹木用具之制造等。商科如簿记、会计、打字、文书等。

五、各校收容职业科学生,除由教育部分发登记之战区学生外,并应就本校学生施行职业指导,如志愿学习职业者,可准其改科,惟应以高初中一年级学生为限。

六、职业科经费支配,每一高初学级平均以月支三百元为度。其设备费视设科情形酌定之。

七、各科师资除聘请有相当资历人员外,并应多聘各业原有熟练技能之技匠,充当工作指导员。

八、各校职业科之实习设备,应尽量供给高初中学生生产劳动训练之用。

九、各校应遵照以上各项规定,拟具实施办法,于本学期结束以前送部核定。

〔国民政府教育部档案〕

3.教育部协助职业学校生产资金暂行办法

(1940年5月)

一、本部为协助职业学校资金,成立生产组织,实行生产起见，订定本办法。

二、凡实习设备较有基础及办理尚佳之职业学校，经本部考查，认为应迅速实行生产并成立生产组织者，得受本项生产资金之协助。

三、生产资金协助数额，视其科别及实习设备情形定之。

四、凡受本部协款之职业学校，各省市应同时拨款协助，其数额不得少于部款，惟经费特别困难之省市，得酌量情形，呈请变更。

五、部省协款应专款存储稳妥银行或钱庄，不得移作别用。

六、受协助之学校，应即成立生产组织，并将生产组织概况及生产计划，呈厅转部核定后施行。

七、每学期终了时，各校应将生产经过、出品数量、价值、销售及盈余，列表报厅转部核准。

八、实行生产成绩显著者，得于下年度请求增加协款。

九、办理不善或生产成绩低劣者，得中途停付协款。

〔国民政府教育部档案〕

4. 教育部关于办理国民党五届八中全会提议增设职业学校以发达地方产业案情况复行政院秘书处函

（1941年5月）

教育部公函

敬复者：案奉贵处五月十三日发下忠字第一〇七〇四号通知：国防最高委员会交办五届八中全会关于增设职业学校、培养国民经济人才、实行民生主义、发达地方产业案。奉院长谕：交教育部参酌办理具报等由。查本部对于职业教育，年来正在竭力规划推进中，其主要者如下：

（一）本部现已直接办理高级工业、印刷、造纸、药剂、护士、助产等高级职业学校十所；

（二）各省均分为若干职业学校区，规定每区设立高级职业学校一所；

（三）最近三年计划实施纲要中规定各县小学毕业生满二百人以上时，应单独或联合邻县筹设初级实用职业学校一所。

（四）廿七年起，感于目前技术人员缺乏，特指定学校大量办理短期职业训练班，今后仍赓续办理。

（五）去年起复指定有相当设备之学校，除原科级外，增办中等机械、电机技术科二十班，今后继续办理，期于最近五年内，造就此项人才三千名。

（六）对于补习教育，除已制定各省市推行职业补习教育办法大纲、限定大学农工商等专科学校、职业学校等利用其原有之设备人才尽力办理各项职业补习学校外，最近又会同农林、经济二部，制定《公私营工厂、矿场、农场推行职业补习教育，并利用设备供给职业学校学生实习办法纲要》俾再普遍推动。今后仍当赓续前定计划，并参酌该项提案，就人力物力可能范围内，尽力筹划，并督促增设学校及班级，俾副原提案所示培养国民经济建设人才，实行民生主义、发达地方产业之期望。此外，对于质之改进，如充实各学校教学实习、设备、奖励优良职业学科、教员进修、举办教员讲习会等，亦均经次第举办。相应复请查照转陈为荷！此致

行政院秘书处

中华民国三十年五月　日

〔国民政府教育部档案〕

5．教育部奖励农工商业团体办理职业学校、职业训练班及职业补习学校办法

（1941年6月7日）

一、本部为奖励农工商业团体普遍办理职业学校、职业训练班、职业补习学校起见（以下简称职业学校班），特订定本办法。

二、农工商业团体设立职业学校、班，应依照本部颁行之修正职业学校规程、职业补习学校规程、短期职业训练班暂行办法及其他有关之教育法令办理。

三、农工商业团体筹设职业学校班时，得商请当地主管教育行政机关代为规划。

四、农工商业团体设立职业学校班，应尽量利用已有设备人才。

五、农工商业团体设立职业学校班者，各省市政府应依照修正职业学校规程第二十二条及职业补习学校规程第十八条之规定，给予补助。

六、农工商业职业团体设立之职业学校班，经本部视察认为成绩优良者，由本部给予补助，以作充实设备、奖励教员之用。

七、农工商业团体设立之职业学校班，除照前列各条予以补助奖励外，仍照其出资多寡，依照捐资兴学褒奖条例褒奖。

〔国民政府教育部档案〕

6. 教育部与经济部等订定之公私营工厂矿场农场推行职业补习教育并利用设备供给职业学校学生实习办法纲要①

（1941年8月4日）

一、教育部、经济部、农林部为谋增进矿工农各业职工之知识技能工作效率及改善其生活起见，订定本办法纲要。

二、公私营工厂矿场农场（以下简称厂场）实行本办法纲要时，应依照下列规定进行。

---
① 本纲要经农林部、经济部及教育部联合公布施行。

（一）自本办法纲要颁行之日起，凡公私营工厂矿场职工人数在五百人以上、农场职工在三百人以上者，应于一年内一律遵照本办法纲要办理。

（二）其在二百名以上者，应督饬办理或联合数场厂办理。

（三）其在二百名以下者，由附近教育机关办理巡回职业补习班，定期分赴各场厂训练之。

三、凡不能按期举办职业补习教育之厂场，应筹措职工补习教育费，每名每月一元，委托其他厂场代办之。

四、公私营厂场实行本办法纲要分为下列二项：

（一）附设职业补习学校或职业训练班，以教育本厂场职员艺徒为主，必要时，并得招收附近现正从事或有志从事工矿农业务之成年及青年。

（二）接收政府命令或公私机关委托供给设备人才办理短期职业训练班。

五、公私营厂场实行本办法纲要，其经费之负担规定如下：

（一）附设职业补习学校或职业训练班，其经费由本厂场自行筹措。

（二）接收政府命令或公私机关委托办理职业训练班，其经费由政府或委托机关负担。

六、公私营厂场实行本办法纲要，关于设置教学等，应依照教育部颁行之职业补习学校规程、短期职业训练班实施办法及其他有关之教育法令办理。

七、公私营厂场除依照本办法纲要第二条实施外，并应依照教育部颁发之职业学校与建设机关协作大纲规定，供给学生练习。

八、公私营厂场供给学生实习时，得另设实习场所，供给学生练习。

九、公私营厂场实行本办法纲要，得与附近学校合并，并得商请当地主管教育行政机关代为规划。

十、各级主管教育行政机关应会合各级经济建设主管机关随时考核公私营厂场办理职业补习及训练情形，其成绩优良者，并酌予奖励。

〔国民政府教育部档案〕

7. 教育部订定之短期职业训练班实施办法

（1945年7月20日）

一、短期职业训练班以训练某项业务之技术人才为目的，凡培养技术人才之各种传习所、养成所、讲习所等均属之。

二、短期职业训练班办理之方式分：（1）委托办理，（2）指定办理，及（3）自行举办三种，其得委办、指办或举办该项训练班之主体如左：

1．各高级职业学校及专科学校，如鉴于社会需要某项技术人才时，得自行举办之。

2．各地方政府如鉴于地方建设上需要某项技术人才时，除自行举办外，得委托或指定学校办理之。

3．各行政机关如因所属行政范围内需要某项技术人才时，除自行举办外，得委托或指定学校办理之。

4．私人或团体如因社会或其所兴办之企业需要某种技术人才时，得自行举办或委托学校办理之。

三、短期职业训练班之训练限期定为三个月至一年，视教材之多寡及技术之难易，斟酌订定，但必要时得延长或缩短之。

四、短期职业训练班之学员暂分为左列二种：

1．招收初级中学毕业程度或具有同等学力者，予以相当时期之训练。

2．招收高级中学毕业程度或具有同等学力者，予以相当时期之训练。

五、短期职业训练班之课程，以专授技术学科为限，其教材除由教育部编订外，并得由地方政府或学校编订地方性教材或特种技术教材，呈请教育部审定后采用之。

六、设立短期职业训练班时，应将设科课程设备、经费等详明计划及教员资格、学生纳费等项，呈请主管教育行政机关核准备案。

七、短期职业训练班之经费，应由指办、委办或举办该项训练班之主体负担，但得呈请教育行政机关补助。

八、短期职业训练班之由省私立各高级职业学校及专科学校、各地方政府、各行政机关主办者，应由各省市教育行政机关查明呈报教育部备案，由教育部主办者，应由教育部呈报行政院备案，私人或团体主办者，则由私人或团体呈报当地主管教育行政机关转报教育部备案。

九、短期职业训练班开始上课时，应将教员及学生名册并将入学考试成绩呈报主管教育行政机关备案。

十、短期职业训练班每届结束时，应将修业期满学生名册、学习成绩及实施概况等呈报主管教育行政机关备案。

十一、短期职业训练班学生训练期满考试及格者，得发给某项技术学科学业成绩证明书。

〔国民政府教育部档案〕

（二）战时中等教育概况统计

1. 教育部关于中等教育概况报告①

（1939年2月）

子　中学及师范教育

（1）　调整中学设置，划分中学区

上年五月间，为谋调整师范学校设置，曾规定划分师范区办法，令饬各省依照办理。十一月间续订划分中学区办法，规定各省依照各地交通、人口、文化、经济及现有学校情形，酌量划分为若干中学区。每区以由省设立一规模完备初高级合设之中学为原则，必要时亦得先设初级中学，缓设高中。各区内公私立中学校数应有适当之分配。各校应设学级数及每年应招学生人数，均通盘筹划，预为规定。区内各校并应联合组织一中学教育研究会，由省指定一适当学校为其召集人，负责召集，分组研究各项中学教育问题之改进。

（2）　中等学校教育之调查与视察

上年五月间教育部曾派视察十余人分赴陕、甘、豫、鄂、川、湘、滇、黔、粤、桂、闽、浙、赣等省视察中等教育并详核各员报告，指示各该省分别改进。为进一步明瞭西南各省中等教育上之详细情形，以便彻底整理起见，一面由部制发调查表格，令西南各省中等各校赶速填报，一面复派视察员八人，先就川、黔、滇三省之中等各学校，详予视察。综合调查与视察结果，确定今后整理与改良之具体实施方案。

（3）　家庭教育之推进

---
①　本篇节选自教育部向国民参政会第三期集会提出的工作报告。

家庭教育为一切教育之基础,而负家庭教育之责者,母姊较父兄之关系为尤重,盖父兄多工作于外,与儿童接触之机会较少,一也;一般父兄教育之水准较之母姊所受之教育为高,二也。中小学与家庭最易接近,故最宜与家庭之父兄母姊讲习讨论如何改进家庭教育之道。因于十二月间订定"中等以下学校推行家庭教育办法"颁布施行。中等以下各学校均应设立一推行委员会,开办训练班,先集合学校附近各家庭之母姊,利用星期日及假日,分别授课及开讨论会,其期间为一年,俟母姊训练至相当时期,再推及于父兄。

(4) 继续收容战区员生

战区退出之员生经已开办国立中学十校及服务团八处,分别收容,截至二十七年底止,十校收容之学生为一七,〇五〇人,教职员一,五三五人;八团收容之中小学教职员为二,七五四人。湘、鄂、川、滇、黔、粤、桂、豫、浙、赣各省陆续登记,分发各该省及团体机关工作之中学教职员为二,四一八人,各省登记之中等学校学生分由各省学校收容者为八六,二五人,而各服务团另行设班收容之学生,尚多未计入。惟是长期抗战,员生之退至后方者仍复络绎不绝,国立中学及服务团之收容量已达最大限度,自非另筹收容救济之方法不可。因于十二月间订定各服务团附设中山中学班办法,通饬施行。是项中山中学班收容战区中学及师范学校学生,每班约分三四组,以一百人至二百人为度。除中学及师范学校基本学科训练外,特别注重劳作及生活技能之训练。其方法切实简易,便于实施,藉对中学生毕业后不能升学之困难,谋部分之解决,并于增进后方生产有所补益。至今后退出之教员,当尽量分发至西南西北各省缺乏合格教员之中等各校,分别工作。

(5) 国立中学之督促整理

各国立中学成立有日,今后应不止于战区员生之救济,而应对中学教育设施上有所建树。教育部详酌各校情形，分别改为校长制及校长与校委会并存制，以资适应。又以中学实验教育，如高初级一贯不分为二重圆周及新教学法等，均亟待实施，藉觇其效果，以为一般改进之依据。经就各校办理成绩，指定贵州、四川、河南三中学拟具详细方案，核定限期实施。至因各校环境而应有之必要措施，如湖北、河南两省中学之迁移，山西、甘肃第一、第二等三中学之整理，均经相机分别处理。

（6）沦陷区域中等教育之推进

接近战区及陷入战区各地之青年为数甚众，其教育不容长期中断，经已订定沦陷区域教育设施方案。凡在敌人后方及已陷入战区各地之青年，应如何督促其教育之推进，为教育督导员重要工作之一。大要于维持经常教育之外，应利用环境，以活动方式，实施抗战教育，使于当前养成坚实之基础，发生点滴之效力，战后仍可继续升学，俾蔚为有用之材。

（7）充实内地各校科学仪器

教育部二十五年度委托中央研究院物理研究所制造之高初中理化文教及实验仪器，二十七年年底始告完成。但因战区各校或陷停顿，或又无法运交，而由沪经港运至西南西北，费巨路艰，不能多量起运，故决定先运一百套，分配于西南西北各省及国立各校，俾应急需而增进科学教育之效率。

丑 职业教育

（1）推进西南西北各省农工职业教育

教育部为推进陕、甘、宁、青、川、康、云、贵、桂各省农工职业教育起见，拟具实施计划，其原则如次：（一）划分西北、川康、西南三区办理，每区设立国立农工学院各一所或数所，协同中央农业实验所及中央工业试验所。负该区内农工教育技术方面推进指导之责。（二）每区各省应参照省内农工职业及原料分布情形，规定设置高初级农工各科职业学校地点及设科。（三）职业学校之设施,必要时可先设立工厂或农场,视其需要,训练少数艺徒,逐渐扩充为学校或训练所。(四)凡关于高初级职业学校之教学实习改进事项,应由教育厅会同区会农工学院暨农工实验所及改进机关规划指导。(五)各区经济及建设机关,应就可能范围内,依照地方需要筹办各种小型工厂或农场与所在地之职业学校密切合作,并可就工厂农场内招收艺徒加以训练。(六)各区内之农工建设合作事项,应由农工学院院长联合各省教育建设厅厅长及主管科长农工实验所及改进机关主任人员负责推进。(七)各区推行计划限三年内完成。此外,并由教育部规定每区各省应行添设及调整农工职业学校之纲要,分令各省教育厅及各大学院校,根据设施原则参照地方情形,分别拟具实施办法,限期呈报核定,以利推行。

(2) 制定农工科职业学校课程及设备标准

教育部为统一各职业学校教学程度并充实设备训练学生优良知识起见,继续编订各科课程及设备标准,最近制定公布者,为高级农业职业学校农艺、园艺、森林、蚕桑、畜牧、农产制造等科暨初级农业职业学校各科教学科目、授课时数表,及高级工业职业学校之机械、土木、电机、电讯等科课程及设备标准。其他各科亦已分别编定,期于最短期内公布实施。

(3) 限令国立中学增设职业科

教育部为鉴于训练各业技术人员,增加社会生产效率,为抗战建国时期急要工作,除已尽力推广各省职业学校并充实其内容外,对于收容战区学生之各国立中学,订定增加职业科办法七项,其所设科目以不需多量特殊设备而切合于地方抗战建国之需要者为限,务能培养学生一技之长,足以参加社会生产工作或独力经营。其设置范围为:(一)学校附近有生产或国防建设机关,应与之密切联络,即设置此项学科,以供给学生实地练习,并可聘请该项机关技术人员担任实习指导。(二)如学校附近并无生产及国防建设机关者,其设科可就农工商生产经济方面斟酌决定,农作科目如作物养殖、家禽家畜、养蜂蚕桑、酿造、种植菜蔬瓜果等,工业科目除就当地主要手工艺外,如简易金工、棉织、漂白、染色以及日用竹木用具之制造等。商业科目如簿记、会计、打字、文书等。以上办法限令各国立中学于下学期起一律实施。

(4) 筹设合川养鱼实验场

四川省水产教育尚少设施,教育部乃会同经济部设法提倡,在国立四川中学所在地之合川,筹设养鱼实验场。除由两部规定设置计划并分担开办经费外,交由四川省农业改进所负责办理,一面由教育部令知国立四川中学扩充所设水产部,增收学生,即利用该场实地练习,培养专长技术人员。

(5) 调查各地农民经验

教育部以改进农业教育,首宜注重实际,革除过去徒尚形式之弊,因决定先行调查各地农民数千年来固有之良好经验,再参以现代农业科学,俾融会贯通,截长补短,以收事半功倍之效。其调查范围计分十一类:(一)农田水利,(二)森林,(三)作物,(四)果树栽培,(五)森林苗圃播种,(六)蔬菜栽培,(七)农产制造,(八)通俗气候预测,(九)农具,(十)牧畜,(十一)牲畜病疫等,均经规定调查要项,编制表式,分发各省市农业职业学校切实调查。

(6) 设立甘肃初级实用职业学校

教育部前为养成实用技术人员,办理生产事业以解决人民日用必需物品之供给起见,颁布创设县市初级实用职业学校办法,并在广西之平乐、贵州之安顺各设一校,各项办法业于上次开会报告在案。最近复在甘肃省之秦安筹设一校,办理机械、毛织、测量等科,令由甘省教育厅及国立西北工学院负责筹备。

(7) 续办机械电讯职工训练班

教育部为供给国防军事及生产建设机关优良技术职工起见，前经指定相当学校办理机械科之车工、钳工、铸工、镕工、模型工及汽车驾驶及修理职工训练班，已于上次开会报告在案。最近复指定贵州省初级实用职业学校办理机械科各职工训练班，于二十七年十月开学，指定国立中央工业职业学校办理电讯职工训练班，于二十七年十一月开学，以资造就多量技术员工。

〔行政院档案〕

2．抗战以来各省市中等学校迁移概况表

（1937—1938年）

省市	总计				在本省内迁移办理				在本省内数校合并迁移办理				迁移省外办理				迁移省外数校合并办理				备注
	共计	中学	师范	职业	共计	中学	师范	职业	共计	中学	师范	职业	共计	中学	师范	职业	共计	中学	师范	职业	
总计	203	139	28	36	94	58	16	20	44	26	10	8	60	51	1	8	5	4	1		
江苏	3	2		1									3	2		1					
浙江	25	18	5	2	13	9	2	2	7	5	2						5	4	1		
江西	26	14	6	6	24	12	6	6					2	2							
安徽	1	1											1	1							
湖北	51	34	8	9	1	1			37	21	8	8	13	12		1					该省中等学校三十校，市立四校，私立三校，联合办理，称省立联合中等以上学校

续上表

省市	总计				在本省内迁移办理				在本省内数校合并迁移办理				迁移省外办理				迁移省外数校合并办理				备注
	共计	中学	师范	职业	共计	中学	师范	职业	共计	中学	师范	职业	共计	中学	师范	职业	共计	中学	师范	职业	
陕西	9	5	1	3	9	5	1	3													
福建	22	13	3	6	22	13	3	6													
广东	52	44	4	4	25	18	4	3					27	26		1					该省迁移他省办理者一校外，尚有迁移香港、澳门26校
绥远	1	1											1	1							
南京	9	6		3									9	6		3					
上海	4	2		2									4	2		2					

本材料根据各省市呈报之二十六年度及二十七年度中等学校一览表

〔国民政府教育部档案〕

3. 抗战以来后方各省中等教育概况表

(1937—1939年)

	学 校 数			学 生 数		
	二十八年度	二十七年度	二十六年度	二十八年度	二十七年度	二十六年度
总　计	1,973	1,814	1,896	489,414	477,585	389,948
国　立	45	43		27,693	19,310	
江　苏	152	113		28,970	22,676	
浙　江	85	85	74	29,446	29,446	17,087
安　徽	44	44		12,632	12,632	
江　西	117	99	72	33,571	26,903	13,231
湖　北	7	7	128	13,955	13,916	24,603
湖　南	180	175	173	51,617	37,955	40,941
四　川	277	303	295	78,244	86,402	73,527
西　康	16	13	2	2,997	2,745	119
河　北	5			1,011		

续上表

	学校数			学生数		
	二十八年度	二十七年度	二十六年度	二十八年度	二十七年度	二十六年度
陕 西	75	59	46	20,328	12,934	11,623
山 西	4		71	854		13,438
河 南	161	161	274	1,098	43,163	43,576
甘 肃	45	36	32	8,516	6,322	5,026
青 海	8	7	10	1,657	1,334	1,606
福 建	119	110	113	27,667	27,667	21,945
广 东	259	247	306	63,417	66,158	67,515
广 西	120	109	90	31,118	26,691	20,168
云 南	149	143	144	29,101	25,184	21,335
贵 州	54	46	50	13,964	12,984	12,122
宁 夏	3	1	4	522	286	230
新 疆	13	13	12	2,878	2,878	1,776
重庆市	26			8,158		

附注：1．二十八年度浙江、安徽、四川、河南、福建、新疆等六省材料未据呈报，校数及学生数照上年度数字估计列入。

2．二十六年度国立中等学校校数及学生数依所在地分别计于各省内。

〔国民政府教育部档案〕

4．抗战以来增设国立中等学校概况表

（1939年4月）

	校　名	科　别	学生数	所　在　地	每月经费数	教职员数
	总　计		17,630		292,800	1,583
已经设置者	国立第一中学	高初中、师范	1,165	河南上集、西峡口、涌泉观	20,200	116
	国立第二中学	高初中、女子、师范	2,135	四川合川、北碚	29,300	200
	国立第三中学	高初中、师范	1,098	贵州铜仁	19,150	142
	国立第四中学	高初中、师范	1,087	陕西安康	17,000	111
	国立第五中学	高初中、师范、职业	1,117	甘肃天水、甘谷、泰安	18,000	150
	国立第六中学	高初中、师范、染织	2,442	四川绵阳	32,000	210
	国立第七中学	高初中、师范、职业	1,087	陕西洋县	18,900	153

续上表

	校　　名	科　　别	学生数	所　在　地	每月经费数	教职员数
已经经设置者	国立第八中学	高初中、女子、师范	3,952	湖南乾城等九处	48,000	315
	国立第九中学	高初中、师范	1,652	四川江津	20,000	103
	国立第十中学	高初中	1,132	甘肃清水	28,000	42
	第三服务团中学班	高初中	414①	四川江津白沙	4,800	
	第三服务团附设第一中山中学班	高中	173	四川白沙		
	第三服务团附设第二中山中学班	高初中		四川松溉		
	第三服务团附设第三中山中学班	高初中	176	四川永川		41
	第三服务团附设第四中山中学班	女子、初中		四川江北鱼子沱		
	第三服务团附设第五中山中学班	高初中、女子		四川合江琵琶洞		
	西康学生营	高初中	60	西康西昌	1,450	

① 自费生未报在内。

续上表

	校　　名	科　别	学生数	所　在　地	每月经费数	教职员数
正在筹备中者	国立第十一中学				18,000	
	国立第十二中学				18,000	
	第三服务团附设第六中山中学班	高初中		四川合江		
	第四服务团附设中山中学班			贵州清溪		
	第八服务团附设中山中学班			陕西洋县		

附注：①各地服务团附设中学补习班均未计入；

②第三服务团中学班教职员均由服务团团员充任；

③本表材料截至二十八年四月止；

④自费生未报在内。

〔国民政府教育部档案〕

5. 国立各中等学校设置班级概况表

(1943年)

(1)国立各中学

校 名	所 设 班 级	备考
第一中学	高中十班、初中七班、师范四班、附小四班	
第二中学	高中十三班、初中十五班、六年制二班	
第三中学	高中六班、初中六班、六年制四班	
第四中学	高中七班、初中五班、职业一班	
第五中学	高中九班、初中七班	
第六中学	高中十三班、初中十五班、师范三班、附小四班	
第七中学	高中十一班、初中十一班、师范三班、附小四班	
第八中学	高中二十班、初中十九班、师范三班、附小六班	
第九中学	高中十六班、初中十八班、师范三班、附小六班	
第十中学	高中十五班、初中十二班、师范三班、附小六班	
第十一中学	高中十五班、初中十七班	

续上表

校　名	所　设　班　级	备考
第十二中学	高中十二班、初中十二班、职业一班、附小七班	
第十三中学	高中十班、初中十二班	
第十四中学	高中七班、初中五班、六年制四班、师范一班、附小八班	
第十五中学	高中一班、初中二十班、师范一班	
第十六中学	高中七班、初中十班、职业九班	
第十七中学	高中八班、初中五班	
第十八中学	高中十二班、初中十一班	
第十九中学	高中十一班、初中九班	
第二十中学	高中三班、初中十五班、职业一班、师范四班、附小四班	
第二十一中学	高中五班、初中二十五班、职业二班、师范八班、附小四班	
第二十二中学	高中十班、初中二十三班、师范七班、附小四班	
东北中山中学	高中六班、初中九班、职业一班、附小六班	
女子中学	高中六班、初中六班	
绥远中等	高中四班、初中五班、师范三班	

673

续上表

校　　名	所　设　班　级	备　考
西南中山中学	高中五班、初中五班、师范十一班	
汉民中学	高中六班、初中七班	
第一华侨中学	高中八班、初中七班	
第二华侨中学	高中七班、初中四班	
第三华侨中学	高中八班、初中八班	
中央大学附属中学	高中九班、初中十一班、六年制三班	
中央大学附属中学分校	高中一班、初中四班、师范三班、附小四班	
社会教育学院附属中学	高中七班、师范二班	

（2）国立各师范学校

校　　名	所　设　班　级	备　考
重庆师范学校	师范十五班、附小二十六班	
女子师范学校	初中六班、师范九班、附小十六班	
劳作师范学校	师范九班	

续上表

校　　名	所　设　班　级	备　考
梓潼师范学校	师范十二班、附小九班	
茶洞师范学校	师范十五班、附小十班	
铅山师范学校	初中三班、师范九班、附小六班	
第一侨民师范学校	师范十二班、附小六班	
第二侨民师范学校	师范十二班、附小六班	
幼稚师范学校	师范九班、附小十一班	
成达师范学校	师范九班、附小六班	
陇东师范学校	师范七班、附小六班	
童子军师范学校	师范二班	

（3）国立各职业学校

校　　名	所　设　班　级	备　考
四川造纸印刷职业学校	九　班	
江西造纸印刷职业学校	七　班	
中央高级护士职业学校	六　班	

续上表

校　　名	所　设　班　级	备　考
中央高级助产职业学校	七　班	
水产职业学校	八　班	
歌剧学校	五　班	
盲哑学校	盲科高中一班、初中三班、哑科中学部二班、小学部七班	

（4）教育部附属各班

校　　名	所　属　各　班	备　考
战区学生指导处进修班	四十班（包括战区来渝学生寄宿舍一八班及家事训练班一班）	
战区学生指导处农垦班	四　班	
战区学生指导处工艺班	五　班	
战区学生指导处计政班	四　班	
洛阳进修班	二十班	
护助训练班	一　班	

(5)国立各边疆学校

校　名	所　属　班　级	备考
边疆学校	专科五年制六班、专科二年制二班、高中二班、初中二班、初中预备班一班	
伊盟中学	初中五班、初中预备班二班	
西南师范学校	师范二班、简师六班、初中三班、附小十九班	
西北师范学校	师范二班、简师八班、附小六班	
贵州师范学校	师范三班、简师九班、初中六班、补习班一班、附小十班、师资训练班一班	
康定师范学校	师范三班、简师二班、初中三班、补习班一班、附小九班	
西宁师范学校	师范二班、简师五班、初中二班、附小二十八班	
大理师范学校	师范三班、简师四班、高中三班、补习班一班、附小七班	
肃州师范学校	师范四班、简师四班、初中一班、附小六班	
绥宁师范学校	师范三班、简师六班、附小六班	
丽江师范学校	师范二班、简师六班、附小六班	
宁夏实用职业学校	八　班	

续上表

校　　名	所　属　班　级	备　考
青海初级实用职业学校	六　班	
拉卜楞初级实用职业学校	八　班	
松潘初级实用职业学校	八　班	
金江初级实用职业学校	七　班	
西康初级实用职业学校	五　班	
清溪初级实用职业学校	七　班	

〔行政院档案〕

6. 国立各中等学校员工人数概况表

（1943年）

（1）国立中学

校　名	所在地	学生人数			教职员人数					工役人数				备考
		本校	附属学校	计	教员	职员	技术人员	军训人员	计	导技工	特种工役	普通工役	计	
第一中学	浙川	1092		1092	41	66		5	112	41	23	64		
第二中学	合川	1336		1336	63	52		5	125	83	28	111		
第三中学	铜仁	620		620	34	40		2	76	19	17	36		

续上表

校 名	所在地	学生人数			教职员人数					工役人数				备考
		本校	附属学校	计	教员	职员	技术人员	军训人员	计	导技工	特种工役	普通工役	计	
第四中学	阆中	650		650	23	30		4	62		18	13	31	
第五中学	无水	800		800	24	35		3	62		30	17	47	
第五中学初中分部	礼县													
第六中学	绵阳	1311		1311	65	70		6	141		34	28	62	
第六中学第一分校	德阳													
第七中学	洋县	1265		1265	50	60		4	116		32	23	55	
第八中学	所里	1881		1881	100	98		8	205		78	40	118	
第八中学高一部	秀山													
第八中学高二初二部	永绥													
第八中学女子部	乾城													
第九中学	江津	1831		1831	110	114		6	230		90	57	147	
第十中学	清水	1425		1425	64	70		7	141		54	33	97	
第十一中学	邵阳	1500		1500	69	57		5	131		92	31	123	

续上表

校 名	所在地	学生人数			教职员人数					工役人数				备考
		本校	附属学校	计	教员	职员	技术人员	军训人员	计	导技工	特种工役	普通工役	计	
第十二中学	长寿	1339		1339	60	65		5	130		54	31	35	
第十三中学	吉安	1298		1298	45	43		5	93		32	21	53	
第十四中学	贵阳	454		454	48	42		2	92		22	18	40	
第十五中学	荣昌	994		994	44	47			91		36	22	58	
第十六中学	永川	1078		1078	60	57		4	121		69	29	98	
第十七中学	白沙	589		589	28	27		3	58		27	13	40	
第十八中学	三台	865		865	52	42		4	98		33	34	57	
第十九中学	赣县	812		812	44	38		3	85		25	20	45	
第二十中学	芷江	926		925	56	41		1	98		32	23	55	
第二十一中学	阜阳	2008		2008	72	72		4	148		95	39	134	
第二十二中学	太和	2282		2282	89	71		5	165		107	34	141	
东北中山中学	自贡	705		705	43	43		3	39		33	21	54	
女子中学	合江	507		507	26	28			54		18	13	31	

续上表

校 名	所在地	学生人数			教职员人数				工役人数				备考
		本校	附属学校	计	教员	职员	技术人员	军训人员	计	导技工	特种工役	普通工役	计
绥远中学	陕坝	559		559	26	26			53	13		12	25	
西南中山中学	昆明	543		543	46	56		3	105	11		15	26	
汉民中学	桂林	557		557	30	29		3	62	33		15	48	
第一华侨中学	清镇	628		628	33	27		2	62	5		15	20	
第二华侨中学	江津	481		481	23	29		3	55	25		13	38	
第三华侨中学	乐昌	683		683	34	36		4	74	21		17	38	

（2）国立各师范学校

校 名	所在地	学生人数			教职员人数				工役人数				备考
		本校	附属学校	计	教员	职员	技术人员	军训人员	计	导技工	特种工役	普通工役	计
重庆师范学校	北碚	364		364	71	45		2	118	28		29	57	
女子师范学校	江北	546		546	56	39			95	38		23	61	
劳作师范学校	青木关	206		206	20	14		1	65	34	15	14	63	
梓潼师范学校	梓潼	371		371	40	31		3	74	13		12	25	

续上表

校名	所在地	学生人数			教职员人数				工役人数				备考
		本校	附属学校	计	教员	职员	技术人员	军训人员	计	导技工	特种工役	普通工役	计	
茶洞师范学校	永绥	575		575	47	34		3	81		21	14	35	
铅山师范学校	宁都	338		338	35	37		2	74		12	13	25	
第一侨民师范学校	长汀	273		273	36	32		3	71		7	9	16	
第二侨民师范学校	坪石	216		216	36	32		2	70		3	17	20	
幼稚师范学校	泰和	206		206	42	39			81		10	19	2	教验区员工在内国实
成达师范学校	桂林	236		236	29	25		2	56		12	10	22	
陇东师范学校	平凉	170		170	25	25		1	51		4	8	12	
童子军师范学校		100		100	6	16		1	23		6	5	11	该校系由原劳作童子军师范学校分设，已奉行政院核准

(3) 国立各职业学校

校名	所在地	学生人数			教职员人数					工役人数				备考
		本校	附属学校	计	教员	职员	技术人员	军训人员	计	导技工	特种工役	普通工役	计	
四川造纸印刷职业学校	沙坪坝	252		252	20	48	100	2	170	110	20	15	145	造纸厂及印刷厂职工在内
江西造纸印刷职业学校	雩都	206		206	16	15	5	1	37	12	5	9	26	
中央高级护士职业学校	歌乐山	100		100	14	13	2		29		7	4	11	
中央高级助产职业学校	歌乐山	135		135	16	15	3		34		22	7	29	
水产职业学校	合川	112		112	18	15	4	1	38	2	4	9	15	
歌剧学校	北碚	102		102	12	13	64	1	90		19	14	33	附设剧团在内
盲哑学校	江津	120		120	17	15			32		9	3	12	

(4) 教育部附属各班

校名	所在地	学生人数			教职员人数					工役人数				备考
		本校	附属学校	计	教员	职员	技术人员	军训人员	计	导技工	特种工役	普通工役	计	
战区学生指导处进修班	青木关	1600		1600	61	65		7	133		68	71	99	包括战区来渝学生寄宿舍及家事训练
战区学生指导处农垦班	北碚	85		85	12	20		1	33	5	7	8	20	

683

续上表

校 名	所在地	学生人数			教职员人数					工役人数				备 考
		本校	附属学校	计	教员	职员	技术人员	军训人员	计	导技工	特种工役	普通工役	计	
战区学生指导处工艺班	北碚	155		155	14	20		1	35	5	7	8	20	
战区学生指导处计政班	青木关	140		140	9	15		1	25		11	6	17	
洛阳进修班	洛阳	900		900	40	32		7	79		32	18	50	
川康社教队戏剧人员训练班	成都													
畜牧兽医训练班	岷县													
西北社教队戏剧人员训练班	天水													
护助训练班	歌乐山	25		25	2	2			4		2	1	3	
家事训练班	青木关													
海事训练班														

(5) 国立边疆各学校

校 名	所在地	学生人数			教职员人数					工役人数				备 考
		本校	附属学校	计	教员	职员	技术人员	军训人员	计	导技工	特种工役	普通工役	计	
边疆学校	界石场	353		353	68	18		3	89		29	24	53	
伊盟中学	郡王旂	239		239	20	20		2	42		10	10	20	

续上表

校　名	所在地	学生人数			教职员人数					工役人数				备考
		本校	附属学校	计	教员	职员	技术人员	军训人员	计	导技工	特种工役	普通工役	计	
西南师范学校	昭通	395		395	42	34		1	77		10	8	18	
西北师范学校	临夏	404		404	28	24		3	55		7	10	17	
贵州师范学校	榕江	780		780	48	45		2	95		10	8	18	
康定师范学校	康定	194		194	31	28		1	60		10	11	21	
西宁师范学校	西宁	252		252	52	34		1	87		13	18	31	
大理师范学校	大理	314		314	32	28		1	61		20	12	32	
肃州师范学校	酒泉	308		308	28	24		1	53		16	11	27	
绥宁师范学校	惠农	224		224	20	18		1	39		8	6	14	
丽江师范学校	丽江	202		202	19	17		1	37		10	6	16	
宁夏实用职业学校	宁夏	246		246	18	16			34	5	9	7	21	
青海初级实用职业学校	贵德	123		123	10	12			22		10	5	15	
拉卜楞初级实用职业学校	夏河	175		175	14	16			30		10	5	15	
松潘初级实用职业学校	松潘	90		90	14	16			30		9	7	16	

续上表

校　名	所在地	学生人数			教职员人数					工役人数				备考
		本校	附属学校	计	教员	职员	技术人员	军训人员	计	导技工	特种工役	普通工役	计	
金江初级实用职业学校	会理	227		227	14	16			30		8	7	15	
西康初级实用职业学校	荥经	115		115	10	12			22		8	4	12	
清溪初级实用职业学校	犍为	270		270	14	16			30		8	7	15	

〔行政院档案〕

7. 抗战前后中等教育比较表

（1936—1944年）

（1）校数

学　年　度	共　计	中	学	
		计	公　立	私　立
二十五学年度	2,716	1,632	808	824
三十三学年度	3,745	2,759	1,455	1,304
二十五学年度较三十三学年度增减数	+1,029	+1,127	+647	+480
增减百分数%	+37.92	+69.06	+80.07	+58.25

续上表

学 年 度	师 范 学 校			职 业 学 校		
	计	公立	私立	计	公立	私立
二十五学年度	660	637	23	424	253	171
三十三学年度	562	546	16	424	273	151
二十五学年度较三十三学年度增减数	—98	—91	—7	——	+20	—20
增减百分数%	—14.85	—14.29	—30.43	——	+7.91	—11.70

(2)学生数

(甲)公私立别

学 年 度	共 计	中 学		
		计	公立	私立
二十五学年度	544,061	419,884	212,229	207,655
三十三学年度	1,163,113	929,297	508,252	421,045
二十五学年度较三十三学年度增减数	+619,052	+509,413	+296,023	+213,390
增减百分数%	+113.78	+121.08	+139.48	+102.76

续上表

学 年 度	师 范 学 校			职 业 学 校		
	计	公 立	私 立	计	公 立	私 立
二十五学年度	75,129	69,123	6,006	49,048	28,755	20,293
三十三学年度	157,806	155,913	1,893	76,010	48,147	27,863
二十五学年度较三十三学年度增减数	+82,677	+86,790	—4,113	+26,962	+19,392	+7,570
增减百分数%	+110.04	+125.56	—68.48	+54.97	+67.44	+37.30

（乙）高初级别

学 年 度	共 计	中		学
		计	高 中	初 中
二十五学年度	544,061	419,884	71,559	348,325
三十三学年度	1,163,113	929,297	175,431	753,866
二十五学年度较三十三学年度增减数	+619,052	+509,413	+103,872	+405,541
增减百分比%	+113.78	+121.08	+145.16	+116.43

续上表

学 年 度	师	范		职	业	
	计	师范及乡师	简师及简乡师	计	高 职	初 职
二十五学年度	75,129	31,510	43,616	49,048	18,262	30,786
三十三学年度	157,806	44,976	112,830	76,010	35,735	40,275
二十五学年度较三十三学年度增减数	+82,677	+13,466	+69,211	+26,962	+17,473	+9,489
增减百分比%	+110.04	+43.73	+158.67	+54.97	+95.67	+30.82

（3）教职员数

学年度	共计	中学		
		计	公立	私立
二十五学年度	51,194	34,929	17,428	17,501
三十三学年度	90,635	67,477	39,442	28,035
二十五学年度较三十三学年度增减数	+39,441	+32,548	+22,014	+10,534
增减百分比%	+77.04	+93.29	+126.31	+60.19

续上表

学年度	师范学校			职业学校		
	计	公立	私立	计	公立	私立
二十五学年度	8,744	8,222	522	7,521	4,723	2,798
三十三学年度	13,347	13,131	216	9,811	6,863	2,948
二十五学年度较三十三学年度增减数	+4,603	+4,909	-306	+2,290	+2,140	+150
增减百分比%	+52.64	+59.71	-58.62	+30.45	+45.31	+5.36

材料来源：为便利比较起见，本表材料依据下列各省市教育厅局所报之二十五学年度及三十三学年度中等教育统计报告表及中等学校一览表编制，苏、浙、皖、赣、湘、川、康、冀、鲁、晋、豫、陕、甘、青、闽、粤、桂、滇、黔、绥、宁、新、沪、渝等二十五省市（二十五学年度重庆市并入四川省计算）

及海外各地侨民设立之学校。因辽宁等十一省市东北各省材料未计入，故二十五学年度数字与前表不同（如将辽宁等十一省市数字列入则校数应为3,264,学生数应为627,246,教职员数为60,047）。

〔国民政府档案〕

8. 抗战期间全国中等教育概况表

（1936—1945年）

（1）校　数　　　　　　　　　　单位：一校

学　年　度　别	共　计	中　　　　　学			
		小　计	中　学(高初合设)	高级中学	初级中学
三十四学年度	5,073	3,727	1,296	44	2,387
三十三学年度	3,745	2,759	929	39	1,791
三十二学年度	3,455	2,573	815	36	1,722
三十一学年度	3,187	2,373	737	31	1,605
三十学年度	2,812	2,060	663	25	1,372
二十九学年度	2,606	1,900	583	28	1,289
二十八学年度	2,278	1,652	567	21	1,064
二十七学年度	1,814	1,246	347	49	850
二十六学年度	1,896	1,240	310	24	906
二十五学年度	3,264	1,956	530	36	1,390

续上表

学年度别	师范学校			职业学校			
	小计	师范及乡师	简师及简乡师	小计	职业(高初合设)	高级职业	初级职业
三十四学年度	770	310	452	576	146	229	201
三十三学年度	562	221	341	424	92	175	157
三十二学年度	498	195	303	384	78	147	159
三十一学年度	455	182	273	359	72	132	155
三十学年度	408	152	256	344	63	130	151
二十九学年度	374	130	244	332	55	122	155
二十八学年度	339	107	222	87	47	96	142
二十七学年度	212	100	212	256	38	79	19
二十六学年度	364	97	267	292	40	103	149
二十五学年度	814	198	616	494	45	191	258

材料来源〔略〕

说明〔略〕

(2) 班級數

單位：一級

學年度別	共計	中學			師範學校			職業學校		
		小計	高級中學	初級中學	小計	師範及師範科	簡師及簡易鄉師	小計	高級職業	初級職業
三十四學年度	37,062	28,352	5,960	22,392	5,180	1,692	3,488	3,530	2,022	1,508
三十三學年度	26,458	20,122	4,075	16,047	3,840	1,206	2,634	2,496	1,249	1,147
三十二學年度	24,664	19,229	3,733	15,496	3,223	995	2,228	2,212	1,133	1,079
三十一學年度	22,370	17,575	3,293	14,282	2,807	914	1,893	1,988	1,041	947
三十學年度	18,402	14,392	2,671	11,721	2,301	687	1,614	1,709	875	834
二十九學年度	16,620	13,063	2,360	10,703	1,989	633	1,356	1,568	784	784
二十八學年度	12,925	10,024	1,805	8,219	1,588	548	1,040	1,313	608	705
二十七學年度	11,250	8,472	1,487	6,985	1,538	625	913	1,240	549	691
二十六學年度	9,494	6,919	1,227	5,692	1,369	544	825	1,206	471	735
二十五學年度	15,731	11,393	2,440	8,953	2,422	979	1,443	1,916	763	1,153

（3）学生数

单位：一人

学年度别	共计	中学			师范学校			职业学校		
		小计	高级中学	初级中学	小计	师范及乡师	简师及简乡师	小计	高级职业	初级职业
三十四学年度	1,566,392	1,262,199	250,655	1,011,544	202,163	62,186	139,977	102,030	48,194	53,836
三十三学年度	1,163,113	929,297	175,431	753,866	157,806	44,976	112,830	76,010	35,735	40,275
三十二学年度	1,101,087	902,163	163,294	738,869	130,995	36,286	94,709	67,929	30,631	37,298
三十一学年度	1,001,734	831,716	143,102	688,614	109,009	31,713	77,296	61,009	28,399	32,610
三十学年度	846,552	703,756	116,771	586,985	91,239	23,849	67,390	51,557	24,264	27,293
二十九学年度	768,533	642,688	110,036	532,652	78,342	22,011	56,331	47,503	21,543	25,960
二十八学年度	622,803	524,395	96,214	428,181	59,431	19,760	39,671	38,977	17,287	21,690
二十七学年度	477,585	389,009	61,978	327,031	56,679	22,923	33,756	31,897	13,480	18,417
二十六学年度	389,948	309,563	50,955	258,608	48,793	19,889	28,904	31,592	12,337	19,255
二十五学年度	627,246	482,522	88,831	393,691	87,902	37,785	50,117	56,822	21,153	35,669

（4）毕业生数

单位：一人

学年度别	共计	中			师			职		学校
		小计	高级中学	初级中学	小计	师范及乡师	简师及简乡师	小计	高级职业	初级职业
三十四学年度	302,615	255,688	53,125	202,563	28,163	13,069	15,094	18,764	8,705	10,059
三十三学年度	253,621	212,783	41,667	171,116	26,808	9,438	17,370	14,030	6,612	7,418
三十二学年度	240,666	202,209	37,257	164,952	24,525	7,491	17,034	13,932	6,393	7,539
三十一学年度	214,295	179,111	31,318	147,793	22,931	6,713	16,218	12,253	6,043	6,210
三十学年度	160,047	126,673	22,883	103,790	23,065	6,107	16,958	10,309	5,014	5,295
二十九学年度	110,271	83,978	15,279	68,699	18,964	4,437	14,527	7,329	3,438	3,891
二十八学年度	82,497	64,285	11,763	52,522	12,478	5,511	6,967	5,644	2,411	3,233
二十七学年度	70,350	52,532	10,188	42,344	11,200	4,594	6,606	6,618	3,111	3,507
二十六学年度	64,683	48,264	9,701	38,593	9,396	4,394	5,002	7,023	3,494	3,529
二十五学年度	111,320	76,864	13,270	63,594	24,162	11,225	12,937	10,294	4,447	5,847

（5）教职员数

单位：一人

学年度别	共计	中学 小计	中学(高初合设)	高级中学	初级中学	师范学校 小计	师范及简师	及简乡师	职业 小计	职业(高初合设)	高级职业	初级职业
三十四学年度	124,622	91,289	44,901	1,221	45,167	19,342	11,427	7,915	13,991	4,654	6,116	3,227
三十三学年度	90,635	67,477	32,409	1,269	33,799	13,347	7,984	5,363	9,811	2,886	4,427	2,498
三十二学年度	84,850	64,197	29,462	1,080	33,655	11,596	6,852	4,744	9,057	2,430	3,997	2,630
三十一学年度	75,393	57,068	25,353	896	30,819	10,166	5,943	4,223	8,159	2,212	3,504	2,443
三十学年度	59,541	44,332	20,779	704	22,849	8,276	3,953	4,323	6,933	1,737	3,067	2,129
二十九学年度	52,700	39,449	18,071	670	20,708	6,973	3,154	3,819	6,278	1,477	2,680	2,121
二十八学年度	40,114	29,491	12,891	631	15,969	5,812	2,466	3,346	4,811	1,057	1,911	1,843
二十七学年度	38,346	28,028	10,650	1,538	15,840	5,693	2,732	2,961	4,619	1,124	1,595	1,900
二十六学年度	33,497	23,505	9,437	600	13,468	5,148	2,271	2,877	4,844	1,329	1,564	1,951
二十五学年度	60,047	41,180	17,086	1,439	22,655	10,222	4,512	5,710	8,645	1,786	3,092	3,767

（6）岁出经费数

学年度别	共计	中				学	
		小计	计	中（高初合设）学	高级中学	初级中学	中学
三十四学年度	26,873,629,795	20,822,735,908		11,499,070,265	224,813,309	9,098,852,234	
三十三学年度	3,426,593,356	2,709,153,656		1,553,542,155	26,810,576	1,128,800,925	
三十二学年度	1,043,164,138	795,987,382		416,442,028	13,205,524	366,339,830	
三十一学年度	314,067,020	228,897,773		115,822,361	4,369,505	108,705,907	
三十学年度	153,385,468	102,426,815		50,981,242	1,884,740	49,560,833	
二十九学年度	79,703,919	53,138,753		25,980,391	1,327,577	25,830,785	
二十八学年度	44,889,288	32,027,520		17,907,428	845,497	13,274,535	
二十七学年度	34,647,885	24,615,400		—	6,085,542	18,529,858	
二十六学年度	30,396,758	20,866,634		—	4,981,817	15,884,817	
二十五学年度	61,035,605	41,453,790		18,958,028	3,012,042	19,483,720	

续上表

学年度别	师			校	
	小	计	师范及乡师	简师及简乡师	
			范		学
三十四学年度	3,534,221,572	2,443,172,622		1,091,056,950	
三十三学年度	361,751,058	254,601,341		107,149,717	
三十二学年度	119,113,805	79,431,041		39,682,764	
三十一学年度	48,527,198	28,724,881		19,802,317	
三十学年度	30,856,778	18,024,203		12,832,575	
二十九学年度	15,550,164	8,318,601		7,231,563	
二十八学年度	7,397,214	4,247,260		3,149,954	
二十七学年度	5,691,929	3,215,098		2,476,831	
二十六学年度	5,312,267	2,780,634		2,531,633	
二十五学年度	10,851,224	5,909,569		4,941,655	

续上表

学年度别	职业小计	职业（高初合设）	高级职业	初级职业
三十四学年度	2,516,664,315	870,842,464	1,113,264,234	532,557,617
三十三学年度	355,688,642	88,500,831	206,694,474	60,493,337
三十二学年度	128,062,951	28,513,141	71,286,582	28,263,228
三十一学年度	36,642,049	11,510,526	16,319,894	8,811,629
三十学年度	20,101,875	4,726,235	9,302,007	6,073,633
二十九学年度	11,015,002	3,059,928	5,238,737	2,216,287
二十八学年度	5,464,554	1,395,892	2,401,971	1,666,691
二十七学年度	4,340,556	—	2,368,086	1,972,470
二十六学年度	4,217,857	—	2,286,453	1,931,404
二十五学年度	8,730,591	1,985,057	3,601,574	3,143,960

说明：廿七、廿六两年度，中学（高初合设）及职业学校（高初合设）之经费数分别列于高级中学、初级中学及高级职业、初级职业内。

〔国民政府档案〕

〔四〕高等教育

（一）高等教育法规

1. 教育部颁发大学行政组织补充要点

（1939年5月16日）

查大学行政组织，在大学组织法及大学规程中，尚未有详细之规定，各校现行组织，大都由各校自行拟定，因此组织未尽健全，名称亦多纷歧，以致影响行政效率。本届第三次全国教育会议关于学校行政效能之增进案议决："规定专科以上学校行政组织系统以健全学校机构"。兹为划一各校行政组织，并使灵活运用，以增进效率起见，特订定下列各项：

一、大学教务、训导、总务三处，分别设教务长、训导长及总务长各一人，秉承校长分别主持全校教务、训导及总务事宜。

教务长及总务长均由教授兼任，训导长及训导员资格俟呈请中央核定后另行公布。

二、教务处得分设注册、出版等组及图书馆，各组及图书馆各设主任一人及组员或馆员若干人。

三、训导处得分设生活指导、军事管理、体育卫生等组，各组设主任一人，并分别设训导员、军事教官、医士、护士及体育指导员若干人。大学各学院如因距离辽远，得呈准设立训导分处，各分处得设主任一人。

四、总务处得分设文书、庶务等组，各组设主任一人及组员若干人。

五、大学设会计室，置会计主任一人，佐理员及雇员若干人，由国民政府主计处任命，依法受大学校长之指挥，办理本校岁计会计事宜。

上项会计人员之任用，省私立大学暂不适用。

六、大学校长室得设秘书一人。

七、大学农学院附设农场林场，工学院附设工厂，及医学院附设医院，得各设主任一人，须由教授或副教授兼任，分别秉承各学院院长掌理各该场厂及医院事务，并分别设技术员、事务员及护士等各若干人。

八、大学设校务会议，以全校教授、副教授所选出之代表若干人（每十人至少要举代表一人）及校长、教务长、训导长、总务长、各学院院长、各系科主任、会计主任组织之。校长为主席，讨论全校一切重要事项。

前项会议，校长得延聘专家列席，但其人数不得超过全体人数的五分之一。

九、大学设教务会议，由教务长、各学院院长、各系科主任及教务处各组馆主任组织之。教务长为主席，讨论一切教务事项。

十、大学设训导会议，由校长、训导长、教务长、主任导师、全体导师、及训导处各组主任组织之。校长为主席，讨论一切训导事宜。

十一、大学设总务会议，由总务长及总务处各组主任组织之，总务长为主席，讨论一切关于总务事项。

十二、大学设图书出版及其他各种委员会，其章程由各校拟订后，呈报本部备案。

以上各项，除分令外，仰于下学年度起，遵照办理具报。

〔国民政府教育部档案〕

2. 教育部颁发独立学院及专科学校行政组织补充要点

(1939年5月16日)

查独立学院及专科学校行政组织，在大学组织法、大学规程以及专科学校组织法、修正专科学校组织规程中尚未详细之规定，各院校现订组织，大都由各院校自行拟定。因此，组织未尽健全，名称亦多纷歧，以致影响行政效率。本届第三次全国教育会议关于学校行政效能之增进案，议决："规定专科以上学校行政组织系统以健全学校机构"。兹为划一各院校务组织并使灵活运用增进效率起见，特订定下列各项：

一、独立学院或专科学校设教务、训导、总务三处，分别设教务主任、训导主任及总务主任各一人，秉承院长或校长主持全院校教务、训导及总务事宜。

教务主任、训导主任及总务主任均由教授或教员兼任。

二、教务处得分设注册、出版等组及图书馆，各组及图书馆得各设主任一人及组员或馆员若干人。

三、训导处得分设生活指导、军事管理、体育卫生等组，各组得设主任一人，并分别设训导员、军事教官、医士、护士及体育指导员若干人。

四、总务处得分设文书、庶务等组，各组得设主任一人，组员若干人。

五、独立学院或专科学校设会计室、置会计室主任一人，佐理员及雇员若干人，由国民政府主计处长任命，依法受院长或校长之指挥，办理本院校岁计会计事宜。

上项会计人员之任用办法，省私立专科学校暂不适用。

六、独立学院院长室或专科学校校长室得设秘书一人。

七、农学院或农业专科学校附设农场林场、工学院或工业专科学校附设工厂、医学院或医药专科学校附设医院或药厂，得各设主任一人，复由教授、副教授或教员兼任，分别秉承院长或校长掌理各该场厂及医院事宜，并分别设技术员、事务员及护士等各若干人。

八、独立学院或专科学校设院务会议或校务会议，以全体教授、副教授或专任教员所选出之代表若干人（每十人至少选举代表一人）及院长或校长、教务主任、训导主任、总务主任、各系科主任、会计主任组织之。院长或校长为主席，讨论一切重要事项。

九、独立学院或专科学校设教务会议，由教务主任、各系科主任及教务处各组馆主任组织之。教务主任为主席，讨论一切教务事项。

十、独立学院或专科学校设训导会议，由院长或校长、训导主任、教务主任、主任导师、全体导师及训导处各组主任组织之。院长或校长为主席，讨论一切训导事项。

十一、独立学院或专科学校设总务会议，由总务主任及总务处各组主任组织之。总务主任为主席，讨论一切关于总务事项。

十二、独立学院或专科学校设图书、出版及其他各种委员会，其组织章程由各院校拟订后呈报本部备案。

以上各项除分令外，仰于下学年度起遵照办理具报。

〔国民政府教育部档案〕

3. 教育部公布国立各院校统一招生办法大纲

（1939年6月21日）

一、二十八年度国立各大学及独立学院一年级新生（专修科除外），依照本办法统一招考，录取后由教育部分发各院校。插班生仍得由各院校经呈准后自行招考。

二、教育部设统一招生委员会，以本部参事、司长及高等教育司主管科长一人为当然委员，部聘大学校长及教授等若干人为委员组织之。由部长指定一人为主席。

三、统一招生委员会规划并执行统一招生各事宜，关于事务方面，得派教育部职员或临时雇员若干人办理之。

四、二十八年度统一招生，同时在下列十五区举行：

重庆　成都　南郑　昆明　贵阳　辰溪　延平　桂林　兰州
恩施　泰和　永康　曲江　镇平　上海

上列招考各区于必要时，得分设数地举行。

五、各招生区组织招生委员会，除由部指定委员，并指定一人为主席外，其余各委员由主席选聘，并呈部备案，于必要时得由部加派人员参加。

六、考试科目及命题与评分标准、取录标准，一律由统一招生委员会规定。

七、各区招生考试题目由教育部聘定命题委员若干人，依照规定标准，命题颁发。

八、各区应聘定命题委员若干人，依照部定命题与评分标准预拟各科试题一份，如因交通困难，统一试题不能如期寄到或临时空袭不能终场及遇其他变故时，得用各该区预拟之试题。

九、评阅试卷，由所在地区之国立大学校院负责为原则，各区招生委员会聘定阅卷委员若干人，分科阅卷，将成绩送部，由部决定各区取录学生及人数。镇平、恩施、泰和、永康、曲江、兰州六区由部指定阅卷区域；延平、兰州、泰和、永康四区应考学生成绩，如因事实困难，不能由部决定录取学生及人数时，得由各该试区依照规定录取标准决定之。

十、录取学生以志愿及成绩为分发标准，尽先依考试区域及附近学校分发，如该区各校额满或无报考志愿科系时，由部指派学校。如成绩较差之学生，可录取入大学先修班。

十一、本届毕业会考及格学生，得由各省市教育行政机关保送成绩优秀者百分之十，照前条规定免试分发于各该省市或邻近之各校院。

未经举行会考省份，或未参加会考之学校，均不得援例保送。

十二、本届招考新生，同等学力者报名考试，须具详细履历书，录取人数不得超过各区录取总数百分之十，并应以每区录取学生总名次前半为限。

十三、报名及考试日期订定如左：

（一）报名日期：七月二十五日至三十日止。

（二）考试日期：八月七日至十日止。

十四、各招生区招生用费，以报名费（不得过二元）抵充之。

十五、招生委员会组织细则及统一招生简章与各项详细办法另定之。

十六、本办法大纲由部长核定施行。

〔国民政府教育部档案〕

4．教育部订定之专科以上学校实施战时教程

（1939年6月23日）

查本部自二十四年度起，即通令全国公私立专科以上学校设置特殊教程，以期适应战时需要。嗣据各院报告，各校能增设战时教程者为数甚少，类多于课内课外作战时教材之注重或是类问题之研究。现值抗战进入重要阶段，运用高等教育设施以协助抗战军事，尤为重要。本部为积极推进各校院实施战时教程增加抗战实效计，对于各校院战时科目之增设，曾交付战时教育问题研究会详加研究，经决议全国公私立专科以上学校，应依其科目

性质，酌量增设下列科目：

一、**文科**：民族文学，抗战史料；

二、**法商科**：日本问题，战时经济，战时法令；

三、**教育科**：战时教育问题，军事心理学；

四、**理科**：国防化学，国防地理；

五、**工科**：军事工程，军事电讯，汽车修造；

六、**农科**：战时食粮问题；

七、**医科**：战时救护。

各校院得斟酌其人材设备及社会需要，增加其他有关抗战建国之科目，如各校教员学生对于是项学术技能有特殊发明或研究，应由校呈报本部给予奖励或转有关机关采择施行。除分令外，合亟令仰该校院切实遵照办理，并将办理情形具报备查。此令。

〔国民政府教育部档案〕

5．修正大学研究院暂行组织规程

（1939年6月23日）

第一条　大学为招收大学本科毕业生研究高深学术，并供给教员研究便利起见，得依大学组织法第八条之规定设研究院。

第二条　研究院分文、理、法、教育、农、工、商、医各研究所，称文科研究所，理科研究所，法科研究所，教育研究所，农科研究所，工科研究所，商科研究所，医科研究所。凡具备三研究所以上者，始得称研究院，在未成立三研究所以前，各大学所设各科研究所，不冠用研究院名称。

第三条　各研究所依其本科所设各系分若干部，称某研究所某部（例如理科研究所物理部）。

各研究所依各大学经费、师资与设备情形，得陆续设立各部，或仅设置一部或数部。

第四条　研究院研究所暨研究所所属各部之设置，须经教育部之核准。

第五条　设置研究院研究所之大学，须具备左列各条件：

一、除大学本科经费外，有确定充足之经费，专供研究之用；

二、图书仪器建筑等设备，堪供研究工作之需；

三、师资优越。

第六条　大学研究院设院长一人，得由校长兼任，各研究所及所属各部各设主任一人。

第七条　招收研究生时，以国立、省立及立案之私立大学与独立学院毕业生经公开考试及格者为限，并不得限于本校毕业生。

在外国大学本科毕业者，亦得应前项考试。

研究院各研究所或部于必要时得停止招收研究生，各大学依本规程所招收之研究生，应于取录后一个月内连同资格证件报部审核备案。

第八条　在学位法未颁布以前，各研究生研究期限暂定为至少二年，期满考核成绩及格，由大学发给研究期满考试及格之证书。

前项考试机关应有经部核准之校外人员参加，其详细规则另定之。

第九条　研究生应习之课程及论文工作，由各校详细拟订，呈经教育部核定。

第十条　研究生不得兼任校内职务，但助教不在此限。

第十一条　研究生成绩优异者，得给予奖学金，其名额及金额由各校自定之。

第十二条　独立学院得准照本规程各条之规定设置研究所。

第十三条　各大学或独立学院在本规程公布前，已设置研究所者，应依本规程第四条及第五条之规定呈部审核，经审核认可者，方得继续设立。

第十四条　本规程自公布之日施行。

〔国民政府教育部档案〕

6. 教育等部关于订定《大学理工学院与经济交通及军备工厂合作办法》的会呈

（1939年8月9日）

军政
经济部会呈
交通
教育

案奉钧院二十八年五月十二日吕字第四八六一号训令内开："案奉国防最高委员会五月二日国核字第一三二号令开：'查前据教育部部长陈立夫呈送一年来重要工作报告一案，经交厅审核签注意见，复核尚合。合行抄同审查意见，令仰该院知照，并转饬该部查照办理。'等因。奉此，查审核意见第一项（关于运用高等教育设施协助抗战军事案）应由教育、军政、经济、交通四部及航空委员会切实合作。除呈复并函军事委员会查照，转知及分令外，合行抄发审核意见，令仰该部遵照办理"。等因。奉此，"遵于五月二十三日由军政、经济、交通及教育四部各派代表一人，在重庆教育部商定大学理工学院与经济、交通及军备工厂合作办法草案数项，并征得航空委员会已蓉字第一四一九号公函完全同意。奉令前因，除由各部会分饬各大学理工学院及经济、交通、军备工厂遵照合作办法切实合作外，理合将大学理工学院与经济、交通及军备工厂合作办法，赍呈鉴核备案。"实为公便。谨呈行政院院长孔

附呈大学理工学院与经济交通及军备各工厂合作办法一份

　　　　　　　　　军政部部长何应钦
　　　　　　　　　经济部部长翁文灏
　　　　　　　　　交通部部长张嘉璈
　　　　　　　　　教育部部长陈立夫

中华民国二十八年八月九日

　　大学理工学院与经济、交通及军备工厂合作办法

一、各大学理工学院与经济、交通及军备工厂之合作，适用本办法。

二、校厂合作之事业，如左列各项：

甲、学校得聘请工厂之技术人员，担任教师、顾问或讲演；

乙、学校应分发高年级学生至工厂实地练习，厂方并应派员指导学生参加实际工作。但兵工厂收受实习生，以确具永久服务兵工事业志愿及具有确实保证者为限。

丙、学校应担任工厂各项问题之试验、研究与推广，其问题与材料应由厂方供给，并尽量协助之。

丁、学校遇必要时，可变通正常课业，集中时间，协助工厂实际工作，以应国防上之急切需要。

戊、工厂如需要特种技术人员，得商由学校代为训练。

己、其他合作之事业。

三、学校与工厂因合作必需增加之经费，由双方呈请各该主管机关，按照实际情形，会呈行政院酌予补助。

四、学校为与工厂合作起见，得斟酌情形，移设其预备合作之部份于工厂附近或厂内，以资便利。

五、校厂之合作，由双方商定后，拟具计划，分呈各主管机关核准备案。

六、本办法呈请行政院备案施行。

〔行政院档案〕

7. 教育部颁行大学及独立学院各学系名称令[①]

（1939年9月4日）

查各大学及独立学院所设学系，名称既多不同，隶属学院亦有歧异。本部于整理大学各学院课程之初，即将各学系名称及隶属学院问题征询各专家意见，并于举行大学分院课程会议时提出讨论。兹斟酌各方意见，请各学院所属各学系之名称分别规定如下：

一、文学院设中国文学、外国语文、哲学、历史学、及其他各学系。

二、理学院设数学、物理学、化学、生物学、地质学、地理学、心理学及其他各学系。

三、法学院设法律、政治、经济、社会学及其他各学系。

四、农学院设农艺、森林、畜牧、兽医、蚕桑、园艺、植物病虫害、农业化学、农业经济及其他各学系。

五、工学院设土木工程、水利工程、机械工程、航空工程、电器工程、矿冶工程、化学工程、纺织工程、建筑工程、及其他各学系。

六、商学院设银行、会计、统计、国际贸易、工商管理、商学及其他各学系，文学院或法学院亦得设置商学系。

七、凡各校单独设置某院之一、二学系，而该院并未单独成立者，得附设于性质相近之学院。

八、两学门以上并合组成之学系，由各院校就合组情形拟订名称，呈部核定。

除分令外，合行令仰遵照。

[①] 教育部于民国二十八年九月四日令颁。

8. 教育部颁行专科以上学校毕业生统筹分发服务办法令

（1940年8月9日）

查本部年来统筹分发各校毕业生服务，旨在使人才之供求得有合理之调整，俾教育成果对于建国事业克尽功能。惟查本案办理以来，各校选送服务学生，对于需用人才机关得有适当之供应者固多，而因公文辗转逾时或条件不合，未能获得优良结果者亦复不少。兹以二十八年度第二学期毕业生将于本年暑期毕业，关于各该生就业问题，亟应先事妥筹，俾能补救已往之缺陷，而宏今后之事功。兹经本部决定，自本届起，本部处理各校毕业生就业事，即照后列办法办理：

（一）本部办理各校毕业生就业事宜，订于每年二月开始统筹。各校应于本月份内先将本期应届毕业生约数分别科系列表呈报。该项表格，除填明暑期毕业生人数外，如寒假有毕业学生，并应将寒假期间毕业生人数另表填列，以便统计。

（二）此后各校呈报应届毕业生，务须切实遵照本部规定于毕业试验前三个月呈报（即在每年三月及十月间），表册格式，除照原订填列姓名、性别、年龄、籍贯、肄业院系、入学年月暨经部核定文号，及已往七学期学业成绩平均分数，暨操行，体育成绩等各项外，并应增列各生"服务志愿"（此项应具体填明志愿工作项目及希望工作地点），"希望待遇"及"毕业前后详细通讯处"三项。又如各生以事实困难不克担任某种工作，或不克发往某地工作，亦应于备注栏内注明，以为本部分发服务时之参考。

（三）各校应届毕业各生，如已由校介绍工作或已准备自行就业者，亦应于前项册报之志愿服务栏内分别填明，以示区别。

（四）此后本部分发学生服务，即就各校应届毕业生册报甄选介绍。各生由部选定后，除由部函达需用人才机关外，即行由部通知各校转饬各生前往服务机关报到，不再先行征询，或由校保送，以资简捷。

（五）各校于接得本部通知书后，应将该项通知书之第二联加贴选介学生相片，加盖钢印，连同该生历年各科详细成绩表一并交付被介绍学生，以为发往报到机关服务之凭证（通知书式样随文附发）。

（六）各校对本部选介各生，如因事实困难不克转饬各生遵照，或对需用人才机关所订条件（如报到限期等）有疑义时，应于文到三日内申述理由，或提具意见呈部复核。

除分令外，合行令仰遵照于文到一星期内将本年度应届毕业生约数列表呈报，并于两星期内将详细名册造报备核为要。此令

附发本部选送大学毕业生服务通知书式样一份〔略〕

〔国民政府教育部档案〕

9．教育部制定之专科以上学校分布原则

（1940年5月）

（一）教育部应就全国政治经济生产建设等方面之需要以及各地文化教育人口面积物产交通风俗习惯等情形，指定重要及适宜地点，设立院系完备与设备充实之国立大学。各该大学除一般学术研究外，须负研究所在地点及邻近区域内社会文化及生产建设等问题之责任。此种大学之设置，数目不宜过多，并应就全国地域予以适宜之分布。

（二）在不合上列规定之重要区域以设立三学院之国立大学或独立学院一所为原则，如该地已有省立大学或学院，或成绩优良之已立案私立大学时，该项国立大学或学院得暂缓设置。

（三）师范学院应以分区独立设置为原则，每一师范学院区设师范学院一所，师范学院除训练师资外，须兼负研究及辅导所在区域内中等教育之责任。

（四）农、工、商、医各学院之设置，以就各省需要分区设置为原则。其在各区内尚无此项国立学院或省立学院者，应即予增设农、工、商、医各学院，并应会同建设及生产事业机关辅导本区域内同性质之专科学校及高级职业学校。

（五）农、工、商、医等专科学校之设置，应以配合当地需要为原则，并应会同本区域与邻近区域大学之农、工、商、医等学院及生产事业机关，辅导本区内高初级职业学校。

（六）自战区迁入后方各省之专科以上学校，在抗战结束后，应根据前列原则，斟酌情形，决定其分布及迁移：(一)原校地点同性质之学校过多，或地点与学校性质不宜者，迁出以后，如当地原无此种学校，今后必须创设者，即留在该地，不必迁回；如该地或附近已有此种学校，应迁至指定之新地点，(二)原校地点确有继续设置此种学校之必要，且其原校环境适宜，校舍完整，设备齐全者，迁回原地，(三)原校地点及新迁地点均有设置此种学校之必要，得斟酌情形，或留新校址，或回原校址，或一部分迁回，一部分留在新地点。

（七）在同一地区，如各校重复及不合需要之院系，应加调整。

（八）私立专科以上学校之设置，应参照前列各原则，分别斟酌情形予以限制或奖励。

「行政院档案」

10. 教育部订定之全国专科以上学校学生学业竞试办法

(1940年5月)

第一条 教育部为奖励专科以上学校学生之学业研究起见，特订定本办法。

第二条 学业竞试分甲乙丙三类：

甲类竞试国文、英文（法文或德文）、数学三科，各院校一年级学生得自由报考一科至三科。

乙类竞试各科系主要科目，各院校二、三年级学生得自由报考各该年级指定之科目。

丙类竞选毕业论文，各院校四年级学生一律参加。

第三条 甲乙两类竞试分初试复试两部分，每年各举行一次，初试由各院校主持，复试由教育部办理。

丙类分初选复选两部，初选由各院校举行，复选由教育部办理。

第四条 凡经初试或初选取录之学生，称为初选生。

甲类以学院为单位（专科学校以校为单位）、各学院（校）报考学生在八十名以内者，初试选拔各科成绩最优之学生一人为初选生，超过八十人以上者，每科各增加一人。

乙类以年级为单位，各科系每年级有学生五人以上者，选拔成绩最优之学生一人为初选生，各年级不足五人者，应并入本科系其他年级合选之。

丙类以学系为单位，选各学系本年度毕业论文最优之学生一人，为初选生。

第五条 各院校之初试初选，应设立学业竞试委员会办理之，以院校长、教务长及系主任为委员，院校长为主任委员。

第六条 各院校之学业，竞试委员会得聘请有关科目之教授为考试委员，分科办理出题、阅卷、评阅论文各事宜。

第七条 各院校初试拔取之甲乙两类初选生，应造具名册呈送教育部，参加复试；丙类初选生应由各院校造具名册，连同毕业论文，呈送教育部复选。

第八条 复试得由教育部分区举行，综合全国专科以上学校之初选生，甲类选拔每科成绩最优之学生各十名为决选生，乙类选拔各科系每年级成绩最优之学生各一名为决选生，丙类由教育部组织毕业论文评选委员会选拔毕业论文，最优者三十名为决选生。

第九条 各校初选生及教育部拔取之决选生，甲乙两类分别予以奖金、奖状及免费等奖励，丙类予以奖金出版及尽先介绍工作等奖励，其详细办法另定之。

第十条 学生参加竞试，成绩特优之院校，由教育部传令嘉奖。

第十一条 初试复试日期及乙类各年级竞试之科目，由教育部通令行之。

第十二条 本办法由教育部颁布施行。

〔国民政府教育部档案〕

11．教育部公布各公立院校统一招生委员会章程

（1940年5月22日）

第一条 教育部为研究规划并执行公立各院校统一招生事宜起见，依照修正教育部组织法第五条之规定，设立教育部公立各院校统一招生委员会（以下简称本会）。

第二条 本会之任务如左：

一、订定招生规章；

二、规定命题、阅卷及取录标准；

三、制定及颁发试题；

四、复核考试成绩；

五、决定及取录学生；

六、研究招生改进事项；

七、教育部交议有关招生事宜。

第三条　本会设委员二十一人至二十五人，由教育部就左列人员聘任或指派之：

一、教育部简任秘书、参事各一人，各司司长、高等教育司各科科长、统计主任及普通教育司主管中学教育科长一人。

二、大学校长、教授或本部其他部员共十人至十四人。

第四条　本会委员任期一年，但得连任。

第五条　本会设主任委员一人，由教育部就委员中指定之。

第六条　本会分设总务、审核、分发、研究四组，各组设主任一人，由教育部就职员中派充之。

第七条　本会设干事四人至十人，助理干事四人至十人，书记四人至八人，并得酌设临时人员，由教育部指派部员兼任之。

第八条　本会每三个月开会一次，考试前后两个月内得随时举行临时会议，由主任委员召集并主席。

第九条　本会议决事项呈请教育部核定施行。第二条第一、二、三、五各项并由部颁发或公布之。

第十条　本会委员为无给职，但外埠委员到会开会时得酌支旅费。

第十一条　本章程呈经行政院备案后公布施行。

〔国民政府教育部档案〕

12．教育部公布大学及独立学院教员资格审查暂行规程

（1940年8月）

第一条　大学及独立学院教员，分教授、副教授、讲师、助教四等。

第二条　大学及独立学院教员等别，由教育部审查其资格定之。

第三条　助教须具有左列资格之一：

一、国内外大学毕业，得有学士学位而成绩优良者；

二、专科学校或同等学校毕业，曾在学术机关研究或服务二年以上著有成绩者。

第四条　讲师须具有左列资格之一：

一、在国内外或研究院所研究得有硕士或博士学位或同等学历证书而成绩优良者；

二、任助教四年以上，著有成绩，并有专门著作者；

三、曾任高级中学或其同等学校教员五年以上，对于所授学科确有研究，并有专门著作者；

四、对于国学有特殊研究及专门著作者。

第五条　副教授须具左列资格之一：

一、在国内外大学或研究院所研究得有博士学位或同等学历证书而成绩优良，并有有价值之著作者；

二、任讲师三年以上著有成绩，并有专门著作者；

三、具有讲师第一款资格继续研究或执行专门职业四年以上者，对于所习学科有特殊成绩，在学术上有相当贡献者。

第六条　教授须具有左列资格之一：

一、任副教授三年以上著有成绩，并有重要之著作者；

二、具有副教授第一款资格，继续研究或执行专科职业四年

以上，有创作或发明，在学术上有重要贡献者。

第七条　凡在学术上有特殊贡献而其资格不合于本规程第五条或第六条之规定者，经教育部学术审议委员会出席委员四分之三以上之可决，得任教授或副教授。

前项表决用无记名投票法。

第八条　本规程第三条至第五条所称之国内外大学或研究院所，以公立及已立案之私立大学及研究院所与教育部认可之国外大学及研究院所为限。

第九条　大学及独立学院教员资格之审查，由各校院呈送教育部提交学术审议委员会审查之。

合于大学及独立学院教员资格而不在职者，得自行呈请教育部审查之。

第十条　大学及独立学院教员资格之审查须呈验：（1）履历表，（2）毕业证书或学位证书，（3）著作品，（4）服务证明书，（5）其他足资证明资格之文件。

履历表填称之资格或著作而无证件或著作品呈缴者，以未具有该项资格或著作论。

第十一条　大学及独立学院教员资格审查合格后，由教育部给予载明等别之证书。

第十二条　副教授、讲师、助教于定期教务任满后，得按照本规程之规定，由学校呈请为升等之审查，合格后另给证书。

第十三条　本规则公布以前，曾任大学及独立学院教员者，其资格审查标准规定如左：

一、具有第五条规定资格之一，曾任教授或同等级之教务一年以上者，得为教授；

二、具有第四条规定资格之一，曾任副教授或同等级之教务一年以上者，得为副教授；

三、具有第三条规定资格之一，曾任讲师或同等级之教务一

年以上者,得为讲师;

四、曾任助教一年以上者,得为助教。

第十四条 专科学校教员资格之审查,得比照本规程办理。

第十五条 本规程施行细则另定之。

第十六条 本规程呈奉行政院备案后施行。

〔国民政府教育部档案〕

13. 教育部制定之《农林技术机关与农林教育机关联系与合作办法大纲》

(1941年4月5日)

一、教育机关所培养之人才与数量,应适合技术机关之需要,并应各秉承主管行政机关之意旨,会商详细办法,俾资适应。

二、技术机关需用之技术人员,以由教育机关负责训练为原则,但如有左列情况时,得暂由技术机关自行训练。

(甲)教育机关之设备与人材尚无担任是项训练之准备时。

(乙)教育机关应添设训练班次有妨碍本机关原有之工作或其他原因不愿担任此训练工作时。

三、技术机关或教育机关举办特种训练班或讲习讨论会时,得交互派遣员生参加。

四、技术机关与教育机关所办之试验研究工作,应相互咨询,供给材料,以资参考。

五、技术与教育机关所有关于研究或试验工作之成绩,应互相尊重承认,于必要时得由双方技术人员开会评论或重加试验,以确定其价值。经确定后,该项成绩应公认为该机关之特有供〔贡〕献。

六、技术机关高级职员得在教育机关兼任教职,但以不妨碍本职及除必需之车马费外，不兼领薪水为原则。

七、教育机关高级教员得在技术机关兼任技术职务，但以不妨碍本职及除必要之车马费外，不兼领薪水为原则。

八、技术机关与教育机关之图书仪器等设备，经双方主管人员之同意，得指定范围或人员互相利用，但此项设备以不移出原机关之所在地为原则。

九、技术机关得邀请或接受教育机关于假期内派遣员生至该机关研究或实习，该机关应酌量免费供给各种研究或实习资料或器械，并派员指导督率考核其成绩。

十、技术机关得于学校暑假期内延用员生，酌给津贴。

十一、农林高级技术机关如有特殊人才与设备，得因教育机关之请求，允许农学院研究员前往研究，给予学分，并由原教育机关予以承认。

十二、教育与技术机关之设立地点，应互相接近，俾教育与技术人员彼此兼顾。

十三、教育机关之假期，应设法与技术机关田野工作实施期间互相配合。

十四、技术机关对于某项技术研究认为有委托教育机关办理之必要时，得委托教育机关办理，其研究所需费用一部或全部，应由技术机关补助。

十五、凡同一性质之工作其在同一区域时，技术机关与教育机关应相互协商，避免不必要之重复，其不在同一区域内时，应互相咨询及供给有关材料，以资参考。

为实施前项办法起见，应定期交换工作报告，并研讨工作通行办法。

十六、为督促实施本办法大纲起见，中央及各省政府得设置建教合作委员会，以资协助，其组织章程另定之。

〔国民政府教育部档案〕

14. 教育部颁发公私立专科以上学校毕业生派往边地研究办法

（1941年5月28日）

甲、目的

一、鼓励优秀青年从事边地研究工作；

二、协助各边教机关推进边地文化工作；

三、办理本部指定研究工作及设计事项。

乙、办法

一、各院校毕业生有志从事边地研究工作，品学兼优，身体健壮，能刻苦耐劳者，得由学校选送，再由本部核定若干名；

二、边地研究工作之对象，各依边胞语文系统之分布为分区标准，其研究之种类如左：

（一）语文

1．关于各边胞言语韵、声、周之类别；

2．关于各边胞言语之音标记录；

3．关于各边胞语言文法构造之分析；

4．关于各边胞语言与内地语言之比较；

5．关于各边胞原有文字或符号之记录；

6．关于各边胞文字上之来源、产生、创始人及沿革；

7．关于文字之组织及文法结构；

8．搜集边胞所有之经典文字；

9．搜集边胞雕刻、结绳之文字遗迹；

10．关于边胞歌谣故事之搜集；

11．外国教会人士对边胞语文之研究内容。

（二）史地

1．关于边胞之由来及历代之变动情形；

2．关于历代边胞变乱之始末与征结；

3．关于边胞历史传说故事之搜集；

4．关于边胞各种信仰礼俗节令之史述；

5．关于边胞社会生活之发展史；

6．关于历代政府治边史料之搜集研究；

7．关于边地各宗教史；

8．关于边地各种政制史；

9．关于边地之地形气候；

10．关于边地之兵要地理；

11．关于边地之农田水利；

12．关于边地之畜牧垦殖；

13．关于边地之交通设计。

（三）民俗

1．关于边胞之类别分析（注意体型、血型之研究）；

2．关于边胞社会组织与家庭组织；

3．关于边胞之丧婚娱乐；

4．关于边胞之服饰；

5．关于边地之阶级制度；

6．关于边胞之工艺品之搜集；

7．关于边胞之起居饮食及节令风俗。

（四）经济

1．关于边胞之农业生产；

2．关于边胞之林牧事业；

3．关于边胞之手工业及其他副业；

4．关于边胞之贸易情形；

5．关于边胞生产要素（土地、劳力、资本）之研究；

6．关于边地经济活动如高利贷剥削等情形之研究；

7．关于边地之经济组织情形；

8．关于边地佃租及土地问题；

9．关于边胞消费生活之情形；

10．关于边地经济建设之设计研究。

（五）自然

1．关于边地生物之分布情形；

2．关于边地生物特产之调查研究；

3．关于边地生物标本之采集；

4．各种矿产之调查研究；

5．边地卫生及医药之调查研究；

6．自然产物之利用与制造；

7．关于边地农牧品种及副产之改良研究。

三、派往边地研究人员，必要时得先受一至二个月之短期训练（着重学习国语注音符号），使能明了当地情形及研究技术应注意事项。

四、由本部派往边地研究员之旅费、研究费及生活费、由本部发给之，各院校自行派往者，由各院校自行负担，有特别情形者，得由部酌予补助。

五、研究人员征选办法：

1．每年于各院校毕业考试前四个月，由部开列各科研究员需要表，令饬各院校选送合格毕业生报部候核；

2．凡毕业已久之大学生，如愿赴边疆工作者，亦得适用本办法，惟须向原校请求选送。

3．此项学生须呈缴左列各件：

（一）最近二寸半身相片二张；

（二）毕业成绩单；

（三）详细自传一篇。

六、研究人员工作进行办法：

1．拟定研究工作计划及进度表；

2．每月应将工作成绩报部一次。

七、研究人员工作时限暂定为二年，成绩优良者得任为本部编辑或其他职务，或派在边地各机关担任职务。

八、研究人员工作地点由本部规定之，如须变更地点，应呈准本部。

〔国民政府教育部档案〕

15．教育部设置部聘教授办法

（1941年6月3日）

第一条 教育部设置部聘教授适用本办法。

第二条 部聘教授须具备左列条件：

一、在国立大学或独立学院任教授十年以上者；

二、教学确有成绩，声誉卓著者；

三、对于所任学科有专门著作，且具有特殊贡献者。

第三条 部聘教授须由教育部提经学术审议委员会全体会议出席委员三分之二以上之可决后聘请之。

第四条 部聘教授候选人，除由教育部直接提出者外，国立大学及独立学院或经教育部备案之具有全国性之学术团体，得就各该学校或团体中合于第二条规定之人员，呈请教育部提出之。

第五条 部聘教授任期五年，期满后经教育部提出学术审议委员会通过续聘者得续聘之。

第六条 部聘教授任期以大学及独立学院教员聘任待遇暂行规程第八条规定之专任教员薪俸表教授月薪第三级为最低薪，由教育部拨交指定服务学校转发。

第七条 部聘教授由教育部于公立及已立案之私立专科以上学校特设讲座从事于讲学及研究，其服务细则另定之。

第八条 部聘教授讲座设置处所，得由教育部根据需要，于学年终了时调动之。

第九条 部聘教授名额暂定三十人。

第十条 本办法自呈准公布后施行。

〔国民政府教育部档案〕

16. 政府机关委托大学教授从事研究办法大纲

(1941年9月29日)

一、为使建国事业与学术研究发生密切联系起见，政府各机关得因实际之需要，就各大学委托教授，于指定范围内从事研究。

前项所称教授，包括独立学院之教授及大学研究院所之研究员。

二、政府机关委托教授从事研究者，依左列手续行之：

（一）确知某教授堪任某项研究者，由委托机关函征原校同意后委托之，同时函请教育部备案。

（二）某项研究并未确定堪任研究之教授者，函请教育部代为物色人选委托之。

三、受委托研究之教授，应于规定时间提出工作报告。

四、受委托研究之教授，应仍在原校服务，并支领原薪。

五、受委托研究之教授，得充分利用原校之图书设备，并得请求学校予以其他便利。

六、受委托研究之教授，在一定时期内，得免除其全部或一部之教课时间，于必要时并得有相当时期在校外工作。

七、此项研究必需之研究费及增聘教授费用，由原委托之政府机关补助之。

八、特种编译工作委托教授担任而需时较多者，适用本办法。

九、本办法自公布日施行

〔国民政府教育部档案〕

17. 大学各学院、独立学院及专科学校附设中小学或职业学校暂行办法大纲

(1941年12月13日)

第一条 国立大学、师范学院或独立师范学院得设立附属中学或兼设附属小学，附属中学并酌设师范部，公私立大学农工医商学院或各该独立学院，如有必要经教育部核定后得附设职业学校。

大学因采用外国语关系，得于呈准教育部后附设中学。

专科学校得依法规之规定，附设高职部或师范科。

第二条 中小学之附设于国立大学、师范学院或独立师范学院者，应称国立某某大学、某某学院或国立某某师范学院附属中学或附属小学。

职业学校之附设于公私立大学、农工医商学院或独立学院者，应称国立省立或私立某某大学、某某学院附设高级或初级某某科职业学校。

专科学校附设之高职部或师范科，应称国立省立或私立某某专科学校附设某某高职部，或国立省立某某专科学校附设师范科。

第三条 附属中小学或附设职业学校，应各设校长一人，除得兼任该大学或学院教授或讲师外，不得兼任其他职务。

专科学校附设之高职部或师范科，应比照前项设主任一人。

第四条 公立大学及学院附属中小学及附设职业学校，校长由大学或学院提出合格人选，呈经教育部核准后任用之。

第五条 附属中小学及附设职业学校，属于国立大学及学院者，以教育部为其主管教育行政机关；属于省私立大学及学院者，以省市教育行政机关为其主管教育行政机关，但其行文仍由

大学及学院核转，专科学校附设高职部或师范科同。

第六条　国立大学及学院附属中小学及附设职业学校，关于统计事项之各种表册，应于经部核定后抄送所在省市主管教育行政机关备查。国立专科学校附设高职部或师范科同。

第七条　国立大学及学院附属中小学及附设职业学校、国立专科学校附设高职部或师范科，应接受所在地市教育行政主管机关视导人员之定期视导，惟此项视导报告应转呈教育部核夺。

第八条　国立大学及学院附属中小学及附设职业学校、国立专科学校附设高职部或师范科，教职员应就地参加检定。

第九条　国立大学及学院附属中小学及附设职业学校，国立专科学校附设高职部或师范科，应参加当地举行之各该类学校学生毕业会考、运动比赛及其他关于中小学及职业学校之团体举行事项。

第十条　附属中小学及附设职业学校预算，应于该大学及学院预算内专列款目。

第十一条　国立大学、师范学院及独立师范学院附属中小学应设班级数，除法令别有规定外，以适合学生实习所需数为准。

〔国民政府教育部档案〕

18. 教育部公布修正师范学院规程

（1942年8月1日）

第一章　总纲

第一条　师范学院以遵照中华民国教育宗旨及其实施方针，养成中等学校之健全师资为目的。

第二条　师范学院单独设立或于大学中设置之，得分男女两部，并得筹设女子师范学院。

第三条　独立或大学师范学院，由教育部审查全国各地情形分区设立之。

第四条　师范学院应协助所划区内教育行政机关，研究辅导该区内之中等教育。

第五条　师范学院应与所划区内教育行政机关，通盘考查该区内中等教育师资需要，为有计划之招生。

第六条　师范学院须附设中小学，藉以供学生参观与实习。

第七条　师范学院修业年限五年，期满考试及格，并经教育部复核无异者，由院校授予学士学位，并由教育部给予中等学校某某科教员资格证明书。

师范学院各专修科，修业年限三年，期满考试及格，并经教育部复核无异者，由院校授予毕业证书，并由教育部给予中等学校某某科教员资格证明书。

第八条　师范学院入学资格须曾在公立或已立案之私立高级中学或同等学校毕业，经入学试验及格者。师范学校毕业生，服务三年期满或服务一年后成绩优良，经主管教育行政机关核准升学得有证明书者，亦得应师范学院入学试验。

第九条　师范学院得设第二部，招收大学其他学院性质相同学系毕业生，授以一年之专业训练期满，考试及格，经教育部复核无异者，由院校授予毕业证明书，并由教育部给予中等学校某某科教员资格证明书。

第十条　师范学院设职业师资科，招收专科学校毕业生，授以一年之专业训练。期满考试及格、经教育部复核无异者，由院校授予毕业证书，并由教育部给予职业学科教员资格证明书。

得有此项证明书者，第一年只能任初级职业学科教员。

第十一条　师范学院得附设初级部，招收高级中学或同等学校毕业生，予以三年之学科及专业训练，期满考试及格、经教育部复核无异者，由院校授予毕业证书，由教育部给予初级中学同等学校某某科教员资格证明书。

上项毕业生毕业后，服务三年，成绩优良，有志深造者，得投考师范学院四年级。

第十二条　师范学院得附设师范研究所，招收师范学校毕业、具有研究兴趣或大学其他院系毕业有两年以上教学经验之中等学校教员，研究期限二年，期满经硕士学位考试及格者，授予教育硕士学位。

第十三条　师范校院得附设高级中学教员进修班，招收具有两年以上教学经验之高级中学或同等学校教员其应受试验检定者，授以一年之专业训练，期满考试及格、经教育部复核无异者，由院校给予高级中学及同等学校某某科教员进修证明书。此项证明书之资格，相当于高级中学教员检定合格证书。

第十四条　师范学院得附设初级中学教员进修班，招收具有两年以上教学经验之初级中学或同等学校教员而应受试验检定者，授以一年之专业训练。期满考试及格、经教育部复核无异者，由院校给予初级中学或同等学校某某科教员进修证明书，此项证明书之资格相当于初级中学教员检定合格证书。

第十五条　师范学院得附设小学教员进修班，招收具有三年以上教学经验之小学教员，授以一年之专业训练、期满考试及格，经教育部复核无异者，由院校给予初等教育进修证明书，并将其成绩送由原主管教育行政机关，得予晋级加俸，或充任初级教育行政人员。

第十六条　师范学院得招收师范学院或大学其他院系转学生。转学资格须学科程度相同，有原校修业证明书，于学年开始以前经验及格者。如系其他学院转学生，入学后须补习教育及其他专门科目不足之学分，但未立案之私立大学或独立学院学生不得转学于师范学院。

师范学院最后一年，不得收转学生。

第二章　组织及课程

第十七条　师范学院分国文、外国语、史地、公民、训育、算学、理化、博物、教育各系、及体育、音乐、图画、劳作、家政、社会教育各专修科。

师范学院各专修科，于必要时得改为系。

第十八条　师范学院各系，须呈准后设立。

第十九条　师范学院设院长一人。独立师范学院院长由教育部聘任之。大学师范学院院长，经校长选荐两人，呈请教育部择定一人聘任之。

第二十条　师范学院设教务主任一人，综理全院教务。

第二十一条　师范学院各系，各设系主任一人，各专修科设科主任一人，均由教授担任。

大学师范学院各系主任，应为专任职，但因特别情形经校长核准者，得兼其他学院同性质学系之系主任。

第二十二条　师范学院设主任导师一人，综理全院训导事宜，由院校长选荐两人，呈请教育部择定一人聘任之。

第二十三条　师范学院设事务主任一人，综理全院事务。

第二十四条　师范学院各系，各设实习导师一人，主持并辅导各该系学生之教学实习。

第二十五条　师范学院之课程，分普通基本科目、教育基本科目、分系专门科目及专业训练科目四类，其支配如左表。

师范学院课程分类表

课　程	类　别	学　分
普通基本科目		五二
教育基本科目		三二
分系专门科目		七二
专业训练科目	分科教材 教法研究	八
	教学实习	一六
总　计		一七〇

第二十六条 师范学院之普通基本科目，为各系共同必修课程，须在前三学年中修毕，其支配如左表：

师范学院共同必修科目表：

类别	科目	学分	第一学年第一学期	第一学年第二学期	第二学年第一学期	第二学年第二学期	第三学年第一学期	第三学年第二学期	
普通基本科目	党义	二	一	一					
	国文	八	四	四					
	外国文	八	四	四					政治学、经济学、社会学、法学通论任选两种，各六学分
	社会科学	一二	三	三	三	三			
	自然科学	六	三	三					物理、化学、生物学、人类学，任选一种，六学分
	哲学概论	四			二	二			
	本国文化史	六	三	三					
	西洋文化史	六			三	三			
教育基本科目	教育概论	六	三	三					
	教育心理	六			三	三			
	中学教育	六			三	三			
	普通教学法	四					二	二	
总		计七四	二一	二一	一四	一四	二	二	

音乐、体育与军训，为公共必修科目，不给学分。

师范学院分系必修及选修课程标准另定之。

第二十七条 大学师范学院之分系专门科目，如其他学院设有同性质之学科者，不另开设课程，在其他学院同性质之学系选修之。

第二十八条 专业训练科目之分科教材及教法研究，在第四学年学习，内容分教材选择、教科书批评、课程标准研究、教学研究、课程组织、教具设置及应用等部分。讲授、阅读、参观与其他研究方法并用。

第二十九条 专业训练科目之教学实习，以每星期实际教学一小时，学期终了经实习导师评定分数，及格者为一学分，满十六学分方得毕业。教学实习在第四五两学年中举行。

第三十条 根据第九第十条所收之大学其他学院或专科学校毕业生，除必修教育基本科目二十二学分外，须习分科教材及教法研究，及教学实习各八学分。

此类学生入学时，须呈缴其学科成绩单，如所学专科不足时，得令其补修。

第三章 训导

第三十一条 师范学院为施行严格之心身训练，采用导师制。各教员除教课外，须兼任学生导师，各指导学生若干人。

第三十二条 师范学院学生入学后，经主任导师按照其兴趣、志愿及学科，指定其导师。

第三十三条 师范学院学生导师，须负责辅导学生之品格修养、学术研究及专业训练。

第三十四条 师范学院学生每学期之选课，须经系主任及导师共同签字认可。

第三十五条 师范学院学生一律住宿学校宿舍，实行集团生活，严格训练。

第三十六条　学生导师对学生之性行、思想、学业、生活规律、身体状况各项应依照格式，详密记载，每月报告学校一次，由主任导师汇集整理。

第三十七条　导师认为学生不堪训导时，可请求主任导师准予退训；其受退训之学生，得就本校其他教员中，自选一人受其训导，如再经退训后，即由学校除名。

第三十八条　学生导师应每月举行训导会议一次，报告训导实施情形及研究关于训导之共同问题。训导会议由院长主席，院长因故不能出席时，得由主任导师代表主席。

第三十九条　师范学院学生毕业时，导师应出具训导证书，对于学生之思想行为及学业各项，详加考语，在就业时，其关系方面得随时调阅之。

第四章　学生待遇及服务

第四十条　师范学院学生，一律免收学膳费。

第四十一条　师范学院学生无故退学，或被学校开除学籍者，应追缴其在学期间之全部学膳费及补助费。

第四十二条　师范学院毕业生应服务年限各系毕业生均为五年，初级部及专修科毕业生各为三年。第二部及职业师资科毕业生各为二年。

第四十三条　师范学院每届毕业生，应由院校将学生品行、学业、各项成绩，呈报教育部，由部分发各省充任中学校教员，或教育行政人员。

第四十四条　师范学院毕业生在规定服务期内，不得从事教育以外之职务，违者依照第四十一条追缴学膳费及补助费，但有特殊情形，经教育部核准者得展缓其服务期限。

第五章　考试及成绩

第四十五条　师范学院考试分左列四种：

一、入学考试；

二、平时考试；

三、学期考试；

四、毕业考试。

第四十六条　师范学院之入学考试，除体格检查与笔试外，应注重口试，注意受试者之思想、姿态及应对演说之能力。

第四十七条　平时考试由各系教员随时举行之，每学期内须至少举行一次，平时考试成绩须与听讲笔录、读书札记、参观报告、及练习、实习、实验等成绩，分别合并核计，作为平时成绩。

第四十八条　学期考试由院长会同各系主任及教员，于每学期之末举行之。学期考试成绩须与平时成绩合并核计，作为学期成绩。

第四十九条　毕业考试由教育部派院校长、校内教员及该区内教育行政长官、校外专科学者，组织委员会举行之。校长或院长为主席，遇必要时教育部得派员监试。

毕业考试分笔试口试两种。笔试就普通、专门、教育、专业等四类科目分类综合命题，通考五年所习。口试注重其思想、学力、态度、修养、与说话技术。毕业考试之笔试与口试，须有校外委员参与。

第五十条　师范学院于第五学年设论文研究班，学生选定毕业论文题目后，除受该课教员及所属导师指导外，每星期在论文研究班讨论一次，轮流报告其研究结果，俾得其他教员同学之批评订正。师范学院学生之毕业论文，应偏重各科课程之教材或教法研究。

第五十一条　毕业论文，须与毕业考试成绩、实习成绩及各学期成绩，合并核算，作为毕业成绩。

第五十二条　师范学院学生须于暑假或寒假期内，从事社会服务或劳动服务。如社会教育、义务教育、新生活运动等之服务，农业或工厂之实习，或社会调查等，服务时间至少应有四星期，无此项服务证明书者，不得毕业。

第六章 附则

第五十三条 本规程由教育部根据大学组织法第二十五条之规定，制定公布之。

第五十四条 本规程自公布日施行。

〔国民政府教育部档案〕

19. 教育部公布师范学院学生实习及服务办法

(1943年8月17日)

第一条 师范学院学生应于最后一年级第三个月后，在本校附属中学或附近中等学校实习两个月，参加学科毕业试验及格后得充任中等学校实习教师，或实习工作人员（限于社会教育科系学生），半年期满正式分发服务。

第二条 师范学院学生之实习，包括参观见习、教学实习及行政实习等项。

前项参观见习应包括社会教育机关。

第三条 前条各项实习时间之支配，教学实习应占全部时间三分之二，参观见习及行政实习合占三分之一，教学实习之时数并不得少于六十小时。

第四条 师范学院学生之实习，应由师范学院院长、各系科主任及主要教授组织实习指导委员会负责指导之。

第五条 师范学院学生之实习程序范围时间支配及实习成绩考查等项，应由实习指导委员会于实习开始前三个月订定详细计划，呈报教育部核定施行。

第六条 师范学院学生于每次实习完毕后，均须提出书面报告，并举行实习讨论会。

第七条　师范学院学生于实习两个月后举行学科毕业试验，但实习成绩不及格者，不得参加学科毕业试验。

第八条　师范学院毕业生在附属中学或附近中等学校实习满两个月后，由教育部根据各省市及国立中等学校师资需要情形分发为实习教师，担任教育工作（社会教育科系学生得分发社教机关充任实习工作人员），师范学院应届实习学生名册，由教育部于分发前三个月令知各国立中等学校及各省市教育行政机关。

前项实习教师亦得由本人接洽任教学校，但须呈报教育部核准，必要时并得由教育部酌予调迁。

第九条　各省市教育行政机关于奉到教育部分发之师范学院实习生名册后，应即依照下列各项办理：

一、分配时应根据各校之师资需要情形，尽先分配于缺乏师资之学校；

二、各省市新增中等学校及新班级时，应尽先分发师范学院实习生前往任教；

三、各省市教育行政机关审核中等学校教职员资历时、遇有不合格人员应尽先以师范学院实习生补充。

第十条　各省市及国立中等学校于部派实习教师到校时，应即依其所习之学科分配教学科目或适当职务。

第十一条　实习教师之待遇在国立中学及师范学校应照国立中学师范职教员支薪标准之规定支高中专任教员第五级俸（一四〇元），在国立职业学校及各省市中等学校或社教机关，应比照此项级俸标准办理，其他补助津贴与一般教师同。

第十二条　实习教师于分发任教后不得呈请改分，在校任教并应遵守分发学校有关教职员服务之规定（在社教机关任实习工作人员者，应遵其所在机关之服务规定）。

第十三条　实习教师任教满半年后，应即提出详细实习教学工作报告，经原肄业学校审核转呈教育部复核无异者，准予毕业，发给毕业证书及教师资格证明书。

前项实习教学工作报告，须由任教学校校长考核，并加具详细考语。

第十四条　实习教师任教满半年后，得由教育部根据省市及各国立中等学校之师资需要及社教机关工作人员之需要情形，酌予重新分配（师范学院需要助教时，得于呈准后酌调本校毕业生数人返校服务），但以尽先分配实习任教之学校或机关为原则。

前项分配服务之地点核定后，不得请求改分。

第十五条　各省市对于部派师范学院毕业生应即分配适当学校担任专任教员或学校其他适当工作（如公民训育系毕业生应任学校训导工作），教育学系及社会教育科系之毕业生得担任教育行政工作或社教工作。

第十六条　各省市保送之师范学院学生毕业后，以分配于各该省市服务为原则，但他省市师资缺乏时亦得斟酌情形由部分配其他省市服务。

第十七条　为优遇师范学院毕业生起见，分发服务后之待遇，得照国立中学师范职教员支薪标准之规定，自高中专任教员第三级俸（一六〇元）起支，其分发国立职业学校及各省市中等学校或教育行政与社教机关服务者，应比照此项级俸标准办理，其他补助津贴与服务学校或机关一般规定同。

第十八条　师范学院毕业生应服务年限各系毕业均为五年，初级部及专修科毕业生各为三年，第二部及职业师资科毕业生各为二年，在规定服务期内不得从事教育以外之工作。

第十九条　师范学院毕业生服务期满成绩优良者，得由教育部定期考选，定期考选公费派赴国外考察或研究，其考选办法另定之。

第二十条　师范学院毕业生在服务期间未遵令服务或服务未满规定期限改就他业者，应向其家庭或监护人追缴在学期间之全部学膳费及补助费。

第二十一条　师范学院毕业生在服务期间之服务状况，教育部得随时调查之，各该生并应于每学期终了时呈报教育部一次，如有第二十二条规定情势时，服务学校或机关有变动者，并应随时呈报。

各省市教育行政机关应调查所属学校机关内师范学院毕业生服务状况，每年汇报教育部一次。

第二十二条　师范学院毕业生在服务期间，如工作不力，或因其他事故，服务学校或机关未能继续聘用者，应由原分发机关酌予调迁或转呈教育部核办。

第二十三条　师范学院毕业生非因重大疾病经教育部指定之医师验明属实者，不得以任何理由请求展缓服务。

第二十四条　师范学院毕业生服务期满者，由教育部发给服务期满证明书。

第二十五条　师范学院第二部初级部专修科及职业师资科学生均应于毕业前分别予以实习，实习教学时间第二部及职业师资科学生不得少于二十小时，初级部不得少于四十小时。

第二十六条　师范学院第二部初级部专修科及职业部师资科毕业生由教育部分发服务，第二部及职业师资科毕业生之支薪标准与师范学院各系毕业生同，初级部及专修科毕业生照国立中学师范职教员支薪标准，自初中专任教员第三级（一四〇元）起支，其分发国立职业学校及各省市中等学校或教育行政机关与社教机关服务者，应比照以上两项标准办理，其他补助津贴与服务学校或机关一般规定同。

第二十七条　本办法第二条至第六条、第十五条、第十六条及第二十条至第二十四条，师范学院第二部职业师资科初级部及专修科毕业生准用之。

第二十八条　受师范学院学生待遇之各科学生应比照本办法

办理。

第二十九条　本办法自公布之日施行。

〔国民政府教育部档案〕

20. 国立专科以上学校教员支给学术研究补助费暂行办法

（1943年10月30日）

一、国立各专科以上学校教员除原有一切待遇外得支给学术研究补助费，俾便购置图书仪器文具，供参考研究之用。

二、国立各专科以上学校教员学术研究补助费由教育部呈请行政院另拨专款分别转发。

三、国立各专科以上学校教员支给学术研究补助费，应以专任并经教育部审查合格者为限，其人数并不得超过各该校院编制表规定之名额。

四、国立各专科以上学校教员学术研究补助费按照核定之等别及下列标准支给之：

（一）教授每人月支五百元；

（二）副教授每人月支三百八十元；

（三）讲师每人月支二百五十元；

（四）助教每人月支一百三十元。

五、国立各专科以上学校对于教员学术研究补助费，应先期造具请领名册呈请教育部核发，其款项并应专户存储，不得挪用，并于每月发款时应造具印领清册及收支对照表各三份呈教育部审核。

〔国民政府教育部档案〕

(二)高等学校内迁与设置概况

一、高等学校概况统计

1. 抗战以来全国专科以上学校增设概况表

(1939年4月)

	学校名称	地址	院(科)	备注
已经设置者	国立西南联合大学	云南昆明	文、理、法、商、师范、工	由国立北京、清华、私立南开三大学合并办理
	国立西北联合大学	陕西南郑	文、理、法、商、师范、医	由国立北平大学、北平师范大学、北洋工学院合并办理
	国立中正医学院	云南昆明	医	该校于二十六年七月一日成立
	国立贵阳医学院	贵州贵阳	医	
	国立江苏医学院	四川北碚	医	由江苏省立医政学院与私立南通学院医科合并办理
	国立西北工学院	陕西城固	工	由西北联大工学院、东北大学工学院与私立焦作工学院合并办理
	国立西北农学院	陕西武功	农	由西北联大农学院与西北农林专科学校合并办理
	国立师范学院	湖南安化蓝田镇	师范	
	广东省立勷勤商学院	广东信宜	商	由广东省立勷勤大学商学院划分办理
	广东省立教育学院	广西融县	教育	

续上表

	学校名称	地址	院（科）	备注
已经设置者	国立艺术专科学校	云南昆明	艺术	由国立北平、杭州两艺术专科学校合并办理
	国立中央技艺专科学校	四川嘉定	造纸、农产制造、皮革、染织、蚕丝、水产	
	福建省立医学专科学校	福建沙县	医	
	湖北省立农业专科学校	湖北恩施	农	
	广东省立体育专科学校	广东云浮	体育	
	江苏省立商业专科学校	湖南乾城所里	银行会计	
	江西省立兽医专科学校	江西吉安	兽医	
	陕西省立医学专科学校	陕西南郑	医	
	大学先修班	四川江津白沙		此外，国立西南联大、国立云南大学及广西省立大学均附设大学先修班
正在筹办中者	国立重庆商船专科学校	四川重庆	商船	
	国立西北技艺专科学校	甘肃兰州	畜牧、兽医、农林、森林、农业经济	

附国立师范学院及国立各大学师范学院之设置

学校名称	地址	院（科）	备注
国立师范学院	湖南安化蓝田	师范	独立设置

续上表

学校名称	地址	院（科）	备 注
国立中央大学师范学院	四川重庆沙坪坝	师范	由国立中央大学教育学院改设
国立西北联大师范学院	陕西南郑	师范	由西北联大教育学院改设
国立西南联大师范学院	云南昆明	师范	由西南联大教育系与云南大学教育系合设
国立浙江大学师范学院	广西宜山	师范	由浙江大学教育系改设
国立中山大学师范学院	云南澂江	师范	由中山大学教育系及教育研究所改设

说明：本表材料截至二十八年五月止。

〔国民政府教育部档案〕

2. 民国二十七年度全国专科以上学校分布概况表

（1939年5月）

		总计	国立	省立	私立	备 注
总计		97	29	21	47	
迁移后方者	四川	16	6	2	8	国立：中央、武汉、东北大学，江苏医学院，药学、牙医专科 省立：山东医专、江苏蚕丝专科 私立：复旦、金陵、齐鲁、朝阳、武昌中华大学，金陵女子文理学院，文华图书馆专科、武昌艺术专科（又光华大学成都部分）
	云南	8	7	—	1	国立：西南联大、同济、中山大学，中正、上海医学院，艺术专科、国术专科 私立：武昌华中大学

续上表

		总计	国立	省立	私立	备注
总计		97	29	21	47	
迁移后方者	广西	4	1	2	1	国立：浙江大学 省立：江苏教育学院、广东教育学院 私立：无锡国学专科
	贵州	2	—	—	2	私立：大夏大学、湘雅医学院（又交大唐山工学院）
	陕西	2	1	—	1	国立：西北联合大学 私立：山西□□
	湖南	2	—	1	1	省立：江苏商业专科 私立：民国学院
暂迁者	上海	19	4	—	15	国立：交通、暨南大学，上海商学院，音乐专科 私立：东吴、大同、沪江、光华大学，南通、持志、正风文、之江文理、上海法学院、同德、上海女子、东南医学院、东亚体专、上海美专、新华艺专
	香港	2	—	—	2	私立：岭南大学、广东光华医学院
就原省局部迁移者	广东	4		2	2	省立：勷勤商学院、广东体专 私立：广州大学、广东国民大学
	福建	5	1	1	3	国立：厦门大学 省立：福建医专 私立：福建协和学院、福建学院、华南女子文理学院
	河南	2	—	2	—	省立：河南大学、河南水利专科
	江西	2	—	2	—	省立：江西工专、江西医专
	浙江	1	—	1	—	省立：浙江医药专科
	湖北	1	—	1	—	省立：湖北农专
	湖南	1	1	—	—	国立：湖南大学

续上表

		总计	国立	省立	私立	备注
总计		97	29	21	47	
仍留战区续办者	北平	6	—	—	6	私立：燕京、辅仁、中法大学，协和医、中国学院，铁路专科
	上海	3	1	—	2	国立：中法工学院 私立：震旦大学，上海法政学院
	大津	1	—	—	1	私立：天津工商学院
原设后方未迁者	四川	4	1	2	1	国立：四川大学 省立：重庆大学，四川教育学院 私立：华西协合大学
	贵州	1	1	—	—	国立：贵阳医学院
	云南	1	1	—	—	国立：云南大学
	湖南	1	—	—	1	私立：群治农商专科学校
	广西	1	—	1	—	省立：广西大学
	甘肃	1	—	1	—	省立：甘肃学院
	新疆	1	—	1	—	省立：新疆学院
新增设者	四川	1	1	—	—	国立：中央技艺专科
	湖南	1	1	—	—	国立：师范学院
	陕西	3	2	1	—	国立：西北工学院，西北农学院 省立：陕西医专
	江西	1	—	1	—	省立：兽医专科

本材料截至二十八年五月止。

〔国民政府教育部档案〕

3. 民国廿六——廿九年度全国高等教育概况统计表

（1940年）

		学校数				学生数			
		二十九年度	二十八年度	二十七年度	二十六年度	二十九年度	二十八年度	二十七年度	二十六年度
总计	共计	113	101	97	91	49,673	44,422	36,180	31,188
	国立	41	36	24	24	25,988	22,745	16,648	13,554
	省立	21	20	24	20	3,861	3,767	3,986	4,754
	私立	51	45	49	47	19,824	17,910	15,546	12,880
大学	共计	38	37	35	35	34,984	31,102	26,259	23,644
	国立	16	15	9	12	20,079	17,196	13,535	11,920
	省立	4	4	6	5	1,841	1,839	2,199	3,608
	私立	18	18	20	18	13,064	12,067	10,525	8,116
独立学院	共计	42	36	35	32	10,692	9,750	7,110	5,265
	国立	13	11	9	6	3,919	3,972	2,346	941
	省立	8	6	6	6	1,129	945	772	497
	私立	21	19	20	20	5,644	4,833	3,992	3,827
专科学校	共计	33	28	27	24	3,997	3,590	2,311	2,279
	国立	12	10	6	6	1,990	1,577	267	693
	省立	9	10	12	9	891	1,006	1,015	649
	私立	12	8	9	9	1,116	1,007	1,029	937

附注：二十九年度学生数内有国立大学四校、省立大学一校、私立大学九校、国立学院二校、省立学院二校、私立学院五校、省立专科学校四校、及私立专科学校三校材料未呈报，学生照上年度数字估计。

〔国民政府教育部档案〕

4. 全国专科以上学校内迁及其分布统计表

（1941年）

		共计	国立	省立	私立	备注
抗战后迁移后方者	四川	18	8	2	8	国立：中央、武汉、东北大学、江苏医学院、药学专科、牙医专科、艺术专科、国术体专、（西南联大叙永部份、交大重庆分校、上海医学院高年级部份）
						省立：山东医专、江苏蚕丝专科
						私立：复旦、金陵、齐鲁、武昌中华大学、朝阳、金陵女子文理学院、文华图书馆专科、武昌艺术专科、（又光华大学成都分部）
	湖南	2	1	—	1	国立：商业专科
						私立：北平民国专院
	云南	3	2	—	1	国立：西南联大、同济大学
						私立：武昌华中大学
	广西	2		1	1	国立：江苏教育学院
						私立：无锡国学专科
	贵州	4	3	—	1	国立：浙江大学、湘雅医学院（二十九年度改为国立）、中正医学院（由云南迁来）、（又国立交通大学唐山工程学院）
						私立：大夏大学

745

续上表

		共计	国立	省立	私立	备注
抗战后移暂者	陕西	1	1	—	—	国立：西北大学
	香港	2			2	私立：岭南大学、广东光华医学院（廿九年度恢复）、（又私立广州大学九龙分教处、私立广东国民大学青山分教处）
抗战后就原省迁移者	浙江	1	—	1	—	省立：浙江医药专科
	江西	2	—	2	—	省立：江西工专、江西医专
	湖北	1	—	1	—	省立：湖北农专
	湖南	1	1	—	—	国立：湖南大学
	广东	5	1	2	2	国立：中山大学（廿九年度由云南 江迁回原省） 省立：勷勤商学院、文理学院 私立：广州大学、广东国民大学（□南大学坪石部份）
	福建	5	1	1	8	国立：厦门大学 省立：福建医学院 私立：福建协和学院、福建学院、华南女子文理学院
	河南	2	—	2	—	省立：河南大学、河南水利专科

续上表

		共计	国立	省立	私立	备注
抗战后仍在战区续办者	上海	21	5	—	16	国立：交通、暨南大学、上海商学院、上海医学院、音乐专科 私立：东吴、大同、沪江、震旦、光华大学、南通、诚明文、之江文理、上海法政、上海法、同德医、上海女子医、东南医学院、东亚体专、上海美专、新华艺专。（又大夏大学上海部份、复旦大学补习部）
	北平	6	—	—	6	私立：燕京、辅仁、中法大学、协和医、中国学院、铁道专科
	天津	1	—	—	1	私立：天津工商学院
原设后方者	四川	4	1	2	1	国立：四川大学 省立：重庆大学、四川教育学院 私立：华西协合大学
	广西	1	1	—	—	国立：广西大学（廿八年度改为国立）
	云南	1	1	—	—	国立：云南大学
	贵州	1	1	—	—	国立：贵阳医学院
	甘肃	1	—	1	—	省立：甘肃学院
	新疆	1	—	1	—	省立：新疆学院
抗战后二十七	四川	1	1	—	—	国立：中央技艺专科
	江西	1	—	1	—	省立：江西兽医专科

续上表

		共计	国立	省立	私立	备注
年度增设者—抗战后二十八年度新增及恢复者	湖南	1	1	—	—	国立：师范学院
	陕西	3	2	1	—	国立：西北工、西北农学院 省立：陕西医专
	四川	1	1	—	—	国立：重庆商船专科
	浙江	1	—	1	—	省立：英士大学
	西康	1	1	—	—	国立：西康技艺专科
	山西	1	—	1	—	省立：山西大学（廿八年起恢复上课）
	陕西	2	2	—	—	国立：西北医、西北师范学院
	甘肃	1	1	—	—	国立：西北技艺专科
	上海	2	—	—	2	私立：立信会计专科、苏州美术专科（廿八年度恢复）
	天津	1	—	—	1	私立：达□学院（试办）
抗战后二十九年度	四川	6	4	—	2	国立：女子师范学院、音乐院、中央工业专科、戏剧专科 私立：中国乡村建设育才院（附设乡村教育、农业、手工艺专修科）贤铭农工专科、
	江西	1	1	—	—	国立：中正大学
	湖南	1			1	私立：群治商业专科（恢复）

续上表

	共计	国立	省立	私立	备注
增设及恢复者 广东	1			1	私立：南华学院
广西	1	—	1	—	省立：广西医学院
上海	1	—	—	1	私立：太炎文学院

此外尚有：1．正在筹备中者三校：一、国立贵州农工学院，二、国立体育专科学校，三、国立社会教育学院；

2．临时政治学院二校：一、苏皖联立临时政治学院，二、陕西省立临时政治学院；

3．省立专科以上学校变更设置尚未核定者一校：湖北省立农业专科学校改为农学院；

4．省立专科以上学校未据将办理情形呈报者一校：绥远省立绥蒙法政专科学校；

5．私立专科以上学校校董会经核准立案者有五校：

一、私立川康农工学院

二、私立华侨工商学院

三、私立求精商业专科学校

四、私立西北药学专科学校

五、私立中和国学专科学校

6．私立专科以上学校校董会暂予立案者一校：私立新中国大学。

〔国民政府教育部档案〕

5. 国立专科以上学校院系设置概况表

（1943年10月 日）

（1） 国立各大学

校　名	所　设　院　科	附设校科
中央大学	文学院：中国文、外国文、哲学、历史学系。 理学院：数学、物理、化学、生物、地理、地质、心理学系。 法学院：法律、经济、社会政治学系。 师范学院：国文、英语、史地、公训、数学、理化、博物、教育、体育、艺术，又初级部设史地科。 农学院：农艺、森林、畜牧、兽医、园艺、农化、农业经济学系。 工学院：土木、机械、电机、化学、建筑、水利、航空工程学系。 医学院：医科、牙科。 理、农、工、师范、法、文、医科设研究所。 童军、畜牧兽医、体育、护士设师资专修科。 机械特别研究班及航空工程训练班、司法检验员训练班。	师院附中
西南联合大学	文学院：中国文、外国文、哲学心理、历史社会学系。 理学院：数学、物理、化学、生物、地质地理气象学系。	师院附中

750

续上表

校名	所设院科	附设校科
西南联合大学	法商学院：法律、政治、经济、商学系。 师范学院：国文、英语、史地、公训、数学、理化、教育学系，又初级部设理化、史地两科。 工学院：土木、机械、电机、化学、航空工程学系。 文、理、法、工、商科设研究所。 电讯专修科。 先修班。	
西北大学	文学院：中国文、外国文、历史学系。 理学院：数学、物理、化学、生物、地质地理学系。 法商学院：法律、政治、经济、商学系。 先修班。	
中山大学	文学院：中国文、外国文、哲学、历史学系 理学院：数学、天文、物理、化学、生物、地理、地质学系。 法学院：法律、政治、经济、社会学系。 师范学院：国文、英语、史地、公训、数学、理化、博物、教育学系，又初级部设数学科。 农学院：农学、森林、蚕桑、农化、畜牧兽医、农业经济学系。 工学院：土木、机械、电机、化学、建筑工程学系。	师院附中

续上表

校 名	所 设 院 科	附设校科
中心大学	医学院。 文、农、师范、医科设研究所。 先修班。	
交通大学	工学院：土木、机械、电机、航空工程、运输管理、造船学系。工业管理、财务管理学系。轮机管理、驾驶专修科。	
交通大学贵州分校	工学院：土木、矿冶、铁道管理学系。	
同济大学	理学院：数理、化学、生物学系。 工学院：土木、机械、电机、测量学系。 医学院。 医科研究所。	附中、高工职校、高级护士职校
暨南大学	文学院：中国文、外国文、历史地理、教育学系。 理学院：数理、化学系。 商学院：银行会计、国际贸易、工商管理学系。 先修班。	
武汉大学	文学院：中国文、外国文、哲学、历史学系。 理学院：数学、物理、化学、生物学系。 法学院：法律、政治、经济学系。	

续上表

校名	所设院科	附设校科
武汉大学	工学院：土木、机械、电机、矿冶工程学系。 法、工、文、理科设研究所。 机械专修科。	
东北大学	文学院：中国文、历史、外国文学系。 理学院：地理、化学、数理学系。 法学院：法律、政治、经济、工商管理学系。 文科研究所。	
浙江大学	文学院：中国文、外国文、史地学系。 理学院：数学、物理、化学、生物学系。 师范学院：国文、英语、数学、史地、理化、教育学系。 农学院：农艺、蚕桑、园艺、病虫害、农业经济、农业化学系。 工学院：土木、机械、电机、化学工程学系。 文、理、工、农科设研究所。 先修班。	师院附中
浙江大学龙泉分校	中国文、外国文、数理化学系。 师范学院：国文、英语学系，又初级部设国文、数学两科。	
四川大学	文学院：中国文、外国文、史地学系。 理学院：数学、物理、化学、生物学系。 法学院：法律、政治、经济学系。	师院附中

753

续上表

校名	所设院科	附设校科
四川大学	农学院：农艺、森林、园艺、病虫害、蚕桑学系。 师范学院：教育、公训、史地、国文、政治、数学、理化学系，又初级部设数学、理化、史地三科。 文理科设研究所。 化验专修科。	
湖南大学	文法学院：中国文、政治、法律、外国语、经济学系。 理学院：数理、化学系。 工学院：土木、机械、电机、水利工程、矿冶工程学系。 工科设研究所。	
厦门大学	文学院：中国文、历史、教育学系。 理工学院：数理、化学、生物、土木工程、机电工程学系。 法学院：法律、政治、经济学系。 商学院：银行、会计学系。	
云南大学	文学院：文史、法律、政治、经济、社会学系。 理学院：数学、理化、生物学系。 工学院：土木工程、矿冶工程、铁道管理学系。 农学院：农艺、森林学系。 医学院。 蚕桑、探矿专修科。	附中

续上表

校名	所设院科	附设校科
云南大学	先修班。	
广西大学	法商学院：法律、政治、经济、会计银行学系。 理学院：数理、化学、土木工程、机械工程、电机工程、矿冶工程、化学工程学系。 农学院：农学、森林、畜牧兽医学系。 医学院。 文史地专修科。 先修班。	
中正大学	文法学院：文史、政治、经济、社会教育学系。 农学院：农艺、森林、畜牧兽医、生物学系。 工学院：土木、机电、化学工程学系。 师范：行政管理。 税务专修科。	
河南大学	文学院：文史、政治、教育学系。 理学院：数理、化学、生物学系。 农学院：农学、森林、园艺学系。	附设高级护士职校、高级助产职校
复旦大学	文学院：中国文、外国文、史地、新闻、职业教育学系。 理学院：化学、生物、土木工程、数理学系。 法学院：法律、政治、经济、社会学系。	

续上表

校　名	所　设　院　科	附设校科
复旦大学	商学院：银行、会计、统计学系。 农学院：农艺、园艺学系。 茶业、统计、银行、专修科。 设茶叶研究室。 先修班。	
贵州大学	农工学院：农艺、农业经济、机电工程、土木工程、矿冶工程、农业化学系。 文理学院：中国文、外国文、历史社会、数理、化学系。 法商学院：法律、政治、经济、工商管理学系。 先修班。	附设工业职校
重庆大学	理学院：数理、化学、地质学系。 工学院：土木、电机、机械、□学、矿冶、建筑工程学系。 商学院：会计统计、银行保险、工商管理学系。 体育师范、统计专修科、体育师资训练班。	
山西大学	文学院：历史、外国文学系。 法学院：法律、政治、经济学系。 工学院：土木、机电工程学系。 医学专修科。	
英士大学	农学院：农艺、农业经济、畜牧兽医学系。	

续上表

校 名	所 设 院 科	附设校科
英士大学	法学院：法律、政治、经济学系。 医学院：医学系、药学系。 农业、合作、艺术、地方行政、财务、会计专修科、交通管理人员专修班。	

（2）国立各独立学院

校 名	所 设 院 科	附设校科
上海医学院	医学院； 医科研究所□理学部、药学、助产师资专修科。	
中正医学院	医学院；	
贵阳医学院	医学院；	附设高级护士助产职校
江苏医学院	医学院； 医科研究所寄生虫部、卫生教育专修科。	附设高级护士职校
西北医学院	医学院；	
湘雅医学院	医学院；	
师范学院	师范学院：国文、英语、史地、公民训育、数学、理化、教育学系。 初级部设国文、数学两科、体育童子军、音乐专修科。	附中

续上表

校名	所设院科	附设校科
西北师范学院	师范学院：国文、英语、史地、数学、理化、教育、体育、家政、公民训育、博物学系。 师范研究所教育学部。 初级部于兰州设国文科，城固设史地、理化两科。劳作专修科。	附中
西北工学院	工学院：土木、机械、电机、化学、纺织、矿冶、水利、航空工程学系、工业管理学系。 工科研究所矿冶学部。 工程学术推广部。	
西北农学院	农学院：农艺、植物病虫害、农业经济、森林、畜牧兽医、园艺、农业水利、农业化学学系。 农科研究所、农田水利学部、农业经济专修科。	附设高农职校
女子师范学院	师范学院：国文、英语、教育、数学、理化、音乐、家政、史地学系。 初级部设国文科、体育专科。	附中、附师
社会教育学院	教育学院：社会教育、社会事业行政学系、图书博物馆学系。三十二年春季起增设礼俗行政组一班。 社会艺术教育、电化教育专修科。	附中
贵阳师范学院	师范学院：教育、国文、英语、数学学系，又初级部设	附中

续上表

校名	所设院科	附设校科
范学院	史地、理化两科。 体育童子军专修科。	
商学院	商学院：银行会计统计、工商管理、土地经济学系。 合作、计政专修科。	
北洋工学院	工学院：土木、机电工程学系、应用化学系。	
桂林师范学院	师范学院：国文、英语、史地、理化、教育学系。又初级部分国文、理化两科。	附中

（3）国立各专科学校

校名	所设院科	附设校科
音乐院	理论作曲、国乐、键盘乐器、管弦乐器、声乐组。 另设有分院。	
艺术专科学校	中国画、西洋画、雕塑、应用美术组。	
中央工业专科学校	机械、土木、电机、化学工程科。	
药学专科学校	药学专科。	附设高级药剂职业科。
牙医专科学校	牙医专科。	

续上表

校名	所设院科	附设校科
国术体育师范专科学校	师范专科。	
中央技艺专科学校	造纸、农产制造、纺织染、蚕丝科、化学工程科。	
西北技艺专科学校	农业经济、森林、畜牧兽医、农田水利科。	
西康技艺专科学校	农林、畜牧科、土木、矿冶、机械、化学工程科、医科。	
戏剧专科学校	话剧、杂剧科。	附设中级话剧科
边疆学校	师范专修科。	
体育师范专科学校	学校师资、童子军教练、国民体育干部组。	
西北医学专科学校	医学专科。	
东方语文专科学校	泰语、越南语、缅甸语、印度语科。	
福建音乐专科学校	理论作曲、键盘乐器、弦乐器、声乐、管乐器、国乐组。	
黄河流域水利工程专科学校	水利工程科	附设高级水利职业学校

〔行政院档案〕

6. 国立各高等学校教职员工人数表

(1943年10月 日)

(1)国立各大学

校名	所在地	学生人数			教职员人数					工役人数				备考
		本校	附属学校	计	教员	职员	技术人员	军训人员	计	导技工	特种工役	普通工役	计	
中央政治学校	南温泉	1,210		1,210	120	440		1	561	27	434	140	601	
中央大学	沙坪坝	3,200		3,200	488	199	131	10	828	60	243	253	556	
中央大学成都部份	成都													
中央大学附属中学	青木关	1150		1150	49	41		4	94		77	23	100	
中央大学附属中学分校	沙坪坝	326		326	22	23		1	46		10	16	26	
西南联合大学	昆明	2535	441	2976	252	223	135	20	630	10	130	133	273	附中在内
西北大学	城固	1219		1219	151	91		9	251		51	54	105	
中山大学	坪石	3,808	279	4,087	433	254	67	24	778	75	266	179	520	附中在内
交通大学	重庆	1,024		1,024	123	57	8	5	193	8	63	45	116	
交通大学贵州分校	平越	794		794	56	65		4	125	6	72	30	108	
同济大学	南溪	1,180	530	1,710	207	115	39	12	373	75	86	79	240	附中、高职、护职均在内

续上表

校名	所在地	学生人数			教职员人数					工役人数				备考
		本校	附属学校	计	教员	职员	技术人员	军训人员	计	导技工	特种工役	普通工役	计	
暨南大学	建阳	1,006		1,006	142	76		7	225		82	33	115	
武汉大学	乐山	1,548	535	2,083	205	132	5	10	352	32	98	76	206	附中在内
东北大学	三台	755		755	91	71		6	168		39	43	82	
浙江大学	遵义	1,488	420	1,908	288	129	23	12	452	51	186	135	372	附中在内
浙江大学分校	龙泉	446		446	61	44		2	107	5	28	22	55	
四川大学	成都	1,272	173	1,445	230	165	6	9	410	46	148	117	311	附中在内
湖南大学	辰溪	1,099		1,099	151	102	5	8	266	40	107	55	202	
厦门大学	长汀	858		858	137	76	34	7	254	6	43	47	96	
云南大学	昆明	777	559	1,336	268	96	25	7	396	35	143	72	250	附中在内
广西大学	桂林	1557		1557	180	135	17	11	343	35	145	109	289	
中正大学	泰和	982		982	144	108	10	7	269	16	99	65	180	
中正大学分校	赣县													
河南大学	嵩县	1,037	90	1,127	135	94	26	8	263	40	98	43	181	附设护士、助产士学校均在内

续上表

校名	所在地	学生人数			教职员人数					工役人数				备考
		本校	附属学校	计	教员	职员	技术人员	军训人员	计	导技工	特种工役	普通工役	计	
贵州大学	贵阳	446	269	715	157	106	12	4	279	11	93	86	190	附属职校在内
复旦大学	北碚	1810		1810	191	113	12	11	327	55	54	68	177	
重庆大学	沙坪坝	1262		1262	199	95	11	7	292	10	81	70	161	
山西大学	宜川	223		223	64	43		2	109		35	26	61	
英士大学	泰顺	242		242	120	70		3	193		39	48	87	

（2）国立各独立学院

校名	所在地	学生人数			教职员人数					工役人数				备考
		本校	附属学校	计	教员	职员	技术人员	军训人员	计	导技工	特种工役	普通工役	计	
上海医学院	歌乐山	268		268	50	36	156	2	244	119	19	11	149	
中正医学院	永新	242		242	45	43	31	2	121	15	23	20	58	
贵阳医学院	贵阳	167	41	208	60	50	90	2	202	34	17	43	94	附设护士、助产职校在内
江苏医学院	北碚	215	9	224	48	45	66	2	161	22	50	36	108	附设护士职校在内
西北医学院	南郑	266		266	36	39	25	2	102	25	41	27	93	

续上表

校　名	所在地	学生人数			教职员人数					工役人数			备　考
		本校	附属学校	计	教员	职员	技术人员	军训人员	计	导技工	特种工役	普通工役 计	
湘雅医学院	贵阳	206		206	47	29		2	78		19	20 39	
师范学院	蓝田	775	391	1166	185	88		7	280		57	40 97	附中在内
西北师范学院	兰州	1042	585	1127	171	148	1	10	330		52	77 129	附中在内附设国民教育实验区在内
西北师范学院城固分院	城固												
西北工学院	城固	1110		1110	134	106	10	8	258	84	72	55 211	
西北农学院	武功	579	322	901	136	72	27	7	242	50	118	60 228	附设高职在内
女子师范学院	白沙	556	540	1096	126	95		2	223		38	26 64	附中附师在内
社会教育学院	璧山	538		538	83	79		4	166		41	41 82	附中、电化专修科、电影艺术人员训练班及国民教育实验区在内
社会教育学院附属中学	璧山	210		210	19	29		1	49		14	11 25	
贵阳师范学院	贵阳	268	78	346	59	50		2	111		25	13 38	附中在内
商学院	所里	542		542	53	50		4	107		31	20 51	
北洋工学院	泰顺	542		542	51	32	4	4	91	4	19	21 44	

续上表

校名	所在地	学生人数			教职员人数					工役人数				备考
		本校	附属学校	计	教员	职员	技术人员	军训人员	计	导技工	特种工役	普通工役	计	
桂林师范学院	桂林	354	363	717	84	63		5	152	30		26	56	附中在内
湖北师范学院	恩施	316		316	56	44		3	103	30		25	55	
甘肃学院	兰州	235		235	48	40		2	90	25		22	47	

（3）国立各专科学校

校名	所在地	学生人数			教职员人数					工役人数				备考
		本校	附属学校	计	教员	职员	技术人员	军训人员	计	导技工	特种工役	普通工役	计	
音乐院	青木关	145		145	40	28	42	1	111	12		23	35	管弦乐团在内
音乐分院	青木关	83		83	24	20		1	45	16		9	25	
艺术专科学校	沙坪坝	229		229	50	36		2	58	11		22	33	
药学专科学校	歌乐山	208	68	276	32	39	1	2	74	7	20	13	40	附设高级药剂职业学校在内
牙医专科学报	成都	34		34	22	7	10	1	40	1		8	9	
戏剧专科学校	江安	105	71	176	30	32	55	1	118	11		21	32	附设剧团、乐队及话剧科均在内
体育师范专科学校	江津	104		104	22	20		1	43	13		6	19	

续上表

校名	所在地	学生人数			教职员人数					工役人数				备考
		本校	附属学校	计	教员	职员	技术人员	军训人员	计	导技工	特种工役	普通工役	计	
国术体育师范专科学校	北碚	167		167	32	26		1	59		8	11	19	
黄河流域水利工程专科学校	镇平	52	149	201	34	28		1	63	3	6	10	19	附设水利职校在内
中央技艺专科学校	乐山	402		402	71	52	9	3	135	16	24	30	70	
西北技艺专科学校	兰州	328		328	57	39	9	3	108	19	9	33	61	
西康技艺专科学校	西昌	274		274	51	43	6	2	100	25	11	20	56	
中央工业专科学校	沙坪坝	504	788	1292	100	82	10	8	200	80	83	48	211	
西北医学专科学校	兰州	175		175	33	24	1	1	59		6	7	13	
福建音乐专科学校	永安	142		142	34	26		1	61		8	14	22	
东方语文专科学校	呈贡	121		121	30	28		1	59		5	10	15	
特设大学先修班	白沙	1300		1300	57	80		6	143		56	35	91	
特设苏浙皖区大学先修班	休宁	250		250	25	36		2	63		6	16	22	
特设赣县大学先修班	赣县	100		100	10	20		1	31		6	8	14	

续上表

校名	所在地	学生人数		教职员人数				工役人数			备考
		本校	所属学校	计	教员	职员	技术人员	军训人员	计	导技工	特种工役	普通工役	计	

校名	所在地	本校	所属学校	计	教员	职员	技术人员	军训人员	计	导技工	特种工役	普通工役	计	备考
特设体育师资训练所	青木关	75		75	10	20	1		31		12	9	21	
税务专门学校	山洞													

〔行政院档案〕

7. 全国专科以上学校一览表

（1944年）

校名	校址	校院长姓名	别号	备注
国立中央大学	重庆沙坪坝，医学院设成都	蒋委员长兼		教育长朱经农
国立西南联合大学	云南昆明	蒋梦麟 梅贻琦 张伯苓	孟邻 月涵	
国立西北大学	陕西城固	赖 琏 杨宙康	景瑚代理	
国立中山大学	广东坪石	金曾澄代		师范学院设坪石管阜
国立交通大学	重庆九龙坡	吴保丰代		
国立交通大学贵州分校	贵州平越	罗忠忱		

续上表

校 名	校 址	校院长姓名	别号	备 注
国立同济大学	四川南溪李庄	丁文渊	月波	
国立暨南大学	福建建阳	何炳松	柏丞	
国立武汉大学	四川乐山	王星拱	抚五	
国立东北大学	四川三台	臧启芳	哲先	
国立浙江大学	贵州遵义,浙江龙泉设分校	竺可桢	藕舫	分校主任路敏行
国立四川大学	四川成都	黄季陆		
国立湖南大学	湖南辰谿	李毓尧代	叔唐	
国立厦门大学	福建长汀	萨木栋	亚栋	
国立云南大学	云南昆明一部分迁会泽等地	熊庆来	迪之	
国立广西大学	桂林农学院设于柳州	李运□		
国立中正大学	江西泰和	萧蘧	叔玉	
国立复旦大学	四川北碚	章益	友三	
国立贵州大学	贵阳花溪	张廷休	梓铭	

续上表

校 名	校 址	校院长姓名	别号	备 注
国立河南大学	河南嵩县潭头	王广庆	宏先	
国立重庆大学	重庆沙坪坝	张洪沅		
国立山西大学	陕西宜川	王怀明	念文	
国立英士大学	浙江云和	杜佐周	□□	□□□□□
私立大同大学	上 海	曹惠群 胡敦复代	梁庆	
私立金陵大学	成都理学院一部分设重庆	陈裕光	景唐	
私立沪江大学	上 海	樊正康		现在重庆与私立东吴大学合设法商学院
私立光华大学	分设上海及成都	张寿镛	咏霓	成都分部主任向传义
私立大夏大学	贵 阳	王伯群		上海设补习部
私立燕京大学	成 都	梅贻宝代		
私立辅仁大学	北 平	陈垣	援庵	
私立东吴大学	广东曲江	沈□兰代		现在重庆与私立沪江大学合设法商学院
私立武昌中华大学	重庆南岸	陈时	叔澄	

续上表

校　　名	校　　址	校院长姓名	别号	备　　注
私立岭南大学	广东曲江农学院设坪石	李应林		
私立广东国民大学	广东曲江	吴鼎新	在民	
私立中法大学	云南昆明	李麟玉	圣章	上海设药学专修科
私立齐鲁大学	成都	张福良		在张校长未就任前由汤吉禾负责
私立武昌华中大学	云南大理喜洲	韦卓民		
私立广州大学	广东韶关	陈炳权		
私立震旦大学	上海	胡文耀	雪琴	
私立华西协合大学	成都	张凌高		
私立福建协合大学	福建邵武	林景润	琴雨	
国立上海医学院	重庆歌乐山	朱垣璧	亚完	
国立中正医学院	江西永新一部份设泰和	王子玕		
国立贵阳医学院	贵阳	李宗恩		
国立江苏医学院	四川北碚	胡定安		

续上表

校 名	校 址	校院长姓名	别号	备 注
国立西北医学院	陕西南郑马家坝	徐佐夏		
国立湖北师范学院	湖北恩施	叶叔良		
国立北洋工学院	浙江泰顺	陈荩民代理		
国立桂林师范学院	广西桂林	曾作忠		
国立湘雅医学院	贵阳	张孝骞		
国立师范学院	湖南安化蓝田镇	廖世承	茂如	
国立西北师范学院	兰州 陕西城固设分院	李蒸	云亭	城固分院尽卅三年暑假前迁兰
国立西北工学院	陕西城固	潘承孝		
国立西北农学院	陕西武功	周伯敏		
国立女子师范学院	四川白沙	谢循初		
国立贵阳师范学院	贵阳	齐泮林	伯芹	
国立社会教育学院	四川璧山	陈礼江	逸民	
国立商学院	湖南乾城所里	张伯琴		

续上表

校 名	校 址	校院长姓名	别号	备 注
国立甘肃学院	兰州			该院原为省立自卅三年七月起改为国立
新疆省立新疆学院	迪化	盛世才兼		
广东省立勒勤商学院	广东曲江	黄希声兼		
广东省立文理学院	广东曲江	黄希声代		
四川省立教育学院	重庆磁器口	颜(？)歜	实甫	
福建省立医学院	福建沙县	李鼎勋		
广西省立医学院	桂林	叶培		
湖北省立农学院	湖北恩施	管泽良		
福建省立农学院	福建永安	严家显		
新疆省立女子学院	迪化	邱毓芳		
江苏省立江苏学院	福建三元	戴克光		
鲁苏皖豫边区学院	安徽临泉	张清涟		一部份在河南叶县,现改名私立河南学院
安徽省立安徽学院	安徽立煌	朱佛定		皖南设分院

续上表

校　名	校　址	校院长姓名	别号	备　注
湖北省立医学院	湖北恩施			
私立上海法政学院	安徽屯溪	王宠惠李子阳代理	亮畴代理	
私立南通学院	浙江永嘉□荡山	郑□同郑瑜	怀毂代	通讯处：浙江乐清乐成中学转
私立中国学院	北　平	王正廷	儒堂	
私立朝阳学院	四川巴县兴隆□	孙晓楼		
私立上海法学院	安徽休宁瑶溪	褚转成褚凤仪代		
私立金陵女子文理学院	成　都	吴贻芳		
私立之江文理学院	福建邵武	李培恩		
私立福建学院	福建闽清白露渡	郭公木		
私立诚明文学院	上　海	蒋维桥	竹庄	
私立北平民国学院	湖南宁乡县陶家湾	鲁荡平	若衡	
私立华南女子文理学院	福建南平	王世静	仲止	
私立天津工商学院	天　津	刘斌(代)		

续上表

校　　名	校　　址	校　院　长 姓　名	别号	备　　注
私立上海女子医学院	上　　海	劳合理（代）		
私立同德医学院	上　　海	顾毓琦	景韩	
私立东南医学院	上　　海	郭琦元		
私立广东光华医学院	澳　　门	陈衍芬		
私立南华学院	广东梅县	钟鲁斋		
私立川康农工学院	成　　都	魏嗣銮		
私立铭贤学院	四川金堂	杨蔚（代）		
私立北平协和医学院	成　　都			该院暂恢复护士专修科
国立艺术专科学校	重庆沙坪坝	潘天寿		在潘校长未到任前由李骥暂代
国立中央工业专科职业学校	重庆沙坪坝	魏元光	明初	
国立药学专科学校	重庆歌乐山	陈思义	诵谊	
国立牙医专科学校	成　　都			该校由中央大学主持办理，不另设校长
国立国术体育师范专科学校	四川北碚	张之江	子姜	

续上表

校 名	校 址	校院长 姓名	别号	备 注
国立中央技艺专科学校	四川乐山	张仪尊（代理）		
国立西北技艺专科学校	兰 州	曾济宽	慕樵	
国立西康技艺专科学校	西 昌	雷柞雯		
国立音乐院	青木关	吴伯超		分院主任戴梓伦
国立戏剧专科学校	四川江安	余上沅		
国立体育师范专科学校	四川江津	方万邦		
国立福建音乐专科学校	福建永安	萧而化（代）		
国立西北医学专科学校	兰 州	齐清心		
国立黄河流域水利工程专科学校	河南镇平	刘德润		
国立东方语文专科学校	云南呈贡	王文萱		
国立边疆学校	重庆南温泉	王衍康	仲和	
浙江省立医药专科学校	浙江天台	王佶		
江西省立医学专科学校	江西赣州	熊俊	天珍	

续上表

校　名	校　址	校院长姓名	别号	备　注
江西省立兽医专科学校	江西泰和	王承钧		暂准附设江西农业院内
山东省立医学专科学校	四川万县	尹华农	志伊	
陕西省立医学专科学校	西　安	张□钧		
江苏省立蚕丝专科学校	四川嘉定	郑辟疆		
福建省立师范专科学校	南　平	唐守谦		
湖南省立农业专科学校	湖南南岳	张　□	书绅	
湖南省立工业专科学校	湖南南岳	钟伯谦		
湖南省立商业专科学校	湖南南岳	王镜澄		
四川省立艺术专科学校	成　都	李有行（代）		
云南省立英语专科学校	昆　明			
江西省立农业专科学校	江西泰和	詹纯鉴		
广东省立工业专科学校		谭孟衍	莹斌	
广东省立艺术专科学校	广东曲江	赵如琳		

续上表

校 名	校 址	校院长姓名	别号	备 注
四川省立会计专科学校	成都	王荫初		
江西省立体育师范专科学校	江西吉安			
私立无锡国学专修学校	广西桂林，上海设补习部	唐文治 潘振(代)	蔚文 震心	
私立中国乡村建设育才院	四川巴县歇马场	晏阳初		
私立武昌文华图书馆学专科学校	重庆	沈祖荣	绍基	
私立武昌艺术专科学校	四川江津德感场	唐精义		暂由蒋兰四临时主持
私立东亚体育专科学校	上海	陈梦渔		
私立上海美术专科学校	上海	刘海栗 谢海燕(代)		
私立新华艺术专科学校	上海	徐朗西 汪亚尘(代)	峪云	
私立立信会计专科学校	四川北碚	潘序伦		
私立苏州美术专科学校	上海	颜文梁		
私立求精商业专科学校	重庆	杨重熙		
私立西北药学专科学校	西安	薛建五		

续上表

校　　名	校　　址	校院长 姓名	别号	备　　注
私立沪江英文专科学校	上　　海	金维城		
私立华西工商专科学校	重庆江北寨了坪	胡仲实		通讯处牛角沱华西公司转
山东省临时政治学院	山东安邱贾孟店子	徐轶千		
教育部特设大学先修班	四川白沙	主任 曹	漱逸	
教育部特设体育师资训练所	青木关	主任 郝更生(兼)		
陕西省立商业专科学校	西　　安	王志刚		

〔国民政府教育部档案〕

8．抗战期间全国专科以上学校概况表

（1936—1945年）

（1）校数

学年度别	总数				大学				独立学院				专科学校			
	计	国立	省立	私立	计	国立	省立	私立	计	国立	省立	私立	计	国立	省立	私立	
三十四学年度	141	56	31	54	38	22	—	16	51	17	12	22	52	17	19	16	
三十三学年度	145	58	33	54	40	22	—	18	50	18	12	20	55	18	21	16	
三十二学年度	133	54	29	50	40	22	—	18	49	16	14	19	44	16	15	13	

续上表

学年度别	总数				大学				独立学院				专科学校			
	计	国立	省立	私立	计	国立	省立	私立	计	国立	省立	私立	计	国立	省立	私立
三十一学年度	132	53	28	51	41	20	3	18	44	15	10	19	47	18	15	14
三十学年度	129	46	31	52	38	16	4	18	45	15	10	20	46	15	17	14
二十九学年度	113	41	21	51	38	16	4	18	42	12	9	21	33	13	8	12
二十八学年度	101	36	20	45	37	15	4	18	36	11	6	19	28	10	10	8
二十七学年度	97	29	21	47	35	14	3	18	35	9	6	20	27	6	12	9
二十六学年度	91	24	20	47	35	12	5	18	32	6	6	20	24	6①	9	9
二十五学年度	108	26	29	53	42	13	9	20	36	5	9	22	30	8	11	11

① 包括公立吴淞商船专科学校及中央国术馆体育专科学校。

（2）学院数

学年度别	共计	文学院	法商学院	教育学院	理工学院	医学院	农学院	师范学院	文理学院	法商学院	管理学院	理工学院	农工学院	文理法学院	工理商学院	文理商工学院	文法商工学院	文理农工医学院	文法商工医学院	兽医学院
三十四学年度	192	30	17	11	4	25	18	24	18	11	5	4	8	1	6	4	2	1	1	—	—
三十三学年度	195	31	15	10	4	29	19	23	17	11	6	5	9	1	5	4	1	1	—	1	—
三十二学年度	198	31	21	12	7	29	19	23	17	10	6	5	5	1	5	4	1	1	1	—	—
三十一学年度	197	32	18	13	5	32	17	23	16	9	6	5	5	—	6	4	1	1	1	—	—
三十学年度	192	32	19	12	5	32	18	24	15	9	6	5	7	2	3	3	1	1	1	—	—
二十九学年度	192	33	22	15	6	32	18	24	14	6	4	5	3	1	3	1	1	—	1	—	—
二十八学年度	170	31	18	12	5	29	16	22	11	8	3	4	4	1	2	1	1	—	1	—	—
二十七学年度	163	28	17	11	6	28	16	21	9	6	2	1	3	1	2	1	—	1	—	—	—
二十六学年度	158	25	16	10	8	27	19	21	10	—	1	3	1	—	8	5	3	—	1	—	—
二十五学年度	189	33	22	12	11	33	23	19	13	—	2	1	1	2	8	4	4	1	1	1	—

780

(3)学系数

学年度别	共计	文	法	商	教育	理	工	医	农	师范
三十四学年度	741	122	118	65	32	132	111	26	80	55
三十三学年度	765	118	117	63	28	132	120	26	79	82
三十二学年度	733	120	113	61	29	129	106	25	77	73
三十一学年度	720	117	112	66	28	124	103	26	75	69
三十学年度	725	117	105	65	33	133	105	26	73	68
二十九学年度	693	112	105	61	40	134	98	25	63	55
二十八学年度	585	105	91	40	32	121	75	23	50	48
二十七学年度	540	100	93	38	32	98	75	21	38	45
二十六学年度	517	98	82	45	35	123	75	21	38	—
二十五学年度	619	174	78	44	34	158	76	8	47	—

(4)科数

学 年 度 别	共计	文	法	商	教育	理	工	医	农	师范
三十四学年度	241	52	10	27	14	8	44	12	22	52
三十三学年度	244	40	10	31	14	8	44	15	27	55
三十二学年度	219	41	7	24	15	6	37	11	29	49
三十一学年度	194	28	4	26	15	5	40	10	26	40
三十学年度	180	26	1	27	12	4	38	10	25	37
二十九学年度	135	38	—	15	21	6	29	8	18	—
二十八学年度	84	12	—	6	18	—	23	7	18	—
二十七学年度	77	14	—	11	12	4	16	9	11	—
二十六学年度	51	11	—	2	10	—	8	10	10	—
二十五学年度	104	18	4	11	24	2	23	15	7	—

（5）学生数（类别）

类 别	共计	文	法	商	教育	理	工	医	农	师范	其他
卅四学年度	83,498	9,967	17,774	9,697	2,467	6,480	15,200	6,291	6,380	9,062	
研究生	464	151	85	6	38	71	51	9	53		
大学生	69,585	7,843	17,334	7,554	2,225	5,840	12,818	4,935	5,364	5,672	
专科及专修科生	13,449	1,973	355	2,137	384	569	2,331	1,347	963	3,390	
卅三学年度	78,909	9,102	15,990	9,742	2,608	6,177	15,047	6,343	6,042	7,858	
研究生	422	113	62	8	—	90	49	16	51	30	
大学生	64,847	7,177	15,502	7,631	2,162	5,588	12,319	5,119	4,757	1,592	
专科及专修科生	13,640	1,812	426	2,103	446	499	2,679	1,208	1,231	3,236	

续上表

类　　别	共计	文	法	商	教育	理	工	医	农	师范	其他
卅二学年度	73,669	8,455	15,377	9,039	2,428	6,099	14,582	5,714	5,599	6,376	
研究生	410	115	44	11	—	108	26	21	51	34	
大学生	62,236	6,596	15,083	6,997	1,965	5,559	12,699	4,738	4,616	3,983	
专科及专修科生	11,023	1,744	250	2,031	463	432	1,857	955	932	2,359	
卅一学年度	64,097	7,055	12,598	7,691	2,257	5,852	13,129	5,108	5,038	5,369	
研究生	289	90	27	11	—	61	19	8	40	33	
大学生	54,099	5,200	12,376	5,962	1,854	5,366	11,334	4,361	4,075	3,571	
专科及专修科生	9,709	1,765	195	1,718	403	425	1,776	739	923	1,765	

续上表

类别	共计	文	法	商	教育	理	工	医	农	师范	其他
三十学年度	59,457	6,156	12,085	7,231	2,624	6,202	12,584	4,607	4,673	3,295	
研究生	333	90	59	11	4	79	19	2	36	33	
大学生	51,528	4,738	12,003	5,578	2,036	5,754	11,076	3,993	3,710	2,620	
专科及专修科生	7,596	1,328	23	1,642	564	369	1,489	612	927	642	
卅九学年度	52,376	5,920	11,172	5,199	2,606	6,090	11,226	4,271	3,675	2,217	
研究生	284	83	48	—	—	83	8	—	26	36	
大学生	46,851	4,683	11,124	4,357	1,992	5,679	10,085	3,759	2,991	2,181	
专科及专修科生	5,241	1,154	—	842	614	328	1,133	512	658	—	

785

续上表

类别	共计	文	法	商	教育	理	工	医	农	师范	其他
廿八学年度	44,422	5,137	8,777	3,696	2,205	5,828	9,501	4,322	2,974	1,591	377
研究生	144	48	11	—	3	39	7	—	22	14	—
大学生	39,108	4,334	8,766	3,248	1,608	5,574	8,453	3,276	2,272	1,577	—
专科及专修科生	5,170	755	—	442	594	215	1,041	1,046	700	—	377
廿七学年度	36,180	4,852	7,024	2,809	2,031	4,802	7,321	3,623	2,257	996	465
研究生	13	—	—	—	—	2	6	—	4	1	—
大学生	32,170	4,072	7,024	2,496	1,628	4,544	6,573	2,910	1,928	995	—
专科及专修科生	3,997	780	—	313	403	256	742	713	325	—	465

续上表

类别	共计	文	法	商	教育	理	工	医	农	师范	其他
廿六学年度	31,188	4,140	1,125	1,846	2,451	4,458	5,168	3,386	1,802	—	212
研究生	20	—	—	—	—	4	12	—	4	—	—
大学生	27,906	3,339	7,125	1,500	2,092	11,284	5,220	2,839	1,507	—	—
专科及专修科生	3,262	801	—	346	359	170	536	547	291	—	212
廿五学年度	41,922	8,364	8,253	3,243	3,292	5,485	6,989	3,395	2,590	—	311
研究生	75	7	9	18	—	18	23	—	—	—	—
大学生	37,255	6,594	8,230	2,747	2,910	5,455	6,162	2,652	2,188	—	311
专科及专修科生	4,592	1,763	8	478	382	12	804	743	402	—	—

说明：其他栏系包括航空工程专修班及特别旁听生等。

（6）学生数（性别）

性别	共计	文	法	商	教育	理	工	医	农	师范	其他
卅四学年度	83,498	9,967	17,774	9,697	2,647	6,480	15,200	6,291	6,380	9,062	—
男	67,637	7,298	15,769	7,744	1,496	4,770	14,636	4,079	5,272	6,573	—
女	15,861	2,669	2,005	1,953	1,151	1,710	564	2,212	1,108	2,489	—
卅三学年度	78,909	9,102	15,990	9,742	2,608	6,177	15,047	6,343	6,042	7,858	—
男	64,066	6,628	14,001	7,479	1,508	4,651	14,435	4,306	5,120	5,668	—
女	14,843	2,474	1,989	1,993	1,100	1,526	612	2,037	922	2,190	—
卅二学年度	73,669	8,455	15,377	9,039	2,428	6,099	14,582	5,714	5,599	6,376	—
男	59,968	6,261	13,437	7,012	1,463	4,580	13,989	3,917	4,718	4,541	—

续上表

性别		共计	文	法	商	教育	理	工	医	农	师范	其他
	女	33,701	2,194	1,940	2,027	965	1,519	593	1,797	831	1,835	—
卅一学年度	男	64,097	7,055	12,598	7,691	2,257	5,852	13,129	5,108	5,038	5,369	—
	男	51,824	5,087	10,900	6,023	1,383	4,409	12,513	3,463	4,308	3,738	—
	女	12,273	1,968	1,698	1,668	874	1,443	616	1,645	730	1,631	—
三十学年度	男	59,457	6,156	12,085	7,231	2,624	6,202	12,584	4,607	4,673	3,295	—
	男	47,683	4,253	10,211	5,519	1,566	4,641	11,975	3,185	4,000	2,333	—
	女	11,774	1,903	1,874	1,712	1,058	1,561	609	1,422	673	962	—

（廿九学年度至廿五学年度）〔略〕

〔国民政府教育部档案〕

9. 抗战前后高等教育比较表

(1936—1945年)

(1) 校数

学年度别	共计				大学				独立学院				专修学校			
	计	国立	省立	私立	计	国立	省立	私立	计	国立	省立	私立	计	国立	省立	私立
二十五学年度	108	26	29	53	42	13	9	20	36	5	9	22	30	8	11	11
三十四学年度	141	56	31	54	38	22	—	16	51	17	12	22	52	17	19	16
三十四学年度较二十五学年度增减数	+33	+30	+2	+1	-4	+9	-9	-4	+15	+12	+3	—	+22	+9	+8	+5
增减百分比%	+30.5	+115.4	+6.9	+1.9	-9.5	+69.3	-100	-20	+41.7	+240.0	+33.3	—	+73.3	+112.5	+72.7	+45.5

（2）院科系数

学年度别	研究所部数		学院数	学 系 数			专科及专修科数		
	研究所所数	研究所学部数		小计	文类	实数	小计	文类	实数
二十五学年度	22	35	189	619	330	289	194	110	84
三十四学年度	49	90	192	741	337	404	241	103	138
三十四学年度较二十五学年度增减数	+27	+55	+3	+122	+7	+115	+47	−7	+54
增减百分比%	+122.7	+157.1	+1.08	+19.7	+2.1	+39.7	+24.2	−6.3	+64.2

说明："文类"包括文、法、商、教育等系科；"实数"包括理、工、农、医等系科。

（3）教

学年度别	共 计				大 学			
	计	国立	省立	私立	计	国立	省立	私立
二十五学年度	7,560	2,872	1,524	3,164	4,981	2,431	823	1,727
三十四学年度	10,901	7,090	982	2,829	6,468	4,875	—	1,593
三十四学年度较二十五学年度增减数	+3,341	+4,218	—542	—335	+1,487	+2,444	—823	—134
增减百分比%	+44	+147	—36	—11	+30	+101	—100	—8

（4）职

学年度别	共 计				大 学			
	计	国立	省立	私立	计	国立	省立	私立
二十五学年度	4,290	1,722	923	1,645	2,805	1,434	453	918
三十四学年度	7,193	4,695	996	1,502	3,651	2,841	—	810
三十四学年度较二十五学年度增减数	+2,903	+2,973	+73	—143	+846	+1,407	—453	—108
增减百分比%	+68	+173	+8	—9	+30	+98	—100	—12

员　数

独　立　学　院				专　科　学　校			
计	国立	省立	私立	计	国立	省立	私立
1,634	210	382	1,042	945	231	319	395
2,731	1,393	462	876	1,702	822	520	360
+1,097	+1,183	+80	—166	+757	+591	+201	—35
+67	+563	+21	—16	+80	+256	+63	—9

员　数

独　立　学　院				专　科　学　校			
计	国立	省立	私立	计	国立	省立	私立
885	106	248	531	600	182	222	196
2,164	1,168	549	447	1,378	686	447	245
+1,279	+1,062	+301	—84	+778	+504	+225	+49
+145	+1002	+121	—16	+130	+277	+101	+25

注：*包括各医学院附属医院之职员在内。

(5)学

①学校性

学年度别	共 计				大 学			
	计	国立	省立	私立	计	国立	省立	私立
二十五学年度	41,922	13,882	7,376	20,664	29,416	11,694	4,689	13,033
三十四学年度	80,646	47,575	6,918	26,153	50,894	35,218	—	15,676
三十四学年度较二十五学年度增减数	+38,724	+33,693	—458	+5,482	+21,478	+23,524	—1,689	+2,643
增减百分比%	+92	+243	—6	+27	+73	+201	—100	+20

②院

学 年 度 别	共计	文	理	法	商
二十五学年度	41,922	8,364	5,485	8,253	3,243
三十三学年度	78,909	9,102	6,177	15,990	9,742
三十三学年度较二十五学年度增减数	+36,987	+738	+692	+7,737	+6,499
增减百分比%	+88	+9	+13	+94	+200

生数
质别

独　立　学　院				专　科　学　校			
计	国立	省立	私立	计	国立	省立	私立
8,680	1,143	1,484	6,053	3,826	1,045	1,203	1,578
19,734	8,236	3,347	8,151	10,018	4,121	3,571	2,326
+11,051	+7,093	+1,883	+2,098	+6,192	+2,976	+2,368	+748
+127	+921	+126	+35	+162	+293	+197	+47

科别

工	农	医	教育	师范	其他
6,989	2,590	3,395	3,292	—	311
15,047	6,042	6,343	2,608	7,858	—
+8,058	+3,452	+2,948	—684	+7,858	—311
+115	+133	+87	—21	+100	—100

附注：三十四学年度学生数系临时结算数尚未分科别，故暂用三十三学年度数字以作比较。

〔国民政府教育部档案〕

10. 战时全国专科以上学校职员数统计表

（1939—1945年）

学年度别	总计 计	国立	省立	私立	大学 计	国立	省立	私立	独立学院 计	国立	省立	私立	专科学校 计	国立	省立	私立
三十四学年度	7,251	4,758	959	1,540	3,773	2,908	—	865	2,189	1,213	530	446	1,295	637	429	229
三十三学年度	7,414	4,735	1,155	1,524	3,885	3,033	—	852	2,019	997	576	446	1,510	705	579	226
三十二学年度	7,064	4,513	1,107	1,444	3,780	2,947	—	833	2,009	970	619	420	1,275	596	488	191
三十一学年度	7,292	4,643	1,105	1,544	4,158	3,144	201	813	1,812	975	442	395	1,222	524	462	236
三十学年度	6,503	3,829	1,086	1,588	3,658	2,384	367	907	1,683	916	339	428	1,162	529	440	193

续上表

学年度别	总 计			大 学				独 立 学 院				专 科 学 校			
	计	国立	省立	私立	计	国立	省立	私立	计	国立	省立	私立	计	国立	省立	私立
二十九学年度	5,230	3,010	763	1,457	3,027	1,904	224	899	1,452	196	352	404	759	410	187	154
二十八学年度	4,170	2,336	493	1,341	2,766	1,661	205	900	941	459	148	334	463	216	140	107
二十七学年度	3,222	1,846	592	784	2,170	1,435	268	467	632	291	98	243	420	120	226	74
二十六学年度	2,766	1,514	550	902	2,031	1,207	290	534	489	175	47	267	446	132	213	101
二十五学年度	4,290	1,722	923	1,645	2,805	1,434	453	918	885	106	248	531	600	182	222	196

说明：二十五学年度公立专科学校职员24人并入国立专科学校计算。

〔国民政府教育部档案〕

11. 战时全国专科以上学校毕业生数统计表

（1936—1945年）

学年度别	共计	文	法	商	教育	理	工	医	农	师范
三十四学年度	14,463	1,582	3,403	2,027	519	892	2,643	748	1,263	1,386
大学生	11,669	1,343	3,273	1,264	442	807	2,311	536	1,019	675
专科及专修科生	2,794	239	130	763	77	85	332	212	244	712
三十三学年度	12,078	1,311	2,579	1,703	396	903	2,197	582	1,064	1,343
大学生	9,450	942	2,483	1,001	291	784	1,873	470	803	803
专科及专修科生	2,628	369	96	702	105	119	324	112	261	540

续上表

学年度别	共计	文	法	商	教育	理	工	医	农	师范
三十二学年度	10,514	921	2,511	1,471	284	723	1,886	669	1,116	1,033
大学生	8,329	670	2,416	844	208	679	1,675	588	710	545
专科及专修科生	2,185	251	101	627	76	44	211	81	306	488
三十一学年度	9,056	716	1,913	1,051	383	735	1,949	621	840	848
大学生	7,533	599	1,845	661	290	688	1,766	484	558	642
专科及专修科生	1,523	117	68	390	93	47	183	137	282	206
三十学年度	8,035	781	1,831	798	364	856	1,783	649	820	153
大学生	6,878	645	1,831	555	280	816	1,571	502	580	98
专科及专修科生	1,157	136	—	243	84	40	212	147	240	55

续上表

学年度别	共计	文	法	商	教育	理	工	医	农	师范
二十九学年度	7,710	855	1,685	753	466	881	1,773	546	632	119
大学生	6,905	691	1,685	612	394	819	1,594	493	498	119
专科及专修科生	805	164	—	141	72	62	179	53	134	—
二十八学年度	5,622	725	1,312	389	374	799	1,208	336	435	44
大学生	5,266	659	1,312	368	305	758	1,173	295	352	44
专科及专修科生	356	66	—	21	69	41	35	41	83	—
二十七学年度	5,085	583	1,182	387	460	737	1,083	350	303	—
大学生	4,774	497	1,182	387	318	729	1,055	338	268	—
专科及专修科生	311	86	—	—	142	8	28	12	35	—

续上表

学年度别		共计	文	法	商	教育	理	工	医	农	师范
二十六学年度		5,137	797	1,059	324	512	794	969	400	282	—
	大学生	4,532	625	1,059	324	377	747	812	306	282	—
	专科及专修科生	605	172	—	—	135	47	157	94	—	—
二十五学年度		9,154	2,014	2,667	719	718	935	1,322	418	361	—
	大学生	7,951	1,537	2,660	669	597	910	982	272	324	—
	专科及专修科生	1,203	477	7	50	121	25	340	146	37	—

说明：三十四学年度各临时大学补习班毕业生数尚未计入。

〔国民政府教育部档案〕

12. 战时全国专科以上学校教员数统计表

（1936—1945年）

学年度别	总计 计	国立	省立	私立	大学 计	国立	省立	私立	独立学院 计	国立	省立	私立	专科学校 计	国立	省立	私立
三十四学年度	11,183	7,397	936	2,850	6,788	5,171	—	1,617	2,716	1,401	453	862	1,679	825	483	371
三十三学年度	11,201	7,245	1,051	2,905	6,826	5,028	—	1,798	2,585	1,383	459	743	1,790	834	592	364
三十二学年度	10,536	6,775	925	2,836	6,775	4,968	—	1,807	2,396	1,172	506	718	1,365	635	419	311
三十一学年度	9,421	5,693	1,108	2,620	5,945	4,112	312	1,521	2,184	1,024	398	762	1,292	557	398	337
三十学年度	8,666	4,645	1,083	2,938	5,293	4,329	388	1,812	2,062	885	350	827	1,075	431	345	299
二十九学年度	7,598	3,906	718	2,974	5,067	2,839	354	1,874	1,827	718	246	863	704	349	118	237
二十八学年度	6,514	3,306	655	2,553	4,344	2,478	284	1,582	1,585	564	213	808	585	264	158	163
二十七学年度	6,079	2,852	712	2,515	4,122	2,238	339	1,545	1,422	456	191	775	535	158	182	195
二十六学年度	5,657	2,395	787	2,475	3,997	2,006	493	1,498	1,178	246	158	774	482	143	136	203
二十五学年度	7,56)	2,872	1,524	3,164	4,981	2,431	823	1,727	1,634	210	382	1,042	945	231	319	395

说明：二十五学年度公立专科学校教员45人并入国立专科学校计算。

〔国民政府档案〕

13. 战时全国专科以上学校学生之科别数统计表

（1936—1944年）

学年度	共计	文	理	法	商	工	农	医	教育	师范	
三十三学年度	78,909	9,102	6,177	15,990	9,742	15,047	6,042	6,343	2,608	7,858	—
三十二学年度	73,669	8,155	6,099	15,377	9,039	14,582	5,599	5,114	2,428	6,376	—
三十一学年度	64,097	7,055	5,852	12,598	7,691	13,129	5,038	5,108	2,257	5,369	—
三十学年度	59,457	6,156	6,202	12,085	7,231	12,584	4,673	4,607	2,624	3,295	—
二十九学年度	52,376	5,920	6,090	11,172	5,199	11,226	3,675	4,271	2,606	2,217	—
二十八学年度	44,422	5,137	5,823	8,777	3,690	9,501	2,994	4,322	2,205	1,591	377
二十七学年度	36,180	4,852	4,802	7,024	2,809	7,321	2,257	3,623	2,031	996	465
二十六学年度	31,188	4,140	4,458	7,125	1,846	5,768	1,802	3,386	2,451	—	212
二十五学年度	41,922	8,364	5,485	8,253	3,243	6,989	2,590	3,395	3,292	—	311

〔国民政府档案〕

14．教育部检报国立专科以上学校教员及国立研究机关科研人员统计总表呈

（1945年4月27日）

教育部呈　高字第21790号

案查本部呈请追加本年度国立专科以上学校教员及研究机关研究员学术研究补助费一案，经奉钧院三十四年三月十四日平嘉乙字第五一九零号令开："呈件均悉，准予如数追加，应俟奉核定后再行饬拨。又，各校教授、副教授、讲师、助教人数应遵照本院二月十七日平嘉字第三四〇〇号训令详细列表补呈，仰即遵照。此令。"等因。奉此，理合根据最近国立各院校呈报之教员数及研究机关呈报之研究人员数，编列"国立专科以上学校教员人数统计表、国立学术研究机关研究人员人数统计表。"并就上列两表编列"国立专科以上学校教员及国立学术研究机关研究人员人数统计总表"一份，呈赍鉴核备查，实为公便。谨呈

行政院　院长蒋
　　　　代院长宋

附呈"国立专科以上学校教员人数统计表"、"国立研究机关研究人员人数统计表"、暨"国立专科以上学校教员及国立研究机关研究人员人数统计总表"各一份

教育部部长　朱家骅

中华民国三十四年四月二十七日

国立专科以上学校教员人数统计表

甲、国立各大学

校　　名	教授数	副教授数	讲师数	助教数	备注
国立中央大学	三二五	五七	一一三	二五九	
国立西南联合大学	一五五	七	三四	一七七	
中国国民党中央政治学校	七五	四一	二四	一三	
国立西北大学	八一	二六	二六	三二	
国立中山大学	二五三	六五	九〇	一三九	
国立交通大学	四八	二二	二一	四六	
国立交通大学甘肃分校	二六	四	一〇	一六	
国立同济大学	五四	二一	二四	六四	
国立暨南大学	二三	二二	一四	七	
国立武汉大学	九八	一三	三三	七五	
国立东北大学	五二	一九	一八	二八	
国立浙江大学	九二	三五	四四	九五	
国立浙江大学龙泉分校	一一	一二	二八	四	

续上表

校　　名	教授数	副教授数	讲师数	助教数	备注
国立四川大学	一三〇	二四	七五	六〇	
国立湖南大学	五四	一七	二七	四二	
国立厦门大学	四〇	一五	二一	二九	
国立云南大学	一〇三	一五	四三	六一	
国立广西大学	九七	二四	三〇	五五	
国立中正大学	七八	四五	六二	二五	
国立复旦大学	一二五	二四	二九	四九	
国立贵州大学	一一五	四〇	四七	二九	
国立河南大学	四七	一九	三三	三二	
国立重庆大学	一四一	一三	二八	六一	
国立山西大学	二五	二	一一	一三	
国立英士大学	三七	二四	一五	七	
计	二二八五	六〇六	九〇〇	一四一八	

乙、国立各独立学院

校　　名	教授数	副教授数	讲师数	助教数	备注
国立北洋工学院	一一	七	一三	八	
国立北洋工学院 西京分院	六	二	一	一	
国立西北工学院	三九	三	四	三五	
国立西北农学院	六一	一五	二七	四〇	
国立江苏医学院	一七	二	一〇	一四	
国立上海医学院	一七	一四	七	一五	
国立中正医学院	七	七	一八	一五	
国立贵阳医学院	一五	一四	一一	二八	
国立西北医学院	一四	六	八	一四	
国立湘雅医学院	一九	一三	一四	二〇	
国立师范学院	三一	一二	二四	二六	
国立女子师范学院	二三	二七	二〇	一〇	
国立西北师范学院	五四	二六	四三	三六	
国立贵阳师范学院	三一	一六	一三	二	

续上表

校　名	教授数	副教授数	讲师数	助教数	备注
国立桂林师范学院	二八	五	一九	六	
国立社会教育学院	四〇	一八	一六	一〇	
国立商学院	二二	二	一五	一〇	
国立甘肃学院	二〇	六	一五	七	
国立湖北师范学院	二〇	一七	一六	八	
计	四七五	二一二	二九四	三〇五	

丙、国立各专科学校

校　名	教授数	副教授数	讲师数	助教数	备注
国立艺术专科学校	一七	七	一三	六	
国立中央工业专科职业学校	一二七	一八	四七	二一	
国立药学专科学校	一一	六	一四	一九	
国立牙医专科学校	三	二	七	八	
国立国术体育师范专科学校	一二	五	一七	七	
国立中央技艺专科学校	二七	一二	一一	一九	

续上表

校　　名	教授数	副教授数	讲师数	助教数	备注
国立中央技艺专科学校分校	一一	一	七		
国立西北技艺专科学校	一五	一〇	一八	一二	
国立西康技艺专科学校	七	四	四	三	
国立戏剧专科学校	一	一四	一一	二	
国立音乐院	一八	一〇	一〇	一	
国立音乐院分院	八	一〇	四	二	
国立边疆学校	二	八	二七	四	
国立体育师范专科学校	一	七	一九	二	
国立西北医学专科学校	五	一二	一五	二	
国立东方语文专科学校	一〇	二	一二	七	
国立福建音乐专科学校	九	一二	七	三	
国立黄河流域水利工程专科学校	一三	一一	九	二	
国立海疆学校	八	四	三		
教育部特设大学先修班	一	四	五五	三三	
教育部特设体育师资训练所	一		四	一〇	

续上表

校　　名	教授数	副教授数	讲师数	助教数	备注
教育部特设苏浙皖区大学先修班			五	一	
教育部特设赣县大学先修班	二	五	七		
国立幼稚范师学校专科部	一				
计	三一〇	六六四	三二六	一六四	
总　　计	三〇七〇	九八二	一五二〇	一八八七	

国立学术研究机关研究人员人数统计表

机关名称	研究员或编纂数	副研究员或编审数	助理研究员或副编审数	助理员或助理编审数	备注
国立中央研究院	五五	三二	四五	一六	研究人员称研究员等
国立北平研究院	一六		六	一四	同上
国立中国医药研究所	四	四	四		同上
国立敦煌艺术研究所	四		六	二	同上
国立编译馆	二九	一六	三七	二〇	研究人员称编纂等
国立礼乐馆	六	四	五		同上

续上表

机关名称	研究员或编纂数	副研究员或编审数	助理研究员或副编审数	助理员或助理编审数	备注
国立甘肃科学教育馆	一	三	六	四	研究人员称编纂等
国立中央博物院筹备处	二	三	二	三	同上
国立中央图书馆	五	一	八	一	同上
国立北平图书馆	三	七	一	一	同上
国立西北图书馆	一	三	一		同上
国立中央民众教育馆	二	八	六	七	同上
计	一二八	八一	一二七	六八	

附注：

（1）表列研究员或编纂比照教授，副研究员或编审比照副教授，助理研究员或副编审比照讲师，助理员或助理编审比照助教。

（2）表列各员以曾经核定资格并经发给研究费之专任研究人员为限。

（3）国立中国医药研究所及国立敦煌艺术研究所两机关已奉令裁撤，惟本年上季仍需支给研究费，且其业务将交由中央研究院接办，故仍行列入。

国立专科以上学校教员及国立研究机关研究人员人数统计总表

类别	教授及比照教授人数	副教授及比照副教授人数	讲师及比照讲师人数	助教及比照助教人数	备注
国立专科以上学校	三〇七〇	九八二	一五二〇	一八八七	
国立学术研究机关	一二八	八一	一二七	六八	
总计	三二九八	一〇六三	一六四七	一九五五	

〔行政院档案〕

15. 战时全国专科以上学校之岁出经费数统计表

（1936—1945年）

单位：国币元

学年度别	共计	大学	独立学院	专科学校
三十四学年度	6,653,456,594	4,081,517,676	1,837,085,832	734,853,086
国立	3,740,201,447	2,367,983,579	882,642,192	489,575,676
省立	169,382,556	——	95,814,995	73,567,561
私立	2,743,872,591	1,713,534,097	858,628,645	171,709,849

续上表

学年度别	共　　计	大　　学	独立学院	专科学校
三十三学年度	1,869,869,093	1,199,366,606	438,487,002	232,015,431
国立	1,290,687,326	861,831,009	281,688,528	147,167,789
省立	39,879,510	——	18,984,219	20,895,291
私立	539,302,203	337,535,597	137,814,255	63,952,351
三十二学年度	419,852,372	286,275,583	85,051,201	48,525,588
国立	241,306,483	167,492,866	49,032,202	24,781,415
省立	16,477,634	——	9,354,810	7,122,824
私立	162,068,255	118,782,717	26,664,189	16,621,349
三十一学年度	196,976,900	130,472,720	38,595,337	27,908,843
国立	136,207,240	96,684,076	24,182,234	15,340,930
省立	10,517,579	——	4,328,889	6,188,690
私立	50,252,081	33,788,644	10,084,214	6,379,223
三十学年度	91,196,550	56,072,687	22,366,570	12,757,293
国立	54,783,971	36,785,108	12,650,892	5,947,971

续上表

学年度别	共　计	大　学	独立学院	专科学校
省立	10,499,033	3,554,620	2,905,162	4,039,251
私立	25,913,546	15,732,959	7,410,516	2,770,071
二十九学年度	58,296,680	36,715,930	15,554,317	6,026,353
国立	34,466,208	23,567,799	7,041,302	3,857,107
省立	5,532,394	2,334,238	2,257,486	940,670
私立	18,298,078	10,813,893	6,255,609	1,228,576
二十八学年度	37,348,870	25,058,638	9,386,690	2,903,542
国立	21,033,119	15,968,634	3,388,219	1,676,266
省立	2,700,249	1,095,366	723,128	881,755
私立	13,615,502	7,994,638	5,275,343	345,521
二十七学年度	31,125,068	20,891,080	8,509,982	1,724,006
国立	16,360,427	12,986,849	2,860,017	513,561
省立	2,580,159	1,165,459	737,062	677,638
私立	12,184,482	6,738,772	4,912,903	532,807

续上表

学年度别	共　　计	大　　学	独立学院	专科学校
二十六学年度	30,431,556	20,750,938	7,629,288	2,051,330
国立	13,537,260	11,030,387	1,686,145	820,728
省立	4,739,678	3,526,231	608,121	605,326
私立	12,154,618	6,194,220	5,335,022	625,276
二十五学年度	39,275,386	27,082,365	8,677,365	3,515,656
国立	16,059,976	13,550,858	904,776	1,604,342
省立	6,896,284	4,383,501	1,577,756	935,027
私立	16,319,126	9,148,006	6,194,833	976,287

说明：（1）二十五学年度公立专科学校二校岁出经费295,091元并入国立专科学校内计算。

（2）二十九学年度起公立学校另拨给教职员生活补助费与薪金加成数及学生公粮均不包括在内。

（3）三十一学年度省立重庆、山西、英士三大学于第二学期改为国立，其全学年度经费数列入国立大学计算。

〔国民政府档案〕

16. 战时公私立专科以上学校岁入经费表

（1936—1945年）

学年度	共计	国省库款及贷款	财产收入	捐助款	学生缴费	杂项收入
三十四	6,707,108,283	4,662,943,580	19,984,529	610,437,873	586,416,870	827,325,431
三十三	1,946,886,985	1,385,936,654	11,480,141	160,374,984	143,881,877	245,243,329
三十二	412,324,601	274,921,551	4,746,819	65,294,646	31,010,376	136,351,209
三十一	194,299,346	151,190,532	6,103,013	18,520,781	5,095,677	33,389,343
三十	89,623,444	70,089,027	6,084,345	4,686,133	3,072,703	5,691,186
二十九	56,792,466	41,415,058	4,590,796	4,260,382	2,789,333	3,736,397
二十八	36,161,626	25,532,857	1,109,482	5,079,397	1,844,167	2,595,723
二十七	30,693,935	20,056,502	1,894,950	4,016,693	1,813,821	2,991,969
二十六	30,218,985	17,232,773	7,809,444		1,768,388	3,407,880
二十五	39,266,039	23,139,466	1,287,024	6,765,895	3,421,426	4,652,228

〔国民政府档案〕

二、高等学校动态

1. 陶行知等人呈请设立晓庄学院的有关文电

（1938年9—10月）

（1） 陶行知等致教育部呈（1938年9月）

为呈请校董会立案事：窃一麟等鉴于国家需要人才之殷切，爰集有志培植人才者九人，发起创办私立晓庄学院，业于二十七年九月十三日举行校董会成立。并依据大学规程，拟订校董会章程，选举职员，认定开办费等。理合具校董会立案表格，呈请钧部准予立案，以利进行，实为公感。谨呈

国民政府教育部

董事长　张一麟

副董事长　许世英

常务董事　吴涵真

董　事　李　晋　陶行知

何艾龄　崔载扬

中华民国二十七年九月　日　　　　　　陶对廷　张宗麟

私立晓庄学院董事会名单

姓名	字号	年岁	籍贯	经历	住址
张一麟	仲仁	七十二	江苏吴县	国民参政院参政员	香港九龙□口道九号四楼
许世英	俊人	六十六	安徽至德	振济委员会代理委员长	香港九龙稚息士道二十号
吴涵真		四十五	浙江绍兴	新知出版社常务理事	香港九龙太子道二〇八号

817

续上表

姓名	字号	年岁	籍贯	经历	住址
李晋	组绅		浙江镇海	六河沟制铁公司经理	香港坚尼地道一三六号
陶行知		四十五	安徽歙县	生活教育社经理长	香港九龙太子道二〇八号
何艾龄		三十	广东宝安	香港儿童保育院院长	香港德辅道四号A生记
崔载扬		四十五	广东增城	中山大学教育研究所主任	中山大学
陶对廷			广东宝安	芳泉汽水公司总经理	安南堤岸总督芳街芳泉汽水公司
张宗麟		四十	浙江绍兴	卫华出版股份有限公司秘书长	上海区赖达路一七四号

（2）陶行知致吴俊升函（10月10日）

俊升吾弟鉴：晓庄复校，改创学院，已与蒋委员长详谈，业蒙赞同。昨日见陈部长，亦已略述计划，承嘱直向高等教育司立案。现将呈文奉上，敬希转致董事名单，闻须照部订表格办理，亦望托友代为填入。专此奉批，敬祝健康。

陶行知
二七、双十

晓庄同人，志在培养人才，增加抗战力量，如蒙速予批准，至为感荷！批准时，除直接通知董事长外，尚希电知，以便进行。我现在通信处为汉口生活书店。

（3）张治中与陈立夫往来电（10月17—28日）

汉口。陈部长立夫兄勋鉴：诚密。陶行知来电谓，拟于近桂湘境设立晓庄学院等语。此举近似恢复前南京晓庄师范，是否已得贵部许可，即祈电示。弟张治中叩，筱。秘一。印。

长沙。张主席文伯兄勋鉴：卫密。筱秘一电奉悉。据陶行知面称，拟创立晓庄学院，并据张一麐、许世英等呈请立案，为该院照私立学校规程所规定立案手续办理，似可酌量情形予以审核。弟陈〇〇叩。俭。印。

〔国民政府教育部档案〕

2．陈立夫抄报中央大学对于抗战直接有关之各项工作节略致行政院密呈

（1939年2月15日）

教育部密呈　国壹字第6767号

敬密呈者，在五中全会期中，当罗家伦同志发言提及各学校学生思想问题及各学校图书仪器补充问题时，钧座对国立中央大学办理不善之处有所指正，对于国立湖南大学具领被轰炸后中央拨发善后临时费二十万元，用途如何尚具怀疑，具仰关怀教育，严加督责之至意。立夫职责所在，自当严密详查。兹据中央大学密呈频年办理情形，略以家伦初长中大，文法教三院学生约占百分之七十，理工农三院学生约占百分之三十，近四五年来，理工农医四院学生约百分之七十，文法教学生约占百分之三十，现计研究院与大学本部等学生合计名额为二千二百零六人，加之实验学校中学生及教职员子弟小学学生，共约二千七百人，似较任何大学为多。现时组织为七院、三校、三研究所、二专修科、二特别班，计原有科系为三十六，新添师范学院十系科为四十六，单位之多，亦过于任何大学，以实科人数之增加，仪器因之增置，实验消耗亦因之激增，而经常费预算，七年以来，毫未增益，每月所领经费，为九万三千六百六十一元六角六分，在全国大学中并非最多者。自倭

寇肆虐、本校于敌机叠次轰炸之时，家伦及教职员每日均在校照常办公，抢救校产，比由京迁出。经将所有图书仪器运至重庆，工学院全部机器亦均运出，现时借与兵工署应用。即农学院之牲畜，亦经职员以游牧方式，经时一年，步行到渝，其在渝所建临时校舍，日夜督工，观成仅历四十三日，而每方建筑费平均只八十余元，半年以来，废除假期，加紧教学，物质精神，两俱顾及，至校中经费现时以会计独立，会计主任系主计处派遣，按月支用情形，对主管机关具有呈报，请饬查明实在。又教职员除教课实验外，且从事研究，对于抗战建国实际有关之问题，其中多有已收成效者，择要另折附呈到部。谨钞同原附折呈，转请鉴察。谨呈行政院院长孔

附钞呈国立中央大学对于抗战直接有关之各项工作节略一份

教育部部长陈立夫

中华民国二十八年二月十五日

国立中央大学对于抗战直接有关之各项工作节略（抄件）

一、中央大学与航空委员会合作办理航空工程教育，除特别机械研究班与航空工程系三个年级之学生外，尚设专修科，为航空委员会现在工作人员进修之教育设置。现计研习航空工程之员生总数为一百二十三人，已毕业在航委会及各机厂场工作者为七十一人。

二、工学院航空工程系代航空委员会研究敌机机翼性能。

三、工学院材料实验室代兵工厂研究解决合金问题。

四、工学院电机工程系研究秘密无线电之构造。

五、工学院材料实验室研究敌机炸弹钢铁成份。

六、农学院农业化学系研究制造军粮。

七、师范学院心理系研究军事心理测验。

八、医学院与卫生署红十字总会合作组织救护队，在河北、安徽为伤兵施行手术。

九、工学院化学工程系与公路管理处研究植油代替汽油问题。

十、农学院农业化学系与新中国代汽油制造厂合作，改进代汽油。

十一、工学院化学工程系研究自流井煤气压贮问题。

十二、理学院物理系代经济部制造回声测深仪，以备测量川江水道。

十三、工学院水利工程系与经济部合作研究制造水力发电机模型，并调查研究四川水力发电工程。

十四、理学院地质系、生物系、农学院农艺系、畜牧兽医系担任西康省政府主办之科学调查团，调查西康地质金矿畜牧土壤等项。

十五、法学院经济系与经济部等合作西南经济调查。

十六、医学院主持中大、华西、齐鲁三大学联合教学医院三所。

十七、医学院与四川省政府合作办理公共卫生事宜。

十八、理学院化学系研究利用四川土产制备化学药品。

十九、理学院化学系研究制备治疟药剂。

二十、农学院农艺系与农产促进委员会合作办理西南各省棉花检定。

二十一、农学院畜牧兽医系与生物系调查西南畜牧事业。

二十二、农学院畜牧兽医系与四川省家畜保育所合作办理全省兽疫防止与血清制造。

二十三、农学院与四川省建设厅合作研究蚕丝改良。

二十四、农学院与四川省建设厅合办内江猪种改良场。

〔行政院档案〕

3. 中统局关于江苏教育学院概况的调查报告

(1940年 月 日)

1．教院的历史　教院原设于无锡社桥，以养成民众教育、农事教育服务人才，及从事研究实验民众教育、农事教育为职志。民国二十六年于炮火声中开课，同年十一月无锡岌岌可危，该院不得已率学生携带一部份重要设备匆匆离锡，间道西行，经芜湖、汉口到长沙，借湖南省农民教育馆及私立福湘女中复课。

二十七年一月迁桂林，先借广西大学文学院复课，旋蒙广西省府指定七星岩桂林中学一部份校舍为办公及上课地点，又拨借附近公屋作为该院师生寄宿舍。

八月由广西政府拨借公地，补助建筑费，乃在七星岩附近建筑校舍四幢，凡三十余间，包括教室、办公室、图书室、学生宿舍等，膳堂及教员宿舍，仍借公屋及民房应用，农场系借用桂林国民中学全部农田。于是规模渐得展开，现闻有迁回江苏之说，以桂林为分校，惟尚未实行。

嗣后旋受广西省政府之委托，接办东兰中学，代办广西省中等学校劳作教员暑期讲习班，协办广西电影播音教育训练班、广西戏剧改进会主办之南华艺员补习班，及与中国社会教育社合办桂林八桂镇战时补习学校。

2．教院的中心主张及其派系　教院在历史上，虽然仅有短短的过程，但是在派系方面看起来，可说是与定县的平教会、邹平的山东乡村建设研究院是前后相呼应的。质言之，它是乡村建设派中最进步者。

要明瞭它的中心主张，请看他的主持者童润之先生最近的言论。

童在中山学社桂林分社《社讯》第二期上自白："我于二十七年一月随江苏省立教育学院来桂，迄今已有两年半，初来的一年为了尽力维持该院的生存，曾过了一段相当艰苦的生活，以一个大学教授的身份，舍弃一切待遇很高的邀约，宁愿每月领取一、二十元的生活费，而使所服务的机关，渡过了难关，保全了许多青年的学业，这一点或许是受了中山先生人格及主义的熏陶而得来的。"此短短的通讯，可以深刻地印像出童先生为人。至关于民众教育的路线呢？童先生很坦白的这样主张：

（1）乡村重于城市。近年来，民众教育者虽为乡村建设运动之支柱，但其本身之城市习气太深，乡村意识太薄。吾人急应改辕更辙，使民众教育下乡去。

（2）教政军配合。现在各省政府多有民众组织的设施，军队中亦皆注意于政治训练。但此种的训练与设施，如缺乏教育意义，不合教育原理原则，则其所得的效果，亦将与民教脱离政治军事等独立所举办的无异。"善政不如善教之得民，善政民畏之，善教民爱之。"故欲民众皆拥护抗建国策，爱戴领袖，同仇敌忾，万众一心，效死勿去，决不是民教、政治、军事等任何一方面所能奏效，是要这三方面相互配合，始能发出意想不到的效能。

（3）抗战与建国兼进。在二十七年五月二日中国国民党全国代表大会宣言中，吾人可以得到最不可少的四条原则，为今后努力民众的目标：(一)要能使民众了解三民主义及现在国策，(二)要能使民众有牺牲奋斗、服从自治之习惯，(三)要使民众受文武合一、科学知能、生产技术的训练，(四)要使民众有节省浪费、敬德乐业之兴趣。

以上之点，是童先生的民教主张，也可算是该学院的教学的方针。

此外，如童渭川、林敬之等均能本此种原则教学，故在思想上毫无问题，某党份子尚未闻有插足其间者。

3．现有之系科　设院原设民众教育系、农事教育系、劳作师资专修科，电影电播教育专修科。二十七年夏奉教部令，农事教育系及劳作师资专修科暂停招生，改设农业教育系及农业教育专修科，以训练高初级中等农业职业学校师资为范围，原设之电影电播教育专修科亦奉命停止招生，至民众教育系则改称社会教育系，计有学生八十余人。

4．课外活动

（A） 就全院学生组织战时民教服务团，内设讲演、歌咏、图画、壁报、戏剧五组，及五个工作队。前者采兴趣组合制，后者采学级组合制，工作方面采轮流制，以日为单位，以讲演、歌咏、书报、时事报告配合运用。

（B） 创办儿童教育团，因轰炸儿童失学者增多，该院为使学校教育社会化起见，创办儿童教育团。本"自教教人""即知即传"之精神，授予此辈儿童青年战时基本常识，团员共四十三人。

（C） 成立乡村妇女生活改进会，就该院附近园背村组织园背村妇女生活改进会，由该院女生指导员孔文振及女生负责指导。同时并进行家庭访问，施种牛痘及举行妇孺联欢会。

〔国民政府教育部档案〕

4．中统局等关于成都朝阳学院因更易校长发生学潮事致教育部函件

（1940年3—5月）

（1） 国民党中央调查统计局致教育部密函（3月7日）

中国国民党中央执行委员会调查统计局公函　渝情字第一二四六号

兹有关于朝阳学院易长学潮扩大报告一件，相应抄同原报告，函请查照参考为荷！此致

教育部陈部长

附抄原报告一件

局　长　朱家骅
副局长　徐恩曾

中华民国二十九年三月七日

朝阳学院易长学潮扩大

成都二月二十日讯：

朝阳学院因易长问题引起学潮一案，经志前报。兹据续查该校学生为反对江庸重长校务，现发表反江宣言及敬告社会人士书各一书，抨击甚烈。闻该校原任院长张知本于本月二十四日电渝司法院居院长，有校务暂交贺董事国光保管，教务长由吕渭暂代，校事内容复杂，到渝面陈种种等语。查该校易长学潮之策动人除邓初民、马哲民外，教务长宁柏青现亦参与其事，按其原因，纯系共党份子从中鼓动，除前报之学生杨静茜、王月傅等外，闻又有学生侯朝成、田维武、王仲山、周维新、赵耀兰、陈明鉴、刘子衡、李贻庚、杨大达等九人，亦有共党嫌疑。至杨静茜个人，查系由陕北受训归来者，并负有川康通讯责任云。

（2）军委会政治部致教育部公函（5月6日）

国民政府军事委员会政治部公函　治策巴字第二四四八号

案据宪兵司令部政治部本年四月二十日政勇字第五八号呈：为呈报调查朝阳学院易长发生学潮经过情形，请鉴核备案等情。到部。查本案关系教育问题，相应抄同原件，函请查照参考为荷！此致教育部

附抄送调查朝阳学院更易校长发生学潮经过一份

中华民国二十九年五月六日

调查朝阳学院更易校长发生学潮经过

（一）朝阳学院概况

朝阳系独立学院，原在北平办理，一时声誉极高，极得社会人士的信任，其后一度衰颓，大有瓦解之势，后经居正诸氏纠合法界人士，力图恢复，于是朝阳基础再奠。"七七"事变以后，平津首遭沦陷，该院乃辗转南迁，一度在湖北沙市开学，一学期以

后,始迁来蓉,即今朝阳学院也。

(二)最近学潮

学潮远因:江庸原在北平一度长朝阳学院,渠视事之初,该院有相当基金,学生极众(约二千人),江氏长院以后,经七年,基金用罄,学生零落,且负债累累,该院师生遂对江不满。

学潮近因:现任院长张知本,长院以来,朝大有复转生机,颇得学生信任,惟张以势难兼顾院务,恐碍学生学业,于是提出辞职,并向董事会推荐江庸继任,学生以眷念张院长之扶植朝大有功,且鉴于江氏过去在朝大所遗下之不良结果,于是成为学潮。

江氏来蓉之日,即发表整饬院务言论:(1)学生程度低劣,须极力提高;(2)学校课程多系因人而设,不合部令;(3)校内师生多人民阵线份子,决加澄清。遂引起学生反感,于本年二月上旬在中央日报刊登启事,逐项提出质疑。

江氏过去即使朝大骤败,此次董事会议方有意请其来长朝大之际,渠在渝即电令学校制备包车暨各色陈设家俱,而张长朝大时则未动用朝大分文,两相比较,学生于是又发生不快,以为朝大之劫运又将来临。

(三)学潮实况

原张江二氏约定本月十六日交代接收,江氏以学生反对,乃于十五日嘱学生唐智某收买流氓约十数人,滋扰朝大,意在恐吓学生,使不敢再有反对之表示,十六日复遣警察约二三十人先至学校戒备,随后乘包车一辆来朝大,武装接收,命警察逮捕学生,警察曰:"我等之来乃防止暴动,任意逮捕,非所敢为。"又迫朝大教务长宁某移交,宁以未奉上级命令,于是学生愤慨,双方发生争执,学生方面坚决要求江氏离开学校,江氏则坚坐院长室中不出,并当即布告视事期,继发解职公告,惟此布告未用关防(因江尚未正式接收)为学生揭去,江以学生无理,又发布开除学生三名公告(仍无关防)学生益愤,几致动武,幸军警在场弹压，故未发生意外，但混乱状态，实所少见。当时军警多人向江氏表示，公告不用关防，似有未合，不如暂离朝阳，免生无味之争吵，江即答曰："我马上可以刻一个"，实令人发笑也。

（四）双方焦点

江氏以为董事会暨承认渠长潮大，即要成为事实，学生以鉴于江氏过去之为人，坚决反对，两不相让。

（五）学生希望

大多数学生热烈希望张氏继续长朝大，少数学生捐弃意见，再有极少数学生希望江氏继任（此少数学生中多为旁听生，江允其升为正式学籍者），少数一、二教员以江任院长，自己地位将发生动摇，亦希望张氏继任。

（六）学生内层

现朝大统计学生约三百人，其中中国国民党党员约百分之六十以上，其余属无党派之纯洁青年，惟间有极少数喜读辨证法等书者，其数不过百分之一二而已。

教授中邓、马、黄三氏对于唯物论等书亦颇有研究，但据调查，彼等并无其他活动，且邓、马二氏业经居正介绍加入国民党。

（七）今后推移

朝大学潮表面似颇严重，但内幕则颇单简，此后发展，仍当注意。

适当之解决办法须从速决定第三者来长朝大，以免事久生变，诚恐有不肖份子参加其间也。

二十九年二月十二日于成都

（3）四川省政府致教育部密咨（5月15日）

四川省政府咨 教贰字第七五四五号

案准国民政府军事委员会委员长侍从室第三处函：据报朝阳学院及协进中学为共党大本营，活动甚力，转谕注意到府。当饬

827

本府教育厅派员分别密查去讫。兹据该厅案呈：据门督学启昌报告称："案奉钧座手谕暨厅二第三七四八号密令，饬查朝阳学院风潮及共党活动情形。等因。遵即驰赴各方密查，并与省党部委员何培荣君晤商一切，兹将所得结果报告如次：一、该院风潮发生之重要原因：查该院风潮之发生由于新旧校长之接替，其原因有三：1。该院现有教职员希图稳固地位，兼以教职员中多属湖北籍者，团结自易，故无分乎本党与异党份子均一致反对新任校长。2。张前校长所聘教职员不仅多属湖北籍，且就中不少异党分子，如黄松龄、邓初民、马哲民等早为该院著名之异党首要，平日在该院既已大肆活动，此次为巩固其活动，根据地亦积极参加此项风潮。3。新任江校长庸在未到院视事前，曾发表整顿该院之谈话，该院教职员遂与一部分学生认为系诋毁该院校誉之言论。二、风潮经过及最近情形，该院教职员大多参加此次风潮，其主要分子则为黄松龄、邓初民、马哲民、潘大逵、袁慈祥、王守礼、王锡山等。此外，该院教务长宁柏青亦为主要份子之一。学生方面分为三派：挽张前校长者约数十人（内多湖北籍学生及异党份子），拥江校长者约三四十人，中立派实居多数，其唯一之主张则为早日复课，自风潮发生后江校长离蓉赴渝，由董事贺国光暂为保管，旋即复课。惟上课不甚整齐，院内秩序亦不见佳，复于本月八日挽张者与拥江者两部份学生在开总理纪念周时双方直接冲突，互相斗殴，因之现又停课矣。奉令前由，理合将饬查各情并缴回侍从室原函报请察核示遵"。等情到府。查此案本府教育厅前准中国国民党四川省执行委员会密函，业经该厅以该院系属专科以上学校，并由省外迁川，无权过问，呈请贵部核办在案。现据报告，该校董事会已派夏勤来院调处，风潮平息，学生业又复课。除协进中学俟查明另案办理并函复侍从室第三处外，相应咨请查照核办为荷！此咨

教育部

兼理主席　蒋中正

中华民国二十九年五月十五日

〔国民政府教育部档案〕

5．国立艺专校长滕固关于该校学潮经过情形致教育部呈

（1940年7月17日）

查本校不幸于月初发生风潮，经电呈处理情形，并请派员彻查在案。兹谨将风潮起因、演变、处理等各情形，分别沥陈如左：

一、风潮起因

此次本校风潮之发生，其原因有远有近，谨分两点陈述。

（甲）远因。前杭校人员蓄意恢复杭校，破坏本校为其一贯之企图，职历次报告校务时，屡指出此点为本校一大障碍。当本校去春迁至昆明，前杭校人员即有西湖艺社之组织，勾结员生排除异己，职深加防患，未为所逞。及至去年暑期，改聘教员，职将前杭校捣乱人员李朴园等两员不予续聘，彼等衔恨，多方唆使学生闹事，初未得乘，嗣有一女生触电陨命，彼等以为有机可乘，即藉口与训导处为难。职迅速处理该事，并警告捣乱份子万一发风潮，不惜玉石俱焚，彼等始敛迹焉。秋间开学后，西湖艺社一方面使广东同乡（林风眠、林文铮均广东人）联络粤桥中学，高价挖租本校所租昆华小学房屋，另一方面使学生要求迁移，幸本校早有准备，即于寒假迁至呈贡县之安江村，是时西湖艺社即扩大而为杭校同学会，在重庆、昆明均设机关，公开活动，口号为"时机到来一呼百应"，欲在校内组织分会，职未准许，彼等乃利用方干民为校内之活动者，方在杭校本为较驯良份子，职前经潘天寿、常书鸿之推毂予以提拔，旋选为校务主任，初尚自爱，及受杭校人员利用后，一反平日态度，忌妒同事，欺骗学生，

829

职屡加警告而该员仍阳奉阴违,故职确认本校基础之不纯洁,为有杭校复校组织之存在,该势力之存在为本校成立以来始终之障碍,该障碍不除,本校风潮必循环无已,而为周期性的,此为本校风潮之远因也。

(乙)近因。本校照例于七月一日改聘教员,内有方干民未接得聘书,即至教员宿舍嚷叫"不好的消息,干一下子吧",各教员置之未理,旋密约其平日宠蓄之学生吴藏石、丁善庠等告以"我今因常书鸿之故被学校开除,你们一同跟我来倾覆此学校"。于是由少数学生鼓动开会,推出代表十七人,当晚向职请求续聘方干民为教员。职开首即以决绝之态度回答:(一)此种请求,学校绝不加以考虑;(二)学生不得过问学校行政,学校代表亦即答然退去,此其近因也。

二、风潮演变

七月二日晨,学生代表又来请求,职之态度如旧,代表又提出下列要求:(一)停聘常书鸿、夏昌世、王临乙、秦宣夫、徐梵澄、李瑞年、顾良、陈芝秀九教员;(二)如不答应请求则组护校团,取自由行动。职答以聘请教员为学校之事,学生不得顾问,学生有不轨行为则以校规处理,最后职并申言,如有暴力之胁迫,而校长自己改变态度,此种校长是不能尽职之人,本人为教训汝辈之人,若可为暴力左右,则平日教训于汝辈者,均属废话矣。代表闻言退出,是时据报方干民暨职员洪征厚暗中指挥学生动武,欲使沅陵事件之再现。职召训导处主任胡一贯询以有无把握制止风潮,胡表示甚难收拾,职即一面电呈钧部报告,一面密请地方治安机关于必要时之协助。中午职往教员宿舍吃饭,见学生十余人来寻教员顾良,似欲寻衅,职即出而厉声叱散之学生闻声避去,同时常书鸿来报告,学生要求彼去说话,问职如何?职告以不必去,是时职所前有学生打门,职即亲往制止而散,及至午夜,据报唐学咏在夏昌世家被殴,职披衣访唐慰问,并告以学校必有处理办法，盖学生经职制止后潜赴教员宿舍逼教员徐梵澄写道歉书。又到夏宅寻唐学咏，唐正言劝止便遭殴辱，在此情形下，职惟有劝唐等稍忍，以待学校处理。七月三日晨，据报学生有打职之消息，并发见有二学生监视职行动，职即召胡一贯、潘天寿告以万一失去行使职权自由，校务请潘先生暂代。下午二时，召学生代表告以"任何暴力加于本人，决不改变固有主张，今见有学生监视本人，是对本人为极大侮辱，须知真理甚于生命，不自由毋宁死，本人生平未有失去自由之事，有之五卅事件本人散发宣传品被上海老闸捕房监禁数小时，今不图被我教训之学生监视，本人唯有绝食自讼"。自如此宣告后，职即绝食，教员学生纷纷来劝，皆经拒绝，七月四日中午，学生代表秦开祥、凌绍夔、吴藏石持食品来请复食。职告以"在前次集会中本人曾讲述明末诸士人反抗异族牺牲生命之壮伟故事，本人从幼受此种高尚教育，惟知有真理，不知有暴力，汝辈既不听本人命令亦不必以本人健康为忧虑，该代表等声明绝未有监视行为外，无他言语，涕泣而退。是时地方治安机关派警察十余人来村，学生纷纷恐惧，代表十七人递呈悔过书，不再有所举动。职既恢复行使职权自由，即刻通知警察离村，免起重大事端，此为风潮演变之情形也。

三、初步处理

本校此次风潮有远因近因，具如上述，姑念大多数学生均被迫参加，且其中只为历史遗留之杭校人员个人利益观念，并非有异党份子之活动。基于此点，职先当处理其由近因发生之现象，略从宽大，以示是非，症结之端七月四日下午即发布将主使风潮之教员方干民解聘（因聘约至七月底止）撤职，为方干民奔走之职员洪征厚已于先二日停职，学生主犯吴藏石、丁善庠开除学籍。职办理无方，请钧部撤职处分，其余谨候钧部派员彻查后核示办理，而风潮表面平息，此项处理，业经歌电呈报钧部在案。

四、风潮后之观察及建议

本校风潮历经三日，职初步处理后即平息而回复常态，然方干民及杭校同学会份子在昆明大肆活动，收买学生作片面宣传，实行其所谓一呼百应之活动，故祸患未已，影响所及本校自不能有理想之安宁，所幸钧部已令派樊际昌、唐英二君查办风潮，必能迅得彻底之解决。职以待罪之身，神明内疚，本不宜喋喋多言，惟教育为国家命脉所系，职为国家公务人员，不敢稍存怠忽，谨就管见所及，条例陈之：（一）败类不除，元气不复。职受事两载，于困难中推行钧部所指示之教导方针，培植元气，颇非易事，今日之教学精神与学校风纪，较前有显著之进步，为校内同人一致所承认者，职上半年不续聘李朴园等人，本学年不续聘方干民皆为元气，除蟊贼，此次风潮主使者计欲消灭学校，但未遂其企图，亦未始非元气培植之徵效，为本校亦为国家艺教计，此辈败类必须铲除。（二）以私害公，此风不可长。查方干民与杭校同学会人员以个人利益竟欲毁灭学校，此风一长，置国家教育于何地，拟请钧部对此类逆犯通令全国教育文化机关，永不录用，以示儆戒。（三）教育尊严不可犯，职聘请教员基于一定之教学宗旨，以平实深厚之素养为始基，以崇高伟大之体范为途辙，以期达于新时代之创造，切戒浮华新奇偏颇畸形。本校现有教员均知努力于此宗旨之实践，以矫正以前艺校之恶习而使艺教有严正之轨道可循，不能以一二人之挟嫌攻奸诬蔑他人人格，遂其一网打尽之计。在钧部未指出职之聘请不当以前，职对各教员自应深切信任，至各教员中亦不免有性行偏至之处，此系另一问题，非短时期所能纠正者。（四）艺教工作人员应予严格之精神教育。查艺教工作人员个性强烈，行为偏至为普遍现象。前杭校人员趋于歧途为其中之特别恶劣者，今后欲安定艺教而谋发展，则志愿为艺教工作人员者，均须登记受国家严格之精神教育训练，使彼等先具备做人做国民之条件，然后从事艺教，庶几较可收效。职两年来与此等人员相处深尝甘苦，以上所陈述，实出于事实之必要，且欲扫除二十余年来艺校之积弊，亦惟有励行此项政策。

本校此次不幸事件，职未能防患于未然，用人失察，祸患起于萧墙，办理无方，尊严堕于饔舍，抚躬自省，渐欬实深。仰恳钧部俯准，歌电所请对职撤职处分，俾得避贤补过，无任屏营待命之至。谨呈
教育部

国立艺术专科学校校长滕固

中华民国二十九年七月十七日

〔国民政府教育部档案〕

6．农林部等关于嘉奖金陵大学农学院三十年来办学成绩呈

（1942年1月）

（1）　农林部致行政院呈

农林部呈　章丙农字第0164号

案据邹树文等三十一年十二月呈称："窃查农业为立国之本，生民衣食之源，欲谋农业之兴，胥赖农教以辅，庶可泽及民生，永奠国基。民国肇造，江水泛溢，灾民流离，金陵大学美籍教授裴义理氏发起组织义农会，以工代赈，救济灾黎，其时鉴于技术人才之迫切需要，裴氏乃兴育才之念，培养实用农林人才，此金陵大学农学院创办之动机也。该院成立迄今，适届而立之年，为我国四年制高等农业教育机关历史之最悠久者。方其创办之初，国内高等教育机关为数固少，而高等农业教育机关尤不多觏，成立时仅有教职员三数人，学生十余名，经费五六千元，今则全院行政共有十一单位，职教员一百五六十人，学生四百余名，经费历年增加，设备日谋充实，师生朝夕磋磨，教学与实习

并重，手脑兼用，更配合调查研究推广示范之所得，使教材切合实际。在今日，我国农林最高学府中，成就可谓至大，进步可谓极速，而师生间平日刻苦耐劳之精神，三十年来如一日，其所以有此美风而能以持久不渝者，实由于该院历任院长裴义理、芮思娄、过探先、谢家声诸先生主持，得力训导有方，有以致之耳。该院三十年来之事业，对于社会国家之贡献极多，诚有不可泯灭者，谨择其要者胪列陈之：

一、关于各级人才培养者：该院培养人才鉴于时代之需要，自农科研究所、大学本科、农业专修科、各级干部短期训练班，以至农民补习学校，无不俱备，盖以农业人才以地域、事业、时间、需要之不同，而不得不有各阶层之训练也。综计该院历届毕业生已达一千七八百人，其中先后留学欧美者一百三十余人，占全国留学欧美专攻农学者百分之四十四。且遍观国内，无论都市、省、县以及乡镇间之从事农业工作者，随处可见。该院之毕业生多系埋头苦干之一贯作风，分布区域之广、任事精神之佳良，非偶然，此其一。

二、关于农事研究改进者：该院对农事之研究及改进工作，具有持久之精神，故其成效亦著，农事试验场分设于长江及黄河流域各省，其中自办者五处，合作者十余处，先后改良完成之品种凡三十六种，已推广者二十有七，今日在四川省三十余县推广之"金大二九〇五小麦"即该院南京试验场改良品种之一也。上项优良种子之育成，嘉惠农民，增进生产，悉为该院研究改进之功，此其二。

三、关于农事推广示范者：该院农事推广及示范工作，早在二十年前即于乌江试办，且著有成绩，继则辅导各省合作场办理推广事业，农民受惠良多。抗战后该院迁移四川，又在温江、仁寿、新都、彭县等县辅导，推广举办，示范力行，仍不稍息，故农村妇女无不知金大农学院者，非无因也，抑有进者，该院推广事业发动最早,迨政府致力于此即随已奠之事业基础,让交政府接办,而犹从旁协助或辅导进行,尤为难能可贵之举,此其三四。

四、关于农业教育制度者:该院经多年之实施,已树立研究、教学、推广三位一体之农业教育制度,足供全国参考之处至多,且实施技术行政,订有严密组织及实施计划,配合适当预算,养成优良风气,事无巨细,均能力求实用,采取合作方式,与社会打成一片,深得有关各方之赞誉,此其四。

综上各点,该院三十年来,作育农业人才,改进农业技术,增加农业生产,树立农教制度,贡献邦家,厥功甚伟,而工作精神,实事求是,始终如一,尤为国人所共见。树文等或曾参加院中教席,服务有年,或曾亲受栽培,沐感薰陶,以私立学术机关得友邦人士之资助,经农界先进之努力于艰苦环境之下,挣扎奋斗,致有今日成就,在国内高等农业教育机关,具有实际贡献者之一。窃闻中央对于学术机关办理著有成绩者久有奖励之规定,民国三十二年二月五日,适为该院三十周年纪念之期,届时拟请钧部转呈行政院明令嘉奖,以资激劝。除分呈外,用特联名备文呈请鉴核,并乞准予所请,实深感祷"。等情。到部。查金陵大学农学院系由美邦人士艰辛缔造,协助我国培养人才,发展农业,功绩彪炳,其热忱善意尤堪嘉尚。三十年来,该校经美邦人士及农界先进之惨淡经营,努力奋斗,培育人才达一千七八百人,其中留学欧美者一百三十余人,关于农事研究改进,已育成金大二九〇五号小麦良种,嘉惠农民,尤著成效。其他如农业推广示范及农业教育制度方面,均有成就。该院与我国近年农业进步颇有密切关系,在农业上确有实际贡献。该院虽系私立,首先向教育部呈准立案,一切遵照我国法令办理。本年二月五日适为该院三十周年纪念之期,所请明令嘉奖,以资激劝一节,拟请照准,据呈前情,理合备文呈请鉴核。谨呈

行政院

　　　　　　　　　　农林部部长沈鸿烈

中华民国三十二年一月　日

　　（2）　教育部致行政院秘书处公函（1月29日）
教育部公函　高字第4710号
　　案准贵处三十二年一月六日孝字第七一七五〇号通知单，以邹树文等呈请明令嘉奖私立金陵大学农学院三十年来办学成绩一案。奉谕：交本部核办等因。准此，查私立金陵大学农学院，在国内高等农业教育机关中，具有悠久之历史，培养农业人才，倡导农业改进，传习农业技术，增加农业生产，有裨国计民生，并增强抗战力量，功效甚著。前据邹树文等具呈本部，请予嘉奖该院，已准以部令褒奖在案。相应函复，即希查照转陈为荷。此致
行政院秘书处
中华民国三十二年一月二十九日

　　　　　　　　　　　　　　　　　〔行政院档案〕

7. 教育部关于调查整顿私立民治新闻专科学校文件

（1944年9—10月）

　　（1）　周彧文呈（9月2日）
　　敬呈者：查关于私立民治新闻专科学校代理校长陆诒有奸伪嫌疑一案，奉派于本月八、九两日及廿一、二两日，两度前往该校调查，今业将内情调查完竣。兹分别呈述如下：
　　一、该代校长陆诒，延请张西曼氏至该校演讲一节，事实俱在，无可存疑，时间确为六月十七日，讲题为"中苏关系"。其演词内容为：（一）彼组织社会主义研究会、马克思主义研究会、俄罗斯研究会之经过，（二）本党清共反苏之错误；（三）第

一期抗战，苏联对我国之援助；（四）日苏订约，国人对苏态度之误解；（五）非实行民主，不足以抵抗暴日等等。当时听众除该校学生五六十人而外，尚有校外人士参加，合计约百二十余人。

二、该代校长陆诒是否已加入奸伪组织，经多方调查，迄无确切证明。惟查该员言论激昂，思想偏狭，一语而知其成见甚深。据该校学生赵树栋秘告，该员对于本党之抗建政策，向持反对态度，其平时讲课，每每均以批评为博得青年拥护之工具。而于苏联一切政策，无不心悦诚服，满口赞扬，是故该员思想左倾之问题，已属毫无疑问。同时，该员所请莅校演讲之人物与讲题，类多左倾份子及以攻击政府为职旨之材料。值此大局未臻安定，各党份子大事活动之际，以此等人物主持该校，诚为危险也。

三、查该校仅在夜晚授课，本属夜班性质，综计该校全部校舍，只有两小间，一间办公室，一间教室，教室宽广不过二百方尺，至多不过能容纳四五十人，一切设备（尤其是图书）均极简单而不敷应用，课程种类虽多，而内容空虚，极不翔实，修业年限虽定为两年半，而实际上，每晚上课平均不过两小时，二年半上课时数，合普通专科学校仅及一年。至其学生程度之低劣，训导方面之有名无实，在在均与专科学校规程不符。该校当局之用心，不过利用学校之名，招致意志薄弱青年，施以诱惑，以遂其私欲而已。

所有该代校长奸伪嫌疑及该校种种情形，一一陈述如上，如何之处，敬请鉴核。谨呈

部长
次长

附呈民治新闻专科学校招生简章乙份

职　周彧文
三十三年九月二日

私立民治新闻专科学校招生简章

简史：本校创办于民国十七年冬，设校址于上海法租界白尔部路东蒲石路口，民国三十一年九月，迁至重庆现址上课。校董会已于民国三十三年四月由教育部批准立案。

校董：于右任（主席校董）、邵力子、冯玉祥、孙科、潘公展、顾维钧、刘维炽、陈文渊、梅恕曾、陈铭德、黄次咸、张军光、闵刚侯、董德乾、王震海、顾执中。

教职员：校长顾执中，代理校长陆诒，教务主任兼总务主任朱全康，训导主任徐祖懋，文牍员李维曦，教务员蒋公信，会计员刘泽涵，事务员于耀松，教授徐孟荄、李鸿一、吴士超、张似旅、吴清友、陈翰伯、聂世琦、谢爽秋、沈杰飞、朱全康、竺移今、陆诒。

编制：本校对编辑、采访、报业管理各部门暂不分科，采混合制。

毕业：两年半，成绩及格者给予毕业证书。

入学资格：凡对新闻工作有浓厚兴趣而志愿毕业后从事于新闻事业，曾在国内外高级中学毕业或具有同等学历者（男女兼收）。

学额、报名手续、缴费日期、开学上课时间、纳费〔均略〕

课程：课程内容为党义、国文、采访、新闻概论、报业管理、经济学、国际关系、华侨问题、新闻写作、英文、英文读报、报学史、近代史、政治学、法学概论、哲学、心理学、速记术、广告及发行、摄影学、电讯常识、新闻法令、社论写作、广播学等。

校址：重庆市保安路二一四号，基督教社交会堂。

（2） 陈立夫致潘公展函（10月16日）

公展先生勋鉴：八月十九日大函敬悉。民治新闻专科学校校董会立案后，未据呈报学校开办，即自行登报招生，与规定手续未合。该校设立人顾执中先生今春被海外部派赴印度办报，自请陆诒主持校务,迭据各方报告,陆氏有奸伪嫌疑,经派员彻查,该员言论激昂,思想偏狭,对于本党抗建政策,向持反对态度,每以批评政府,博得青年之拥护。至学校设备,简陋异常,学生程度低劣,训导有名无实,在在均与专科学校之规定不符。本部为免青年受其诱惑,故今夏再令其停止招生。最近该校呈报学校开办,所列图书仅有十余册,校舍仅有三间,基金甚少,课程不全,实不能成为专科学校,业已指示遵照规定办理,拟请吾兄转知该校切实整顿,俟改进后再行呈报学校开办。目前似仍以停止招生为宜。遵嘱一节,以事实上之困难,未能遵办,尚希亮詧为荷。专复。并颂勋安!

弟陈〇〇启
十月十六日

〔国民政府教育部档案〕

8. 教育部关于私立复旦大夏两校申请改为国立呈与行政院批

(1939年6月)

(1) 教育部致行政院呈(6月20日)

教育部呈 私叁(2)字第14124号

案据私立复旦大学校董于右任、孙科、叶楚伧、邵力子、康心之、程天放、余井塘、许绍棣等函称:"复旦大学创办迄今已历三十余载,中间一度停顿时,总理任临时大总统特拨万元,促令复开。第一任校董会主席即系总理担任,上海徐家汇复旦校舍则为本党先烈陈英士先生所指拨,是该校不仅具悠久之历史,且与本党尤有深长关系也。数十年来,事变迭更,无时不在艰难奋斗中。自抗战军兴,虽转徙迁移,困难弥深,然感职责重大,益自淬励,未敢稍懈。现值抗战第二期开始,作育人才,实为复兴民族之要务。该校既具此与革命有关之悠久历史，拟请准予改为国立，俾以国家财力助其充实发展，庶此与党国有深切渊源之学校，益能尽其培育抗战建国人才之使命，亦所以上慰总理与先烈爱护该校之意也。夙蒙指导，时承教益，尚望一本素怀赐予主持，不仅弟等铭感已也"。又据私立大夏大学校长王伯群呈称："本校自创办迄今已届十五周年，内迁以还，经济困难，发展非易，曾于本年一月三十一日呈请钧部改为国立，又于二月间晋谒钧长面呈备忘录一份，谅蒙赐察。现二十七年度即将告终，将来改进计划亟待熟筹，而校务进行在与经费，有关本校财政既已捉襟见肘，困难万状，即有缜密完善之计划，亦难见诸实行，再四筹维，拟请钧部俯鉴本校实际困难情形，准予改设国立，力图发展，谨将请改国立之各缘由再为钧长沥陈之：本校创办于民国十三年夏，仰赖社会人士之热忱赞助，全校师生之精神合作，筚路褴褛，始有今日。十八年春，蒙钧部批准立案，校务发展蒸蒸日上。是年秋，在上海梵王渡中山路购地三百余亩，陆续建筑校舍二十余座，图书仪器力求充实，统计全校资产在二百万元以上，历届毕业生达三千余人，服务社会尚著相当成绩。二十六年秋，抗战军兴，本校陷于战区，校舍被毁，损失綦巨，内迁贵阳，冀为长期抗战，力效微劳。自上海、南京相继沦陷后，交通困难，一部份留沪学生无法来黔，即留沪教授，在租界赁屋复课，故本校现分黔沪两部，所有行政系统、教学情形均系一致，本学期黔校学生六百十余人，沪校学生七百十余人，黔校学生约三分之一来自战区，无力缴纳学费，且尚须供给伙食，黔籍学生则因家境困难，欠费者甚众。本学期学费一项只收一万四千余元，而每月经常支出至少需一万五千元。除赖钧部按月津贴七千元外，每年经常费亏短甚巨；沪校方面租屋开学，各项设备另行添置，所费尤属不赀，本校目下经济困难情形略如上述，倘不急谋救济，恐难勉力支持，瞻念前途，深自危惧，素仰钧长爱护本校向极关切，对此实际困难情形，谅蒙俯赐同情，窃准本校校董会意见，请改国立，约有两种拟议：一则黔沪两部均改为国立，一则只将黔校改设，沪校仍予维持原状。若依前议，则请准保留校名，若依后议，则黔校更改校名，应请确定开办费及经常费。至沪校方面恳赐一次拨给设备费十万元，并按月照现在补助款额补助沪校，俾得致力发展，如何之处，悉听钧裁，所有呈请迅赐批准改设国立各情，理合备文再呈鉴核，仰祈体念本校经济困难情形，俯准所请，不胜迫切待命之至"。各等情。查私立复旦、大夏两校，创立已久，规模尚称完善，对于高等教育之推进，学术研究之倡导，均有相当贡献,其毕业学生,努力党国，服务社会者颇多，而复旦毕业生中，尤不乏知名之士。抗战以来，该两校承奉中央意旨，追随国立各院校迁移后方，并尽量容纳战区借读学生，同有救济失学学生之功。惟迁设以来，经济困难，维持匪易；如不早为之所，一旦宣告停废，则失学学生立时增多，势非另谋救济不可。本部深维国立各院校设置尚未普遍，该复旦大学现设文、理、法、商四院及垦殖统计两专修科；大夏现设文、理、法、教育、商五院，两校学生均在千人以上，教学成绩尚称优良，似可准予改归国立。而接收其原有校产，俾得各就原有基础，充实发展，以培植抗战建国所需之人才，而补现有国立院校之不足。该两校如改归国立，复旦大学拟改称国立复旦大学，俟抗战结束调整大学区时，即作为国立江苏大学，移设江苏无锡，并使在实科方面逐渐发展，大夏大学拟即改组为国立贵州大学，校址设在贵阳，并拟加以充实，亦使在实科方面逐渐发展。至每年所需经费，在抗战期间，拟力求撙节，除本部现已有补助复旦十三万八千六百元，大夏九万二千四百元移作各该校经费之一部份外，拟各增列贰拾万元，敬请俯念该两校创设之艰难及目前实际困难情形，赐予核准，实为公便。如蒙核准，当再拟订详细办法，另行呈核。谨呈

行政院院长　孔

　　　　　　　　　　　教育部部长陈立夫

中华民国二十八年六月二十日

　　（2）　行政院致教育部指令（6月28日）

行政院指令　吕7369号

　　　令教育部

　　二十八年六月二十日私叁（2）字第14124号呈请准将私立复旦及大夏两大学改为国立由。

　　呈悉。案经提出本院第四二〇次会议，决议："改为国立事，缓议，由部查明两校实际情形，增加补助。"仰即知照。此令。

中华民国二十八年六月二十八日

〔行政院档案〕

9．行政院关于省立广西大学改为国立呈与国民政府批

（1939年8—9月）

　　（1）　行政院致国民政府呈（8月23日）

行政院呈　吕字第9654号

　　案据教育部呈：为拟自二十八年下学期起将广西省立广西大学改为国立广西大学，并拟具办法，请核定等情。经提出本院第四二八次会议决议："通过"。除指令该部补编二十八年下半年度概算呈候核转，并令知财政部外，理合缮同原件，呈请鉴核备案。谨呈国民政府

　　计缮呈原办法一份

中华民国二十八年八月二十三日

　　　　抄教育部原呈

教育部呈　渝字第一九四号

842

查粤桂两省，壤地相接，关系密切。粤省向有国立中山大学一所，桂省则无国立大学之设置。自抗战以来，广州沦陷，国立中山大学远迁云南澄江，于是粤桂两省遂无完整之国立大学，惟桂省省立广西大学尚独设于桂林。该校设立已有数年，规模初具。军兴以后，战区学生转移该校借读者，为数甚多。然以该校系属省立，经费有限，不能扩充学额。迭经该省省政府及该校员生请改为国立，作宏作育。并据本部视察员报告，该校确有改为国立之需要。查粤桂两省教育文化素称发达，近年桂省建设益加猛晋。抗战期间，该省人民踊跃杀敌，厥功尤伟。兹以国立大学迁移后方，粤桂两省青年就学困难，本部为适应西南环境之需要计，拟于二十八年下学期起将该校改为国立广西大学，酌增经费，俾得充实内容，以造就抗战建国必需之人才。理合拟具办法，敬祈鉴核，提会核定。至改为国立大学后校长一职，查有前任该校校长马君武堪以充任，拟请一并提会核定，实为公便。谨呈
行政院院长　孔
　附呈广西省立广西大学改为国立广西大学办法
　　　　　　　教育部部长　陈立夫谨呈

广西省立广西大学改为国立广西大学办法
一　名称：改称国立广西大学
二　院系：设理工、农、医三学院
说明：该校原有文学院，二十八年度已无文科学系，法科之政治、经济两系，该省亦令停办，仅余法律一系，拟并令停止招生，逐年结束。理工、农两学院所设各系尚合实际需要，拟仍照旧，并加扩充；另拟筹设医学院，使该校专设理工、农、医三学院，成为实科大学，注重培养专门技术人才，以应社会需要。
　　三　经费：改为国立后，第一年由国省两库各担任半数，各约四十万元。以后每年省库递减四分之一。

四　校舍校产设备：原有校舍校产设备一律改归国立广西大学接收。

（2）　国民政府致行政院指令（9月3日）

二十八年八月二十五日吕字第九六五四号呈一件，为教育部呈：拟将广西省立广西大学自二十八年下学期起，改为国立广西大学，并拟具办法，请核定等情。经院会议通过，检同原办法，呈请鉴核备案由。呈件均悉，准予备案。附件存。此令。

中华民国二十八年九月三日

国民政府主席　　林　森
行　政　院　院　长　　孔祥熙
教　育　部　部　长　　陈立夫

〔行政院档案〕

10．教育部关于省立河南大学改为国立呈与国民政府批令

（1942年3月）

（1）　教育部致行政院呈（3月7日）

教育部呈　渝字第一九三号

案准河南省政府子删洛教二电开："查高等教育由中央统筹扩充，业经八中全会决议在案。湘蜀滇粤各省立大学早经改为国立，收效甚宏。河南大学现为华北唯一最高学府，不惟本省学生赖以收容。华北各省学生亦多前来就学，维持发展均属要图，拟请将该校改为国立，由贵部直接管理，以利发展，即希查核俞允电复"等由。查河南省立河南大学现为华北唯一之大学，设有文理农医四学院，为便利豫省及华北各省学生升学，维持发展，自属需要。且自三十一年度起，各省预算均改为国家预算，在经费方面已无中央经费与省经费之划分，应否准如所请，将该校改为

国立之处，理合呈请均院鉴核示遵！谨呈

行政院 院　长　蒋
　　　　副院长孔

　　　　　　　　　　　教育部部长陈立夫

中华民国三十一年三月七日

（2）　行政院致教育部、财政部训令（3月11日）

行政院训令　顺陆04566号

令 教育部
　 财政部

　　教育部呈为准河南省政府电请将河南大学改为国立案，经提出本院第五五四次会议决议："照准"。除呈报国民政府备案，并分令 财政 部外，合行抄发原件，令仰知照。此令。
　　　　　 教育

　　计抄发教育部原呈一件〔见前〕

中华民国三十一年三月十一日

（3）　国民政府致行政院指令（3月19日）

国民政府指令　渝字第三七五号

　　　令行政院

　　三十一年三月十四日顺陆字第零四五六六号呈一件，为据教育部呈：以准河南省政府电请将河南大学改为国立一案，经院会决议"照准"。抄同原件，请鉴核备案由。

　　呈件均悉，准予备案。附件存。此令。

中华民国三十一年三月十九日

　　　　　　　　　　国民政府主席　　林　森
　　　　　　　　　　行政院院长　　蒋中正
　　　　　　　　　　教育部部长　　陈立夫

〔行政院档案〕

11. 教育部关于改私立大夏大学为国立贵州大学呈与行政院批及该校云南校友会请求缓改的代电

（1942年2—4月）

（1） 教育部致行政院呈（2月23日）

教育部呈　渝字第〇一四四号

案查私立大夏大学改为国立贵州大学一案，经呈奉钧院会议决定原则通过，整顿办法应由部妥为拟定，呈奉院会饬知、自应遵办。查国立贵州大学应设之学院，经斟酌实际需要及大夏大学现在设院情形，拟规定为文理、法商、农工三学院，即视现有人力财力所许可，以大夏大学现有之文理、法商等学院及现设贵阳之国立农工学院合并改组，先求内部充实，俟将来整理就绪后再徐图扩展。国立贵州大学经常费除以贵州农工学院经常费五三三七八〇元移充外，拟请由国库另拨九十万，全年合共一四三三七八〇元。该校校产即以大夏大学在贵州现有校产及贵州农工学院院产全数拨充，并拟以本年三月十五日为国立贵州大学正式成立日期，上拟各项整顿办法是否有当，理合呈请鉴核示遵！谨呈

行政院　院　长　蒋
　　　　副院长　孔

教育部部长陈立夫

中华民国三十一年二月二十三日

（2） 行政院致教育部指令（2月25日）

行政院指令　顺陆字第03502号

　　　令教育部

三十一年二月二十三日渝字一四四号呈拟私立大夏大学改为国立贵州大学，整顿办法，请核示由。

呈悉。案经提出本院第五五二次会议，决议"通过"。除分令

财政部外，仰即遵照。此令。
中华民国三十一年二月二十五日

（3）大夏大学云南校友会致行政院代电（4月4日）

重庆。行政院院长蒋、副院长孔、教育部长陈钧鉴：据报载，大夏大学前由校董会呈请教部援复旦例，准改为国立一案，已蒙钧院通过，惟校名应行改变，祗闻之余，深为惶恐。窃大夏创立以来，已历十八年之久，始而艰难缔造，树立规模，继经苦干奋斗，著有成绩，不惟获得国内外人士所称誉，即过去对国家教育大业贡献殊多，兹一旦改名，既与校董会原呈宗旨不符，且将使大夏固有之精神历史于焉澌灭，而万余校友之精神无法依附。又本校在沪师生千余人穷无所归，方拟设法西迁，闻讯甚为徬徨，恐有资敌牺牲之危。为爱念校本，维系人心起见，用敢恳切呼吁，伏祈钧座体念时艰，俯察舆情，仍准保留校名，万一难准，亦请暂为缓改，仍为私立名义，酌增补助经费，以维校本，而昭激励，无任迫切待命之至。大夏大学校友会云南分会谨叩。支。印。
中华民国三十一年四月四日

〔行政院档案〕

12．教育部与行政院就私立复旦大学改为国立大学的往来文件

（1942年11—12月）

（1）教育部致行政院呈（11月10日）

教育部呈　高字第43902号

案据私立复旦大学校董会主席钱永铭呈称："窃复旦立校三十余年，永铭等前以该校为总理任临时大总统时，拨款重建之学府，故愿勉任艰巨，滥竽校董，自抗战军兴，除为保全校产，及适应留沪青年之需要，在沪尚留有复旦分部及附中，照常上课

847

外，其余大学各部份，均于艰苦环境中，全部迁川。四年来，蒙钧部之补助，及私人之捐资，幸能勉予维持。惟查教育为立国之大本，无论物质精神，均须求其能适合必要之条件，而私立学校，尤不应以物质上之缺乏，而影响于青年之学业。去岁本会抱最大决心，谋学校之稳定，最近据吴代校长南轩、江副校长一平等之报告，校内在本年度对于课程之调整，教师人选之充实，教员待遇之提高，青年思想之领导，管理之加强，事务之撙节，农业生产之增进以及人事管理、生产设计等等，均尚有相当之进步，惟以物价腾贵，经常费用拮据万状，临时建设用费，更感难以筹措。自本年九月起，至十二月止，经常临时各费计不敷约陆拾万元，而来日大难，明年预算支出项下，每月约需十万元（明年预算另行编呈）本人肩负筹款责任，义无容辞，但在目前艰苦环境，如此巨款，实非力所能任，而坐视此党国培育青年之学府，因经济渴蹶而难继续其使命，心有未忍，为此，吁请钧部鉴核，准自本学年起，将本校改为国立复旦大学，以奠基础，而宏化育。至留沪部分，因环境特殊，为便于掩护计，请准暂维现状，俟抗战胜利，由政府统盘筹划，予以调整。惟沪补习部，向由渝本部月予补助，渝本部改为国立后，国家补助沪补习部部分，务恳酌予增加，以资挹注，并乞鉴核俯准，不胜迫切待命之至"等情。查该校请改为国立一案，经于二十八年与大夏大学改国立案，一并呈奉钧院吕字第七三六九号令知："改为国立事缓议，由部查明该两校实际情形，增加补助"。当由部呈准，对于该校每年加拨补助费十五万元各在案。兹复据该校陈述困难情形，请予改为国立，现值物价腾贵，该校经费拮据，自属实情。据称：自本年九月起至十二月止，经常临时各费，计不敷约六十万元，明年预算支出项下，每月约需十万元，更非力所能任，如不预为妥筹救济，势必影响多数青年学业。该校创立以来，逾三十年，平日办理，尚具规模，战后迁川，于艰苦环境中努力进行，校务亦尚有进步，为体念创设艰难,及目前维持不易,似可酌照以下两项办法办理：(一)仍照钧院以前核定原案,对于该校改国立一节,暂从缓议,惟以该校目前经济情形,实属困难,拟请于原有补助费每年二十八万八千六百元外,再根据该校实际需要,酌予从宽增拨,俾可照常维持。(二)拟准如所请,自本学年起将该校改为国立复旦大学,将来迁回无锡,即为江苏之国立大学,由部另拟经费概算呈核。对于该校留沪部分,则以现时环境特殊,准维现状,另酌给补助,俟将来再行设法调整,究应如何办理之处,理合备文呈请钧院鉴核示遵。谨呈

行政院 院长蒋
　　　　副院长孔

教育部部长陈立夫

中华民国三十年十一月十日

（2）　行政院致教育部指令（11月27日）

行政院指令　勇陆18797号

　　令教育部

　　三十年十一月十日高字第四三九零二号呈请从宽增拨私立复旦大学补助费或将该校改为国立由。

　　呈悉。案经提出本院第五四一次会议,决议："准将复旦大学改为国立,由教育部拟具办法及概算呈核。"除呈报国民政府备案外,仰即遵照。此令。

中华民国三十年十一月二十七日

（3）　教育部致行政院呈（12月22日）

教育部呈　高字第〇四九三号

　　案奉钧院三十年十一月二十七日勇陆字一八七九七号指令,以本部呈请增拨私立复旦大学补助费或将该校改为国立一案,经院会决议将该校改为国立,饬拟具办法及概算呈核等因。正遵办

间，据该校校董会呈称:"本案业经行政院会议通过，自应静候明令遵照办理，所有本校各项财产，除本校上海补习部部分因沪市沦陷，无从估计外，约计总值为国币五百六十二万一千九百二十七元一角四分，自应全部呈献国家。至所负债务，除本年十一、十二两月由钧部先后垫发之十一万元不计外，尚有应偿还历年来债务五十五万二千元及依约待付之建置费五十七万元，两共一百一十二万二千元，以上所负债务均因历年经费短绌，物价节涨，以致收支悬殊，亏负日重。兹以结束在即，各方追索宿逋至急，实属无法筹措，理合造具财产目录及应偿还历年来债务及应付三十年度建置费表各一份，随文呈送，仰祈鉴核，派员接管校产，并恳俯准，特予一次补助国币一百一十二万二千元，俾便清偿，而资结束"。等情。查该校改国立后，经费业奉钧院核定三十一年度经常费一百二十万元，临时费三十万元。该校改为国立，所有川省及上海全部校产均收归国有。据称该校尚有应偿还历年债务五十五万二千元及依约待付之建置费五十七万元，合本年十一、十二两月由部垫发之十一万元，共计一百二十三万二千元，是项债务拟请由国库另行照数拨给，俾资清偿。关于校产点收事宜，上海部份以现时情形特殊，难以进行，川省部分拟俟办法核定即行派员点收。兹谨拟具该校改国立办法及本年度追加经费概算，随文呈送，祗候核定令知，俾便转饬遵行。谨呈

行政院 院　长　蒋
　　　　副院长孔

附呈私立复旦大学改为国立复旦大学办法暨清偿私立复旦大学债务追加经费概算书各一份

　　　　　　　　　　　　教育部部长　陈立夫

中华民国三十年十二月二十二日

私立复旦大学改为国立复旦大学办法

一　名称：定为国立复旦大学

二　校址：暂设四川北碚，俟抗战结束后迁回江苏江北适当地点。

三　院系：暂维现状，俟三十一年暑假时再酌为调整，上海部分仍称复旦大学补习部，俟抗战结束后归并本校办理。

四　经费：三十一年度经常费定为一百二十万元，临时费三十万元。

五　校产：原有私立复旦大学全部校产，川省与上海两部分均收归国有，由部派员点收，作为国立复旦大学校产，先点收川省部分，上海部分俟抗战结束后再行点收。

六　债务：私立复旦大学所欠债款由国库照数支拨，俾资清偿。

七　教职员及学生：私立复旦大学原有学生改国立后均为国立复旦大学学生，原有教职员聘约未满者，仍由国立复旦大学加聘。

八　改国立时期：自三十一年一月一日起改称国立。

（4）　国民政府致行政院指令（12月29日）

国民政府指令　渝文字第一八五六号

　　　令行政院

三十年十一月二十七日勇陆字第一八七九七号呈一件，为私立复旦大学改为国立，呈请鉴核备案由。

呈件均悉，准予备案。附件存。此令。

　　　　　　　　　　国民政府主席　　林　森
　　　　　　　　　　行政院院长　　　蒋中正
　　　　　　　　　　教育部部长　　　陈立夫

中华民国三十年十二月二十九日

〔行政院档案〕

13. 行政院关于改重庆、英士、山西等大学为国立并恢复北洋工学院呈与国民政府批及有关文件

（1943年1月）

（1）行政院致国民政府呈（1月5日）

行政院呈　仁陆字第二一七号

教育部呈：请将四川省立重庆大学、浙江省立英士大学、山西省立山西大学改为国立，并将国立东南联合大学归并国立英士大学案，经提出本院第五九四次会议，决议："通过"。除令知财政部并指令外，理合抄同原呈，呈请鉴核备案。谨呈

国民政府

附抄呈教育部原呈一件

中华民国三十二年一月五日

抄教育部原呈

教育部呈　高字第3502号

查四川省立重庆大学、浙江省立英士大学、山西省立山西大学改为国立，及国立东南联合大学归并国立英士大学一案，经呈奉钧院本年一月五日仁陆字第二一七号指令开："呈悉。案经提出本院第五九四次会议决议：'通过'。除呈请国民政府备案，并令知财政部，暨电知四川、浙江、山西三省政府外，仰即知照。此令。"等因。奉此，查四川省立重庆大学原设理工商三学院，共十一学系，另设两专修科。改国立后，所设院系及专修科拟仍照旧。全年经常费拟定为二百四十万元，新改国立，设备亟待充实，另拨三十二年度临时费八十万元，合共三百二十万元。山西省立山西大学原设文法工三学院，共六学系，另设医学专修科，改国立后，所设院系及专修科，拟仍照旧。全年经常费拟定为一百万元。另拨三十二年度充实设备临时费五十万元，合共一百五十万元。

又前准钧院秘书处渝机字第八二九四号通知，以吴敬恒等呈请恢复国立北洋工学院。奉院长谕：交部核复。等由。查该院历史悠久，成绩卓著，因战事发生而停办。今抗战胜利在望，战后需要工程人员极多，如不及早培植，将来必难适应此项需要，近复据该院校友会呈称，已募集法币贰百万元，以供恢复该院及扩充设备之用。兹拟利用此项捐款，将浙江省立英士大学工学院划出，改称国立北洋工学院。全年经常费定为八十万元，三十二年度兴建校舍及充实设备临时费三十万元，合共一百一十万元。浙江省立英士大学原设农工医三学院，共八学系，另设两专修科，改国立后，除工学院划出改为国立北洋工学院外，拟将国立东南联合大学法学院及艺术专修科并入，合成三学院八学系三专修科，全年经常费拟定为一百六十万元，另拨三十二年度充实设备临时费六十万元，合共二百二十万元。国立东南联合大学除法学院及艺术专修科并入国立英士大学外，其他文理商三学院员生，拟就近并入国立暨南大学，东南联大三十二年度经费原列四七二〇八五元，拟令该校即以此项经费办理归并结束及分发员生旅费等事宜，余款则拨归国立暨南大学，作为该校接办东南联大先修班及收容联大文理商三学院员生之用。奉令前因，理合拟具省立重庆大学、山西大学、英士大学改国立及恢复国立北洋工学院办法各一份，备文赍请钧院鉴核示遵，并转令各该省政府转饬各该省立大学办理移交。实为公便。谨呈

行政院　院长蒋
　　　　副院长孔

附四川省立重庆大学改国立办法一份，山西省立山西大学改国立办法一份、浙江省立英士大学改国立办法一份，恢复国立北洋工学院办法一份

教育部部长陈立夫

中华民国三十二年三月二十三日

四川省立重庆大学改为国立重庆大学办法

一、名称　国立重庆大学

二、校址　仍设重庆

三、院系　暂仍分设左列院系科：

理学院：　数理学系、化学系、地质学系

工学院：土木工程学系、电机工程学系、机械工程学系、化学工程学系、矿冶工程学系

商学院：　会计统计学系、银行保险学系、工商管理学系、统计专修科、体育师范专修科

四、经费　全年经常费定为二百四十万元，三十二年度临时费八十万元。

五、校产　省立重庆大学原有一切校产，均移充国立重庆大学，校产为国立重庆大学所有。

六、教职员及学生：省立重庆大学原有学生均为国立重庆大学学生，教职员聘约未满者，由国立重庆大学加聘。

七、改国立时期：自三十二年一月起改为国立。

山西省立大学改为国立山西大学办法

一、名称：国立山西大学

二、校址：永久校址设山西太原，战事未结束前，暂设陕西宜州。

三、院系：仍暂分设左列各院系科：

文学院：历史学系、外国语文学系

法学院：法律学系、政治经济学系

工学院：土木工程学系、机电工程学系

医学专修科

四、经费：全年经常费定为一百万元，三十二年度临时费五十万元。

五、校产：省立山西大学原有一切校产，均移充国立山西大学校产，为国立山西大学所有。

六、教职员及学生：省立山西大学原有学生均为国立山西大学学生，教职员聘约未满者，由国立山西大学加聘。

七、改国立时期：自三十二年一月起改为国立。

浙江省立英士大学改为国立英士大学办法

一、名称　国立英士大学。

二、校址　永久校址设上海，战事未结束前，暂设浙江泰顺

三、编制　暂分左列各院系科：

农学院：农艺学系、农业经济学系、畜牧兽医学系

医学院：医学系、药学系

法学院：政治学系、经济学系、法律学系

艺术专修科、农业专修科、合作专修科

四、经费　全年经常费定为一百六十万元，三十二年度临时费六十万元。

五、校产　省立英士大学原有校产，除工学院院产拨归国立北洋工学院外，均移充国立英士大学校产，为国立英士大学所有。

六、教职员及学生：

（一）省立英士大学农医各学院、农业合作两专修科及国立东南联合大学法学院暨艺术专修科原有学生，均为国立英士大学学生。

（二）省立英士大学农医各学院、农业合作两专修科教职员及国立东南联合大学法学院暨艺术专修科教员聘约未满者，由国立英士大学加聘。

（三）国立东南联合大学职员由国立英士大学酌量选用。

（四）省立英士大学工学院学生，均为国立北洋工学院学生。省立英士大学工学院教职员聘约未满者，由国立北洋工学院

加聘。

七　改国立时期：自三十二年一月起改为国立。

恢复国立北洋工学院办法

一、名称　国立北洋工学院

二、院址　暂设浙江泰顺

三、编制　暂设左列各系：

（一）土木工程学系

（二）机电工程学系

（三）应用化学系

四、经费　全年经常费定为八十万，三十二年度临时费三十万元。

五、院产　省立英士大学工学院院产，均移充国立北洋工学院院产，为国立北洋工学院所有。

六、教职员及学生：省立英士大学工学院原有学生均为国立北洋工学院学生，省立英士大学工学院教职员聘约未满者，由国立北洋工学院加聘。

七、恢复时期　自三十二年一月起恢复国立北洋工学院。

（2）　国民政府致行政院指令

国民政府指令　渝文字第七九号

　　令行政院

三十二年一月五日仁陆字第二一七号呈一件，为教育部呈请将四川省立重庆大学、浙江省立英士大学、山西省立山西大学改为国立，并将国立东南联合大学归并国立英士学案，经院会决议通过，抄同原呈，请鉴核备案由。

呈件均悉，准予备案，附件存。此令。

国民政府主席　林　森

　　　　　　　　　行政院院长　蒋中正
　　　　　　　　　教育部部长　陈立夫

中华民国三十二年一月十五日

（3）四川省立重庆大学国立促进会宣言（8月1日）

当今救亡图存，系于抗战建国两大要务，而欲达抗战建国之目的，首在提高文化，培育真才，以宏国用。战前京沪平津大学林立，讲学之隆，成达之效，一时称盛。迨国府西迁，文化重心因之内移，于是发展西南教育，树立抗战建国之基础，以补救当前文化之损失，刻不容缓。本大学原设渝都，缙毂水陆，所负发扬文化之责任，遂益綦重，惟以经费支绌，设备欠周，倘不经充分扩充，实难以应理想之需要，本大学全体同学，筹思至再，乃发起国立运动，于本年一月十二日成立国立促进会，推进一切，并叠经呈请上峰俯纳刍荛，改为国立，用资扩展，而利抗建。兹重摅管见，谨为各界明达缕晰陈之。

一、就历史及现势而言，本大学肇自民国十八年，由刘故主席发起创建，旋于二十四年改为省立，比年以来，幸赖政府当局深切关注，历任校长之惨淡经营，与夫各界父老之热烈襄助，设备渐充，人才蔚起，实质精进，声誉日增，迭蒙教部派员视察，佥认成绩优良，较诸国立大学未遑多让，今若凭此良基，更经教部直接办理，则人才物力，两兼优势，其未来成就，迈进无量，益臻完美，操券可待，此应促进国立者一也。

二、就交通地位而言，重庆为西南重镇，交通发达，商业繁盛，将来成渝、川滇、川黔、川康、川陕诸路完成，各方学子，势必远道负笈云集此间，若无规模更宏大之学府，乌足以应各方之需要，此应促进国立者二也。

三、就当前教育情势而言，文化重心，既经西移，四川教育亟待发展，虽战区大学内迁者甚多，原有设备，多已摧毁，然若

857

大事增补，势有未能，究不如就原有安定学校从事扩充，则事半功倍，轻而易举，此应促进国立者三也。

四、就经费而言，本大学向无确定设备费，每年仅有经常费五十万元，尚须七五折核发，与国立各大学相去殊远。即以西北农学院而论，每年经常费犹达六十余万元，而本大学三院十系两专修科竟反不逮，其拮据情形可想而知。且省府每欠发至数月之多，学校行政因多受掣肘，若长此以往，备受经济束缚，影响校政，即所以贻误西南文化之发展，此应促进国立者四也。

五、就作育真才而言，蜀中地大物博，夙称民族复兴根据地，使命綦重，需才孔亟，切待规模宏大之学府，储毓真才，俾胜艰巨，本大学与川大院系各别，旨趣无殊，自当齐驱并驾，不应有所轩轾，今川大既系国立，本大学亦不宜置之例外，此应促进国立者五也。

六、就省立各大学先例而言，大学教育规模宏伟，经费人才所需至巨，殊非一省力量所能担负，故教部久有大学国立之确定，俾省府集中力量从事地方设施，教部则统筹管理大学教育，使教令划一，成效自著。近年以来，东北、山东、厦门、湖南、云南各大学皆已先后改为国立，所余省立大学为数已属无几，而最关重要之重庆大学，自应循此原则，无所歧视，此应促进国立者六也。

际此全面抗战期中，四川为国防心膂之地，百废待兴，兆民喁望，本大学适当艰难之会，科学救国，责无旁贷，爰发起国立促进运动，冀获充分发展之途径，以应抗建之需求，或曰学校优劣，仅系乎设备及人才之良窳，何必斤斤于国立省立，设无较大之规模与充裕之经费，何从扩充设备，罗致人才，事理昭然，不言而喻。本大学为国家育才前途计，势难缄默，因矢精诚，以代呼吁，敬希公鉴，概予襄助，期底于成，则国家幸甚！本大学幸甚！

四川省立重庆大学国立促进会叩发

二十八年八月一日

（4） 马寅初致孔祥熙函（7月25日）

庸之院长先生赐鉴：

溽暑欹蒸，政祺显发，是所至颂。兹有恳者四川省立重庆大学自叶君元龙长校以还，校务蒸蒸日上，并聘初为特约讲座，半年以来，悉心观察，学风校纪并不下于国立大学。惟因省立名义较差，尚不能负社会之期望，重庆为首善之区，而敝校以重庆名，顾名思义似宜改为国立。若援今重庆市府直隶钧院之例，当无不合也。敝校全体学生拟推代表晋谒钧座，面陈一切，敬乞先示接见时间及地点，以便转告学生。日来养疴山中，如承赐教，请寄歌乐山大木鱼四号。敬颂

大安！

后学马寅初谨上
七月廿五日

（5） 国立北洋大学校友要求复校呈

窃国立北洋大学自晚清甲午中日战后翌年之乙未年创立以来，迄今已四十七年有余，为我国历史最为悠久之大学，赖主持者之艰苦维护，切实培育，历届毕业学生凡数千人。俱能秉承校训"实事求是"所昭示之一贯精神，从事工矿、交通、水利等建设，孜孜不辍，成绩斐然，校誉日隆，学子竞尚。正期益加淬励，为国储材，乃"七七"变起，平津相继沦陷，为策员生安全，不得不相率西迁，与他校合组西安临大。嗣于二十七年奉令归并分组为西北院校，机构移易，非仅原有校名之未保，殊惜固有精神之不存，际兹抗战紧要关头，所赖增加物质生产，争取最后胜利之高级工程技术人材已感不足，若不令成绩优异之院校继续广植人材，其影响于后方建设及前方抗战与战后复兴者至深且巨，校友等蒿目时艰，凛怀陶泽，数千校友，洵谋金同，爰作复校之

举。经年来之节衣缩食，奔走呼号，已募集国币二佰万元，经全体校友集议，拟将此项捐款缴奉教育部，专充复校设备之用，并恳俯念北洋大学过去对于国家之特殊贡献及其声誉校风之优良，特准先予恢复国立北洋工学院，俾得继往开来，培植专才，以供钧座宏济艰危之驱策，并副邦人期勖之殷拳，迫切陈词，伏祈鉴核示遵。谨呈

行政院 院长 蒋
　　　　副院长 孔

国立北洋大学校友

国立北洋大学校友签名者名单

吴敬恒	王宠惠	秦　汾	王正廷	叶秀峰
刘□□	李书田	魏寿□	毕天德	曾养甫
李廷魁	蒋绵恩	暴绳武	和春芳	陈樾年
马仕保	赵□延	涂友竺	李宗达	卢丹埠
唐白异	刘德润	张舍英	张文治	邰元谟
□	孙辅世	侯德均	吴□甫	曾景贤
李荣梦	谭□畴	曹诚克	毕文瀚	许本纯
孙越崎	孙　□	马龙翔	高宗羲	钱永铭
马濬之	俞再麟	施□□	杨世□	熊大佑
李乃惠	张士伟	张耀斗	黎　楠	周□□
宋庭芝	杨振兴	谢家□	杜鸿年	朱玉仑
赵国栋	邵广藩	王兆林	张　寅	田庚锡
庄文彬	余景生	高乃谦	俞嘉澜	李一匡
张崇尧	吴承明	高润芝	戴昌晖	褚保三
毕天德	蒋绵恩	盛特□	魏传基	段海洲
彭用仪	王寿桐	黎超海	过铭忠	李□达
张行廉	唐白异			

〔行政院档案〕

（三）留学概况

一、战时留学生管理法规

1. 教育部公布抗战期间回国留学生登记办法

(1939年1月31日)

一、教育部为统筹抗战期间回国留学生服务及继续学业起见，特举办抗战期间回国留学生登记。

二、凡在抗战发动以前由本部饬令回国或自行回国之留学生，均得依照本办法申请登记。

三、申请登记之留学生，以领有本部发给之留学证书者为限。

四、登记地点在重庆本部，但在外埠者得用通信登记。通信登记者，其各项证件应用挂号邮寄，如邮寄遗失，本部不负责任。

五、登记日期，自二月一日起至二月底止，但在截止期间后回国者，得补请登记。

六、申请登记时须填具登记表，并呈缴国内学校毕业证件及国外学历证明文件，暨最近二寸半身照片二张，证件验毕加盖印章后即行发还。

七、留学生登记经审查合格后，由本部依左列两项分别处理之：

（一）国外专科以上学校毕业或国内大学毕业后在国外研究院研究一年以上者，由本部就可能范围内，按照本人专门研究，分别介绍服务，并得由本部指定相当工作，酌给生活费。

（二）出国前在国内专科以上学校尚未毕业，出国后在国外专科以上学校亦未毕业者，由本部按照其所习学科，分发于国内同等学校试读，俟学期试验及格后，编为正式生。

八、留学生已在国外专科以上学校毕业者，依照本办法登记后，免除国外留学规程第二十五条或第三十二条所规定之登记。但自费生得硕士博士学位者，仍须呈缴毕业论文一本。

九、本办法自公布日施行。

〔国民政府教育部档案〕

2. 修订抗战期间国外留学生救济办法

(1939年6月2日)

一、请求救济之公费生以原派遣省份或机关确已不能继续发给学费者为限，自费生以曾领本部留学证书，家庭沦入战区，经济来源不能继续者为限。其家庭不在战区，因受战事影响，无力担负其费用者，经本部查核属实，亦得酌予救济。

二、合于前条规定之公费生及自费生请求救济时，除须呈缴在学证明书、学期成绩单、及其他足资证明研究或实习成绩之文件外，并须填具救济申请书两份，呈由所在国大（公）使馆核转本部，以凭办理，其不合手续者，一律不予救济。

三、合于第一条之规定而出国未满三年之公费生及自费生，申请救济时，其救济费之核给标准，分为下列四种：

1．成绩特殊优良之学生，经所在学校及大（公）使馆证明属实，且出国期间在二年以内者，由部审核后得发给生活费一年，每月国币二百五十元，分四次发给。

2．成绩优良学生，经所在学校及大（公）使馆证明属实者，且出国期间在二年半以内者，由部审核后得发给生活费半年，每月国币二百五十元，分两次发给。

3．成绩优良之学生，经所在学校及大（公）使馆证明属实，且出国期间在二年半以上，三年以内者，由部审核后得发给生活费三个月，每月国币二百五十元，一次发给。

4．成绩不甚优良之学生，出国虽未满三年，应令提前回国，得由部发给回国旅费国币八百元。

前三项受救济之学生，如领完核准之生活费后，出国期限尚未逾三年，而学业成绩有特殊表现者，得酌量续予救济。

四、合于第一条规定之公费生及自费生，出国已满三年者，应即回国。在本办法公布后半年内得请求核给旅费国币八百元。

五、出国已满三年之公费生及自费生，照章应令即回国，其合于第一条之规定，成绩特殊优异，而所习学科，确与国防建设有密切联系者，如学业（包括研究或实习）尚未结束，经所在学校或研究实习机关与所在国大（公）使馆证明属实后，得准予延长期限，并得续请救济，但延长期限，不得超过半年。

六、出国已满三年之公费及自费生，除特准延长留学期限者外，逾期不回国者，一律不得申请救济。

七、公费生及自费生如已得有国内外其他机关补助或救济者，一律不发给救济费。

八、未领留学证明书之学生，请求救济，一律不予核准。其合于第一条之规定者，应补报出国原委，经审查认可后，得发给回国旅费国币八百元。

九、在抗战期间出国留学之自费生，一律不发给救济费或回国旅费。

十、救济费之发给，由本部按期请财政部核转外汇平衡委员会发给外汇，寄交所在国大（公）使馆转发，此项救济费亦得由留学生家属在国内具领，但以请求救济时叙明者为限。

十一、本办法如有未尽事宜，得由教育部随时修正之。

〔国民政府教育部档案〕

3. 教育部颁发抗战期间回国留学生分发服务简则

(1939年7月28日)

一、审查合格之抗战期间回国留学生(以下简称留学生),分发服务依本简则行之。

二、留学生分发工作:编译、研究、教学、技术及其他工作,由本部于审查时依其专长及志愿,酌量分派核给生活费,其分发工作地点不在其居住地者,并得酌给旅费。

三、前项工作时间暂以本年十二月底为止,延长时由本部另行通知。

四、留学生经分发服务后,应即呈缴不兼职证明书,证明人须具有下列资格之一:(甲)现任荐任以上公务员;(乙)现任专科以上学校校长。

五、留学生分派在各大学或其他机关担任研究或服务者,其工作应由本人与各该校或机关主管人员商定,或由各该主管人员径行指定之。

六、留学生分派在学校或机关任研究工作者,应自行拟定研究详细计划,商得主管人员同意呈部核定后开始工作。

七、留学生在各校担任研究工作时,各该校应予以便利。

八、留学生分派在各校研究或服务者,各校如有需要得指定其担任教学或其他工作,惟教学时间以六小时为度。

九、分配任编译工作之留学生,除工作机关已由本部指定者外,应自行拟定编译计划,呈部核定,每月所编文稿,至少须满一万五千字以上,如系译稿,每月至少须满二万字以上。

十、留学生服务时,应于每月底呈缴工作成绩,其研究或编译工作,非短时期所能完成者,应于月终呈缴详细工作报告,以凭核发生活费。

十一、留学生经指定工作地点者，由本部直接发给。

十二、留学生经分发服务后，如查明担任其他有给职务者，其生活费停止发给，并追还已领生活费，取销登记资格。

十三、留学生所编译之文稿将来出版时，其著作权除在国立编译馆者应由原编译人与编译馆共有外，余由原编译人享有，但以必须由本部审查后，交书局印行。

十四、留学生服务有特殊成绩，经本部审查后，得酌予奖励。

十五、留学生分发各学校或机关工作者，应受各该主管人员之指导，并遵守其一切规定。

十六、留学生在工作期间，本部如有其他需要时，得临时调派工作。

十七、本简则由教育部长核准施行之。

〔国民政府教育部档案〕

4. 教育部公布修正限制留学暂行办法

(1939年8月1日)

一、在抗战期内公费留学生，非经特准派遣者，一律暂缓派遣；自费留学生，除得有国外奖学金或其他外汇补助费，足供留学期间全部费用无须请购外汇者外，一律暂缓出国。

二、特准派遣之公费生及无须请购外汇之自费生，须具有左列资格之一：

（一）公立或已立案之私立大学毕业生，曾继续研究或服务二年以上，经服务机关证明确实著有成绩者。

（二）公立或已立案之私立专科学校毕业生，曾继续研究或服务四年以上，经服务机关证明确实著有成绩者。

三、特准派遣之公费生，以究习军、工、理、医有关军事国防为目前急切需要者为限。

四、公费生研习科目为军事部分者，呈请军事委员会委员长核准派遣之；研习其他科目者，由教育部呈请行政院院长核准派遣之。

五、已在国外之公费生，如系学习军、工、理、医有关军事国防之科学，其学费、生活费及回国川资，应核给外汇，但应由教育部查明：(1)如成绩不佳者，得令提前回国；(二)如已毕业者，令即回国；(三)毕业后有实习必要者，实习完毕令即回国。

六、已在国外之公费生，所习科目非军、工、理、医有关军事国防之科学，而出国已满三年者，应令即行回国，但出国虽未满三年，而成绩不佳者，得令提前回国，已令回国之留学生，逾期不回国者，一律不发外汇通知书。

七、已在国外之自费生，如成绩优良而家庭确无负担其费用者，得酌给救济费，如成绩不佳，应令提前回国者，由教育部考察其家庭状况，酌给回国川资。

前项救济费及回国川资，以国币交付，由教育部咨财政部准向外汇平衡基金管理委员会购买外汇。

八、已在国外之自费生，除第七款所列各情形者外，无论学习何种科目，一律不核给外汇。

九、本办法自行政院核准公布之日施行。

〔国民政府教育部档案〕

5．教育部国外留学生奖助金设置办法

(1942年7月)

一、本部为奖励国外留学成绩优良而家境清寒者，特设置奖助金一项，以示鼓励。

二、奖助金分在欧美各国设置，其科目以各国擅长学科为

主，名额定为四十名，其分配如下：

1．英国共八名：

文艺学科二名（包括文学、美术、音乐、雕刻等科）；

社会学科二名（包括政治、经济、社会、教育、统计、国际公法、国际私法、工商管理、货币财政、会计等科）；

理科二名（包括数学、物理、化学、生物、心理等科）；

工科二名（包括纺织、水利、造船、机械等科）。

2．美国共十二名：

文艺学科二名（包括科目同上）；

社会学科四名（包括科目同上，另加历史地理等科）；

农矿科二名（包括农林、园艺、矿冶、畜牧等科）；

工科五名（包括航空工程、电机工程、土木工程、化学工程、机械工程、运输工程、军事工程等科）。

3．德国共十名（奥、意、丹麦附）：

文艺学科二名（包括科目同上）；

医科二名（包括医学、药学、药理等科）；

工科四名（包括科目同上）；

理科二名（包括科目同上）。

4．法国共十名（比、瑞附）：

社会学科四名（包括科目同上）；

文艺学科三名（包括文学、美术、音乐、雕刻等科）；

工科三名（包括科目同上）。

三、奖助金每名年给美金一千元，由部核定后派交各驻外大使馆转发。

四、申请奖助金之学生，须将学业成绩单、研究报告及著作等件（均须由原任教授签字，并经使馆盖章验讫），并填具申请书两份，呈由各驻外使馆核转本部办理。

五、本部接到该项成绩及研究证件，另组织审查委员会，分别审核,决定录取名额。

六、申请奖助金之学生,须限于每年十月以前将各项成绩证及研究证件汇寄到部,以便审查,于年终发表,逾期申请者无效。

七、奖助金之发给,每年举行一次,翌年申请者,必须另缴成绩及研究证件。

〔国民政府教育部档案〕

6. 教育部第一届国外自费留学生考试章程

(1943年10月)

一、名额及学门分配

本届自费留学生以六百名为限,内实科(包括理工医农等科)占十分之六,文科(包括文法商教育等科)占十分之四。(详细学门,另详附表)。

二、应考资格

曾在国内公立或已立案之私立大学独立学院或专科学校毕业者。

三、报名日期及地点

(一) 报名日期 自三十二年十一月十五日起至十二月五日止。(外埠通信报名,自登报之日起至十二月五日止,逾期概不补报。)

(二) 报名地点 重庆川东师范教育部。(通讯报名一律将应缴证件挂号寄至重庆青木关教育部留学生考选委员会。)

四、报名手续,报名时应缴左列各件

(一) 毕业证书(已领本部留学证书尚未出国者,准以留学证书代替);

(二) 历年肄业及毕业之成绩单一份;

(三) 最近体格检验表一份;

（四）　研究或服务证件（未曾研究或服务者免缴）；
（五）　留学费用证明书（得于考试及格后补缴）；
（六）　留学期间研究计划一份；
（七）　保证书一份；
（八）　最近四寸半身相片五张；
（九）　证书费十元，印花费五元（考试不及格者发还）；
（十）　考试手续费二十元。

（外埠考生所缴证件，经审查合格后通知应考）。

五、复验体格

定于十二月六日至七日举行体格复验，复验场所临时通知，复验合格后发给准考证。

六、考试日期及地点

（一）　考试日期　三十二年十二月十一日至十二日。

（二）　考试地点　重庆（试场于考试前四日公布）。

七、考试科目

（一）　普通科目　（1）三民主义及本国史地，（2）国文，（3）外国文。

（二）　专门科目　一种（依考生出国留学拟习学门决定，另详附表。）

八、口试（注重考生仪表、思想及应考学门之专门知识）

自十二月十三日上午八时起，在试场举行。

九、成绩计算

依百分法计算，三民主义及本国史地占百分之二十，国文占百分之二十，外国文占百分之二十五，专门科目占百分之二十五，口试成绩占百分之十。

十、留学年限及办法

依照本部国外留学自费生派遣办法办理。

附注一：凡属医科、药科毕业者，参加留学考试及格后，仍须经过卫生署或军政部军医署许可留学，方准出国（属于普通医务人员，须经卫生署许可，属于军医人员，须经军医署许可）。

附注二：曾申请留学并经部通知补证件者，家在外埠者，可遵照前次通知，检齐应补证件，从速来渝报考。

附应考学门及考试科目表

甲　实科类

应考学门	考试科目	应考学门	考试科目
一、数学	微积分	十二、造船工程	材料力学
二、物理	普通物理学	十三、水利工程	材料力学
三、化学	普通化学	十四、建筑工程	材料力学
四、生物	普通生物学	十五、机械工程	机动学
五、生理	人体生理学	十六、航空工程	机动学
六、心理	普通心理学	十七、电机工程	机动学
七、地理	中外地理	十八、采矿工程	地质学
八、地质	地质学	十九、化学工程	化工原理
九、天文	天文学	二十、军用化学	化工原理
十、气象	气象学	二十一、冶金	普通化学
十一、土木工程	材料力学	二十二、大地测量	测量学

续上表

应考学门	考试科目	应考学门	考试科目
二十三、纺织工程	纺纱学	三十、森林	树木学
二十四、医科	内科、外科或病理学任考一种	三十一、植物病虫害	昆虫学
二十五、牙科	牙科病理学	三十二、畜牧	畜牧学
二十六、公共卫生	公共卫生学	三十三、兽医	兽医学
二十七、药学	药物化学	三十四、农业经济	经济学原理
二十八、农艺	作物学	三十五、农业化学	普通化学
二十九、园艺	园艺学	三十六、水产	水产学

乙 文科类

应考学门	考试科目	应考学门	考试科目
三十七、英国文学	高级英文（注重写作、翻译）	四十二、国际法	国际法原理
三十八、哲学	哲学概论	四十三、政治	政治学原理
三十九、历史	中外通史	四十四、国际政治及外交	西洋近代史
四十、图书馆学	图书分类法	四十五、经济	经济学原理
四十一、法律（包括民法、刑法、宪法及警法）	民刑法概要	四十六、财政金融	经济学原理

续上表

应考学门	考试科目	应考学门	考试科目
四十七、社会学	社会学原理	五十四、会计	会计学
四十八、新闻学	新闻学	五十五、工商管理	工商组织与管理
四十九、教育	教育原理	五十六、交通管理	工商组织与管理
五十、公民训育	教育原理	五十七、统计	统计学
五十一、体育	教育原理	五十八、地政	土地问题
五十二、货币银行	经济学原理	五十九、美术（包括雕塑工艺及建筑）	中西美术史
五十三、国际贸易	经济学原理	六十、音乐	乐理学

〔国民政府教育部档案〕

7. 教育部国外留学自费生派遣办法

（1943年10月）

一、本部为改进国外留学教育，造就各科专门人才，以配合今后建国之需要起见，凡自费生请求出国留学，一律由本部统筹派遣，并管理之。

二、自费留学生每年派遣人数应从严限制，暂以六百名为最高额，额满停止派遣，是项自费生所定学科暂定习实科（包括理工医农等科）占十分之六，文科（包括文法商教育等科）占十分之四，必要时得视国内实际需要，酌量增减。

三、自费生留学期间，暂以二年为限，如因研究上之必要，必须延长留学期限时，应陈明理由，连同研究证件呈部审核后再为决定。

四、自费生留学期内，关于学业成绩之考核，思想行为之考查，概由本部驻外留学监督处负责处理，自费生须服从其指导与管理，在监督处未设立前，由部委托所在国使馆代为处理。

五、自费生请出国留学须曾在国内公立或已立案之专科以上学校毕业，并须经过本部考试，考试及格后，由部发给留学证书。

六、自费留学生报名应考时，须呈缴左列证件：

1．国内大学、独立学院或专科学校之正式毕业证书，此项证书须经本部核准验印，其在本年春季或秋季毕业者，须俟毕业资格经原校呈部核定后再行申请留学。

2．国内大学、独立学院或专科学校历年肄业及毕业之成绩单一份。

3．最近体格检查表一份（须经公立医院正式医师检验）。

4．曾在研究机关研究或服务机关服务者，须呈缴研究或服务证件。

5．留学费用证明书（是项证明书须由存款银行商号或担保该生费用之机关或公私法人出具正式证件，无论为国币或现存外汇须详细注明数字，并应估计留学期间应需各项费用及往返旅费，填明确实数字，以凭审核）。

6．留学期间研究计划一份（是项计划于报名应考时一并呈部审查，考试及格经部核定后，在留学期间必须依照该项预定计划，切实实行，不得任意变更。

7．保证书一份。

8．最近四寸半身相片五张。

9．证书费十元，印花费五元。

10．考试手续费二十元。

七、申请出国留学之自费生所缴证件，经部审查合格后通知考试日期及地点。但在考试前须由本部指派医师复验体格一次，复验合格后发给准考证，参加考试。

八、考试科目规定如左：

（一）普通科目：1．三民主义及本国史地，2．国文，3．外国文。

（二）专门科目一种或二种，依考生出国留学拟习学门而定。

（三）口试注重考生之仪表及思想等。

九、自费留学生考试暂定每年举行二次，于每年二月八月各举行一次，考试日期及地点临时通知。

十、自费留学生考试及格送往中央训练团党政训练班集中受训，受训完毕后办理出国手续。

十一、自费留学生国外学校入学手续得由本部驻外留学生监督处，按照各生志愿分别代为办理；在监督处未设立前，由部委托驻外使馆代为办理；其由学生自行接洽者，应将国外学校入学许可证明书呈部审核登记。

十二、自费留学生经部考试及格后，应在规定期内出国，逾期六个月未出国者，取销其留学资格，并缴还所领留学证书。

十三、自费生在留学期内，应于每学期终了将肄业成绩单呈送本部驻外留学生监督处考核，并转报本部审查备案，逾期不呈送者予以警告，逾期三次不呈送者勒令退学返国。

十四、自费留学生在国外一切思想行为须绝对接受监督处及使馆之指导与管理，如有违背三民主义之言论及越轨行为，经查明属实报部后立即取销其留学资格，并勒令返国。

十五、自费生留学期满，未经本部核准延长留学期限，应即返国服务，不准逗留。

十六、自费生留学期满返国后，应于两个月内检同毕业及研究证件，呈送本部审查登记。

十七、自费留学生毕业返国后，得由本部视其所习学科性质，指派适当工作或介绍有关机关服务。

十八、本办法自呈奉核准备案之日起施行。

〔国民政府教育部档案〕

8．教育部颁发大学教授、副教授自费出国进修办法

（1944年4月1日）

一、现任各大学教授、副教授，其资格曾经本部审查认可，并任职满五年以上，所教授或研究之学科确有出国进修之必要，而自行筹足经费者，准予出国进修（本条在抗战期内研究社会学科之教授、副教授暂缓适用）。

二、教授、副教授申请出国进修，应呈缴下列证件：

（一）国内外大学毕业证书；

（二）服务证件；

（三）最近体格检验表一份；

（四）出国进修计划一份；

（五）出国进修费用证明书；

（六）最近四寸半身相片一张；

（七）履历书一份。

三、教授、副教授出国进修期间以两年为限，并应如期返国服务。

四、教授、副教授在国外进修期间，应受本部驻外监督处之管理。在监督处未设置前，由驻外大使馆代行管理。

〔国民政府教育部档案〕

9. 教育部在国外大学设置中国文化奖学金办法

（1944年6月1日）

一、教育部为奖励国外人士研究中国语文、历史与文化起见，特在国外设有中文课程之大学内设置中国文化奖学金（以下称本奖学金）。

二、本奖学金之设置暂以下列各校为限：

美国

1．芝加哥大学　　　　　　2．哈佛大学
3．歌伦比亚大学　　　　　4．耶鲁大学
5．密西根大学　　　　　　6．斯丹福大学
7．加利福尼亚大学　　　　8．南加利福尼亚大学
9．华盛顿大学　　　　　　10．米尔女子学院

英国

11．牛津大学　　　　　　12．剑桥大学
13．伦敦大学　　　　　　14．加尔各答大学

印度

15．印度国际大学

三、本奖学金名额暂定为七十二名，第二条所列各校，每校五名，每名每年给予美金一千五百元。

四、第二条所列各校非中国籍学生合于下列条件之一者，得向各该校申请本奖学金。

（1）曾选习中国语文、历史、文学、艺术、政治、经济、地理等任一科目一年以上，经肄业学校考核认为成绩优良者。

（2）有关于前项所列任一科目之论著，经肄业学校审查，认为确有价值者。

五、本奖学金之领受人，由第二条所列各校根据申请审查决

定之。

六、本奖学金由中国教育部汇由中国驻外大使馆或专员公署转发第二条所列各大学，给予审查合格之学生。

七、第二条所列各大学，按年将领受本奖学金学生名单、成绩报告书交由各该国中国大使馆或专员公署，转送中国教育部备查。

八、第一年领得本奖学金者，第二年得继续申请，但连续得三年奖学金者不得续请。

九、此项奖学金办法由外交部转达各有关驻外使馆或专员公署，转商规定设置之学校，获取其赞同后施行。

十、本办法遇必要时得随时修改之。

〔国民政府教育部档案〕

二、战时留学生概况

1. 中华建设协会建议政府广纳流亡海外知识分子为国家抗战服务呈

(1939年1月13日)

呈为呈请事：窃生等早岁束身庠序，学究中西，万里负笈，归国效命，藉遂天职。不料事与愿违，或则区域沦陷，赍志出亡，或则美人迟暮，无路请缨；际兹国难当头，匹夫有责！窃以为内有民众之组织，外有国际之同情，庶有广收兼蓄之效果，抑尝闻之，民为邦本，本固邦宁，先哲所诏，而在智识阶级，尤有过之，盖智识阶级之流亡，小则所谓弃黔首以资敌国，大则所谓藉寇兵而赍盗粮者也。昔者，哀公问政，治国之道有九经：尊贤、子庶民、来百工，其著者矣。生等慨乎外患之日亟，智识阶级流亡之日众，与我团结之不力，宣传之不广，国际间之误解，用是坐视强邻之自大，不禁慭焉忧之，而环顾国内，烽烟遍地，国土日戚，奋起则既无长矛弓矢，自弃则又非心之所安，爰有集合海外爱国智识阶级之举，成立斯会，众志成城，无非求所以献身于社会国家者，虽汤火以赴，其志则一也。然而抗战时期，步伐似宜一致，政府为加强抗战策略起见，对于上述智识阶级，在政府建设当中，应如何勿置之闲散？对于国际之宣传，应否设立海外有力宣传之机构，博收国际之同情乎？诚如是，则海外有志之士，各得用其所长，一致为国效命。凡兹种种，是否可行？除用英文副本补具理由外，接准前由，理合呈请钧长察鉴，伏乞俯察海外舆情，采纳民意，尤其是国无弃材，民有组织，抗战前途，实利赖之。临楮惶悚，不胜逼切待命之至！
谨呈
国民政府主席林
　　附呈英文呈文乙本〔缺〕

中华建设协会委员
陈荣德　　李治泰
周信铭　　李昉孩
康飞祷　　严观韶
钟仁正

中华民国二十八年一月十三日

〔行政院档案〕

2. 驻德陈介大使报告德国实业家伍尔福资助中国留德学生电与教育部对助款用途支配意见函

(1939年1—2月)

（1）　驻德陈介大使致外交部电（1月28日）
重庆外交部：877号（廿八日），并转交通部、教育部：德实业家OTTOWO——LFF捐款十万马克一案，前经洽定办法，但除由其拨付远东协会一万五千马克业已电陈有案外，余款迄未交到，亦示另立专户。兹据该氏面告，并函称依目前情形无法照原拟计划支用，以余款八万五千马克交介支配，救济困苦学生，当经表示接受，拟俟该款拨到后，会同该氏代表组织委员会负责办理。特电闻。

（2）教育部致外交部公函

教育部公函

准贵部转送驻德陈大使二十八年一月二十八日电开："德实业家……特电闻"等由。查德国实业家OttowoLff所拟以其捐款八万五千马克交由驻德大使馆支配补助经济困难学生一节，业经驻德大使馆表示接受，应予备案。惟将来对于申请补助学生，拟请双方组织之委员会，以本部与财政部共同呈院核准施行之，"限制留学暂行办法"为审核依据。兹另附列本部意见数项，以供该委员会参考。每期核定补助学生，并拟请驻德大使馆造列详表（注明留学证书核准发给年月，出国年月，肄业学校，研究学科，研习情形，预计回国年月，补助费种类及数额等项）送部备案。相应函请查照，惠予转达为荷。此致

外交部

计检送限制留学暂行办法及意见书各一份

教育部对于德国实业家OttowoLff捐款补助中国留德学生用途支配意见

（一）凡未领有留学证书之学生，似仅可请求补助回国旅费；

（二）已由本部发给救济费饬令回国，或自请购买留学费用外汇，经本部核定应即回国，仅可请购回国旅费外汇之学生，似不得请求补助；

（三）出国已满三年，未经本部核准延长留学期限之学生，

似仅可请求补助回国旅费；

（四）已由本部发给救济费，充作留学费用之学生，在救济费所充留学费用期间内，似不得另请补助。

（3）教育部拟发的新闻稿：德国实业家伍尔福氏资助留德中国学生拨付八万五千马克交由我国驻德大使馆成立"伍尔福奖学金委员会"。

确讯：教育部顷接中国驻德大使馆函：德国实业家伍尔福氏，Otto WoLFF，鉴于留德中国学生，在抗战期间，研究学习，更为勤奋，志气可嘉，而生活殊感艰苦，特将前年资助我国工程人员来德实习之十万马克余款八万五千马克，（内有一万五千马克已交远东协会办理救济留德中国学生，交由中国驻德大使馆全权支配，作为留德青年研究及生活之用，现驻德大使馆为慎重起见，特组织"伍尔福奖学金委员会"，由驻德大使陈介自任主席，另邀伍氏代表人planCK先生，远东协会副会长林德先生Dr. Linde，中国研究会干事斯脱威先生Stvewe，及该馆谭伯羽参事，丁文渊参事，徐泽秘书等六人为委员，共同开会决定支配原则及核给补助金办法，以昭公允云。

〔国民政府教育部档案〕

3. 教育部请转饬各部会录用回国留学生服务呈

（1940年4月）

教育部呈　高字第09094号

窃查我国近年留学国外学生，为数甚多，其所习学科大半适合于目前国家社会之需要，平日各生在国外生活情形及其研究成绩，本部亦已订有办法，分别予以调查考核与奖励。惟查抗战以来，留学生毕业回国者，日益增加，关于服务问题，亟感迫切，本部有鉴及此，前曾订定"抗战期间回国留学生登记办法"，以谋解决,即凡在国外专科以上学校毕业者,由本部在可能范围内,按其专长,分别介绍服务,并得由本部指定相当工作,酌给生活费。办理以来,收效尚宏,惟查回国之留学生能自谋工作者固多,其未有工作机会而来部登记,由部发给生活费者,亦复不少(截至最近为止共计一百一十九名),其由部介绍工作之机关,大抵限于教育有关方面,如派往国立编译馆服务,及介绍至各大学担任教职或研究工作。伏念抗战期间,百端待举,各方需材孔殷,回国之留学生既各学有专长,自应代谋适当之安置,俾就其所学,作特殊之贡献,报效党国,以符总理"人尽其才"之至意。如仅限于教育方面工作之介绍,殊不足以宏国家培养人才之本旨。查国内农工采矿及其他交通运输、建设等技术机关,值此抗战建国兼程迈进之际,此项专才,需用孔亟。拟请钧院通令各部会转饬所属机关,以后需用是项技术人材,及举办各项建设事业,希能尽量聘用回国留学生担任工作,并径由各部会咨请本部介绍,庶留学生回国免生抱才向隅之憾,而亦所承恢弘国家百年树人之大议。以上所陈,是否有当,敬祈鉴核示遵。谨呈
行政院

教育部部长陈立夫

中华民国二十九年四月　日

〔行政院档案〕

4. 教育部关于大英文化协会与英国工业协会资助中国学生赴英学习呈及行政院指令

(1942年5—8月)

(1)　教育部致行政院呈（5月14日）

教育部呈　渝字三八三号

查中英文化合作,本部于去年二月郭任远教授赴英讲学之时,即派该教授便中向英方接洽,旋据报告,英政府允俟战局稍

定，由中国政府派遣学生免费赴英留学，本年四月，准驻英顾大使来电，以大英文化协会愿担任我国研究生十名生活费，期限一年，期满如经费情形许可，得考虑展期，如我国能遴派著名科学家或医师一人前往研究，尤为欢迎等语。正核办间，复准顾大使来电，谓大英文化协会担任我国研究生十名费用，为每名每年二百镑，当此生活日高，恐不敷用，未知我国政府可否酌予资助。又，出国川资须由我政府自行负担等语。窃自抗战以来，因限制留学关系，出国留学生为数原已甚少，自太平洋战事发生以后，海上交通被敌控制，留学一事已告完全停顿。查我国抗建人才需要孔亟，英国方面既允我国派遣研究生，免费留学，我国自应予以接受，故已复电允派，惟英方担任费用，仅每名每年二百镑，准顾大使来电，以英国生活日高，恐不敷用，拟酌增为每名每月二十八镑（中英庚款留英学生为每月二十四镑，拟酌增加四镑），每年每生为三百三十六镑，除英方补助二百镑外，拟由本部每名补足一百三十六镑，共计十名，年需补助一千三百三十六镑，另由本部每名发给出国川资三百镑，两共计需四千三百三十六镑，回国川资及毕业论文费视将来需要情形另行发给，留学期限如定为一年，实属过于短促，拟定为二年，第二年费用如英方不予继续补助，拟即由我国自行负担。以上各款，拟请核准由国库另行支拨或在英借款项下拨给，至研究生所习学门，拟按照国家需要情形酌为拟定，谨检同考选留英研究生办法呈请鉴核示遵，并乞迅赐核定，俾便由部办理考选手续，早日出国，实为公便。谨呈

行政院 院　长蒋
　　　　副院长孔

附呈教育部考选留英研究生办法一份〔略〕。
中华民国三十一年五月十四日

（2）　教育部致行政院呈（7月28日）

教育部呈　高字第30234号

案查英国文化协会资助我国留英公费研究生十名，业经呈奉钧院核准，并由本部定期考选各在案。兹查英国工业协会历年曾资助我国学生赴英入工厂实习，嗣因我国抗战发生，乃暂行中止。近准英国大使馆函以该会复允于本年内继续资送我国大学工科毕业生十二名入英国工厂实习，期限一年，如成绩优良，可酌予延长一年。在实习期内每名每星期由该会津贴生活费英金四镑。查抗战时期，国家需才孔亟，技术专家需要尤殷，按前项研究生系侧重学术研究，与此项实习生之着重技术者性质有所不同。现英国工业协会既愿资助我国工科毕业生赴英实习，似应利用此机会选派适当人员前往，俾能为国储备技术人才。至选送办法，拟通令设有工科之各大学及独立工学院，就土木电机机械各系毕业生中选拔，保送成绩最优学生二名，由本部组织该项学员派选委员会、会同英大使馆所派人员审查决定。至于实习员之治装费及出国旅费，拟请钧院援前项研究生先例，在英借款项下拨给实习员旅费，每名英金三百镑，治装费每名三十镑，计共需要英金三千九百六十镑，在英生活费英国工业协会津贴每周仅有四镑，实不敷用，拟请钧院每名每月补给十二镑，全年共需英金一千七百二十八镑，以上两项合计共需英金五千六百八十八镑，所拟是否可行，理合检同英国工业协会资助中国工程研究生赴英实习计划中英文各一份，呈请鉴核施行。又，该项实习生英方盼于本年即能出国，并祈迅赐核示，俾便遵行。谨呈

行政院　院　长　蒋
　　　　副院长　孔

附呈英国工业协会资助中国工程研究生赴英实习计划中英文各一份

　　　　　　　　　　　教育部部长陈立夫

中华民国三十一年七月二十八日

英国工业协会资助中国工程研究生赴英实习计划

宗　旨

（一）沟通中英文化，并发展中英商业。

（二）谋使中国工程研究生能适合中国工程界负责地位，特给彼等在英各种工程实习之机会。

经　费

此项工程奖学金之来源，由下列各处担负：

（一）伦敦英国各大学中国委员会、伦敦英国文化协会及重庆中英庚款董事会补助费；

（二）英国各制造厂之生活津贴；

（三）英国商店及企业家之捐款；

（四）中国所派实习员之捐款。

再，**实习员来英船票，伦敦与利物浦允给予折扣优待**，办法由工业协会负责接洽。

实习奖学金之性质

此种计划，限于机械、土木各种工程方法之训练，目的在使**实习员回国后有实用之技能**，每年实习奖学金之名额视英国各工厂所有空额而定，每名实习员每周生活费定为英金四镑，按后列契约申请：

办法（视当时情形酌予变更）

候选人须按一定方式，向上海英国工业协会派选委员会申请，并须得有肄业大学之**保荐**，派选委员会则按英国工厂所定名额考虑各种申请，并派代表在沪港或中国其他地方约候选人面谈，并将合格人员之详细情形转荐与伦敦工业协会中国实习奖学金委员会作最后之认可，然后再通知在中国之派选委员会（此项已不适用）。

奖学金条例

（一）候选人须中国籍，申请时年龄在三十岁以下（按西法计算）。

（二）候选人须在一认可之大学取得一工程学位。

（三）候选人须具有领袖才能与负责精神，并有可在英受训练之准备，候选人必须**熟谙英国语文**。

（四）每一候选所受之工程训练，其范围、类别、视候选人之志愿及委员会之认可而定。

（五）候选人须于训练完成后归国服务。

（六）候选人于初选及格后，须由一认可之医生证明其身体健康。

（七）候选人于当选后离华前须缴付保证金二十镑。

（八）**伦敦中国实习员委员会认为实习员身染重疾或有不法行为**，或荒废学业时，得随时停止其奖学金。

实习员在英国之待遇

英国工业协会根据此种训练计划，在英为实习员接洽各种实习机会，务期各实习员得受广博之训练，在英国社会得受相当之待遇。

（3）行政院致教育部指令（8月4日）

行政院指令　顺陆字第15563号

　　令教育部

三十一年七月二十八日高字第三〇二三四号呈：为准英国大使馆函：英国工业协会请我国派遣大学工程毕业生十二名赴英实习。拟具选派原则及经费数额，暨附呈英国工业协会资助中国工程研究生赴英实业计划，请鉴核施行由。

呈件均悉。案经提出本院第五七五次会议决议："修正通过。"修正之点如左：

甲、实习员旅费，改为每名英金**贰佰肆拾镑**；

乙、关于奖学金条例部分：

1．第（三）条"候选人须具有领袖才能"句中之"袖"字应改为"导"字；

2．第（五）条"归国服务"句，应改为"归国向教育部报到，听候指派工作。"除了令财政、经济两部知照外，仰即遵照、此令。

中华民国三十一年八月四日

〔行政院档案〕

5．行政院核发1943年度派遣国外学习人员计划及经费表的训令

（1944年8月12日）

行政院训令　义嘉字第7838号

　　令教育部

　　奉委员长蒋三十三年八月十日侍秘字第二三六八一号代电开："关于三十二年度派遣国外研究、考察、实习各项人员计划及经费预算。兹据中央设计局呈送前来，经核定员额为研究员九十五名，考察员六十名，实习员四百四十五名，其一切经费计共美金五百四十九万九千一百元，国币一千万元以上，美金部份可交财政部转电孔副院长，商由美国借款余额内支拨，国币部份可在三十三年度第二预备金项下动用。兹将原呈计划案及经费估计表预算书随文抄发，即希照办。"等因。自应遵办。惟查三十三年度国家总预算第二预备金已动支无余，上项研究考察实习人员经费国币部份一千万元，应即改作三十三年度支出追加，除分行主计处、中央研究院暨财政、经济、交通、军政部外，合行抄发原计划，令仰知照。此令。

　　计抄发原颁三十二年度派遣国外学习人员计划、经费估计表各一份〔经费估计表略〕

院　长　蒋中正

中华民国三十三年八月十二日

抄 件

壹、关于三十二年度派遣国外学习人员计划案

（一）名额分配 三十二年度派遣国外学习人员总数原定一千二百名，兹遵令剔除留学生六百名，其余应派遣之考察、研究、实习人员仍共为六百名，分配如次：

1. 教育部研究员　八五名
2. 中央研究院研究员　一〇名
3. 经济部考察员　二〇名
　　　　 实习员　一七〇名
4. 交通部考察员　六〇名
　　　　 实习员　二二五名
5. 军政部考察员　一〇名
　　　　 实习员　二〇名

（二）考选标准

1. 研究员与考察员　仍照本案原规定（见设签字第九四号报告）。

（附注）：设签字第九四号报告所定选考标准及方式如下：

（1）研究员　由教育部及中央研究院就专科以上学校正副教授、各研究院正副研究员中择优遴选。

（2）考察员　由经济、交通二部就该部及附属机关高级干部中择优遴选。

（3）实习员　由经济、交通二部就专科以上学校毕业暨在部或所属机关服务二年以上者，择优选拔，严格考试。

（4）留学生　由教育部组织留学生考选委员会，公开招考，其资格以体格健全，品行端正，曾在国内专科以上学校毕业，服务本业满二年者为限。

军政部派遣人员由该部自定选考标准及方式。

2. 实习员

一、国内外公私立专科以上学校毕业而具有次列资格之一者：

甲、在部属机关服务满二年而现时在职者；

乙、在部属以外机关从事同类业务满三年者；

丙、高考建设人员考试及格，并曾在本业服务满二年者。

二、具有上项资格外，尚须品行端正，体格健全及服务成绩优良。

三、英文写讲皆能畅通。

（三）选考方式

1．研究员与考察员　仍照本案原规定（已详前注）；

2．实习员　由教育、经济、交通三部会同组织派遣国外实习人员考选委员会公开招考，并由考试院派员参加。

（四）学习期限　仍照本案原规定（见设签字第九四号报告）。

（附注）设签字第九四号报告所定留学期限如下：

1．研究与考察时间为半年至一年。

2．实习与留学时间为二年，必要时得酌为延长，但至多以一年为限。

（五）接洽机关　关于与英美政府接洽派遣人员前往研究、考察、实习事，国外由我国大使馆、国内由外交部负责办理。

贰、关于"其他机关拟派国外学习人员计划"案，据行政院转送审议者仅有水利委员会及卫生署两机关，但均系拟在三十三年度派遣，当经决议，拟俟拟订"第二次派遣国外学习人员计划"时再行并案办理。

〔国民政府教育部档案〕

6. 教育部抄送派遣国外研究人员名单并请转知有关单位拨付外汇事致财政部公函

（1944年12月19日）

教育部公函

案查本部派遣国外研究人员，由本部选派者八十五名，由中央研究院选派者十名，计共九十五名。前奉行政院令知每名经核定旅费国币乙万五千元，又美金乙千四百八十四元，治装费美金四百元。除国币部份已由本部径向国库具领外，关于所需外汇经已奉准。现第一批出国人员计为六十七名，相应开具名单，函达查照，请即转知外汇管理委员会及中央银行，照单分别开具汇票（治装费美金四百元，旅费美金乙千四百八十四元），交由本部转给，至生活费每名每月美金二百五十元，及研究费美金乙千元，并请通知驻美大使馆，于该员等到达时分别发给，统希查照办理，并见复为荷。此致

财政部

计附送本部第一批派遣国外研究人员名单一份

中华民国三十三年十二月十九日

本部第一批派遣国外研究人员名单

（一）本部第一批选派者五十七名

杨家瑜	胡焕庸	姜立夫	赵玉振	李仲珩		
温麟	周怀衡	许心武	赖琏	胡定安	陈节坚	张思侯
殷大钧	黄龙先	曲仲湘	陈华	杨国亮	陈少伯	汪桂荣
王肇勋	张国隆	赵祥麟	陈时伟	庄长恭	钟补求	李漪
胡志远	朱振德	马继授	毛鸿志	毛韶青	刘宝善	倪可权
许自城	杨石先	张景钺	刘仙洲	任之恭	胡□异	胡昭全
丁缉熙	何国模	赵笙	周雪鸥	黄继汉	黄其林	部绍周

李超英　李　蕃　陈克元　张世勋　高维昌　罗　河　吴信法
季士俨　侯玉清　杨希震
 （二） 中央研究院选派者十名
　柳大纲　　周行健　　斯行健　　喻德渊　　张文佑
　倪达书　　林树棠　　朱恩隆　　张宝坤　　单人骅

〔国民政府教育部档案〕

7．抗战前后历年度出国留学生数统计表

（1929—1946年）

学年度别	共计	文类					实类					其他及未详
		计	文	法	商	教育	计	理	工	医	农	
35	730	321	94	145	57	25	409	92	205	49	63	—
34	8	—	—	—	—	—	8	5	—	—	3	—
33	305	34	8	11	10	5	271	27	164	23	57	—
32	359	181	37	53	84	7	178	28	124	9	17	—
31	228	73	15	39	13	6	155	32	103	7	13	—
30	57	20	8	11	4	2	37	8	19	4	6	—
29	86	32	8	10	7	7	54	8	25	11	10	—

续上表

学年度别	共计	文类					实类					其他及未详
		计	文	法	商	教育	计	理	工	医	农	
28	65	20	1	9	1	9	45	20	13	8	4	—
27	92	13	2	7	1	3	79	18	34	20	7	—
26	366	138	20	61	33	24	228	46	107	34	41	—
25	1,002	463	108	227	64	64	526	97	183	127	119	13
24	1,033	506	117	246	70	73	526	135	174	104	113	1
23	859	428	99	234	43	52	431	116	164	79	72	—
22	621	301	78	151	27	45	317	55	139	83	40	3
21	576	342	98	179	25	40	213	49	76	53	35	21
20	450	221	57	108	11	45	220	64	79	60	17	9
19	1,030	572	166	307	43	56	400	77	165	109	49	58
18	1,657	971	266	568	62	75	548	129	249	104	60	138

〔国民政府档案〕

8. 抗战前后年度出国留学生之留学国别表

（1929—1946年）

学年度	共计	美国	英国	德国	法国	比国	日本	奥国	瑞士	加拿大	菲律宾	荷兰	波兰	丹麦	土耳其	爪哇	安南	印度	埃及	瑞典	澳洲
35学年度	730	554	41	—	68	2 3	—	—	1	10	4	—	—	3	—	6	—	—	—	—	7	2
34学年度	8	2	1	—	—	—	—	5	—	—	—	—	—	—	—	—	—	—	—	—	—	—
33学年度	305	149	156	—	—	—	—	—	—	—	—	—	—	—	—	—	—	—	—	—	—	—
32学年度	359	358	1	—	—	—	—	—	—	—	—	—	—	—	—	—	—	—	—	—	—	—
31学年度	228	170	46	—	—	—	—	—	—	—	—	—	—	—	—	—	—	—	12	—	—	—
30学年度	57	54	3	—	—	—	—	—	—	—	—	—	—	—	—	—	—	—	—	—	—	—
29学年度	86	85	—	1	—	—	—	—	—	—	—	—	—	—	—	—	—	—	—	—	—	—

续上表

学年度别	共计	美国	英国	德国	法国	比国	意国	日本	奥国	瑞士	加拿大	菲律宾	荷兰	波兰	丹麦	土耳其	爪哇	安南	印度	埃及	瑞典	澳洲
28学年度	65	39	26	—	—	—	—	—	—	—	—	—	—	—	—	—	—	—	—	—	—	—
27学年度	92	15	40	22	8	—	—	—	—	—	—	—	—	—	—	—	—	—	—	—	—	—
26学年度	366	201	37	52	14	2	—	49	—	—	4	1	—	—	—	—	—	—	—	—	—	—
25学年度	1,002	255	86	117	22	4	1	496	—	2	—	3	2	—	—	—	—	1	—	—	—	—
24学年度	1,033	294	102	101	55	7	6	447	6	2	2	3	1	1	1	1	1	—	—	—	—	—
23学年度	859	254	121	61	42	15	2	347	3	5	3	1	—	1	—	—	—	—	—	—	5	—
22学年度	621	186	75	68	45	16	10	219	1	1	3	1	—	—	—	—	—	—	—	—	—	—
21学年度	576	99	56	64	108	14	2	227	2	1	1	1	—	—	—	—	—	—	—	—	5	—
20学年度	450	115	25	84	106	26	1	83	3	—	1	2	—	—	—	—	—	—	—	—	—	—
19学年度	1,030	158	16	66	142	42	2	590	—	1	4	1	1	2	—	—	—	—	1	1	1	—
18学年度	1,657	372	49	86	165	56	1	1,025	11	—	—	3	—	—	—	—	—	—	—	1	—	3

〔国民政府档案〕

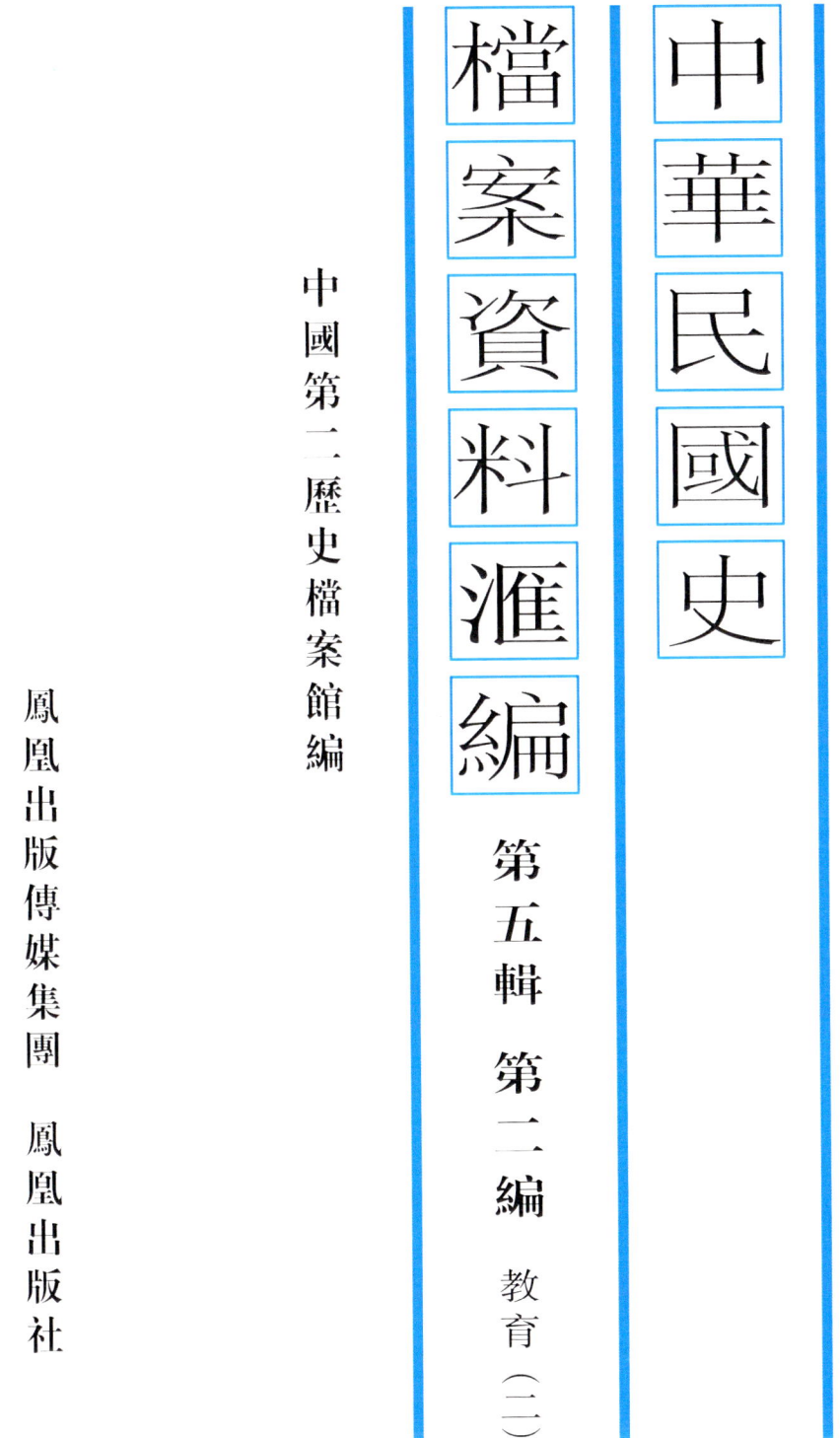

中華民國史檔案資料滙編

第五輯 第二編 教育（二）

中國第二歷史檔案館編

鳳凰出版傳媒集團
鳳凰出版社

目 录

〔五〕社会教育

（一）社会教育法规

一、社会教育组织规程
1. 教育部公布民众教育馆规程
　　（1939年4月17日）············（ 1 ）
2. 教育部公布修正民众学校规程
　　（1939年5月17日）············（ 6 ）
3. 教育部公布修正图书馆规程
　　（1939年7月22日）············（ 10 ）
4. 行政院奉发国立中央图书馆组织条例的训令
　　（1940年10月31日）···········（ 15 ）
5. 省市立科学馆规程
　　（1941年2月27日）············（ 17 ）
6. 教育部订定之补习学校规程
　　（1941年7月14日）············（ 21 ）
7. 省市立艺术馆规程
　　（1944年9月25日）············（ 23 ）
8. 国民政府公布补习学校法
　　（1944年10月7日）············（ 27 ）

二、社会教育实施办法
1. 教育部订定之各省市失学民众强迫入学暂行办法

    （1937年8月4日）……………………………（ 29 ）
2．教育部订定之各级学校兼办社会教育办法
    （1938年5月24日）…………………………（ 31 ）
3．教育部订定之各级学校兼办社会教育暂行工作标准
    （1939年5月2日）……………………………（ 33 ）
4．师范学院、教育学院、师范学校及民众教育馆辅导
  中等以下学校兼办社会教育办法
    （1939年5月17日）…………………………（ 35 ）
5．社会部转行发动全国知识分子办理民众教育暂行办
  法致各省市党部函件
    （1939年9月2日）……………………………（ 37 ）
6．教育部订定之《推行家庭教育办法》
    （1945年8月17日）…………………………（ 39 ）
7．教育部拟订之教育播音办法
    （1945年8月11日）…………………………（ 42 ）

（二）社会教育概况

1．教育部电化教育五年计划书
    （1937年）………………………………………（ 43 ）
2．四川农村教育服务车促进会报告工作情况并申请补
  助经费等有关文件
    （1938年11月　日）…………………………（ 50 ）
3．教育部关于社会教育概况报告
    （1939年2月）…………………………………（ 60 ）
4．洪兰友等人在国民党五届六次全会上提出限期扫除
  文盲完成民众识字教育案
    （1939年11月17日）…………………………（ 63 ）
5．胡靖安为贵阳等地区社教团陈列左倾色彩书籍请饬
  查禁函

        (1940年5月30日)……………………………(65)
6. 抗战以来教育部直属社会教育事业机构之设置
        (1940年12月)………………………………(66)
7. 教育部1940年度补助各省市办理失学民众补习教育
    课本费及民众教育馆设备费一览表
        (1940年4月)………………………………(67)
8. 程其保报告西康省社会教育实施概况
        (1943年 月 日)…………………………(71)
9. 抗战期间的福建省民众教育概况
        (1937—1945年)……………………………(73)
10. 历年扫除文盲数一览表
        (1928—1945年)……………………………(84)
11. 历年度全国识字与不识字人数比较表
        (1936—1944年)……………………………(85)
12. 历年度已受补习教育人数统计表
        (1936—1945年)……………………………(86)
13. 历年度各省(市)补习教育概况表
        (1936—1945年)……………………………(87)
14. 历年度全国重要社会教育机关数统计表
        (1936—1945年)……………………………(88)
15. 民国三十四学年度全国各级体育场数统计表
        (1945年)……………………………………(89)
16. 历年度各省(市)国民体育经费数统计表
        (1939—1946年)……………………………(92)

〔六〕边疆教育

(一)边疆教育法规

1. 教育部公布改进边疆寺庙教育暂行办法

（1940年7月15日）……………………………（ 95 ）
2．教育部公布边远区域劝学暂行办法
（1940年7月27日）……………………………（ 96 ）
3．教育部订定的边远区域初等教育实施纲要
（1941年3月25日）……………………………（ 99 ）
4．教育部颁发公私立专科以上学校毕业生派往边地研究办法
（1941年5月28日）……………………………（ 103 ）
5．教育部公布边远区域师范学校暂行办法
（1941年6月16日）……………………………（ 106 ）
6．教育部边地教育特约通讯员简则
（1941年7月17日）……………………………（ 112 ）
7．边疆学生待遇办法
（1944年6月2日）………………………………（ 113 ）
8．教育部公布边疆初等教育设施办法
（1945年9月23日）……………………………（ 115 ）
9．教育部令颁之《国民教育在边地推行应特别注意之点》
（1944年）………………………………………（ 118 ）

（二）边疆教育概况

一、边疆教育的建议与计划
1．第三次全国教育会议关于推进边疆教育方案的决议案
（1939年4月）…………………………………（ 122 ）
2．蒙藏委员会于第三次全国教育会议提出关于蒙藏教育权及其与教育部划分工作范围问题的提案
（1939年4月）…………………………………（ 125 ）
3．行政院转发马亮等参政员建议大量训练娴熟边地语

言文字人才案的训令与教育部等办理情形呈
　　　（1939年4—6月）……………………………………（ 129 ）
4．国防最高委员会秘书厅检送国民参政会关于培植边
　　务人材以固国防案致行政院公函
　　　（1939年4月10日）………………………………（ 135 ）
5．行政院奉发国民参政会建议增拨专款扩充边疆教育
　　的训令与教育部办理情形呈
　　　（1939年4—5月）…………………………………（ 137 ）
6．国民党中央组织部提议并经五届八中全会通过的设
　　置边疆语文系与文化研究所以利边政施行案
　　　（1941年4月1日）…………………………………（ 141 ）
7．军委会委员长侍从室抄转李根源建议加强边疆文化
　　研究机关代电及中央研究院办理情形呈
　　　（1941年12月）……………………………………（ 142 ）
8．教育部等报告办理国民参政会有关蒙藏问题决议案
　　并附呈"经办发展边疆文化工作概况"暨行政院指令
　　　（1942年8—9月）…………………………………（ 146 ）
9．教育部西南边疆教育考察团关于改进西南各省边疆
　　教育总建议书
　　　（1941年）…………………………………………（ 151 ）
10．教育部转报西康省政府发展宁属边民教育计划呈与
　　行政院指令
　　　（1945年8—9月）…………………………………（ 170 ）
二、边疆教育的报告与统计
1．宁夏省党部报送边疆教育巡回工作团组织大纲与工
　　作报告书等呈及有关文件
　　　（1939年12月—1940年5月）……………………（ 177 ）
2．教育部关于经办有关蒙藏教育文化设施概况致蒙藏
　　委员会的公函

(1942年6月25日)……………………………(185)
3. 边地国立各级学校一览表
   (1943年8月27日)……………………………(187)
4. 国立边疆小学概况表
   (1943年)………………………………………(190)
5. 教育部报送第四届边疆教育委员会委员名单呈
   (1943年12月11日)…………………………(192)
6. 教育部关于1943年度边疆教育工作报告
   (1944年 月 日)……………………………(194)
7. 教育部周辉福关于边疆教育的检讨报告
   (1944年5月3日)……………………………(208)
8. 中华基督教会边疆服务部关于民国三十三年度边地
   文化教育工作报告书
   (1945年5月31日)……………………………(209)
9. 抗战期间国立边疆学校历年概况比较表
   (1945年6月)…………………………………(214)
10. 抗战前后历年各边远省份教育文化补助费统计表
    (1945年7月)…………………………………(215)
11. 抗战前后历年度边疆教育经费统计表
    (1935—1946年)……………………………(217)

〔七〕侨民教育

（一）侨民教育方案与建议

1. 侨务委员会战时侨民教育工作方案
   (1941年1—3月)……………………………(219)
2. 陈树人向国民党五届七次会议提出的《推进侨民教
   育案》及教育部等会商办理意见的文件
   (1940年8—10月)……………………………(231)

3. 教育部抄送国民参政会建议扶助及改进美洲华侨学校案与侨务委员会往来函
   （1941年5—7月）……………………………………（260）
4. 南洋华侨协会检送"南洋华侨教育文化事业复兴计划纲要"致教育部参考函
   （1943年10月11日）…………………………………（263）
5. 教育部战后海外侨民文化事业实施方案（文稿）
   （1944年）………………………………………………（266）

（二）侨民教育实施概况

1. 侨务委员会提送第三次全国教育会议的侨民教育工作报告书
   （1939年2月25日）……………………………………（270）
2. 教育部关于华侨教育过去状况与今后改进要点的报告书
   （1942年）………………………………………………（278）
3. 教育部关于侨民教育工作成绩报告（稿）
   （1944年6月）…………………………………………（284）
4. 教育部设立的战时国立华侨中学简况
   （1940—1944年）………………………………………（285）
5. 历年立案侨民学校统计
   （1929—1945年）………………………………………（289）

〔八〕战区教育

（一）战区教育设施概况

1. 行政院第三七三次院会通过的《沦陷区教育实施方案》

（1938年6月）……………………………………（291）
2. 教育部制订之《各级战教督导人员工作纲领》
　　（1939年）………………………………………（294）
3. 教育部关于游击区域及接近前线各省设立临时政治
　　学院办法呈及行政院批
　　（1939年7月—1940年12月）…………………（296）
4. 陈立夫谈战区教育工作的几点意见
　　（1940年5月30日）……………………………（298）
5. 教育部派往沦陷区教育督导专员与督导人员表
　　（1940年）………………………………………（300）
6. 教育部订定之处理战区学生升学就业办法
　　（1941年6月）…………………………………（307）
7. 教育部报送《修正沦陷区域教育设施方案草案》呈
　　（1943年7月　日）……………………………（309）
8. 教育部战区教育指导委员会第三届第一次委员会议
　　讨论特教、战教进行情形的会议纪录
　　（1943年9月3日）………………………………（313）
9. 教育部订定之《战区教育督导工作调整方案（草
　　案）》
　　（1944年8月）…………………………………（319）
10. 教育部关于改组战区教育指导委员会呈
　　（1944年12月）…………………………………（323）

（二）战地失学失业青年的招致训练

1. 军事委员会关于订定"战地失业失学青年招致训练
　　办法纲要"致行政院函
　　（1939年12月15日）……………………………（325）
2. 军委会战地失学失业青年招致训练委员会通告成立
　　公函

  （1940年3月1日）……………………………………（329）
3．教育部关于从鲁省各游击区招致青年受训的函电
  （1942年6月—1943年2月）………………………（329）
4．教育部战地失学失业青年招训会检送招致与分发办
  法致高等教育司函
  （1942年11月3日）………………………………（331）
5．教育部关于招致训练机构的设置与活动情况致国民
  党中执会训练委员会函
  （1943年4月15日）………………………………（335）
6．教育部关于战地失学失业青年招致训练委员会分会
  所属招致站改由地方政府办理办法代电
  （1943年10月）……………………………………（338）
7．教育部关于失学失业青年招致训练委员会成立经
  过、组织沿革与工作概况的报告
  （1945年5月　日）………………………………（340）
8．教育部奉发防止青年"参加解放区工作对策"的训
  令
  （1945年6月12日）………………………………（349）
9．教育部订定之失学失业青年招致训练委员会所属招
  致站调整办法
  （1945年6月20日）………………………………（350）
10．战地失学失业青年招致训练委员会制定之"战地青
  年回籍服务计划"及"复学办法"
  （1945年7月）……………………………………（352）
11．教育部关于合并"教指会"与"招训会"等机构及
  办理内移学生复员工作办法事致行政院代电
  （1945年8月31日）………………………………（357）

〔九〕特种教育

（一）特种工作纲要与计划

1. 教育部修正赣鄂皖豫闽等省特种教育巡回教育团工作纲要
     （1938年11月19日）……………………………（361）
2. 教育部民国二十八年度赣鄂皖豫闽等省特种教育工作大纲
     （1939年1月）………………………………（364）
3. 教育部制订之特种教育工作人员及师资训练办法
     （1939—1940年）……………………………（369）
4. 教育部颁发民国二十九年度特种教育工作大纲的训令
     （1940年1月）………………………………（373）
5. 教育部订定之陕西省反共特种教育二年计划
     （1940年）……………………………………（381）

（二）特种教育实施概况

一、教育部的报告
1. 教育部关于特种教育的发展变化与经费预算事致行政院呈
     （1938年11月18日）…………………………（384）
2. 教育部为扩充沦陷区域及陕北地区特教事业请增拨经费呈
     （1939年1月31日）…………………………（390）
3. 教育部关于抗战以来特种教育工作总报告书
     （1939年1月31日）…………………………（393）
二、各省实施情形

(1）河南省特教
1．河南省教育厅报送豫南特教工作报告书呈及有关文件
    （1938年12月）……………………………………（456）
2．河南省教育厅关于配发特教人员枪支呈与教育部指令
    （1940年9—10月）………………………………（468）
3．教育部豫东战区教育督导人员李清俊关于密派特教人员进行潜伏活动呈
    （1945年11月21日）……………………………（469）
（2）陕西省特教
1．陕西省教育厅报送中山学校、中山教育馆及特教巡教团概况调查表呈
    （1943年10月27日）……………………………（470）
2．陕西省教育厅报送特教示范区办理要点及特教团工作纲要等呈
    （1945年7月6日）………………………………（474）
（3）河北省特教
1．河北省教育厅长王承曾报告特教人员在敌后以办学为掩护从事秘密活动情况密电
    （1939年12月28日）……………………………（477）
2．河北省政府教育厅民国三十年度特种教育工作团实施办法
    （1940年10月5日）………………………………（478）
3．河北省教育厅长许重远报告特教推进情形及今后改进意见呈
    （1941年3月22日）………………………………（482）
4．河北省教育厅关于该省反共特教工作团沿革简介

11

（1945年10月）……………………………………（487）

（4）山东省特教

1. 山东省教育厅制订的各项反共特种教育法规
   （1944年4月6日）…………………………………（488）
2. 山东省教育厅拟订的反共特种教育工作团民国三十四年度工作计划
   （1945年4月）……………………………………（494）
3. 山东省政府咨转该省特教工作团搜集中共在鲁发展教育文化实施情况的情报
   （1945年9月1日）…………………………………（497）

（5）其他各省特教

1. 国防最高委员会秘书厅抄转绥远省境内蒙古各盟旗地方自治指导长官公署呈请办理蒙旗特种教育的公函
   （1940年3月29日）………………………………（499）
2. 甘肃省教育厅拟订的民国三十四年度反共特种教育实施计划
   （1945年4月28日）………………………………（503）
3. 宁夏省教育厅拟订的民国三十四年度特种教育工作计划书
   （1945年5月19日）………………………………（506）
4. 江苏省政府呈报的推行特教计划纲要（草案）与实施步骤等法规及教育部批复
   （1945年6—8月）…………………………………（508）
5. 察哈尔省教育厅关于报送特种教育团团员训练及工作推动计划书呈
   （1945年6月30日）………………………………（511）

〔十〕抗日根据地的教育

（一）国民党对抗日根据地教育状况的调查与防制措施

一、国民党对边区教育文化状况的调查

1．国民党关于边区文化教育事业状况的调查报告
　　（1938年10月）……………………………………（517）
2．中统局检送陕甘宁边区教育文化设施状况的调查专报致谷正纲函件
　　（1940年1月21日）………………………………（521）
3．国民党中央宣传部关于中共宣传文化教育机构调查简表
　　（1940年）…………………………………………（547）
4．教育部关于抗日根据地中共的教育方针与教育内容、方式的调查资料
　　（1944年　月　日）………………………………（556）

二、国民党对边区教育文化事业的防制措施

1．陕西省教育厅为处理陕北公学在三原招生事与教育部往来电
　　（1937年10月）……………………………………（558）
2．军法总监部关于陕北公学师生要求咸阳军事当局释放被扣留学员与教育部往来函
　　（1939年2月）………………………………………（558）
3．国民党中央社会部与陕西省党部关于密派人员打入延安女子大学事的往来密电
　　（1939年6—7月）…………………………………（560）
4．教育部饬河北省教育厅注意中共在华北乡村推行义务教育的训令
　　（1940年4—6月）…………………………………（560）

5. 教育部关于制止学生报考中共在延安筹设的自然科学院函
   （1940年6月26日） ……………………………（562）
6. 教育部为边区政府成立新教育学会饬陕甘宁三省教育厅注意防范的训令
   （1942年3月18日） ……………………………（563）

（二）发展中的边区教育

1. 李去非：陕北公学学生生活素描
   （1938年2月26日） ……………………………（564）
2. 裔寿崐：延安鲁迅艺术学院成立盛典追记
   （1938年5月16日） ……………………………（572）
3. 延安抗日军政大学训练方式与生活意识锻炼情况简介
   （1938年7月22日） ……………………………（575）
4. 汉　章
   小　波：挺进中的晋察冀边区文化教育
   （1939年10月） ………………………………（579）
5. 李公朴：边区教育应走之途径
   （1940年3月22日） ……………………………（591）
6. 河北抗日根据地村教育委员会之组织与任务
   （1941年8月27日） ……………………………（596）
7. 蒙藏委员会抄送中共在边区设立三边公学（民族联合学院）情报的函件
   （1944年10月2日） ……………………………（598）

〔十一〕学术研究机构与教育社团

（一）战时学术研究机构

1. 黄海化学工业研究社为内迁四川犍为五通桥继续开
   展研究工作呈与国民党中央社会部令指
   （1940年5—7月）…………………………………（601）
2. 国民政府为于右任提议设立敦煌艺术研究所及教育
   部筹办经过的文件
   （1942年1—4月）…………………………………（609）
3. 蒋介石关于设立国防科学技术策进会致教育部电及
   有关文件
   （1942年3—11月）………………………………（612）
4. 国立中国医药研究所概况呈报表
   （1942年4月）……………………………………（620）
5. 中国心理生理研究所概况呈报表
   （1942年10月17日）………………………………（621）
6. 国立北平研究院科研工作概况报告表
   （1942年11月17日）………………………………（622）
7. 两广地质调查所概况呈报表
   （1943年）…………………………………………（628）
8. 国立中央研究院及所属各所概况报告表
   （1942年—1943年）………………………………（631）
9. 国立中央研究院向国民党第六次全国代表大会提出
   的工作报告书
   （1945年5月）……………………………………（647）

（二）战时教育社团

一、整顿教育会措施
1. 国民党中央社会部薛先挺关于整顿教育会签呈
   （1938年11月19日）………………………………（659）
2. 国民党中央社会部颁发"各种教育会目前工作要

点"的通函

　　　（1938年11月21日）……………………（660）
3. 国民党江西省党部报送各县市教育会实施办法致中
　　央社会部函件

　　　（1939年9月）………………………………（662）
二、全国教育社团概况
1. 国民党上海市党部关于中国特种教育协会成立情形
　　复中央民运会函

　　　（1937年7月5日）……………………………（663）
2. 中国民生教育学会报送《学会概览》与会务活动概
　　况呈及国民党中央社会部指令

　　　（1936年4月—1942年7月）…………………（673）
3. 国民党中央社会部关于甘肃省组织战时教育问题研
　　究会备案事致该省党部公函

　　　（1938年6月8日）……………………………（683）
4. 中华健康教育研究会朱季青等报送会务活动概况呈
　　与中央社会部指令

　　　（1938年11—12月）……………………………（686）
5. 陈郁、饶凤璜等为组织中国医药教育社报送会章申
　　请备案呈与中央社会部指令

　　　（1938年10—12月）……………………………（689）
6. 朱启贤等组织全国战时教育协会报送会章等补行备
　　案呈与中央社会部指令

　　　（1938年11月—1939年7月）…………………（694）
7. 中华图书馆协会报送抗战以来会务活动概况并请按
　　月补助经费呈

　　　（1938年—1941年）……………………………（718）
8. 中国社会教育社总干事余庆棠检送会务活动与洛

  阳、花县两实验区概况资料的呈与中央社会部指令

   （1938年9月—1942年7月）……………………………（725）

9．国民党广西省党部转报陶行知等组织生活教育社呈

  与中央社会部限制该社活动的文电

   （1939年1月—1940年5月）………………………………（739）

10．中华职业教育社组织及社务概况报告

   （1940年5月—1942年10月）……………………………（754）

11．国民党河北省党部转报该省抗战建国教育协会成立

  经过呈及中央社会部批电

   （1939年10—11月）……………………………………（766）

12．晏阳初报送《中华平民教育促进会史略》及今后工

  作计划等致中央社会部呈

   （1940年4月）……………………………………………（771）

13．教育部转报上海市教育社团概况表致中央社会部函

  件

   （1940年6—7月）………………………………………（790）

14．中国地理教育研究会组织概况表

   （1943年11月11日）……………………………………（793）

15．华侨教育总会筹备委员会工作简况

   （1943年3月12日）……………………………………（795）

16．中国卫生教育社组织概况表与工作概况报告

   （1942年11月）…………………………………………（797）

17．中华儿童教育社关于申请补助费与报送组织概况及

  社务活动表的呈

   （1942年9月—1947年12月）……………………………（806）

18．华侨教育协进会报送会章、会议录及理监事名单等

  致教育部呈及附件

   （1943年4月）……………………………………………（816）

19. 中国教育学会会章、会务概况与历届理监事名录
    （1944年5月）……………………………………（826）
20. 中国教育学术团体联合会章程、第十一届理监事和
    常务理监事会议录
    （1944年7月16日）………………………………（843）
21. 中国教育电影协会抗战以来会务活动概况报告书
    （1945年7月）……………………………………（847）

〔五〕社会教育

（一）社会教育法规

一、社会教育组织规程

1. 教育部公布民众教育馆规程

（1939年4月17日）

第一条 民众教育馆应遵照中华民国教育宗旨及其实施方针与社会教育目标，实施各种社会教育事业，并辅导各该地社会教育之发展。

第二条 各省应依照现有行政督察专员区，或地形交通状况划分若干民众教育辅导区，每区设省立民众教育馆一所。

各县应设县立民众教育馆一所，以全县施教区域其人口众多、经费充裕、地域辽阔之县份，得依照现有自治区或地形交通状况，划分若干民众教育施教区，每区设县立民众教育馆一所。

各市（行政院直辖市及普通市）应设市立民众教育馆一所。

地方自治机关或私人，亦得设立民众教育馆。

第三条 民众教育馆由省市（行政院直辖市以下仿此）设立者，应由省市政府开具左列各事项，咨请教育部核准备案；由县市（普通市以下仿此）设立者，应由县市政府开具左列事项呈报教育厅核准，并转呈教育部备案。由地方自治机关设立者，应由地方自治机关开具左列各事项，呈报县市政府核准，并转呈教育厅备案。由私人建立者，应由私人开具左列各事项，呈报主管教育行政机关核准备案。

（一）名称

（二）地址

（三）经费（分开办、经常两门，并注明来源）

（四）章则

（五）计划

已经设立之民众教育馆，自本规程公布后亦须补行前项手续。

第四条　民众教育馆之变更及停办，由省设立者，应由省市政府咨请教育部核准备案；由县市设立者，应由县市政府呈报教育厅核准，并转呈教育部备案；由地方自治机关设立者，应由地方自治机关呈报县政府核准并转呈教育厅备案；由私人设立者，应由私人呈报主管教育行政机关核准备案。

第五条　省市立民众教育馆设置左列各部：

（一）总务部：文书、会计、庶务及其他不属于各部之事项属之。

（二）教导部：民众学校、补习学校、图书阅览、健康活动、家事指导及通俗演讲等属之。

（三）生计部：职业指导、农业推广、工艺改良及合作组织等属之。

（四）艺术部：电影、幻灯、播音、戏剧、音乐及各项展览等属之。

（五）研究辅导部：调查、统计、研究、实验、视察、辅导及民教工作人员之进修与训练等属之。

以上各部得视地方情形全设或合并设置，其工作大纲另定之。

第六条　县市民众教育馆设置左列各组：

（一）总务组：文书、会计、庶务及其他不属于各组之事项属之。

（二）教导组：民众学校、补习学校、图书阅览、健康活动、家事指导、通俗讲演及调查辅导等属之。

（三）生计组：职业指导、农业推广、工艺改良及合作组织等属之。

（四）艺术组：电影、幻灯、播音、戏剧、音乐及各项展览等属之。

以上各组得视地方情形全设或合并设置，其工作大纲另定之。

第七条　省立民众教育馆应附设乡村实验区，以为各县实施乡村民众教育之示范。

第八条　各县市尚未单独设立图书馆及体育场者，民众教育馆应附设图书室及运动场。

第九条　民众教育馆设馆长一人，综理馆务，省立者由教育厅遴选合于本规程第十一条资格之人员，提请省政府会议核定后派充之；市（行政院直辖市）立者，由市教育行政机关遴选合于本规程第十一条资格之人员，呈请市政府核准后派充之，均应呈报教育部备案。县市立者，由县市政府遴选合于本规程第十四条资格之人员，呈请教育厅核准后派充之，由教育厅于必要时得直接遴选合格人员派充之；地方自治机关设立者，由设立之机关遴选合格人员，呈请县市政府核准后派充之，私立民众教育馆馆长，由设立人兼任或聘任之，但须呈报主管教育行政机关核准备案。

民众教育馆馆长，应兼一部或一组主任，但不得兼薪。

第十条　民众教育馆每部或每组设主任一人，干事若干人（由主管教育行政机关视各馆事务之繁简规定最高或最低员额）由馆长遴选合于本规程第十二、第十三、第十五各条资格之人员任用之。并呈报主管教育行政机关备案。

第十一条　省市立民众教育馆馆长须品格健全、才学优良，且具有左列资格之一者：

（一）师范学院、教育学院或教育科系毕业，曾任社会教育职务二年以上，著有成绩者；

（二）大学或教育专修科毕业，曾任社会教育职务三年以上，著有成绩者；

（三）专科学校或专修科毕业，曾受社会教育训练、曾任社会教育职务四年以上，著有成绩者。

第十二条　省市立民众教育馆各部主任，须品格健全，其所任职务为其所擅长，且具有左列资格之一者：

（一）师范学院、教育学院或教育科系毕业者；

（二）大学或教育专修科毕业者；

（三）专科学校或专修科毕业，曾受社会教育训练者；

（四）师范学校毕业，并曾任社会教育职务二年以上者。

第十三条　省市立民众教育馆干事，须品格健全，且具有左列资格之一者：

（一）具有前条各款资格之一者；

（二）师范学校或乡村师范毕业者；

（三）中等学校毕业，曾任社会教育职务二年以上者；

（四）且有精练技能者（专适用于艺术教育）。

第十四条　县立民众教育馆馆长，须品格健全，才学优良，且具有左列资格之一者：

（一）师范学院、教育学院或教育科系毕业者；

（二）大学或教育专修科毕业者；

（三）专科学校或专修科毕业，曾受社会教育训练者；

（四）师范学校毕业，曾任社会教育职务一年以上者。

第十五条　县市立民众教育馆各组主任及干事，须品格健全，且具有左列资格之一者：

（一）具有前条各款资格之一者；

（二）师范学校、乡村师范或简易师范毕业者；

（三）中等学校毕业、曾任社会教育职务一年以上者；

（四）具有精练技能者（专适用于艺术教育）。

第十六条　民众教育馆得酌用助理干事。

第十七条　地方自治机关或私人设立之民众教育馆，其内部组织及职员资格，应比照县市立民众教育馆之规定。

第十八条　民众教育馆应举行左列会议：

（一）馆务会议　由馆长及各主任组织之，以馆长为主席，讨论全馆一切兴革事项，每月开会一次。

（二）辅导会议　由馆长、各主任及该区内县市教育行政机关代表组织之，以馆长为主席，讨论本区内社会教育一切兴革事项，每半年开会一次。

第十九条　民众教育馆应设置左列各会：

（一）社会教育研究会　由馆长、各主任及全体干事组织之，以馆长为主席，负研究社教工作改进之责，每月开会一次。

（二）经费稽核委员会　由各主任及全体干事互推三人至五人为委员组织之，委员轮流充当主席，负审核收支帐目及单据之责，每月开会一次。

第二十条　民众教育馆为谋事业之发展起见，得联络地方党政机关、社会团体及热心社会教育人士组织各种委员会。

第二十一条　民众教育馆应辅导或协助各该区内社会教育机关及公私立中小学兼办社会教育，并谋事业之联系，其辅导方法另定之。

第二十二条　民众教育馆应于每年度开始前一个月内造具下年度事业进行计划，及经费预算书，呈报主管教育行政机关查核备案。

第二十三条　民众教育馆于每年终了后一个月内，造具上年度工作报告及经费计算书，呈报主管教育行政机关考核备案。

前项事业进行计划及工作报告，县市立者应转报教育厅备查，省市立者应转报教育部备查。

第二十四条 民众教育馆经常费分配之标准，薪工不得高于百分之五十，事业费及设备费不得低于百分之四十，办公费占百分之十。

第二十五条 民众教育馆之章程及办事细则，由馆长定之，县市立者应呈报县市教育行政机关核准，并转呈教育厅备案。省市立者应呈报省市教育行政机关核准，并转报教育部备案。

第二十六条 民众教育馆应备齐各种财产目录及施教记录簿册，以备呈核。

第二十七条 民众教育馆休假，得采用例假之次日补行办法或按事业之性质，分职员为两组，于例假日及次日更番休假，事业照常进行。

第二十八条 民众教育馆每日工作时间，以八小时为原则，并须酌量地方情形，于晚间开放。

第二十九条 本规程得由教育部于必要时修改之。

第三十条 本规程自公布之日施行。

〔国民政府教育部档案〕

2．教育部公布修正民众学校规程

（1939年5月17日）

第一条 民众学校应遵照中华民国教育宗旨及其实施方针与社会教育目标，授与失学民众以公民之基本训练及简易之知识与技能。

第二条 民众学校分为两级，初级班得单独设立，高级班须与初级班合并设立。

第三条 民众学校以一保或数保单独设立一所为原则，亦得与小学合并办班之。

各级行政机关、教育机关、民众团体、工厂商店及私人，均得设立民众学校,惟须受当地主管教育行政机关之管辖。

第四条 单独设立之公立民众学校以所在地地名名之,一地有立别相同之公立民众学校二校以上时,得以数字之顺序别之。私立民众学校,应采用专有名称,不得以地名为校名。

第五条 民众学校之设立、变更及停办,应呈报主管教育行政机关核准备案。

第六条 凡超过义务教育年龄(十二足岁)之失学民众,应由办理失学民众补习教育机关依各省市失学民众强迫入学办法之规定,分别督令入民众学校。其修毕民众学校初级班课程或具相当程度者,得入高级班。

第七条 民众学校学级之编制,以学习能力为标准,但于必要时得依年龄、职业、性别分班教学。

第八条 民众学校每班学额以五十人为度,在城市不得少于四十人,在乡村不得少于三十人,人口稀少、学额不足时,应实施巡回教学办法,分设巡回教学班。

第九条 民众学校在人口密集、失学民众较多之地方,每年至少办两期,单独设立者每期至少办两班。

第十条 单独设立之民众学校,其班数仅有一班者,设校长兼教员一人,两班以上者得增设教员,但以每一班增设教员一人为原则。

第十一条 民众学校教员,以具有小学教员资格或曾受民众教育师资训练者充任之。

第十二条 县市立民众学校校长由县市教育行政机关任用之,各级行政机关、教育机关、民众团体、工厂商店及私人设立之民众学校校长,由设立者任用之,呈报主管教育行政机关备案。民众学校教员,由校长聘任之。

第十三条 民众学校初级班学生受课总时数不得少于三百小时。民众学校每日教学时间以二小时为原则,得在日间或晚间行之。

第十四条　民众学校学科，初级班为国语（包括公民及常识等）、算术（珠算或笔算）、音乐、体育等；高级班为国语（包括公民及常识等）、算术、音乐、体育及关于职业科目。各科分量分配如下：

级别＼科目百分数	国语	算术	音乐	体育	职业科目
初级	六六	一八	八	八	二二
高级	五〇	一八	八	八	

施行自卫训练者，得不设体育。

第十五条　民众学校课程，应依照教育部所规定之课程标准。

第十六条　民众学校教科书应采用教育部编辑或审定者，民众学校为适应环境需要，得另编补充读本。

第十七条　民众学校学生修业终了成绩及格者，由学校给予学业成绩证明书。

第十八条　民众学校学生修业终了后，应斟酌情形予以继续教育（如同学会、读书会、青年励志团等）。

第十九条　民众学校须于每班开始教学一个月内，造具教职员履历、俸给表，连同学生名册、教学时间表、教学用书表等，呈报主管教育行政机关备案。

第二十条　民众学校须于每班修业终了一个月内，将各生姓名、性别、年龄、籍贯及学业成绩等，造册呈报主管教育行政机关备案。

第二十一条 民众学校应于每年度开始前一个月内造具事业进行计划及经费预算书，呈报主管教育行政机关查核备案。

第二十二条 民众学校应于每年度终了后一个月内造具工作报告及经费计算书，呈报主管教育行政机关查核备案。

第二十三条 单独设立之民众学校，得斟酌地方需要，举办下列各种简单社会教育事业：

一、举办通俗演讲
二、编写壁报，传播时事消息
三、置备通俗图书，公开阅览
四、办理民众体育及卫生事宜
五、办理礼俗改良，提倡正娱乐
六、接受民众教育馆之指导，办理生计教育
七、协助民众教育馆巡回施教工作
八、办理其他有关社会教育事业

第二十四条 民众学校经费，以就地筹措为原则，亦得由省县市教育行政机关统筹补助之。

第二十五条 民众学校不收学费及其他费用。经费充裕时，并得供给贫寒学生所用之书籍及文具。

第二十六条 各县市教育行政机关，得指定联合小学区内民众学校一所为中心民众学校。

前项中心民众学校，应充分以研究所得，供给该学区内之民众学校参考实施。

第二十七条 民众学校应接受省市立民众教育馆之辅导。

第二十八条 本规程由教育部于必要时修改之。

第二十九条 本规程自公布之日施行。

〔国民政府教育部档案〕

3. 教育部公布修正图书馆规程

(1939年7月22日)

第一条 图书馆应遵照中华民国教育宗旨及其实施方针与社会教育目标，备集各种图书及地方文献供众阅览，并得举办各种社会教育事业，以提高文化水准。

第二条 各省市（行政院直辖市以下仿此）至少应各设置省市立图书馆一所，各县市（普通市以下仿此）应于民众教育馆内附设图书室，其人口众多，经济充裕，地域辽阔者，得单独设置县市立图书馆。地方自治机关，私法人或私人，亦得设立图书馆。

第三条 图书馆由省市设立者，应由省市政府开具左列各事项，咨请教育部核准备案，由县市设立者，应由县市开具左列各事项，呈报教育厅核准并转呈教育部备案。由地方自治机关设立者，应由地方自治机关开具左列各事项，呈报县市政府核准，并转呈教育厅备案。

（一）名称

（二）地址

（三）经济（分开办、经常两门，并注明来源）

（四）藏书（详报现有书籍种数册数）

（五）建筑（图式及说明）

（六）章则

（七）职员（馆长馆员之学历、经历、职务、薪给等）。

第四条 图书馆之变更及其停办，由省市设立者应由省市政府咨请教育部核准备案；由县市设立者应由县市政府呈报教育厅核准并转呈教育部备案；由地方自治机关设立者应由地方自治机关呈报县市政府核准并转呈教育厅备案。

第五条　图书馆之由私法人或私人设立者,以董事会为其设立者之代表负责经营图书馆之全责,有处分财产、推选馆长、监督用人行政、议决预算决算之权,私立图书馆董事会之董事第一任由创办人延聘,以后由该会自行推选。

第六条　私立图书馆董事会应于成立时开具左列各项,呈请当地主管教育行政机关核准,并呈转上级教育行政机关备案。

（一）名称

（二）地址

（三）目的

（四）董事会之组织及职权之规定

（五）经费（详报基金数目及常年收入、支出方面分开办与经常两门）

（六）藏书（详报现有书籍种类册数）

（七）建筑（图式及其说明）

（八）章则

（九）董事（姓名、籍贯、职业及住址）

（十）职员（馆长馆员之学历、经历、职务、薪给等）

第七条　私立图书馆之变更及停办,应由私立图书馆董事会呈报当地主管教育行政机关核准,并转呈上级教育行政机关备案。

第八条　省市立图书馆设置左列各部:

（一）总务部:文书、会计、庶务及其他不属于各部之事项属之;

（二）采编部:选购、征集、交换、登记、分类、编目等属之;

（三）阅览部:阅览、庋藏、参考、互借等属之;

（四）特藏部:金石、舆图、善本、地方文献等属之;

（五）研究辅导部:调查、统计、研究、实验、视察、辅导、图书馆工作人员之进修与训练及各项推广事项等属之。

以上各部得视地方情形，全部设立或合并设置，其工作大纲另定之。

第九条　县市立图书馆设置左列各组：

（一）总务组：文书、会计、庶务及其他不属于各组之事项属之；

（二）采编组：选购、征集、交换、登记、分类、编目等属之；

（三）阅览组：阅览、庋藏、参与、互借等属之；

（四）推广组：演讲、播音、识字、展览、读书指导、补习学校及普及图书教育事项属之。

以上各组，得视地方情形，全部设立或合并设置，其工作大纲另订之。

第十条　图书馆为便利阅览起见，应设分馆、巡回文库、图书站及代办处，并得协助学校办理图书阅览事宜。

第十一条　图书馆设馆长一人，综理馆务。省立者由教育厅遴选合于本规程第十三条资格之人员，提请省政府会议决定后派充之；市（行政院直辖市）立者由教育行政机关遴选合于本规程第十三条资格之人员，呈请市政府核准后派充之；均应呈报教育部备案。县市立者由县市政府遴选合于本规程第十六条资格之人员，呈请教育厅核准派充之，但教育厅于必要时，得直接遴选合格人员派充之。地方自治机关设立者，由设置之机关遴选合格人员，呈请县市政府核准后派充之，私法人或私人设立者，由私法人之代表或设立者兼任或聘任合格人员充任之，并呈请主管教育行政机关核准备案。

第十二条　图书馆每部或每组设主任一人，干事若干人，（由主管教育行政机关视各馆事务之繁简规定最高或最低员额）由馆长遴选合于任用之，并呈报主管教育行政机关备案。

图书馆馆长应兼一部或一组主任，但不得兼薪。

第十三条　省市立图书馆馆长，须品格健全，才学优良，且具有左列资格之一者：

（一）图书馆专科学校或图书馆专修科毕业，曾任图书馆职务一年以上，著有成绩者；

（二）师范学院、教育学院或教育科系毕业，曾任图书馆职务二年以上，著有成绩者；

（三）大学或其他专科学校毕业曾受图书馆专业训练并曾任图书馆职务三年以上，著有成绩者；

（四）在学术上确有特殊贡献，并对于图书馆学素有研究者。

第十四条　省市立图书馆各部主任，须品格健全，其所任职务为其所擅长，且具有左列资格之一者：

（一）图书馆专科学校或图书馆专修科毕业者；

（二）师范学院、教育学院或教育科系毕业者；

（三）大学或其他专科学校毕业，曾受图书馆专业训练者；

（四）中等学校毕业，曾任图书馆职务三年以上者。

第十五条　省市立图书馆干事，须品格健全，且具有左列资格之一者：

（一）具有前条各款资格之一者；

（二）中等学校毕业，曾任教育职务二年以上者；

（三）对于图书馆职务有相当学识及经验者。

第十六条　县市立图书馆馆长，须品格健全，才学优良，且具有左列资格之一者：

（一）图书馆专科学校或图书馆专修科毕业者；

（二）师范学院、教育学院或教育科系毕业者；

（三）大学或其他专科学校毕业，曾受图书馆专业训练者；

（四）在学术上确有贡献，并对于图书馆学素有研究者。

第十七条　县市立图书馆各组主任及干事，须品格健全，且具有左列资格之一者：

（一）具有前条各款资格之一者；

（二）中等学校毕业，曾任教育职务一年以上者；

（三）对图书馆职务有相当学识及经验者。

第十八条　图书馆得酌用助理干事。

第十九条　地方自治机关私法人或私人设立之图书馆，其内部组织及职员资格应比照县市立图书馆之规定。

第二十条　图书馆应举行左列会议：

（一）馆务会议：由馆长及各主任组织之，以馆长为主席，讨论全馆一切兴革事项。每月开会一次。

（二）辅导或推广会议：由馆长、各主任及各该地方内有关之教育行政机关代表组织之，以馆长为主席，讨论图书馆办理辅导或推广事业之兴革事项，每半年开会一次。

第二十一条　图书馆应设置左列各会：

（一）小组讨论会：由各主任及干事分别组织之，以部或组主任为主席，负责研究有关学校及讨论改进工作之责，每月开会一次。

（二）经费稽核委员会：由各主任及全体干事互推三人至五人为委员（总务主任、会计、庶务不得为委员）组织之，委员轮流充当主席，负审核收支账目及单据之责，每月开会一次。

第二十二条　图书馆为谋事业之发展起见，得联络地方党政机关、社会团体及热心图书馆事业人士组织各种委员会。

第二十三条　省市立图书馆及民众教育馆应分别辅导县市及地方自治机关、公立或私立图书馆，并谋事业之联络，其辅导办法另定之。

第二十四条　图书馆应于每年度开始前一个月内，造具下年度事业进行计划及经费预算书，呈报主管教育行政机关查核备案。

第二十五条　图书馆应于每年度终了后一个月内，制具上年度工作报告及经费计算书，呈报主管教育行政机关查核备案。

前项事业进行计划及工作报告，县市立者应转呈教育厅备案，省市立者应转报教育部备案。

第二十六条　图书馆经常费分配之标准，薪工不得高于百分之五十，事业费及图书馆购置费不得低于百分之四十，办公费占百分之十。

第二十七条　图书馆设备标准另订之。

第二十八条　图书馆之章程及办事细则，由馆长定之。县市立者应呈报县市教育行政机关核准，并转呈教育厅备案；省市立者应呈报省市教育行政机关核准，并转报教育部备案。

第二十九条　图书馆备齐各种财产目录、阅览记录表册，以备查核。

第三十条　图书馆休假得采用例假之次日补行办法，或按事业之性质，分职员为两组，于例假日及次日更番休假；寒暑假期，应比照当地学校假期，分职员为两组，更番休假，事业照常进行。

第三十一条　图书馆每日工作时间，以八小时为原则，并须酌量地方情形，于晚间开放。

第三十二条　本规程得由教育部于必要时修改之。

第三十三条　本规程自公布之日施行。

〔国民政府教育部档案〕

4．行政院奉发国立中央图书馆组织条例的训令

（1940年10月31日）

行政院训令　阳陆字第22581号

令内政部

奉国民政府二十九年十月十六日渝文字第九四〇号训令开：查国立中央图书馆组织条例，现经制定，明令公布，应即通饬施行。除分行外，合行抄发该条例，令仰知照，并转饬所属一体知照。此令。等因。除分令外，合行抄发该条例，令仰知照。并转饬知照。此令。

计抄发国立中央图书馆组织条例一份

院　长　蒋中正

中华民国二十九年十月三十一日

国立中央图书馆组织条例

第一条　国立中央图书馆隶属于教育部，掌理关于图书之搜集、编藏、考订、展览及全国图书馆事业之辅导事宜。

第二条　国立中央图书馆置左列各组：

总务组

采访组

编目组

阅览组

特藏组

第三条　国立中央图书馆设馆长一人，简任；组主任五人，荐任；编纂十四人至二十人，内六人聘任，余委任；干事二十人至三十人，委任。

第四条　馆长综理馆务，各组主任及编纂承长官之命，分掌各组事务；干事承各组主任及编纂之命，办理所任事务。

第五条　国立中央图书馆设会计员一人，依主计处组织法之规定，办理会计岁计事务。

第六条　国立中央图书馆因事务上之需要，得酌用雇员。

第七条　国立中央图书馆得在各地设立分馆，其组织另以法律定之。

第八条 国立中央图书馆兼办教育部出版品国际交换事宜，其办法由教育部拟订，呈请行政院核定之。

第九条 国立中央图书馆设图书馆事业辅导委员会，由馆长及各组主任组织之，以馆长为主席，承教育部之命，研讨及实施全国图书馆事业辅导事宜。

前项委员会，得由馆长聘请馆外专家一人至五人为委员，但应呈报教育部备案。

第十条 国立中央图书馆得聘请中外图书馆及目录学专家为顾问。

第十一条 国立中央图书馆办事细则由馆长拟订，呈请教育部核定之。

第十二条 国立中央图书馆每届年度终了，应将全年工作概况及下年度工作计划分别造具报告书及计划书，呈报教育部备案。

第十三条 本条例自公布日施行。

〔国民政府内政部档案〕

5．省市立科学馆规程

（1941年2月27日）

第一条 省市立科学馆应遵照中华民国教育宗旨及其实施方针与社会教育目标，灌输民众科学知识，补助学校科学教育。

第二条 各省市（行政院直辖市以下仿此）至少应各设置省市立科学馆一所，其人口众多经费充裕、地域辽阔之省份应设置数所，其名称得各冠以所在地地名。

第三条 省市立科学馆设置时，应由省市政府咨请教育部核准备案，呈报时应开具左列各事项：

一、名称；

二、地址；

三、经费（分开办费及经常费两项，并注明其来源）；

四、仪器及标本模型（详报现有种类、项目及件数）；

五、建筑（建筑图式及其说明）；

六、章则；

七、事业计划；

八、职员（馆长馆员之学历、经历、职务、薪给等）。

第四条　省市立科学馆之变更及停办，应由省市政府咨请教育部核准备案。

第五条　省市立科学馆设置左列各部：

一、总务部　文书、会计、庶务及其他不属于各部之事项属之。

二、展览部　调查、征集、陈列、庋藏、登记、分类、编目、化验、参考及各项有关展览等项属之。

三、推广部　宣传、表演、视察、辅导、巡回施教、研究、编辑及各项推广事业等事项属之。

以上各部，得视地方情形全部设立或合并设置，其工作大纲另定之。

第六条　省市立科学馆设馆长一人，综理馆务，省立者由教育厅遴选适合于本规程第八条资格之人员，提请省政府会议核定后派充之；市立者由市教育行政机关遴选合于本规程第八条资格之人员，呈请市政府核准后派充之，均应呈报教育部备案。

第七条　省市立科学馆每部设主任一人，干事若干人（由主管教育行政机关视各部事务之繁简，规定最高或最低员额），由馆长遴选合于规程第九条、第十条资格之人员任用之，并呈报主管教育行政机关备案。

省市立科学馆馆长应兼一部主任，但不得兼薪。

第八条　省市立科学馆馆长须品格健全，才学优良，具有左列资格之一者：

一、国内外大学理学院毕业，曾任科学教育或社会教育职务一年以上著有成绩者；

二、师范学院、教育学院或教育科系毕业，曾任科学教育或社会教育职务二年以上著有成绩者；

三、理科专科学校或理科专修科毕业，曾任科学教育或社会教育职务三年以上著有成绩者；

四、在学术上确有特殊贡献，并对科学素有研究者。

第九条　省市立科学馆各部主任须品格健全，其所任职务为其所擅长，且具有左列资格之一者：

一、大学理学院毕业者；

二、师范学院、教育学院或教育科系毕业，曾在科学教育或社会教育职务一年以上著有成绩者；

三、理科专科学校或理科专修科毕业，曾受社会教育训练，并曾任科学教育或社会教育职务一年以上者。

第十条　省市立科学馆干事，须品格健全，且具有左列资格之一者：

一、具有前条各款资格之一者；

二、中等学校毕业，曾任科学教育或社会教育职务二年以上者；

三、对于科学教育职务有相当学识及经验者。

第十一条　省市立科学馆得酌用助理干事及雇员。

第十二条　省市立科学馆应举行左列会议：

一、馆务会议　由馆长及各主任组织之，以馆长为主席，讨论全馆一切兴革事项，每月开会一次。

二、辅导或推广会议　由馆长、各主任及各该地方有关之教育行政机关及科学团体代表组织之，以馆长为主席，讨论科学馆办理辅导及推广事业,并倡导科学化运动等事项,每半年开会一次。

第十三条 省市立科学馆设置左列各会:

一、科学化运动促进会,由全体职员组织之,为普及科学运动,并使科学大众化起见,并应举办自然科学讲演、各种科学补习班、科学讲座,及定期开映科学电影。

二、经费稽核委员会,由各部主任及全体干事互推三人至五人为委员(总务主任、会计、庶务不得为委员)组织之,委员轮流充当主席,负审核收支账目及单据之责,每月开会一次。

第十四条 省市立科学馆为谋事业之发展及普及科学运动起见,得联络地方党政机关,各学校、社会团体及热心科学教育事业人士组织各种委员会。

第十五条 省市立科学馆应辅导或协助各该地区社会教育机关及中小学校推行科学教育,其辅导办法另定之。

第十六条 省市立科学馆应于每年度开始前一个月内,造具下年度事业推行计划及经费预算书,呈报主管教育行政机关查核备案,并转报教育部备查。

第十七条 省市立科学馆应于每年度终了后一个月内,造具上年度工作报告及经费计算书,呈报主管教育行政机关查核备案,并转报教育部备查。

第十八条 省市立科学馆经常费分配之标准如下:薪工不得高于百分之五十,事业费及设备费不得低于百分之四十,办公费占百分之十。

第十九条 省市立科学馆设备标准另定之。

第二十条 省市立科学馆之章程及办事细则,由馆长定之,应呈报省市教育行政机关核准,并转报教育部备案。

第二十一条 省市立科学馆应备齐各种财产目录及事业记录册,以备查核。

第二十二条 省市立科学馆休假得采用例假之次日补行办法，寒暑假期，应比照当地学校假期，分职员为两组，更番休假，事业照常进行。

第二十三条 省市立科学馆每日工作时间以八小时为原则，但陈列室亦可酌量地方情形，于晚间开放。

第二十四条 本规程得由教育部于必要时修改之。

第二十五条 本规程自公布之日施行。

〔国民政府教育部档案〕

6．教育部订定之补习学校规程

（1941年7月14日）

第一条 补习学校以传授或补充应用知识，提高学业程度为宗旨。

各种函授学校讲习所、传习所及属于补习性质之业余补习班、讲习班等均属之。

补习学校除属于职业性质者应依照职业补习学校规程办理外，均依本规程办理之。

第二条 省市县应根据地方各种事业之实际需要设置补习学校，机关、学校、法定团体及私人亦得设立之。

第三条 补习学校补习之学科，得为下列之一种或数种：

1．属于一般知识者，如国文、历史、地理、外国文、数学、注音符号、公文等；

2．属于专门知识者，如化学、物理、生物、统计、会计、簿记、工程绘划、测量、图书馆学等。

第四条 补习学校由省（市）县设立者，其名称上冠以省（市）县立字样；由机关、学校、团体设立者，冠以设立机关、学校、团体名称，并加附设字样；由私人设立者，冠以私立字样。

仅设一种学科之补习学校，应于校名上标明学科名称，其设置学科在两种以上者，无庸标明。

第五条 补习学校之修业期限，至少应为两个月，得于晨间、夜间或其他适当时间授课。

第六条 补习学校之管辖，除省（市）县立补习学校以其设立之省（市）县教育行政机关为主管机关外，私立或机关团体设立之补习学校，依其程度，由各级主管教育行政机关分别管辖。

1．属于小学程度之补习学校，以县（市）教育行政机关为主管机关；

2．属于中等学校程度之补习学校，以省（市）教育行政机关为主管机关；

3．属于中等学校以上程度之补习学校，以教育部为主管机关。

第七条 补习学校之设立，应将设立旨趣、计划、设立人、科目程度、修业期限、校舍设备、经费等呈经主管教育行政机关核准，变更或停办时亦应呈报主管教育行政机关备案。

教育行政机关直接设立之补习学校，应呈报上级教育行政机关备案。

第八条 补习学校每期或每学科结束时，应将教职员一览表、学生名册、学生成绩、经费收支、办理经过呈报主管教育行政机关备案。

第九条 补习学校课程由各该校拟订，呈经主管教育行政机关核定之。

第十条 补习学校学生，不拘年龄及入学资格，惟以曾受相当教育者为限。

第十一条 补习学校应具备教学上必须之设备。

第十二条 补习学校设校长或主任一人，综理校务；教员若干人,分别担任课务。

第十三条 补习学校校长、主任或教员须具备左列资格:

一、补习学科相当于小学程度者,须分别具备小学校长或小学教员之资格;

二、补习学科相当于中等学校程度者,须分别具备中等学校校长或该科目中等学校教员之资格;

三、补习学科属于专门性质或中等学校以上程度者,对于该科目须有专门知识或特殊研究,或具备相当于专科以上教员之资格。

第十四条 补习学校以不收费为原则,但私立补习学校经主管教育行政机关之核准,得酌量征收之。

第十五条 补习学校学生修业期满或修毕应习学科时,经学校考试及格,由学校给予学业成绩证明书。

前项学业成绩证明书,应注明修习学科及期限。

第十六条 本规程自公布日施行。

〔国民政府教育部档案〕

7. 省市立艺术馆规程

(1944年9月25日)

第一条 省市立艺术馆应遵照中华民国教育宗旨及其实施方针与社会教育目标实施民众艺术教育,并辅导学校艺术教育。

第二条 各省市(行政院直辖市以下仿此)至少应各设置省市艺术馆一所,其人口众多、经费充裕、地域辽阔之省份,应设置数所,其名称得冠以所在地地名。

第三条 省市立艺术馆设置时应开具左列各事项,由各省政府咨请教育部核准备案。

(一)名称

（二）地址

（三）经费（分开办费及经常费两项，并注明其来源）

（四）艺术品及有关艺术教育之设备（详报现有种类及件数）

（五）建筑（建筑图式及其说明）

（六）章则

（七）事业计划

（八）职员（馆长馆员之学历、经历、职务、薪给等）

第四条　省市立艺术馆之变更、停办应由省市政府咨请教育部核准备案。

第五条　省市立艺术馆设置左列各部：

一、美术部　关于美术部份之调查、征集、研究、编辑、审定、陈列展览、宣传、表演、视察、辅导、巡回施教等事项属之。

二、戏剧部　关于戏剧部分之调查、征集、研究、编辑、审定、陈列展览、宣传表演、视察、辅导、巡回施教等事项属之。

三、音乐部　关于音乐部分之调查、征集、研究、编辑、审定、陈列展览、宣传、表演、视察、辅导、巡回施教等事项属之。

四、总务部　文书、出纳、庶务及其他不属于各部之事项属之。

以上各部得视地方情形全部设立或合并设置，并得附设戏剧、美术或音乐等教育队，其工作实施办法另定之。

第六条　省市立艺术馆设会计室，置会计主任（或会计员）一人，并得视事实需要酌设佐理员及雇员，均由各省市政府会计处室依法呈请任用，办理岁计会计事宜。

第七条　省市立艺术馆设馆长一人，综理馆务，省立者由教育厅遴选合于本规程第九条资格之人员，提请省政府会议核定后派充之；市立者由市教育行政机关遴选合于本规程第八条资格之人员，呈请市政府核准后派充之，均应报请教育部备案。

第八条　省市立艺术馆每部设主任一人，干事若干人，各附设教育队设队长一人，队员若干人（干事及队员由主管教育行政机关视各馆事务之繁简，规定最高或最低员额），由馆长遴选合于本规程第十条、第十一条资格之人员任用之，并呈报主管教育行政机关备案。省市立艺术馆及馆长应兼一部主任，但不得兼薪。

第九条　省市立艺术馆长须品格健全，才学优良，且具有左列资格之一者：

（一）国内外大学艺术、戏剧、美术、音乐院系毕业，曾任艺术教育或社会教育机关一年以上，著有成绩者。

（二）师范学院、教育学院或教育科毕业，曾任艺术教育或社会教育职务二年以上，著有成绩者。

（三）艺术、戏剧、美术、音乐专科学校或专修科毕业，曾任艺术教育或社会教育职务三年以上，著有成绩者。

（四）在学术上确有贡献，并对艺术素有研究者。

第十条　省市立艺术馆各部主任、各教育队队长须品格健全，其所任职务为其所擅长，且具有左列资格之一者。

（一）文学艺术戏剧美术或音乐学院系科毕业者。

（二）师范学院、教育学院或教育科系毕业，曾任艺术教育或社会教育职务一年以上，著有成绩者。

（三）艺术、戏剧、美术或音乐专科学校或专修科毕业，曾受艺术教育训练，并曾任艺术教育或社会教育职务一年以上者。

第十一条　省市立艺术馆干事及各附设教育队队员，须品格健全，且具左列资格之一者：

（一）具有前条各款资格之一者；

（二）中等学校毕业，曾任艺术教育或社会教育职务二年以上者；

（三）对于艺术教育职务有相当学职及经验者。

第十二条　省市立艺术馆得酌用助理干事。

第十三条　省市立艺术馆应举左列会议：

（一）馆务会议，由馆长、各主任、队长组织之，以馆长为主席、讨论全馆一切兴革事项，每月开会一次。

（二）辅导或推广会议，由馆长、各主任、队长及各该地方有关之教育行政机关及艺术团体代表组织之，以馆长为主席，讨论艺术馆办理辅导或推广事业之兴革事项，每半年开会一次。

第十四条　省立艺术馆应设置左列各会：

一、小组讨论会　由各主任、队长、干事、队员、助理干事等分别组织之，以部主任或队长为主席，负研究有关学术及讨论改进工作之责，每二周开会一次。

二、经费稽核委员会　由各主任、队长、干事、队员、助理干事互推三人至五人为委员（总务主任、会计主任或会计员，庶务不得为委员）组织之，委员轮流充当主席，负审核收支账目及单据之责，每月开会一次。

第十五条　省市立艺术馆为谋事业之发展起见，得联络地方党政机关、各学校、社会团体及热心艺术教育事业人士组织各种委员会。

第十六条　省市立艺术馆应辅导或协助各该地区社会教育机关及中小学校推行艺术教育，其辅导办法另订之。

第十七条　省市立艺术馆应于每年度开始前一个月内，造具下年度事业进行计划及经费预算书呈报主管教育行政机关查核备案，并转报教育部备查。

第十八条　省市立艺术馆应于每年度终了后一个月内，造具上年度工作报告及经费计算书呈报主管教育行政机关查核备案，并转报教育部备查。

第十九条　省市立艺术馆经常费分配之标准如下：薪工费不

得高于百分之五十，事业及设备费不得低于百分之四十，办公费占百分之十。

第二十条 省市立艺术馆设备标准另定之。

第二十一条 省市立艺术馆之章程及办事细则由馆订定，呈报省市教育行政机关核准，并转报教育部备案。

第二十二条 省市立艺术馆应备齐各种财产目录及事业记录表册，以备查核。

第二十三条 省市立艺术馆得采用例假之次日补行办法，寒暑假期应比照当地学校假期，分职员为两组，更番假休，事业照常进行。

第二十四条 省市立艺术馆每日工作时间以八小时为原则，但陈列室亦可酌量地方情形于晚间开放。

第二十五条 本规程自公布之日施行。

〔国民政府教育部档案〕

8．国民政府公布补习学校法

（1944年10月7日）

第一条 补习学校以补充应用知识，提高学业程度，传授实用技术，增进生产能力为目的。

第二条 补习学校分普通补习学校及职业补习学校，各依其所补习科目或采用教材之程度分初中高三级，初级补习学校相当于中心国民学校之高级部，中级补习学校相当于初级中等学校，高级补习学校相当于高级中等学校。

第三条 补习学校由公立学校教育机关或公营事业机构附设，省市县政府或私人亦得设立之。

第四条 补习学校之设立、变更及停办，系省或院辖市设立者，由省市教育行政机关呈请教育部备案，其余呈由主管教育行政机关核准，转呈上级教育行政机关备案。

第五条　补习学校上课，得采用按日制或间日制，采用按日制者，每日上课时间不得少于三小时。

补习学校每一科目教学总时数不得少于同级正式学校课程标准内规定总时数三分之二，每一科目修业期限不得少于两个月。

第六条　补习学校学生修业完毕，经试验及格者，由学校给与及格证书。

第七条　补习学校学生修毕与同级正式学校相当年级之主要科目，经试验及格者，得以同等学历投考正式学校程度相衔接之班级，其已在各级补习学校修业完毕试验及格者，并得以同等学历投考与原补习学校程度相接之正式学校。

第八条　补习学校学生修业与同级正式学校相当各种主要科目，经试验及格者，得由主管教育行政机关举行考验，其办法由教育部定之。

前项考验及格者，由主管教育行政机关给与资格证明书，证明其具有同级正式学校毕业同等之资格。

第九条　各级补习学校之教学科目、课程标准、设备标准及实习规则，由教育部定之。

第十条　补习学校置校长或主任一人，综理校务。

公立学校教育机关或公营事业机构附设补习学校之校长或主任，得由各该学校机关机构主管人员兼任。

第十一条　补习学校教员由校长或主任聘请合格人员充任，以专任为原则，职员由校长或主任任用。

第十二条　补习学校不收学费，但得酌收讲义费，职业补习学校并得酌收实习费，均须呈经主管教育行政机关核准。

第十三条　公立或已立案之专科以上学校得依实际需要，设置与各该学校程度相当之补习科目，选取合格学生，其修业完毕经试验及格者，由学校给与各该科目之学分证明书。

第十四条 补习学校规则由教育部定之。
第十五条 本法自公布日施行。

〔国民政府教育部档案〕

二、社会教育实施办法

1. 教育部订定之各省市失学民众强迫入学暂行办法

（1937年8月4日）

第一条 本办法根据实施失学民众补习教育大纲第六条及施行细则第六第七两条之规定订定之。

第二条 各省市在施行强迫入学办法时，应制发失学民众调查表，督饬所属县市于一定期内，先将超过义务教育年龄之失学民众调查竣事依据实施。

第三条 各县市除设置县市强迫入学委员会外，应分区设置区强迫入学委员会，主持强迫入学事宜。其组织、人选，得依照学龄入学强迫入学暂行办法第五、第六、第七、第八各条之规定办理。（但应加入当地民众教育馆馆长，各种民众学校校长。）

上项委员会，各县市得斟酌情形，与学龄儿童强迫入学委员会合并办理。

第四条 失学民众强迫入学事宜，应由县市长督策全县市教育行政人员，各种小学，各种民众学校，及警察自治等人员协同办理，上项人员考核时，得将此项事宜视为特别注意事项。

第五条 各县市失学民众，应分别强迫入学，第一期为十六岁至三十岁，第二期年龄之较长及较幼者，每期以三年为限。但有情形特殊者，得将限期缩短或呈准酌量延长之。（乡村施行强迫教育时应避免农忙时节）

第六条 施行强迫入学办法地方之失学民众，除已核准缓学免学者外，应一律入当地所办之各种民众学校，如不遵从，应强迫其入学。

第七条　失学民众之强迫入学，依照下列程序办理之：

一、劝告　凡应入学而不入学之失学民众，由强迫入学委员会用书面或口头劝告，限期入学。

二、警告　劝告无效时，将其姓名榜示警告，并仍限期入学。

三、罚锾　经榜示警告后，仍未遵行者，得于限满后之十日内，由强迫入学委员会，呈由县市政府处以三角以上一元五角以下之罚锾并以限期入学。

前项罚锾，应拨充办理当地民众学校之经费。

四、征工　无力缴纳罚锾者，得按罚锾数目代以相当之征工日数，并仍限期入学。

第八条　凡已入学之民众，如不经学校之许可，任意缺课或中途辍学者，应由学校及强迫入学委员会共同劝导督促，如不遵从，得斟酌情形呈由县市政府，比照第七条第三、第四两项之规定标准处罚之。

第九条　凡属雇佣性质之失学民众，在施行强迫入学期内，雇主不得藉词阻止其入学，或因入学而减扣其工资。如有上项情形发生，得由当地强迫入学委员会，斟酌情形呈报县市政府予该雇主以警告或罚锾之处分。并仍令其准许该雇工入学及不得藉词解雇。

第十条　在实施失学民众补习教育限期内，凡超过义务教育年龄之失学民众，其已在民众学校及短期义务学校毕业，或普通小学肄业一年以上者，均认为业经完成其补习教育。在私塾、家庭、场厂、公司、商店或其他机关场所受有与民众学校相当之教育，经当地民众学校考查及格予以证明者，均以曾受民众补习教育论。

上项考查手续,应由各省市制发识字测验表办理之。

第十一条 失学民众之疾病或有其他原因一时不能入学者,得依照下列规定,分别请求缓学或免学。

一、凡身心衰弱,经指定医师证明并经当地强迫入学委员会证明属实者,得准其缓学。但健康恢复时,仍应督令入学。

二、凡身有痼疾或肢体残废,经指定医师证明不堪入学,并经当地强迫入学委员会证明属实者,得准其免学。如当地或邻近各地有特殊教育机关,仍应劝令其入学受特殊教育。

第十二条 凡已入学之民众,如因事迁移时,应取具转学证明书,向迁移所在地之民众学校继续入学,完成其应受之补习教育。

第十三条 各地如有生活流动之失学民众,应酌量举办流动教学。

第十四条 本办法由教育部公布并呈请行政院备案施行。

〔国民政府教育部档案〕

2. 教育部订定之各级学校兼办社会教育办法

(1938年5月24日)

第一条 全国各级学校应遵照本办法,兼办社会教育,务期化除学校与社会之界限,而使学校成社会教化之中心。

第二条 大学各学院及专科学校应参酌下列各项,各就专长,兼办较专门之社会教育工作二种以上(例如农学院应兼办农业推广及合作指导,医学院应兼办救护训练及公共卫生指导等,余类推):

一、学术讲座
二、暑期学校
三、函授学校

四、民众识字教育

五、民众读物编辑

六、职业补习教育

七、农业推广

八、合作指导

九、民众法律顾问

十、地方自治指导

十一、电影及播音科学技术传习

十二、防空防毒知识传习

十三、救护训练

十四、公共卫生指导

十五、地方水利及土木工程指导

十六、各种展览会

十七、其他为各学校所专长而切合社会需要之教育

第三条　中学校除应兼民众识字教育及抗敌宣传外，并应酌量兼办左列社会教育工作二种以上：

一、通俗演讲

二、民众歌咏团

三、壁报

四、民众卫生指导

五、救护训练

六、成绩展览会

七、其他切合社会需要的教育

第四条　中等职业学校应一律兼办农事指导及农业补习班，中等工商业职业学校应一律兼办工商业职业补习班。

第五条　小学校除应兼办民众识字教育及抗敌宣传外，并应酌量兼办左列社会教育工作二种以上：

一、通俗演讲

二、壁报

三、民众卫生指导

四、学生家庭访问

五、恳亲会

六、协助保甲编组

七、协助兴办地方建设事业

八、协助合作社之组织

九、其他切合社会需要之教育

第六条 在抗战期间各级学校兼办之社会教育，尤应切合抗战时期之需要。

第七条 各级学校兼办社会教育，教职员与学生均应参加。

第八条 中等以上学校得组织社会教育推行委员会，隶属于教务部，主持社会教育事宜。委员会之组织章程由各学校自定之，但须呈报主管教育行政机关备案。

第九条 各级学校于每年度开会时，应拟具兼办社会教育计划，呈报主管教育行政机关核准施行。

第十条 各级学校兼办社会教育所需经费，应于各该学校经常费内动支，不足之数，得呈请主管教育行政机关酌予补助。

第十一条 教育部及省县督学于视察各级学校时，应考核并指导各级学校兼办之社会教育。

第十二条 各级学校于每年度终了时，应将本年度内兼办社会教育之经过及成效，编成报告，呈报主管教育行政机关备案。

第十三条 本办法由教育部公布施行。

〔国民政府教育部档案〕

3．教育部订定之各级学校兼办社会教育暂行工作标准

（1939年5月2日）

一、教育部为督促全国各级学校普遍并切实兼办社会教育起

见，特依照各级学校兼办社会教育办法，订定工作标准，以资责成。

二、各级学校兼办社会教育应师生合作，以便实际指导学生服务，小学并应以教员为施教主体。

三、专科以上学校兼办社会教育之工作标准如下、

甲、就各院校专长办理较专门之社会教育工作两种以上（参照各级学校兼办社会教育办法第二条各项办理）。

乙、就各院校附近划定相当区域，办理社会教育施教区。

丙、每学期办理民众学校四班至六班。

丁、师范学院及教育学院除办甲、乙、丙三项外，并应切实指导与考查学生实习兼办社会教育及研究与试验兼办社会教育各项实际问题，每学期报告主管机关一次。

四、高级中学兼办社会教育之工作标准如下：

甲、依照各级学校兼办社会教育办法第三条各项办理。

乙、三班以下之学校每学期办民众学校一班（以办高级班为原则）。六班以下者办民众学校两班，九班以下者办三班，余依此类推。

五、师范学校兼办社会教育之工作标准如下：

甲、依照各级学校兼办社会教育办法第三条各项办理。

乙、三班以下学校每学期办民众学校一班，六班以下者办民众学校两班，九班以下者办三班，余依此类推。

丙、研究编辑地方性教材，供师范区内各小学兼办民众学校补充教材之用。

丁、研究并试验关于兼办社会教育各项实际问题，每学期报告主管机关一次，以资参考。

戊、切实指导学生实习兼办社会教育，并拟订考核办法。

六、职业学校兼办社会教育之工作标准如下：

甲、依照各级学校兼办社会教育办法第四条办理。

乙、每科每学期办民众学校一班，注重职业训练。

七、初级中学兼办社会教育之工作标准如下：

甲、依照各学校兼办社会教育办法第三条各项办理。

乙、三班以下之学校，由教员每学期办民众学校一班，六班以下者，办民众学校两班，余依此类推。

八、小学兼办社会教育之工作标准如下：

甲、依照各级学校兼办社会教育办法第五条各项办理。

乙、依照下表规定办理民众学校：

原有儿童班数	1	2	2	3	3	3	3	4	4	4	4	4
教员人数	1	2	3	3	4	5	6	4	5	6	7	8
应办民众学校班数	0	0	1	1	1	2	3	3	1	2	3	4

说明：（一）四级以上依此类推，但每校同时以办至五班为原则；

（二）儿童班数与教员人数相同之校，应采用流动教学方式，每教员每学期至少扫除文盲五人。

九、各级学校须设法利用电影、幻灯、收音机、演讲、壁报、戏剧、图书及体育设备，普遍施以辅助学校或社会教育之推行。

十、本标准由教育部订定施行。

〔国民政府教育部档案〕

4．师范学院、教育学院、师范学校及民众教育馆辅导中等以下学校兼办社会教育办法

（1939年5月17日）

一　国立师范学院、大学师范学院、教育学院及省市立师范

学校与省市立民众教育馆，须依本办法之规定，分别辅导中等以下学校兼办社会教育。

二、国立师范学院，及大学师范学院、教育学院，应于该师范学院区所设之中等教育辅导会议，负责研究并推进区内学校兼办社会教育辅导事宜。

三、国立师范学院，及大学师范学院，教育学院，对于各该师范学院区内之辅导事项如左：

甲、省市立师范学校及省市立民众教育馆辅导方法之研究与指导及其困难问题之解答。

乙、中等学校兼办社会教育人员之训练与其进修之指导。

丙、中等学校兼办社会教育教材之介绍与补充。

丁、依照中等学校应行兼办之社会教育事业举办数，供区内中等学校之。

戊、其他关于主管教育行政机关之委托及区内各学校请求协助之事项。

四、大学师范学院或教育学院，应联络本大学各学院，尽量利用原有设备，辅导中等以下学校兼办社会教育。

五、各省教育应就全省立师范学校及省立民众教育馆之分布情形，并斟酌原划定之师范学校区，指定各省立师范学校及省立民众教育馆之辅导区域，以确定各校馆辅导之范围（市"行政院直辖市"立师范学校及市立民众教育馆以该市区为其辖导区域）。

六、省市立师范学校及省市立民众教育馆应会同该辅导区内各省市社会教育机关，及办有社会教育实验事业之省市立学校，组织该区辅导学校兼办社会教育委员会，研究并推进区内之辅导及协助事宜。

七、省市立师范学校校长或省市立民众教育馆馆长为各该辅导区辅导学校兼办社会教育委员会为当然主席，省市立师范学校与省市立民众教育馆，同在一辅导区者，以省市立民众教育馆馆长为当然主席,省市立师范学校校长为副主席。

八、省市立师范学校及省市立民众教育馆对于各该辅导区内之辅导事项如左:

甲、小学校兼办社会教育,教学方法之研究与指导,及其困难问题之解答。

乙、民众学校教材之研究与介绍。

丙、民众学校补充乡土教材之编制。

丁、小学兼办社会教育人员之训练及进修之指导。

戊、办理较完备之民众学校,供地方小学之观摩。

己、其他关于主管教育行政机关之委托及各学校请求协助之事项。

九、本办法由教育部订定施行。

〔国民政府教育部〕

5. 社会部转行发动全国知识分子办理民众教育暂行办法致各省市党部函件

(1939年9月2日)

中央社会部公函

案准教育部本年九月二十七日第二三三五二号公函内开:"案查本部为积极推进民众教育,俾早肃清全国文盲,以增强抗战建国之力量起见,特订定发动全国知识分子办理民众教育暂行办法一种,经呈奉行政院第四二三次会议修正通过,并经本部以第一八七四六号令公布在案。相应俭同该办法,函请查照并转行各省市党部办理"。等由。准此,自应照办。除函复外,相应转发该项办法一份,函达查照,协助当地教育行政机关切实推行,并转饬所属本县市党部,一体遵照办理具报为荷。此致

各省市党部

附抄发动全国知识分子办理民众教育暂行办法一份。

中华民国二十八年九月二日

发动全国知识分子办理民众教育暂行办法

第一条 教育部为发动全国知识分子办理民众教育，灌输抗战建国必要之常识起见，特订定本办法。

第二条 本办法所称知识分子系指各级学校教职员、社教机关工作人员、中等以上学校学生、公务员、文化实业团体职员及其他受相当教育之人士而言。

第三条 知识分子均须依照本办法之规定，办理民众教育为其应尽义务之一，在服务期间，得免除服工役之一部或全部。

第四条 知识分子办理民众教育，除各级学校教职员及中等以上学校学生应兼办其他社会教育工作外，其余暂以担任民众学校教学及视导为限。

第五条 知识分子办理民众教育，由各县市主管教育行政机关征派之。

第六条 知识分子办理民众教育服务时间，每星期至少二小时，暂以一年为期，其服务地点、担任工作及时间分配由各县市主管教育行政机关决定之，但在可能范围内须顾及服务人员之便利，并以不妨碍原有职业为原则。

第七条 知识分子办理民众教育，如因特殊情形不能至民校担任工作时，经各该县市主管教育行政机关核准，得自行召集失学民众二十人在家内教学。

第八条 知识分子办理民众教育，如因特殊情形不得亲自担任工作时，经各该县市主管教育行政机关核准，得自行请人代理或缴纳代金，由各该县市行政机关代觅替人。

第九条 知识分子办理民众教育，如成绩优良，服务勤劳者，得由各县市主管教育行政机关予以奖励，并通知原服务机关列为考成之一。奖励分下列两项：

一、传令嘉奖

二、发给奖状

第十条 知识分子如不遵令办理民众教育或办理不力时，得由各县市主管教育行政机关予以相当之处分，并通知原服务机关列为考成之一。处分分下列两项：

一、警告

二、除各级学校教职员及学生另有规定外，公务员、文化实业团体职员科一元以上五元以下之罚锾。

前项罚锾，由主管教育行政机关专折存储，作为办理民众教育之用。

第十一条 本办法经呈奉行政院核准后公布施行。

〔国民政府社会部档案〕

6. 教育部订定之《推行家庭教育办法》

（1945年8月17日）

第一条 各省市县教育行政机关应督导所属各学校、社会教育机关及文化团体、妇女团体、积极推行家庭教育。

第二条 各省市教育厅局应于主管社会教育之科股，指定职员一人，办理家庭教育行政事宜。

第三条 各县市推行家庭教育，由各该县市社会教育推行委员会主持办理。

第四条 各县市所属区署乡镇公处，应分别责成教育指导员、文化股主任及文化干事等，协同当地教育机关团体，推行家庭教育。

第五条 各级学校推行家庭教育，由各校社会教育推行委员会主持办理，其负责实验家庭教育工作之学校，得另组家庭教育推行委员会主持办理之，各社会教育机关推行家庭教育，由办理教导工作部主持办理之。

第六条　各级学校及社会教育机关推行家庭教育，教职员学生均应参加，并得以女教职员学生为主体，推行各项工作。

第七条　专科以上学校，除各师范学院及设有教育科系之大学或独立学院，应办理下列事项两种以上外，其他各学院得就性质所近酌量办理。

1. 家庭教育公开讲演
2. 家庭教育通讯研究
3. 家庭技术之指导
4. 家庭指导人员之训练
5. 家庭教育问题之研究
6. 家庭教育图书杂志之编译
7. 其他

第八条　中等以上学校以举办家庭教育班为主要工作，各中等学校除举办家庭教育班外，应就性质所近，办理下列事项两种以上：

1. 恳亲会
2. 家庭教育讲习会
3. 家庭公开讲演
4. 儿童健康比赛
5. 各项家事比赛
6. 儿童教育指导
7. 育婴指导
8. 家庭医药卫生指导
9. 家庭管理指导
10. 家庭副业指导
11. 家庭实行新生活指导
12. 家庭教育通讯研究

13. 其他

第九条 国民学校、中心国民学校、小学、幼稚园及民众学校，除必须举办家庭教育班外，应各就学校班级数及教职员数之多寡，斟酌办理下列事项两种以上：

1. 家庭访问
2. 恳亲会
3. 特约模范家庭
4. 主妇会
5. 各项家事比赛
6. 儿童教育指导
7. 育婴指导
8. 家庭医药卫生指导
9. 家政管理指导
10. 子女婚姻指导
11. 礼俗改良指导
12. 家庭消费合作指导
13. 家庭副业指导
14. 家庭实行新生活指导
15. 其他

第十条 全国各级民众教育馆，一律以推行家庭教育为主要工作，除必须举办家庭教育班外，国省市县民众教育馆，应依其等级分别按照第七、八、九条所列各项办理四种以上。

其他各级社会教育机关，均应各就所长，推行家庭教育。除必须举办家庭教育班外，国省市立社会教育机关，应依其等级分别按照第七、八、九条所列各事项，办理两种以上。

第十一条 各级学校及社会教育机关于年度开始时，应将推行家庭教育计划，编附学校办理社会教育计划及本机关工作进行计划内，呈报主管教育行政机关核准施行，年度终了时，应将办理情形编附呈报备案。

第十二条 各级学校及社会教育机关推行家庭教育所需经费，应于各该学校、机关经常费内动支，不足之数，得呈请主管教育行政机关酌予补助。

第十三条 各地方文化团体、妇女团体推行家庭教育，应参照本办法之规定，商录各县市社会教育推行委员会单独办理各行工作，或参加各级学校及社会教育机关协同工作。

第十四条 本办法自公布日施行。

〔国民政府教育部档案〕

7. 教育部拟订之教育播音办法

（1945年8月11日）

一、本部为增强教育播音效率，特订定本办法。

二、本部教育播音工作与中央广播电台合作实施。

三、教育播音之项目为：(一)儿童教育，(二)青年教育，(三)公民教育，(四)科学教育，(五)卫生教育，(六)国体教育，(七)艺术教育，(八)国语教育，(九)边疆教育，(十)战区教育，(十一)史地教育，及(十二)教育消息。

四、教育播音材料须富有兴趣，切合实用，易于了解。每节播讲前并得将有关资料向听众介绍。

五、教育播音时间定为每周三节，每节十五分钟，必要时得变更之。

六、本部各单位应按照工作性质及实际设施状况，每月轮流播音一次，其播音材料有连续性或时间性者，得连续播音一次。

七、本部各单位应依照排定时间，于播讲前将讲稿送社会教育司，派员赴中央广播电台准时播讲，或转请中央广播电台代播。

八、本办法自奉部长核定之日施行。

〔国民政府教育部档案〕

（二）社会教育概况

1. 教育部电化教育五年计划书

（1937年）

一、机构组织
（一）中央机构
1．最高研究设计指导机构

教育部电化教育委员会（主任委员 委员廿七人）
- 电影教育组
- 播音教育组
- 幻灯教育组
- 教育影片总库——搜集存储参考
- 资料室——搜集资料供应参考
- 编译委员会——编拟题材出版刊物

2．电教器材统筹供应机构

(1) 中央电教器材供应总处（处长 副处长）
- 购置科
- 供应科
- 运输科
- 影片流通科
- 保管科
- 总务科

(2) 中央电教器材修造总厂（处长 副处长）
- 放映机部（电影机幻灯机发电机等制造修理装配）
- 无线电机部——制造修理装配
- 电池部

(3)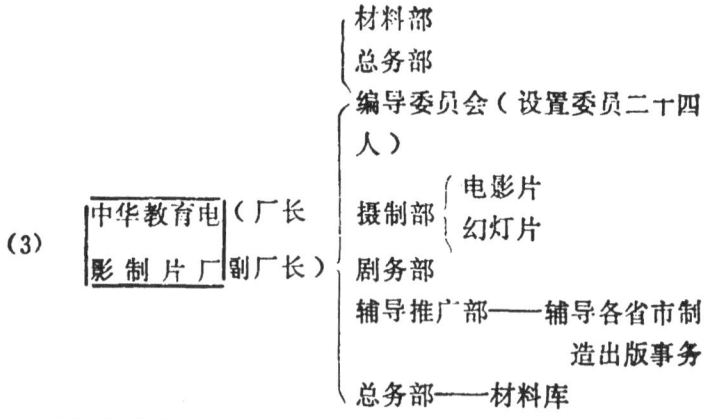

3．电教人才训练机构——另详
4．特设推广（施教）机构

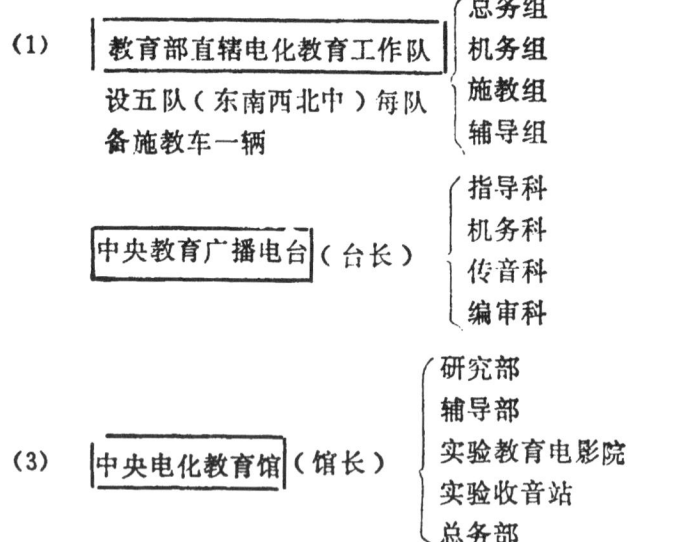

5．国立学校社教机关推广机构或组织
(1) 专科以上学校

第一年起一律实施；

教务处下设"电化教育组"（电教教授或讲师至少一人，技师一人）；

设"电化教育馆"或"电化教学室"。

(2) 国立社会教育机关及中等学校

设"电化教学室"或"收音站""放映队"

利用原有人员增加电教设备。

（二）各省市机构

1. 分设 ｛ 省市教育厅（局）电化教育辅导处 ｜ 省市电教器材供应处 ｜ 省市电教器材修配所 ｝ ｛ 器材供应 ｜ 修配装置 ｜ 影片流通 ｜ 影片摄制 ｜ 技术指导 ｝

（不能分设省市供应处修配所时，则统归辅导处办理）

2. 省市电化教育巡回工作队（每行政督察区设一队） ｛ 总务组 ｜ 机务组 ｜ 施教组——｛施教车船 ｜ 收音站｝ ｜ 辅导组 ｝

3. 省市立电化教育馆 ｛ 总务部 ｜ 教导部 ｛学校 ｜ 社会｝ ｜ 影片流通部 ｝

4. 区教育广播电台（每行政督察区设一台） ｛ 指导科——收音指导 ｜ 机务科 ｜ 传音科 ｜ 编译科 ｝

5. 省市公私各级学校及其他社教机关

(1) 专科以上学校——同前

(2) 中等学校 { 教导处下设电化教育组——指导员一人至二人
设电化教学室——就大教室装置电化设备

(3) 小学及中心国民学校 { 调训教员
就原有教室装置电化设备

(4) 其他社会教育机关——同前

6. 省市电化教育人员训练班

（三）各县市机构

1. 县市电化教育服务处
（与省市处所台联系） { 器材供应
影片流通
修配购运
技术指导

2. 省市电化教育巡回工作队 { 职员二人，工友一人
电影机、幻灯机、发电机各一部
经常存留影片二十本、幻灯十本

3. 县市公私各级学校及其他社教机关：

（1） 中等学校——同前
（2） 小学、中心国民学校及国民学校——同前
（3） 其他社会教育机关——同前
（4） 县市电化教育人员训练班——完全办理调训

二、设备

（一）器材种类数目及分配

1. 电影幻灯施教器材

（1） 电影放映机——六千部

甲、中央施教机构——三十部

乙、专科以上学校——三百部

丙、国立社会教育机关——一百部

丁、全国中等学校——三千五百部（凡学生较少及两校距离较近者共用）

戊、省市县立社教机关——一千五百部

己、小学及中心国民学校——五百七十部

（2）袖珍幻灯机——四万部

甲、依前条甲至戊各校及社教机关各发三用幻灯机一架——五千四百三十部

乙、小学及中心国民学校学生较多或学校较为集中之处发——三万四千五百七十架

（3）发电设备（配发无电源地方）

甲、电影用交流1500W汽油发电机——二千部

乙、专为幻灯用500W汽油发电机——一万部

丙、手摇或风力充电机——一万部

丁、蓄电瓶——二千个

（4）电影幻灯配件及备份零件

甲、变压器　二万六千个

乙、备份灯泡 放映灯泡——二万四千个
　　　　　　 幻灯灯泡——十六万个

丙、扩音机（原价二百美金者）——五十部

丁、扩音机配电（转盘话筒——九千九百五十部

戊、留声机——二万部

己、电线插头等——四万套

庚、唱片——四十万张

（5）电影片——二千五百种

甲、翻译改用外片——五百种

乙、自制——五百种

(6)幻灯片——五千七百种

甲、翻印改用外片——三千八百种

乙、自制——一千九百种

2．播音器材

（1）五千瓦中波播音机（中央教育广播电台用）一座

（2）二千瓦短波播音机（中央教育广播电台用）一座

（3）二千瓦中波播音机（中央教育广播电台用）一座

（4）一千瓦中波播音机（各区教育广播电台用）二百座

3．收音机——九十二万架分配如下，

(1)中央各机构分用——一百架

(2)专科以上学校——二百架

(3)国立社会教育机关——一百架

(4)全国中等学校——五千架

(5)省市县社会教育机关——四千五百架

(6)完全小学——三万架

(7)中心国民学校——八万架

(8)国民学校——八十万架

4．摄制器材

(1)有声电影摄影机——五部

(2)无声 70号 Fibmo (B.M.CO.) 电影摄影机 四十二部 二 部（每省市发一部）——四十二部

(3)录音全套设备（连发电机）——五套

(4)灯光全套设备——五套

(5)照相机 speed graphie（连闪光灯等附件）每省市发一套——四十套。

5．其他工具仪器装配等——一千八百套

三、人才

（一）人才种类及数目

1．电教行政人才——六百人

(1)中央及各省市高级行政人才（专家、国外考察、服务电教富有经验、曾受电教行政专门教育者）——五十人

(2)普通电教行政人才（大学或专科毕业，富有电教经验或受专门教育者）——五百人

(3)研究设计编译人才及高级训练师资（专家、国外留学、外国专家）——五十人

2．工程人才——五百人

(1)电影幻灯各项机件修配设计制造人才（国外留学专习电机工程，富有电影幻灯方面制造经验者）——五十人

(2)无线电工程人才（国外留学专习无线电工程并富有经验者）——五十人

(3)广播电力技师（国外留学实习、大学电机系或专科毕业，或受特殊训练者）——四百人

3．编剧导演人才

（大学或专科毕业，已有电教剧本编著或受专门训练者）——一百五十人

4．传音人才

（大学或专科毕业，已有播音经验，或受专门训练者）——四百人

5．电影美术人才

（艺术专科学校毕业，或受专门训练者）——一百人

6．电影表演人才

（高中以上学校毕业，经考选合格或受专门训练者，或曾任演员者）——七十人

7. 摄制人才——三百二十人

(1)摄影师——一百人

(2)录音技师——二十人

(3)洗刷技师——二百人

8. 施教人才——五万二千人

(1)中央施教机构、国立学校及社教机关（电教专科毕业,或受专门训练者）——一百人

(2)各省市施教机构（电教专科毕业或经调训之教职员）——一万一千九百人

(3)各县市施教机构——四万人

（四）经费预算〔略〕

〔国民政府教育部档案〕

2. 四川农村教育服务车促进会报告工作情况并申请补助经费等有关文件

（1938年11月 日）

（1）四川农村教育服务车促进会致行政院呈（11月 日）

庸之院长钧鉴：

敬启者：窃四川为西南地大物博、人口众多之省区，在抗战建国期中,占极重要之地位。敝会为欲激起农民抗战情绪、灌输农民国家观念，增高农民生产效率，发动民间伟大之战斗潜力，以为军事源源不绝之供应起见，特于本年春邀集教育界名流、乡村改进专家,组织四川农村教育服务车促进会，并于三月份正式将第一辆青美号服务车装备完善，行驶成渝长途工作，迄今计已八月余，颇得社会同情，极受民众欢迎，收效甚巨。兹谨就该车服务经过，印成概况报告书一份，特为奉呈核阅，请赐指导。再为

谋将来扩充与继续进行关系，不久举行募捐会，尚乞鼎力维助一切，如何廉泉沛施或予吹嘘劝募，俾达目的，不胜翘企感祷之至。专上。敬叩

崇祺

      四川农村教育服务车促进会 会　长　张伯苓

          副 会 长　罗家伦　同上
          负责干事　黄次咸

中华民国二十七年十一月　　　日

  四川农村教育服务车促进会青美号服务车概况报告书
  引言

  农村教育服务车计划的动机，是在去年川灾极为严重的时候，大家感觉到四川政治渐次走上了正常的轨道，交通也越见便利，但农村经济恐慌，因这几年来的天旱，越显出经济破产的现象。除中央与地方当局竭力设法图谋救济以外，社会团体和一般有志人士应该从事农村服务与建设，为政府的助力。蒋委员长曾经昭示训勉全国人说："我们的农村和农民的生活，如果一天不改善，我们的革命，我们的复兴民族工作，便一天不能算完成。所以农村建设，是各种建设事业中，最重要的基础"。这是极为透辟警策的教训。所以本会发起的农村教育服务车，是用极科学的方法，极新颖的姿态，出现在社会的深层去，要从事普及农民的教育，提高他们的知识，改进农村的生产，富裕他们的生活，双管齐下以收实际的效果。

  还有一点更得说明的，我国对日寇的战争，可以说是有史以来第一次的大战，这个大战决要全民族英勇参加，长时期的奋斗，才能收到抗战建国的结局。四川是我国西南各省当中，算地大物博、人口众多的省份，只要能够发动五千多万农民，前方兵

员的补充就不成问题,如何激起农民抗战的情绪,灌输农民的民族意识,增高农民的生产效率,发动这些伟大的战斗潜力,为军事源源不绝的供应,自然这是政府的责任,同时社会团体和有志人士也不要忘掉这个责任。因此本会服务车,就担起这个重担。不过我们的能力究竟有限得很,不仅人力和财力,并且四川幅员这样大,一、二辆汽车决不够胜任愉快,据估计至少也得二十四辆才足敷用。为了这个缘故,我们先将本车各项工作的概要同近两个月来服务的统计报告给社会,希望各界领袖及有力量的明达人士给与本车以最大的帮助,使它能够继续努力它的任务,并产生许多号新的服务车,在国难期中帮助政府完成抗战建国的使命。

本会组织及服务车内容

本会系教育界及热心农村建设人士所组织,由会员中推定委员十五人成立委员会,委员中举出张伯苓、罗家伦、胡庶华、高显鉴、汤茂如、邰爽秋、锐朴为常务委员。由委员中推举黄次咸、连铸九、郑石钧三人为负责干事。

服务车内容

1. **医务股** 医生看护各一人,负诊疗疾病,指导卫生,教授救护之责任。

2. **事务股** 设干事两人,负交际、庶务、宣传、指导农事及图书馆、合作事业等责任。

3. **机务股** 司机一人,电影电机二人,负驾驶汽车及映放电影及收播消息之责。

另设主任干事一人,负全车管理、指导之责。并由教育部指派第二社会教育工作团团员顾知义一人到车参加服务,并指导一切。

服务车工作如次

灌输党义　总理手创的三民主义,为复兴民族,救国救民的主义,四万万五千万同胞都应该切实了解,而且实行的。本车谨遵教育部的命令，特别规定"灌输党义"这一项工作，务使先从成渝公路这一段的农村大众训练起，准备将来达到完全施教于四川七千万人为目的。

我们的方法　四川的农民，恐怕百分之九十都是不识字的睁眼瞎子，要教育他们，须从极浅易的入手。我们拟定的方法和步骤是利用车上所带的幻灯及黑板做灌输的工作。

一、解释术语　三民主义上的一切术语，为什么叫"主义""民族""民权""民生""帝国主义""不平等条约"……晚上用玻片写上映放在银幕，白昼写在黑板先使他们一字一字的认识，然后再联合成一个名词，为他们很浅显的解释，在解说当中，不要忘掉参加很好的譬喻和故事，因为他们的头脑最容易记着事实而难记住抽象的话语。

二、教授课本　在他认识和了解这些术语以后，进一步给他们编一种极浅近的三民主义读本，也从幻灯片映在银幕上，白昼写在黑板上，一课一课的教授他们，他们更深一层了解三民主义的重要性，同三民主义的连环性。与乎凡作一个中国国民不能不信仰这个主义，实行这个主义的道理。

三、系统讲演　在三民主义读本教授完毕后，更进一步再给他们短短的系统讲演（每次不要超过二十分钟），给他们更完全的认识，凡讲词的题目和须得特别提出解释的术语、人名、地名、数字，白昼用黑板，晚间用幻灯片。

同时要从人们已经知道后更须实行，先训练他们民权初步，如像每次的讲映会，影片秩序中有"升旗礼"，为他们先解释国旗的意义。"唱党歌"，就须将歌词映放在银幕上，使他们认识和了解，方知道唱与读都是有极大意义的。在他们熟悉讲映会开会的秩序后，更慢慢训练他们民权初步上所讲的民权运用方法。

我们这些方法和步骤，是一个初度的试验，等到实行的结果，再看它的效率，来确定一个工作的原则。

抗敌宣传 我们对倭艰苦的抗战，已经到一年了，尽管有前方将士浴血奋斗，勇往牺牲，这还不够，大家都知道，中倭的战争决不是短期的战争，而是长期的战争，我们要争取最后的胜利，必须发动全民的力量。四川偏处西陲，至今还没有受到敌人炮火的威胁，对于抗战的意义，多数人仍是茫然不知的。从事宣传的工作，自属一刻不可缓的事，所以本车规定抗敌宣传为第二项工作。我们目前分几种方法，进行这项工作：

第一、"口头宣传" 每次由车上负责的人员，预备几个抗战的题目，用极浅显的话语，（少说新名词，力求通俗化）极经济的时间，表演的姿势，传达给无知识的听众。

第二、"文字宣传" 每次在车子出发前，编印好一种极通俗浅短的传单，说明抗敌的事实及意义，人民应尽的责任等，使能认识字的人看了，转告述他的亲友子弟。

第三、"教授歌咏" 音乐是极能感动人的，这是大家所公认的，所以本车就利用极通俗的小调，编成抗战意义的歌曲。在每次车子到一个地方，就由一个教歌的干事专门负责教授，起初虽然只有些孩子围拢来和唱，成年人总是老闭着口不开腔，到后来大家也能跟着唱了，结果这种振起民族精神的怒吼，也响彻了穷乡僻壤。

第四、"打金钱板" 永川民众教育馆馆长周敬丞君编有抗战金钱板词，也训练得有能唱的人才，本车认为这是宣传的好工具，将来请一位，担当这个任务。

第五、"影片幻灯" 八一三以后，我国影坛所出的抗战片子，一天一天的加多，本车由中央摄影场及重庆青年会常常供给此类影片。其次用幻灯片，缮写警策的标语，绘画精采的图画，映放给他们看，并解释给他们听。

总计来回成渝路上四次，听众共二十四万〇五百八十三人。

电影教育 电影在现代成了一种普及社会教育的工具，要实施训练民众的工作，最好利用电影的设备，这是一般人都承认的事实。本车上所定的"电影教育"一项，就是本这个原则去做的。

本车上装有发电机放射机各一部，影片由重庆青年会选定几部交车上放映。每次行驶长途，晚间到了一个服务地点举行集会，会后就映放电影，所以名叫讲映会。映放的影片，纯全是含有教育意义的。并承中央宣传部摄制场热烈的帮助，每次由渝行驶前，借给本车一、二部该场摄制的宣传片子，如近二月来放映的"总理奉安典礼""电政设计""教导总队授旗""京沪大血战记"……等新影片，使一般民众知道政府的建设，军队的抗战，渐渐使他们认识国家的事情，在青年会电影部所选映的影片如"共赴国难""上海抗战记"。多系含有抗战意义的作品，希望引起他们的爱国情绪和民族意识。

几次试映效率：四川乡村的农民，大多数是极为贫穷的，他们的生活几乎在水平线下，所以有毕生未到过城市的，更说不上享受正当娱乐，与受教育的机会，这次本车所过的城市乡镇，在晚间为农民放映电影，来看的人成千累万，极为踊跃，大家都认为见所未见，闻所未闻，开广眼界不少。据车上精确的统计，只享受电影教育这一项工作的人，第一次报告是七万四千九百五十人，第二次报告是六万八千八百人，第三次报告是八万二千四百人，第四次是四万二千七百人，共二十六万八千八百十五人，这确是一个可观的数目，继续下去，我想一年的观众，至少在一百五十万人左右。

摄制本车活动片：本车为训练民众开会秩序及使他们了解军政当局及本车工作的活动起见，并请中央摄影场的技师陈嘉谟先生于六月十三日飞省，摄照四川绥靖主任邓晋康及省政府王主席缵绪，暨邓秘书长、各厅厅肖像，制印附入开会程序影片内，使民众认识孙总理、国府林主席、蒋委员长暨各院部长与本省各长官，并将与本车沿途服务活动情况摄制长片，映放给民众参观。

医药卫生 中国人死亡率之大，几乎占全世界第□位，这是中华民族最大的危机，比敌人有形的飞机大炮的残杀还要可怕，所以当此抗战建国的时候，医药卫生也是刻不容缓的工作之一端。医药是治标，卫生是治本，本车所负的使命，则是标本兼顾。

关于医药方面：本车有医生，有护士，有药品，有病床，设备相当充实，无论轻病重病，均能应付裕如。但每个地方的病人实在太多了，在不长的开诊期内，往往要诊断多则八九十、少则三四十的病人，一个医生自然觉得很费力的。计本车四次来回成渝路诊病地点九十一处，病人三千八百二十二人。因为来医治的病人大多数是衣不蔽体的穷困农工大众，事实上他们的病因穷而生的，所以不仅扔不出起码的药费，就连最低限度的八百文（三分多点）挂号费也大摇其头。所以在应收的四百二十一元六角六分的医药费用当中，仅仅收到七十四元二角，占应收之数不过六分之一，差不多可以说等于是施诊。至于病人的种类，以肺结核症最多，皮肤病、沙眼、虫病、气管炎、肠胃病、伤寒也不少。

卫生方面：除免费预防注射、施种牛痘及廉价出售蝇拍外，有电影玻片、卫生挂图、卫生传单，由医生与车上同人向农民讲解，使他们明了疾病是如何传染，疾病应如何预防，疾病应如何治疗，以及救护常识，防空防毒等等。从病源上诊断的结果，证明病人所患之病，都与卫生有因果关系，比如患肺结核的人所以多，就是由于随地吐痰不以为怪；患皮肤病的人所以多，就是由于衣服污秽，不常洗涤；患肠胃病的人所以多，就是由于饮食不洁，饥苦难堪；患沙眼的人所以多，就是由于使用公共手巾，成为习惯……诸如此类，举不胜举。因此，我们认为欲保持农民的健康生活，医药固然迫切需要，而灌输卫生知识尤应迫切需要。

借阅图书 本车每次出发均带有各科图书杂志画报，以便沿途供人借阅。其供阅办法为：一书价在五角以下者，缴押金五角，五角以上者一元，余类推。押金于还书时退还，并无租费。已借书者，本车到时，并有人径到借书人住所接洽掉换。新借者，本车到时随时均可借取。总计这次的借书人数如下：借出图书四十六次。缴押金者二十六人，未缴押金者五人。女子借书者三人，男子二十八人。依地域分：璧山四人，资阳六人，隆昌六人，永川三人，荣昌三人，简阳三人，球溪洞一人，内江一人，本车四人。至借书人职业，未详细调查，就所知者有商界、公务员（保长）借书机关有民众教育馆、车站、福音堂、警察所、学校等。本车为提倡一般人爱好读书起见，并于每晚利用幻灯打玻板，说明借阅图书办法，故知者渐多，借书人有逐渐增加趋势。此外，本车每到一处，即展览各种挂图，并有人逐张解释，故观众踊跃。抗战画报尤为一般民众所欢迎，即学校学生亦如获至宝，反复阅读，不忍释手，可见内地知识饥荒之一般。本车来回成渝路四次，阅览图书人数共计一万二千三百六十三人。

抗战歌曲 唱歌可以激发人的情感，教抗战歌曲，尤为训练民众不可少的工作，因他可以激起人的爱国情绪和抗战决心。故抗敌歌咏亦为本车主要工作之一。惟一般人因街头教歌与习惯相去甚远，所以初次教唱时民众多不肯开口，仍须多方诱导始见低声唱和，但结束时他们又争相誊抄，深恐失此歌调，有时如遇军队或学生从中唱导，群众较为上口。我们教的方法是：先由我们自己唱一、二遍，以引起其趣味，然后教他们识字，以明白其意义，最后教他们跟着唱，务必达到每人都能单独唱才停止。我们用的歌调是杀敌歌二首，一仿锄头歌调，一仿孟姜女寻夫调，又火烧阳明堡一首，则仿五更调及凤阳花鼓调，内中以孟姜女最受欢迎。至参加歌唱的民众，多是路上过客及附近居民，份子极复杂，程度极不一致。如白发老翁，红颜少女，乡下农民，学徒，力夫，军人，学生，小乞丐等……真是形形色色，应有尽有。收效最大的，除学生军人外，要以学徒和小乞丐的表现最使我们满意。当本车二次停下工作时，他们不期然而然的异开同声把上次学会的歌唱起来，而且要求我们立刻教他们唱别的歌，上次不肯开口的，这次不必诱导，也很自然的大开其口了。

生活程序　本车工作同人一共八人，其职务分配如下：总务、交际、医药、农事、护士、司机、电影、杂务各一人，这只是大致上的分配，实际上每个人都要负着好几种的职务，比如演讲、歌咏、配药、会计、管理图书、医药挂号等等，都是八种职务外相当繁重的事情。因此，同人每日的工作是非常紧张的，从早到晚，可以说是没有多少空余时间，即在开车的时候，同人还要用它来做朝会和讨论问题。其程序大致是这样：

午前，六点起床，收拾行李。六点半至七点半上行李，算账及统计。七点至八点盥洗吃早饭，八点至八点半检查机器上油。八点半至十点开车（做朝会及讨论问题）。十至十二时工作（医药、展览图书、演讲）及开车。（路近则工作，远则直驶）

午后，车到时即下行李，一点至一点半午饭，一点半至三点休息。三点至五点半工作。（医药及展览图书）五点半至六点晚饭，六点至十点工作（放电影及讲演），十点半就寝。此项程序在将只行驶渝榉段时略有改变。

以上各项工作系已进行者，其余如"无息借贷""交换籽种""指导副业"各行，现正与金陵大学接洽辅助人才与改良籽种等，有结果时，即行举办。

服务车之展望

1．查四川境内之公路已成干线，如川黔、川陕、川甘、川湘等，共长一六四七哩，其他如成嘉、成叙、成灌、万梁等支路，因参考不便，尚未计入。以每车每日行四十公里，服务乡村，共需汽车四十二部，若以三日巡回一次，亦需十四部，倘须达到各邻省之省会，切取联络，至少须增加一倍车辆，现仅一部汽车行驶成渝，往返费时半月，对于一切工作，诚有一曝十寒之概。并有许多较小之乡镇，未往工作，故请求政府扩充车辆，实为当务之急。

2. 本车（青美号）行驶成渝至六月底，则改行重庆至楠木镇一段，增加工作地点，两星期巡回一次，另以一部行驶成内段（由成都青年会联络教会负责进行）与渝楠段之东衔接。此外，再以一行驶重庆附近或赴特约地点。其他路线限于经济，尚无定期举办之确定计划，惟望政府当局，地方领袖，共起促成，以期普遍而收迅速复兴民族之效。

3. 凡毗连之省份，如川黔、川滇、川湘、川陕各省，本会均须促其创办，切取联络，以期迅速完成农教网，而使乡村民众均有现代知识，抗敌意志。

4. 最近即拟联络政府所办之家畜保育所、私立金陵大学之农学院及华西卫生教育会等，各派专家联合工作，以增进服务车之效率。

俟各路办有端倪，则向不通车之乡村，初则购买三用之电播教学机（即收音、留声、播音三种合为一箱），配以幻灯，继则用骡马驮电机及各种服务工具，深入各乡服务，不过时间稍远而已。

(2) 教育部致行政院呈（11月　日）

奉交四川农村教育服务车促进会请扩充农村服务车并捐助已办之服务车经费一案。奉此，查利用汽车巡回施教确属实施战时社会教育之良法，本部早见及此，曾于去岁自置巡回施教车一部，沿湘黔川三省公路施教，并随地示范，一俟川滇公路通车即可转赴云南，现更利用车上设备，兼备木船，沿内江施教，亦颇受各地欢迎。其他如江西、湖北均有施教车之设置，藉增宣传之效力，此后当以地方力量发展此项事业为便。该会设有青美号服务车一部，本部为奖励其工作起见，自本年四月起，每月补助该车事业费三百元在案。似无再予增加补助之必要。至扩充车辆二十部一节，亦可缓议，理合签请鉴核。谨呈
行政院
　　附呈还原呈洪字第一〇六二四号一件〔略〕
　　　　　　　　　　　　　　　　教育部部长陈立夫
中华民国二十七年十一月　　　日
〔行政院档案〕

3. 教育部关于社会教育概况报告①

（1939年2月）

(1)成年失学民众补习教育之推进

教育部于二十五年七月实施失学民众补习教育以来，办理已二年有半，受教人数业达二千万人以上。兹以会计年度自二十八年起改为历年制，爰规定各省前订二十七年度失学民众补习教育实施计划施行日期,应截至二十七年十二月底为止。以后每年度起讫日期即依照历年制计算并通饬迅拟二十八年度实施计划呈部备核。此外，为适应战时需要，继续令饬四川、贵州、云南、甘肃等省教育厅各就省会及重要县城先行着手办理战时民众补习教育。现各该省已先后拟具实施计划呈部核准施行，并各组设战时民众补习教育推行委员会主持其事，经费由部酌量补助。

(2)电化教育之推进

电化教育方面，最近教育部续发有关抗战影片，计为《空军战绩》、《淞沪前线》、《抗战中的童子军》、《上海抗战》、

---
① 本篇是从教育部向国民参政会第三集会提出的工作报告中节选的。

《童子军救护术》等数种，交由各教育电影巡回施教区巡回映演，月前由部派员赴沪设法运输电影机幻灯机，已经运到，现正分配发给。教材幻灯片，亦在积极制造。并为造就电化教育人才计，与金陵大学理学院合作，于该学院附设电化教育专修科，学员由各省选送及自行招考，业经开学。播音教育方面，为谋便利各省补充电源，经函商资源委员会酌量在川、滇、黔、陕、甘、宁各省设置干电池制造厂暨干电池分销处，以便配购。一面由部订定二十七年下半年补助各省收音机及干电池价款办法七项，通饬施行。又与中央宣传部、交通部、中央广播事业管理处会商增设后方各省市收音机推行方案，大体已有决定。

（3）音乐戏剧教育之推行

教育部所组织之巡回戏剧教育队，前为两队，现增设第三队。经继续指定工作区域，计第一队在湘桂两省，第二队由浙经闽至赣，第三队在川、黔、康、滇四省巡回施教。又为奖励剧本著作，并使一般民众对于抗战建国有深切的认识起见，特公开征求有利抗战建国之话剧、歌剧优良剧本，以便戏剧界公演之用，经订定"征求抗战剧本办法"十三条，登报征求。关于音乐方面，除商准内政部恢复乐典编订委员会工作，并令音乐教育委员会与国立编译馆会同厘订画一音乐通用名词，编辑音乐词典外，至市上流行之歌曲以及各级学校所采用之音乐教材，亦订定标准，开始搜集审查，复派员搜罗音乐史料及民间歌曲，整理国乐并拟订标准音，编选中国名曲选，调查乐器产销情况。现并筹办音乐教导员训练班，由各省市保送学员，预订训练六个月，以造就各省市推广音乐人才。至指导民众歌咏亦极注意，曾招考民众歌咏教员四人，拟先在重庆分赴各公共场所指导民族歌咏发扬民族精神与鼓励爱国意志之歌曲，是项录取教员，正在训练期中，不久即出发工作。又，公开征求大学用、中学用、小学用及民众学校用之校歌，将来俟审查选用后，即分发各级学校采用，以齐一学生之精神训练。

(4)各级学校兼办社会教育办法以后，各级学校多已遵照进行，分别呈报办理情形及本年度推行计划，除分别督促指导外，并令中等以下学校兼办家庭教育班，凡学生之父兄母姊均应受教，以期改善家庭，巩固社会之基础。

(5)战区退出社教机关人员之继续救济

战区中退出之社会教育机关工作人员，前于二十七年二月次第由部分饬湘、鄂、赣、豫、陕、粤等省教育厅及重庆市政府办理登记，以资救济。登记人员经审查合格后，由部组织第一、第二社会教育工作团以为收容，并分发湘、鄂等省办理战时社会教育事业，截至现在止，共登记合格者有一千三百余名，以后仍应继续登记。

(6)难民与难童教育之推动

关于难民教育，早已由教育部第一社会教育工作团在武汉办理现复由部分令第一、第二社会教育工作团、各省中小学教师服务团，各就所在地点，切实办理难民教育，施以精神教育，公民教育，识字教育，技术训练，职业指导等项，并饬将实施计划拟就呈核。至难童教育，亦与中国儿童保育会及中国战时儿童救济协会协同办理。

(7)社会教育讨论会之举行

教育部为谋原有社会教育事业之改进，与学校兼办社会教育之推行起见，特于本年一月间举行社会教育讨论会，与议者有国立省立及私立大学、国立中学、川、滇、黔之省教育厅、县政府及中小学社会机关之代表暨部中各司司长、参事、督学、科长等四十二人，讨论议案计九十一件，重要决定有各级社会教育机关工作大纲及各级学校兼办社会教育方案等项。

(8)其他社会教育事业之进行

此外，其他社会教育事业方面正在进行者计有：（一）与中英庚款董事会会商在昆明设立国立昆明图书馆,(二)商由中国教育学术团体联合办事处办理公开学术讲演,(三)会商改进重庆市民众娱乐事项,(四)督促中央图书馆建筑重庆分馆。

〔国民政府教育部档案〕

4. 洪兰友等人在国民党五届六次全会上提出限期扫除文盲完成民众识字教育案

(1939年11月17日)

义务教育、民众识字教育为教育上两大基础工作,亦即国家命脉所系之两大要务,此两者在中国均甚落后。年来普及义务教育一事,已引起国人注意,教育部亦已订有具体办法,尚切实可行,今后所当努力者,厥为贯彻执行各项既定办法,以期如限完成。至于民众识字教育一事,国人尚未十分注意,中央亦未有具体有效之办法,故扫除文盲工作,迄今无甚成绩。值兹抗战建国之际,此项国家基础工作,不容再事因循,势非振奋,各级教育行政人员、动员全国知识分子,于最短期内,肃清全国文盲,完成民运识字教育不可。

办法:

一、国民政府应颁布下列三种重要法令,以为发动扫除全国文盲工作之张本。

(一)各省市限期肃清文盲令 根据各省市经济文化情形,分别规定肃清文盲限期,以二至四年为度。

(二)失学成人强迫入学令 规定十六岁以上三十五岁以下之失学成人均应强迫入学,违者处罚。

(三)知识分子教育服役法 规定知识分子应服教育役,担任民众学校教师若干时,或个别教授民众识字若干人,违者处罚。

二、行政院应厘订办理民众教育人员工作考成办法，并宽筹经费，以利进行。

（一）颁布各级行政人员及自治人员办理民众识字教育考成办法，其原则应确定各级教育行政人员民政主管人员、自治人员共同负责，分别订定奖惩办法。

（二）颁布地方筹拨民众识字教育经费办法，其原则应确定，（甲）原有社会教育经费内拨百分之五十，（乙）由新增教育经费内拨三分之一，（丙）由整理赋税或清丈土地所增益之收入，拨充若干数，（丁）由中央补助，但须视地方办理成绩及地方自身增加之数目为定。

三、社会教育机构及经费应加调整，以求合理：

（一）应于社会教育范围以内，以集中人力财力专办民众识字教育为原则。

（二）凡组织不甚经济，工作不甚切实之社会教育的机构，应一律裁并，移其经费办理民众识字教育。

四、中央及地方应有专司民众识字教育之组织，以专职守。

（一）教育部设国民识字教育委员会，或于社会教育司之下设置专科。

（二）各省市设民众识字教育推行委员会。

（三）各县市及乡镇均应设民众识字教育推行委员会。

五、本党应发动各级党部，动员全体党员一致努力，从事肃清文盲工作。

（一）中央执行委员会应明令规定，各级党部以举办民众学校为中心工作，并应确定每一区分部应至少办一民众学校。

（二）社会部应订各级党部举办民众学校竞赛及奖惩办法，并应规定党员教育服役比赛及奖惩办法。

教育组审查意见：在抗战期间，成年失学民众补习教育，并应加速推行。本案所提办法第一项第一款应由教育部依据各省市文化经济情形，于五年内分别限期完成，同项第二款修正为"失学成年民众，应以种种方法劝令入学"。同项第三款教育部以订颁"发动全国知识分子民理民众教育办法"，允宜切实推行，毋庸另订办法。其办法第二、第三两项，拟照案通过。办法第四项，教育部及各省市已有各种推行识字教育机构，应尽量充实原有机构，切实推行。办法第五项，拟照案通过，惟"每一区分部应至少办一民众学校"句中，"应至少"三字删去。

决议：照审查意见通过。

〔国民党中央执行委员会秘书处档案〕

5. 胡靖安为贵阳等地区社教团陈列左倾色彩书籍请饬查禁函

（1940年5月30日）

立公部长赐鉴：

晚奉命考察西南，奔波数月，历经黔属县邑十余处，目睹后方文化教育蒸蒸日上，虽山国之邦，现亦能应时代之需要。普遍民间，此我公执掌中枢以来，施政有方，阐敷文教，泽被边疆，瞻彼盛德，曷胜忭颂。惟查各地社教团，陈阅书报，尚有一部分带具左倾色彩，尤以贵阳、遵义、息烽一带更多，各地负责人不加取缔，影响读者思想，易使青年误入途径，拟请饬属注意查禁，免误抗建教育。忝在爱末，敢以直陈，幸乞垂察。晚因事暂留息烽，如蒙赐覆，请寄掷县政府转交为祷。谨此奉闻，并颂

政绥

晚
胡靖安　敬上
（廿九）五、卅、

〔国民政府教育部档案〕

6. 抗战以来教育部直属社会教育事业机构之设置

（1940年12月）

名　　　称	负责人姓名	地　　址
教育部第一社会教育工作团	正团长刘绍桢 副团长刘子亚	贵州贵阳
教育部第二社会教育工作团	正团长马祖武 副团长陈兆蘅	四川巴县长生桥
教育部第一巡回戏剧教育队	队长向培良	随时移动
教育部第二巡回戏剧教育队	队长谷剑尘	随时移动
教育部第三巡回戏剧教育队	队长虞文	随时移动
教育部第四巡回戏剧教育队	队长龚祥礼	随时移动
教育部第一民众教育巡回施教车	主任刘文常	随时移动
教育部第二民众教育巡回施教车	主任张口	随时移动
实验剧院	院长王泊生	重庆
国立音乐院	代理院长顾毓琇	四川壁山
国立社会教育学院	筹备主任陈礼江	
教育部艺术文化考察团	队长王子云	随时移动

〔国民政府教育部档案〕

7. 教育部1940年度补助各省市办理失学民众补习教育课本费及民众教育馆设备费一览表

（1940年4月）

（1）补助办理失学民众补习教育及课本印刷费表

省市别	补助金额	备注
绥　远	一〇,〇〇〇元	
四　川	七〇,〇〇〇元	
湖　南	二五,〇〇〇元	
贵　州	五〇,〇〇〇元	
云　南	五〇,〇〇〇元	
甘　肃	五〇,〇〇〇元	
陕　西	五〇,〇〇〇元	
江　西	二〇,〇〇〇元	
浙　江	二〇,〇〇〇元	
广　东	二〇,〇〇〇元	
广　西	二五,〇〇〇元	

（续表）

省 市 别	补助金额	备 注
福 建	三〇,〇〇〇元	
湖 北	二〇,〇〇〇元	
河 南	一〇,〇〇〇元	
安 徽	一〇,〇〇〇元	
江 苏	一〇,〇〇〇元	
西 康	一〇,〇〇〇元	
河 北	一〇,〇〇〇元	
山 东	一〇,〇〇〇元	
上 海	一〇,〇〇〇元	
山 西	一〇,〇〇〇元	
青 海	一〇,〇〇〇元	
宁 夏	一〇,〇〇〇元	
察 哈 尔	一〇,〇〇〇元	
重 庆	四〇,〇〇〇元	

（续表）

省市别	补助金额	备注
成都	一〇,〇〇〇元	
本部备用	六〇,〇〇〇元	
共计	六六〇,〇〇〇元	

(2) 补助民众教育馆设备支配表

馆别	补助费数	备注
青海省立民教馆	二,五〇〇元	
成都市立民教馆	二,四〇〇元	
重庆市立民教馆	五,〇〇〇元	
四川省永川县立民教馆	一,五〇〇元	
四川省荣昌县立民教馆	一,五〇〇元	
四川省铜梁县立民教馆	一,五〇〇元	
四川省大足县立民教馆	一,五〇〇元	
四川省璧山县立民教馆	一,五〇〇元	
四川省江津县民教馆	一,五〇〇元	

（续表）

馆　　　别	补助费数	备　注
四川省合川县民教馆	一，五〇〇元	
四川省江北县民教馆	一，五〇〇元	
四川省綦江县民教馆	一，五〇〇元	
四川省三峡实验区民教馆	一，五〇〇元	
四川省巴县县立木洞民教馆	一，〇〇〇元	
四川省巴县县立人和乡民教馆	一，〇〇〇元	
四川省巴县县立姜家乡民教馆	一，〇〇〇元	
四川省巴县县立虎溪民教馆	一，〇〇〇元	
四川省巴县县立鹿角民教馆	一，〇〇〇元	
四川省巴县县立公平民教馆	一，〇〇〇元	
四川省荣昌县立安富民教馆	一，〇〇〇元	
四川省荣昌县立吴家镇民教馆	一，〇〇〇元	
璧山来凤驿民教馆	五〇〇元	
璧山丁家坳民教馆	五，〇〇〇元	

（续表）

馆　　　　别	补助费数	备　注
永川淞溉民教馆	五〇〇元	
永川陈食民教馆	五〇〇元	
永川茶店民教馆	五〇〇元	
江北静观民教馆	五〇〇元	
江北洛碛民教镇	五〇〇元	
江津白沙书报社	二〇〇元	
綦江东溪书报社	二〇〇元	
合川太和镇书报社	二〇〇元	
共　　　　计	三七，〇〇〇元	

〔行政院档案〕

8. 程其保报告西康省社会教育实施概况

（1943年　月　日）

本省地处边陬，宗族复杂，蕴藏虽然丰富，文化犹极感低落，交通阻绝，人才稀少，经费困难，各种事业发展固属不易，杯水难济车薪，社会事业历史更属短浅，幸当局苦心经营，同仁等努力迈进，各宗族得以融洽，各事业赖以进行，建省虽仅五年，规模已具雏型。兹将本省近数年实施社会教育情形，举其崖略如下：

（一）行政机构 本省社会教育行政，属于全省者，由教育厅第三科掌理，设科长一人，以总其成，下置二股，以一股掌理社教事业。关于督导考核，由省督学及视察员分别负责，并提倡全省国民健康计，设国民体育委员会，负责设计提倡督导考核，又设电化教育队，以推进电教工作等。属于县社会教育行政者，由县教育科掌理，县督学及视导员负督导考核责任，并设县乡镇国民体育委员会，以便提倡督导。县乡镇社会教育推行委员会，负责推行成人失学民众入学补习，以便按期扫除文盲。

（二）经费数 本省教育经费，仅占省经费总额百分之二十五至三十，（依三十二年预算，为五百万元）社教经费更属微末，举本年为例，全年仅二十三万一千二百一十二元四角，仅占教育经费的百分之四强，其中由中央补助者，有五千二百元，由省款补助者，为一千五百六十四元，余皆系县地方款项支给。明年度预算略有增加，惟为数甚微，一时尚难达到预期目的。

（三）机关数 本省社教机关，有省立民众教育馆四所，分设于康定县（省会）、雅安县、西昌县、汉源县之富林镇等人口繁多、交通稍便之区域，省图书馆一所，设省府左侧（现在建筑中），县立及局立民教馆二十七所，县立图书馆三所，县立书报社一所，总计尚未达到一县一馆之目的。因关外各县，多系游牧人民，不能固定设立者，计全省三十三县，四设治局，其成立年月早自二十五年，迟为三十一年，中间二十九年成立者为最多，是年有十四所民教馆之成立，其经费最多者为三万元，如省会民教馆是，最少者为四百元，如白玉县民教馆是，甚有毫无经费者，如宁东设治局之民教馆是，其职员概由局内职员无给兼任，诚属难能，但设备不充，顾意中事耳。各馆职员，计共一百一十六人，最多者为七人，最少者一人。省会公共体育场一所，设备极形简单,现正逐步改善中,各县局之体育场,甚少单独设立,现正逐步筹设中。

（四）学校兼办社会教育　本省各级学校均有附设民众学校,包括成人班及妇女班,均收失学民众,以扫除文盲,中心学校更设家庭妇女班及儿童随习班等。至民众问事及代笔等项,各级学校,均逐日派人负责办理,此项工作颇见成效,乡镇保国民学校,除遵照部颁法令办理外,并得随时组设巡回施教队,下乡作识字运动工作,明年度更有加紧推动之计划。

（五）今后展望　本省社会教育工作,虽因经费困难,但得当局苦心领导于上,社会人士热烈协助于下,更得同仁等之努力服务,根据本省所拟四年计划,逐步实施,必可循序以进,以达成预期之目的。

〔国民政府教育部档案〕

9．抗战期间的福建省民众教育概况

（1937—1945年）

甲　综合民众教育之实施

民众教育馆为实施综合社会教育之机关,本省县立民众教育馆于二十三年设置二十五所,旋以经费困难,先后停办,业务由各中心学校兼办。三十一年复就晋江、莆田、南安、福安、达瓯、龙溪等县恢复设立县民馆六所；三十二年增设县市立民教馆,计达六十四所,并由省训练民教馆馆长,分派服务；三十三年各县图书馆、体育场大部归并民教馆办理,增拨经费,充实内容,发展业务。至省立民教馆则于三十一年就福州、长汀分别设置,对扩大抗建宣传、发动后方服务、提高文化水准及推动民众教育等工作,积极办理,而于戏剧教育、纺织教育尤为注意。三十二年,又在永安设立省立民教馆一所,以生计教育及戏剧教育为施教重心；三十三年，省立长汀民教馆移归长汀县民教馆办理，省立福州民教馆，因福州沦陷，迁至南平，协助办理员生退出救济事宜。三十四年十月抗战胜利，省立永安民教馆迁福州，改为省立福州民教馆，原有省立福州民教馆则迁往厦门，改为省立厦门民教馆。

乙　科学教育之促进

本省于二十二年创设省立科学馆，以灌输民众科学知识，辅助学校科学教育为目的，馆内分物理、化学、生物三部及动物园，经常开放展览，随时举行表演竞赛及巡回施教，并供给各校实验仪器标本药品，指导学生颇著成效。此外，并注重研究化验调查工作，如注血吸虫新中间宿主之发见，海藻制造之研究，香菰生产之调查及改良，酒精代汽油实验，国产植物性黄色染料之研究等，均为该馆在科学上之贡献。抗战军兴，该馆发动举行科学运动宣传周，全省各县区先后举行，工作内容注重防空防毒常识之灌输，科学武器之展览，以及科学原理之阐明，民众受益不浅。自海口被敌封锁，科学仪器标本药品等来源断绝，该馆特依照部颁自然科课程标准，于三十一年设计制造初中理化生物各科仪器标本模型挂图及化学药品等，三十二年后继续设计制造中心学校自然科教具，三十三年以来，正从事于通俗科学教具之设计。惟本省推行科学教育，自二十三年以来，虽年有成效，然犹未能普通，此则限于经费之故，目下正拟编印科学常识丛书及通俗宣传小册，大量制造科学教具，以谋科学教育之促进。

丙　图书教育之推展

本省各县市图书馆，在二十二年时共设五十所，嗣改为乡镇民众书报所。二十八年订定县各级组织纲要，本省实施计划，特规定于民众书报所外，各县仍应设图书馆，经将各县二十九年应需经费统筹编列地方概算，遵令筹设者计四十三县，一面由省招训馆长，分派服务。三十年各县图书馆增至六十一所，三十一年全省达六十三所，私立图书馆三所，全省经费年达二十六万余元，阅览人数每日平均达二万人以上。三十二年以奉令普设民众教育馆，经将图书馆酌予扩充改办，惟全省仍有九县系单独设置。三十三年，除永春、龙溪、建瓯三馆单独设置外，其余均改由民教馆办理。三十五年龙溪县立图书馆复归并民教馆，厦门市设市立第一第二两图书馆。至省立图书馆，全省有一所，设立较久，设备较全，分设中山室、流通阅览所及图书供应站等。该馆于三十年由福州迁至沙县，藏书有八万四千余册，三十一年至三十四年间，设立各附县阅览所，办理巡回文库，增设儿童阅览部，辅导各学校机关图书馆室，实施督促设置书报供应支站等。三十五年由沙县迁回福州，增拨经费，添购图书，以期逐渐扩展。

丁 国民体育之推行

本省于二十七年召开全省体育委员会时，决定普设县立体育场及简易体育场。二十八年各县设立体育场者，计有三十一县，二十九年增至三十七县，三十年增至五十九县，三十一年已完成每县一场之计划。三十二年度依据省行政兵役会议通过关于县市区教育机构应如何调整扩充一案，经将宁德等二十二县体育场并归民众教育馆，其余仍单独继续办理。三十三年重行调整，除福州、沙县、建瓯、永春、莆田、晋江、龙溪、龙岩、长汀、福安等十县市体育场单独设立外，其余均归并民教馆办理。各县体育场场长与指导员，亦经由省设班训练。至乡镇简易体育场，则暂由中心学校兼办。二十九年度各县举行运动会者计有三十三县，三十年度计三十九县，三十一年度计四十三县，三十二年度计二十七县、三十三年度计一十七县，三十四年度计二十五县，三十五年度计十九县。至九九体育节，自三十二年起，各县均依照规定普遍举行。省立体育场全省仅一所，经常举行各项体育活动，每次参加人数，约在二百人以上。三十一年七月，召开福建省国民体育委员会会议，通过本省国民体育实施计划，拟于三年内完成每一乡镇设一简易体育场，藉以推广国民体育。

戊　电化教育之举办

本省电化教育举办较早，二十七年以前省设电影队四队，普遍巡回施教，综计历年受教人数约在三百万人以上，影片来源初向柯达公司购用，继由教育部颁发，嗣为发扬本省文化与宣导政绩，筹划自制，经多年试验，摄制印洗工作，均获成果，计完成影片四十七本，共三万五千余尺。至播音教育，二十四年全省教育机关装设收音机共二十一架，二十五年增至一百三十三架，教育播音节目经与本省广播电台商定，每日所占时间约为百分之五十。抗战以来尤注意电化教育之推行，于教育厅附设电化教育服务处，由处组织电影队两队，经常办理定期与巡回施教，一面于民教及特教各巡回施教团内复设电影队三队，随团出发工作，普遍放映，综计二十八年至三十二年受教人数不下六百万人。至收音机之应用，虽因电源与器材补充困难，然感于战时收音之需要，终能以精神克服物质障碍，全省仍有六十余架，从事收录，编制壁报，藉以传布政令与抗战消息。影片摄制工作，在极端困难情况下，亦仍努力进行，缩片机与复印机之设计，经已完成，复印完成之影片计三部六千余尺，缩制完成之影片，计亦三部六千余尺，此外复摄制"闽海抗战录"八百尺，"福建新闻"三千余尺。三十四年教育部为统一全国电化教育机构，令将原设电化教育服务处改组为电化教育辅导处，组织较为扩大，电影队则依照部颁电化教育巡回工作队组织通则规定计划办理，按行政督察专员区设立八队，收音教育则依照中央增设后方各县市收音机推行方案及各省普设收音机及运用办法之规定计划，逐渐达到每一乡镇中心学校装设收音机一架。三十五年五月增设教育广播电台，以加强收音教育之推行。

己　健康教育之实施

本省健康教育之实施，始于二十二年七月，首先开办暑期教师卫生讲习班，由教育厅函请卫生署医师来闽主讲。嗣以选派护士前往南京市健康教育委员会实习学校卫生工作。二十三年四月复商承卫生署在本省开办学校卫生讲习班，由厅选派公私立小学教员前往学习，一面再由卫生署派卫生专员来闽襄助筹办健康教育事宜，二十三年七月，组织福建省教育厅健康教育委员会负责推行。二十五年秋，本省民政厅增设卫生科，该会改组，关于工作人员之调派及技术协助，改由民政厅主持，学校卫生行政则仍由教育厅督促办理。二十六年上学期，本省卫生处成立后，该会复经改组，二十七年二月，又改组为福建省健康教育委员会，主任委员由教育厅指派，主任医师兼委员则由卫生处指派，并决定以后工作中心以推进各县市教育为要务，全省各县市区应普设县市区健康教育委员会，由省健教会辅导推行各该县市区健康教育事宜。二十八年冬，全省各县市区健康教育委员会均组织成立，二十九年是项组织变更，各县市区健康教育事务，技术部分由县市区卫生院负责，行政部分由县市政府第三科主管。三十年恢复各县市区健康教育委员会组织，并将原有健康教育委员会章程准则，加以修正。三十一年各县市区健康教育委员会均先后组织成立，积极推行各该县市区健康工作事宜。三十三年增设南平分会，推行第二行政区内健康教育工作，省健康教育委员会主任委员改由教育厅厅长兼任，并呈请省政府拨款充实设备。三十四年春直接办理省会中心小学校健教工作。三十五年改组为福建省卫生教育委员会，并设置专任医师护士，十月奉令裁撤专任人员，业务归厅办理，各县市健康教育委员会亦改组为卫生教育委员会。

庚　音乐与戏剧教育之推行

本省推行音乐教育，始于二十四年，由教育厅组织音乐教育委员会，分学校音乐与社会音乐两组，学校音乐组以研究课程及教学法，供给补充教材，审查教材及取缔不良歌曲，视察教学，举行音乐演奏会,比赛会等为任务,社会音乐组以取缔不良之戏剧音乐,利用旧戏剧词曲之形式编制新词,提高正当高尚之歌剧及音乐,设立音乐练习班,举行民众音乐演奏会,设立公共音乐室,广播音乐及音乐常识讲话等为任务。二十六年十一月组织省会音乐教育研究会,由省会各学校音乐教员参加研究,由厅派员指导,研究内容分民众音乐教育、军政机关人员音乐教育及学校音乐教育三部,分别组织民众歌咏团、公务人员歌咏团、士兵歌咏队及学生歌咏队,并先后举办歌咏会,音乐演奏会等三十余次。二十七年五月,金夏沦陷,组织战地歌咏团,出发沿海各县巡回工作。至戏剧方面,于二十七年六月设戏剧教育人员训练班,培养戏剧教育干部人员,组织战时国民教育巡回教学团,出发闽北各县施教。二十九年三月奉令改为民众教育巡回施教团,同时增设第二团,旋又将原隶省党部之战地工作团归并,改组为民教第三团,连同二十四年成立之特种教育巡回教学团等计四团,分别出发巡回施教,遍历全省各乡镇,施行各种社会教育工作,其中单就举行戏剧公演及音乐演奏会次数,约以千计。二十九年教育厅组织戏剧教育委员会,分别指派或聘任各戏剧教育专家为委员,负责研究辅导关于戏剧教育一切问题,并编行剧作丛刊,剧教月刊,福建剧坛等定期刊物与通讯。至于各县戏剧音乐团队之设立,依二十九年调查统计,共八十六单位,为使各县市区关于是项团队组织机构齐整起见,三十一年颁订福建省各县市区巡回歌咏戏剧队组织及办事通则,通饬施行,规定各县市区应普设巡回歌咏戏剧队,并划一名称,其经常费用,统编入地方教育文化费支出。省方面增设教育厅特种教育第二巡回教学团,自建小型剧场,作为戏剧实验公演及音乐演奏之用。三十三年至三十四年间,除继续办理各巡回戏剧音乐工作外,同时并遵部令于每年戏剧节及音乐节举行戏剧联合大会公演及音乐大演奏,或千人合唱,万人大合唱等大规模之戏剧音乐活动。三十五年以紧缩机构,前项团队一律裁撤,业务归由各县市民众教育馆继续办理。

附福建省学校式社会教育概况表

福建省学校式社会教育概况表
（二十六学年度——三十四年学度）

项目	二十六年				二十七年			
	机关数	教职员数	学生数	经费数	机关数	教职员数	学生数	经费数
总计	1,294	4,101	63,266	146,620	3,724	8,200	353,069	430,300
民众学校	1,225	3,961	61,568	79,596	3,646	7,880	250,130	377,031
民众识字处	57	57	837	—				
盲聋哑学校	2	4	17	1,220	1	3	24	1,298
孤贫教养院	1	8	68	5,000	1	18	253	11,553
社教人员训练机关	2	3	295	33,170	24	192	1,642	20,014
各种补习学校	4	27	357	6,024	10	86	964	20,204
模范儿童教养院	—	—	—	—	—	—	—	—
儿童保育所	—	—	—	—	—	—	—	—
慈儿院	—	—	—	—	—	—	—	—
其他	3	41	104	21,610	42	21	66	200

（续表）

项 目	二 十 八 年				二 十 九 年			
	机关数	教职员数	学生数	经费数	机关数	教职员数	学生数	经费数
总　　计	61	323	4,094	49,151	228	538	21,483	166,098
民众学校	—	—	—	—	—	—	—	—
民众识字处	33	86	2,201	—	—	—	—	—
盲聋哑学校	2	4	19	900	2	5	63	1,080
孤贫教养院	1	2	2	168	1	7	2	276
社教人员训练机关	10	117	593	2,241	5	62	1,128	13,626
各种补习学校	13	81	1,143	26,342	12	48	517	19,366
模范儿童教养院	—	—	—	—	—	—	—	—
儿童保育所	—	—	—	—	—	—	—	—
慈儿院	—	—	—	—	—	—	—	—
其他	2	33	136	19,500	208	416	19,773	131,750

(续表)

项目	三十年				三十一年			
	机关数	教职员数	学生数	经费数	机关数	教职员数	学生数	经费数
总计	33	121	2,686	60,400	153	286	10,769	212,340
民众学校	—	—	—	—	138	129	9,917	—
民众识字处	—	—	—	—	—	—	—	—
盲聋哑学校	1	3	35	—	1	4	13	13,600
孤贫教养院	2	9	54	1,310	3	17	272	174,240
社教人员训练机关	2	27	1,554	11,280	1	3	63	—
各种补习学校	15	59	508	26,490	8	30	483	24,500
模范儿童教养院	—	—	—	—	—	—	—	—
儿童保育所	—	—	—	—	—	—	—	—
慈儿院	—	—	—	—	—	—	—	—
其他	13	23	535	21,360	2	3	21	—

（续表）

项目	三十二年				三十三年			
	机关数	教职员数	学生数	经费数	机关数	教职员数	学生数	经费数
总计	33	93	2,273	317,870	16	61	1,247	3,799,280
民众学校	27	53	1,555	240	7	29	493	3,164,000
民众识字处	—	—	—	—	—	—	—	—
盲聋哑学校	—	—	—	—	—	—	—	—
孤贫教养院	—	—	—	—	—	—	—	—
社教人员训练机关	—	—	—	—	—	—	—	—
各种补习学校	2	8	75	9,360	4	8	136	34,000
模范儿童教养院	2	24	526	261,900	1	13	415	380,000
儿童保育所	1	3	80	14,070	1	3	56	120,000
慈儿院	1	5	37	32,300	1	5	102	56,200
其他	—	—	—	—	2	3	45	45,000

(续表)

项目	三十四年			
	机关数	教职员数	学生数	经费数
总计	9	34	549	8,384,440
民众学校	4	16	304	8,104,000
民众识字处	1	5	65	—①
盲聋哑学校	1	1	15	240,000
孤贫教养院	—	—	—	—
社教人员训练机关	—	—	—	—
各种补习学校	3	12	165	40,440
模范儿童教养院	—	—	—	—
儿童保育所	—	—	—	—
慈儿院	—	—	—	—
其他	—	—	—	—

① 三十四学年度民众识字处经费系由民教馆项下临时费拨用，故缺。

〔国民政府教育部档案〕

10. 历年扫除文盲数一览表

（1928—1945年）

一、全国扫除文盲概况
(1)全国文盲总数　约二〇二，〇〇〇，〇〇〇名
(2)历年扫除文盲数

年　度　别	扫　除　文　盲　数
十七年度	二〇六，〇二一
十八年度	八八七，六四二
十九年度	九四四，二八九
二十年度	一，〇六二，一六一
二十一年度	一，一〇九，八七五
二十二年度	一，二九二，六七二
二十三年度	一，三五三，六六八
二十四年度	一，四四六，二五四
二十五年度	三，一二一，八二〇
二十六年度	三，九三七，二七一
二十七年度	二，八一五，六〇八
二十八年度	五，三九九，二三五
二十九年度	五，四〇〇，三八七
三十年度	六，五〇六，八九一
三十一年度	八，二二四，一〇二
三十二年度	八，四六八，六六二
三十三年度	八，六七二，一一五

(3)共扫除文盲数　　五五,九八八,六五五
(4)全国文盲占人口总数百分比:百分之三十二。四六
(5)全国识字人数百分比:百分之六十七。五四
二、后方十九省市扫除文盲概况
(1)十九省市文盲总数　约九七,〇二〇,二九四
(2)十九省市三十年至三十三年扫除文盲数:四三,九四三,
　　五三五名
(3)十九省市现有文盲数:五三,〇七六,七五九名
(4)十九省市入学成人占文盲总数百分之四十五。二九

〔国民政府教育部档案〕

11. 历年度全国识字与不识字人数比较表

（1936—1944年）

学 年 度 别	已识字人数	不识字人数	识字百分比
三十三学年度	182,973,919	190,931,081	48.94%
三十二学年度	167,867,199	206,037,801	44.90%
三十一学年度	151,170,279	222,734,721	40.34%
二十五学年度	87,572,464	286,332,536	23.42%

说明：本表所列数字均系六岁以上人数而言，假定全国人口数为450,000,000人，按照年龄分配比例（根据浙江兰溪县人口年龄计算）六岁以下人数为76,095,000人，即六岁以上之人数为373,905,000人，此即为全国应识字人数。各学年度已入小学、民众学校、补习学校及国民学校民教部与私塾学生数即为全国

已识字人数。在全国应识字人数中剔去已识字人数即为六岁以上之不识字之人数。

〔国民政府档案〕

12. 历年度已受补习教育人数统计表

（1936—1945年）

学年度别	共 计	民教部学生数	民众学校学生数	
三十四学年度	8,862,492	8,129,526	732,966	1945—1946
三十三学年度	9,608,378	8,314,566	1,293,812	1944—1945
三十二学年度	10,407,612	8,688,111	1,719,501	1943—1944
三十一学年度	9,021,851	7,145,950	1,875,910	1942—1943
三十学年度	8,603,558	6,403,890	2,199,668	1941—1942
二十九学年度	8,109,498	3,911,101	4,198,397	1940—1941
二十八学年度	5,399,235		5,399,235	1939—1940
二十七学年度	2,815,608		2,815,608	1938—1939
二十六学年度	3,937,271		3,937,271	1937—1938
二十五学年度	3,121,820		3,121,820	1936—1937

〔国民政府教育部档案〕

13. 历年度各省(市)补习教育概况表

（1936—1945年）

年度别	机关数	学生数	教职员数	岁出经费数
三十四年	916	111,794	4,430	12,012,689
三十三年	470	38,055	1,738	10,373,636
三十二年	1,094	61,361	2,101	4,789,233
三十一年	2,840	102,753	4,345	1,335,827
三十年	1,995	87,287	4,406	877,512
二十九年	466	37,481	1,168	259,842
二十八年	613	36,750	1,430	201,115
二十七年	408	27,119	892	98,378
二十六年	1,874	60,281	2,563	203,075
二十五年	2,184	113,587	4,013	599,750

〔国民政府档案〕

14. 历年度全国重要社会教育机关数统计表

（1936—1945年）

学年度别	民众教育馆	图书馆	公共体育场	电化教育机关	民众学校	各种补习学校	Academic year
三十四学年度	1,269	204	1,417	649	20,995	916	1945—1946
三十三学年度	1,093	704	2,029	819	27,001	470	1944—1945
三十二学年度	1,148	940	1,498	805	36,039	1,094	1943—1944
三十一学年度	1,059	1,135	1,313	1,270	38,533	2,840	1942—1943
三十学年度	995	1,066	1,350	858	40,377	1,995	1941—1942
二十九学年度	909	872	925	1,137	67,621	466	1940—1941
二十八学年度	836	1,002	1,695	179	79,551	613	1939—1940
二十七学年度	774	1,178	1,296	159	52,403	488	1938—1939
二十六学年度	828	1,123	1,090	165	63,489	1,878	1937—1938
二十五学年度	1,509	1,848	2,865	89	67,803	2,184	1936—1937

说明：1. 社会教育机关共有三十余种，本表所列系较为重要者。
 2. 二十九年颁布国民教育实施办法后，施行国民教育之省市，即照规定将失学民众补习教育改由国民学校、中心国民学校办理，故二十九年后民众学校总数逐渐减少。

3. 电化教育机关包括电化教育服务处、教育电影制片厂、电化教育工作队、收音机装设机关、播音教育指导区及电影教育巡回施教区等。

4. 社会教育机关有专设及附设二种,本表所列各项数字系总数。

〔国民政府教育部档案〕

15. 民国三十四学年度全国各级体育场数统计表

(1945年)

地域别	共计			省市立			县市立			私立		
	计	专设	附设	计	专设	附设	计	专设	附设	计	专设	附设
总计	1,417	383	1,034	29	22	7	1,384	359	1,025	4	2	2
江苏	11	11		1	1		10	10				
浙江	25	23	2	1	1		24	22	2			
安徽	20		20				20		20			
江西	44	20	24	1	1		43	19	24			
湖北	26	1	25	1	1		25		25			
湖南	62	62		1	1		61	61				
四川	142	11	131				142	11	131			

(续表)

地域别	共计			省市立			县市立			私立		
	计	专设	附设	计	专设	附设	计	专设	附设	计	专设	附设
西 康	10	10		1	1		7	7		2	2	
河 北												
山 东	2	1	1	1	1		1		1			
山 西	56	1	55	1	1		55		55			
河 南	28	1	27	1	1		27		27			
陕 西	40	1	39	1	1		39		39			
甘 肃	8	8					8	8				
青 海	9	5	4	2	1	1	7	4	3			
福 建	28	13	15	1	1		27	12	15			
广 东	91	49	42	1	1		90	48	42			
广 西	43	43		1	1		42	42				
云 南	56	50	6	7	1	6	49	49				
贵 州	701	61	640	1	1		700	60	640			
热 河												

（续表）

地域别	共计			省市立			县市立			私立		
	计	专设	附设	计	专设	附设	计	专设	附设	计	专设	附设
察哈尔												
绥　远	5	4	1				5	4	1			
宁　夏												
新　疆	4	4		2	2		2	2				
台　湾												
南　京												
重　庆	4	2	2	2	2					2		2
上　海	1	1		1	1							
北　平	1	1		1	1							
天　津												
青　岛												

注：本表根据教育部统计资料编制。

〔国民政府档案〕

16. 历年度各省（市）

(1939—

省 市 别	二十八年	二十九年	三 十 年	三十一年	三十二年
安 徽			5,000	25,000	27,000
江 西					未 详
山 东					
湖 南			83,078	2,078,509	未 详
陕 西				7,000	17,160
吉 林					
辽 宁					
绥 远			4,585	15,000	29,927
广 东			1,200	15,187	286,000
台 湾					
广 西					
贵 州	19,870	25,435	56,790	98,000	253,000
浙 江	1,800	7,000	13,000	12,000	67,000
云 南					
福 建	4,000	5,400	8,064	14,400	172,000
上 海 市					
青 岛 市					
北 平 市					
南 京 市					

说明：上项数字系根据三十五年各该省呈报教育部者所列。

国民体育经费数统计表

(1946年)

三十三年	三十四年	三十五年	说　　明
50,000	68,720	50,000	
100,000	200,000	500,000	
	103,000	8,847,000	
未详	未详	23,000	卅及卅一年有运动会经费在内
10,000	未详	未详	
		427,497	流　通　券
		5,325,000	流　通　券
296,800	23,112	12,317,000	
未详	1,553,000	18,058,000	包括体育场运动费及体专经费
		2,200,000	台币，包括省运动会经费
未详	6,197,500	62,808,000	包括县预算
500,000	1,300,000	200,000	
80,000	150,000	831,000	包括体育场及运动会经费
700,000	300,000	900,000	
201,600	436,192	910,000	
		30,000,000	
		2,676,000	包括运动会经费
		22,000,000	
		753,400	

〔国民政府档案〕

〔六〕边疆教育

（一）边疆教育法规

1. 教育部公布改进边疆寺庙教育暂行办法

(1940年7月15日)

一、边疆各地方主管教育行政机关应遵照本办法，切实督导当地寺庙，推进国民教育。

二、边疆各地喇嘛庙或清真寺，应视地方需要及该寺庙经济能力，办理左列各事项：

1. 附设民众教育馆或阅书报室；
2. 附设小学民众学校或各种补习学校；
3. 举行通俗讲演，并在讲经后作精神讲话及识字运动；
4. 举办壁报；
5. 装备无线电收音机；
6. 其他切合社会需要之教育。

三、寺庙举行盛大典礼时，当地主管教育行政机关应利用适当之时间与地点，办理左列各事项：

1. 举行联欢会或座谈会；
2. 举行通俗讲演；
3. 放映教育电影或幻灯；
4. 举办内地文物展览会；
5. 印赠总理遗像、总裁照片、画报及各种宣传品等；
6. 其他切合社会适应时宜之教育。

四、礼拜寺附设之阿文学校，每日必须增加国语常识各一小时。

五、寺庙办理各种教育具有成绩者，得由当地主管教育行政机关酌予补助，或转呈教育部蒙藏委员会核准补助之。

六、地方主管教育行政机关必要时，得分别邀集当地各寺庙喇嘛阿訇等开各种问题研究会或讨论会。

七、教育部视察人员、蒙藏委员会驻外各调查组调查员，边疆各省县旗宗督学或指导员视察边疆教育时，应考核并指导各寺庙办理教育成绩。

八、边疆各主管教育行政机关，应于每年度终了时将当地各寺庙办理教育成绩编成报告，汇呈教育部及蒙藏委员会备案。

九、本办法由教育部及蒙藏委员会会同公布施行。

〔国民政府教育部档案〕

2．教育部公布边远区域劝学暂行办法

（1940年7月27日）

一、教育部为谋边远区域教育之发展起见，订定本办法。

二、边远区域各级主管教育行政机关，得视各地方之需要，酌聘当地负责政教人员或地方热心教育人士，充任劝学员。劝学员为无给职。

三、劝学员之职务如下：

（一）关于边远区域教育法令之解答及宣传事项；

（二）关于地方政教人士之联络及劝导兴学事项,

（三）关于地方教育经费来源之调查及劝募事项；

（四）关于地方学龄儿童之调查及劝募就学事项

（五）关于学生待遇之考查及建议事项；

（六）关于当地师资之调查报告事项,

（七）关于主管机关委办事项；

（八）关于其他有关劝学事项。

四、劝学员工作成绩优良者依下列之规定奖励之：

（一）每年劝导学生三十人以上入学者，授与铜质奖章；

（二）每年劝导学生六十人以上入学者，授与银质奖章；

（三）每年劝导学生一百人以上入学，并劝募经费达二千元以上者，授与五等奖状；

（四）每年劝导学生一百五十人以上入学，并劝募经费达三千元以上者，授与四等奖状；

（五）每年劝导学生二百人以上入学，并劝募经费达四千元以上者，授与三等奖状；

（六）每年劝导学生二百五十人以上入学，并劝募经费达五千元以上者，授与二等奖状；

（七）每年劝导学生三百人以上入学，并劝募经费达六千元以上者，授与一等奖状；

（八）成绩特别优良或连得一等奖状二次以上者，题给匾额；

（九）各机关职员受有五等以上奖状者，得由各该机关酌量予以论功加俸或晋级。

劝学员如有酌给奖金必要者，由地方教育行政机关呈明教育部核准后办理。

五、旗宗县政府设治局主管长官，寺庙主持教主、土司、土官及地方文化团体兴办各项教育事业，依下列之规定奖励之：

（一）设立单级小学或民众学校一班，自筹经费每年达六百元以上者，授与五等奖状；

（二）设立小学或民办学校四学级，自筹经费每年达二千四百元以上者，授与四等奖状；

（三）设立小学或民众学校六学级，自筹经费每年达三千元以上者，授与三等奖状；

（四）设立小学或民众学校达十五学级，自筹经费每年达一万元者，授与二等奖状；

（五）设立小学或民众学校达三十学级，自筹经费每年达二万元以上者，授与一等奖状；

（六）设立小学或民众学校达五十学级，自筹经费每年达三万元者，除授与一等奖状及题给匾额外，并由教育部明令嘉奖；

（七）设立小学或民众学校达五十学级，并办有中等以上学校自筹经费每年达五万元以上者，除授与一等奖状及题给匾额外，并由教育部呈请国民政府明令嘉奖。

六、以私有财产创立或捐助各级学校及社会教育机关者，依捐资兴学褒奖条例补充办法办理，但各省教育厅得径呈教育部核办，教育部于办理后函蒙藏委员会备查。

七、奖章由旗宗县政府设治局核明授与，四等以下奖状由省政府核明授与，三等以上奖状及题给匾额，由省教育行政机关列明事实，呈请教育部核办，或由蒙藏委员会咨请教育部查酌办理。

八、边远区域学生就学内地酌照下列规定优待之。

（一）就学小学及民众学校之学生，得酌给津贴奖金或免除相当徭役，由地方主管教育行政机关酌量当地情形订定规章，并分呈教育部蒙藏委员会核准备案；

（二）就学中等学校之学生，由各教育行政机关酌予补助；

（三）升学专科以上学校之学生，照修正教育部补助蒙藏回升学内地专科以上学校办法大纲之规定办理。

九、边远区域教育工作人员，照下列之规定优待之：

（一）学校附设于寺庙者，得就学行优良之阿訇喇嘛中选充为教职员，其薪额得视学生人数多寡规定之；

（二）边远区域各级学校及民众学校教职员之俸薪，应酌量提高，由各地主管教育行政机关就实际需要定之，并呈报教育部审核备案；

（三）边远区域各级学校及社会教育机关工作人员之年功加俸办法，由各该省主管教育行政机关就当地情形拟定，呈报教育部审核备案。

（四）边远区域各级学校及社会教育机关工作人员工作满四年者，准以公费进修，其期间以一年为限，仍支原薪，由各该省主管教育行政机关视其需要酌量定之。

十、本办法自呈准行政院公布施行。

〔国民政府教育部档案〕

3．教育部订定的边远区域初等教育实施纲要

（1941年3月25日）

一、边远区域小学（以下简称边小）除依照小学法修正小学规程及各种有关法令外，依本法实施要项办理之。

本实施要项所称边远区域系指蒙藏地方及各省境内语文习俗不同之边民聚居地方而言。

二、边小寒暑假及例假得视地方情形，由当地主管教育行政机关酌量另订，呈报教育部（以下简称本部）核备。

三、凡边民集中地方所在县设治局旂宗或土司，应尽量筹设小学。

四、边小校名，不得冠以边地种族及宗教名词。

五、边小应附设民众学校，普遍收招当地失学民众，不分族别，混合编入各班级。

六、边小经费之筹措与分配，除法令另有规定外，依左列办法办理之。

（一）地方自治机关设立者，由各该主管机关自筹，但不足时得呈请上级教育行政机关于分配各项教育补助费时优予补助。

（二）省、盟、旂、宗暨土司设立之边小，由主管机关筹拨，

但不足时得呈请教育部在边远省份教育文化补助费内拨助之。

经本部特许之边地文化团体筹设边小，得按前项办法办理。

（三）私立或寺庙附设之边小，须自筹足经费，但成绩优良者，得由各级教育行政机关补助之。

各级教育行政机关，为提倡寺庙兴学起见，得指定寺庙附设边小，由各该机关担任经费之一部或全部。

（四）国立边地师范学校所设实验中心小学经费，由国库负担之。

七、边小一律推行国语教育。

八、边小教学科目及每周教学时间表，暂照修正小学规程之规定，但劳作、卫生及音乐教学时间得酌予增加，各科教材内容应依左列标准编订之。

（一）公民训练及公民知识　须依据中华民族为一整个国族之理论，以阐发爱国精神，泯除地域观念与狭义的民族观念所生之隔阂，随时引证新生活规律及内地富有普遍性之善良礼俗与边地礼俗比较，并说明其利弊，以改善边地现有之习俗。

（二）国语　推行国语为边地初等教育之要务，如当地仍流行某种文字时，须注重学生如何能应用国文，俾其在生活上发生需要，教材并须切合边地情形。

（三）常识（或自然社会）　自然教材须切合边地情形，特别注重卫生知识之训练，史地教材须将过去种种之夸大记载及足以引起民族恶感部分予以删除，尽量引用民族融洽史实、帝国主义侵略边地史实、边地与内地之地理上、经济上之密切关系等，以启发其对于社会国家及国际之正当观念。

（四）算术　注重珠算，并灌输生活中数的常识，养成其时间空间之正确观念。

（五）工作（或劳作美术）　劳作教材须注重改良边地生产之知能，高年级尤须着重实际工作，其教学时间应酌量增加。

（六）唱游（或体育音乐） 应注重活泼自然之运动，以适应地方环境及儿童身心需要之各种游戏，宜酌量采用乡土教材并加以改良，凡盛行歌谣地方，并应编制改良歌谣，其教学时间得酌量增加。

附设民校之教学科目，依修正民众学校规程第十四条之规定，并参照本条各科内容酌量订定之。

九、乡土教材由实验中心小学、师范学校或当地主管教育行政机关编辑，呈送本部审定之。

十、边小之训育，依训育之纲要（四）戊一类各条及其他有关小学训育法令规定办理。

十一、边小之校舍，以简单适用为主，其设备除依修正小学规程之规定，斟酌地方情形办理外，须有左列各项之设备：

（一）多备与边地有关之各项书籍图表；

（二）多陈列内地各种文物挂图等。

十二、边远游牧地方或人烟稀少区域得设流动小学。

十三、流动小学之设备：

（一）帐幕及驮马或必要之车船等；

（二）折合写字架坐毡或椅桌；

（三）图书仪器、标本之装箱；

（四）预备充分之药品；

（五）乐器及小型幻灯收音机等；

（六）第十一条一至三各项设备；

（七）其他必要之教学用具、简单生产用具、运动用具、旅行用具、学校应备之簿本图表、民众读物及其他生活用具之设备等。

十四、边小不收任何费用，并得由学校供给必需之学校用品。

十五、边小得酌设奖学金学额。

十六、边小教职员以曾受边地师范学校训练者为合格，其未受此种训练者，将来分别由所在区内边地师范学校抽调训练之。

十七、服务边远区域之教职员在休假期内出外考察者，酌给旅费。

十八、服务边远区域之教职员，依本部公布之边远区域劝学暂行办法第九条各项之规定优待之。

十九、国立边远区域师范学校及省或相当于省之教育行政机关，为提倡及实验辅导边地教育起见，得在相当地点设立实验中心小学。

二十、实验中心小学之工作要项如下：

（一）实验

1．关于教育者

2．关于生产者

实验计划须先编呈上级主管机关汇呈教育部核准备案。

（二）辅导

（三）设计（辅助当地教育行政机关设计边地教育）

（四）调查研究　包括当地人文及自然情况，每学期至少呈报一次。

（五）社会服务　包括推广小学，改良边地生产，提倡合作事业，推行地方自治，训练民众宣传中央德意，融洽民族感情，医疗民众疾病，及本部公布之各级学校兼办社会教育办法第五条各项社教事业。

（六）劝学（依本部公布之边远区域劝学暂行办法办理）

二十一、实验中心学校设校长一人，教导主任及推广实验主任各一人，秉承校长分别主持教务、训导、实验、辅导、设计各事项，并分配全校教职员担任调查研究、社会服务及劝学等工作。

二十二、边民聚居之各省区应自民国三十年度起，酌量地方需要，在教育行政机关内设置主管边教之组织，统筹边教，并拟订分年推进边教计划呈部核备。

〔国民政府教育部档案〕

4. 教育部颁发公私立专科以上学校毕业生派往边地研究办法

（1941年5月28日）

甲　目的：

一、鼓励优秀青年从事边地研究工作；

二、协助各边教机关推进边地文化工作；

三、办理本部指定研究工作及设计事项。

乙　办法：

一、各院校毕业生有志从事边地研究工作，品学兼优，身体健壮，能吃苦耐劳者，得由学校选送，再由本部审定若干名。

二、边地研究工作之对象各依边胞语文系统之分布为分区标准。其研究之种类如左：

（一）语文，

1．关于各边胞言语韵声调之类别；

2．关于各边胞言语之音标纪录；

3．关于各边胞语言文法构造之分析；

4．关于各边胞言语内地语言之比较；

5．关于边胞原有文字或符号之纪录；

6．关于各边胞文字之来源、产生创始人及沿革；

7．关于文字之组织及文法结构；

8．搜集边胞所有之经典文字；

9．搜集边胞雕刻结绳之文字遗迹；

10．关于边胞歌谣故事之搜集；

11. 外国教会人士对边胞语文之研究内容。

（二）史地：

1. 关于边胞之由来及历代之变动情形；
2. 关于历代边胞变乱之始末与症结；
3. 关于边胞历史传说故事之搜集；
4. 关于边胞各种信仰礼俗节令之史述；
5. 关于边胞社会生活之发展史实；
6. 关于历代政府治边史料之搜集研究；
7. 关于边地各宗教史；
8. 关于边地各种政制史；
9. 关于边地之地形气候；
10. 关于边地之兵要地理；
11. 关于边地之农田水利；
12. 关于边地之畜牧垦殖；
13. 关于边地之交通设计。

（三）民俗：

1. 关于边胞之类别分析（注意体型、血型之研究）；
2. 关于边胞社会组织与家庭组织；
3. 关于边胞之婚丧娱乐；
4. 关于边胞之服饰；
5. 关于边胞之阶级制度；
6. 关于边胞工艺品之搜集；
7. 关于边胞之起居饮食及节令风俗。

（四）经济：

1. 关于边胞之农业生产；
2. 关于边胞之林牧事业；
3. 关于边胞之手工业及其他副业；
4. 关于边胞之贸易情形；

5．关于边胞生产要素（土地、劳力、资本）之研究；

6．关于边地经济活动和高利贷剥削等情形之研究；

7．关于边地之经济组织情形；

8．关于边地佃租及土地问题；

9．关于边胞消费生活之情形；

10．关于边地经济建设之设计研究。

（五）自然：

1．关于边地生物之分布情形；

2．关于边地生物特产之调查研究；

3．关于边地生物标本之采集；

4．各种矿产之调查研究；

5．边地卫生及医药之调查研究；

6．自然产物之利用与制造；

7．关于边地农牧品种及副产之改良研究。

三、派往边地之研究人员必要时得先受一至二个月之短期训练（着重学习国语注音符号），使能明了当地情形及研究技术应注意事项。

四、由本部派往边地研究员之旅费、研究费及生活费由本部发给之，各院自行派往者由各院校自行负担，有特别情形者得由部酌予补助。

五、研究人员征选办法：

1．每年于各院校毕业考试前四个月，由部开列各科研究员需要表，令饬各院校选送合格毕业生报部候核。

2．凡毕业已久之大学生，如愿赴边疆工作者，亦得适用本办法，惟须向原校请求选送。

3．此项学生须呈缴左列各件：

（一）最近二寸半身相片二张；

（二）毕业成绩单；

（三）详细自传一篇。

六、研究人员工作进行办法：

1．拟定研究工作计划及进度表；

2．每月应将工作成绩报部一次。

七、研究人员工作时限暂定为二年，成绩优良得任为本部编辑或其他职务，或派在边地各机关担任职务。

八、研究人员工作地点由本部规定之，如须变更地点，应呈准本部。

九、本办法自呈准之日起施行。

〔国民政府教育部档案〕

5．教育部公布边远区域师范学校暂行办法

（1941年6月16日）

第一条　边远区域师范学校（以下简称边师），除依照师范学校法修正师范学校规程并参照有关师资训练之法令办理外，依本办法之规定办理之。

第二条　边师学生之训练目标，除照修正师范学校规程第一条之规定外，更受左列各项之训练。

（一）使学生深切了解国族之意义及中华整个民族意志集中与力量集中之必要；

（二）陶冶刻苦耐劳之精神，启发服务边地之志趣；

（三）养成边地生产建设之技术与实际工作之能力。

（四）培养边地地方行政之知能；

（五）授予公共卫生及简易之医事知识；

（六）增进边地田野工作之知识。

第三条　教育部（以下简称本部）为统筹培养边地师资起见，规定边师以国立为原则。

第四条　边师应分区设立，每区以设立一校为原则。

（男女师范必要时得分设之）有特殊情形者得酌设分校，学区之划分及学校之设置不限省界，视训练之对象与实际需要，由教育部以命令定之。

第五条　边师学校应与本区所在地之省县设治局及盟旗宗土司等地方主管教育行政机关取得密切联系，俾能配合边远区域初等教育之进展，使边地师资之供求相适应。

第六条　边师为推进边教之中心机关，其中心工作如左：

（一）指导监督本区内实验中心小学；

（二）辅导本区内各小学及社教机关（参加各省市师范学校辅导地方教育办法办理）；

（三）调查研究本区内社会及自然情况；

（四）协助本区地方教育行政机关设计推进边地教育；

（五）实验边地教育制度，研究边地教育各项问题；

（六）搜集编订边师及边小教材；

（七）倡导公共卫生工作；

（八）提倡合作事业；

（九）协助地方改良农业，兴修水利，提倡造林与垦荒；

（十）指导农林产品之加工制造及副产品之利用；

（十一）改良畜牧及其产品之利用；

（十二）当地手工业之提倡与改良；

（十三）推进社会教育（依照各级学校兼办社会教育办法办理）；

（十四）宣传中华民族整个性，并传达中央德意，推行民众组织及训练；

（十五）协助本区推广教育及劝学事项（依照边远区域劝学暂行办法办理）。

第七条　边师教学科目及课程标准，在本部未制定公布以前，可参照乡村简师课程标准，依左列规定编订，呈报本部备案。

（一）公民　须依据中华民族为一整个国族之理论，讲解民族主义，以阐发爱国精神，泯除地域观念，与狭义的民族观念所生之隔阂，随时引证内地及边地之政治礼俗，说明兴利、培养学生对于社会国家及国际之正确态度。

（二）体育　特别注重机巧运动、自卫运动及合于环境之团体游戏，同时对于地方流行之优良运动，如骑乘、爬山、水上运动、□上运动、土风舞等，并设法提倡，与改良之小学适用之唱游教材，应于最后二学年内充分教学。

（三）军事训练　（女生习军事看护）注重国防知识。

（四）卫生及医事　注重公共卫生训练，对于医学方面，每一学生至少能运用若干种常用及特效药品。

（五）国文　使学生通晓国语及注音符号，所选文字应注意民族团结及现代伟人传记，表扬中国之文化；并注重应用文，同时将边地固有之文艺故事等加以整理与改编。

（六）算术　可照课程标准酌予减少，增加珠算、简易簿记及简易测量，注重度量衡制度及日常生活之数的常识。

（七）地理　应注重边地与内地人文经济等各方密切关系，并尽量采用建国方略中之材料说明最近我国建设之进步，对于边地形势、乡土地理，尤须特别注意，教师须随时率领学生实地考察。

（八）历史　注意讲解民族融洽史实（其有伤民族情感部分一律删除），国民革命史、帝国主义侵略史及抗日战争之形势，以阐明国内整个民族意志与力量集中之必要。

（九）博物科　可采用审定乡村简师课本，惟须注重当地教材，并使每一学生均能熟练采集与制造标本之技术。

（十）物理化学两科　可采用审定乡村简师课本，并使学生学习简单仪器之制造法。

（十一）工艺　注重教学用具、农牧生产用具之制造、当地手工业之改良及农牧附产品之利用。

（十二）农业　包括农业、畜牧、水利概要、农村经济合作等科，应采用教学做合一之原则，工读并进，期能实现学校自养之目的，并养成能开发边地之实际技能与能力。

（十三）教育　包括教育概论、教育心理、课程教材及教学法、社会教育、边地教育之理论与实施、教育行政及实习等，对于教育理论与方法，均须切合边地实际情形，注重考察实验，以树立边地教育之理论、方法与制度，并须养成每一学生有创造学校环境之能力。

（十四）边地知识　须包括边地问题、边地政策、总理遗教、总裁言论中对于边地问题之提示，中央历次有关边地部分之决议案，边地各种法令、边地研究及田野工作等。

（十五）美术及音乐　以发扬振作为主，乡土教材、民间歌谣尤须尽量搜集改编。

（十六）政治　包括中央及地方现行法制及国势概要，关于地方自治法规，须斟酌边地地方情形讲解，对于地方现有制度，宜作比较讨论，以供改进，但不得妄加攻讦。

（十七）边地语文　除当地必要语文外，须加习比较语言学。

（十八）必要时得酌设哲学一科。

以上各科特别教材，在本部未编辑公布以前，准由各校自行编订，呈部审定。

第八条　边师加强学生生产劳动训练起见，其教学训练得依下列规定办理：

（一）增加农牧工之教学实习时数；

（二）得分组轮流半日上课、半日工作，或间日上课间日工作；

（三）每一学生须就农牧工各种内选择一科，尽量学习实际工作，务求精确娴熟；

（四）学生除参加生产劳动外，举凡学校内教务事务上各事可以不假手于人者，均由教师领导高年级学生工作，雇用工友以最必要者为限，一切日常操作及农场、工场各项操作，均由学生担任之。

第九条　边师之训育照训育纲要（四）戊项一类各条及其他有关训育章则之规定办理。

第十条　边师校舍应力求简单适用，其设备除照修正师范学校规程第七章及三民主义教育实施原则第六章第二节二项之规定外，应有左列场所设备：

（一）农场牧场之面积及设备，以学生自给自足为原则；

（二）林场（视需要酌量设置之）；

（三）诊疗室；

（四）文物陈列室；

（五）特种厨房、食堂及浴室（以招收回教学生之各校为限）；

第十一条　国立边师招生得呈部核准，酌量提高同等程度学生之比例。

第十二条　边师应缩短放假期间，例假得视地方情形，参照本部规定，由校另订，呈部核备。

但利用假期推行生产劳动或调查宣传及其他田野实习者，得由各校酌量变通订定办法，呈部核备。

第十三条　边师得附设各种补习班、初中或职业补习科，及边小教员短期训练班，招收当地私塾教师予以六个月至一年之师范及政治训练，俾得充任边小教员或改良私塾之教师，增进边胞国家民族观念，其教学科目及时间另订之。

第十四条　边师得附设简师科及特师科，其教学科目及时数另订之。

第十五条　农林畜牧工艺等科得按学生志愿及年龄另行分组，以利教学。

第十六条　边师学生为公费待遇，成绩优良者并酌给奖学金，其办法另订之。

第十七条　边师毕业生由本部暨该生原籍省县设治局及盟旗宗主管教育行政机关分配工作。

第十八条　边师毕业生应在边地服务，服务期间为三年，如有特殊情形申请在其他地方工作或展缓服务者，须经本部核准。

第十九条　边师教职员须依照修正师范学校规程第一百十二条之规定，并由校长先开具履历，呈经本部核定后方得聘任。

第二十条　边师职员之设置，除照修正师范学校规程第一百零五及一百零六两条及中等学校行政组织补充办法规定外，并得酌设推广处及研究实验处，各处设主任一人，秉承校长办理本办法第六条规定各事项，推广处得分设"卫生"、"社会"、"辅导"、"营业"及"毕业生指导"各组，研究实验处得分设"调查"、"编辑"、"实验"各组，每组各设组长一人，合作社、农场、牧场、工场等，视其规模，各设社长、场长或管理员。

第二十一条　边师教职员得利用寒暑假期间组织边地考察团，分组赴边地调查，其经费得在各该校预算内酌列。

第二十二条　边师招生，以籍隶本区为限，不分族别，混合教学，每次招生须先拟具详细计划分配表及说明书，呈部备案。

第二十三条　边师每学期呈报事项除照"国立中等学校各项报告表格式填报外，并须将教学训育情形、生产劳动成绩及各项研究、调查、推广、辅导、实验等工作，详报本部，如有各项刊物须与其他边师互相交换，每学期并须将全校概况及设备财产目录等报部备查。

第二十四条　本办法自呈奉行政院核准之日施行。

〔国民政府教育部档案〕

6. 教育部边地教育特约通讯员简则

（1941年7月17日）

一、本部为谋流通边地消息，联络边地人士感情，以便切实推进边地教育起见，特设边地教育特约通讯员（以下简称特约通讯员）。

二、特约通讯员之任务如左：

（一）宣达中央政令及本部边疆教育消息；

（二）传递边地社会各种动态消息；

（三）调查边地社会自然物产、政制、经济、宗教、民俗等状况；

（四）调查并报告边地教育文化设施现状；

（五）建议推进边地教育计划及意见；

（六）搜集边地文物；

（七）其他指定办理之事项。

三、特约通讯员应定期将工作情形报部。

四、特约通讯员为无给职，惟专程调查或从事研究著有成绩经本部认可者，得由本部酌给津贴或照国内出差旅费支给办法发给旅费。

五、特约通讯员不得用本部名义向外干涉地方行政。

六、特约通讯员搜集各项文物确有价值者，本部得酌以酬金。

七、本简则自公布之日施行。

〔国民政府教育部档案〕

7. 边疆学生待遇办法①

（1944年6月2日）

第一条　边疆学生之待遇，除法令别有规定有外，依本办法之规定。

第二条　本办法所称边疆学生，谓蒙古、西藏及其他语言文化具有特殊性质地方，而其家庭居住于原籍者之学生。

第三条　边疆学生升学内地中等以上学校时，除应参加入学考试外，得于学年开始前，备具升学申请书及籍贯证明书，连同学历证件，由左列各机关或学校之一保送，教育部审核入学，申请书及籍贯证明书格式另订之。

一、蒙古盟旗机关

二、西藏各地方机关

三、各边省主管教育行政机关

四、国立边地中等以上学校

蒙藏学生之保送，得经由蒙藏委员会核转。

第四条　前条保送之边疆学生，经教育部审查合格者，得令饬其升学学校依左列规定办理之。

一、从宽录取

二、入学试验不及格者得收为旁听生，其不能随班旁听者，得呈请教育部指定学校补习。

前项旁听生听满一年，成绩及格时应改为正式生，其不及格者得请求继续旁听，如届满一年仍不及格时，取消其旁听资格。

第五条　边疆学生应免收学费，其设有公费待遇者，应依非

① 本办法于民国三十三年六月二日教育部以第二六五二〇号部令公布施行。

常时期国立中等以上学校及省立专科以上学校规定公费生办法给予公费。

第六条　边疆学生未受公费待遇或机关团体之补助者，得于入学时填具补助费申请书，呈由所在学校核转教育部申请常年补助费，申请书格式另定之。

前项申请补助之边疆学生，如其升学未经保送者，应附具籍贯证明书。

第七条　常年补助费按学业成绩等第分甲乙丙三等，其数额以命令订之，其第一学期申请补助不能检送成绩证明文件时，得照乙等发给。

第八条　边疆学生有左列情事之一者，停止其常年补助费：

一、于领受常年补助费后复受有公费待遇或团体补助费者；

二、学期成绩不及格予以留级者；

三、品行不良或违反学校纪律者。

前项各款情事消灭时，得呈由所在学校检同证明文件向教育部申请恢复补助。

第九条　边疆学生肄业内地专科以上学校师范医药工畜牧各科受有公费待遇而经济情形特殊困难者，得依照本办法第六条检定之手续，请求发给特别补助费，但每人每年以一次为限，其数额由教育部视实际情形定之。

第十条　边疆学生有左列情形之一者，除开除其学籍外，并由所在学校向保证人追缴其在校一切费用及补助费：

一、假冒学籍者

二、伪造学历者

三、冒名顶替者

第十一条　边疆学生经各校录取或收为旁听生后，每学期均应由所在学校册报教育部备查。关于蒙藏学生并应分报蒙藏委员会备查。

边疆学生经核准发给常年补助费者，应于每学期结束时将学业成绩呈由所在学校转报教育部备查，并请发次期补助费。

第十二条　教育部得视边疆各地之需要，指定各边省主管教育行政机关及国立边地中等学校考选，合于规定资格之边疆学生分发内地专科以上学校肄业。

前项边疆学生，教育部于分发时得酌予补助其旅费。

第十三条　边疆学生在内地初中以下学校肄业者，不适用本办法之规定。

第十四条　本办法自公布之日施行。

〔国民政府教育部档案〕

8．教育部公布边疆初等教育设施办法

（1945年9月23日）

第一条　边疆小学之设施，除法令另有规定外，依本办法办理。

第二条　边疆小学以地方设立为原则，私人团体不得设立。

第三条　边疆小学以所在地地名为校名，不得冠以宗族或宗教为名词。

私立边疆小学应采用专有名称。

第四条　边疆小学应兼收当地各族学生，混合编入各班级教学。

第五条　边疆小学得招收当地失学民众，实施失学民众补习教育，在受补习教育之民众得酌给津贴或免除相当徭役。

第六条　边疆小学应兼办社会教育，侧重巡回施教方法，深入边民集居区域，宣导劝学。

第七条　边疆小学课程暂照国民学校法规之规定，但国语与边地语文得视地方需要，同时教学或任择一种教学。

第八条　边疆小学各科教材内容须力谋切合边地情形，并依据中华民族为一整个国族之理论，激发爱国精神，泯除地域观念与狭义的宗族观念所生之隔阂。

第九条　边疆小学训育，应依照部颁训育纲要及其他有关小学训育法令之规定办理。

第十条　边疆小学寒暑假及例假期，得视地方特殊情形，酌量变通，呈报主管机关备案，惟每学年开学期内总日数不得少于二百九十五天。

第十一条　边疆小学之设备，除依照国民学校法规之规定，斟酌地方情形办理外，须有左列各项之设备：

（一）与边疆有关之书籍图表

（二）内地文物挂图

（三）党国旗、国父遗像、国民政府主席肖像

第十二条　边远游牧地方或人烟稀少区域得设流动之学校或学级，其设备如下：

（一）帐幕及驮马或车船等；

（二）折合写字架坐站或椅桌；

（三）图书仪器标本之装箱（其形式须能一经□当之堆叠即成陈列架，不必常翻动）；

（四）预备充分之药品；

（五）药器及小型幻灯收音机等；

（六）第十一条一至三各项设备；

（七）其他必要之教学用具、简单生产用具、运动用具、旅行用具、学校应备之簿籍图表、民教读物及其他生活用具之设备等。

第十三条　边疆小学教职员应为专任，每日在校时间最少八小时，教员任课每周至少一〇八〇分钟，如兼校外无给职务，应先征得校长同意。

第十四条　边疆小学教职员之任期，初聘应为一年，期满续聘应为二年，其成绩优良者以久任为原则，不受校长更迭之影响，非确有重大过失者，校方不得予以解聘。

第十五条　部辖边疆小学设校长一人，综理全校校务，其下设教导主任一人，秉承校长主持教务、训育、辅导等事项，并分配教职员担任研究实验及社教等工作，其编制六学级以上者，并得酌设推广主任一人或二人。

第十六条　部辖边疆小学设校医或护士一人，必要时得增添人员，扩充为诊疗所兼办民众治疗事宜。

第十七条　部辖边疆小学教职员，除校医或护士外，以边疆师范学校（科）毕业或普通师范学校（科）毕业，有志边疆教育者为合格，在职不合格之教职员得分别于所在区域边疆师范学校调训之。

第十八条　部辖边疆小学教职员待遇分左列各级：

月薪数	280	260	240	220	200	180	160	140	130	120	110	100	90	80	70
等级	一	二	三	四	五	六	七	八	九	十	十一	十二	十三	十四	十五

第十九条　边疆小学每学级设级任教员一人，并得酌聘专科教员，但平均每两学级之教员人数以三人为限。

第二十条　部辖边疆小学初任教职员之起薪与久任教职员之最高额，以命令另订之。

第二十一条　部辖边疆小学教职员实行年功加俸制，凡在一校继续服务满二年教学著有成绩者，为第一年功级满四年者为第二年功级，余类推。

第二十二条　部辖边疆小学教职员在一校继续服务满四年教学，著有成绩，并历经专案报部者，得呈由服务学校转报本部准予公费进修半年或一年，照支原薪，但不得兼其他有给职务。

每年准予各校公费进修之员额，最多以各该校实有员额级数五分之一为限。

第二十三条　部辖边疆小学教员遇有左列事项请假时，仍领原著代课教员之薪给，由校方另行支给之。

（一）本人婚嫁得给假两星期；

（二）父母或配偶丧葬得给假一个月；

（三）女教员生产得给假两个月。

前第二十、二十三两条所需费用，得由各校另行预算，呈报本部核拨之。

第二十四条　国立边疆师范附属小学除主任（或校长）应由原隶师范学校校长遴荐报部核准聘用外，其余得比照部辖边疆小学之规定办理。

第二十五条　地方设立之边疆小学，以普设为原则，对以上十七至二十四各条之规定，得视地方人力财力所及参酌办理。

第二十六条　地方设立及私立之边疆小学应自筹定经费，但设备不足时，得呈请上级教育行政机关补助。

第二十七条　本办法自公布日施行。

〔国民政府教育部档案〕

9．教育部令颁之《国民教育在边地推行应特别注意之点》

（1944年）

（一）关于实施原则者

一、边远各省国民教育之实施，除根据国民教育实施纲领保国民学校设施要则及乡（镇）中心学校设施要则外，应参酌边地特殊情形办理之。

二、边远各省尚未遵照县各级组织纲要完成保甲编制者，得按照各地政治情形、人口密度及地理环境，为设施单位之根据。

三、各边地尚未设□及编制保甲者，设施国民教育之性质，得照下列各项变通办理之：

（1）国民学校以相当于保甲组织条件之边地区域为标准。

（2）中心学校以相当于乡（镇）组织条件之边地区域为标准。

（3）边远区域国民学校及中心学校之名称以当地地名名之。

（4）边地学龄儿童得自八足岁起至十四岁止。除可能受六年制小学教育者外，应受四年或二年或一年之义务教育。

四、边远区域国民教育之实施，应特别注重国族意识、国家观念及国防知识之培养，与生产知能之训练。

（二）关于施行程序者

边远区域国民教育之推进，以三年为实验期，五年为推行期，五年为普及期。

一、实验期　自民国二十年八月起至三十三年七月止。在本期内各边县设治局、土司、旗或宗，成立中心学校一所，国民学校二所；在本期终了时，须使入学儿童达到当地学龄儿童总数百分之三十五以上，入学民众达到当地失学民众总数百分之十五以上。

二、推进期　自民国三十三年八月起至三十八年七月止，本期内各边地期终之时，须使入学儿童达到当地学龄儿童总数百分之六十以上，入学民众达到当地失学民众总数百分之三十以上。

三、普及期　自民国三十八年八月起视各地情形推行之，国民学校应尽量增加，以期达到每百户有一校为目的，或就原有之国民学校数增加班级。在每期终了时，须使入学儿童达到当地学龄儿童总数百分之九十以上，入学民众达到当地失学民众总数百分之六十以上。

其有特殊情形之边远区域,国民教育各期限得呈准中央缩短或延长之。

(三)关于行政者

一、各边地中学校应负辅导推行之责。

二、边远区域国民教育之视察辅导,应分区分级实施之,详细办法由各边省教育主管机关或边地中等学校拟订,呈部校准施行。

三、边远区域国民教育之视导,应每一学期举行一次,并应将视导情形,缮具报告,呈报教育部。

(四)关于经费者

一、边远区域国民学校之经费,应以由边地主管机关自行筹集为原则,不足时得由省教育经费项下支给之。

二、边远区域国民学校,应于一定期内,筹集相当基金,为扩充学校设备之用,基金筹集办法另定之。

三、各边地中心学校之经费,其校长教员之薪给,由省、县、设治局、土司、旗或宗行政经费项下开支,办公及设备扩充等费,应由所在地方自筹之,不足时得由教育部酌予补助。

四、中央补助各边省国民教育经费、边疆教育经费,除一部分指定交由国立边地师范学校(或其他中等学校)就划定之范围内办理国民教育外,应依各省边胞之比例数分配于边远各县区。

(五)关于师资者

一、边远区域国民教育师资,极感缺乏,国民学校及中心学校设立之前,应选调集原任各边地小学教职员,施以一个月至三个月之短期训练。

二、各边地训练师资、中心学校校长教员及国民学校校长,以由国立边地师范学校或各边省省立师范学校训练为原则。国民学校教员以由简易师范学校或短期师资训练班训练为原则。

三、各边省增设边地师范学校，应按照国民教育分区设施办法设立之。

（六）关于校舍设备者

一、边远区域中小学校及国民学校之校舍，除改组者仍用原有校舍外，其新设者应充分利用当地寺庙及其他公共房舍，并得借用民房。

二、边远区域中心学校及国民学校之未有适当校舍者，应在五年内择定相当地点，规划建筑正式校舍，其建筑费以当地主管机关自筹为原则，其不能自筹者，由各边省或本部酌予补助之。

三、边远区域中心小学校及国民学校对医药设备，尤应特别注意，以便施行学校环境卫生及巡回诊疗工作。

〔国民政府教育部档案〕

(二)边疆教育概况

一、边疆教育的建议与计划

1．第三次全国教育会议关于推进边疆教育方案的决议案

(1939年4月)

一　确定推进边疆教育方针及各级教育中心目标

一、边疆教育应以融合大中华民族各部分之文化，并促其发展为一定之方针。

二、边疆教育之设施应遵照中华民国教育宗旨及其实施方针，抗战建国纲领，暨三民主义教育实施原则第六章之规定，为边疆各级教育实施之标准。

三、边疆教育得适应当地特殊环境及其生活习惯相同之边民，如汉回子弟所入之学校，除学校设备得酌量适应宗旨生活外，其余均照内地普通学校办理。

四、初等教育应以公民训练与语文训练、职业训练并重，并养成其卫生习惯。

五、中等教育应照中学师范学校及职业学校各规程之规定，但特别注重生活技能之训练及国家民族意识之养成。

六、高等教育应以养成国家建设之各项专门人才为目的。

七、社会教育使人民了解国家民族意义，认识国际情况，并备具近代科学常识，增进知能及养成其优良之生活习惯。

八、边疆教育经费，应逐年增拨义教及社教经费，各以中央补助义社教全部经费百分之五十，补助边区各省。

二　培养边疆教育师资

一、初等教育师资之培养，由教育部筹办国立边区师范学校

若干所，设立于边省适中之地点，至各省设立之边疆学校及师范班，应分别扩充或归并，由教育部视其需要定之。

二、中等教育之师资，由教育部特设师范学院，或指定各师范学院，中央政治学校附设边疆学校及师范专修科培养之。

蒙藏委员会及边疆最高教育行政机关得向教育部保送合格之学生，经教育部核准后分发各院校肄业。

三、训练边疆师资之课程，除照各级师范学校之规定外，应特别注意下列各点：1．边疆历史地理，2．边疆语言文字，3．边疆政策，4．卫生、垦殖、测量、气象、地质、统计及其他专门职业之训练，5．宗教哲学。

四、训练边疆各级学校不合格之现任教师及塾师。

三　编译边疆教科图书

一、由教育部商同关系各机关，订正边疆各种语文符号，以利教学。

二、边疆各级学校教科书及参考图书由教育部设立编译机关办理之。

三、编译宗旨除照三民主义教育实施原则规定外，应加入最高领袖言论，抗战意义，垦殖卫生及边疆必要之知识。

四、初级及中级小学教科书，以国语为主体，以蒙藏回等语文为副；高级小学以上学校，以国语国文编订为原则。

五、编译图书时，应多编印与教育有关之彩画歌曲，分发边疆各教育机关及寺庙等应用。

四　推进边疆学校教育

一、初等教育以小学为主，分固定式及流动式两种，以适应边疆之环境。

二、小学以地方设立为原则，得由中央酌予补助。但教育部为实验及辅导边区初等教育起见，得在边疆适当地点，酌设边区实验小学。

三、中小学应兼收当地各族学生，并以所在地地名为校名。

四、边疆中小学之各种设施，应照教育部各种法令之规定。但为适当边疆情形起见，初中高中均得酌量延长一年，予以简易师范、简易职业、地方自治、卫生行政、合作及垦殖组合等训练。

五、贫瘠省份不能设立中学者，由教育部设立或补助其设立，并得请关系机关，（如庚款管理机关等）酌量补助之。

六、边省教育行动机关为适应地方之需要，得设立各级职业学校，教育部为应内地青年愿赴边省工作起见，亦得在适宜地点设立各级职业学校，其设备及开办等费，由中央宽予补助之。

七、在边疆适当地点，设立大学独立学院或专科学校。

八、教育部得指定国立大学酌量增设有关建设边疆之科系及边疆语文之选修科目，已立案之专科以上学校，增设此两科于事前商得教育部或地方教育行政机关之同意者，得请其酌量补助。

九、边疆青年，升入内地专科以上学校者，准另举行入学考试，其不能学习全部课程者，准予选习数种必修科目。

五　推进边疆社会教育

一、由教育部设边疆巡回教育工作团若干团，分别巡回于边地，以医药、音乐、电影、图画等为施教之工具。各省应视需要亦得酌量设立边地巡回教育工作团。

二、教育部为实验边疆教育整个设施起见，得将边地划分为若干边教实验区，先指定一二区施行边疆实验教育，以次推广之。

三、设立边疆文化馆，搜集边疆各种政治、经济、文化、科学史料、统计图表、标本、模型、书籍等，以供研究边疆问题者之参考，并以启发国人建设边疆之兴趣。

四、寺院应附设民众学校或半日学校，并利用讲经时间，作识字运动及精神讲话，对于阿文学校应令增加国语每日一小时，常识及算术每日各半小时。

五、增发边疆各地无线电收音机，及教育电影放映机等。

六、边区各省县应遵照规定设立图书馆、教育馆等，其经费由地方筹拨，教育部酌予补助。

六　确立边疆劝学制度

一、边疆各级学校，经教育部特准者，于校长外，得设监督一人。

二、边疆地方教育行政机关，得视当地之需要，酌聘地方热心教育人士充任劝学员。劝学员为义务职，成绩优良者予以相当之奖励。

三、边疆学生得酌给津贴及奖金，或免除其相当徭役。

四、专科以上学校应多设边疆学生公费名额。

五、对边疆各级学校学生津贴补助费，应统筹从优拨发，俾维最低生活，以便安心向学，并提高边疆各级学校教职员之待遇，以鼓励有志青年踊跃参加边疆工作。

六、边教服务人员之考核与奖励，应订定办法，俾收成效。

〔国民政府教育部档案〕

2. 蒙藏委员会于第三次全国教育会议提出关于蒙藏教育权及其与教育部划分工作范围问题的提案

(1939年4月)

教育部、蒙藏委员会关于蒙藏教育权及其工作应如何划分以专责成而促进步案。

——本会代表于第三次全国教育会议时提出

我国边疆种族复杂，文化落后，扶持化导，教育为先，蒙藏委员会成立以来，对于蒙藏教育，历年均有详尽规划，乃以经费支绌，仅能办理极有限之工作。自二十四年度起，边疆教育经费始得指拨专款，即由教育部支配。关于边教计划，曾于蒙藏委员会有所会商，而实施之事则由教育部主持，年来国人对于边疆教育之应切实推进，责重于主管机关者至为殷切，而蒙藏教育尤占边疆教育之最大部分，教育部、蒙藏委员会关于蒙藏教育权及其工作应如何明白划分，以专责成而促进步，似为办理边疆教育之先决问题。

查蒙藏教育之主要内容可分为：

一、设立蒙藏边区各级学校

二、训练师资

三、编译教材

四、蒙藏边区学生升学内地之预备

五、训练蒙藏边区工作人员

六、蒙藏边区学校学生及其他文化事业之补助等数种

教育部为全国教育行政之最高机关，蒙藏教育自应统归监督指导，而边地情形特殊，一切行政事务胥受环境之影响，办理教育自不如内地之简单，蒙藏委员会综理蒙藏各种行政兴革事务，对于蒙藏教育经费之支配、学校之兴办、文化事业之规划实施，如能按照教育法令实际办理，则人事之便，边情之悉，或可循序推进，增加行政效率。盖蒙藏交通、实业、矿业诸政之推进，人事之牵动较少，若主管机关能于经济技术方面筹划稍周，即可实施无碍。至于教育则不尽同，试言其故，内地教育只虑学校不敷，不患学生不来，而蒙藏多属游牧民族，素无读书习惯，骤言兴学，端在主持其事者洞悉症结，设法招徕，此其一；蒙藏地多荒凉，居民迁徙无定，兴学之区，施教之法，非深知当地情形者不办，此其二；他若教师之培植，土语之通晓，教材之编撰，习俗之顾虑，当地政教人士之联络，王公土司阿訇等因宗教关系，每不愿在当地设立学校，均较内地办学为繁难，主其事者若非素知其情，自难泛应曲当，此其三；至蒙藏繁盛之区，虽亦建省，

但其特殊情形仍继续存在，一切措施，其权衡尚不尽在省行政之范围，教育一项，所牵涉之问题既多，更宜顾全环境，尊重事实，方可推行尽利，此其四，而尤以一部分未设省治之蒙藏区域，中央与地方整个政治之联系尚待努力增进，办理教育尤须由主管边事机关，于统盘筹划之中为因势利导之计，所取方法步骤，与一般政务之实施，极难剖划，若主管分歧，进行参差，措置偶失机宜，百事受其影响，更将牵一发而动全身，此其五。有此五者，中央主管机关，对于蒙藏教育，若不谋职权及工作划分，则推进维艰，收效匪易，而部会均感困难，中央与地方且交受其弊矣。语其大者，教育部与蒙藏地方行政，素鲜衔接，其熟谙边疆、通晓语文之边区工作人员，亦极有限，一旦办理边疆教育，直接管辖，既感监督实施之不便，责成边省教育厅主持（已建省之区域），亦因地方行政上之隔阂，感情上之牴牾，未能推行无阻。甚或经费照拨，而事业不举，此教育部方面所感之困难也。反之，蒙藏会对于边区行政及工作人员方面，本可切实担负推行边教之工作。但在权力财力范围内者，每有必要之规划及设施，而以边教权之分寄，因应缓急，实难自主，抗战期中，敌伪阴谋多端，对于边疆青年，多方拉拢麻醉，宜如何办理边教、以弭隐患而资团结，试就北平蒙藏学校而言，原系蒙藏会为吸纳蒙藏学生而设，已数十年，芦沟桥事变后，因职权与经费关系，迁移复学，屡议无成，退出学生转送其他类似学校。阻障滋多，后来升学者更苦无法安顿。据报绥远失陷之后，敌伪对于蒙古学生，多甘言重弊诱胁以去，若再无有效办法预为防杜，其为弊害，宁待烦言。

总之，中央自二十四年度指拨专款办理边疆教育以来，一般关心边政人士，咸冀边疆教育，得以及时进展，故主管机关对于办理边教似应各就所能，划清权责，分工合作，俾能日起有功，爰提议关于蒙藏教育权及其工作之划分标准三项，藉供采择。

一、全部蒙藏教育由教育部主办，蒙藏委员会组织法上，关于各种行政兴革之职权，在教育方面仅供教育部之咨询，并于协助，不直接举办任何教育事业，其已举办者如蒙藏学校之恢复，蒙藏学生之招收保送及救济、蒙藏学生及教育文化事业之补助等等，一律移归教育部办理。

二、全部蒙藏教育由蒙藏委员会主办，即将教育部之蒙藏教育司并入统筹办理，教育部处于监督指导之地位，以期事权专一，机能一致。

三、划分蒙藏教育权限、工作及其经费，以期分工合作而利推行，其划分标准如次：

1. 已建省之蒙藏区域，其初等、中等、高等职业师范等普通教育事项，由教育部主办，蒙藏会协助之。

2. 前条各种普通教育事项，在未建省之蒙藏区域及虽已建省而有特殊情形之蒙藏区域，省府在事实上无法进行者，暂由蒙藏会主办，教育部协助之，其区域由教育部根据实际情况会商蒙藏会决定之。

3. 左列各种特殊边教事项，由蒙藏会主办，教育部协助之。

（一）蒙藏学生升入内地各级学校之预备教育（内地蒙藏学校或蒙藏补习学校之类）；

（二）治边教育（边区工作人员之训练）；

（三）蒙藏边区学生之招收、保送及救济；

（四）蒙藏边区学生及教育文化〔费〕之补助；

（五）蒙藏边区博物馆、图书馆及其他文化事业之筹办。

4. 边疆教育经费由教育部及蒙藏会各就划分办法所需之数目分配之。

以上一、三、四三项究以何项为较切迫而有效，敬请公决。

〔行政院档案〕

3. 行政院转发马亮等参政员建议大量训练娴熟边地语言文字人才案的训令与教育部等办理情形呈

(1939年4—6月)

(1)国防最高委员会秘书厅致行政院公函（4月12日）
国防最高委员会秘书厅密公函　国治字第0819号

"国民参政会第三次大会建议广泛建设边疆特殊教育及训练大量内地人士，娴熟各地语言文字"一案，经国防最高委员会第三次常务会议决议，"交行政院转饬教育部及蒙藏委员会议复"。相应检讨原建议案印件函达，即希查照饬遵为荷！此致

行政院

附原建议案印件一件

中华民国二十八年四月十二日

为沟通民族间感情积极开发边疆富利加速完成抗战建国大业，应广泛建设边疆特殊教育及训练大量内地人士娴熟各地语言文字案（马参政员亮等三十一人提）

理　由

我国幅员辽阔，一切富利诸待开发，自抗战军兴以来，开发边疆宝藏，充实抗战力量，已成为全国一致之呼声。审时度势，实已不容再缓，惟边疆各民族同胞泰半仍聚而居，历代相沿。举凡语言文字、风俗习惯各个不同，尤与内地差别过甚，若不设法沟通，难免误会隔膜，久而久之影响开发边疆富利以及抗战建国大业，宁非浅鲜，顾各民族中杰出之士与夫娴习国语文字者为数甚多，而内地人士亦应有大量熟习各民族语言文字者，彼此相知，自能开诚相与，一切沟通工作自易收效，开发边疆富利，充实抗战力量，加速完成建国大业，始能因应计划顺利推行也。基

于以上原因，广泛建设蒙回藏特殊教育及训练大量内地人士，娴熟各民族语言文字实为当务之急。值兹国家危急存亡之秋，尤应即刻实施，不容一时或缓耳。

办　法

（一）由中央主管机关聘请蒙回藏各民族道高德重、学识渊博以及群众信仰之士，成立蒙回藏文化教育促进会，协助计划，并办理各民族文化教育及各民族间一切沟通工作，各省市并应设立分会，以资普遍。

（二）设立蒙回藏文编译馆，从事互相翻译各种经典与书报。

（三）各地图书馆应设法征求关于蒙回藏文经典文献，以备流览。

（四）已有蒙回藏之各级学校，政府应以全力扩充，目前并应斟酌实际情形设法添立，以应需要。

（五）内地及边省各大学应添设蒙回藏文讲座及酌添蒙回藏文语言研究班或速成班。

（六）内地各级学校对于蒙回藏族学生入学应切实予以便利并奖掖，而内地学生志欲学习蒙回藏文及语言者，亦应切实予以便利，并奖掖之。

（七）凡志欲在边疆服务及欲学习蒙回藏文及语言者，均应切实予以便利，非常时期服务团内应添设边务组，成立边省服务队。

（八）为增强边省同胞抗战情绪，应特别注意电影及广播宣传，成立边省宣传队，专宣传抗战建国意义，宣传员由中央遴选或由各边省保送，中央集中受训后再分别送回保送之各边省，作宣传工作。

（九）组织宣慰团及考查团，中央应时派大员组织宣慰团，前往各边省宣慰，又应由各专家组织考查团，前往各边省作考查工作，以为开发边疆富利之准备。

以上所拟各节，是否有当，敬请公决。

国民参政会决议文：修正通过，修正之点如下：

1．标题改为"为沟通大中华民族各部间感情及文化，应积极开发边疆富利，加速完成抗战建国大业，应广泛建设边疆特殊教育及训练大量内地人士娴熟各地语言文字案"；

2．办法原第一条修改为"由中央主管机关请边疆道高德重、学识渊博以及熟悉边情之人士，成立边疆文化教育促进会，协助计划，并办理边疆文化教育及其他一切沟通工作，各省市并应设立分会，以资普遍"；

3．办法原第二条修改为"设立边疆教育图书编译机关，用蒙回藏语互译各教经典，并编译各教发达与中华民族相关之历史以期各教各族之相互了解，增强中华民族之团结"；

4．办法原第五条"蒙回藏文语言研究班或速成班"修改为"蒙回藏文字语言研究班或速成班"；

5．办法原第七条"欲学习蒙回藏文及语言者"修改为"欲学习蒙回藏文字语言者"；

6．加办法第十条，"请行政院自本年度始加拨专款充上列各项事业及其他边疆教育之用"。

(2)行政院致教育部训令（4月20日）

行政院训令（密）吕字第三八八〇号

令教育部

准国防最高委员会秘书厅二十八年四月十日国治字第八一九号公函开："国民参政会第三次大会建议广泛建边疆特殊教育及训练大量内地人士娴熟各地语言文字一案，经国防最高委员会第三次常务会议决议：'交行政院转饬教育部及蒙藏委员会议复。'相应检附原建议案印件函达，即希查照饬遵。"等由。除分令蒙藏委员会外，合行抄发原建议案，令仰遵照。此令。

附抄发原建议案一件〔略〕

院　长　孔祥熙

中华民国二十八年四月二十日

(3) 蒙藏委员会
　　教　育　部 致行政院会呈（6月1日）

蒙藏委员会
教　育　部 会呈

案奉钧院吕字第三八八〇号训令，以准国防最高委员会秘书厅公函，转送国民参政会第三次大会建议，广泛建设边疆特殊教育及训练大量内地人士娴熟各地语言文字一案，并抄发原建议案一件，饬议呈复。等因。奉此，理合将会商各节，分条抄呈，敬请鉴核。谨呈

行政院院长　孔

附呈会商纪录一件

蒙藏委员会委员长吴忠信
教　育　部　部　长陈立夫

中华民国二十八年六月一日

蒙藏委员会
教　育　部 会商"为沟通大中华民族各部间感情及文化，积极开发边疆富源，加速完成抗战建国大业，应广泛建设边疆特殊教育及训练大量内地人士娴熟各地语言文字案"纪录.

关于办法第一条　教育部已成立边疆教育委员会，拟由教育部将该会委员名额酌量扩充，增聘边疆道高德重人士为委员，并令各边省教育厅组织各该省边疆教育委员会。

关于办法第二条　拟由国立编译馆设立专组，聘请专家，担

任蒙藏回文编译工作。

关于办法第三条 由教育部通令办理。

关于办法第四条 （一）扩充及增设蒙藏回各级学校，教育部已拟订计划，呈请行政院核办中（眉批：已由院转送委座核阅——）；（二）拟恢复北平蒙藏学校，改称补习学校，由蒙藏委员会拟订计划。

关于办法第五条 （一）内地及边省各大学拟酌设蒙藏回文化讲座，由教育部通令办理；（二）中央政治学校、蒙藏学校已设有边疆语文专修科，蒙藏委员会设有蒙藏政治训练班，注重蒙藏回语文之训练，并订有派赴边疆学习蒙藏回语文办法，二十八年度已派往学习藏文者四人，学习蒙文者二人，将来如有必要，再由会、部会商设立专校。

关于办法第六条 （一）内地各级学校对于蒙藏回学生入学已订有待遇蒙藏学生章程，现为适应目前环境起见，正由会、部会商修正；（二）内地学生志愿学习蒙藏回语文者，蒙藏委员会所设蒙藏政治训练班及中央政治学校、蒙藏学校语文专修科，即招收此项学生，蒙藏委员会并拟将派赴边疆学习语文办法扩大范围。教育部对于沿边各省学生，本有学习当地蒙藏回语文之规定，拟再通令，切实办理，并在专科以上学校，酌增边疆语文选修科。

关于办法第七条 凡志愿在边疆服务及学习蒙藏回语言文字者，自应予以便利。至请非常时期服务团增设边务组，成立边省服务队，拟请行政院令饬该团办理。

关于办法第八条 （一）蒙藏委员会每日举行蒙藏回语广播宣传。各驻外调查组均有巡回宣传队之组织。（二）教育部对于边地宣传工作约有下列数端：（1）发给边疆各省及旗政府、土司代表等无线电收音机，由二十四年度至二十八年计发出二百六十九架。（2）发给边疆各省及蒙旗政府教育电影放映机及发电机计各

133

十二架。(3)补助宁夏省教育厅、甘肃拉卜楞藏文文化促进会、西康省教育厅，设立巡回工作队三队。(4)拟设大规模之巡回教育工作队两队，分别巡回于西北、西南各边地，所需经费正呈请行政院核办中（眉批：尚在审查中）。(5)巡回戏剧教育队，除音乐戏剧外，并有无线电收音机、电影幻灯及其他通俗书报、挂图等设备，第三队巡回于川、康、滇、黔，第四队巡回于陕、甘、宁、青，作大规模之宣传。此外，并有巡回施教车，现已由四川开往云南，亦将继续转往西康及西北各省巡回施教。(三)宣传员如有由各边省保送中央集中受训之必要，拟请中央训练团加以训练。

关于办法第九条 （一）中央应时派大员组织宣慰团，前往各边省宣慰。蒙藏委员会历年均有派员赴边疆宣慰之举，如：二十四年派张家口台站管理局局长鄂奇光赴察绥各盟旗巡视及宣慰，二十五年派委员孙绳武等巡视并宣慰阿拉善、额齐纳两旗，二十六年十一月派副委员长赵丕廉视察西北，对于蒙藏回各民族加以宣慰，二十七年有派员分组至陕甘青宁新蒙藏回人民聚居之地视察宣慰较大之计划，因经费关系，未能实行。蒙藏委员会第二期战时行政计划内，复列有关于宣慰两案：一为派员宣慰视察蒙古各盟旗，拟自二十八年度起，由会遴选适当人员，前往蒙古各盟旗慰问其官民及视察其政治之设施，一为举行册授热振禅师名号典礼，拟于短期内派员赴藏举行册授典礼，以宣示中央德意。（二）教育部对于边疆教育考察事宜，已订有具体计划，二十八年度先行组织西南边疆教育考察团，内有教育、政治、经济、社会、语文、生物、地质、地理、医学等各种专家，本年五月间，即赴桂、滇、黔边地考察，时间定为六个月，川康部分拟派专家参加中央庚款董事会所组织之科学考察团工作，西北方面拟组织两团，于二十九年度开始工作。

关于办法第十条 边疆教育已由会、部分别积极进行，惟年来均限于经费，致各项计划多无法举办，现已由会、部分别就主管事项，拟订计划，呈请行政院核夺，希望尽量核准，拨给经费。

〔行政院档案〕

4. 国防最高委员会秘书厅检送国民参政会关于培植边务人材以固国防案致行政院公函

(1939年4月10日)

国防最高委员会秘书厅密公函　国治字第0818号

国民参政会第三次大会建议培植边务人材以固国防一案，经国防最高委员会第三次常务会议决议，"照原决议案交教育部办理具报"。相应检附原建议案印件函达，即希查照办理见复为荷！此致

行政院

附原建议案印件一件

中华民国二十八年四月十日

请培植边务人材以固国防案

理由：

吾国幅员广大，边疆辽阔，凡与邻国接壤之区，皆无充分军事及政治之设防，以致外人混迹入境，随意考查，窥我堂奥，招来侵略之渐者有之，甚至数十年来始终未规定所有权者亦有之（如中苏、中缅未定界等），每有边务纠纷，政府即不能应行裕如，凡此皆因平日未注意边务之重要及缺乏专门之边务人材之所致，故为整顿国防，未雨绸缪或亡羊补牢计，应速设专门学校，造就边务人材。

办法：

将全国边界分为七区：(一)台闽区，(二)越滇桂区，(三)缅滇区，(四)印藏区，(五)新疆区，(六)外蒙区，(七)东北区，以上各区，各设立边务学校一所，招收大学或专门学校毕业生训练之，训练期至少三年，所授课程科目如次：(1)外交学，(2)侦察学，(3)警察学，(4)军事学，(5)地方行政组织，(6)国际公法，(7)地理学，(8)造林学，(9)教育学，(10)外国语，(11)各地方言（按分区与某邻国接近者，即授以该国语言文字及当地方言），(12)地质学（以便准备考查各当地及附近地质情况，报告政府，利便不时之开发）。学生毕业之后，由政府选派其成绩优良、体魄强健者赴各该边疆服务，其时负责维持边境治安，考查当地地形地质，发展当地文化卫生教育，指导改良生产，推进造林事业及调查沟通一般情形，随时报告政府，战时编入特务营，作本国军队之响导，而在政府之内政、军事及经济机关内，亦宜增设边务一科，以专管理分析规纳此项文件报告，以备政府不时之参考，如是则可使政府对于边疆情形，随时明了，不致隔膜，有事发生，自能应行裕如。至于边境人员服务之是否称职，则在行政督查专员是否随时予以监督指导。上述是否有当，敬希公决。

提案人　罗　衡
连署人　孔　庚

余家菊	刘叔模	居励今	李鹍文	罗隆基
陈石泉	陈希豪	李永新	潘秀仁	张奚若
席振铎	周炳琳	杨赓陶	陶百川	陈时
钱公来	王葆真	马亮	张竹溪	韩克温
刘蘅静	荣照			

国民参政会决议案文

本案经大会决议如左：

"培植边务人材为目前急务，本案原则通过，还请政府交教育部会同各有关机关采择"。

行政院训令 （密）吕字第3835号
　　　令教育部
　　准国防最高委员会秘书厅二十八年四月十日国治字第八一八号公函开："国民参政会第三次大会建议培植边务人材云云，叙至即希查照办理见复。"等因。合行抄发原建议案，令仰遵照。此令。
　　附抄发原建议案一件〔见前〕
中华民国二十八年四月十九日

〔行政院档案〕

5．行政院奉发国民参政会建议增拨专款扩充边疆教育的训令与教育部办理情形呈

（1939年4—5月）

（1）行政院致教育部训令（4月20日）

行政院训令　吕字第三九一一号
　　　令教育部
　　准国防最高委员会秘书厅二十八年四月十日国治字第八二四号公函开："国民参政会第三次大会建议请政府增拨专款，维持并扩充特别教育，以发挥教育效能，增强抗战力量一案。经国防最高委员会第三次常务会议决议：'交教育部议复。'相应检附原建议案印件函达，即希查照饬遵"。等因。合行抄发原建议案，令仰遵照。此令。
　　附抄发原建议一件

院　长　孔祥熙

中华民国二十八年四月二十日

请政府增拨专款维持并扩充特种教育以发挥教育效能增强抗战力量案

理由：本案所指之特别教育约可分为左列各项：

一、内蒙地带所设专以沟通蒙汉文化感情之各种学校。

二、急须设立之边疆教育编译机关。

三、第二届参政会议案，由政府议决拟设之佛教学校。

四、第二届参政会议案，经政府交由教育部正在筹设之西北牧畜（兽医）学校。

五、西南各省边民急须添置之特种学校及乡村学校。

六、为改良学制或改良教学方法之试验学校或研究机关。

以上各种学校机关，虽在普通学制系统以外，际此抗战建国期中，与大中华民族各族部、各宗派间之了解及团结关系綦为重要，故已经设立者必须维持改进，拟计设立者必须积极完成，基此理由，拟请由行政院依照主管机关之计划增拨专款，以策进行，而收实效办法。

一、内蒙所设各学校受敌人兵祸，大致停搁，为团结全蒙人心计，急须派熟悉边情之蒙汉人员，速在各蒙旗适当地方，恢复相当规模之教育机关，招致原有师生若干人继续学业。

二、边疆教育编译机关之名称组织，由主管部院决定，从速著手下列各种书籍之编译。

1．各边疆小学所需用之教课书（或就现行教科书抽出若干课改编，以求于边疆生活环境相适合）。

2．蒙藏回部各族及各宗教发达过程中与中华民族相关之历史。

3．佛回各教在全世界之概况汇编及各宗教简明教义汇编。

三、佛教学校及佛教哲学讲座，请主管部早日指定地点及学校分别实行。

四、西北牧畜学校请主管部定期设立。

五、西南边民学校拟分为三种。

（一）云贵川桂各省，应各择适当地点设立特种中学一处（名称由主管部或各省酌定），多收文化差异学生，毕业后应另定优待办法，并特别注意于风俗之改良。

（二）在文化差异各区中设乡村小学或溪洞小学，特注重于国语文之教授及风俗之改良。

（三）设循回讲演团，一面提醒其大中华民族之观念，一面贯注以团结抗战之精神。

六、实验学校及教学方法之实验，中国学制系统下之各级学校，就近十年之大学毕业成绩言，去欧美大学标准相差甚微，此点应认为现行学制下各级学校教育之成功，就各级毕业生对社会之关系言，除高级中学毕业生中之少数人任官吏教员外，其余大多数往往变为社会之流离分子，不能重返其原有之社会，而以乡村之农工生活者为尤甚，此点应认为失败，实验学校及教学方法之实验专为研求此项失败之补救方法，前者主旨在彻底研求一种新学制，故应为独立学校，后者专研求教学改善之方法，应由主管部补助相当款项，指定适当的原有学校依法验。

提案人　胡石清
连署人　陈　时
席振铎　沈钧儒　江垣源　王造时　杨赓陶

国民参政会决议案文

本案经大会决议如左：

"原案修正通过，修正之点如下：

一、办法一'速即在伊克昭乌兰察布及阿拉善等安全地方'修改为'速在各蒙旗适当地方。'

二、原案中凡'特种教育'字样一律改为'特别教育'"。

(2)教育部致行政院呈（5月17日）

教育部呈　　字第一一四四七号

案奉钧院二十八年四月二十日吕字第三九一一号训令，为抄发国民参政会建议请增拨专款，扩充特别教育案，令仰遵照等因。奉此。谨将本案办理及拟办情形，分陈如次：

一、设立蒙旗学校　查本部边疆教育委员会，对于推进蒙族教育已订有具体方案，并经密令各关系省教育厅遵照办理在案。近据绥境蒙政会沙王函送改进蒙旗教育方案，经本部核准先在扎萨克旗设一伊盟中学，并扩充各旗小学。所需经费已呈请钧院核拨。俟奉核准后，即着手筹备。

二、设立边疆教育编译机关　拟在国立编译馆内设立专组，已令该馆拟具计划预算，另案呈核。

三、组设国立佛教院校　在西康省内已积极筹设五明学院，其办法业经该省省府咨部备案。本部并拟在大学哲学系中，设置研究，并发扬佛学之专门科目。

四、筹设西北畜牧（兽医）学校　本案业经本部拟具办法及经费概算，呈请钧院核示，嗣以西北各省行政当局，纷请设立各种专科学校。以培植各种专门技术人才，充实抗战建国之力量，经详加研究，决定在兰州附近筹设规模较大之国立西北技艺专科学校，拟设农学、森林、畜牧、兽医、农业经济、土木、水利、机械、纺织、化学制造等科，并以国民参政会建议设立之兽医专科学校并入办理，此项办法，业经钧院核准后，现已着手筹备。

五、西南各边省添设特种学校及乡村学校　除照本部推进边疆教育计划分别办理外，并另拟有西南边民教育计划，俟交边疆教育委员会核议后，再行呈核。

六、设立改良学制或改良教学方法之试验学校或研究机关　查中学目标，以前侧重升学，故于毕业之后，除一部分升学外，其余不能升学者复以缺乏职业知能关系，不能就业，本部有鉴于此，故已将中学目标酌予修改，即中学兼以养成地方自治初中级干部人才为主旨，并于课程内注重职业科目之选修与职业指导之切实施行，以期纠正以前之缺陷。奉令前因，理合备文呈复，敬请鉴核！谨呈

行政院院长孔

中华民国二十八年五月十七日

〔国民政府教育部档案〕

6. 国民党中央组织部提议并经五届八中全会通过的设置边疆语文系与文化研究所以利边政施行案

（1941年4月1日）

自抗战军兴，国人感于外侮之日亟与边地之重要，咸以团结边胞，建设边疆为刻不容缓之举。惟边疆地域辽阔，居民复杂，语言文字，风俗礼教，乃至政治经济，社会情形，均与内地无不差异。且因交通阻塞，彼此往返极稀，情愫无由畅通，了解未臻真切，中枢德意，往往不能宣达，政令推行，每感障碍丛生，以致言团结，则形禁势格，难期实现；言建设，则主持之人，多成空谈，瞻念前途，隐忧实深。又西南毗邻各地方，如越南、泰国、缅甸、印度、南洋等处，无论在历史上、地理上、人种上、文化上、政治上、经济上与我均甚密切。华侨在各该地方人数极多，各该地人民现虽多未能独立自主，但其民族意识已逐渐强烈，其对我抗战之同情，亦至为深厚，徒以国人对此等地方情形素极隔膜，未能切取联系，促成相互了解，致亚洲各民族之大团结，迄尚未能建立，各民族对我抗战之国情，亦未能发挥伟大力量，殊堪痛惜。

总裁平日极重边政，最近交下陈委员果夫签呈一件，复殷殷以研究各民族之情况，为全党同志勖，仰见垂注边胞，关心若小

民族之至意。为实现总裁指示，并补救过去缺憾起见，亟应设置研究及训练机关，一面究明边疆及毗邻各弱小民族情况，以为施政及外交之张本，一面培植筹边人才，以为推进边政之干部，爰特拟具办法如次：

一、由教育部指定中央大学、中山大学、西南联大等校文学院分别增设边疆语文系，分蒙藏回（阿拉伯与缠回）及安南、泰国、缅甸、马来等两大系，系下并分各学组，规定每年招收学生若干名，并酌设免费学额，以资提倡。除边疆语文外，并授以有关边政各学科。

二、由国民政府指定中央研究院设置西北文化研究所〔分蒙藏回（阿拉伯与缠回）三组〕，及西南文化研究所（分西南边区与越南、泰国、缅甸、印度、南洋等组），其研究之对象应分为语言、文化、地理、经济，每年将研究所得，提供有关党政及教育机关参考。

教育组审查意见：原则通过，并将办法修正交政府核办。

决议：修正通过。交国民政府妥筹办理。

附：修正办法。

（一）得由教育部指定相当之大学，增设边疆及毗邻各邦语文课程或系。

（二）由国民政府指定中央研究院设置边疆文化研究所，其研究对象应分为语言、文化、地理、经济，每年将研究所得，提供有关党政教育机关参考。

〔中央研究院档案〕

7. 军委会委员长侍从室抄转李根源建议加强边疆文化研究机关代电及中央研究院办理情形呈

（1941年12月）

（1）侍从室致中央研究院代电（11月24日）

教育部陈部长、中央研究院朱院长：据李委员根源条陈建设边疆之迫切，请拨款在昆明设立西南边疆文化研究机关等情前来。查所陈关系国防文化百年大计，至堪注意，似应设法举办。兹将原条陈随文抄转，即希妥商规划办理为要。中正。戌回。侍秘。附抄原文一件。

中华民国三十年十一月二十四日

照抄李根源函呈原文

委员长钧鉴：敬呈者，窃维云南为西南门户，与缅甸、越南壤地，相接道通，暹罗、马来、印度、锡兰诸境，关系至为重要，当昔缅越未弃之时，滇缅、滇越之间民情风尚，山川形势沆瀣为一，无有间阻。缅甸孟艮八百，老挝木邦、孟养诸所与腾冲、龙陵、思茅、普洱所属各土司，交互婚姻，不分彼此。越沦于法，缅沦于英，维疆场攸分，而人民之往还如故，无论精神生活或经济关系，仍如血脉之相贯通，在此边裔之地，双方争竞所关，倘我政治文化之力息息推进，向所失于英法者不难因其文化之向我，渐渐加以提携扶助，反之若我政治文化之力阒茸萎靡，不加推进，则授人以隙，隐忧可虞，今虽为我所有，殊难保人无觊觎之谋，准斯以谈，则我重视边疆，先事豫谋，培民智启富源，整军经武，招徕缅越旧民使其倾心向我，与我联为一气，洵为刻不容缓也。然先事预谋之道，当自熟悉地方情形始，否则扞格不入，虽欲措手，将无从而措手。根源生长极边，深悉滇缅、滇越间故事，清代末年，力持设立土民学校及边境设治之议。民国纪元，筹设怒狳殖边局，招募人民工匠，移殖边境，遣土民子弟出身留学，以造作人才，预为将来之基，拟定建设方案，期以十年，渐次推行，乃未几解职他去，凤所计划未行十一，遂使欧战良机，袖手错过，曩年唐君冀赓主政滇中，根源曾函请设立缅甸、越南语文学校，培植专研缅越与我边境之人材，唐君诺之仍未实行。前岁根源归自西北，与边境人士相接，知边民弃庐舍、背丘墓、襁负其子而往缅越者十人之中已占其四。闻讯之下，无任慨叹，专此不图，后患堪虑。夫守文之吏，语以远图，本非所堪，然则所谓先事预谋者非卓识宏谋、高瞻远瞩，孰能信而为之。近岁国人感知边境之重要，群言建设边境，报章杂志累牍连篇，大抵空言原则，无切实设施之方。根源近辑永昌府文，征求其可供筹边之助也者，古人往矣，时异势迁，其言必切于今日，若近人之述作，则能深明边境情形者十人之中曾无一见，其所云云，不如英法人考察报告之详审远甚我，边境之山川形势尚无精密之地图，而外人所测绘则朗若列眉，我边境民族分布尚无详细之调查，而外人之所考察则了如指掌，我边境人民之语言文字尚少研究，而外人则久已设立学校，我边境之土宜物产，国人尚少采集，而外人则久已制成标本，举凡边境一切之实况，外人所知之深，实胜于我万倍，而我则无一人能完全了解之者，我之所有，唯委官吏与土司而已。夫以不甚明了实情之人处华夷杂处之地，维侈言建设边境，将何从措手耶。最近国内有识之士，皆知今日我国对缅越、暹罗、印度之宣传有不足之感，然求深知缅越诸境情形、克任宣传工作者有几何人？顷边疆宣慰团拟以越南摆夷诸种文字为告边民众书，求之昆明，无有胜其任者，不得已以所撰中文托法国学校译为越南文，又复寄往车里，属其土人译为摆夷文，文字之应用尚有如此困难，其他可以知矣。抗战以来，国内学人欲知边境情况，亲往滇缅、滇越间调查者历数十起，要皆非于边境知识有所素养，又不能作长期计划，往往限于才智，困于资斧，走马看花，不能深探底蕴。又且各自为谋，无统盘筹算之方，以故人力多耗，而所得甚微。窃谓欲补以往之缺憾，备未来之设施，非有机关之组织，罗致人才，长期研究，难期收切实之效。前顾颉刚、吴文藻诸君尝有意于此，而未克举办，今者中央党部八中全会有筹设西南文化研究所之决议，迄今尚未实行。近云南大学筹设西南文化研究室，亦以经费无着，有愿难偿。窃维我委员长领导全民，遐裔共仰，潜机默运，中外同钦，倘蒙眷顾及此，转交中央党部或行政院核议，拨款在昆明设立西南边疆文化研究机关，招致学人，付以研究调查建议之责，使于军事、经济、文化有所助益，藉此联络缅越诸境，增强亲切，必能收安边定远之效也。是否有当，专候卓裁，恭肃陈臆。虔叩。钧安！

李根源谨上

(2)中央研究院致蒋介石呈

案奉钧座三十年十一月二十四日侍秘第一零二二三号戌回代电，抄发李委员根源条陈，建设边疆之迫切，请拨款在昆明设立西南边疆文化研究机关之原文一件，饬妥商规划办理等因。奉此，查有关边疆建设之要项，当首推左列三者：

一、边疆教育之促进
二、边政人才之培植
三、边疆文化之研究

关于第一项，教育部已设有边疆教育委员会及蒙藏教育司主管办理，关于第二、第三两项，曾由中央组织部提经八中全会议决办法两项，交国民政府妥筹办理：

一、由教育部指定相当之大学增设边疆及毗邻各邦语文课程或系；

二、由国民政府指定中央研究院设置边疆文化研究所　其研究之对象应分为语言、文化　地理、经济，每年将研究所得提供有关党政及教育机关参考。

本案经国防最高委员会秘书厅转知本院，并嘱查照办理。本院已遵照此项决议案，定于三十一年一月先成立边疆文化研究所筹备处，进行筹备，在筹备期间，即拟着手调查与研究边疆文化之工作。进行边疆文化之调查与研究，允宜先以语言为中心，藉期获得确切之了解，故筹备主任一职已聘定本院历史语言研究所专任研究员李方桂博士充任，李君曾在美国留学六载，专攻语言学，返国后在本院从事研究达十二年，对于语言之调查研究，成绩卓著，曾著有专书及论文多种，对于边疆语言之研究尤饶兴趣，最近尚在广西调查语言，使负边疆文化研究所筹备之责，必可胜任愉快，早观厥成。该所研究之范围自当对西北边疆及西南边疆兼顾并及，期无偏废。至该所之设置地点，因既不以研究西南边疆文化为限，故似以西康省之雅安为宜。

奉电前因，理合将筹办经过具文呈报，恭请钧察。谨呈
总　裁　蒋

代理国立中央研究院院长朱○○谨呈
〔中央研究院档案〕

8. 教育部等报告办理国民参政会有关蒙藏问题决议案并附呈"经办发展边疆文化工作概况"暨行政院指令

（1942年8—9月）

（1）教育部　社会部等单位致行政院呈（8月28日）

教　育　部　蒙字3444号
社　会　部会呈
蒙藏委员会

案奉钧院三十一年二月十四日顺贰字第二七六三号训令，以国防最高委员会交办国民参政会第二届第二次大会对于蒙藏报告之决议一案，其第四项应由该部会等会商办法呈核等因，附抄检原件。奉此，经由本蒙藏委员会约集本部等派员会商，拟具办法如下：

一）边疆文化团体由部会指示工作中心，确定其工作目

标，加强督导，并促其在边地增设分支会，以资扩展，视其工作成绩，分别酌增补助。

（二）由教育部在边地增设专科以下学校，改善学生待遇，其来内地就学之边地学生，并优与补助。

（三）由部会与卫生署及有关边地卫生机关会商推进各边校医药卫生教育，并合作筹设边地卫生院站。

（四）由教育部与农林部、经济部及有关机关会商办法，推进边地生产教育计划，以增进边地生产，改善边民生活。

以上四项办法，均系根据本部会过去经办发展边疆文化工作实况，并参酌将来实际需要而订定，是否有当，理合抄同本部会等经办发展边疆文化概况，会呈鉴标示遵。谨呈

行政院院长 蒋

附呈送本部会等经办发展边疆文化工作概况一份

教 育 部 部 长　陈〇〇
社 会 部 部 长　谷〇〇
蒙藏委员会委员长　吴〇〇

中华民国三十一年八月二十八日

教育部、社会部及蒙藏委员会经办发展边疆文化工作概况

一、教育部

甲、高等教育

（一）国立边疆学校（专修科部分）——现有边教行政、边政、卫生教育、畜牧兽医等四专修科。

（二）国立东方语文专科学校——正在筹备开学中。

（三）各公私立院校由部补助设置边疆建设科目及讲座者有国立西北、云南、中山等大学，及西北、贵阳两师范学院、私立大夏、华西、金陵等三大学及西陲文化院。

乙、中等教育

（一）国立师范计有西南、贵州、西宁、康定、西北、巴东、成达、肃州、大理、丽江、绥宁等十一所，共计学生三千余人。

（二）国立中学有国立伊盟中学一所，计学生四班，不足二百人。

（三）国立初级实用职业学校，计有宁夏、青海、拉卜楞、松潘、金江、西康等六所，共计学生七百余人。

丙、初等教育

（一）国立实验中心小学计有定远营安龙、越嶲、拉萨、三角城、奎香、敦煌等七所，后列三角城以次三所，已分别改为国立师范附属小学。

（二）各国立师范附属小学计西南贵州、西宁、康定、肃州、大理、丽江、绥宁等各师范均有附属小学。

丁、社会教育

（一）流动民众教育馆及拉卜楞巡回施教队（现已取消）。

（二）社教工作队——计分西南、西北、川康三大队（本部社会教育司主办）。

（三）寺庙教育——如宁夏阿訇教义国文讲习所、青海喇嘛教义国文讲习所、汉藏教理等。

戊、编译工作

（一）自编：边地小学国语教科书蒙藏回文与国文对照本各八册，共计二十四册，正排印中。

（二）征稿审核：社会学科教本乡土教材等。

二、社会部

甲、发展组织

本部为积极发展边疆文化起见，在三十年度，除将原有边疆文化团体组织加强外，并策动组织中国边疆学会、中国边政学会、西藏文化促进会等团体。

乙、督导工作

本部为谋各边疆文化团体及各边疆刊物社工作联系,曾策动各团体,每月联合举行边疆问题座谈会(由各团体轮流召集),集中意志,研讨边疆问题,择尤报告各有关机关参考。

丙、奖助

直属边疆团体计共有八个单位,本年度经考核,成绩予以奖助者,计有中国边疆建设协进会,年支补助费四千八百元,中国边疆文化促进会,年支补助费八千四百元,中国边疆学会年支补助费七千二百元,中国边政学会、西北建设学会各年度支补助费二千四百元,总共全年奖助边疆文化团体经费计贰万五千□□元,占本部社会团体补助费总额百分之十强。

三、蒙藏委员会

甲、国民教育

(一)蒙古方面　本会杀虎口牧场附设初级小学于三十年八月成立,现有蒙汉学生四十一人,本会并经通令各蒙旗至少须筹设小学一所,其收入较多之蒙旗,并应尽量增设,截至目前为止,各旗均已遵分筹设,少者一所,多者三所。

(二)西藏方面　本会驻藏办事处在三十年度内先后筹设江达小学、昌都小学、古扎学校,皆已开学。

乙、社会教育

(一)本会于二十七年间,分令各调查组兼办社会教育,在扎萨克旗定远营、酒泉、西宁、康定各地,先后成立通俗图书馆及民众识字班,前酒泉组并曾出发至祁连山藏民区域作巡回宣传,现西宁、康定两地图书馆识字班,已分别移设于拉卜楞、德格两地。

(二)本会驻藏办事处在三十年度内先后筹设拉萨、扎付伦布两处国语补习班及拉萨书报阅览室均已成立。

丙、补助藏蒙回教育及文化事业

本会对于蒙藏回学校与学生及文化事业之补助，向依蒙藏回教育补助费补助规则办理。三十年度计补助学校十二单位，学生二十三人，文化事业十□□□□。本年度学校及学生之补助改由教育部统筹办理，文化事业之补助仍由本会赓续办理。

丁、编译及宣传

（一）编译蒙藏回文合刊之蒙藏月报，现已出至第十四卷第二期。

（二）编译抗战小丛刊，每月一册，现已出至第三十二种。

（三）编译卫生小丛书，现已出至第五种。

（四）编印边疆丛书，已出版者有汉藏会话合璧，已付印者有理藩则例。

（五）举办蒙藏回语广播，每种每周一次。

戊、其他

（一）会商教育部设立国立伊盟中学。

（二）按照修正待遇蒙藏学生章程，保送边籍学生，请教育部转送相当中等学校收容，或转饬专科以上学校于招生时从宽录取。

（三）会同教育部办理边疆各地捐资兴学褒奖事宜。

（四）补助汉僧赴藏游学，原规定每年补助二名，计已保送八名。自本年度起，增为每年四名，其旅费生活费亦已增加，并自本年度起对自费赴藏游学汉僧补助二十名。

附注：（一）以上所列者为主要设施，较琐细者均未列入。（二）以上所列者为已经办理之工作，正在筹办中者未列入。

(2)行政院致教育部指令（9月21日）

行政院指令　顺贰字08431号

令教育部

三十一年九月四日蒙五字第三四四四号教育部、社会部、蒙藏委员会呈复国民参政会第二届第二次大会对于蒙藏报告之决议第四项发展边疆文化办法一案由。

会呈及附件均悉。候列入本院向参政会提出之决议案办理情形表内，除分行外，仰即知照。此令。

院　长　蒋中正

中华民国三十一年九月二十一日

〔国民政府教育部档案〕

9. 教育部西南边疆教育考察团关于改进西南各省边疆教育总建议书

（1941年）①

一、滇黔桂三省边疆教育之推进，有待改善之处甚多。其与各该省普通教育之现状比较，颇欠均衡，今试就各边胞人口比例而论，边教设施之质量如何，甚为明显：

省　别	边胞人口占总人口之比	边教经费占总经费之比	边教数与普教数之比	备　注
云　南	三七.五九	二八.〇七	〇.二七	
贵　州	五一.五九	六.四二	〇.三七	
广　西	三九.七八	〇.九一	二.九一	

观上表以后，各该省对于边教设施应如何求其均衡发展，实为当务之急。

---

① 原件未标明时间，从内容分析当系1941年前后形成

二、各边省教育厅局科 应设专管边疆教育事宜之科或股，本团建议云南教育厅应增设一科，广西教育厅应在主管文教科内增设一股，专负推进边教之责。

三、滇桂两省教育厅尚无边疆教育委员会之组织，亟应从速成立，负调查研究及设计各项边教事宜之责。

四、滇黔桂三省边疆教育经费，为数甚少，且多无固定经费及来源，应设法增加经费，最低限度，应以人口之比例为分配教育经费之标准。

五、各边疆学校之学制、组织、师资、待遇、教学及设备等，均极简陋不当，应根据国民教育实施纲领，分别设法改善。

六、滇黔两省各地方主管教育行政机关，对于边疆教育，多不加重视，应由教育厅责令各该主管机关办理边教。

七、三省办理边地教育，应就各该省边胞分布及地理环境划分为若干边教区，俾便改学督导，较有系统。

八、三省边校师资极感缺乏，今后应增设边疆师范学校，如限于经费，应就邻近边胞所在地各师范学校增设边疆教育师资训练班，于短期内培养大量健全师资。

九、三省地方教育辅导工作甚差，今后应订定具体办法，切实进行，加紧辅导工作。

十、教育部公布之《边远区域劝学暂行办法》，各该省应令饬各边区地方教育主管机关切实遵照办理，并将办理情形汇呈教育部备查。

十一、办理边疆教育，特别着重下列四点：

1. 灌输整个国族意识
2. 着重国语教学
3. 注重生产技能之训练
4. 改进当地社会风尚

十二、各边地应增设巡回教育工作队，深入边地，应设立边地民族教育馆。

十三、中央应设国立边疆学院，并于三省之大学中增设专门训练边疆教育建设干部人员之机构，从事考察搜集研究资料，建立边疆科学基础，以开发边地富源。

十四、滇黔两省外国教会势力根深蒂固，而教育行政机关向不加以注意，今后亟应积极加以管理统制，其工作之步骤如左：

1．调查学校情形并详报教育部；

2．督促教会学校立案；

3．视察考核优良者予以补助，不良者予以取缔；

4．教会所创造之文字及印刷之教科书，应一律禁用，另由本部扩充注音符号，以供注写边地方言之用。

十五、边地各级学校均须施行生产劳动，力求自给自足，其办法如下：

甲、中等学校：

1．增加农牧工等之教学时数。

2．得分组轮流半日上课，半日工作，或间日上课，间日工作办法。

3．每日学生须就农牧工各职业科目内选择一种。

4．学生除参加生产劳动外，举凡学校内办公劳动一切操作，均由学生担任之。

乙、小学高年级：

1．指导儿童制作簿籍学用品及简单之日用器具。

2．农垦区域应指导儿童从事种植及灌溉各种菜蔬、瓜果、造林、饲养家畜、养蜂及利用当地农业特产。

3．游牧区域应指导儿童饲畜防疫、保护及培养草原、剪毛洗毛及其他简单之畜产制造等。

4．女生注重烹饪、缝纫、纺织、编织、畜养等。

5．学校应视各生家庭环境，儿童资质，分别视将来可能升学与否者,分组教学,凡不能升学者,应提早予以职业训练,小学四至六年级课程,均可分为普通及职业两组。

十六、调整边教行政机构

为实现整个边疆教育计划,应调整行政机构,似可于教部蒙藏教育司增设一科,主管左列各事项:

甲、调查工作

(一)关于国内研究边疆刊物之调查,包括刊物之名称、负编辑事务者之姓名、简史、经济状况及来源。

(二)关于国内边疆问题论文之调查,包括作者姓名、简史、论文之结论或主张。

(三)关于各种边疆考察团之调查,包括组织、参加人选、考察路线及报告。

(四)关于各地边胞升学青年之调查及指导联络事项,包括性别、年龄、籍贯及在校成绩等,特别注意动态调查。

以上四项为实施边疆教育之参考,并为培植或任用边务人员之准备。

(五)关于各地边胞青年之婚姻调查事项,包括边胞青年已婚未婚之情形及其对于婚姻之态度。

(六)关于各地边胞青年就业状况之调查。

(七)主持并督促边胞青年与内地青年之联欢会。

(八)主持调查各边地之家庭状况,特别注意动态之调查。

(九)主持完成通婚政策之任务及活动,特别注意边胞女生之生活。

(十)筹议移设儿童保育院或孤儿院于边地。

以上六项,为联络边胞青年之准备及具备工作,并贯彻通婚政策。

(十一)关于边胞类别及人数之调查,尤须注意学龄儿童之人数。

（十二）传教事业及教会学校之动态调查。

（十三）关于各种新兴边疆事业之调查，如交通、金融、农场职业等。

以上三项，为设立边地学校时之参考。

乙、编辑工作

编辑组之主要工作为编审边地适用之教科书及补充读物（国立编译馆目前并无编辑边疆教科书之机构，故编审边地学校适用之教科书一事似可划出）分发各边地学校应用，藉教科书内容之改进，为指导边胞生活及思想方式之举，盖可怖之定命论，方中于一般齐民，抗战以来，多有应验，长期之困苦，与某种宗教结不解缘，遂产生幻妄之来生思想，此点尤以边胞为甚，以坐定诵经，为希冀某种幸福之唯一途径，殊不知生老病死，应从生老病死本身解决，不能于生老病死之外，更求解决之方也。如老有所终，壮有所用，幼有所长，矜寡孤独废疾者，皆有所养，则生老病死又何苦，生得其所，病得其所，死得其所，则本身问题业已解，而某种宗教则逃之，今边地齐民，方且托其一己理想于佛乘，壮夫坐而不耕，少女标梅而不字，土地荒辟，田园不治，是不可不予以严重之注意，以教科书之内容，改造其生活思想方式，潜移默化于某种宗教于无形，其中庸和平之道也。其具体之注意事项如下：

（一）就医药常识 说明病疾之来源与治疗，打破其对于喇嘛僧侣之信仰。

（二）就自然常识 说明雷电雨露之现象，打破其天神威严之思想。

（三）就社会进化及人类奋斗之故事，鼓励其积极向上之心念。

（四）就吾国将有史实及民生主义之理想加以阐扬，使其希冀现实，谢绝空妄。

（五）边胞口传之故事，有利于相互融洽者，尽量采入，凡足以增加隔阂者，应变更或改造之，普通历史教科书中之史实，凡足以刺激彼此之情感者，亦宜尽量删除。至于编辑组之具体工作，则有如下述：

（一）关于边地学校教科书之编辑事项；

（二）关于边地学校补充读物之编辑事项；

（三）关于研究边疆问题之定期刊物编辑事项；

（四）关于特定问题之研究事项，如同源论及民族成因新说等；

（五）关于边疆方言习俗之研究事项；

（六）关于边疆方言语汇之编辑事项；

（七）关于以注音符号编订边胞语文事项；

（八）关于联络边胞青年构成通讯网之答述事项；

（九）关于国外有关吾国边疆论著之译述事项。

以上两组调查及编辑事务得分股办理。

十七、边地学校应以公立为原则

（一）边胞自办之小学，应逐渐使成为公立学校。

光华二十三校，系由昭通区循道会出资办理，不足由苗胞自筹补填，截至本团初抵石门坎时为止，尚未立案，已督促其进行立案手续。禄丰县有苗胞自办之小学若干所，经费系由本村苗民猎夫，以其销售之所得经常提拨若干成充之，虽曾立案（据局长谈话），教育局亦鲜事过问，苗区中类此情形者极多，此类情形，如长此不改，实有可能之后患。爱尔兰今已独立矣，独立之基础即为始终维系初等教育于己手，英政府于一六五五年即开始实行干涉政策，或封闭其自办小学，或拘禁其爱尔兰籍之小学教师，更积极设置免费义务小学，以英人主其事，若此继续不懈者有三世纪之久，终不能遏止爱尔兰之露天讲学，无给教诲，然无英政府之干涉，恐爱尔兰之独立不至迟至二十世纪矣。边胞自不能与爱尔兰人相比，而边地更非爱尔兰可拟。惟为防微杜渐，绝止后患计，苗胞自办之小学，实有收回之必要，其步骤为：（一）令其立案，（二）补助其经费至完全公费为止，（三）逐渐更调其校长，以部方或省方训练之干部人员充之，其进行之步骤，为先行补助光华三十二校之经费，令其逐渐脱离教会之羁绊，一面调整其人事，以使教育局或直属督促机关能完全控制为止，所需经费由各省府就部拨补助经费内统筹之，由部直接补助者，逐渐改为国立，一面令行川滇黔各省教育厅，详报各县边胞自办之小学，其经费来源及教师籍贯履历等尤须详细填载。

（二）教会在边地之传教、教育创制文字等项工作，应予以注意。

目下滇省逸东西南三边，均为英教士特别活动之区，就其优点言之，诚为化导边胞文化工作，就其患处言之，即为可怖之政治侵略，即以石门坎为中心，川滇黔边区之信徒，已有四万余人，苗胞占十之八，当中英邦交亲善之时，自无多大问题，万一中英邦交失和，则滇边一带之人民，英人可以号召，我方无法竞争，实为极大之隐忧，澜沧县卡瓦山中英勘界之前车可为殷鉴也。惟外人在内地传教一事，有其条约上之根据，未便径于禁止，若建筑医院、建筑学校等事，可以行政手续限制之，如划若干地区为国防或要塞地带，或于租地时给以种种限制，总之，政府如有一贯之计划及热心边务人员之长期工作，教会事业不难自英人手中夺回，否则，亦徒托空言而已。边地文化低落，边民智识思想固旧，若干不良风习，喻之以理不肯除，强之以势则酿乱，藉基督教为改良风习之媒介，石门坎已有相当成就，要亦未始非计之得，惟主持者应为吾国人士，则虽教堂林立，仍无妨于边疆之建设事业，中央早已灼见及此，故于廿八、九两年度已开始补助中华全国基督教协进会办理边教事业是宜，继续努力扩大工作范围，将边区传教事业，由英人手中夺回，同时似应由教育部严厉督令滇黔两省教育行政机关，切实注意，并筹对策，不得再似前者之漠视。

在教会已设立学校之地区（如腾冲以西，车里、中缅北段交界处，应选派热心边务人员，设法成立学校）经费务求其充，待遇务求其高，督责务求其严，以与教会所立之学校相竞争，以竞争杀其势，以竞争促其消灭，并附办医药事业，以取得边胞之信仰，举办模范林牧场，为解除边胞物质痛苦示例。

（三）各边地学校行政方面，应予以统一监督。

各地边区性质之学校，不必尽由教育行政机关主办，惟行政权必须统一。目前如中英庚款董事会、中央党部均于边区设有中等学校，未经立案手续，教部自无从派员督导，实有碍于边疆教育政策之推行，其影响所及，非步骤凌乱，即经济浪费，应于庚款会及中央政治学校从长妥议督促其举行立案手续，凡学校设立之地点、课程之改进，计划之方针、教职员资格之审查，教科书采用，以及其他有关整个边教政策之推行，均须与部方取得密切联络，并接受部方之督导，此举不仅为政策着想，抑与学生之前途至有关系，过去若干著名学校，如圣约翰大学等因未经立案手续、铨叙或审查资格时，均不承认其学历，实予学生以无穷之后患，教育行政当局实不能任之勿问也。

十八、筹设儿童保育分院于边地

筹设儿童保育分院于边地一事，作用甚大，宜积极进行，一面可保儿童安全，一面可推行国语。至通婚一事，亦可藉此多得一机会，为试办计，先在石门坎成立一分院，依次推及云南腾龙十土司区，兹就石门坎一处，为之设计如下：

（一）房舍　石门坎现有空房二栋，一栋西式平房四大间，建筑坚固，位置爽朗开豁，粉壁洁净无尘，如将向南一面，再增辟窗户若干，最合教室之用，隔成二室，均可容纳百人左右，一栋系西式二层楼房，上下大小房间十余间，可作教职员学生寝室之用，不足，可另建茅舍，此二栋相距不过数十步，均属循道会昭通区教会产，由循道会牧师英人某氏，常驻昭通遥领此二栋房屋，前系英国牧师驻住，因曾遭匪劫，英牧师不复至其地，空置已数年，惟使用必须得昭通区牧师之许可，一面商由保育会托一教会人士，居间与该牧师接洽，一面由石门坎及昭通士绅协议商定，或以租赁方式行之。

（二）交通　将来叙昆路筑成，石门坎距其最近站不过一日程，水路溯江至叙府，舍舟循驼运道至昭通，昭通至石门坎七十里，亦一日程，惟叙府至昭通段陆行十二日，颇不易，至目下运输，可循泸昆公路至威宁，更循威昭公路至得胜坡或昭通，得胜坡至石门坎二日程，自重庆运输难童至石门坎，以此为最捷。

（三）治安　目下石门坎已编置保甲，驻有地方自卫队三十余名。

（四）教养　给养全由保育院负担，教职员薪金、房屋修葺费，由部方负担，如商得保育院同意，即由保育院推定负责筹备人积极进行交涉，房屋并由部中派员协助一切，房舍问题解决，其余自易办理，将来分院成立，教务方面负责人，应由部方遴选热心边疆教育人员充任，藉收边教政策一贯之效。

（五）汇兑　昭通有富滇新银行分行一所。

（六）环境卫生　世言蛮荒瘴疠，此语决不能施诸石门坎，是地云淡风轻，雨露有节，寒凛不骤，水清木茂，俨然苗奥乐土，惟高出海面一千余尺，为妥慎计，宜选择山岳地带儿童实之，然亦并非必要也。教会原有小规模医室一所，毕业于新式学校之护士一人主之，将来石门坎女子中心小学如成立，医药及医务人员应充实，并可为边胞服务，以增进其信仰。

（七）管理及教育方针　石门坎系苗胞集居之区，难童管理方面，应特别审慎，儿童相互争吵，最易刺激父母情感，此虽小事，可掀起轩然大波也。于教育方针，应特别鼓励其冒险服务之精神，养成其勤苦耐劳之习惯，教之以亲爱精诚，间之以汉苗汉夷同源之说，对于宗教之态度应敬而远之，教科书中应特别叙出自然现象及疾病根源，儒家之积极现实态度及三民主义之理想，无形中击破宗教宣传，藉免为教会所吸收利用。

（八）难童出路 教养之目的在使其适宜并定着于苗区，如难童教养成，仍然脱离苗区，即失移设之本意，欲令其久乐新土，必须于其成年生活有所规划，按苗区所最感缺乏者，为盐与布，将来儿童保育分院可特别注重纺织技能之传授，十六岁以上之儿童，可令从事于手工纺织工作，器具由保育院供给（按目下改良之手工纺织机种类甚多），原料亦应统筹，分院以各难童工作数年之赢余，购纺织机一架，即可令难童设法自立，组织家庭，所织布匹，即以之销售于苗区之中，畜牧事业大可发展，惟此地须有组织。总之，移居苗区人民之生活应以手工业、杂货业及农家副业为主要谋生方法，万不宜再与苗人争地，盖石门坎一带可耕之地甚少，争地必招致土著之反感也。

（九）财政之开源 石门坎周围数十里地，均为安土司，所有安土司，今侨居昭通，成为一所在地政治上之势力，因近年编配保甲及当地青年之抬头，丧失殆尽，惟经济上之势力仍不可侮，保育院之财政及将来之发展，必须由其捐助一部。安土司年已五十左右，烟瘾甚深，无子嗣，有数女，如保育院得人，不难得其助力，必要时以征用方式行之。

十九、积极推进边区女子教育

边区女子教育必须积极进行之理由：

（1）女子之保守性较大，若干男性边胞之服式习尚，已渐与内地人民趋一致，惟女子则仍操其固有之特殊方言，服式光怪陆离，所谓花苗、凳头苗、偏苗、黑猡等类名词，胥因女子之服式而起，因而引起无谓之成见。

（2）为厉行通婚政策，尤不能不积极设立女子学校。

（3）边区妇女多从事于实际之生产工作，故在家庭间，所占之地位极为重要。

（4）边区妇女在社会上占极重要位置，如各种令节，均以女子为活动之中心。

（5）边区妇女风习浪荡，因之影响于生理及人种优生者甚巨，且因妇女未受教育之故，社会上迭因妇女问题引起纠纷。

基上述各种原因，故改进边区社会文化，宜从女子教育入手，此项女子教育之实施，一方令饬国立省立各边校兼收女子，另立女子部，同时责令地方教育行政机关尽量增设女子学校。

盖改良边胞习俗，与其苦口相劝，不如由女子现身说法也。凡入学之女生，须穿学校规定之制服，在着手设立之前，应有如下之准备：（一）利用假期及已受栽培之边胞青年从事宣传；（二）负责筹备人应为边胞青年之已婚者，重要教职员，应有内地青年参加，以资联络，而便接手，此项小学毕业之女生，须鼓励其升学。

凡由公家培植之女生，须负有下列任务：（一）须接受原学校或有关机关于其学业职业及生活方面之指导，（二）寒暑假返乡之便，负有宣传改良本乡女子服式习俗之责任，即以此为成绩考核之一；（三）凡已与内地青年订婚或结婚之女生，毕业后得申请尽先分派工作。

此项计划，如能实行，则通婚政策，可以自然贯彻改良风习，可以自然奏效，盖入校女生，必须穿着规定制服，其本身即已无形改良一也；即以已受教育之各级女生，为宣传改良服式之干部，收效自必较宏二也；将来边胞女生之数多于男性，势必另寻匹配三也；女生教育程度平均较边胞男生为高，在势不易结合四也；女生自受教育时代起，即与边胞男生逐渐隔离五也，久居都市及内地，女生自身亦必另图发展，不愿贸然回乡六也；与内地青年已订婚或已结婚者有回乡服务之机会，无形中已含有移民作用七也。内地智识青年，应鼓励其深入边区，边地智识女子，应令其出外，此之谓寓社会政策于教育之中。

关于边区学校筹设女子部，如云南之中央政治学校大理分校，国立西南师范，贵州之国立贵州师范，广西之省立特种师资训练所，均为训练边胞青年之学校，尚无女子部之设置，应令从速筹设，其中以广西省立特种师资训练所筹设较易，其招生方法由县政府保送学生，旅费亦由县政府支给，如所送学生非为名实相符之边胞，其旅费则由县长私人赔偿，故招生不成问题，如山部增拨该校补助费二千元，即可先成立女生补习班一班，一面令该县教育厅宽筹经费，积极推进该省边服女子教育行政系统，不妨隶属该所，惟校址必须与男子部分开，该班性质仍为训练师资，将来推进边胞女子教育。方案确定之后，可添设初中部，而将所址与男生部完全分开，移设马坪或百色。

国立西南师范，一面应在适当地方筹备中心小学，其中须注意设置，另吸收女生，一面劝令光华等三十二校，扩充女生名额，并予以充分之补助，并准其保送女生入西南师范。

国立贵州师范，处于苗岭山脉之榕江，尤宜从速筹设女子部，以为全黔边胞女子教育之表率。

中央政治学校大理分校，目下似觉困难甚多，该校隶属边疆学校，经费每月仅三千余元，已办初中、高中、职业、简师四部，另设补习班一班，校舍系就东岳庙改设，另新建二栋，发展不易，添设女子部一事，尚须从长筹酌。

二十、抽调边地学校教职员受训

理想之边地学校教职员，应为刻苦耐劳，富有服务精神，并熟谙当地方言之人，惟目下边地学校，虽大量增收，而此项理想人选，终属少数，以致中途离职，校务停顿者，恒见不鲜。虽此项原因，不一其端，如土司之愚民政策，不乐设校，边地人民之畏惧入学，经济上之困难（家庭中多一入学之人，即少一生产之人),成例之不易打破(过去优待边胞入学,凡入学者免徭役)等均是,惟教职员本身不能尽其在我,要亦不讲原因之一,是宜抽调受训,训练之目的为:(一)培植其必须之品性与学术;(二)考验其能否胜任或造就;(三)使其了解中央对于边教之政策,增进中央与地方之关系。受训主要课目应为:(一)近年来中央对于边教之设施及政策;(二)精神讲话;(三)历史地理,特别注重边地与中央之关系;(四)卫生教育;(五)体格锻炼;(六)国语及边地语文。凡受训及格,应予以进级及保障,其品性懈惰,身体孱弱,精神不振或有不良嗜好者,应分令地方教育行政当局予以停职免职或延长受训之处分,另以中央训练之干部代之。凡熟谙当地一种以上之边区方言者,应予以特殊之晋升(如派充校长等是),凡有志深造边地某种方言者,应予以继续进修之机会,能熟谙者晋升,能多习一种边地方言者视原薪原级再晋,此项重视边地方言之办法,与国家推行国语之政策不惟丝毫不背,且属相需相成,盖学校教本,政府文告,上堂讲授固须明定,应用国语国文,惟与当地人士周旋,取得当地社会之信仰,增进主客之情感,必须熟谙当地之方言,吾人自不能以边地与各国之殖民地相比,惟在目前形势之下,各国所使用之方法,颇足参考,各国派往殖民地之官吏,尤其直接与当地人民接触之下级官吏,应熟谙当地土语,每多习一种,即晋一等,此项设施,并非任何理论问题,盖应事实上之需要也。

训练班训练时期暂定为半年,语文进修班为二年,以语文为主。关于受训人员之任用、保障、升调,则另以章则定之。

廿一、厉行语文统一政策,巩固统一之基础

吾国本土之方言,虽称复杂,而文字则有史以来,即已统一,幅土虽广,终不致恒久四分五裂者,文字与有功焉。方言固不能期其尽灭,惟必须有一共通语言,以为沟通情愫之工具,人与人间所以能发生亲切之感,其条件甚多,惟语言为首要,如彼此语言不达，则种种隔阂，因之而起，目下边僻之区，仍有书不同文，语不互通之现象，亟宜厉行语文统一政策，以奠定统一之永久基础。兹拟订数项办法如下：

（一）边地学校上课时期，教师授课应随通例，一律操国语，教师之不能操国语者，分别抽训或调免。（二）学期或学生考试，学生国文程度优良者，应予经常之奖励，奖励章则另定之。（三）规定每学期须举行国语演说竞赛，优胜者给予奖励，并须将每次演说竞赛之讲题、日期、优胜者姓名、给奖办法、呈报监督机关备查。（四）凡学生国文国语成绩不及格者，纵令他科优越，亦不得升级，学校并须利用寒暑假期，设法予以特殊之补习机会。（五）督学视学时，应特别注意上列事项，并得临时举行国语演说竞赛、国语口试或抽查学生之国文试卷。

（二）设法禁止现行苗文之蔓延

本团途经云南禄丰县时，该县教育局□□□及辖境内有苗民自办之小学，使用石门坎系统之苗文，自编苗汉合璧教科书，当即函行该局征集样本，未据缴送。闻石门坎亦有苗文教科翻译新约全书，其他野人栗粟，均有教士为之创造文字。以上各项，除苗文已获知详细情形，栗粟文获有赞美诗一册，得知其音母均属罗马系统，且与宗教为因缘，不惟与同文政策相枘凿，且是贻后涞之患，除栗粟文、野人文应俟获知详细情形再论外，现行苗文应禁止其蔓延，首先应先在学校内，禁止使用现行苗文教科书，至宗教读物，及在边区推行识字运动所遭遇之困难，应另筹方案。

除宗教读物外，现行苗文书籍应一律予以没收，并禁止各印刷所承印，惟为避免误会计，以上二项步骤，应俟抗战胜利后再咨请有关各省府查照，一面函中央党部令饬上海市党部派员查明上海圣书公会之隶属系统及经理人之国籍，再咨请外交部交涉，令圣书公会除印行内地宗教读物外，不得印行苗文其他书籍，否则本国境内，不予寄递。

关于苗文书籍之印刷及传布情形，所在地党部党员教职员应负调查之责，查目下苗胞之文化中心为石门坎，石门坎之一举一动足以影响川滇黔各苗区，贵州省党部于此设有特别区党部，应函中央党部令贵州省党部转饬遵照，至教职员负有此项任务者，应以内地人及有党籍者为限。

（三）扩充注音符号替代现行边地文字，翻译三民主义宗教读物及推行社会教育。

此项办法为厉行语文统一政策之补充，且属必需，盖如教科书等类可以在学校内禁绝，惟宗教读物如新约全书、赞美诗等，已应用有年者，不宜骤然禁止，否则必引起信教者之巨大反感，欧洲历史可为殷鉴，是宜绝对审慎，然若任之无问，则禁处自禁，用处自用，亦属脱枝失节，故应设一过渡办法，为潜移默化之计，即扩充注音符号，替代边地现形文字是矣。此项工作，如告完成，则有三利，以之翻译新约全书及赞美诗等，藉以替代现行罗字系统之圣经一也；以之注于国文之左或下，藉以增进学习国文之效率二也；文化过低落之区，如怒江区域、野人山、中缅南段未定区、普思沿边、川滇交界之巴布凉山，亦不妨就其语言扩充注音字母，创作文字，以为推行国语之渐三也；以之为推行边地社会教育之助四也。此项工作虽甚伟大，部方如有一定计划，选择适当人员进行此事，当有成就，摆夷文字之声韵系统与国语极近，亦可稍事扩充注音符号对之，循是扩广蒙文藏文之字母，胥将隶属于注音符号系统之内，惟此项注音符号拼制之文字以行于国民学校或中心小学阶段为限，中学即不得使用。其进行创制之文字约计之为：

苗文

摆夷文

栗粟文

怒文（曲人之语言与怒人同，仅如方言之小异）

野人文

其他

惟目下以进行改制苗文及摆夷文为宜，改制成功后可先编国民学校课本，以国文为主，左旁标注音符号，右或下方标扩充注音符号之新苗文，以资试验，进而翻译三民主义新约全书，以资宣传及替代现行之苗文。

（四）学生姓氏应一律改从普通习惯

学生入学时尚无姓名者，应依一定标准给以姓名，其姓名与普通习惯不合者应改从普通习惯，如黑西花苗有其固有之族姓Family name，而无一般习惯之姓名，大理政治学校分校有学生名斯郎多吉者，系康人，其姓氏亦不与普通习惯合，应改从所谓一定标准者，依其固有习惯定之，如苗人之Motsl，为杨（据王建光君所述）Msurou为敖（据特种师资训练所学生敖文昌所述）应从其例，以免同姓相婚，本团所遇之西南边胞，除猺人有近亲相媾之恶习外，其他均属同姓不婚。

二十二、心理建设

西南特种部族与普通居户相处间之情形，依地区及部族类别而不同。此次考察所经，目睹相处融洽者固多，而隔阂不相能者亦复往往有之，虽隔阂之程度远不如欧洲各国少数民族问题之严重，似亦不能不予以注意隔阂之原因。语其梗概，地理环境实居大半，然若干因子亦含历史性质，即彼此心理状态尚未臻于健康之境，普通居户视边胞为秦越异家，而边胞亦不乏自外于中华民族之感，此则不能不归咎于若干故事传说为之厉阶也。复因平日相处之不以其道，此心理病态继续存在，若不设法除去，建设边疆一事将受种种无形之阻碍，故建设边疆亦须从事心理建设。兹就心理建设一事，仅为如下之建议：

（一）提倡同源说，并努力搜集证据；

（二）于某种历史教科书中尽量删除足以刺激彼此情感之叙述；

（三）为适应吾国历史，倡地理因素为民族成因之说；

（四）尽量宣扬有利于相互融洽之故事；

（五）凡足以增加隔阂事应设法减少其流传。

兹再分论之。

按同源论之提倡，不仅为国策，并亦为事实宜然，前贤屡有论列，编者亦略有新证，如西南边胞均用干支纪时一也，数目字之同源显然可寻二也，语言同属单音语系三也，均有尊祖祀祖之习惯四也，有用殷正周正五也，夷人苗人徭人均有与中原部族同源之故事六也，苗人之礼服有类古代之毂七也，至摆夷语与国语同出一源尤为一般语言学家所公认，又如云南境内之都夷酸巴、广西之山湖、广均为内地人，而凉山周围之白夷、广西之侗人为汉人，被土人俘掳之奴隶，均已有确实之证明，此均为纯正自然之事实，其进一步之具体办法，当指定有兴趣有能力之专门学者，就此题范围内加以研究与发挥，非朝夕间事也。

苗乱徭乱之记载，史不绝书，历史教材中亦有采入者，此本系事实，以之施用于内地学校，流弊尚少，以之施用于边地学校，极易刺激情感，以后各级学校教本不论施用于内地或边地，宜尽量删除此项叙述，本为史家所深忌，然教科书之性质与一般史书绝然不同，德国法令规定，凡师范学校及训练公民性质之学校教授历史时，应顾及国家教育方针及政治环境，入大学或研究院始准作纯粹科学之研究，二者并行不悖，意至善，法至美，删削教科书，使之适合政治设施，本无解释之必要。

复次于民族二字之定义，实须加以重新估定，世之以人类学上人种一词误认民族者，其浅薄固毋待放辟，即近人于生理之外，另加心理因素一说，亦尚嫌不足。埃及开国家最早，传世数十年，其民族何在？毋亦以同居一地，辗转镕冶，遂致消蜕于无形耶,此地理影响民族消蜕之证也。墨索里尼以绍成罗马功业自居,实则所谓罗马民族者何在?意大利半岛一再遭日耳曼人之蹂躏,居民或戮或徙,凌夷已尽,而罗马尼亚亦一再为斯拉夫、匈牙利、土耳其人所徘徊。恺撒大帝之后裔果系何人?而墨索里尼之壮怀世或讥其豪狂,未闻以正统问题而嗤之者,毋亦以意大利为罗马之故土,遂心许之而不自觉耶,此地理影响民族存续之证也。一般人所谓家属者,常联想及于血液与婚姻,实则既无血液又无婚姻关系之人,久居一家,即私法亦承认其得为家属之一员,民族之成因,何以异此?今西南边胞自始即居中国,生于斯土,长于斯土,老于斯土,且数千百年而有自外于中华民族之感,斯亦弗思故耳。

西南边胞口传之故事有利于相互融洽者亦不在少,如苗徭猓㑩均有与内地居民同源之故事,孔明一名,妇孺皆知,且有托为孔明大兵之后裔者,此等传说,宜尽量利用,广为渲染,编入教科书中,以供边地学校之采用。

然若干故事颇足增加隔阂,如高县苗民三戒,一般苗民之南迁故事,代代相传,愈滋误会,可假托宗教势力禁止其流传。贵州西南部在旅行途中,往往见有某某将军平苗纪功碑等,此在历史传记上容有保存之价值,惟棲立于苗胞聚居之区域,亦足以增加民族之隔阂,足宜将此碑分拓若干份,分存各图书馆,以供史家之参考,将碑之本身视其无关重要者,予以毁灭,其有保存价值者,由地方文化机关及中央博物馆保存之。

二十三、关于政治建设者〔略〕

二十四、关于经济建设者〔略〕

二十五、缩小省区〔略〕

二十六、边地驻兵〔略〕

二十七、筑路〔略〕

二十八、厉行通婚政策

西南边胞，因语言、习惯、地区之关系，迄未与普通居民自由通婚，尤以苗猺为甚。此种社会阻力影响政教设施甚大，亟宜设法产除，惟通婚一事，非一纸功令所可奏效，劝谕亦无济于事，宜用潜移默化之策，主要对象应为苗猺，二者于通婚一事最称固距，惟地居边地腹心，不可长此听任，其他边胞则相机行之。

寓通婚政策于教育之中，实为最理想之办法，今撮述拟议之方案如左：

一、极力劝诱各地边胞之优秀男性青年迎娶内地女子，并于可能范围内为其设法。

按苗胞男性青年，出外就高等教育者，大抵集中于中央政治学校附设之边疆学校及华西大学二处，为数至多不过百人左右，若业于本乡，均有相当声望，一举一动影响甚大。据本团探测此辈青年之意旨，大率偏向通婚一途，惟以缺少机缘，且惧父老批评不无踌躇，甚有因此事而感徬徨者，在此种情形之下，急宜设法鼓励，鼓励之道厥为给予机会，此举可与登记指导任用管理等事成立一组织。

（二）设法使内地优秀青年与土司之女结婚

此事本属理想，惟如何实行，颇费考虑，实则此事似难而实易，所难在得一主持之人，若得有志之人主持，则十年八年之后，必有相当成效。兹拟具数项，办法如下：

1．调查各土司之家庭状况　包括家长或监护人之年龄、人数、习性、嗜好、起居状况、家庭经济收入及支出概况、子女人数、年龄、教育情形、订婚与否、婚姻习惯、土司之亲信、土司个人之潜势力等等，此事可密令当地党部办理，转报教育部。

2．土司之女已出外就学者，应由部中关系方面主持，此项事务之组织与各该校负责人及其个人取得联络。

3．土司及边胞士绅之女未出外就学者，应以左列三种人员为活动中心：

（一）训练有为青年，使之精习一种边区方言，派充县政府通译或教育局督学，与土司保持联络。

（二）设法于土司区域中成立党部组织。

（三）设法于土司区域成立学校，兼负劝学之责。

以上(一)(二)(三)项办法可同时并进，或合并行之，尤以设立学校为宜，努力着手，地区应在滇边十土司、川滇黔边区及方西、修仁之福山，惟担任小学教职员人选应为合格教师之党员。盖此项任务有类特务性质，须藉党之组织及纪律成之，否则易滋流弊。至其详细地址，应俟调查土司家庭状况竣事定之。

〔国民政府教育部档案〕

10．教育部转报西康省政府发展宁属边民教育计划呈与行政院指令

（1945年8—9月）

（1）教育部致行政院呈（8月20日）

教育部呈　蒙字第043341号

案准西康省政府三十四年七月二十三日省教一字第一七八号公函开："查本省宁属，山岭纵横，宗族复杂，文化幼稚，尤以倮族为甚，历为汉族边患。年来虽设边民学校，实施化导，惟因校数过少，收效尚微，特饬本府教育厅会同本省宁属屯垦委员会，拟具发展宁属边教详实计划及经费预算，以凭办理。兹据拟呈来府，核尚扼要可行，相应抄附原计划及预算各二份，函请查照，烦为转呈行政院鉴核赐拨经费，俾利进行，并希见复"等由。附计划及概算各二份。准此，查西康省推行边教。年来已有相当成绩，其设施步骤，亦曾据该省教育厅拟送计划，惟关于宁属部份，不及此次所拟者详细。兹惟前由，谨就初步审核意见分陈如次：（一）该省宁属地方文化落后，一切政令推行困难，确有以教

育力量，徐图改进之必要，本部曾奉委座电令，就宁属凉山、木里两处，各设部办小学一所，惟国立学校只含有师范辅导作用，大量设施仍赖地方自动兴学，原计划似尚扼要。(二)原计划二，健全机构、列有设宁属边疆教育委员会。查该省已设有边地教育委员会，应充实其内容，将宁属边教设施建议事项归纳在内，不必另设机构。(三)边民实验小学及边民小学之"边民"字样，宜避免使用，可冠以学校所在地之地名，作为学校名称。(四)实验小学，既系省立性质，其经费应列入省级预算，另由中央酌予补助设备费，其他边小，如由县局区设立，其经费即由所在地之县局区筹拨，另由省库酌予补助设备费。(五)原计划三戊款文意欠明，显应改为"宁属各边小高年级毕业生，应尽量保送省立第二边疆师范肄业，俾大量造就边地师资"。(六)原计划四学校编制分组教学，虽无不可，惟仍应顾及学龄及其程度，以符学制，如年龄过大，程度不齐，应另设民教部。(七)原计划四丙款，应改"为各实验小学须附设较完备之诊疗室及较完备之农场工厂，各边小酌量情形办理之"。(八)原计划五第一、二两组特别课程，可编为补充教材，归纳于国语常识劳作各科中，教学不必另列科目，以免多占教学时数。(九)原计划五，技术训练选修科目如一律照列，似嫌太多，且恐难觅适当师资，应于原条文后加"仍按学校所在地，实际生活需要情形，择要订定"一段，(十)原计划六，各边小应以设在山寨为原则，原条文应改为"边民小学以设在山寨为原则，如一时不能深入，得设于镇乡或支夷适中之大村落，校舍以新建为原则，如经费不敷或有其他困难时，得租用民房，修改应用"。(十一)原计划七，区署人员，兼充学校教员，须以资历合格者为限。(十二)原计划如蒙核准，据请由院赐拨经费一节，第一年(即三十五年)似可酌予拨发，第二年(即三十六年)以后，即应列入省级预算，原概算编列经费一千零七十七万元，按诸施教区域之广，与夫目前各地物价之高，似尚核实。惟当此积极复员，国库开支浩繁期间所列数目，不免过巨，应否酌予核减之处，拟请钧院裁夺。以上核议各点，是否有当，理合检同原计划及概算，转呈钧院鉴核示遵。谨呈

行政院院长宋

附呈西康省发展宁属边教计划及经费概算各一份〔经费概算略〕

教育部部长朱家骅

中华民国三十四年八月二十日

西康省发展宁属边民教育计划

本省治理宁蜀边务于今七载，深知欲完成三民主义及本省三化政策（德化、进化、同化）之伟大任务，非从边民教育着手不为功。爰于民国三十一年制定本省改进边民教育实施计划，确定政教合一，保教合一，汉康倮各族合一，奖励边民自动兴学四项为原则，增设各属边民小学以扩大学校教育；组织社会教育工作团以推进社会教育，筹办第一、第二边疆师范学校以储备边教师资，广筹经费以充实边教内容，卒以物价逐渐高涨，经费不敷，人事及设备两感困难，然而康保两族之边民感受启迪而向化者已不乏人。本省因更坚定其信心，排除万难，继续努力，边教前途逐渐有起色，本年复指定宁属各县局区依照西康省改进边疆教育计划，悉心研究，详细检讨历年办理之得失精密，策励将来之设施，针对宁属实际情形，拟具发展宁属边民教育计划如左：

一、原则

一、本计划所指之边民包括宁属倮族、摩挚、西番、黎苏、水日等族，及其杂居各族间之汉族子弟。

二、三民主义及本省制订之三化政策，四力政纲为实施边民教育之最高原则。

三、政教合一、建教合一、文武合一，为实施边民教育之方

针。

四、教学做合一，为实施边民教育之方法。

五、学校社会化、教育生产化为实施边民教育之方式。

六、改进边民生活，使逐渐合乎新生活规律，期与内地人民相同化尽其应尽之义务，享其应享之权利，为边民教育之最终目的。

二、健全机构

一、本省设宁属边疆教育委员会，延请热心边教人士组织之专司边教应兴革事宜，其办事细则另订之。

二、宁属各县及各设治局指导区，各设边民实验小学至少一所，各乡镇及各投诚夷支，各设边民小学一所。

三、西昌设置省立边民实验中心学校一所，以供边民教育实施之研究实验，俾由示范而逐渐推广。

四、边民实验小学及边民小学校之经费，由中央指拨专款备用，各县区局立之边民小学经费由各县局之乡镇或夷支自筹，不足时得请求本省补助。

三、设校程序

依据前述原则，所有已设之省立小学及省立之边民小学与各县局立私立各边民小学，应一律照本计划改组或充实，以收统一改进之效，其改进实施办法之步骤如左：

一、第一年（民国三十五年）

甲、省立盐源益边冕宁腴田各小学改为实施边教据点小学，依照本省改进边疆教育办法逐项改进。

乙、本省屯委会代办之大檑、黄草、宁西、泸宁、天台、麻陇、瓜别、北山、龙窝地区边民小学，一律改为省立某某区边民小学，并充实各校设备。

丙、私立之新补小学改为越巂田坝边民小学、北山区之鲁居良、李子沟、红毛□坝、靖坝、铜厂沟等六个边小，由各县局区补助充实设备，并准备改进各点。

丁、饬令各投诚夷文之富庶区段设立边民小学，并饬令已编保甲之乡镇各筹设边民小学至少一所。

戊、各边民小学之毕业生，应尽量升送入省立第二边疆师范合作，以充实边教师资之源。

已、补助边民中级学校学生之贫苦优秀者，俾能深造。

二、第二年（民国三十六年）

甲、设立普雄、煌猷、菩堤、蒿姑、竹核、无华、巴溪、大有、盐东、太平、冕北各指导区边民小学。

乙、继续饬令各区乡镇及投诚夷支设立边民小学。

丙、派员督导考核各区学校并督饬办理新设各校。

丁、扶助并改善各私立小学。

戊、督饬各边民小学筹办农场、工厂。

已、继续补助边民在中级学校以上之贫苦学生。

三、第三年（民国三十七年）

甲、各区属夷村之人口众多者，普遍设立边民小学。

乙、学龄儿童强迫入学。

丙、各边民小学举办成人补习班或夜课学校。

丁、组织宁属巡回教育视导团（附电化教育队）推进社会教育。

戊、分派边实校学生及边师校学生赴各校担任教导工作。

已、继续补助各中级以上学校之边民贫苦学生。

四、学校编制

边民生活习惯与汉人迥然不同，学校编制自不能与内地小学相同，兹照本省改进边疆教育计划丑教乙项之规定，学校编制如左：

一、边民小学之组织

甲、分设两组，第一组以年满十三岁以上程度较高之儿童编入之修业两年毕业，第二组以年届六岁以上之儿童编入之，修业四年后升入第一组继续攻读。

乙、各组得依年次及学生程度分班教学，冠以番号。

丙、各边民小学校须附设较大规模之农场工厂。

二、教育仍采学期制，惟寒暑假期须俟各该地气候及习惯定之。

五、课程

一、各组课程分为：1.普通课程，2.特别课程，3.技术训练三种。

二、普通课程为必修科，依照部颁小学课程标准，参酌边民实际需要编订之，其课目为国语、党义、史地、自然、笔算、珠算、公民、体育、音乐、美术等科。

三、第一组特别课程为康藏史地、宁属概况、精神讲话（包括三民主义、三化政策、四力政纲、新生活规律等）。

四、第二组特别课程为宁属概况、精神讲话（新生活规律）。

五、技术训练暂定为：1.农作；2.园艺；3.畜牧；4.纺织；5.木工；6.缝纫；7.制革；8.烹饪；9.医药卫生等九科为选修科目。

六、第一、第二两组课程比照部颁小学课程分别深浅编订之。

六、校址及设备

一、边民实验小学校址以设于区署所在地之较大村落为宜，校舍一律新建建筑，经费由各县区自筹。

二、边民小学校址以设于镇乡或支夷适中之大村落为宜，校舍以新建为原则，无力新建者暂假民房备用。

三、校舍、农场、工厂、牧场、烹饪室、诊疗室等均以整洁合理为原则教学、清洁膳食运动等，用具均须购备完全，配合实用。

七、教师与学生

一、教师派遣，在第一、第二两年内由本省遴选富有边教兴趣之人员，厚其待遇派充之，区署所在地之学校即以区长兼任校长，区署人员兼任教员；第三年即选派边实校、边师校学生充任校长或教员。

二、学生在第一、第二两年内须择其资质优秀、易于施教之黑白夷子弟招收或强令入学，到第三年即普通强迫入学。

三、学生以通学为原则，距校远者可令住校，伙食自备，书籍由本省发给。

四、优秀之学生毕业后派充保甲长（但须年满十八岁者为合格）或申送入中级学校肄业。

五、毕业学生应给予荣誉证书。

八、教材编纂

一、由本省指定教材编纂委员会会同边实校及第二边师校负责搜集适用于宁属边民教材编纂之。

二、教材内容以切合宁属边民实际生活需要及吾人要求同化、进化之程度为准编订之。

(2)行政院致教育部指令（9月17日）

行政院指令　平嘉丁字第20331号

　　令教育部

本年八月二十日蒙字第零四三三四一号呈转西康省政府发展宁属边教计划及经费，请鉴核示遵由。

呈件均悉。计划部份准照该部所议办理，经费部份，俟审核该省三十五年度预算时酌予核列，仰即转行知照。此令。

中华民国三十四年九月十七日

　　　　　　　　　　　　　　　行政院院长宋子文

　　　　　　　　　　　　　　　　〔行政院档案〕

二、边疆教育的报告与统计

1. 宁夏省党部报送边疆教育巡回工作团组织大纲与工作报告书等呈及有关文件

（1939年12月—1940年5月）

（1）国民党宁夏省党部致中央社会部呈（12月2日）

案奉钧部渝字第七〇一一号代电略开："为催报边疆文化工作推行情形，以凭核办"等因。奉此。查自抗战军兴以来，时逾两载，赖我前方将士之英勇抗敌，全国同胞之淬厉奋斗，尤切于前期，本省地处边陲，文化落后，民众文化水准较为低落，本会遵即依照推行各项社会运动六个月工作实施方案中协助政府推行边疆文化工作之规定，协同教育厅组织宁夏省边疆教育巡回工作团，业于本月十四日出发，分赴各县及定远营陶乐滩等地，从事边教调查设计，抗战建国宣传，建设边疆教育基础、唤起民众民族意识，加强抗建力量。除该团宣传材料由本会尽量供给并令饬各县党部协助推行外，理合检附该团组织大纲，工作计划，备文呈报钧部鉴核备查，实为党便。谨呈

中央社会部

附呈组织大纲、工作计划各一份

中国国民党宁夏省执行委员会主任委员马鸿逵

中华民国二十八年十二月二日

宁夏省边疆教育巡回工作团组织大纲

第一条 本团定名为宁夏省边疆教育巡回工作团。

第二条 本团设主任一人，干事四人，由教育厅遴选委任

之。

第三条 本团之工作范围如左：

一、关于教育电影之放映事项；

二、关于边教之调查与设计事项；

三、关于时事之报告与宣传事项；

四、其他。

第四条 本团每月举行团务会议一次，以主任为主席，商讨左列各项事宜。

一、关于本团工作计划事项；

二、**关于本团工作检讨事项；**

三、关于本团工作改进事项；

四、其他。

第五条 本团经费由中央补助本省边疆教育经费项下动支之。

第六条 本大纲由教育厅公布施行，如有未尽事宜，得随时修改之。

宁夏省边疆教育巡回工作团三个月工作计划

甲　绪言

抗战军兴以来，开发边疆，充实抗战力量，已成为全国一致之呼声。本省地处边陲，文化落后，而民众民族意识尤甚薄弱，现抗战已转入第二阶段，是项教育工作之设施，审时度势，已不容再缓。爰根据宁夏省边疆教育巡回工作团组织大纲第三条之规定，拟具三个月工作计划，从事巡回教育，使教育力量深入民间，期有裨于抗战建国也。

乙　总则

一、本团巡回工作区域，为本省省垣各县及定远营陶乐滩等地。第一期为夏平磴定远营陶乐滩时间暂定三个月，第二期为朔金灵盐时间暂定三个月，第三期为衔宁同时间暂定三个月。

二、本团巡回工作目的，为唤起民众民族意识，灌输民众抗战知识，坚强民众抗战意旨，建设边疆教育基础。

三、各项工作计划均依本省实际需要，并以激发民众抗战意志为原则。

四、各项工作之推进须与党政军和其他有关机关取得密切联络与协助。

五、各项工作报告除边教调查设置随时专案呈报外，其余月报一次，并于每期结束后总报一次。

丙　工作

一、教育电影讲映方面，于各县人口较多之乡村市镇，定期讲映教育电影，并举行抗战宣传，唤起民众民族意识。

二、边教调查设计方面，从事边区调查，以为边教之设施依据。

1．蒙回人口职业概况之调查；

2．蒙回寺院概况之调查；

3．蒙回民众习俗之调查；

4．蒙回学校概况之调查；

5．蒙回教育之各种设计。

三、时事报告宣传方面：运用各种方式从事时事报告与抗战宣传。

1．通俗讲演——（A）街头讲演：悬挂漫画，吸引观众，由本团工作人员分别讲述抗战经过，暨如何始能获得最后胜利。（B）集会讲演：各地工作时如逢纪念日，须联合当地各级学校教育机关，举行纪念会讲演。

2．出版壁报——编制简明新闻壁报，张贴于通街要衢，介绍抗战消息。

3．展览漫画——拟用布制抗敌漫画多幅，每到一地在街头展览，指派工作人员分头向观众解释，并视事实需要，在当地墙壁，绘制醒目漫画标语。

四、一般工作：

1．访问——各地工作时拟抽暇访问当地教界士绅，探取有关教育之问题或意见，以作参考。

2．集会参加——各地工作时，如逢集会庙会，拟参加活动，藉机宣传。

丁　结论

上项工作计划，系暂就目前事上之易办者先行列入，将来组织扩大，人事健全后再行计划，以达边教设施之最终目的。

(2)中央社会部致国民党宁夏省党部函（1月日4）

中国国民党中央执行委员会社会部公函　利字第694号

准贵会忠字第三〇八号呈报协同组织宁夏省边疆教育巡回工作团情形，检附该团组织大纲及三个月工作计划，请鉴核备查。等由。准此。经核尚无不合，准予备查。仍希补报该团负责人及团员名册，并按月将该团工作详报备查为荷。此致

宁夏省执行委员会

部　长　谷〇〇

中华民国二十九年一月四日

(3)中央社会部致宁夏省党部函（5月16日）

中国国民党中央执行委员会社会部公函　利运字第8927号

准贵会夏字第七三号呈送宁夏省边疆教育巡回工作团负责人及团员名单暨调查设计报告书等件，经核尚无不合，应予备查。该团关于发展各地教育之建议，希即会商教育厅酌核。并转饬该团除从事边疆教育之调查设计外，并应注意各项文化宣传及社会教育工作。仍希将该团工作情形随时续报本部备核为荷。此致

宁夏省执行委员会

部　长　谷〇〇

中华民国二十九年五月十六日

(4) 宁夏省边疆教育巡回工作团负责人及团员名单

职别	姓名	年龄	性别	籍贯	学历
主任	朱光熙	二五	男	宁夏省金积县	宁夏中学毕业
干事	康作丰	二九	男	河北	河北元氏师范学校毕业
干事	徐秉魁	二一	男	宁夏	宁夏师范毕业
干事	熊楚霞	二八	男	宁夏省宁夏县	宁夏中学肄业
干事	邵寅邦	二五	男	山东省	山东省第一职业学校毕业
服务员	张远昭	二二	女	宁夏省宁夏县	宁夏中学毕业

(5) 宁夏省边疆教育巡回工作团调查设计报告书

甲　关于边教调查方面者（灵武县）

一、该县回胞人口、职业概况之调查

该县为本省回胞集中区域，回胞数目约占该县人口总数三分之一，经查结果，第一区共有回胞一万三千一百二十余名，计男六千七百三十余名，女六千三百九十余名；第二区共有回胞一万二千一百五十余名，计男六千一百七十余名，女五千九百八十余名；第三区共有回胞九千八百三十余名，计男四千九百七十余名，女四千八百六十余名；第四区共有回胞四千八百余名，计男二千五百余名，女二千三百余名，总计该县共有回胞三万九千九百余名，计男二万零三百七十余名，女一万九千五百四十余名。职业概况，除三四两区经商者较多外，余均以农为业，估计业农者约占人口总数三分之二，业商者占三分之一。

二、该县回胞教方数目之调查

该县第一区计有教方四十处，第二区计有教方三十四处，第三区计有教方二十处，第四区计有教方九处，共计有教方一百零三处，由各教方支出之小寺（俗称亭子），五户以下者未列统计。

三、该县区分保甲、人口、学校、出产之调查

该县位于黄河东岸，全县计分四区，十六联保，四十二保，五百五十八甲，一万一千六百四十一户，六万七千九百七十九人，计男三万五千四百七十七口，女三万二千五百零二口，计有完全小学三处，初级小学十八处，短期小学十处，省立初小五处，该县出产以农产物为大宗，计有稻麦杂粮等类，夏季水果蔬菜之属，亦甚丰富甘美。

四、该县边疆教育概况之调查

该县由中央补助本省边疆教育经费项下设立之省立初小共五处，计分布于右营、左营、吴忠镇、早元等地，兹将各该校施教概况分述如次：

(1)省立右营初小附设于该县第二区台子方清真寺内，计有教室二间，办公室二间，室内光线充足，布置合宜，现有课桌凳十四套，编为一个学级，两个年级，一年级实到学生四十名，二年级实到学生三十名，校长林裕中系前省立中阿师范学校毕业，办学颇为努力，且又系该教方之教徒，一般回胞儿童，甚为信仰，对于入学受教育颇为踊跃。据本团各方观察，回胞区域之学校校长人选，似由回教中人充任，方能人地相宜，收事半功倍之效。

(2)省立左营初小，附设于吴忠镇北寺，计有教室四间，两个年级，两个学级，分两级教学，一年级实到学生四十名，二年级实到学生三十二名，校长马维德，教员李玉山，视察时校长为兵役赴县，未睹其教学，教员李玉山授一、二年级书法，下课

后本团曾召集全校学生暨大寺教长教徒等一百余名,举行抗建宣讲与时事报告。关于抗战情绪,询诸该校儿童,多能齐声答出,殊可嘉许,并饬该校负责人嗣后应将每日抗战新闻及有关中日问题择要向学生讲解,以期唤醒儿童对日敌忾同仇之心理,充实抗建力量。

(3)省立忠忠镇初小,设于东寺,教室四间,分两级教学,校长李清寅,因事晋省,临时聘马金声代理,因已放学,未得讲话与视察。

(4)省立下桥初小,设于民房内,有教室四间,分两级教学,校长和汉杰未在校,实到学生二十四名,似嫌太少,已饬该校教员马佩杰速督学生到校,免废学业,校门外之校牌为下桥回民小学校,已饬将"回民"字样取缔,以符规定。

(5)省立早元初小,附设于大寺旁,分三级教学,在籍学生一百零四名,校长马启明,办学颇称努力,因已放学,未得召集讲话,当饬该校长除正式课程外,并应对目前抗战消息尽量宣传,并协助政府宣传兵役。

(6)吴忠镇中寺附设私立中阿师范学校一处,于二十八年创办,创办人为马主席少云,校长由马主席兼任,设副校长一人,由大寺教长虎崇山兼任,教导主任一人,由金文焕任之,以下设中阿文教员各三人,校舍计有教员室及办公室七间,教室五所,计十五间,学生寝室十八间,大礼堂一所,每月经常费为一千九百元,由董事保管,按月交学校当局支用。实到学生九十七名,均住校,学级编制,中文分初小、高小、初中三级教学,阿文以读经程度高下分为三级,甲级四年毕业,乙级五年毕业,丙级六年毕业,每日授课时数为六小时,中阿文各三小时,并附设研究班一处,召集各教方青年教长受教,以贯输各种常识,并精研经义,学生年龄多在二十岁以上,办理成绩极佳,颇有奋发蓬勃之朝气,校舍因系新建,整齐清洁,各董事热心教育,教职员精诚团结，故校务推动，甚感顺利。该校前途方兴未艾也。

(7) 该县回胞习俗之调查

该县回胞习俗与本团曾经调查之宁朔回胞之习俗大致无甚特殊之点，惟生计较河西回胞富俗〔裕〕，对社会公益事如修建大寺、创办学校等，多能自动捐资兴办，凡此皆由于宗教团结关系，故众擎易举，如能将此种精神贡献国家，则俾益抗建，自非浅鲜。

关于边教设计方面者：

（一）该县第三区朱墙东寺附设男女回民初小各一处，实到学生共五十九名（计男校三十名，女校二十九名），男校教师杨心元系前省立中阿师范肄业，女校教师王文俊，经查毫无学历，教室设备极形简陋，且无桌凳之设，所有学生均团聚于土炕上，既不合教学方式，又有碍学生健康，教师每日只教阿文二、三小时，致使青年学生苦无现代教育之享受，殊深痛惜，拟请令县府饬该校负责人就现有规模改为男女单级初小各一处，各处女校教师饬其另聘，以便逐渐改进，而免贻误。惟应由政府列入预算按月拨发外，所需设备等费饬由地方热心教育人士筹募之。

（二）该县第一区朱墙西寺附设回民初级小学一处。实到学生二十五名，应饬按照朱墙东寺办法，改为普通初级小学，以提高回胞儿童知识，普及回胞教育，充实抗建力量。

（三）该县第一区海子方大寺，附设回民初一处，实到学生三十二名，按该地实际情形，无设立之必要，应饬并入海子东三短期小学办理。查该短小校址设于清真寺外院，有教室三间，桌凳十七套，实到学生八十五名，系二部制，校长刘铎办学颇称努力，学生精神甚为活泼，询以国家时事，多能争先答复，与寺内专门读经回胞儿童比较，显有霄壤之别。该寺教长杨万选，对于回胞教育甚为重视，本团派员调查时，曾召集该教长与各学董作恳切谈话，并劝其倡导回胞教育业承赞同办理。该校校院尚有空房三间，应饬将该短期小学，扩充为普通小学，并饬将寺内回胞儿童与附近未入学之儿童，尽量收入学校，编级教育，以期逐渐发展，方有质量上之收获。

（四）该县第二区胡回乡郭家桥有私立回民小学一处，由当地回胞士绅丁汉文创办，该校校址设于郭姓住宅内，房屋宽敞明亮，计有教室三间，办公室三间，运动场一所，在籍学生六十名，实到学生四十八名，校长陈忠诚，由地方聘任，办学颇称努力，该地距官渠口初小尚有五里之遥，学生求学困难，据该士绅丁汉文等调查，该地约有学龄儿童二百余名，如能就现有规模改为两级初小，则所有学龄儿童皆能收容入校，无庸另增新校，以免靡费。

（五）该县第二区台子方清真大寺，附设私立回民初级小学一处，计有学童二十三名，拟请饬令该县政府转饬该教方张教长学明，将所有学童，并入于大寺附设之省立右营初级小学受教，期与该校儿童平均发展。

（六）该县普通小学校门外之校名标识多有仍题过去名称者，查与现在校名，不相符合，如外参观，或视察人莅校，易生误会。如吴忠堡实验小学，现已改为该县吴忠镇完全小学，而校门之校名仍如其旧；吴南乡初级小学，其校名标识，仍为完全小学，诸如此类者，各县难免有之，拟请令饬各县政府转饬各校，如有上项情事，应即改正，以符实在。

〔国民政府社会部档案〕

2. 教育部关于经办有关蒙藏教育文化设施概况致蒙藏委员会的公函

（1942年6月25日）

教育部公函　蒙字第2527号

案准贵会忠字第2039号函以订期会商发展蒙藏教育文化办法，嘱派员出席等因。本部经派参事相菊潭出席会商在案。兹准贵会忠字第2301号公函抄送会函纪录，嘱将有关本案已办理之情形函达等由。自应照办，相应编具有关本案经办事业简表一份，函请查照，汇编呈院，并希见复为荷。此致
蒙藏委员会
附抄送本部经办有关蒙藏教育文化设施简表一份
中华民国三十一年六月二十五日

教育部经办有关蒙藏教育文化主要设施简表

甲、高等教育

（一）国立边疆学校（专修科部份）——现有边教行政、边政、卫生教育、畜牧兽医等四专修科。

（二）国立东方语文专科学校——正在筹备开学中。

（三）各公私立院校，由部补助设置边疆建设科目及讲座者，有国立西北、云南、中山等三大学，及西北、贵阳两师范学院，私立大夏、华西、金陵等三大学，及西陲文化院。

乙、中学教育

（一）国立师范：计有西南、贵州、西宁、康定、西北、陇东、成达、肃州、大理、丽江、绥宁等十一所，共计学生约三千人。

（二）国立中学：有国立伊盟中学一所，计学生四班，不足二百人。

（三）国立初级实用职业学校：计有宁夏、青海、拉卜楞、松潘、金江、西康等六所，共计学生七百余人。

丙、初等教育

（一）国立实验中心小学：计有定远营、安龙、越巂、拉萨、三角城、奎香、敦煌等七所，后列三角城以次三所，已分别改为国立师范附属小学。

（二）各国立师范附属小学：计西南、贵州、西宁、康定、肃州、大理、丽江、绥宁等各师范均有附属小学。

丁、社会教育

（一）流动民众教育馆及拉卜楞巡回施教队（现已取消）。

（二）社会工作队：计分西南、西北、川康三大队（本部社会教育司主办）。

（三）寺庙教育：如宁夏阿訇教义国文讲习所，青海喇嘛教义国文讲习所，汉藏教理等。

戊、编译工作

（一）自编：边地小学国语教科书，蒙藏回文与国文对照本各八册，共计二十四册，正排印中。

（二）征稿审核：社会学科教本，乡土教材等。

附注：一、凡本简表所列者为主要设施，较琐者不列。

二、凡本简表所列者为经办工作，正在筹办中者不列。

〔国民政府教育部档案〕

3. 边地国立各级学校一览表

（1943年8月27日）

校　名	校长	校　址	备　　考
国立边疆学校	王衍康	巴县界石	
国立海疆学校	梁龙光	福建仙游	
国立伊盟中学	黎圣伦	绥远郡王旗	
国立河西中学	张　素	甘肃酒泉	

（续表）

校　　名	校长	校　址	备　　　　考
国立湟川中学	王文俊	青海西宁	
国立西南师范	张兰堂	云南昭通	
国立大理师范	钟志鹏	云南大理	
国立丽江师范	宋亮东	云南丽江	
国立贵州师范	黄质夫	贵州榕江	
国立西宁师范	康世诚	青海西宁	
国立西北师范	葛振邦	甘肃临夏	
国立肃州师范	陈增吉	甘肃酒泉	
国立绥宁师范	边振方	宁夏黄渠桥	
国立康定师范	方兴成	西康康定	
国立巴安师范	戚彬如	西康巴安	
国立宁夏初级实用职业学校	徐梦麟	宁夏省城	
国立青海初级实用职业学校	马生芝	青海顺德	
国立松潘初级实用职业中学	王德熙	四川松潘	

(续表)

校　名	校长	校　址	备　考
国立西康初级实用职业学校	江　标	西康荣经	
国立金江初级实用职业学校	冯慰农	西康会理	
国立拉卜楞初级实用职业学校	黄景文	甘肃夏河	
国立拉卜楞寺青年喇嘛职业学校	嘉木样	甘肃夏河	筹备主任
国立清溪职业学校	陶　玄	四川犍为	
玉树学校	吴乃越	青海玉树	
绥远准葛尔旗小学	徐东济	绥远准葛尔旗	
绥远杭锦旗小学	郭振芳	绥远杭锦旗	
绥远达拉特旗小学	成本抉	绥远达拉特旗	
绥远鄂托克旗小学	官　仁	绥远鄂托克旗	
宁夏额济纳旗小学	孙宪珂	宁夏额济纳旗	
宁夏定远营小学	张永成	宁夏定远营	
西康越巂小学	林达珊	西康越巂	已于三十四年二月交西康教育厅
西康德格小学	高镜佛	西康德格	已于三十四年二月交西康教育厅

（续表）

校　　名	校长	校　　址	备　　　　　考
果洛小学	王建光	果洛	已于三十四年二月交西康教育厅
西藏拉萨小学	王信隆	西藏拉萨	
西藏扎什伦布小学	沈宗濂	西藏扎什伦布	已由部委托蒙藏委员会驻藏办事处筹备
青海柴达木小学	张书阁		该校在筹备中，经核定自卅四年起停办

〔国民政府教育部档案〕

4．国立边疆小学概况表

（1943年）

（1）各校所设班级数

校　　　名	所设班级	备　　　考
定远营中心学校	八　班	
越嶲中心学校	七　班	
安龙中心学校	九　班	
德格中心学校	三　班	
绥远扎萨克旗小学	五　班	
绥远准噶尔旗小学	三　班	

(续表)

校　　名	所设班级	备　　考
绥远杭锦旗小学	三　班	
绥远达拉特旗小学	三　班	
宁夏额济纳旗小学	三　班	
绥远鄂托克旗小学	三　班	
玉树小学		
青海柴达木小学		
果洛小学		

（2）各校教职员工与学生数

校名	所在地	学生人数			教职员人数					工役人数				备考
		本校	附属学校	计	教员	职员	技术人员	军训人员	计	导技工	特种工役	普通工役	计	
定远营中心学校	定远营	246		246	10	4			14		1	3	4	
越巂中心学校	越巂	318		318	8	2			10		1	2	3	
安龙中心学校	安龙	224		224	9	2			11		1	2	3	
德格中心学校	德格	81		81	10	3			13		1	3	4	
绥远扎萨克旗小学	扎萨克旗	177		177	7	3			10		1	2	3	

（续表）

校名	所在地	学生人数			教职员人数				工役人数				备考
		本校	附属学校	计	教员	职员	技术人员	军训人员	计	导技工	特种工役	普通工役	计
绥远准噶尔旗小学	准噶尔旗	120		120	7	3			10		1	2	3
绥远杭锦旗小学	杭锦旗				7	3			10		1	2	3
绥远达拉特旗小学	达拉特旗	63		63	6	4			10		1	2	3
绥远鄂托克旗小学	鄂托克旗	51		51	6	4			10		1	2	3
玉树小学	玉树				6	4			10		1	2	3
宁夏额济纳旗小学	额济纳旗				6	4			10		1	2	3
青海柴达木小学	柴达木				6	4			10		1	2	3
果洛小学	果洛				6	4			10		1	2	3

〔行政院档案〕

5. 教育部报送第四届边疆教育委员会委员名单呈

（1943年12月11日）

教育部呈　蒙字60384号

谨呈者：本部为研究边疆教育之办理原则及各项实际问题，特设边疆教育委员会，遴聘主持边疆事业及对于边疆教育富有研究之专家为委员，定期集议，共策进行。设立以来，已历三届，近以边疆地位之重要，日甚一日，边疆教育之设施尤须加速推进。爰将第四届边疆教育委员会委员名额扩充，增聘专家，藉臻集思广益之效。并定于三十三年一月十四、十五两日在重庆本部举行全体委员大会，谨检呈委员名单及会议日程各一份，伏乞钧座颁示训词，俾资遵循，毋任待命之至。谨呈

行政院院长　蒋
副　院　长　孔
　　附委员名单及会议日程各一份

　　　　　　　　　　　　　　　　教育部部长陈立夫

中华民国三十二年十二月十一日

　　边疆教育委员会第四届委员名单（以姓名笔画多少为序）
　　陈立夫　　本部部长
　　王文萱　　国立东方语文专科学校校长
　　任乃强　　西康省通志馆馆长
　　汪懋祖　　西南联大教授
　　李安宅　　华西大学社会学系系主任
　　李永新　　中央组织部边疆党务处处长
　　阿旺坚赞　西藏驻京代表
　　吴文藻　　国防最高委员会参事
　　吴铸人　　军委会侍从室第三处组长
　　吴泽霖　　西南联大教授
　　孙绳武　　中国回教救国协会理事
　　时子周　　中央委员
　　麦斯武德　国府委员
　　马鹤天　　察境蒙旂党务特派员
　　凌纯声　　中央研究院历史语言研究所研究员
　　徐益棠　　华西大学教授
　　陶云逵　　西南联大教授

郭莲峰	本部战时教育研究委员会专门委员
张廷休	贵州大学校长
张伯怀	中华基督教全国总会边疆服务部主任
张维翰	内政部政务次长
黄文弼	西北大学教授
楚明善	蒙藏委员会蒙事处处长
荣　祥	绥境蒙政会秘书长
熊耀文	蒙藏委员会藏事处处长
黎　明	军令部二厅五处（边务处）处长
赵葆全	农林部司长
刘锡藩	前广西省立特种师资训练所所长
骆美奂	本部蒙藏教育司司长
顾颉刚	中央组织部边疆语文编译委员会委员
韩儒林	中央组织部边疆语文编译委员会委员
陆京士	社会部司长
严镜清	卫生署处长
叶秀峰	中央委员

〔行政院档案〕

6. 教育部关于1943年度边疆教育工作报告

（1944年　月　日）

一　概述

边疆教育之范围，依行政院颁布之"边地青年教育及人事行政实施纲领"所规定："蒙藏及其他各地之人民，其语言文化具特殊性质者，一律施以边地教育。"则目前国内使用蒙古、藏缅、突厥、苗猺撣人等各种语文之同胞，胥为边疆教育之对象。试就地域之分布观之，使用蒙古语文之同胞分布地区以蒙古地方及热河、察哈尔、绥远、宁夏诸省为主，兼及东三省及青海、甘肃、新疆等省；操藏缅语文之同胞居住地区以西藏地方及西康省大部分为主，兼及青海、甘肃、四川、云南诸省之边境，采用突厥语文之同胞居住区域以新疆省为主，兼及甘肃、青海边境及蒙古地方之乌梁海，科布多等地，使用苗猺撣人等语言之同胞则散居川、滇、黔、桂、粤、湘等省边地，此外尚有少数使用满洲语文之同胞，一部留居吉黑边境，一部分迁居新疆伊黎、塔城等地，惟人数极少，且多已涵化，渐可接受普通教育，故目前边疆教育之设施，可依各种语文不同，边胞分布情形，而为蒙古、西藏、新疆及西南边地等四区，惟近边各区多系各种边胞杂居未易划分疆界，且边地所有学校，为谋易于"激底培养民族意识，以求全国文化之统一"起见，均尽量以兼收特殊语文之学生混合施教为原则，故上述四区之划分，不过谋叙述上之便利，固非整个边疆教育事业之可割裂区分也。

自民国十九年本部增设蒙藏教育司以还，对于边疆教育之设施，向采各区并重之原则，虽以各地特殊环境之关系，设校时间容有先后，如就国立各级边地学校之设置而言，前数年间以设在藏胞住区及西南诸省者为多，而卅二年则在蒙胞分布地区所增者较多。然"融合大中华民族各部分之文化并促进其发展"，实为边疆教育确定不移之终极目的，凡属大中华民族中之一部分，其语言文字未臻融合一致者，即同在施教之列，固无所轩轾也。

推进边疆教育事业工作之主要单位，原为各边地教育行政机关，本部近年来对于督导各地方推进边教之工作，极为重视，三十二年五月复照各边省边胞人数分布情形及原有各边地教育基础，厘订"各边省办理边教三年推进表"规定自卅三年起至卅五年间之各项边教设施总数，由各该省自行拟定其分年计划呈部核定后实施，惟目前各边疆地方力重有所不足，因有由部直接设校之需要，且边地读物极感缺乏，亦需有统筹供应之办法，本司有鉴于此，特定"增设并充实边学校"及"译印边地教材"两项为卅二年度之中心工作，一年以来，关于边地学校者计增设边地师范学校一所，职业学校二所，小学九所，合计十二所，统筹购发各边校教具医药等项设备及核发各边校充实设备费共一二三九三五〇元。关于教材者，除随时审定并编辑各项补充教材外，并将部编初小国语常识课本译成蒙藏回文，分别与国文对照排印，以便分发边地各校应用，至其他视导调查等项工作，亦均各就人力物力之所及，黾勉从事，兹将卅二年度边教设施概况分别略述于次：

二　蒙胞住区教育

（一）国民教育　蒙胞居住区域教育设施除沦陷区情形不详外，现在绥远伊盟七旗及乌盟东公西公两旗之各一部，设有旗立小学廿三所（内有四所未开课）绥省第三区行政督察专员桃力民办事处设有小学十四所，绥省蒙民组训处设有小学四所，杀虎口牧场附设小学一所，合计绥境已开课之蒙旗小学三十八校；宁夏境内定远营有旗立简易师范附小一所，额济纳旗立小学一所，青海境内尚有蒙藏文化促进会所设小学五十四所兼收蒙藏学生，本部直接为蒙藏胞子弟设立之小学，原有宁夏定远营实验中心学校一所，三十二年度增设绥宁师范附属小学一所，并就伊盟札萨克、准噶尔、杭锦、达拉特、乌审、鄂托克等六旗及宁夏额济纳旗各增小学一所，共八所，现除乌审旗小学因故暂缓开办，鄂托克旗、达拉特旗两小学及绥宁师范附小均已呈报开学外，其余各校开学日期，尚未据报。

（二）师资培养　本部前采纳边疆教育委员会第二届大会之建议，参酌实际情况，划边地为十七师范区，各设师范学校，负责培养各该区之国民教育师资；其属于蒙胞师资者，暂分绥蒙、阿旗、肃州等三区，绥蒙区暂就国立伊盟中学增设师范班次，以后渐谋扩充，阿旗区已设立国立绥宁师范学校于宁夏黄渠桥，现有师范三班，肃州区已设国立肃州师范学校，现有师范二班，此外散居青海境内蒙胞之国民师资，暂由国立西宁师范负责培养。至于中等学校师资，则有国立边疆学校以培养之，该校设于巴县之界石场，设有二年制及五年制师范专修科，兼收蒙藏新疆等边地学生，现共有师范专修科学生八班。

（三）职业训练 蒙胞生活多以游牧为主，其畜牧技术及畜产制造之方法，均待训练与改进，本部特于宁夏省城，设置国立宁夏实用职业学校，注重畜牧纺织兼设化工金木等科，原有学生七班，卅二年度复增设两班，共九班，此外在蒙胞住区各中等学校，均就环境所宜，充实农工场设备，以兼施生产技术之训练，如伊盟中学有毛织工厂一所，置织机两架，每日可出军用毯七张，肃州师范有手工纺织场一所，纺毛机二十辆，织褐机四架，农场五十亩，牲畜骡马牛共十五头，绥宁师范亦有农场及农具之设备，以供学生实地学习。

（四）中学教育 本部在蒙胞住区所设中学，现有伊盟中学一所，校址郡王旗栽生含，内中学班级计初中五班，补习班两班，另在肃州师范附设中学七班，以容纳散居甘肃境内之蒙古学生，其散居青海一带者，则由西宁师范中学班次容之。

（五）社会教育 蒙胞区内，社会教育设施，除各学校所兼办者外，另有蒙政会所设之伊盟民教馆一所，办理图书阅览、时事讲演成人补习教育，并附设民众问字处及代笔处，宁夏设有边疆教育巡回工作团，及蒙藏委员会调查组在定远营所设图书室一处。

（六）蒙生奖助 蒙籍学生之在国立边地中等学校者，一律享公费待遇，新近在伊盟各旗及宁夏额济纳旗所增设之小学，对于蒙生入学特予优待，除豁免其一切费用外，并由校补助制服膳费，对于升学内地中等以上学校之蒙古学生，则依其志愿由本部指导或分发各校肄业，并在国立边校设有中学班次，以收容程度参差之学生，使有补习准备之所，蒙生已入专科以上学校者，并得请求补习,以其成绩为等。甲等五六〇元,乙等五〇〇元,丙等四四〇元,中等校学生于必要则视其实际需要,酌给一次补助费。

(七)教材编译 近年来,本部曾随时将中央重要文告演说辞译为蒙文,以供蒙胞阅读,并编译蒙文边疆小学国语教科书,计八册,卅二年复将部编初小国语常识课本译为蒙文,与国文对照排印,现前四册已经陆续出版,即可分发各小学应用,后四册正翻译中。

三 藏胞住区教育

(一)国民教育 为藏语同胞子弟而设之国民教育机关,在西藏地方,有本部直辖之拉萨小学,现有学生五班,蒙藏委员会驻藏办事处所设拉萨古扎(由本部补助)札什伦两小学及拉萨仲科子弟学校,在西康省境有本部直辖之,德格中心小学校,越嶲实验中心学校,国立康定师范附属小学。蒙藏委员会设立本部补助者,有昌都江达两小学,其由地方办理者,康宁两属边民学校,省县立共计约七十所,在青海境内,有蒙藏文化促进会设立之小学五十四所,兼收蒙藏学生。本部前已补助果洛小学三所,三十二年度复增设直辖柴达木小学,果洛小学,玉树小学各一所,现正积极筹备开学,此外在甘肃四川云南各省边境藏同胞杂居之处,尚有若干小学,不具载。

(二)师资培养 培养藏胞国教师资之边地师范区现暂分康定、巴安、甘孜、昌都、玉树、临夏、西宁等区,现康定区已设国立康定师范学校,有师范三班,巴安区暂由国立康定师范学校设立巴安分校于巴安,已招师范学生两班,将来渐图扩充,临夏区已设国立西北师范学校,学生七班,西宁区已设国立西宁师范学校,有师范班次六班,甘孜、昌都两区,正待分期筹设。至中等师资,亦由国立边疆学校之师范专修科培养之。此外,青海设有省立大通蒙藏简易师范一所,兼负培养蒙藏边地师资之责,西康省立康定师范曾先后设有藏族师资训练所及特殊师资训练班。三十二年度复增设省立边疆师范一所,现正积极筹备中。

(三)职业训练 本部为训练藏胞子弟职业技能而设立边地职业学校共有五所,在甘肃境内者为拉卜楞与临潭两职校,拉卜楞职校设畜牧及畜产制造两科,共三班,临潭职校为三十二年度所新增,以地方不靖,暂缓开学。在四川边境有松潘职校,现分畜牧兽医,畜产制造及卫生三科,共有学生六班。在青海境内有青海职校,校设贵德城南,分六年制垦牧科,三年制垦牧科及畜产制造科,共四班。此外,本区中各边地师范学校为训练学生生产技能而设之农工场设备,计西北师范有大小纺纱机、织布机五十七架,工厂用具一百九十二件,农田八十亩,农具九十余件;西宁师范有工场一所,内置毛织机四架,弹花机一架,另有农田一百六十亩。

(四)中学教育 本部在藏胞分布区域未特设普通中学,惟就国立边地师范及职业学校中斟酌实际需要设置普通中学班级,招收藏胞子弟,以为升学之准备。现各校所设中学班次,计康定师范三班,西宁师范二班,拉卜楞职校二班。

(五)社会教育 藏胞信佛极笃,喇嘛在社会上之地位甚高,数目亦众,故藏胞住区社会教育,应先由喇嘛入手,目前已有喇嘛训练机关两所,均由本部补助设立,一为青海喇嘛教义国文讲习所,设于循化古雷寺,喜饶嘉措大师担任所长,分童僧壮僧两班,主要科目为国文、藏文及佛教经义,现有学生九十余人,一为甘肃卓尼喇嘛教义国文讲习所,设于卓尼禅定寺,旨在培植年幼喇嘛识国文,粗具科学知识,了解三民主义,养成汉藏通译人才,学科除增授藏文外,文体与国民学校课程相同,现有学生七十余人。

(六)藏生奖助 国立各边地中等学校藏籍学生,一律公费待遇,本年新增之玉树、果洛、柴达木等小学,对于藏胞子弟入学,均特予以优待,豁免一切用费,并由校补助制服膳费,对于升学内地中等以上学校之藏生,亦与蒙生同样予以入学便利及经济补助之优待。

（七）教材编译 近年来，本部曾随时选择重要文告及演说辞译为藏文，以供藏胞阅读，并译印国文藏文合璧之小学及民众学校课本数种，私家著述关于藏文书籍，亦时加审定，三十二年复将部编初小国语常识课本译为藏文，与国文对照排印，现正陆续出版中。

四　新疆边地教育

（一）国民教育 新疆省边胞数目达全省总人数的百分之八十以上，故其教育设施，几可谓全属边地教育，该省小学有教育行政机关所办与各族文化会所办者两种，前者系各族学生皆收，后者则以教育本族子弟为主，据最近统计，该省学龄儿童数为六十一万八千六百五十三人，已设公立及会立小学，共二千四百六十三校，六千四百六十四班，学生二十七万一千一百人，约占全省学龄儿童总数百分之四十四，其余学龄儿童中已受义务教育者有十六万八千八百二十八人，失学者仅十七万八千余人。

（二）师资培养 新疆过去以小学校急速度增加，小学师资之需要异常迫切，故大量增设简易师范。惟因数量发展过速，不免影响质之提高，故自二十九年起改取集中培养原则，以期提高程度，于是将原有伊犁、塔城、焉耆、阿克苏四简易师范分别改设中学或教员训练班，同时将省立迪化师范学校班次大量增加。现该校已有高级师范两班，初级师范二十二班，学生八百六十五人，此外另有师范学校两所，并在中学附设师范班两班，教员训练班五班，本年度复计划在各行政区中指定中学附设师范班一班或二班，以供给当地办理国民教育之需要。其中不能成立师范班或教师已敷用者，则继续办理教员训练班，将程度较差之教师，轮流调训，以求质与量双方同时提高。

（三）职业训练 迪化省立女子学院中附设职业学校分高初两级，现共二十二班，学生八百一十人。另于伊犁和阗两地，各有初级职业学校一所，其中各分纺织与缝纫两科，本年后计划与各有关机关会同办理各种短期职业训练班，并增设职业学校。

（四）专科及中学 新疆省专科以上学校，现有二所，一为省立新疆学院，系于民国二十三年由俄文法政专门学校改组而成。现已有学生十五班，共二百五十人，三十二年度复计划增设电机工程，理科、土木工程等八班，另一为省立女子学院，系于三十二年春由省立女中扩充而成，目前科系尚少。中学方面，新省现有初级中学四处，即迪化第一第二中学，伊犁中学、塔城中学。此外，女子学院附属中学部兼有初高中，新疆学院附设有高中部，共计全省中学六所，七十七班，学生二千二百八十三人。

（五）社会教育 新省民众识字教育之推进，系以民众学校为主，以冬夏学运动为辅，民众学校分为公立与会立两种，现今计公立会立民众学校，已有一千零六校，三千零五十四班，学生十五万四千三百九十六名，冬夏学运动系利用农事或畜牧之闲暇季节，在民间组织各种识字及学习简单技能之团体，人数多少不拘，施教地点无定，在郊外、庭院中或蒙古包中均可。此外，各县均有社会教育推行委员会，负责设计领导并推动地方社教之工作，所举办事业有民教馆、图书馆、娱乐场所、运动场等项，现计有民众图书馆三十一所，民众阅报处五十七所，代笔处一百零七所，俱乐部九十三所，体育场五十八处，公园三十六处，民教馆一所，剧团二十一团，剧场八处。

（六）教材编译 新省各族边胞所用语文较为纷歧，小学教材及民众读物均经教育厅及各族文化会译成各族文字，本年度复由教育部选购部编及经审定之各科教科书，寄发新省教育厅，译成各族文字，印发应用。

（七）征聘教师 新省以大中学教师缺乏，特于三十一年底函托本部代为征聘，当即由部代为物色，并订定优待赴新教师办法，除月薪由省发给外，所有全部旅费，治装费、置家费、杂费以及生活补助费，家属米贴等均由部发给。现计已先后抵新任教育、教授四人，中学教员十七人，共二十一人。

五 西南边地教育

（一）国民教育 西南各省边胞分布情形，较为零散，且多与内地同胞杂居，儿童之入普通学校者甚多，其一地聚居边胞较众者，则特设边地学校以教育之。现计贵州省原设有省立边民十一所，本年交由所在地县府接收，改办中心学校，并规定各县边民人口占全县人口百分之二十五至三十者，专为边民设置之中心学校及国民学校，应占全县校总数三分之一；其余按照边民人口比例增减之。云南省有省立小学三十一所，其中边生均在百分之七十以上，另有寻甸县苗民中心学校一所，四川省有省立杂谷脑沙坝小学各一所，苗民学校一所，川西汉夷学校一所。中华基督教边疆服务部设有边民小学二所，广西省边地国民教育较为普及，现在边地各乡村已设中心学校四十二所，国民学校六百六十九所，此外本部在西南各边地设小学计有：云南奎香□□中心学校，丽江师范附小，大理师范附小，贵州师范附小各一所，西南师范附小二所，共六所。□□湘粤两省边地亦有招收边胞子弟之小学不备载。

（二）师资培养 培养西南边地国民师资之边地师范区，暂分为榕江、□□、大理、丽江、腾龙、车里等区，现榕江区已设有国立贵州师范学校，师范学生九班，昭通区已设有国立西南师范学校，师范学生五班，大理区已有国立大理师范学校，师范学生五班，丽江区已设国立丽江师范学校，学生三班，至腾龙车里等区，尚待分期筹设，此外，云南省在边民住居各县局，计设有师范 所，简师二所，贵州省曾有台江国教师资训练所之设，专收夷生。广西省前设特种师资训练所，现经改称省立桂岭师范学校，并于东兰凤山天峨三县联合中学校及三江县立国民中学、各设边地简易师范班，三十二年复就省立雷色师范学校附设边地师范班一班，四川省设有省立威州师范以训练边教师资为主，并以省立乐山师范设边教人员训练班，招收边民子弟训练一年，以充边地国民学校师资。

（三）职业训练　本部所设西南边地职业教育机关，原有西康与金江两职校，西康职校设校荥经，现有农科，金江职校设于西康会理，现有五年制与三年制农科六班，即将增设化工科，本年度复在凉山附近之犍为县清水溪，增设国立清溪职业学校一所，注重农科，已于本年秋季开学。现有高级农科一班，初级农科三班。此外，西南各地师范学校，均有工场农场之设备，以训练学生之生产技能，其中以贵州师范设备较为充足，计有：农场方面有水田一五六亩，旱地二七八亩，山地二十万亩，农具六百件，畜产牛、猪、羊共一四八头；工场方面分木工、竹工、纺织、缝纫、造纸、裱褙、印刷及装订等组，设备有缝纫机两架，织袜机三架，铁工用具全套、木工用具十套、摩擦式纺纱机六架，木质织布机七架，木质毛巾机二架，造纸用具全套，造粉笔铜模五套，其他用具二百件，其余各校不具列。

（四）中学教育　西南边地青年之受中学教育，除入当地普通中学外，□□□边地师范学校之中学班级，现西南师范设有初中三班，贵州师范本部及黎平分校各设初中三班，共六班，大理师范设高中三班，初中一班。

（五）社会教育　西南各边省对于边地社会教育之设施，有数事足述者，四川省于马边及茂县各设边民生活指导所一所，于生活指导之中施以教育。本年度复增加事业费，增设巡回施教队及边民招待组，加强施教工作。广东省边教工作，原由该省边政委员会主持，设有连县、连山、阳山、曲江、乐昌、貌源施教站六站，本年施政指导委员会裁撤，业务归教育厅接办，连县、连山、阳山三施教站，由厅接办，其余三站归县接收，各站工作为调查所属区域边胞生活实况，并征集边地文物，及推行边地社会教育、卫生教育等项边教机构，最近该省边胞多已涵化，教育已相当普及，此后实无办理边教之必要。

六 调查与研究

（一）调查工作 前年本部之办第一届大学生暑期边疆服务团，在川西边地调查所得之报告，已由部理付印，于三十二年夏出版。题"川西调查记"，凡十余万言。

1．派边教督导员陈国钧赴绥远伊盟及宁夏一带调查，于五月由渝出发，十一月始返部报告。

2．聘边地特约通讯员李拂一、郝贵成、张思浩、陈明宣等四人，调查车里、昭通、德钦、玉树等区边胞社会近况，现已分别前往调查。

3．补助西南联大教授吴泽霖、张印堂等五人赴滇西江心坡及察隅一带调查。

4．补助国立金江职业学校教职员学生利用暑假组织宁属调查团，调查该区边胞实况。

（二）研究工作 三十二年度对于边疆研究工作，仍由本部指定中心问题，分别补助各大学院主持，兹将各院校研究工作概况列表如次：

校　名	校址	研究中心问题	工 作 概 况
国立西北大学	陕西城固	西北边疆建设之研究	一、已设西北边疆史、维吾尔文等科目，本年增设蒙文科目； 二、设置西北历史语文研究室； 三、设西北边疆建设讲习； 四、添辟西北文物陈列室。
西北师范学院	陕西城固	伊斯兰教化之研究	一、已设西北边疆史地等科目； 二、派陆懋德教授赴河西走廊考察； 三、派王心正教授赴湟水谷地考察。

(续表)

校　名	校址	研究中心问题	工　作　概　况
国立西北大学	四川三台	蒙古问题	开设蒙文及蒙古问题讲座。
私立金陵大学	四川成都	川康青边	一、文学院社会学系设有边疆研究组； 二、设边疆史地通论西南边疆等科目； 三、整理康倮傜羌等文物。
西北华西大学	四川成都	西藏问题	一、设边区地理、边政史、边区社会学边区民族学、边区风俗学等科； 二、编辑"边疆社会合作"、"西康地理调查报告"、"藏民妇女"、"拉卜楞寺院制度"、"黑水调查报告"等书； 三、考查□□□风。
国立云南大学	云南昆明	云南边疆问题	一、研究云南边地社区问题； 二、调查滇边江心坡一带边胞分布状况及实际生活情形。
私立大夏大学	贵州贵阳	贵州民族研究	一、继续研究下列各专题： 1．边疆文化与中原之关系； 2．西南边疆社会问题； 3．历代贵州苗夷与政府之关系； 4．贵州氏族村落之文化及其地理因素。 二、调查： 2．黔南仲家氏族村落之文物制度； 1．贵阳附近汉人氏族社会之组织。

（续表）

校　　名	校址	研究中心问题	工作概况
国立中山大学	广东坪石	边疆历史语文之研究	一、设置边疆行政、边疆教育、边疆社会研究问题、中国民族政策史、中国边疆问题、民族学专题等科目； 二、考查粤北、湘西、桂省各边地边胞文化； 三、搜集西南边地文物，至研究其史地社会等问题。

此外，复指定边疆文化团体从事各项边疆中心问题之研究，由部核予补助，计有蒙藏月刊社，边政公论社，中国边疆问题研究会，西北建设协会，回教青年月报社等。

至于专门之研究边疆机构，如边政学院之筹，本部业已列入三十二年度工作计划，并草拟详细分组办法及概算，拟请在西北建设专款项下拨款创设，嗣以该款分配无着，暂难筹设。

七　行政及经费

（一）行政机构　目前边疆教育行政机构，在中央为教育部蒙藏教育司，中分两科：第一科掌边疆各项教育事业之计划兴办及管理等事项。第二科掌边疆教育之调查研究及编译等事项。各省之主管边教业务者，则视边胞人数之多寡，事务之繁简而分别专设科或指定专人负责，现甘肃省教育厅内设有专科，青康川黔滇等省均设专股，察绥宁各省均指派专人，此外，绥境蒙政会设有教育处，掌境内蒙旂教育事业。

（二）视导工作　三十二年对于各地边疆教育设施，除随时派遣视导人员视导外，并由本司骆司长前往视察二次，第一次巡视新疆、甘肃、青海三海，历时三月始归，第二次视察西康省边教，历时月余，此外，另派陈国钧视察伊盟区蒙旂教育，郭中央视导拉卜楞职业学校。

（三）经费概况 三十二年度边疆教育经费，原定经常费为：一〇，七四五，四八〇元，各边校建筑设备费一，六七三，〇〇〇元，后经追加经常费三，二三四，八一二元，临时费一，〇〇〇，〇〇〇元，各校建筑设备费八八〇，〇〇〇元，另由行政院专款拨发增设九小学经费二，二五〇，〇〇〇元，补助新疆省教育经费二，〇〇〇，〇〇〇元，代聘新省教师经费九三二，九六〇元，另专项补助边教事业机关经费四七四，四三二元，边地各校公共食堂经费五四〇，〇〇〇元，农林部补助边地职业学校农场设备费三〇〇，〇〇〇元，另由普通教育经费项下开支，五二三，七〇〇元，总计本年度边教经费共二四，五五四，三八四元，其中用之于蒙古教育者三，五〇二，六七三元，用之于西藏教育者为五，四四三，三一三元，用之于新疆省三，三〇一，一七六元，用之于西南各省边教者为二，九五一，九二五元。此外，如行政研究编辑及本部统筹之员生奖助，学校建筑设备等项经费，无法以地域划分者，计九，三五五，二九七元，倘以事业性质分列如下表

三十二年度边疆教育经费分配表

项　　目	经　费　数	百分比
总　　计	二四，五五四，三八四	一〇〇
高等教育	一，二四六，六二五	五・〇七六
中等教育	五，九九〇，四三八	二四・三九六
初等教育	五，九五八，四四四	一六・一一九
社会教育	八五，四四〇	〇・三四七
校舍设备	三，四一九，五〇〇	一三・九二六
编辑研究	一，三一七，三〇〇	五・四五五

(续表)

项　目	经　费　数	百分比
员生奖助	四，八八六，二六五	一九·八九九
地方补助	二，四八四，七七二	一〇·一一五
行政视导	一六五，六〇〇	〇·六七四
临时费	一，〇〇〇，〇〇〇	四·〇七二

八　结论〔缺〕

附：国立边疆各级学校概况一览表〔缺〕

〔国民政府教育部档案〕

7．教育部周辉福关于边疆教育的检讨报告

（1944年5月3日）

边疆教育由教育部设司主管，已整整十五年了。在这一段并不算长的时间内，我们遇到了许多特殊的困难，同时也得着不少的可宝贵的经验，我们趁此时机，愿提出重要的几点来作一番检讨。

（一）若干年来，从事边教工作者，都很努力于推行国语教育，此在一般国民教育原则上自极重要，但边地青年如果强迫其读国文，习国语，均以学习困难而视为畏途，甚或根本不愿入学，反致阻碍正常教育的发展。其实，语文不过是教育的工具，并非教育的目的，故权衡轻重，斟酌得宜，对国语教育之推行，实无强迫的必要，至少在国民教育阶段中，应不必强迫学习，可任边生自由选择。

（二）过去派往边地服务的人员，事先都未充分准备使之学习边地语文、了解并习惯边疆生活，所以工作时不免发生障碍，

今后边地服务人员,应先边地化,才能负起边疆与内地文化交流的使命。

(三)我们过去所办的边地学校,还未深入边境,学校内边生数所占的百分比也不很高,以大量的经费办这样类似的边疆教育,实在不太上算,今后应将所有边教经费,全部用于真正边疆教育事业。换言之,也就是应该把学校办在真正边胞集中的区域,凡边地的旗宗及土司地方,均要设法建立边疆教育的基础。

(四)以往边疆教育未能深入边地的主要原因,就是和中央在边疆所举办之各项事业未能配合推进,致孤单难于深入,今后似宜与交通、卫生、农林、社会、金融诸设施密谋联系,而学校教育本身,更应有充分的设备。如医药卫生诸设施均极重要,并以各种社会服务相配合,最好能尽量利用电化教育器材、音乐活动等以为推进之助,过去因为人力物力的缺乏,尚未尽量举办,此后似宜特别注意。

(五)总裁在中国之命运中提示今后全国青年宜立志建设边疆,努力屯垦工作,目前应如何积极推行屯垦教育,以适应战后的需要。

此外,如培养并储备边疆人才,互译内地与边疆有关的重要图书,倡导边疆研究工作,均为边疆教育重要任务,有赖各方协助推进者甚多。

周辉福

五、三、

〔国民政府教育部档案〕

8. 中华基督教会边疆服务部关于民国三十三年度边地文化教育工作报告书

(1945年5月31日)

谨呈者:查本部三十三年度各项工作报告,前经分别缮呈钧

察,本年度除原有工作均照常进行外,谨将几件特别工作扼要奉陈如左:

(甲)凉山夷区抗建服务团已着手工作:

一、团员人数:全团十四人,由副团长朱晨声作领队。

二、工作路线:西昌、昭觉、布托竹核美姑、□□牛牛坝越巂等地,适为凉山夷区之中心。

三、主要工作:每处工作为:

(1)抗战宣传——新闻报导(带有无线电收音机),新闻画片展览;

(2)教育活动——诗歌演唱,常识讲话,介绍党政军领袖,指导抢救盟军失事人员;

(3)卫生服务——疾病诊疗与调查;

(4)社会调查——地方情形,本地领袖及□□□□。

四、参加团体:

(1)西昌委员长行辕派职员一人参加;

(2)西康省政府派职员二人参加;

(3)西昌无线电台派职员一人参加。

(乙)威州畜牧改良场积极扩充:

一、经费来源——本年度预算为叁佰陆拾万元,美国援华委员会补助三分之二,本部自筹三分之一。

二、牛羊增加:

(1)该场去年开办之初原有纯种拉不兰羊七只,霍斯丁种牛二只;

(2)本年新购杂种羊十只,杂种牛二只,黄牛五只。

三、增建新式畜舍数间。

四、增设草坡繁殖站——草坡地属汶川县,为有名牧地,近派人前往调查设计,拟在该地大量繁殖耕牛,俾供善后建设用。

(丙)羌民学生进省观光:

一、动机——本部办理边教五载,边民青年男女向化日深,尤慕中原文化,不时请求进省参观,惟深感团体太大,困难必多,乃先组成佳山寨羌民学生参观团,共十五人,作为试办。

二、该团由本部川西区区主任崔德润率领,于三月三十一日到达成都。

三、参观目标:

(1)文化团体——托儿所、幼稚园、小学、中学、大学、中央军校;

(2)卫生机关——齐鲁、华西联合医院;

(3)现代工厂——面粉厂、电灯厂、织布厂;

(4)名胜古迹——武侯祠、望江楼。

四、各界欢迎招待

(1)军政首长赐见——张岳军主席在官邸、邓晋康主任在绥署分别接见训话,并赐丰美茶点,教厅郭子杰厅长、省社会处黄仲翔处长分别设宴招待。

(2)文化团体纷纷欢迎——成都各大学及男女青年会均个别举行盛大欢迎会,并招待吃饭。

(3)国际团体——如成都盟军招待所,盟军医院,国际妇女会,亦分别招待。

(4)圆满归去——该团四月十二日离蓉,羌民团体进省参观,此为有史以来第一次,各界人士的热烈欢迎实予羌胞无上的激励,他们亦不愿意人再称之为"边民"。

(丁)卫生工作积极扩充:

一、杂谷脑扩充医院——川西区杂谷脑诊所本年为应地方之需要及便于四土草地来往番民就医起见,特就商业中心区之兴隆场租到宽大院落一所,扩充设备,添聘医生,成立正式医院,新院长为前云南大学医学院教授崔毓珊医生,已于四月间开始收容住院病人。

二、河西服务处添设诊所——河西为西康省西昌与盐源间之政治文化经济中心，汉夷居民众多，本部于三十一年即设服务处于此，有社教处及招待所等，卫生工作只有定期巡回。本年三月正式添设诊所，派陈明益干事主持，两月以来，每日诊病人数已由十余人增为二十余人矣。

三、西昌医院筹备新病房——自从去年本部西昌中心医院与卫生署西昌卫生院双方合作以来，病人与日俱增，门诊病人每日平均百人，住院病人每月平均四、五十人，较之以往增加数倍，病房时告人满，尤其夏令时更多，刻正计划扩充院址，增建病房。

四、积极防治黑热病与回归热——去年川西区威州诊所发现黑热病与回归热，对黑热病除一面邀请病理学专家侯宝璋教授前往研究，一面予以治疗，刻治愈者已有十余人，对回归热症一面积极治疗，一面防止传染，现已在威州添设灭虱站，代病人及地方民众消毒衣服被褥等物。

（戊）边胞已知重视教育：

一、自动改建新校舍——本部在边地所办各小学，以经费所限，开办之初，校舍均系因陋就简，利用民房，略予修葺而已。近二年来地方边胞已了解教育之重要，并对学校逐渐负责，除纳学粮外，并纷纷自动改建校舍，佳山寨小学新建礼堂一所，立力寨校舍全部新建，萝葡寨新校舍正在修建中。

二、会理小黑菁卢姓夷人将绝产租谷十四石（每年）捐助发展学校。

（己）添设昭觉服务处：

西康省昭觉县交通最难、野夷最多，需要教化最为迫切，本部去年秋即开始准备前往服务，本年三月筹备完成，由卫生干事一人、教育干事三人前往工作。

（庚）出版汉夷旬报：

西康区以傈胞中已有不少粗识文字者，惜无适当读物可以介绍，乃自编简单旬报一份，内容为常识及国内外大事，国语及傈文并列，定名为《汉夷旬报》，专为傈胞印行之报纸此乃第一份。西康省屯垦委员会及靖边司令部均极欢迎采用。

（辛）云南区三大工作

一、边疆工作人员训练班

(1)目的——培植边疆服务工作的中下级干部。

(2)资格——苗夷边胞中之小学毕业生及同等学力者。

(3)课程——国文、常识、卫生、生产技术训练（纺织、木工、农牧）。

(4)待遇——膳食自备，余均公家负责设备。

(5)刻已开班，现有学生十名，地址在滇北之苗区中心寻甸。

二、小多姑实验村——为工作实验及便于学生实习起见，择定城西北二十五里之小多姑村，设实验小学一所，作为工作推动试验之中心。

三、辅助小学教师进修：

(1)介绍适当读物；

(2)解答疑难问题；

(3)指导教学方法；

(4)举行假期训练，每年至少一次。

以上所陈，敬祈鉴核为祷！谨呈

行政院院长 蒋

代 院 长 宋

中华基督教会全国总会
边疆服务部主任 张伯怀谨呈

中华民国三十四年五月三十一日

〔行政院档案〕

9. 抗战期间国立边疆学校历年概况比较表

(1945年6月)

(1) 学校数

年度	28年度	29年度	30年度	31年度	32年度	33年度	34年度
总计	4	14	24	29	35	38	39
专科			1	1	2	3	2
中学	1	1	1	1	1	3	3
师范	2	5	9	12	12	10	10
职业	1	2	6	7	8	9	9
小计		6	7	8	13	14	15

(2) 学生数

学年度	28年度	29年度	30年度	31年度	32年度	33年度	34年度
总计	334	3,523	6,112	7,178	9,490	10,587	8,634
专科			27	312	429	338	338	489
中学	30	189	168	236	267	1,303	294
师范	274	1,071	1,742	1,954	3,182	3,211	2,215
职业		12	742	869	1,331	1,401	1,303
小学	80	1,224	3,148	3,690	4,372	4,334	4,328

〔国民政府档案〕

10. 抗战前后历年各边远省份教育文化补助费统计表

（1945年7月）

年度	廿四年度	廿五年度	廿六年度	廿七年度	廿八年度	廿九年度	卅年度	卅一年度	卅二年度	卅三年度	卅四年度
总计	500,000	372,000	462,000	150,000	402,210	532,610	418,600	19,800	241,100	770,968	2633,100
热河											
察哈尔	50,000	30,000	25,000				9,000				
绥远	50,000	35,000	40,000	5,000	10,000	56,000	40,000	12,000	79,300	234,000	415,000
宁夏	15,000	15,000	40,000	10,000	10,000	83,200	40,000		41,620	48,000	1132,200
甘肃	30,000	30,000	40,000	10,000	49,305	87,505	88,000	7,800	58,160	80,502	440,400
陕西	80,000										
青海	25,000	25,000	40,000	5,000	21,000	57,000	35,000		51,600	70,466	7,500
新疆	50,000	50,000	50,000	25,000	50,000	50,000	20,000			200,000	120,000
四川		10,000	30,000	10,000	58,105	34,105	6,000		6,260	30,000	100,000

(续表)

年度	廿四年度	廿五年度	廿六年度	廿七年度	廿八年度	廿九年度	卅年度	卅一年度	卅二年度	卅三年度	卅四年度
西康	30,000	30,000	30,000	30,000	82,000	56,000	50,000		1,560	46,000	275,000
西藏		17,000	20,000	5,000	5,000	8,000	10,000			20,000	93,000
云南	90,000	60,000	50,000	20,000	40,000	48,000	60,000				50,000
贵州	80,000	60,000	50,000	20,000	40,000	6,000	10,000		2,600		
湖南		10,000	30,000							42,000	
广西			20,000	10,000	36,800	36,800	40,000				
广东						10,000	10,000				

〔国民政府档案〕

11. 抗战前后历年度边疆教育经费统计表

(1935-1946年)

年度	总计	边远省份教育文化补助费	边疆教育事业费	部措各边校经费	特拨经费	其他及补助费
小计	7,537,596,755	112,795,788	303,643,429	3,602,106,841	6,501,000,000	18,050,692
二十四年度	550,000	500,000	—	—	—	50,000
二十五年度	525,000	372,000	98,000	30,000	—	25,000
二十六年度	700,208	465,000	115,000	60,000	—	69,208
二十七年度	250,600	150,000	74,000	—	—	26,600
二十八年度	747,132	402,210	45,790	96,610	—	202,522
二十九年度	1,407,497	532,610	136,000	526,104	—	212,783
三十年度	5,034,179	418,600	512,600	3,005,257	—	1,097,722
三十一年度	8,160,031	19,800	1,000,000	6,430,099	—	710,132
三十二年度	15,289,924	241,100	3,536,913	11,287,779	—	224,132

(续表)

年　度	总　计	边远省份教育文化补助费	边疆教育事业费	部辖各边校经费	侨校经费	其他及补助费
三十三年度	391,891,384	770,968	17,685,855	22,129,929	351,000,000	304,632
三十四年度	5,977,601,400	2,633,100	117,089,271	53,517,063	5,800,000,000	4,361,956
三十五年度	1,135,430,400	106,290,400	163,350,000	505,024,000	350,000,000	10,766,000

〔国民政府档案〕

〔七〕侨民教育

（一）侨民教育方案与建议

1. 侨务委员会战时侨民教育工作方案

（1941年）

（一）——（九）〔略〕

（十）增强侨民学校与祖国联系

(1)加紧督促侨民学校案

为使海外侨民学校与祖国政府发生密切关系，经常报告校务，以便实施指导监督起见，惟有实现所有侨民学校皆向祖国政府立案之一办法。查海外侨民学校，根据本会调查，共有三二三一间（截至二十九年六月底止之统计数字）其已立案者截至二十九年底止，共四九三间，三十年度当加紧督促立案，以达到立案侨民学校增至一千间之目的。

(2)继续拨款奖励侨民学校

本会为发展侨民教育及奖励侨民学校向祖国政府立案起见，前曾逐年拨款奖励向祖国政府立案。侨民学校之办理著有成绩而经费确属困难者，三十年度曾继续在侨民教育辅助费项下拨款十二万元，补助已立案侨民学校，使之充实设备，加强管教，并以此启导未立案侨民学校向祖国政府立案。至该项补助费之核发，则当根据下列原则：

（甲）依照各侨民居留地侨民人数多少，侨民学校多少，妥为分配，勿使畸重畸轻。

（乙）补助费之分配，除根据学校呈请外，应视侨民教育专员、领事馆专管侨民教人员或其他有关人员之报告，加以决定。

（丙）对于各校之补助，以补助图书仪器标本或教师为原则，其有特别情形者，经呈奉核准后，方得以现金补助之。

(3)设置侨民教育奖金

欲求侨民教育之进步，一方面须使实地办理侨民教育者（即各侨民学校校长、教职员等）办理学校行政及对于学生之管教获有成绩，一方面须使受教者（即各侨民学校之学生）努力求学，不断进步，为欲达此目的，曾于三十年度在侨民教育经费项下拨款二万元，以六千元奖励办理侨民学校著有成绩之若干校长、教职员，一万元在已立案之学校设置学生奖学金，以奖励学行成绩优异之学生，另以四千元为回国升学之华侨学生奖学金，其详细办法当另行规定。

此种办法之实施，一方面固可以鼓励侨民学校校长、教职员尽忠职守，学生努力学业，一方面亦可以使侨民学校对于祖国发生更密切之关系而促使其接受祖国政府之切实指导。

(4)设立侨民学校教职员介绍所

海外侨民学校为数三千余，所需教职员自属不少，并以海外师资缺乏多向国内罗致，惟各校当局聘请教职员时，因无固定之介绍机关予以协助，仅能就其所认识者或友朋所介绍者中选聘。故往往不能获得满意或符合政府规定资格之人员，反之在国内欲往海外充任教职员者，又苦无门径前往，兹为调剂此种现象起见，当于三十年度设立侨民学校教职员介绍所，一面登记国内愿赴海外担任侨民学校教职员者，一面通告海外侨民学校如需教职员可函请该所介绍或提出各项条件，径行委托，该所代聘，务使双方均感便利，所有登记愿往海外担任教职员者，有必要时得予以短时间之讲习，使先明了侨校之一般情形而有所准备。

(5)继续组设海外华侨教育分会，协助政府促进侨民教育查华侨教育总会筹备委员会于二十九年度组织成立，并经进行组设海外各地分会，三十年度应加紧进行，将海外各地现有侨民教育团体加以整理或改组，并与之取得密切联系，其未有侨民教育团体之侨民居留地，则商请当地从事侨民教育人士进行组织分会，而与总会联系，务以年底以前至少成立三十个海外侨民教育团体，以便于三十一年暑期召集第一次侨民教育会议讨论协助政府推进侨民教育各项问题，同时选出第一届华侨教育总会理监事，正式成立华侨教育总会。至海外各地侨民教育团体工作之进行，应由总会订定各项方案，俾有所依据，总会则应根据其报告，加以考核及指导督促。其因进行工作而缺乏经费者，得由总会酌予补助，总会经费则由侨民教育经费项下拨支。

（十一）实施侨民教育辅导工作

(1)设置驻港澳侨民教育专员，并指导及督促侨民教育，专员及使领馆专管侨民教育人员，切实进行工作。

关于本会会同教育部呈请核准在海外侨民教育较为发达之区设置侨民教育专员一案，经奉核定在设有使领馆地方由外交部就使馆人员中指定一人专管侨民教育，在未设使领馆地方，如有设置专员必要，得另办理在案。二十九年度外交部已就各使领馆人员中分别指定专管侨民教育者，未设使领馆地方，有香港、澳门及泰国等处，我旅泰侨民学校几全被封闭，泰国方面暂未派专员，惟港澳侨民教育甚为发达，确有设置专员必要，当于三十年之始，会同教育部置驻港澳侨民教育专员，并订定《侨民教育专员及领事馆专管侨民教育人员工作纲要》，通令遵照施行，另制定各项表册，通饬遵照，按期填报，以便考核。致使领馆专管侨民教育人员，如因视察侨民教育所需公旅费使领馆无法支付者，亦当酌予补助，以利工作之进行。

(2)设置侨民教育巡回讲学视导团

为彻底明了侨民教育情况，并实地予以指导督促起见，三十年度当会同教育部遴选富有教育学识经验及对于国内国际问题、华侨回国投资问题等素有研究者三人至五人，组织侨民教育巡回讲学视导团，派赴南洋一带工作，此项讲学视导团，到达一地之后，除集中或分散视察各侨民学校外，并随时随地召集该地侨教人员或文化界人员（各侨团负责人亦可参加）作学术讲演或讨论华侨教育文化之问题。此项巡回讲学视导团，于六月间出发，至年底返国。

又此项巡回讲学视导团，除负责视导侨民学校及讲学外，仍可作国民外交活动，应随时自动选取机会，向所到地各国人士宣传祖国抗战建国实况，以争友邦对我之同情与赞助。

(3) 加强侨民教育之设计与研究

为改进侨民教育起见，前经本会会同教育部指派及聘请熟悉侨民教育人员组设侨民教育设计委员会，研讨侨民教育问题，惟该会因无专任职员负责办理会内日常事务及搜集参考材料，以供各设计委员研究，且该会全无经费，远道设计委员旅费无着，亦难参加会议，贡献意见，以致会务进展颇感迟滞。兹为加强侨民教育之设计与研究起见，三十年度应拨给该会经费，俾一面任用专任职员，办理日常事务，一面酌发设计委员参加会议公费，俾得出席会议，藉收集思广益之效。至各设计委员因各有专长，自应分组研究各项问题，俾得集中注意悉力探讨，以期各自发挥其精到之意见，供施政之参考。

(4) 出版侨民教育月刊

本会为指导侨民学校校长教职员改进校务教务，并协助其进修起见，当于三十年度会同教育部出版侨民教育月刊，所需稿费暨编辑及印刷经费，由侨民教育经费项下拨给之。

(十二) 促进侨民普通教育

(1) 设立国立华侨中学第二校

本会为便利自海外回国升学华侨学生，并使之尽量集中，以便加授若干在侨居地生活所需之知能，而期重返侨居地时，得运用所学，增进个人生活及侨胞生活起见，经二十九年度会同教育部在云南保山设立国立华侨中学一所，计共收学生六百余人。唯因南洋时局紧张，各地华侨学生仍多源源回国就学，仅此一所中学，势难全数收容。又以一般华侨学生回国，每以到达战时首都为其唯一目的，多辗转来渝就学，因此，实有设立国立华侨中学第二校于重庆□□区之必要，该校应于三十年春开始筹备，至九月间正式开学，共设中学六班，补习班一班。

(2)继续拨款倡导设置侨民小学

查有若干侨民居留地，侨民众多，尚无侨民学校之设（或因经费筹措困难，或因无人倡导，或因环境特殊），遂致所有学龄侨童均丧失受祖国教育之机会，其家庭较为富裕者，则入当地政府所设立之学校，受异国教育，致为其所同化，其家境较为清贫者，固不能受异国之教育，然因不识不知，毫无祖国观念，无异当地土著。本会为补救此项缺陷起见，经于二十九年度拨款在澳洲之雪梨及美利滨设立侨民小学，三十年度当在侨民教育补助费项下拨出款项七万元，在布丹之噶伦、中美之瓜地马拉及接近泰国边境之缅甸东部、越南西部、英属马来亚北部等处，协助当地侨民设立侨民小学七所。

(3)督促各侨民学校切实改进校务，加强管教

本会为使各侨民学校改进校务，加强管教有所依据起见，三十年度当将《侨校行政》、《侨校训育》、《侨校设备》等书编竣印发，各校参考实施，其有困难者亦妥于解决。又本会以前所订侨民中小学教学科目及时数，过于固定，事实上不易强制海外各侨民学校一体遵行，三十年度应切实研究改善，使富于强性，以适应各地不同之环境。

侨民小学各科教科书，三十年度上半年当可编就印行，其应督促各侨民小学一律采用。至各侨民学校学期开始终结报告表，

应予分别订正,并严格督促各校,依时报告,以便考核指导。此外,关于推行导师制及童子军训练,亦应订定具体办法,分别督促各侨民学校实施。

(4)编印侨民教育教材

关于侨民小学教科书及教学法,共计八十六册之编辑。二十九年度已完成五分之四,并已将一部分交由香港商务印书馆承印。三十年度上半年,应将未完成之部分全部完成付印。其次,本会公布之侨民小学教学科目,原无外国语一科,唯各因地方环境之需要,亦准予增设,由三年级开始教授。兹查南洋英美属地之华侨学校,为应付当地政府之要求及事实上之需要,对于英语一科均列课程表内,为适应此种要求起见,当于三十年下半年继续编辑侨民小学英语课本。并于年底以前编辑完竣。再次,海外侨民学校之中初级中学亦属不少,为使各侨民初级中学学生获有完善之课本起见,当于三十年度下半年着手进行编辑侨民初级中学各科课本,定于三十一年底以前全部予以编辑完竣。此外,海外侨民民众学校,亦逐渐设立,为使各民众学校学生获有适应需要之课本起见,亦当于三十年度下半年着手编辑侨民民众学校课本,并于年底以前编辑完竣付印。至于海外侨民学校员生参考之图书,亦亟待编印,以供应用。计南洋丛书第一辑前六册,已于二十九年度完成十分之七,三十年度上半年当予以完成,下半年则将其余六册编竣;南洋地理大挂图已于二十九年绘竣付印,分图十五幅,亦已着手编绘,当于三十年度上半年完成;侨民小学补充读物,当于三十年度下半年开始编辑,于年底以前编辑完竣十四册。

为完成上开课本及参考图书之编辑,当于三十年度之始集行搜集有关参考资料,并由本会会同教育部组织侨民教育教材编辑委员会,俾得实际主持编辑工作之指导与审查,另在该会之下设置编辑室,负实际编辑责任,编辑人员亦应予增设,俾加强其工作能力。

（十三）办理侨民师范教育

(1)继续办理侨民教育函授学校

本会为对于现任侨民学校教职员充实其一般知识，增进其专业技能，并予以精神上之训练，高度提起其服务兴趣，使成为实施三民主义教育之优秀人员起见，特设立侨民教育函授学校，该校第一期招收学员一千二百余名，规定修业期间为一年半，由二十九年七月一日开始，函授计至三十年底方能授毕，全部课程在三十年度内之工作，为继续印发各学科讲义批阅，各学员缴来练习卷及出版校刊。此外须特别注意考查各学员在学期间之成绩是否优良，其成绩优良者方能核准毕业，给予毕业文凭。至考查成绩之办法，应注意学员是否依时呈缴练习卷及其他课艺暨其内容，是否充实正确，必要时并得委托当地专管侨民教育人员或其他适当人员，予以面试，以资参证，其未经中学毕业之学员，毕业时应另予普通学科之考试，对于学员所报之资历，如有疑时时，亦应饬其缴验证件或委托当地专管侨民教育之人员或其他人员查验，以免冒滥。

(2)续续办理侨民教育师资训练班

海外侨民学校教职员不合规定资格者为数不少，除设侨民教育函授学校暨侨民学校教职员暑假讲学会予以进修之机会，藉资充实其一般知识，增进其专业技能外，另设立侨民教育师资训练班，训练优秀师资，派赴海外侨民学校服务，该训练班考取具有中小学教职员资格之学员，予以五个月之训练，第二期于二十九年十二月考取学员三十九名，当于三十年一月开学，至五月毕业，毕业后由本会介绍前往海外各侨民中小学担任教职员，或于本会补助某侨民学校经费时改为补助教职员一名，即派毕业学员前往服务，至八月间继续办理，第三期招收学员五十名，训练半年后遣派出国服务。

(3)设立国立华侨师范学校

除由以上两项办法训练新旧师资外，尚嫌不足，为经常造就在海外推行三民主义教育之优良师资起见，三十年度当会同教育部设立国立华侨师范学校一所，多招粤闽两省学生就学（海外侨民多为粤闽籍人，如能造就粤闽籍师资前往海外侨民学校服务，自较便利），第一年办师范两班，实验小学四班（单式二班，复式二班），幼稚园一班，以后逐年增加，至少达到设置师范六班，必要时并设特别师范科若干班，另设实验小学四班（高级单式初级复式），幼稚园二班，以资师范学生之实验。该校于三十年四月开始筹备，九月正式开学。

(4)在海外立案侨民中学内添设师范班

目前海外侨民学校为数三千余，每年所需补充师资非少，自不能完全由国内训练派出服务，且有若干侨民居留地政府对于知识分子之入境异常注意，往往加以阻止，故在海外侨民居留地设立师范学校，培养小学师资，担任当地侨民小学教职员，实为必要之图，唯单独设立，颇非易事，当先就海外现有立案侨民中学中选择成绩最优者，拨助经费，添设师范班，三十年度先在英属马来亚选二校，在荷属东印度选一校，指定一校增办三年制师范一班，指定二校增办三年制师范及一年制简易师范科各一班，于上半年筹备，下半年开学，其班主任由本会选派适当人员担任之。

至侨民中等学校为数无多，其所需师资一时自不能在海外设校培养，仍当在国内训练派出服务，故除视海外需要随时开办师资训练班外，每年将由本会商请教育部保留国立师范学院新生名额二、三十名，以备招考华侨学生前往就读。

(5)举办侨民学校教职员暑期讲习会

本会为便利现任侨民学校教职员暑期进修，并研讨校务教务训育及各科教学问题，藉资增进个人知能，进而改进侨民学校起见,决定利用暑假期间召集各侨民学校教职员举行讲习会,三十年度当会同教育部先在香港、新嘉坡二地分别举行,讲习期间为一月,注重:(1)对于提高学员服务兴趣与服务精神之讲话,(2)关于国内国际政治、经济文化等问题之研究,(3)关于推行三民主义教育之理论与方法之研讨,(4)所任职务及所任学科之分组讨论等。

(十四)奖进侨民职业教育及民众教育

(1)增设侨民职业补习班

本会为使在海外从事工商农矿各业之侨民获得从事各业之简易知能起见,除经于二十八年度订定《侨民职业补习班规程》、普遍倡导设立侨民职业补习班外,复于二十九年度拨款指定住新加坡等地领事馆会同当地侨团侨校设立职业补习班二十五班,以为示范。每班由本会补助四百元,三十年度当继续拨款办理四十班,分配于海外侨民较多之地点,每班补助五百元。

再,侨民职业补习班推行已历年余,成绩未著。三十年度曾订定《侨民职业补习教育推行委员会规程》公布施行,目的在罗致驻在各地之领事及侨团侨校负责人,共同负责推行当地侨民职业补习教育,仍应订定《侨民职业学校补习班课程纲要》,分发各班遵照施行,以收宏效。

(2)奖助华侨学生肄业侨居地职业学校及技艺专科学校

吾国侨民散处海外各地,有若干地点职业教育及技艺教育颇为发达,若居留当地之华侨学生,能就其间而造就优秀之职业及技艺人才,为侨胞谋福利或回国服务,对于侨胞及祖国,裨益殊多。二十九年度经令饬各领事馆调查当地职业教育及技艺教育状况及华侨学生肄业当地职业学校及技艺学校情形,然后根据调查所得决定补助其中成绩优良之华侨学生,以资鼓励。惟据报寥寥,难于核办。三十年度当通令各领馆、各侨团、各侨校切实查报,分别办理。

(3)增设侨民民众学校

为使年长失之侨民获得简易之知能,除经于二十八年度订定《侨民民众学校规程》分别令饬海外领事馆、侨团侨校负责办理民众学校外,复于二十九年度拨款指定驻新嘉坡等地领事馆会同当地侨团侨校设立民众学校一百班,以为示范,每班由本会补助一百元,并编印《怎样办理华侨民众学校》一书,分发参照实施,三十年度当继续拨款办理一百班,每班予以二百元之补助。

再侨民民众学校推行已历年余,成绩未著,三十年度当订定《侨民民众教育推行委员会规程》公布施行,其目的在罗致各地领事馆及侨团侨校负责人共同负责推行侨民民众教育,仍当编辑各项教材分发参照实施,以期提高侨胞对三民主义及祖国抗战建国之认识。

(十五)协助华侨学生回国升学

(1)继续设置回国升学华侨学生接待所,并开设华侨学生补习班。

本会在渝市设立之回国升学华侨学生临时接待所,对于回抵重庆尚未进入学校之华侨学生甚为便利。惟二十九年八月,敌机轰炸渝市,所址被毁,不得已迁徙乡间,诸多不便。三十年度当继续设立,惟拟迁回重庆,并拟与教育部、海外部等机关共同办理,俾对侨生学子以切实之指导,且为便于利用在渝设立之国立华侨中学第二校校舍设备及教职员起见,当在该校设立侨生补习班,尽量收容程度较差、考学困难之学生,予以补习机会。

(2)指导及协助华侨学生回国升学

华侨学生回国升学,对于国内学校名称、地址、办理情况及招生办法多不明了,难为适当之选择,本会为便利华侨学生回国就学起见,经于二十九年度开始编辑《华侨学生回国升学指导》一书,本年即可印发海外各领馆及侨团侨校,以为指导华侨学生回国升学之依据。

又海外侨民学校因环境关系,课程与国内学校者不能完全相同,故其学生之程度亦与国内学校学生者不完全相同。换言之,即有若干学科程度较高,而有若干学科程度较低,如在国内参与竞争,考试入学,颇难获胜,故必须予以协助,使顺利达成其升学之目的。二十九年度本会曾于重庆、昆明、香港三处设回国升学华侨学生登记处,按登记者之志愿与程度,尽量予以协助,三十年度当继续办理,并对于回国升学之华侨学生,其确因一时家款接济不及者,酌予补助膳食费及赴考学校或就读学校之旅费。

(3)资助清贫华侨学生回国升学

本会为奖励清贫华侨学生回国升学起见,前经订定《补助清贫华侨学生回国升学规程》公布施行。惟查此项办法尚未臻于至善之境,本会乃于二十九年三月将前项规程废止,另通过《考选清贫优秀华侨学生回国升学规程》,规定视海外各侨居地之需要,每年指定下列科系之一种或数种考选清贫华侨学生若干名,完全公费,(发给五百元),送入国内专科以上学校肄业:(A)工商管理,(B)银行,(C)垦殖,(D)采矿,(E)水产,(F)新闻,(G)教育。并规定于毕业后应受本会指挥调遣,从事福利侨胞之工作。二十九年暑期曾依据此项规定考选华侨学生十四名,分别送入国内公立大学肄业,三十年暑期当继续办理,考选三十名。至根据前颁《补助清贫华侨学生回国升学规程》核准补助之华侨学生,三十年度仍有九名,亦应按照以前核定补助金额继续予以补助。至其毕业于现所继业之学校为止。

又,回国升学华侨学生家境清贫者,为数非少,本会每年仅能考选若干名予以公费待遇,自属不能包罗全数。且第二次欧战发生以来,南洋各地统制外汇,回国升学华侨学生之家境丰裕者,亦往往不易获得家庭汇款接济时感困难,或请本会予以救济。本会为此决定于三十年度会同教育部在侨教经费项下酌提若干,设置华侨学生贷金,对于一般家境清贫者,一时不能获得家款接济之华侨学生,予以贷金,俾继续持其学业焉。

(十六)加紧抗战建国宣传

(1)继续出版《现代华侨》

本会对海外侨胞宣传抗建国实况及鼓励侨胞输财出力之《现代华侨》月刊,自二十九年五月创刊以来,无论编排方面、内容方面均较以前出版之华侨动员月刊有长足进步,其所收效果亦较前为大,三十年度自当继续出版。惟该刊以前在重庆印刷寄发,纸张粗劣,印刷草率,且往往数月不能印就一期,尤以交通困难,寄递迟滞,到达海外时难免有明日黄花之感,三十年度为补救上项缺陷起见,拟将该刊移往香港印刷及寄发。至编辑事宜,仍应在渝本会办理,并将编就之稿件,航邮寄至香港。

(2)举办华侨通讯社

本会为使海外侨胞明了祖国情形及使国内各界明了侨胞活动状况起见,三十年度决定举办华侨通讯社,为新闻之报道,并藉资促进国内外同胞之精诚团结,消弭敌伪之谣诼谰言。惟为避免侨民居留地政府之注意及使国内同胞不以官方消息视之而增加宣传功效起见,决以一般文化团体之姿态出之,即由本会指定负责人员,拨定经费,独自办理是也。

(3)充实《华侨阅书报》社

查《华侨阅书报》社利用社内书报指导当地侨胞之思想与行动,功效殊大。二十九年本会为购买书报五千元,分赠各书报社。并向各机关团体学校索取有关抗战建国宣传小册赠阅,同时印发《办理华侨阅书报社手册》予以切实之指导。三十年度除继续向各机关团体学校征集宣传小册寄阅,并拨款一万元购买书报寄赠外,当切实进行调查海外各阅书报社办理情形,其成绩优良者予以奖励,并鼓励其来阅。

(4)推广侨居地戏剧运动

查戏剧宣传感人最深,收效尤速。本会为推广侨居地剧运,经于二十九年度与国立戏剧专科学校商定"推广海外戏剧运动办法"、"国立戏剧专科学校招收华侨学生暂行办法"草案,一俟该校呈准教育部备案后,即公布施行。三十年度当从事调查海外各地话剧团体,并会同国立戏剧专科学校办理剧运之宣传及供给戏本等事宜。

(5)继续指导抗建宣传及防范反动宣传

查抗战以还,海外各地敌伪宣传极为活跃,本会曾不断予以有效之打击。兹为南洋局势日趋紧张之际,自当积极进行下列工作:(一)编印宣传纲要分发各地华侨报社杂志社等,依据撰文发表;(二)指导各侨团侨校等办理壁报(办法另订之);(三)指导各侨团侨校等组织宣传队;(四)指导华侨剧团从事抗战宣传(与国立剧专会商办理);(五)督促各侨团侨校等依照本会二十九年度颁发之《防范反动宣传暂行办法》切实施行,其办理有成绩者,予以奖励。

(6)奖励侨民文化团体

查抗战以来,华侨文化团体对于抗建宣传至为努力,三十年度当从事调查考核,其成绩优良者,当给予奖状奖章等,以资鼓励,其经费困难者,亦当酌予补助,使其继续发展。

〔行政院档案〕

2.陈树人向国民党五届七次会议提出的《推进侨民教育案》及教育部等会商办理意见的文件

(1940年8—10月)

(1)国防最高委员会秘书厅致行政院公函(8月6日)

国防最高委员会秘书厅公函 国治字第11647号

第五届中央执行委员会第七次全体会议关于陈委员树人等提推进侨民教育一案,决议,"推进侨民教育为目前急切要图,本案原则通过，办法由教育部及侨务委员会于采行时再详细酌量。"由中央执行委员会秘书处函送到厅，经陈奉批："交行政院办理。"相应检同原提案印件函达，即希查照办理见复为荷。此致
行政院

附原提案印件一份
中华民国二十九年八月六日

推进侨民教育案

说明

吾党倡导国民革命，海外侨胞无役不兴，尤能助以雄厚之资金，致革命事业蓬勃发展，其贡献于党国者至为伟大，故总理有"华侨为革命之母"之誉。抗战以还，我海外侨胞踊跃回国，投效军旅及服务交通运输机关者，为数至多，其仍在海外者则尽量捐输助饷，或汇款回国，增加外汇。据一般估计，抗战以前侨汇年达三万万元以上，约足抵塞全年入超百分之六十，抗战以后则年达七万万元以上，此庞大之外汇，对于祖国之抗战，实予以巨大之助力，故总裁每谓"海外侨胞们的牺牲精神与浴血抗战将士的精神互相辉映"。惟时至今日，我海外侨胞所处地位，亦至为危殆，限制入境，取缔居留，苛政苛例，层见叠出，是为政治上之危机；欧美人士竞逐于上，土著攘夺于下，大小实业一落千丈，是为经济上之危机；暹罗停闭我侨校，荷印干涉我校政，最近马来亚当局复谋改变我课程，是为教育上之危机；敌寇南侵之传说甚嚣尘上，初则荷印告警，近则港越贴危，是为军事上之危机；妇女不易入口，侨民就地婚娶，侨生日多，血统既已混杂，语言文字、风俗习惯又多土化洋化，民族要素难免丧失，是为民族上之危机。他党乘我侨胞极度关怀国事之际，潜入侨居地，藉抗战为号召，大肆煽动，欺骗侨胞，阴谋削灭本党力量，毁灭本党光荣历史，是为党务上之危机。吾党政府对此断难坐视而不加救

助，救助之道为何，厥为教育，诚如总裁昭告吾人者，"现在要挽救国家和民族的危亡，只有从教育上来努力，其他别无图径"（见教育救国与救国的教育训词）。盖由于侨胞教育之普及，公民训练之实施，民族意识当然高涨，自能爱护其民族与国家，即在侨居地亦能团结同胞，发挥其高度之自治能力，使居留地政府不敢轻视，横予压迫。至于职业教育之推行，更能使一般从事工商农矿各业之侨民获得其应具有之职业知识与技能，进而谋取丰裕之经济生活，并能以其所余资金汇回祖国，从事祖国之经济建设，登祖国于富强之境，侨民教育之重要于此可见。爰就管见所及，依据实际需要，拟订"推进侨民教育方案"，提请公决施行。至办理此项侨民教育所需经费，每年不过二、三百万元，尚不及侨汇千分之五也，合并说明。

附推进侨民教育方案

提案人　陈树人　周启刚人
　　　　萧吉珊　谢作民
　　　　詹菊似　曾养甫
　　　　余俊贤　王泉笙
　　　　林　叠　李绮庵
　　　　胡文灿

推进侨民教育方案

（甲）关于普通教育者

（壹）改进学校行政

说明：

查侨民学校，因远处异域，且环境特殊，学校行政缺点甚多，兹略举数点如下：

（一）轻视祖国功令　据最近调查，海外侨民学校不下三千五百间，惟遵章立案者仅约五百间，此基本法定手续犹未能办到，对于其他功令之未能切实奉行，已概可想见。

（二）重视畛域私见　各侨校行政，多未能打破畛域私见。对于学校之设立、用人、招生多以帮分，致一部份侨胞失学失业，学校亦因之经费支绌，设备简陋，人材缺乏。影响所及，且为侨胞不能团结一致之厉阶。

（三）校董干涉学校行政　校董干涉学校行政，为侨校中普通现象，又因校董多属不懂教育之人，致校中一切措施常受掣肘，学校行政无法走上正轨。

（四）缺乏稳固基金　各侨校多无一定基金，各邦公立学校之经费，除一部分得自校董月捐之外，每多临时筹集，甚且靠开游艺会以弥补亏空，私立学校则十之八九极度商业化，结果学校设备贫乏，教师待遇微薄，学生负担繁重。

办法：

（一）编印《侨校行政》并重新厘订各项规程及报告表式，通告各校立案，并依章处理校务，除二十九年度预计可增加立案侨校七百间外，自三十年度起，采取较严厉之限制，务使合规定之侨校于三年内一律立案，不合规定者在政令可能范围内予以取缔。

（二）劝导各侨校泯除畛域私见，并饬令各地领事馆及教育专员与各该地侨领切实商洽，使将含有帮界意义之校名，酌予变更。一律用国语教学，对于各省县籍侨胞子弟及教师，均一律平等待遇。

（三）在规程中将校董、校长之职权明白划分，并饬令各领事馆及教育专员注意考察，切实指导改善。

（四）一面由政府统一筹储侨校基金，一面着令各校自行筹集相当数额之基金（详细办法参看已项）。并以有无充裕之基金为审核各校立案之主要条件，藉资限制。

（贰）增加侨校及学生数量

说明：

华侨人数约一千万，照普通计算，当有学龄儿童一百万人，惟回胞中颇多未有妻室在海外者，故其学童约为普通之八成，即为八十万人，现有华侨小学三千余校，可以收容儿童约三十万人，则尚有五十万儿童未能受祖国基础教育，中学则仅得一百余校，学生只六千余人有受中等教育机会之华侨，青年为数更少，非先从量的方面急谋发展，无以应需要。

办法：

（一）将原有小学予以整顿补助，使尽量扩充班额，约可多容三十万人。

（二）余二十万儿童以每校平均容纳二百人计算，须增设一千校，拟自三十年度起，分十年逐年增设，至完成为止。

（三）将国立华侨中学扩充班额，并附设小学、幼稚园，务使能尽量收容归国就学之中小学程度侨胞子弟。

（四）除尚未设有中学或虽设有中学，但数量仍感不足，各地区从速增设中学外，并于五年内增设模范中学十五校（此种中学或就各地办理较善之中学改进而成），其配置地点如下：

新嘉坡　吉隆坡　槟榔屿　仰光　西贡　棉兰　吧达维亚　泗水　荷属婆罗洲　西里伯　香港　澳门　三藩市　纽约　檀香山

以上各地各设一校。

（五）除分置教育专员驻扎各地，指导及督促各该地增设学校外，并由侨务委员会聘任各地侨胞领袖及热心教育人员，普遍组织兴学委员会，并以当地总领事或领事担任主席，以利劝导及督促。

（六）所需经费，一面由政府拨款协助提倡，一面由当地侨胞设法筹措（详细办法参看己项）。

（七）所需师资，举办侨民教育师资训练班、侨民教育函授学校，增设侨民师范学校或师范班，并选送侨生入国内师范学院肄业，由海外及国内双方训练供给之（详细办法参看乙项）。

（叁）充实学校设备

说明：

查侨民学校，多因经费不敷，设备殊欠完备。甚或连校舍亦由租赁得来，运动场、寄宿舍等重要场所亦付阙如。而每年校舍租金已占全部经费五分之一乃至三分之一以上，教职员薪俸已无法应付，遑论设备？开办费稍多者，又往往因支配失当，几将全部金钱尽耗于大而无当之校舍建筑上，致内部设备简陋不堪。此等措施，对于教学管训均有极大之障碍。拟自三十年度起，切实予以纠正。

办法：

（一）订定侨校设备标准。凡呈请立案者，必须符合此标准，方予核准。

（二）订定侨校经费支配标准。对于各校预算决算随时严加考核纠正，务使设备费在全部经常费中之比率，中学至少在百分之二十以上，小学至少在百分之十·五以上。

（三）将侨委会补助各校之补助费尽量代购图书仪器标本，分别寄发应用。藉以充实各校设备，并将此项补助费数额按年递增，以期推广。

（四）体察各地情形，由政府拨助经费，酌设公共图书馆、科学馆，以利各公私立侨校借用图书仪器，或入馆阅览或实验。

（肆）提高学生程度

说明：

各侨校学生之程度，虽未经我政府加以严密考核，但据数年来马来亚教育当局举行华校会考之结果，可窥见一斑。兹摘录两种简略统计数字于后：

(一)海峡殖民地华校历届会考成绩统计表

地名	及格百分比 级别	一九三五年	一九三六年	一九三七年	一九三八年
新嘉坡	初中	一五.一	三一.三四	四五.八	四七.〇
	高小	二八.二	四二.一五	五四.七	三六.〇
槟榔屿	初中	一八.八	三一.七〇	三五.〇	二八.四四
	高小	一五.八	二五.〇	三七.四	三九.二七
马六甲	初中	〇	〇	三五.〇	
	高小	四六.一	三九.七	四四.六	

(二)海峡殖民地华校历届会考各科成绩统计表

科目	及格百分比 级别	一九三五年	一九三六年	一九三七年
国语	初中	四〇.三	四四.九	五二.九
	高小	六九.六	五二.四	五八.〇
算术	初中	二〇.六	二〇.一	三五.一
	高小	一六.〇	四二.六	四九.一
史地	初中	四〇.六	四九.七	五七.七
	高小	七七.〇	四三.一	四九.四
英文	初中	七七.七	六九.一	七三.一
	高小	七六.七	七七.二	七六.一一

从以上数字观察,可得以下判断:(1)无论初中或高小会考

成绩,大致逐年增高,但直至最近,及格人数尚不及百分之五十。(2)各科成绩以英文为最优,史地国文次之,算术最劣。又据二十八年份该地教育当局发表对会考试卷评语中有云:"初中国文成绩……大部分程度不过等于初中一、二年级,而劣者且未必优于高小生所作。""高小国语……仍有少数学生程度太低,竟不能获一、二十分者"。准此以谈,则学生程度之急应提高,实属毫无疑义。

(一)举办教师登审及介绍,严格检查师资,注意其学历经历及人品能力等是否适合,使能各展其长,并杜绝滥等。

(二)厘订学期学年报告各表,饬各校按期报核,并派员巡察,精密考核各校成绩。

(三)举办侨校会考或抽考。

(四)在可能范围内厉行童军管理,整顿浮嚣闲散之学风。

(五)推行导师制,增强道德之陶冶。

(伍)调整课程供给教材

说明:

侨校课程虽在侨民中小学规程及附表中,早有规定。但依照实施者固多,任意变更者仍复不少。以整半天教英文课程者有之,以体育劳作为不重要,停授减授者有之。最近马来亚当局组织修改小学课程委员会,且有废除小学公民科及常识科之拟议,而我国原颁之课程表,亦确有不适用之处,是侨校课程之调整,实为急不容缓之举。各侨校因处境特殊,各科教材自不能全数采用国内现有之教科书,故选拟及编纂侨校各科教材,亦至为急要。

办法:

(一)由侨务委员会组织侨民中小学课程编订委员会,根据教育部颁中小学课程标准,斟酌海外侨校集中地方情形,分别编订适用于各地侨校之课程。

（二）新课程除注重地方性外，并须注意两点：(2)不可迁就各地错误见解，过度重视外国文；(1)在可能地域内规定必须实施童子军训练及军事训练（查越南方面经于一九三六年由童子军总部批准华校设童子军训练。二十八年复由法国巴黎童子军总部特许华校设童子军团十团。二十九年二月槟榔屿童子军总会常年大会，经赞成华校实施童军教育）。

（三）由侨务委员会将已编未完成之侨民学校教科书，根据新定标准，修改完成，以供侨校采用。三十年度内将小学全部教科书及教授法印刷完妥，自三十一年度起编印初中课本。

（四）编辑华侨原籍及居留各地乡土教材，以备侨校选用。

（五）编辑各属各级侨生适用之补充读物。

（六）编辑各科参考书及指导书。

（乙）关于师范教育者

（壹）训练新师资

说明：

据（甲）项所述，为使学龄侨童均有受学校教育之机会起见，须增设侨民小学一千校，以资收容。每校教职员人数均以七人计，共需教师七千人。又，现有之侨校须扩充班额，多容三十万学童，以每一教师可教三十学童计，须增加教师一万人，两项合计共须增加教师一万七千人，拟分十年训练，平均每年应造就小学新师资一千七百人，又据（甲）项（贰）目办法（三）、（四）两节所述，需要中学新师资亦不在少数。

办法：

（一）在国内设立国立华侨师范学校一间，招收初级中学毕业学生，予以严格之训练，供给侨民初等教育之模范师资，必要时并得附设简易师范科，招收初级中学毕业学生，予以一年之专业训练，以期于短期内造就一部分师资，以应急需。

（二）最初三年为迅速造就中小学师资，以应急需起见，设立侨民教育师资训练班，招收具有中小学教师资格者加以六个月之特殊训练后，即派往海外侨校服务。

（三）在侨民教育较发达之区域，分设师范学校造就小学师资，以应当地需求，三十年度先设马来亚及荷属东印度二校，三十一年度继设菲律滨、越南、缅甸等三校，以后再酌量需要与可能，依次推广于各地。

（四）原设有师范科之学校，一律着令立案，给予补助，严密监督改进，并按照需要，将此项班额或校数扩充之。

（五）商请教育部指定一间或二间国立师范学院，每年保留学额五十名，由侨务委员会改选资格相当之优秀侨生补助入学，毕业后派往各侨民中学服务。

（贰）改进旧师资

说明：

查现有侨民学校三千余间，以每校平均有教师五人计，约共有教师一万五千人，此等教师资历相当，能力超卓者固多，资格不合，品学卑劣者亦复不少，且多离国久远，对于国内最近情况不甚了解，或则毕业已久，对于教育上之新学说、新方法未及研讨，拟采用各种方式，普遍予以进修机会。再从而考核淘留，使均能负起新时代侨民教师之任务。

办法：

（一）设立侨民教育函授学校，令饬各侨民中小学现任教师报名入学和用课余时间作进修之工作，自二十九年下半年起，以一年半为一期，每期收学员二千人，拟连续举办七期，可收受学员一万四千人。

（二）自三十年度起，于每年暑假择定适当地点办理侨民学校教师暑期讲习讨论会，先在香港、马尼剌、新嘉坡三处举办，以次在其他侨校教师比较集中之地点轮流举办。

（三）抽调已立案各侨民中等学校校长及训育人员于暑假中

入中央训练团受训,自校到昆明之来回旅费由校筹给,自昆明到重庆之来回旅费,由政府支发。

(四)约聘对于党义、社会科学、自然科学、语言文学、教育学、政治经济学、国际问题、华侨问题有研究之学者五人至七人,组织巡回讲学团,经常轮流到各侨教发达地点作公开讲学,规定当地教师必须到听,藉以增进各教师之专门知识及研究兴趣。

(五)出版侨民教育指导通讯或侨民教育月刊,使各教师得到职业上及生活上之指导,并可藉以交换知识,发表意见。

(叁)推进师范学校辅导地方教育办法

说明:

查民国二十八年教育部颁布各省市师范学校辅导地方教育办法,使各师范学校负辅导各该区内地方教育之责,协助政府改进地方教育,意至善,法至良,海外侨民居留地既阻于交通,复格于政制,本国政府每苦不能派员前往视察督导,推行辅导办法最为得计。

办法:

(一)指定政府设立之师范学校,对于各该师范学校区内之侨民小学校及侨民民众学校予以切实之辅导。

(二)每一师范学校设置侨民地方教育指导员一人至三人,担任辅导工作。

(三)该项指导员除在各原在师范办理辅导及研究等事宜之外,并直接受侨务委员会之指挥,协助各种教育行政事项之推进。

(四)详细办法参照教育部所颁各省市师范学校辅导地方教育办法厘订之。

(丙)关于职业教育者

(壹)筹设侨民职业学校

说明:

查我国海外侨民十之八九靠工商农矿等职业以维生活,仅恃勤俭,获致小康,其在经济界较有地位者,多以幸运致之,并非有所专长。值此世界经济竞争剧烈之时,固非徒恃勤俭与幸运所可战胜者,为巩固及提高我侨民在海外之经济地位计,不能不赶速造就备有较高职业知能之人才,从事指导各界侨胞企业之改进或为侨胞所经营较大规模之企业场所服务。

(二)海外各地各种实业较国内发达,如能在各适当地点设立职业学校,必能培养成适应实际需要之人才,倘能运用此等人才协助建国工作,亦必有相当贡献。

办法:

(一)在菲律宾、荷属东印度、马来亚、安南、缅甸、暹罗、香港及美国等地,各设侨民职业学校一所。至应设何种职业学校或单设一科,抑兼设数科,则视各该地环境之需要,分别调查决定之。

(二)此项侨民职业学校拟于三十年度起,每年筹设二三所,组织校董会主其事,所需经费第一年由政府负担,第二年由政府及校董会各负担其半数,第三年以后,由校董会完全负责,政府只予补助。

(三)三十年度先在马来亚之新嘉坡及菲律宾之马尼拉二地各设侨民职业学校一所,三十一年度在荷印之巴达维亚、缅甸之仰光及安南之西贡三地各设一校,三十二年度在马来亚之槟榔屿及暹罗之曼谷二地各设一校,三十三年度在香港及美国之三藩市二地各设一校,务期四年之间,共筹设侨民职业学校九所。

(四)倘一时不易创立新校,可先在各该地已立案且办理较完善之侨民中学添设职业科,由政府拨给经费及选派人员主持之。

(贰)增设侨民职业补习班

说明：

查我国海外侨民多系出身劳动界，出国之前受教育之时间既属有限，出国之后受教育之机会尤为难得，故对于各种职业应具之知识与技能至为缺乏，为适应需要起见，自应多办侨民职业补习班。侨务委员会有鉴及此，经于二十八年度订定《侨民职业补习班规程》，令饬各侨团侨校注意办理，二十九年度办联业补习班二十五班，俾资提倡，并以示范，惟嫌班数太少，应大量增加。

办法：

（一）侨民职业补习班以附设于职业学校、中等学校、完善之小学校或有关职业团体内为原则，俾便利用现有设备及人才。

（二）此项职业补习班，除授以从事各种职业之简易知能外，并予以公民之训练。

（三）各地应设何种职业班，依地方需要决定，其学习时间亦可依职业科目之难易酌定为造，为侨胞谋福利。

（二）查外人所办技艺专科学校成绩卓著者诚属不少，欧美教育先进国姑不具述，即以南洋而论，如菲律滨之农艺、爪哇之制糖及新加坡之医药各科，皆有其特殊之造诣，政府亦当鼓励当地华侨学生前往就学，使将来能各以专技贡献于祖国，其成绩优异而家境清贫者，并予以经济上之补助，使能竟全功。

办法：

（一）将侨务委员会调查侨民居留地之职业教育状况及华侨学生肄业外人所办职业学校情形之结果，予以整理统计，以备参考。

（二）根据调查结果，补助肄业外人所办职业学校中成绩优良之华侨学生，以资鼓励。

（三）此项补助费自三十年度起，职业学校学生每名每年补助三百元，以七十人为限，技艺专科学校学生每名每年补助四百元，以三十人为限，以后将此项补助费之名额与数额逐渐扩充之。

（丁）关于社会教育者

（壹）分期增设民众学校

说明：

华侨多属工农商人，幼既多失学，长复忙于谋生，其文盲比率亦不较国内为低，故在华侨居留各地增设民众学校实为急不容缓之举。

办法：

（一）编印"怎样办理华侨民众学校"分发各领馆侨团侨校参照实施。

（二）规定各学校各社团利用现有设备及人材，附设民众学校。

（三）在各侨民集中地，设立民众教育委员会，负各该地民众教育设计及推进之责。

（四）订定适合各地侨民之民众学校课程标准，并编印教材。

（五）办理民众学校经费确有困难者，由政府拨款补助，以资提倡，并利进行。

（六）拟订"失学侨民强迫入学办法"分期劝告及强迫失学侨民入学。

（七）拟订"侨民教育役办法"，强迫知识侨民切实负担扫除文盲工作。

（八）拟于十年内共设置侨民民众学校五万二千班（每班五十人，计授课一百二十小时为一期），可训练二百六十万人。

（贰）筹设民众教育馆

说明：

查国内各省县市所设民众教育馆，颇收相当效益，侨民民众教育急待推进，只靠学校方式尚感不足，拟先择二三处华侨集中地方设立民众教育馆，以次推广于各地，以协助民众学校之不隶。

办法：

（一）自三十年度起，在新加坡、槟榔屿、霹雳等地，先各设民众教育馆一所，再谋推广于各地。

（二）侨民民众馆经费由政府补助半数，当地筹集半数。

（三）侨民民教馆主办当地宣传讲习、阅览、娱乐、卫生、生产合作等事业，尤注重民族意识之提高。

（四）公立民教馆指定各该地领事馆直接管辖发展之。

（五）并鼓励殷实及热心侨民，筹设民众教育馆，组织董事会主持之。

（叁）推行电化教育

说明：

华侨对于本国情形颇为隔膜，识字者少，则靠文字又不易传达，最好之教育工具，厥惟电影与广播，拟尽量利用此等利器，教育一般侨胞。

办法：

（一）请中央摄影社及中国制片公司特制适合华侨之影片或多选各种社会教育影片，分寄海外各地放映。

（二）由侨委会及中央海外部多作对海外侨胞宣传及推行社会教育之广播，并预将各项节目通告各地领事及党部，俾得指导民众按时收听。

（三）奖励并协助各地侨胞于可能范围内就地自办电台，或商请当地公私电台加播社会教育之节目。

（肆）普遍设立阅书报社

说明：

华侨居留各地购备祖国书报颇不容易，拟在各华侨集中地普遍设立阅书报社以应需求，并注重搜集本党领导抗战建国之文献，供海外侨胞参考，使能了解抗建过程之真实情形。

办法：

（一）设有民众教育馆之地，将阅书报社合并办理。

（二）阅书报社可由各校各社团附设，规模不求大，数量宜求多。

（三）所供书报宜注重不违背三民主义一原则，并多选含有唤起民族意识之刊物，关于本党领导抗战建国之文献，尤应广而搜集。

（伍）举办巡回展览

说明：

华侨各居留地距离祖国遥远，对于祖国情形至为生疏，拟搜集关于抗战建国及与社会教育有关各种图表文字照片模型实物运往海外，巡回展览。

办法：

（一）分期巡回举行抗建展览、国货展览、卫生展览及关于南洋各地之风俗实业等展览。

（二）展览内容包含各该次性质有关之图表、文字照片、模型实物等。

（三）展览会规模不必过大，则求普遍，除在大都市作室内展览外，并利用教育车深入乡村，以收宏效。

（四）此项展览会，由侨务委员会及教育部供给材料，并指派人员协助各地社教机关办理。

（戊）关于文化事业者

（壹）设立侨民教育文化事业研究室

说明：

华侨已成为今日抗战建国主要力量之一，是以全国上下莫不注意华侨问题。但真能彻底了解华侨各种问题，对华侨或祖国有所贡献者，实不多觏，良以华侨问题至为复杂，非设有专门研究机关，广搜资料，作精密之探讨，不易收效。

办法:

(一)由三十年度起拨定专款,设立侨民教育文化事业研究室一所,研究华侨各种问题。

(二)研究范围,包括教育、文化、政治、经济、法制、社会等问题,但均以与侨民有关者为限。

(三)分门别类,广为征集或购备有关系之图书什志、报章图表等,以供参考。

(四)制发表格或问卷,广事调查,藉作分析综合之研究。

(五)派员深入各侨民居留区域,对于各种问题,作实地之调查与研究。

(六)特约各地同志,利用通讯办法,报告心得,贡献意见,藉收见闻周详及集思广益之效。

(贰)筹办侨民书报编印社

说明:

我海外侨民不下一千万人,所需精神粮食为量至巨,因所处环境与国内迥异,质料上亦日与国内所需者有所不同,应组织侨民书报编印社与前项研究机关通力合作,或合并组织编印教科书及各种刊物,以供需求。

办法:

(一)组织一侨民书报编印社与侨民教育文化事业研究室,通力合作,编印适应侨民需要之各种书报。

(二)应编辑之书报如下:

(1)侨民中小学教科书及教授书(侨务委员会现已编成小学部分,应继续编中学部分)。

(2)侨民民众学校及职业补习班课本。

(3)南洋地图及各种挂图,侨务委员会已着手编绘。

(4)南洋丛书(包含撰著之专书及翻译之名著)。

(5)南洋古今地名大辞典。

(6)南洋儿童补充读物。

(7)南洋民众读物。

(8)现代华侨半月刊(侨务委员会现出版现代华侨月刊,拟改为半月刊)。

(9)南洋文化季刊。

(10)南洋少年月刊。

(三)教科书及丛书辞典等委托各大书局印行(侨务委员会编就之小学教科书,经商务印书馆答应印行),定期刊物自行印售及赠阅,俾易普遍。

(四)撰拟有关侨民之各种论著、文艺及新闻等寄送国内外各大报馆发表。

(叁)筹设书报供应社

说明:

各侨胞远处异域,购置祖国书籍颇不容易,关于本党各种书报流传更少,为扩大宣传及提高侨民文化水准起见,实有在海外各侨民集中地,开办图书供应社之必要。

办法:

(一)在南洋各地分设图书供应社,与中国文化服务总社密切联络,尽量供给各种有价值之书报,尤注重与侨民有关系及阐扬本党主义等书报之供应。

(二)此项书报社,可用私人出名,采取商业性质之店号及方式办理,免惹当地政府之注意与干涉。

(三)此项书报社之经费,用合作事业办法筹集,并由政府津贴之。

(肆)组织各地文化站

说明:

以海外各地学校、党部、教育会、及其他文化团体组织各该地文化站,办理当地书报社、壁报通讯及一切推进文化事宜。各站互相密切联络，并在国内设一南洋文化总站，负指导及供给材料之责，籍以提高侨民文化水准，并对海外作经常之宣传。

办法：

（一）订定侨民居留地文化站组织办法，令饬海外各地学校党部、教育会及其他文化团体组织分站。

（二）此项文化分站，主办当地书报社，壁报通讯及一切推进文化事宜。

（三）在国内设立南洋文化总社（可与侨民教育文化事业研究室及侨民书报编印社合并设立）负指导及供给材料之责。

（伍）筹设南洋博物馆

说明：

或谓征服热带即征服世界，可知热带地位之重要，南洋为热带地方，人情风俗之特殊，天产之丰富，实为世界各地之冠。该地既接近我国，而我侨民旅居该处者又特别众多，故南洋博物馆实具有极大之效用。

办法：

（一）先成立一筹备处，以一年时间，分头征集各种模型及实物，并计划馆址馆舍及各种用具之设备。

（二）筹备就绪，即正式成立，并逐年充实之。

（陆）举办侨民文化团体及文化事业之调查登记、

说明：

海外侨民文化团体及文化事业，向来类皆自生自灭，各自为政。近年虽经侨务委员会举行调查登记，但遵照登记者尚不多，为了解各侨民居留地文化团体及事业，俾逐渐增强统制力量起见，非加紧调查登记工作不为功。

办法：

（一）令饬各侨民文化团体于规定期限内履行登记。

（二）令饬各侨民办理之报纸什志于规定期限内履行登记。

（三）令饬各地领事馆、教育会及教育专员，协助认真调查，劝令登记。

（四）成绩优异者，酌予奖励或补助之。

（柒）设置华侨文化事业奖金

说明：

为鼓励国内学者及海外侨民研究及发展华侨文化事业起见，拨定一定金额，奖励每年份对于华侨文化事业有最大贡献者若干人，或提出专题，征求论文，给予奖金。

办法：

（一）由政府每年拨定二万元，充华侨文化事业奖金。

（二）奖励事项如下：

(1)对于推动华侨文化实际工作有超卓之成绩者；

(2)研究华侨问题有极大贡献者；

(3)撰述应征论文，经录取者。

（三）此项奖金之保管支配及给予，组织委员会主持之。

（已）关于教育行政及其他方面

（壹）扩充侨务委员会侨民教育处组织

说明：

关于侨民教育之推进，详见以上计划。第此种计划之实施，有待主管机关之指导、监督与考核，而主管机关之组织是否健全，则为决定此种计划付诸实施后，能否获得预期成果之绝大因素。查侨民教育之主管机关，在中央为侨务委员会，而实际办理该项事务者则为该会之侨民教育处。查侨务委员会现行组织法规定侨民教育处设处长一人，科长二人，科员名额虽未规定，然全会仅得十二人至二十人，能分配于侨民教育处者最多不过五、六人而已。此一办理全部侨民教育及文化事业之机关，组织如此简单，人员如此缺少，对于经常工作，已感顾此失彼，推行各种新计划，自必然无法应付。为适应实际需要起见，自应将侨民教育处组织加以扩充,最低限度亦应使其等于各省教育厅之组织。

办法:

(一)自三十年度起,扩充侨民教育处组织。其要点如下:处设处长一人,主持处内一切事宜。设专员一人至三人,襄助之;处长之下分三科,第一科办理小学教育,第二科办理中等教育及高等教育,第三科办理社会教育及文化事业。各科设科长一人,科员七至十二人,必要时得分组办事。每科指定主任科员一人主持之。另设侨民教育文化事业研究室,研究关于侨民各项问题,并编印图书。研究室设主任一人(必要时得设副主任),研究员七人至十二人。此外,为经常直接督导海外侨民学校及文化团体暨考查侨民教育专员工作起见,设督学三人至五人,其组织系统如左:

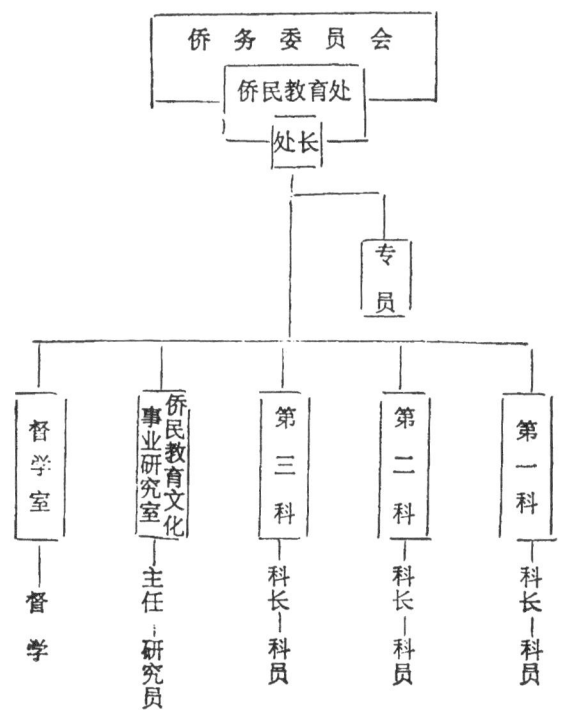

（二）此项组织应俟本案原则通过后，由侨务委员会呈请修正该会组织法及编具增加人员后之经费预算，呈请核发经费实行之。

（贰）设置海外各地侨民教育专员

说明：

（一）我国侨民，散居各地，欲发展及改进侨民教育，实有遴派富有教育学识经验人员充任侨民教育专员，分驻各地，实地指导监督及传达命令之必要。

（二）再查关于设置侨民教育专员一案，前经侨务委员会会同教育部，呈奉行政院核示：在设有领事馆地方，教育专员暂缓设置，可由外交部就领事馆人员中指定一人专管或兼管侨民教育，在未设有领事馆地方，如有设置专员之必要，得另案办理。惟事实上现今各领事馆半年至一年。

（四）设立此项补习班所需经费，每班由政府拨给五百元。

（五）自三十年度起拨款设立一百班，以后按年递增一百班，至三十四年度止五年之间，务期达到增设至一千五百班之数。

（叁）奖助华侨学生就学外人所办职业学校及技艺专科学校

说明：

（一）我国侨民移殖海外多散处各处，仅恃自办之职业学校自不足以应需求，且因职业教育历史之长短与经费之裕绌及人才罗致之难易种种关系，自办之职业学校不及外人所办者为完善，亦妨庸为讳。故对于华侨学生志愿入外人所办职业学校肄业者决予以奖助，冀能深恐不易指定有教育学识经验之人员专管侨民教育，若指定一人兼理，或无余时余力从事各项工作，如仅能敷衍公文之承转，当非该会部建议初衷。故揆诸实际，仍有另设专员之必要。

办法：

（一）三十年度先在未设领事馆之香港、暹罗两地，各设侨民教育专员一人。三十一年度增设新嘉坡、西贡、马尼剌、巴达维亚、仰光等五地专员，三十二年度再增设三藩市、雪梨、约翰尼斯堡、火奴鲁鲁等四地专员。

（二）专员驻在区域内，如不容许公开工作时，应以领事馆之领事或其他名义，相机执行其任务。

（叁）普遍组设华侨教育分会

说明：

查华侨教育会之设立，系以研究华侨教育、协助政府谋华侨教育之发展与普及为宗旨。此项社团，对于侨民教育之推进，实有莫大之帮助。抗战以前，在南京原已设有华侨教育总会筹备委员会，主持筹备事项，中枢西迁以还，原任各筹备人员多以职务关系，星散各方，筹备工作，无形停顿。本年三月，该筹备委员会在侨务委员会及教育部策动之下改组成立。并经由侨务委员会令饬海外各地领事馆调查当地华侨教育团体组织及活动情形，以为设立各地华侨教育分会之参考。

办法：

（一）根据调查报告，对于现有华侨教育团体，视其组织是否健全，工作是否有效，加以整理或改组，并与之取得密切之联系。

（二）根据调查报告，对于现在未设有华侨教育团体之侨民居留地，从速进行组织华侨教育分会，并与之取得密切之联系。

（三）为使各分会协助侨民教育之进展起见，订定各分会工作纲要，通告施行，必要时并由总会分别酌予技术上之指导，或经济上之补助，俾能解决其工作上之困难。

（四）三十年度至少成立三十个分会，并召集各分会代表回国，举行第一次华侨教育会议，并选举总会理事监事等，正式成立总会。

（五）嗣后继续进行组设海外各分会，务将能组设分会之地区，完全组织成立。

（肆）筹集华侨教育基金

说明：

查海外各地侨民学校，多无一定的款，对于侨民教育之质与量，均有莫大之影响。故民国十八年中央训练部召集华侨教育会议，有筹集华侨教育基金一千万元之决议，并经送政府执行。嗣因种种障故，此项决议案，尚未见诸实施。抗战以来，侨民教育尤感重要，基金之筹集自更迫切，又因侨校较前倍增，故拟将拟筹基金数额改定为三千万元。

办法：

（一）拟筹集华侨教育基金三千万元，筹集办法如下：

(1)由国库拨给五百万元。（自三十年度起，按年拨给一百万元，至拨足为止。）

(2)由广东、福建两省政府各筹拨二百五十万元。（自三十年度起，按年拨给五十万元，至拨足为止。）

(3)由各地华侨筹募二千万元。（期于五年内募足）

（二）对于此项基金之筹集、存储及其息金之分配与支付，由侨务委员会、海外部、教育部、财政部、外交部、福建省政府、广东省政府、华侨教育总会，各派代表一人组织华侨教育基金委员会办理之。并指定侨委会代表为主席。

（三）此项基金所得年息，其用途分配如左：

(1)海外侨民学校补助费；

(2)在海外创设侨民学校临时补助费；

(3)华侨学术团体补助费；

(4)华侨学生回国升学补助费；

(5)海外侨民学校教职员奖金；

(6)华侨文化事业奖金；

(7)其他有关华侨教育事项之补助费或奖金。

（四）华侨教育基金，除由政府统一筹集支配者外，并饬各校各自筹集相当基金，新成立之学校，未筹足相当数额基金之前，不准予以立案。

（伍）举办华侨师资登审及介绍

说明：

各地侨校之教师，每多不合规定资格者，考厥原因，一方面由于政府之未加取缔，一方面由于人才之未易罗致。为弥补此等缺陷计，拟每年举办无试验华侨教师登审一次或二次，并成立华侨教师介绍所，俾学校及教师均多得选择机会。

办法：

（一）凡现任侨校教师及志愿担任侨校教师，适合各级教师之资格者，均得于规定期内，呈缴证件，申请无试验登记审查。

（二）凡审查合格者，给予某级学校、某种学科合格教师之证明。但此等证明之有效时期，以六年为限，逾期应再行申请登审。

（三）饬令各侨校尽量聘用各登审合格之教师。

（四）设华侨教师介绍所，代各合格教师介绍工作，并代各侨校色物合格教师。

（五）自三十年度起于可能范围内，取缔不合格教师，或担任非本人专习之科目者。

（陆）考选清贫优秀华侨学生回国升学

说明：

侨务委员会为奖励清贫华侨学生回国升学起见，前经订定"补助清贫华侨学生回国升学规程"施行。查此项补助办法，未臻完善，故自二十九年度起将前项规程废止，另行通过"考选清贫优秀华侨学生回国升学规程"公布施行。嗣后应扩大范围，继续办理。

办法：

（一）视海外各侨民居留地之需要，每年指定下列科系之一种或数种，考选清贫华侨学生若干名（每学生每学年补助五百元）送入国内专科以上学校肄业。

(1)工商管理，(2)银行，(3)垦殖，(4)采矿，(5)水产，(6)新闻，(7)教育。

（二）规定于毕业后，应受侨务委员会指挥调遣，从事福利侨胞之工作。

（三）从二十九年暑期起，依照规定考选此项学生十四名，三十年度暑期增为四十名，三十一年度暑期再增为五十名，以后照此数额，继续办理。

（柒）指导华侨学生升学就业

说明：

华侨学生中学毕业后，在当地既不易找到相当学校再求深造，欲回国升学，又多因对于祖国之社会情形及学校内容不甚明了，无从抉择，毕业之后，欲以其所学技能贡献于国家社会，亦每苦无门径可就，为补救此种现象起见，侨务委员会经对于回国升学就业之华侨学生，竭力予以指导，嗣后仍应扩大办理，务达到"人尽其才，才尽其用"之目的。

办法：

（一）将侨务委员会原设在重庆之回国升学华侨学生接待所加以扩充，并充实其设备，以利回国升学华侨学生，于未考入学校之前，得暂时寄宿及准备功课。

（二）重新编印"华侨学生回国升学指导"分发海外，各地及存放接待所中，予侨生以详尽切实之升学指导。

（三）在重庆（侨委会）、昆明（昆明侨务局）、香港（驻港侨民教育专员办事处）之处设置回国升学华侨学生登记处，按登记者之志愿及程度，尽量予以协助，使得种种方便。

（四）调查现在国内各学校肄业之华侨学生所习学科及其成绩，予以切实之职业指导，使返侨居地服务，或在国内就业，均能各得其所，各乐其业。

（五）登记回国服务之华侨学生，按其志愿，择其所长，分别送入短期训练班受训，或径行予以介绍适当职业。

教育组审查意见：推进侨民教育为目前急切要图，本案原则通过，办法由教育部及侨务委员会于采行时再详细酌量。

决议：照审查意见通过。

(2)行政院致教育部、侨务委员会训令（8月13日）

行政院训令　阳字第17685号

令 教　育　部
　　侨务委员会

国防最高委员会秘书厅函为五届七中全会决议：关于陈委员树人等提推进侨民教育案，奉批：交院办理。等由。除分令 教　育　部 外，合行抄发原件，令仰该 部 与 教　育　部 会商具报。
侨务委员会　　　　　　　　　　　　　　　会　　侨务委员会

此令。

计抄发国防最高委员会秘书厅原函及原附提案各一件〔见前〕

(3) 教　育　部 致行政院呈（10月17日）
　　侨务委员会

教　育　部 呈 教普字第36409
侨务委员会　　侨(29)一四五〇二号

案奉钧院二十九年八月二十日阳字（一）一七六八五号训令转发推进侨民教育案饬会商具报等因。奉此。当经分别详加研究，并经双方派员逐项会商，拟具意见书，理合备文连同该项意见书呈恳察核示遵。

谨呈

行政院

附呈会商推进侨民教育案意见书一份

教　育　部　长　陈立夫

侨务委员会委员长　陈树人

中华民国二十九年十月十七日

教　育　部
侨务委员会　遵令会商《推进侨民教育案》意见书

一、查本提案一部份属于侨务委员会行政范围，如改造学校行政等，一部分则属于侨务委员会本身组织问题，如扩充侨务委员会侨民教育处组织□□等性质之项目，应由侨务委员会详予考虑，拟具实施办法，另行单独呈院核办。

二、除关于前项性质者由侨务委员会办理外，其余各项多属三年、五年方能完成者。兹为易于执行起见，先择最急要者，会商详细办法，呈院察核，以期于三十年度内尽先实施，其余依照需要次第推进。

三、拟于三十年度内尽先实施之事项，会商结果如下：

1. 关于扩充国立华侨中学及加办各侨居地中学者（见原提案甲项式目办法之（三）（四））。

甲、将云南保山之国立华侨中学（现拟饬迁重庆附近）扩充为三十班（总校设于重庆，设分校于保山）三十年度所需经费，经由侨务委员会编造概算呈核。

乙、三十年度在香港筹办大规模之模范中学一所，兼设师范部，俾留港侨胞子弟得受完善之训练及不致受商业化私立学校之剥削，并可藉以造就侨民小学师资，约需开办费二十万元（外汇）经常费每月约二万四千元（预计高初中及师范共二十四班，每班每月约需一千元，均外汇）。

丙、三十年度在马来亚及菲律滨各选较完善之中学一间，每年给予一万元（外汇）之补助，使成为模范中学，俾各该地侨校资为借镜。

2．关于筹设国立华侨师范者（见原提案乙项壹办法（一））。

甲、三十年度秋季办国立华侨师范学校一所，每级二班，约需开办费十万元，经常费第一年每月五千元（二班供膳宿），第二年每月一万元（四班供膳宿），第三年以后，每月十万五千元（六班供膳宿）。

乙、指定前条意见丙项所列之模范中学兼招师范班每年级一班，每班每月拨给经费常费一千元（外汇）。

3．关于指定国立师范学院保留侨生学额者（见原提案（乙）项（壹）目办法之五），指定中山大学师范学院及国立师范学院每年各留学额十五名，由侨务委员会及教育部于统一招考期内考选侨生保送肄业。除酌给平时津贴外，并于毕业时补助其旅费，遣送往海外侨校服务。

4．关于筹集华侨教育基金者（见原提案，（己）项（肆）目办法之（一）至（四），又（甲）项（壹）目办法之四）。

现因外国币价比率高昂，且年来侨胞各种捐款颇为频繁。对于华侨教育基金之筹集，拟暂缓举行。

5．关于编订课程教材者（见原提案（甲）项（伍）目办法之（一）（三））。

甲、由教育部及侨务委员会约聘专家组织侨民学校课程编订委员会，订定侨民小学、中学、师范、职业及民众各种学校之课程。

乙、各种教材由侨务委员会继续编印。

6．关于设置教育专员者（见原提案（己）项（贰）目办法之（一））。

由侨务委员会会同教育部直接派委。三十年度先在新加坡、马尼拉及香港各派一员，余照原案逐年增派。

7．关于举办侨校会考事项（见原提案（甲）项（肆）目办法之（三））。

先在新加坡、马尼拉及香港之处举办抽考，由各该地侨民教育专员主持之。

四、各项详细办法或规程及概算书，俟核准举办后分别拟订编造，会呈核办。

〔行政院档案〕

3. 教育部抄送国民参政会建议扶助及改进美洲华侨学校案与侨务委员会往来函

（1941年5—7月）

（1）教育部致外交部公函（5月30日）

教育部公函　侨字第21639号

案准贵部五月二十四日美（30）第3161号公函，为国民参政会建议扶助及改进美洲华侨学校案，原案迄未收到，嘱抄送等由到部。兹抄送原建议案一份，即希察收核办见复为荷。此致

外交部

附国民参政会建议扶助及改进美洲华侨学校案抄件一份

中华民国三十年五月三十日

扶助及改进美洲华侨学校以宏教育案

理由：

华侨子弟去国万里，对祖国之固有文化与现在之国家环境，每多隔阂，自应在其学龄，深刻训练，以期统一其思想，整齐其步趋；增大其对国家、对民族之向心力，是故华侨教育尤应特加注意。旅美华侨子弟之在学龄时期者，为数逾万，每日除遵照当地政府之强迫教育，规定就学英文学校之外，仅以其余时每日下午五时至八时，在华侨学校研习中文。夫以短促之时间自难依照国内所定课程标准施教，而我政府又未有美洲侨校课程之订定，无所

遵依，于是校各为政，失整齐联络之功能，从学数年所得者，回国升学固生难题，且对于国家民族之中心思想尤感支离破碎，而不能了解，此侨校学程与教科用书应请特别编订，以改进华侨教育者一。

中美条约对于聘请教员来美教学，原不在禁止之列，从前侨校以就地难得良好之师资，常向祖国物色，延聘来美，是以当时教育尚收良果。自美国改颁移民律例，对我华侨学校之延聘教员到美者，苛求太甚，诸多留难，入境困难，是以近年学校多就我国留美学生中聘其兼教。惟是留学生应专心致志，精研所学，每以勉强受聘，勿论教授管理，非其所长，精神亦自有限，每事敷衍，两皆不宜，此侨校师资问题，应请与美国妥订办法，俾合格之教师得来美教学，以改进华侨教育者二。

美洲华侨学校遍设各地，绝无督促指导之人，各校校董多从事工商事业，每为时间事业所拘，无法顾及，于是教职员之称职与否，学生成绩之优劣若何，无由考核。此侨校督导应请派遣教育专员负责办理，以改进华侨教育者三。

办法：

（一）由教育部及侨务委员会会同编订华侨中小学校读物；

（二）由外交部订定教员赴美发给护照章程与美国主管部商定后，请美国政府饬令美国驻华大使馆及领事馆遵办。

（三）由教育部及侨务委员会会同外交部，在美设置华侨学校视察专员，以资督导。

（四）设法举行侨生毕业会考。

（五）视察专员认为华侨学校之成绩优良者，呈请政府酌给补助费，以资鼓励。是否有当，敬候公决。

提案人　邝　炳　舜
连署人　（名单附后）

国民参政会决议文：

修正通过，请政府酌办。

提案连署人名单

陆宗骐	王又庸	王枕心	王冠英	王云五
黄炎培	范予遂	李中襄	李渊源	高廷梓
陈　时	钱公来	李世障	王启江	罗文幹
秦望山	黄宇人	胡秋原	陈石泉	金曾澄
伍智梅	陈　铁	喻育之	方青儒	邓　荫
杨子毅	耿　毅	居励今	李鸿文	梁上栋
李仙根	黄范一	陈逸云	林　虎	李荐廷

（五）侨务委员会复教育部函（7月24日）

侨务委员会公函　侨字第三二六五号

案准贵部三十年五月十九日侨字第一九四五〇号公函，以奉交办国民参政会建议扶助及改进美洲华侨学校案，嘱开列意见，以便会同进行等由。补抄送原案一件过会。准此，兹就有关本会部分开具办理意见如下：

一、编订华侨中小学读物

查美洲方面（包括檀香山）侨校所教授之课程只有公民训练、国语（中学国文）及常识科之一部分（即历史、地理），余多在外国学校授课，本会所编辑之侨校教科书系为一般侨校而设施之，美洲侨校似未尽适合，拟于侨民中小学教科书编辑完竣后，在可能时再编辑美洲侨校教科书单行本，以适合需要。其标准及内容将来由编辑委员会订定之。

二、在美设立华侨学校视察专员

美洲及龄学童为数逾万，设立专员似属必要，拟会同派遣侨民教育视导专员一人，驻于三藩市，以便督导及改进该地华侨教育。

三、设法举行侨生毕业会考

此项须俟专员派定后，将当地学校教育情形及该国政府对于华侨教育观感呈报后,再决定办理。

四、酌给华侨学校补助费

补助侨民学校前经决定已在本部会立案办理,著有成绩,而经济确属困难者为标准,本会并经订有补助侨民学校办法,美洲侨校亦已有补助,该项可照该办法办理。相应复请查照核办为荷! 此致
教育部

委员长 陈树人

中华民国三十年七月二十四日

〔国民政府教育部档案〕

4. 南洋华侨协会检送"南洋华侨教育文化事业复兴计划纲要"致教育部参考函

（1943年10月11日）

南洋华侨协会公函　南文字第31号

敬启者:查本会对于战后南洋华侨问题深切注意,兹经缜密研究,拟就"战后南洋华侨事业复兴计划纲要"一种,以供有关各方之参考。除分函外,相应函达,即希查照,密存参考。如尚可行,并祈酌予采择施行,以慰侨胞之望为荷!

教育部

附战后南洋华侨事业复兴计划纲要一份

中华民国三十二年十月十一日

战后南洋华侨事业复兴计划纲要（有关教育部分）

一、华侨复业之准备
二、侨务行政之改进
三、华侨法律地位之改善　〔略〕
四、华侨经济事业之复兴

五、华侨教育文化事业之发展

甲、确定侨教基原则

一、实施公民教育；

二、推广国语教育；

三、努力促进侨民与土著亲善友好关系；

四、培植侨教师资与经济建设人才；

五、注意祖国文化与南洋文化之沟通。

乙、统筹侨教经费

一、洽请各地政府于华侨赋税项内指拨专款补助侨校经费。

二、请政府筹措南洋华侨教育基金，利用其息金，以补助侨教经费。

三、请政府指定专款为侨生奖学金及贷金，以协助优学及清贫侨生升学。

丙、保障侨教权利

一、我国政府得随时派员前往南洋各地视导华侨学校。

二、洽请当地政府承认华侨子弟，不论侨生与否，有自由选择学校就读之权利。

三、洽请当地政府允许侨校采用国内教育主管机关所审定之课本与教材，并准许文化团体与侨校印售及购阅华文刊物及报纸。

丁、加强侨教行政

一、改进侨教行政机构，统一侨校管理。

二、各领馆内酌设教育专员。

三、各侨校应向领馆登记，转请国内主管机关核准立案，并按时呈报办理情形，以凭考核。

四、设立华侨教育促进会，并普设分会。

戊、高等教育及职业教育方面

（一）提倡南洋各地语文之研究。

（二）国内各大学酌设侨生先修班。

（三）筹设海外各种华侨职业学校。

（四）增设侨民职业补习班，授以简易知能。

己、社会教育方面

（一）推行新生活运动：

1. 各埠成立新生活促进会分会，广为劝导；

2. 领导与当地政府协商，取缔烟赌等恶习；

3. 改良婚丧喜庆馈酬仪节，提倡节约。

（二）推行国语运动：

1. 广设国语促进会；

2. 编订国语教本；

3. 侨校概用国语教学，并附设国语补习班。

（三）设立民众教育馆，推广公民教育。

（四）推行电化教育：

1. 特制适合华侨之影片，取材注重推广祖国历史、建设与名胜，并注意出国影片之检查；

2. 由国内名人学者多对侨众作社会教育意义之广播。

庚、文化事业方面

（一）组织中国与南洋各地（如中越、中菲、中泰等）之文化协会。

（二）中央通讯社、中央日报社在南洋各地多设分社，并奖励侨胞自营新闻事业。

（三）筹设侨民书报编印社，并奖助侨胞自办书店及印刷所。

（四）充实关于南洋之研究机关。

（五）设置南洋文化奖金。

〔国民政府教育部档案〕

5. 教育部战后海外侨民文化事业实施方案（文稿）

（1944年）①

甲、原则

战后海外侨民文化事业之实施，应根据第五届中央执行委员会第十一中全会通过之文化运动纲领及其对外实施要项与中华民族文化之哲学基础暨参酌海外侨民之实际情况，确定下列各原则，以谋中华民族文化之建立及海外侨民文化事业之发展。

一、战后所对一般海外侨民所办之关于阅书报社、出版社、图书馆、书店、戏院、剧团、广播电台等文化事业之设施，应注重宣传祖国民族文化、阐扬本党主义、政纲、政策及祖国哲学、文学、历史、地理与艺术，以谋世界和平之永奠。

二、加强国内外侨民文化团体之组织与工作之联系，并促使于可能范围内与所在地友邦人士所设之各种文化团体取得联络，俾使各国人士对我民族文化得一正确之认识。

三、加强及鼓励研究所在地各国之文化，介绍各国重大精深之哲学、科学、文学、艺术，以充实祖国民族文化之内容，藉以沟通中外文化。

四、推行新生活与国民经济建设运动，以谋侨民自治能力之增进及日常生活之改善。

五、设法解决侨民文化事业所受居留地政府之束缚。

乙、复员之准备

太平洋战争发生后，海外侨民文化事业因受战事影响，或受摧残，或无形停顿，在战事结束以前，对于海外侨民文化事业复

---

① 该方案未具时间，但提及系根据五届十一中全会通过的文化运动纲领及对外实施要项拟订的，因此应为一九四三年九月以后，故编者推定为1944年。

员，应有充分之准备，其要点如左：

一、调查统计各地侨民文化事业机构及服务人员直接间接之损失与提出要求赔偿之数额。

二、通饬或协助现居留国内之海外侨民文化事业机构及其工作人员从速迁回原址或适当地点之准备。

三、缜密编制迁回或恢复各海外文化事业机构之经费预算。

四、举办战后海外侨民文化工作人员之登记及培养。

五、根据平等互惠原则与各国政府商订新约时，设法解除过去海外侨民文化事业发展之束缚，其所应注意而力求达到之事项如左：

1．侨民于居留地应有发展文化事业之自由。

2．我政府所遣派或居留地侨民文化事业团体所聘请之文化工作服务人员，居留地政府不得拒绝其入境或加以留难。

3．侨民于居留地在不违背当地政府之法令内，得准许其结社及出版华文书报与购售华文图书杂志报章之自由。

4．侨民于居留地应有设立文化站及广播电台之自由。

丙、文化事业之实施

一、宣扬祖国民族文化

1．编印阐扬大同主义、我国哲学、历史、地理与艺术等中外文字书刊，大量转送国外，以供侨民及各国人士阅读，使之对我国民族文化有正确之了解。

2．以当地及各大国语言，编译三民主义及其理论，使其他民族洞悉三民主义之理想，奠定和平之基础而乐于接受推行。

3．资助及鼓励我国学者专家赴各国讲学，藉以弘扬我国文化。

4．加强对外广播、电影及其他艺术宣传。

5．联络有国际性之文化团体。

6．经常将我国古物、图画、雕刻及其他艺术品运往国外展览。

二、沟通中外文化

1．设立以侨民居留地主要学校为中心之文化站，并于国内增设海外侨民文化总站，以统率及督导之。

2．加紧组织海外各地通讯网。

3．策动侨民参加当地人民所组织之文化团体。

三、指导侨民文化团体及提高侨民文化水准。

1．介派文化工作人员前往海外服务，藉收实际指导之效。

2．加强原有各侨民文化事业机构之组织及充实其设备，又应注意出版事业之扩充，并力求普遍。

3．增拨补助各海外侨民文化事业机构之经费。

4．推行海外侨民文化事业之工作竞赛。

5．增加海外侨办广播电台之设置及广播节目之指导。

6．策励组织侨民新生活运动机构，推行新生活。

7．指导并鼓励侨民文化事业团体，并请登记及立案。

8．编译侨民文化丛书、侨民读物、连环图画及其他定期刊物，以供侨民阅读。

9．华侨通讯社推广扩充通讯，以增广侨民见闻。

10．定期派员实地视导。

丁、附则

一、本方案之实施细则另定之。

二、本方案如有未尽事宜，得由侨务委员会呈准行政院修改之。

三、本方案由侨务委员会呈准行政院公布之。

附海外侨民文化事业组织系统表

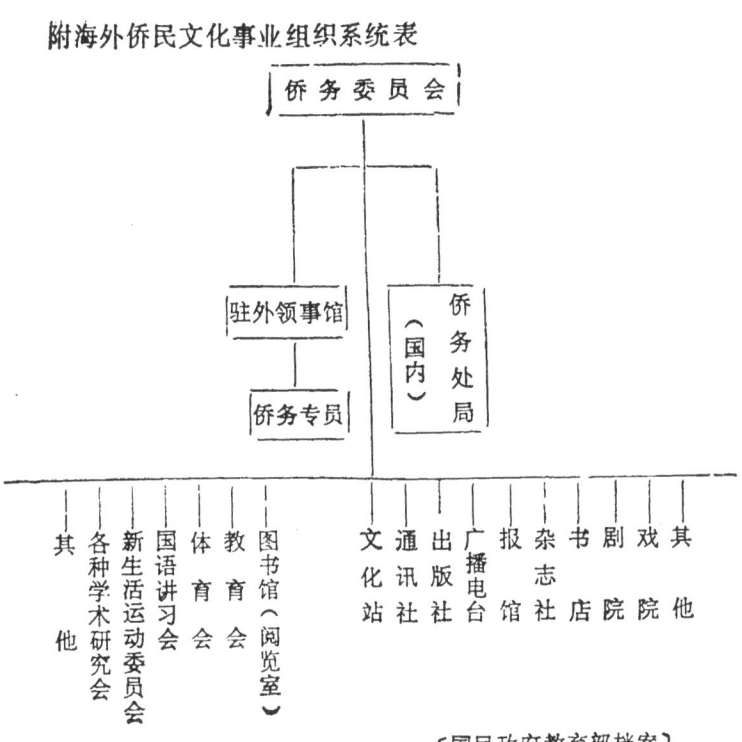

〔国民政府教育部档案〕

（二）侨民教育实施概况

1. 侨务委员会提送第三次全国教育会议的侨民教育工作报告书

（1939年2月25日）

侨务委员会公函　　渝（丙）字第五三四号

查全国教育会议，开幕期近，兹将本会经办侨民教育工作报告五十份随函附上，以便提送会议，藉供参考，敬希查照为荷！此致

教育部

附本会侨民教育工作报告五十份

委员长　陈树人

中华民国二十八年二月二十五日

侨务委员会侨民教育工作报告

总述

本会自三十一年成立以来，对于侨民教育认为应予积极推进，故于民国二十二年，按照本会组织法之规定，拟订侨民教育实施纲要，以为推进侨民教育之依据。一、于学校方面，则调查各地侨校状况，督促其立案，使其行政系统与国内各学校一致，并提高其程度水准，俾将来侨生回国升学不至发生困难。二、于侨教团体方面，则统一其组织，以辅助政府力量之不足，同时搜集新闻编辑刊物，定期广播，以沟通国内消息，余如规划设置教育专员，核准各报馆登记，编辑侨校教科书，充实侨民学校设备等事，虽每为环境经费所限，未能如意实现，然经数年来之努力，侨教事业，确有进展的表现。兹就荦荦大者，略述如后，尚希指

正。

一、侨民学校之调查

关于侨民学校学生人数，我国向乏调查，本会自民国二十一年成立后，即制调查表，颁发各侨校填报，并委派人员实地调查，除英属马来亚侨校调查录经已出版外，兹根据其他各地调查所得列表如下：

区　　　域	中学校数	小学校数	备　　　考
英属马来亚	一七	七四三	已编有调查录
英属北婆罗洲	无	四八	
英属缅甸	七	二六四	
香港澳门	四二	三〇二	此为民国二十四年调查，近年继续增加，抗战以后，学校增加更多。
法属安南	二〇	一〇六	
美属菲律宾	六	七六	
荷属东印度	二二	五〇七	
暹　　罗	七	一二〇	
美　　国	五	四二	
檀香山	三	四二	
加拿大	六	一八	

(续表)

区　　　域	中学校数	小学校数	备　　　考
葡属帝文	无	八	
南　菲　洲	无	七	
西　印　度	无	一	
英属印度	无	五	
英　　　国	无	一	
墨　西　哥	无	一	
古　　　巴	无	一	
澳　　　洲	无	四	
巴　　　西	无	二	
秘　　　鲁	无	六	
大　溪　地	无	一	
巴　拿　马	无	一	
日　　　本	一	六	
朝　　　鲜	无	十五	
共　　　计	一二〇	二三三〇	

二、侨校立案之督促

海外侨校多因环境关系,各自为政,其组织系统、内容设备、课程标准,尤多未能遵照政府规定办理。本会成立后,即于民国二十一年制定侨民中小学立案表册,令发驻外各领馆转饬各侨校填报,详加审核,其有不合者,均逐一为之指正,并开列改进意见,征求教育部同意,然后准予立案,以期缜密。海外各校经数年来之督促与指导,对于政府信仰日增。兹将已立案之侨民中小学校共计四百四十九所,分别列表如下:

区 域	中学校数	小学校数	备 考
马来亚	一〇	一四六	
北婆罗洲	一	二〇	
缅 甸	五	三七	
香港澳门	二九	一〇	
安 南	三	三九	
菲律滨	二	一一	
美 国	三	八	
檀香山	一	三	
加拿大	无	一一	
英 国	无	一	
澳 洲	无	一	
墨西哥	无	一	
南菲洲	无	三	
日 本	无	五	
朝 鲜	无	一四	

（续表）

区 域	中学校数	小学校数	备 考
印 度	三	无	
帝 文	无	六	
其 他	三	八二	
共 计	五七	三九二	

三、民众学校之扩充

本会为免除文盲暨普及侨民教育，前曾通令各地侨校附设民众学校，以教学不识字之侨民，并于民国二十五年春间与教育部协商推进办法，当经决议：就教育补助费项下拨出的款，以补助办理民众学校，规定补助以学生计算，每一学生按月补助国币五角，第一期暂限贰千名，以后逐期增加，如已设立民众学校地方，则酌量先予补助，藉资提倡。办理已来，颇著成绩，现正规划继续扩充。

四、华侨教育会之组织

海外侨校，每因经济环境关系，对于组织设备、教师课程各项，多未充实，本会为发展侨民教育起见，特订定华侨教育会组织规程及其实施行细则草案，经函请教育部、中央民众训练委员会共同讨论修正，并于民国二十五年在南京首都成立华侨教育总会筹备处，决定将新加坡中华教育研究会、巴城南圻华侨联合会、菲律滨、缅甸华侨教育会等九个团体，改组为华侨教育分会，以统一其组织，整齐其步骤，至其他适当地点，亦拟继续筹设，以期普遍研求各地侨教之改善与推进。

五、侨生回国升学之指导

海外侨生，因人地生疏，言语隔阂，回国升学，每感困难。本会特厘订指导侨生回国升学规程，以为指导标准，同时并编辑侨生回国升学指南,内容分述各学校招考章程,回国旅费舟车路线,印发各地侨校,俾升学侨生,一览了然。其次再通令广州、汕头、厦门、海口、江门、上海各侨务处局,凡侨生回国升学,均应妥为招待指导。数年以来,经本会介绍升入国内各中学及专门学校者,约计一千三百余人。至志愿投入中央军官学校或航空学校参加抗战工作者,亦属为数不少。

六、侨校教科书之编辑

华侨环境特异,国内各书局所出版之教科书,均未能切合实际需要。本会特组织侨校教科书编辑委员会从事编辑,其取材注重于南洋菲澳各地之形势物产人物及各级社会状况,现已编辑完竣者,有南洋华侨小学高级适用社会课本,经送教育部编译馆核妥,最近可以付印。

七、侨教补助费之分配

侨民学校,前因海外各地经济不景气影响,经费问题极感困难。其缩小范围或不幸停办者,所在多有。本会为谋补救,爰根据民国十九年华侨教育会议决议案,呈请行政院每年拨款五十万元为侨民教育补助费,嗣奉政府核准,于民国二十三年七月起,每年拨发侨民教育补助费贰拾万元,交由本会支配。本月为慎重将来起见,对于补助侨校侨生各事,应另组织"侨民教育补助费审核委员会",并函请教育部派员参加。举凡关于补助事项,应由审核委员会决定后,再交常会通过。计学校之受补助者,有中学十八校,小学一百三十四校,侨生之受补助者,高中五十名,专门学校二十四名。至于补助各校审核原则,以成绩优良,而经济确属困难者,其他如补助侨生,则按照"补助清贫侨生回国升学规程"办理。

八、侨校教职员讲学会之经过

本会为谋侨校教职员进修及改进侨教起见,特组织侨校教职员讲习会,拟定每年轮流召集海外侨校教职员回国讲学一次,同时考察各地教育实况。经于民国二十六年开始举办,讲学及考察期间,各为一月,计到会人员五十九名,均来自海外各地,如英属马来亚、荷属东印度、葡属帝文、婆罗洲、菲律宾、暹罗、缅甸、越南、澳门、香港等。讲学科目:一、精神训话,二、最近教育之趋势,三、最近教育心理之研究,四、侨校教材研究,五、侨校各种实际问题之报告与讨论,六、名人演讲。计期虽暂,而侨校教职员对于祖国教育之设施,对于政府抗战之准备,加强信仰政府之决心,宣扬政府之德意,收效至大。至其他考察各地方教育,如南京市、天津市、北平、青岛、无锡、苏州、上海市、杭州、南通、广州等处,亦收观摩砥砺之效,此项讲学会原拟每年举办一次,惟自战事发生以后,交通未便,致碍如期进行,一俟时局稍定,仍拟继续办理。

九、侨民教育师资训练班之举办

本会为养成侨校良好师资,适应侨地需要及改进侨民教育起见,特举办侨民教育师资训练班,招收高级中学以上毕业生及曾任海外侨校教职员三年以上者,施以一年之训练。训练学科分为基本、侨务、补习三种:(甲)基本科目:1.公民,2.国文,3.体育,4.卫生,5.劳作,6.教育概论,7.教育心理,8.教育测验与统计,6.各科教育法,10.小学行政,(乙)侨务科目:1.世界华侨概况,2.各国移殖政策,3.华侨居留地法规研究,4.侨校训育研究,5、华侨现代史,(丙)补习科目:1.历史,2.地理,3.数学。第一班于民国二十三年开办,毕业学员共三十八名,大多由本会派赴海外各地服务,计墨西哥、古巴、菲律宾、婆罗洲、安南、暹罗、缅甸、南非洲、毛里西亚等地,均有该班学员工作,数年以来,成绩卓著,颇获各方好评。

十、出版刊物之发行

(甲)定期刊物,民国二十一年创办《华侨周报》,登载有关侨务问题之各项文稿,民国二十三年改为《侨务月报》,增加篇幅,充实内容;民国二十六年抗战开始,更改为《非常时期侨务特刊》,以适合抗战时期宣传之需要,自国府西迁后,改为《华侨动员》,每三月出版一次,刊登抗战建国及各种宣传文字,指导侨胞努力参加祖国抗战建国工作。(乙)民国二十六年以前编定期海外通讯,搜集国内政治、经济、外交等资料,编为有统系之文稿,每星期发稿两次,分寄海外侨报侨团两次。(丙)不定期海外通讯,选择党国名人言论及特别重要资料,随时编印小册,寄发海外侨报侨团及侨校。现在仍继续办理。

十一、海外播音之办理

本会为使国内消息迅速传达海外起见,特举办海外播音,自民国二十二年起,每星期一次,自国府迁渝后,此项播音本会与海外部合同举办,播音稿内容偏重宣达祖国抗战实况,指导侨胞救国工作,及驳斥海外各地日寇及不良分子之反动宣传。

十二、海外侨报之登记

海外侨报遍布全球,抗战以前寄到本会者共有七十八家,目前因交通梗阻,寄到本会者仍有三十七家,除党报不计外,其中曾申请登记,经本会发给登记证者共十五家。本会经常检查各报言论,如发现有反动或失实之言论,本会随时予以纠正。

十三、敌人反动宣传之防范

自抗战发动以来,敌人常向华侨发布反宣传刊物,破坏侨胞救国工作,本会一方面训令各领事馆、各侨团妥为防范,以杜蔓延,一方面函饬海外报馆运用各种方式,严词驳斥,务使海外侨胞不致受其蛊惑。

〔国民政府教育部档案〕

2. 教育部关于华侨教育过去状况与今后改进要点的报告书

(1942年)①

(甲) 过去状况

(一) 华侨各地学校概况

(1) 华侨学校应以美属菲律滨、英属马来半岛、荷属东印度群岛、法属安南及暹罗各地最为发达,其余如缅甸、北婆罗洲、葡属帝玟力利、檀香山及美洲等校数较少。

菲律滨侨校计有七十六校,其中有中学六所,各校均男女同学〔校〕,纯粹之女学仅二所,学生约五千余人,教员三百余人,薪俸最高者每月二百五十元左右,最低者二十五元,每周教学钟点约二十四小时,经费约在三十万元左右,经费来源为:(1)学费,(2)教育附加捐,(3)华侨个人或团体按年津贴款项,(4)演剧筹款等。

马来半岛侨校计七百四十余所,受殖民地政府津贴者约占百分之十五左右。学生总数约为四万八千余人,教员约共二千七百余人,月薪中学最高者为叻币一百六十元,最低者为六十元,小学教员月薪最高者叻币八十元,最低者十五元,任课每周约在二十一小时左右。经费之来源为:(1)学费,(2)月捐,(3)临时捐,(4)特别捐,(5)津贴费。当地政府津贴每年约叻币八万元左右。

东印度群岛侨校为三百四十余所,学生三万五千余人,教师一千三百余人,其月薪大埠教员最高者一百五十盾,最低者八十盾,小埠教员最高者一百二十盾,最低者四十盾。每人每周约担任二十至二十四小时。经费约为一百九十万盾左右。其来源为:(1)月捐,(2)学费,(3)货捐,(4)房租,(5)特别捐等。各侨校颇多受甲必丹与玛腰之津贴,但直接受殖民地政府津贴者甚少。

① 报告书未标明形成时间,此时间系同卷中其他的文件时间。

安南侨校总数为五十余所,其学生数与教员数尚无统计,经费不详。

暹罗侨校总数为六十七所,学生约一万二千人,教职员七百余人。暹政府对于侨校,规定甚严。(1)侨校须得暹罗教育部许可,方得开设;(2)侨校与暹校同样隶属于暹教育部之管辖,(3)侨校校长须由暹教育部委任,聘请暹教师担任,(4)侨校须有暹文课程,每周四至六小时,(5)侨校教师应读暹文,每半年受暹教部考验一次,不及格者不得再任教职,(6)侨校各种行动须先呈报暹教育部,足以在暹侨校,颇不能自由发展。

(2)华侨学校之总数　依据调查所得,侨校总数约计二千四百五十校。

(3)已立案之侨校　约四百五十余校。

(4)教职员　约五千余人。

(5)学生　约十一万一千余人。

(二)管理华侨教育之行政组织

在前大学院时代,及教育部初成立之数年中,侨务委员会尚属于中央党部,中央管理华侨教育行政系全属于前大学院及教育部。及侨务委员会改隶行政院后,成立侨民教育处,而华侨教育之管理与行政归教育部与侨委会共同管理。以前教育部并设有华侨教育设计委员会,聘请专家为委员,专司华侨教育各项设计事宜。旋复与侨委会共同组织华侨教育总会筹备委员会于南京,以推进华侨教育。自抗战以来,是两项委员会已暂停顿。

(三)经费

华侨学校有系由侨地一团体设立者,有系各团体共同设立者。凡经费由一团体负担者,通常称为私立,其由各团体共同负担者称之为公立。海外各地侨校经费之总数,以报告未定,尚未有确数。唯中央补助华侨教育经费每年为二十万元,在抗战时期,仍七折发校,并未停止。其用途系,(1)补助已立案经济困难之侨校,大多以现款补助,间有助以图书仪器者,(2)补助返国升学之贫寒侨生。补助数额,每级约助六十元一月,学生每学期补助自九十元至一百六十元不等。由侨委会组织审查委员会,举行会议,由本部派员参加审查。

（四）教科书

各地侨校本适用部颁初高中及小学课程标准,但以华侨地方特殊需要,外国语之教授往往较早而时间较多,且间有加授土语者,足以国内之各科教科书在海外仍能适用,唯间用学校自编补充教材。近二年来,商务印书馆已编成小学教科书一套,专供南洋一带侨校之用,侨务委员会亦聘请专家组织委员会编订华侨学校各科教科书,正在进行之中。英属马来半岛,荷属东印度群岛及暹罗,对于吾国教科书取缔甚严,曾规定书本（大多关于社会科学及国文方面）厉行禁止,我国领事馆时有报告,尤以荷属为甚。暹罗并规定各侨校必须读暹文,每周钟点甚多,而教员非经暹教育部考试暹文及格不得充任教员。

（五）师资问题

海外侨校教员虽经当地政府注册登记,但仅验文凭而已,其教学能力,颇多参差不齐。本部于侨校立案时,对于教师资格能力,深加注意。唯以立案侨校较少,故改善之影响未能普及。是以商同侨委会,由侨委会组织侨民学校师资训练班,其毕业生经介绍至海外服务颇能受侨胞之欢迎。民国二十六年,侨委会复在南京办理华侨学校教员暑期讲习班,各地侨校教员多有返国参加者,并于讲习毕业之后,分至国内各地,参观学校,以资借鉴。

（六）侨校学生毕业会考

新加坡及槟榔屿等处,各侨校亦按年暑期举行毕业会考,由当地政府机关主持。是项会考之题目,颇多依据部颁初高中课程标准。侨校参加者甚踊跃,其会考结果,亦时由各领事馆报告（包括试题）到部。各校成绩,并于报端披露。是项毕业会考之举行，对于各侨校学生程度与办学水准，不无影响，因各年会考成绩之比较以及某科之有无进步，亦在报端上明白披露也。

（七）侨生回国升学

海外各地侨校以高级中学为最高学府，并未设专科以上学校，是以高中毕业生往往返国升学，以求深造。本部订有华侨子弟回国就学办法，优待侨生返国求学。凡返国之侨生，经当地领事馆或中华商会证明者，得由本部或侨委会具函介绍，由各专科以上学校从优取录。对于贫寒侨生并予以补助，侨委会并于上海、广州、厦门等处，对于返国侨生，予以升学之指导及协助。

（乙）今后改善侨校要点

（一）改善侨校立案手续

查侨校立案手续，向系由侨校准备立案表册二份呈送侨务委员会，由侨委会先开审核意见检送表册一份过部，再由部核复，然后决定准否立案。唯因海外将立案表册寄来，再加以往返之公文，手续既繁，费事亦多，殊感困难。现拟由教育部侨委会会商，将现行立案表册，尽量修改，务使其简单易填，俾立案者不感困难。

（二）变更补助侨校经费之支配

查侨民教育补助经费，每年二十万元，现仍七折发放，大部份以现款支配于已经立案之各侨校，其额数由已立案之侨校自行呈请，经侨务委员会提出于会议决定之。少者数百元，多则二、三千元。查现时汇侨校高、外汇又受限制，如补助现款，比较困难，在侨校所得区区之数，实际无补于事，现拟尽量在国内购买图书仪器，按数分别寄往，以代现款，俾经费不致虚靡，而侨校之设备亦得逐渐充实。又某校之究竟应否补助，亦须先行规定标准，委托在地领馆或其他适当机关负责调查，然后核定，以昭慎重。

（三）视察侨民教育与举办华侨各地流动讲学团

本部在南京时，曾与侨务委员会冬会派一人至海外冬地视察华侨学校，半年归国，惜所派人员尚未能尽负所望，结果殊觉平常。现本部拟每年会同侨委会遣派视察专员分赴海外各地视察华侨教育实施情形，并协助其改进。此后似应继续派员视察，人选似应特别慎重。一面拟利用战区师范学校及专科以上学校教员之有能力及经验者组织流动讲学团，赴海外各地讲学，其学科以教育为中心，兼及基本科目，如国文、史地、理化等，每至一处讲演一两月，以当地侨校教员为学员，轮流参加听讲，期满往另一地点继续讲学。如此，可使侨校教员有进修之机会而不致妨碍教学工作，对于侨校之改进，似不无小补。

（四）设置华侨教育指导专员

本部前在南京时，曾提出行政院会议，拟在侨民教育补助费项下，拨款若干，充作华侨各地设置华侨教育专员经费，其人选由本部与侨务委员会指派，为领馆人员之一，当时外交部以为有碍领事馆组织，未得通过。查侨民教育亟待指导改进，必须有人驻在当地，专负指导之责，方易收效，若纯任自然，实非国家注重华侨教育之本意。如托各领事代理，各领事各有其相当职务，对于教育未免隔膜，且往往为政治关系，未便出而负责，故是项专员，仍应分别设置，美属各地，可附设在领事馆内，英属荷属各地，则可与当地团体商洽，由各该教育团体出面聘请，其人选必须严定标准，慎重派遣，俾得尽指导之责而免有所贻误。

（五）完成侨民学校教科图书

关于侨民各地学校教科图书之编辑，关系异常重要，侨务委员会前曾组织编辑委员会，聘请人员，分别编辑，已有若干种完成，交由本部审查签请意见后送还。唯自抗战以来，是项工作，稍形停顿，目前此项教科图书，拟请由侨务委员会继续编辑，早日完成，交由本部审定，发交香港各书局代为发行，以供应用，一面拟将本部新编之中小学教科书补充教材印刷后分交各地华侨学校应用。

（六）在国内择地设置华侨师范学校、在华侨各地设置模范中小学校

前本部曾与侨务委员会会商在暹罗设师范学校，以培养师资，嗣以暹罗排斥侨校，未能实行。查海外侨校师资颇不健全，若不培养训练，则学校水准必愈趋于低落。设立师范学校自属要图，唯暹罗与荷属东印度均不易设置，拟在国内举办华侨师范学校一所，以为训练华侨小学师资之所。至海外各地侨民中小学虽多，但办理完善者实不多觏，本部慎选熟悉侨民教育教员，派往马尼剌、新加坡等地，办理中小学数所，以为各地侨校之模范，其余各埠则指定办理较完善之小学为中心小学，以便督导当地侨校研究改进。

（七）改进华侨社会教育

查华侨各地之社会教育，向不发达，过去海外各地仅有书报社等组织，实不足以言社会教育，此后拟尽量利用侨校原有设备，以学校为中心，依照本部所定学校兼办社会教育办法，推行华侨社会教育，在时间上可利用晚间及假期，在空间上可利用学校校舍场所。

（八）指定国内相当学校与华侨子弟回国补习及升学之便利

查华侨子弟回国就学办法，前经本部订就施行，唯以前并未指定就学之学校，返国侨生，因不熟悉国内教育情形，往往莫知所措，有时虽经本部予以介绍，而学校为学生名额所限，又往往发生不能收容之困难，是以拟在最近期内，由本部指定若干学校为华侨子弟回国升学之学校，又侨生对于国文或本国史地成绩较差者，亦拟指定若干学校，为其补习场所，并通知各该校予以种种便利。

〔国民政府教育部档案〕

3．教育部关于侨民教育工作成绩报告（稿）

（1944年6月）

一、侨民教育视导专员之调整　本部派驻印度侨民教育视导专员已在印筹设华侨小学两所，华侨中学一所，任务达到，特调赴美洲视导侨民教育。

二、侨民学校教职员之派遣　派本部督学□镇华为加尔各答华侨中学校长，本部科员张敬及杨宏论为教员，均已于五月出国到校。

三、恢复伦敦中华小学　据外交部函转伦敦总领事馆兼侨教专员报告，伦敦原有中华小学一所，因疏散及经费困难，现已停办等情。当复请外交部转饬该领事馆设法恢复，经费不足，可呈请补助。

四、印行侨民学校教材　本部驻华盛顿参事孟寿椿在当地筹设印刷所一所，拟将国定各级学校课本就地印刷，以备各华侨学校采用。已将样本寄去印行。同时，印度侨民学校所需教材，亦已寄样本，就地印行。又，在中华教育电影制片厂摄制国内各级学校学生活动状况电影一节，交侨民教育视导专员带美，于视导侨校时放映，以提高侨生对祖国兴趣。

五、调整侨民学校·因福建侨生众多，需校收容，故决将原设贵州之国立第一华侨中学并入设在四川之国立第二华侨中学，于福建另设第一华侨中学，现已在福建南安勘定校址，着手迁并。

六、改善侨生接待所管理及待遇　过去住所，侨生无时间限制，不仅妨碍容量，且足养成惰性。自本年起，已规定侨生住所限制不得超过三周，随时分发战区。学生进修班肄业，住所中仅供给侨生食米，不管副食，现已函请侨委会于侨生救济费中增拨副食费，以资营养。

七、解决侨生通讯汇款问题　太平洋战争爆发后，海上交通断绝，侨生家庭之在沦陷区者，无法通讯接济，甚感困苦，特商请邮政储汇局秘密为各侨生通讯汇款，俾得安心学业。

八、过去受补助之海外侨校，本年仍赓续予以补助，并增加其补助费，以示鼓励。

〔国民政府教育部档案〕

4．教育部设立的战时国立华侨中学简况

（1940—1944年）

(1)国立第一华侨中学

一、沿革

抗战期间，暹罗排华，我旅暹侨胞所设立之学校多被摧残，太平洋战争爆发，加以旅居香港及南洋一带之侨胞，纷纷遣送其子女回国就学，此项侨生抵达昆明等地者达三、四百人。三十八年十月，教育部乃会同侨务委员会筹设国立华侨中学，二十九年至云南保山勘定校址，五月十五日开始上课，并接收私立育侨中学为呈贡分校，至三十一年二月，校改称国立第一华侨中学，八月保山被炸，遂迁校于贵州清镇，呈贡分校则并入国立西南中山中学，三十三年八月，学校结束，高中侨生并入国立第二华侨中学，战区生并入国立第三中学及其他国立中学，黔籍学生由贵州教育厅分发省立中学，初中部则并入国立第十四中学。

二、历年员生及经费统计

国立第一华侨中学历年学生班级及经费统计

学年度别	学期别	学生数 共计	高中	初中	初职	班级数 共计	高中	初中(职)	毕业生数 共计	高中	初中	教员数	岁出经费
32学年度	2	551	331	220	12	6	6		70	44	26	54	470,046
32学年度	1	628	363	265	12	6	6		39	17	22	55	
31学年度	2	387	202	185	12	6	6		43	22	21	60	371,956
31学年度	1	330	167	163	14	7	7		33	18	15	44	
30学年度	2	395	196	199	14	7	7		95	50	45	16	346,265
30学年度	1	297	173	126	12	6	6					49	
29学年度		406	235	176	13	7	6		96	52	44	62	

(2)国立第二华侨中学

一、沿革

三十年六月太平洋战事爆发，港澳华侨中学青年返归祖国者甚众，教育部乃筹设国立第二华侨中学以资收容。派马灿汉、王德玺、翟俊千为筹备委员，经勘定四川江津杜市五福场为校址。初中部租用钟民楼房为校舍，高中部于小渔梁，租用程家祠堂及附近之桂花亭、金银湾民房为校舍，高初中两部相距约十里。学校成立由王德玺任校长。三十三年八月部令接收国立第一华侨中学高中学生，改派李次温为校长。三十四年夏改派由卢宗敏为校长。三十五年遵照国立中学复员办法，迁海南岛仍国立。五月全校师生由四川江津出发,行经渝、黔、桂、粤等省市而达海南岛。九月即在海南岛开学上课,校名旋亦改称国立第一华侨中学。

二、历年员生及经费统计

国立第二华侨中学历年学生班级及经费数统计表

学年度别	学期别	学生数			班级数			毕业生数			教职员数	岁出经费数
		共计	高中	初中	共计	高中	初中	共计	高中	初中		
34	1	591	323	268	14	9	5	220	140	86	87	8,907,000
33	2	698	471	227	16	11	5	168	119	49	65	2,840,950
33	1	408	241	167	11	7	4	56	56		65	
32	2	408	241	167	11	7	4	78	36	42	65	422,500
32	1	448	241	189	11	7	4	27	27		65	
31	2	461	259	186	11	7	4	122	85	37	64	254,100
31	1	524	329	195	10	7	3	—	—		59	
30	2	154	107	47	6	4	2				32	239,000
30	1	46	40	6	4	2	2				21	

(3)国立第三华侨中学

一、沿革

民国三十一年四月教育部在广东筹设国立第三华侨中学,以资收容当地归国之中学侨生。嗣勘定乐昌县杨溪乡安口村益昌油房为校舍,由邱峻为校长。三十二年八月改由李育藩任校长,二月因战局关系迁校于连县,校长旋亦改由周元告充任。三十五年遵照国立中学复员办法,迁广西龙州,仍国立。秋后,全校员生即由广东连县出发,途经广西梧州、南宁而达龙州,随之校名改称国立第二华侨中学。

二、历年员生及经费统计

国立第三华侨中学历年学生班级及经费数统计表

学年度别	学期别	学生数			班级数			毕业生数			教职员数	岁出经费数
		共计	高中	初中	共计	高中	初中	共计	高中	初中		
34学年度	1	234	139	95	9	5	4	69	39	30	43	9,270,000
33学年度	2	620	371	249	12	7	5	171	120	51	54	1,316,829
33学年度	1	620	371	249	12	7	5	98	48	50	54	
32学年度	2	620	371	249	12	7	5	267	168	99	54	506,471
32学年度	1	683	407	276	12	7	5	—	—	—	55	
31学年度	2	751	452	299	16	10	6	225	138	87	77	1,294,946
31学年度	1	741	447	294	16	10	6	—	—	—	68	

〔国民政府教育部档案〕

5. 历年立案侨民学校统计

（1929—1945年）

年别 \ 种类校数	合计	中学	师范	职业	小学	补习
合　　计	614	94	1	5	508	6
十八年	2				21	
十九年	20	1			19	
二十年	64	2	1		60	/
二十一年	27	2			24	/
二十二年	10	1			9	
二十三年	40	6			34	
二十四年	64	6		1	56	/
二十五年	79	15			62	2
二十六年	75	7			67	1
二十七年	27	10			17	
二十八年	33	14		3	16	

续表

年别 \ 校数种类	合计	中学	师范	职业	小学	补习
二十九年	51	12			39	
三十年	94	16		1	77	
三十一年	18	2			16	
三十二年	4				4	
三十三年	2				3	
三十四年	3				3	

〔国民政府档案〕

〔八〕战区教育

（一）战区教育设施概况

1. 行政院第三七三次院会通过的《沦陷区教育实施方案》

（1938年6月）

密。

甲、原则

一、在沦陷区域之各级教育，应利用种种方法，使其继续维持，以适应抗战需要，而延续文化生命。

二、在沦陷区域应使教育界知识分子对民众宣传中央意旨，以培养民族意识，发动全民抗战力量。

乙、组织

一、由教育部选择意志坚强、富有牺牲精神及教学经验之教育工作人员，为沦陷区教育督导员（以下简称督导员），分发于指定之一定区域内以适当之方法推行各该区内之教育工作。

二、每一督导员之下得设干事及书记各一人。

三、上项督导员于派出以前，应先施以必需之训练，并成立严密之组织。

四、此项组织应与各该区域内公开或秘密之党军政机关及民众抗敌团体密切联络，取得工作之帮助及便利。

五、各督导员到达指定区域后，应即用妥善方法与当地教育工作人员或忠实党员切实联络，秘密加以组织训练，分别指定担任各项工作。

六、督导员应在担任工作之区域内巡回考察督促，除紧急事务外，每月至少应具工作报告一次。

七、督导员及助理人员，因公遭受危险者，依革命功勋例，由教育部分别呈请奖励或抚恤之。

丙、办法

一、在沦陷区域敌人已直接控制地方，督导员之任务如左：

1．秘密指导各校教育人员按其特长分派工作。

2．采用以抗战为中心之教材，秘密教导学生。此种教材如购置困难，应令学生辗转抄写或竟用口授。

3．在学生中选择其信仰坚定，认识正确之优秀份子，令其秘密协助活动。

4、对学生秘密宣传中央抗战决心及最后胜利之理由。

5．调查伪组织之一切设施，秘密报告于情报机关。

6．指导民众发展各种有利于军事之组织，准备必要时扰乱敌人后方，协助国军抗战。

7．秘密调查及监视汉奸各种活动，并设法铲除之。

8．已在伪组织统制下开学之学校，不论其教育方式及内容如何变更，应指导教员利用种种方法，对学生秘密灌输抗战建国之要义。

9．设立旧式私塾或义塾，以资掩护，实际上仍秘密施行抗战教育。

10．指导教育人员分赴人口散居，交通不便之乡村中，担任义务家庭教师，教授乡村子弟。

11．当地热心服务成绩优良之中小学教职员，应密予登记，呈请奖励。

12．凡在私塾或家庭中自修补习确有成绩之学生，经督导员之证明，将来可转入相当学校编级肄业，或参加相当学校毕业考试。

二、已在敌人后方尚未直接被敌人控制区域，督导员之任务如左：

1. 指导各中小学校校长，尽可能范围内设法继续维持各该校正常教育。

2. 业已停闭之中小学校，应尽量设法恢复，其确属无法恢复之中等以上学校，学生志愿参加民众抗战工作者，应尽量设法介绍至相当机关受训；其志愿继续求学者，应指导其脱险到达后方，插入各地相当学校肄业。

3. 凡中等学校学生既不能入校求学，又不愿离开沦陷区域者，应令在家自修或自请教师补习，其确有成绩者，经督导员之证明，将来转入相当学校编级肄业或参加相当学校之毕业考试。

4. 凡中小学校继续开学者，督导员应商请各该区域主管教育机关设法维持其相当之经费。

5. 各学校除授以正常课业外，应特别加授与抗战有关之教材，并可酌量减少与抗战关系较浅之课程。

6. 在城市及重要乡镇秘密结合教育人员及当地士绅，组织严密之抗战团体，加以训练，准备敌人到来时协助国军担任各项抗战工作。

7. 对于加入抗战团体之教育人员，应将办法第一项详尽指导，准备万一该地沦陷后即可如法实施。

8. 联络当地抗战团体并指导各校员生及当地青年，使其分别担任各种宣传工作。

三、督导员及助理人员之生活费及公旅费，由教育部发给，其办法另订之。

四、各督导区域内之教育尚可进行工作而经费无着者，得由督导员呈请教育部酌量补助之。

〔行政院档案〕

2. 教育部制订之《各级战教督导人员工作纲领》

（1939年）

1. 督导专员之任务

（一）秉承教育部之命，与该区长官司令部、省教育厅及其所辖各省有关机关洽商，详密计划战区教育推进事宜。

（二）对各该区内战教主任督导员、督导员、战区教育工作队，秘密教育团体及巡回教学团之工作加以指导考核，注重个别领导，颁发工作纲领，并每月举行检讨考核一次。

（三）每年巡视区内各督导单位工作一次，并举行总检讨，加具考语及奖惩意见报部。

（四）本区内战区教育工作人员经费之汇发及审核事宜。

（五）与所在教育厅及战地青年招致训练委员会分会，切取联系，洽商有关该区内失学失业青年之招致训练救济事宜。

（六）本区内文教交通网之建立事宜。

（七）本区各级校文化团体及其地方战教设施之督导考核事宜。

（八）本区内学校教材及精神食粮之介绍供应事宜。

（九）本区内敌伪一切设施、"奸党"活动、及社会一般情形之调查事宜。

（十）政府法令、文告及后方重要消息之传递事宜。

（十一）其他教育部指办事宜。

（十二）每月向部呈缴书面工作报告一次，其重要事项及敌伪情报应随时呈报。

2. 主任督导员及督导员之任务

（一）秉承教育部之命及督导专员之指示，推行战区教育督导及设施工作。

（二）区内战教工作队、秘密教育团体之工作指导及考核事宜。

（三）每年巡视工作一次，考核区内各督导单位之工作，加具考语，呈报督导专员核转呈部备查。

（四）区内各督导单位经费记发事宜。

（五）与专员办事处及区内各督导单位建立交通联系事宜。

（六）与区内我方各机关或县长及其教育工作人员取得密切联系，以推进战教工作，协助招致机关人员以推行招训工作。

（七）指导各校教育人员按其特长分派工作。

（八）采用以抗战为中心之教材教导学生，此种教材如购置困难，应令学生辗转抄写或用口授。

（九）在学生中，选择其信仰坚定，认识正确之优秀份子，令其协助活动。

（十）调查伪组织之一切设施及汉奸活动，简要报告，并对汉奸作打击之工作。

（十一）已在伪组织统制开学之学校，不论其教育方式及内容如何变更，应指导教员利用种种方法对学生灌输抗战建国之要义。

（十二）教导教育人员设立私塾或义塾，以资掩护，实际上仍秘密施行抗建教育，并在社教民教组织及补习等校中推行之。

（十三）注重秘密宣传或特种宣传，如发信、标语等，以唤起教育界及社会人士之抗建意识，并策动其工作。

（十四）当地热心服务、成绩优良之中心学校或国民学校教职员，应密予登记，呈请奖励。

〔国民政府教育部档案〕

3. 教育部关于游击区域及接近前线各省设立临时政治学院办法呈及行政院批

（1939年7月—1940年12月）

（1）教育部致行政院呈（7月29日）

教育部呈　　第17775号

查抗战以来，战区各省青年学生，因受战事影响，随同学校迁移后方者，固属不少，而因种种关系，未能退出游击区域及志切救国而在游击区内从事救国工作者为数亦多，此辈青年如不予以相当训练，不特流离失学，且恐误入歧途，妨碍抗战大计。本部为谋游击区内教育与军事得有适合配备，以增加抗战力量起见，业将游击区域设立临时政治学院计划列入第二期战时行政计划实施具体方案内，经呈奉钧院转呈国防最高会议核准在案。兹再订定游击区域及接近前线各省设立临时政治学院办法，理合备文呈送一份，敬祈鉴核备案。谨呈

行政院院长孔

附呈游击区域及接近前线各省设立临时政治学院办法一份

　　　　　　　　　　　　　　教育部部长陈立夫

中华民国二十八年七月廿九日

　　游击区域及接近前线各省设立临时政治学院办法

（一）设立　游击区域及接近前线各省视当地需要，得咨准教育部设立临时政治学院。（以下简称本学院）

（二）宗旨　本学院以发扬三民主义、招收游击区域及接近前线青年，施以适当训练，以期造就抗战建国干部人才为宗旨。

（三）组织　本学院分下列各部：

1. 本科分文、法两科，亦得兼设理、农、工等科，招收高中毕业学生。

2．附设训练班，招收初中毕业学生及同等学力之学生。

（四）设备　本院院舍，及一切物质设备，力求简朴，以期养成学生刻苦耐劳之精神。

（五）课程　本院课程规定如下：

1．本科课程根据大学各学院一年课程订定。

2．附设训练班主要课程，订定如下：

精神训话，三民主义，抗战建国纲领，领袖言行，民众训练与组织，游击战术，自卫战术，军事训练，音乐。

（六）训育　本院训育，注重军事训练，军事管理，及小组训练，并励行劳动服务，院内操作规定，由学生分任。

（七）修业年限及毕业　本院学生修业年限暂定一年，各种附设训练班训练时间定为三个月及六个月两种。学生修业期满后，由院呈请省府及教育分发沦陷区域及战区各地，担任民众训练及组织工作。本科毕业学生在抗战结束后得分别插入大学各学院肄业。

（八）学生待遇　本院学生，一律由院供给膳宿。

（九）经费　本院经费，由各省担负，不足时得由教育部酌予补助，其经费有困难之省份，得呈请中央特别补助。

(2)行政院致教育部指令（8月9日）

行政院指令　吕字第9090号

　　　令教育部

二十八年七月二十九日17775号呈送游击区域及接近前线各省设立临时政治学院办法由。

呈件均悉。案经提出本院第四二六次会议议决："临时政治学院办法第八项删，原第九项改为'本院经费由各省自筹'，余通过。"仰即遵照修正。此令。

中华民国二十八年八月九日

附录：游击区域及接近前线各省设立临时政治学院实施补充办法（1940年12月17日）

一、设立地点　临时政治学院应设立接近游击区域而比较安全之地带。

二、招生　临时政治学院，应尽量招收沦陷区、游击区及接近前线之青年，除由各该院自行招生外，并由教育部会同三民主义青年团中央团部招收分发，其办法另订之。

招收之青年，如不适宜于临时政治学院之训练，而身体强健资格相当者，得由教育部会同军训部选送各级军事学校及入伍生团受训，其办法另订之。

三、待遇　临时政治学生，在训练期间由院供给膳宿制服书籍医药，并酌给津贴，每人每月二元。

四、服务　临时政治学院毕业学生，必须先在沦陷区域或战区各地工作，不得转入后方，其分发由教育部会同政治部办理，其办法另订之。

五、临时政治学院经费　除由各省自筹外，得由中央补助，每院开办费三万元，经常费每年补助五万元。

〔行政院档案〕

4．陈立夫谈战区教育工作的几点意见

（1940年5月30日）

邱鹤补记，要点如下：

谈到战区教育委员会的工作，在特教方面李焕之同志最近自西北视察回来，已拟具改进西北特教的意见。至于战教部分，提出几点意见，希望会中同人切实注意：

一、工作方式

1．以前之战教工作方式　战教工作，当初在沦陷地带分区

派遣督导员，从事于战区民众及教育人士之联络及安慰工作，因当时国军西撤，政府迁徙，沦陷区之行政机构败坏，社会秩序芬乱，民心惶惶，似失主宰，教育上能派遣人员至敌后对教育人士及民众善为安慰，并与后方联络，宣示中央抗战意旨，使沦区人民觉尚为中央所眷念，精神为之振奋，此实维系人心之重要工作。所以前一时期之战教工作方式，旨在侧重精神工作。检讨过去，我们是确实做到这一点，这是我们过去工作之成就。

2．以后方式之改变，在以前的战区之中，我们战教工作，用上项方式推行是不错的，如今战区的情势已与前不同。我们党政军已在战区建立了相当组织，同时敌人又成立了伪政权，在教育工作上，自不能仅限于精神之抚慰，须要换个方式，在物质上要予战地教育人员及民众有切实之补助，在事业上要开展实际工作。譬如火炉在寒天固觉温暖可亲，到夏日使人避之惟恐不及，几成废物，所以战教工作，也须因时制宜，另变作风。好在行政院近来核准拨发沦陷区教育人员救济费三百万元，吾人得将此项经费适当支配与使用，俾战区教育人员之生活上得到救济，在事业上能切实推行。如今确已当临着重要的转变时期，如其不明事务，仍抱旧时方式工作，必难收获成效。

二、工作要点

1．战指会同人要在最近时期内，根据上项指示，悉心研讨订定工作方案，务须切合战区之现势及实际之需要。

2．应以特教之精神，灌注入战区教育工作之中，并采用特教上已有成效之办法及制度。

3．与本部战时教育问题研究委员会联系合作，谋战区教育事业设施之开展，商讨工作上之办法，研究战区教育工作上之问题。

4．应收集北平、南京伪小学教科书全部加以分析研究，作吾人抗敌教材上之取材，参考并针对其内容，而予以反教学，此项须与战研会共同研究。

上项各点,甚望温子瑞同志、李焕之同志与会内同人切实研讨与注意。

〔国民政府教育部档案〕

5. 教育部派往沦陷区教育督导专员与督导人员表

(1940年)

(1)教育部战区教育督导专员名单

驻在地	区 别	职 别	姓 名	备 注
洛阳	平津冀察区	专员	徐治(?)	
界首	鲁 苏 区	专员	梁醒黄	
陕坝	晋绥热区	专员	张明经	
修水	湘鄂赣边区	专员	王广东	
蒙城	豫 皖 区	专员	刘金钰	
屯溪	苏浙皖边区	专员	李南芗	
界首	鲁苏徐皖区	专员	王保身	

（2）教育部战区教育督导员名单

区　　域	职别	人数	派遣时间	工　作　情　形
北平市区	督导员	一	二七、七	1.接办弘毅铁职学校
	视察员	一	二八、四	2.联络教育界组织小组
				3.创办暑期补习班
	干事	一	二七、七	4.组织俭德会以掩护
				5.吸收青年保送后方升学
	书记	一	二八、六	6.派员混入敌伪学校破坏奴化教育
天津市区	督导员	一	二七、六	1.成立□□部
	干事	一	二七、七	2.组织中等教育会抗敌读书会、妇女服务社、商务促进会、员工互助社、共济会等
				3.创办补习学校青年训练班
				4.吸收青年保送后方升学
河北涿县区	督导员	一	二七、七	1.组织唯生教育社战地教育委员会
				2.创办私塾
静海区	督导员	一	二七、七	1.成立教育委员会
				2.创办巡回教育班、私塾及补习班

（续表）

区　域	职别	人数	派遣时间	工作情形
肃宁区	督导员	一	二七、七	1.组织文化运动会、青年教国会 2.出版抗战文艺半月刊 3.创办私塾
	干事	一	二八、三	
	书记	一	二八、三	
河北南宫区	督导员	一	二七、七	1.组织河北抗战建国教育协会 2.增设私塾 3.抵制仇货运动 4.破坏伪钞流通
	干事	一	二七、七	
保定区	督导员	一	二八、十二	尚未到达工作地点
冀东区	干事	一	二八、六	未据报告
曲阳区	督导员	一	二八、十二	尚未到达工作地点
山东惠民区	督导员	一	二八、二	1.视察该区教育情形 2.宣达中央意旨
	干事	一		
	书记	一		
山东济南区	督导员	一	二七、七	创办中小学补习班
济宁区	督导员	一	二七、七	1.创办联中及补习班 2.提倡私塾义塾 3.督促恢复小学

续表

区　域	职别	人数	派遣时间	工作情形
栖霞区	督导员	一	二七、七	1.筹办中学
	干事	二	二八、九、十	2.出版小型报
				3.督促恢复小学
益都区	督导员	一	二八、一	视察该区内教育情形
	干事	一	二八、一	
莱阳区	视察员	一	二八、六	视察该区内教育情形
临沂区	视察员	一	二八、五	视察该区内教育情形
巨野区	督导员	一	二八、八	
鲁北区	督导员	一	二八、八	方到工作不久
鲁西北区	督导员	一	二八、八	方到工作不久
江苏镇江区	督导员	一	二七、八	由江苏省教育厅就近指挥
	干事	二	二八、六、一	
无锡区	督导员	一	二八、八	由江苏省教育厅就近指挥
	干事	一	二八、一	
江都区	督导员	一	二七、八	由江苏省教育厅就近挥指

续表

区 域	职别	人数	派遣时间	工 作 情 形
	干事	一	二八、一	
淮阴区	视察员	一	二八、四	由江苏省教育厅就近指挥
铜山区	视察员	一	二七、九	由江苏省教育厅就近指挥
	干事	一	二八、十二	
江苏松江区	督导员	一	二七、七	1.组织文教协会及战区教育工作团 2.成立中小学教师职员联合会 3.筹办战区教育巡回教育团 4.办理上海交通站事务
	干事	一	二八、五	
	书记	一	二八、五	
南通区	督导员	一	二七、九	由江苏省教厅就近指挥
	干事	二	二八、六、八	
浙江杭县区	督导员	一	二八、二	调查敌伪奴化教育设施
长兴区	督导员	一	二八、八	1.组织流动学校 2.成立小学私塾 3.视察该区教育情形
	干事	三	二八、八、十一	
	书记	一	二八、十一	

续表

区 域	职别	人数	派遣时间	工作 情 形
嘉兴区	视察员	一	二八、十	视察该区教育情形
湖北蕲春区	视察员	一	二八、四	1.成立战时教育辅导队
				2.筹组□中分校
	干事	二	二八、二	3.编辅教材
				4.精神讲话
	书记	一	二八、七	5.调查宣传
安陆区	视察员	一	二八、四	1.组织临时宣传慰劳队
				2.举办私塾讲习会
				3.创设书报阅览室
	干事	一	二八、四	4.召集青年个别谈话
				5.筹办初中
钟祥区	视察员	一	二八、六	1.视察该区教育情形
				2.调查敌伪设施
湖南岳阳区	视察员	一	二八、六	1.组织岳临战时教育工作团及青年服务社
				2.视察该区教育情形
江西奉新区	视察员	一	二八、五	1.组织赣北战地文化服务社
				2.出版挺进周刊
				3.视察该区教育情形

续表

区 域	职别	人数	派遣时间	工作情形
河南开封区	视察员	一	二八、五	1.视察教育情形 2.筹办联合中学
商邱区	督导员	一	二八、十二	该员尚未到达目的地
热河承德区	督导员	一	二八、八	该员已抵工作地，但尚未报告工作情形
	干事	一	二八、二	
安徽芜湖区	督导员	一	二七、七	1.组织文化教育协会，以联络青年，发动教育工作 2.选拔工作干部，以充实力量 3.派员打入敌伪所办学校秘密破坏奴化教育 4.其他宣传督导工作
	干事	一	二八、一	
	书记	一	二八、四	
蚌埠区	督导员	一		该员直接受省教育厅直接指挥，委派日期尚未据报
淮南区	督导员	一		该员直接受该省教育厅直接指挥，委派日期尚未据报
安庆区	督导员	一		该员直接受该省教育厅直接指挥，委派日期尚未据报
贵池区	督导员	一		该员直接受该省教育厅直接指挥，委派日期尚未据报
汉口市区	督导员	二	二八、二	调查敌伪教育情形
	干事	一	二八、二	
上海市区	视察员	二	二七、八 二八、八	1.创办中学及平民学校 2.组织青年团体

〔国民政府教育部档案〕

6. 教育部订定之处理战区学生升学就业办法

（1941年6月）

第一章 总则

第一条 本部为积极救济战区学生，使其分别升学就业，特订定本办法。

第二条 本部对战区学生，按其品质志趣学历，分别派送各级学校升学或介绍工作。

（一）凡体格强健、意志坚定之战区学生，应尽量鼓励其入军事学校，或参加军队工作。

（二）凡资质优秀、品行纯正之战区学生，应尽量使其升学，以完成其学业。

（三）凡体格强健、诚实耐劳，志愿从事职业之战区学生，应设法予以各项职业知能之训练，使其分别就业。

（四）凡因战事受有刺激，精神失常或思想谬妄之战区学生，应设法予以矫治，使恢复为健全之青年。

第三条 本部为处理战区学生升学就业事宜，特设立战区学生指导处，并于金华、洛阳两地设置登记分处，各冲要地区设置招待站，其组织办法另订之。

第二章 招致

第四条 战区学生之招致办法规定如次：

（一）由部派战区教育督导人员就战区失学学生中登记考选，或向敌伪学校引导优秀学生送至各后方。

（二）由战区各省教育厅暨各区战教工作队就所辖学校、私塾、义塾内学生考选优秀者，送至各后方。

（三）由战区各党政军机关与当地教育行政机关协办，就已调查之失学学生加以考选，送至各后方。

（四）战区学生自动至后方者，应予以奖励，并指导升学或就业。

第五条　凡经招致或自动来各后方之战区学生，得酌予补助旅费，其补助标准另订之。

第六条　凡经招致之战区学生，除由各省教育厅办理登记外，其在东南战区及华北战区，并由金华、洛阳两登记分处协商各该省教育厅办理之，登记名册按月报送战区学生指导处呈部备案。

第三章　就近训练

第七条　凡经登记合格之战区学生，如系专科以上学校肄业，呈验证件，由部分发借读如系中等学校毕业生，除依照游击区各省市保送中学毕业生升学后方专科以上学校办法保送者外，余均于到达后方后予以指导，投考升学，如系中等学校肄业生得就近分发公私立学校就学，或予以职业训练，其愿受军事教育参加军队工作者，由指导处与有关机关或部队洽商办理之。

第八条　战区及临近战区各省教育厅，应与登记分处密切联系，协同办理战区学生分发事宜，并尽量增设班级，以资收容。此项增设班级经费，如地方财力不足时，得由中央补助之。

第四章　来渝学生

第九条　指导处为收容陆续由战区来渝之学生，设战区来渝学生进修班，凡经审查考试合格之学生，随时派入该班受训，俟下学期开始，再分发国立各校班肄业。

第十条　上项进修班之课程，依照部颁各级学校课程标准实施，并特着重：（一）革命精神之陶冶，（二）基本课程之补习，（三）职业知能之培养。

第十一条　指导处得与各有关机关洽商办理战区学生训练，如会计、统计、测量、机械、看护、农艺、工艺等，以适应抗建之需要。

第五章 贷金与工读

第十二条 上项战区学生除免缴学费外，并得请领膳食贷金，不因其所入学校而受限制。

第十三条 上项战区学生在校以工读为原则，应以六分之一以上的时间劳动服务或从事生产工作，星期不给例假，寒暑假均缩短至一星期。

第十四条 上列战区学生工作或劳动服务所得收益，以百分之二十为奖励金，百分之十为准备金，百分之七十以补助学生在校费用之不足。

第六章 附则

第十五条 已经登记分发之战区学生，如有须转学等情事，应自行遵照章程办理，不得再以战区学生资格迳呈部处请求。

第十六条 本办法经呈奉行政院核准备案后施行。①

〔教育部战区学生指导处档案〕

7. 教育部报送《修正沦陷区域教育设施方案草案》呈

（1943年7月　日）

教育部呈　字第　号

查本部前为维持战区文化命脉，培养民族意识，争取沦陷区民众，动员全民力量，曾于二十七年拟订沦陷区域教育设施方案，呈奉钧院第三七三次院务会议通过核定，遵行已久。兹以军事情势之变迁，战教业务之发展，方案内容乃有未能尽合实际需要者，因将督导区域重加划分，工作内容求其充实，而督导机构原本四年来所得经验，予以调整与改善，俾循序渐进，藉收宏效。并经本部详加研讨，将原方案酌予修正，是否可行，理合检同修正之沦陷区域教育设施方案备文呈请钧院鉴核示遵。谨呈

---

① 本办法奉行政院三十年六月勇陆字第九五〇八号令准备案。

行政院院长蒋

　　副　院　长孔

　　附呈修正之沦陷区域教育设施方案一份

教育部部长陈○○

中华民国三十二年七月　日

修正沦陷区域教育设施方案草案

（战区教育指导委员会第三届第一次及第二次会议修正通过）

　　甲　原则

　　1. 在敌人占领区域之各级教育，由教育部派遣教育人员，深入督导，利用各种方法，使其继续维持，以延续文化生命。

　　2. 在敌人占领区域之教育界人士，应积极设法联络，组织训练，使为抗战而努力。

　　3. 敌伪学校教师，应加裁制，其尚能觉悟自新者，经考核属实后指示其工作，以削弱奴化教育之效能。

　　4. 战区内之失业失学青年，应尽量招致收容，使在战区或内来就业就学，以增强抗战力量。

　　5. 对敌占区之民众，应运用各种机会，宣传本党革命主义，中央意旨，抗战国策，并发挥精神上之伟大作用，坚定其抗战必胜、建国必成之信念，以培养民族意识，增进全民力量。

　　乙　划区

　　1. 就沦陷地区划分若干督导区，其地域以照战区管辖范围划分原则，冠以地区名称，如鲁豫战教督导区。

　　2. 每一督导区划分为若干分区，以相当于行政督察区为原则，称某某战教督导区某某分区，如鲁豫战教区临沂分区。

　　丙　组织

　　1. 每督导区设战区教育督导专员一人，于指定地点组织办事处,处理各该区战教事务,并领导各分区主任督导员及督导员。

2. 每督导分区设战区教育督导员一人,秉承督导专员之指挥,推行该区内战教工作。其重要都市或辽阔地域之督导区得设主任督导员,工作范围较大,经费较多,以加强其效能。

3. 督导人员在所在省,教育行政当局未能行使职权之区域,应尽量协助推进区内之一切教育事业,其已设有战区教育机构并能推行业务者,即划归该省教育行政机关办理之。

4. 各督导区有必要时得由部指定设立战区教育工作队或秘密教育团体,由督导专员或主任督导员兼任队长或理事。

5. 督导专员办事处视事务之繁简,得设总干事一人,干事一人至三人,会计员一人,书记一人至三人。

6. 主任督导员之下得设干事一人,书记一人。

7. 督导专员必要时得设交通站及电台,其地点由各该处择定之。

丁 任务

1. 督导专员之任务

一、秉承教育部之命令与该区长官司令部、省教育厅及其所辖各省有关机关洽商详密计划战区教育推进事宜。

二、对各该区内战教主任督导员、督导员、战区教育工作队、秘密教育团体及巡回教学团之工作加以指导考核,注重个别领导,颁发工作纲领,并每月举行检讨及考核一次。

三、每年巡视区内各督导单位工作一次,并举行总检讨,加具考语及奖惩意见报部。

四、本区内战区教育工作人员经费之汇发及审核事宜。

五、与所在教育厅及战地青年招致训练委员会分会切取联系,洽商有关该区内失学失业青年之招致训练救济事宜。

六、本区内文教交通网之建立事宜。

七、本区各级学校文化团体及其地方战教设施之督导考核事宜。

八、本区内学校教材及精神食粮之介绍供应事宜。

九、本区内敌伪一切设施、奸党活动及社会一般情形之调查事宜。

十、政府法令、文告及后方重要消息之传递事宜。

十一、其他教育部指办事宜。

十二、每月向部呈缴书面工作报告一次，其重要事项及敌伪情报应随时呈报。

2．主任督导员及督导员之任务

一、秉承教育部之命及督导专员之指示，推行战区教育督导及设施工作。

二、区内战教工作队、秘密教育团体之工作指导及考核事宜。

三、每年巡视工作一次，考核区内各督导单位之工作，加具考语呈报督导专员核转呈部备查。

四、区内各督导单位经费汇发事宜。

五、与专员办事处及区内各督导单位建立交通联系事宜。

六、与区内我方各机关或县长及其教育工作人员取得密切联系，以推进战教工作，协助招训机关人员，推行招训工作。

七、指导各校教育人员按其特长分派工作。

八、采用以抗战为中心之教材教导学生，此种教材如购置困难，应令学生辗转抄写或用口授。

九、在学生中选择其信仰坚定、认识正确之优秀份子，令其协助活动。

十、调查伪组织之一切设施及汉奸活动，简要报告，并对汉奸作打击之工作。

十一、已在伪组织统制开学之学校，不论其教育方式及内容如何变更,应指导教员利用种种方法,对学生灌输抗战建国之要义。

十二、指导教育人员设立私塾或义塾,以资掩护,实际上仍秘密施行抗建教育,並在社教民教组织及补习学校中推行之。

十三、注意秘密宣传或特种宣传,如发信标语等,以唤起教育界及社会人士之抗建意识,并策动其工作。

十四、当地热心服务、成绩优良之中心学校或国民小学校教职员应密予登记,呈请奖励。

戊 附则

1. 战区教育督导人员之任用待遇、奖惩抚恤、服务细则、经费发放等办法及教育工作队、秘密教育团体组织办法另订之。

2. 本方案由教育部呈请行政院核定施行。

〔国民政府教育部档案〕

8. 教育部战区教育指导委员会第三届第一次委员会议讨论特教、战教进行情形的会议纪录

(1943年9月3日)

时　间:九月三日上午九时

地　点:本会会议室

出席人员:温　麟　李焕之　黄龙先　王杰夫　王保身　陈景阳　张明经　沈开寰　王明钦　锺道赞　邱鹤(陈景文代)　薛天汉

主　席:温主任委员

记　录:萧光邦

开会如仪:

(甲)主席报告(开会意义)

(乙)各组工作报告

一、第一组委员兼组主任邱　鹤(陈景文代)报告:

子、特种教种事业之史略：特教自民国二十三年南昌行营倡办迄今已逾八年，已有若干省份工作完成，今后当继续推行，加紧办理，以竟全功。

丑、本年度特教工作之划区：

1．合并国民教育办理区，以配合新县制之需要，而各该厅原设之特种教育股亦随之裁撤，保留原有之特种教育巡回教育团各二团，划归社会教育科管辖。巡回团之主要工作可分巡回施教、辅导国民教育、宣扬抗建国策、改进农村生产等等。

2．继续办理区：本区包括河南、安徽两省，本年度仍继续过去办理中山学校及巡回教学团。中山学校包括中山中心学校及中山国民学校。河南现设中山中心学校二十所，中山国民学校三十所。安徽现设中山中心学校十一所，中山国民学校八十九所，重要工作为推进国民教育，展布党团之活动等。

3．统办特教区：本区分陕甘宁三省。在陕西省有关中之宜川、洛川、中部、榆邑等十五县，陕北之横山、米脂等八县，及奸党盘踞之安定、安塞、延川、甘泉等十一县。在甘肃省者，有合水、固原、正宁等十县，及奸党盘踞之环县等。在宁夏省有盐池、同心、灵武等四县。统办特教区各县，国民教育、社会教育及边疆教育等一律改办特种教育。

4．苏浙战区与河北山东战区：苏浙战区现设巡教团一团，直属本部管理，团部下分设六队，三十五组，共有工作人员一百六十五人，分在苏北、江南秘密施教。河南战区设特教工作团一团，归该省教育厅指挥，下分四队，二十二组，共有工作人员七十五名，团部移驻林县附近。

寅、本会直接办理之特教事业：

特教通讯月刊，每期印行四千册，现已印至四卷三期。特教丛刊为本会特约专家编纂者，已出版二十一种。最近又增印中央图书杂志审查委员会编行之善导青年丛书等十一种，分送全国大中学及图书馆等。

卯、特教事业推行之困难点：

（子）特教师资缺乏；

（丑）特教经费不敷；

（寅）交通困难，影响工作效率；

（卯）督导欠周到。

辰、改进意见：

（a）加强陕甘宁特教工作；

（b）积极开展战区特教工作；

（c）限期完成江西、安徽特教工作，培养特教师资，加强督导工作。

二、第二组委员兼主任沈开寰报告：

战区教育工作在本会未成立前即已开始，到现在已有四年多之历史。兹就最近战教工作概况略述如下：

子、划区：本会主管战教工作范围为十五个省及六个市，现在共划分为九十个督导区，每区所辖县份若干，按照军事、交通及地方实际情形而划分之。另由东北青年教育救济处派有人员前往东北各省工作，每区原设督导员或干事六，现有深入沦陷区之战教工作人员百余人。

丑、机构调整：近奉部长谕，将原有之战教机构略加调整，督导员之上设有主任督导员，其上再设视导专员，调整办法，尚待研究。

寅、发展交通：天津电台去年本已成立，正拟与本部通话之际，太平洋战事发生，未能实现。设在金华之交通站因战事影响，已迁移福建境内办理，最近拟迁往张渚附近办理。洛阳交通站业已成立。关于交通通讯方面仍拟完成过去在华南、华中、华北设立交通站电台之计划。

卯、经费汇发：沦陷区工作同志经费之汇发最感困难，尤以上海、天津、北平等区为最。因此，战教工作颇受影响，今后当研究妥善办法，以便改进。

辰、战教工作人员之牺牲者，应由本会优予抚恤：

a、牺牲者：曹传楷、孙菊芳、吴志勤等。

b、被捕者：刘植才、张雄选、张少峰、刘延富等。

巳、战教工作推进之困难问题：

a、人才缺乏问题；

b、交通困难问题；

c、经费困难问题；

d、经费汇发问题；

e、工作人员待遇问题。

三、第三组委员兼组主任王明钦报告：

子、调整战区教师服务团。本部原在川、陕、甘、宁、黔、湘、豫等省设立战区中小学教师服务团十团，本年度开始将原有之战区中小学教师服务团十团分别调整，改组为教育部战区教师服务团八团，分设川、陕、豫、宁、湘、浙、粤等省省会所在地方。此项调整案业于本年三月呈准行政院备案。四月底各团改组就绪，开始工作。兹就调整各团概况简述如下：

1. 教师服务团全年经费为三八九二八〇〇元，调整后较调整前每月约减少经费六七六一一元。

2. 过去各团人数共计二二三二人，调整后仅有人数九五〇人。

3. 各团团长一律由所在地教育厅长兼任，队长由所在地县长兼任，以收政教合一之效。

4. 过去各团工作繁杂，地区散漫，此次调整后，各团均集中团员于若干工作区域，以推行国民教育为中心工作，较切实际。

5. 各团调整案经呈准行政院备案后，团部行政人员一律照本部附属机关职员享受非常时期改善公务员生活办法之规定待遇，派在各工作区之团员，比照当地教职员待遇领受津贴或实物补助，生活既稍解决，工作当易开展。

丑、继续办理战区教师登记。自举办登记以来，至本年九月份止，共登合格教职人员一万二千一百九十人。此项人员除大部分发各省市地方机关服务，由其正式任用者本部取消其登记资格外，余多分派为服务团团员。三十一年度登记合格教师生活费月支约三八〇三元。

寅、调集服务团员参加战讲班受训。本年五六月间，本部举办战教工作人员讲习班。本会调集各服务团团员前来参加受训者，凡三十余人，受训一月后均已分发各地担任学生登记接待工作，或沦陷区督导员工作。

四、招训会王兼秘书保身报告：招训会于去年底奉准恢复，由本部主持并由中央党部、三青团、战地党政会、振济委员会、政治部、军训部、海外部及本部战区学生指导处等机关会同组织，负责办理，部长兼任主任委员，已召开常务委员会五次，现已在第一、二、三、七、八、九区司令长官部及鲁、苏、豫、皖、边区党政分会所在地成立分会，积极工作。总会及分会各项法规亦已制定，其招致内来青年即由战区学生指导处各登记处、各训练班甄选分别训练或介送升学就业，其详具见指导处工作检讨第一辑。

五、秘书兼东青处主任王杰夫报告：

子、对本会工作之困难点：

a、遴选人才困难；

b、经费汇发困难；

c、通讯交通困难；

d、会中突发事件处理困难。

丑、东青处工作概述，本处共分三组：

a、指导组：指导青年生活、求学、做人之各项困难问题，使用通讯解答方法完成任务，务期每一青年均有一技之长，以作战后复员之准备。

d、招致组：招致东北青年予以救济，最近已由处派定二员前往东北招致青年。

c、战后复员问题研究组：对战后复员各项问题之研究，准备计划等事项。

主席宣布已上午十一时五十分，改于下午一时三十分继续开会，商讨提案。

散会

第三届第一次委员会会议第二次会议纪录

时　间：九月三日下午一时三十分

地　点：本部大礼堂

出席委员：温　麟　黄龙先　李焕之　薛天汉　王明钦　王保身　张明经　锺道赞　陈景阳　邱鹤（陈景文代）　王杰夫　沈开寰

出席长官：顾次长

主　席：温主任委员

记　录：萧光邦

（甲）主席报告：继续上午第一次会商讨提案。

（乙）讨论提案：

一、窃沦陷区域教育设施方案，自二十七年经行政院院会通过本部设施以来，兹已四载，近经部长谕示分区设置视导专员、主任督导员、督导员，并专以办理沦陷区域内工作为范围，制度更张，原有方案必须修正，督导机构及工作亦宜随加调整。兹拟具修正草案附后〔缺〕，当否，请公决案。

决议：照原拟修正沦陷区域教育设施方案草案修正通过，并推定陈委员景阳、薛委员天汉整理文字。

二、查战区教育督导人员之任用与待遇，已往迄无明白规定，今后增设视导专员、主任督导员等职务，区分益多，自应详细规定。兹拟具战区教育督导人员任用及支薪津贴暂行办法，当否？请公决案。

决议：照原拟战教督导人员任用及支薪津贴暂行办法修正通过，并交本会第二组整理文字。

三、战区教育督导人员经费之发放，已往虽有若干规定，未曾明定办法，兹拟具此项发放暂行办法，当否？请公决案。

决议：照原拟战区教育督导人员经费发放暂行办法修正通过，并交本会第二组整理文字。

四、本会主管各战区教师服务团调整后，原有各团团刊停顿，拟由本会出版综合性之教战月刊一种，继续过去各团团刊任务，并完成其使命。兹拟具发刊计划、教战月刊社组织规程及预算书等，当否？请公决案。

决议：通过并推定锺委员道赞、黄委员龙先整理文字。

丙、〔下略〕

〔国民政府教育部档案〕

9. 教育部订定之《战区教育督导工作调整方案（草案）》①

（1944年8月）

甲 调查理由

一、战区教育过去力求全面开展，而限于经费反致力量分散，工作成效不易表现。

二、战区进入胜利阶段，欲使战区教育配合军事进行，则集中力量于若干重要据点，以增大其协助反攻之能力，实有必要。

---

① 此草案于八月七日经战指会四届一次会议通过。陈立夫并批示"照办"。

三、节约不必要之设施，就现有经费发展工作，俾得人无冗滥，财无虚靡。

四、过去督导制度厘分三级，指挥殊嫌迂滞，情形亦感隔阂，且分处设置，缺少机动，公文钤印，过重形式，均应按照战教之特殊性能，加以调整。

乙　调整办法

一、编制部分

（一）拟改从前之督导三级制为两级制：1.督导专员负工作上联系指导之责，2.主任督导员及督导员负沦陷区内实际工作之责。

（二）主任督导员与督导员接受督导专员之联系指示，推进工作，仍直接受本部之指挥监督，主任督导员与督导员间，除有机密之联系外，无隶属关系。

（2）督导专员办事处组织尽量缩小，免除办公形式主义，设总干事一人，干事二人至三人，书记一人，其余人员一律裁撤。

（四）为加强督导工作之联系，专员办事处得设交通站主任一人，交通员二人至三人，交通站采流动设施，可随时转移，经常派人往返陷区，负与督导人员联络传达之责。

（五）主任督导员办公室撤消，为工作便利计，得用干事一人或二人，交通员一人，督导员既与主任督导员任务相同，亦准用交通员一人或用干事一人。

（六）为顾全战教人员安全计，上列干事、交通员等，均由督导人员自选亲信者任之，惟单位一经破坏，工作即另辟蹊径，除设法救恤外，其原有之干事、交通员等即以解职论，不再继续发给生活费等，以免滋生纠葛，而增加负担。

二、区域部分

（一）督导专员区暂分六区，第一战教督导区平津冀及东四省属之；第二战教督导区晋察绥三省属之；第三战教督导区豫鲁及苏北皖北属之；第四战教督导区苏浙皖边区京沪属之；第五战教督导区鄂湘赣三省属之；第六战教督导区闽粤两省属之。

（二）主任督导员工作区暂定为：北平、天津、太原、济南、开封、南京、上海、杭州、宁波、南昌、安庆、汉口、广州等十三区。太行山区情形特殊，拟将原有主任督导员区继续保留。

（三）督导员工作区暂定保定、万全、新乡、临汾、大同、包头、沈阳、长春、滨江、青岛、临沂、南通、铜山、蚌埠、吴兴、金华、芜湖、镇江、厦门、潮州及其他重要据点，以不超过三十区为限。

三、工作部分

（一）督导专员之任务应求单纯，使力尽本职，其要项如下：

1. 与当地党政军机关及其长官经常保持密切联系；
2. 接应督导人员之传达事项，并指导其工作。
3. 接待陷区退出教师，协助内移，并介绍其工作。
4. 其他部令指办事项。

（二）主任督导员及督导员均应进入沦陷区中指定之工作地点，各就环境许可之范围内自行策动工作，其基本工作如下：

1. 调查敌伪奴化教育实况；
2. 调查文教团体之活动情形；
3. 密察教育人员之忠奸，以供复员时参考；
4. 向各学校密寄中央政令及宣传品；
5. 制造有利抗战之各项宣传；
6. 剪递报章资料；
7. 利用爱国教育团体名义，秘密散发宣传品及标语；
8. 争取敌伪教育人士，用个别谈话方式加以训练与指示；

9．发动并组织陷区内文化教育秘密爱国团体，惟本人只发生党团作用，不必负主持之责；

10．其他有关战教之重要事项。

上列督导人员每三个月得视察附近区县之教育状况一次，惟以不出沦陷区为限。

（三）各督导人员为使工作顺利进展，在其据点内准其另谋职业，以资掩护，尤以任教职员及在教育团体内工作为宜。

（四）督导人员应自行建立其下列三种关系：

1．"交通关系"工作据点与督导专员办事处或指定之交通站间应取得经常联系，递转工作报告及重要文件，每月至少保持接触一次。

2．"通讯关系"约定数种通讯方法，用化名邮寄秘函及新闻资料。

3．"汇兑关系"亦以督导人员自行建立为原则。

（五）各主任督导员及督导员既均推进至沦陷区工作，已无对外行文之必要，其关防印信一律取消。

四、秘密团体部分

（一）在各督导人员工作关系之外，得在沦陷区各重要据点内，组织独立进行之秘密文教团体，直接受督导专员之指导，其组织规章、工作纲领及经费另行核定之。

（二）会员就当地人士中选任之，以思想正确、品学俱优、素孚众望，再有活动能力者为宜。

（三）秘密教育团体之作用如下：

1．准备当地复员干部，吸引优良之教育人士。

2．策动军事，以作收复善后之教育准备。

3．宣扬政令，发动民间爱国组织。

4．调查敌伪下之教育设施，与伪方教育人士之思想行动。

5．发动斗争工作，予敌伪奸逆以重大打击。

（四）秘密教育团体酌给事业费与奖励金，其款由已核定之战教津补余额中配给。

（一）各在陷区督导人员之办公费取消，另发交通费及工作费，尽量配给。

（二）督导人员待遇就原有经费内尽量提高。

（三）督导人员薪给三个月提前发给，其汇款关系由各员自行建立之。

（四）兼任之督导员得酌给少数津贴及交通费。

〔国民政府教育部档案〕

10. 教育部关于改组战区教育指导委员会呈

（1944年12月）

案奉钧院三十三年十一月二十日义柒字第二四二三二号指令，饬将战区教育指导委员会改组一节，专案报核等因。奉此，查战区教育指导委员会原分三组，第一组掌游击区教育督导事宜；第二组掌战地失学失业青年招训事宜；第三组掌战区教师登记、救济及工作事宜。三十二年十月五日，本部以战二字第一零六六号呈送战地失学失业青年招致训练委员会组织规程，经奉钧院三十三年三月十七日义陆字第五八二二号指令，以该规程业予改正，应尽原有经费开支，以免追加预算，并抄发战地失学失业青年招致训练委员会组织规程饬遵。遵于三十三年七月二十四日将战地失业青年招致训练委员会独立设置，所有战区教育指导委员会第二组原掌业务，即移归招训会办理。经此次改变组织后，战区教育指导委员会第一组原掌业务并无变动，惟集中力量以推进游击区教育；第三组改称第二组，仍掌战区教师之救济、登记、及工作事宜。复因战教人员深入陷区，与本部之联系或用电讯，或按规定路线设站密递文件，须妥慎办理，庶几战区教育工作能有实效可睹。故除以上二组外，另设交通室掌电讯及交通站布置事宜，奉令前因，理合将改组后之战区教育指导委员会组织规程备文呈请钧院鉴核备查。

谨呈

行政院代理院长宋

　　附呈本部战区教育指导委员会组织规程一份〔略〕

　　　　　　　　　　　　　　　教育部部长朱〇〇

中华民国三十三年十二月　　　日

　　　　　　　　　　〔国民政府教育部档案〕

(二)战地失学失业青年的招致训练

1. 军事委员会关于订定"战地失业失学青年招致训练办法纲要"致行政院函

(1939年12月15日)

国民政府军事委员会公函 办一字第八三六一号

案查本会鉴于过去各种招考训练战地失业失学青年办法不无重复抵触之弊,为期青年招训及其使用能收统筹之效,特订定战地失业失学青年招训办法纲要,据以整理各种已颁待颁之招训办法,分定其定废修并,並于中央设置主持机关统筹失业失学青年招训事宜,俾利事功。除分令本会各部会、各行营、各战地及各省府颁发该项办法纲要外,兹特检同失业失学青年招训办法纲要一份,请烦查照备案为荷!此致

行政院

附件如文

中华民国二十八年十二月二十四日

战地失业失学青年招训办法纲要 十二月十五日核定

(一)要旨

军事委员会为使招致训练战地失业失学青年各种办法能收统筹招训之效,并就青年之体格、志愿、学力、性别等适宜甄定其用途,俾适应战时各种需要,积极参加抗战工作起见,特订定本纲要,並以整理统制之。

(二)招致

甲　分区

战地失业失学青年之招致，依各战区之所在，划分区域办理之，就现时情况先成立左列各区：

一、第一战区

二、第二战区

三、第三战区

四、第四战区

五、第五战区

六、第九战区

七、冀察战区

八、苏鲁战区

其他各区域，俟有必要时再行核定成立。

乙 负责机关

（1）军事委员会设立战地失业失学青年招致训练委员会（以下简称招训委员会），由军事委员会办公厅、中央训练团、战地党政委员会、军训部、军政部、政治部、教育部、内政部派员组成，其组织细则另定之。

（2）各战区设立一招致机关，定名为××战区战地失业失学青年招致委员会，由军事委员会、战地失业失学青年招训委员会派员会同战区司令长官部（总司令部）及有关之省府派员共同组成（由军委会所派人员负主持之责），其组织细则另定之。

丙 招收资格

暂以初中以上程度之失业失学青年为限，年龄以十五岁至三十五岁为度。女生数目最大限度不得超过全额四分之一。并须尽量推向战地深入的招致，严禁在战区及后方私行收容，而现在战区及后方学校肄业学生尤不得招致之。所收青年，均须有身份证明文件。

丁 其他

留居战区及后方之沦陷区各省党政军同志，如其志愿回籍参加游击或政治工作，不受前限之限制。在后方者，得在战地党政委员会办理登记手续，在战区者，则在各战区战地失业失学青年招致委员会（以下简称招致委员会）登记。

（三）甄选

甲、管教

各战区招致委员会仅负招致之责，训练仍由各训练机关任之。惟所招致之青年在分发各训练机关以前，其检定招致均由招致委员会负责，并应酌量情形施以管教。

（四）甄选标准

所招之青年，由招致委员会按其体格、志愿、学力、性别等分别检定，甄选为军事、政训、游击、特务诸部门，分拨各专训团队分别训练之。甄选标准如左：

一、体格

所收青年，其体格健壮者，应分拨入军事及游击部门，余可拨入政工及特务部门，或另行安置之。

二、志愿

在甄选时应考查各青年志愿之所在，并各就志愿酌量分别拨入军事、政训、游击、特务诸部门，俾各遂其特长之发展，或转入各级相当学校续学，以达适才适用之目的，但体力健壮者，应强制或鼓励其选入军事部门。

三、学力

凡初中以上程度之青年，经过检定甄选后，其学力优秀，年龄在二十岁以上者，使受军事训练，其思想敏捷、文艺及口材擅长、年龄在十八岁以上者，使受政治训练，其学力较差而体格健壮者，则送入各部队之军士队训练之。

四、性别

青年依其性别之不同，其工作范围亦互异。在甄选时男生固可分发军事、政训、游击、特务诸部门，女生则仅受政工、特务、看护等训练，或转入各级相当学校续学为宜。

(五) 分训

各战区招致委员会于施行甄选后，按前述标准决定其适合之训练部门，使之分别转入军事、政训、游击之团体专训之，其类别如左：

甲、军训

适于军训者，于各战区招致委员会甄选后按其学力分送各入伍生团及各部队所办之军士队训练之，按其体格及志愿亦可由入伍生团酌为分拨各军事业科学校训练之。

乙、政训

适于政训者，于各战区招致委员会甄选后，由政治部在各战区适宜地点设政训机关训练之。

丙、游击

适于游击者，于各战区招致委员会甄选后，由各游击训练班训练之。

丁、回乡

青年之有志回乡工作者，特别训练其联络及秘密工作诸方法，以便深入敌伪内部进行秘密工作，由各游击训练班设专组就地训练之。

留居战区及后方之沦陷区各省党政军同志志愿回籍工作者，经战地党政委员会及各战区招致委员会登记后，由中央训练团或其分团训练之。

戌 续学

年龄不适于前述各部门之标准者，或因体格发育等关系尚不适于抗战工作者，及学术优异者，由教育部考送相当各级学校续学，以造就建国人材，或施以特种教育训练。

(六)隶属及经费

1. 各战区所设之战地失业失学青年招致委员会，隶属于军事委员会。

2．甄选后送由各训练团队学校，分训时则按固有之隶属而分别隶属之。（如入伍生团属军训部、政训机关属政治部，余类推）

3．招致经费之规定另订之。

4．训练经费则就现有之干训团、入伍生团、政训总队、游击训练班等之规定，分别厘定之。

〔行政院档案〕

2．军委会战地失学失业青年招致训练委员会通告成立公函

（1940年3月1日）

军事委员会战地失业失学青年招致训练委员会公函 招密字第贰号

查本会已于三月一日组织成立，暂在段牌坊十号二楼开始办公，并启用关防、官章，除呈报外，相应函达，即希查照为荷！

此致

行政院秘书处

主任委员 熊 斌

中华民国二十九年三月一日

3．教育部关于从鲁省各游击区招致青年受训的函电

（1942年6月—1943年2月）

（1）委员长侍从室第三处致教育部函（6月1日）

据中训团党政班第三期毕业学员中央军校驻鲁干训班政治教官林凤楼报称："鲁省各游击区尚有大量青年在徬徨挣扎中，亟宜速谋救援，以免资匪，仅条陈抢救之方如下：（一）由中央饬令党政军团以争取青年为中心工作；（二）凡十三岁以上、二十五岁以下非战斗员之青年，一律予以集中；（三）各机关集合青年以后，1．集体的由鲁苏战区派有力部队护送出来，2．分散的由

当地机关发给旅费，化装自行出来（此次在鲁招生就用这个办法，结果良好）；（四）设立青年招待所于皖北阜阳一带；（五）在宿县、亳县、蚌埠各站附近，设置连络站，密秘接待青年；（六）到达我区防区后，由十五集团军负保护之责"等情。奉谕："录报送教育部核办"等因。相应函达查照见复为荷。此致
教育部

国民政府军事委员会
委员长侍从室 第三处启
中华民国三十一年元月一日发文

(2)教育部致委员长侍从室第三处代电（1943年2月10日）

军事委员会委员长侍从室第三处公鉴：案准贵处信字第二九零一一号公函，以据报鲁省各游击区尚有大量青年，在徬徨挣扎中，亟宜速谋救援，并贡献抢救办法六项敬悉。查林教官凤楼建议各点，所见极是。兹将本部对鲁省青年招致情形，电复如次：关于第一、二两项业已设立招训分会统筹策划，第四项已在阜阳、界首、临泉等处设立接待站，第三五六三项已由战地失学失业青年招致训练委员会转饬鲁苏豫皖边区招训分会遵办，除摘要电知鲁苏豫皖招训分会外，特复。教育部。战四。丑（　　　）。印。

（3）教育部招训会致临泉鲁苏豫皖边区招训分会代电

临泉鲁苏豫皖边区招训分会：案准军事委员会委员长侍从室第三处信字第二九零一一号公函：以鲁省各游击区尚有大量青年正在徬徨挣扎中，亟宜速谋救援，并建议六项，特摘有关该分会者如次：（一）各机关集合青年以后：2.集体的由鲁苏豫皖边区派有力部队护送出来；1．分散的由当地机关发给旅费，化装自行出来，（二）在宿县、亳县、蚌埠各站附近设置连络站，秘密接待青年；（三）到达我军防区以后，由当地军队负保护之责。

等由到会。合亟电仰该分会遵照办理为要。(招训会)丑( )。印。

〔教育部战地失学失业青年招训委员会档案〕

4. 教育部战地失学失业青年招训会检送招致与分发办法致高等教育司函

(1942年11月3日)

查本会分发办法及招致办法前经订定施行在案，相应随函送上一份，即希查照备作参考为荷！此致

高等教育司

附分发办法及招致办法各一份

战地失学失业青年招致训练委员会

十一月三日

战地失学失业青年分发办法

(三十一年九月一日第五次常委会议通过)

一、本办法依据本会办细事则第七条第一款甲项之规定订定之。

二、战地青年年在二十五岁以下，具有失学、失业之情形者，均在本会招训之列，其分别如次：

甲、年在二十五岁以下，其学识程度与规定学龄及学级标准相称或差相在五学年以内者，为失学青年。

乙、年在二十五岁以下，其学识程度与规定学龄及学级相差在五学年以上者，为失学青年。

丙、年在二十五岁以下，其学识程度与规定学龄及学级相差八学年以上者（如年已二十仅具小学程度），分送其他主管机关（如人才调剂协会、难民组训会、入伍生训练团等），分别予以安置或训练，暂不在本会训练之列。

三、失学失业青年经本会或分会招致，或直接到达各分会所

在地，经审查考试合格后，在分发前，得在各分会所设之招待所暂住，其管理办法由各分会订定之。

四、失学青年之分发

甲、大学生由各分会根据考核报告，即将各生姓名、年籍、学系、年级电报本会转请教育部决定分发校院地点后，电复各分会，发给旅费到达指定校院，经甄别试验后，插入相当班级肄业或试读。

乙、中学生由各分会根据考核报告，尽先由教育厅分发各校插班，其不能分发各校者，得送进修班攻读，必要时得由各省教育厅遵照部令统筹增加班次或增设临时中学。

五、失业青年分发由分会与各地行政或企业机关洽商，视各项人才之需要筹设各种短期职业训练班，按期根据考核报告分别举办。毕业时应即就地分派工作。此项短期训练班经费以当地筹划为原则，必要时得请本会补助之。

六、各分会经办招训，分发失学失业青年事项，应按月汇报本会备查，报告格式另订之。

七、各分会对于分发后之青年，应以通讯或督导等方式切取联系，以便随时考查，必要时应转知招致人员设法转慰其家属。

八、本办法如有未尽事宜，得随时提交常务委员会修正之。

九、本办法经奉主任委员核准后施行。

战地失学失业青年招致办法

（战地失学失业青年招致训练委员会第四次常务委员会议通过）

为救济及收容战地失学失业青年，施以切实训练，以适应抗战建国之需要起见，特拟定招致办法如下：

甲、招致之对象

战地失学失业青年而具有左列条件之一者：

（1）学行优秀而富有国家民族观念者；

（2）因战地情况变迁不堪敌伪压迫者；

（3）经战地党政军各机关或所派遣专责人员密选保送者。

乙、招致区域之划分

（1）第一区暂定北平、天津两市及河北、山东、河南、察哈尔四省，以洛阳为集中地点；

（2）第三区暂定上海市及江苏、浙江、安徽三省，以金华或上饶为集中地点；

（3）第七区暂定广州市及广东省，以曲江为集中地点；

（4）东北区暂定辽宁、吉林、黑龙江、热河四省，以五原为集中地点；

（5）鲁苏豫皖区暂定鲁南、苏北、鲁西、豫东、皖北为其范围，以临泉为集中地点；

（6）西北区暂定绥远、山西、陕西三省为其范围，以陕坝及洛川为集中地点。

丙、招致工作之分配

（1）第一区由第一战区招训分会负责招致，与战区学生指导处洛阳登记处配合。

（2）第三区由第三战区招训分会负责招致，与战区学生指导处金华登记处配合。

（3）第七区由第七战区招训分会负责招致，与战区学生指导处曲江登记处或广东教育厅配合。

（4）东北区由东北青年教育救济处负责招致，并与东北四省政府取得密切联络。

（5）鲁、苏、豫、皖区由鲁苏豫皖区招训分会负责招致，并与战区学生指导处临泉登记处配合。

（6）西北区由第二、第八两战区招训分会负责招致，与战区学生指导处洛川或西安登记处及各省教育厅配合。

丁、招致站之设立

查青年之逗留沦陷区，除失学失业者，从事其他业务以维现状者，或冀求深造以图改变生活环境愿待招致者外，其余因受环境影响而腐化恶化之份子，已失意识作用与理智抉择，易受敌伪奸党蒙骗误走极端，亟须设法争取。至于来至后方之青年，或因人地两疏，难得机遇，或因家庭负累，须谋兼顾，非统筹办法不足以尽招致之能事而收广大成效。兹将招致办法分敌后与临近战区两方面进行，应设机构如次：

（1）敌后招致站——由本会于北平、上海、广州、天津及沈阳（由东北青年教育救济处选派）各设招致站一处，选派当有特工经验之干部人员主持，专负青年之开导登记，内移路线之指示及护送等事项。

（2）临近战区招致站——由各战区招训分会斟酌实际情形，于环境需要在各该分会所属范围内酌设招致站若干处，专负内移青年之登记、接待及入学问题之指导等事项，与战区学生指导处之各地登记处或接待站配合统率之。

戊　招致站工作人员之选派

（1）各招致站主任由各招训分会主任委员遴选，报经本会委派之。

己　招致经费之规定

（1）各分会及各招致站经费遵照第一次常务委员会议之决定，分会经费每月一千五百元至三千元，招致站平均每站五百元至一千元。

（2）内移旅费膳费遵照各战区青年内移旅膳费支付暂行办法之规定。

庚　其他

本办法经常务委员会通过后施行。

〔国民政府教育部档案〕

6. 教育部关于招致训练机构的设置与活动情况致国民党中执会训练委员会函

（1943年4月15日）

准贵会本年三月二十五日训（32）一字第一七九八号公函，以奉委座侍秘字第一六二四六号代电转据中央战时工作干部训练团教官王子英，拟具对敌后青年施行统一争取、统一训练、统一使用办法，请查核办理等由。并抄附原函暨报告各一份。准此，查自抗战军兴，本部即积极争取战地青年，于二十七年秋划全国战区为五十个督导区，分派忠贞干员潜伏工作，以联络沦陷区智识分子，劝导青年内移为主要任务。二十九年特设立战区学生指导处，在临近战区各省，成立战区学生登记处、接待站，办理战区学生之救济、登记、分发事宜。三十年冬，经接受战地失学失业青年招致训练委员会业务，对沦陷区青年之招致，更日趋广泛而普遍。设法充实机构，积极开展业务，先后于洛阳、兴集、崇安、恩施、曲江、陕坝、长沙、临泉等处，设立招训分会，在敌后或临近战区要道，设立招致站，办理失学失业青年之招致事宜；在各分会所在地设青年接待所，以为短期之训练。原报告所建议各项办法，大致均在积极进行中。惟本年度奉核经费有限，以战区范围之广，而战区青年又以敌人在沦陷区抽调壮丁，内移者源源不绝，日有增加，应付颇为困难。准函前由，除将原报告留存参考外，相应检附战地失学失业青年招致训练委员会所设机构一览表，复请查照为荷！此致

中国国民党中央执行委员会训练委员会

附战地失学失业青年招致训练委员会所设机构一览表

部长　陈〇〇

中华民国三十二年四月十五日

战地失学失业青年招致训练委员会所属机构一览表

机关名称	所在地	人员配置	备注
战地失学失业青年招致训练委员会	重庆青木关	主任委员一，副主任委员二，常务委员五，兼秘书二，委员十人。	计划及推动青年招致事宜
第一招训分会	洛阳	主任委员一，副主任委员二，常务委员五，委员二十人。	招致战区学生二九九六人
第二招训分会	兴集	主任委员一，副主任委员一，秘书一，委员七人。	招致战区学生五四〇〇人
第三招训分会	崇安	主任委员一，副主任委员二，秘书一，委员十人。	招致战区学生二四〇〇人
第四招训分会			正在筹备
第五招训分会			正在筹备
第六招训分会	恩施	主任委员一，副主任委员一，委员三人。	招致战区学生一三〇〇〇人
第七招训分会	曲江	主任委员一，副主任委员二，秘书一，委员十人。	工作正展开中
第八招训分会	陕坝	主任委员一，副主任委员一，委员八人。	工作正展开中
第九招训分会	长沙	主任委员一，副主任委员一，委员四人。	招致战区学生九五三人
鲁苏豫皖边区招训分会	临泉	主任委员一，副主任委员一，秘书一，委员十二人。	招致战区学生六四七八人
北平招致站	北平	总干事一，干事长一人	已开始工作
保定招致站	保定	同　　上	已开始工作
天津招致站	天津	同　　上	已开始工作

续表

机关名称	所在地	人员配置	备注
林县招致站	林县	总干事一,干事长一人	已开始工作
新乡招致站	新乡	同上	正在筹备中
商邱招致站	商邱	同上	正在筹备中
开封招致站	开封	同上	正在筹备中
德县招致站	德县	同上	正在筹备中
郑县招致站	郑县	同上	正在筹备中
汜水招致站	汜水	总干事一,干事一人。	已开始工作
许昌招致站	许昌	总干事一,干事一人。	已开始工作
叶县招致站	叶县	总干事一,干事二人。	已开始工作
漯河招致站	漯河	总干事一,干事二人。	已开始工作
周家口招致站	周家口	总干事一,干事二人。	已开始工作
界首招致站	界首	总干事一,干事二人。	已开始工作
张渚招致站	张渚	总干事一,干事二人。	已开始工作
屯溪招致站	屯溪	总干事一,干事二人。	已开始工作

续表

机关名称	所在地	人员配置	备注
重庆临时寄宿舍	重庆	总干事一，干事二，助理干事一，军事教官一，书记一。	已收战区学生二〇〇人
洛阳接待所	洛阳	总干事一，干事二，书记一人。	现住所青年四〇〇人，正筹划训练
崇安接待所	崇安	总干事一，干事二，书记一人。	已训练青年一千余人，尚在继续训练中
曲江接待所	曲江	总干事一，干事二，书记一人。	现住所青年二百余人，正在筹划训练
恩施接待所	恩施	总干事一，干事二，书记一人。	现已训练青年六〇〇人，尚在继续训练中
陕坝接待所	陕坝	总干事一，干事二，书记一人。	已筹划成立，开始工作
临泉接待所	临泉	总干事一，干事二，书记一人。	已筹划成立，开始工作
桂林接待所	桂林	总干事一，干事二，书记一人。	现住所青年六四人

〔国民政府教育部档案〕

6. 教育部关于战地失学失业青年招致训练委员会分会所属招致站改由地方政府办理办法代电

（1943年10月）

行政院院长蒋钧鉴：案奉钧院三十二年九月二十四日仁陆字第二一三八九号指令敬悉。除（一）（三）两项遵办情形前经呈复在案外，理合拟具战地失学失业青年招致训练委员会分会所属招致站工作，改由地方政府机关负责办理办法备文呈送，仰祈鉴核示遵。教育部部长陈〇〇（　　　）（　　　）叩。附战地失学失业青年招致训练委员会分会所属招致站工作，改由地方政府机关负责办法一份。

战地失学失业青年招致训练委员会分会所属招致站工作改由地方政府机关负责办理办法

一、战地失学失业青年招致训练委员会（以下简称本会）遵奉行政院三十二年九月二十四日仁陆字第二一三八九号指令，订定本办法。

二、本会各战区招训分会所属战地青年招致站工作，自三十三年元月一日起，改由当地行政督察专员公署及县市政府教育主管机关负责兼办。（不另设专人）

三、各战地青年招致站工作移交事宜，由各招训分会与当地地方政府机关洽办，除于三十二年十二月底前交接完竣。

四、各战地青年招致站改由地方政府机关负责办理后，订名为"〇〇战区战地青年〇〇（此系地名）招致站"。

五、兼办招致站机关应在该机关门首悬挂该站木牌一块，并在交通重要地点酌设指路牌。

六、各招致站工作移交地方政府机关负责办理后，所有招致内来青年事宜，应受各该区招训分区之督导与指挥。

七、各招致站招致之战地青年，应按月造册，报由招训分会汇报本会备查。

八、各招致站每月办公费，由本会各助一千元，款由分会转发。

九、本办法呈奉行政院核准后施行。

〔国民政府教育部档案〕

7. 教育部关于失学失业青年招致训练委员会成立经过、组织沿革与工作概况的报告

（1945年5月　日）

一、招训会成立经过

自"七七"倭寇肆虐，抗战军兴，敌人包藏祸心，毒焰所及，知识分子首遭摧残。我战区学生怵于敌势之方张，不甘受奴化教育，冒艰危险阻，相率由战区转入后方者为数甚多，辗转流离，投止无门。政府为救济是项青年起见，特于民国二十八年十二月由军事委员会设计成立战地失学失业青年招致训练委员会，主持战区青年招训事宜，并派办公厅主任负责筹备，至二十九年三月一日正式成立。

二、组织及沿革

招训会成立后，按军事战区分别成立分会，聘各战区司令长官兼任主任委员，各在所辖区域内前线重要地点分设招致站，办理战地青年调查、宣传、招致、登记、分送等事宜。

嗣因各战区三民主义青年团团务开展，本会曾一度改由三民主义青年团中央团部主持，至三十年五月后，以招训青年十分之九为学生，其训练与分发皆与教育机关有密切关系，当奉委座电谕，将本会会务交由教育部负责主持，主任委员教育部部长兼任，会内组织：主任委员一人，副主任委员二人，常务委员五人，委员十人，分别由教育部、中央党部、青年团、战地党政委员会、振济委员会、中央海外部、军训部、政治部、中央训练委员会等机关派重要人员兼任。三十二年三月间，战地党政委员会撤销后，又增聘中央组织部、军政部、经济部、社会部各负责人员为本会常务委员。

三十三年七月教育部战区学生指导处、三十四年三月战地失学青年就学辅导处暨侨务委员会回国升学侨生接待所先后撤销，业务均划归本会，此本会组织沿革之梗概也。所属招训机构及其

分布地点见附表〔略〕

三 工作概况

本会工作纯为招致战地失学失业青年，俾能内移继续就学与就业，以避免敌方利用，计自民国二十九年一月份起至三十三年十二月止，共招致战地青年二十四万九千五百七十一名，均经分发就业就学。三十四年一月至三月份共招致战地青年一一〇三七名，除尚有一〇〇八五名在各战地青年训导所、职业班及战时中学、战时师范收容训练、统筹分发就学就业外，余均已转请教育部分发就学或介绍各地军队及党政机关就业。兹将办理情形分述如下：

一、凡沦居敌后，不甘奴役，愿为祖国效忠及因战事转变后移之青年，均在招训之列。本会除派员深入敌后各重要城市，负责甄选优秀青年内来外，并商请教育部战区教育工作人员协助办理，随时深入敌伪学校中鼓动优秀青年内来，且在各临近前线要道共设招致站四十五站，以照料敌后青年之内移，及抢救各战区因战事转变后移之青年，其历年各地招致人数详见附表。〔略〕

惟来自战区及敌后青年间，多情形复杂，故必须予以慎密之考查登记，始克辅导其升学就业。特规定凡携有战区学籍证件及沿途内来交通证件者，一律准予登记，其因经过敌区未能携带证件而经战地党政军机关介绍出有保送文件者，亦准登记。至已在后方取得学籍或原肄业学校已移至后方及伪造证件希图侥幸躐等者，概不登记，而昭郑重。

二、考试

战区学生之学籍固由审查确定，然相同之学籍未必程度尽同，辗转流徙参差尤甚，为使救济与教育双方收效计，特订定考试办法，定期举行学历考试或编级试验，按其成绩重新审定学历，预以原级及降级肄业或试读，或另予其他职业技能之训练。

三、训练

1．一般精神及课程补充训练

战区学生以历经艰险，精神易于反常，课程不免荒疏，为矫治此类现象，特规定凡经登记合格，考试录取之战区青年，一须受本会短期训练，予以思想、心理之考核与指导。同时予以一般课程之补习，以为升学之准备。此类训练机构包括训导所、进修班两种，历年训练情形详见附表。〔略〕

2．职业训练

战地青年有失学已久，年龄过大，或秉性诚朴，志愿就业者，本会按其个性所近及当前需要，成立各种职业训练班，分别予以专业技能之训练。按职性质之不同，分别规定训练时间之久暂，修业期满后介绍就业，历年参加职业训练情形详见附表。〔略〕

四、分发

所有登记合格之青年，经各科之补充训练后，其年在十八岁以上至二十五岁（因本会只招致青年最高龄限于二十五岁）者，尽量鼓动参加陆海空军训练机关受训，以为国用。女青年其志愿担任后勤工作者，本会当即介绍有关机关收容训练。其余年龄幼小，学历较差或身体稍弱者，由本会商请教育行政机关分发全国各级公立学校就学，或介绍机关服务，历年分发情形详见附表。〔略〕

五、指导

1．战地青年初来内地时之指导

战地青年初来内地，异乡陌路，升学就业茫然不知所之，多纷纷来函请求指导，综核其内容约可分为以下六类：

（1）国内各学校之校址、考试、分科问题；

（2）学籍证件未能携出或已遗失后如何请求证明或登记问题；

（3）因故未能参加各校入学考试，请求分发或借读转学问题；

（4）无力缴纳学费请求免费及救济问题；

（5）内移路线问题；

（6）请求介绍职业问题。

本会或分会接到此类函件后，均分别依照所定各种办法随时解答，并随时于报纸上发表此类新闻消息，俾众周知。

2．战时青年入学后之指导

凡由本会或分会登记合格分发就学就业之战地青年，经常与本会维持通讯联络关系，无论其学业成绩、工作情形、生活状况均不断报告本会，本会一面予以精神上之指导，一面藉为感情上之联系，使无家可归之战地青年视本会如家庭，精神上有所依托，得养成健全有为之青年

六、救济

战地青年经长途跋涉，移至内地后，无论升学就业，每以经济来源断绝，旅费无法筹集，恒致坐失时机。本会特规定核发旅膳费办法，补助此辈青年升学就业，以达成其志愿。

此外，因战地内移，青年历经艰险，于啼饥号寒之余，其身体稍弱者，一至后方多生疾病，本会为救济此类青年计，除于可能范围内送请就近卫生机关治疗，或函请振济机关予以救济外，特规定战地青年贫苦疾病紧急救济办法，以谋贫苦疾病青年得有服装、被褥、医药之普遍救济，藉以减轻其物质与精神之痛苦。

〔附录〕 （1）战地失学失业青年招致训练委员会三十三年以前所属招致机构一览表

（1944年）

分会名称	地点	附属机构	
^	^	招致站	接待所
第一招训分会	洛阳	郑州、林县、渑池、许昌、汜水各地招致站	洛阳青年接待所
第二招训分会	兴集	中阳、山晁县、浦县、临汾、河津各地招致站	兴集青年接待所
第三招训分会	崇安	张渚、屯溪、于潜、衢县、碧湖各地招致站	崇安青年接待所
第六招训分会	恩施	三斗坪、建始、长阳、秭归、巴东各地招致站	恩施青年接待所
第七招训分会	曲江	龙南、南雄、乐昌、英德、茂名各地招致站	曲江青年接待所
第八招训分会	临河	清水河、新民堡、孟家营、高台梁、陕坝市各地招致站	临河青年接待所
第九招训分会	长沙	崇阳、通城、修水、常德、岳阳等地招致站	长沙青年接待所
鲁苏皖豫边区招训分会	界首	界首、立煌、阜阳、舒城、霍山各地招致站	界首青年接待所

（2）战地失学失业青年招致训练委员会所属训练机构历年编训人数统计表

（1940--1944年）

训练机构	训练人数					合计	备注
	29年	30年	31年	32年	33年		
洛阳训导所	2104	2008	2521	4518	007	15158	
洛阳进修班	2150	1944	2504	4002	4902	15507	
兴集训导所	1244	1870	1544	2410	2410	7912	
崇安训导所	3506	1921	2434	2672	3025	13358	
屯溪训导所	2020	900	1000	1500	1500	7920	
恩施训导所	—	—	3246	684	5790	14720	
曲江训导所	2292	2400	1801	2479	2500	11492	
临河训导所	1687	800	2000	2653	3568	9862	
长沙训导所	2155	2025	2000	1523	5489	13192	
界首训导所	—	—	1924	2100	3001	7025	
边区进修班	—	—	15003	3500	3500	8500	
桂林训导所	—	—	1980	2500	2584	7064	
泰和训导所	—	—	1000	2500	2500	6000	
赣县训导所	—	—	1000	2000	2000	5000	

（3）战地失学失业青年招致训练委员会历年招致青年性别学历统计表

（1940—1944年）

学历	29年男	29年女	29年小计	30年男	30年女	30年小计	31年男	31年女	31年小计	32年男	32年女	32年小计	33年男	33年女	33年小计	合计男	合计女	合计小计	备注
毕业大学生	253	108	361	1079	324	1403	719	113	832	505	217	722	687	502	1189	3243	1264	4507	
高中生	7627	3248	10925	7832	4001	11833	19286	819	20105	31640	4085	35725	27089	4127	31216	93519	16280	109799	
初中生	7728	2094	9822	7758	5028	12786	24381	11032	35413	24878	7093	31971	47142	3099	50241	111887	18346	130233	
小学毕业生	63	84	147	166	59	225	533	208	741	1227	665	1892	1045	982	2027	3034	1998	5032	
合计	15716	5534	21250	16835	9412	26247	44919	2172	47094	58250	12060	70310	75963	8710	84673	211683	37888	249571	

（4）战地失学失业青年招致训练委员会历年招致人数统计表

（1940—1944年）

机关名称	招致人数					合计	备注
	29年	30年	31年	32年	33年		
第一战区招训分会	4252	5947	8025	13620	15160	47006	
第二战区招训分会	1244	1074	2977	3068	3410	11773	
第三战区招训分会	5326	5921	7434	11172	11376	41229	
第六战区招训分会	—	—	5246	9684	9796	24720	31年10月成立
第七战区招训分会	2292	3453	5001	7499	7584	25829	
第八战区招训分会	1687	1304	2279	4153	4268	13691	
第九战区招训分会	2155	3025	4112	2523	11628	23443	
边区招训分会	—	—	4924	11467	12466	28857	31年10月成立
贵州临时招训分会	—	—	—	—	2215	2215	33年11月成立
本　会	4292	5523	7093	7124	6776	30808	
合　计	21250	26247	47091	70310	84673	249571	

（5）战地失学失业青年招致训练委员会历年分发青年统计表

（1940—1944年）

分发处所	分发人数					合计	备注
	29年	30年	31年	32年	33年		
从　　军	4413	4670	6473	5003	8064	28623	
陆军学校	3876	1642	1155	1289	2504	10466	
航空学校	285	25	28	37	115	490	
海军学校	68	73	35	38	47	251	
军医学校	493	818	204	541	176	2226	
大　　学	1896	1199	955	685	996	523	
高级中学	4830	7614	15569	27712	20983	76708	
初级中学	1190	7641	22140	29531	40113	100615	
师范学校	1988	931	373	2713	3148	915	
职业学校	347	303	59	825	4109	564	
专科学校	529	309	63	1247	3273	5421	
自行就业	1094	920	37	671	898	3620	
其　　他	241	102	0	23	253	619	
合　　计	21250	26247	47091	70310	84673	249576	

〔国民政府教育部及战地失学失业青年招训委员会档案〕

8. 教育部奉发防止青年"参加解放区工作对策"的训令

（1945年6月12日）

教育部训令　训密字第一九二号
　　令战地青年招致训练委员会主任委员
　　案奉军事委员会委员长蒋（卅四）卯回侍秦代电：为奸伪诱骗青年前往解放区工作，並成立各种训练机关，饬研究具体有效对策呈核等因。遵经研拟对策呈来。（卅四）辰效侍秦代电内开："五月十五日训密字178号呈悉。查年来各学校教育行政与管理之废弛，教职员水准之低落亦为刺激青年走向反动之主要原因，今后对于各学校务须注意其主持人及教职员之学识能力是否足资表率，切实整顿，俾能确实领导学生，满足其求知欲，以杜奸伪煽诱之路，此点亦甚关重要，即希注意筹策，施行为要"。等因。奉此，除分令外，合行检发该项防止对策，仰该会转饬所属切实遵办具报为要。此令
　　附"防止奸伪诱骗青年参加解放区工作对策"一份
　　　　　　　　　　　　　　　　　　　部长　朱家骅
中华民国三十四年六月十二日

防止奸伪诱骗青年参加解放区工作对策
　　一、各校应加强思想指导，如举行精神讲话、专题讲演、小组讨论或座谈会，使学生明瞭中央国策及其实际情形，以增强学生对于政府之信仰，并随时揭发奸伪之真相，以免学生受其诱惑。
　　二、各校对于学生请求休学转学或退学，应凭学生家长或其保证人请求方可照准，以免其蒙蔽家庭投入奸伪工作。
　　三、各校应实指导学生课外活动，并选派思想正确、成绩优良之学生主持，以取得学生之信仰，使奸伪无所凭藉。

四、各校对于思想偏激、行动荒谬之学生，应考查其原因，予以适当之开导，并随时与其家长或保证人切取联系，如属屡戒不悛，应即申送战时青年训导团受训，并将该生越轨情形通知其家长或暂令休学，通知其家人或保证人领回，严加管训，以免其入奸伪，参加活动。

五、各校对于经济来源确实断绝之战区学生，应尽先核给公费，并解决其真实困难，以安定其生活及情绪。

六、各省市教育厅局应会同有关机关，组织青年就学就业指导委员会，登记并收容失学失业青年，予以升学补习及职业训练，以免其为奸伪所吸引。

七、战地青年招致训练委员会及各战区招训分会所属招致站，应尽量招致战区青年，以免其为奸伪所利用。

八、各省特教工作人员及各战区教育督导专员，应发动联络当地教育界人士，组训战区青年，并应严密防范奸伪活动。

〔教育部战地失学失业青年招训会档案〕

9．教育部订定之失学失业青年招致训练委员会所属招致站调整办法

（1945年6月20日）

一、本会鉴于各地招致站过去工作多未能充分发挥效力，认为实有澈底改进之必要，爰就当前实际情势与需要，在原有预算编制范围之内予以通盘调整，以资加强。

二、为各区招训分会范围太广，于所属不易切实督导，本会特斟酌实际需要，派员前往各区必要地点设置招训督导专员办事处（以下简称专员办事处）或登记处，协助各分会办理招致、登记、分发战地内移青年入训导所或进修班事宜。各战区为机动应付境内招训业务，得将区内固定招致站于必要时改为流动招致

站,以收灵活运用之效。

三、专员办事处及登记处直属本会,并由所在地分会督导之。

四、招致站直属分会,须受所属专员办事处或登记处之督导及考核。

五、专员办事处或登记处以设于招致站与训导所间之交通要冲为原则,以便利内移青年之登记与分发。

六、凡未设置招训分会之战区或其他必要地区,为适应战争需要得成立专员办事处,主持该区招训业务,所有区内招致站概归其指挥。

七、各战区接近前线及沦陷区内之各重要交通据点而为战地内移青年必经之地者,分别择要设置招致站。

八、各战区招致站除必须固定者外,得视战争情势设置流动招致站,随时变更设置地点,以资适应。如规定招致站不敷分布时,由分会或专员办事处及登记处酌派人员前往必要地点设置流动招致站,进行工作。于任务终了时,此项招致站得撤销之。

九、专员办事处及登记处之编制为专员或主任一人,干事一人至二人,助理干事二人,会计员一人,书记一人至二人,工友二至三名。

招致站分甲乙两种,其编制为：

（一）甲种招致站主任一人,干事一人,助理干事一人,工友一名。

（二）乙种招致站主任一人,干事一人,书记一人,工友一名。

十、凡未成立招致分会或专员办事处等之地区,本会认为有必要时得于重要据点设置直属招致站,适用甲种编制。

十一、甲种招致站于招致青年之外,得酌办登记分发工作；乙种招致站应对招致青年指示其收训地点、登记办法,并协办旅行上一切手续。

十二、招致站如遇有大批内移青年或在特殊情势之下抢救青年，得先呈准分会临时加派人员协助，将所招致之青年编队派人领送，专员办事处或登记处接引，所有领队人及该项青年之旅膳费得照规定检同接收凭据报由本会核发。

十三、各训导所或进修班之学生均由分会或专员办事处登记处及本会直属招致站登记分发，概不直接招收。

十四、各训导所学生，分发至进修班或由训导所及进修班分发学生至职业班，战时中学师范学校及大学之责，均由各分会负之。

十五、敌后招致站业务，由本会商由教育部战区教育指导委员会处内人员暂时兼任，不另支薪津。

十六、专员办事处、登记处暨招致站设置地点之变更，得随战争之演进，由各该区分会与督导员斟酌情势与需要行之，并报由本会转呈行政院备案。

十七、各专员办事处、招致站所需事业费，由本会查酌需要拨发之。

十八、本办法呈奉行政院备案后施行。

〔教育部战地失学失业青年招训会档案〕

10．战地失学失业青年招致训练委员会制定之"战地青年回籍服务计划"及"复学办法"

（1945年7月）

（1）招训战地青年回籍服务计划草案（7月24日）

（目的）

一、战地失学失业青年招致训练委员会（以下简称本会）为加强现阶段工作，配合军事反攻与准备收复地区教育复员之紧急措施，俾战地内移青年皆能回籍服务，特订本计划。

二、本会为适应客观事实之需要,今后招致战地青年,决施以必需之短期职业训练,派随反攻军队前进,回至原籍服务,直接参加抗建工作,一变已往被动的救济为自动的更生,变消极的避免敌伪利用为积极的打击敌人,以发挥战时反攻中青年动员之效力。

三、本计划所称之青年回籍服务,虽以配合军事反攻为目标,实以教育复员为中心工作。因本会之业务自始为教育工作之一部份,而其他各部门自均有其复员之计划与实施之准备,本会充其量亦仅须供给所需人才之一部份来源而已。

(学生)

四、根据前述目的,本会今后对于战地青年、除自动内移或因战事演进抢救者,仍旧招训外,同时,为应付各沦陷地区逐渐收复,需要大量适当人才办理紧急复员工作之准备,决派遣干员分赴敌后与教育部战区教育督导人员密切联系,分别在各省各区有计划的招致当地国家民族意识坚强之二十至三十五岁之各种职业青年,尤其中小学教员及各县教育行政人员转进后方,予以短期训练,派往有关战区,随同反攻军队服务,进至本省本县办理收复后之故乡各种紧急工作、至于战地自动内移或抢救之青年,亦应斟酌其年龄、智识、能力,分别决定应继续就学(如初中学生或年轻之高中学生)与服务,其应服务者一律予以强迫性之各种短期训练,按照籍贯分发随军前进,俾能回籍服务,藉以解决收复地区所需各项复员工作人员缺乏之困难。

五、为谋多数战地内移青年,改变过去来至后方祇求入普通中学或大学肄业,不愿接受有关抗建之各种急需训练与服务之错误观念,俾能踊跃参加复员工作,回籍服务起见,对于此项学业尚未完成强制参与复员工作之青年,仍当兼顾其学业,最好将其参加短期训练及服务之时间,亦作为在校肄业之时间或充作毕业时之实习与规定服务期间,並依照其受训与服务之职业性质,于服务告一段落后，视其服务成绩免试分发各适当学校之相当年级，完成其学业，用资鼓励。是项办法并商请教育部订定，呈由行政院明令公布施行。

（训练）

六、此项青年既以服务为目的，现反攻复员在即，其训练自以把握时机之最短期间三个月至五个月为适宜。又以军事反攻及收复地区所需各种工作人员甚多，凡经本会招致之战地青年，除教育复员所需之各级师资与地方教育行政人员，由本会会同教育部有关司处办理，及反攻前线紧急需要之工作人员短期训练，由本会各区随军前进之服务队直接主办外，其余各种职业技术人员之训练，本会仅与各有关机关切取联系，供给其所需之学生而已。其必须本会与之合办者，必要时本会亦可酌任部分经费或粮食，及训练班行政与事务之责。至于教务、训育，则仍由其需要此项人才之机关自行负责，藉收学用一致之效。

七、此项青年训练，当视情势与需要之缓急，分别集中较后方数地区或各战区就反攻方面于当地训练，其在前方随招随训随即分配服务之青年，在训练方面当特别着重政治与服务训练，藉以正确其思想而应急需。

八、在前方之短期服务训练，其服务项目以简要为原则，俾易于训练及工作。

（机构）

九、近日战地军事组织，有仍设战区者，有设方面军者，本会为配合军事适应今后之变化，无论军事组织仍为战区抑或改设方面军，其各地主持招训业务之机构决随时代环境之需要予以改进，于暂时仍保存各战区招训分会之外，为加强招训战地青年尤其回籍服务青年工作及主持此项青年受训后之分配服务与指导服务事宜，拟先成立战地青年教育招训服务大队若干队，分设西北、西南、东南、东北、华北、华中、蒙旗各区，专司其事。各大队就所辖地域内之战区或方面军，各设一服务队，依次成立，称某区第几服务队，配置前线工作，仍归各主管大队指挥监督。在各战区之服务队，并受各该招训分会指挥，藉以补助现有战区分会力量之不足，其组织规程另订之。

十、现在各地之收训机构，如训导所与进修班，除重庆外，所有训导所决定逐渐改为随军前进之临时收容与短期训练前线招致与抢救青年之用；进修班则在较后方，兼代过去训导所之业务，其所收训之必须继续就学青年自以直接交由各省市教育主管机关，分发各恢复学校肄业为合宜。至各战区招训分会现有之招致站服务队，得视需要，商同分会加以调整，指挥其工作。

十一、各服务队为随军反攻前进，便于工作开展，其队长自以各该战区或方面军负军事责任之司令长官兼任为宜。另由本会派队副一人，襄助处理日常事务。

十二、战地服务青年，既多由各战区教育督导人员招来，且各督导员对于各该管区情形尤其教育定甚明瞭，则在收复后复员工作之布置与实施，亦较有把握而切实，其领导原招来受训回籍服务之青年，必更无问题。因此各区教育督导员，实应与各服务队密切联系，在相当时候并应参加各有关之服务队工作，以便回籍后人事工作均易于开展。

十三、为积极展开招训战地青年回籍服务工作，既须单独设立主持机构，且各种训练班分别建置，所需经费当不在少，自非本会现有之核定经费所能分担应付。除训导所改为流动收训机构之原有经费编制可移用外，拟另编预算呈请行政院增拨专款应用，其预算另订之。

十四、各服务队随同反攻军队前进，由后方普通汇拨经费，展转需时，缓不济急，此项经费拟呈奉行政院核准后商请有关机关连同粮食均由各该战区或方面军司令长官部视同所属之作战单位，就近按时拨发粮款，每月由本会实数归垫，以资便捷。

十五、本计划呈奉行政院核准施行。

（2）战地青年随军回籍服务复学办法

（一）动员战地失学失业青年配合军事反攻，特订定战地青年随军回籍服务复学办法。

（二）服务之种类分为教育与政治；教育包括教育复员及临时应付之文教事项，政治如救济宣慰等由各部队指定之工作及中央机关商定之工作。

（三）教育服务人员由会就现有之高中生本期未能升学者编队训练，其训练内容根据业务范围定之，政治服务人员以现有之训导所进修班学生（除教育人员外）陆续编队训练之，训练内容与各机关商定结果定之，如无结果即就各分会现有训导所之学生编成服务队配交各部队长指定服务。渝区陆续办理。

（四）教育队政治队均随军前进，由部队长直接指挥。

（五）现有之招训机构俟编队服务后，随时撤销，学生一律参加编队前进。

（六）随军前进之服务学生，得比照青年军办法，享受青年军学生之待遇。

（七）凡新内移之青年学生，除自行升学者外，一律编队服务或报其籍贯交各省市教育厅处理。

（八）服务队前进至自己之目的地区，可申请复学，由会分发失学失业者可申请工作，由本会与当地政府及事业机关商洽，转移正式工作。

（九）凡距目的地区辽远及不能回籍服务或复学以及无校分发者，俟反攻军进至重要地区，并已稳定时，再集合举办高级职业训练，并将进修班酌量改为学校，以容纳服务优良之队员，其公费待遇，迄至其复业与升学为止。

十、为加强反攻力量及准备教育复员，得就实际需要选定若干省市（如东北热察绥等）饬战教及招训人员特别招致各该区内之教员学生内移编队训练，以便随军前进服务。

〔教育部战地失学失业青年招训会档案〕

11. 教育部关于合并"教指会"与"招训会"等机构及办理内移学生复员工作办法事致行政院代电

（1945年8月31日）

行政院院长宋钧鉴：窃本会原为战时组织，自敌人无条件投降，抗战胜利结束，本会之组织与任务急宜针对目前实际情形，力谋复员之规划与实施，俾历年来之大量失学失业青年得以逐步安顿，不致因教育复员而反生顾却徘徊，重遭流离失所之感。且原留居渝区未能内移之青年，久困敌伪蹂躏之下，失学失业之苦不堪言状，一旦河山光复，其待政府之迫切救济更有甚于内移之青年。基此事实与需要，本会今后工作之重点应为遣送青年回籍复学、就业，整理训练单位，改变学制，以收容地方学校无力收容之学生，并救济抚慰原留沦区失学失业青年，辅导其复学就业，以及收复区之师资训练等。爰本是旨，即以本会所属原有招训机构之预算转述前述复员工作之用。将原有各地之招致站酌予迁并，改设服务站，训导所迁并，改为接待所与师资训练所，他如进修班、职业班、战时中学、战时师范等，则合并改设正式学校，移置适当地点，使现有收容之学生不致顿失凭依，并以补助收复区地方教育复员之困难。其原有之各地招训分会及教育部战区教育指导委员会、各区督导员等机构及所属编制预算、则合并使用，会同收复区各省市教育厅局设置各省市青年复学就业辅导处，兼办本会及战指会有关之工作，并协助地方教育复员事宜，且在此过渡时期，将其工作逐渐移于地方教育机构办理。以上所陈皆为利用现有人力、财力、针对当前需要厘订之计划，倘付实施，事功可期。是否可行，理合检同本会复员工作实施办法一份，电请鉴核祗遵。（全衔）朱〇〇。（未）（引）。招组。附呈复员工作实施办法一份。

中华民国三十四年八月三十一日

战地失学失业青年招致训练委员会复员工作实施办法

一、战地失学失业青年招致训练委员会（以下简称本会）为协助收复区地方教育复员并救济辅导青年复学就业，以适应全国教育复员之紧急需要起见，特订定本工作实施办法。

二、为协助收复区有关教育复员工作之顺利推进，本会经与教育部战区教育指导委员会（以下简称战教会）商定将所属各地招训机构暨战教督导机构逐渐合并，以适应教育复员之需要。

三、本会各地招致站除有特殊情形之三原、韩城两站应暂予保留继续工作外，其余一律于本年九月底以前分别合并，并于交通要点改设"招训会〇〇青年服务站"，办理因战事内移之青年回籍复学就业之辅导工作，其工作范围另定之。

四、服务站应就复员之三大交通路线必要据点设置之：

（一）南路设贵阳、柳州、衡阳、广州、金华等五站。

（二）中路设宜昌、汉口、南京等三站。

（三）北路设宝鸡、运城、郑州、石家庄、徐州、天津、沈阳等七站。

五、为谋回籍复学就业青年在各要道等候车船之便利，本会应于交通枢纽地点，如宜昌、汉口、南京、衡阳、宝鸡、天津原有训导所改设"招训会〇〇青年接待所"，供给临时食宿兼办服务站工作，其工作范围另定之。

六、为协助收复区地方教育复员，并救济辅导各地失学失业青年复学就业，本会应与战教会斟酌各省（市）实际情势，会同当地教育厅（局）如河南、河北、山东、山西、绥远、察哈尔、热河、辽宁、吉林、黑龙江、湖北、湖南、安徽、江西、广东、江苏十六省暨汉口、南京、北平、天津、青岛五市设置"教育部○○省（市）青年复学就业辅导处"（以下简称辅导处）主持其事，必要时并得设置辅导专员分区工作。其组织简则另定之。

七、各省市辅导处成立后，各战区分会及招训督导专员办事处于一个月内分别撤销，其未了工作移交就近之辅导处接办。其不设辅导处而所收容战地青年较多之区得将现有青年全数分发学校或遣送回籍完毕后结束之。

八、本会各地训导所，除作接待所者外，其余各所甄选已收容之学生并招收失业青年合并改办师资训练所，以应收复区教育复员之急需。

九、本会各地进修班、职业班、战时中学、战时师范，应视收复区教育损害情形及其他教育部认为必要地区，合并改为正式学校，移置适当地点，以补救地方教育复员之困难。

十、各师资训练所暨学校成立后，移归教育部统筹处理。

十一、各辅导处服务站、接待所、师资训练所及各学校之人员与经常费，就本会所属之招训机构与战教会所属之督导机构原有编制预算合并统筹运用，其迁建疏散等复员所需之临时经费，另编预算呈请核发。

十二、凡撤销或合并之招训机构专任工作人员，由本会分别拨归新设之有关机构工作，或酌给遣散费遣散之。

十三、凡前因战事内移登记合格尚未分发入后方正式学校之学生，由教育部通令收复区各省市教育厅局转饬各省市原有或恢复之学校，尽先收容复学，并责成各辅导处切实就近协同办理。

十四、前项学生由本会发给回籍复学证明文件，并得由本会或分会斟酌其家庭状况逐段核发回籍旅膳补助费，各生返至本省（市）辅导处登记后，由处洽交地方教育机关分发各学校复学。其旅膳补助费发给办法另订之。

十五、凡由后方回至收复区原籍之失业青年，由辅导处登记后,洽由当地有关公私机关任用,必要时并得协同予以各项就业之短期训练,俾各获得职业。

十六、本会及各分会对于内移青年之登记收容,应于本年九月十五日停止,俾能早日结束战时招训工作,进而迅速完成复员之任务。

十七、本办法呈奉行政院备案施行。

〔教育部战地失学失业青年招训委员会档案〕

〔九〕特种教育

(一)特教工作纲要与计划

1. 教育部修正赣鄂皖豫闽等省特种教育巡回教学团工作纲要

(1938年11月19日)

一、教育部为推行赣鄂皖豫闽等省特种教育巡回教学团战时工作起见，特根据"赣鄂皖豫闽等省特种教育工作计划"，订定本工作纲要，令饬各省遵照施行之。

二、赣鄂皖豫闽等省得就本省情形，划分若干巡教区，组织特种教育巡回教学团（以下简称本团），在区内巡回施教，各团工作区域，应于若干时期后互相调换。

各团应冠以本省名称，并以数字之顺序别之。

三、本团设团长一人，由教育厅令派，并兼任各该省特种教育视导员，除秉承厅长之命及特教股长之指导，主持全团设计、推进、指导、考核、报告等事宜外，并应切实负指导考核本区内各中山民校及辅导各地方小学私塾之责。

本团团员应秉承团长之指导，分任本团事务，团员人选由团长就曾受特教训练、富有经验而具有某项专长之人员中，呈由特教股股长转呈教育厅厅长委派之，团员人数超过四人以上者，得分组工作。

四、本团施教目标：

（一）宣传三民主义及抗战建国纲领，以坚强民众抗敌之信念。

（二）协助壮丁训练，严密民众组织，灌输抗战知识，以加强抗战之力量。

（三）实施生计指导，提倡农村副业，以求生产事业之发展。

（四）推广识字教育，改善社会风气，指导村政改进，以立乡村建设之基础。

五、本团工作内容分宣传、教导、其他三项：

（一）宣传方面

1. 举行通俗讲演——举行通俗讲演及化装讲演，以灌输战时常识，报导抗战各项有关抗战建国情形，或用说书方式讲述民族英雄故事及敌人之野心暴行，同时得印发各项有关抗战建国之传单、标语、说明书等宣传品，以加深民众之印象。

2. 实施电影及播音教育——开映教育影片及抗战影片，按时收取中央电台及其他电台之教育节目与时事消息，供众观听。

3. 编绘壁报壁画——按日编缮壁报，张贴通街要衢，登载"抗战消息"、"大众评述"、"战时常识"及富有意义之诗文故事漫画等，并于适当地点绘制警策醒目之大幅壁画、标语，以激发民众之抗战情绪。

4. 演奏戏剧歌曲——由本团团员或联合当地人士及学校教员学生演唱各种具有抗战意义及民族精神之戏剧及歌曲，并应发动当地青年及妇女组织戏剧队、歌咏队加以训练，尤当注意于干部之培养。

5. 举行各种展览会——利用图表书报照片标本模型等举行各种展会，如防空防毒展览会，战利品展览会，卫生展览会，农事比赛会等。

6. 举行各种扩大纪念及社会运动——利用每周纪念周及各种纪念日举行民众大会，培养其强烈之爱乡爱国情绪，或联合当地学校团体，发动征募献金、征兵征工、节约、肃奸、慰劳伤兵、救济难民难童、扶助出征将士家属拥护政府抗战到底、庆祝最后胜利等运动,促进社会注意,并协助政府政令之推行。

(二)教导方面

1. 实施抗战教学——如推行注音符号及识字教育,指导民众阅书阅报、组织读书会、实施难民难童教育、伤兵教育、并举办各种短期战时知能勤务训练班。

2. 协助地方自卫事业——如协助地方编整保甲、清查地方武器、训练壮丁、担任政训工作、讲授游击战术、调查及招抚前方溃兵与地方土匪,并将民众分别组织救护队、通讯队、运输队等。

3. 指导改良生产——指导民众改良生产方法及办理合作社、农业推广等。

4. 推进保健事业——训练民众养成卫生习惯,进行卫生讲演,宣传防疫防毒、医药及看护等常识。

5. 施送医药——本团到达施教地点后,对于施送医药、布种牛痘及各种防疫注射等工作,应先行举办,以引起地方民众之信仰。

6. 指导乡村改进——如提供村政兴革之意见及办法,发起修桥筑路,推行新生活运动,改革不良之风俗习惯等。

7. 辅导中山民校地方小学及私塾——本团对于施教区内各中山民校、地方小学及私塾,应负辅导之责,采用参观、教学座教会等方式讨论实施战时教育,推动抗战工作,辅导地方事业,以及其他学校行政课程编制、校具设备、补充教材、教学方法等问题,提供改进意见而予以切实指导。

(三)其他方面

1. 调查——本团对于施教区内应举行各种社会调查,分区域、地势、交通、人口、政治、经济、建设、教育、民情风俗等项,而于各地自卫组织及生产情形尤应注意。

2. 访问——本团除以上各项工作外,应采用家庭访问、田间谈话、座谈会等方法,探旬民生疾苦,指导改进家庭卫生,纠正不良风俗习惯及灌输普通常识等。

3. 人事服务——如调解人事纠纷、介绍职业、设立代笔处、询问处等。

六、本团施教时必需之设备,如书报画表、仪器模型、化装用品及各种用具应力求充实完备,而唱机唱片、收音机、播音机、幻灯、电影放映机及各种药物,尤必须制备应用。

七、本团施教区尽先在接近战区或军事要地,次及铁道、公路、江河等重要地带,及上列各地附近之村镇。

如本省已发生战事,本团得于必要时变更原定工作区域,开赴前方担任战地服务。

〔教育部战区学生指导处档案〕

2. 教育部民国二十八年度赣鄂皖豫闽等省特种教育工作大纲

(1939年1月)

密第58号

教育部训令 特肆三字第〇二八一四号

令办理特种教育各省教育厅

本年度各省特种教育之推进,应仍本"因时制宜,因地制宜"之原则,对于自卫训练、生产教育、沦陷区工作等,继续切实扩展,力求效率之增进,而与抗战建国之需要相适合。各省克服区尤应尽先遴派干员前往实施特种教育,以管教养卫合一之训练,迅谋劫后民众心理、物质之同时建设。兹订定二十八年度工作大纲如次:

(甲)调整及充实各省特种教育工作人员

一、各省教育厅特种教育股职员,服务成绩应严加考核,分别奖惩,并呈报教育部。各员担任职务应就服务实际情形妥善分配，务使人尽其才，各有专责。视导员或股员中尚有未能遵照上年部颁计划，更换专习农事及军事各一人者，本年度应即遵办具报。

二、各省特种教育工作人员不敷分配时，除呈准教育部举办师资训练班外，并得呈请教育部调用各该省战区教师服务团或社会教育工作团员回乡担任特教工作。其有举办特教工作人员登记合格者，应先予以短期训练，再行分配工作。

（乙）改进中山民众学校

三、各省中山民众学校校址应按照地方情形及特殊需要暨班次学生数等，再予调整。

四、中山民校之工作，应各视其所在地需要情形，特重自卫训练或生产教育，并各就可能范围内，自行规定管教养卫各方面之基本工作，呈准教育厅后切实推行，以资考成。

五、中山民校在接近战区地带者，应注重自卫训练，仍以下列各项之实施为中心：

1．各班自卫课程，如上期尚未增加教学时间，各校本年度应即遵照增加。所增加之教学时间，在成人班应加授游击战术，或其他有关军事学科，在妇女班应注重救护训练，并组织救护队。如无妇女班者，应发动当地妇女，组织救护班，予以训练，在儿童班应酌加侦探训练。

2．辅导地方事业工作，应以指导自卫为主要业务，例如协助壮丁训练，担任政训工作，指导地方原有自卫团体，加紧训练，并使能切实担任各项战时勤务等。

3．各中山民校校长，应以区署服务员资格辅导区署及保甲长清查户口，编整保甲、调查地方武器、设法予以修整或充实，并协同区署调查地方土匪，招抚来归，介绍投效当地部队，先予调查，以为不幸沦陷时，用为杀敌之准备。

4．各校于迫近战区，情势紧急时得停止一般工作，专任自卫训练,并作留在战区秘密工作之准备。但事前应呈准主管机关,并转报教育部备案。

六、中山民校在后方地带者,应注重生产教育,仍以下列各项之实施为中心:

1. 各校推行生产教育,应就指导改进当地农作物、园艺及各项农产副业或改良当地旧有手工业、介绍新手工业等项工作,斟酌实际需要,先行举办一种或二种,师生共营,以资提倡,或辅导当地民众合作进行,务俟此项既办事业,具有成效后再加扩充,不尚夸大。

2. 各校举办之生产事业,应由厅分类,与本省农业机关、农科学校或其他有关机关及职业学校等切实合作,以取得技术上之联络及指导。并应将本省各校所办生产事业汇列造表,呈部备查。

3. 各班教学,应注重有关生产教材之补充。

4. 各校除继续辅导当地组织合作社一所外,并应就当地情形利用公共山地池沼,提倡植树或养鱼,并订定办法,予以培护。

5. 各校举办生产事业时,各省教育厅特教股得酌量实际需要,发给开办费。

七、各省所有中山民校更应注重下列事项之实施:

1. 各校成人班仍应尽先设法招收保甲长入学,必要时得专设保甲长训练班。

2. 当地举办壮丁集训时,各校校长均应继续担任集训队政训工作,并由厅与省有关机关,如军管区等商订中山民校协助地方自卫训练工作办法,以资划一。

3. 各校应发动征兵、征工、优待抗战将士家属等扩大运动,对于兵源之接济,凡应切实协助当地地方政府办理,以增强抗战实力。

4．各校保健工作，应照常推行施医送药，并加扩充，其药品应由厅统购分发。

5．各班教学方法，应继续力求改进，以为地方小学之楷模。

6．各省边境相邻之中山民校，应破除省界，切实联络观摩，共策本身工作之推进。

（丙）扩充巡回教育团

八、本年度各省特种教育巡回教学团，应遵照部颁"修正赣鄂皖豫闽等省特种教育巡回教学团战时工作纲要"分别改组，以原有特教视导员改派为团长，仍兼视导员职务，并就本省情形划分巡教区，继续在区内积极推行各项规定之工作。

九、各省教育厅应根据本年度特教经费支配及事业需要情形，扩充巡教团数量，以期普遍施教。

十、各省特教巡教团应切实辅导区内中山民校、地方小学及私塾教学之改进及推行社会教育工作。

（丁）推进沦陷区特教工作

十一、各省教育厅尚未遵照部颁"赣鄂皖豫闽等省沦陷区域特种教育暂行工作办法"订定工作计划者，应即遵照前项办法并根据本省沦陷区情况订定工作计划，呈部核准后切实推行。

十二、凡有志参加沦陷区域工作之特教人员，应由教育厅特教股随时举办登记，并予适当训练。其已留在沦陷区之工作人员，应由特教股设法补行登记，以资查考，而便联络。

十三、各省教育厅应多方积极鼓励特教人员从事沦陷区域工作，其原籍已不幸沦陷之特教人员，尤应尽先指导回乡工作。

十四、各省教育厅应与本省有关系之军事、政治、党务等机关商订沦陷区域特教工作协进办法，以取得工作上之联络及技术上之指导。

（戊）实施克服区域特教工作

十五、各省教育厅对于克复区域，应以尽先派遣特教巡回教学团前往工作为主。

十六、各省克复区域应积极恢复原有中山民校，必要时调派他处特教工作人员前往增设新校。

（己）视导与考核

十七、各省教育厅应即订定本年度视导计划，详细规定各地带中山民校视导要点视导区域，每校视导次数及每校每次驻留时间，呈部核定后严格执行。

十八、各省沦陷区域及战区或接近战区地带，应由教育厅分别派遣特教视导员前往视导，并以驻在各该区长期督导考核为原则。

十九、各省特教工作人员考核办法，尚有未经订定者，应即由厅详细拟定呈部核定后切实施行。其每期考绩情形并应造表呈部备查。

二十、各省教育厅应严饬各县地方教育视导人员切实指导、视察境内中山民校，并按期缮具视导报告，呈厅查核。

（庚）研究与进修

二十一、各省教育厅特教股应遵照本会订颁各省特种教育施教问题研究办法，转发研究问题，督导各工作人员分期切实研讨，并具报研究结果备核。

二十二、各省教育厅特教股仍应利用假期，分区举行工作讨论会，并斟酌需要，分别注重自卫训练或有关生产教育之讲授。

二十三、各省特教股应分区购置各项不同图书，订定工作人员借读办法，并规定时期，各区或各校交换借阅，或指定各员必读书籍，以增进其学养。

（辛）编刊教材

二十四、各省教育厅应遵照部颁特种教育课程标准纲要，重行编辑各班适用课本，呈部审定后再行印发各校应用。（前项课程

标准纲要,正由部编订中)

二十五、各省特教股应将部编特教丛刊转发各校,以充特教人员工作之参考,并供课内外补充读物之用。(特教丛刊正由部编刊中)

二十六、各省特教股应编辑乡土补充教材,分发各校应用。各中山民校及巡教团亦得编辑乡土教材,呈厅审定后以作补充教学之用。

教育部赣鄂皖豫闽等省特种教育委员会印

中华民国二十八年一月　日

〔国民政府教育部档案〕

3. 教育部制订之特种教育工作人员及师资训练办法

(1939—1940年)

(1)游击战区特种教育工作人员训练办法(1939年4月)

密。

一、各省游击战区(以下简称战区)特种教育工作人员,应依据本办法训练之。

二、招收战区特种教育工作人员,以思想纯正,年在二十岁以上,三十五岁以下,曾在中等学校毕业,具有党务、教育、地方行政或军队政训工作经验之一者为合格。

三、凡已办特种教育之省份,其战区工作人员,应先就现有之特教工作人员举办登记不足时,再行招收前项合格人员补充之。

四、凡登记及招收之人员,经过考查或试验合格后,方准受训。

五、训练科目规定如左:

甲、一般训练之科目

(一)三民主义及领袖言行;

(二)共产主义及共产党之分析;

(三)特种教育之理论与实施(包括战区特教实施办法);

(四)农村建设事业概要(包括农村自卫、保甲、合作、卫生、农业改良等);

(五)敌情研究;

(六)战区形势(注重本省地理);

(七)战区民众组训;

(八)精神讲话(于纪念周及各种集会时举行之)。

乙、特殊训练之科目

(九)侦探与谍报;

(十)秘密通信法;

(十一)化装术;

(十二)宣传术;

(十三)医药卫生及急救法。

丙、军事训练之科目

军事学科

(十四)军事常识;

(十五)典范令摘要;

(十六)游击战术。

军事术科

(十七)基本教练;

(十八)战斗教练;

(十九)野外演习。

丁、其他科目(其他切合于本省需要之训练科目。)

六、战区特教工作人员之训练,应于课程表内规定时间,举行小组讨论会，每星期至少须举行二次。

七、战区特教工作人员之训练，应由教育厅联络战区工作有关系之各机关派员协助之。必要时，并得组织战区特种教育工作人员训练委员会，主持各项训练事宜。

八、教育厅应指派讲师或厅内职员（其已设特教股者，得指派股员及视导员）担任受训学员之生活指导。其指导之主要事项如左：

（一）养成学员刻苦、耐劳、简朴、敏捷之习惯。

（二）严密考察及陶冶学员之思想及行为。

九、训练时间，定为三个月，必要时得缩短或延长之。

十、学员受训期满，应由教育厅派员率领至本省临近敌人骚扰及异党份子活动之区域实习一个月，并得斟酌情形将实习时间予以伸缩，以求各项技术运用之纯熟。

十一、训练期内，学员之膳杂各费，均由公款供给，并得酌量发给津贴。

十二、各省教育厅举办战区特种教育工作人员训练时，应先呈准教育部办理之。

十三、各省教育厅举办此项训练完毕后，应将训练经过情形、学员名单、学业成绩及分派工作地点等项，密报教育部备核。

（2）特种教育师资训练办法（1940年1月）

一、各省特种教育师资训练，应依据本办法办理之。

二、特种教育之师资应注重左列各项之训练：

（一）体格训练——锻炼坚强体格，养成刻苦耐劳习惯。

（二）精神训练——坚定三民主义之信仰，培养忠于事业之牺牲精神。

（三）知能训练——充实各科教学知能，培养训导民众能力，增进建设农村技能，军事训练包括在体格训练及技能训练内。

三、受训资格

（一）凡年在二十岁以上三十五岁以下，中等学校毕业，品行端整，服膺三民主义，而且有左列资格之一者，得参加入学试验：

1. 曾任小学教师一年以上者；
2. 曾任党务工作具有教学经验者；
3. 曾任军队政训工作一年以上者；
4. 曾任地方行政工作一年以上者；
5. 曾任民众教育工作一年以上者。

（二）具有上项资格之人员，经试验合格后，取具保证，方准入学。

四、训练科目

（一）三民主义及总裁言行；

（二）本国史地及固有德性；

（三）共产主义及共产党的分析；

（四）特种教育概要（包括特教实施及特教法令）；

（五）乡土教材；

（六）各科教学法及实习；

（七）民众组织与训练；

（八）农村自卫；

（九）农村合作；

（十）农业常识及农事实习；

（十一）医药常识及简易诊疗；

（十二）农村工艺；

（十三）学校行政（包括预计算编制公文程式）；

（十四）音乐（注重发扬民族精神及抗敌意识歌咏）；

（十五）军事训练（军事学术科训练、均以连教练为准，并注重游击战术等）；

（十六）其他科目（其他适合于本省需要之训练科目）。

五、训导方式

（一）训练期内应实施军事管理；

（二）训练期内应实行导师制，对于学员之思想态度及行为，作严格之训练及陶冶；

（三）训练期内应由各导师于课余时间指导学员举办各种小组会议；

（四）学员在受训期内，应由导师指导举行参观及实习；

六、训练名额各省根据需要决定之。

七、训练时间定为六个月，必要时得呈准缩短之。

八、训练期内，学员膳宿制服等费，概由公款供给。

九、毕业学员至少须服务特种教育工作二年以上，在服务期内不准升学或就特种教育以外之其他工作。

十、各省举办师资训练班时，应先呈准本部办理之。

十一、师资训练班筹备及开办情形，应由各省教育厅分别具报（附学员名册）。

十二、毕业时，各省教育厅应将训练经过情形、毕业学员名册、分派工作地点等项，呈报本部备核。

十三、战区特种教育工作人员训练办法另订之。

〔国民政府教育部档案〕

4. 教育部颁发民国二十九年度特种教育工作大纲的训令

（1940年1月）

教育部训令　□字第三〇〇四号

令办理特种教育各省教育厅

兹订定各省特种教育二十九年度工作大纲，随令附发，仰即遵照，并转饬所属一体遵行。此令。

附发各省特种教育二十九年度工作大纲

中华民国二十九年一月　日

各省特种教育二十九年度工作大纲

本年度各省特种教育应根据上年各项实施，切实检讨，力求充实与改进，并继续推行各项已有成效之具体工作，务期"因时制宜，因地制宜"，发挥管教养卫合一训练之效能，而与抗战建国之需要相配合。最近国民政府公布之县各级组织纲要，规定乡（镇）中心学校及保国民学校制度，成人、儿童、妇女各班，一校同时并举；校长、保长或乡（镇）长、壮丁队队长等职，一人同时兼任，以学校改进社会，以教育辅导自治，凡此种种，与特种教育原已推行者几完全相同。现各省扼于诸般事实，对于新制，尚不能普遍实施。特种教育既负有时代使命，不仅致力于抗战教育，更应肩此建国要务。已办特种教育各省，更本数年来施教之成就，用为此项新制之基础，亟应依照规定，精密实验，以为创行新制之先躯。兹以实验新制为中心工作，并参照上年度有关于自卫训练与生产教育必须赓续推进事项，订定特种教育二十九年度工作大纲如次：

甲　行政方面

一、中心工作：

1. 各省教育厅应以实验县各级组织纲要所规定之乡（镇）中心学校及保国民学校制度为本年特种教育之中心工作。

2. 各省教育厅应会同民政厅订定各该省中山民众学校实验前项制度详细方案，呈准省政府及教育部后切实督导实验。

3. 各省教育厅应就所属中山民校择定人地相宜者若干校或指定若干区域内中山民校，以校长兼所在地乡（镇）长或保长暨壮丁队队长，藉作乡（镇）中心学校及保国民学校制度之实验。

4．各省教育厅应将指定中山民校实验前项制度结果，汇呈各该省政府及教育部，以供参考。

二、调整校址

1．各省中山民众学校校址，应再按照地方情形及班次学生数等，予以调整。

2．各省调整中山民众学校校址，应尽先设于思想特殊地带，或克复区域。

3．各省教育厅调整校址后，应即呈报教育部备查。

三、补充人员

1．各省因特种教育工作人员不敷分配时，应呈准教育部举办师资训练班，遵照部颁办法切实训练。

2．各省得呈请教育部调用各该省战区教师服务团或社会教育工作团团员回乡担任特教工作，以资充实。

3．各省市举办特教工作人员登记合格者，应遵照部颁办法，先予短期训练，再行分配工作。

4．各省补充特教工作人员时，应随时将补充情形报部备查。

四、编刊教材

1．各省教育厅应即遵照部颁中山民众学校课程标准，重行编辑各班适用课本，呈部审定后，再行印发各校应用。

2．各省改编各班适用之课本，应注意作为将来实施乡（镇）中心学校及保国民学校制度之参考。

3．各省特教股应续编乡土补充教材，分发各校应用。各中山民校及巡教团亦得就地搜集材料，自行编辑，呈厅核定后作为补充教材。

4．各省特教股应将部编特教丛刊转发各校，以充特教人员工作之参考，并供课内外补充读物之用（特教丛刊即由部陆续发刊）。

五、推进战区教育

1. 各省（有游击战区者）特教股应遵照部订战区各省教育厅战区教育指导股组织通则，兼负推进各该省战区教育工作。

2. 各省特教股兼负推进战教者，应与部派战区教育人员密切联系，共策进行。

3. 各省游击战区之特教工作，应会同部派战区教育人员切实督导与推进。

六、切实视导

1. 各省教育厅应即订定本年度视导计划，详细规定各地带中山民校视导要点、视导区域、每校视导次数及每校每次驻留时间，呈部核定后严格执行。

2. 各省沦陷区域及战区或接近战区地带，应由教育厅分别派遣特教视导员前往工作，并于驻在各该区长期督导考核为原则。

3. 省教育厅应严饬各县地方教育视导人员，切实指导视察境内中山民校，并按期缮具视导报告，呈厅查核。

七、厉行考核

1. 各省教育厅应规定考绩时期，对于特种教育股职员服务成绩，加严考核，分别奖惩，并呈报教育部。

2. 各省特教股应查照各该省特教工作人员考绩办法，切实执行，其每期考绩情形，并应造表呈部备查。

八、研究进修

1. 各省特教股应按周举行全体人员小组会议，特别注重实验乡（镇）中心学校及保国民学校制度，暨推进自卫生产等项工作之商讨。

2. 各省教育厅特教股督导工作人员研究施教问题时，应以实验乡（镇）中心学校、保国民学校之新制度及推进生产教育工作为研究中心。

3. 各省特教股应利用假期，分区举行工作讨论会，并斟酌需要，分别注重乡（镇）中心学校及保国民学校新制度暨自卫训练，或有关生产教育之讲授。

4. 各省教育厅应利用暑期，举行特教工作人员集体训练，以资进修。

5. 各省特教股应分区增购不同图书，依照工作人员借读办法，交换借阅，或指定各员必读书籍，以增进其学养。

九、经费处理

1. 各省教育厅对于各该省特种教育经费，应遵照部颁修正赣鄂皖豫闽等省特种教育经费处理办法之规定，切实办理。

2. 各省特种教育经费之请领与造报，均遵照规定之时期与手续办理，不得紊乱。

3. 各省本年度地方自筹特教经费，仍应切实筹增至规定比例数，最低限度应维持上年原已筹得额数，不得短少，并列入预算。有因事实确系困难，不能筹措者，应先呈准教育部。

4. 各省教育厅特教股对于所属各校团每月经费之造报，应督促遵办。

乙　事业方面

Ⅰ　中山民众学校

十、实验乡（镇）中心学校及保国民学校制度：

1. 各省被指定实验乡（镇）中心学校或保国民学校制度之中山民校，应遵照各该省之实验方案，切实工作。

2. 各省中山民校担任前项实验工作者，应以过去施教之成效，用为实验之基础，并预定实验计划，以便依照进行。

3. 各省中山民校对于前项制度实验之困难与心得，均应有详细之记载。

4. 各省中山民校对于前项制度之实验，应按期呈送实验报告，忠实记述，以为将来推行此项制度时之参考。

十一、注重自卫训练

各中山民校在接近战区地带者，仍应特重自卫训练，并以下列各项之实物为中心：

1. 辅导地方事业工作，应以指导自卫为主要业务，例如：兼任壮丁队队长，协助壮丁训练，担任政训工作，指导地方原有自卫团体，加紧训练，并使能切实担任各项战时勤务等。

2. 各中山民校校长，应以学校所在地之保或乡（镇）为中心，辅导保甲长清查户口，编整保甲，调查地方武器，设法予以修整或充实，并协同区署调查地方土匪，招抚来归。

3. 领导当地民众实践国民公约。

4. 举办民众战地服务各技能训练。例如：掘壕、挖路、通讯、侦察、伪装、爆炸等。

5. 各校于迫近战区情势紧急时，得停止一般工作，专任自卫训练，并作留在战区秘密工作之准备，但事前应呈准主管机关，并转报教育部备案。

十二、充实生产教育：各省中山民校在后方地带者，仍应注重生产教育，并以下列各项之实施为中心。

1. 各校为推行生产教育，上年已就当地农作物、园艺及各项农产副业，或由有手工业者介绍新工业等项工作，斟酌实际需要，举办一种或二种者，应继续实施，以期切实指导改进或改良。

2. 各校举办之生产事业，应再由厅分类与本省农业机关、农科学校或其他有关机关及职业学校等切实合作，以取得技术上之联络及指导。并应将本省各校本年所办生产事业状况，案报教育部备查。

3. 各校除继续辅导当地组织合作社一所外，并应就当地情形举行各项生产竞赛，以资提倡或利用公共山地池沼，提倡植树或养鱼，并订定办法，予以培护。

4. 各校举办生产事业,已确实具有成效时,应即会同合作指导人员,组织生产合作社,以资扩充。

十三、推行一般工作,各省所有中山民校应一致注意下列事项之实施:

1. 各校参加或主持当地国民月会时,应做时事演讲或抗战建国宣传,以振奋民族精神,加强抗战信念。

2. 各校成人班,应继续招收保甲长入学,必要时仍得专设保甲长训练班。

3. 当地举办壮丁集训时,各校校长均应继续担任集训队政训工作。

4. 各校应发动征兵、征工、优待抗战将士家属等扩大运动,对于兵源之接济,尤应切实协助当地地方政府办理,以增强抗战实力。

5. 各校应就已有卫生设备,切实推行施送医药工作,并再由厅酌予药品上之充实。

6. 各班教学方法,应力求改进,足为地方小学之楷模。

7. 各校对于毕业生均应予以适当之组织,把握思想上之领导。

8. 各校应协同党政机关筹备地方自治事宜,并应指导学校所在地之保(村)乡(镇)建立议事机关,以为训练运用民权之场所,兼作建立地方监察制度之准备。

Ⅰ 巡回教学团

十四、健全巡回组织　各省特教巡回教学团应以各组单独施教为原则,各组工作人员应就讲演、绘画、戏剧、歌咏及映放影片等项技术擅长人员,分别配备,以增进巡教效能。

十五、划分巡教区域　各省应就实际情况划分特教巡回施教区域,并预订巡教路线及日程,以便各巡教团分别在区内普遍巡回工作。

十六、确定中心工作　各省特教巡回教学团应遵照部颁修正赣鄂皖豫闽等省特种教育巡回教学团战时工作纲要,切实推行,并预订每期中心工作,以便事后精密检讨其效果,作为改进之张本。

十七、辅导区内学校　各省特教巡教团应切实辅导区内中山民校、地方小学及私塾教学之改进,及推行社会教育工作。对于实验新制之各校,并应于可能范围内协助之。

Ⅲ沦陷区域特教工作

十八、订定工作计划　各省教育厅应遵照部颁赣鄂皖豫闽等省沦陷区域特种教育暂行工作办法,暨战区教育指导股组织通则规定事项,并根据本身沦陷区域情况,订定本年工作计划,呈部核准后会同部派战区情况教育工作人员,切实推行。

十九、登记训练并重　凡有志参加沦陷区域工作之特教工作人员,应由教育厅特教股随时举行登记,并予以适当训练,其已留在沦陷区域之工作人员,应由特教股设法补行登记,以资查考,而便联络。

二十、鼓励沦陷区工作　各省教育厅应多方积极鼓励特教人员从事沦陷区域工作,其原籍已不幸沦陷之特教人员,尤应尽先指导回乡工作,推进沦陷区特教工作,成绩卓著,经查属实者,应由厅依照规定办法,按其原薪,酌予津贴,以资激励。

二十一、联合各方协进　各省教育厅应与本省有关系之军事、政治、党务等机关商讨沦陷区域特教工作协进办法,经常取得工作上之联络,与技术上之指导。

Ⅳ克服区域之特教工作

二十二、尽先巡回施教　各省教育厅对于克服区域应以尽先派遣特教巡回教学团前往工作为主。

二十三、积极恢复原校　各省克服区域应积极恢复原有中山民校,必要时调派他处特教工作人员前往增设新校。

附则：苏浙战区巡回教学团及河北省特种教育工作团之特教工作，并应参照本大纲实施推行。

5. 教育部订定之陕西省反共特种教育二年计划[①]

(1940年)

一、陕西等省特种教育事业之概况

陕西省以情形特殊，扩充特种教育事业，实属必需。拟予增加经费并调派他省办理特教有成绩之干员，前往该省，协助特教事业之扩充。在陕北一带，增设中山民校一百二十所，以期发挥特种教育原有之中心目标，其他各省根据经济情形，尽量增设中山民众学校。

二、沦陷区特种教育工作之推进

中山民校地址，已经陷敌者之工作人员，须留在沦陷区内，秘密施行抗战教育，并领导民众，从事于各项抗敌活动。除依照"赣鄂皖豫闽湘陕等省沦陷区特种教育暂行工作办法"积极督导推进外，并鼓励后方特教工作人员及其他志愿参加沦陷区特教工作之青年，予以组织，潜赴沦陷区。在敌人后方，用教育方式激励民众之抗敌行动。

三、各省特教巡回教学团之设备及扩充

特种教育巡回教学团，以巡回施教，协助地方政府组训民众，推动民众抗战活动，及辅导地方教育机关，实施抗战教育为旨职，颇合战时需要。兹拟在二年内继续扩增二十五团，并充实团内各项设备，使其工作，推行尽利。

四、调查及充实各种特教工作人员

各省特种教育行政及视导人员应再予分别调整，并延请对于自卫生产有研究之专才，分任特教视导员职务，其缺乏特教工作

[①] 此件选自教育部二年计划之丁项特种教育部分。

人员之省份，继续举办师资训练班，培养足用师资。并派选战区教师服务团团员，予以短期训练回返原籍，担任特教工作。

五、调整各省中山民校校址，并改进其教学内容

中山民校校址，应根据各地战事形势，随时予以调整。凡近战区地带各校，一律迁设于交通要道及军事据点，其教学内容，应注重自卫训练，后方各校校址，亦当依照各地需要，并加调整，而注重生产训练，各校应切实辅导地方各项改进工作。并督策在校及已毕业学生为推动当地社会抗战建国工作之干部。

六、改编中山民校课本及教材及编辑特教丛刊

抗战以来，各校原有课本，已难适应需要，故须予以改编。兹先订定特教课程标准，编辑各校适用之国语，自卫等课本。并编适用之劳作、唱歌教材分发各校应用。乡土教材并予订定标准编用之。并编辑"生产辅导""自卫辅导""沦陷区域工作指导"三类，刊物一百二十册，分发中山民校及巡回教学团应用。

七、妇女训练工作之推进

充实各中山民校妇女班训练之内容，使妇女班学生成为推动农村妇女工作之干部，督率推行广泛之农村妇女训练及妇女战时动员工作。

八、厉行视导之考核

督导各省切实执行视导计划，划分视导区域，订定视导要点，分期严格施行；在各省边区，订立交互视导办法，切实执行。并随时派遣干员潜入沦陷区域予工作人员以物质接济并加视导及考核。

九、工作人员之进修

订定各工作人员之进修办法，切实执行计在二年内应举办之事项如下：1.印发特种教育定期通讯，2.编刊各种主要工作上之辅导丛书，3.书面个别指导，4.分期拟发研究及实验问题，5.分期分区集中训练，并于集训期间举行工作讨论。

十、经费之分配与审核

根据二年内，特种教育应行扩增之事业，由本部宽筹经费，视各省之需要情形，妥为分配，各省就分配所得之数目，依照规定，编制预算呈部核定后施行。每月经费之出计算，并责成按月送部，切实审核。

〔行政院档案〕

(二)特种教育实施概况

一、教育部的报告

1. 教育部关于特种教育的发展变化与经费预算事致行政院呈

（1938年11月18日）

教育部呈　特肆4字第12103号

案查本部办理之赣鄂皖豫闽等省特种教育，系蒋委员长于民国二十二年冬南昌行营时所手创，在各该省收复特区内设立中山民校、巡回教学团等，予人民以管教养卫合一之训练，并纠正其思想。自二十五年春，由本部接办，各项事业照常进行，复在陕湘二省同时推行，现所设中山民校各省合计达七百八十一所，巡回教学团六团，总计专任特教工作人员一千七百余人，其工作除校内教学外，对于指导地方事业，如编组保甲、训练壮丁、指导自卫、协助征工、办理兵役、暨农村生产、医药卫生、合作社等均积极进行。四年以来，颇著成效，本部鉴于抗战军兴，特教事业更待扩充，如实施自卫、训练、生产、教育及推行沦陷区域特教工作等，爰于本年十月十五日至十七日在汉口举行七省特种教育工作会议，佥以特教经费未能固定，事业进行诸多阻碍，共同提请将特教经费自二十八年度起正式列入国家预算案。当经议决通过，记录在卷。会期间，奉蒋委员长召见各代表殷殷垂询，备极关怀，对于今后工作方针，尤多指示。关于特教经费，自二十八年度起列入国家预算一节，亦蒙委座俯允，并谕知此后工作扩展，可增拨经费。查特教经费，已往除由行营筹拨一部分外，年由管理中央庚款董事会拨助四十万元，至二十七年六月，中央庚款董事会以补助年限届满，且抗战期间利息收入锐减，仅允自二十七年七月至二十八年六月一年补助十六万元。本部为维持原有事业计，呈请由国库拨助二十四万元，凑足原额四十万元。嗣奉钧院渝字第六八四一号训令略开："关于赣鄂皖豫闽等省特教经费一案，经召集审查结果，由中英庚款董事会担任二十万元，国库拨发二十万元，提经院议通过，复经国防最高会议常务委员第九十二次会议决议：照审查意见通过，并令饬遵照在案"。兹以二十八年度即将开始，特教事业因抗战紧张而益增重，其任务各项事业之进行，皆仰给于国家固定之经费，且委座指示特种教育今后应在沦陷区域积极发展工作，则此后特教工作人员多数在沦陷区域服务，如经费不能稳定，工作自难顺利进行，按国库补助费系临时特别拨助，而管理中英庚款董事会又以利息收入锐减，此后能否再继续补助，殊未可料，所有特种教育经费拟请俯准自二十八年度起，按年正式列入国家预算，并请于二十八年度照原额列支四十万元，以充原有特教事业经常费用，如中英庚款董事会能再继续补助，则此项补助费即拨为沦陷区域工作之扩充事业费及特别费暨生产事业设备费等用途，不再另请增拨。理合备文呈请鉴核示遵。谨呈
行政院

教育部部长陈立夫

中华民国二十七年十一月十八日

密件　民国二十八年度赣鄂皖豫闽湘陕等省特种教育经费拟分配数额表

说明：特教经费，近年来数额为四十万元，用以维持赣鄂皖豫闽湘陕七省之原有特教事业。自抗战军兴，各省特教事业，颇能发挥其效能，以从事于各该省区之抗战建国工作，今为事实上事业进行之必需起见，乃不得不增加各省特教事业之经费，以充分挥宏特教之效能，谨将近年来维持原有事业之经费支配情形，及

二十八年度事业进行应行增加之经费数量,列表说明如左:

甲、维持原有特教事业经费四十万元,历年分配比较表

省别	二十六年度支配数	二十七年度(半年)支配数	二十八年度预算数	备注
赣省	一二〇,〇〇〇	六〇,〇〇〇	一二〇,〇〇〇	二十八年度除上列维持原有事业经费外,应加增沦陷区特别巡教团扩充费、生产事业设备费
鄂省	六〇,〇〇〇	三〇,〇〇〇	六〇,〇〇〇	同前
皖省	七〇,〇〇〇	三五,〇〇〇	七〇,〇〇〇	同前
豫省	五〇,〇〇〇	二五,〇〇〇	五〇,〇〇〇	同前
闽省	六〇,〇〇〇	三〇,〇〇〇	六〇,〇〇〇	二十八年度应增加巡教团扩充费、生产事业设备费
湘省	一〇,〇〇〇	五,〇〇〇	一〇,〇〇〇	同前
陕省	三〇,〇〇〇	一五,〇〇〇	三〇,〇〇〇	二十八年应增扩充陕北中山民校经费及师资训练费巡教团扩充费
合计	四〇〇,〇〇〇	二〇〇,〇〇〇	四〇〇,〇〇〇	

乙、二十八年度事业进行上应增经费二十万元支配表

一、沦陷区应增经费

（1）沦陷区工作人员加薪经费及沦陷区地方经费短少之补助费增加表

省别	沦陷区校数	沦陷区工作人员数	工作人员四成加薪银数	沦陷区地方经费短缺补助数	□应增加经费数	说　明
赣	二三	三二	四，六〇八	二，七六〇	七，三六八	各省平均每年平均经费六〇〇元，沦区地方经费筹措二成
鄂	三四	五六	八，〇六四	四，〇八〇	一二，一四四	
皖	三八	六一	八，七八四	四，五六〇	一三，三四四	
豫	四二	七八	一一，二三二	五，〇四〇	一六，二七二	
合计	一二七	二二七	三二，六八八	一六，四四〇	四九，一二八	

（2）沦陷区特别活动费支配表

项　目	支配经费数	说　　　　明
各省特别视导及通讯费	一五，〇〇〇	视各省工作上之需要另订规程分配及支用之
沦陷区工作人员联络活动费	一五，〇〇〇	同　前
中山民校学生参加沦区工作补助费	一五，〇〇〇	同　前
共　计	四五，〇〇〇	

（3）沦陷区工作人员特别奖金

数　额	说　　　　　　明
一〇，〇〇〇	用以奖励沦陷区中山民校校长、教师、学生，在沦陷区工作有特殊成绩，经部厅考核属实者，发给特别奖金，七省年定如上数

二、陕北特教经费扩充概算表

扩增事业之项目	数量	每单位所须经费	共需经费	说　　明
增设中山民校经常费	八〇校	六五〇元	五二，〇〇〇元	
增设中山民校书本设备费	八〇校	一二〇元	九六〇〇元	购置用具、教具及卫生、图书、运动用具
扩增巡回特教团	四团	二七〇〇元	一〇八〇〇元	□□□□□□每人三六〇元，每团设备费三〇〇元，每周每年事业费九六〇元
特教师资训练费	一二〇元		二，六七二元	学员伙食费及制服由教部供给，加□□及设备费如上数
共　　计			七五，〇七二	

三、各省中山民校生产事业设备费

省别	校数	每校设备费	总需经费	备　　　　注
赣	九〇	四〇	三六〇〇	据各省后方安全区之中山民校从事生产事业者，给予生产设备费
鄂	二〇	四〇	八〇〇	
皖	四五	四〇	一八〇〇	

续表

省别	校数	每校设备费	总需经费	备注
闽	八五	四〇	三四〇〇	
湘	一〇	四〇	四〇〇	
共计			一〇,〇〇〇	

四、扩充巡教团经费

省别	数量	经费（年计）	备注
赣	一团	二七〇〇	
闽	一团	二七〇〇	
皖	一团	二七〇〇	
鄂	一团	二七〇〇	
共计		一〇,八〇〇	

以上计应增沦陷区特教事业费一〇四,一二八元，陕北特教扩充费七五,〇七二元，中山民校生产设备费一〇,〇〇〇元，扩充巡教团经费一〇,八〇〇元，都共二十万元。

〔行政院档案〕

2. 教育部为扩充沦陷区域及陕北地区特教事业请增拨经费呈

(1939年1月31日)

教育部呈　特肆4字第□□□□号

案奉钧院渝字第一〇八五五号训令内开："查二十八年度赣鄂皖豫闽湘陕等省特种教育经费案审查意见，业经提出本院第三九五次会议，决议：'通过'。除函请国防最高会议秘书处转陈核定，并函达主计处查照暨分行外，合行抄发审查纪录，令仰遵照。此令。"等因。计抄发审查纪录一份，奉此。查本部原请维持原有特种教育二十八年度事业费四十万元，业蒙钧院会决议照审查意见"仍由国库拨发二十万元，列入二十八年度国家普通预算，其余二十万元，除照上年度成案，应由中英庚款董事会担任十万元外，拟令该会再拨补十万元"通过在案。惟与前案同时请求拨发扩充沦陷区域及陕北特教事业费二十万元，尚属无着。兹遵照令发前项特教经费案审查会纪录尾开："至扩充沦陷区域及陕北特教事业，实际必需增添经费，应由教育部另案呈核，并将已往特教工作情形报院察核"一节，谨将实际必须增添经费各缘由胪陈如下：

（一）沦陷区应增各项经费：

1. 查中山民众学校为各省特种教育之中心工作，本部前以赣鄂皖豫等省先后转入战区，曾经订定"赣鄂皖豫闽等省沦陷区域特种教育暂行工作办法"通饬各省，如中山民众学校所在地不幸沦陷，所有教职员应留在原地，改变方式，继续秘密工作。根据上年十一月各省最近报告，赣鄂皖豫已在沦陷区校数共约一百三十七校，教职员留在原地工作者，总计约二百二十七人，其中以豫南为最多，赣北次之，皖西鄂东又次之。各校平均年需经费六百元，本由地方政府每年筹措二成，现在沦陷区地方自筹经费无者，应由本部予以补足，计每校应增加补助款一百二十元，一百三十七校合计共需一万六千四百四十元。又中山民校教职员留在沦陷区推行秘密抗战工作者，曾经本部规定，应各加薪四成，以示奖励。每人平均月薪三十元，年应加薪一百四十四元，二百二十七人合计，共需三万二千六百八十八元。总计沦陷区域工作人员加薪及地方自筹款无着，应拨补助费共为四万九千一百二十八元。

2．查沦陷区域各中山民校教职员既已切实担负其秘密工作，为增进其工作效率，并应付敌人后方种种变化之事态起见，必须与其原辖机关及沦陷区各项从事抗战工作机关人员取得密切联系，俾得以种种呼应灵活之方式，从事各项与抗战有关之活动。此项联络活动经费暂列一万五千元。又各省沦区中山民校学生多亦参加此项秘密工作，亟应分别予以物质补助，俾得安心工作，此项补助费预列一万五千元。而各省教厅对于沦区工作人员除应随时通讯，以便联络指示外，并应特别派员前往指导，此项特别指导及通讯费亦列一万五千元。合计沦陷区特别活动费为四万五千元。

3．查各省特教工作人员不避艰危，留在沦陷区域继续工作，至堪嘉尚，其有特殊成绩，经部厅考核属实者，依照规定，应由本部发给特别奖金，以资激励。此项特别奖金总数暂列一万元备用。

（二）陕西省扩充特教应增经费　陕西省前以情形特殊，办理特教，殊多困难，上年度虽经调派干员前往协助计划推进，本年度以陕北特教亟应扩充，对于中山民校及巡教团之增设，特教师资之训练，尤属刻不容缓。本年度拟增设中山民校八十校，每校经常费年以六百五十元计，共需五万二千元；各校创办设备费，如购置教具、图书、卫生用具、运动设备等，各以一百二十元计，共需九千六百元。拟增设巡教团四团，每团经费以二千七百元计（每团四人，每人年俸三百六十元，共一千四百四十元，每团创办设备费三百元,每团每年事业费九百六十元,共为二千七百元),共需一万零八百元。至特教师资之训练,学员以一百二十人计,因须供给学员伙食制服及讲义与训练所各项用费,共需经费二千六百七十二元,总计本年度扩充陕西省经费为七万五千零七十二元。

（三）各省中山民校生产事业设备费　查本部前经规定各省中山民众学校在后方地带者,应特重生产教育,其因提倡生产事业而需要设备费用者,应各酌给生产设备费,以利实施。此项设备费各校以四十元计,江西、湖北、安徽、福建、湖南诸省在后方之中山民校共有二百五十校,共需生产事业设备费一万元。

（四）扩充各省特教巡回教学团经费　查特种教育巡回教学团向以流动教学方式,深入民间,颇合战时需要。本年度于赣鄂皖闽四省拟各再增设一团,以期普遍施教。每团四人,年共支俸一千四百四十元,创办设备费每团三百元,事业费每团每年九百六十元,每团每年合计二千七百元,总计四团,全年经费为一万零八百元。

综上各项,合计实需经费二十万元。窃查特教事业原负有特殊使命,其各省原有事业,既经确定经费,继续推进,而沦区工作人员本其奋斗精神,已遵令留在原地秘密施教,尤应另拨经费,以资接济扩展。其在陕西省特教事业,实因环境特殊,不得不把握特种教育原有之中心目标,力求普遍,以纠正人民思想,免致麻醉而误入歧途。以上所列预算,均属实际必须增添经费,奉发审查会纪录前因,理合申叙二十八年度扩充沦陷区域及陕北特教事业必须增拨经费二十万元各缘由,并检同抗战以来特种教育工作总报告十册,随文呈赍,仰乞鉴核示遵,实为公便！谨呈

行政院院长　孔

附呈抗战以来特种教育工作总报告十册

教育部部长　陈立夫

中华民国二十八年一月三十一日

〔行政院档案〕

3. 教育部关于抗战以来特种教育工作总报告书①

（1939年1月31日）

（一）前言

赣、鄂、皖、豫、闽等省特种教育系蒋委员长于民国二十二年冬南昌行营时所手创，在各该省收复特区内设中山民众学校及巡回教学团，予民众以管教养卫合一之训练，并纠正其思想，除由军事委员长南昌行营检定经费外，并得管理中英庚款董事会、中法教育基金委员会之补助，遂订定五省推行特种教育计划，于行营设立五省特种教育委员会，各省置特种教育处，按照计划，分别进行。二十五年三月奉蒋委员长命，五省特教委员会改归本部接办，虽委员曾加以改组，五省特种教育处并入教育厅，行政机关隶属更易，然经费依旧，各项事业照常进行，复在湘、陕二省推进。其工作以中山民众学校为施教之中心，举办成人、妇女各班，并附设儿童班，均以国语、算术、劳作、自卫、音乐等科为其课程，特别注意加入有关矫正思想之教材，各校除校内教学外，兼负指导社会事业之责，如编组保甲、训练壮丁、指导自卫、协助征工、襄办兵役、促进农村生产，推广医药卫生暨组织合作社等，无不积极进行。另以巡回教学团深入偏僻县份之乡村，采取流动放学方式，对文化程度低落情形特殊地方之民众，施以管教养卫之训练。此种新兴之教育事业，以行将四年来之赓续努力，基础于焉奠定。

①本篇系教育部1939年1月31日致行政院呈文的附件，选编时略去了安徽、福建、河南等省特教工作概况部分。

继芦沟桥事变之后，而全面抗战展开，时当二十六年度伊始，特种教育有感于本身职责之重大，已往事业之尚待改进，以期与中央既定之国策相配合，而发挥其战时之机能，乃由本部先后确定抗战后特教工作方针及计划，通饬各省□□□□□有之中心目标，并遵照详订实施方案，呈核施行。所有中山民众学校除继续施教外，并经规定接近战区，在后方各县及不幸沦陷者，各以其适当之方式而特重其工作之趋向，巡回教学团则以其适合战时需要，特予扩充，并尽先在接近战区或军事要道工作，须及于沿铁路、公路、江河等交通地带，以为防止外力侵略之先驱。现各省已设立中山民校共计七百八十所，工作人员约一千七百余人，在校学生达八万人，毕业学生已在十万人以上，已组成开始工作之巡教团，除湘省外，共计六团。自抗战以还，各省特教工作人员尚能奋其忠勇之志，为本位最大之努力。豫南赣北鄂东、皖西诸地或已沦陷或逼近战区，而特教工作人员独能不避艰险，留在原地，实行领导游击或参加游击队，担任政训工作，及从事秘密通讯，或临近火线，协助军队，实行战地服务，及收容多量难童，其中尤以豫南工作人员之表现为最著，精诚卫国有足多焉。

抗战迄今，一年有半，国策既始终不渝，特种教育之扩展，亦当继续无懈，检讨过去，正所策励来兹。在此一年半中，本部对于特种教育行政之规划，经费之筹集，各省事业之推进以及工作人员研究之督促，固无时不在积极办理之中，而各省实施状况，二十六年度报告早经呈送前来，其二十七年度报告，正在赶办，尚示呈部，爰分别就其日常呈部文件中搜集资料，各以行政工作，中正民众学校特教巡回教学团、特款实验区及沦陷区域工作等，分项列举，汇编而成，虽未能详尽，而最近工作亦可得其大概，抗战已入新阶段，前途困难尚多，仍当再接再厉，特种教育之发扬光大，亦犹有赖于全力之推动也。

(二)特种教育委员会工作概况

抗战军兴,政府随战略之转移而西上,本部办公地址,一再迁移,特教会工作人员先后疏撒,对于特教事业之推动,不无影响。兹撮其大端,敷陈概况,他如核定章则、审核工作报告及经费计算等,虽日在赶办之中,然事属例行,概予从略。

一、确定抗战后特教工作方针及计划

抗战以后,情势更易,特训令赣、鄂、皖、豫、闽、湘、陕等七省教厅,指示今后特教实施方针,分饬遵照,拟订各该省非常时期特种教育实施办法,均先后据呈核定施行。复经本部制定各省特种教育二十七年七月至十二月工作计划,规定:凡接近战区之中山学校,应特重辅导地方自卫训练,在后方各县者,则注重生产教育之实施。至不幸沦陷,则应改变方式,仍在原地继续工作。此项工作计划业经颁发各省,以为抗战时期推进特教之准绳。

二、分配各省特教经费 二十六年度总计中英庚款会补助四十万元,以各省办理成绩及需要情形,分别照上年度补助数目,予以增减,计补助:

江西省	十二万元,	福建省	六万元,
湖北省	六万元,	湖南省	一万元,
安徽省	七万元,	陕西省	三万元,
河南省	五万元。		

二十七年度六月中英庚款会以收入锐减,遵行减少半数,幸经呈准行政院,二十七年度半年,由国库拨十万元,中英庚款会担任之十万元,亦照案支拨,复经按照各省办理及需要情形支配如下:

江西省	六万元	福建省	三万元
湖北省	三万元	湖南省	伍千元
安徽省	三万伍千元	陕西省	一万伍千元

河南省　二万伍千元

三、推进陕西省特种教育　陕西省前以情形特殊，办理特教殊多困难，特调派江西省教育厅服务干员两人，前往协助计划及推进，对于师资之训练，校址之调整，新校之增设，无不积极进行。现在总计全省已成立专办中山民校八十四所，下年宽筹经费继续训练师资，增设中山民校及特教巡回教学团。

四、充实各省特教工作人员　各省教厅特教股人事方面，予以严格调整，视导员中更换专习农事、军事而具有经验各一人，以便分别指导中山民校推进生产及自卫等工作。各省如缺乏特教工作人员时，除呈准开办特教师资训练班外，得呈请本部就各战区教师服务团调用该省省籍团员回乡担任特教工作。

五、扩充特教巡回教学团，特种教育巡回教学团，颇合战时需要，特令饬各省视本省情形，划分若干巡教区，每区组织特教巡回教学团一团，在区内巡回教学。其团长由教育厅任命，兼特教视导员，对于区内各中山民校，地方小学及私塾均应予以辅导。并经颁发"特教巡回教学团战时工作纲要""特教巡回教学团战时中心工作"，规定尽先于接近战区或军事要点及交通要道巡回施教，注意民众自卫之组织与训练激发民众抗战情绪，报导重要抗战消息，宣讲防空防毒肃奸等常识，并协助各地政府、学校组织民众，训练壮丁，发动各种有关之社会活动。

六、规划沦陷区域特教工作　本部为欲积极推进沦陷区域特教工作起见，特制发"赣鄂皖豫闽等省沦陷区域特种教育暂行办法"，其主旨在继续把握特教原有之中心目标，秘密实施抗战教育，规定已在沦陷区域内各校以改变工作方式，仍留原地继续工作为原则，并奖励原籍在沦陷区之特教人员，秘密反籍工作，以期变敌人之后方为前线，完成特种教育之当前使命。

七、改进考核及指导办法　为考核各省特种教育实施情形起见，除审核各省特教股每三个月呈报之工作报告外，并用通讯方式，直接调查各省中山民校施教概况；又为增强特教行政与地方政府联系，县政府应切实督导所在地中山民校，其有旷误职务或办理不善者，得呈请教育厅予以惩处，县教育视导人员亦应兼负视导中山民校之责，各省并举行特教工作讨论会，省视导员就工作性质或交通上之便利，分区召集特教工作人员开会，检讨"抗战期间特种教育所应特重之事项，实施时困难各点及有效的实际办法"，并于开会期间，采取军事管理，予各会员以短期训练，分别举行专题讲演及实习，暨精神训练等，以资进修。其接近战区地带，由各省特种教育股派指导员一、二人，长期驻留区内，就近督导。

八、召开七省特教工作会议　本部为宣示抗战期间特种教育今后工作方针，并听取各省特教工作人员对于实施特教意见，共筹推进方案起见，经于二十七年十月十五、十六、十七三日，在汉口召开赣鄂皖豫闽湘陕七省特种教育工作会议，由各省特教股股长及特教视导员出席参加，通过抗战期中实施特教各项重要议案共二十二件，由部核定后已分别办理。会期间并蒙委员长召见各代表，殷殷垂询，备极关怀，对于今后特教施行方针，尤多指示。各代表聆悉之余，益感兴奋。

九、订定特教工作计划　本部遵照委座面谕特教今后施教方针，审核过去办理情形，并依照实际需要，订定特种教育二十八年度行政计划暨特种教育二年工作计划，以为此后积极推进特教之准则，并期于最近一、二年间，力谋各省特教事业甚大之扩展。

十、筹措特教补助经费　二十七年度三年特教经费，虽经国库及中英庚款会各拨十万元，以维持原办事业，但事属权宜，叠经分呈行政院暨委员长准予列入国家预算，并饬中英庚款会仍照原额拨助。兹奉院令，准由国库拨发二十万元，列入二十八年度国家预算，其余二十万元，除照上年度成案应由中英庚款董事会担任十万元外，再令拨补十万元，以足四十万元之数。惟以扩充沦陷区域及陕北特教事业，必须增添经费，现正遵照院令造具支配概算，呈请另再增拨二十万元，以利实施。

十一、编印特种教育丛刊 各省特教工作人员对于抗战建国之国策，应有彻底之认识，对于抗战常识及技能亦应有充分之了解与熟练。战时交通多阻，不克集中施以训练，爰由本部编刊《特教丛刊》以作特教工作人员进修实施之张本。此项丛刊分"自卫辅导"、"生产辅导"及"沦陷区域工作指导"三大类，现已详细规定编辑须知暨各类书目，分头征稿。其内容以提供参考资料及实际办法为主，藉使特教工作人员于工作时有所依据，兼可作为民众及学生之课外读物。

十二、规定特教施教研究问题 特种教育委员会为谋特教事业之改进及策励工作人员之研究精神起见，特订定赣鄂皖豫闽湘陕等省特种教育施教问题研究办法，规定研究之时间，以每三个月为一期，各省教厅特教股应将各工作人员研究结果整理后，按期汇送本会，以为各工作人员考绩之一，并择其研究成绩优良者分发其他省份特教工作人员参考，以资观摩。并经详订第一期研究问题，分为政治训练、自卫训练、生产训练、妇女训练、一般教育与教法及其他问题等类，共计研究问题五十个，分别附列研究要旨，一并颁发各省遵照研究，共策特种教育切实之改进。

（三）江西省特种教育工作概况

江西省特种教育于此一年半内仍本上年度以少数人力财力作多数事业之精神，力求特教事业之进展。除继续办理已办事业外，其中工作之特点，可得而言者约有下列数端。

一、关于行政工作方面——除继续建立地方教育基础之措施外，尤注意加紧国难教育之计划与实施，以期于行政上实践教育救国之使命。

二、关于中山民校方面——除注重各校成人妇女各班学额之充实外，尤注意非常时期特种教育之实施，以为全民抗战之准备。

三、关于巡回教学团方面——于二十六年度开始时，即补充工作人员及教学用具，其工作区域，由侧重偏僻县份之乡村，改为易受外力侵害之城乡；其工作中心，侧重于民众自卫训练。

四、关于实验区方面——可分为二期：第一期仍在南丰白舍办理，以期继续管教养卫连锁制之实验，嗣以地方情形，特殊工作大半注重整理方面；第二期改在吉安、固江办理，从事新事业之创设，而以国防化农村之试验为中心。至二十七年七月奉部令结束，惟中山民校农场保健所仍分别保留。

兹即依据上列行政工作，中山民众学校、巡回教学团、实验区等四方面，将抗战以来工作经过情形，择其重要者，分述如次：

（甲）行政工作

一、关于一般行政方面：

1. 调整各县中山民众学校——遵照部令依据预订计划、参酌各方面之调查报告，并斟酌实际情形，将江西省各县中山民校之增设、裁并及设校地址等分别予以调整，计停办者八校，移设者六校，新增者二校，变更等第者二校，调整总数为二百零五校，开办一百九十九校。

2. 调整各校额外增设教师——前奉部令以中法教育基金委员会补助特教经费所分配江西者之六千元，全数指作增设中山民校教师之用，当于二十五年度增设额外教师四十名，二十六年度始复经严密之考查，就各校需要情形予以调整，计继续增设者修水第一等三十三校，取消者万载第三等七校，新设者修水第二等七校，总额仍为四十名。

3. 督促各县筹措中山民校十分之三补助费——中山民校经费，依照规定，中央经费每年减少十分之一，由地方每年增筹一成，以资弥补。二十六年度为本省办理特种教育之第四年，各县中山民校经费由江西省教育厅发放者，应为十分之七，由各县地方筹措弥补者应为十分之三，当即督促各县将该项补充费列入二十六年地方预算，按月动支。惟自抗战以后，各县以供应兵差、办理兵役等项，需费浩大，对于各项地方自筹经费颇感困难。

4. 编送工作总报告及各项经费预计算——江西省特种教育办理情况，除随时报部核备外，并依照规定，于二十六年及二十七年九月间分别编造二十五年度暨二十六年度经费概算，呈部核销，并编列二十七年度经费概算，造报二十七年度各项计划书，分呈核销。

二、关于订定章则办法方面

1. 订颁"江西省特种教育二十六年度工作方针及计划"及"各县中山民众学校工作事项标准表"——二十六年度开始，江西省教育厅体察本省实际需要情形，并鉴于上年度办理之应行改革多点，特订颁"江西省特种教育二十六年工作方针及计划"及"各县中山民众学校工作事项标准表"，以为江西省特教行政办理之方针及各校特教进行之依据，并呈报教部备案。

2. 订颁"江西省非常时期特种教育实施办法"——遵照部令指示，特种教育在此全面抗战期间，应即为"抗战的教育"，特订颁"江西省非常时期特种教育实施办法"，并报部备案。此项办法，对于工作实施方面，如宣传指导自卫、指导生产、运输财物、改进教学等，分别拟订纲领，俾各校得所依据，而能切实遵照推行，以收江西省特种教育对于抗战工作方面之效果。

3. 部颁"江西省各县中山学校抗敌宣传工作纲要"——抗敌战争日烈，江西省教育界奉令积极进行后方抗敌宣传工作，以期达到全民动员之目的，教育厅特种教育股特订定"江西省各县中山民众学校抗敌宣传工作纲要"，对于各项宣传工作之推行，均有详尽之指示，由教育厅令颁各县中山民众学校遵照进行，收效颇宏。

4．订颁各县中山民众学校抗敌后援教育工作各项办法——江西省教育厅特种教育股为谋各县中山民众学校推行抗敌后援及抗战教育工作求具体之实现起见，特通告各校积极进行：一、加紧兵役宣传，二、劝募救国公债，三、发展战时合作事业，四、促进增加战时生产，五、征集废铜烂铁，六、注意救亡歌咏，七、多方举行抗战宣传等项工作，并颁发各该项工作之实施办法，以资遵行。

5．会同农村合作委员会修订合作事业进行办法——前江西省特种教育处与江西省农村合作委员会所订定之协进农村合作办法大纲，已失时效，用特会同农村合作委员会重加修订，颁布施行，以谋农村合作农育之推行尽利。

6．订定二十七年度特教实施方案暨实施办法——前奉部颁赣鄂皖豫闽等省特种教育二十七年七月至十二月工作计划，即遵照并拟具方案办法呈核。当以此项工作计划，至关重要，特于二十七年七月间举行特种教育工作人员暑期训练团时，详予提示，并以江西地方情形为背景，慎重研讨各项具体办法，俾臻完善。嗣于九月间遵照前项奉颁工作计划及研讨结果，订定"江西省特种教育二十七年度实施方案"及"战区特种教育实施办法"，先后呈部核备施行。

三、关于视导考核方面

1．办理二十五年度工作总考成——江西省教育厅于二十五年度终了时，依据一年来之视导报告，各县县政府及特教通讯员报告，审核各校呈送工作报告及经费造报手续之结果，以及第二届特教工作人员短期修养会之考询成绩等分别考核评定等第，并分别予以奖惩，以资鼓励而策改进。计撤职者万载第五民校邢恢先等九校校长，降级减薪者武宁第一幸福等十二校校长，记过者万载第四宋继齐等七校校长，申诫者武宁第四陈泰星等二十二校校长，警告者奉新第一余敬敏等二校校长，升级加薪者铜鼓第二帅鸣恢等十六校校长，记功者宜丰第四熊国桢等二校校长，嘉奖者铜鼓第四锺锐光等二十校校长。

2. 特教视导员辅导区 指导员出发视察——二十六年度江西省特种教育，就交通情形及行政区域之便利，划分四个视导区，二十个辅导区，每视导区设视导员一人，每辅导区设指导员兼示范中山民校校长一人，负视察辅导各该区中山民众学校工作之责。二十七年度视导区仍分为四，而辅导区则以赣北各县情形特殊，改分为十六区。特教视导员已分区出发视导二次，各辅导区指导员分期出发，视导四次。

3. 特别派员视察赣北各县中山民校——赣北德安、瑞昌、九江、星子等县原为江西省省防要地，教育厅特于二十六年九月间指派特教视导员前往视导，并就近指示民众对于江防应负之责任及各项动员民众办法。嗣瑞昌等县沦陷后，特选派具有军事知识之视导员一人前往指导留在沦陷区工作之人员各项工作。

4. 订定中山民众学校视导标准及用表——江西省教育厅为严密考核各县中山民众学校，在此非常时期之工作情形起见，务使视导工作周全详实，用特订定"江西省各县中山民众学校设施考核标准"、"视导各中山民众学校注意要点"、"中山民众学校视导记载表"各一种，分发各级辅导人员及各县县政府遵照办理。

四、关于登记训练方面

1. 筹备办理特教工作补充人员登记——江西省教育厅因感特教工作人员之缺乏，而谋补充起见，曾于历年办理特教补充人员登记。二十七年六月间，以年度更始在即，各校工作人员需要予以调整，补充工作人员尤感需要，特订定登记考询办法，实行公开登记，并决定将登记录取人员参加特教工作人员暑期训练团，受训后考核其学识及能力之优劣，分别予以适当之工作。

2. 筹备办理特教工作人员暑期训练团——江西省历年办理之特教工作人员短期修养会，对于工作人员身心之修养、教育技能之增进收效颇宏，惟历届均系分区举行，各项设施未能办理臻于至善。依照二十六年预定计划，召集全省中山民众学校校长集中南昌办理，并为适应抗战建国之需要起见，特重抗战之知识技能之训练，故定名为特种教育工作人员暑期训练团，其训练科目，亦力求适应战时特种教育需要。当即于二十七年六月间着手筹备，并呈准教部于七月十八日开始训练，规定训练期间为三周，至八月七日结束。除核给受训及格证明书外，并以受训成绩为二十七年度调整之重要参考。

五、关于编印研究方面

1. 修正特教课本颁发补充教材——特教课本有一部分已失时效，不能适用，爰即加以删改，另编各项抗战教材，以资补充。并制订各种课本补充教材纲要及中山民众学校抗战救国教材算术科补充教材各一种，内容以抗战为中心，分发各校采用。

2. 编印中山民校音乐教材、自卫科参考资料及笔算课本——江西省教育厅鉴于各县中山民众学校教材之缺乏，爰择其急需者编印江西省中山民众学校音乐教材（第一辑）、江西省中山民众学校自卫科参考资料（摘编国民军训须知）各一种，并翻印部编民众学校笔算课本，分发各校应用。

3. 编印抗战宣传资料——江西省教育厅为统一各县中山民众学校宣传资料起见，特编辑《抗战要义》一册，内容分：一、认识我们的敌人，二、我们的抗战国策，三、国际的同情，四、日本的弱点，五、我们最后胜利的把握，六、总动员要义等六大类，分期在江西地方教育出版专号发表。

4. 编印巡回教学团最近工作概况——江西省特种教育巡回教学团于二十五年六月间成立以来，出发本省各县工作成绩尚著。二十六年度伊始，因抗敌战事发生，该团工作以民众训练抗战宣传工作为中心,并依照出发易受外力侵害之城乡各地工作,颇收宏效。二十七年三月间,该团特编印特教巡回教学团最近工作概况一册,将该团工作情形公诸社会,以求批评而期更求改进。

(乙)中山民众学校

中山民众学校工作,本为社会式、学校式兼顾并重,但欲显明分析,实不可能。兹编所述,偏重于社会工作,仍综括于管、教、养、卫四大工作目标之下,分别表述。又因在此一年半各校办理战时工作,颇多足述之处,特增辟战时工作一项,以明实况。

一、关于管的方面

事项	办 法	已 达 程 度
组织毕业同学会	各校以各班毕业学生分别组织,协助本校工作。	1.儿童班毕业同学会一九七个; 2.成人班毕业同学会一四三个; 3.妇女毕业同学会五七个。
协助健全保甲组织	瑞金第一中山民校等一三八校,校长以区服务员名义,协助保甲推行政令,清查户口,严密保甲组织等工作。	复查户口三九八保,四千零二十甲。
办理社会调查及统计	全体中山民校以各校所在地施教区域为范围,举办各项社会调查与统计共十余种。	共计举行调查四〇八次,例如: 1.学龄儿童统计; 2.失学民众统计; 3.主要农业品统计; 4.农地荒地面积统计; 5.农民生计调查统计等。

续表

事项	办法	已达程度
修筑路桥堤圳	永丰第三中山民校等一〇六校，领导地方民众实行修路造桥，并疏浚河道。	计修筑村道一三四华里，造桥十六座，河堤二一座，修浚水圳六七条，水塘十一口。
训练紧急集合	遂水第一中山民校等七十校，为预防应付本村特殊紧急事件起见，特举行紧急集合训练，多于夜间进行。	计共举行九十一次，参加者三九四〇人。
协助调解事项	上高第二中山民校等六十四校，协助调解民众械斗，并和解民众纠纷。	调解械斗七次，和解纠纷共计五百十二件。

二、关于教的方面

事项	办法	已达程度
举行通俗演讲	各校利用闲暇时间或当地民众赛会期间，讲演关于改良生产农村卫生等。	共计举行四千九百十四次。
举行习字比赛	各校为引起学生注重写字起见，特举行习字比赛，优良者均酌给奖品。	共计举行四百十七次。

续表

事项	办法	已达程度
举行演说比赛	各校为使学生练习演说起见，特举行演说比赛，每次结果亦酌给奖品。	每校举行二次至三次不等，共计举行四百十四次。
举行作业成绩展览会	石城第一中山民校等一百四十四校，为鼓励学生努力学习及激发民众读书兴趣起见，特举行学生作业成绩展览会，展览学生作文、习字、劳作等科作品。	共计举行一百四十四次，参观民众共约二万八千余人
设置民众阅览室	安福第三中山民校等一〇三校设立民众阅览室，以供民众阅览书报。	共设立一百零三处，内藏图书共约二〇六〇〇本。
办理民众代笔问事	各校代替民众书写应用文件，解答问题（尤以征兵、公债、工役问题为最多）。	共计四万二千一百零五件。
辅导保学	玉山第二中山民校等一六七校，实行辅导附近保学。	1.视导保学六六八次， 2.被辅导者一一六九校， 3.创办保学三十一校。
举办敬老会	余干第三中山民校等九十校，为引起敬老尊贤风气起见，特举行敬老会。	共计举行九十次，参加人数为一三五〇人。

三、关于养的方面

事项	办　　法	已　达　程　度
造林	九江第一中山民校等一百五十校实行造林。	共计植油桐一八八六四株,松树七七二株,樟树八二一株,乌桕二一一二株,杂树一二四八株。
推行农家副业	黎川第二中山民校等四十校,指导农家发展副业,于校内示范养鱼、羊、蜂、猪等。	猪三十七头,羊二十六头,蜂二十七箱,放鱼塘二十九口。
介绍优良品种	宜春第五中山民校等四十六校,介绍农学院、宜春乡师实验区等之优良品种。	鄱阳稻种二十六石,棉种一石二斗五升,蔬菜子五斗三升。
指导防除病虫害	峡江第四中山民校等二十二校,指导农民防除小麦黑穗稻热病,杀除豆类卷叶虫病。	被指导农户共计四二七户。
协助组织合作社	吉安第五中山民校等一百四十二校,指导民众组织各种合作社。	区合作社联合会十二所,计利用合作社三十一所,运销合作社四十六所,信用合作社五十五所,供给合作社十七所。
举办农业生产品比赛	南丰县第一中山民校等六十校,为增进农民生产兴趣及比赛生产品良窳,以鼓励农民对生产品之改良起见,特举行农业生产品比赛。	共计举办甘蔗比赛二十九次,参加农户九百二十八户,举行西瓜竞赛四十八次,参加农户一千五百三十六户。

续表

事项	办　　法	已　达　程　度
成立乡土生产品陈列所	宁冈第一中山民校等八十二校，设立乡土生产品陈列所，陈列之品有谷、麦、粟、爆竹、棉麻、茶叶、纸张、药材、百合粉、花生、芝麻、瓷土、薄荷等数十种。	共计成立八十二所。
举行耕牛比赛	峡江第二中山民校等三十九校，利用农闲举行之，并酌给奖品。	共计举行比赛二十九次，参加比赛农户一千二百户，参加比赛之牛一百八十头。

四、关于卫的方面

事项	办　　法	已　达　程　度
协助社会军训	萍乡第二中山民校等一七七校，协助区署或联保办理社会军训。各校校长担任政治教官或军事教员	共计办理二十五期，训练壮丁一六一六五人。
办理简易治疗	各示范中山民校备有急救药箱，为民众办理简易治疗。	共计治疗各病三四六三人。

续表

事项	办法	已达程度
推行防疫运动及布种牛痘	德兴第三中山民校等一一七校,与县卫生院协进农村卫生指导,并介绍学生及民众注射防疫针,各校自备痘苗为学生及民众接种牛痘。	注射防疫针二次,计七六八〇人,引种牛痘二次,计三〇四二四人。
推行卫生运动	广昌第三中山民校等九十二校,分别提倡推行。	1.夏令卫生运动九十二次; 2.扑蝇运动一百三十五次; 3.清洁大扫除三百一七次; 4.改良厕所四十一所。
举行运动会	宁都第一中山民校等三十七校,举行学校运动会及民众运动会。	计学校运动会三十二次,参加的学生二八八〇人,民众运动会五次,参加民众二六五人。

五、关于战时工作方面

事项	办法	已达程度
举行抗敌宣传	1.全体中山民校组织宣传队; 2.举行口头宣传; 3.举行化装宣传; 4.编贴抗战壁报; 5.绘制壁画及抗战标语。	1.宣传队二〇三队,宣传员一七六二人; 2.口头宣传二三八八次; 3.化装宣传七九六次; 4.编贴壁报一九〇四一期; 5.壁画及标语共一一九七件。

续表

事项	办　　法	已　达　程　度
协助征兵募兵	万年第一中山民校等一二五校,协助区署保联或保办理征兵。 1.举行欢送壮丁出征大会； 2.慰问出征军人家属； 3.代写书信； 4.协募志愿兵。	1.举行欢送会一八六次； 2.慰问家属三五六次； 3.代写家书九〇二次； 4.协募志愿兵八十人。
协办义勇壮丁队	万载第四中山民校协助保甲办理,分警卫、侦察二组。	计一一五队,警卫组一一三组,侦察组八一组,队员四千九百二十人。
组织少年队妇女队	泰和第三中山民校等三十八校,分别组织少年队及妇女队。	少年队三十八队,队员一五,二〇人,妇女队六队,队员一四四人。
防空防毒宣传与训练	铜鼓第二中山民校第五十七校为使民众明瞭防空防毒常识起见,特举行防空防毒宣传与训练。	共计举行宣传一五七次,训练十九次,参加者约三千八百余人。
扩充粮食耕地	永丰第一中山民校等九十五校,指导农民扩充耕地及自行开垦荒地,并种植稻麦甘薯等作物。	开垦荒地约一五二五亩,收稻四一〇石,收麦三三〇石,收甘薯六〇〇石。

续表

事项	办法	已达程度
办理粮食储蓄推行节约运动	会昌第一中山民校等一二七校,举行扩大积谷运动,指导合作社,办理农仓储押,联络区署保联,推行节约运动,又组织森林会,维护森林。	已组织森林会六十九个。
劝募救国公债	铅山第一中山民校等一八八校,独募救国公债,解送本厅汇转,协助区署或保联劝募,解送当地县政府汇转。	计独募公债四一一〇六元,协募公债七八〇六〇元。
征集破铜烂铁	全体中山民校征集破铜烂铁,解送当地县府或抗敌后援会、县党部等机关。	共征集五万九千七百二十五斤。
征集鞋床及铺板等	泰和第三中山民校等九十二校,征募布鞋、草鞋、竹床、铺板等解送当地抗敌后援会。	计共募到布鞋一二四八双,草鞋一八四七双,竹床一九三张,铺板六十三副。
协导农村工业	莲花第四中山民校等十二校,指导民众组织石灰厂及砖瓦窑。	计石灰厂八所,砖瓦窑六所。
组织妇女抗敌后援会	万载第二中山民校等七校,发动妇女抗敌后援工作,组织妇女抗敌后援会,办理慰劳募捐救济难民宣传等工作。	已组成抗敌后援会七个。

（丙）特教巡回教学团

二十六年度开始之际，适值抗战军兴，叠奉部令，规定："巡回教学团应采用多种教育方式，以易受外力侵害及偏僻乡村为工作区域，以实施民众训练为中心。"该团遂遵令以实施国难教育为中心工作，并改赴沿江沿铁路公路交通要道之城乡各地工作，以应非常时期之需要，而奠定全民抗战之始基。

该团工作时间，因抗战后情形特殊，不能达到原有之规定，其在各县施教时间之短，则视各地之需要而决定，除有特殊情形外。每县工作期限均在二周以上。

该团于二十六年度之始，原赴赣西南一带偏僻县区工作，未及二月，即奉令调赴赣东，并曾至赣北施教。于到达某县时选定三处至五处交通较便、人口较多之乡镇为工作地点，并逐日前往附近十里以内之村庄巡回教学。总计先后到达武功山特别区，莲花、玉山、上饶、贵溪、南昌市郊、横峰、弋阳、余江、东乡、彭泽、湖口、九江、星子、瑞昌等区市县，经过村镇二百余处。

该团设备除原有幻灯机、收音机、留声机、照相机、挂图标本、简单仪器、露天帐幕各种民众读物及实施民众教育参考书等外，并于此一年半内陆续添购各种有关抗战之通俗读物、杂志、挂图及自制抗战漫画多幅。至于工作之内容，仍分宣传、教学、展览、施医、访问、调查等项，並指导中山民校及地方学校。兹将工作经过，分项择要概述于后：

一 关于宣传事项

事项	办 法	已 达 程 度
通俗讲演	1.讲演时分赠各种标语、唱本、画片等宣传品； 2.题材以"与抗战有关之各种问题"为主； 3.与别类工作相辅进行。	1.巡回讲演乡村一百二十九处； 2.演讲四百十六次； 3.听众四万九千二百余。

续表

事项	办　　法	已　达　程　度
时事报告	1.利用收音机报告，予以解释； 2.摘录报章重要消息择要，于集会时报告。	报告八十七次，听众一万二千三百余人。
演唱鼓词	1.利用茶馆酒坊为演唱场所； 2.以能激发爱国情绪之故事或新闻为演唱材料； 3.翻印各种唱本，随时分送。	演唱十九次，听众二千四百人。
化装表演	1.表演各种抗战话剧； 2.配以相声、双簧、音乐、歌咏、国术等节目； 3.翻印各种唱本，随时分送。	表演十八次，观众约二万余人。
绘制壁画标语	1.根据中央颁布之"抗敌标语汇编"，在各大村镇选择平滑之壁面绘制； 2.印刷小张标语，沿途张贴或散发民众； 3.绘制各种含有抗战意识之大幅图画。	1.绘制墙面大标语二百三十六处； 2.印制小张标语五千张； 3.绘制壁画七十五处； 4.布缮防空防毒须知三大幅。

续表

事项	办　法	已　达　程　度
缮贴壁报式印发简报	1.到达工作地点,每日发行一期; 2.随工作地点范围大小,每期缮写二份; 3.内容分新闻、小言论、抗战漫画、诗歌及故事五种; 4.除报导消息外,并尽量登载有关提高人民政治认识之简短文章; 5.如在较大城镇,即将中央广播之全部纪录新闻、油印散发,以为宣传资料。	1.发行一百七十六期,三百二十二份; 2.每期观众约百余人; 3.印发抗敌情报八期,计一千七百张。

二　关于展览事项

事项	办　法	已　达　程　度
展览图表书籍及各种表册	1.大城镇展览全部书籍图表; 2.各乡村展览与抗战有关之一部份图画; 3.展览时导引民众参观,随时详细解释; 4.时间最多不出三日; 5.印刷防空防毒须知,分赠观众。	展览一百卅八次,观众三万三千人。

三、关于教学事项

事项	办　　法	已　达　程　度
放映幻灯	1.放映之先，举行简单开会仪式，领导民众唱国歌及诵读总理遗嘱； 2.放映时，逐片向观众解释，使能完全深切了解； 3.利用休息时间，作简短演说，报告时事及开唱留声机片。	放映四十次，观众共约二万一千人。
推广抗战歌曲	1.每至一工作地，召集青年男女及儿童，教学歌咏； 2.所教歌曲，均以意义深刻而易于学习者为原则， 3.采取民间优良歌曲，充实推广内容。	1.参加学习者四千余人， 2.印赠歌曲六十份； 3.自编民歌三种； 4.组成歌咏队三队，队员六十余人。
教学注音符号	1.以各工作地之小学学生为施教对象，分赠国语、国音教学材料、注音符号传习单等， 2.组织国音推行会，联络当地小学教师踊跃参加	1.组织国音推行会一个，会员千余人， 2.参加学习儿童一千九百余人。

续表

事项	办　法	已　达　程　度
组织读书会	1. 以未设立学校地方，青年儿童为主要对象 2. 教学简易文字及歌曲 3. 聘请当地学校教师协助指导 4. 通讯联络指导，赠阅简易读物	组织读书会五个，会员一百卅余人。

四、关于医药事项

事项	办　法	已　达　程　度
简单治疗	1. 在中心工作及附近村庄举行免费送诊； 2. 在施送医药治疗时，对病众实施秩序训练及讲述卫生常识。	1. 巡回治疗村庄一百六十处； 2. 就医病众四千四百余人； 3. 卫生讲演九十六次； 4. 听众约四千人。

五　关于访问事项

事项	办　法	已　达　程　度
家庭访问	1. 以访问农家为主， 2. 探询民间疾苦，解除疑难， 3. 藉访问机会，宣布暴日兽行，以增强抗战雪耻之决心。	计共访问七百六十四家。

续表

事项	办法	已达程度
田间访问	1.抽暇至田间与农民闲谈； 2.观察及探询农民抗战心理及见解； 3.灌输简易之科学生产方法。	计个别谈话者三百余人。

六、关于调查事项

事项	办法	已达程度
社会概况调查	1.每至一工作地点，即调查一次； 2.调查范围，以规定之大纲为原则； 3.特别注意地方施政情形，生产事业，抗敌后援工作等。	计共调查四十余次。
教育概况调查	1.以各中心地为调查范围； 2.调查事项偏重于学龄儿童、经费、教材与师资； 3.将改进意见，函商当地教育机关办理，或报告教育厅核办。	先后共调查十余次。

七 关于其他事项

事项	办　　法	已 达 程 度
辅导中山民校	1.辅导各校行政教导及社会活动进行事项； 2.召集该校辅导委员会委员谈话； 3.根据实施概况，提出改进意见，请该校校长及教育厅核夺。	共辅导中山民校三十余所。
辅导保学私塾	1.解释教育法令； 2.指导教学方法； 3.劝勉当地保甲长尽力协助校务进行； 4.遇便时，并作示范教学。	共辅导保学私塾六十九校。
举行各种纪念会	1.会同各机关学校共同举行； 2.编印纪念事略，散发民众； 3.缮写标语张贴通衢及集合场所； 4.夜晚遇便举行化装宣传或放映幻灯。	共举行十九次，参加民众一万九千余人。
捐款慰劳伤兵	1.募捐购买食品； 2.派员送往当地后方医院； 3.分赠各受伤同志，并加慰问	曾在玉山县举行一次，募得法币五元。

续表

事项	办　法	已　达　程　度
举行座谈会	1.在各地召集教职员参加； 2.以战时教育问题为座谈材料； 3.对于最近国内外时事，并加以详尽分析，使能深切了解。	先后举行八次，参加座谈的有二百十余人。

（丁）特教实验区

该区组织二十六年度仍照旧分为一、二、三、四四组，各组设主任干事一人，分别主持管教养卫四项工作，而以总干事总其成。

该区区址，在二十六年度上半年仍设于南丰第五区白合圩，于二十六年十二月下旬，奉令迁设吉安固江，故该区二十六年度工作可分为两个时期，在南丰时期之工作，大半注重于整理方面；在吉安时期之工作，则偏重于新事业之创设，嗣又遵令饬该区于二十七年七月三十一日以前完全结束，除总干事及主任干事分别调派工作外，所有原报各中山民校仍继续办理。兹将该区工作经过分项列表如下：

一　关于管的方面

事项	办　　法	已　达　程　度
协助保甲健全保甲组织	协助保甲长举行： 1.户口清查； 2.临时调查； 3.指导保甲长办理行政事务。	健全保甲组织，增加抗战期中后方民众组织力量。

续表

事项	办　法	已　达　程　度
组织新生活促进会	1.由该组织发起，邀请地方机关团体领袖组织之； 2.公推七人为干事； 3.以清洁运动为主要工作； 4.由干事按期施行总检查。	由劳动服务团团员组织六大队，分段按期打扫街道，地方清洁状况确有不少进步。
督促所辖中山民校组织战时各种社团	1.组织儿童团、青年团及妇女会； 2.儿童团团员均受战时常识的训练与生产训练，下乡宣传，参加歌咏演剧、农事实习及学习饲养家畜等； 3.青年团团员每逢星期日上午施以训练，下午出发宣传，或于晚上公演戏剧，训练科目有时事报告、政治讨论、战时常识、演讲术、侦察术与歌咏等； 4.妇女会并不时随同青年团团员下乡宣传。	所辖中山民校四所，共有儿童团团员一九三人，青年团团员一五七人，妇女会会员六八人。青年团团员除轮流赴各校公演一次外，在固江并大规模公演两次。

二 关于教的方面

事项	办　　法	已　达　程　度
整饬所辖中山民众学校	1.指导协助结前中山民校迁设石浒； 2.督令鹕里塘中山民校改聘教师； 3.停顿河东中山民校； 4.改委白舍中山民校校长。	以上各校或因地址不宜或因人事不当，经分别予以整理后，除日常教学工作外，对于社会活动工作方面，均由该区各组主任干事协助各校先后推行。
筹设中山民众学校	该区奉令迁移吉安、固江、□理后，仍设立中山民校四所。	现有儿童班一八〇人，成人班学生一五三人，妇女班学生五三人，职业补习班学生三七人，共四二三人。
举行抗敌宣传	1.设立民众书报阅览室； 2.按期缮贴壁报； 3.以青年团团员为主体，每周一次，分组下乡举行巡回讲演； 4.组织流动剧社； 5.举行抗敌演说比赛； 6.绘制大幅壁画标语。	1.流动剧社曾赴社上、澧回、梅塘三校各公演三次，在固江中山民校试演二次，在固江露天公演三次； 2.每次室内公演观众均在三百人以上，露天公演每次约在五千人以上； 3.演说比赛二次，参加讲演者三十人； 4.绘制壁画标语二十多处。

续表

事项	办法	已达程度
编辑补充教材之实验	1.编辑国语科、自卫科及劳作科教材三种； 2.劳作科内容专重增加战时农业生产教材。	1.国语科共二十课，自卫科共二十二课，均已完成，正在试用中； 2.劳作科共三十四课，尚在编辑中。

三、关于养的方面

事项	办法	已达程度
整理农林场	该区南丰农林场设立三年，稍具规模，管理方面，再予整理。	尚著成效。
提倡冬耕小麦	1.由该区向农学院购置改良小麦一石，又在本地添购土种一石； 2.用借予方式散给农民。	该地农民因受该区之劝导，而播种山麦者面积千亩以上。
充实民生合作社	该区借垫资本，添购售缺货品。	该区因交通不便，办理以来，颇能适应地需要。
创设并经营实验农场	1.该区迁移吉安后，创设农场一所； 2.因农场面积较小，同时举办"特约农田"。	

续表

事项	办　　法	已　达　程　度
繁殖改良稻种	1.由该区农场自行繁殖改良稻种； 2.委托农家代为繁殖秧苗，由该区供给。	1.自行繁殖"鄱阳早稻"约三亩； 2.委托农家繁殖，共十家，约三十亩； 3.比本地种早三星期收获。
提倡家庭工艺	派员调查本地固有之家庭工业，并设计加以改良推广。	
提倡农业合作社	1.举办商业补习班一班，加授农业合作课程； 2.对成人班学员作合作讲演； 3.指导学生组织消费合作社。	已组成固江消费合作社一所。

四、关于卫的方面

事项	办　　法	已　达　程　度
办理保健所门诊	免费为民众治疗疾病	诊疗病民计初诊九五九人，复诊一九五七人
举行巡回诊疗	携带药品赴各校及区内各地巡回治疗	巡回诊疗四十余次，计诊疗民众七二七人，学生七〇〇人，共一四二七人。

续表

事项	办法	已达程度
种痘与注射防疫针	接种牛痘作并霍乱、伤寒等预防注射；	种痘者共一二四九人，预防注射者共七一六人。
恢复各校保健箱	1.整理该区所辖各中山民校原有保健箱； 2.配备应用药品； 3.指导各校校长使用药品方法	
检查健康及矫治缺点	由该区保健所医师分赴各校举行健康检查，并矫治学生缺点。	每校各举行二次
举行卫生讲演	每逢废历二五八集日，在街头作卫生讲演	每次听众三四十人
举行公共卫生运动	1.井水消毒； 2.公共厕所之整理； 3.按期焚毁垃圾； 4.清洁街道沟渠； 5.劝导食品商店及摊贩注意卫生； 6.指导改良家庭卫生环境	分别举行多次

戊　游击战区工作

江西省对于邻近战区及不幸沦陷于敌军地方之特教工作事项，早经规定于"江西省战区特种教育实施办法"及"江西省特种教育二十七年度实施方案"。嗣奉部颁赣鄂皖豫闽等省沦陷区域特种教育暂行工作办法，遵即转饬所属各中山民校遵照办理，并根据前项奉颁办法之规定，参酌江西省实际情形，订定"江西省游击战区县份特种教育暂行实施办法"及"江西省游击战区特种教育工作人员登记训练暂行办法"，以作各特教工作人员从事沦陷区域工作之依据。

现江西省彭泽、湖口、都昌、星子、九江、瑞昌、德安等赣北各县或邻近战区，或已不幸沦陷，邻近战区各县中山民校教职员，或遵照规定仍在原校单独活动，或联合组为特教战地工作队，遵照规定特教实施办法，与特教巡回教学团公同出发战地、推行特教工作。至已沦陷各县特教工作人员，亦能本其艰难奋斗之精神，留在原地秘密施行抗战教育，或加入当地地方游击队担任政训工作。另选派具有军事知识之视导人员一人留在区内，担任联络与指导工作。

（四）湖北省特种教育工作概况

湖北省特种教育原经规定管、教、养、卫各方面之工作目标及活动范围，施行以来，成效不无可观。自神圣英勇之抗战开始后，特教之一切设施不得不随社会之反应，抗战之要求提高工作水平，而增进其特殊效能。兹将抗战以来工作经过，翔实报告，以资检讨，所痛惜者，二十六年十二月二十五日午夜，湖北省保安处失慎延烧教育厅办公室，所有特教工作报告，一切章则暨统计表册、图书等项，概付一炬。现在仅能将各方残余材料广为搜集，就记忆所及，分项报告如下，简漏缺略，实为事实上难于补救之缺憾！

（甲）行政工作

一、关于一般行政方面

1. 调整中山民校设立地点——湖北省教育厅为发挥特教效能起见,特斟酌各地需要情形,将设校地点通盘筹划,重加调整,以(一)贫瘠县份原有民校继续办理,(二)沿江、沿铁路、沿公路、沿要塞等易受外力侵略之地方,尽先移设添设,(三)用以发动民众组织,可为组织游击队之根据地,设法增设移设等三项为调整原则。如沿江沿要塞之圻春、黄岗、浠水、黄梅、广济等县,共增设中山民校八所。沿公路之罗田增设二所,其余沿铁路之黄波、□□之崇阳、蒲圻,沿公路而贫瘠之礼山、黄安、英山、阳新、通山、麻城,沿江河之汉川、天门、沔阳、监利、潜江、鄂城、大冶等县,皆为容易发挥游击队效率与易受外力侵入之处,均继续办理中山民校,并充实其内容,以期增加抗战力量。

2. 充实中山民校设备——鄂省各县中山民校办理既久,各项设备不无损旧,教厅曾饬由各特教视导员分途先行调查登记,随时购发,一面由厅按各校事业之需要,统购发给应用。其新设各校,计共购发油印机六十架,"日用药库"九十七箱,留声机、教育车多架,标本、挂图及参考书、战时民众读物、抗战歌曲多种。

3. 改进中山民校教学——特教为新兴事业,一切教法,既少章则可循,同时项目繁多,对象复杂。凡事业之推进,学生个性之适应,教材之支配,教法之研究,俱非有良善经验、丰富知识不可,鄂教厅有鉴及此,一面设立特教实验区,从事研讨,各种问题提供其结果,于中山民校参考,择优施行,一面饬由特教视导员于视导时每次留校二、三日,详加指导与示范,以图改进,同时各中山民校校长教员有对教学经验丰富、研究有心得者,亦可由厅查明,分令各民校采行。实施以来,各校或能收借镜观摩之效。

4. 办理各县应筹中山民校补助费——前奉部令备设中山民

校县府,自二十五年度起依照各中山民校经费标准,第一年应筹十分之一,二十六年度为第二年,各设校县政府应筹中山民校经费十分之二,经教厅列表呈省府转饬各设校县政府列入地方预算。

二、关于订定章则办法方面

1.订定中心工作标准及纲要——抗战军兴,鄂教厅曾就抗战要求、社会动向、所定中山民众学校工作标准,令饬各县中山民众学校遵办,逐步推行,其中以"提倡劳动服务"、"励行新生活运动"、"组织合作事业"、"训练壮丁"为管、教、养、卫四者之中心工作。此外复制定湖北省特种教育非常时期纲要,对于管、教、养、卫四项工作分别列举应行办理事项,通饬各县中山民校遵照推行,成绩颇佳。

2.订定工作人员进修办法——各中山民校教员深入农村,关于世界潮流之动荡及国内政治经济之动势,因交通隔阂,颇少接触,精神与思想常不能得充分之进修,为补此项缺陷起见,特订定中山民校工作人员进修办法五项:(一)购置现代最新出版之刊物,准由各工作人员借阅,并规定一学年中每人必须阅读三种以上之读物,且须有简要之札记呈核;(二)出版特教专刊,介绍新思想与新理论;(三)举行第三次特教工作人员修养会;(四)联络各县及区署举办讲习会;(五)办理中山民校连环通讯,发挥实际效能,以期使工作人员能继续进修。

3.改订湖北省特种教育机关领款办法——关于特教机关领款办法,前特教处订有湖北省收复区中山民校领款办法,于二十四年三月公布施行。追后增设巡回教学团及实验区办学处,原办法即多不适用,爰另订湖北省教育厅特种教育机关领款办法,通令遵行。

3、关于视导考核方面

1.考核中山民校工作——鄂省教育厅为促进特教效率起

见，根据各视察员及各县督学视察报告，参照本省民众学校校长教员奖惩办法，厉行奖惩，以定升降，而资劝戒，计各中山民校校长教员中记功者十三人，奖金者一人，提升校长者一人，传令嘉奖者七人，惩戒方面计免职者四人，停职者三人，记过者四人，罚薪者七人，撤职者十二人。

2. 厉行分区视导——教育厅为考察各中山民校办理成绩起见，特试行分区视导制，施行以来，颇著成效。二十六年度所设中山民校共计二十三县及一实验区，共划分为三区，每区派一视导员巡回视导，以便责有专司，考核详尽。

3. 规定视察日期——各中山民校办理情形，有具形式而内容不佳、有内容甚佳而形式不备者，自非有较长时间之考察，难获真象，经规定视导员每至一校，至少应停留二三日视导，每次出发时间定期为三个月，俾便从容考核，而资惩饬。

四、关于训练方面

(1) 办理师资训练——湖北省以收复区辽阔，应有增设学校、实施感化之必要，且原有工作人员，复时有缺额，亦亟待继续筹办师资训练，以应需要，爰于二十六年三月拟具第四届师资训练班招生办法及临时支付预算书，呈奉核准后四月间开始报名，计共录取学生三十名，五月十八日开始上课，经三个月之严格训练及军事管理，于八月九日举行毕业，当即参酌各学员毕业成绩、年龄、籍贯暨各县特教实际需要情形，计前后分发圻春、黄梅、广济、罗田、麻城、天门、崇阳、浠水九县及葛店特教实验区充任各民校教育及巡回教学团组员等职。

(2) 举行考询师资——查各中山民校教员间有因工作不力，辄被裁汰者，为补充此项缺额、供应实际需要起见，曾根据部颁中山民众学校规程之规定，遇有缺额随时举办考询，自二十六年度起，计共改询合格人员二十三名，均已先后分发各县中山民校试用。

(3)协助地方训练保甲——湖北省教育厅鉴于各中山民校校长教员因职权有限,对于训练保甲难有实效,爰呈请省府加委各校长教员为当地区署服务人员,名义对事则非越俎代庖,律己实责无旁贷,故能切实协助地方区署,实施保甲训练,教育厅并随时考查其训练保甲成绩,以为奖惩而定升降。

五、关于编印研究方面

(1)处理特教工作困难问题——凡特教工作人员对于特教理论上实施上遇有困难问题发生,得随时提向教育厅特教股咨询,该股于收到每一问题时,即加以精密分析与研讨。所得之理解,一面个别指示,一面公布于特教通讯,以资推行而收指臂之效。

(2)改进特教通讯内容——特教通讯为沟通教育厅与各特教工作人员间之消息及介绍时代精神与思想之唯一工具,故该项工作颇为重要,二十六年度起特将其内容加以改进:(一)特约特教各机关定期通讯,藉以获得各地消息,促进一般工作人员之联系研究;(二)增辟特教工作人员读书报告一栏,专载各员平时阅读心得之笔记,以资充实。

(3)改编课本及编印补充读物——湖北省中山民校儿童及妇女成人各班,以前系用本省及江西前特种教育处所编课本,近因教材内容不合时代环境,均有改编必要。经交由教育厅特教各编辑人员根据环境与事实,重新改编印发,内容系以关于抗战之一切资料为骨干,藉以激发民众救国思想及抗战情绪。此次并选定战时读物、自卫常识及民众训练各项补充教材,亦由厅特教编辑人员分别搜集编印,分发各校应用。

(乙)中山民众学校

二十六年度起各县中山民众学校依照教育厅所颁工作标准,分别以"提倡劳动服务""励行新生活运动""组织合作事业""训练壮丁"为管、教、养、卫四者之中心工作。推行以来,收效甚大,各县壮丁受中山民校训练者计有七千九百二十四人,已组织合作社者计有四百四十九所；又各校为使学生参加后方工作起见，曾依照湖北省各级学校战时服务团规则，组设战时服务团计有分团九十七，团员八千一百五十九人。至协同地方区署、联保处及驻军举行清洁宣传周、清洁检查等亦为各中山民校励行新生活之活动。兹将各中山民校所办重要事项，分管、教、养、卫四项，表列于次：

一、关于管的方面

事项	办　　　法	已　达　程　度
协助区署及保甲清除匪奸	1.协助各保抽查户口，以防奸宄； 2.协助区署，训练保甲。	计办保甲训练班一百九十五处，受训保甲长计五一九〇人。
处置游民乞丐	1.指导生产方法； 2.介绍职业； 3.鼓励当兵。	被处置者有千余人。
慰劳伤兵	由各中山民校服务团组织慰劳队，前往伤兵医院慰劳。	颇得伤兵欢迎。
唤起民众，服务政府，拥护领袖	由服务团宣传队深入各村镇，公开讲演，并以漫画、歌咏、壁报等方式从事宣传。	民众甚为兴感。
提倡服役	1.会同当地区署，宣传服役意义； 2.协助地方政府，实行修桥补路工作。	各中山民校附近交通水利状况，俱渐有改善。

续表

事项	办法	已达程度
提倡勤劳	1.宣传耐劳刻苦之意义与快乐； 2.由服务团学生组织劳动队，打扫街坊，为伤兵难民洗衣换药，代写家信，节衣缩食，资赠困苦同胞。	风声所到，不但伤兵难民甚为感激，对社会群众亦感受教育。

二、关于教的方面

事项	办法	已达程度
校内教学	由校长教员共同在各校固定举办儿童班、妇女班、成人班。	计儿童班学生二三一三人，妇女班学生四二九四人，成人班学生二八四五人，共九四五二人。
通俗讲演	1.每逢星期日、纪念日及课暇时举行之； 2.防空防毒等常识之宣传； 3.讲演抗战建国之意义及国民应努力之点； 4.生产常识。	听众甚为踊跃，秩序甚好。

续表

事项	办 法	已 达 程 度
励行新生活运动	1.联络当地各机关团体举行宣传周,详解新生活运动的重要及作法; 2.联络当地军政机关举行"清洁"宣传周,并实行清洁大扫除; 3.各中山民校学生组织服务队,指挥交通拥挤处行人的秩序; 4.纠正行人不靠左边走之习惯。	各校附近街道整洁,民众亦渐知走路靠左,衣服整齐,礼貌周到。
识字运动	1.利用各社训分队教学,使民众识字; 2.由各民校学生行小先生制; 3.各中山民校于交叉路口设"益智牌"; 4.贴壁报漫画。	成效甚佳。

三、关于养的方面

事项	办　　法	已　达　程　度
提倡合作社	联络当地合作机关，第一步宣传合作社之利益及意义，第二步实行协助民众组织。	计已组织合作社共四四九所。
调剂地方金融物价	联络当地合作机关团体实行之。	商人对抬高物价有所顾虑。
粮食管理	1.宣传意义及方法； 2.协助政府实行； 3.指示民众储藏粮食，并宣传节约粮食意义； 4.协助民众组织节约会。	1.各地积谷不致浪费； 2.加强粮食管理，减少粮荒； 3.民众渐知爱惜粮食意义。
提倡疏沟筑堤	协助地方政府，疏浚沟塘，修筑堤坝，尤以有关军事地方之工事，极力提供服务。	各地水利渐告成功。
提倡生产	1.宣传各种生产常识； 2.指导养蚕、猪、鸡、鸭、鱼、羊、牛等方法，并试验新法饲养。	

四、关于卫的方面

事项	办　　法	已 达 程 度
宣传征兵要义	1.举行兵役宣传周； 2.慰问被征家属，并加馈赠； 3.由中山民校率领学生歌咏队欢送壮丁入营。	壮丁皆能奋勇应征，以为光荣。
宣传防空防毒常识	1.举行通俗讲演； 2.协助政府举行防空演习。	民众颇知防空防毒常识。
宣传社会军训要义	1.联络地方政府，作扩大宣传； 2.分途派队至各社训分队部讲演； 3.利用社训壮丁集合机关训练。	各地渐能对社训有所了解。
提倡收集破铜烂铁	1.由各中山民校学生服务团至各地收集； 2.协助民众收集，以供政府军备。	现各校已收集破铜烂铁甚多，存候政府搬运。
实行自卫	1.协助政府调查民间武器； 2.宣传游击战术之方法与原理原则； 3.协助政府利用各县常备队作组织游击队之预备。	各县皆有作游击战之准备，异日善为利导，收效定宏。

续表

事项	办　法	已　达　程　度
施种牛痘，赠送药品	由教育厅特教股购置"日用药库"，分发各中山民校，由各校赠送民众医治疾病，如疥痢、昏晕、刀伤、目痛值能医治，并免费种痘。	免费种痘施药，深得民众信仰。

（丙）特教巡回教学团

湖北省特种教育巡回教学团成立以来，工作成绩不无表现，过去巡回教学团之工作人员数量不一，工作成绩自有参差，考核亦难平允，自二十六年度起，各组一律改设组长、组员各一人，以资划一。计分十组，分派鄂东区罗田、英山、圻春三县，鄂北区襄阳、枣阳二县为工作地点，各组长组员均能按期出发，前往指派地点，依照特教目标，努力服务，并将工作情形随时呈教育厅报核。至工作内容，则规定为宣传、展览、教学、调查、施药等五项。此外，并订定湖北省政府教育厅巡回教学团组织大纲、工作计划施教要点、工作人员奖惩办法等各项章则，以资信守。

（丁）特教实验区

湖北省关于特种教育方法之实验，设有实验区办事处，专从事于实验工作，惟因经费与人员过少关系，尚未能达到吾人理想实验目的，二十六年度起，遂将该区加以改进。兹举其较著之事项如下：

1. 增加事业费——该区以前并无事业费预算，嗣为充实实验工作起见，爰于二十六年度增列事业费预算，内分实验研究费与卫生用品两项，合计全年列支一〇八〇元。

2．添配实验用品——实验区开办以来，一切实验用具渐形损旧，亟待添配，除由战区随时酌量添配应用外，近一年半中并由教育厅添配邰爽秋氏所发明之普及教育车二辆，留声机及简单电影机各一架，"日用药库"一箱，挂图及民众读物实验参考书多种，发交应用。工作进行，颇称便利。

3．增加工作人员——该区原仅设干事、办事员及书记各一人，以之担任庞集之特教实验工作，颇难表现成绩。二十六年度更将该区组织扩大，人员增加，计设办事处主任一人，农事指导员、医药指导员各一人，办事员及书记各一人，并分别提高其待遇，选用优良人材，从事实验工作，故成绩较佳。

4．研究问题——关于实验区研究以管、教、养、卫为范围，期以最少之劳力、最少之金钱、获得最大之效果。除由教育厅发交问题限期研究呈核外，并由该区随时设计实验，将实验结果汇报教育厅审核后转发各中山民校采用，以资策进。兹将该区举办管教养卫情况别表列于下：

一、关于管的方面

事项	办　　法	已　达　程　度
训练壮丁	协助兰地区署办理该处职员及所属民校教员分别担任。	
劝戒淫戏烟赌	协助区署办理，宣传危害并禁止。	渐告禁绝。
改良风俗	按照新生活细目，实行劝导。	附近民众，已无恶习。
调解纠纷	1．宣传。 2．成立息讼委员会。	讼案渐少。

续表

事项	办 法	已 达 程 度
劝禁宰杀耕牛	请区署出告示，禁止宰杀耕牛。	再无人敢宰杀耕牛者。
抽调户口	1.参加当地保甲会议； 2.协助区署抽调户口。	计抽调三民乡之严家桥等三十多处。
修葛店街路	1.宣传请民众帮助； 2.由学生挑土修整。	民众走路称便。

二、关于教的方面

事项	办 法	已 达 程 度
校内工作	由所属各民校举办儿童、妇女、成人等班；	儿童班八班，成人班五班，妇女班五班，共有学生三七〇人。
讲演工作	1.于纪念日讲演抗战建国意义； 2.通俗讲演； 3.组织宣传队，分赴各乡宣传。	
图书阅览	每日在办事处及所属民校展览，并派员指导阅览。	平均每日阅览者七十多人。

437

续表

事项	办　法	已　达　程　度
流动教学	组织流动教学团，分别在各村镇流动教学。	受教学生计七百八十余人。
辅导私塾	1.召集塾师会商； 2.分途访问； 3.至各私塾指导。	指导改良者三十六所。
壁　报	1.文字 2.漫画　}内容均属抗战材料	
收　音	1.每日放收音机二次，以供群众之娱乐； 2.并由该处派人加以指导。	每日来听收音者达七十余人。
娱　乐	置有象棋、军棋、胡琴、笛及乒乓球等十余种，供民众娱乐。	每日参加娱乐者约十五人。

三、关于养的方面

事项	办　法	已　达　程　度
选验种子	向南京金大农场购买良种。	1.麦较普通种子产量高百分之三； 2.棉□产量亦增百分之二。

续表

事项	办　　法	已　达　程　度
提倡合作	1.宣传合作之利益； 2.协助地方民众之组织。	民众咸受宣传，能自动要求成立合作社。
广植树木	提倡各中山民校广植树木，每年春季，由民校教师率同学生开展植树。	树木渐成荫，农民亦仿造林木。
提倡农家副业	1.宣传副业利益与方法； 2.在农场试验，以示提倡； 3.供应种子，开放农场，任民参观。	凡园艺、养鸡、养鸭、养鱼、养猪等皆有相当改进之效。
试验棉种	由实验区试验棉种，有福字棉、脱字棉及本地农家棉种多种。	结果福字棉产量最高，且成熟特早。

四、关于卫的方面

事项	办　　法	已　达　程　度
施诊送药	实验区置有医药指导员一人，长川驻区，学生及赤贫免费诊治，外人门诊、初诊收挂号费四分，复诊收二分。自二十六年十一月至二十七年十一月，共计免费初诊五四〇人，复诊一一八人，挂号初诊人数为四一七人，复诊为九七三人，共计八〇一八。	颇得地方民众信仰。

续表

事项	办　　法	已　达　程　度
开展卫生活动	1.协助军政机关开清洁运动大会； 2.大扫除，进行夏令预防注射； 3.举行健康检查； 4.消灭蚊蝇。	增加民众卫生常识不少。
协助戒烟	1.由医药指导员配药赠戒； 2.协助区署查禁劝戒。	吸食鸦片者渐少。
训练壮丁	1.宣传征兵要义； 2.协助区署教授壮丁训练班学科； 3.欢送壮丁入营，并行馈赠； 4.慰问被征家属； 5.慰劳伤兵。	壮丁及伤兵得到了安慰。

（戊）沦陷区域工作

湖北省鄂东各县与安徽毗连，久经匪患，自收复后即遵令积极推行特种教育，所设中山民校独多，二十七年十月间，以皖西各县沦陷后敌军深入鄂境，鄂东各县战事紧迫，业经遵照部颁"赣鄂皖豫闽等省特种教育二十七年一月至十二月工作计划"及"赣鄂皖豫闽等省沦陷区域特种教育暂行办法"之规定，订定"湖北省沦陷区域实施特种教育暂行办法"，呈部修正后通饬各校遵照施行。当时各校教职员以所在地已入战区，即行协助军队担任战地服务，阳新、麻城、黄冈、英山等县特教工作人员尽力尤多，正拟赶办志愿留在沦陷区域担任秘密工作人员登记并施以短期训练，乃我以战略关系急转直下鄂东，各县先后沦入敌手，特教工作人员除一部分撤至汉川、沔阳、石首等县筹设新校或调派巡教团工作外，其余均留在沦陷区域工作。只以交通阻隔，教育厅特教股又迁往宜昌办公，失去联络，详情不由瞭悉。现正设法秘密探询，并拟指派视导员前往视察指导。

（八）湖南省特种教育工作概况

湖南省各收复特区，需要施行特教，至为迫切，民国二十五年由教育部拨发补助费一万元，作为创办特种教育之用。初仅设中山民校十所，计桑植、六庸、龙山每县三校，永顺一校，二十六年乃呈准教育部以二十五年度节余经费，增设四校，计永顺二校，平江二校，以限于经费，事项范围不大，厅内亦未专设特种教育股，特教行政工作即由第三科兼办。二十七年战事延入湘境，平江已成为战区，该处中山民校二所改组为巡回教学团，巡回县境施行抗战教育，业经呈部核准施行。兹将各项工作，略述如次：

（甲）行政工作

一、关于一般行政方面

1. 经费分配 湘省特教经费，遵照部令规定，除极少数留作预备费外，完全拨充设立中山民众学校之用。且因各该县设校县份之经济困难，地方补款，亦未筹着。

2. 校址之调整 湘省特区辽阔，自奉部令分配经费后，浏阳等县本均有设办之必要，卒因经费不敷，且分设则力量不集中，收效不大，故仅暂设于桑植等四县，以后则逐年调整迁设之。

二、关于订定章则办法方面

1. 寻常章则之订立 订定中山民校办理须知,详密规定各项工作,颁给各校遵照,并订定各校工作报告要点,按期报告工作。

2. 订定抗战期间之工作办法 拟订湖南省特种教育二十七年度实施办法,规定战时特教工作目标,及中山民校战时应行推进之工作,并订定湖南特种教育巡回团组织章程及巡回教学团战时工作计划,呈教育部核准遵照实行。

三、关于视导考核方面

湘省因经费困难,未能设特种教育视导员,对于全省十数个中山民校之视导及考核工作,由教育厅责成各该县份之教育局办理之。由厅印发中山民校视导表,交由各县教育局于视导后填报之。

四、关于师资训练方面

湘省特教经费系就施教各县份选择师范毕业生曾任教职而深明党义者委任之。但特教为湘省新兴事业,相当师资,颇不易得。又限于经费未能开办特教师资训练班。在教育厅举办民众教育行政人员训练班时,特饬各校推派一人前来参加受训,供给旅膳各费。

(乙)中山民众学校

湖南中山民校初仅十校,二十六年始,以上年节余经费加设四校,共为十四校,其施教情况,兹表举如次:

一、关于管的方面

事项	办　　法	已　达　程　度
整理保甲	协助乡公所及县府保甲整理人员稽查户口,编组保甲。	各校均举行。

续表

事项	办法	已达程度
组织义勇警察	协助乡公所挑选壮丁,组织义勇警察队,由教师担任训练。	计有平江一校组织一队。
自治组织之指导	在学校内组成保甲,由学生自治。	颇能帮助训导。
协助民众训练	协助乡公所办理壮丁训练。	各校多者训练三期,少者一期。
保甲训练班	举办保甲训练班,讲授保甲须知,保甲规约及地方自治。	举办之校达三分之一。
戒除民众不良嗜好	劝戒赌博及烟酒。	颇能改除民间恶习。
强制放足	会同乡公所及保甲长强制放足,凡年在二十岁以下之女子必须放足。	乡间已无缠足女孩。
注意家庭管理	妇女班之训练,注重在家事管理方面,如保育知识,缝纫技能等。	家庭颇受实惠。

二、关于教的方面

事项	办法	已达程度
识字运动	通过讲演、戏剧、图画三者,宣传识字之重要与不识字之苦痛。	举行颇有成效。
举行通俗讲演	师生合组讲演队,定期举行讲演。	各校均有此项工作。
举行时事谈话	晚间农暇时召集农民报告重要时事。	颇引起农民注意。
编缮壁报	每三日或每日编缮壁报,内载时事及各种常识。	各校均举办。
推行新生活运动	组织劳动服务团,推行新生活。	最多之校组成三团,儿童、妇女、成人各一团。
实行小先生教学	训练智慧较高的儿童为小先生,按保甲户支配,逐户教学。	小先生教学甚认真。
看护训练	训练妇女班以看护常识,并组织看护队。	各校组织者过半数。
侦察训练	训练儿童为侦察队,授以侦察汉奸之技术。	过半数参加。

续表

事项	办　　法	已　达　程　度
书报陈列及展览	陈列民众通俗书报，在民校内辟室展览。	过半数参加。

三、关于养的方面

事项	办　　法	已　达　程　度
组织合作社	指导组织合作社，并以学校成人班为基本社员	所组织之社甚健全。
开　垦	利用荒地开垦，栽种杂粮。	各校均举办。
造　林	利用荒山造林，供给苗禾。	各校均按时举办。
提倡家庭工艺	提倡织草鞋、织土布。	举办之处不多，尚待推广。
提倡家庭副业	提倡养鸡、养蜂、种果木等副业，为农民介绍良种。	各校举办，亦收成效。
修浚沟渠池塘	指导农民修浚沟渠池塘，一方面积水防旱，一方面养鱼生利。	实行者有校数过半。
推广杂粮种植	提倡种豆类、薯类及其他防旱杂粮	提倡之处，农民望风响应。

四、关于卫的方面

事项	办法	已达程度
举行夏令卫生宣传	夏令督全校学生分组宣传队出发宣传。	各校均按时举行。
辟设卫生室	在校内设卫生室，陈列药品及卫生挂图，施行简易诊疗。	颇受民众欢迎。
举行大扫除	由成人班师生领导举行大扫除。	各校多举行。
组织巡查哨	组织壮丁为巡查哨，从事防守盘查工作。	使地方治安改进不少。
组织自卫队	协助乡公所组训壮丁，为自卫队担任训练工作。	各校均举办。
组织消防队	会同保甲组织消防队，置备消防器材。	数量尚少。
组织卫生服务队	组织卫生服务队，扫除积秽。	已有二校组织，颇有成效。
施种牛痘	按季施种牛痘，只记姓名，不收费用。	最受民众欢迎。

五、关于战时工作方面

事项	工作情况
调查及招抚土匪	协助地方政府,调查或招抚各地散匪,或利用保甲制度,领导当地壮丁,予以清剿。
担任壮丁队政训	切实协助自卫及壮丁队等之组训,并充任政训工作。
兵役宣传	常利用"赶场"机会,多作征兵征工、优待抗战将士家属等宣传,并举行扩大宣传运动。
救济难民	为难民诊病,并会同保甲为难民解决住屋。
施行难童教育	召集难童,编班入校读书。

(丙)特种教育巡回教学团

自敌寇侵入湖南省境,平江等县已成战区,该处一、二中山民校联合改组为特教巡回教学团,在境内施行抗战教育,并组训民众,以适应当地环境之需要,所拟巡回教学团章程及巡回教学团战时工作计划,业经呈部核准施行。刻正积极改组,从事战区工作。

(九)陕西省特种教育工作概况

陕西省特种教育于二十五年七月,始由教育部拨给补助费二万元着手创办。当时以情形特殊,由教育厅联络西北政训分处、省党部、民政厅等机关,组织陕西省特种教育委员会主其事。并指派教厅职员担任该会职务,对于训练师资、设立中山民

447

校等事，均积极进行。中途西安事变发生，特教工作，并受影响，致各项工作，未能按照原定计划办理。抗战以来，觉陕西省特教事业之扩充，有其迫切需要，教育部特调派江西省教育厅特教干员二人来省协助工作，于是计划推进，积极从事。兹略述概况如左：

（甲）行政工作

一、关于一般行政方面

1. 调整设置中山民众学校　陕西省二十六年度，除附设之中山民校外，仅有专办中山民校四十九所，今因附设之中山民校，奉令停办，参酌地方需要，添设中山民校至七十所。至于设校地址，以前多在边区各县，施教困难，兹重行分配选定适当地点，赓续办理。其新增设者，一律设置于关中毗连边区之各县。

2. 提高工作人员待遇　陕西省以前设置之专办中山民校，每年办理二期，每期四个月，由校长兼教员一人主持。月薪较低，办公费、学用品费亦不敷用。因此多数校不能安心服务。抗战以来，为积极推进特教事业计，每校经费分配酌量提高，校长薪金酌予增加办公费，学用品亦复增多。

3. 划一施设标准　规定中山民校及巡教团应有之基本设备。根据每年经常费预算，分期普遍添置。凡关于教具图表等在内地无法购办者，由教厅向外埠觅购分发使用，余款则由各特教机关另编预算，呈核动用。

4. 健全行政机构　陕西省特种教育，向由教育厅第四科兼办，人少事繁，殊难专注。今增设特种教育视导员三人，并由教育厅指定一人为视导主任，负主持行政计划及视导之专责。视导员中以一人轮替在厅服务，其余则长驻施教区督导各中山民校及巡教团工作。

5. 联络有关机关推行特教　联络推进社会事业各关系机关，如省党部、省卫生处及国立武功农林学校等，会同商订各项协进特教办法，使现任之特教人员随时获得技术上之指导及材料之供给。

二、关于订定章则办法方面

1.会同国民军训处，订定协进实施特种教育办法。教育厅与国民军训处会订协进实施特种教育办法，利用社会军训，实施特种教育，同时亦可充实社会军训之政治训练工作。其训练课目，除特教所有规定者外，并参照社训法规办理之。

2.与各农村事业机关订定协进各项农村事业办法。陕西省教育厅会同农村合作委员会，订定协进农村合作事业办法。会同陕西卫生处，订定协进农村卫生事业办法，藉以增强特教工作人员推行上列二项事业之工作效率。

3.拟定地方行政机关及党部督导特教事业机关各办法。陕西省为使地方政府及党部就近督导各该地特教事业机关增进其工作效率起见，订定各县县政府督导中山民众学校办法，陕西省各县县党部辅导中山民众学校办法，陕西省各区行政督察专员公署督导示范中山民众学校办法，陕西省各区行政督察专员公署督导巡回教学团办法，施诸实行。

4.拟定特教巡回教学团各项办法及表册。拟订特教巡回教学团工作上各种办法、大纲、简则表册等共三十种，以为该团工作实施上之依据及工作活动上各项记载之用。

三、关于视导考核方面

1.分区视导 陕西省前分陕北二十三县为三个视导区，派地方教育指导员分区前往视导。并由教厅厘订视导要点及视导表格，分发视导人员应用。视导完毕时，将视导情形及改进意见，分别报厅。经厅分别考核后，令行各校遵照办理。近则分陕北各县为四个施教区，特教视导员须长期留驻区内执行视导工作。

2.组织视导网 陕西省为使特教视导制度适合环境之需要起见，联系地方教育行政机关，组织特种教育视导网，厘订具体办法，加重专员公署及县政府督导特种教育工作人员之责任。

3.试行特种教育辅导制　陕西省试行特种教育层级辅导制，以补视导员人力稀少之缺陷。择每一行政区人口密集、交通便利之处，设示范中山民校一所。其任务在供给各校以实施管教养卫之材料及方法，利用寒暑假，分区集中特教工作人员，实施短期训练，举行参观实习及工作检讨等活动。并特别注重辅导本区各县普通中山民校之工作。

四、关于师资训练方面

1.基本训练　凡陕北籍之师范毕业生及小学教师等，有志从事于特教工作者，予以二个月至半年之基本训练，然后分发任用。

2.经常训练　对于现任之特教工作人员，平日予以通讯研究，指导阅读，及短期修养等之经常训练，一方保持基本训练已有之精神态度及各项知能，一方则促使其发奋励进，以增服务效率。

3.特殊训练　对于办理特教成绩平庸之现任工作人员暨临时补充登记之候任工作人员，势不能开班训练者，变更训练方式，举行工作检讨，专题研究，或参观实习，以适应其特殊需要。

4.举办工作人员补充登记　各中山民校临时遇有缺额，特教师训班毕业学员不敷分配时，特举行补充人员之登记。凡教育行政人员、小学教职员等经由县政府及县党部二人以上之负责介绍，经考询合格者得登记为补充工作人员，在分派工作前，在教育厅内予以一个月之特殊训练及实习。

（乙）　中山民校

陕西省中山民校在二十六年间，仅有专办中山民校四十九所，以散处陕北，环境困难，距离遥远，视导工作亦不易进行，工作较少进展。兹谨将各校工作梗概，列表报告如次：

一、关于管的方面

事项	办法	已达程度
组织保甲	1.协助联保清查户口； 2.协助联保实行编组保甲； 3.举办甲长训练班。	各校均能切实会同当地联保主任工作。
推行新生活运动	1.在学校内组织新生活促进会； 2.举办新生活各种讲演； 3.举行清洁示范。	民众于新生活之意义渐有了解。
整理村容	1.举行村大扫除； 2.迁整厕所； 3.整理村道。	各村渐见整洁。
破除迷信	1.会同联保主任禁止迷信活动； 2.讲解迷信危害，劝解勿信。	多数农民颇生觉悟。
调解纠纷	请各村耆老及保甲长组织村民调解委员会，调解民众纠纷； 由民校教师随时随地调解村民纠纷。	凡组织了调解会地方，争执减少。
组织中山民校毕业生同学会	由每届毕业之成人班组织之。	毕业生间情谊较前增进。

二、关于教的方面

事项	办　　法	已　达　程　度
编贴壁报	每校均编缮壁报，选择学校附近适当地点，定期出版张贴。	各校大都实行。
举行识字运动	1.举行识字宣传； 2.成人班学生充义务识字教师； 3.推行小儿教识字制。	凡举行之处，文盲逐渐减少。
举行农产展览会	1.在收获期后举行之； 2.择其公共处所征集农产展览，并鼓励农民参观； 3.在会场讲解各农作栽培法； 4.优良农产，给予奖励。	颇能增加农民兴趣。
举行家庭拜访	课余至学生家中拜访，联络情谊，并指导学生家庭参加。至普通农家，作家庭访问，细查农家情形。	增加家属感情，并对当地社会情形更为认识。
表演话剧	由教师及附近知识青年，编演话剧，在相当时节公演之。	颇收宣传效果。

三、关于养的方面

事项	办　　法	已　达　程　度
提倡垦荒	宣传并组织农民开垦附近可以耕种之公共荒地及山坡。	半数以上学校推行。
提倡造林	1.会同保甲，勘定荒山荒地； 2.向农林机关请发苗木； 3.由保甲督率农民造林； 4.推行植树节； 5.会同区署，订定保护森林办法。	造林风气，逐渐养成。
提倡副业	提倡养鸡、牧畜及手工纺织等家庭副业。	颇能增加农民收入。
介绍优良种子	介绍他处试验改良适合本地之种子，凡经当地农民种有成效者，收回种子，转辗推广。	麦种颇能改良。
组织合作社	以成人班学生为合作社基本社员，组织合作社，附设学校内，由教师随时予以指导，并向农村示范。	所组合作社尚健全。

续表

事项	办 法	已 达 程 度
开辟学校园	选择学校附近公地，辟为学校园，师生合作经营，植种示范农作物，并作各项优良种子试植之用。	颇能收示范之效。

四、关于卫的方面

事项	办 法	已 达 程 度
协助政府及国民社训机关组训壮丁	1.协助联保，训练壮丁； 2.担任国民社训教官，教授特种教育课程。	受训壮丁甚为普遍。
实施医药治疗	校中设置简易药箱，对于学生及附近民众免费施诊。	凡实施之校就诊人数甚多，应接不暇。
布种牛痘	规定春秋两季免费种痘，并抽暇向附近学校各村推广。	旧法接苗，遂致绝迹。
举行卫生运动	宣传防疫及扑灭蚊蝇。	颇能增加民众卫生常识。

五、关于战时工作方面

事项	工作情况
指导民众防空防毒	作防空防毒之宣传及讲演,张贴防空防毒各项挂图,领导农民构筑防空工事,举行防空演习,会同保甲设置警报器具,举行消防练习。
推进抗战建国之宣传	编揖抗战壁报,绘绣抗战壁画及标语,组织宣传队,分区出发宣传。
训练救急及看护	就学校内成人班及妇女班灌输其救急及看护常识,并作救急看护演习,结果分别组织救护队及看护班。
举行征兵及优待出征将士家属等扩大运动	联络保甲及各学校机关团体,举行兵役扩大宣传,讲解兵役征派各项办法及鼓励壮丁应征,会同联保及各团体机关,组织慰问队,以言词及实物,慰问出征将士家属。
肃奸运动	组织侦察队,密察汉奸,并作肃奸各项运动。
组织民众担任战时勤务	组织担架队,护路队,运输队等,准备担任战时各项后方勤务。
充实壮丁常备队训练	协助联保,充实壮丁政治训练,并讲授抗战各项常识。

（丙）特教巡回教学团

陕西省初限于人力财力，未设巡回教学团，抗战以后，为发挥特教效能，以强化抗战力量起见，急须予以组织。今关于该团之经济、人选以及各项章则、计划，均已拟订告竣，并经呈部核准，业已筹备就绪。分赴陕北及沿黄河等地开始工作。

〔行政院档案〕

二、各省实施情形

（1）河南省特教

1. 河南省教育厅报送豫南特教工作报告书呈及有关文件

（1938年12月）

（1）河南省政府教育厅致教育部呈（12月5日）

河南省政府教育厅呈

案据本厅特种教育股兼股长王一凡签报最近工作情况等情，附呈工作报告一册。据此，经核尚属实在。理合检同原呈报告一册，备文呈请钧部鉴核备查。谨呈

教育部部长陈

附呈特教股原工作报告一册

河南省政府委员兼教育厅厅长鲁荡平

中华民国二十七年十二月五日

  河南省政府教育厅特种教育股最近工作报告
  壹、平时工作
甲、普通行政工作

一、拟具二十七年度工作改革实施办法

本股遵照部颁赣鄂皖豫闽等省特种教育二十七年度工作计划，曾拟定河南省教育厅特种教育股工作改革实施办法，内分总说明、警戒区域特种工作、沦陷区域特教工作、各种视导工作四篇，现时本省特种教育工作设施，均按此项实施办法推行。

二、编订二十七年经临两费预算书

本股奉教育部汉教字五三三六号训令，将部方分配本省二十七年下半年特种教育经费，连同本股上年度积余总数及地方自筹之款参照部颁新工作计划之规定，编造二十七年下半年预算书，力求预备费与事业费之增加，尽量减低行政费数目，以期适合战时事业需要。该项预算，已呈由教育厅核转教部，唯尚未奉部令指示。

三、登报公开征求军事及农事指导员

本股遵照部颁新工作计划，第一次之规定于视导员中更换专习军事及农事且具有经验之人员各一人，即于七月底在汉口大公报广告栏内公开征求是项人材，截至八月底，各地来缄应征者不下四十余人，经从严考选结果，选委农事指导员一人，业经厅委到差，唯军事指导员一时尚难其选，由厅呈部直接委派，亦未奉示。

四、开办全民强迫训练班

全民强迫实施训练步骤，先以本股办公处所在地之潢川县为实验区，而以原定之施教区内其他七县为推广区，各民校一律开办强迫训练班，经区署通知受训之民众，须入班受训，倘再违抗，则由区署按照强迫受训办法，呈报县政府科以一元至五元之罚金，此项罚金，由各县全民强迫训练委员会保管，充作办理各该县强训费用。

五、调整各中山民众学校

本省各中山民众学校，因事实需要及环境关系，曾自去岁七月起，将各民校校址及工作人员稍加调整，并在桐柏增设一校，豫南九县境内，共设中山民众学校五十二所，计潢川六校，光山六校，罗山七校，信阳五校，固始三校，息县二校，商城十校，经扶十一校，教职员共八十九人。

六、会同本省第九区专署训练保甲长

训练保甲长为本省特种教育最近四个月来主要民训事业，此事初为本股特教工作人员所发动，旋经专署呈准省府统筹办理，凡各县各民校附近之保甲长，由专署委托本股训练，其余各地保甲长，则由专署转令各县府各区署，直接施行训练。

七、指定民校从速组织村政建设协会

村政建设协会，为本股所属各民校推进战时工作之辅助机关，七月中旬由本股指定干练教职员二十三人，先就各民校所在地之集镇，联络公正绅士，组织村政建设协会，俾便对于自卫、救护及收容难童等紧急工作，有专负责之机关主持，计各民校已呈报组织此项协会者，有罗山涩港店第三区第七中山民众学校，信阳五里店第二区第一中山民众学校，及该县游河镇第四区第一中山民众学校，潢川埠子口第一区第二中山民众学校，光山泼陂河第四区第一中山民众学校，经扶沙石湾第三区第一中山民众学校。

八、调巡回教学团团员集鸡公山受训

本股办公处于六月初间，固始三河尖地方战事吃紧时，曾一度迁至施教区内信阳所属第三区鸡公山办公，七月中旬遵照部颁新工作计划之规定，将巡回教学团扩充组织，并于七月底将团员一律调至鸡公山施以短期训练，务使每个团员均能担负战时一切有效工作，训练原则，注意精神讲话，及工作技术之指示。

九、在罗山举行自卫训练与生产训练

关于举行民众自卫训练及民众生产训练，因豫南大战发动后，各县不易推行普遍，特就信阳王家店及罗山南部周党贩、潘新店、定远店、杨家店、涩港店等处中山民众学校，由当地区署及联保办事处或村政建设协会之协助，已于八月底开始从事上项两种训练，并令巡回教学团实施巡回生计训练，及巡回自卫训练。

十、编订关于组织与训练各项重要章则

1. 编订河南全省特教工作人员工作守则十条
2. 编订河南省特种教育巡回教学团工作大纲
3. 编订河南省第九区全民强迫训练实施办法
4. 编订河南省第九区保甲长训练教材大纲
5. 编订河南省第九区全民强训委员会组织大纲
6. 编订河南省第九区保甲长战时工作须知

十一、编印并充实各中山民众学校教材

本股所属各中山民众学校教材，自七月起国语方面采用生活书店出版之战时读本，算术则采用中华书局出版之短期小学教本，此外并从中华平民教育促进会购得农民抗战丛书五十余份，每份共计六十小册，种类繁多，内容生动，最适于民校国语常识之补充教材。以上所述，系就教材上之现况加以改进与充实，至于根据特种教育之需要，以期获得纯粹研究性质之教材者，事体较大，决难短时期可以奏效。本股除已编印战时补充教材一册，分发各中山民众学校参考外，刻又着手组织国语教材编辑委员会，从事实地编辑活叶单元综合课本，此举虽将来不免为人力与财力所格，关于现实成绩，未必能为理想同前跃进，但对于新教材之实验与研究，则为不可磨灭之精神。

十二、筹办国防教育月刊并编特教丛书

本股依据工作改革实施办法，为推动警戒区域内之特教工作起见，除派各视导员分驻各地就近督导外，拟出国防教育月刊一种，并编特种教育丛书数种，而为指导全部工作之帮助。此种办法，系以极正之立场，将欲统率全省特教工作人员由实际工作中养成研究实验之精神，俾工作与理论交相结纳，行政与学术互为贯通，易词言之，不使激于理论者徒托空想，而埋头苦干者无所启迪,盖实行与研究两者,缺一均不足以代表现代事业精神之全貌。

十三、举办战时农村调查

本股自近两月来,即已开始举办战时农村调查,先编订调查纲目,为政治、文化、经济、军事四大类,其有一般事项,而不能分门别类划入四大调查纲目中者,则归另一纲目内,由各民校教职员及巡回教学团员负责。现时因战时阻隔,邮路不通,各民校调查表尚未呈股,惟巡回教学团在信阳之新店、五里店两处及罗山潘新店、涩港店、周党畈各地举办之调查,均甚详实可靠。

十四、通令工作人员造成学术研究风气

本股于七月间,用鱼代电通令中山民众学校及巡回教学团各工作人员,应于实际工作中养成研究实验之精神,并培养文字上发表能力,爰规定各工作人员应行研究实际问题如左:

1. 当地壮丁练练及壮丁出征情形;
2. 大战一年来当地社会生活及妇女动员情形;
3. 中山民众学校平日社会活动情形;
4. 凡民间各种公开之会社,如红枪会、黄枪会等动员情形;
5. 办理中山民校之心得,与改造当地社会之情形;
6. 当地民间流传忠义事迹,能激发抗敌情绪者;
7. 当地农民自卫情形及农业生产状况;
8. 中山民校学级教材招生升级等之研究;
9. 中山民校实施管教养卫程序与方法之研究;
10. 参加当地游击队或担任当地壮丁集训总队政训工作,以及参加其他抗战团体关于工作技术上之研究;
11. 办理收容难童及救护工作等关于方法上之改进。

十五、其他

乙、视察指导工作

一、分派视导员常川驻乡工作

自本年八月起，已遵教育部陷电之指示，将原有视察员、军事指导员、农事指导员，一律常川散驻各县乡村，就近指导民校从事战时一切紧急工作。

二、划定视导工作中心区域

本股已于九月中旬将警戒区域及沦陷区域各县，划定为四个中心视导区，信阳、罗山为第一中心视导区，光山、经扶为第二中心视导区，潢川、息县为第三中心视导区，固始、商城为第四中心视导区，分派视导员、指导员等常驻各中心区内，切实指导民校工作。

三、改订视导旅费标准〔略〕

丙、中山民众学校工作

查本股所属各中山民校，于本年七月中旬奉部令颁新工作计划第二项乙款第四条之规定，重新调整，酌量裁并。兹将最近之统计述之如左：

一、学校式特教工作

共计中山民校五十一校，儿童班六十四班，成人班十三班，妇女班七班，共八十四班，男女学生人数总计五千三百七十八人，连保甲训练班及全民强迫训练班合计约七千六百余人。

二、社会式特教工作

共计民众运动场六所，民众代笔及问字处各五十一处，壮丁集训总队八队，张贴壁报五十一校，保甲长训练班二十八处，全民强迫训练班三十二处，举行农民贷款处六处，组织信用合作社九校，运销合作社四校，举行儿童节与教师节五十一校，举行抗敌节约宣传大会五十一校，参加前线慰劳将士书信运动四十八校，参加为前线将士募集寒衣运动五十一校。此外，巡回教学团巡回讲演、巡回教学，计到达八县，四十二集镇，听众约六万余人。

贰、战时工作

甲、登记沦陷区域特教工作人员

自九月初，豫南战事发生以后，本股早经制定沦陷区域工作人员登记表，分发各民校教职员赶办登记。凡各民校所在地，目前不幸已沦陷，其职教员如愿留驻原地继续从事秘密的抗战教育或其他抗战教育工作者，已由本股一律予以登记，至于在警戒区域内各民校教职员，其家乡目前不幸已沦陷或正接近战区，而愿从事沦陷区域之工作者，亦曾由本股登记。

乙、组织沦陷区域秘密通讯队

一、选定通讯队队员

就因受战事影响不能行使正常职务，且尚未参加当地游击队之各民校教职员中，特挑选机警忠实能刻苦耐劳且沉毅有为者八人充任通讯队队员，并规定每人于原定薪额外，每月特别津贴伙食费四元。

二、训练通讯队队员

自上项通讯人员选定后，集合在本股办公处，施以四小时之训练，在行动技术方面，务使获得巧妙熟练之化装术，在通讯技术方面务使队员携带或寄递秘密信件时不致遭受危险，并特别注重隐语法、暗号法、藏信法、隐信法等特殊知能。

三、成立通讯队队本部

关于沦陷区秘密通讯队，通讯工作之指导事宜，由本股办公室派定职员，成立通讯队队本部，负责办理。一面将本股重要命令及工作计划等，尽量传达沦陷区内各工作人员，同时又将沦陷区内各工作人员之工作报告及一切重要请示事项等，携回本股办公处，以凭考核办理。查此种通讯队队员，已于"九一八"国难纪念日一律由信阳第三区明港地方出发。八个队员分成八条迂回路线，深入固始、商城、潢川、罗山、光山各县战区，向各民校教职员传达重要工作命令。

丙、发动特教工作人员实行参加游击队

本股遵照部颁新工作计划第二项三条至八条，第四项各条之规定,特于八月初间即已通令沦陷区内各民校教职员一律准备参加当地游击队或壮丁集训总队以及其他抗战团体,担任政训工作。截至现时为止,已呈报到股,并经派视导员前往各地考核,认为工作尚属实在者分别述之如次:

一、信阳第二区第三民校领导红学自卫情形

信阳第二区第三中山民众学校,校址在左家店,该地红学(俗称红枪会)人数甚多,校长黄孔章为本地人,平日与红学过从颇密,本股于一年前,曾令该校将附近红学二千余人编入成人班受训,一年以来,该学团体壮丁受该校抗战教育之渲染薰陶,抗战意志非常坚决,且能听从该民校校长之指挥。七月初间,经本股派员会同该校校长黄孔章,依合法手续,由信阳县县政府改编为自卫军,并由该县长随时节制指挥。民校校长黄孔章则任该自卫军之总教官,兼政治部主任,现在是项部队正从事游击战。

二、潢川第一区第二民校领导农民抗敌情形

潢川第一区第二民校校址位于潢川县城北三十里埠子口地方,该校校长朱宙鉴,往年曾充义勇队队长职务,物望颇孚,对当地民间枪枝,尤能指挥号召,自豫南战事发生后,即取得潢川县政府之委任令,领导当地三百余壮丁,在潢息两县交界地方,迂回截击敌人。

三、光山第三区第一民校校长充任区团部团附

光山第三区第一中山民众学校校长刘梦英,已由该县自卫军司令部委为第三区区团部大队附。该员刻正统率自卫军四百余人,在易马畈击敌。

四、光山第四区第一民校校长充任区团部政治指导员

光山第四区第一中山民众学校校长徐骏修已由该县自卫军司令部委为第四区团部政治指导员,刻正跟随队部仍在泼陂河从事政训工作。

五、潢川第一区第一、第三两民校参加游击队情形

豫南第三游击队司令，经第九区保安司令部呈请主管机关，委潢川县县党部特派员冯新宇充任。该队部政治部主任兼粮秣处长，则由潢川第一区第一中山民众学校校长吴世德充任。又该校教员梁锦云及潢川第一区第三中山民众学校校长郑轶凡、教员戚学智等，现均充任冯新宇部各支队政治指导员。

六、罗山、商城各民校教职员参加梅治潮部政训工作

罗山第三区第一中山民众学校、第三中山民众学校、第四中山民众学校及商城第一区第二、第七各中山民众学校教员李本初、汪瑞兰、方超、魏明章、叶松乔、林子英、李蔼如、桂流芬等，均已参加梅治潮游击司令部，担任宣传员（梅部组织名称等与各游击队部微有不同，实际所谓宣传员即政治指导员）。梅为罗山县县长，豫南大战前兼任罗山、息县、正阳、新蔡四县剿匪司令。大战发动后，即以原有之部队改编为游击部队，势力颇雄厚，为现在豫南主要游击部队。

七、息县各民校已参加邹士恩部政训工作

息县各中山民众学校教职员侯宝三、喻宝琏等，已参加邹士恩部自卫军，担任政训工作，邹为息县县长兼该县自卫军司令，目前该军奉令调往乌龙集堵击敌人，战功颇著。

八、固始、商城两县民校教职员参加抗战情形

固始、商城两县，因密迩皖省西南，及鄂省东北，各县为豫南大战遭敌蹂躏最早之区域。该两县民校教职员，除商城一小部分已离县另赴罗山参加梅治潮部游击队政训工作外，其余大部分工作人员于战前即已通令彼等参加当地顾敬之部游击队。近日以来，据报，固始一带之特教工作人员，已留驻敌人后方秘密工作，商城方面之特教工作人员，则已参加顾部工作，但该员等尚未正式呈报到股。

丁、巡回教学团参加战地各项主要工作

一、审核该团战地各项主要工作实施章则

自固始失守后，该团即已到达罗山县南部潘新店工作，并遵股令在该地发动各项战时紧急工作，该团于事前曾呈送救护队应用表册二份，收容难童委托书、收养证、收容难童暂订办法、妇女救护训练班暂行办法、妇女救护队暂行办法等各乙份，本股接到此项章则后，除即严加审核修正外，并指示实施要点数项。

二、派团员在罗山境地收容难童

巡回教学团于九月初间，由股发给经费在罗山潘新店及信阳五里店收容难童，约二百余人，现已委托罗山福童堂教养，本股原来限令该团收容难童达五十人，即派专人送股，以便转送汉口各救济团体处置。嗣因公路破坏，汽车停驶，即将业经收容之难童，就地处置。自潢川失陷的前夕，该团又曾派团员王品阶、李玉铭二人赴罗山县城迤东竹竿铺地方继续收容难童，惟自罗山县城于九月二十三日沦陷以后，王、李二员即告失踪，该团为主要火线所阻隔，亦不敢冒险通过调查该二员等下落。

三、派团员开办妇女救护训练班

关于战地救护事宜，原定由各民校一律遵令办理。惟技术人才及医药用品等，大半均集中于巡回教学团。故本股对于战地及后方救护事宜，由巡回教学团负专责办理。该团早经派定女团员徐振坤、王厚汝二人负责。于八月底即已开办妇女救护训练班五处，共计受训女生六十三人。就中专得家长许可中途自动退学者十六人，经分配工作后不能刻苦耐劳自动请求离职者九人，不堪敌机轰炸、擅离职守私自潜逃者四人，实际上担负救护工作者仅三十四人。

四、战地救护队工作情形

巡回教学团会同各地民校组织之战地救护队，分为三小队，分赴三路工作。第一路沿信阳至罗山公路各重要集镇工作，第二股沿罗山至潢川公路各重要集镇工作，第三路则自罗山县城至湖北礼山县宣化店一段公路，自月余以来，凡伤兵及扶病之难民，经过上述三段公路被诊治者,据统计结果,已逾三千五百余人,惟最近敌人沿信潢公路进扰甚速,第一、第三两队因火线所隔,已于本股失去联络,第二队刻正在信阳附近继续工作。

(2) 教育部致河南省教育厅指令(12月22日)

教育部指令 □字第15234号

令河南省教育厅

二十七年十二月五日呈一件,为据特教股签送最近工作报告,经核当属实在,检同原呈报告一册,请鉴核备查由。

呈暨报告均悉。据报该省豫南特种教育区工作人员已多数从事沦陷区域秘密通讯队、游击队及政训工作,忠勇卫国,至堪嘉尚,除业经先后电令派员接济宣慰,并代本部分别核发特别奖金以资激励外,兹分别指示各点如下:

一、报告壹甲第一项,该厅拟订"河南省教育厅特种教育股工作改革实施办法",应呈部备查。

二、报告壹甲第三项,据称军事指导员一人,曾经由厅呈部直接委派,查本部并未据呈前来,现在已否选委,应再具报。

三、报告壹甲第八项,该厅特种教育股调集巡回教学团团员训练经过及受训人员名册,应再专案报部备案。

四、报告壹甲第十项,所订章则六种,均应呈部备查。

五、报告壹甲第十一项,自编中山民众学校战时补充教材,应呈部备查。

六、报告壹乙第一项,此后特种教育视导员分驻地点及其姓名,均应列表报部。

七、报告贰甲项,沦陷区域特教工作人员登记结果,应详细列表,密报本部备查。

八、报告贰、乙、第二、三两项,沦陷区域秘密通讯队队员姓名及履历等项,亦应列表密报本部备查。此后该队工作情形,并应随时报部。

九、报告贰、丙项，此后沦陷区域特教工作人员，从事各项抗战工作实况，除于每期工作报告中列报外，其有特殊情形者，应随时密呈本部。

十、报告贰、丁、第二项，巡回教学团先后收容难童，并参加救护工作，殊堪嘉许，应由该厅传令嘉奖。至其失踪之王、李二员，应再设法详查下落。

以上揭示各点，仰即遵办！此后该省特种教育工作，并应遵照规定，每两月具报一次为要！件存。此令。

部　长　陈〇〇

中华民国二十七年十二月二十二日

(3) 教育部五省特教委员会致江西等省教育厅函（12月22日）

迳启者：据报河南省特种教育工作人员已多数从事豫南沦陷区域游击、政训及秘密通讯等项工作，忠勇卫国，至堪嘉奖，业经本部电令该省教厅迅即派员携款密往接济，并代本部宣慰，暨分别核发特别奖金，以资激励。又该省特种教育巡回教学团临近火线，收容难童，并参加救护工作，不避艰险，亦已由本部传令嘉奖。查沦陷区域秘密工作，其主旨在变敌人的后方为前方，实为抗战必胜之关键，保育救护，亦为抗战之重要工作。凡我特教工作人员，咸应肩此艰巨，完成其特殊使命，务希贵厅署转知所属特教工作人员，奋勉继起，并多方策励从事沦陷区域工作或在战区工作，无任企盼！相应函达查照为荷！此致

江西　湖北
安徽　福建　省教育厅

安徽省政府皖南行署

教育部赣鄂皖豫闽等省特种教育委员会启

中华民国二十七年十二月二十二日

〔国民政府教育部档案〕

2. 河南省教育厅关于配发特教人员枪支呈与教育部指令

（1940年9－10月）

（1）河南省教育厅致教育部呈（9月4日）

河南省政府教育厅呈　　字第二二二号

案据本厅特教股二十九年八月十三日呈称："查近来异党分子渐形活动，其方法多采游击，或平时潜居山林，三五成群，相偕入市，如有机可乘，即便下手，或行搜劫，或行暗杀，扰乱后方，殊可痛恨，若不防范与戡灭实堪焦虑，拟援安微省武装特教工作人员先例，每人发给手枪一支，子弹若干发，计本股工作人员九十五名，拟请发给手枪，是否可行，理合造具请发枪枝清册二份，呈请鉴核，并恳转呈司令长官部拨发，实为公便"等情。附呈清册二份。据此，查该股为防范异党，拟援安微省武装特教工作人员先例，请求每人发给手枪一支，子弹若干发，以备自卫。拨枪诸事实尚属需要，究应可否拨发之处，理合检同附呈清册，呈请鉴核示遵。谨呈

教育部部长陈

　　附呈清册一份〔略〕

　　　　　　　　　　　　　河南省政府教育厅厅长鲁荡平

中华民国二十九年九月四日

2. 教育部致河南省教育厅指令（10月3日）

教育部指令　　字第32916号

　　　令河南省教育厅

　　二十九年九月四日呈乙件——据特教股呈请发给枪弹，以便

自卫，理合呈请核示，以便自卫。

呈一件均悉。据该厅特教股呈请工作人员九十五名，**拟请每人发给手枪乙支**，□□□□，以便自卫等。该省特教股股长、视导员、巡教团组长及特殊地区之中山民校校长得酌备枪弹，以资自卫。惟购枪手续应由该厅迳向第一战区司令部接洽，所需经费並应由该省特教经费中节约开支，仰即知照。件存。此令。

部长陈〇〇

中华民国二十九年十月三日

〔国民政府教育部档案〕

3. 教育部豫东战区教育督导人员李清俊关于密派特教人员进行潜伏活动呈

（1945年11月21日）

教育部豫东战区教育主任督导室呈　郑教字第33号

事由：为呈报奸匪动态及职室施展特教实况，请鉴核示遵由。

查豫东奸匪动态及职室派员分在各地施展特教情形，业经历报在案，谨再将最近各地"奸匪"活动情形及特教施展实况，分条列报告于后：

一、窜据民权县阎集一带之"奸匪"为老十八团、新十八团、十九团及骑兵数百共约二千余人，于十一月十二日经我地方团队猛攻，该"匪"不支他窜。民权县境内刻已无奸匪踪迹，派在民权工作人员现正协助地方教育机构，从事肃不良思想及力谋教育复员中。

二、奸匪千余，在商邱东南约二十里吴楼等村，强征民夫，搜集毁城器具，有进犯沙岗店（商邱东南六里）毁扒砦墙模样。派在该县工作人员除报告军事当局防范外，并扩大宣传，奸匪破坏国家统一之阴谋及其暴行，民众对奸匪无不痛恨。

三、"奸匪"余克勤率第一二〇团及第三〇团共约千余，近在杞县、睢县、太康等三县边境花园村，常营及大康、西华、淮阳交界之罗凹前后安领一带窜扰，并有一部西窜前后柱行太高庙一带，已饬派在上列各县工作人员潜伏"匪区"，秘密施展特教工作。

四、通许、淮阳、太康及抹沟等县，奸匪非法组织仍在通杞太边境各村派款征粮，职室派在该地工作人员现正秘密发动民众抗征中。

以上各地"奸匪"活动情形及职室施展特教实况，理合报请钧座鉴核

示遵。

教育部豫东战区
教育主任督导员 李清俊

中华民国三十四年十一月二十一日

〔国民政府教育部档案〕

（2）陕西省特教

1. 陕西省教育厅报送中山学校、中山教育馆及特教巡教团概况调查表呈

（1943年10月27日）

陕西省教育厅呈　特字第1003号

遵令填赍中山学校、中山教育馆、特教巡教团概况调查表，恭请鉴核由。

案奉钧部三十二年八月十日特字第六三九零号训令附发各省中山学校、中山民教馆、特教巡教团调查表饬遵照填报等由。奉此，自应遵办。兹将上项调查表分别填造齐全，理合备文赍请鉴核备查。谨呈

教育部部长　朱

中华民国三十二年十月二十七日

卅三年度陕西省中山学校概况调查表

项　目		概　　况		备　注
学校及班级数	中山中心学校	211校1265级	共计 2959校 6761级	内中山中心学校经费总数9,309,928元,国民学校补助费2,863,882元,地方自筹者不在内
	中山国民学校	2748校5496级		
经费数	经常费		共计 12,173,810元	
	事业设备费			
教员数	中山中心学校	1847人	共计 4921人	
	中山国民学校	3074人		
学生数	小学部	176754人	共计 219560人	
	民教部 成人:	17474人		
	民教部 妇女:	25332人		
本年毕业学生数	小学部	37508人	共计 122936人	
	民教部 成人:	33692人		
	民教部 妇女:	51736人		
教材	小学部课本名称	正中版课本		
	民教部课本名称	部颁甲乙丙民众课本		
	补充教材	各校自编		
教职员待遇情形	每月薪金	140元	每月每人平均收入 1000元	
	每月生活补助费			
	每月实物津贴			

三十三年度陕西中山教育馆调查表

项　　目		概　　况	备　　注
馆数	省　立	一所	
	县　立	二十三所	
经费数	最　高	62640元	
	最　低	32520元	
	平　均	47580元	
馆员人数	最　多	十五人	
	最　少	七人	
	共　计	二九〇人	
附设巡教队数	队　数		
	队员总数		
各馆工作举要		1.辅导全县中山学校 2.主持县特教研究会促进特教人员进修 3.举办生产事业示范生产 4.推进阅览展览等工作 5.编印旬刊壁报简报 6.置通俗讲堂按期举行讲演 7.举办民众学校及补习学校 8.推进各项卫生工作	
各队工作举要			

三十三年度陕西省特教巡教团工作概况调查表

团别	团长姓名	组织	团员人数	全年经费数	施教时间	施教区域及途程	工作举要
第一特教团	贾子景	团长一人 组员二人	十人	18840	十个月	上半年施教区：蒲城、白水、宜君、同官，下半年施教区：洛川、申部	1.辅导中山学校 2.调查地方情形 3.举行展览宣传 4.指导农民增加生产 5.施医送药 6.张贴标语壁报 7.协助地方推行各项自治工作
第二特教团	高光普	团长一人 组员二人		18810	十个月	榆林、神木、府谷、米脂、横山、	同一团
第三特教团	曹惠文	团长一人 组员二人	十人	18810	十个月	上半年：邠县、栒邑、郭化、永寿，下半年：白水、澄城、韩城	同一团

〔国民政府教育部档案〕

2. 陕西省教育厅报送特教示范区办理要点及特教团工作纲要等呈

（1945年7月6日）

陕西省政府教育厅呈　特字第5742号

案奉钧部本年五月二十九日国字第二七七九九号指令开："电件均悉，核示如左：一、特教示范区设立计划及模范校馆奖金发给办法应专案报查。二、本年度特区生救济费追加数，前经电饬由省迳行呈院在案。关于特区生暑期集训经费，应并案呈院追加，毋庸另行请款，以省手续，惟该省呈院追加时可函知本部。三、本年度各县中山学校所需课本，仰设法统筹供应，以济需要。四、特教巡教团调整情形，暨本年巡教计划，并仰报查。以上各点，仰遵照办理。件存。此令。"等因。奉此，查本年度特区生救济费暨特区生暑期集训经费追加预算业经遵照钧部电示，签由省府呈院核示。关于特教示范区暨特教团计划，遵经拟定特教示范区办理要点、特教区中山校馆工作竞赛办法及特教团本年度工作纲要各一种，理合缮具一并呈赍，恭请鉴核。谨呈
教育部部长朱

附赍特教示范区办理要点、特教区中山校馆工作竞赛办法及本年特教团本年度工作纲要各一份

陕西省教育厅厅长王友直

中华民国三十四年七月六日

耀县特教示范区办理要点

（一）为研究特教实施技术与推进工作效率，加强沿边区之特教功能起见，特指定耀县为特教示范区（以下简称示范区）。

（二）县政府为推进示范工作便利起见，得组织特教示范区指导委员会，负计推行督导与考核之责。

（三）示范区之工作区域，应先以一乡为限，俟工作得有成效，可由近及远，逐渐扩充。

（四）凡在示范区内之各校馆均应积极充实设备，加强工作，以资示范。

（五）示范区之工作，得分区进行，其主要任务如左：

1．失学儿童应依照强迫入学规定完全入学。

2．失学民众应劝导一律受识字教育——以读完民教课本四册为准。

3．应以教育为中心，促进地方自治工作之完成。

4．依照上年特教工作讨论会决议各案，斟酌地方实际情形，切实执行，依限完成。

5．加强馆校之党务与团务活动，务期在示范区内确立党的文化堡垒，肃清纷歧思想。

6．切实推行新生活运动，务使示范区内蔚成教育环境。

（六）由本府教育厅每月拨补该县示范区经费一万元，以用于事业为限，其不足之数得酌量地方情形筹集之。

（七）是项示范工作列为省府对该县县长、教育科长重要考成之一。

（八）示范区内各校馆其有人事不宜者，应尽先调整。

（九）教育厅特教办事处对该县示范区工作得随时督导考核。

（十）特教示范区详细实施计划，应依据上项各规定拟订，呈报核准后施行。

陕西省特种教育巡回教学团三十三年度下学期工作纲要

一、本纲要遵照部颁各项特教法令之规定，依据本省本年度教育计划暨各地实际情况订定之。

二、本学期各团工作悉依本纲要之规定事项推行之。

三、各团人事应加调整，遴聘具有专长并能吃苦耐劳之干练人员，以增工作效率。

四、团员对团长应诚意服从，团长对团员亦应耐心指导，期上下协调，激发工作精神。

五、团务会议须按期举行，对各项工作须详加研究后施行之。

六、团内设备应力求充实，人员待遇亦得酌量提高。

七、本学期各团工作内容分下列各项：

（一）宣传——(1)举行各乡镇保联合纪念周，阐扬三民主义暨抗建国策；(2)利用各地乡会庙会，揭发奸伪阴谋；(3)举行通俗讲演，灌输人民各种常识；(4)组织读报队，提高人民政治水准；(5)举行各项展览会；(6)编写壁报。

（二）教导——(1)对各地校馆行政方面之辅导，如各项业务会议、编排课表、编拟教案、各种表册、环境布置及筹措基金等事项；(2)实施各科范教（本学期以政治常识音乐史地注音符号为主）；(3)指导各校馆举办民教，必要时得自办民众识字班；(4)参加指导各校馆特教研究会。

（三）调查——(1)社会情况，(2)奸党教育动态，(3)学生思想。

（四）其他——(1)协助各地办理卫生合作生产等事业，(2)指导各校党团活动，(3)施送医药。

八、本学期各团之工作地区如下：

（一）第一团定为耀县、邠县、栒邑、淳化等四县；

（二）第二团定为榆林、神木、府谷、葭县等四县；

（三）第三团定为同官、宜君、中部、洛川等四县。

九、各团工作时间自三月二十五日起至七月底止。

十、各团到达指定工作地点后，须与地方行政机关及党团军采取联系，然后进行工作。

十一、各团工作方式须灵活运用，最好每一工作均能通过地方行政力量施行，不得对工作对象直接采取责罚手段，以免引起不良反映。

十二、各团工作情况须作旬报，工作完毕须作总结报告，于返省后两周内呈厅核备。

十三、本纲要由厅拟订，令饬各团遵行，并报教育部备查。

〔国民政府教育部档案〕

（3）河北省特教

1．河北省教育厅长王承曾报告特教人员在敌后以办学为掩护从事秘密活动情况密电

（1939年12月28日）

教育部部长陈：育密。（一）本省特教，前以水灾查振名义掩护，刻已时过境迁，不复适用。此后，拟用社教督导团名义，公开对外，以便保障工作人员安全。（二）据队长曹秉国、马书甲呈：拟抽各组事业费每组七元，合作办理文化事业，编印文摘时报，灌溉抗日知识，纠正偏激思想，不足之数，由特教预备费每月拨补二百元。此案前经本厅招集特教队长等会议，亦有是项决定。（三）在游击，本省未派县长或未成立县党部、义务教育推行甚难。据视察员马庆瑞、队长曹秉国、马书甲等呈请由特教工作人员秘密主办，建立短期小学，聘忠实同志为教师，藉此以为文化与联络通讯，将来支领报销经费，可藉合法机关印信，如专员公署关防或钧部督导员办事处钤记，以便核销。三列三点，是否可行，伏候钧示。职王承曾叩。俭。教印。

2. 河北省政府教育厅民国三十年度特种教育工作团实施办法

（1940年10月5日）

甲 总则

一、本办法依照部颁各省特种教育三十年度工作大纲四月九日战字第一三六三〇号指令及本省实际情形订定之。

二、本团工作实施目标如左：

1. 把握特教中心目标，防止不正确思想之传播。
2. 宣扬中央抗战建国之意旨，揭发敌人阴谋暴行，以培养民族意识。
3. 秘密实施抗战教育，延续文化生命。
4. 发展民众反日反汉奸的斗争，推翻敌人傀儡政权。
5. 组织武装民众，发动游击战争。

三、本团工作人员，均由信仰三民主义，年在二十岁以上三十五岁以下，曾在中等学校毕业，具有党务教育、地方行政或军队政训工作经验之一，曾受严格特种教育训练之人员担任之。

乙 组织

四、本团设团长一人，由教育厅厅长兼任，团务委员若干人，由部派河北战区教育督导员充任团长，下设副团长一人，视导员二人，干事及助理干事各一人，均为专任职，必要时并得酌调团员二人在团部工作。

五、本团团部设于本省或邻近本省之适当地点，指挥督导各队工作，工作情形按月呈报教育厅，重要事务及人员异动，由厅转呈教育部备核。

六、本团为配合本省交通线及实际情形，分设五队（第五队津吴区，工作人员太少，暂缓设立，所有工作人员归第二队队长指挥），各设队长一人，每队三组至六组，每组设组长一人，团员二人至三人。

七、各队队长主持各该队工作之设计、推进指导、考核等事宜，必要时得调团员一人，襄助工作，各组长督率本组团员工作。

丙　工作

八、工作内容

1. 实施抗战教育——采用以抗战为中心之教材，秘密教导学生及民众。

2. 联络区内教育人员领导工作——秘密联络及领导区内思想纯正、热心服务、成绩优良之教育人员，担任抗战工作。

3. 团结一切抗日除奸力量——区内一切抗日除奸份子均应秘密调查，予以组织及训练，分别指定担任各种工作。

4. 进行广泛而有力之宣传——利用各种方法，尽量宣传中央抗战决心，及抗战胜利之前途，揭发敌人阴谋暴行，说明汉奸政权之末路，指示民众斗争之途径。

5. 建立秘密情报网——建立有系统之组织，秘密调查及监视敌人与汉奸之设施及活动，报告后方。

6. 武装民众发动游击战——指导民众发展各种有利于军事之组织，予以军事训练，准备必要时扰乱敌人后方，协助国军抗战，消灭敌人与汉奸组织，建立抗日民族政权。

7. 瓦解敌人及汉奸的内部——揭破敌人一切欺骗政策，激发敌人反战情绪及伪军汉奸之民族意识，秘密进行瓦解鼓动哗变及说服投诚等工作。

8. 加强地方游击部队政训及党团之活动，尽量吸收优秀民众入党入团。

9. 破坏敌伪金融宣传，拒用伪币，并拒绝敌伪各项征发。

10. 招致战地青年来后方升学或参加抗战工作。

11. 招致战地志愿担任小学教师之人员来后方受训，以便派充本省各小学或短期小学教员。

12．鼓励壮丁逃出沦陷区域。

13．秘密领导民众举行国民月会，实施国民精神总动员。

九、工作方式：

1．设立小学私塾或义塾，担任校长或教师。

2．经营各种业务，如开设书局、文具店、印刷所等，该项开办费由团酌予补助，但全团全年不得超过一千元。

3．**伪装商人。**

4．**担任敌伪统制下之小学校长或教师。**

5．担任伪组织内部之职员，但须呈准后始能充任。

6．其他。

十、工作区域规定如下：

1．第一队（石大区）：濮阳、东明、长垣、大名、南乐、清丰、永年、邯郸、沙河、任县、邢台、内邱、尧山、隆平、柏乡。

2．第二队（德石区）：故城、冀县、南宫、威县、衡水、阜城、新河、宁晋（获虎、临城、替皇）。

3．第三队（平石区）：正定、无极、定县、安国、高阳、清苑、望都、房山、良乡。

4．第四队（平榆区）：宛平、大兴、通县、顺义、天津、宁河、临榆、滦县。

5．第五队（津吴区）：暂缓设立。

丁　通讯联络

十一、本团队长、组长、团员，每两周均须将工作情形编缮报告，按级呈送。

十二、本团为防止敌伪及异党之检查，呈送报告，传递消息，均须采用秘密通讯法，人名地名以暗号代替。

十三、各工作人员之报告应切实具体，除由本省战区教育工作秘密交通网送递外，均利用邮局寄交指定地点。

十四、各队长每半年返回报告工作一次。

十五、各队工作人员应与驻军或地方游击部队、地方政府团体、党部、三民主义青年团切实联系协进工作。

戊　视导及奖惩

十六、各队组长应经常巡视所属及各团员，工作队长应以驻在区之组为工作之中心，力求充实，以资示范，各组组长应在本身工作上努力表现，以为各团员之示范。

十七、团部应经常派遣视导员，分期分区赴各队组督导，每组时间最少五日，其督导时期除协助本团工作人员推行各种特教外，并负责传达政府命令，指示工作方案，召开区内特教会议及对于工作人员之考核奖惩。

十八、各队工作人员著有成绩，经调查属实者应予奖励，其有特殊功绩者，得呈请教部发给特别奖金。

十九、各队工作人员如工作不力，或思想发生动摇，及有变节行为时，应按情节轻重予以惩戒。

二十、各队工作人员出发一月后未到达工作地点者，除有特殊情况外，一律撤职，并追缴所领各费。

己　经费

二一、本团经费由教育部补助之本省特教经费项下开支。

二二、团部月支办公交通各费六百元，副团长、视导员、干事、助理干事薪给另定之。

二三、各队工作人员薪给如左：

1. 队长月薪一百元至一百一十元；
2. 组长月薪五十元至六十元；
3. 团员月薪四十元至五十元。

二四、各队办公交通事业等费规定如左：

1. 办公费　队长月支四十元，每组月支二十元至三十元。
2. 事业费　每组月支三十元。

3．交通费 每组月支二十元。

二五、工作人员应领经费由团部直接发放，必要时得由队长代领。

二六、法币换伪币贴水，按百分之三十五发给，由特教预备费项下开支。

二七、经费之报销遵照游击区域各工作单位报销稽核办法及游击区域各工作单位经费报销须知办理。

庚　附则

二八、本办法如有不适宜处，得随时呈准修正之。

二九、本办法呈经教育部核准后施行。

〔国民政府教育部档案〕

3．河北省教育厅长许重远报告特教推进情形及今后改进意见呈

（1941年3月22日）

窃本厅于二十八年秋，奉令办理特教，因本省大部为沦陷区域，仅设特教工作团一团，侧重秘密施教工作，艰难缔造，方及半载，基础尤未确立，乃横遭异党之大举摧残，省府、国军同时南移，特教工作惨遭重拙，联络断绝，工作陷于停顿。自本厅于上年四月改组以后，苦心擘划，力图恢复，除设法与原有工作员尽量联系外，并在洛重新训练大批工作人员，密派返省工作，经数月之联系补充，原有机构已大致恢复，各项工作亦次第举办。窃以欲谋切实之改进，必先明察困难之所在，然后针对症结，改弦更张，庶可收亡羊补牢之效，谨将本省当前环境特教工作困难情形及今后改进意见，分别陈述于左，恭请鉴核。

（甲）本省当前环境——本省沦陷最早，故致伪异党为祸最烈，自上年初事变发生，形势益趋险恶，特教人员既苦于敌伪之摧残，复怵于异党之屠戮，工作开展困难，此实为主要原因。兹

分别概述如次：

一、敌伪活动概况——本省自国军南撤后，某党游而不击，日伪势力日益扩展，各重要城镇悉为敌伪盘据，铁路沿线各县，日伪据点日增，势力渐强，车站附近戒备森严，旅客上车非持有确实铺保及带像片之旅行证、良民证等不准通行。据我工作员报称：自彰德（安阳县）上车至北平途中，被严厉检查约计十余次，被扣押拷讯之事，亦屡见不鲜，敌伪又尽力推行伪钞，禁用法币，凡查有携带法币十元以上者处死刑，十元以下者没收处罚，即携带伪钞亦限制，每人不得超过百元，倘逾额须有商会携款证明书，并照数纳捐。至居留某地检查登记种种手续，尤为繁复，近悉敌伪统制日趋严密，我工作人员不但携款不便，汇兑不通，即行动掩护，亦将颇感困难。

二、异党活动概况——某党自去春称兵构变、压迫国军出省后，叛迹暴行日益彰著，一面集结重兵于本省南陲，继续进攻国军，严拒国军返冀，一面竭力推展非法政权，忘冀施行不合国情之主义，并在其统治区内捕杀本党同志，宰割善良民众，种种暴行，不胜缕数，更厉行封锁消息，检查行人，造成与外间隔绝之特殊割据局面。在异党区内，我方工作人员不但活动困难，即潜伏亦属不易。如我工作人员申炳琦、崔景舆之惨遭杀害，董振英、阎勉学、安连吉等之被勒罚巨款，种种危险，不一而足，自去冬某党解决我津浦游击纵队张国基部后，我惟一存留本省之武力亦横被摧毁，从此某党凶焰益张，倒行逆施，对敌伪游而不击，对本党则大事残戮，于是本省乃成为敌伪与异党并炽之区矣。

三、我方军政概况——本省自异党事变后，各地敌伪及反动势力益形猖獗，惟濮阳与吴桥两区，以我方军队不时游击其间，县政权尚稍能树立其在濮阳一带，我三十九集团军仍不断遭受某党围攻，时展开大规模之血战，我方虽于濮阳、清丰、南乐及鲁

483

西之濮范、观城、朝城等县设有县府，但除濮阳有七区、濮县有五区尚能在驻军区内推行政权外，其余各县政权皆不能开展，其在吴桥一带，本为我津浦游击纵队张国基部抗战根据地，张氏自"七七事变"后，即号召吴桥、东光、南皮等县民众组织武力二千余人，坚持敌后抗战，驱敌复土，建立战功，地方政权亦得建树，追暴敌复陷吴桥，该部处境日难，省府南移后，该区更悬为孤岛，迭受敌伪异党之多方进攻，岌岌堪虑，至上年十一月间，某党竟集结重兵，将该部包围解决，掳去张氏及其重要职员百余人，其他损失无数，自该部遭此重挫，我方在本省军政势力几被摧残。追尽第一区（天津区）专员许惠东亦以工作无法开展辞职。最近三十九集团军驻防冀鲁边境，二十四集团军驻防河南林县，省府仍暂驻洛阳，在军队未向北推进、政权尚未开展之前，以特教工作为军政前锋，其推动困难，盖可想见。

（乙）特教工作困难情形——就过去一年中办理特教经过，详加检讨发见，事实上困难之点甚多，兹择要分述如下：

一、战区环境险恶，工作员不易活动——本省环境日趋险恶，在异党区屠杀惨烈，统制极严，我工作员多无法立足，在敌伪区以敌伪统制方法日密，工作掩护亦颇成问题，且以本省敌伪与异党势力犬牙相错，情形复杂，窒碍丛生，致我队长与组长、组长与团员间，恒以交通阻塞，不能取得密切联系，非惟指挥不便，工作困难且常在发生意外时，彼此不能立即闻讯，设法营救。

二、战区通讯困难，指挥不便——本省特教以通讯网迄未建立成功，所有报告指示均采用秘密通讯法，赖邮局传递，但敌伪检查甚严，时予扣留，而异党更捕杀听差，封锁消息，计本厅所发及各工作员呈报之信件能送达者至多不过三分之一，工作指导颇感困难，本应组设团部赴战地指挥，惟本省敌伪异党势力交错，情势险恶异常，省境内实无组设团部之适当地点，即勉为设置，事实上亦难指挥全团工作。兹拟提高队长职权，加强指挥力量，以资补救（详见后改进意见三）。

三、汇兑不通，物资接济困难——邮局汇兑限制甚严，平津等地每次可汇二十元，但票额有限，几至完全不通，至利用商号兑款，机会亦殊难寻得。且商人以渔利为主旨，恒抬高汇水，有至每百元需汇水八十元者，于是各工作员经费之发放，非常困难。

四、待遇低薄，不能选拔优秀人才——近来物价飞涨，生活程度骤高，较一年前相差不止倍蓰，且本省特教人员均系孤身深入，行踪无定，所费更繁，现团员生活费每月仅支四十元，实属不足维持，若不设法提高，不特影响工作，且亦无法选拔优秀人才。

五、公费太少，各种工作不易推展——过去每组月支办公费十元至十五元，事业费二十元至三十元，交通费十五元至二十元，近以物价高涨，各工作员均感经费太少，不敷办公、交通及举办事业之用，因而影响工作不易推展。

六、法币兑换伪钞贴水太高——本省情形特殊，各工作员返省工作时，须先以法币兑换伪钞方可通行，自上半年起，法币兑换伪钞贴水日趋高涨，由每百元贴二十五元涨至贴四十元、五十元，今更地区须贴百元以上始能换取者，情势严重，影响特教经费甚巨。

七、无专任视导员负责视导——本省特教过去未设专任视导员，视导工作向由厅临时派员兼办，以人少事多，特教视导难期普遍。

（丙）特教工作改进意见——针对上述实际困难，参酌本省当前环境，谨拟具今后改进意见数点，分陈于左：

一、集中人员分布——过去工作人员分布仍嫌散漫，指挥联系均感不便，此后拟本"因地制宜"之原则，随时加以调整，择较易活动之区域，酌量使人员分布集中，俾使呼应灵活，指挥便利。

二、筹设交通站——本区建立战区教育工作秘密通信网办法，业经呈准备案，此后拟即依照上项办法积极筹设交通站，以加强通讯联络，有必要时更拟修订原办法，增加站数及经费。

三、提高队长职权——目前为环境所限，既不便在战地设置团部，为指挥便利计，拟提高各队长职权，举凡各该队工作人员之指挥联系及□通汇兑处之□□转发等项，均责成队长负责办理，就各该区情形灵活运用，各队长每半年□照规定来厅一次，报告各该队工作，请示机宜，并领取经费，设法带往战区，以利工作推进。

四、提高工作员待遇〔略〕

五、增加办公等费〔略〕

六、增列贴水预算〔略〕

七、增设专任视导员——本年度拟增设专任特教视导员，先派赴战地，负责视导各队组工作，以加强特教督导与联系。

八、继续登记训练——本省特教人员尚未足定额，为健全机构起见，本年度拟继续登记合格人员，随时予以一个月之短期训练后，密派返省工作。

综上所拟改进各点，均已分别列入本年度特教工作计划暨特教工作团实施办法内，是否可行，理合呈请钧部鉴核示遵。

再本年度特教工作团实施办法暨特教工作计划业经于三月十日及十一日先后呈送，合并陈明。谨呈

教育部部长　陈

　　　　　　　　河北省政府教育厅厅长许重远

中华民国三十年三月二十二日

〔国民政府教育部档案〕

4. 河北省教育厅关于该省反共特教工作团沿革简介

（1945年10月）

一、特种教育工作团的沿革

民国二十二年，主席领导革命将士在江西剿共的时候，因鉴于收复区域，民众多受毒化教育的麻醉，为纠正此错误观念起见，特在行营中手订特种区域暂行社会教育实施办法，于是年三月二十三日经第四届中央执行委员会划定公布施行，于是特种教育工作团便肩负着这种伟大的使命而落世了。当时为了与军事配合便利起见，遂直属于军事委员会。数年以来，对恢复秩序，复兴农村，建树颇大。抗战军兴，河北省主席鹿钟麟氏，在太行山路罗山创设河北省特种教育工作团，活跃在冀南区、濮大区一带，旋以敌寇进犯，我军败退，特教团亦遭摧残而告解体。民国二十九年河北省政府教育厅长许重远氏因鉴于沦陷区域教育设施泰半摧毁，奴化教育日益扩张，而我正常教育无法推展，遂于河南沙湾镇成立特教人员训练班，训练优秀干部，深入敌后与敌伪作艰苦斗争，涤除奴化思想，推行党化教育，民国三十年现任特教视导员兼第四队队长李伟祯氏，奉命来沧开展工作，秘密联络教界同志，领导优秀学生遣送后方受训或就学，文化生命赖以延续。刻为加强津浦区、北宁区特教工作起见，复在沧组设第四队，集合各县工作同志，集中力量，开始推展工作。

二、特种教育实施范围和对象

特种教育实施范围在抗战前，仅限于单受奸伪蹂躏的区域，抗战以还，我国国土大部沦陷，敌人足迹所到，到处摧毁文化，灌输奴化思想，扰乱民众听闻，所以现在特种教育的任务，除了清除奸伪毒化气氛外，又负着清除敌伪奴化思想的责任，因此特教实施的范围亦随之扩大了，他的对象也由单受奸伪麻醉的成人或儿童扩展到受敌伪奴化的成人和儿童。

三、特种教育的工作重心

特种教育的工作的目标是:1.宣扬本党主义,2.涤除奴化思想,3.纠正错误观念,4.延续文化生命。而其工作方式,则以主席所说的"不泥成法,不拘一格而依重特殊环境,因地制宜,以达成潜移默化的目的为指归"。为圭臬管教养卫为中心,无论保甲训练、壮丁训练都是施教良机,随机应变,不加拘泥,潜移默化之中,使成人儿童受到党化教育的熏陶。

四、特种教育工作团之组织

特种教育工作团团长系蒋主席兼任,下即团主任李焕之氏,主持本团一切事务,河北省特种教育团团长系河北省教育厅长贺翊新氏兼任,副团长马广清主持一切,直受中央教育部之领导,下设四大队:第一队担任濮大区工作,第二队担任平汉钱南段工作,第三队担任平汉线北段工作,第四队担任津浦线北宁线工作,队部设于沧县,队长由特教视导员李伟祯氏兼任,下设辅导、宣传、调查、总务四组,由于之洋、张汉民、李熙安、王增誉分任组长,日内即赴各县推展工作,以达成教育建国之最终目的。

印制告各县教育界同胞书〔略〕

〔国民政府教育部档案〕

(4)山东省特教

1.山东省教育厅制订的各项反共特种教育法规

(1944年4月6日)

(1)山东省各县市办理特教学校要点

一、凡在敌伪及"奸伪"直接控制地区,正常教育确实无法推行时，得运用特殊方式，办理特教学校。

二、各县应酌量地方情形及实际需要，统筹普遍设立之。

三、凡志愿担任特教学校教师者，经考查适宜后，须举行宣誓，予以训练，再行分配工作。

四、凡特教学校所需之经临各费，应由各该县教育经费项下开支。

五、特教学校教师之待遇，应遵照规定从优支给；其成绩优良者，须由省发补助费项下酌予津贴，以资鼓励。

六、凡特教学校均须讲读抗战教材或敌奸伪教材，激发学生爱国思想，抗战情绪。

七、如抗战教材购置困难，可令学生辗转抄写，以便应用。

八、凡特教学校教师须有严密之组织，以便从事各项抗战活动。

九、凡特教学校如因环境险恶不能存在的，经县政府允许，可向伪方备案，以资掩护。

十、凡特教学校教师接受命令之后，如阳奉阴违或泄漏机密累及他人者，须严予惩处。

十一、凡特教学校教师因工作而牺牲者，应呈由教育厅议恤。

（三十三年四月六日第五九次厅务会议修正通过）

（2）山东省各县市特教学校教员训练办法要点

一、由省派特教工作人员会同县教育科举办特教学校教员训练班。

二、凡特教学校教员应一律分期训练。

三、训练要项为：

（一）精神训练；

（二）秘密工作训练；

（三）各种技术训练。

四、训练期限广各县斟酌情形自行规定，训练形式务求秘密。

五、凡特教学校教员，如有特殊情形不能参加训练者，须予以书面指导或派员前往个别指导。

六、训练情形及受训人员名册、成绩、分派工作地点等项，须秘密报教育厅备核。

（三十三年四月六日第五九次厅务会议修正通过）

（3）山东特教工作人员兼作"党""团"活动办法

一、凡特教工作人员，均须设法介绍为中国国民党党员，或三民主义青年团员。

二、凡特教工作人员，如在同一工作地区已足法定人数，由县教育科与党团机关商洽成立区党分部或区分队。

三、凡特教工〔作〕人员应介绍思想坚定之学生及当地优秀民众入党入团。

四、凡党务团务各种会议，应酌量情形，或公开或秘密按时举行。

五、凡特教工作人员之"党""团"活动情形，应按月呈报上级备查。

六、凡特教工作人员之"党""团"活动，列为工作考成之一。

七、凡特教工作人员对"党""团"活动，阳奉阴违，泄露机密等，得严予惩处。

（三十三年四月六日第五九次厅务会议修正通过）

（4）山东省各县三十三年度"匪区"特教实施办法

一、工作目标：

（一）实施主权教育，延续并增强传统文化生命。

（二）阐扬三民主义，揭发"奸匪"之阴谋暴行。

（三）领导民众，发展反"匪"斗争。

二、工作内容：

（一）采取以三民主义为中心之教材，秘密教导学生及民众。

（二）秘密联络思想纯正之过去教育人员，使其担任工作。

（三）秘密调查反对"奸匪"份子，予以组织训练，分派相当工作。

（四）利用各种方法，宣传中央对"奸匪"之宽大政策及"奸匪"之悖谬言行。

（五）建立有系统之组织，妥慎运用，相机打击"奸匪"。

（六）利用关系，秘密进行瓦解、鼓动、哗变及说服投诚等工作。

三、工作方式：

（一）设立学校或私塾，担任校长或教师。

（二）担任"奸匪"统制下之学校教职员。

（三）担任"奸匪"组织内部的职员，如教育机关之视察员等。

（四）争取"奸匪"人员，使其担任我方工作。

（五）伪装贩卖商、测字算命或任邮差等。

四、工作联系

（一）各县教育科对"匪区"工作，应与各该县"党""团"机关取得密切联络。

（二）各县于"奸匪"区内，应划分若干区，每区指定一人，专负该区内特教人员相互联络之责。

五、经费分配

（一）各县对省发特教补助费,应以三分之二分配于"匪区"。

（二）各县自筹之特教费，应酌量情形对"匪"〔区〕多予分配。

（三十三年四月六日第五九次厅务会议修正通过）

（5）山东省特种教育工作团三十三年度工作要点

一、协助地方教育行政机关，恢复或成立学校或私塾。
二、协助地方教育行政机关，举办特教工作人员训练班。
三、辅导特教学校实行抗战教育。
四、指导中小学失学学生，遵照中央规定办法自修。
五、介绍青年就业就学。
六、领导青年参加抗战工作。
七、指导民众发展有利于抗战之政治军事等组织。
八、调查敌伪情形，并侦查"奸匪"之活动状态。
九、会同地方教育行政机关，编印抗建书刊。
十、举行时势座谈会，并组织读书会。

（三十三年四月十三日第六〇次厅务会议修正通过）

（6）山东省三十三年度特教督导队工作要项

一、各县特教协会未成立者，促其成立，已成立者，促其按时举行干事会。
二、各县战区教育指导员，未设置者，促其设置，已设置者，促其来省受训。
三、协同各县分期普遍训练特教学校教员。
四、督导各县遵照规定尽量充实学校。
五、督导各县加强各项复兴活动。
六、督导各县切实推行六重政策。
七、督导各县严励推行"匪区"特教工作。
八、督导各县呈报年度特教工作计划及工作报告。

九、督导各县按时呈报月份中心工作及工作报告。
十、严密考查战教指导员及特教工作员工作情形。
十一、划分地区召开特教工作讨论会。
十二、考核各县对省发特教费发放情形。
（三十三年四月六日第五九次厅务会议修正通过）

（7）山东省三十三年度各县战区教育指导员工作要点
一、调查工作：
（一）调查敌伪及"奸伪"教育计划及实施概况。
（二）调查敌伪及"奸伪"教育人员之姓名、籍贯及思想行为。
（三）调查敌伪及"奸伪"教育所发生之效能与影响。
（四）调查敌伪及"奸伪"军事活动及政治动向。
二、计划与报告：
（一）拟定特教年度工作计划。
（二）拟定特教月份中心工作及宣传要点。
（三）编制特教年度工作报告。
（四）编制特教月份工作报告。
三、视察与考核：
（一）分期视察特教学校办理情形。
（二）按期分区召集特教工作人员举行工作讨论会。
（三）严为考查特教工作人员工作情形。
（四）指导特教工作人员进修。
四、撰拟工作：
（一）撰拟关于特教各种文稿。
（二）编辑特教书刊。
（三十三年四月六日第五九次厅务会议修正通过）

〔国民政府教育部档案〕

2. 山东省教育厅拟订的反共特种教育工作团民国三十四年度工作计划

（1945年4月）

一、过去办理情形

本省特种教育工作团，自三十一年即遵照部章于鲁北成立第一、二两队，开始工作；三十三年按照规定计划，复于鲁西北四、六两行政区成立第三队，现团部下共设三队，计有队长三人，组长九人，团员四五人，名誉团员二十一人。各队均能遵照规定各项工作切实办理。截至上年度底计协助各县恢复成立学校四九二校；刊行壁报十二期，共一二〇份；介绍青年就学者四五人，并联络地方青年学生组织读书会及举行座谈会，以促进青年自修。至阐扬三民主义，宣传政府威德，调查敌匪军政活动，均有补于我政令之推行者甚大。

二、本年度实施限度及方法：

子、继续推行抗战教育：

甲　辅导地方教育行政机关，将恢复原有之学校或私塾，尽量充实其设备。

乙　协助地方教育行政机关办理教员训练班。

丙　辅导各级学校履行战时教育生活，并切实讲授抗战教材。

丁　指导中小学失学学生家庭自修，并供给战时学习材料。

戊　指导各级学校兼办社会教育。

丑、推广战区文化：

甲　继续编刊抗战新闻、壁报及抗战画刊。

乙　搜集各种抗战书刊，编印分发。

丙　设立战区书报通讯站，担任介绍抗建书刊并巡回传阅。

丁　联络地方教育行政机关或文化团体组织读书会，或文化研究社。

寅、扩大宣传及调查工作：

甲　阐扬三民主义之伟大与抗战建国之真意义。

乙　宣传盟国战绩及胜利事实。

丙　宣传敌伪及"奸伪"之阴谋及欺骗政府手段。

丁　调查敌伪及"奸伪"军事、政治活动情形。

戊　调查敌伪及"奸伪"区内奴化"匪化"教育实施情形。

卯、办理青年救济及领导战区民众：

甲　凡战区内失学失业青年介绍参加各项抗战工作。

乙　凡无党籍、团籍青年，均应吸收参加党团。

丙　领导战区思想纯正之青年，秘密从事各项抗战活动。

丁　介绍有志上进青年，转赴后方求学。

戊　指导民众发动有利抗战各种组织。

辰、协助军队政训争取最后胜利：

甲　担任地方团队及民众自卫队政训工作。

乙　协助地方团队办理各种干部训练班。

丙　领导民众加强各种战地组织，俾使协助军队反攻。

巳、整建特种教育工作团组织：

甲　各队应每月举行队务会议，由队长召集各组组长讨论月份中心工作及各项工作推进事宜，并将会议纪录呈送团部备核。

乙　各组组长除领导本组团员工作外，并应尽量协助队长计划全队工作。

丙　各队组长在工作上人地不宜者，予以适当之调整。

丁　各队组工作团员无成绩表现表，拟更换另委。

戊　大量增加名誉工作团员，俾收协助之效。

午、加强与地方教育行政机关工作关系：

甲　各队组工作组员应与地方教育行政机关互相配合工作。

乙　各队组工作团员，应于地方教育行政机关召开教育行政会议时，参加或列席，俾便讨论协同工作。

丙　各队召开队务会议或工作讨论会时，应聘请地方教育行政人员参加指导。

未、紧密交通联系：

甲　团部及各队组间交通联系，应力求密切，俾上下工作情形，互相明瞭。

乙　利用工作区内各级学校组织特教通讯网。

丙　与地方行政机关及各团队取得密切联系，可利用其通讯办法，传递来往文件。

申、举行工作讨论会：

甲　全团工作讨论会，本年度规定举行二次，会期临时规定。

乙　各队组须每月举行工作讨论会一次，会议记录或讨论结论，应按时呈报，送团部备查。

丙　各队组工作讨论会，应以解决工作困难及策划工作进行为讨论中心。

酉、考核及奖励队组工作人员：

甲　各队组月份中心工作及工作报告，须按时呈报团部，以凭考核。

乙　各队组工作成绩优良者，须按照山东省奖励特种教育工作团队组长及团员办法奖励之。

丙　各队组因公被难人员，须转呈教育部优予奖恤。

三、本年度所需经费、人员及其来源。

子、人员：由本府委派。

经费：团部职员薪俸由省支给，特种教育工作团经费共二十万元，全由教育部补助。

〔国民政府教育部档案〕

3. 山东省政府咨转该省特教工作团搜集中共在鲁发展教育文化实施情况的情报

（1945年9月1日）

山东省政府咨　颖政三战字第九〇一号

事由：咨送山东省奸伪教育文化实施情形，请查照由。

兹据本省特教团各队组长暨团员工作报告，将有关调查本省奸伪教育文化实施情形者，汇编山东省奸伪教育文化实施情形一份，相应随文咨送，即请查照为荷！此咨

教育部

　　附送山东省"奸伪"教育文化实施情形一份

中华民国三十四年九月一日

山东省"奸伪"教育文化实施情形

本省奸伪教育文化实施情形，以各县环境不同，其工作方式亦因有稍异，惟均以宣传"马列主义"及破坏正统思想为主旨。兹将其教育行政组织及学校教育、社会教育、文化团体办理情形，分述如下：

一、教育行政组织——行政组织颇为简单，以其教育工作人员均以党员充任，在其边区政府有文教处，专署及县府有文化科，区公所有文教助理员，村有文教指导员，分别负责推动各级教育文化工作。

二、学校教育——各大、中、小学，以环境动荡不定，多以流动方式，露天教学，教材内容以宣传"马列主义"及捏造抗战史实，自己编印。或采用中共文化出版社所编印之大众课本。兹将各级学校办理情形分列如左：

1. 抗日大学——鲁南、鲁东均设有抗大分校，内设党、政、军各科，专以训练干部人员为目的，其编制有大学部、高中部、

初中部、师范部及各种预备班，毕业年限不定，毕业后按照学习能力派定工作。

2．中等学校——（莱北公学、海阳、渤海等公学）毕业年限不定，主要学科内容多为共产主义宣传。

3．小学——鲁东、鲁南被其盘据县份，均普遍设立，惟在鲁北、鲁西，对小学教育不甚注意，小学教员不时调动，且兼任情报员，教学时间过少，学生程度太差。

三、社会教育

1．识字运动及冬学运动——各县利用农暇时间，均有识字运动及冬学运动之举办，其工作方式即发动各村所有成人、妇女及儿童，不论老幼，完全加入。是以此项运动即等于广大群众运动，或党务活动。

2．简体字运动——为破坏固有文化及传统思想起见，特别注意世界语，及国语罗马字之推行。

3．谚语歌曲——谚语、歌曲、小调为党的宣传及政令推行之先导，藉以麻醉青年，煽惑民众。例如谚语中有"太阳出来一点红，中国出了个毛泽东"、"今天盼中央，明天盼中央，中央来了一扫光"、"顽固份子是中央，进步份子是共党"、"游击队是捣乱的，八路军是抗战的"，使人眼花瞭乱，无意中增加群众对他们的认识，用尽方法来欺骗民众。

四、报纸及刊物——奸伪报纸及各种刊物的特点，根据党的政策及阴谋，用热烈的情绪，麻醉好奇心的青年，用最通俗的文字渗透群众心理，抓住时代，利用机会，高谈抗战，夸耀战绩，以团结群众，惟在消息方面绝对统制。现在山东发刊报纸，有《大众日报》《泰山时报》《新华日报》《群众报》《老百姓报》《抗日新闻》，均能分散奸伪盘据区域之农村中。

五、文化团体及各项社会组织——文化团体有鲁迅学术研究会、斗争会、检讨会、妇女团、农救团、姐妹团、青抗先、自卫团、慰劳队等,以上各团体之活动中心,均不脱离党的政策及阴谋。

〔国民政府教育部档案〕

(5) 其他各省特教

1. 国防最高委员会秘书厅抄转绥远省境内蒙古各盟旗地方自治指导长官公署呈请办理蒙旗特种教育的公函

(1940年3月29日)

国防最高委员会秘书厅公函 国议字第八五〇一号

奉委员长交下绥远省境内蒙古各盟旗地方自治指导长官公署请办理蒙旗特种教育,拟具办法简则,请鉴核示遵等情。呈一件,并奉谕:"交行政院"等因。相应抄同原呈及附件函达,即希查照核办为荷!此致

行政院

附抄原呈一件、蒙旗特种教育推行委员会组织大纲、蒙旗特教师资训练所简章、各项经费概算表、师资训练课目各一份

中华民国二十九年三月二十九日

附抄原呈

窃查过去内地各省于匪乱之后,为革去民众错误观念,启迪其建国信心,由中央拨款办理特种教育,收效甚为宏大。蒙旗地处边陲,教育未兴,十九尽属文盲,平时已缺公民应具之条件,际兹抗战建国之艰巨时期,如何能冀求其生存,更如何能责望其共同努力,愚民百万,谓之无民,此国家最不利之现象,对症下药,除积极办理正常教育外,应即施行特种教育,为诱导转移之方剂,以收易愚为智,易涣散为团结之效益。谨按实际情形,拟具办法十项:

（一）特种教育系正常教育以外之临时补救事业，非普通行政性质，应由中央授权蒙旗自治指导长官公署办理。

（二）蒙旗人口疏散，集中教学势所不能，应采取流动教学式，并仿照郎爽秋巡回教学车，精制教具，使之摺叠，即以骆驼负巡回教学。（因沙地不便行车，北人又不惯担挑，故用骆驼）

（三）巡回教学不限学生多寡，三人以上即可施教，亦不限地方时间，随时露天行之。

（四）巡回教学之设计，先以魔术引起兴趣，继续讲演，并教以识字。

（五）巡回教学之实施，计分二期，第一期普行伊盟全部，第二期推行至乌盟及绥东土默特各旗，每期以一年为限。

（六）巡回教学之分配，以人口及地域为准，伊盟人口总计二十七万余，应设巡回教学二十组，计扎萨克旗、乌审旗、郡王旗各一组，准格尔旗六组，鄂托克旗（地广人稀）三组，抗锦旗三组，达拉特旗五组。

（七）巡回教学教材之内容，应注意人民与国家的关联，个人生活与国家政治的关联，国家与国家的关联，暨抗战意识、建国准的并汉蒙一家等要点。

（八）巡回教学之教材，应以简单明瞭、汉蒙合璧，由蒙旗自治指导长官公署组织特种教育推行委员会，负责编印，无价发给（必要时并得代编适合蒙情之小学教材）。

（九）巡回教学之教师由蒙旗自治指导长官公署设所训练，择优委用。

（十）巡回教学之经费，由中央拨交蒙旗自治指导长官公署统筹支配，右拟办法是否有当，理合连同蒙旗特种教育推行委员会组织大纲、特教师资训练所简章暨各项经费概算，训练课目缮呈鉴核，伏乞示遵。谨呈

国防最高委员会委员长　蒋

附蒙旗特种教育推行委员会组织大纲、特教师资训练所简章、各项经费概算、师资训练课目〔略〕

绥远省境内蒙古各盟旗地方自治 指导长官阎锡山 副长官朱绶光

蒙旗特种教育推行委员会组织大纲

第一条 绥境蒙旗自治指导长官公署为启迪一班蒙胞抗战建国意识，施行特种教育，组设蒙旗特种教育推行委员会（以下简称特教会）隶属于指导长官公署，负推行特种教育之任务。

第二条 特教会设主任委员一人，兼任委员五人，专门委员一人，均由指导长官派任之。

第三条 特教会主任委员由指导署秘书长担任，兼任委员由处长、参事、秘书分任，专门委员另派教育专家或其他适当之专门人员任之。

第四条 特教会兼任委员均为无给职，但主任委员得酌支公费。

第五条 特教会取会议形式，由主任委员负责执行之。

第六条 特教会设干事三人，承主任委员之命，分别担任编译教材、宣传品及督导教学等事宜。

第七条 特教会设助理员、雇员各二人，分别办理文书、事务各项事宜。

第八条 特教会设正副教师四十人，负各旗巡回教学之责任。

第九条 特教会设勤务三名，驼夫二十名，受各级职员之指挥，分别担负劳役。

第十条 特教会委员以下之委任各职员，由主任委员呈请指导长官委用。其他雇员勤务驼夫等，由主任委员负责选用。

第十一条 特教会经费另表定之。

第十二条 特教会为求巡回教学之实际效益，得设特教师资训练所，其办法另定之。

第十三条　本大纲如有未尽事宜，得随时呈请修正并补充。

第十四条　本大纲自呈准备案之日起施行。

蒙旗特教师资训练所简章

第一条　指署蒙旗特种教育推行委员会为实施特教起见，依据蒙旗特种教育计划第九项特设蒙旗特教师资训练所。

第二条　本所以训练蒙旗特教适宜之教师为宗旨。

第三条　本所设所长一人，由蒙旗自治指导副长官兼任，设副所长一人，由指署参赞兼任，设教育长一人，由指署秘书长兼任。

第四条　本所设总务、教务、训育、事务主任各一员，助理员六员，由教育长呈请所长委用雇员三人，校工六人，由教育长雇用。

第五条　本所设讲师若干人，由教育长呈请所长聘用。

第六条　本所训练期间定为三个月，学额定为四十名，学员受训时期一律军事管理。

第七条　学员入学以考试行之，其资格须曾在高级中学毕业，或有相当程度。

第八条　训练课目除蒙古语文外，注重本党主义、政治常识兼及各种法规、畜牧、农艺等智识，其详细课目，另表定之。

第九条　训练完毕，以考试定优劣，分发服务，即凭毕业次第录用。

第十条　学员受训时，书籍、制服及膳宿等概由所中供给，不另收费。

第十一条　本所经费另表定之。

第十二条　本简章自呈准备案之日起施行。

〔行政院档案〕

2. 甘肃省教育厅拟订的民国三十四年度反共特种教育实施计划

（1945年4月28日）

本省推行特种教育，历时六载，曾先后设置中山学校八十所及巡回教学团一团，在陇东各县分别施教。三十一年奉令指定平凉、庆阳等县统办特种教育，遵照规定，将教育厅原设之特种教育股改组为特种教育办事处，移驻平凉办公，就近管理督导各县特教设施。本年除继续办理原有事业外，并切实推行下列各项特教设施，以宏实效。

一、整饬特教行政

提高推行特教效率，有赖各县教育科人事配备得当，熟研教育法令，依照办事顺序，分工合作，始能发挥行政效能。本年拟除增设特教区各县教育科办事员一名，暨定期举行特教行政会议外，并依照教育部前颁特种教育考询合格师资在股（特教股）讲习办法要点，拟订甘肃省甄调统办特教县分教育行政人员在处讲习办法，切实施行，以期人事行政日臻健全。

二、普设中学校

本省奉令指令陇东各县统办特教以后，除将省办之八十所中山学校拨交各县接管外，并依照规定通饬各该县将普通小学及民众学校分别改设为乡（镇）中山中心国民学校及保中山国民学校。惟查统办特教区各县地区辽阔，文盲众多，拟依照甘肃省各乡（镇）中心国民学校设施要则第二、第三两条，暨各县保国民学校设施要则第三、第四两条规定，切实调整各校校址后，依照本省三十年规定，五年普设乡（镇）中山中心国民学校及保国民学校之计划，核计未设中山学校之乡（镇）保数及所需经费师资数等，依限普及。

三、推进巡回教学

截至三十三年度止，特教区各县中山民众教育馆均已普设，特教巡回教学队每队设队长一人，队员四人，本年除加强举办通俗讲演、编贴壁报、设立短期识字班、演奏戏剧歌咏、施送医药、实施社会调查，及辅导各中山学校推进社会活动外，并饬本省巡回教学团配合电化教育施教队，前往特教区各县县城及较大市集，巡回放映电影及收音广播，以利抗建宣传。

四、督导实验教育

本省陇东各县统办特种教育以后，各项设施虽有改进，惟以师资素质较差，学校设备简陋，故尚未能普遍发挥特教效能。上年已督导各县普设实验中山中心国民学校及实验中山国民学校各一所，以资实验研究，俾其他各校易于观摩改进。本年订颁各项实验计划，督饬各实验中山学校依据人力物力及环境实际需要，选定实验项目，切实办理，藉增实验效率。

五、增筹学校基金

特教区各县虽已普遍筹集学校基金，但因少数县份对上级法令或以认识不清，或以奉行不力，尚未筹足定额。本年拟遵照修正保国民学校及乡（镇）中心学校筹集基金办法之规定，切实增筹，并依法保证收息，妥慎支用，发展学校事业。

六、鼓励进修研究

本省为增加特教工作人员进修机会，藉以改进各项特教设施起见，曾先后举办特教工作人员讲习会五次，均收相当效果，本年仍拟利用暑假集训各县中山民校及民教馆等教育人员，灌输业务常识，培养共同信仰，以期齐一步骤，提高推行特教效率。此外，并切实督导各县特教工作人员，依照规定研究教育部颁特教施教问题及参加教育厅通讯研究工作，按期送缴研究报告，评定成绩，分别奖惩。

七、调整特教师资

统计特教区各县师资，曾受师范教育专业训练者，为数不及百分之十五，对于推进特教事业，诸感困难。本年除严格管制特教区各师范毕业生服务，并通饬各县尽先任用师范毕业生充实各中山中心国民学校，以推进教学辅导外，关于各县调整教育科长及督学时，必须遴选后期师范毕业以上学生荐委，以资健全教育行政，增加施教效能。

八、举行工作竞赛

普及国民教育，本省列为三十四年度六大中心工作之一。特教旨在加强国民教育设施，亟应选定教育要项，厘订实施记分标准，以工作竞赛方式，分别策进。除令特教区各专员公署督察各县办理外，饬教育厅特教办事处，就近与各专员公署取得联系，斟配地方需要，慎订实施细则，切实执行，严核考核，以资竞进。

九、推行生产合作〔略〕

十、协进党团工作

本省特教开办之初，即本党教合一之原则，通饬中山学校教职员一律入党入团，于校中成立区分部或区分队，俾各校成为推进内地党团工作之中心，本年仍拟令饬新增中山学校及中山民教馆工作人员，一律入党入团，以及发展基层党团组织，一面协同党团高级机关，切实督导考核，俾能加强陇东政治力量，推进地方建设。

以上十项，为本年办理之重要特教工作。此外，对于本处附设之三年制简易师范班，拟再设计研究，切实改善各项教导设施。至于救济奸区、撤退学生、编印教材刊物、购发参考图书及督导校馆实施教学辅导，亦拟依照成案，编列专款，力求改进。裨三十四年度陇东各县特教设施，获得进一步之发展。

〔国民政府教育部档案〕

3. 宁夏省教育厅拟订的民国三十四年度特种教育工作计划书

（1945年5月19日）

（甲）过去概况

本省特种教育创始于民国二十九年，其时特教区域祇以紧接特区之盐池、同心二县为限。民国三十年春，奉令饬自三十一年度将金积、灵武二县划入特教范围，因而本省特教区域即行扩大。民国三十二年九月本厅以特教区域离省较远，指挥不便，经呈准设立特种教育办事处，派专人驻灵武县吴忠镇办公，由此本省特教组织亦臻完备。去年本厅为促进特教工作效能，并与本省社会教育巡回工作团配合工作，以该团之电影、幻灯、戏剧、歌咏等为施教方法，以特种教育为其施教目标，务使该区人民组织严密，信仰坚定。

（乙）组织调整

一、本省特教办事处设主任一人，视导员一人，处员二人，书记一人，专司特教之设计、视导、考核等事宜。特种教育巡回教学团，设团长一人，组长二人，团员八人。第一组掌理总务，第二组掌理国民教育，辅导宣传访问及组训等事宜。

二、本省特教工作人材甚感缺乏，为使特教推进顺利，发扬功效，拟选拔本省各中学毕业生，予以短期训练，特教办事处所缺员额并拟加以充实。

（丙）工作区域

本年度以盐池、同心、金积、灵武四县为实施特种教育区域，必要时得扩大其范围。

（丁）工作要项：

一、中山学校

1. 推进国民教育，增设成人班级。

2．各中山中心国民学校，成立党团组织，介绍成人班优良学生或当地民众入党入团。

3．兼办社会教育，举行有关管、教、养、卫之通俗演讲。

4．领导当地民众，举行国民月会，实践国民公约。

5．各中山中心国民学校及两级以上之中山国民学校，各设民众代笔问事处。

6．各中山中心国民学校组织特教宣传队一队，利用假期及纪念日举行宣传，藉以唤起民众爱国情绪。

7．劝导民众实行新生活，改革各种不良习惯。

二、巡回教学团

1．宣传方面：

(1)举行通俗演讲及化装表演，以灌输一般常识及正确思想。

(2)协同地方举行各种宣传。

(3)编贴壁报、漫画、标语，增进民众之智识，激发爱国杀敌情绪。

(4)讲解国内外大事，使民众瞭解目前时事。

(5)举行卫生宣传，灌输卫生常识。

(6)利用纪念周及纪念日，协助当地机关举行民众大会，以培养人民爱国爱乡之观念。

(7)宣传并讲解本省施政计划，及各种法令，增加民众政治常识。

(8)协同政府或团体学校，发动简约储蓄，肃清奸伪等工作。

2．教育方面：

(1)督导中山学校学生及教职员，组织自治会及读书会。

(2)协助各中山学校，倡导识字运动，并推行注音符号教学。

(3)组织生产展览会,使民众相互观摩改良生产。

3. 其他方面:

(1)协助地方合作机关,组织合作社。

(2)施送药品,诊治民众疾患。

(3)举行特种调查,对于"奸党"之行动及其军事调动,教育计划等等,尤随时注意,密切侦察。

(4)举行家庭访问,田间座谈,征询民间疾苦,藉作改善政治之参考。

三、中山民众教育馆

1. 提倡民众正当娱乐。

2. 激发民众抗敌情绪,提高民众知识水准。

3. 诊治贫民疾患,免费施送药品。

4. 倡导国民体育,锻练民众体格。

5. 举行社会调查及家庭访问,关于特种调查尤应切实举行。

6. 为民众解决疑难问题。

7. 协助推进党团活动,严密实施政治训练。

〔国民政府教育部档案〕

4. 江苏省政府呈报的推行特教计划纲要(草案)与实施步骤等法规及教育部批复

(1945年6—8月)

(1) 江苏省收复"匪区"推行特种教育计划纲要(草案)
（6月13日）

甲 目标

一、调查战区内奸匪活动范围,及其扰害状况。

二、训练青年、儿童及民众,以消除恶化思想。

三、推行识字教育,建立普及教育之基础。

四、增进生产,复兴破坏后之农村。

乙　组织

一、教育厅(省府未恢复常时建制前为政务厅,以下同),依照规定设置特种教育办事处,办理全省特种教育。

二、各县县政府设置特种教育股,办理全省特种教育。

三、教育厅组织特种教育辅导团。

四、各县县政府组织特种教育巡回教学团。

丙　训练

一、教育厅举办特种教育高级工作人员训练班。

二、各县举行特种教育师资训练。

三、定期举办特种教育工作人员短期讲习。

丁　实施

一、原匪区应办国民教育、社会教育,一律改办特种教育。

二、特种教育以中山中心学校、中山国民学校为实施中心。

三、中山国民学校、中山中心学校,应依照国民教育规定,设置小学部及民教部。

四、各中山中心学校必要时,得请设中山民众学校高级班。

五、划定区域举办特种教育实验区。

六、疏散之村落实行巡回教学。

七、各中山学校之教材,除采用部编教本,为适应需要,亦得另编补充材料。

八、各中山学校,依照规定举办生产事业。

戊　研究

一、定期举行全省特种教育研究会。

二、搜集"匪区"内法令课本等,研究对策,藉以消灭"赤毒"。

三、拟订有关特种教育问题,分发各县研究。

己　视导

二、由特种教育辅导团，定期分驻各县，担任视导工作。

二、各县指定特教视导人员，配合工作，藉收互助合作之效。

三、各县组织特教视察团，交换视察，以资改进。

庚　经费

一、特教施教区所需经费，即将该区应办国民教育经费移充。未列国民教育经费之地方，得另列经费或专案请核。

辛　附言

一、本计划有关章则办法另订呈核。

二、教育厅特教处奉令裁撤后，特种教育即行合并国民教育办理。

(2)　江苏省"收复""匪区"推行特种教育实施步骤

甲、盟军登陆后：

一、政务厅进行调查省内各县"奸匪"活动范围及其状况。

二、政务厅开始登记办理特教人员，并筹设必要之训练机构。

乙、本省开始复员后：

一、教育厅（省府未恢复常时建制前为政务厅，以下同）设置特种教育办事处。

二、教育厅依照全省"奸匪"活动地区划定改施特教匪域。

三、改施特教区各县县政府一律设置特种教育股。

四、教育厅订定特种教育有关各项章则预算，开始实施。

(3)　教育部致江苏省政府代电（8月31日）

教育部代电　国字第四三六三九号

阜阳。江苏省政府勋鉴：准已元苏政字第232号代电，附"收复""匪区"推行特种教育计划纲要草案及实施步骤各一份，嘱查核等由。兹奉复于次：（一）组织方面为求简化教育行政机构，似可不必另设特教办事处及特教股。（二）学校名称可毋庸冠以"中山"二字。（三）本部苏浙战区巡回教学团原在贵省及浙西一带推进特教工作，可资辅佐。所有特教辅导团及视察团，似亦可不必设立。（四）各县可组设特教巡教队。相应复请查照，并转饬遵照为荷。教育部。（国）印。

中华民国三十四年八月三十一日

〔国民政府教育部档案〕

5. 察哈尔省教育厅关于报送特种教育团团员训练及工作推动计划书呈

（1945年6月30日）

察哈尔省政府教育厅呈　察陕字第八一号

案奉钧部本年四月二十五日国字第二一四一八号代电暨五月十一日国字第二四七三六号代电，先后饬知指定补助本省特教工作团团员训练费十万元，并已汇发五万元，令将该团组设情形及工作计划呈核等因。奉此。查该察省特教工作，业经列入本年施政计划，呈报准予设施在案。惟近来战区一切，发生变动，交通梗阻，往来需时较多，后方物价飞涨，生活日形高昂，故训练此项工作人员，需费益巨。原拟大量训练，自难实现。谋依最少人数，最简办法，拟具初步设施计划及需费预算，备文呈送，恭请监核，准予增拨经费，俾能着手办理，实为公便。再特教工作团团员生活补助费及米贷金因时有增加，拟请按照其他省分团员待遇办法发给公粮，不再列入此项预算，合并陈明。谨呈

教育部部长朱

察哈尔省教育厅厅长胡子恒

附呈察哈尔省特种教育工作团团员训练及工作推动计划书及预算各一份〔预算部分略〕

中华民国三十四年六月三十日

察哈尔省特种教育工作团团员训练及工作推动计划

甲　引言

察省于二十六年秋全部沦陷时，奸党即自山西五台县境，蹈隙渗入，沿省南山脉，向东推进，举凡蔚县全境、涿鹿、阳原南半部、怀来南东两面、延庆东北两方、以及龙关、赤城、沽源、万全、宣化各县之山谷地区，均被盘踞滋扰，截至今日，已将八年。当时省内民众激于抗日情绪，青年知识份子尤不加鉴别，奋身投入该组织者，实繁有徒。奸党即肆意鼓惑，抓取民众，组训壮丁，充其卒伍，老幼妇女，为其谍探，阳揭抗日之名，阴行赤化之实，以晋冀察边区政府发行伪钞，自为封疆。日伪军虽迭次剿捕，均未稍戢。近自敌势日拙，仅能保有县城镇及平绥路线较大地方以来，凡察省境内距县城三二里之郊乡，皆为奸党活动区域，敌军亦无如之何，以故奸党西起绥、晋、东达热、辽、吉、黑之横断走廊，竟以察省为其枢纽，现则蔓延遍地，境内十县，境外六县，以及各设治局，不但均有其踪迹，且各种奸为组织亦应有尽有，继长潜滋，隐患堪虞。故本省极应施行特种教育工作，以图挽救。

乙、组织特教工作团

本厅三十四年度施政计划，针对本省特教情形，拟组织特教工作团，呈请核示。嗣奉部三十三年十二月中字六三九五九号指令第二项，关于特种教育指示改进各点，饬令举办在案。复奉教育部三十四年丑先特零五零一八电指定补助特教工作团团员训练费及设备费十万元，令即拟具训练计划呈部核定，以凭发款等因。兹根据环境，遵照指示，拟具该团组织要点如下：

（一）名称：本团定名为察哈尔省特种教育工作团。

（二）组织：本团组织情形如左：

1．设团长一人,由本省教育厅厅长兼任,并在后方主持全团事务。

2．设秘书一人,随团员住在察哈尔省境内,代团长督导团员推动工作,考核工作,收发经费以及其他一切团务之推行事宜。

3．设团员十二人,分为六组,每组二人,负责推动本组所在地之特教工作。

4．设联络员二人,以传达命令、报告及各组间之联系事宜。

丙、实际推动工作

工作团组成后,立即遣派回省,切实执行职务。其工作之目标、事项、方式以及区域分配等,均遵照颁发各项章则及地方实况规定如左:

(一)工作目标:

1．防止不正确思想之传播。

2．秘密实施抗战教育,延续文化生命。

3．宣扬中央抗战建国之意旨,揭发敌人阴谋暴行,以培养民族意识。

4．发展民众反日反汉奸的斗争,推翻敌人傀儡政权。

5．组织武装民众,发动游击战争,破坏敌人交通工具。

(二)工作事项:

1．担任政训工作:

子、注意民众政治训练　防止不正确思想之传播,并纠正奴化恶化之倾向。

丑、担任地方行政机关战时政治工作。

寅、参加游击队政训工作。

2．推进抗战教育:

子、辅导地方恢复教育机关及学校,施行抗战教育。

丑、指导中小学青年学生家庭自修，供给战时学习材料。

3．沟通战区文化：

子、编印抗战小型报纸。

丑、设立战区书报流通站。

4．组训战区民众：

子、开办各种战时训练班。

丑、指导民众发展各种有利抗战之宣传、政治、军事等组织。

5．领导反敌奸伪活动：

子、联络及领导战区思想纯正之青年，从事各种抗敌反奸活动。

丑、宣传拒用伪币，不供应奸区日用品。

寅、领导民众拒绝敌奸伪各项征发。

6．担任战地社会服务：

子、施送医药，推行简易诊疗，救护受伤战士及被难同胞。

丑、联络后方赈济机关，赈济战区灾民。

寅、介绍战区有志青年，投考后方军事学校。

卯、介绍各种技术人才，潜返后方服务。

（三）工作方式：因敌奸伪盘扰已久，根深蒂固，我之工作自必大感困难，如不极端秘密，则非仅工作无能推动，而工作人员之安全亦毫无保障，是以工作方式应依下列为原则：

1．伪装各种职业，不必拘于一种，并权度环境，酌量采用。

2．加入敌奸伪团体担任职务，以便秘密推动工作。

3．就性情所近，详作经营各种业务，实则推动自身工作。

4．久居一方或流动各处，由工作员随时酌定。

（四）工作区域：为工作便利与专责成计，拟将绥省南半部分为左列教区：

1．蔚阳区　包括蔚县、阳原县全境

2．宣涿区　包括宣化县、涿鹿县全境

3．怀延区　包括怀来、延庆二县

4．龙赤区　包括龙关、赤城二县

5．万安区　包括万全、怀安二县

6．察中区　包括多伦、沽源、宝昌、商都、康宝、张北六县及崇礼、尚义、新民三设治局。

丁、团员训练

察省沦陷较早，敌伪统制较严，奸伪盘据已久，情形既极特殊，工作与居住均必感受困难。今为执行工作，并达成任务计，势须特殊技术，方能有济，否则徒劳无功。是以特教工作人员训练班又必须筹设也。兹依上述团员人数，拟具筹设办法如左：

（一）训练班名称：定为察哈尔省特教工作人员训练班。

（二）训练地点：暂定为察省所在地之西安。

（三）训练班组织：由教育厅派管理员一人，主持一切，设事务员一人，办理庶务、会计事宜，设指导员一人，负责指导学员生活，兼任讲师二十名，并指导小组讨论会，设厨役、工役五名，任传达、造饭、洒扫各事宜，设书记一人。

（四）团员人选：为实际能回省工作计，团员必须由察省内招致，且以合于下列各款者为合格：

1．思想纯正，且笃信三民主义；

2．年在二十岁以上三十五岁以下，且毕业于中等学校；

3．且有党务、教育、地方行政或军队政训工作经验之一。

（五）团员招致方法：秘令本厅战区工作人员由省内各县选择合格人员，并发给旅费，护送内来。

（六）训练期间：暂定为两个月。

（七）训练科目规定如左：

1．三民主义及总裁言行。

2．共产主义与共产党之分析。

3. 特种教育之理论与实施。

4. 农村建设事业概要。

5. 敌情研究。

6. 战区形势（注意本省地理）。

7. 战区民众组训。

8. 精神讲话。

9. 特务侦探与谍报。

10. 秘密通信法。

11. 化装术。

12. 宣传术。

13. 医药卫生及急救法。

14. 军事常识。

15. 游击战术。

除上述之科目外，着重小组讨论会及实际工作上之研讨。

戊、工作用费

察省全部沦陷，收入素无，所有省府各种开支，向即均由中央发给，此项特教经费亦须呈请教育部全数发给，否则无法进行。兹依上述计划，按照目前物价，拟具预算，计团员训练班训练一期，共需临时费叁百肆拾叁万伍千陆百贰拾元。特教工作团经常工作费，除全国人员生活补助费及米贷金均请中央按照公务员待遇随时增发不再列入此预算外，每月共需经常费贰万肆千零肆百元，全年十二月，共需贰拾捌万捌千肆百捌拾元。

己　本计划俟呈部核准后施行。

〔国民政府教育部档案〕

〔十〕抗日根据地的教育

(一)国民党对抗日根据地教育状况的调查与防制措施

(一)国民党对边区教育文化状况的调查

1. 国民党关于边区文化教育事业状况的调查报告[①]

(1938年10月)

〔前略〕

二、教育方面：

(一)各种正式学校之调查：

(1) 小学校——全边区共有七百零五校（内高级小学五十余校）。

1. 学生——全边区共计一万二、三〔千〕人。

2. 经费——学校设备及办公费、教职员伙食均由所在地各级政府就地摊筹，教职员津贴由边区教育厅每人月发一元。

3. 教职员人选——鲁迅师范毕业学生（六月毕业）约三分之一，暑期国防教育研究班毕业约三分之一，其余为乡村的知识分子。

4. 课本——边区教育厅编印之初级小学国语课本六本，及识字小组用的识字课本二册，此外尚有新文字课本，由学生自己购读，可是大部学校用的课本还很复杂，千字文、三字经、百家

---

① 此报告原题为"最近对中共边区政府调查"，作者不详。本篇仅节录有关教育方面资料。

性、七言杂字等都在通行着。

5．教学方法——主要还为背诵。

（2）边区中学

1．地址——延安城内。

2．学生——二百余人，计分补习班、一年级、二年级。

3．学生程度成分——边区各地小学毕业及未毕业学生，程度颇低，大部份为农村贫寒子弟。

4．学生待遇——供给学生伙食衣服外，并每月各发津贴一元。

5．毕业年限——二年。

6．校长——蔡子伟，十六年由西安师范毕业，好文学，二十四年来陕北参加赤化工作，未任校长以前，在边区建设厅服务。

7．教职员——多抗大陕公毕业学生，能力低，不受学生欢迎。

（3）鲁迅小学

1．原为肤施县立高级小学，近退为边中附小。

2．学生——三百余人（内有干部子弟班一班，生活完全由公家供给）。

3．经费来源——与边中同等边区教育厅拨发。

（二）各种训练班：

甲、暑期国防教育研究班：

1．延安一班——三百余人，由边区教育厅主办，八月十五日毕业，期限三星期。

2．栒邑织田镇一班——三百七十七人（内小学教员一百六十五人，鲁师学生一百一十二人）八月一日即毕业。

乙、冬学教师训练班：

1．由各县第三科负责，就各县城分别办班。

2．训练期间二星期，毕业后由边区教育厅发给证书。

3．学员为各地能教冬学的知识份子。

4．定于十月十五日一律开始。

5．经费由边区教育厅拨发。

6．学员待遇除供给伙食并发给文具费一角五分。

丙、地方行政人员训练班——正筹备中，主要任务在：(1)研究行政法令及法规，(2)研究各时期作风，(3)研究各国政治制度及地方需要的制度。

(三)各种社会教育：

甲、民众教育馆——在延安城内，为原日肤施县之民教馆改设，归边区教育厅管辖，内有左倾书籍三、四百种，左倾刊物二十余种，报纸有新华日报、新中华报、西安文化报……等三、四种，每日阅读书报者约二百人，余无其他种设备。

乙、青年流通图书馆——在延安城内，为西北青教会办理。

丙、鲁迅图书馆——在延安南门外，边区教育厅办理，简陋不堪。

(四)边区党校：

甲、学生二百二十余人。

乙、校长——康生。

丙、地址——延安南门外。

(五)各种补习教育：

(1)识字班——由各机关领导，对象为不识字的农民。

(2)读报组——由民众中识字者及在校学生领导。

(3) 冬校——本年定十一月一日起开办，二月底截止。

(4)夜校。

(5)半日班——与夜校均由各机关各学校办理。

"说明"：以上各种补习教育，并不普遍，在城镇中可看到者亦仅千分之六七。

三、文化宣传方面：

甲、报纸刊物：

1．新中华报——五日出一小张，为边区政府机关报（铅印），每期一千份。

2．边区儿童——十日刊，石印两小张，边区教育厅主办。

3．抗敌画报——半日刊，石印一张，边区抗敌后援会编印。

4．抗敌小丛书——边区抗敌后援会主编，现已出版五种。

5．街头诗——不定期壁报，为文化界抗敌协会与鲁迅艺术学院合编，每期出十余份。

6．街头壁报——每期毛笔缮写三、四张，不定期。

7．大众报——街头壁报。

8．解放——解放社出版，为中央理论刊物，每周铅印一大本，现出至五十三期。

9．文艺突〔击〕画——文艺突击社编。

10．团结——每月一期，铅印一小册，为中共边区党委刊物，现出至九期。

11．我们的生活——抗大政治部机关报，十日油印一张，现出至五十一期。

12．每日新闻——为边区政府油印之扩播收音，内容多苏联电台消息。

13．路——不定期诗刊，油印，鲁迅艺术学院编。

14．公安壁报——延安市政府编，每期四五份，张贴延安街头。

15．木刻画报——鲁迅艺术学院编，每期一份，张贴延安街头。

乙、通讯社：

1．边区文协通讯部——专负国内外各大报纸通讯事宜，由何仲平、沙可夫等主办。

2. 通讯社——办理国内各大报通讯事宜。

3. 中华社——同右。

丙、剧团：

1. 抗战剧团——为边区教育厅办理，共百余人，分三队，经常轮流赴各县公演，纯戏剧团体。

2. 民众剧团——边区总俱乐部办理。

3. 实验剧团——鲁迅艺术学院戏剧系办理，不定期公演。

4. 西北战地服务团——丁玲领导，不定期公演。

〔下略〕

〔国民政府社会部档案〕

2. 中统局检送陕甘宁边区教育文化设施状况的调查专报致谷正纲函件

（1940年1月21日）

本局所编之第二十一期《调查专报》业经印就，相应检同第8号（至第 号）该报一册，函请察以密存参考为荷！此致

谷正纲先生

附件如文

中央执行委员会调查统计局印

十月九日

附：《调查专报》第二十一期《陕甘宁边区全貌》

五、边区教育与文化①

一、教育政策

边区当苏维埃及苏维埃以前之时代，战乱相寻，灾荒频见，剥削重重，黑暗异常，人民困苦愚昧，无文化教育之可言，其时仅延安城内有中学一所，设备简陋，规模狭小，程度甚低，小学

---

① 本篇系节选的《陕甘宁边区全貌》的第五部分：边区教育与文化。

校仅有百余所，平均每所学生不满三十人，社会教育及其他文化事业更属绝无仅有，全边区中学生屈指可数，知识分子之能阅览普通文告及报章者，遂如凤毛麟角，文盲约占全人口百分之九十八，妇女几全部不识一字。自改边区后，国内和平完全恢复，边区政府乃得致力于发展文化教育之运动，数年以来，收效颇有可观，据一般之估计，今日边区文盲已减至占全人口百分之九十，妇女识字者亦渐增加，虽与国内其他先进地域相较，难免相形见绌，而较诸过去之落后情况，要不能不谓为已有相当之进步也。

今日边区教育政策自称目的在于"提高人民文化政治水平，加强民族自尊心与自信心，使人民自动当起为抗战建国而斗争，培养抗战干部，教育新后代，使成为将来新中国之优良建设者，同时将教育从富有者手中解放，使全民不问贫富均有受教育、过文化生活之权利"。诚如所言，则边区所有教育政策大体上，可谓为"国防教育"之方针，值得仿效。

由于前述方针，边区教育乃表现若干特点，即：（甲）各级学校完全免费，吸收大量学生；（乙）入学不限资格，但问志愿，不问学历；（丙）适应干部需要，毕业期限甚短；（丁）注重政治训练与军事训练，高度发扬教育之战斗性；（戊）团结旧知识分子，以应文化干部缺乏之需要，培养工农新知识分子，以创造未来教育文化之干部；（己）注重社会教育，同时，社会教育且为广义的，不仅包括成人补习教育与识字运动，而且包括俱乐部、救亡室（即宁列室）、游艺、歌咏、讲演等活动，以吸收广大群众，促成战争动员之任务。同时前述教育方针，复决定边区教育之基本内容。概括言之，有下述之数端，即：（甲）强加识字、提高文化能力；（乙）学习马克斯列宁主义；（丙）研究中国问题与中国革命；（丁）发扬民族精神与抗敌热情；（戊）学习抗战理论、策略与技术；（己）学习群众工作、政治工作之理论与实践；（庚）发扬民主科学精神，反对封建迷信传统；（辛）建立新道德观念；（壬）学习生产，重视劳动；（癸）从事集体生活，养成集体纪律。

共产党人对于教育与文化，极端重视，其故不仅为适应抗战之需要，同时亦藉通过文化运动以加强共党政治影响，开展共党之组织力量，故边区政府在共产党策动之下，对于教育文化事业，倡导赞助，不遗余力，虽标榜"国防教育"而实际或未必尽如，但其对教育文化之认识与努力，确有不可抹杀之处。兹就边区教育文化事业现状，略述于后：

二、学校教育

甲　特种学校教育

1．党校

子、中央党务学校——中央党务学校创于二十六年，为中共中央所主办，经费由中共中央供给，系秘密性质，其目的在于造就共党之中级党务干部，入党资格限制甚严，非有党龄满若干年，曾从事党务作满若干年，经长期考察，认为确系忠实可靠，复由各地党委负责保送者，不得入学，学生衣食书籍概由学校供给，并按月发给零用津贴一元，毕业年限一说三年，一说二年，学生毕业后分派全国各地担任党务指导工作，校址在延安北门外乔二沟天主党内，现任校长为赵容（即康生）。

丑、边区党务学校——边区党务学校创于二十六年，为中共陕甘宁边区党委所主办，经费由边区供给，亦系秘密性质，其目的在于造就边区党务人材，校址设延安中央党委内，入学资格较中央党务为宽，惟限于边区地方干部与党员，学生待遇与中央党校同，毕业年限二年，毕业后分派边区各县以及西北从事党务工作，校长为高岗，现有学生二百余人。

寅、马列学院——马列学院为马克思、列宁主义学院之简称，设于二十七年，为中共中央所主办，完全秘密，且具有研究院性质，与党校不同之处为学生程度，更偏于理论策略之探究。学生入学资格限制极严，待遇与党校同。毕业年限不详，毕业后多从事学校教授与理论工作,院址在延安,闻负责人为张闻天(洛甫),一说系毛泽东。

2.抗日大学(抗日大学现已迁移华北某地,延安仅留一分校——编者注)

子、略史——中国人民抗日军事政治大学,简称抗大,其前身为江西时代之红军郝西更(?)大学,民国二十四年共党转变策略为"抗日民族统一战线",深感在当时情形下,全体干部有重新教育之必要,遂于二十五年六月一日在陕北瓦窑堡将红军大学复活,作为重新教育干部之机关,并于军事训练外,特别加强政治教育,使军政干部均能了解马列主义而同时又能接受运用新策略。第一期学生二百四十余人,均由当时红军干部中调来受训,其中颇多高级长官。校长林彪,教育长罗瑞卿,同时亦为在第一期受训学生,互相教导,互相学习,实行教学相长之方针。西安事变发生,第一期即告毕业,事变解决,该校乃南迁延安,正式改称今名,同时第二期开始训练,计编组学生一千四百人,由红军干部调来约千人,余为陕北土共游击干部,及各地前往之青年学生。第二期"七七"事变时毕业。第三期二十六年九月间开始,计编队学生一千八百人,八路军干部约占百分之六十,余为各地投效青年(该期为加强对外来青年之军事教育与军事生活,特成立一军事邮□,二十七年三月营业。四日开始第四期,计学生四千五百余人,共分四大队,同年十月毕业。第五期同时开始,计收学生一万人左右,此时学生成份已有百分之八十以上为外来青年。以后继续开办,至今日止,已毕业数万人,经费由八路军军部拨给。分校二:一设长治。近已将校本部迁至晋东南,延安改为抗大第二分校。

丑、校址暨设备——抗大校址在延安北门外之西山坡,校舍全系窑洞,绵亘约七八百里。均由各校学生继续挖成,形似蜂房,远望极为美观,洞内宽约一丈,长约二丈,光线由门射入,洞内挖大坑一，作学生坐玩之用，每洞住十人，编为一组，此外无礼堂、教室，上课均在旷场。窑洞仅作寝卧自修之用，并为小组会议室。

寅。学校组织——抗大最高负责人为校长、副校长（林彪、罗瑞卿），下设教育长，承校长、副校长命，指挥各部，处理一切事务。教育长下分设校务、政治及训练三部，校务部职责，如总务处、训练部职责略如教务处，政治部则由共党支部领导，学生政治训练及校外活动指导部以下分科办事，分队管理，全校行政组织系统如左：

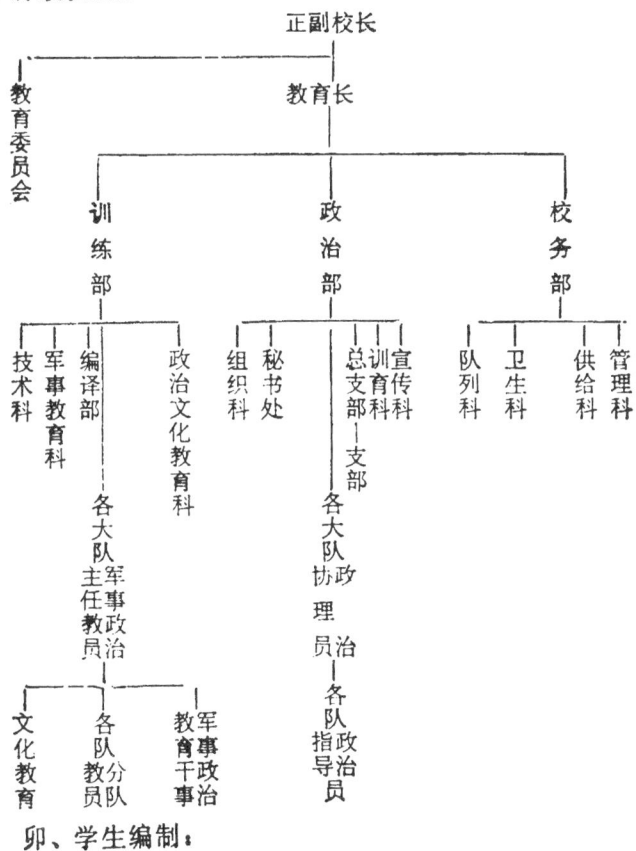

卯、学生编制：

系统：大队——队——区队——学习小组

人数：一大队辖九队，一队辖三区队，一区队辖四学习小组，一学习小组十人，全大队共计一千〇八十人。

各级队长人选：设队长以上由学校委派，小组长由学生推选，呈请学校任命。

辰、教育方针与方法：抗大教育方针采启发式与示范式，并注重理论与实际联系，其教育方法则为：

(一)依据对象而变更适应，如对八路军高级干部则着重自我学习，如中下级干部与农村分子，则注重文化课。

(二)依据环境经济时间而灵活运用，如军事课完全为野外教育及野外演习。

巳、课程：

(甲)政治课——(1)中国问题，即共党的过去的斗争，现在主张，未来目标;(2)中国革命史;(3)社会科学(即马列主义);(4)哲学,(5)三民主义;(6)民运问题等。

(乙)军事课——(1)战略战术,(2)游击战争,(3)制式教练,(4)战斗教练,(5)技术兵种等。

(丙)文化课——(1)史地常识,(2)自然科学常识,(3)日文等。

午、学习方法：

(甲)个人学习：(1)听讲,(2)笔录,(3)准备下次功课,(4)拟讨论提纲,(5)阅参考书,(6)提出问题,(7)研究讲义内容。

(乙)集体学习——(1)小组讨论会，普遍发言,(2)座谈会,(3)讲演会。

(丙)互助学习——前进者帮助落后者,解决学习上一切问题。

未、课外活动：

(甲)救亡室——以队为单位组成，任务在于利用文化娱乐方式，推进补助教育，调剂学生学习生活，团结学生意志、感情，发扬学生自治能力，补助学校管理之不足。

(乙)戏剧、歌咏及墙报等——墙报有《突击》、《野火》、《前哨》、《冲锋》、《海燕》等名称,戏剧在晚会中演出者有《黄河岸》、《东京双曲线》等,歌咏则晨昏结队高歌,响彻云霄。至各种纪念日及群众大会时,常组歌咏队出现于街头。

申、日常生活:

晨五时半起床,六时早操,七时早餐,七——九时自习(整理笔记、准备提纲、阅参考书),九——十二时学科。十二时半午餐。午后一——二时午睡,二——五时学习功课或出操,五——七时课外活动,七时晚餐,八——十时自习,(小组讨论会、生活检讨会、举行自我批评、看书、整理笔记)。学生伙食由学校供给,每日粟饭(小米饭)三餐,冬夏灰布军服各一套,亦由校方发给。学生物质生活异常艰苦,有衬衣数月不换洗,满身生虱者,皮肤病患者尤多,此为抗大不可克服之困难,星期六下午与星期日均为例假,届时男女同学行动极为自由。

四、毕业学生工作:

(甲)军事队:由八路军、新四军派来者,回原部队服务,或另派工作,由友军派来者回原部队服务,与校方发生联系,有社会关系者,介绍去友军,八路军新四军及留本校工作,或调他校受训,或派往战区,发动游击战争。

(乙)政治队:同于军事队,惟所在工作多为军队政治工作或派赴各训练地工作。

(丙)民运队:以分派各地,推行民众运动为主。

附八:抗大招生章程及各项统计表

①抗日军政大学招生简章

(一)宗旨:以培养抗日战争中军事政治的初级领导干部为目的。

(二)入学资格:

1.不分党派,不分信仰,不分性别,以抗日高于一切,坚决献身于民族解放事业者。

2．高中或初中毕业，或具有同等程度学力者（工人成份不受此限）。

3．身体健强及无其他不良嗜好和传染病者。

4．年在十八岁以上二十岁以下者。

(三)招考学额：每期　　名。

(四)学生待遇：

1．入学后一律免收学费及膳宿费。

2．学生所需军服、书籍、文具等，均由学校供给，但来时须自备路费及自己所需之日用品。

(五)报名地点及手续：

1．日期

2．地址：武汉、西安、兰州、南昌第八路军办事处及长沙八路军通讯处与陕西延安本校。

3．手续：携带毕业证书或其他证明书，并附本人半身照片。

(六)考试地点日期及科目：

1．地点　各报名地初试，延安本校复试。

2．日期

3．课目：一、军事常识、地理、历史，二、时事，三、口试，四、复试，不合格者由学校收入预备班，不愿者听之，但须自备路费。

(七)学习时间：预科二个月，正科四个月。

(八)入学主要课目：

预科：1.抗日民众运动,2.战略学,3.游击战术,4.抗日民族统一战线,5.八路军战术,6.政治常识,7.政治工作,8.社会科学。

正科：1.政治经济,2.社会科学,3.中国革命史,4.战略,5.战术,6.射击学,7.地形学,8.筑城学,9.技术兵种学。

(九)退学：无故不得退学，否则不但不发给路费，并须缴还学校一切所给与用费。

(十) 毕业后之工作

由学校分配前线工作，自己能觅得工作者，学校亦不加限制。

② 抗大一九三八年七月全校学员各项统计表①

年龄	十四	十五	十六	十七	十八	十九	二十	二一	二二	二三	二四	二五	二六	二七	二八	二九	三十	三一	三二	三三	三四	三五	三六	三七	三八	三九	四十	四一	四二	四三	四四	四五	四六	四七	总计
人数		8	17	63	15	87	74	30	59	□	25	9	13	□	1							1	2	×	□	5	1	1							4269人

籍贯	江苏	浙江	江西	安徽	湖北	湖南	四川	福建	广东	广西	云南	贵州	河南	河北	山东	山西	陕西	宁夏	甘肃	哈尔	热河	辽宁	吉林	黑龙江	绥远	新疆	北平	南京	上海	国外华侨	总计
人数	307	193	19	□	107			2	□	7	58	172	21	□	□	292	418	526	32	5			318	14	□	12	13	2	1	5	1	24	4269人

家庭成份	工人	雇农	贫农	中农	富农	地主	官宦	资本家	贫民	商人	职员	其他	总计
人数	□17	17	□	8□	126	106	104	52	64	405	497	231	43□	4269人

① 原件因纸质差，表中不少栏目的数字模糊不清或漏印。

续表

本人出身	工人	农民	学徒	手工业者	学生	职员	商人	自由职业	军人	其他	总计
人数	848	4□7	45	16	24□5	65	8	185	261	82	4269人

文化程度	不识字的	小学	初中	高中	专门学校	大学	研究院	留学生	其他	总计
人数	125	594	□7	1440	1□5	428	11	26	17	4269人

职业	工	农	商	学	军	政	自由职业	学生	其他	总计
人数	403	291	20	615	657	246	126	161	6	4269人

3．陕北公学

陕北公学简称陕公，二十六年九月正式成立，原定六个月毕业，分五系，后改为两个月，为抗大之预备学校，经费来源不明，学生待遇与抗大同，校址设延安北门外，分校一原设枸邑看花宫，现已迁往晋东南。校长成仿吾，分校校长罗迈，陕公内部组织、教育方针、方法、学生学习方法、日常生活，大体与抗大同，惟较偏于政治与民运，有七分政治三分军事之口号。（抗大为七分军事三分政治）

陕公毕业期间两个月，更较抗大为短，第一期学生二百余人，二十六年十一月毕业；第二期学生四百余，二十七年一月毕业；第三期学生六百余人，三月毕业。至同年六月第五期毕业止，先后共毕业学生三千余人，复有学生全部未详，分校一千余人。

附九：陕北公学教育计划

第一部　授课时间三个月，计十三个礼拜，每天八小时学习，每周四十八小时，讲课二十四小时，自习二十四小时。

第二部 课程配备：三分军事七分政治。

第三部 课程与内容：分量及参考书（授教二六次，每次三小时），参考（计七十八小时，二十六次）。

一、社会科学共二十六次（每次三小时）

A、什么是马克思主义（二次）：一、什么是马克思主义，二、列宁：帝国主义论。

B、帝国主义四次，

C、列宁主义：

1．什么是列宁主义（四次）

2．革命与资产阶级革命(四次)：(一次)两个策略，(二次)国家与革命，(三次)费尔巴哈论，(四次)〔缺〕

3．民族问题(二次)：(一)列宁主义概论第六章，(二)选集第九卷第三篇，(三)史大林论民族问题（列宁主义问题）。

4．农民问题(二次)：列宁主义概论（农民问题一章），(二)史大林论农民（列宁主义问题）。

D．苏联研究

1．十月革命(二次)：(一)十月革命，(二)俄国共产党人的策略（列宁主义问题）。

2．社会主义建设(二次)：(一、五年计划，二、宪法报告)（列宁主义问题186——327）。

E 共产党

1．共产党宣言(二次)：(一)共产党宣言，(二)共产党宣言。

2．党章(二次)(一)党章，(二)党章(列宁主义概论第七章)。

二、抗日民族统一战线与民众运动 共二——六次（每次三小时）

A、抗日民族统一战线（五次）

B．国家形势(二次)：(一)凯丰：统一战线教程，(二)共产国际第七次大会决议，(三)大众急需认识的法西斯。

C、中国问题

1．中国经济性质（一次）
2．中国革命性质、任务与动力（一次），中国革命基本问题
3．大革命的经验与教训（二次）
4．三民主义（待编）

D、民众运动

1．原则（三次）
2．工人运动（三次）
3．农民运动（三次）
4．青年运动（一次）
5．妇女运动（一次）
6．武装运动（一次）
7．被日寇占领区的工作（二次）

三　游击战争　共计二十六次（每次三小时）

附十：陕公第五期毕业学生分类统计表

陕北公学学员人数教育程度统计一览表

教育程度＼队别	一队	二	三	四	五	六	七	八	九	十	研究班	统计
小　　学	3	11	19		5	5	13	7	10	□3	1	80
初级中学	18	46	53	6	25	27	32	3□	28	34		300
高　　中	30	29	18	45	38	46	45	47	34	48	4	29□
师　　范	13	19	15	4	9	1	1	9	11	13	2	85
专　　科			9	21	11	5	9	1	8	5		69
大　　学	31	1	4	54	14	24	15	9	25	18	18	228
留　　学			3	5	1	1	1	2	2	2	3	20
总　　计	105	97	126	137	112	145	115	105	128	127	28	118C

陕北公学学员人数籍贯统计一览表

省别\队别	一	二	三	四	五	六	七	八	九	十	研究班	统计
江 苏	50	4	7	10	7	26	17	10	□□	18	1	□27
上 海						1	1		2			4
南 京	1	1										2
浙 江		2	8	5	5	6	9	□0	10	8		□8
安 徽	5	1	5	8	2	1	2	8	8	4	1	45
湖 南	5	2	1	3	6	3	5	7	4	5	4	45
湖 北	4	7	5	7	7	4	4	2	2	12		54
江 西			4	4	1	3	1				1	10
四 川	7	5	7	10	5	1	8	5	16	5	1	76
云 南	1		1	2	3			1	1		1	10
贵 州	4			3	1	1	3			1		13
广 东		8	3	5	1	9	5	4	5	3	2	45
广 西				3	5		5	1	1	2		17
福 建	2		2	3		1		1	1	1		11

533

续表

省别 \ 队别	一	二	三	四	五	六	七	八	九	十	研究班	统计
北 平						1				3	1	5
天 津	4					1	5					10
河 南	10	64	7	8	7	8	10	3	1	13		142
山 东	14	5	5	4	5	5	9	17	14	9	9	96
陕 西	12	28	44	13	7	11	9	9	9	71		178
甘 肃		2	1	1	2					3	1	10
宁 夏						2				1		3
绥 远			1	2	5	2	8				1	14
察哈尔							1					1
东 北	9	4	4	18	17	11		7	6	38		87
朝 鲜							1					1
台 湾			1									1
山 西	8	9	16	8	2	8	6	14	5	1		70
河 北	7	7	18	20	14	8	6	9	9	10	15	125
总 计	105	97	120	137	102	115	128	106	113	127	28	1186

陕北公学学生人数年龄统计一览表

年龄＼队别	一	二	三	四	五	六	七	八	九	十	研究班	总计
一三——一五			2		5		7	3	1			18
一五——二〇	7□	37	5	16	14	40	39	35	34	46		3□7
二〇——二五	59	40	45	78	37	47	48	43	60	60	15	537
二五——三〇	16	16	27	38	6	27	17	17	26	16	13	219
三〇——三五	2	4	6	3	1		5	1	6	1		30
三五——四〇			1	2			1	2				6
四〇——四五							1	1	1			3
四五——五〇												
五〇——								1				1
总　　计	105	97	125	137	16(?)	115	115	106	128	127	27(?)	1186

陕北公学毕业学生工作去向表

省别＼队别	第一二队	第三四五队	第六七八九十队	研究班	总　　计
江　苏		24	13		37
湖　北	5	34	40		79

续表

省别＼队别	第一二队	第三四五队	第六七八九十队	研究班	总计
安　徽		4	3		7
湖　南	6	4	8		18
江　西	7	4	7		18
四　川	1	7	6		14
福　建		2			2
上　海			16		16
广　东		3	11		14
浙　江			30		30
广　西		1			1
宁　夏			12		12
山　东	1	5	11		17
山　西	91	24	14		129
河　南	5	8	18		31
华　北		19	35		54
绥　远		7	11		18
甘　肃	1	2	3		6
边　区	78	167	340	28	613
陕　西	10	47	21		78
贵　州		3	1		4
总　计	202	265	531	28	1126

此外尚有摩托学校，通讯学校，卫生学校，特别训练班等。

摩托学校仅有旧汽车两部,供解剖研究之用,别无其他机械装置,通讯学校亦然,卫生学校亦无若何器械与药物设备,简单异常,学生仅学习包扎洗刮,详情从略。

乙 一般学校教育

1.高等学校教育

子、工人大学

工人大学实为一中等程度之职工学校,由抗大职工队扩充而成,校址设延安北门外乔二沟天主堂及附近窑洞内,每班仅有长桌一张,板凳若干个,别无若何设备。

学校组织——校长下分校务与教务两处,政治与组织两部,校长张浩(即林钟英,为中国共产党之策略路线之著者)为该党中央干部,学生分六个大队,每大队分为三区队,以一、二大队程度为最高,第三大队为预科,第四大队为女生队,按程度高低分别于各队上课,第五大队为建设队,内分铁匠、木匠、泥水匠、鞋匠、理发匠、成衣匠等技术手工工人,第六大队亦为预科,共有学生七百余人,以来自沦陷区域为多,计同蒲、正太两路职工约占百分之四十,汉口工人约占百分之二十,其他各省皆有。

课程——一、二两大队课程较深,计有民运指导、政治工作、政治经济学、游击战术、党的建设等,第三、五、六大队课程较浅,计有国语、自然、算术、史地、国民精神总动员及持久战等。

课外活动——(一)劳作:每星期上山开垦三次;(二)小组会议:每班为小组,每星期开会三次;(三)自由游戏等。

该校能制造简单工艺品,如肥皂、墨水等,在延安市上销售。

丑、女子大学

中国女子大学为中共中央所创立,用以培养上中级妇运干部,二十八年六月正式成立招生，校址在延安北门外，有窑洞二百孔作为校舍，设备甚简陋，图书仪器，医药卫生均付缺如，惟设有托儿所一处，以利工作人员及学生之有婴儿者，校长为中共要人陈绍禹氏，现有学生三百余人。

全校学生分八班，一至六班为普通班，以抗大女生团为基本学生，一、二两班偏重□训，三四两班偏重军训，第七班为特别班，专收红军家属，故文化水平甚低，八班为高级班，培养政治文化水平较高之妇女干部，略带研究性质。普通班一年毕业，经六个月即可出外学习一个期间，再回校学习，并可入高级班研究，高级班毕业年限不详。

女大校训为：紧张的学习，艰苦的生活，高尚的道德，互助的作风。

普通班课程有：（一）政治经济学，（二）中国革命问题，（三）社会形态发展史，（四）三民主义，（五）妇女运动，（六）生理卫生等。高级班课程有马列主义、党的建设等，余同普通班。特别班有识字课、政治课、妇女工作等，此外尚有职业课，如新闻学、打字、簿记、会记、速记、师范、保育及外国语等，均系选修性质。

寅、鲁迅艺术学院

鲁迅艺术学院为纪念艺术大师鲁迅而成立于二十七年五月，校址在延安北门外，院长沙可夫，内部原分戏剧、音乐、美术三系，九月间增设文学系及实验剧团，毕业期限六个月，第一期学生五十余人，第二期学生二百人，均已毕业，闻现有学生三、四百人。

附十一：鲁迅艺术文学院第四届招生简章

鲁迅艺术文学院第四届招生简章

一、宗旨：以马列主义的理论立场，培养适合抗战建国需要的艺术文学人材，建立新民主主义的艺术文学。

二、名额：戏剧系、音乐系各取五十人，美术系、文学系各取四十人。

三、年龄　年在十八岁以上者为合格，但少数艺术优良者可作例外。

四、资格　不分性别，凡具备左列条件者皆可投考：

1．身体建康，能吃苦耐劳，有从事艺术、文学工作之决心，并愿为抗战建国及建立新艺术文学服务者。

2．中学毕业或具有同等学力者。

3．对选考之该系有一般认识与修养，有高度学习热情与决心者。

A、戏剧系：a、有一般戏剧常识者，b、适宜于导演、演技、剧作、舞台技术之任何一方面发展者。

B、音乐系：a、音乐听觉敏锐者，b、有一般音乐常识或具有某种音乐专长者。

C、美术系：a、有一般美术常识者，b、有写生基础或某种美术专长者。

D、文学系：a、读过一些中国现代作品及世界名著而有相当见解者，b、能写通顺之文艺性作品者。

五、考试项目：

1．政治测验、政治考核、检查体格。

2．各系艺术测验：

A、戏剧系：作文、戏剧常识、发音读词、表演技术。

B、音乐系：作文、音乐常识、乐器、技术测验（听音、记谱、指挥、视唱）。

C、美术系：作文、美术常识、写生、创作（宣传画、漫画、插画任选一种）。

D、文学系：作文、文学常识、平时作品（一篇以上）。

六、修业期限：暂定为一年。

七、修业课程：分必修、专修、选修三种：

1．必修课：政治现论，艺术理论，特别讲座等。

2．专修课：

A．戏剧系——戏剧理论、戏剧史、导演术、剧作法、表演技术等。

B．音乐系——音乐概论、音乐史、声乐、器乐、指挥术、和声学、作曲法等。

C．美术系——美术概论、美术史、素描、解剖学、透视学、构图学、绘画创作、木刻、漫画等。

C．文学系——文学概论、文学史、名著选读、创作实习、文学批评、作家研究、作品研究等。

3．选修课：外国语。

八、待遇：服装与膳宿概由本院供给，并按学习需要供给必要文具及津贴。

九、报名日期：自即日起至五月三十一日止。

十、报名地点：1．八路军驻各地办事处，2．本院政治处。

十一、报名手续：报名时须持有证明信件，本市由各该负责机关介绍，外埠须用八路军办事处介绍。

十二、考试日期：报名期间，每星期四考试，试后三日揭晓。

十三、其他：投考期间一切费用由本人自备。

2．中等学校教育

子、省立延安师范

延安师范为陕西省教育厅所立 已有二十余年之历史，校址在延安城内。其编制，学校管理，课程均与部颁章程相符，为边区内惟一合法学校。现有学生二百人左右，每年均有毕业学生大多为不满意共产党之政治者。

丑、边区中学

边区中学为二十七年边区政府教育厅所设立,地址亦在延安城内,现有学生一年级、二年级及补习班共二百余人,除补习班外二年毕业。闻最近又在三边关中二分区各增设中学一所。

寅、鲁迅师范

鲁迅师范系边区教育厅所设立,为造成边区小学师资唯一学校,校址原设延安城内,二十七年移关中分区新正县马家堡,课程除一部分普通中学课程外,特别注重实际工作,学生一百八十人,连小学在内,约三百人,一年毕业,前六个月为预备班,后六个月为师范班。

3．小学教育

边区大学教育及中学教育均徒资点缀,鲜有名实相符者,惟小学教育确有相当之成功,盖边区在过去,为一块文化教育之荒地,学生稀少,识字份子若凤毛麟角,如盐池县每一百人中识字者仅二人,在华池县则二百人中仅有一人,平均识字人数仅及全人口百分之二,全边区在未成为边区以前,小学仅一百二十个,学生不满于三千人,且设施落后;不堪名状。边区成立后,对于小学教育,相当重视,故发展之速,颇堪惊人,至二十七年止小学已达七百七十余所,学生一万六千余人,其中有完全小学十六处,模范小学七十八处。兹将边区小学教育发展状况,列表如次:

时　间	校　数	学　生
未成立边区以前	一二〇校	不满五千人
二十六年春季	三二〇校	五,〇〇〇人
二十六年秋季	五四五校	一〇,三九六人
二十七年春季	七〇六校	一四,二〇七人
二十七年秋季	七七三校	一六,七二五人

边区小学原则上每一行政村须设立一个,其费用由全村按户

派捐，教员一部分由鲁迅师范毕业学生充任，一部分系利用本地旧知识分子，一部分系借材各省来边区之知识份子，普通每小学一所，有教员一人，模范小学与完全小学则二、三人不等，教员除食公粮外，每月发给零用津贴一元，生活异常艰苦，学生入学免收费用，书籍文具均由学校发给，学生数目有一校多至七八十人者，亦有少至仅六、七人者，平均每校约有学生二十人。学生读书预定课程，即视为毕业，并无一定年限，课程多偏于识字与政治鼓动方面，课本大部分由边区教育厅印发，惟供不应求，若干偏僻地方之小学仍有沿用三字经、百家姓等书作为识字课本者。

三、社会教育与文化活动

社会教育与文化活动相似而实不同，但两者同具政治斗争之任务，关系甚密，不可分离，社会教育本身虽为手段，惟就其充实光大生活之点言，充分具有文化之意义。同时文化活动除充实光大生活外，亦具有帮助教育推进之功能，在陕甘宁边区社会教育与文化活动尤被溶成一片，互相依存，互为帮助，各发挥最高度之效能，兹分述如后：

甲．识字教育

1．识字组

识字组以行政村为单位，每一行政村建立一个或数个识字组，为一种最下层之社会教育活动。每一识字组包括组员五至十人，不限年龄，由全体组员推举组长一人（通常以识字者充任）以督促全体组员经常进行识字，每三日或五日，由组长发给纸条或识字课本一次，规定每人每日应识若干，到时举行检查，并测验识字成绩。据调查，边区现有识字组五，八三四个，组员达三九，九八三人。

2．小先生

识字组采用小先生制度，即所谓随学随教办法，识字多、识字快的组员负责帮助识字少识字慢的组员，前者即谓之小先生

（因识字组组员亦以儿童为多），小先生不仅一面学习一面教人，且宣传识字、劝导家人及邻里加入识字组，小先生制在识字运动中颇起作用。

3．识字竞赛

鼓励识字主要用成绩比赛方法，个人与个人间，组与组间，乡与乡间，区与区间，经常举行成绩比赛，将个别模范例子□□于经验，特别加以发扬与鼓励，以形成识字运动的浓厚空气，提高群众识字热忱。其次个别组员特别努力，识字超过原来规定数目甚多，不佢能读能写，且能充分应用时，此个别组员即被誉为识字英雄，给以若干奖品，以诱导其他组员羡慕，学习其模范。

乙、业余补习教育

1．夜校与半日校

夜校与半日校为补习教育之性质，边区地旷人稀，物质条件较苛，小学尚未能普遍设立，同时青年与成人，均须从事生产，不能有整日之充裕时间进校读书，为补救此种缺憾，予失学青年、儿童及成人以识字之机会，乃普遍设立夜校与半日校，以便彼等得于工作之余，进行读书识字，在普及教育突击年（二十七年）中，全边区夜校与半日校曾吸收失学男女民众六万人。

2．冬学

冬学为利用农民冬闲时间实施补习教育之主要方式，边区气候严寒，作物简单，农民冬闲期间甚长，自冬季十月起至翌年春季三月止，半年中农事几完全停顿。为利用悠长之农余，边区政府教育厅十分注意冬学运动，将冬学规定为一种经常的学制，使冬学在抗战动员中成为消灭文盲、普及国防教育有力工具之一。

组织冬学完全依靠民众之自动性，展开为普遍而广泛之运动，动员群众加入冬学，尤其尽量避免强迫与包办之方式，设立冬学之地点，在人口较密之县份以乡为单位，人口较稀之县份则以区为单位，或数乡联合设立一所。冬学经费、教员生活费一项，由民众捐助，不足之数由边区教育厅津贴，学生费用如粮食文具等由学生自行负担，灯油柴火等由学生自愿个别捐助，冬学课本概由教育厅发给，不收费用，课程一般为国语、政治常识、珠算、防空防毒、自卫、唱歌等，冬学课本有新文字与汉字两种，均依照环境与需要分配。冬学教员则由全边区各级机关各部门中选派充任，但以本地供给为原则，最低标准有四：子、能读新中华报或简单文件；丑、思想观点正确，能刻苦耐劳，寅、有积极性，善于组织群众；卯、身体健康，教员除教学生认字外，尚须领导群众从事抗战动员工作，并须参加各种社会活动，在群众中起模范作用，成为群众工作之有力干部。冬学教员与学生生活完全打成一片，教员指导学生课外活动，参加学生一切会议。学生班级编排以文化水平为标准，照自卫军编制，临时编成排班。二十七年边区冬学计划，各县分配教员规定（事实相去不远）如下：延安六十个，延川三十五个，延长十个，安寨三十个，保安十五个，安定五十个，靖边二十五个，甘泉十五个，鄜县十五个，红宜四十个，神府四十个，三边五十个，关中一百个，每个冬学学生数最低限度在二十人以上。冬学开始，夜校半日校均即停止，以免工作重复。

丙、民众教育馆及图书馆

边区民众教育馆为边区教育厅所直辖，地址在延安城内，内仅陈列浅近之马列主义书籍三百余种，刊物二十余种，报纸有新华日报，新中华报等四、五种，余无若何设备，阅览平均每日约二百人。

图书馆有青年流通图书馆及鲁迅图书馆两处，前者由西北青年救国会主办，后者由边区教育厅主办，地址均在延安城内，陈列书报，亦均简陋陈旧，聊资点缀而已。

丁、报纸、杂志、通讯社

1. 新中华报——为中共中央之机关报，每五日出一次（一小张），每期出约一千份，内容大多反映边区政治、经济、文化及民运各方面的生活,中共中央对时局主张之文件,亦首先在该报发表。

2．解放——中共中央理论宣传机关杂志,由解放社出版,二十六年四月创刊,原为周刊,现改每旬刊行一次。

3．团结——中央陕甘宁边区党委机关杂志,每月出版一次。

4．军政杂志——八路军政治部军政杂志社编印,每月出版一次,二十八年一月创刊,内容偏重军事理论、政略战略问题研究,以及反映八路军、新四军官兵之生活。

5．中国青年——为西青救会之机关杂志,二十八年四月创刊,每月出版一次,内容除一般理论文字外,多偏重青年方面问题之检讨。

6．中国妇女——二十八年六月创刊,出版期间无定,内容偏重妇女问题与妇女运动之检讨,并大量介绍苏联妇女生活状况。

7．边区儿童——边区教育厅主办,十日出一期,每期石印两小张。

8．抗敌画报——边区抗敌后援会主办,每半月出版一期,每期石印一张。

9．我们的生活——抗大政治部机关报,每旬油印一张。

10．每日新闻——为边区政府油印之广播新闻,内容多苏联电台消息。

11．公安壁报——延安市政府,不定期。

12．街头壁报——街头诗、大众报、文艺突击——均为不定期之壁报。

13．边区文协通讯部——专负国内外各大报纸通讯事宜。

14．边区通讯社与中华通讯社——办理国内外各大报通讯事宜。

戊、剧团

1．抗敌剧团——为边区教育厅所设立,共百余人,分三队,经常轮流赴各县公演。

2．实验剧团——鲁迅艺术学院设立,不定期公演。

3．民众戏团——边区总俱乐部设立。

4．西北战地服务团——不定期公演。

四、边区教育所遭遇之困难及其解决办法

教育与文化运动　三四年来确收相当成效,业如前述,惟亦非无困难,主要困难有三点:甲、农民生活简陋,不感识字需要;乙、师资缺乏;丙、文字本身太难,中国文字之发音、书写与记忆,均较任何国文字困难)。因此,边区于教育文化运动虽已获得相当之成效,但距理想之水准仍甚遥远,即较诸国内其他省份,亦显得落后,惟对于此等困难,边区政府亦未尝无克服之道,例如:甲、用竞赛鼓励方法竭力提高民众识字兴趣;乙、吸收外来师资;丙、推行文字改革。惟外来知识份子因与当地人民语言不甚相通,收效仍不甚大。至于文字改革,乃分三方面推行:甲、推行世界语运动。世界语原为波兰一医生名柴孟霍夫者所创造,无政府主义派崇奉甚力,"有共同之生活,始有共同之语言,有共同之语言,始有共同之文字"。今日国界森严,距大同之时尚远,况世界语学习虽易,但与群众日常生活关系甚少,故为一种空想之语言,边区政府过去曾倡导推行,但效果甚微。乙、推行简体字。简体字为民间原有之俗写,在文字学上言,原无若何价值,惟因简单易于记忆书写,故得一般文字改革论者所注意,国民政府教育部前在南京时曾公布推行,今日边区政府亦采行之,新中华报及各低级刊物、壁报、教科书及书信中,连篇累牍,应用颇广,并继续创造,以求达到全部简化之目的。丙、推行土语拉丁文,即拉丁字母拼音语。土语拉丁化闻系苏联人所发明,甚便学习,即不识字之农人仅学之数月即能朗朗上口,特拉丁化既以土语为基础,自难免妨碍我国语言之统一,同时拉丁化又易使我民族特性归于澌灭,颇不宜于今日之中国耳。

〔国民政府社会部档案〕

3. 国民党中央宣传部关于中共宣传文化教育机构调查简表

(1940年)(？)

(1) 中共宣传文化机构调查表

名　　称	地址	负责人	备　　　注
中共中央宣传部	延安	杨　松 吴亮平	策划指导全国各地组织之宣传鼓动工作。
文化工作委员会	延安	潘汉年 徐　冰	负责连络策划全国左翼文化界之活动
党报编辑委员会	延安	何克全 华西园	主持华西日报、新中华报、解放、群众之领导。
新华通讯社	延安	党报编辑委员会	内分电台、编辑、国际宣传三部，凡共党所属一切报刊所需刊载之消息及中共要人言论，均由该社播送，在八路军与新四军每一单位，均有该社通讯员。
边区印刷厂	延安	党报编辑委员会	内分排字、刻字、铸字、印刷、石印、装订六部，每月约能排印百万字，该厂名为边区财政厅所办，实系中共中央印刷机关。
解放社	延安		
《共产党人》编辑委员会	延安	毛泽东 张闻天	去年九月创刊，系党内秘密刊物。
中国出版社	延安	王稼祥	
太行山文化教育出版社	晋东南	社长 张伯园 编辑 张□竹	该社系中共北方局主办，专事翻印共党各种书籍及出版各种小册子。

(2) 中共机关报及刊物调查表

报社名称	出版地址	负责人	备注
新华日报	重庆西三街	社长潘梓年 总编辑何克生 华西园	该报为共党机关报最大者，其主持人亦为该党之上层分子，散布西南诸省市，日出二万六千余份，以工、商、学订阅为最多。
战号	第五支队出版	新四军第五支队主办	系新四军第五支队随军报纸，散布于军力所及地区（安徽定远、滁县一带为多）。
拂晓日报	河南永城	新四军第六支队	为该支队战事及共党主义宣传报。
抗敌报	安徽庐江东汤池	新四军江北指挥部	为该部共党机关报。
三日新闻	安徽立煌县胡家湾	新四军第四支队	
抗战五日刊	安徽泾县	新四军政治部	
战讯	合肥	新四军四支队	新四军第四支队第八团随军报。
江北游击纵队战斗报	无为南樵寺	黄育贤 魏今非	二十九年一月一日创刊，为六日刊，散布于皖江北各县。
新华日报华北报	山西长治	总编辑何云	该报系共党北方局党报委员会领导，宣传中共主张及八路军功绩，并出东线、西线、南线、新华战时太南版等四种小型不定期刊。
新中华报	延安	中共中央党报编辑委员会主办	宣传中共政治主张及边区消息，散布边区及周围各地。

续表

报社名称	出版地址	负责人	备注
团结	延安	中共陕甘宁边区党委会	边区机关刊物,半月刊,散布边区各地。
八路军军政杂志	山西	八路军政治部	宣传共党主义及八路军战绩,为宣传刊。
群众	重庆	主编潘梓年	共党机关报。
小消息	豫南		宣传主义及该军等战绩,散布皖西,随军发行。
抗敌月报	泾县	新四军教导队	共党时事及理论记载,秘密发行。
火线		新四军第二支队政治部	宣传该军战绩,随便发行,三日一期。
拂晓丛刊	涡阳	新四军游击支队政治部	专刊共党主要论著,诱惑青年,不定期刊行。
政导报	阜平	晋察冀政府主办	宣传边区行政情形,每周刊行一次,散布晋察冀边区各地。
锻炼三日刊	山西辽县	八路军军政干部学校政治部	原在洛川,近移此地,为训练刊物,每周刊行。
前线周报	山西	八路军总部	除转载解放报论文外,多军事、政治方面论文,日销六千份。

续表

报社名称	出版地址	负责人	备注
抗战生活半月刊	晋东南		系中共北方局主办之,太行文化教育出版社出刊,石印,可销五千份,政治、经济综合刊物。
新生报	阳城		该报受中共北方局太行文化教育出版社领导。
西北	延安	中共陕西省委	陕西共党机关报,宣传共党主张,散布陕西全省。
抗战日报	山东聊城	鲁西北共党政府	为鲁西北共党政府机关报,专为宣传主义、政治主张及其功绩,每日五、六千份。
力报	山东临清	鲁西北民族革命动委会	专为宣传共党主义,抗战要闻,散布鲁西北十数县。
冲锋日报	山东□县	山东纵队第十支队	宣传八路军等战绩,散布馆陶大名等地。
抗战先锋		山东纵队第三支队	宣传参加八路军,散布清平一带。
胜利报	晋东南辽县	社长安岗	系共党太北地委机关报,石印,三日刊,新闻较少,大部系通俗教育材料。
救亡日报	甘肃庆阳	陕甘宁边区陇东办事处	宣传共产主义及边区政绩,散布陇东各县。
大众日报	山东沂水	山东纵队政治部	倾销于鲁南苏北各县。

续表

报社名称	出版地址	负责人	备注
永光日报	永城	"伪"永城县政府主办	
光华报	栒邑	习仲勋	系关中分区党委会机关报。
解放	延安	中共中央党报编辑委员会	宣传中共主张及工作检讨,每周刊行一次,散布全国各地。
中国青年	延安	中共青年部	宣传中共主义,教育青年,每周刊行,秘密散布各地。
战地报	陵川		同 右
抗战导报	高陵		同 右
新人报	长子		同 右
晨风报	壶关		同 右
太行山	黎城		宣传中共主义,教育青年,每周刊行,秘密散布各地。
活路	襄垣		同 右
挺进	平顺		同 右

（3） 中共教育机关调查表

学校 训练班名称	地址	负责人	备注
中央党校	延安	康生	专为党内训练干部而设。
边区党校	延安	高岗	边区共党分子调训。
中国人民抗日军政大学	山西屯留	林彪 罗瑞卿	已办五、六期，先后毕业者约万五千人，现该校似有日趋衰弱之势。
抗大第一分校	河北灵寿	陈伯钧	由延安带来学生二千余人。
抗大第二分校	晋东南	何长工 周纯全	原为庆阳分校，廿八年一月初开往晋东南学生教员一千余人。
抗大第三分校	延安	许光达	征集中学生，原小学教师毕业后发八路军工作。
抗大第四分校	涡阳	彭雪枫 吴芝□ 萧望东	原为新四军第六支队随营学校，自三月一日至四月三十日止，为招生期内，分军事、政治、民运等大队。
陕北公学	晋东南	成仿吾	民国二十七年七月创设于延安，公开招生，现专收共党分子。
陕公分校	延安		原设栒邑，现迁延安。
鲁迅师范	栒邑	林迪生	普通中学课程，注重实际工作，分高级、初级、预备三班，造就各县政工人员及小学教师。
鲁迅艺术学院	延安	赵毅敏	
工人大学	延安	张浩	系抗大职工第四大队扩充而成，以培养工运干部，学员多为沦陷区工人，内分铁工、泥水、鞋匠、理发等技术课程。
中国女子大学	延安	王明	廿八年三月成立，六月招生，共分八班，一、二班是妇女训练班，是抗大女生队五、六班是普通班，七班专训练参加长征的妇女，八班是高级班，具有研究性质。

续表

学校训练班名称	地址	负责人	备注
马列学院	延安	毛泽东	训练共党之优秀分子,主要课程为共党高深理论,毕业后充共党学校教员及各地高级干部。
泽东青年干部学校	延安北门外	陈云 冯文彬	中共于抗战日渐衰落,然不肯就此停止其对青年之"麻醉",故特设该校,现已开课,有学员三百余人。
泽东青年干部学校第一分校	绥德	王震	最近成立,有学生三百余人,教材为马列学说毛泽东论著等。
卫生学校	鄌县	王斌	该校为医务、看护人员训练机关,陕公女生多改入此校,廿八年一月八路军家□学校亦并入,已毕业十二期,每期百余人,三月七日迁延安。
荣誉学校	淳化	王群	原为八路军残废军人教导院。
农业学校	延安		廿八年春,边区政府发动生产运动后,感觉农业人才缺乏,始创设该校,七月正式开学,内分农艺,园艺,畜牧三部。
自然科学研究院			廿八年七月成立,延揽国内科学专家和具有科学基础之专校或大学毕业者,共同研究并招收研究员。
边区中学	延安	蔡子伟	廿七年九月成立,并将鲁迅小学改为附小,学员系边区高小学生及干部子弟,伙食衣服由校供给,课程为政治、国语、史地、算术、民运、游击战术等。
通讯学校	延安	张可曾	学生由八路军各师选送,系训练无线电等秘密技术。
八路军总司令部随营学校	山西辽县	韦国清 陈明	后改为十八集团军军政干部学校,实即抗大第六大队,学生程度参差不齐,有高初中各占半,余均工农分子,毕业后分发八路军、新四军或游击队工作。
战时青年训练班	泾阳	冯文彬 乔木	廿六年十月十日成立,半公开性质,先后毕业者约万五千余人,闻已停办。
延安儿童保育会	安塞	杨芸芳	

续表

学校名称训练班	地址	负责人	备注
后方留守处军事干部班与参谋班	延安		连长以上军官参加军事干部班，抗大、陕北军事教员参加参谋班受训。
军政学院	延安	王稼祥	最近成立，调训八路军各部队中级干部受训。
边区第二师范	栒邑	习仲勋	有学生二百四十余人。
三八五旅政治教导队	庆阳	耿飚	廿八年一月成立，分期调训连排长集训。
新四军军官教导大队	安徽寿县	新四军江北指挥部	专训练排长以上、团长以下军官，三月毕业，优者仍回原部队工作，劣者充伙夫，每日学科八时，术科二时，余时小组会。
萧宿永夏联合中学	涡阳	新四军第六支队创设	廿九年二月开始招生，为造就政工下级干部，分高初二班，有经济、行政、民运等科，六月毕业。
华北军政干部学校	陵川	张一荫	
晋察冀边区军政学校	晋东北	孙毅	三个月为一期，每期约六、七百人，毕业后分配各地任军事或民运工作，学员多系晋察冀各地青年或各军分区连长以上军官。
河北省抗战学院	深县	杨秀峰	分民运、军政两院，每期一千二百余人，经费每月七千五百元，由冀南主任公署筹拨。
抗建学院	阜平	宋劭文 程宏毅	晋察冀边区政府创办，并附税务训练班。
军政干部训练班	阜平		晋察冀军区司令部设办
警察训练班	阜平	宋劭文	晋察冀边区政府设办。
民族革命中学			晋察冀边区政府于每一专员区设办一所，校长由专员兼任。

续表

学校 训练班名称	地址	负责人	备 注
工运训练班	阜平		晋察冀边区政府群众团体主办。
妇运训练班	阜平		同 上
青运训练班	阜平		同 上
农运训练班	阜平		同 上
自卫队军政人员训练班			晋察冀边区每一专署均设之。
第四军分区军政学校		程义之	
平民学校	景县		
抗日游击政治干部训练班	景县	潘信福 韩鹤轩	每期五十人，公开招收知识青年，学员一切用费，完全由班供给。
政治训练班	阳高	黄岗	训练各县教育科长及小学校长。
晋东南民族革命学校	晋东南	刘子超	内分高中、初中、小学三部，广收青年。
战斗中学	晋北		晋察冀边区政府所设，现状不明。
农工干部学校	晋北		同 上
速成新闻学校	晋东南	何云	八路军政治部附设。
新四军军官教导队	泾县	周子昆	训练该军中级军官，已毕业四、五期。

〔国民党中央宣传部档案〕

4. 教育部关于抗日根据地中共的教育方针与教育内容、方式的调查资料

（1944年 月 日）

甲 教育方针

一、以工农兵之子弟为教育对象，实施注重工农之教育，树立群众重视劳动之观念，反对专为资产阶级而设之重文轻劳之教育。（共党指我中央之教育为特殊教育，亦为重文轻劳之教育）

二、干部教育重于成人教育，重于儿童教育。盖以干部正在领导地位，必须加强，始能发挥工作效能。

乙 教育内容

一、着重思想教育，文化居次要地位，学校所用课本，在民三十一年以前大部地区仍采过去课本，三十一年以后，经过检讨，"奸党"认为非当始着手编辑共党思想之教科书。现时所用已完全出自共党之手，对历史教材因立场不同，取舍尤大。

二、注重歌咏。盖共党以通俗易解之歌词作宣传之武器，过乎共党曾注重文字宣传，然因知识份子传述不甚忠实，与原意颇有出入（共党指知识份子为特务，此亦原因之一）。文字宣传在解放区遂不复占重要地位，代之者为歌咏，每发动一件工作，即配合着作出许多歌曲，使群众歌唱，在宣传上贡献确甚伟大，共产党常谓"只用唱歌可将敌人唱走"，其重视唱歌可见一斑矣。

丙、教育方式

一、会议教育，即利用会议进行教育。共党掌握政治路线之武器，会议教育之力极伟。共党利用会议方式贯注政治形势，会后更分别开讨论会，使每一同志留有深刻印象，共党常说："见人不宣传即是犯了自由主义的错误"，会议中之工作检讨及自我检讨，对工作进行与个人自修助力极大。

二、教育与劳动结合。共党盘据地区多系贫瘠，举办学校颇属不易，所以利用工作场合进行教育。共党"教育送上门"之口号即以教育就农工兵之意。此外更行小先生制，小学生教弟弟、妹妹或不识字的父母。

三、工作与学校结合。小学生在校读书亦以劳动为主，女生多带衣线到校，男女常结队到田间拾柴割草，工作之暇由组长作小先生进行教育。

四、岗哨教育，教育与战斗结合。站岗放哨，每人必须担负，于要路口安置识字牌，强迫路人认识，或背诵公民公约，于冀察晋边区近山地方，于二十八年、二十九年间已普遍作到。现在据共产党自己称已将山沟小道变作文化中心矣。

丁、社会教育

一、青壮年男女依照组织系统进行教育。每村皆有若干民校教师分区或集中教育，进行时利用农间中午及晚间，政治课不分程度，文化课则分为数种。

二、青壮年妇女亦分区或集中教育，如因工作及其他原因转移地区，由原校填写转学通知书，到新地区可继续读书学习。

三、各村小学教师为村教育之主脑，过去多非党员，现在则一律皆为共产党员，每晚在屋顶用播音器（大喇叭）广播政令或政治形势与时事，截至目前止，此种作法已有一年之历史矣。

四、一村一剧团，每村皆有一剧团，当布置工作或举行纪念时，莫不高搭席棚与板台，而大演其剧，毛泽东所谓树立新观念，新标准多赖剧团之宣传。

五、标语宣传，在各墙壁上，根据不同时期与工作，时时更换新标语，其标语注重具体、扼要、通俗。

〔下略〕

〔国民政府教育部档案〕

二、国民党对边区教育文化事业的防制措施

1. 陕西省教育厅为处理陕北公学在三原招生事与教育部往来电

(1937年10月)

(1)陕西省教育厅致南京教育部代电(10月27日)

南京教育部王部长钧鉴：密。据本省三原县党务指导委员会指导委员蓝忠谟、孟达、邵鼎印密函报称：顷有所谓陕北公学招生人员在本县张贴布告及招生简章多份，校长为成仿吾，想系由前"红大"、"抗大"转变而来无疑，经查知系由三原县政府觅定民众教育馆筹备处为招生办事处所，是否经教育部或钧厅许可，应如何处理请示等情。据此，查该校并未向本厅呈报立案，究应如何处理之处，厅长未敢擅专，除分呈西安行营暨陕西省政府外，谨电呈报敬乞鉴核示遵。陕西教育厅厅长周伯敏。叩。感。

(2)教育部致陕西省教育厅文电(10月7日)

教育部代电

陕西省教育厅览：感代电悉。该陕北公学既未经教部立案应由该厅详密调查，并商承行营及省政府妥为处理。教育部。虞。印。

中华民国二十六年十月七日

〔国民政府教育部档案〕

2. 军法总监部关于陕北公学师生要求咸阳军事当局释放被扣留学员与教育部往来函

(1939年2月)

(1)军法总监部致教育部公函(2月9日)

军事委员会军法执行总监部公函　法审（二八）渝
　　（秘）字第714号
　　案奉交下陕西栒邑陕北公学分校全体教职员学生代电称："自倭寇压境，战线逐渐延长，前方后方皆感人材缺乏，培养抗战人材，已成全国刻不容缓之急务，敝校即斯旨于去秋产生。一年来，毕业学生已达千人，分布各处，积极参加救亡工作，不意自九月十一日起，业经考取来敝校之学生，途中被咸阳当局扣留者先后达百零四人，后竟强迫用汽车押解他处，屡经交涉，毫无结果。当此武汉危急，各方需要人材之时，咸阳当局作此惊人之举，实为仇者快而亲者痛，仰望委座速电西安行营蒋主任转饬咸阳当局速释本校学生，并严戒日后不再有此不幸事件发生，则国家幸甚，民族幸甚，临电不胜待命之至。"等情一案下部。查陕北公学曾否经贵部立案，及系何人何办，本部无凭悬揣，相应函达，即希查明见复，俾便核办。为荷。此致
教育部
中华民国二十八年二月九日

　　（2）教育部复军法总监部函（2月18日）
教育部公函　第三九三七号
　　案准贵部法审（二八）渝秘字第714号公函，为奉交陕北公学分校教职员等呈为考取学生被咸阳当局扣留，请释放等情。嘱查明见复，以凭核办等由等部。查陕北公学未经本部备案。前于廿七年四月十六日奉军事委员会委员长蒋寝代电，饬调查该大学等因。当经本部令饬陕西省教育厅查复去后，嗣据该厅呈称："该公学校址系在栒邑看花宫、平坊、散集、墩底、赵庄等村，私占民房与自掘土窟，校长罗迈，西藏人，训育王晓，教员约四十人，学生男生约五百余人，女生约一百余人，编为29分队，课程为政治学、人民统一战线、社会科学、民众运动、游击战术，凡

有高初中肄业证明，经西安、武汉边区政府办事处介绍即可入学，迁去时期系在五月。"等语各在案。相应函复查照。此致
军事委员会军法执行总监部
中华民国二十八年二月十八日

〔国民政府教育部档案〕

3. 国民党中央社会部与陕西省党部关于密派人员打入延安女子大学事的往来密电

（1939年6—7月）

（1）中央社会部致陕西省党部密电（1939年6月12日）

社会部电字370号

急。西安。陕西省部郭书记长紫峻：×密。共党在延安开办女子大学，训练妇女干部，希即密派忠实干练之同志参加学训，藉以探明其训练内容、学生姓名、籍贯来源、出身、将来工作企图及分布计划，并设法收集该校员生像片，以便应付。希将办理经过具报为要。社会部（立夫）。文。印。

（2）陕西省党部复中央社会部电（7月22日）

重庆。中央党部社会部钧鉴：2052文电奉悉，已与有关机关商决分别派员侦察。谨复。陕西省党部书记长郭紫峻叩。养。印。

〔国民政府社会部档案〕

4. 教育部饬河北省教育厅注意中共在华北乡村推行义务教育的训令

（1940年5—6月）

（1）教育部致河北省教育厅训令（4月29日）

教育部训令（密）字第12876号
　　令河北省教育厅
　　案奉军事委员会二十九年四月办四渝字第四五二八号代电内开：兹据来自河北者报告云云（照来文抄）以为将来收复华北之张本等因。奉此。合即令仰该厅严密注意。此令。
中华民国二十九年四月二十九日

抄国民政府军事委员会快邮代电
代电　办四渝字第4528号
　　教育部陈部长立夫兄勋鉴：兹据来自河北者报告该地中共情形，呈述关于教育方面的意见称：查华北方面，因我中央鞭长莫及之关系，原有教育未能深入民间，尤以党化之教育而见诸乡间，略有成效者甚少。异党利用此抗日时期，派员散处华北各乡间，开办学校，宣传其主义，以为赤化华北民众之先步，固然华北民众礼教最深，一时不易为其动摇，设以长此听其迁延下去，隐忧堪虞。兹为现在及将来计，我方对乡村国民教育，尤其是儿童教育，应特别重视之。查异党每到一地，其易与民众结合者，即以义务教育着手，久之逐渐施行其赤化教育，我方视此应为刻不容缓之事，且应急谋方法补救，以为将来收复华北之张本等情，请查照参考为荷。弟何应钦。办四。筱。（三）印。
中华民国二十九年四月　日
　　请普通司核办，并交科长速令冀省教育厅长特别注意。□□
四、廿.

（2）河北省教育厅致教育部代电（6月11日）
河北省教育厅代电
　　教育部部长陈钧鉴：本年四月三十日普字（12876）号训令奉悉，本厅为严防赤化教育之流行，正草拟实施国民教育计划，並拟积极推行特教，防止异党活动及非法教育之设施办法，除俟将来随时专案呈部外，谨先电复。职许重远。俭。教。洛。
中华民国二十九年六月十一日

5. 教育部关于制止学生报考中共在延安筹设的自然科学院函

（1940年9月26日）

教育部公函　渝字第一八二九号

准军事委员会办公厅二十九年六月十九日办回渝字第七二四四号公函，为奉交下战时新闻检查局特字第二一四号情报一件，为"中共在延安筹设自然科学院"等由。并奉谕："抄送教育部"等因。函请查照，并抄送原情报，即希查照密饬所属制止学生前往报名投考为荷！此致
重庆卫戍司令部
中央调查统计局
　　附抄送原情报一件
中华民国二十九年六月二十六日

附抄特字第214号延安通讯一项情报一件

（延安通讯）此间为培养抗战建国技术人才，顷正筹设自然科学院一所，一俟筹备就绪，即行开学。闻该院共分大学、高中、初中三部，大学部注重精研高深学理与技术实际指导之配合，分设化学工程、机械工程、农艺、林牧等科，二年毕业，中学偏重实用技术，高中二年毕业，初中一年半毕业；大中学部均另加校外实习期限三月至六月。凡有志于技术科学青年及技术人员，不分性别，均可入该院求学。入学后免收膳宿学费，并附设研究部，专供各种专门技术人员研究。该院现在正办理招生，渝

市报名地点为新华日报社云。

〔国民政府教育部档案〕

6. 教育部为边区政府成立新社会教育学会饬陕甘宁三厅教育厅注意防范的训令

(1941年2月18日)

教育部训令　蒙字第12025号

令　陕西
　　甘肃省教育厅
　　宁夏

案准军令部三十一年三月四日二信字第二六〇号函开:"根据'奸伪'边区政府于一月十八日成立新教育学会……相应函达,即希查照为荷。"等由。准此,查伪新教育学会既有诱结边区教育工作人员之阴谋,倘不即予摧毁,将为推进边区教育事业之'障碍'该省区内,'奸党'活动尚未尽炽,前途关系,尤为重大,应即严加注意防范,并分别斟酌情形,拟订有效对策,务期边区教育工作人员团结益坚,'奸伪'无所施其伎俩。除分令外,合即令仰该厅查酌办理,并将办理情形随时具报为要。此令。

中华民国三十一年三月十八日

〔国民政府教育部档案〕

(二)发展中的边区教育

1. 李去非：陕北公学学生生活素描

(1938年2月26日)

各角落来的战士们

这里的学生是由各地来的，每逢"晚会"席上，可以听到各省的腔调，有北平的皮黄，有西藏小调，有云南的苗舞，有贵州的苗歌，论省籍差不多各处都全了。并且还有朝鲜人，南洋人，他们都一同住，一同学习，没有畛域的分别。

文化水准也是不同的，由高小毕业起，初中、高中、大学、留洋，以至于离开学校很久，在社会上服务多年的，他们大多数是先到西安，再到陕北，由西安到延安的汽车不多，有好多人徒步走来。他们背上自己的行李，十来个人或五六个人组成一队，沿着汽车路一步步的走这七百多里的途程，一些年幼的女学生也是这样，他们向来没有走过这样长的路，他们鼓起勇气，用这种最原始的交通方法，走去学习最前进、最正确的理论。这是入学的第一课。

由西安到陕北，中途经过中部，我们的祖先、黄帝的陵墓就在那里。凡是走路去的学生，大半都不会放弃去瞻望的机会，他们盘桓在松林间不愿即去——这一群一群的中华民族的儿女们，黄帝有灵，大概要含笑九泉吧！

男的与女的

学校对学生的管理是有原则的，纪律建在自觉的基础上，对于男女关系的看法，自是正确妥当的。

陕公男女学生人数的比，大约是三与一的样子，他的第一届毕业的第一、第二两队是男女混合队，第二届毕业的三、四队是男生队，第五队是女生队，在校的六、七、八、九、十队都是混合队。（本年二月底毕业）男生与女生的制服完全一样，乍看去，不易分别出来。

男女生在一起上课，寝室是分开的。单纯女生队与男生队的功课，在分配上也是多少有点不同，"妇女运动"的钟点增多，军事较少。

恋爱，没有谁干涉，但为了恋爱而精神颓废或有害学习的现象极少，假如有了，要受同学的批评，成对的情侣同去入学的多得很。晚饭后，点名前，是个较闲暇的时间，三三两两相偕散步谈天，在这种自由的空气之中，看不到在别处的羞涩拘束的态度。点名号响了，马上各自归队。

已结婚夫妇也不少，同学们称之为"全面抗战"。有一对夫妇，在学习期间添了一个娃娃，同学们都到医院去看她，学生会对他还略助一点津贴，同学们誉之为"全民族的抗战"。

宝贵的蜡烛

物质条件极差的陕北，平常只有蜡烛供给光明，从电灯照耀下的地方跑来的人们，了解到应该怎样珍惜这打破黑暗的工具。每班仅一枝蜡烛，八个人共用，要用两个夜晚，每晚有一次连续三小时的自习，并且谁都不想偷懒，谁都想努力的学习完成这抗战的理论，那末，这枝蜡烛归谁用呢？自然是大家用，看书无论如何是不可能的，在这自习的期间也没有谁看书，因为有比看书更重要、更有益的事。

把这枝宝贵的蜡烛放在屋中唯一的书桌中央，这书桌宽不及尺半，长不及三尺，蜡烛是滴了蜡油粘上去的，八位学生，风雨不透的团团围住它，开起小组会来。会的形式由这八个人民主的决定，主席也许采大家轮流制，也许临时推举。讨论的内容是当天的课程，"抗日民族统一战线""群众工作"，或是军事的问题，假如白天有号外讲演，讨论会大半是讨论讲演中的事情。在这自习的时间内，有时集体地整理笔记，举行"生活检讨"，"自我批评"和"思想斗争"。在这里，思想是自由的，错误谁都免不了，朋友们的态度都很坦白公正，极少感情用事的成分，最难得的是在批评者的态度也力求和蔼，并且紧要的是积极的指出改正的途径。在接受批评的人，都是勇敢承认，或是据理驳辩。微细的事情都注意到，他们带来的不怎么好的习惯，渐渐会洗刷掉了，自觉的纪律建立起来，他们都变了。

这宝贵的蜡烛给了他们光明，他们在这光明中教训了他们自己，加强了他们自己。

有时候遇到重要的问题，商得大家的同意，把两班或三班合到一齐开会讨论。对此，一方面可以得到更妥当的结果，另一方面可以节省蜡烛，以免在归寝号响了之前就感到黑暗的威胁。

万能的凳子和伟大的讲堂

凳子是人人离不开的东西，每人一只，吃饭、自习、上课、听讲都要带着它，随身带着。学生不断的一批一批的来，凳子不能照学生的人数一样的增加起来，所以有凳子的要好好的注意看护他们的伴侣，不然，它常会不翼而飞。在凳子上必须明白的写上某队某班某人，此外有更多的记号。虽然如此，也还有错拿了的，有人幽默的说，就是画上个老虎也不会保险的。事实真是如此，曾听一位学生讲："我的凳子丢了四次"，另一位问："那末你现在坐的呢？""我也同样拿了旁人的啊！"

列成大队的学生，每人臂上带着一只凳子，走动起来，煞是奇观。

讲堂很伟大，山作墙壁，天作屋顶，这广场就是这些孩子们的课堂。陕北的气候相当冷，但是勇气会把冷赶跑。一次讲演起码三个钟点，绝不是夸张的话，讲者无疲意，听者无倦容，听众不但听，并且不停的记，他们不怕风，不怕冷，忘了饥饿，忘了疲倦。有一次的讲演继续了七个钟点，有一次由下午二时讲到满天星斗闪烁的时候,更有一次集合时已下小雪,以后雪渐大了,听众恐怕讲者因顾及听众的精神而提早了结束,他们提醒讲演人:"不要紧,不怕雪,照你原定时间讲下去。"这次继续了四点钟。他们都变了,以前他们是少爷,她们是小姐,现在都变成准备杀敌的勇士了。

不断的歌声

起床号吹了以后,归寝以前,只要不是上课或自习的时间,歌声是不会断绝的,男的唱,女的唱,男女合唱,越唱越有精神,越唱越起劲,活跃的精神由唱歌表现出来,同时唱歌更增加了他们活跃的精神。

请校外人来讲演,在陕公是常事。每当全校集合了,讲演人还未来到,不会有比一分钟更久的沉默,在某一队里会齐声喊出:"欢迎第×队唱歌!"假如他们不唱,接着便是"快,快,快!"歌声往往就随着快、快、快而起,如再不唱,便带刺意的喊出:"不要扭扭怩怩","不要羞羞答答!"直到唱了才止。唱完之后,总是一声齐喊:"再来一个!"或是一个人独喊:"好不好"大家一齐喊:"好"!"好不好""妙不妙""妙!"接着一阵快活的笑声。若是在唱歌当中发生音调不齐的现象,那末"加油!加油!"必随之而起。一队一队轮流唱下去,假如时间充分,新花样就来了,一些活泼的孩子们突然喊起。"欢迎某主任唱歌!""欢迎某队长唱歌!"大家一致附和,某主任或队长必要唱了才算了事。

唱歌中最动人的是全校齐唱校歌,指挥人的手儿一招,同声唱起:"这儿是我们祖先发祥之地!……!"整齐、雄壮、声振山岳。听了歌声,燃起了中华民族解放的热烈的火焰,对于抗战胜利的前途有如抓住牢固的把柄!

不错,他们有很好的歌咏导师常住学校,他们经常的唱刚刚编出的新歌,他们爱好歌咏成了一种风气,几乎每人都能唱,每人都是歌唱队员，正式学习唱歌的时候，在午饭后和晚饭后很短的时间，一张大纸写上歌谱和歌词，贴在墙上，大家围拢来，由导师或是同学指挥，从事练习。他们很少印发歌曲，学校歌咏团在特别练习的时候，去和校长商量油印，若是不过五十张，总不肯印的，如果用的少，印的少，耗费那张蜡纸便不合算了。在这样物质条件上，往往手抄新歌，并且每个歌都唱遍了全校。

陕公的歌咏队在晚会上非常活跃的，为全延安的大众所推许，当地的小学生有个口号："陕公好，陕公妙，陕公唱的呱呱叫！"

滋养的小米饭

陕公的毕业生，离开学校会见旧友时，大都听到："你比以前胖了。"

他们在陕公吃了什么滋养品呢？小米饭！陕北轻易见不到一般人习惯吃的大米或白面，学校里，无论谁，都是每天三餐黄一色的小米饭。早晨，盥洗过后，一位值日生，用原来取水的半截煤油筒，到厨房里装来满满的一筒小米稀饭，另一位值日的捧来一碗煮倭瓜或是萝葡条，供这一班同学享用。午饭和晚饭都是小米乾饭，菜和早晨的差不多，星期日也许吃白菜熬豆腐，或是陪衬了许多萝葡的肉，那时吃饭的人一定会提出："大家都该客气一点！"以防意外的打冲锋。锅巴是煮小米饭的副产品，是极受欢迎的，可惜产量太少，总要费点力量来争取。

学校并不强迫吃小米饭，如果想吃鸡或肉，只要襄中丰富，可以自由设法，所以在陕公附近，卖吃的小馆有三、四家之多，生意都相当兴隆。吃小馆大家称为"走私"，"走私"若是被相熟的同学知道了，跟踪上去，则必须多破费些，弄得利益均沾方算罢了。——"走私"总是极少数的人的事。

"走私"，大家都公认为不十分好的，不过不能一下改正过来，学生中提出"有钱的出钱"的口号来，作改善伙食的运动，就是说服富有的同学，拿出一部份钱来，交给学生会的经济委员，作为改善大家的伙食之用。这个办法进行得相当顺利，同学中在收到挂号信，看到汇票之后，时常写一张布告，响应号召，捐钱若干，改善伙食。

富于斗争性的澡池

澡池是有的，不够用，但条件限制，不能扩充，冬天最困难，必须用热水，若是在夏天，很可以利用附近的河水了。

以前每人每周有一次洗澡的机会，后来队数增加，将毕业的还没走，机会更少，大约十天才能洗一次。并且女生洗澡的日子，男生就得让过。

假如不想放弃这洗澡的权利，轮到本队洗的日子，要快快吃完午饭，很快的跑到洗澡房去，很快脱下衣服就跳下池去洗，不一刻，这面积不及两平方大的澡池会填满二十余好汉，那情形，就像将涸的水塘里小鱼乱跳的样子，水声哗啦哗啦的响着，每个人高兴的唱着笑着，必须赶快的洗完，□□□□□□。

理发一个月可有一次，采取飞机的速度坐下来，不上三分钟就成功了。同学们称之如"以飞机速度来完成任务"，多数人都是穷得精光的，免费理发的机会谁都不想放过，越是人多，当然速度也就要增加了。

调节生活的晚会

相隔时间不久就有毕业的同学，送别要举行晚会，新年和纪念日要举行晚会，这都是全校性的，更有各队各自的晚会，这样大大小小的晚会最多两个礼拜必有一次，会场也许是露天的，也许到大礼堂去，无论在那里，都有很好的表演：歌唱、独唱、合唱、英法俄等国的洋歌，话剧虽在设备上极端困窘，前台的灯光只有一个半打气油灯（两个之中有一个常坏），困难终于被坚苦的精神克服了，所以也很成功的。更有口技、跳舞、各种乐器，甚至小提琴都是经常的项目，特点是：无一项不与抗日连系起来，并且台上与台下结如一体,演者与观者的精神打成一片。

大家极注意表演节目的内容:意识是否正确,情节是否有害于统一战线,以至于演出后的影响如何,都是经过慎重研究的,在演出之后还要加以批评和检讨。

星期的忙碌

也和一般的学校相同,星期日不上课,早晨虽不上操,但起床仍照常,事情比平日会更多。

学术团体有两个:"国防教育研究会"和"边区文化协会",后者组织很庞大,分了几个部门:哲学、社会科学、文艺、自然科学等。每一部门之下又分若干组,每组的研究人员很多,逢星期日,屋子里,院子里,这里一群,那里一伙,有的在开会商量,有的在表演,有的学歌咏指挥,有的在演习话剧。在朋友间的约会上,常会听到"不成,不成,我还要去参加某某会。"

此外,还有班长会,主任召集全校班长训话,民先小组会,民先组长会,全校里横的纵的联络也大半在星期日起了作用。

运动方面像排球、篮球的竞赛,班际对抗、队际对抗和校际对抗,也是在星期日兴高彩烈地举行着。

星期日也许会全校集合听讲演,晚上照平常一样点名,一样自习、开小组讨论会等。

一次激烈的思想斗争

一个下午,全校的学生都集合在广场上,大家都知道这是一个思想斗争会开始,由学校当局报告:

"有一位同学秘密组织××省同乡会,故意把一小部分同学与大家隔膜起来,并且指校长为伙夫头更加以辱骂,劝毕业同学莫上前线……。"

大家一致要求把这个人的姓名宣布出来。

"他是第×队××班的谢××。"

喊声起了,"请他走到场子里面!"

他走进了后,大家一齐喊:请他先作自白!他很巧妙的辩白:他曾有一位叔叔在日本经商,一位堂弟在日本读书都被惨杀了。他愤恨极了,便跑到陕北来学抗日理论,预备同日贼拚命。他承认有许多坏习惯,正在努力改正,组织同乡会全为联络感情,请同学吃馆子纯是友谊关系……。

这些话真动听,很容易叫人同情他,但是在这里,每个人的政治警觉性都相当高,同学们不会被他的花言巧语欺骗着的。

一位同学发言:"他招集我们××省同学开同乡会,并且请我们去吃馆子,我们说妨碍自习,不要去,他说:'学校的规矩可以不管,随便溜出是公开的秘密。'"

"他有一次谈起学校情形,他说:'所有的教员都是饭桶,就是抗大,也是一样,倒贴钱都可以不上。'"

又一位说:"他组织同乡会自选为委员长……。"

一位年青的学生喊:"我从西安同他一路来的,所以相当熟识,他请我吃过两次饭馆,他曾问我:'进过窑子没有?'我说:'没有',他说:'进窑子是多么有趣呵,讲过恋爱没有?'我说:'没有',他告诉我:'在陕公讲恋爱很容易,因为陕公的女生都是没人要的'"。

一些斥责的声音发出来,这位谢××有些惶惶然了。

更有一位:"我和谢××是同乡,他上星期同我谈,问我:'毕业后到那里去?'我回答他:'上前线。'他说:'上前线可不是好事,前线惨酷极了,不是我们去的地方,我们应该规定一个口号'誓死不上前线',你毕业之后,学校派你上前线,你可以装病,等上前线的同学到了前方写信回来,若是前线很平安的话,你再去不迟。'"

'…………'

'…………'

谢××哑口无言了,同学们都要求:把他开除!不承认他是同学！送到保安处审问他到底有什么背景！

经过三个钟点的思想斗争，会结束了，口号喊起来：

"打倒日本帝国主义！"

"打倒汉奸！"

"中华民族解放万岁！"

事情弄清楚了，他承认是抱着破坏作用来的，接受同学们的批评。

一群抗日博士

在毕业之前，每人都填一张抗战干部调查表和一张工作鉴定表。这张工作鉴定表，大致是填写学习的成绩，个人的优点和缺点，以及能担任的工作和愿担任的工作，这件事要经过小组会的讨论，一班八个人中的一个，由其他七个集中精神详细讨论，他们的一切征得这位的同意，然后填在表上，这种工作实在是很慎重，很有用的。把表填好之后，由分队长收集，交给大队长，大队长与队主任审查签字完毕，交给学校的生活指导委员会，由主任与校长审查签字作最后决定，决定后与每人作各别的谈话，彼此商酌，以作最后的确定。

本年一月底毕业四百多学生，很少送往八路军去，并且很少由学校送到来信征求的各地方去。学生的出路，一部分进军事研究班，再学习一个时期，一部分自动组织到华北去打游击，一部分是回到各地作救亡工作，留在校里只有很少一部分。

〔国防部史政局战史编纂委员会档案〕

2. 裔寿岷：延安鲁迅艺术学院成立盛典追记

（1938年5月16日）

为了发展抗战艺术，为了培养抗战艺术干部，配合全国的抗战，争取最后的胜利，鲁迅艺术学院就在敌人企图加紧进攻西北、加紧截断陇海线，企图实现其第二期计划，威胁抗日根据地武汉的今日，在全国抗敌军队、全国群众誓死抵抗的今日，它毫不迟疑的宣告成立起来了。当然，在今日成立鲁迅艺术学院的意义，正如洛甫先生在该院成立纪念特刊上所题的词："认识大时代，描写大时代，在大时代中生活奋斗，站在大时代的前卫为大时代服务——这就是现代文艺家的使命。"从该院正式上课直到今天，虽只有短短的一个月，而且大部分时间都是过着忙乱的（移动与招生等）不安定的工作状态中，及物质条件比较困难的环境下，可是大家的工作热忱非常高，种种困难与障碍不能阻止他们的决心，因此虽在这一短时间中，由于全体教职员的努力，该院所设戏剧系、音乐系、美术系已有很大的成绩，这次成立纪念举行公演与展览会就是该院各系在这短短的一月中的工作成绩的表现。

举行成立典礼。该院于四月十日下午二时，在延安大礼堂举行成立纪念典礼大会，在街道上及大门口高悬两种红布横幅，一为"庆祝山东前线的胜利"，一为"鲁迅艺术学院成立典礼"，会场布置简单而精致，尤以上海救亡演剧队第一队所赠送的礼物为特别出色。到会者有毛泽东、李富春、成仿吾、杨松、周扬、何思敬、丘琼、上海救亡演剧队第一队等，暨该院副院长沙可夫及教职员徐一新、周巍、张庚、沃渣、魏志多等，以及全体学生共有三百余人，首由徐一新报告开会程序及意义，嗣宣布该会请蔡元培、宋庆龄、许广平、何香凝等为大会名誉主席团，由沙可夫、周扬、成仿吾、杨松、李凡夫、徐一新、张庚等为大会主席团，旋由该院教职员学生高唱院戏后，由主席沙可夫报告艺术学院成立之经过，略谓："为了适应抗战的需要，为了培养抗战艺术干部，配合着全国的抗战争取最后胜利，使得每个艺术干部份子能够领导各种抗战艺术团体，以及广泛的宣传鼓动和组织广大的群众增加抗战力量，我们鲁迅艺术学院就站在这个大目标下，经过很短时期的筹备，在这全国及西北军事最紧张的局势下成立起来了"。

毛泽东等演说。继由毛泽东先生致训词，大意谓"自一九二五——二七年大革命到芦沟桥事件发生以后，以□的艺术开辟了一个新的阶段，在这新的阶段中，艺术家需要不自傲慢地把握着大时代，培养抗战的干部，提高抗战艺术的技术水平，加强这方面的工作，使得艺术这个武器，在抗战中发挥它最大的效能。"

接着就是李富春演说，略谓："（一）艺术要随着时代前进，同时艺术工作者要有前进的思想，前进的理论，要为大众的艺术而努力；（二）艺术家需要刻苦耐劳，为抗战的艺术，为创立新中国的艺术而奋斗到底；（三）艺术家在抗战中要做广大群众的宣传者和组织者"。

杨松讲演大意谓："不要为艺术而艺术，要为人生而艺术，就是为抗战而艺术，把握住历史的现实，创立一个新的中国"。周扬略谓："（一）反对炫耀派的倾向，（二）反对流浪主义的倾向"。

此外，成仿吾、何思敬、丘琼、上海救亡演戏队第一队代派等先后均有重要演说，末由教职员代表徐一新及学生会代表瞿璋致谢词，全体唱"义勇军进行曲"后，高呼口号而散。

美术成绩展览。为纪念该院成立，美术系特展，由十日起至十七日止，每日上午九时至下午四时公开展览该系一月来之成绩，内容包括有木刻和漫画，国防宣传画，静物人像等，大小篇幅不下数百余帧，琳琅满目，颇为精致。其中尤以"蒋委员长"肖像、"鲁迅"遗像、"毛泽东先生"肖像三大幅及沃渣君之木刻为人所注目。该系虽成立一月，所有作品已获得各界人士之最高评价矣。成立典礼散会后，夕阳西斜，举行露天聚餐，以示宾主联欢，此种会餐并不像大都会中之美酒珍肴乃为蔬菜粗饭，其味亦不下于都市中之宴会，席间有三个房俘参加，□□宴会大为特色。

最后精彩游艺。晚间七时许开始举行游艺，音乐项目：（一）乐器合奏，独奏（如二重奏），小提琴独奏，手风琴独奏等；（二）合唱（如抗战歌、延安颂、向前冲等曲）；（三）小调（如不逃难，大家要齐心，保卫西北等）；四、四部名唱（如游击歌等）、独唱（如莫提起等），其他各项节目甚多，不及载备。戏剧项目：（一）"人禽饭子"，（二）"到马德里"，（三）"希特勒之梦"，以上是三部独幕剧，（四）活划四幅，（五）舞蹈（个人舞蹈、女集体舞、陆军舞），（六）影戏"保我家乡"等，演员技巧纯熟，剧情锋锐，舞台与观众打成一片，颇极一时之盛，直至夜深一时许始尽欢而散。

〔国防部史政局战史编纂委员会档案〕

3．延安抗日军政大学训练方式与生活意识锻炼情况简介

（1938年7月22日）

中国人民抗日军政大学（简称抗大）是时代的产物，是因此地的教育是在适合时代的需要，所教授的课程，除基本的军事学及哲学、政治经济学等外，随时候于情况不同而有新的增加。在全面抗战的今天，从教育着眼，是以抗日为第一，抗日高于一切，一切服从抗日是抗大教育的基本方针。其所采用的办法：

一、训练方式

（一）对问题的了解：抗大的教职员和学生是打成一片的。不管什么课程，教员不只是教了就算完事，务必负责使每一个人都能把握住问题的中心都能彻底的了解。但抗大的学生文化水准是极不等齐的，有到过外国的留学生，有大学教授，有戏剧家、电影明星，以至还有少数粗识文字的工农份子，要想一同拉到水平上是需要一种方法的。因此

（二）小组讨论会便在学习上占着重要的位置。小组是依部

队班的编制组成，每组十余人，以班长为小组长。凡是教育所讲的课目以及名人讲演都要把所讲内容的扼要处列为若干题目，提出小组会来讨论。在讨论会上，发言要普遍，不得有一个人不发言，学校当局有时须派人参加，考察讨论是否热烈，学习是否有心得，对问题有无原则上不同的争执，对每一个问题讨论完毕之后，由小组长根据讨论结果作一结论，有时由小组长临时指定组里任何一个同志结论，不是一定不易的。

（三）集体的互相帮助。小组讨论会是在每天晚上自修时举行，事前须照所指出的问题各人预备提纲，这时如有不了解处，大家先行互相研究。为了研究便利计，每一小组内又分成三、四个细胞组织，以三至五人为一组，名之曰座谈会，仍举出一人为座谈会组长。这个座谈会可不拘什么时候与形式，只要有问题就提出来讨论。所以，在每一次上课后和休息时，常看见三四人一群，或坐或立，在那里谈论，他们就是在开座谈会，其紧张情形，其积极学习和互相帮助的精神不见一般。

（四）竞赛对于学习的帮助。抗大竞赛运动，也算是特点之一。即甲的一组和乙的一组、或甲这个队和乙的那个队，无论什么——如军风纪的遵守、射击、体育、歌咏、以及一切学科术科的成绩，都常提出竞赛。办法是这样的：首先发动竞赛的单位，把所要竞赛的项目和期间，用书面向别个单位提出挑战书，得到对方答复同意应战，就算竞赛开始，到期举行评判，决定胜负。各单位为了保证竞赛取得优势，因之有竞赛委员会的产生。各组选出竞赛委员一人，经常检查督促，使每个份子都有着高度的积极性、自觉性，以保障竞赛的胜利，不过这个运动是同学之间自发的提出，不是上面以命令发布的，并且竞赛意义是重在互相勉励，互相发展，极力反对锦标倾向。

二、生活意识的锻炼

（一）官兵一致与纪律的遵守。八路军的官兵一体，早为人们所知道，他在和平上也无所谓官兵，只有指挥员和战斗员，勤务叫勤务员，伙夫叫炊事员，抗大的作风大部分与八路军相同，警教人员和学生，一切起居勤作，是完全一致的。平常，无论地位怎样高的人员，总是深入群众，采访群众意见，给群众讲说故事，解决困难。总之，他们只有职务上的分工，并无生活上的特殊差别，确实做到了"与士卒同甘苦"。举一个例来说，如像大伙食，多半是吃小米，但只要是学生吃小米，从无其他的人另吃大米的事，所以与其说八路军是什么主义维系军队，不如说他是上下一致的精神在巩固团结，因为他们自己把军营当做了自己的家庭，指战各员就犹如家庭的弟兄手足，亲爱精诚，团结紧张，充满了无限的乐趣，纪律重在自觉的遵守，由教育与说服的方法，使大家了解纪律的重要，八路军对于士兵就废止了打骂，养成了士兵的自尊心，提高了士兵的人格，而他们才把纪律看得如同自己的命脉，异常的尊重。

（二）坚定的政治方向。在不曾到过延安的人，多以为抗大是纯粹在造成共产党的干部，所教的一定是共产主义，这在抗大的前身——红大，不知是否如此，但在目前的抗大，是以"统一战线"为最高原则，学生是各党各派各军校毕业的都有，但无党派的占大多数，学校当局对一般学生，从未强调什么主义或什么党派问题，其政治方向是"巩固与扩大抗日民族统一战线，争取抗战最后胜利"。因为日本帝国主义者，是整个中华民族的敌人，这个敌人是异常猛凶顽强，抗日这一神圣任务，是要每一个不愿奴隶的中华儿女，都起来担任，并不是那一个阶级、那一个党派的事，当不能决此民族存亡关头，再分什么彼此，固执任何成见，自相磨擦、怀疑、削弱抗日力量，事实是很明显的，如果国家灭亡了，任何阶级党派，只有同归于尽，所以拥护国民政府，服从蒋委员长，恢复总理革命精神，实行三民主义，共求中华民族之彻底解放，建设民族独立、民权自由、民生幸福的新中国，是抗大每一个学生坚定的认识,而且要英勇的,只要有一点儿休息时间总是一片歌声。歌与剧,都是顺应时事自己新编,少有采取陈旧的东西,因为抗大是有着戏剧家和音乐家在当教员或者学生,各人都可以发挥自己天才,贡献给大众的。有人说:抗大把唱歌和演剧看得太重了,化去不少时间。是的,可是,歌与剧在军事中不确有伟大的作用:第一,可以陶冶性情,恢复〔以下原件破损〕。

(三)生活检讨与自我批判。每周至少一次或两次,以检讨或批判工作上那些是做到了,那些还没有做或做得不够,发见有什么缺点弱点,怎样去克服,一切计划之所以能按步就班,甚至提前的完成,一切工作之所以时常有着进步,都是由于有了检讨与批判,这种优良的制度,并且这又是锻炼思想意识的武器,因为一个人有时难免不自觉的有些错误的倾向,要是没有人给他指出,那他就会永远错到底。在生活检讨的时候,只要发现有错误的,大家都很坦白地诚挚地互相批判,也可以自己批判,被批判的人,也并面红耳赤,恼羞成怒。大家都很明瞭,不管检讨也吧,批判也吧,都是为着教育同志,推动工作,并不是吹毛求疵地图打击那一个。这种方式在任何团体都是值得采用的。

(四)文化娱乐。从没有见过一种军与民那样着重文化娱乐,其中以演剧唱歌为最盛行。每逢星期六,照例要举行晚会,节目有戏剧、歌舞、魔术、活报杂技、五花八门,应有尽有。表演到尽情处,可以使人流泪,也可以使人笑痛肚子。平时,起床以后,上操收操时途中,以至上课、吃饭、点名渡劳。第一,把民族悲壮故事,用一些慷慨激昂的语调,制成歌剧,可以提高国家民族意识,鼓励士气,第二,养成一种爱好歌剧的习惯,可以消除一切不正当的娱乐。像这样感人至深的歌与剧,正是枯燥的军营中新鲜的果食,就来得嫌多了一点,也是只有益处的。

附记

抗大已办至第四期，本期学生最多，数达五千人。学生籍贯以东北人占多数，其次数四川、南洋华侨亦有不少。内分军事、政治两系，男女兼收，各编成队。政治三个月毕业，军事以前是六个月，现在改为四个月毕业，毕业后听其自便，愿在八路军或在学校工作者亦可。

〔国防部史政局战史编纂委员会档案〕

4. 汉章　挺进中的晋察冀边区文化教育
　　 小波

（1939年10月）

敌人的侵略，除武力的进攻外，在政治的各方面，也同时并进。尤其在抗战的第二期，敌人认为华北是需要政治来征服的。所以他对于奴隶文化，在华北方面努力五道主义，新民主义，也特别在这些地方下功夫，敌人的这一种企图，根本上想消灭中国抗日思想，所谓"釜底抽薪"的办法实在是对我们国家民族一种很毒辣的政策。在边区，最靠近敌区的伪县府的所在地，奴隶文化的推行尤其利害，所以边区深深的感觉到需要在文化教育方面迫切地建立起自己的巩固的文化教育的统一战线，将敌人的阴谋打碎。

我们清楚的认识到，文化教育也是我们长期抗战中的精神锻炼，也是各种工作的最基本的条件，如果文化教育工作做得不够，就可以关系到抗战胜利，就是说对于抗战胜利有很大的影响。最近蒋委员长所倡导的国民精神动员是要我们迫切去实行的，这工作也就是文化教育的工作。早在边区代表大会的时候，就根据了敌人的侵略手段对边区的文化教育的发展，决定了以下的三个原则：

一、建立正确的抗战理论，发扬民族意识；

二、粉碎敌人奴隶文化政策，肃清汉奸言论；

三、提高民族抗战信心及民族自觉情绪，使其参加抗战。

边区一年来的文化教育工作，就是根据了这三个原则来进行、布置和推行的。在那里对文化教育的推行，有比较有利的条件：敌人的惨苦、残暴、杀人放火种种的野蛮行动，天天出现在同胞的眼前，而且要比以前都要利害，所以老百姓看得非常分明，可以使民族界线确实的划分清楚，因此自己的团结便很容易。老百姓生长在这战斗的环境中，对于一般怎样防止敌人的进攻，怎样打击敌人，怎样争取最后胜利？这些抗战理论，都愿意了解，愿意接受的。但是在这一方面，是不是还有不利的条件呢？有的，那就是因为一般民众过去的文化水准太低，对于抗战的认识太差。又因为边区离平津很近，知识份子在平津一带的很多，抗战以后，都集中于平津各大城市，所以那些小的城市乡村内的民众，政治水准很低，对抗战认识当然不够、不清楚了。有一次当边区军队行军到平山时，住到一个村子里，请村长预备一点水和吃的东西，但是以后很多时候，还是不见来，又催了一下，对村长说：那去办的人大概是睡觉去了，当时人们便忿慨起来，对他们不负责任的人说"没有警觉性，太平观念太浓厚了，要打破这种太平观念。"马上村内的人即说："太平观念是不能打破的"。又有一次正是与这个情形相反，当我们在一个十几家人家的村子里，在山下一条小河里洗澡的时候，听见山上好像开会的样子，有人在讲话，大意是讲敌人围攻边区的情形，明确地听见了讲演的人在讲"……这次敌人围攻边区，由于部队、政府、民众等勇敢的奋斗，将敌人的围攻粉碎了，这是我们边区一年来工作的总的适应，不过在敌人围攻的面前，还是表现了很多的弱点，我们应该更加努力，克服这些弱点，准备敌人再来进攻时，得到更大的胜利。"起初，大家总以为是一个群众团体或工作同志来做工作的，当说完后大家出去看时，才发现是本村的一位老百姓，已经五十多岁的白发苍苍的老者了，他也许是本村自卫队的负责人。从这两件事情上看来,老百姓有的已经是进步了,一般民众的政治了解是提高了许多,抗战的情绪也渐渐的增高了。

学校教育

中学教育：边区的中学教育是不及小学发达,在边区军政民代表大会上,即决定：因为抗战的需要,而将中等以上的学校全部改为干部教育,造成大批的军事干部和政治干部,参加抗战工作,这是适应目前需要的。但是在去年以后,渐渐地感到一种困难,就是小学毕业的学生,毕业以后受一个短时期的干部教育,就马上担任工作,往往感到不够,对各种工作不能担负,所以在第二期以后,又决定成立中学校,同时阎司令长官也有命成立民革中学,于是遵照命令,将中学教育以民革中学的阶段进行,成立民革中学,同时在高级小学里面也有中学班的设置,在边区共有七八个之多。课程当然也是以抗战教育为主,民族革命教材也是民革中学的主要科目。

民革中学,每期规定为六个月,毕业后可进入各种干部学校,在这短短的时间里,对于目前的抗战的认识,即可全部透彻地了解。抗战教育,即是现实的教育,也就是适应目前抗战需要的教育,所以这时期内的教育,不必一定经过很长的期间。

小学教育：边区小学教育可分为两个时期讲,在去年一、二月间,正是边区方面秩序混乱的时期,后来经过了初期的华北作战,政府与军队的退却,敌人所到的地方,将所有的学校、文化机关摧毁了,老百姓在那里动摇着。所以那时候第一步工作,除了政治上努力安定社会秩序、坚定群众的认识以外,对于各县镇乡村恢复各级小学校,在当时也曾经规定了办法,就是将原有的各乡村的学校,一律恢复起来,如果没有校址的——被军队占据的或敌人焚毁的——驻军队的由军队移出,被敌人焚毁的,另外找民房或庙寺暂用,并限于三月一日以前一律开学,同时规定学生一律免除学费。各级小学校是绝对主张男女合校的。在这个时候,有些存在在敌区里面——保定、平定等地方,过去的一些小学生,在高级小学没有成立以前,只好暂且留在村中的小学里面借读。另一方面规定抗战课程供给这些借读的小学学生应用。抗战课程,是边区当局自己编的,文字的内容是适合于目前抗战的需要,一切与抗战无关的不必要的东西,一概没有。完全以加强抗战,提高政治认识为原则。小学校除国语课本以外,尚有国难讲话,和儿童通俗读物等小册子。这样,全边区的小学校,在去年的五月里,全部开学了。这是前面所说的第一期,也就是恢复边区全部各级小学校的一个时期。

第二个时期的第一步工作,即是将没有学校的地方,马上成立学校。并且普遍的实行儿童的强迫义务教育。同时将全边区的小学划分成若干区,每区内设一中心小学,这一中心小学较其他的学校规模较大,办理完善,在这一区内,起核心作用,做其他学校的表率,这一区内小学校的进行及一切关于学校方面事情,完全由这中心小学来领导。这样在小学的发展上和进行上,有很多的方便。

现在边区的小学校数目和学生的数量,除敌区以外,统计较抗战以前增多了,现在小学校约计七千所之多,小学生有四十多万,从这数目上看来,边区的小学教育是相当普遍和发达的。

下面是学校的情形和学生的生活及工作,在边区的小学有很多是不成为学校的样子的,从表面上看,根本没有学校的形式,有些学校的校址设在庙宇里面,或者乡村的戏台上,学校中生活上的编制也将旧的年级的编制打破了,完全是按军队的形式分为若干队。管理方面也是军队中的管理方法,上课也没有过去那种旧学校的呆板的样子,一点钟一班,每天几班的那样机械。授课与活动是联系的,授课也可以说是实习,比如讲防空的时候,实习就等于授课,好多的空场,做了课堂,墙壁做了黑板,飞机的图画和防空的情形就在这些地方写出来,而学生即按着图画来演习。这样可以加强他们的记忆力，所以说实习等于上课，上课即等于实习。

学校中的组织方面也是这样的，也就是工作的组织，学生的站岗、放哨，以及出外宣传讲演等都是按着组织来分配工作，这里也可以拿一个例子来说明，比如出去演讲，是按照组织来分配，就是以每个小组来轮流工作。现在边区儿童在抗战中实际起的作用是很大的，这作用都是学校指导的成绩。

敌区的小学教育。在边区接近敌区和敌区里面，敌人当然禁止用我们的课本，即是旧日我们所用课本也是同样的禁用。在这些地方，只可以用三字经、百家姓，对于抗日思想的书籍那根本不用提了。一旦发现，那生命即不能保全。边区在这些区域里面，对于小学教育也有相当的组织，组织和推行是秘密的，在白天他们受着敌人的强迫，必须用敌人指定的课本教材，在教室内也是同样的挂起敌伪图画和宣传品。在这样情况之下，我们的课本多在晚上用。有些地方敌人比较放松一点，儿童们用着两种课本；敌人在时，用敌人的课本，敌人不在时，便翻出我们自己的课本来，这样我们抗战教育在敌区内，也是同样的能够推进。在接近敌区，统治严密的地方，便施行活动上课，教师时常带领了学生到郊外，由坡上广场里来流动的上课，在这些时候，我们的抗战教育还是一样地灌输到敌区儿童的脑子里。这种情形，说起来是痛心的，不过大众的民族意识，爱国的热忱，虽然在敌人这样的压迫下，我们还是一样地坚苦地推行下去，与敌人的奴化教育来对抗。

小先生制度。小先生制度，在边区，非常发达，而且收到相当伟大的效力。很多的地方是以小先生来做实际活动的。小先生的活动，在边区那方面可以分为两种，一种是集体的，一种是个别的，集体的是在民众学校或民众夜校里面担任教师或副教师的，所以边区的民众学校，很多的小先生活动着，收到很大的效果，显得一个学校活跃而新鲜。个别的活动则为家庭的访问，和到各个家庭去教导不识字的人认字。或者将自己不识字的母亲，弟妹以至亲友等，组织起来的，进行识字教育。更有一些小先生找其他的儿童来做自己的学生，一个小先生有三五个至八九十个学生，也有时将儿童带到附近的学校里，利用学校的空间，借用学校的教室来教导这一些儿童，学校对于这一般小先生的工作，也是经常地帮助和指导。所以边区的小先生运动渐渐地扩大起来，小先生的工作是活泼的，积极的，小先生到处受人的爱戴和帮助。

看吧，一批批活跃的儿童、青年，活动在边区里，在边区每个工作部门里，可以看到很多的、优良的青年，在吃苦耐劳地工作，为抗战而努力着，他们都富有优良的学识，创造的能力，和清晰的头脑。在各个工作部门中发挥出来，经过了新的抗战教育的洗礼，而踏进了抗战的队伍里去，这是边区新的抗战教育的伟大成功。这种成功，同时打破了敌人的奴化教育和新民教育。

蒙藏学校。五台山是一个有名的佛教中心，蒙人藏人很多，他们在内地位的年代相当长久，可是他们对于汉字的认识太少，边区当局也觉得如果放弃了他们，也是抗战中的一个损失，同时在政治上对蒙藏的同胞应给他们一律平等的地位与机会，是必要的。在这个原则之下，边区就在五台设立了蒙藏学校，经费完全是由政府担负，这学校课程的内容，当然以抗战为主，不过文字方面，蒙文、藏文、汉文同时学习的，学院中因为学生的水准不高，所以成年人很多，但学院为小学性质的，学院为去年四月成立，到现在仅一年的工夫，他们的政治文化水准已经提高了很多，所以一般蒙藏同胞对抗战的政治认识和抗战信念，都已提高了，尤其对边区政府的信仰。

蒙藏学校，最近又要扩充了，扩大为蒙藏学院，将蒙古、西藏的青年集合起来，给他一种抗战教育，将他们争取到抗战中来，学院现在已经开始筹备，因为这工作较重要，所以边区呈请阎司令长官，转呈中央指示，虽然现在尚没有接到中央的正式指示，但阎司令长官已认为需要而且应当，已经命令筹办和计划，大概在今年六月里即可成立，这规模庞大而新颖的蒙藏学院，在不久的将来，就在敌人的后方出现了。

干部教育

边区干部的缺乏，也是一个急待解决的问题，所以在伟大的抗战中表现了很多不够的地方，因为在交通上，和后方不能联系，后方的干部不能到边区去，所以边区干部一向是感到不够，边区当局也觉得不能够培植，只等待干部的到来，是不应当的，在这个原则之下，为了充实干部，造就大量的干部参加神圣的抗战工作，于是决定了干部教育政策，这规定的教育政策，是将自己旧有的各种人材，分成各种不同的干部学校来训练。在军政方面有军政干部学校，和抗战学院这两个专为培养军政干部的学校，经常可以训练二千多青年干部。专门训练军事干部及军队政治工作干部的学校也有两个，前后毕业有五千多人。在自卫工作里面，也有自卫队干部训练班的设立，这个训练班每期可训练三、四百人，到现在已经训练过三期了。行政方面有行政人员训练所，主要的将现在的行政人员和乐意参加行政工作的加以训练。每期可能收容一百多人，已经训练了两期。关于小学教师方面，在各县里普遍地设立了小学教师训练班，将一些认识不清楚的旧有的小学教师及新的有志于小学教育的人，集中起来受训，现在边区所有的小学校的教师差不多都经过了一次训练。他们的受训期间也是不等，有的两个星期，有的三个星期。今年（二十八年）一月又开始组织第二期了，将以前曾受过训的小学教师再集中起来，受第二次的训练，因为抗战已经进行到一种新的阶段，所以在课程方面，更加强他们的抗战建国的认识和目前迫切需要的知识，所以边区小学教师的训练是适合现实，配合着抗战而进行的。小学教师是负有教育优秀儿童的重大责任，所以边区对于小学教师的训练特别注重，当战争演变到某一个程度时，即集合全区的小学教师加以配合现阶段抗战需要来一次短期的训练，再由这批新的师资去教育儿童。

上面是边区各县的小学教师的训练。在边区政府也开过两次的教师训练班，培养新的教师，二期共训练了三百三十四人。民运方面除了各县将现有的民运工作同志普遍地加以训练外，边区的各民众团体，也有联合民运干部学校的设立，现在开办到第三期，每期毕业的有二百多人，这是专门培养新的民运工作干部的。另外尚有农民干部训练班，专门训练对农民工作的干部人材，毕业后深入农村，发动农民，帮助抗战，以及组织乡村自卫队等工作，现在已办两期，每期一百五十多人。此处尚有无线电训练班，银行会计训练班，邮务人员训练班……等专门技术的训练，这几种训练班，并不是经常的设立，而是为了目前的需要临时设立的。

上面是将边区各种干部学校做了个简单的介绍。及至于他们的生活，当然也是军事化，非常坚苦的，上课也是没有正式的课堂，有的在山坡上，树林里，随时随地便是他们的讲堂，每个受训人员的身上，都携有一块小板子，坐下时放在两腿上，用来写字，随便走到那里都可上课，写东西。住宿，有的在庙里，或山洞里，甚至借住在老百姓家，并没有过去一般学校的宿舍等。早晨起来，太阳没有出来，附近小河的两岸会拥满了人，在忙着洗脸、嗽口……，这便是那一些的受训的青年。无论在冬天、夏天，都是一样的整队前往。

每个干部学校里的学生，都是过着严格的小组生活，组内有学习组长，负责召集小组会讨论会，一切问题都是在小组会或讨论会来解决。所以成绩都非常好，生活也非常活泼、严肃、紧张——学习的精神也是很高。

民众教育

民众教育除了民众参加各种救亡组织，从组织中学习——开讲演会，集体参观等教育以外，对于识字方面，也是非常注意。这种工作好像由政府来推动时，所得到的成绩不大，而是由民众自己——农民救国会、妇女救国会等，他们自己的各种团体的组织里面，进行的识字教育成绩是较前者可观。

民众自己办的识字学校很多，差不多在每一个乡村内都有，农救、青救、妇救、儿救等团体都有自己独立的识字学校，如妇女识字学校、工人识字学校等，此处尚有农民工人联合成立的混合民众识字学校，妇女识字学校各处都是单独设立的。这些识字学校所应用的课本，边区教育处也有统一的规定，各个民众识字学校一律用这种课本。统计一年以来，各群众团体所办的学校，毕业的学生已经有三十万人。边区行政委员会在去年的十月里，曾提倡扫除文盲运动，计划在二年以内，将整个边区不认识字的人，设法在这期间内使一律识字，这一个伟大的计划在边区各群众团体，老百姓的拥护之下，开始实行了。一共划分了三期，第一期规定期间为六个月，收取十六岁至三十岁的不识字的人入学，第二期规定从今年的四月开始到今年十二月为止，共八个月的期间，这一期为三十岁至四十岁的不识字的人入学，第二期规定自廿九年一月至廿九年八月止，共七个月的时期，也是四十岁以上的不识字的进校受训。这样将边区的文盲，在这二年内全部扫除，完成这伟大的工作。

扫除文盲工作，首先规定一千一百个字，将这一千一百个字编成三册课本，依次进行，将这三册课本都读完，能够明白了解内容，即认为这个人够一个普通国民的程度。课本的内容，以目前抗战做主题，当然也是有政治的内容，所以一般老百姓读完这三册课本，对政治上也有相当的了解。进行的办法是这样的：如果这人一个字也不认得，当然先从第一册开始。如果第一册能够全部了解，那么就不用读第一册，马上便开始第二册，假使能了解第二册，即开始第三册，不一定限制时期和课本，为了进行的方便迅速，所以并不呆板的来加以限制。同时在这个工作中，有些年青的人，对于抗战的兴趣高，识字的要求也迫切，记忆力、了解力也强，对抗战的帮助也最大，所以当边区规定第一期的时候，期间短。年纪较老的和稍大的人，识字是感到艰难，但并不是不乐意识字，而是脑子不够灵活，记忆力也差，同时他们对抗战的兴趣也低，所以在第二期和第三期的时候，期间规定的较长。

第一期的开始是在去年的十月里，但这时候正是敌人开始进攻边区，于是没有普遍的将计划实行，只有比较偏僻的敌人没有到达的地方，部分地区实行了，因此第一期的计划，并没有按照原定的计划去做。统计第一期有三十五万人，虽然第一期没有达到一般人所理想的成绩，但在敌人的进攻中有三十五万不识字的人受到识字教育，也是使人欣喜的。

现在识字运动在边区普遍地开展着，灵寿、邢台等地方在墙头上即可看见很多的标语："不识字是睁眼瞎子"，"会的教人，不会的跟人学""……"，从这里可以看出来，边区的人们是在自动的要求识字了。除此以外，差不多各群众团体，在每个乡村内，都有一份壁报，这壁报也不像后方所编的那种很神气的样子，这些地方的壁报，非常简单迅速，在墙上刷成墨板的样子，用粉笔来写。内容主要的是消息的报导和民众团体的活动情形、通俗故事、歌谣、街头诗等杂类的东西都有。这对于民众教育有很大的帮助。一方面做了宣传，一方面教育了民族及不识字的人。

边区的识字运动，在积极地推动，在敌人的包围下，在这伟大的时代里，边区的民众在炮火下学习，充实着自己，想不久的将来，将整个边区都没有不识字的人存在了。

一般文化情形

文化团体的组织，在现在的边区还相当可观，组织方面有

"文化工作者协会"和"文化界救国会",这两个组织在边区的各种文化团体里面,是较庞大、较广泛的。文化工作者协会的构成,完全是过去的一般文化人,文化救国会的组织范围又比前者扩大了,里面不只是文化人,一般老教育家、老学者也都参加在这里面,这两个文化团体差不多是文化人自己起来组织的,其余的文化组织,有民众教育馆、民族革命室、宣传队、讲演队……这些多为政府和机关部队来组织、来领导,这几种团体在边区相当普遍,各乡村内民众团体都有自己的民革室,和附属的歌咏队宣传队等,较大的乡村里面,民众教育馆也建立起来了。剧团在边区较各种文化团体发达普及,凡各部队、民众团体、学校以及区镇内,都有剧团的成立。这些剧团虽然规模不大,但工作都非常积极,收到很好的成绩,他们不只在各部队各团体内工作,尚不时流动出演,作教育民众、动员民众的工作,所以他们的号召力量也相当大。

边区较有力量、规模较大的剧团有两个,抗战剧团和自卫剧团,这两个剧团有与前面所提到的各部队机关里剧团不同,前面所说的多是一种业余性质,由部队、民众团体中的人混合组织起来,平日都有他们的工作,他们差不多在晚会同乐会或纪念会的日子集合起来演一演,他们的经费也是从他们各个工作的团体内撙节而来,他们不能够大规模地出演和流动的出演。现在所提到的抗战剧团和自卫剧团,是一种专门演剧的工作同志来组织的,是专门来做戏剧工作,所以这两个剧团,在边区相当活跃,颇得一般人的好评,同时号召力量也较其他的剧团大,所以这两个剧团在边区内,拥有很多的民众,在宣传工作上,获得了很大的成功。边区除这个大的剧团,尚有一些规模相当庞大的,他们都活动在铁路以东,深入敌区内工作着。

边区戏剧运动,除话剧外,也有一个旧的剧社,以前这个旧剧团体,当然也以演剧为职业的,现在他们已经失掉了他们的职业，没有办法来安插，所以边区即利用了他们，改造了一下，利用他们的旧形式用在抗战宣传上面去，所以边区当局即登记了一批从事旧剧的人，经过了一个时期的训练，供给他们新的材料剧本，让他们自由地出演，在经验上，旧的形式新的内容，宣传力量较话剧要大，一般民众不可否认的，他们是乐意看旧剧，所以边区一方面救济了一批失业的旧剧从业者，一方面做了抗战宣传工作的一支新的力量。

关于出版事业，也渐渐地开展了，在抗战学社，七七出版社和救国书社，他们的性质多半为官式的，救国书社比较大一点，出书也多。关于理论方面的书籍，都由这些地方来出版、发行和销售，是一种半商业性质的。

报纸方面有边政导报，和冀中区的政报，这两种报纸主要的发表政府的政策、工作指示和工作上的检讨等。另有抗敌报和导报，这两种报纸和一般的报纸内容相同，主要的是时事消息、文化教育情形、文艺创作等，尚有救国报、老百姓报、战斗报……这些都是比较通俗的，内容浅显，供给一般文化水平较低的人阅读。此外，各机关部队民众团体发行的三日刊或间日刊等也是非常普遍，数目繁多，不能一一例举。总计在边区有报纸三十余种之多。另外有一种画报，是边区牺盟中心区出版，颇受一般人的欢迎。

记者在这里要特别提出的是出版言论绝对自由，决不加以限制，各种文化团体，任其自由发展，政府并不统制，只是作一个领导和号召，所以边区的文化教育，是在突飞猛进开展着，工作上得到很大的顺利，得到比较满意的成绩。现在政府当局，只是尽力健全起领导方面来，使指导上有集中的力量，这样进步更快一些，对一般文化团体的自由发展，更尽量扶植。在边区有很多的文化人，正在进行各种适合于目前抗战的文化工作，在各个部门中表现出了很大的力量。

现在边区最流行的教育大众的文化工作，是普遍地展开旧形式新内容的东西，譬如小调、歌谣等。最近更有很多文化人提倡街头诗和诗歌朗诵运动，大家都感到兴趣，都努力地推动着。在开会或晚会的时候，多有诗歌朗诵的表演。

边区文化界最感到困难的也是干部的缺乏，尤其在各种文化工作积极推动的过程中，领导上固然不够，文化工作者也是需要很多。因此，虽然抗战有这样澎湃的气象，但进步上，因为领导的不够，工作干部的太少，也就显得慢了。第二个问题是缺乏一种计划性和组织性，这些问题虽然在各种工作中看出来，但现在对于这些事情都在积极改进中，外面所出的报章、杂志、书籍，因为交通的不方便，不容易到边区去，所以文化食粮也感到缺乏，这也是文化工作一个重要问题。

〔国防部史政局战史编纂委员会档案〕

5. 李公朴：边区教育应走的途径①

（1940年3月22日）②

中国之教育应走那条路，早已是国内的教育家和关心教育的同志们争辩讨论了好久的一问题。二十几年来的新教育，笼统的说一句，可以说是依样葫芦，抄袭欧美的教育，因此，不适合我国国情自然是意料中的事。所谓学校教育办的有成绩的，也不过是脱离现实的学院式的教育，也就是混混资格，作为将来进身之阶，或是装饰门面，作为点缀的高等华人教育而已。所谓办教育的人，很多是不懂教育的，不是为了发教育财，就是藉教育的招牌，把教育事业作为东山再起的基地，再不就是阴自培植一己的

---

① 李公朴先生这篇文稿，被国民党航邮检获，后经中央调查统计局转教育部，原题为《敌后方教育应走之途径》。

② 此时间为中统局转教育部时间。

势力，趋使青年作了个人的牺牲。因此，二十年的新教育，形成了个人主义的教育，造成落后的读死书的现象，把学校从社会现实中孤立起来，自是当然的事。因此，抗战开始，所谓新教育，也就马上宣布破产，这并不是个偶然的现象，从最初那一天起，中国的教育就踏入错误的泥沼里了。

抗战开始以后，中国教育的分化益形具体的表现出来，一部分的教育家仍然日袭着过去的错误跑到后方去办他的所谓学校，但是青年要勇敢的担负起民族解放的重担，那一套教育的把戏，再不能束缚住有血性有认识的青年，因此，另一部分比较进步的一些先生们便进行了对过去教育的改良工作，这是一个可喜的现象，但是削足适履，其法不是可想像到的，这种改良的教育作为部分的过去教育工作过渡到抗战建国教育的一个阶段是可以的，但不是一个永久的办法，在相反的一方面，由于干部缺乏要求，干部的事实促成了各种短期训练班之类的教育工作的兴起，因为大部分的成绩不坏，犯急性病的朋友们就大胆的喊出"中国的教育如此而矣"。我说新中国的新教育，不但不是如此而已，办理训练班之类教育工作，只不过是解决干部问题的一个临时性质办法，抗战建国，教育上也有着经常性的和进步性的，抗战建国教育不是建筑在其一部分的工作需要上，而是奠立在全部的斗争现实生活里。

上面所说的种种现象是不是边区教育所有的呢？不是的，只不过是感觉到文化教育工作在边区是比较落后薄弱一些而已，这是差不多每一位工作同志共有的感觉，但是，我个人却有着不同观感，我认为边区的教育工作比起其他工作来并不薄弱，并不落后。譬如部队中识字是教育，上政治课是教育，但是我们要知道，当作战的时候，战斗本身就是最好的实际的军事教育，所谓政治宣传，也就是政治教育的实施。又如夜校、冬学、识字班等自然是属于教育的范畴，但是站岗放哨、公粮动员、配合参战以及区政民选等等工作也都是无形作了抗战建国教育的工作。又如民众认识的提高、民权观念的加强，并不是什么别的工作而正是工作过程中教育工作的结果，所以我认为教育工作在边区并不是落后薄弱的一环，而是其他工作部门不能离开教育工作，在其本身的工作上附带的作了教育工作，又因为教育工作是有较长的时间性，一时不易看到效果，表面上不是当前最重要工作，因此忽略了教育的领导和教育的把握，也就是说"教育"本身未能把握住教育工作，所以今天边区教育的问题乃是如何使教育在政治的领导下健全起来，划清工作任务，建立独立的教育系统的问题，是如何加强对干部的训练和领导，是教育干部领导教育的问题，是如何发挥教育工作的计划性，如何把握住教育工作的主动性的问题。

我不是一个教育救国论者，更不是教育至上主义者，只有不认识抗战、不敢正视抗战、没有勇气参加抗战、脱离自己工作岗位的人或是别有苦心的人们，才会有这种主张，我必须了解教育工作的重要性和独立性，以及他和抗战的关系，抗战是各种工作综合之战争的表现，要求抗战的胜利，必须要求有关抗战的各种工作的开展与成功，也就是说，只要加强有关抗战的各种工作，便加强了抗战胜利的成分，军事第一，是毫无问题的。但是，单独的军事胜利，决不是永久的真正的胜利，就按教育来说吧，尤其在今天，日寇加强其对政治阴谋进攻的今天，教育工作更是亟须健全、亟须开展、刻不容缓的一件重要工作，而教育工作的效果和必要，已是边区随时随地可以看到每一椿工作都已表现的。

边区教育到底走那一条地呢？建立一套抗战以前的由幼稚园、小学、中学以至大学的学制是不是边区所要求的呢？不是的，这套教育是高等华人的玩意，有钱子弟装饰，这是把教育局限于学校的圈子里，是被抗战宣布了它破产的教育，如我上面所说过的一样，用这套形式换上抗战的内容，是不是可以的呢？可以的，但这不是边区教育所应当遵循的途径，因为学院式的教育是脱离现实的生活，不是抗战所要求的教育，有人以为特种教育或技术教育就该是学院式的教育，这是一个错误，相反的专门问题的检讨，专门技术的研究正是实践的教育，这种实践的专门技术教育，也正是边区日益需要的。

首先我们要把教育的工作范围划分清楚，使教育工作独立起来，今天要把其他工作代替教育工作是不能开展教育工作的，这决不是说教育领导其他工作。但是，教育工作必须溶合各种工作，参加各种工作，主要的教育材料就是所有的实际工作，只有建立这一套并不是孤立而是独立的教育系统，才能发挥抗战建国教育对各工作、各部门所起的推动和联系的效能，更明确的说，我们要奠立边区教育基础，必须打破过去学校即是教育的狭隘的观念，把学校和现实生活溶化在一起。譬如我们办一个高小，而教室不局限于课堂，而要扩展到所有的工作场合，而这一县的各部门工作就是它的主要教材，而各工作过程就是它主要的教育过程，因此，它必须是各种工作不论是军士动员或是区村民选……的积极参加者。但是，教育工作毕竟还是教育工作，在工作的独立性上，它仍然是一个学校，它不必一定完成这个工作，不必非得继续下去，只要完成了教育本身的目的，它便可以随时有权停止参加这一个工作而去参加另外的工作，或是去推动别的工作，上另外的一课。为了完成教育的目的，它还可以在不妨碍其他工作的原则下，独自擘画布置一个新的工作，假如再具体的从原则上说，便是这一个独立的教育系统，该是边区各种工作的宣传者，新的工作试验者，开创者，也就是说，他是形成各种工作的推动与联系的机关。但是，它还有着自己独特的任务，我们要求在边区的民众组织、政权组织、军事组织、经济组织之外，结成一面结实而光彩的网，这便是教育组织，这才是边区教育当前任务，这才是边区教育应走的途径。

只要我们把握住教育的主动性，有计划的把教育工作一种一种一层一层的布置开去，严密和其他工作配合起来，便能成功的。

其次一个问题便是干部问题，要想边区教育走上这一途径，就必须有独立的干部。首先我们应当了解今天边区的教育工作干部，绝不是过去的所谓校长、教授或是所谓教员，抗战建国教育要求是艰苦的、有着正确的政治认识、愿受抗战建国教育洗礼的革命战士，譬如在动员工作上，他不但是一个宣传者，而且该是这一工作的实际参加者，在所有的工作上，只要是需要参加的他就要能起积极作用与模范作用，他与其他工作者不同的地方就是用他的武器、不是枪炮、不是政权而是教育，一个工作该是一种教材，工作的开展就是教育的过程。但是他是一个教育工作者，因此除了把实际生活中的斗争经验教训告诉学生、领导学生实践外，还要把人的生活斗争的经验教训告诉学生，拿到实践生活中、现实工作中应用起来，一直到这种宝贵的食品为学生所能消化，已经消化为止。但是，这一批工作干部并不是从天上降下来的，也不是从外面所能吸取来的，这是一个新的工作，就需要我们自己来创造这一批新的干部，我想在边区工作的同志中不乏对抗战建国教育有兴趣、有信心的，因此，我们便可以首先把这批同志调集在一起，共同研究，慎密的商讨，规划出工作的范围，工作的任务以及工作的方式，然后再有计划的在工作中提拔干部，训练干部，我想这样该不是一件特别困难的事。

这是我在边区两月来观察的所得，再加以个人对抗战建国教育意见的综合的一个轮廓，实际上边区教育已经朝着这一方〔向〕的迈进。因为看的不多，更无从参考，愿与诸同志共同研究，以期得到更好的结论。

〔国民政府教育部档案〕

6. 河北抗日根据地村教育委员会之组织与任务

（1941年8月27日）

天津七月四日电讯：

兹检获"冀共党村教育委员会之组织与任务"一件，可供参考，其内容如左：

一、村教育委员会的组织和选举

村教育委员会的组织很简单，是按村里人口的多少和事情的繁简，由三个委员到七个委员组织成的，有一个主任委员；为了工作的便利，还可以实行分工，将委员分为小学教育委员，社会教育委员两种，各个委员是由村民代表大会在村民代表中选举出来的，主任委员则是由各个委员互相推选出来的，委员分工也可以由各个委员来商量决定，每年改选一次，可以连选连任。若是有不负责任或是舞弊的委员，由过半数村民的提议，或是上级的检查，可以随时罢免，另改选别人。

二、村教育委员会在村公所里的地位

村教育委员会是村公所的一部分，直接受村长的领导，村长是负全村行政总负责的人，像各县有县长，各区有区长一样，教育委员会则像县政府的教育科、区公所的教育助理员一样。

三、村教育委员会的职权和责任

村教育委员会负责办理些什么事呢？应当在县教育科、区教育助理员和村长领导之下办理下列各种事情：

1. 总的方面

（1）执行上级的教育法令，和村行政会议、村务会议关于教育工作的决议。

(2) 计划并推动全村教育工作。

(3) 调查统计全村学校儿童及文化教育，督促全村男女分别入学及各种识字班。

(4)总理全村教育经费收支,**保管学校基金。**

(5)检查小学教员及各识字班教育的勤惰,分别奖励或纠正。

(6)**保管一切学校用具及书籍文具。**

(7)协助村长及小学教师等××国民月会。

(8)利用纪念节日或其他机会,**召开村民大会,进行宣传教育工作。**

2.**主任委员**

(1)总理全村小学教员及社会教育一切事宜。

(2)出席村行政会议及村务会议,报告教育工作,**解决各种问题。**

(3)召开村教育委员会会议,领导各委员报告工作,**检讨工作**,讨论问题,计划工作。

(4)协助本村小学的中心村小学作汇报,并提出各种困难问题及对教育工作的意见。

3.**小学教育委员会**

(1)筹备小学地址及一切应用物品。

(2)检举小学教师勤惰及学生学习情形。

(3)检查小学生所用书籍。

(4)掌管小学账目。

(5)如期给小学教师支生活费。

(6)调查本村学龄儿童督促其入学,解决贫苦儿童入学的困难问题。

4.**社会教育委员**

(1)配合各群众团体筹备民众学校或识字班的地址和一切应用物品。

(2)检举民众学校识字班教师的勤惰及学员学习情形。

(3)检查学员所用书籍。

(4)经管民众学校识字班的账目。

(5)调查统计本村文盲数目,劝导其入民众学校或识字班。

(6) 帮助解决贫苦民众或有特殊情形在入民众学校或识字班的困难。

四、村教育委员会与各团体的关系

村教育委员会是办理村教育行政的机关,是政权机关最下层组织的一个部份,文建会和其他团体,是群众组织,二者性质各有不同,推行工作一样,政权是带有强制性的,而群众团体是用说服方式,发扬人民的积极性与自动性。因此,在推行全村教育工作的时候,教育委员会应当和文建会以及其他民众团体取得密切的关系,注意听取各方面的意见,配合起来,互相帮助,工作方能很快的进步。

〔国民政府教育部档案〕

7. 蒙藏委员会抄送中共在边区设立三边公学（民族联合学院）情报的函件

（1944年10月2日）

兹有关于"奸党"情报一件,除分报行政院、军事委员会并抄送组织部参考外,相应抄同原件,函请查考为荷。此致
教育部
　　附抄原件

　　　　　　　　　　　　　蒙藏委员会启
中华民国三十三年十月二日

　　抄原件（在陕北与宁夏省境交界处）
"奸党"在三边成立三边学校,校址设定边城北三边师范旧

址。又新建校舍百数十间。该校收蒙、回、藏、苗、猓各宗族青年，共有三百余人。该党认此校为各民族之联合学院，实际汉生居多，上月开学典礼时，教务主义刘春报告该校筹备经过，谓三边公学系一九四〇年在三边开办之第三师范，及一九四一年在延安成立之民族学院及去年成立之整训班，并今年成立之地干班四部分合并而成。王世泰演说阐明该校之教育目的：(一)中学部培养边区工作的区乡两级干部及为人民服务的教育师资，(二)地干班训练区乡干部，(三)民族学院培养各少数民族的优秀工作干部，将来为求得各民族的独立、自由和解放而服务。研究班是附设的，将来进行边区问题的研究，伪专署赵科长提出意见，谓各民族学生应参加于团结学习，以便日后负起抗日救国、解放自己民族的责任，杨阿訇学智演说谓：各个民族皆兄弟，应互尊互敬，并谓共产党领导的边区各民族都一律平等。但在国民党领导的地区则经常压迫回民，提阿訇去当兵，回民不能生活云云。可知其诱惑各宗教之一斑。

〔国民政府教育部档案〕

〔十一〕学术研究机构与教育社团

（一）战时学术研究机构

1. 黄海化学工业研究社为内迁四川犍为五通桥继续开展研究工作呈与国民党中央社会部指令

（1940年5—7月）

（1）黄海化学工业研究社致中央社会部呈（5月18日）

为呈请立案事：窃本社创立于民国十一年八月。其社址在河北省之塘沽，夙以研究化学工业之学理及其应用，并辅助化学工业之企业家计划工程，及为现成之化学工厂改良工作。增高效能为宗旨。初本为少数同志集合之组织，后因研究确有成效，遂将规模扩大，改为董事制度，经常住社研究者不下三十余人，其研究所得先后发为刊物者，不下二十余种。七七芦沟桥事变，塘沽相继沦陷，本社遂抢出一部分之图书仪器，纠合同人辗转入川，选定犍为县之五通桥为复兴根据地，现时工作注重发酵研究，并利用之以为制药、制染料，均已建厂制造。查各文化团体，照十九年二月二十三日中央第六十七次常务会议通过之第十一条"各文化团体章程须遵照本大纲自行制定，呈请当地高级党部核准后，呈报主管官署立案。"特申述本社成立经过，附呈章程一份，并董事及社员名单等呈请鉴核，即祈赐予立案，并转知教育部照章登记，至为公便。此呈
中央社会部

黄海化学工业研究社谨呈

中华民国二十九年五月十八日

重庆通讯处民生路德兴里十五号

黄海化学工业研究社成立经过

本社创立于民国十一年八月,海内有私立化工学术研究机关,当以本社为嚆矢,暗中摸索多年,始得窥得门径。二十一年七月,重定社章,扩大组织,延聘社外专家数位,成立董事会,幸赖指溦,基础愈益稳固。七七国难,塘沽社址沦陷敌手,图书仪器,丧失殆尽,西入夔门,一切重新缔造,艰苦备尝。所幸致力未虚,不期年规模即以粗具,五通桥新建之研究室,正在营造之中,不久即可落成。各系工作,临时租用民屋,稍加修茸,先行恢复,期于当前战局略效微忱,就地取材,百不如意,然辄有美满之收获,聊堪自慰,足见中国资源丰富,开发待人也。从前本社各系研究之结果,多不遽求设厂,从事大量生产,诚以人才物力皆感竭蹶,仅保存记录以待时机。现在情势剧变,各方相需至急,为公开协助化工建设,不容再事踌躇。本届董事会,特本此趋势,略将旧章修改,以符事实,并以作今后进行之南针耳。

黄海化学工业研究社章程

一、宗旨　本社以研究化学工业之学理及其应用,并辅助化学工业之企业家计划工程,及为现成之化学工厂改良工作,增高效能为宗旨。

二、定名　本社定名为黄海化学工业研究社。

三、社址　本社设总社于河北省塘沽,得设分社于各省区。

四、创立　本社创立于民国十一年八月。

五、经费　本社常年经费,由左列之五项收入照每年预算支出:

(一)范旭东君捐助其个人所得之久大精盐公司创办人报酬金;

(二)永利化学工业公司创办人全体所得报酬金;

（三）赞成本社宗旨之个人或公团之补助费；

（四）个人或公团委托本社研究所指定之问题，依双方契约所得之费用；

（五）社外之企业家利用本社研究之结果经营实业，依双方契约所得之酬报。

六、董事会　本社延聘学术专家及热心赞助本社宗旨者九人为董事，并推范旭东君、本社社长及久大、永利两公司之总工程师各一人为当然董事，组织董事会。

七、董事职给　本社董事概为名誉职，按期奉赠本社研究报告，其开会时往来川资，由本社备送。

八、董事会年会　董事会年会每年开会一次，由社长召集之。

九、董事会职务　董事会职务如左：

（一）规划社务进行,（二）核计会计,（三）筹划经费,（四）保管基金,（五）审定工作大纲及刊发年报。

十、本社董事由董事会推举，任期以三年为一届，得连续延聘，当然董事除范旭东君外，皆以在职期中为任期。

十二、研究员及助理员　本社视研究问题之繁简延聘研究员及助理员若干人，分任各科目之研究。

十三、特科研究员　特科研究员由社外学术或公益机关推荐，经本社许可来社研究者，称为特科研究员。

特科研究员与本社研究员受相同之待遇，惟其薪金由推荐之机关担负。

十四、特别社员　久大、永利两厂技术人员及社外专家，经社长许可者得为本社特别社员，其入社研究不取费用。

十五　研究结果之利用　本社研究员或特科研究员所研究之结果，概属之本社，本社得自由刊发书报，以供学术界之研究，并得利用其结果与企业家合办实业。

十六、利用之条件　凡欲利用本社研究之结果从事企业者，不论其人是否社员，皆所欢迎，只须与本社订立合同，明定使用该项研究之权益。本社将此项收入，以百分之七十为本社基金，百分之二十为本社经常费用，百分之十为该项研究员之奖金，以三年为限，期满归入基金。

十七、发表研究结果之限制　本社研究之结果，如本社社长或委托研究者认为须守秘密时，即研究者本人亦不许私自披露或刊发论文。

十八、社长　本社由研究员中推举一人为社长，主持研究事项，并管本社业务，签订对外合同。副社长一人，辅助社长，办理社务。

十九、社务会议　每社每月第一星期一，举行社务会议一次，由社长主席，其会务如左：

一、审定研究科目，分别进止；

二、编发刊物；

三、审议各系提出关于研究及社务之报告；

四、议行本社日常庶务。

二十、研究科目及社务　本社研究科目及社务，分左列各系执行之：

（一）特别科目系，（二）农业化学系，（三）分析化学系，（四）冶金及机械工业系，（五）制造化学工程系，（六）出版系，（七）经理系。

前项统系，得因本社之必要，归并或扩张之。经理系之管理规则另定之。

廿一、研究及经营程序　研究员及助理员或社员，每研究一科目，必得于着手之前，将研究之目的及进行程序与预定完成之期日等，用书面提出社务会议，经议决后始能开始工作。经理系所经营之事项，由经理系主管人提出于社长决定之。

廿二、社务报告　社务会议应将每年所得各系之报告及社务大概汇集成册，提出董事会，经审理后分别刊发。

廿三、章程施行及修改　本章程经董事会通过施行，如有修改，须经同一手续。

黄海化学工业研究社董事名单

任叔永先生（连任）

何淬廉先生（新任）

李烛尘先生（连任）

杭立武先生（新任）

胡政之先生（新任）

翁咏霓先生（连任）

孙洪芬先生（连任）

当然董事

侯德榜先生　　范旭东先生（董事长）

唐汉三先生　　孙颖川先生（社长）

黄海化学工业研究社研究员名单

姓名	籍贯	年龄	入社年月	履历
孙学悟	山东威海	五二	十一年	美国哈佛大学化学博士开滦煤矿化学主任
张子丰	河北北平	五二	十一年	美国普渡大学理硕士北京大学化学系讲师
张子丹	河北天津	三九	二十年	美国麻省理工大学博士南开大学化学工程系主任
方心芳	河南临颍	三六	二十年	国立劳动大学农业化学系毕业比国鲁文大学酿造工程师

续表

姓名	籍贯	年龄	入社年月	履历
黄汉瑞	四川永川	三六	二十六年	美国埃峨瓦大学硕士永利化学工业公司技师
赵文珉	河北沧县	三五	二十六年	清华大学英国伦敦大学博士
鲁波	河北河间	三六	二十六年	美国末西根大学毕业
谢光蘧	江西南昌	三二	二十六年	□□帝国大学工学士□□□学校教授，酒精工厂技师
赵博泉	河北通县	三一	二十三年	私立齐鲁大学理学士
赵如晏	河北曲阳	三一	二十六年	日本东京工业大学应用化学科工学士
吴炳炎	河北河间	三三	二十三年	北平辅仁大学毕业
孙继商	山东威海	二九	二十三年	北平辅仁大学毕业
刘养轩	湖南新化	四二	二十三年	国立北平工业大学工学士永利化学工业公司硷厂技师
刘福远	福建厦门	二九	二十四年	福建厦门大学理学院化学系毕业
郭洁清	江苏江阴	二八	二十四年	国立浙江大学工学士
锐文德	河北藁城	三〇	二十四年	北京大学化学系毕业
朱先栽	江苏□□	三〇	二十四年	□□大学毕业
郭保国	湖南湘潭	二七	二十四年	南开大学化学工程系毕业

续表

姓名	籍贯	年龄	入社年月	履　　历
范　维	湖南湘阴	三二	二十四年	私立沪江大学理学士
刘嘉树	河北滦县	三〇	二十七年	河北省立工学院工学士永利化学工业公司碱厂技术员
高盘铭	江苏常州	二七	二十五年	南开大学毕业
谷惠轩	山东威海	二七	二十七年	北平师范大学理学士
蔡子定	湖北监利	二五	二十八年	南开大学工学院化学工程系毕业

（2）国民党中央社会部给黄海化学工业研究社指令（6月18日）

中国国民党中央执行委员会社会部指令　利组字第4630号

令黄海化学工业研究社

呈一件：为陈述该社组织经过情形，检具章程名册，请鉴核备案由。

呈件均悉。该社组织准予备案。惟章程不合之处，应依附开各点修正，连同职员社员名册一并检呈候核，并应依法分呈内政教育两部核准备案。除分函外，仰即知照！此令。件存。

附开该社章程应行修正之点如左：

一、于原第六条之前……（接抄原签1至4点）

中华民国二十九年六月十八日

抄社会部杨祺致部长签呈

奉派视察黄海化学工业研究社，兹分签意见如次：

一、该社原设塘沽，由久大精盐公司出资创立，嗣将其开放，成为一研究化学工业之学术团体，工作尚著成效，图书仪器之设备亦称完备，该社现迁犍为县之五通桥，早在本年三月即派人来部接洽办理备案手续。

二、该社章程规定其组织，与人民团体"民主集权"之精神不甚符合，创办人保留最大权限。惟该社设立之历史与一般人民团体不同，而其研究工作在学术界尚有相当地位，似可取法人民团体组织法意，原则上予以修正，以免变动太大，转失维护学术团体之本意。

三、该社章程拟原则上作以下各点之修正：

1．于第六条之前增订社员一条，于本条条文中规定社员中入社所应具备之资格以及取得社员资格之规定，社员之权利义务并须于本条以内订定明白；

2．原第十条删去条文中"由董事会推举"等字；

3．原第十一条删去"本社"之下"社员及"等字；

4．原十八条条文修正如次："社长　本社由社员推举社长一人，主持研究事项，并管理本社业务，签订对外合同。并推副社长一人，辅助社长，办理社务。"

以上修正之点，拟请核定后送请李处长函复该社负责人同意后，再行令饬修正，以资慎重。当否？祈核。

          杨祺

          六、六

如拟。　谷正纲　六、十

（3）黄海化学工业研究社致中央社会部呈（6月27日）

敬陈者：月前为敝社登记事，接奉钧部批示："照修正意见将社章改过，准许注册。"现谨遵办。兹奉呈修正后章程一份，请赐登记，实为公便。谨呈

中央社会部
　　　　　黄海化学工业研究社社长孙觉悟
中华民国二十九年六月二十七日

（4）中央社会部致黄海化学工业研究社指令（7月23日）
中国国民党中央执行委员会社会部指令　利组字第4694号
　　令黄海化学工业研究社
　　呈一件：为检具该社修正章程，请登记由。
　　呈件均悉。准予备案，仰即知照。此令。件存。
中华民国二十九年七月二十三日

2. 国民政府为于右任提议设立敦煌艺术研究所及教育部筹办经过的文件

（1942年1—4月）

（1）国民政府致行政院训令（1月15日）
国民政府训令　渝文字第三四号
　　令行政院
　　据本府文官处签呈称："准国防最高委员会秘书厅三十一年一月十三日国纪字第二二六三二号公函开：'国防最高委员会第七十五次常务会议准于委员右任提议设立敦煌艺术学院，以期保存东方各民族文化而资发扬一案。当经决议：原则通过，交教育部。相应抄同原提案函达，即希查照转陈令饬行政院转行教育部，等由。理合签请鉴核"等情。据此，应即照办。除饬复外，合行检发原附件，令仰转饬教育部遵照。此令。

　　计检送于委员右任提案一件

　　　　　　　　　　　　　国民政府主席林　森
　　　　　　　　　　　　　行政院院长蒋中正
　　　　　　　　　　　　　教育部部长陈立夫

中华民国三十一年二月十五日

于委员右任提议设立敦煌艺术学院案

为提议设立敦煌艺术学院，以期保存东方各民族文化而资发扬事：右任前次视察西北，因往敦煌县，参观莫高窟之千佛洞，依崖筑凿，绵亘许，志称有千余洞，除倾圮沙埋者外，尚有五百余，有壁画者计三百八十，其中壁画完整者，亦二百余，包括六朝唐宋元各时代之绘画、泥塑，胥为佛经有名故事，其设计之谨严，线条之柔美，花边之富丽，绝非寻常匠画，大半出自名手。今观其作风，六朝以上无考，自唐以下，率类阎立本派，唐塑分西番塑、中国塑两种，衣纹神态，大者五六丈，小者尺余，无不奕奕如生，就所见之文字，有蒙藏梵回及西夏文等六七种之多，而各时代供养人之衣冠饰物用具，亦可考见当时风俗习尚，洞外残余走廊，犹是宋时建筑。惜在过去，未加注存。经斯坦因、伯希和诱取洞中藏经及写本书籍，又用药布，拓去佛画，将及千数，复经白俄摧残，王道士涂改，现则完全荒弃，而沙埋之洞不知更存何物。且闻敦煌西部，尚有西千佛洞，数仅二十余、壁画尚存，而安西万佛峡之榆林窟洞画，完好者凡四十六，曾往亲自察看，其壁画之精美，皆可与千佛洞匹敌。似此东方民族之文艺渊海，若再不积极设法保存，世称敦煌文物恐遂湮销，非特为考古暨博物家所叹息，实是民族最大之损失，因此提议，设立敦煌艺术学院，招容大学艺术学生，就地研习，寓保管于研究之中，费用不多，成功特大，拟请交教育部负责筹画办理。是否可行，理合具文提请公决。谨呈
国防最高委员会

（2）教育部致行政院呈（3月12日）
教育部呈

案奉钧院顺陆字第（1369）号训令检发于委员右任提议设立敦煌艺术学院案，令仰遵照等因。查敦煌文物之精美，素为中外所共仰，自应积极设立机构，从事研究与保存，以资发扬光大。惟学院为大学内院别名称，为避免混淆起见，拟将"敦煌艺术学院"改称敦煌艺术研究所，聘请有艺术研究兴趣者为研究员，就地研习，寓保管于研究之中，奉令前因，理合拟具设立敦煌艺术研究所办法要点及追加开办费及经常费概算书，并请鉴核示遵。
谨呈
行政院院长　蒋
副　院　长　孔
　　附呈设立敦煌艺术研究所办法要点一份、追加概算书十份
〔概算书略〕

教育部部长陈立夫

中华民国三十一年三月十二日

设立国立敦煌艺术研究所办法要点

一、国立敦煌艺术研究所（以下简称本所）直隶于教育部，以研究及保管敦煌艺术，发扬东方民族文化为宗旨。

二、本所设于敦煌。

三、本所设总务、考古、艺术等组。

四、本所设所长一人，由教育部部长聘任之；各组设组主任各一人，由所长呈部核准后聘任之。

五、本所设研究员及助理研究员各若干人，研究员由所长呈部核准后聘任之，助理研究员由所长聘任之。

六、本所开办费列支十万元，经常费每月一万元，自呈准开办之月份起支。

（3）行政院致教育部指令（4月1日）

行政院指令　顺陆字第5698号
　　令教育部
　　三十一年三月十二日高字第〇九一〇号呈为拟具设立敦煌艺术研究所办法要点及概算，呈请鉴核示遵由。
　　呈件均悉。案经提出本院第五五六次会议，决议："准拨开办费五万元，经常费每月一万元，自开办之月份起支。"除转呈国民政府并将该项概算函请主计处查核办理，暨令知财政部外，仰即知照。此令。

　　　　　　　　　　　　行政院院长　蒋中正
中华民国三十一年四月一日

〔行政院档案〕

3．蒋介石关于设立国防科学技术策进会致教育部电及有关文件

（1942年3—11月）

（1）蒋介石致教育部快邮代电（3月15日）
国民政府军事委员会快邮代电　侍秘字第11571号
　　教育部陈部长：三月七日呈及国防科学运动实施方案均悉。关于国防科学之动员所拟成立"国防科学技术委员会"一节，应改名为国防科学技术策进会，直属于国家总动员会内，由国家总动员会会长与教育部长任正副会长，其余各项可准照办。中正。寅删。侍秘。
中华民国三十一年三月十五日

（2）蒋介石致教育部代电（5月13日）
　　教育部陈部长勋鉴：四月四日渝部秘书处发字60号签呈暨所附组织规程草案均悉。查国家总动员会议业已成立此项国防科学技术策进会,仍当按照前令隶属于总动员会议。关于组织规程草案

第一、二条及第八条,应即照此改正,并与总动员会议洽办可也。中正。辰元。侍秘。
中华民国三十一年五月十三日

(3)蒋介石致教育部快邮代电(7月15日)
国民政府军事委员会快邮代电　侍秘字第12999号
教育部陈部长:渝字第459号折暨附件均悉。查所拟国防科学技术策进会规章职掌与我理想不符,我的理想专重与国防最有关之学术,例如机械发动、机电、电气化、化学、重兵器等,以及飞机、战车、潜艇等制造,人才与学术之策进培植、调查登记、收罗分配任用,并与设计局工作联系,能使国防工业如计实施也。兹将原草案随文发还,即希照此与国家总动员会议会商,重拟呈核为要。中正。午微,侍秘。
中华民国三十一年七月五日

(4)蒋介石致教育部代电(8月16日)
国民政府军事委员会代电　侍秘字第13595号
教育部陈部长勋鉴:八月八日渝部秘书室发76号呈暨所附国防科学技术策进会组织规程草案〔略〕及委员名单均悉。此草案仍无实在策进之精神与决心,仍是应酬文章,须知每办一事,必有重点与目的,而此草案仍未能了解我设立该会之精神所在,仍希将前批加以检讨,积极推动,以期完成科学之建设为要。再,常务委员不可兼职,应专心办理此事也。中正手启。未铣。侍秘。
中华民国三十一年八月十六日

(5)翁文灏致陈立夫函(10月2日)
立夫吾兄大鉴:

奉委座机秘(甲)字第六九六三号手令:"将来建设国防工业之方针为:(一)发展国防科学运动;(二)储备工业与科学之人才,可分为下列二项:1.调查登记国防工业各部门现有之专才,并择其最有成绩经验之专家,使先负责主持筹备;2.训练新人才,希照此方针,请兄等共同研讨,拟订具体方案,限一个月内呈报为要"等因。兹订于十月五日(星期一)下午三时在资源委员会面洽,敬希届时准临为荷!此颂

勋绥

弟　翁文灏　敬上
十月二日

(6)蒋介石致教育部代电(11月10日)

国民政府军事委员会代电　侍秘字第14589号

经济部翁部长、教育部陈部长、兵工署俞署长钧鉴:十月二十六日签呈、附件均悉。兹分项核示如次:(一)国防科学技术策进会可不必另设独立机构,所拟发展国防科学运动各项业务可即由教育、经济、军政三部及航空委员会各主管,拟定具体办法,经常切实连系,由教育部主持。并于每年六月与十二月两次定期开策进会、研究指导进行;(二)征求与保障民间之发明,尤应照所拟乙项第九条规定切实办理。凡个人发明有关于国防科学者,应由教育部主持之,策进会竭力扶持与介绍,如有机关官厅不予登记或延搁不复者,可由策进会代为申诉,此为重要工作,应特定有效办法;(三)原方案乙项第一条各部会所设国防科学研究机关扩充各项研究设备之款项,由策进会酌予分配句,其"酌予"二字应改为负责二字;(四)所拟训练新人才及训练技工各项计划,必须切实进行,由教育部负责主持,是否实行,仍须详报。以上各项,即希遵照办理为要。中正。戍灰。侍秘。

中华民国卅一年十一月十日

(7)国防科学技术策进会章程

第一条 国防科学技术策进会(以下简称本会)以策进国防科学技术研究、促成国防工业建设及推进国防科学运动为宗旨。

第二条 本会设于国民政府所在地,并得于重要地点设立分会。

第三条 凡合于下列资格、经理事会送请会长核定者,得为本会会员。

(一)主持国防科学技术研究及事业者;

(二)对于国防科学技术富有研究、由国防科学技术研究或事业机关推荐及本会理事二人以上证明、经理事会通过者;

(三)对于国防科学技术曾有贡献、由全国性有关学术团体推荐及本会理事二人以上证明、经理事会通过者;

(四)对于国防科学技术富有研究及经验者,或热心赞助提倡,经本会理事会推选者;

(五)凡国防科学技术研究或事业机关及对于本会有关之专科以上学校或学术团体,由本会五人以上之推荐、经理事会通过者,得为本会团体会员。

第四条 本会设会长一人,敦请国防最高委员会委员担任。

第五条 本会设理事二十一人至三十一人,组织理事会,由本会大会推选之,辅佐会长筹议本会及各项工作之实施方针及计划。

本会理事每年改选三分之一,连选得连任。

第六条 本会理事会设常务理事五人,组织常务理事会,每年由理事互选之,连选得连任,承会长之命,主持会务。

第七条 本会设总干事一人,处理日常会务,由常务理事会推选之。

第八条 本会暂设下列各组,各设主任一人,必要时得酌设副主任一人,由总干事提请常务理事会聘任之。

第一组 策进国防利器（注重重兵器，如飞机、战车及潜艇）之设计与试验，及国防工业（注重矿冶、机械、电气、化学）之实施；

第二组 策进交通器材（注重铁路、汽车、轮船、电信）之供应及军费医药之自给；

第三组 策进国防科学技术人才之培养、调查登记与分配，及促进科学技术研究工作之联系与研究设备之充实，使其有计划的分担研究与国防有关之各项问题，以期达到最有效之使用；

第四组 奖助国防科学发明、推进国防科学运动及联络国际科学技术研究机关，加强与友邦之科学技术合作；

第五组 办理本会总务及其他不属于上列各组之事项。

第九条 本会设秘书一人至三人，由总干事提请常务理事会聘任之。

第十条 本会得设研究员、技术员、干事、助理干事、雇员，分在各组办事。

第十一条 本会职员除专任者外，得商请有关机关人员兼任之。

第十二条 本会每年举行大会一次，由会长召集之，理事会每四月举行一次，常务理事会每月举行一次，但必要时得召集临时会议。

第十三条 本会大会及理事会重要决议案（包括研究报告及实施方案），经会长核定后建议政府采择施行。

第十四条 本会经费来源如下：

（一）会员会费

（二）政府补助金

（三）各种捐款

第十五条 本会得设专门委员会，其组织办法另定之。

第十六条 本会各种办事细则另订之。

第十七条　本会章程如有未尽事宜，由理事会提请大会修订之。

第十八条　本章程经本会大会通过，呈报主管机关备案后施行。

（8）国防科学技术策进会工作纲领

甲、目标

一、策进国防科学技术之研究及其工作之联系；

二、促进国防工业之设计、建立及改进；

三、策划国防科学技术人才之动员与培养；

四、奖助国防科学技术发明及著作；

五、推进国防科学运动；

六、联络国防科学技术研究机关，加强与友邦之科学技术合作。

乙、关于策进国防科学技术之研究及其工作之联系者：

一、调查各科学及技术机关之现有研究设备及其工作概况；

二、统筹研究工作之联系及调整；

三、根据各机关之需要，策划研究设备之互相沟通、利用与充实；

四、促进国防利器之科学技术的研究；

五、促进全国工业制造之合理化与标准化，并力求其自给。

丙、关于促进国防工业之设计、建立与改进者：

一、调查本国及各国之国防工业状况；

二、根据调查建议改进方案；

三、搜集有关国防之各种资料；

四、建议国防工业设计与建立之意见；

五、促成国防工业计划之实施。

丁、关于策划国防科学技术人才之动员与培养者：

一、调查全国国防科学技术人才，并设法罗致；

二、调查各国科学人员之动员及分配情形；

三、研究并拟订动员全国科学技术团体及科学技术人才方案，以供政府采择；

四、研究并建议科学技术人员任用、待遇之标准及进修办法；

五、研究并建议科学技术人才培养方案；

六、研究并建议科学技术教育改进意见。

戊、关于奖助国防科学技术发明及著作者：

一、协助有关机关办理科学发明之奖励；

二、奖助国防科学著述；

三、私人对于科学上有特别发明者，介绍或建议政府予以奖助，并特别鼓励兵器之发明；

四、团体或个人研究，限于经济不克完成者，建议政府予以补助；

五、设置科学技术奖助金，奖助优秀科学技术人员高深之研究，或资送国外研究。

己、关于推进国防科学运动者：

一、会同有关机关及学术团体举行国防科学之表演、展览、集会、讲演；

二、建议及计划国家科学工艺博物馆之设立；

三、编印国防科学通俗及专门刊物图表，推动科学画报、科学电影之编制及儿童科学玩具与模型之制造，并发动全国报纸尽量宣传国防科学；

四、奖励科学考察团，并特别注重西北及边远省区之科学考察；

五、发动青年训练机关、各级学校、社会教育机关及社会学术团体等，一律以推动国防科学运动为其中心工作。

庚、关于联络国际科学技术研究机关，加强与友邦之科学技术合作者：

一、与友邦科学技术机关及专家切取联系，以求国际科学技术之合作；

二、搜集世界科学技术刊物，设法广为传播，以利研究；

三、派遣科学技术人员赴各国作实际之考察。

（6）国防科学技术策进会理事与重要职员名单

一、理事：

何应钦	翁文灏	陈立夫	朱家骅	曾养甫
周至柔	俞大维	李书华	顾毓琇	徐恩曾
钱昌照	梅贻琦	竺可桢	叶企孙	赖琏
顾毓瑔	杨继曾	茅以升	曾昭抡	庄前鼎
杨家瑜				

二、常务理事

| 翁文灏 | 陈立夫 | 朱家骅 | 周至柔 | 俞大维 |

三、总干事

陈立夫

四、重要职员

秘书　刘拓

第一组主任　庄前鼎

第二组主任　赵曾珏　副主任　徐诵明

第三组主任　顾毓琇

第四组主任　叶秀峰　副主任　朱其清

第五组主任　马文车

〔国民政府教育部档案〕

4. 国立中国医药研究所概况呈报表

(1942年4月)

名　　称：国立中国医药研究所

地　　址：云南昆明

负责人姓名：经利彬

成立年月：三十一年三月十日。

沿　　革：本所奉教育部部令成立于昆明，通讯处为昆明城内东升街二十四号，办事处及研究工作分设于大普吉、陈家营、苏家村三处。

组织概况：本所设所长一人，秘书一人，及文书、出纳、出版、庶务四课，会计主任一人。研究分四组：医学组，药物化学组，生理组，药用植物组，每组设主任研究员一人。

职员人员：十七人

研究人员数：十九人

设备状况：

经　　费：岁出经费＄30,386.00，增加经费12,467.00

研究工作：已完成者，药用植物组进行西南采集工作，研究西南药用植物，不久即可出《滇南本草图谱》；生理组研究土大黄之效用，昆明市郊之营养问题，白血球数、血型。正在研究中者，医学组研究本草各药对于人体之作用，整理旧医案等工作；化学组研究本草各药之成分，提取有效物质等工作；植物组采集标本、鉴定、绘图等工作，生理组研究本草药性、西南营养问题等工作。

出版刊物：一、滇南本草图谱第一册，一、中国医药研究所汇刊第一卷第一期。研究刊物均因印刷困难，尚未印就。

填报时间：民国三十一年十二月

负责填报人： 　　　　　负责长官：经利彬

〔国民政府教育部档案〕

5．中国心理生理研究所概况呈报表

（1942年10月17日）

名　　称：中国心理生理研究所

地　　址：四川北碚黄桶树镇（临时研究部设美国纽约：China institude in America 119W，57 The Street, New York N. Y. U. S. A）

负责人姓名：郭任远

成立年月：民国二十九年十一月正式成立。

沿　　革：

组织状况：本所为教育部及管理中英庚款董事会合办，设所长一人，综理所务及研究事宜，下设干事若干人，分掌文书、会计、图书、庶务等事项，设研究员、副研究员、研究助理及技术员若干人，计划及研究学术事宜，本所暂不分部组，由所长指导监督一切研究工作。

职员人数：专任一人，兼任一人。

研究人员数：专任二人（在美未报来者不在内）。

设备状况：图书仪器等在美采购尚未运回，现在美应用不详。

预算经费：九万六千元。

研究工作：

出版刊物：

备　　考：（1）本所经费预算十二万元，由教育部及管理中英庚款董事会各拨半数，教育部本年实拨三万六千元；（2）本所于筹备成立后，所长奉命赴英讲学，乘便采购图书仪器，旋因太平洋战争发生，客运中断，阻滞美国，为免研究工作中辍并利用仪器设备起见，因在美国纽约择址开始研究，已经呈报在案。研究情形尚待报来，故从缺。

填报时间：民国三十一年十月十七日

负责填报者：黄载德　负责长官：郭任远

〔国民政府教育部档案〕

6．国立北平研究院科研工作概况报告表

（1942年11月17日）

名　　称：国立北平研究院

地　　址：总办事处——昆明黄公东街十号，物理学、化学、地质学、史学研究所设于昆明北郊黑龙潭，生理动物研究所设于昆明西山苏家村，植物学研究所设于陕西武功，镭学、药物等研究所原设上海福开森路395号，现正陆续迁昆明途中。

负责人姓名：院长李煜瀛、副院长李书华，物理学研究所长严济慈，镭学研究所长严济慈，化学研究所所长刘为铸，药物学研究所所长赵承嘏，生理所所长经利彬，动物研究所所长张玺，植物研究所所长刘慎谔，地质研究所所长翁文灏（严赞勋代），史学研究所所长徐炳昶

成立年月：民国十八年九月九日正式成立。

沿　　革：民国十六年五月，中央政治会议原定中央研究院每月经费十万元，地方研究院每月经费五万元，民国十七年九月国民政府会议通过北平大学及研究院之组织，同年十一月间开始筹备，十八年八月六日国立北平研究院名称通过于行政院会议。七七事变以前，本院植物研究所图书仪器标本全部迁往陕西，镭学、药物两研究所及物理研究所一部分图书仪器南迁，地质研究所亦随实业部地质调查所南迁，迁出各部仍照常工作。平津沦陷

以后，在平各项工作停顿。二十七年四月间，本院在昆明设立办事处，物理、化学、生理、动物、史学各研究所陆续迁滇，照常工作，图书仪器因事前早有准备，大部分已亦均得陆续迁滇。

组织状况：本院于院长、副院长之下设总办事处，内分设文书、会计、庶务、出版四课，并设物理、镭学、化学、药物、生理、动物、植物、地质、史学等九研究所，总办事处设主任一人，秘书一人，各课设课长各一人，科员、办事员各一、二人，各研究所设所长各一人，研究员、副研究员、助理研究员、助理员、技术员各若干人。

职员人数：专任：十二人，兼任：一人，合计：十三人。

研究人员数：专任：六十四人，兼任三人，合计：六十七人。

设备状况：(1)物理研究所有光学、应用光学、地球物理、物理探矿等设备；(2)镭学研究所有镭学及X光设备；(3)化学研究所有物理、化学、分析化学、有机化学及应用化学设备；(4)药物研究所有关于国药研究设备；(5)生理研究所有关于生理营养及国药对于生理研究之设备；(6)动物研究所有关于海产动物、淡水动物及其他一般动物研究之设备；(7)植物研究所有关于植物分类研究之设备，又采集有植物标本六万号；(8)地质研究所有关于地质古生物研究及地质矿产调查之设备；(9)史学研究所有关于古史及考古之设备。

预算经费：岁入：422,920元，岁出：(现未结账，无法列出)追加预算数：198,000元

研究工作：

（Ⅰ）物理学研究所

（甲）已完成者：(1)显微镜之试制；(2)微小温度系数之石英振荡片；(3)中心磨远机之改良；(4)玻璃水平管之制造；(5)试用自然电流法于鲁甸县之乐马厂铅银及香杉菁黄铁矿之

探测;(6)云南昭通县褐炭田电法探测。

（乙）正在研究中者：(1)专科以上学校用显微镜二百架之制造；(2)石英结晶体与压电现象之关系，(3)高频率之石英振荡片，(4)磨玻璃用之砂与胶，(5)会泽矿山厂铅锌矿之探测，(6)试用物理探矿方法于会泽县汤丹、落雪等铜矿区。

（丙）战后新研究计划（战前已成立者）

本所战前研究范围颇广,于光学与地球物理两方面颇多成绩，抗战后即利用原有设备集中于此两项工作，而更注重在应用方面。关于应用光学、努力于精密光学仪器之设计及制造与其所用原料问题之解决；关于物理探矿，则应各矿局之邀，详细探测云南各地之金属矿，对于应用光学与物理探矿，本所现均略具根底，正在力求扩充。

（II）镭学研究所

（甲）已完成者：

（1）β射线之吸收系数；

（2）各种气体之压力对于照相片感光性之影响。

（乙）正在研究中者：

（1）涂氧化层电极对于放电之影响；

（2）铬铅合金之相图研究。

（丙）战后新研究计划（战前已成立者）

正在利用感应电炉及X光设备，加强合金研究工作。

（III）化学研究所

（一）研究工作

（甲）已完成者：

（1）4,7双羥基苯骈——{·哌嗪及其衍生物之性质；

（2）研究Cook氏夹角烷基成法之初步报告；

（3）丹参丽乙组成之初步报告；

（4）9·10 Dialbeg 1·9·10·dihgdrofleuan hreucaeiolsars Relateel Compounds 9.10-二脂基, 9.10二氢化菲二醇及其有关化合物；

（5）与维生素K有关系化合物之综合2，甲萘之综合Sgnlesesof Componnds kelated fovitamink I.Sgnthesis of 2—meilrylnaynthalene；

（6）A moolified procedure of prepanation of ortho farmic e stens原甲酸酯制备法之改良；

（7）昆明附近泉水之分析（已达十六种）；

（8）各种木炭所中炭酸钾之提取；

（9）肥皂厂出废液中甘油之提取。

（乙）正在进行中者：

（1）鸡骨常山之提炼；

（2）土大黄成分之研究；

（3）丹参丽甲及丹参丽乙之综合；

（4）Sgntheses of Compounds Reletedtovitamin K，II 与维生素K有关化合物之综合II；

（5）Sgntheses of Deriratiyies of sulfanilamite制炎药衍生物之综合；

（6）gnvestigalionsin the Aeenapetheneseries 苊类化合物之研究；

（7）Rcactions of 2.2′—Diacgibipnengls I……2.2′二醯联萘之反应；

（8）继续昆明附近泉水之分析；

（9）配制PH4—10之指示剂；

（10）肥皂厂废液中提甘油时附废物之利用。

（丙）战后研究计划 战后仍拟继续物理化学、分析化学、有机化学及应用化学等之研究工作。

（IV）药物研究所

继续用科学方法提取国药之有效质素研究而利用之，国药种类繁多，战后仍拟继续此项工作。

（Ⅴ）生理学研究所

现从事研究及调查之工作如下：

（1）调查本省可供药用之植物类及研究其生理作用。

（2）研究滇省人民之基代谢作用。

（3）研究及调查高原地带人民之赤血球数及血型：(a)云南省居民血型之调查，(b)昆明区住民血球数之统计。

（4）研究西南特种食物之分析及其营养之价值。

（5）血中数种成份变异之研究。

（6）神釉之研究。

（7）汽油中毒之研究。

（Ⅵ）动物学研究所

本年度研究工作注重调查云南各大湖沼之渔业及有经济价值之水生动物，为将来推广繁殖之基础，以期增加生产。关于是项工作，于本年四月间曾派人赴洱海考察，对于洱海之湖沼形质、生物分布、渔业概况及邓川牧畜事业均作详细之调查。于同年九月曾派人赴抚仙湖调查，本期尤重该湖特产青鱼与䱽𩸞鱼之生活习惯、食料、产量、捕法、生长速度以及是否有移殖畜养之可能。除对青鱼及䱽𩸞鱼作详细之调查外，并注意抚仙湖之形质，鱼业及其主要水生动物之分布。

（甲）已完成者：(1)滇池食用螺蛳（Margarga）之研究，(2)抚仙湖渔业调查，(3)淡水鱼类在空气中之抵抗力，(4)滇池鱼类产卵期及天然食料之调查，(5)云南蛇类之初步研究。

（乙）正在研究中者：(1)昆明湖水之理化性质及其主要生物，(2)滇池、洱海浮游生物之调查，(3)云南淡水鱼分类上之研究，(4)云南淡水海绵之调查，(5)云南爬行类研究，(6)云南淡水软体动物之调查,(7)养鱼池水温、滇池水温、水气温度之测量,(8)滇池数种鱼类(鲤鱼、鲫鱼、乌鱼、白鱼)产卵期之调查,并研究其体重与卵种之关系。

(丙)战后研究计划

该所战前对于海产动物之调查采集研究工作甚多,战后仍拟继续此项工作。

(Ⅶ)植物学研究所

继续调查采集研究西北西南各种植物。

(Ⅷ)地质研究所

与经济部中央地质调查所合作,继续调查研究地质矿产及古生物。

(Ⅳ)史学研究所

本年度内继续进行或完成之工作如下:

(1)中西文化思想及历史的比较研究,已成稿十数万言,拟成书一种,专刊发表,预计全书文长二、三十万言。

(2)斗鸡台发掘报告,根据本院民国二十三、四年间发掘斗鸡台(在陕西宝鸡县)所得古代墓葬资料统计,属于早期的(三代)四十五墓,属于中期的(春秋战国秦)十一墓,属于后期的(汉晋隋)二十六墓,共二十八〔八十二〕墓,编纂《斗鸡台沟东区墓葬》一书,内容包括全部墓葬之发掘、整理与每一墓之结构及殉葬物,拟订为本所《陕西考古发掘报告》第一种第一号,刻正整理材料,尚未脱稿。

(3)引见于水经注中之古史传说,已脱稿,文长两万言;

(4)两汉魏晋南北朝时期之农业与田制,讨论该时期之农业生产方法,田制与农民生活状况,未脱稿。

(5)中国货币史,搜集资料,拟成专史。

(6)唐代经济财政及社会史料,刻写《唐"估"考》一文,搜集关于唐代"估"法材料,并探讨其与唐代赋税制度之关系，未脱稿。

（7）周易王弼注释例。

史学研究所出版刊物过去概由商务印书馆承印发行，太平洋战争爆发后，香港沦陷，以致本所交印稿件下落不明者，计有：徐炳昶著《中国古史的传说时代》，《史学集刊》第四期，苏秉琦著《斗鸡台发掘所得瓦鬲的研究》（陕西考古研究报告第一号）。徐书刻已交由重庆中国文化服务社承印中，史学集刊正在渝接洽复刊，至考古报告已成及未成各稿，皆图版甚多，刻下内地尚难付印。

出版刊物：本院已出版书籍舆图约三十余种，各种研究论文、调查报告约八百种，所出期刊及丛刊、汇刊、专报、集刊等有：国立北平研究院院务汇报，气象月报，物理研究所丛刊，镭学研究所丛刊，化学研究所丛刊，药物研究所丛刊，生理学研究所丛刊，生理学研究所中文报告汇编，动物学研究所丛刊，动物学研究所中文报告汇编，植物学研究所丛刊，中国北部植物图志，考古专报，史学集刊，又地质汇报，地质专报，地震专报，土壤专报，中国古生物志，均系与经济部、中央地质调查所合刊。

战后研究计划：抗战以来，印刷昂贵，出版困难，但以上刊物之重要者，仍在设法继续出版。（见前）。

填报时间：民国三十一年十一月十七日

负责填报者：余济康　　负责长官：李煜瀛

〔国民政府教育部档案〕

7. 两广地质调查所概况呈报表

（1943年）

名　　称：两广地质调查所

地　　址：广东坪石

负责人姓名：何杰

成立年月：本所于民国十六年九月成立。

沿　　革：本所本为广州政治分会于民国十六年九月创设，每月经费毫洋一万元，任命朱家骅为所长，租赁东山庙前街五十号民房为临时办公厅。十八年四月间，广州政治分会裁撤，由中央政治会议议决暂归国立中山大学接受，经费仍由两广财政分担，后以省库与国库区别管理，本所既为国立大学所属，省方不便继续给予经费。嗣奉国立中山大学令紧缩经费每月毫洋七千元，由两广矿产税项下及中山大学分担。十八年夏始迁入文德路旧教育厅官舍，但房舍倾圮，危险万状，乃于十九年夏从事修理，房舍始粗定分配。二十四年夏，改迁中山大学旧法学院，同年秋又迁入石牌新校，斯时各种设备，堪称完善。二十七年十月广州失守，本所所有图书仪器设备迁移不及，损失殆尽，本所工作亦曾一度停顿。直至二十八年五月，承教育部指拨经费，始随中大移往云南澂江，假同德会楼房两间为所址。廿九年秋复随中山大学迁返广东坪石，初租赁上前街四十八号为所址，三十年夏迁入现址。中间所长凡九易：一、朱家骅（民十九年），二、朱庭祜（民二十年），三、何杰（民二十一年秋），四、邹鲁（民二十四年春），五、何杰（民二十四年秋），六、黄著勋（民二十六年秋），七、李翼纯（民二十八年秋），八、杨遵仪（民二十九年秋），九、何杰（民三十一年秋）。

组织概况：本所组织原定置所长一人，技正六人，技士十人，技助十人，绘图员三人，事务员三人，雇员若干人，内部组织分为地质、矿产、陈列、事务组，并附设地质图书馆。惟目前限于经费（每月三千二百二十六元）仅置所长一人（兼任），技士二人（专任一、兼任一），技士三人，技助四人，事务员三人，会计员一人，下年度为谋配合抗建大计，拟曾聘技正二人，技士三人,技佐四人,技术员二人,从事工作,为适应国家之需要。

职员人数:专任三,兼任一。

研究人员数:专任十人(停薪留职者二人)兼任二。

设备状况:自广州失陷后,本所原有图书、仪器、标本丧失殆尽。新添图书一百余种,仪器计有指南针等十余种,他如粤北连县、阳山、乐昌、南雄、仁化、乳源各地地层标本亦采集甚多。

预算经费:岁入:＄38,710.00,岁出:

研究工作:已完成者:(1)粤汉铁路沿线地质矿产及粤北地层之研究;(2)广东乐昌九华钨及萤石等矿及火成岩之研究;(3)粤北铁矿及煤矿调查及铁工厂原料问题之研究。正在研究中者:(1)粤北铁矿之详细测勘及矿床研究;(2)粤北锡矿及金矿之详探及矿床研究;(3)曲江县银铅矿砒矿钨矿之详勘;(4)广东二十万分之一地质图之测制。

出版刊物:本年度出版临时报告三十二至三十三号

战后研究计划:(1)国防矿产之探寻测勘及设计开探;(2)药用矿物及稀金属矿之探寻;(3)参加全国二十万分之一地质图之测验。

填报日期:民国三十一年十一月十三日

负责填报者:钟隆演　　负责长官:何杰

两广地质调查所研究人员一览表

姓名	性别	年龄	籍贯	职务	略历	备注
何杰	男	五四	广东番禺	所长	曾任北京大学工科主任兼地质系主任	兼职
杨遵仪	男	三三	广东揭扬	特约研究员	曾任中山大学地质系主任	兼职

续表

姓名	性别	年龄	籍贯	职务	略 历	备注
陈国达	男	三二	广东新会	技正	曾任中山大学地质系副教授	月薪三百元
章熙材	男	三五	浙江	技正	中山大学地质系刷教授	兼职
锺隆演	男	三一	广东连县	技士	中山大学地质系毕业	
莫杜孙	男	二七	广东新会	技士	中山大学地质系毕业	
杜衡龄	男	二九	广东	技士	中山大学地质系毕业	
刘连捷	男		广东台山	技士	中山大学地质系毕业	
刘乃隆	男	二六	北平	技佐	清华大学地质系毕业	
张伯榀	男	二七	广东开平	技佐	中山大学地质系助教	
周仁建	男	二六	广东开平	技佐	中山大学地质系毕业	
黄煖堂	男	二六	广东三水	技佐	中山大学地质系毕业	
李日华	男		广东台山	技佐		

8. 国立中央研究院及所属各所概况报告表①

（1942—1943年）

名　　称：国立中央研究院。

地　　址：总办事处设重庆，各研究所分散于各地，详见各

①原为表格形式，为书写与排版方便起见，改为现在形式。

所之概况表。

负责人姓名：朱家骅（代理院长）

成立年月：十七年六月

沿　　革：本院之筹备开始于民国十六年，正式成立则在十七年，是年四月国府特任蔡元培为院长，并确定本院为全国之最高学术研究机关。嗣后数年中本院之十个研究所，分别设立于南京、北平及上海，建筑及设备历年均有增加。二十四年九月评议会正式成立。二十六年抗战军兴后各处所均先后迁至川滇桂三省，工作继续进行，二十九年三月蔡院长卒，同年九月国府令朱家骅代理院长。

组织状况：本院设评议会总办事处及十个研究所（历史语言、社会科学、天文、物理、化学、地质、动植物、心理、气象、工程），数学研究所正在筹备中，评议会以评议员四十一人组成之。除院长及十所所长为当然评议员外，其余三十人由国立大学之教授选举之，评议会之重要职务为拟定本院各所之研究方针，总办事处设总务、文书及会计三处，由院长及总干事综理之。

职员人数：专任96人，兼任3人，合计99人

研究人员数：专任117人，兼任115人，合计232人

设备状况：详见各所之概况表。

预算经费；岁入：　　岁出：＄2,390,571.00，追加预算数：正在呈请核定中。

研究工作：详见各所之概况表。

出版刊物：除各所之刊物详见各所之概况表外，本院评议会编印两种专门期刊：《学术汇海》及《科学记录》，总办事处编印本院总报告。

战后研究计划：详见各所之概况表。

填报时间：民国三十一年十一月　日

填报长官：总干事叶企孙　院长朱家骅

国立中央研究院总办事处

名　　称：国立中央研究院总办事处

地　　址：重庆牛角沱生生花园内

负责人姓名：院长朱家骅

成立年月：十七年六月

沿　　革：自本院成立以来，总处向设南京，二十六年十一月迁至长沙，二十七年一月迁至重庆。

组织状况：总办事处办理全院一般行政事宜，由院长及总干事综理之，设总务、文书、会计三处及统计室，总务及文书两主任由院长聘任之，会计主任及统计员由主计处派充之。

职员人数：专任25人。

设备状况：本处现租赁重庆牛角沱生生花园内，一部分房屋为办公室，并租上清寺聚兴村二十二号房屋为职员宿舍，上年内因市区敌机轰炸，复在歌乐山生机路购买房屋一所，以为存放重要卷宗及一部分人员办公之用，因受政府公有建筑办法之限制，迄未动工。

预算经费：岁入：　　岁出：＄315,999.84元。

出版刊物：本院总报告。

备　　考：本处岁出预算经费，除以填入本表外，尚在院任西北考察费及评议费用等共计＄22,751.12，列此备查。

填报时间：三十一年十一月

填 报 者：总务主任王敬礼

负责长官：院长朱家骅

国立中央研究院化学研究所

名　　称：国立中央研究院化学研究所

地　　　址：昆明小西门外棕树营92号

负责人姓名：吴学周

成 立 年 月：民国十七年六月九日

沿　　　革：〔本栏字迹不清，无法辨认，故略〕

组织状况：本所直隶国立中央研究院，为中央研究院十个研究所之一。本所之组织系依据于《中央研究院研究所组织通则》之规定，设所长一人，由院长就本所专任研究员聘任之，综理所务，并指导研究事宜。研究人员有研究员、副研究员、助理研究员、助理员或研究生。技术人员中有技正、技士及技佐，事务人员有管理员、事务员及书记。

职员人数：专任七人（包括技术及事务人员）兼任无，合计七人。

研究人员数：专任十一人（技术人员不在内）兼任无，合计十一人。

设备状况：图书杂志颇完备，惟1941年以后者残缺不全。实验馆之水、电、冰箱、通风橱设备尚完善。仪器药品多系抗战前存品，以经费欠缺，来源断绝，极少补充。

预算经费：岁入　　岁出：＄189,000.00，追加预算数：

研究工作：已完成者，本年度已完成研究工作，得研究论文六篇；正在研究中者，尚有五六题。

出版刊物：共已发表研究论文八十余篇。

战后研究计划：

填报时间：民国三十一年十月二十五日

填报长官：吴学周、朱家骅

国立中央研究院工程研究所

名　　　称：国立中央研究院工程研究所

地　　　址：昆明棕树营九十二号

负责人姓名：所长周仁

成立年月：中华民国十七年三月

沿　革：本所原为国立中央研究院理化实业研究所之工程组，成立于民国十七年三月，同年七月改组，自成一所，始得今名，办公处及实验室暨试验工场等均设于上海西区白利南路，全面抗战以后奉命内迁，乃在昆明建筑实验室，就已迁运前来之设备加以布置而继续工作。

组织状况：本所最高负责职员为所长，指导全所研究工作，并综理所务，其下设研究员、副研究员，分为专任及兼任，于必要时得设通信研究员，分任研究事宜，为协助研究工作，并设助理研究员及助理员。此外，并设管理员、事务员等，以分掌文书、会计、庶务等任务，又设技正、技士、技佐等，掌管试验工场之技术上任务。

职员人数：专任十人，兼任无，合计一人。

研究人员数：专任十一人，兼任一人，合计十二人。

设备状况：本所原有设备可概分为：（一）图书，包括各项工程之西文参考书一千二百余册；（二）杂志，包括英美德法工程杂志及学会会刊等八十余种；（三）试验钢铁之设备；（四）工业分析设备；（五）材料试验设备；（六）金属实验设备；（七）试验陶瓷之设备；（八）试制玻璃之设备；（九）棉纺织之试验仪器等。抗战以后，一部分重大设备未便迁运者，以及另一部分运抵香港与海防后，因缺乏运费与交通困难未能续运者均遭遗失，故目前除图书杂志及棉纺织试验仪器大致完全外，其他均不齐备矣。

预算经费：岁入　　岁出：＄208,000.08

研究工作：

已完成者：

（甲）陶瓷之研究：(1)我国古艺术陶瓷之仿制，(2)陶瓷材料之考察与制备，(3)工业瓷品之研究与试制，(4)制瓷机械之研究。

（乙）钢铁之研究：(1)普通铸钢之研究与试制，(2)一般冶炼学理之探讨，(3)特种合金钢铁之研究与试制，(4)钨铁合金之初步研究。

（丙）玻璃之研究：(1)制造玻璃一般学理之探讨；(2)各项科学之玻璃，如：(a)化学仪器玻璃,(b)灯工吹制玻璃,(c)中性药用玻璃,(d)高等火石玻璃,(e)特种抗药性玻璃等之研究与试制；(3)国产玻璃原料之收集与其性质之检验；(4)研究光学玻璃之初步设计；(5)附带作耐火材料之研究。

（丁）棉纺织染之研究：(1)与棉纺织染有关之一般学理之研究；(2)棉纱及棉织品之检验；(3)纺织机械之研究。

正在研究中者：(a)继续钢铁之研究,(b)继续各项科学玻璃之研究,(c)进行光学玻璃之研究,(d)进行钨铁及其他铁合金之研究,(e)非铁金属合金之研究,(f)特种合金钢之研究,(g)内燃机及燃料之研究,(h)云南省木材之研究,(i)纺织机械之研究。

出版刊物：集刊二册，专刊一册，其他二册。

战后研究计划：

本所在战后虽无甚特殊新研究计划,然自迁滇以还,所举行之工作在在均以对于抗建大计有所裨益为目的，如特种合金钢及光学玻璃等为制造军器所必需之材料，而各项科学玻璃对于建设工业及文化教育事业用途极广；至内燃机与非铁金属之合金关系，机器制造与公路运输至为深巨，故本所对各该问题均竭力进行研究焉。关于钢铁之研究与中国电力制钢厂（本所受中央及云南省政府之委托代计划创办者）合作，颇收互助之效。

填报时间：民国三十一年二月

填报长官：周仁　　负责长官：朱家骅

国立中央研究院地质研究所

名　　称：国立中央研究院地质研究所

地　　址：在贵阳、恩施、黔阳三处各设工作站一所，在桂林良丰设立办事处一所。

负责人姓名：所长李四光

成立年月：民国十七年

沿　　革：本所成立时设于上海，民国二十年迁南京，抗战后在湘、黔、鄂三省各设工作站一处，本所办事处则设于桂林良丰。

组织状况：研究工作分为下列三组：

（1）地史（包括古物）组，（2）矿物岩石组，（3）应用地质组。研究人员分为专任研究员、副研究员，佐以技士及技佐。

职员人数：专任六人（技士、技佐及事务员）兼任一人，合计七人。

研究人员数：专任十七人，兼任八人，合计二十五人。

设备状况：有图书馆，化验室各一所。研究方面用之仪器如显微镜等项尚足敷用，化验矿石用之仪器及药品，现时勉强敷用。

预算经费：岁入＄159,942.36　岁出：＄209,000.00

研究工作：已完成者名称繁多，详见本所出版之刊物中；正在研究中者有湘桂粤黔边区之地质构造与矿产之分布，广西全省之地质矿产及全省二十五万分之一地质图。

出版刊物：有《专刊》（西文）、《集刊》（中文）、《西文集刊》、《丛刊》（中文及西文）四种，抗战后因印刷困难，仅出简报二十余种。

战后研究计划：抗战以来，本所工作着重于西南数省山岳地带矿产之普遍与详细调查，并彻底研究矿产分布与地质构造之关系。

填报时间：民国三十一年十一月一日
负责填报者：李四光　负责长官：朱家骅

国立中央研究院天文研究所

名　　称：国立中央研究院天文研究所

地　　址：云南昆明东郊凤凰山（通信处：昆明城内小东门城脚二十号）

负责人姓名：张钰哲

成立年月：民国十七年六月九日

沿　　革：民国十六年六月，国民政府教育行政委员会设立时政委员会，司编历授时。是年十月，教育行政委员会改组为中华民国大学院，于大学院下设观象台筹备委员会，将时政委员会并入。未几，大学院筹设中央研究院，观象台筹备委员会改隶于中央研究院，旋又分为天文、气象两研究所。本所即于斯时正式成立。

组织状况：设所长一员，总管所务。下设研究员、副研究员、助理研究员、助理员，担任研究、技正、技士、技佐，司理技术工作。编纂掌编辑，并设管理员、事务员、书记分理事务。

职员人数：

研究人员数：专任六人，兼任（通信）五人，合计一一人。

设备状况：移置后方使用者，仅有变星赤道仪及太阳分光仪各一套。其原在南京装置之各项大型仪器，仅将镜头等精致零件携出，未装配使用。图书约一千三百册。

预算经费：岁入　　岁出 $150,000.00

研究工作：}详见另纸〔缺〕
已完成者：

（1）天体物理学方面：如恒星光谱明线之来源，日冕形状，日冕亮度，日冕及色球光谱，日珥运动律，恒星之对流平衡与色温度,特殊恒星光谱之分析,……等。

(2)天体力学方面:如双星轨道之统计,慧星轨道之计算……等。

(3)应用天文学方面:如南京、庐山、登封、昆明、临洮等地经纬度之测定,历年国民历之编制……等。

(4)考古方面:如史日长编、星象统笺、圭表测影……等。

正在研究者有关于天体力学及天体物理各项理论问题,及依据基本数表推步七政列宿之方位。

出版刊物:专刊两期,集刊三期,别刊五期,其他单位本三种,天文年历三册,代内政、教育两部编国民历十五册。

战后研究计划:战后拟重建数具中型望远镜,俾天文台之主要观测工作得以恢复,与理论方面之研究相辅而行。

填报时间:民国三十一年十月二十四日

负责填报者:张钰哲　负责长官:朱家骅

国立中央研究院气象研究所

名　　称:国立中央研究院气象研究所

地　　址:四川北碚水井湾

成立年月:民国十七年一月一日

负责人姓名:所长竺可桢　代理所长吕炯

沿　　革:原为观象台气象组,十七年二月改为气象研究所,同年十月迁入南京钦天山北极阁新厦办公,十八年以后管辖北平气象台,成立肃州、拉萨、西宁、宁夏等四测候所,并与水利机关合作成立测候所、雨量站多处,上列所站,自三十一年度起,移由中央气象局接办。

组织状况:(1)所长办公室,下辖文书、庶务、出纳,由书记、事务员掌其事;(2)天气组分为:(a)观测组,(b)制图预报组,(c)高空观测组,由研究、技术人员掌之;(3)气候组——统计室,由研究及统计人员掌之;(4)气象电台,(5)仪器室,(6)风□台,(7)绘图室及图书馆。

职员人数:专任十四人(包括技士、技佐等十一人在内)。

研究人员数:专任七人。

设备状况:(1)图书设备,气象专门书籍、外国杂志庋藏丰富;(2)仪器设备,各种气象仪器如气压计、风力计、风向计、温度计、湿度计等均无不完备。

余存仪器已转让中央气象局。

预算经费:岁入:　　岁出:＄169,000.08

研究工作:已完成者有天气、气候论文登载本所出版之集刊;正在研究中者:(1)西藏高原气候,(2)西南之气候,(3)中国界面学。

出版刊物:战前出版气象年报、气象月刊、集刊,抗战后年报与月刊,以费绌停印,集刊仅出五册。

战后研究计划:抗战前曾向美国订购无线电探照仪多枚,原拟施放研究高空气流状态,该仪已运抵香港,事变损失。

填报时间:民国三十一年十月十七日

负责填报者:竺可桢　负责长官:朱家骅

国立中央研究院历史语言研究所

名　　称:国立中央研究院历史语言研究所

地　　址:四川南溪李庄

负责人姓名:傅斯年

成立年月:民国十七年十一月

沿　　革:本所之筹设,起源于大学院时代,民国十七年三月至九月为筹备时期,筹备处设于广州,迨十七年十一月,国民政府公布国立中央研究院组织法,确定设立历史语言研究所,本所遂正式成立。

组织状况：本所分四组：第一组史学、文籍校订学属之，第二组语言学属之，第三组考古学属之，第四组人类学属之，本所设所长一人，研究员、副研究员各若干人，研究员及副研究员分专任及兼任。另设通信研究员若干人。各组设主任一人，由所长就专任研究员中推荐一人予院长，由院长聘任。此外，并设助理研究员及助理员各若干人，其不属于研究人员者，则有技正、技士、技佐、管理员、事务员及书记。

职员人数：专任23人，兼任：

研究人员数：专任29人，兼任1人，合计30人。

设备状况：本所藏书，计汉籍十三万册，西籍万册，现均在工作地点上架可用。采集及购求之科学材料，无论属于史学、语言、考古及人类学者，均甚丰富。

预算经费：岁入：　岁出：＄298,000.08，追加预算数：三十一年份追加预算数已定之一部分为13,041元，其余尚未定。

研究工作：已完成者：本所过去之工作，详本院历年编印之总报告，三十一年之工作，仍创办时所确定之目标，即努力于史学的、语言的、考古学的、人类学的一切资料，有计划地搜集而研究整理之。第一组（史学）以整理史料与个人研究并重。第二组（语言学）调查汉语方言并从事西南各土语之研究。第三组（考古学）以整理安阳发掘之资料为中心工作，并研究之。第四组（人类学）作体质与文化的调查与研究。

出版刊物：三十一年出版者为集刊第十本第一至二分共两册，人类学集刊第二册一册。

战后研究计划：本所现在工作范围，以整理历年搜集之各项学术材料为主，同时就原定之计划作较大规模之调查，以充益旧有材料。此外，限于财力与环境，不能多所扩充。

填报时间：民国三十一年十月二十一日

负责填报者：**傅斯年**　负责长官：朱家骅

国立中央研究院心理研究所

名　　称：国立中央研究院心理研究所

地　　址：桂林良丰

负责人姓名：汪敬熙

成立年月：民国十八年五月

沿　　革：本所于民国十八年五月在北平成立，二十二年三月迁上海，二十四年六月复迁南京，七七事变起与社会所、历史语言所及动植物所同迁湖南南岳，二十六年年底与社会所、动植物所同迁广西阳朔，二十八年春又与地质所及物理所之一部同迁广西三江之丹洲，二十九年四月迁至现在所址。

组织状况：本所设所长一人，专任研究员、副研究员及助理员各若干人，必要时可招收研究生若干人。

职员人数：

研究人员数：专任三人，兼任：

设备状况：生理心理学实验用仪器约二百余件，神经解剖切片百余匣，图书杂志共约四千册。

预算经费：岁入　　岁出：＄78,000.00

研究工作：已完成者见本所各种刊物。正在研究中者：(1)各部中枢神经对于蛙行为发展之关系，(2)蝌蚪对光之向转反应，(3)内耳对于蝌蚪行为之影响，(4)中枢神经系统理论之研究。

出版刊物：专刊十一号，丛刊四号，廿四年论文多在中国生理学什志九卷至十二卷上发表，又美国神经学A精神病学期刊，比较神经学期刊，神经生理学期刊及科学周刊，及美国实验生理学季刊及中国动物学什志上均有本所论文发表，总计论文共45篇。

战后研究计划：战前中枢神经系统电势的研究及神经解剖的研究，均由于材料药品及仪器等种种限制而停顿，现在改变计划，采用就地取材的办法集中于蛙行为发展种种问题的研究。

填报时间：民国三十一年十月二十日

负责填报者：汪敬熙　负责长官：朱家骅

国立中央研究院社会科学研究所

名　　称：国立中央研究院社会科学研究所

地　　址：四川南溪县李庄

负责人姓名：所长陶孟和

成立年月：民国十六年

沿　　革：本所成立于民国十六年末，为国立中央研究院所设备研究所之一。民国二十三年七月与中华教育文化基金董事会主办之社会调查所合并，仍沿用本所名称。所址初设南京，二十三年后分设北平、南京两地，二十五年起仍集中南京一地。抗战军兴，自京西迁，历经湘桂滇等省，最后于二十九年冬迁至四川南溪县李庄现址，工作迄未间断。

组织状况：设所长一人，综揽所务。研究方面设研究员、副研究员、助理研究员、助理员、研究生各若干人（均属专任），分别担任各门工作；事务方面设技士、管理员、事务员、书记、计算员若干人，分担各项事务。

职员人数：专任六人

研究人员数：专任十八人

设备状况：现有中文图书（包括日文书占少数）28,650册，西文书15,643册，共44,293册，分藏四川李庄、昆明、贵州花溪三地（册数以本年六月底实藏数为准）。

预算经费：岁入　　岁出：＄100,000.00

研究工作：

（甲）已完成者：（1）明代仓储制度，（2）清关差汉满人充任的比例，（3）战时物价变动及其对策，（4）战时货币史及其教训（上篇），（5）战后的世界经济与中国经济，（6）我国战时汇价与物价的变动，（7）我国战时的汇价变动与进出口物价，（8）中国埠际贸易统计（1936—1940），（9）关于田赋征实及粮食征购之意见，(10)川省田赋征实负担之研究，(11)南溪县粮额问题，(12)三十年度广西的粮政，(13)田赋征实概论，(14)十年来江西省财政与中央财政之关系，(15)广西省县行政关系。

（乙）正在研究中者：（1）高等经济学，（2）明代田赋史，（3）太平天国全史，（4）国民所得，（5）工业贷款与投资，（6）战后中国的对外贸易政策，（7）近十年来之中日贸易，（8）田赋征实与粮食征购问题，（9）湖南、福建两省三十一年度田赋征实及粮食征购调查，(10)自治财政之建立，(11)省县行政关系。

出版刊物：专刊第八号，集刊第四号，丛刊第九种及中国社会经济问题小丛书等。

战后研究计划：

填报时间：民国三十一年十月二十四日

负责填报者：陶孟和　负责长官：朱家骅

国立中央研究院动植物研究所

名　　称：国立中央研究院动植物研究所

地　　址：北碚

负责人姓名：所长王家楫

成立年月：民国十八年一月

沿　　革：本所原名为自然历史博物馆，亦隶属于国立中央研究院，至民国二十三年七月方改名为动植物研究所。

组织状况：本所由所长一人，专任研究员五人，副研究员三人，助理研究员一人，助理员五人，技佐三人及事务员一人组织而成。研究之范围为水产生物学、昆虫学与寄生虫学、菌类学与植物病理学、森林学与种子植物学四项。

职员人数：专任四人

研究人员数：专任十五人

设备状况：仪器有切片机二架，高倍显微镜及双管显微镜共十五架，又有计算机、照像机、熔蜡炉等各项研究用之器具。此外，有玻璃器皿一千余件，图书有什志贰百贰拾余种，专刊及书籍柒百余种。药品有各项固定液染色用之药品及酒精、福尔末林等。

预算经费：岁入：　　　岁出：＄194,000.04

研究工作：已完成者有渤海湾之海洋调查，沿海之鱼类调查，棉花小麦之病害，全羌虫之调查等。正在研究中者有黄鳝之形态生理生殖，园艺害虫之调查，疟蚊之防治，甘肃森林之调查等。

出版刊物：丛刊"Sinensia"年出一卷，每卷六期，本年所出版为第十三卷。

战后研究计划：（1）仍将集中于有关经济方面水产生物之研究；（2）努力于农作物病虫害之调查，（3）全国各省经济动植物之整个调查。

填报时间：三十一年十月十五日

负责填报者：王家楫　　负责长官：朱家骅

国立中央研究院数学研究所

名　　称：国立中央研究院数学研究所筹备处

地　　址：昆明

负责人姓名：院长朱家骅，筹备主任姜立夫

成立年月：民国三十年三月

沿　　革：

组织状况：筹备处系暂时性质，组织简单，但因研究所成立无期，自本年度起先聘兼任研究员若干人，开始研究工作。

职员人数：专任：事务员一人，兼任：筹备主任一人，事务员一人，合计三人。

研究人员数：专任：　　兼任：研究员五人。

设备状况：图书设备已向国外购办，因受战事影响，未到昆明。

预算经费：岁入：　　岁出：＄63,000.00

研究工作：已完成者专刊二种，正在研究中者专题研究分几何、数论及分析算学三方面在进行中。

出版刊物：拟先出专刊二种，因印刷困难未出版。

战后研究计划：研究所正式成立。

填报时间：

负责填报者：姜立夫　负责长官：朱家骅

国立中央研究院物理研究所

名　　称：国立中央研究院物理研究所

地　　址：桂林良丰雁山村

负责人姓名：所长丁燮林

成立年月：民国十七年六月九日

沿　　革：本所成立时暂设上海霞飞路，二十二年本院理工馆落成于上海白利南路，乃与化工两所先后迁入，二十六年沪战后分迁桂林昆明两处，三十年一月全部集中桂林。

组织状况：所长一人，主持所内一切行政兼指导所内研究事宜，研究员、副研究员、助理研究员、助理员各若干人，担任或协助研究工作，并设地磁台及仪器工场，以测定地磁，并制造仪器，各置主任一人，又事务员若干人。

职员人数：专任五人，兼任二人，合计七人。

研究人员数：专任十二人，兼任：

设备状况：前后购置图书数千册，约＄80,000，仪器数千件，约＄200,000，机器数十件，约200,000，工具材料等约100,000。

预算经费：岁入：　　　岁出：＄189,000.00

研究工作：已完成者：见本所集刊第一卷一至十号，二卷一至三号，及中国物理学报。正在研究中者：（1）测定矿石磁化系数的简易替换法，（2）圆柱体之反磁化因数，（3）永久磁钢之热处理，（4）直线的反馈电路，（5）铁管磁化时对起磁力场之影响，（6）新準距望远镜，（7）负阻抗电路之理论及其应用，（8）中国磁偏角与经纬度关系系数之推算，（9）中国各地地磁分布之要素，（10）投弹瞄准仪。

出版刊物：见本所集刊。

战后研究计划：

填报时间：民国三十一年十月二十日

负责填报者：丁燮林　负责长官：朱家骅

〔国民政府教育部档案〕

9．国立中央研究院向国民党第六次全国代表大会提出的工作报告书

（1945年5月）

兹遵国民政府训令，谨将本院自二十七年四月至最近之工作撮要报告于第六次全国代表大会。

第一　数学研究所

该所于三十年三月间开始筹备，经聘定研究人员成立筹备处，一面着手筹备，一面从事研究，虽因在作战期间，运输困难，不易向国外购置大宗设备，致至今尚未正式成所。但每年均完成研究论文若干篇，分别发表于国内及英、美、印度、阿根廷

等处之专门刊物，已完成之论文计三十一年度十六篇，三十二年度二十五篇，三十三年度三十三篇，本年一至四月份有论文数篇正在撰著中。

第二 天文研究所

（一）关于天体物理学之研究，完成论文七篇；（二）关于其他天文专题之研究，完成论文十一篇；（三）发现慧星1941 C．paraskeuopoulos，并算得轨道根数；（四）在临洮观测民国三十年九月二十一日之日全食，写成论文发表；（五）自二十八年十一月起继续进行太阳分光观测，每月四次，迄今未辍；（六）自二十八年十月起继续进行变星及其他天体之摄影观测，因受底片来源之限制，仅测得八九十片；（七）恒星自行之统计研究，已求得太阳在众星间行动之方向，并完成银河系自转部份之计算；（八）测得昆明凤凰山及临洮泰山庙之经纬度；（九）依例代内政、教育两部编制民国二十八年至三十三年之国民历共六册；（十）编制星历表多种，供给有关机关为行军及测量之用。

第三 物理研究所

（一）物性研究，已完成四题。（二）应用光学研究已完成测距仪之内校正，新距准望远镜之设计，及投弹瞄准器之设计。（三）电学研究已完成四题，及部分完成者一题。（四）磁学研究已完成十一题，及部分完成者一题。（五）地磁研究关于中国地磁之长期变化，已求得特殊变化之区域，关于地磁感应仪之理论研究及致偏转地磁仪实际应用之研究，均已完成。（六）地磁台工作：甲、地磁要项之绝对观测及地磁变化之自动记录，自开始时至三十三年七月迁移时止，均经常进行；乙、三十三年九月二十一日，全食时在福建崇安观测地磁得有四项结果；丙、广西省之地磁测量已完成二十处，福建省之地磁测量已完成一大部分；丁、用电阻探测法测定某机场之地下土穴，又代测某机场之经纬度及磁偏角。（七）仪器工厂工作，自三十年四月复工时至三十三年七月共制成仪器五千零二十具，代修仪器二百七十五具。

第四　化学研究所

（一）含有共轭羰基化合物溶液，在紫外线吸收光谱之研究，有一题已得有结果，著成论文发表，一题亦得有结果，尚待发表，二题已得有部分结果，仍在进行中。（二）硷性碘溶液与有机化合物之反应机构，有一题已著成论文发表，一题之论文在撰著中。（三）天然药物之提炼及其构造之研究，关于朝蒿素已完成论文四篇，关于"汉防巳"中膺硷之研究及河口金鸡纳树皮之膺硷分析，均已得有结果，关于"雪上一枝蒿"中之膺硷及紫堇之膺硷均已提得晶体。（四）人工合成药物之研究有二题已得有满意之结果，著有论文发表，一题已得有新化合物，并写成论文一篇。（五）滇产矿盐之研究，所得结果著成论文三篇。（六）滇产磷灰岩矿利用之研究著成论文一篇。（七）滇产茶叶之茶硷含量分析著成论文一篇。（八）以分段蒸煮法制造纸浆之研究，所得结果已著成论文发表。（九）磷钼酸颜色反映之研究，已著成论文一篇。（十）蓖麻油之研究，已得有相当结果，著为论文二篇。（十一）用四醋酸铅分裂不饱和脂酸之新法，已发表论文一篇。（十二）云南可保村褐煤之低温蒸馏试验，已得有结果。（十三）利用密陀僧之吸着作用以提取肥皂废液中甘油之研究所得结果业已发表。（十四）接受委托，制造无机药品若干种，综计所已发表之研究论文共四十六篇。

第五　地质研究所

（一）调查南岭山脉构造及矿产分布，已得有极重要之结果，並制成广西全省及湖南西南部分二十万分之一地质图。（二）调查湘桂赣各省钨锡矿藏，并协助锡业管理处计图赣锡之探采。（三）调查湘西黔东之金矿，已完成二百三十余处，并协助采金局实施滇东金矿之探采。（四）调查鄂西地质矿产，已编成鄂西煤铁志及制成鄂西地质图，并协助鄂省建设厅开采煤矿。（五）调查湘桂黔三省之煤田，并指导其开采，以解决湘桂、黔桂两铁路之用煤问题。（六）调查贵州修文等处之铅矿，已知其分布情形及储量甚丰。（七）勘测滇北铜矿区已完成研究报告。（八）在钨锡矿区中发现钆铈钽等稀金属，尤其发现广西钟山之铀矿，为国内科学上之新贡献。（九）云南会泽附近铅矿、铝矿及磷矿之发现，亦均极重要。（十）地质力学原则之研究，已完成论文两篇。（十一）小型构造一般之研究已得有一部分之结果。（十二）鄂西、黔东、湘西构造线之研究，已确定其属于新华夏系。（十三）中国南部第四纪冰川现象之研究，已确定赣桂黔等省此种遗迹之存在。（十四）古植物之研究，在中国地质史上有新颖之贡献。（十五）西北地质构造之研究，对于陇西部分已有头绪。（十六）历年制成地球仪、地质构造模型、地形与地层模型及矿物晶体模型各若干件，以供教育上之应用，综计所完成之报告及论文共一百二十篇。

第六　动物研究所

该所原名"动植物研究所"，自三十三年五月起植物部分始分立成所，故设所之工作内仍列入关于植物之一部分。

（一）水产生物学方面：甲、关于鱼类之研究者，已全部完成著为论文发表者十六题，已有结果而论文尚未完成者十题，尚在进行中者三题。乙、关于鱼类之分类调查，湘江□□之鱼产调查，已编成报告，川西康东之鱼类调查，已得结果发表。丙、关于原生动物者研究已得结果，著成论文者十六题内九篇已发表，已有结果而论文尚未完成者八题，尚在进行中者四题，共调查并记载各种虫类一百六十四种。丁、关于藻类者、研究已得结果，并著成论文者十二题（内二篇已发表），已有结果而论文尚未完成者二题，尚在进行中者三题，共调查并记载藻类一百二十五种，著成浙江淡水绿藻新种志，浙江淡水蓝绿藻新种志，四川、河北、浙江绿藻新种志及四川无节藻科植物续志。（二）昆虫与寄生虫学方面：甲、关于昆虫者研究已得结果，并著成论文论文者三十八题(内二十二篇已发表),已有结果而论文尚未完成者五题,尚在进行中者五题,共记载眼蝇、菓蝇、跳蟓等三百二十五种;乙、关于寄生虫者,研究已得结果著为论文者八题(内二篇已发表),论文尚未完成者一题,尚在进行中四题。(三)菌类与植物病理学方面:甲、关于菌类者,著成中国真菌杂录(其七),中国真菌杂录(其八)、中国粘菌志、中国真菌志、中国真菌补志(其一)、中国藻菌志(其一)、(其二)及(其三),共载真菌一四四〇种,黏菌六二种,及藻菌六五种;乙、关于植物病理者,调查广西经济作物之病害,共得五十六种,调查东川经济植物之病害共得八十种,对于其病状病因及防治不断加以研究,对于油桐叶斑病之研究,已知其原因及防治方法。(四)森林与种子植物学方面:甲、关于森林者,有西康九龙县洪坝森林之调查,鸦砻江森林之调查及甘肃森林之调查,并依据调查结果,从事我国天然林管理法之研究,拟具实施原则,建议于农林部;乙、关于种子植物者,已著成论文九篇(内已发表者五篇),尚未完成者一篇,综计所发表之论文共一百十篇。

第七 植物研究所

该所于三十三年五月一日正式成立。

(一)种子植物学之研究:甲、花粉粒形态之研究,又采得以前未收集之花粉粒二十二种;乙、幼苗构造之研究,已完成大部份手续;丙、中国缴(?)形科植物之调查,已鉴定标本四十五种。(二)藻类之研究,有五种藻类之研究工作已全部完成,共得一百九十六种,二项藻类之研究已得标本约五百号,并已鉴定八十二种。(三)植物生理学之研究,一题已全部完成,一题之分析工作已完成一部分,一题之分析工作已有结果仍在继续实验中。

第八 气象研究所

(一)专题研究,已发表之论文及报告,共一百零五篇。

(二)测候工作：甲、地面观测，自三十年元旦起，逐日观测，迄未间断；乙、高空测候，自三十年起施放测风气球，其高度达二千公尺以上之有效次数，计三十年七十七次，三十一年一百二十五次，三十二年七十五次，三十三年七十五次。(三)绘制天气图，自二十七年三月三日起，恢复每日制图，至中央气象局成立后，预告全国天气属于该局职掌范围，但该所为研究上之便利，仍将各测候所电告之纪录逐日填入天气图。(四)整理历年观测记录，印行中国气候资料，已出版雨量编及气温编。(五)整理历年高空纪录，编为高空报告。(六)供给气象情报，备军航及防空之参考。(七)供给盟军气象资料，俾资参考。(八)为水利委员会统计各地雨量及温度纪录，并代绘全年及各月雨量温度图。(九)为粮食部按月抄送气象摘要表。(十)供给其他有关机关所需之气象资料。

第九　历史语言研究所

子、史学及文籍校订部分：甲、编校各书：(一)校勘明列朝实录，已校完正德朝之第三遍；(二)明女真史料之编纂继续搜集资料，并写成论文六篇；(三)居延汉简释文部分及考证部分均已出版；(四)受中国太平洋国际学会之委托篇著中国疆域沿革史，已完成全书之半。乙、个人研究工作：(一)古史研究，已著成论文五篇；(二)先秦两汉史研究已著成论文一篇；(三)南北朝唐五代史研究已出版专书三种，并著成论文二篇；(四)宋辽金史研究已著成论文六篇；(五)明史研究已著成论文三篇；(六)中古经济史研究已著成论文十二篇；(七)中古文学史研究已著成论文三篇；(八)中古北族研究已著成论文二篇；(九)突厥集史资料之总整理已完成三分之二，并已著成论文十九篇；(十)元和姓纂四校记已编成七卷；(十一)古□谶纬通纂通纂集说在编著中，并已写成论文九篇；(十二)中西交通史研究，已著成论文一篇；(十三)目录版本学金石文字通俗文学及九经三传之研究，已分别著成论文共八篇;(十四)庄子研究□著成书二种及论文二篇;(十五)道藏研究已著成论文三篇;(十六)古诗纪补正已著成论文二篇。丑、语言学部分:甲、调查工作有:(一)云南汉语方言调查;(二)四川汉语方言调查;(三)云南倮倮语调查;(四)剥隘土语调查;(五)黔桂洞水语苗语调查;(六)记录李庄方言,川南苗语、云南民家语及么些语。乙、研究整理工作:(一)湖北方言调查报告,已编成待印;(二)湖南方言之整理初稿大致完备,尚待补充;(三)云南汉语方言之整理已全部完成;(四)武鸣台语研究已成书一种;(五)剥隘台语研究已编成词汇;(六)盈江台语研究已纂成词汇三千余字;(七)台语系语言之比较研究,已著成论文二篇;(八)洞□语研究,已编成书一种,报告一份及词汇一种;(九)路南保保语研究,已完成词汇及文法一部分;(十)苗傜语研究,华梵对音研究,及六朝旧音反切研究,各著成论文一篇;(十一)上古音之研究,已出版书一种,并著成论文一篇;(十二)中古音之研究,已著成论文四篇;(十三)历史语音文法考证,已著成论文四篇。寅、考古学部分:甲、研究及编著工作:(一)安阳小屯村发掘报告之编著,其中之陶器部分"殷虚陶器专论"稿之整理及"殷商陶器形制分论"之编著均已完成一部分;其中之文字部分,"殷虚文字甲编"之图版,印成大半,陷于沪港,释文已写成,殷历谱已印成五十一万余言,并著成论文十二篇,"殷虚文字乙编"已编定之图版至三二一〇号,叶数至三〇六叶;(二)安阳大司空村发掘报告及候家庄发掘报告之编著,各已完成一部分;(三)安阳后冈墓葬之研究,已发表论文一篇;(四)濬县发掘报告及汲县山彪镇发掘报告之编著,初稿业已告成;(五)辉县琉璃阁发掘报告之编著已完成一部分;(六)绥远考古调查报告之编著,初稿已大致完成;(七)彭山发掘报告中金属物品之研究,已著成论文一篇;(八)整理琴台工作报告之编著业已完成;(九)泾渭雍古遗址调查报告之编著,已完成约五分之四。乙、考察工作：(一)与中央博物院合组川康古迹考察团,在彭山从事发掘；(二)参加西北史地考察团及西北科学考察团，(三)协助四川博物馆发掘成都琴台。卯、人类学部分：甲、调查工作有：(一)贵州苗族体质之调查；(二)川康民族文化调查，川南苗族之调查。乙、研究工作：(1)关于体质部分者：(一)有关头骨之研究，全部完成得有结果著为论文发表者共八篇。至殷代头骨之研究，亦已完成初步外形研究；(二)有关锁骨、肱骨、尺骨、挠骨、荐骨、膝盖骨、跟骨、跗骨及胫骨等之研究，各已著成论文发表；(三)近代中国人股骨之研究已部分完成，(四)中国人发旋之研究，已著成论文一篇，(五)中华民族体质之研究，国族体质之分类，贵州苗族体质之研究，贵州苗族血液型之研究，均已著成论文。(2)关于文化部分者：(一)已著成论文发表者有古代僰人的族属研究，摆夷之生育婚丧及西南少数民族虫兽偏旁命名考；(二)已写成初稿者有乌拉制度之研究及畲氏宗谱之研究；(三)湘西民族调查报告业已出版，滇缅南端未定界内民族调查报告已完成一部分，川康民族调查报告在编写中；(四)论文已部分完成者有川南苗族之研究及苗族亲属称谓之研究二题；(五)材料已整理完毕即将选写论文者有康藏政教制度之研究一题。

第十　社会研究所（原名社会科学研究所）

子、经济理论专题研究，有三题各已著成论文一篇，一题在进行中。丑、社会经济史研究：(一)明代田赋史研究，已发表论文八篇，(二)明代之银矿一题，论文业已发表；(三)明代国际贸易与银的输出入一题，已发表报告一篇，(四)"晚明流寇"一书已写成定稿；(五)编辑明代方志综目初稿已成，并写毕滇黔闽三省之定稿，(六)太平天国史研究"李秀成原供笺证"一书业已脱稿，太平天国革命背景的研究，已著成论文三篇，(七)清代漕运制度研究，已著成论文一篇，(八)清代财政史资料编纂已编成一种;(九)清代绿营军制之研究已著成《绿营志》一书;(十)湘军制度之研究,已著成《湘军新制》一书,(十一)编著《晚清兵志》业已脱稿,(十二)近三百年中国重工业史之编著,已写成一部分;(十三)《清代关税与财政》一书业已编成。寅、工业经济研究:(一)国营事业研究,已著成小册子二种;(二)关于棉业之研究,已出版专书一种,並发表论文二篇;(三)我国之制革工业一题已发表论文一篇;(四)战时工厂迁移调查,已撰成报告;(五)江西钨业成本会计之研究,已将报告送有关方面参考;(六)嘉陵江下游煤矿业之研究已着手撰写报告。卯、农业经济研究;(一)浙江省之食粮运销一题,报告业已发表;(二)农业贷款与货币政策一题,论文亦已发表;(三)抗战以来之农业金融一题,已著成论文;(四)举行西北大地农业考察,历时一年。辰、贸易研究:(一)著成论文发表者有十八九世纪中国对外贸易史及《战时大后方的贸易平衡》、《我国战时贸易入超与外汇》、《广东省对外贸易入超与港币暴涨》三题;(二)编成报告发表者有《我国关税自主后进口税率水准之变迁》一题及广东省对外贸易调查;(三)滇缅铁路与我国战时国际贸易一题之论文业撰成;(四)民国二十五年至二十九年中国埠际贸易统计及近二十年来粤省对外进出口贸易物量物价指数,均已全部编制完成。已、金融及物价之研究;(一)战时金融研究,已著成论文二篇;(二)著成论文发表者有"战时货币史及其有关书籍"《战争结束后通货整理问题》及《战后银行组织问题》等三题;(三)通货膨胀与生产事业一题已著论文三篇;(四)粤省华侨汇款调查,已撰成报告;(五)中国存银之估计,已将所得结果送有关方面参考;(六)战时物价变动研究,全书已撰成上中两篇,并另出版单行本一种,发表论文三篇。午、财政及粮政研究:(一)地方财政研究,《县地方财政》一书已付印,《我国国省财政关系》一书已成初稿,并完成论文三篇;(2)已撰成者有《云南财政概况》一书,及《我国田赋制度之改造》、《利用土地税以稳定农民收入之条件》二文;(三)《资本捐问题》之撰著,已完成其半;(四)《各省田赋征实与粮食征购》之研究,已出版书一种,另草成书稿一种,并著成论文三篇(内已发表二篇)。未、行政研究:(一)《广西省县行政关系》一书业已出版;(二)四川省县临时参议会研究,已撰成报告初稿。申、一般经济问题研究:(一)关于国民所得之研究,已著成论文三篇;(二)沦陷区经济研究,已发表论文一篇,并撰成一书;(三)我国抗战六年来公私损失估计,已编成报告初稿;(四)参加西北科学考察团,调查新疆经济概况,已撰成报告付印;(五)澳洲经济之研究尚在进行中。

第十一 医学研究所

该所尚在筹备中,其筹备处方于三十三年十二月成立,关于研究工作,现在进行"施氏扎缚效应之解释"一题,另有专题数项,因限于现有人员,尚未正式开始。

第十二 体质人类学研究所

该所尚在筹备中,其筹备处于三十三年四月成立,系由历史语言研究所之人类学组分出,其一年来之重要工作为:甲、骨骼研究:(一)殷代头骨之研究,测绘工作告竣,已将纵直横三平面形状作一分析研究;(二)近代中国人股骨研究全部完成,已将论文发表;(三)昆明人锁骨之研究,论文亦已发表;(四)昆明人肩胛骨之研究,在进行中;(五)颅骨翼部形态之研究,论文业已发表。乙、活骨研究:(一)已发表之研究论文有《安顺坝苗之体质》、《西点大小花苗之体质》、《西点木梳苗之体质》及《贵州仡佬之体质》四篇;(二)正在进行中之专题有《川南儿童青春期体质之发育》、《双生子之研究》及《川南儿童之肺活量》三题。丙、血型与毛发组织之研究:(一)《华族血型之分析》一题论文业已发表;(二)《川南人血型之分配与其遗传问题》及《川南人头发之组织》二题尚在进行中。丁、人种统计:(一)《中国肺结核病之死亡率及与体质之关系》一题之论文已完成初稿;(二)《川南人寿之调查》及《川南正常妇女繁殖率之研究》二题，报告均在编撰中。

第十三　工学研究所（原名工程研究所）

甲、金属之研究：（一）接受委托试制镍钢，以应战车上之需要;（二）接受委托试制铬钒钢，经使用颇能合度;（三）研究高速工具钢之制炼，已得到圆满结果;（四）试制低锰钢，以供有关方面之急需;（五）弹簧钢料之研究，制成锡锰弹簧、钢料适合标准，并制成机车弹簧及卡车弹簧，供给交通机关，又制成小汽车弹簧一批，供给盟军;（六）磁性钢片之研究，制成数批，经使用合度;（七）制钢绳用，拔丝钢条之研究，利用已得之研究结果，协助制钢厂制成此项钢条近百吨，以应盐井之需要;（八）特种铸铁之研究，协助制钢厂制成各式内燃机之涨圈多种，经使用满意;（九）合金铸铁活塞涨圈热处理之研讨试验已告一段落，论文在编撰中;（十）抗热钢之研究，已得相当成果，并协助制钢厂制成莫弗筒数副;（十一）其他金属之研究试制，轴承合金，经使用满意;（十二）各项金属电镀法之研究，采用国产原料自制药品，应用于镍、锌、锡之电镀，颇称合度。乙、玻璃之研究：（一）光学玻璃之研究，仍在进行中;（二）各项科学玻璃之研究，曾制成各种理化玻璃仪器，中性药用玻璃，耐高热压之水表玻管及保险玻片等，供应各方之需要;（三）特种硬质玻璃之研究，曾经试制，尚未满意，在设法改进中。丙、棉纺织之研究：（一）关于棉纺织制造工艺学之研究，已著成论文一篇;（二）云南木棉之试验已得初步结果;（三）纺织机械之研究，初步研讨工作已进行完毕。丁、木材之研究：（一）木材解剖及物理性质之研究，已就四十种木材完成一部分检验工作;（二）木材化学性质之研究，已就十种木材完成一半之化验及分析工作;（三）昆明商木材之力学性质试验，论文业已著成;（四）昆明商用木材之调查已编成报告发表;(五)木材干馏之试验在进行中;(六)木材之防腐试验,正进行初步工作。戊、耐火材料之研究:试制耐火砖,熔玻璃坩埚及燧炉砖等均已成功。己、其他研究工作:(一)提取钴之研究,所得方法经实用收效颇宏;(二)耐酒精涂料之研究,依据所得结果已制成样品;(三)推广硫酸钡矿石用途之研究,试验结果尚佳;(四)水晶石中氟之定量法之研讨,所得结果已可满意。

第十四 心理学研究所(原名心理研究所)

甲、生理心理研究:此项工作集中于蛙蝌蚪行为发展之生理分析:(一)各种翻身反射与游泳行为之发展,及在出卵之时将中枢神经各部分割去,研究其对于发展之影响,此项研究已得有结果,并著成论文发表;(二)蛙蝌蚪之行为发展,与其脑的各部分有何关系,此一研究之结果得有创获,已著成论文发表;(三)蛙蝌蚪对光趋避反应的发展,此项实验之结果已著成论文发表;(四)割去蝌蚪耳迷路对于蝌蚪行为之影响,此一实验业已结束,并著有论文;(五)生理心理学之理论研究,已得有初步结果。乙、中枢神经系统作用之理论的研究:(一)关于哺乳类动物斜方体神经巢之研究,已著成论文一篇;(二)关于鲛鲤中枢神经系统之研究,已完成一部分。丙、神经解剖之研究,已完成下列三题:(一)前脑隔会部分之比较研究;(二)线状体之比较研究,(三)刺猬中后脑之构造。丁、其他实验之工作:研究纤毛运动与两栖类无尾属□□□□内脑脊髓液流动之关系,已著成论文发表。

〔行政院档案〕

（二）战时教育社团

一、整顿教育会措施

1. 国民党中央社会部薛先挺关于整顿教育会签呈

（1938年11月19日）

窃查抗战以来，至今一载有余，全国上下团结一致，英勇抗敌之精神为我国有史以来抵御外侮之所仅有。惟全民动员，至今仍未能臻于十分完善，考其原因，固由本党年来之未能浸全力以注重民众运动，而民众教育之未能普遍亦为其最大之症结。我国各地教育会为数十年来推行地方教育之民众组织，对于民众教育之良窳本有极大关系，惜是项组织多仍沿习民元以来北京政府之旧例，其构成分子虽多系地方教育界之人员，但不特缺乏革命精神，而其习惯亦仍未刷洗多年来陈腐之气象。当此抗战到达最后关头之际，以此废弛松懈之教育会，何能担此推动复兴民族之重要任务。爰就管见所及，谨将整顿各地教育会之办法，胪列如左：

1. 通函各省市党部积极整顿各地教育会，其办法如左：

（一）应尽量设法多派本党同志参加各地教育会，并推动其工作。

（二）各地教育会工作不努力或组织不健全，各省当地党部应派员指导或按照人民团体整理办法整理之。

（三）各地教育会每月应向主管党部呈报工作，转呈中央备核。

2. 颁布教育会目前工作要点，内容如下：

（一）协助党政机关创办各种民众学校及各种战时民众训练

班。

（二）组织教育界人士举办座谈会、演讲会，研究教育文化各种学术，并力辟各种分散抗战力量之反动言论，并调查其来源随时呈报各主管党政机关。

（三）组织各种宣传队，下乡作有关抗战之宣传，并指导战时民众应集中于一个主义——三民主义、一个政府——国民政府、一个领袖——蒋委员长为救国图存之工作。

（四）提倡各种体育比赛及野外旅行，以锻炼民众吃苦耐劳之习惯，并藉以联络感情，统一行动，以养成民众亲爱精诚之团体生活。

（五）确实调查地方教育之需要，研究目前各种教育实施计划，贡献政府参考。

（六）确实推行教育会法第三条所规定之一切事项。

以上所签，是否有当，谨请

核示！

薛光挺
十一月八日

查薛同志所签各点，确具见地，拟请如所签意见办理。　登敩　十一月九日

〔国民政府社会部档案〕

2. 国民党中央社会部颁发"各种教育会目前工作要点"的通函

（1938年11月21日）

中央社会部通函　渝字第一二一五号

查全民动员，以普及国民教育为前提，而国民教育之能否普及，又与各地教育会之组织极有关系。据查各地教育会之组织类多不甚健全，且其工作亦大抵沿袭旧例，缺乏革命精神，当此中

央厅行战时教育之际，此种团体亟应积极整顿，除制订各种教育会目前工作要点随函颁发，请饬令切实遵循外，爰定整顿办法如左：

（一）应设法多派本党同志参加各地教育会，并推动其工作。

（二）各种教育会工作不努力或组织不健全者，当地党部应派员指导，或按照人民团体整理办法整理之。

（三）各种教育会每月应向主管党部呈报工作，转呈中央备核。

右述三项办法，相应函请查照办理为荷！

此致

○○省党部
　　市

附发各种教育会目前工作要点一份

中华民国二十七年十一月二十一日

各种教育会目前工作要点

（一）协助党政军机关创办各种民众学校及各种战时训练班。

（二）联络教育界人士举办座谈会、演讲会、研究教育文化及各种学术，力辟各种分散抗战力量之反动言论，并调查其来源，随时呈报各主管党部及政府机关。

（三）组织各种宣传队下乡，作有关抗战之宣传。并指导民众应集中于一个主义、一个领袖之下，为救亡图存而奋斗。

（四）提倡各种体育比赛及野外旅行，以锻炼民众吃苦耐劳之习惯，并藉以联络感情，统一行动，以养成民众团体生活之习惯。

（五）切实调查地方教育之需要，研究目前各种实施计划，贡献政府参考。

（六）切实推行教育会法第三条所规定之一切事项。

〔国民政府社会部档案〕

3. 国民党江西省党部报送各县市教育会实施办法致中央社会部函件

（1939年9月）

中国国民党江西省执行委员会公函　勇二字第4774号

案准贵部渝字第一二一六号公函，以制订整顿各地教育会办法及教育会目前工作要点，嘱转饬办理等由。附发各种教育会目前工作要点一份，准此，自应照办。经与本省教育厅研究，参酌本省情形，拟定整理实施办法一种，并会同省政府会令各县市党部政府遵照办理。除俟整理完竣另案报告外，准函前由，相应检送该项整理实施办法，备函复请贵部备查为荷！

此致

中央社会部

附整理江西省各地教育会实施办法一份

主任委员　熊式辉

中华民国二十八年九月　　日

整理江西省各县市教育会实施办法

一、江西省党部／政府奉令整理本省各县市教育会，特订定本办法。

二、凡已成立教育会之县市，均依照本办法由当地党部会商政府遴派整理员三人至五人，遵照中央规定，切实予以整理，其期间以一月为限。

三、凡未成立教育会之各县市，应由当地党部遴派指导员指导，依法筹备组织，并通知政府，其筹备期间以三月为限。

四、凡各县市原有教育团体（如研究会、联合会等），由当地党部会商政府依照本办法第三条之规定，派员改组为教育会，以资划一，其期间以二月为限。

五、各县市教育会之整理、筹备、改组等项，及所派之整理员、指导员详细履历，均须事先呈报省党部/政府备案。

六、各县市教育会之组织，均应遵照中央颁布之教育会法及教育会法施行细则办理。

七、各县市教育会在整理筹备或改组期间，各项工作应按月呈报，其工作完竣后，并应将办理经过，造具报告呈报党部/政府转呈备核。

八、各县市教育会之整理、筹备及改组，如必须经费时，由当地政府酌予补助。

〔国民政府社会部档案〕

二、全国教育社团概况

1. 国民党上海市党部关于中国特种教育协会成立情形复中央民运会函

（1937年7月5日）

中国国民党上海特别市执行委员会公函 执字第7263号

迳复者：案准贵部真电略开：为中国特种教育协会筹委会内容如何，请查明具复等由。准经本会派员调查去后，兹据复称：查该会系由上海市社会局专员周尚、袁哲、刘修如等发起，以联络教育界人士研究并促进特种教育之实施，培养国力，复兴民族为宗旨。于本年六月十三日开成立大会时，到会的有潘公展及各

663

大中小学校长主任及党政各界人士三四百人，推选结果，由潘公展任理事长，程时煃为监事长，故该会系受教育行政当局之领导。惟本会方面尚未据申请，亦无案卷可稽。等情。并附该协会开幕特刊及开会情形剪报各一份，报告前来。据此，相应检同附各件，一并备函奉复，即希察照为荷。此致
中央执行委员会民众训练部
　　附中国特种教育协会开幕特刊一份、剪报一纸
　　　　　　　　　　　　常务委员　陶百川
　　　　　　　　　　　　　　　　　潘公展
　　　　　　　　　　　　　　　　　童　行
中华民国二十六年七月五日

发起中国特种教育协会启

今有百年未湔之奇耻，吾人将以覥不知耻者自居乎？今有百年未复之深仇，吾人将反覥颜以事仇乎？今有数十百倍于亚尔萨斯罗兰之失地，吾人将听其永受敌人铁蹄之蹂躏乎？今有压境之敌军，吾人将不战而退乎？必皆应之曰否。不然，吾人今当湔奇耻、报深仇、复失地、破敌军，在保吾民族之生存，顾欲湔奇耻报深仇、复失地、破敌军，非徒托空言所能济事，必真能埋头苦干，加速度完成聚教训之工作，然后乃能储备实力，以供国防之需，而以国防为前堤之特种教育，亦即吾人应埋头苦干去之一端也，惟特种教育范畴广大，头绪纷纭，大中小学及社会教育将兼程并进乎，抑将由近而远逐渐推广乎，军事化之训练与生产化之训练，将如何兼筹并顾，使不为畸形之发展乎，特种教育之师资将如何训练，以资供应，特种教育之经费将如何筹措，使不成为国家金库之重负乎。又此，特种教育将如何推行，然后乃能收迅速普及之成效乎，凡此种种，均属当前之课题，必此种课题能逐一迎刃而解，然后此种教育乃能着着进行，日起有功，一旦有

举，可无临渴掘井之虞，同人爰发起斯会，研究实施方案，讨论进行之程序，贡献于全国教育界，以尽其为非常时国民之责任。惟是兹事体大，非群策群力不为功，同人纵愿竭忠尽智，贡献绵薄，恐亦不克胜此重任，故不得不殷切期待国内热心特种教育之人士，踊跃参加，通力合作，俾此伟大之使命得以完成。素稔先生热心国事，思虑周详，敢恳加入斯会，以最善之努力，为伟大之贡献，倘荷慨允，同人幸甚！民族幸甚！此启。

中国特种教育协会宣言
△充实精神的国防，要设施特种教育
△复兴民族的伟业，系于大家的努力

我国新教育自前清末业兴办以来，经民国初年以至现在，已经有了三四十年的历史，其方针由君主立宪式之军国民教育，进而为民主的共和教育，平民教育，而至最近期的三民主义教育，新陈代谢的不知经过了多少改良和革新，但是，其结果不仅对垂危的国家、对衰落的民族毫无所补救，即使对社会的进步，亦无所俾益？不仅如此，国家社会的各种生产建设事业，每感到缺乏适当人材的痛苦。但是在受教育者这一方面说来，历届大中学毕业生却又感到失业的苦楚，这是什么缘故呢？一言以蔽之，当然为历来教育事业兴办的不合时势的需要，而教育方针的过于抽象、高调和不中肯，便是失败的最大缘因！我们现在正处在强邻虎视、外患紧迫、国土日蹙、百政待兴的非常时期，比之前清末年、民国初年更不知危急到若干倍，对外我们要抵抗强邻的侵略，保卫国土，对内我们要团结统一，努力于生产和建设，即是要尽救亡图存和复兴民族的责任。那末适合我国这个非常时期的教育是什么呢？就是特种教育。所以，特种教育是近年来举国一致所要求实施的，也是政府所慎重考虑、颁布实施的，这是没有疑议的。

特种教育设施的范围是很广的，包括：一、小学教育，二、中学教育，三、专科以上学校教育，及社会教育四种。特种教育的实施固然由于政府的提倡、教育界和人士之努力，以及民众之热心拥护。但是，各级特种教育之理论以及实施之方案和步骤等，就必须经过全国各界人士的研究和思索，才能有所准绳。特种教育既有了相当的教育理论以及实施的具体方案和步骤，然后上行下效的实施起来，就能获得很好的功效。

在这种情势的需要之下，我们便来发起这个中国特种教育协会，我们的宗旨是：(1)研究特种教育之理论；(2)促进特种教育之实施；(3)培养民力，复兴民族。至于我们的工作，则如研究各级特种教育之理论，并促进各级特种教育之实施，这种责任和使命是很重大的，而我们这个特种教育协会的宗旨和工作，也是很繁复的，而特种教育的实施，又迫不待日，所以我们以十二分的热诚，组织中国特种教育协会，希望全国教育界热心人士以及大多数民众，对中国特种教育协会表示极大的同情，并且希望大家都能参加中国特种教育协会的组织，在同一的使命和宗旨之下，为国家、民族、社会尽一份力量，那末我国特种教育的实施，及其有功于救亡图存，和复兴民族的伟业，就完全系于大家的热心和努力。

中国特种教育协会简章

第一条　本会定名为中国特种教育协会。

第二条　本会以联络教育界人士、研究并促进特种教育之实施，培养国民力量，复兴民族为宗旨。

第三条　凡愿研究及提倡特种教育，赞成本会宗旨者，由社员二人以上之介绍，经理事会核准，得履行入会手续为本会会员。

第四条　本会会员违反章则决议或行为不检，得由理事会之通过，令其退会。

第五条　本会会员大会为本会最高权力机关，每年开会一次，由理事会召集之，遇必要时经理事会之决议，得召集临时会员大会。

第六条　本会设理事二十九人至三十人，候补理事九人至十七人，组织理事会，总理本会一切事务，由会员大会选举之，任期一年，连选得连任，理事会组织规程及办事细则另定之。

第七条　本会设监事二十一人至三十一人，候补监事九人至十三人，组织监事会由大会选举之，任期与理事同，监事会组织规程及办事细则另定之。

第八条　本会置名誉理事若干人，由理事会聘请热心赞助本会者充任之，并设名誉理事长一人，名誉副理事长二人，指导本会会务之发展。

第九条　理监事会分设理监事长各一人，由理监事分别互选之，任期一年，连选得连任。

第十条　理监事会各设常务理监事五人至十五人，组织常务理监事会，在理监事会闭会期间，秉承理监事长执行职务。

第十一条　理事会之下设总务处及小学特种教育推进委员会，中等学校特种教育推进委员会，专科以上学校特种教育推进委员会，及社会教育机关特种教育推进委员会，受常务理事会之指挥，分别执行其职务。

总务处及各委员会组织细则，均由其订定后经理事会通过施行。

第十二条　总务处办理本会一切事务，设正副主任各一人，并设出版、文书、会计、庶务干事各二人，由理事会聘任之，其组织及办事细则由其自订之，经理事会通过施行。

第十三条　各委员会各设常务委员若干，并各设若干组，各组各设正副组长一人，及干事若干人，皆由理事会推定及聘任之。

第十四条　本会会员应各就其职务与兴趣，至少参加一个委员会工作。

第十五条　本会组织系统表如下：

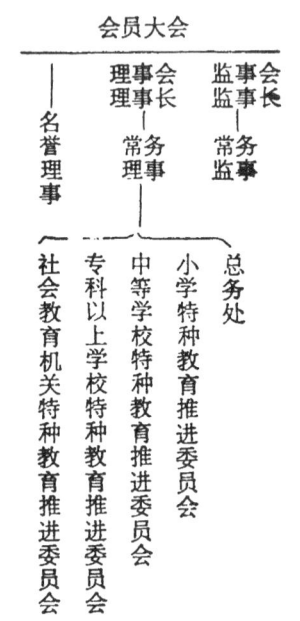

第十六条　本会各委员会职掌如下：

（一）小学特种教育推进委员会——研究小学特种教育之理论，并促进小学特种教育之实施。

（二）中等学校特种教育推进委员会——研究中等学校特种教育之理论，并促进中等学校特种教育之实施。

（三）专科以上学校特种教育推进委员会——研究专科以上学校特种教育之理论，并促进专科以上学校特种教育之实施。

（四）社会教育机关特种教育推进委员会——研究社会教育

机关特种教育之理论,并促进社会教育机关特种教育之实施。

第十七条　各委员会得联络其他团体通力合作,但须经理事会通过,各委员会开会期无定,但两个月至少举行常会一次。

第十八条　本会经费用下列方法募集之:

(一)会员每年缴会费一元;

(二)必要时得经理事会议决,请求各机关补助及向私人募捐;

(三)其他。

第十九条　本会为谋事业之发展起见,得在各地设立分会,其章程另定之。

第二十条　本会会所设于上海。

第二十一条　本简章如认为有未尽善处,得由理事会提请会员大会修改之。

第二十二条　本简章经会员大会通过施行。

中国特种教育会筹备经过

上海市教育界同志多人为研讨特种教育之理论与实施起见。爰于本年三月二十日在上海八仙桥青年会举行特种教育座谈会,讨论结果认为际此国家多难之非常时期,凡我教育界同志,对于政府所颁布之特种教育纲要,固宜切实遵行。惟特种教育之范畴广大,头绪纷纭,欲其能推行顺利,丰收效果,则于对特种教育宣扬提倡及实施方案之推行等问题,实有联合全国教育界组织团体,予以精深研究之必要。乃议决发起组织中国特种教育协会(以下简称本会),并即席推举周尚、袁哲、刘修如、**汤增敬**、潘延平、王健民、陈济云、喻仲标、马家振等十一人为筹备委员,负责筹备一切事务事宜。

本会自开始筹备以迄于今日举行成立大会,其间所完成之工作,较为重要者,约有下列数项:

一、为使全国教育界同志深知发起组织本会之动机而乐于踊跃参加，通力合作，俾本会所负之伟大使命得以完成起见，曾起草"发起中国特种教育协会启"一篇，由筹备会印发全国教育界参阅。

二、为奠定本会之法律基础，使本会今后一切工作之推进有所遵循起见，曾由筹备会草拟"中国特种教育协会会章"一份，藉使提请今日成立大会予以通过施行。

三、为取得合法之地位，使本会能站在中央党政机关指导之下，积极工作，乃由筹备会负责遵照中央所颁布之法规，呈请中央党政机关核准备案。

四、征求会员为任何团体在筹备期间的重要工作，本会对此项工作之进行，盖本会深感欲使本会前途能有光明之发展，其最要者全在会员之征求，故本会除以"宁简毋滥"为征求会员之原则外，并决定以全国各学校之校长、重要训育人员、重要教职员、全国各教育行政机关之长官及重要职员及全国军事专家、科学界等为征求会员之对象。今本会第一次征求会员之工作已告一段落，探讨其成绩，尚未出此方针，因已参加本会之会员，不但质量方面为专家学者，或为教育行政人员，或学校之教职员，即数量亦极可观。考其所能以致此之原因，实在于全国教育界深觉特种教育确能适合于国家民族今日之需要而踊跃参加本会，冀收群策群力之功效。

五、本会在筹备期间，对一切组织方面之工作，已为上述，积极进行对于研究特种教育之理论，本会亦愿竭忠尽智，贡其棉薄。由本会发起人负责撰著论文辑成《特种教育之理论与实施》一文，即为此项工作之一部分。该稿现已付印于最短期间即可出版，分赠会员参阅矣。此外，本会并于每星期五在教育日报编刊"特种教育周刊"，其目的在宣扬特种教育之理论，以求引起社会人士对于特种教育之注意。现已出四期。

六、为使全国各界深知本会之一切起见，乃决定于本会举行成立大会之日，在各大报出版特刊，以资宣扬。

以上所述为本会在筹备期间所进行比较重要之工作，其他实难尽述。

总之，本会自筹备以来，迄今时仅数月，而大会得以成立，其间各项工作之所以能顺利进行，全赖吾国教育界领袖潘公展先生及国内各界领袖之热烈赞助及恳切指导。不但使本会今后工作得能步步上轨道，即对于特种教育前途之影响，亦非浅鲜，故特志之。

徐则骧：特种教育之重要

在这民族复兴运动中，教育究竟应负什么责任？这是当前的课题。为着要寻觅一个正确的答案，于是我们常常感到：现在教育的意识形态，不尽适合此时此地的需要，以致我们虽天天站在讲台上，唇焦舌敝地去教，结果却只能在一定的限度内替各级学生解决升学问题。这种几乎全为养成学生升学而施的教育，对于当前的民族复兴运动，其未必有多大的贡献，固不待言，但怎样改变教育的意识形态，才能够吻合现阶段中国的需要，那只有各级教育中施行特种教育。

最近国防教育的呼声，愈唱愈高，愈传愈远，或许就是教育意识形态将有划时代转变的预兆，也未可知。但国防教育，究竟是怎样的教育，这就依然还有议论的余地。有些人认为，只要学校能彻底实施军事管理，多排几点钟军训的课程，使学生的生活能够军事化，便是国防教育的实现。还有一些以为经济建设是国防建设的前堤，所以必须把生产化的原则渗入学校教育之中，使学生生活能够生产化，然后国防教育才有真正的基础。前者是以为只须把学校变成军营，便解决了如何实施国防教育的问题；后者是以为只须把学校变成工厂，便奠定了国防教育的基础。但我们却敢坚决地否定这种单纯军事的教育或生产教育不足以代表整个的国防教育。我们以为假如单纯的军事教育或生产教育，就是国防教育的代名，那现在问题的核心，便只是如何把学校改成军营或如何把学校改成工厂的问题，不应再有其他的议论，其所以大家对于国防教育一问题，有许多不同的议论，便是因为单纯军事化的教育和单纯的生产化教育，不足以代表整个的国防教育的缘故。

还有一层，单纯军事化的教育或单纯生产化的教育，固不能代表整个的国防教育，就是合军事生产两化而为一的教育，怕也够不上整个的国防教育。国防本身是多方面的，国防教育也应该是多方面的。军事和经济，固是国防中间必不可少的两部份，但政治的社会的国防倘不能和军事的经济的国防同其巩固，那这国防就也不是理想中最充实的国防，同时，倘不把政治化社会化的原则渗入教育中间，那国防教育也是跛行的国防教育。由这个见地来讨论国防教育的内涵，则国防教育便应军事化、生产化、政治化、社会化四者的综合，那便是特种教育。

现阶段的中国教育，实不曾彻底实现四化中的任何一化，政治化、社会化不消说是连影子也没有，生产化也还在有名无实的状况中，就是军事，恐怕也有若干不曾彻底的部分。所以如何实施四化的教育，依然还是我们当前的课题，我们倘不设法解决这个问题，那我们所认为必须实施的国防教育，就会永远成为无的花，或不可捉摸的梦。

所以，惟有实施与推行特种教育才是真正的国防教育，特种教育能施行全国，便是教育国防的基础巩固。

〔国民党中央训练部档案〕

2. 中国民生教育学会报送《学会概览》与会务活动概况呈及国民党中央社会部指令

（1936年4月—1938年10月）

（1）邰爽秋等致国民党中央党部呈（1936年4月29日）

谨呈者：窃永建等有鉴于我国现行教育制度，不甚合于国民经济状况，乃积极提倡民生本位教育，并联合同志，发起组织中国民生教育学会，以为研究及推进之机关。曾于民国二十四年九月，遵照民众团体组织程序，备具理由书，呈请上海特别市党部执行委员会申请许可，领得执字第肆捌壹号许可证书，由发起人大会选举永建等为筹备委员，积极推行筹备手续。旋于二十五年三月，将属会筹备经过暨会章草案、会员名册，具文呈报上海特别市党部执行委员会，请予审核备案。当奉该会执字四一零五号批答内开：呈件均悉，准予备案。件存。此批。等因。奉此。在案。兹谨定于五月三日（星期日）下午二时假上海八仙桥青年会开成立大会，用敢具文呈请钧会，赐予派员莅会致训，俾资遵循，无任企盼之至。谨呈
中国国民党中央党部执行委员会

中国民生教育学会筹备会筹备员　欧元怀
　　　　　　　　　　　　　　　　纽永建
　　　　　　　　　　　　　　　　邰爽秋

中华民国二十五年四月二十九日

　　　　发起中国民生教育学会缘起

我国抄袭西方教育制度三十余年，办理一种不合国民经济状况的教育。现在这种教育的缺点，一天天的暴露，虽职司教育者亦觉无可掩讳。热心教育的人士，纷谋补救，改革教育的声浪，洋洋盈耳，有的说过去的教育忽略了中国的现势，遂提民族教

育,有的说过去的教育太偏重了城市,遂提倡乡村教育;有的说过去的教育是少数人的专利品,遂提倡民众教育;有的说过去的教育只能养成士大夫,遂提倡生产教育。众说纷纭,各有至理。惟欲彻底矫正已往教育之缺陷,自非设立一个公同标准来决定前进之途径不可,这个标准就是:"今日中国最大多数民众最急迫的需要"。

我们认为教育是一种工具,他的主要功用应当是适应最大多数是民众最迫切的需要。中国教育的基础也应当建筑在这种需要之上。所谓最大多数民众最急迫的需要,就是"民生的需要"。

我们深信任何教育不应离开民生。民族教育,应以民生为基础,乡村教育应以民生为脊干,民众教育应以民生为灵魂,生产教育应以民生为归宿,已往的教育,未能重视此点,所以我们显明的提出"民生本位的教育"之主张,以资补救。

民生本位的教育,就是以发展人民生计的经济活动为脊干,来改进民众生活,扶值社会生存,保障群众生命而达到民族复兴的教育。简言之为:"民生教育"。

(一)就发展人民生计来说,民生本位的教育,是发展民众的经济生活,使各个人皆能丰衣足食的教育。衣单食缺的民众,读书识字的教育也无法可施,勉强施进去,有时会发生很大的危险。

(二)就改进民众生活来说,民生本位的教育不仅发展民众的经济生活,使各个人皆能丰衣足食,还要在发展经济生活的过程中,改进民众其他各种生活,(文字生活在内)达到美满人生的目的。

(三)就扶值社会生存来说,民生本位的教育,不仅使各个人皆能丰衣足食,生活改善而已,他还使全社会的民众集合而成为一种有机的生命单元——活动的社会——永远的生存;不仅使一个社会永远的生存,不断的进步,还要使全社会、全民族里的群众生活,得着安全的保障,使民族的生命得以延续。我们可以说：民生本位的教育，就是以民族复兴为远大目标的教育。

从上面四点看来，可知民生本位的教育，实含有发展人民生计，改进民众生活，扶植社会生存和保障群众生命的四个目标。不过这四个目标是先后的次序的。发展人民生计是一种基本的工作，必得把发展民众生活，扶植社会生存，保障群众生命的工作，贯穿在发展人民的生计活动当中，才能达到民族复兴的目的。

以上所述，是我们对于民生教育的主张，我们要用这"民生教育"的锄头为我中华民族在教育上开辟一条新路，从民生的需要上，建设我国教育新基础。

（2）邰爽秋致中央社会部呈（1938年6月）

呈为报告会务状况，呈请鉴核事：窃属会以研究及推行民生本位教育为宗旨，于民国二十五年五月三日经上海市党部核准备案，在沪成立，设总办事处于上海极司非而路七百五十号。八一三事变发生后，沪市沦陷，乃将总会迁至重庆，设办事处于川东师范，并于贵阳南通路一百五十八号设立贵阳办事处。值兹国难期间，后方民生至关重要，属会仅当按原定宗旨，力图迈进，俾为抗战建国之一助。谨将属会概览一册，遵章随文据实详报，伏祈鉴核，并准予备案，实为德便。谨呈

中国国民党中央执行委员会社会部

中国民生教育学会理事长　邰爽秋　谨呈

中华民国二十七年九月　　日

中国民生教育学会概览

（1）中国民生教育学会会章（民国二十五年五月三日大会通过，二十七年十二月理事会依法修正）

第一条　名称：本会定名为中国民生教育学会。

第二条　宗旨：本会以研究及推行民生本位教育为宗旨。

第三条　区域及会址：本会区域以全国为范围，总会会址现设于重庆川东师范。

第四条　会员

（一）种类及资格　本会会员分为普通、赞助、团体及永久四种。其资格如下：

（甲）普通会员　凡有正当职业或中等以上学校学生，赞成本会宗旨，年纳会费一元者，皆得为本会普通过会员。

（乙）赞助会员　凡有正当职业或中等以上学校学生，赞成本会宗旨，年纳会费五元以上者，得为本会赞助会员。

（丙）团体会员　凡国内教育文化团体或机关，赞成本会宗旨，年纳会费十元者，皆得为本会团体会员。

（丁）永久会员　凡个人一次缴纳会费十元以上（甲种五十元以上、乙种三十元以上、丙种十元以上），或团体一次缴纳会费五十元以上者，皆得为本会永久会员。

（二）权利及义务　本会会员之权利义务，规定如下：

（甲）凡为本会会员者，皆享有本会内之选举及被选举权。

（乙）凡本会会员，皆有宣传本会宗旨，促进本会会务发展之义务。

（三）入会　凡志愿加入本会为会员者，须经本会会员二人之介绍及理事会之通过后，发给入会证，方得正式会员。

（四）退会　会员得自动请求退会，但须经理事会通过。

（五）除名　会员如有不正当行为，得由理事会议决除名。

第五条　组织　本会推行便利起见，得设下列四种组织：

（一）理事会

（甲）本会理事由会员公选十一人至十七人组织之，计划本会进行事宜，任期一年，连选得连任。

（乙）本会为发展会务起见，再由理事会加推理事八人，名誉理事长一名，名誉理事九人以上，赞助理事若干人，候补理事九人。

（二）常务理事会

（甲）本会由理事互选常务理事九人组织之，并由常务理事公推一人为理事长，综理一切事宜。

（乙）本会为处理日常会务，增加工作效率计，得在常务理事会之下设干事长、副干事长各一人，及干事若干人，常川驻会办公，其办事细则另订之。

第六条　选举　本会理事于年会间开会时，由全体会员选举之。

第七条　会议　本会会议分下列二种：

（一）会员大会　每年举行一次

（二）理事会　每年举行二次，由理事长召集之，遇必要时，由理事五人以上之提议，交请理事长召集临时会议。

第八条　经费　本会经费分下列四种：

（一）会费

（二）纪念费

（三）特别捐

（四）投资利息

第九条　事业　本会事业规定六项：

（一）计划关于民生本位教育事项；

（二）研究关于民生本位教育事项；

（三）推行关于民生本位教育事项；

（四）辅导关于民生本位教育事项；

（五）改良关于民生本位教育事项；

（六）编辑关于民生本位教育事项。

第十条　附则

（一）本会遇不已事故自动解散时，须由全体职员过半数之同意，所有总会账目，由总会理事长负责清算，各分会账目由各分会主持人负责清算。

（二）本会章程遇必要时由理事会修改之。

（三）本会章应交全体会员大会通过，并呈准市党部备案施行。

（2）中国民生教育学会分会组织办法（二十七年十一月改订）

一、各省县市有会员五人以上，得照章组织分会，组织手续先由分会推出负责人，函知贵阳南通路一五八号本会，俟本会呈请拟组分会所在地之党部备案后，即可开成立大会，不必再照普通人民团体组织手续办理。

二、分会宗旨应以总会宗旨为宗旨。

三、会费由总会直接征收，或委托分会代收，除普通及赞助会员会费之半数留作分会使用，其余一概缴纳总会。

四、分会某会员，如需本会月刊，可由总会发寄，总会须收回月刊印刷及邮寄费大洋二元。

五、分会会员欲购本会其他刊物，七折优待。

六、分会应参考总会会章，自订简章，报告总会。

七、分会会务每年应报告总会。

八、分会会员登记表，请照总会规定式样，油印使用，每会员须填写二份，一交总会，一存分会。

九、分会成立时，须请当时党政机关派员出席指导，并将成立情形呈请各该机关备案。

十、分会经费及行动，各自负责，与本会无涉。

（3）中国民生教育学会最近一年来的工作报告

民国二十五年春，国内教育实业各界人士鉴于民生本位教育之重要，爰集合同志五百余人，发起组织本会，于二十五年五月三日，经上海市党部核许在沪成立，并经呈请中央党部备案。

本会以研究及推行民生本位教育为宗旨。所谓民生本位教育，照本会宣言所说，系以发展人民生计的经济活动为脊干，来改进民众生活，扶植社会生存，保障群众生命，而达到民族复兴的教育。本会工作，数年来即遵此旨进行。兹将过去一年来之工作报告如下：

一、会务方面

（一）会员 本会会员数，一年来增加甚速。现有会员一千零五十二人，内中委五人，大学校长六人，教育厅长八人，实业领袖界领袖十一人，大学教授五十三人，中学校长十八人，其余概为教育实业两界实际工作人员及大学中学学生。

（二）会所 本会总会原设上海极司非而路，八一三事变后迁至重庆川东师范，并于贵阳南通路一五八号设立贵阳办事处。

（三）分会

分会地点	负责或担任筹备者
安　庆	杨廉　黄纶书等
黄　麓	黄麓乡师师生
遵　义	喻君宜等
陕北二区九县	陕北巡回教育师资训练班毕业生等
南　昌	程时煃　刘伍夫等
昆　明	黄钰生　罗廷光　邱椿等

分会地点	负责或担任筹备者
贵　阳	王伯群　欧元怀　邰爽秋等
独　山	窦觉苍等
青　岩	胡嘉椿　吴开勋等
盘　县	胡国泰等
贵　定	彭晓甫等
重　庆	聂荣藻　相菊潭　乔一凡等
大　定	孙杼情
上　海	张仲寰　周乐山　蒋舜年等
兰　溪	康茂槐等
乾　县	常文俊等
铜　仁	周邦道等
花　溪	喻任声等
宁　夏	赵光宸等

二、事业方面

（一）补习教育　在上海办有沪光、沪德、沪友民生补习学校三所,由吴凯声、邰鸣秋、常文俊、王恒良、陈滤冰等负责办理,毕业学生二百余人,沪市陷落后停办。

(二)难民教育 八一三事件发生后,本会曾在各难民所举办难民教育,受教者约二百人。

(三)巡回教育 去年秋,陕北二区专员公署开设巡回教育师资训练班,推行民生教育,委托本会设计办理。本会派蒋舜年、徐树淦二君前往,计受教者五十余人。

(四)教材研究 本会曾与沪西民生教育实验区合作研究经济分团制教材尚未完成。

(五)战教座谈会 本会于今年春间在重庆举行战时教育座谈会,到吴稚晖等三十余人,一致主张推行民生教育。

(六)民生教育研究会 该会系贵阳大夏大学本会员所组织,现有会员五十余人

(七)土货陈列室 系遵义分会所办,现陈列遵义县土货数十种。

(八)刊物 计有三种:

1. 民生教育月刊已出三期;

2. 教育与民生周刊,系贵阳革命日报附刊,出十四期;

3. 《土货抗战议》小丛书一种,邰爽秋著。

三、今后工作

(一)会务 拟于最近一年内征求会员一万人,并在国内各处成立分会一百处,每分会拟办一种或数种民生生产事业。

(二)研究 拟从民生教育之观点,研究抗战建国期中应有之各种设施。

(三)刊物 拟出民生教育丛书一套,研究民生本位教育之理论与实施。

(四)民生学院 拟创办民生学院一所,内分实验、训练二部,实验部设实验民生小学、民生中学及各民生教育实施区;训

练部训练推行民生教育之基本人材。计划另拟,不备述。

本会同人深信,民生本位教育为抗战建国期中一种基本教育工作。本着这种信念,本会同人愿与全国人士共同努力,去完成这个伟大的使命。

(4)中国民生教育学会理事名单

王正廷(赞助理事)　　周佛海(理事)
彭百川(常务理事)　　钱新之(赞助理事)
王伯群(赞助理事)　　姜　琦(常务理事)
程其保(常务理事)　　钟道赞(理事)
石　英(名誉理事)　　陆殿扬(常务理事)
程柏庐(候补理事)　　罗廷光(常务理事)
李组绅(赞助理事)　　相菊潭(候补理事)
邹秉文(理事)　　　　李宗黄(候补理事)
胡叔潜(理事)　　　　曹书田(候补理事)
吴蕴初(赞助理事)　　张廷休(理事)
欧元怀(常务理事)　　吴南轩(常务理事)
乔一凡(理事)　　　　潘公展(理事)
吴俊升(常务理事)　　钮永建(名誉理事长)
缪剑霜(理事)　　　　邰爽秋(常务理事理事长)
钮长曜(候补理事)　　聂荣藻(理事)

(3)中央社会部致中国民生教育学会 指令(1938年10月20日)

中国国民党中央执行委员会社会部指令　渝字第809号
　　令中国民生教育学会
　　呈为呈报会务状况并附呈该会概览一册,仰祈鉴核由。
　　呈暨附件均悉。该社提倡民生教育,立意甚善。仍希拟订工作方案，策动该会会员及教育界人士，按步实施，努力迈进。该会暨各分区工作情形，并希随时呈报本部备查，遇有集会，亦须先期呈报，以便派员列席，仰即知照。此令。

中华民国二十七年十月二十日

〔国民政府社会部档案〕

3. 国民党中央社会部关于甘肃省组织战时教育问题研究会备案事致该省党部公函

（1938年6月8日）

社会部公函　　字248号

案查接管卷内贵部第三五三号公函为：函送甘肃省战时教育问题研究会组织大纲、会员及职员名单，请鉴核备案等由。附章册等三件。经核尚合，准予备案，相应函复查照转知为荷！此致

甘肃省党部

中华民国二十七年六月八日

甘肃省战时教育问题研究会组织大纲

一、本会定名为甘肃省战时教育问题研究会。

二、本会以研究战时各项教育问题为宗旨。

三、本会之组织如左：

（1）本会以本省各级教育机关服务人员为会员，分隶于各组；

（2）本会设会长一人，由教育厅长担任之，副会长二人，由会员推选之。

（3）本会设干事、研究二部，各设主任一人，干事部主任由会长指定之，研究部主任由会员推选之，

（4）干事部设总务、会务、书记等三股，每股设干事若干人，由主任干事指派之，研究部设小学教育、中学教育、师范教

育、职业教育、社会教育、高等教育等六组，每组设组长一人，由各组组员推选之。

四、本会研究之范围暂定如左：

(1)战时之教育课程问题；

(2)战时之训练问题；

(3)战时之服务问题；

(4)战时之经济问题；

(5)战时之宣传与民众之联络及组织问题；

(6)其他关于战时各项教育之重要问题。

五、本会之会期分左列三种：

(1)会员大会每月开会一次，由会长召集之；

(2)研究会议每三星期开会一次，由研究部主任召集之；

(3)各分组会议每两星期开会一次，由组长召集之。

六、本会地点规定如左：

(1)办公地点——教育厅

(2)大会地点——教育会

(3)各组研究会地点：

小学教育组——第二实验小学

师范教育组——兰州师范

中学教育组——兰州中学

职业教育组——女子工业职业学校

社会教育组——民众教育馆

高等教育组——甘肃学院

七、本会经费暂不规定，其笔墨纸张等项暂由省政府教育厅支用。

八、本大纲如有未尽事宜，得随时修正之。

九、本大纲由大会通过后施行，并分呈省党部及省政府备案。

甘肃省战时教育问题研究会职员名单

职　别	姓名	注　　备
会　长	田炯锦	
副会长	水　枬	
	张作谋	
研究部主任	朱铭心	
小学教育组组长	张　鉴	
师范教育组组长	蒲敏政	
中学教育组组长	安　仁	
职业教育组组长	台和中	
社会教育组组长	柴若愚	
高等教育组组长	王德生	
干事部主任	聂振轩	
干事部会务部主任干事	李镜唐	
干　事	丁树兰	
干　事	吴淮安	
干　事	王毓蕃	
干事部会务股主任干事	萧椒石	
干　事	李天焕	
干　事	王毓儒	
	陈克明	
干事部书记股主任干事	张雪宾	
干　事	郭明义	
	颜瞻泰	
	牛启泰	

〔国民政府社会部档案〕

4. 中华健康教育研究会朱季青等报送会务活动概况呈与中央社会部指令

（1938年11—12月）

(1) 中华健康教育研究会呈（11月26日）

案奉钧部通告内开：略以按中央颁布文化团体组织大纲施行细则第十二条规定，文化团体须于每半年将会务状况呈报当地高级党部及主管官署一次。兹为明瞭各地文化团体活动情形起见，规定办法五项，希各团体负责人切实遵行。等因。奉此。自应遵办。理合缮具本会会务报告一份，备文报请鉴核备查。

谨呈
中国国民党中央执行委员会社会部
　　附呈会务报告一份

　　　　　　　　　　　中华健康教育研究会　朱季青
　　　　　　　　　　　　　　　　　　　　　张崇德
　　　　　　　　　　　　　　　　　　　　　徐苏恩
　　　　　　　　　　　　　　地址：重庆卫生署转
中华民国二十七年十一月二十六日

中华健康教育研究会会务报告

一、缘起

健康教育在我国推行已有十余年之历史，从事研究健教工作者，为数甚多。二十三年全国卫生行政技术会议曾对健教问题研究，举行小组会议，并订定学校卫生实施方案，厘订健康教育原则，由诸同仁分别在京、平、沪、闽、湘、豫各地参照推行。二十五年举行全国学校卫生技术会议，适美国麻省理工大学世界教育会议健康教育组主席瑞纳博士来华，本会乃应运而生。二十六年春，本会以世界教育会议将届举行，乃扩大组织筹备参加，旋抗战事起，诸凡计划，均未克照预计施行矣。

二、初步筹备

二十五年春，瑞纳博士来华，适本会同仁均在南京参加全国学校卫生技术会议。当时同仁等均认为健教研究团体在我国有急切织设之必要，爰草拟简章，联名发起，征集会员，即日竣事，以"中华健康教育研究会"为本会会名。曾数度开会，推定负责人员，除敦请瑞纳博士讲学一星期外，并请博士赴当时举办健教各地实地指导，并召开联席座谈会，邀请教育界闻人莅会指导。除订定大中小学校卫生实施标准外，并拟订健康教育建议多条，对学生健康生活，颇多贡献，当时本会曾以参加世界会议一事向瑞纳博士要求，当蒙允诺，并将入会费及第一年年费悉数缴纳，正式入会。

三、扩大组织

二十六年春，本会以参加世界教育会议，须先健全本会之组织，因改订会章，征求会员，并规定于可能范围内，得在各省市设立分会。本会组织规程，亦于斯时呈请中央党部及教育部准予立案焉。

四、工作概况

甲、抗战以前之工作

（一）学术之研究——计有：

儿童营养之研究、儿童睡眠之研究、学生健康生活之研究等。

（二）方法之研究——计有：

中小学卫生教学法之研究，学校卫生技术标准之改订，卫生队统一组织之研究，卫生训练法之研究，学校卫生设备标准之厘订。

（三）事业之推广——计有：

江西、福建、湖北、安徽等处健教之组设。

乙、抗战时期之工作

（一）前方救护之实施——多数会员参加各项实地救护工作。

（二）后方事业之推进——计有川黔滇健教工作之新的发展。

（三）战时健教研究工作——计有国民营养之促进，青年健康程度之监察、评判与提高，民众健康方法之指导等。

五、今后工作计划

甲、专门健康教育之研究

（一）高级医学教育所包含之行政课程、师资设备及选材等问题。

（二）医事职业教育所包含之行政课程、师资设备及选材等问题。

（三）各级卫生人员之养成及卫生人员之进修。

（四）健康教育干部人员之训练。

乙　学校健康教育之研究：

（一）青年健康生活指导；

（二）青年健康程度之检定及提高；

（三）学校环境卫生之改善；

（四）学生集体保健制度；

（五）卫生教材及教学法。

丙　民众健康教育之研究：

（一）民众健康教育之教材；

（二）卫生宣传方法；

（三）各集体特殊健康教育问题。

丁　健康教育行政之研究：

（一）健教在教育行政上之地位问题；

（二）健康教育行政上组织经费及人员等；

（三）全国健康教育推行方案。

戊　战时健康教育之研究：

（一）难童之教养；

（二）难民卫生训练；

（三）后方民众安全训练及救护训练；

（四）残废军民再教育之实施；

（五）国民心理建设。

六、会员情形

本会最初发起人凡五十四人，厥后从事健康教育诸同仁先后闻风加入，截至本年十一月止，共计会员九十一人，其中在渝者四十四人，以服务中央与地方教育及卫生行政机关者为多，余则在学校中担任健康教育功课。

(2) 中央社会部致中华健康教育研究会指令（12月8日）

中国国民党中央执行委员会社会部指令　渝字第1402号

令中华健康教育研究会

呈一件：为呈报会务状况，仰祈鉴核备查由。

呈件均悉。经核尚无不合，所拟今后工作计划，亦颇切合当前需要，应即策动会员，努力实施。至该会研究工作，如有刊印成册，应即呈部备查。又江西、福建、湖北、安徽等分会之组织概况及其事业推广情形，亦须详细具报，仰即知照。此令

中华民国二十七年十二月八日

5. 陈郁、饶凤璜等为组织中国医药教育社报送会章申请备案呈与中央社会部指令

（1938年10—12月）

（1）陈郁、饶凤璜等致中央社会部呈（10月12日）

查中国医药学术，应编入教育学制系统，前经中央政治委员

会第三十九次会议决议。并由国府于二十六年四月二日以第二二一号训令，令行政院分饬教育部、卫生署遵照办理在案。惟事关建立及刷新中国医药教育，所有教育上应有之一切措施，如教学方法之订立，课程标准之草拟，各种教材之编纂，师生资格之规定，苟非有专门研究机关或团体，从长究讨，慎重研究，决难期其周密。发起人等有鉴于斯，爰纠合全国对于中国医药教育富有经验学识之专家，组织中国医药教育社，拟对上列各项问题，加以合理之讨论，具体之筹划，并将研究所得，公诸社会，或备政府咨询，庶中国医药教育得以导循正轨，迈步修途，实于医药学术教育设施，两有裨益。兹经拟具本社章程草案十二条，除呈教育部备案外，理合检同原草案，呈请鉴核，给予许可证，实为公便。谨呈

中国国民党中央执行委员会社会部

中国医药教育社发起人：

陈　郁

饶凤璜

张简斋

陈逊斋

时逸人

曾　义

王药雨

胡书城

陈震异

高德明

中华民国二十七年十月十二日

筹备处暂设重庆长安寺半边街十五号

中国医药教育社章程草案

第一条　本社定名为中国医药教育社。

第二条　本社以刷新中国医药教育及训练医疗技术人员为宗旨。

第三条　本社社址暂设于重庆，必要时得在各地设立办事处。

第四条　本社之任务如左：

一、各科医疗技术人员之训练；

二、中国医药教育问题之研究改进；

三、中国医药学校教育方法之设计及材料之编订；

四、中国医药图书馆陈列所及展览会之筹设；

五、中国医药教育团体及工作人员之调查统计；

六、其他有关中国医药教育事项。

第五条　凡富有中国医药教育之经验或学识者，经本社社员二人以上之介绍，提请理事会审查通过后得为本社社员。

第六条　本社设理事五人至九人，监事三人至五人，由社员大会选举之，组织理监事会，任期二年，连选得连任之。

第七条　理监事会得分股办事，其组织规程另定之。

第八条　社员大会每年举行一次，由理事会召集之，遇必要时经理事会之决议，或社员三分之一之请求，得召开临时大会。

第九条　本社社员入社时应缴纳入会费二元，每年应缴纳会费二元。

第十条　本社经费，除会费及其他收入外，得受卫生或教育机关团体之补助。

第十一条　本社得附设中国医药人员训练所，其规则另定之。

第十二条　本章程自呈经党政机关核准之日施行。

中国医药教育社理事名单

职务	姓名	年龄	籍贯	住址
常务理事	陈郁	五〇	湖南郴县	重庆长安寺半边街十五号
	曾义	四二	四川华阳	重庆关庙街十号
	高德明	二四	杭州市	重庆黄桷街二十五号
理事	张简斋	五八	南京市	重庆石灰市第三模范市场三十五号
	时逸人	四三	江苏镇江	重庆白龙池二十五号
	王药雨	三三	天津市	重庆长安寺半边街怡康号
	陈震异	四七	广东普宁	重庆市一路一百七十号

中国医药教育社监事名单

职务	姓名	年龄	籍贯	住址
监事	陈逊斋	五六	福建长乐	重庆将军坟德兴里十六号
	邱哨天	五〇	江苏南通	重庆中一路协和里三号
	胡书城	四三	湖北武昌	重庆九尺坎三十八号
	王伯陶	三四	北平市	重庆都邮街保康药号
	高星垣	三六	南京市	重庆大阳沟四十二号

(2)中央社会部金祖□签呈(12月2日)

窃职于十一月一日奉派为中国医药教育社组织指导员,遵即前往工作。查该社于十一月一日经本部许可组织,十一月十三日开发起人大会,经推选陈郁等七人为筹备员,组织筹备会,修正章程草案,并经指示分别呈请内政部、教育部备案。经核准后该社筹备会即于十一月二十日召开成立大会,通过章程,并推选陈郁、曾义、高德明、张简斋、时逸人、王药雨、陈震异为理事,陈逊斋、邱哨天、胡书城、王伯陶、高星垣等为监事,定于日前分别呈请党政机关备案。

该社设于长安寺半边街十五号,计有社员二十一人,在开成立大会时职致词,希望该社:一、能整理医药,使在世界医药教育界放一异彩;二、以民众为对象,以教育方法灌输合理而有效之医药常识。除设立医药专校,该社已拟有计划,并推举专家二十余人,组织教材编纂委员会,以便从事编纂教材外,关于民众医药教育之推进,亦经大会决议交理事会计划进行。该社社费由社员负担,决定至少以百分之八十以上用之于事业费,必要时将另行筹募,或向教育部请求补助。

以上为该社筹备及组织情形。该社现已正式成立,谨依照修正人民团体组织指导员任用规则第五条之规定,准予解除组织指导员职务,当否呈核。

附该社教材编纂委员名单一份〔略〕

金祖□ 十二、二、

从拟照准。登敖 十二、四

(3)中央社会部致中国医药教育社指令

(1938年12月8日)

中国国民党中央执行委员会社会部指令 渝字第1410号

令中国医药教育社

呈一件，为呈报举行成立会，选举职员，检同理监事及社员名单，请鉴核备案由。

呈件均悉，准予备案，仰即知照。此令。

中华民国二十七年十二月八日

6. 朱启贤等为组织全国战时教育协会报送会章等补行备案呈与中央社会部指令

（1938年11月—1939年7月）

（1）全国战时教育协会致中央社会部呈（11月18日）

为呈请准予备案事：窃本会系联合全国教育团体、教育学者及教育工作者，在抗战建国国策下，以统一之认识，齐一之步调，共同努力于战时教育之设计、研究、宣传与推行，期充实教育之效能，而适应抗战建国之需要为目的。前在汉口筹备期间，亦曾依照法定手续，开具发起人名单及发起旨趣，呈请钧部鉴核。惟未悉钧部之详细办公地址，两次递呈均被退回。当以时间迫促，势不得已，因于二月十二日假汉口市党部礼堂提前举行成立大会，当时并曾请邵部长莅会致训，暨汉口市党政军机关派员参加指导。成立会后，要依法开具本会第一届理事会名单，并附本会成立宣言、会章暨理事会组织大纲等件，呈请钧部及军事委员会政治部鉴核，准予备案。后经汉口市党部转来政治部指令本会并入抗战教育研究会等由。奉请之下，不胜惊异，知系政治部对本会性质及工作尚有未曾亮察之处，当即将本会理当独立成立之理由补述如次：

一、本会为全国性之组织，会员组成包括全国各地之教育学者及有历史之教育团体，个人会员有三百余人，团体会员三十余单位，抗战教育研究会仅为本会团体会员之一，为本会全体之一小部分，此不可合并者一；

二、本会理事孔庚、陈时二人虽为抗战教育研究会之主持人,但仅为本会三十一位理事之极少部分,绝不能代表本会之活动,本会之工作在协调全国教育界之步调,努力战时教育之推行,以利抗战建国之前途,故本会之定名为"全国战时教育协会",是本会与抗战教育研究会之性质不同,此不可合并者二;

三、本会之主要工作为战时教育之设计、推行、研究、实验及编辑出版,并非一纯研究团体,是本会与抗战教育研究会之工作范围不同,此不能合并者三;

四、本会自成立以来,全国著名之教育专家及学者纷起响应参加,各地分会已有数处即将成立,对战时教育之研究推行已有不少之成绩表现,此本会不能合并或取消者四;

五、查中央临时全国代表大会公布之抗战建国纲领第二十五条之规定,发动全国民众组织农工商学各职业团体改善而充实之,使有钱出钱,有力出力,为争取民族生存之抗战而动员。本会之成立,实为全国从事教育工作者之职业团体而为教育上之抗战动员,以争取民族生存。本会之成立,为教育工作者之对国家应尽义务,而出教育工作者应出之力量,以贡献于抗战建国之大业,是本会之应必成立而不能合并于某其他团体者五。

原本会竭诚拥护政府抗战建国国策及各种教育措施,一切活动均遵循法令,并接受教育最高当局之指示。前在汉时,陈教部长曾招待本会理事,恳切训勉,是本会工作正可猛晋开展,遽而令并入其他团体,不特与其他团体性质不合,抑亦影响工作进行。兹特详陈前情,恳乞垂察。前武汉危急时,本会即遵照当局劝告离汉,今为工作上之方便,特又将会址迁移来渝,暂假米花街四十六号三楼为会址。理合补述理当独立成立之理由,检同本会报告书一份,呈请鉴核,准予备案,实为公便。谨呈
中央党部社会部部长　陈

全国战时教育协会 常务理事　朱启贤
　　　　　　　　　　　　　陈东原
　　　　　　　　　　　　　戴白桃
　　　　　　　　　　　　　张申府

中华民国二十七年十一月十八日

全国战时教育协会报告书

〔1〕全国战时教育协会成立宣言

教育是文化的动力，同时是政治的工具。教育不良，不能替国家造就必要的人材，政治一定难得走上轨道，国家更难期臻于郅治。

中国近年来的教育，当然有不少进步。但尚不免种种缺点与不切实之处，未能应付重大变局，担负复兴民族的艰巨使命。自从抗战以来，各种不良情形，几已暴露无遗，急需加以改善。

第一，对于三民主义的教育宗旨，未能充分贯彻，切实发挥。

第二，制度课程的订定，尤多抄袭他人，未能应合国家社会的现实需要。

第三，过于偏重知识的灌输，对于学生的生活实践方面，注意不够。

第四，各级学校、各种教育间联系尚欠密切。又偏重少数人的学校教育，一般文化水准与民族意识，未能积极提高。文盲数目，未能迅速减少。

只就这些荦荦大端而言，现行教育已觉有根本改进之必要。这两年来，因受日本帝国主义的侵略，国难日益严重，非常时期教育，国难教育，以及国防教育的要求，本已一再提出。最近全面抗战发动以来，全国教育已沦于七零八落之境地，无处不急待整理与充实。因此战时教育或抗战教育的呼声，更属甚嚣尘上。

各方草拟的原则纲领与方案，业已不可胜数。但直至今日为止，非特方案虽多，实行尚少，即全国关于教育的意见与步调，也尚欠缺一致。如何统一意见，齐一步调，以使战时教育得以早日切实施行，实在是目前教育改造运动上一桩最急不容缓之举。

因为这个缘故，我们认为现在我们教育界所急切需要的，就是共同的认识，整齐的步调与统一的组织。我们更认为只有从共同的认识中才能产生整齐的步调，只有从共同的认识与整齐的步调中，才能产生合理的有力的统一组织。依据过去的情形，适应目前的需要，综合各方面的意见，我们因而提出如下的"共同认识纲领"：

一、战时教育，应以抗敌建国，彻底完成革命的完整的三民主义为总目标。

二、战时教育任务，除尽量使各种教育适合战时需要外，并应从根本上建立以中国社会为本位的新教育。

三、战时教育工作，应在唤起民众，训练民众，培植抗战干部，并努力于基础教育之普及与专门技术研究之提高。

四、战时教育内容，除基本学科外，应特别加强政治认识，科学方法，并注重军事与新经济建设之科学的训练。

五、战时教育，应特别注意认识与行动的密切结合，切实养成为国家民族服务的精神。

六、战时教育应广泛而统一切培养战时师资，使令教育者认识与实践，彻底地配合，足以担当起执行战时教育的责任。

本会的成立就是以这个共同认识纲领为出发点，根据这个出发点，很希望全国教育团体、教育学者、教育工作者、一致兴起，一致合作。本此共同认识，以齐一的步调，协同努力于战时教育的研究、设计、宣传与实行。以使现行教育，得以整理充实与改造，成为良善的政治工具，能替国家造就出必要的人材，完成抗敌建国的大业。如此，教育既得改进，人材亦可增多，必然能使政治走上健全的轨道，国家自可期臻于郅治。当此工作开始之际，谨简单地表白出我们的根本信念与旨趣，凡我全国教育界同志，当不吝进而教之。

〔2〕全国战时教育协会会章（1938年2月12日）

一、本会定名为全国战时教育协会。

二、本会宗旨在联合全国教育界，推行战时教育，抗战建国，彻底完成革命的完整的三民主义。

三、本会工作暂定为下列四项：

1.设计，2.推行，3.研究及实验，4.编辑及出版。

四、凡赞成本会宗旨之教育团体或教育工作者，由本会会员二人以上之介绍，经常务理事会通过者，均得为本会会员。

五、凡团体会员，须将其团体之工作概况分期函报本会，并得受本会之委托，担任指定工作，提供各项材料；个人会员亦得依本会之规定，担任有关本会工作之各项活动。

六、凡一地同居会员数目有下列情形之一者，均得成立分会，其详细规则另定之。

1.团体会员在三单位以上，2.个人会员在三十单位以上，3.团体会员一单位以上，个人会员五单位以上。

七、本会设理事会，为大会执行及评论机关，除全国性之教育团体加入本会者得各推一人为当然理事外，并由全体大会提选二十一至三十一人共同组织之。本会并得推选教育界之名人或团体为名誉理事。各种理事得连选连任。

八、本会设常务理事会，由理事会互推九人组织之，在理事会闭会期间，代表理事会执行职权。

九、本会得因工作之必要，设立各种特种委员会，并得聘请干事助理一切，其详细规则另定之。

十、本会最高权力机关为全体会员大会，每年举行一次，由理事会召集之。必要时得由理事会决定召集临时会员大会。凡团体会员得推三人为代表，每一出席代表有一表决权。

十一、本会理事会每半年举行一次，常务理事会每星期举行一次。遇必要时，均得召集临时会议。

十二、本会理事会及常务理事会，其组织及办事细则另订之。

十三、本会经费以下列各项充之：

1. 会员会费——团体会员，每年缴纳十元，个人会员，每年缴纳一元。

2. 政府补助费。

3. 特别捐——理事会议决后，临时募集之。

十四、本会章经全体会员大会通过后发生效力。遇必要时得由全体会员大会修改之。

〔3〕全国战时教育协会理事会组织大纲

一、本大纲根据会章第十二条订定之。

二、理事会于常务理事会下分设设计委员会、推行委员会、研究实验委员会、编辑出版委员会，各委员会之人选及人数，由理事会决定之，任期一年。

1. 设计委员会负责设计拟订战时教育方案，战时各种学校教学纲要及课程标准修正意见，各级各种教育工作人员战时工作大纲及其他战时教育计划。

2. 推行委员会分组负责推行各种战时教育工作。

3. 研究实验委员会负责办理指导本会之直接研究实验事宜，并沟通本会会员间之研究实验工作。

4. 编辑出版委员会负责编辑出版各级学校战时课本，战时补充教材，教育研究杂志，教育工作者进修刊物，及其他战时教育丛书等。

三、常务理事会设总干事一人，对外代表本会，并负责沟通各委员会间之工作。干事三人，分掌本会文书、庶务、会计事宜。其人选由常务理事互推分任之，必要时得酌用雇员。

四、理事会或常务理事会开会时，各委员会须推派一至三人列席会议，报告工作及提出未来计划。

五、理事会须于每届全体会员大会开会时报告过去工作及未来计划。

六、遇必要时总干事得召开各委员会联席会议，商讨各委员会间相关事宜。

七、各委员会之组织、办事细则及工作大纲，由各委员会自定，提交理事会决定之。

八、本大纲遇有不适宜时得提出会员大会修改之。

〔4〕全国战时教育协会理事名单

一、成立大会已选出之个人理事：

张申府	吴俊升	陈　时	陈礼江	孔　庚
邰爽秋	杨亮功	叶溯中	朱启贤	蒋建白
俞庆棠	季　平	白　桃	尚仲衣	何兹全
张西曼	王洞若	张宗麟	杜佐周	

二、临时常务理事会常务理事：

| 陈礼江 | 陈　时 | 叶溯中 | 张申府 | 蒋建白 |
| 白　桃 | 朱启贤（兼总干事） | | | |

三、团体当然理事名单：

中国教育学会　　中华职业教育社
教育短波社　　　生活教育社
中国特种教育协会　　中华卫生教育会
抗战教育研究会　　中国教育电影协会
中国卫生教育社

四、本会成立后各地会员补选之十二理事名单：

张北海　　陈东原　　姜　琦　　李　蒸　　黎锦熙
何思源　　王卓然　　范文澜　　李建勋　　杨东莼
顾颉刚　　范寿康

五、本会成立后各地会员补选理事中推出之常务理事：
王卓然　　陈东原

六、最近参加本会全国性之团体会员为当然理事者：
中国社会教育社
全国童子军总会

〔5〕全国战时教育协会职员名单

姓名	性别	籍贯	简历	在本会担任工作	备考
朱启贤	男	山东	历任教育短波社长	总干事	兼职
邱椿	男	江西	曾任北大、西南联大教授	主持会刊编辑	兼职
常导直	男	江苏	曾任北平师大教务长	主持丛书编辑	兼职
陈时	男	湖北	历任中华大学校长	负责会计	兼职
张申府	男	河北	曾任北平燕大北大等校教授	主持丛书编辑	兼职
曹卜五	男	河北	曾任清华大学心理系研究员	研究	专任
范义田	男	云南	云南大学毕业	编辑	专任
李立真	女	山东	曾任文登乡师教员	文书	专任
李玉先	男	山东	山东临沂简师毕业	书记	专任
王贵滨	男	安徽	曾任安徽和县民教馆职员	经理教师服务社工作	专任

(6) 战时教育施行要则

一、教育行政机构，须统一完整，须与抗战军事机关有良好结合。各种教育措施，须全国一致推行。

二、教育主管机关，应由偏重行政之状态，提高为设计指导之中心。

三、各种教育措施，应尽量合理的利用现有的各种优良教育技术，教育方式，教育工具，教育材料。

四、战时教育之实施，应加重教育工作人员之工作及学生之实践知识与救国活动。

五、战时教育须尽量予失学者以求学之机会。

六、生产教育、职业教育应与经济建设配合妥贴，军事教育、政治教育应与抗战军事局势及政治建设配合妥贴。

七、学校之组织应力求适应战争局面中之变动。

八、改变学校课程内容，增加时事研究、国防建设、政治知识、军事知识、民众动员等类之科目，改变各级学校课本，使课程适应战时之需要。

九、各级学校应有战时任务之显明目标，尽量使学生有参加战时服务工作之机会。

十、六年制小学招收才智优秀之儿童，一般儿童强迫入短期小学，学校费用与学生教育费用，应酌由政府供给，贫苦学生酌给生活津贴。

十一、专家研究之与抗战有直接关系者，应合并于有关军事机关中，或与其取得密切之联络，无直接关系者，应斟酌情形，计划恢复。

十二、民众教育，应普遍实施全民组织训练，引发并领导全民救国活动，并有计划的创设流动施教团、随军施教团、活报队等新的教育组织。

十三、举办难民教育与伤兵教育,坚实其抗战意志,加强其抗战知能,培植其战时生活能力。

十四、举办各种训练班,造就各级各项干部人材。

十五、注重边疆少数民族之现代教育。

十六、战时教育经费在可能范围内,应增加不应减少。

十七、在战时教育实施中,特别训练华侨负责国际宣传活动。

十八、展开大规模之文化运动,补助学校教育之不足。

十九、一般战时政治宣传工作人员及教育工作人员之临时训练与经常进修,均须特别注意。

〔7〕战时教育实施办法

壹 学校教育

甲、初等教育(包括初小、完全小学、短期小学)

一、主旨:在实施国民义务教育之目标中,特别着重传授战时知能,并引导儿童作救国宣传。

二、课程内容:应废除过去不急要之繁琐科目。应根据战时教育总目标规定出儿童知识系列及儿童工作纲领,并根据此项知识系列及工作纲领以决定课程内容。小学低阶段可实行生活单元教学。单元内容要预为排列,并将主要材料编为混合课本。每日特定时间作健身活动,及基本科目之训练。中阶段课程可分为"我们的民族独立运动",(包括史地、政治、民族文艺等)"我们新国家的建设",(包括自然科学)及童军训练(包括健身活动)等。高阶级课程可分童军训练、抗日问题、政治知识、战时科学、算学等。中高阶段,除上述各项活动外,并于课程表内增添"工作检讨"节目,以为救国活动之自我批判与方法改进。

三、教学方法:对高年级学生,应于校内教学及其他活动外,酌作救国宣传。救国宣传采用歌咏队、话剧团、街头讲演队、活报队、壁报、幻灯、说鼓词、无线电广播等方法。宣传内容须与校内教学配合妥当。

四、施行步骤：迅速订定《战时小学课程标准》，并委托专家依据标准迅速编纂新教科书，以便应用。各县市应立即轮流举办"小学教师战时教育训练班"，分批授全县市小学教师以战时教育之内容与方法，以便在未有教科书前，亦能本其所学，先行实施。义务教育应加速其推行进度。

五、注意点：儿童在校内校外各项作业中，均须注意其心理卫生。

乙、中等教育（包括初中、高中、师范、职业学校）

子、初级中学

一、主指：在严格训练青年身心、培养健全国民之目标中，特别注意传授战时知能并增加负担战时民众教育。

二、课程内容：略与小学高阶段同，可增设"中国社会"、"国际研究"、"民教实际"、"实用理化"等科。外国语文教学应以日常应用及各科实用为标准。学生作业中应规定时间作战时民众教育工作。

三、活动：要有计划的将学生分组分队，组织轮回施教团，负起当地一部分民众教育之责任，（其详细办法见后民众教育部分）。

四、实施要点：新添适应战时之各科课本，可由教师用。并由专家协商，分别编纂之。为开始时补救各地中学之能训利且适当改变课程实行战时教育计，各校可增设战时教育实施主任一人，以政治觉悟较高之政界人员，施以短期训练后分派于各校，偕同校长及教导主任负一校战时教育推行筹划总责。学校经费不得增加，其推行当地民众教育之费用，得于原有经费内，减低教职员待遇，另造预算，划出专款备用。

丑、高级中学

一、主旨：于严格训练青年身心、培养健全国民之目标外，兼培养民众动员及军队政训干部人材。

三、办法：

一年级学生完全在校训练，其课程除略同上述初中者外，将童军训练改为军事训练，民教实际改为民众动员，并增设军事知识、乡村社会等科。

二、三年级学生一部时间从事校内作业，一部时间从事救国活动。分别施以有关军训政训及民众动员之极短期之训练，后由学校当局会同师管区参谋部及省政府，有计划的分发各县各部队工作。从事民众动员工作者，可视人数多少，或以县为单位，或以专员公署行政区为单位，委以民众动员工作团或民众动员指导员名义，使其有权会同当地政治当局及驻军长官，指导或从事民众动员工作。作军队政训工作者，可直接由战区军事最高机关选派各部队工作。出校工作学生，一方面受军政当局指导，一方面受学校当局指导，两者保持均等的权限，通力合作，而使工作能有独立性质，兼收理论与实践合一，即教与学合一之效。

三、注意点：学生欲服务何项工作，可由学生自认，勿违其兴趣与志愿。若某区域高中学生人数不敷分配时，可责令高中学校招收同等学力者，举办短期训练班。学校内要增聘军事教练、政治讲师、民教与民众动员指导员，省立高中经费要重新厘定。

寅、职业学校

一、主旨：于实施生产教育之目标中，训练健全的战时农工等业改良之指导人员与技术人员。

二、办法：

1. 初级农业学校学生之任务在改良旧式农业，高级农校学生则于改良旧式农业外，并促进农业之工业化。均非为训练旧式农业劳动者，而为训练农业改良之指导者及农业改造之引发并参与者。初级工业学校学生之任务在指导改良手工业并参与机器工业劳动；高级工业学校学生之任务则在充作近代工业之中级技术人员及近代工业中之中级指导员。

2．农业学校应附设大规模农场或附于大规模农场中，各级各科工业职业学校，应附设各该科工业之工厂，或附设于各大工厂中。

3．初级各科农业职业学校应合设。各级各科工业职业学校应视地方需要，或工厂性质分设。高级各科农业学校，分设或合设当视各科性质及地方需要而定。

4．初级农业学校，应招收小学毕业，并已有旧式农业生产经验，且富有农业改良与改造之兴趣与信心之学生。其作业内容：除教学基础知识、教学专业知能（蚕桑、采茶、播种、施肥、森林、牧畜、水产等）外，并教学国际政治常识、社会经济常识、近代军事及特种军事知能。更规定时间作精神训练、爱国活动之技术训练与实际救国活动。初级农业学校之教师应聘请极有经验且与农业改良上极有兴趣之农夫。

5．初级各科工业学校均应招收小学毕业、曾从事某项手工业生产、且有改造工业之兴趣与信心者，及正从事或已从事过近代工业生产之熟练工人，或由陷落之工业都市中流亡到内地来之工人，此两种学生应分别教学训练，其作业内容，前者应偏重专业知识之教学，后者应偏重基础知识之教学，两方面均须同样看重国际政治常识，社会经济常识之教学，近代军事及特种军事之训练，以及精神训练，救国活动，技术训练，并须同样看重实地救国活动。其教师，前者应酌聘具有相当基础知识，明瞭产业改造理论之极熟练工人。

6．高级农业学校应招收初中毕业程度之学生，于农业改造有相当兴趣，于中国旧式农业有相当经验，并略具现代各国农业知识者，施以专科训练。农业技术、生产工具、生产方式之知识训练同样看重。更须在其日常作业中，规定出救国活动与教导农民及组织农民之时间。

7．高级各科工业职业学校应招收由沦陷之各工业都市中流亡到内地来之各种工业技术人才，及初中毕业程度之学生略有近代工业常识，并于近代工业生活有特殊兴趣者。两种学生，分别教学训练。其作业内容，前者应偏重于普通知识，近代科学知识之训练，后者应偏重于专门技术及近代产业经营之训练，两方同须注重政治知能、军事知能之训练。亦须各在其日常作业中规定出救国活动及组织工人、训练工人之时间。

8．各级商科职业学校，大体应仍照现有办法办理，惟教学内容须增加合作社的理论与实际、政治经济社会军事知识等，课外作业中须加添救国活动。

9．工农商各科高级职业学校招收各科初级职业学校毕业生，与其他学生分班教学，其政治军事知能之训练与救国活动应与其他班级同，其基础知识与专业知能，课程之孰轻孰重，应视学生现有之知识能力定之。

10．为应军事之需要，应添设军事工业学校，训练初级军事工业干部人材，其程度等于高级工业学校学生，应特别看重军事技术及军事技术学科之训练。

11．各级各科职业学校学生之在校年限，应不加严格规定，而视各种实业及军事上之需要，临时酌定。

12．各级各科职业学校学生均以一半时间作工实习，一半时间上课读书为原则，全部学生费用与教育费用亦以公费为原则。

13．现在所有在校职业学校学生，应即分别予以甄别试验，根据其程度性格年龄兴趣及能力等分编于上述各种各级各科职业学校之各组班中。

三、注意点：应认识过去职业教育虽经极大努力，仍属惨败，应觉悟训练小学毕业生为手工业工人，或旧式农业劳动者，实在太不经济。应瞭解过去生产教育之所以缺乏成效，实由于工业农业之未能顺利发展。今既有发展之机会，今后生产教育既急应与生产事业之发展配合妥贴，力谋教养卫之真正合一。

卯、师范学校（包括普通师范、简易师范班）

一、主旨：严格训练青年身心，培养战时小学教育、民众教育之健全师资，创造地方救国教育组织核心。

二、课程内容：各种师范学校原有课程应删去或合并其不十分要急者，改民众教育为必修科，并增加关于民众组织与民众运动之教材。另外增加抗战教育的理论与实际，难民教育，国际政治与社会经济，现代军事与特种军事知识等科军事训练，应注重游击战、巷战之演习活动。课业与军训之外应特别规定出救国活动及唤起民众工作之时间。此种工作时间，普通师范应较简易师范为多，活动方法与内容应随城市与乡村环境之不同而异，救国活动与民教工作应预为作大小单元之设计，每阶段完了，应规定时间作集体研究，检讨与批评。原有师范区制度应保持，并力求其普遍。各种师范学校均应当为地方民众教育、民众运动与救国工作之核心。学校当局除鼓励领导学生参加救国活动、民教活动外，并应联合四周小学及民教组合构成一网状组织，求救国工作之协调，求在战争变乱中能以联络工作，一致行动。

三、注意点：现在小学教师并不感缺乏、短少与民教方面实深感师资之不够，今后各种师范学校目标应由单纯造就小学教师，变为偏重造就民教教师。普通师范应偏重造就战时民教高级干部，简师应偏重造就战时民教初级干部，师范生之实习场所，除其附属小学外，并应划定若干民校或民众训练队，完全或部分的归其负责办理。

丙、高等教育（包括专科学校及大学）

一、主旨：于教授应用科学、养成技术人才及研究高深学术，养成专门人才之目标中，使大学及专科学校成为国民革命高级干部。

二、办法：

（一）在安全地带之大学及专科学校，以及内迁业已完竣之大学及专科学校，固当照常维持，但其办理方法、课程内容及研究方针等均应彻底改进，俾其工作更有意义，而对于目下战事，能够发生巨大之效能。关于民族独立运动，高级干部人材之养成，亦必须在可能范围内兼负培养与训练之责任。为财力及人事之经济计，性质类似或接近之科系应尽量裁并。其失业之教授除一部分为战事服务外，其余可就所长使其从事于研究编译等工作。

（二）至于已沦为战区之大学，至今尚未迁移者，不必再事迁移，另设庞大规模之大学，事实上校址设备都成问题，尤可不必。则此等专科学校及大学，可分别采用下列办法：

工学院、农学院、医学院等学生，可直接有计划的分派于各实业机关、矿区、制造所、军事技术机关、军医处等处所去服务，在各个机关内可建立各种"研究组"，由原任教授轮往指导研究，使其一方面继续学术研究，课室作业，一方面直接成为国防建设干部。各种设备力谋充实，已失者方谋恢复，医学院亦可注意中医之研究，军医处亦可酌设中医服务研究组。

理学院学生，除转入他校者外，其余随理工各专科学校学生分入适当机关处所，一面工作，一面学习研究。

教育学院学生，可组成战时教育流动考查团，一面实地考查，一面有计划的阅读各种教育书报，俾战时教育之研究趋于实际，各地作法得以沟通，更能创造新的教育形式。

外国语文系学生，可选择其程度极优良者参加国际宣传，其他一般学生，可听其志愿，一部分予以短期政治、军事及民众教育、民众动员等训练，使从事民教或政治军事活动，一部分转入中央政治学校或军官学校，一部分当予以机会继续其学业。惟此后在外国文字学习上，其内容应以应用为标准。

中国文学系及法商学系学生，可分别施以不同性质之短期训练，充作各种高级干部人材，（短期训练办法详后节"特种教育"中。）

根据上述情形，原有各院系可分别改组。

（三）合设之临时大学，现因作法不适合抗战时期学生之需要，课程空泛，教材陈腐，学生深感精神上之痛苦，安心应付课业者，着实无多，应即在课程教材作法各方面依据战时教育目标予以改造，其临时性质亦应撤消。

（四）遇必要时可另建全国新文化根据地，设立战时性质之大学，如国防建设科学院、革命大学等，或扩充中央军官学校、中央政治学校等。

贰 民众教育

一、主旨：启发全民族革命意识，提高一般民众之政治水准，增进一般民众之生产知能，加强一般民众之组织力量，建立全国民众之抗战武装。

二、办法：

知识灌输。由各县教育当局招收失学青年、流亡学生举办民众教育训练班，施以短期军事政治及战时民教训练，训练后分发各乡村工作。另外由各地初中学生组成战时民众教育团，分队轮流到乡村服务民众教育。每民众教育组织单位，其团队人员均须配备得当，有擅长艺术者，有擅长生产技能者，有擅长教书者，有军事人才，有演说家，最好亦有女团员。至于教材教法问题，解决方法如下：

教材：除生活知能及生产技能之教导外，固定教材，可大量搜集抗战通俗读物、诗歌、鼓词、乐歌、唱本、各种抗敌画报、各种通俗刊物、各种民众战时知识、抗战照片及报章等，加以选编配当，临时教材可根据当地情形及新的事实来编写油印。施教团所带者，不必是预备人各一本之同样课本，而应是包罗各方面之综合的抗战民众流动图书馆。

施教方法：

A 直观教导法——就是不用书报，不用文字作媒介，直接用表演及言语象征出来，说明出来，使民众灵感的直接的接受，此项包括演剧、歌咏、演说、活报、电影等方法。

B 事实经验指导法——即是让民众在抗战事实经验中获得其应学习之战时知识与政治能力。即在积极方面辅导民众如何有效的做抗战服役，在消极方面，帮助民众铲除汉奸及肃清由乡村至县区抗战行政上之舞弊与不合理事项。

C 具体教材教授法——在白昼民众无长时间听讲，而且来来去去，流动性很大，可采书报流动阅览方式。施教团团员，可留二三人从旁个别指导，其余团员，可作田间问访，增加小团体之谈话机会。在夜间比较能有固定集合时间，可采分班教学方式，来办民众夜校，来作时事报告（用无线电播音更好）与教材讲读。此项教材，可用油印印发。因为人数不多，又系成人，可不必讲求篇幅美观与否，且临时编印教材，亦可配合当地情形，各方面都方便。

组织训练。民众抗战武装之建立，必须经过一番组织训练工夫。此种组织训练之办法，可由地方政府驻军当局及教育当局，共同合作办理。县政府责成保甲长负起抽丁编组责任，军事当局可派员担任军事训练工作，教育当局可责成小学教师于夜晚召集受训壮丁队，举行精神讲话或政治常识讲授。如此全县分区分期轮流训练，庶可普遍提高民众政治水准与组织性能。

行政领导。民众既有相当救亡知识，且经过相当时期之组织训练，即可进一步建立民众抗敌团体，发动民众抗敌行动，此种责任，可由师管区派来之县民运工作员（受过训练之青年学生及一部分高中学生等）联同本地区救国团体，选拔民众中之积极份子，进行建立民众武装组织或其他抗战工作团体，如游击队、妇女服务队、儿童工作团、除奸团等。

三、注意点：民众组织与民众训练之发动领导，体制须一元化，以免去重叠错杂抵触之弊。

叁 特种教育

一、难民教育

A、主旨：变赘瘤为抗战力量。

B、办法：

1．施教人员：战区流亡教师，难民中知识分子，予以登记及短期训练，(训练内容应包括政治常识、军事常识、抗战教育的理论与实际、难民心理及难民教育)训练后，有计划的分配于各难民收容所，负教育责任。

2．教育内容：知识部分——可有时事报告、读报、浏览书报、政治常识、文字学习等；行动部分——儿童组织宣传队，壮丁组织服务团，妇女组织洗衣队、缝纫队，负起所在地区之战时宣传及军事服务工作。

3．如财力允许，并应由国家筹备各种大规模托儿所，以收容抚育各地难民婴儿，与以合理的教养。

4．可能时应使所在地小学设妇女班，采葛雷制，收容难民中儿童妇女入学。

5．难民收容所应设教育股，负责计划办理该所难民教育。

四、注意点：应彻底改变其逃难心理为复仇心理与民族抗战心理，以积极从事战时工作及战时学习，负起抗战任务。

二、伤兵教育

A、主旨：坚实伤兵之抗战意识，并提高其政治军事知能。

B、办法：

（1）施教人员：可将伤兵所在地之文化工作者、职业界份子组织起来，利用其职业余暇，负起伤兵教育责任。

（2）教育内容：注意娱乐与抗战精神之启发，可用歌咏、演剧、慰劳、精神讲话、书报浏览等直观的自由的方法施行之。

（3） 伤兵医院应设教育股，负专责计划，办理该院伤兵教育。

C、注意点：要时时刻刻注意伤兵生活、医药治疗之改善，向负责当局建议，要替伤兵写信，购买东西，诚挚的替伤兵服务。

三、短期训练班

A、性质：无论军事上政治上都需要大批工作人员来补充，各地大中学校学生流亡于湘、桂、川、陕、武汉者日益加多，此等流亡学生及各地文法商教诸科学生，正可混合一起，再依各人之学历及志趣分组加以短期训练，以供上述政治军事及抗战教育诸方面之应用。

B、办法：训练班可依性质之不同，分为军事的、政治的、教育的三种，更以程度之高低，分为高低二级。高级招收大学程度之学生，在造就各种高级干部人才；初级招收中等学校学生，在造就各种中级干部人才。教育训练班造就各中小学校战时教育实施部主任及民众教育指导人员，军事训练班在充实各军队各级干部，政治训练班研究战时社会经济政治改进等问题，战时文化运动研究班，研究并努力战时文化运动。各种训练班之课程，研究作业及其他活动须视各训练班之性质程度及所在地之需要临时订定之。

C、注意点：

(1)不论其为何种特殊技能之训练，课程内容均须有政治教育，以提高其政治水准，加强其革命认识，最好由需要机关会同高中以上学校合办，以便知识与技术并重。

(2)加强学员组织，藉以发生工作上的联系及继续互相研究，受训学生要保留其原有学籍。

四、边疆教育

一、主旨：在国内各民族一律平等之原则下，发展边疆民族文化，普遍提高边疆人民之科学知能，生产识能，政治知能，军事知能，启发其民族意识及抗战情绪。

二、办法：

A、在教育行政上应设各少数民族教育委员会，由教育部派员会同边疆教育专家及各少数民族所推举之教育代表共同组织之，分别办理各少数民族教育之设计与推行事宜。

B、在施教人员上，应调动蒙藏委员会设立之政治训练班及蒙藏学校，参谋本部设立之边务研究所，中央政治学校附设之蒙藏学校，包头、西宁、康安、肃州、丽江等分校之学生，并发动大批内地文化工作者及教育工作者，有计划的分配到边疆去，会同各边疆民族文化程度较高之人材，实施各种边疆教育。

C、设立学校地点及学校性质，依当地情形决定。

D、教育内容除基础知识、科学知识之教学及政治知能、军事知能之训练应参照当地知识水准进行外，生产教育，应与产业发展配合妥当，语文教育酌量采用拼音文字。

E、教育方式及教学方法须顾及当地风俗习惯。

三、注意点：

随时随地注意消除其仇汉心理，增强其民族统一抗日观念。

五、华侨教育

一、主旨：在施行战时教育中，特别训练负责国际宣传活动。

二、办法：除普通战时课程外，应多加入国际政治一门。并划定相当时间作对外宣传及参加或发动当地人士之国际和平运动工作；对华侨学生可设特别班，施以短期训练，使能负起同样任务。

三、注意点：

A、华侨因袭观念极重，欲多所变更，势非易事。各校须先安置一有受相当战时教育训练之专员，负责逐渐计划推行，必要时可通过国内教育当局之法令施行。

B、居留地，政治环境各有不同，施行时或有困难，须经调查后制定变通办法。

肆 专门研究

一、主旨：创造更高级文化

二、办法：

专门研究之与军事有直接关系者，如医药教育、化学研究等，应合并于有关军事机关中，其他如心理研究、地质研究等，亦应酌量于财力允许下，在西北西南恢复其工作。

此外，应计划并筹办"国语罗马字与拉丁化新文字之比较实验"研究，俾在文字上作慎重之改革，以期民众教育、义务教育可在最短时间内得到普及。

伍 教育行政机构之充实

教育行政机构方面，为适应抗战情势，增强抗战教育之效能，应就原有教育行政机构加以充实。其办法，兹提出下列数点：

一、在中央增设"战时教育设计委员会"，由教育部及与抗战教育之实施有关机关派人，并委聘国内教育团体领袖及教育专家组织之，负全国战时教育设计之责。

二、在各省县增设各省县战时教育实施委员会，由各省县政府委聘各省县与抗战教育实施有关各机关代表、当地驻军之政训工作主管人员及各教育团体各学校领袖、各教育专家组织之，协同各教育厅局负各省县抗战教育之设计与推行之责。

三、在各县乡村中，民众教育实施之行政机构须一元化，力去重叠、错杂、抵触之弊。

四、在边疆应设各少数民族教育委员会，由教育部派员会同边疆教育专家及各少数民族所推举之教育代表共同组织之，分别办理各少数民族之教育设计与推行事宜。

五、在各学校由校长、教务与训导负责人及思想正确进步、政治觉悟较高之学生（初中以上学校应由学生推选，小学可由校长就才能较大，年龄较长者指派之）共同组织某某学校战时教育委员会，负责：(1)校内抗战教育之实施；(2)学校外救亡活动领导，(3)变动中之通讯联络、路向指示与行动指挥。

六、为使抗战教育工作进行顺利而有效，各级教育机关应由偏重于行政状态，提高为设计指导之中心，在办事规程上应略有变动。

陆　救国工作人员及教育工作者之进修与训练

一、主旨：直接充实并发展教育工作者之智能，间接充实并发展各种抗战教育工作。

二、说明：一切救亡图存工作，能否顺利有效推行，几全视现有一般救国工作人员及各种教育工作者之知识、能力、认识、意志如何以为断。现有人员，平时所学者，战时未必能用，今日所能者，明日未必能够。其现有之知能，究能构成何等认识与意志，亦成问题。则今后对其应急之训练与经常之进修，均不能不特别注意。

三、办法要点：

1. 各省县应轮回举办各级各种教育训练班，其训练内容应为"抗战教育的理论"、"抗战教育的实际"、"政治知识"、"军事智识"、"军事活动实习"等。

2. 提倡集体研究与读书运动，养成读书进修风气。

3. 提倡"自我批评"，提倡对于工作之预先设计及事后检讨，注意抗战及抗战教育实践中之自我教育。

4. 领导组织各种学科研究会，战时教育研究会，制定各种研究大纲，及各级教育工作人员之必读的战时智识书目。

5. 充实各省会各重镇图书馆，尽量添购各种战时智识及战时教育参考图书。

6．普遍筹设各县基层教育工作者流动图书馆。

7．责令各省县教育行政机关为各基层教育工作人员义务的代购各种书报杂志。尽量印发各种战时基础智识之小册子。

8．制定各级教育工作人员进修进度纲要，并科学的考核其成绩。

9．规定教育视导人员于出发巡回视导时，负学术教导之责，并指导其读书研究进修之科学方法。

10．商同各书店规定在职教育工作人员，廉价购买书报杂志办法。

11．建立各省县乡基层教育工作人员"战时教育通讯研究网"。

(2) 中央社会部致全国战时教育协会指令

（1939年7月10日）

社会部指令

　　令全国战时教育协会

　　呈一件：为陈述该会成立经过，检具章册，请鉴核备案由。

　　呈一件均悉，准予备案。惟章程不合之处，应依附开各点予以修正。除附开外，仰即知照。此令。附件存。

附开该会会章应行修正之点一份

中华民国二十八年七月十日

抄附社会部杨琪签呈

查全国战时教育协会，关于拟订战时教育方案及计划方面，尚有表现。会员多为教育界任职人士，其中不免杂有其他政治色彩分子，但询朱启贤同志云：此类分子因在一全国性教育团体中事实上有容纳之必要，而为数不过占百分之五，本党党员占十分之一。至朱本人，自称在华北追随张历生部长工作有年，近来担任教育短波社工作，因与教育界方面同志接触亦多，该会会员中党员已由朱同志着手清查。关于党团之建立，拟俟将该会组织核定后，再行核办。

该会组织，教育部认为与文化团体组织大纲尚无抵触。兹谨就该会会章应行修正之点，签列呈阅。

来呈声述不能并入抗战教育会一节，现军委会政治部已决定将主管人民团体组织之职权转移，似已毋庸向该部征询意见。可否准予备案，应否如签修正该会之会章？敬请
核示！

杨　琪
七月三日
〔国民政府社会部档案〕

7. 中华图书馆协会报送抗战以来会务活动概况并请按月补助经费呈

（1938——1941年）

（1）中华图书馆协会致中央社会部呈（9月10日）

呈为呈请事：奉读大部通告，嘱将会务状况按期呈报等因。自当照办。兹将本会会务进行概况，据实呈报，即希鉴核备案是荷！谨呈
中国国民党中央执行委员会社会部

中华图书馆协会理事会谨呈
〔廿七年〕九月十日

附会务概况及会报一册

中华图书馆协会会务概况

名　　称：中华图书馆协会
地　　址：昆明国立西南联合大学图书馆内。

立案日期：民国十七年十二月十四日

沿革：民国十四年六月成立，设总事务所于北平，以促进图书馆事业及谋图书馆界之互助为宗旨。全国图书馆及服务或赞助图书馆事业者，均得为会员。设有理事十五人，监事九人，综理会务；下设编辑、编目、分类、索引、教育、版片、调查各委员会。曾举行年会三次：（一）南京，（二）北平，（三）青岛；参加国际图书馆会议四次：（一）支加哥，（二）罗马，（三）马德里，（四）巴黎，为国际图书馆协会联合会之最初发起人及永久会员。

现在负责人：

理事：袁同礼（理事长）　刘国钧　蒋复聪　沈祖荣　王文山　戴志骞　田洪都　洪有丰　查修　王云五　柳诒征　严文郁　陈训慈　李小缘　杜定友

监事：裘开明　徐家麟　毛坤　欧阳祖经　汪长炳　岳良木　吴光清　洪业　万国鼎

现在工作状况：

（一）拟定战时工作大纲，在各地设立分会，集中力量发展后方图书馆事业；

（二）调查全国图书馆被毁状况，以英文编成报告，作国际之宣传（已脱稿）；

（三）协助被毁之图书馆向国内外征求书籍，积极复兴。

现在会员情形：

现正举行会员总登记，三月后可竣事。大多数会员仍在图书馆界服务，其由战区转徙西北西南各省，尚未觅得相当工作者，亦不乏人，本会能力所及，已陆续代为介绍工作。

现在何无困难：

本会前此经费来源为：（一）中央党部补助费（每月百元），及（二）会员会费（机关会员每年五元，个人会员每年二元），自上年九月中央党部经费停止，各会员无力缴纳会费后，因之会务不无停顿。自本年七月起，将事务所移滇继续工作，除征求会费外，拟请中央党部念本会事业之重要，继续予以补助。

以后工作计划：

（一）协助中央及地方政府在西南西北各省发展图书馆事业，指导各图书馆积极推进文化建设，训练专门人才，并予以技术方面之合作，俾能在抗战期间扫除文盲，促进民教，唤醒民族意识，激发抗战情绪而增强抗战之力量。

（二）在国外继续作系统之宣传，分请欧美各国学术界、出版界寄赠大批图书，协助我国被毁之图书馆从事复兴，以符中央抗战建国之本旨，而供给战时及战后全国学术界之需要。

(2) 中华图书馆协会致社会部呈（12月20日）

呈为恳请发给补助费，以利全国图书馆事业推进事。

窃本会自民国十四年成立以来，组合全国图书馆界服务人员，以研究图书馆学术，发展图书馆事业，并谋图书馆间之协助为宗旨，登记会员遍于全国，发行各项刊物达数十余种，为国内颇著成绩之学术团体，在国际图书馆亦极负声誉。抗战军兴，国内文物被敌侵据损毁，要以各地图书馆为最重大。本会南移工作以来，一本抗战建国纲领，历遵中央暨钧部之指示，办理全国各图书馆被毁之调查，以协助设计发展。并在国际间做系统之宣传，征募值达约五十万元之大量图书贡献于政府，以分配各馆，藉谋复兴，以及办理各种推进或计划之事业，历经按期刊行，会报寄呈参阅。最近并蒙钧部以直辖社团颁给证书，准予立案在案。兹以会中事业积极推动，颇为繁重，尤以目前中心工作之一为在谋集中各地图书馆广泛之力量，以协助政府推进国民教育，一切设施需用，至为浩繁，益以近年物价日涨，开支倍增，其中本会会报印刷经费及国际征求书籍邮费两项，增加尤巨，而本会除征收会员会费一项为固定收入以外，颇乏其他补助，惟各种事业关系社会大计及国际信誉，又不可因款绌而稍有停顿中辍，开源无从，支应匪易，谨恳钧部俯念本会事业重要，过去办理尚能实事求是，不无微绩，敬请准予按月拨赐补助费伍佰圆，藉资挹注，俾能早期推进完成各项计划，不胜企幸之至 是否可行，理合具文呈请钧部俯赐鉴核，指导祗遵。谨呈
社会部

中华图书馆协会理事长袁同礼谨呈

中华民国三十一年十二月二十日

(3) 中华图书馆协会民国二十八年至三十年会务简报

中国教育学术团体第一届联合年会举行于民国二十七年岁末，本会当时曾有报告提出，缕陈本会之沿革、组织及过去对于图书馆行政上与技术上各项工作，并调查及出版等情形，以及战时之各项活动概况，迄今第二届联合年会举行之时，已经三年，爰将本会民国二十八年至三十年之会务情形，择要报告如左：

（甲）总务方面

（一）组织——本会现在各项组织均依战前旧贯，因各部门配备尚属周至齐全，能与活动适应，故迄今并无更动，祇二十八年间因使迅速接受征募外国图书之关系，曾将香港办事处之组织予以临时扩大，二十九年间复增委海外人员，分设驻欧及驻美通讯处。

（二）会员——本会截至三十年度，计登记有会员四二四名，内计名誉会员二二名，机关会员一〇四名，个人会员二九八名（内十六名现在国外）。此系战后继续登记之数，实较战前数额甚巨，故知尚未办理登记手续者尤不在少。

（三）职员——本会理监事及各委员会人员，三年来，亦未变更，二十七年本会第四届年会时，原经决议于举行会员总登记

后改选理监事，嗣因战事影响，办理登记困难，故尚未举行。至本会会报编行部及总事务所之人员则稍有更动。

（四）会所——本会会所，战后自北平移设长沙，再度移至昆明，并于陪都及成都等地分设通讯机关。昆明会所于三十年春，因连遭敌机轰炸被毁，乃移于北郊龙泉镇办公，会报编行部则于二十九年暑后，自昆明移设成都。

（五）经费——本会主要收入为会员会费及各方补助费，会员会费一项，因近年交通梗阻，多有欠缴，而物价腾涨不已，遂致开支不敷甚巨。二十八年五月起，幸承教育部允予按月补助，三十年七月起，又承中央宣传部恢复补助，国立北平图书馆方面按月补助办事人员薪金以及办公用费，得勉敷开支，使会务能照常进行，惟于会务发展方面之用款，则仍感殷需也。

（六）杂项——

(1) 本会前于民国二十六年时曾开始举行图书馆界人事介绍，抗战以后，各方人事大有变动，需人或待聘之处实多，爰即继续办理，颇收调剂之效。

(2) 本会为国际图书馆协会之发起人及基本会员，历届国际图书馆及目录学大会均经派有专员参加。二十八年该会主席高得特曾以纪念该会秘书长基文斯马之六十诞辰，发起征募设立奖学金，以奖励会员中用实际生活研究与图书馆有关问题著述最优者，本会分属会员，且事关国际声誉，特捐赠一万瑞士法郎，以襄盛举。

(3) 二十九年美国国际协会在波斯顿举行年会，本会为志谢该会为我国捐募图书之谊，特派员出席参加，并赠银碗一具，以表谢忱。

（乙）事务方面

（一）调查各馆被毁状况，发动国际宣传——自敌军发动侵略以来，我国图书馆及各文化机关被毁惨重，图书文物之损失难以数计。本会根据各项调查搜集之资料,曾先后编纂各项西文报告,分寄各国,以彰敌人之残暴,藉谋获取国际对我之同情,结果颇收切实之成效。

(二)向国外征募大量图书,协助国内各馆复兴——本会为协助国内被毁各馆得以早日复兴起见,曾就上项宣传之活动,同时分请欧美各国学术机关代为征募书籍,颇获各国人士之同情与赞助。三年以来,各国捐赠图书者甚为踊跃。经送政府分配国内各处,实为本会对国内实际贡献最大之事业之一。兹特征募情形略志如后:

(1) 美国图协会 该会根据本会之请求,曾于二十七年冬季发起全国捐书援华运动,并聘请社会知名之士组织一委员会负责主持一切,开征未及数月,即募得图书万余册,分装二百余箱,免费运抵香港,迄仍在继续征募中,每月约有二十箱可按期寄到。该国对于我国之同情赞助至堪铭感。本会为应各大学急切需要起见,曾得教育部之同意,委托九龙关由香港运入内地,由教育部根据各方需要,作适当之分配。

(2) 英国牛津大学 该校教授白朗博士,受本会之委托,于一九三九年一月三日在伦敦泰晤士报通讯栏内详述中国各文化机关被毁惨况及迁移内地后缺乏应用图书之需要,同时该校史博鼎先生慨然捐助二千镑购置图书以为之倡,该校其他人士亦力为赞助,慷慨捐书,特组织一委员会,董理其事。嗣又在伦敦设一联属委员会,曾通函各自治领及印度诸大学,为中国呼吁,后因欧战发生,工作稍受影响。

(3) 英国图协会 该会对于本会之申请,原定于抗战完了复兴工作开始之时,再为进行征募,后鉴于美国图协会捐书之踊跃,及史博鼎君捐助图书之影响,遂即发动。于该会出版之第十四卷第八期会报篇首刊布长篇征言缘起,后各图书出版界及学术团体与该会会员陆续捐赠之书颇为踊跃。嗣亦以欧战原因,受有倾拙。

所有本会征得图书，自二十九年秋滇越交通中断以后之待运及续到者，只得暂存香港本会办事处。现在香港沦陷，此项待运书籍之安全与否，迄年度终了时尚未获得消息。

（三）协助筹设后方各主要图书馆——自抗军兴以后，西南各地，已成后方重镇，推进文化建设，实为当务之急。本会为发展西南文化起见，对于西南文化机关曾做系统之调查，深觉图书设备诸多简陋，以致社会教育颇难发展，曾经分函西南各省教育当局，请尽量筹设图书馆，以应需要，并请管理中英庚款董事会斟酌缓急，分别补助西南各省图书馆，俾能充实其内容。云南昆明图书馆已由本会之提议，由中央庚款会拨付建筑费五万元，并与云南省政府合组委员会，从事筹备。该馆馆址业已勘定，馆舍建筑设计亦经本会贡献意见，惟工事因敌机轰炸原因，甚受影响。四川省立图书馆，前由本会之申请，由英庚款会曾议决拨付该馆购书费三万元。此后本会仍拟继续畀以援助。现在除促进西南各地图书事业之发展与改进外，并拟定计划积极推进西北各省图书事业。

（四）推进辅导各地社教机关图书教育办法——部颁图书馆辅导各地社会教育机关图书教育办法大纲，为确立全国图馆制度之先声，本会亟应协助政府努力推进，促获成效。爰于三十年度内促请各地方图书馆实施推进，并商讨研究推进中之各项实际问题。

（五）调查全图书馆战时工作概况——本会曾奉部令"命对于各地图书馆被炸毁与劫掠情形及各馆工作概况注意调查，随时报查。除被炸毁之图书随时由本会查报外，曾制定表式分函各馆将工作概况按期择要报会，以凭汇报。

（六）编纂出版情形——本会战前出版中西文定期及不定期刊物有二十余种，战后因印刷经费困难，只将本会会报于二十七年起复刊，截至三十年度已出至第十六卷。惟因印刷情形不良，致常衍期，其他不定期刊物，则尽力之所及，仍酌予出版。二十九年间，曾将国学论文索引第五编交上海开明书店代印，此外对于四明范氏天一阁，因鼓励其为国内私藏首先整饬起见，曾协助将其新编书目十卷，校印出版。

（七）对于今后工作之计划纲要——（1）促进各地方图书馆之机能，使能于现行地方新政（县各级组织纲要）中依所究研所得编制之标准实施办法，一致确切负起地方文化中心之使命，以唤起广大对象之民众，俾协助推进完成国民教育。（2）促进确立图书馆制，以谋全国图书馆事业上能获有系统的建设性之调整与发展。（3）拟订战后全国图书馆之整理及建设方案，以备建议于政府。

〔国民政府社会部档案〕

8. 中国社会教育社总干事余庆棠检送会务活动与洛阳、花县两实验区资料的呈与中央社会部指令

（1938年9月—1942年7月）

（1）中国社会教育社致中央社会部呈（1938年9月5日）

窃本社以研究社会教育学术，促进社会教育事业为职志，成立于民国二十一年九月，社址原设江苏无锡，曾呈奉钧部准予备案在案。去岁战线后移，本社亦自战区退出，将事务所迁往广西桂林。继以社务进行接洽便利起见，设立办事处于汉口。最近因社员之来川者渐多，遂又将办事处迁设重庆，地址暂借白象街五十八号。本社平日工作，除与全体社员致力于社会教育之研究与实施外，曾先后与豫、粤两省合办洛阳实验区暨花县实验区各一处。自民族抗战发动以来，对于战时社会教育工作，本社曾拟订实施方案，与全体千余社员竭力推行，洛阳及花县两实验区，则更在南北两地，加紧教导民众，协助各种抗战工作。再因抗战时

期增加生产，甚感重要，本社拟即在川省内地倡导举办生产事业，理合将最近社务概况，备文呈报钧部，恳祈鉴核，实为公便。谨呈

中央执行委员会社会部部长陈

中国社会教育社理事会事务所总干事俞庆棠

中华民国二十七年九月五日

洛阳实验区之抗战教育实施概况

一、前言

洛阳馆毂中原，为五千年名都，自抗战以来，即踞国防重地，敌机轰炸，肆虐殊甚，民众恨之切骨，抗战情绪因以噪起。二月中旬，华北战事失利，敌军直揭黄河，我敌仅一河之隔，时局异常紧张。本区负组织民众、训练民众之责，希以动员全民，增强抗战力量。战争初起时，即拟订洛阳实验区抗战教育计划纲要，着手积极进行，训练干部人才，普及全民训练，发动民众活动。最近并组织战地服务团，从事战地社会服务。兹将实施情况扼要报告，即希诸社友有以教之！

二、干部训练

际此抗战剧烈时期，全民抗战事业亟待进行，本区为适应国家民族之迫切需要，创办战时民众干部训练班，培养民众训练干部人才，推行本区全民抗战事业。兹将该班训练设施经过概述如次：

（一）训练办法

干部训练以全区为单位，即由本区指导处主办，招集全区教师与乡村工作人员，予以领袖训练。训教期限为两周，时间为每日下午二时至五时，训练科目为防护常识，战时教育，战时经济，自卫新知，精神讲话与唱歌等。训练结束后，凡受训学员分赴各村办理战时民众普及训练班，从事普及训练

（二）招集学员

该班筹备就绪后，即开始招集学员，事前指导处籍召开全区教师、保长与乡村工作人员联席会，阐明创办战时民众干训班之意义与办法，以彼等均具有相当知识，对于国家民族观念较为深切，一经招集以后，均甚踊跃来区报名受训。但为名额所限，不得不加以甄别，经指导处审查合格者共计五十名，其中以教师占多数，乡村工作人员较少。为顾全各庄基校儿童课业起见，凡受训学员如为基校教师者，在受训期间下午所担任功课，即由中心基校选派优良导生，轮流前往传习。

（三）课程内容

在抗战时期，课程内容为适应实际需要，即以抗战为中心，就此中心运用活的知识与技能。兹将各科内容要项分述如后：

一、防护常识：（每周三小时）灌输防空防毒常识及简易救护消防实施等。

二、自卫新知：（每周三小时）普及军事常识，熟娴简易技能，藉以参加抗战保卫乡土，如巡察、守护、射击、游击、战术与防卫工作等。

三、战时经济：（每周三小时）发展战时生产，统制战时经济，以备充实资源与长期抗战，如指导麦产，提倡手工与金融流通等。

四、战时教育：（每周三小时）授以战时教育方法，供应战时教育材料，以资普及推广，如战时教育概论、实施战时教育方案与应注意之事项。

五、精神讲话：（每周二小时）激发抗战情绪，坚定抗战认识，精诚团结，发扬民族力量，其要项如国际形势、中国现势、民族复兴历史、英雄故事，与抗战重要新闻等。

六、唱歌：（每周一小时）授以音调激昂雄壮之歌曲，激发爱国观念，增进抗战情绪，如冲锋歌，打回老家去歌以及其他救亡歌曲等。

(四)社会服务

训练为过程,服务为目的,训练以后,即应就训练之所得,向实际社会应用,发挥全民训练之效率。故干训班结束后,凡受训学员分赴各村办理战时民众普及训练班(即战时民众学校),担任教导与组织,即本自教教人原则,即知即传人从事普及训练。嗣于抗敌宣传,救护与乡村各种救亡工作,无不兼筹并顾,以期唤醒大众,增强抗战力量。

三、普及训练

推行全区抗战事业,非动员全区民众,难收宏效。故于战时民众干部训练班结束后,即继续举办各村战时民众普及训练班,希以激发民众抗战意识,普及民众战时知识,进而动员全区民众,谋以完成本区全民抗战事业。该班训练设施经过概述如下:

(一)训练办法

普及训练以各村为单位,但小村可联合二村以上共同办理,由战时民众干部训练班受训学员分团创立,担任教导与组织之责。凡区内民众年龄自十一岁起至二十五岁为止,体格健全,且无不良嗜好者,一律采用强迫征学制办法,强迫受训,训练期限为四周,晚七时至九时,训练科目为时事讲述,防护常识,自卫新知,精神讲话,唱歌等。至各班学员毕业后,则组织战时工作团,从事宣传防卫救护与办理造产事宜。

(二)征集学众

根据本区征学制之实验,政治力量确能推动教育事业之发展,所以此次各村举办战时民众普及训练班,亦本此原则,采用征集办法,即由本区指导处函请当地区署通令全区保甲长按丁征集,强迫受训。

此次征集学员,恐民众不明真相,在事前由指导处召开全区保甲会议,宣布举办战时民众普及训练班之意义与办法,免生误会，结果应征者，至为踊跃，学员均有人满之患。

（三）课程内容

训练课程内容为适应战时实际需要当以抗战为中心，科目为时事讲述，防护常识，自卫新知，精神讲话、唱歌等。至各科内容要项，大致与干训班课程要项相同。不过干训班程度较深，注重高深战时知识与技能训练，普训班程度较浅，仅注意战时民众必备简易知识与技能，内容力求浅显简要。

关于各科教材以无适用教科书，并为统一教材起见，由指导处精选编印分发，试用后结果尚称适合。

（四）集团组织

战时民众普训班之目标，不仅在使学员能够得着战时知识与技能，最大希望即是如何使受训学员能够组织团体，从事社会服务，展开乡村救亡运动，所以训练结束后即分别组织战时工作团，由学员与导师协同组织，其组织采用军队编制，其事工为救护、宣传、防卫、劝募、与办理造产等事宜，各团纷纷成立以后，工作甚称紧张，团员精神亦甚振奋。

四 社会活动

际此全面抗战时机，大众训练尤感迫切需要，不过大众是一般民众，既有男女老幼之别，复有职业地域之异，若欲集中一处，给以同方式之训练，虽不能说是绝对不可能，但未免生吞活剥，不合教育原理，所以我们对于大众训练采用社会活动，利用旧有或新创之活动团体，施以各种教育，较之强迫民众集中训练收效或许要较大些。兹将各种社会活动方式分述于后：

（一）集会活动

集会分固定与临时两种，固定集合如国庆纪念，国耻纪念，总理诞辰，总理纪念周等，临时集会如兵役宣传会，抗敌宣传会，庆祝台儿庄胜利大会等。藉此活动机会讲演民族英雄历史，先贤轶事，暴敌侵略政策，战时重要新闻，以增进其抗战之认识，激发其抗敌情绪与爱国观念,参加者以保甲长与教师、学生为主体。

(二)庙会运动

庙会是乡村中最好活动的机会,如某村有庙会时,附近各村之男女老少多来参加,其热闹可知,在此活动机会如救亡歌剧之表演,抗战漫画之展览,战时新闻之讲述,均可随机活用。

(三)报纸巡回

值兹抗战时期,战况之传递、新闻之通报甚属重要。本区即拟订全施教区各村基础学校报纸巡回办法,由指导处购备各种报纸多份,分别巡回阅读。各导师阅过后,除负责编写本村壁报外,并召集村民作简要之时事报告,俾一般文盲大家亦能明瞭战时情况,藉以激发大家抗战情绪,增强抗战力量。

(四)战时服务

为展开乡村救亡工作起见,除战时民众普及训练班组织战时工作团外,各村基础学校亦均设立战时工作团,以保长为正团长,导师为副团长,下设宣传、救护、防卫与造产各组。又本区中心基础学校有辅导各村基校之责,关于该校之全民抗战活动,如领导本村外并负责总汇与辅导各村,故该校之工作团体称为战时工作总团,各组织除加辅导一组外,余均与普通基础学校同。从各团组织成立后,全区抗敌救亡工作,更趋紧张。

五、战地服务

战地社会事业,以受战事影响,久已停顿,亟待提倡进行。本区为适应战地实际需要,特利用麦假时期,组织战地服务团,从事战地社会工作,以抚慰战地民众,激发民众抗敌情绪,发动民众力量,与前方将士相联合,共同保卫乡土。兹将该团组织概况与工作事项分述如次:

(一)组织概况

本团团员除本区指导员与各科工作人员参加外,并欢迎战地军政机关热心人士协助进行。其组织:团设正副团长各一人,总理全团事务；下设总务、训育、宣传、调查四组，组设组长一人，干事若干人，分任各该组事宜。其事工为创办战地民众学校，组织联庄会，调查访问与抗敌宣传等工作，地点为收复不久之济源、温县、孟县等地，为期一月。现正积极筹备，不日即出发工作。

（二）工作事项

一、创办战时民众学校——激发民众爱国情绪，增进民众抗战知识与技能，联合当地军政机关协助办理，招集附近民众，给予短期训练，科目为时事讲述、防护常识、自卫新知、精神讲话等，课程内容着重战时民众必备简易知识与技能，以简要为主。

二、组织联庄会——根据部颁战时民众学校组织办法，组织联庄会，协助军队工作，增强抗战力量。

三、调查访问——搜集敌人暴虐行为，慰问伤难同胞，并散发医药用品及办理其他救护事业。

四、抗敌宣传——抗敌宣传为救亡运动之重要工作，盖惟广大宣传，方能激发爱国情绪，普及民众战时知识。故于是项工作特为着重，宣传方法分讲演、歌咏与戏剧三种。除此而外，并绘制抗战漫画，国耻地图与抗敌标语，遍贴于村庄与市镇，以造成抗战救亡之印象环境。

按此种组织系为试行，一俟稍有结果，当再撰述报告，以供各战地服务团之参考。

花县实验区之战时教育工作

按：本文系该区一年半来实验报告之一部分。报告全文共分五节：一、乡村青年中坚的出路与训练方法，二、乡村基础学校的办法与内容，三、辅导乡村建设之途径与办法，四、战时教育工作之方略，五、今后工作途径的拟定。兹转录四、五两节于

此，以饷社友。——编者

四、战时教育工作方略

（一）宣传须说服与感动方法并用

本区的抗战宣传工作，曾集中而普遍的做了两个月，经常的当然是永远不能间断，受着这种教育影响，最少有两万人以上。在这两万人以上的观众和听众的反应上，发现到感动方法须要与说服方法并用，这样才能使工作效率开展到最高度。具体说明如左：

一、戏剧和歌咏，对乡民的吸引力和感动力，自然是很大，但是内容的意识，一定要有正确的把握。

二、演讲、讨论、谈话，都是说服的方式，是必要的，但须明瞭乡民的心理，具有相当的技巧，才可以独立而有效的完成其任务。

三、两种方法并用效率最大。并用只有用说服的方式，才能充分发挥感动方式的作用。

（二）辅导民众之相互推动

关于发动乡民抗战的工作，为本区战时教育工作之最主要者，但实际的工作证明了"辅导民众之相互推动"，才是最有效的方式。其方法如左：

一、由民众用戏剧、歌咏及演讲讨论的方式，来影响其他的民众，如果辅导有法，其效力反较直接工作为大。

二、宣传发动之后，必须立即指导组织，不管是怎样的简单，辅导民众在组织中互相推动，俾使抗战情绪之持久及行动化，否则效力甚微。

在本区的最近战时工作进程中，已经大规模的采用这种方式，来开展抗战的民众动员工作。

（三）训练应采螺旋推进方式

关于抗战的训练。本区曾有大规模的办过一期，计十三班，统计其学众如左：

成年　　三七二人
少年　　二二九人
共计　　六〇一人

另举办妇女救护训练，计五班，共训练妇女百余人。

在这一期的训练中，本区已经找出了一套农民抗战基本训练的办法与材料，其内容如左：

一、农民抗战基本训练及妇女救护训练的方式与办法。

二、农民抗战基本训练与妇女救护训练的读本及教学法与参考资料。

兹再将抗战训练的办法析述如左：

一、先求普遍而后求深入；

二、采用螺旋式的推进，迅速的作简单内容的普遍，陆续的扩充其内容，陆续的再普遍；

三、要在各种组织中来进行抗战训练工作。

（四）由下而上之组织的进行

本区对民众抗战组织之指导，初时为求速效起见，曾联合区内各机关学校民众团体组织御侮救亡会，并通过了此次组织，进行左列各项工作：

一、在各乡指导成立十二个村支部，及其经常的救亡工作；

二、编印旬单元救亡宣传大纲及参考资料，分发各村支部，进行宣传，计连续八个单元；

三、传递救亡情报，编印救亡情报十七期。

但在这个组织进行之中，本区感到太缺少民众之自动性及积极性，所以决定改在基层组织上入手，建立抗战组织之基础，其办法如左：

一、由下而上先建立各村的各种基本抗战组织，培起其自动组织力量，而后统一之，联系之，成为更扩大综合之抗战组织。

二、不能苛求速效，倘客观条件尚未具备的时候，宁愿稍予等待，暂时采用比较片断零碎的推动方式；一俟客观的组织机会到来时候，立即抓住来利用，不能轻予放弃。

五、今后工作途径之拟定

（一）抗战中花县乡民应有之任务

本区今后的工作，必需配合中华民族的抗战，而这种配合，一定要从本区所在地的花县乡村入手。最重要的，就是用教育的方式，来帮助乡民完成其抗战中之应有任务。

兹请先将抗战中花县乡民应有之任务，作一简要之分析。

因为花县现在民族抗战的后方，但是随时都能变成战区或前方，所以花县乡民之抗战任务，应如左列：

一、支持长期抗战　在后方的地位上来说花县乡民应尽全力来支持长期抗战，一方面要不断的将人力财力物力，补充并加强前方的作战，一方面要巩固后方，俾抗战所需的人力财力物力，能源源的增长。

二、准备迎击敌人　花县离广州甚远，且本区所在地毗沿粤汉铁路，并有北行重要公路贯其间，如敌人实现南侵之图，则本区附近各乡，均为军事的重要通道及前方重地，所以花县的乡民，应该有随时迎击敌人的准备。

三、照料难民与伤兵　因战区的扩大，而受难同胞亦随之而增加，尤其是敌人南侵的时候，本省东南两路，均有沦为战区的可能，此地因为北行孔道，过境或逗留之难民，一定很多。同时，如战事迫近，伤兵亦所难免，如何照料维护，确是花县乡民应有的责任。

（二）配合乡民抗战任务之抗战教育

协助乡民完成其抗战任务，即为乡村教育之抗战使命，也就是抗战教育的主要工作。

花县乡民虽然有这样重大的抗战任务，但在乡民本身方面，或者根本没有认识,就是认识,或者没有坚强的中心;就是有中心,或者会没有力量,没有办法,这就需要教育的力量了。所以,在花县环境内——本区所在地,抗战教育的具体工作,应如左列:

一、发动乡民抗战并恒久其抗战情绪;

二、培起并加强乡民抗战的力量;

三、建立并强调乡民抗战的组织;

四、促进并辅导乡村抗战的遂行;

五、战时的农业推广;

六、战时的保健设施;

七、辅导乡村小学的战时工作;

八、乡村中的抗战联合。

(三)本区之战时工作

本区今后之战时工作,将以前列八项为纲领而计划其设施。

辅导青年学校第一届毕业生及第二届修业生,参加本区之各项抗战教育活动,并推动各该村之抗战工作。

在全区各乡村,作有组织有系统的抗战发动工作。

在每村即紧接着发动工作之结束而指导从兴趣入手之简单抗战组织,如读书会、歌咏团、剧团等,经常的予以有系统的抗战训练。

同时,就采用抗战讲习班(短期)、工学团(较长期)及训练班(各方面如救护自卫等)的各种方式,来训练各村的青壮年男女及少年。

一方面仍要配合抗战局面的演变,而有经常不断的宣传展览等活动。

促成民众自发的需求,指导成立的青年团、妇女团、少年团、自卫团及其他抗战组织。并分期抽调各团优秀份子,作短时期集中之干部训练。

在抗战组织实践中，经常的协助充实其抗战力量，并辅导其抗战工作的进行，如支持长期抗战，准备迎击敌人，及照料难民与伤兵等任务的计划准备与工作。

战时的农业推广工作，为什粮生产之提倡、粮食之积储、生产之增加及推广合作事业等。

战时保健设施之主要工作，则为救护之训练、战时简易卫生之指导及防疫等。

继续举办战时儿童教育之实验。

辅导区内之乡村小学，发动其战时工作，加强其抗战作用。

联合区内外各机关团体及一般知识分子，推动区内乡民之民众救亡工作。

至原有之青年中坚训练，则以本区经费之紧缩及抗战局面之危急，不得不暂时改变办法，而纳入一般之抗战组织训练中。

（四）本区之战时组织

本区之旧有组织，因不适于战时工作之运用，实有改变之必要。为完成前列各项设施起见，拟采用左列之旧有组织，包括工作组织与事业组织两部分。

一、工作组织　在正副主任暨主任干事之下，设左列四组，分别主持各项工作：

第一组　主持抗战宣传训练等工作；

第二组　主持抗战组织辅导等工作；

第三组　主持战时农业推广及保健设施等工作；

第四组　主持全区事务工作。

二、事业组织

（一）分区事业——乡村抗战学校

将全区先划定十五旧乡区为三个抗战教育区，每区设一乡村抗战学校，负责实施各该区之抗战教育。但总办事处所在地之龙翔镇，迳由总办事处负责实施抗战教育。

（二）分类事业——农场、保健所、图书室。

农场为本区战时农业推广之材料供应及技术指导之中心。

保健所为本区战时保健设施之材料供应及技术指导之中心。

图书室为全区之范围流通总站。

（三）独立事业——战时儿童学团

战时之乡村儿童教育应如何实施？战时儿童学团即负此项实验责任。原有之实验乡村基础学校，除将儿童学团独立外，其余全部则改为乡村抗战学校，其施教范围亦由一乡而扩大为五乡，此所以适应抗战之需要。（下略）

(2) 中央社会部致中国社会教育社指令（10月11日）

中国国民党中央执行委员会社会部指令　渝字第808号

令中国社会教育社

呈一件：为呈报该社最近社务状况，恳祈鉴核由。

呈悉。该社办理社会教育及各种生产事业，尚称实事求是，殊堪嘉慰，仍希继续努力，以赴事功。至因战事关系，散处各地之社员，尤须切实联系，随时策动其工作。嗣后遇有集会，亦须先期呈报，以便派员列席，仰即知照！此令。

中华民国二十七年十月十一日

(3) 教育及学术文化团体调查表（1942年7月）

名称：中国社会教育社（The national assaciation of social Educatron）

地址：中国江苏无锡（Wu—Sih, Kiangsu, China）

会员人数：(1)个人社员一六五〇人，(2)团体社员三六单位。

理监事名单：

（甲）理事：俞庆棠　童润之　陈礼江

董渭川 赵冕 古楳 孟宪承 刘季洪 孙月平
梁漱溟 雷沛鸿 庄泽宣 舒新城 甘导伯 钟灵秀 江问渔
黄炎培 王公度 张彭年 蒋复聪 候补理事：崔载阳 邰浪秋
纽长耀 陆盖 朱若溪 姜和 陈友瑞 李云亭 刘平江

（乙）监事（名单缺）

实际负责人：俞庆棠（CHING—TARNGYU）陈礼江（Le—Kiang Chen）童润之（Ren—Chi Jung）

成立时期 民国二十年十二月

立案及备案时期：

民国二十一年呈准教育部备案

民国三十一年呈准社会部立案并发给人民团体立案证书社字第42号

过去及现在工作情形：

（甲）过去工作情形：(1)与河南教育厅洛阳县政府合办洛阳社会教育实验区，(2)与广东教育厅国立中山大学合办花溪乡村教育实验区，(3)与江苏省立教育学院合办北夏民众教育实验区，(4)协助重庆市民众识字推行委员会从事扫盲工作，(5)与江苏省立教育学院在桂林合办岩洞教育实验区，(6)举办战时青年学校，(7)编辑社教教材，(8)研究成人学习心理，(9)举办全国文盲调查，(10)研究社会教育上之重要问题，(11)编辑社友通讯，(12)其他各种社教学术之研究与推行。

（乙）现在工作：(1)与江苏省立教育学院合办——社会教育研究所，(2)编辑社会教育全书，(3)编译战后各国成人教育概况，(4)编撰实验课本，(5)恢复原有事业(6)举行年会改选理事，(7)举行社员总登记，(8)举办工人教育实验区，(9)举办乡村教育实验区，(10)举办示范扫妇文盲试验区，並举行文盲与非文盲之标准测验等，(11)举办基本教育实验区，(12)其他。

出版品名称：1.社友通讯，2.本社概况。

填报时间：民国三十一年七月　日
负责填报者：余庆棠

〔国民政府教育部与社会部档案〕

9. 国民党广西省党部转报陶行知等组织生活教育社呈与中央社会部限制该社活动的文电

（1939年1月—1940年5月）

（1）　国民党广西省党部致中央社会部呈（1939年1月23日）

中国国民党广西省执行委员会呈　民字第二号

案据生活教育社理事长陶行知呈称：窃查生活教育之理论，发端于十二年前，在此理论影响之下，曾先后成立晓庄学校、上海工学团、儿童科学通讯学校、普及教育助成会、国难教育社、抗战教育研究会晓庄研究所，并出版晓庄丛书、生活教育丛书、儿童科学丛书凡百余种。在杂志方面，则有生活教育半月刊、战时教育旬刊先后在沪汉渝三地出版，专门探讨生活教育理论与实施，截至目前止，为数已达六卷。至最近来桂之军事委员会政治部孩子剧团、新安旅行团之产生，亦与生活教育之理论有密切联系。迩来因战局关系，生活教育同志不期而集于广西者为数渐多。佥认过去之努力，虽曾发为乡村教育运动，普及教育运动，国难教育运动，战时教育运动，第去国家民族之所要求与吾人者尚远。爰有组织生活教育社之议，当即由发起人推定陶行知、唐现之、季平、杨寅初、汪达之、王洞若、吴新稼、王慕祥、陆静山等九人为筹备委员，组织筹备会，积极筹备，一面向钧部申请准予组织，并呈报广西省政府备案，一面拟定社章，征求社员。先后奉得钧部文字第三七号许可证民字第一三五三号与第一三五四号及广西省政府教字第九三六八号指令，准予组织，阅时一周，筹备就绪，乃于二十七年十二月十五日下午一时假座广西省政府大礼堂举行成立大会，当荷钧部代表刘股长藜青、广西省政府邱厅长昌渭、军事委员会委员长西南行营白主任崇禧，军事委员会政治部第三厅郭厅长沫若、中央委员会李委员任仁等莅临指导，当由全体社员通过社章，选举李任仁等三十三人为理事，陶行知为理事长，邱昌渭等十五人为监事，各当选理事监事即于二十七年十二月十六日宣誓就职，由广西省政府邱厅长昌渭监誓，即日启用图记在案。依照人民团体组织规程规定程序，至此已告完成。除呈请广西省政府咨请教育部立案并呈报钧部备案，先后奉得广西省政府教字第一号及钧部民字第一号指令，准予备案咨转外，依据文化团体组织大纲施行细则第十三条规定，理合检同本社社章、职员表、团体组织表、社员名册及依式自制图记印摹等项，一并呈送钧部转呈中央党部立案，赐予指导，实为公便等情。附呈生活教育社社章、社员名册、职员表、团体组织表、图记印摹各一件。据此，理合连同原附件一并转呈钧会察核，恳予立案，仍候指令祗遵。谨呈

中国国民党中央执行委员会

附生活教育社社章、社员名册、职员表、团体组织表、图记印摹各一件

常务委员黄同仇
黄旭初
韦永成

中华民国二十八年一月二十三日

生活教育社社章

第一章　总　则

第一条　名称：本社定名为生活教育社。

第二条　宗旨：本社宗旨在探讨最合理最有效之新教育原理与方法，促进自觉性之启发，创造力之培养，教育之普及，及生活之提高。

第二章 社　务

第三条　社务： 本社社务如左：

甲、调查生活需要，

乙、设计教育方案，

丙、编辑教育材料，

丁、研究专门问题，

戊、试验教育方法，

己、推广探讨所得，

庚、介绍社员服务，

辛、促进社员互助，

壬、指导社员进修。

第三章 社　员

第四条　社员： 本社社员分赞助社员及工作社员二种。

甲、凡同情本社宗旨并予以物质或学术上之助力者，得由理事会推举为赞助社员。

乙、凡赞成本社宗旨及生活教育理论技术，实地为人民儿童服务者，经社员二人以上之介绍，理事会之通过，得为本社工作社员。

第四章 组　织

第五条　组织系统： 本社组织系统如下：

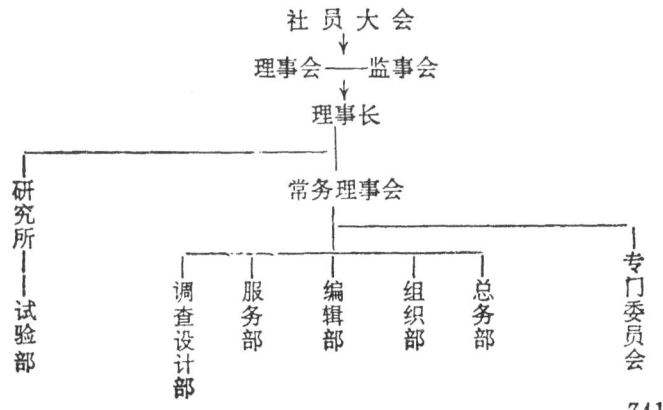

第六条 组织方法

甲、理事会设理事三十三人，监事会设监事十五人，由社员大会推举，任期三年，每年改选三分之一，连选得连任，第一届理监事之任期，于推举后抽签定之。理事长由社员大会于理事三十三人中推举之。监事会主任监事，由监事互推之。

乙、研究所由理事长组织董事会产生所长主持之。

丙、常务干事会由理事长推荐各部常务干事合组而成。

丁、专门委员会委员由理事长聘请社员担任之。

戊、试验部直属于研究所，由所长聘任常务干事主持之。

第七条 分社：本社为充分服务起见，各地社员在三十人以上者得设立分社，在三十人以下五人以上者得组织共学服务团，不满五人者得组织通讯处。分社社章及细则另定之。

第五章 职 权

第八条 本社大会及各机构之职权如下：

甲、社员大会

(1)确定本社工作方针及计划；

(2)产生及改选理事长，理监事会之理事及监事。

乙、理事会

(1)执行社员大会之工作计划；

(2)指导并督促常务干事会及各种委员会之经常工作及特殊事项。

丙、监事会

(1)考核理事会常务干事会工作；

(2)检举社员言论与不端行动；

(3)审查本社经济出纳事项。

丁、理事长

(1)对外代表本社；

(2)主持指导本社一切进行事宜。

戊、常务干事会

(1)总务部负责办理文书、会计、庶务等事宜；

(2)组织部负责办理社员入社、分社组织及实际工作分配事宜；

(3)服务部负责推广探讨所得，进行社会服务、指导社员进修、介绍社员工作及其他各种互助事宜；

(4)编辑部负责编辑刊物、丛书及战时教材等事宜；

(5)调查设计部负责办理生活调查及方案设计等事宜。

第六章 会 议

第九条 会议：本社会议分左列四种：

甲、本社社员大会每年举行一次，由理事会召集之；

乙、本社理事会会议每三月举行一次，由理事长召集之；

丙、本社监事会会议每半年举行一次，由监事会主任监事召集之；

丁、常务干事会会议每月举行一次，由总务部干事召集之。

以上四种会议，遇有紧急事宜，得召集临时会议处理之。

第七章 经 费

第十条 社费：本社社员社费，每年缴纳国币一元。

第十一条 事业费：本社事业费分下列二种征集之。

甲、赞助社员特别捐；

乙、工作社员月捐。

附则：本社章有未尽事宜，得由社员五人以上提议经大会出席社员三分之二以上之公决，得修改之。

生活教育社职员表

职别	姓名	性别	年龄	籍贯	履历	通信处	就职日期	备考
理事长	陶行知	男	四五	安徽	国民参政会参政员，晓庄研究所所长	桂林广西中山纪念学校内晓庄研究所	1938.12.16	
理事	李任仁	男	五一	广西	广西省政府委员	广西省政府	1938.12.16	
	雷宾南	男	五〇	广西	广西省政府委员	广西省政府图书馆	1938.12.16	
	黄炎培	男		江苏	国民参政会参政员	桂林中华职业教育社	1938.12.16	
	邵力子	男		浙江	中国国民党中央委员	重庆中央党部		
	沈钧儒	男		浙江	国民参政会参政员	重庆武库街22号		
调查股常务干事	杨东莼	男	四〇	湖南	国立中山大学教授	桂林东江镇施家花园		
	唐现之	男	四二	广西	桂林师范学校校长	桂林两江		
	张宗麟	男		浙江	上海译报馆秘书长	上海译报馆		
	顾颉刚	男		江苏	中央研究院研究员	兰州甘肃省政府		
	尚仲衣	男		河南	第四路军政治部宣传组长	第四路军政治部香港九龙太子道208号转		
兼总服务部常务干事	杨寅初	男	三四	安徽	广西中山纪念学校代理校长	桂林广西中山纪念学校		
兼服务部常务干事	王洞若	男	二九	江苏	晓庄研究所驻桂办事处主任	桂林中山纪念学校		
	张劲夫	男	二六	安徽	安徽省总动员委员会组织科长	安徽省总动员委员会		

续表

职别	姓名	性别	年龄	籍贯	履历	通信处	就职日期	备考
	唐柯三	男			成达师范学校校长	桂林西门外		
	徐谷荪	女	二七	浙江				
	方兴严	男	四七	安徽	香港业余学校教务长	香港九龙太子道二〇八号		
	潘一尘	男	三六	江苏	浙江云和县县长	浙江云和县		
	孙铭勋	男	三〇	贵州	战时教育编辑	重庆生活书店		
	张敬仁	男	三〇	四川	第四战区服务队总务科长	第三十四军邮局转		
监事	邱昌渭	男	四〇	湖南	广西教育厅厅长	广西省政府		
	杜重远	男		辽宁	国民参政会参政员	新疆省政府		
	吴涵真	男	四四	浙江	香港业余学校校长	香港九龙太子道二〇八号		
	周月宾	女				香港九龙太子道二〇八号转		
	陆璀	女		浙江	世界学联会中国代表	香港九龙太子道二〇八号转		
	林砺儒	男		广东	中山大学教育院院长	广西藤县		
	崔载扬	男		湖南	中山大学教育研究所所长	广东省政府教育厅转		
	徐特立	男	六四	湖南	湖南民众抗敌统一委员会常务委员	湖南省政府转		

续表

职别	姓名	性别	年龄	籍贯	履历	通信处	就职日期	备考
	俞庆棠	女		江苏	江苏教育学院试验部主任			
	汪达之	男	三五	安徽	新安旅行团顾问	新安旅行团		
兼组织部常务干事	季 平	男	三一	江苏	军委会政治部上校主任科员	军委会政治部三厅		
兼编辑部常务干事	白 桃	男	三二	江苏	战时教育编辑	重庆青年会		
	吴新稼	男	二〇	湖北	政治部孩子剧团团长	政治部孩子剧团		
	田 汉	男		湖南	政治部第三厅副厅长	政治部第三厅		
	胡兰畦	女		四川	第十九军劳动妇女服务团团长	南昌劳动妇女服务团		
	喜饶嘉错	男		西藏	国民参政会参政员	国民参政会		
	钱新之	男						
	黄次成	男			重庆青年会总干事	重庆青年会		
	赵洪文围	女		吉林				
	蔡楚生	男						
	任 光	男		浙江	政治部第三厅科员	军委会政治部第三厅		
	范长江	男	二九	四川	国际新闻社总干事	桂林环湖北路十九号		

续表

职别	姓名	性别	年龄	籍贯	履历	通信处	就职日期	备考
	召和中	男	三四	甘肃	甘肃省立女子职业中学校长	兰州		
	楼南高	男	二六	浙江	山西牺牲救国团干事			
	戴自俺	男		贵州	贵州青岩社会教育实验区指导员	贵州青岩		
	刘琼瑶	男		福建	福建永安县第三科科长	福建永安县		
	程会吾	男		安徽	江苏失学青年战时工读服务团指导员	湖南辰溪		

(2) 中央社会部致广西省党部批文两件

(1929年2月23日)

中央社会部公函　渝字第2356号

　　密函。

　　案查生活教育社成立有年，过去活动，颇为各方注目。此次该社在桂从新依法设立，经由贵会转陈经过情形。除经核准备案，函请依法代为指导外，对于该社活动，应请随时予以密切之指导，并应极力策动党员参加该社工作，以增进党的领导力量，相应函请查照办理为荷！此致

广西省执行委员会

中华民国二十八年二月二十三日

中央社会部公函　渝字第2357号

　　准贵会民字第二号呈，为转陈生活教育社组织经过情形，请鉴核立案等由。附该社社章、职员名单、会员名册各一份到部。

747

准此，查该社宗旨与组织尚合于文化团体组织大纲之规定，准予备案，惟该社社址现设广西，应请贵会代为指导，并请饬令检具章册，另行具呈内政部备案。除分函外，相应函请查照饬知为荷。此致
广西省执行委员会
中华民国二十八年二月二十三日

(3) 国民党中央调查统计局致社会部公函
（1939年8月16日）
中国国民党中央调查统计局公函 （密） 渝情字第358号
兹有关于生活教育社概报告一件，相应抄同原报告，函请查照参考为荷。此致
中央社会部陈部长
附抄原报告一件

局　长　朱家骅
副局长　徐恩泽

中华民国二十八年八月十六日

生活教育社概况报告

（一）成立经过

生活教育社为陶行知所发起组织，□□晓庄师范工学团，本国难教育及战时教育之精神于二十七年十二月十五日在桂林正阳路中山纪念学校正式成立，推举陶行知、李任仁、邵力子、黄炎培、汪达之、季平、白桃、吴新稼、沈钧儒、顾颉刚，雷宾南、杨东莼、张宗麟、田汉、胡兰畦、杨寅初、王洞若、尚仲衣、周月宾、陆璀、张劲夫、唐柯三、徐谷荪、方与严（香港办中华业余学校）、林砺儒、崔载扬、徐特立、俞庆棠、潘尘、张敬仁、孙铭勋、唐现之、蒙古代表一人等三十二人为理事，邱昌

渭、杜重远、吴涵真、钱新之、黄次威、赵洪文围、任光、范长江、召和中、戴自俺、刘琼瑶、程今吾、喜饶嘉错、蔡楚生、楼南高等十五人为监事。

（二）组织系统

甲　总社组织及负责人

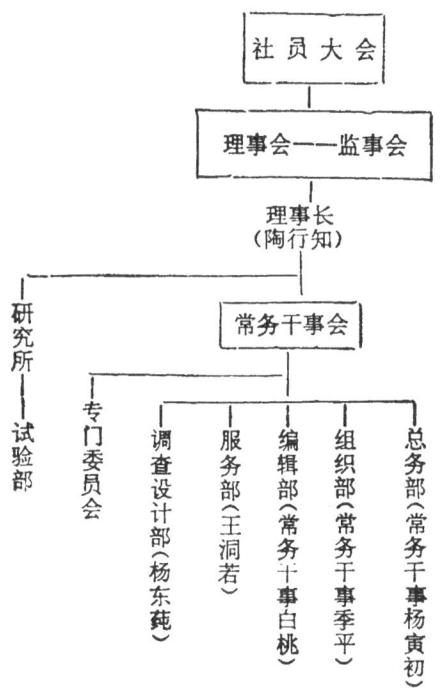

乙　各地分社临时负责人（根据社章有社员三十以上者得组织之）

社别	负责人	通讯处
四川	白 桃	住重庆武库街生活书店
浙江	潘一尘	住浙江云和县政府
安徽	张劲夫	安徽立煌省动员委员会转
上海	张宗麟	未详
香港	吴涵真	香港九龙山东街五十三号转
西北	徐谷荪	董纯才
辰溪	张 冀	未详
鄂西	曾杞凡	湖北恩施东北街六六号生活书店转抗战教育研究会转
襄樊	赵秋荣	湖北均县儿童保育院转
山西	楼南高	
贵州	戴自俺	贵阳青岩实验区转
福州	刘琼瑶	未详
甘肃	召和中	兰州女子师范中学

丙　计划设立之通讯站及其负责人

站别	负责人	通讯地址
香港站	方与严	九龙山东街五十三号
重庆站	白桃	武库街生活书店
大别山站	张劲夫	安徽立煌省动员委员会
鄂西站		湖北恩施东正街六六号生活书店转战地教育研究会
西北站	召和中	兰州女子职业中学
鄂北站	赵秋先	湖北均县儿童保育院
皖南站	程本海	安徽省政府皖南行署
浙江站	潘一尘	浙江云和县政府
陕北站	董纯才	延安教育厅
贵州站	戴自俺	贵阳青岩实验区

（三）工作之推行与活动

甲、吸收中国农村经济研究会及中国青年记者学会桂林分会负责人加入该社为个别社友。

乙、推陶林、胡杰、徐风、苏明负责桂林岩洞教育，推杨璇、张士贵主持成人教育，推赵子范、刘萍进行儿童教育，以新安旅行团及孩子剧团为基干。

丙、拟在香港创办育才学校，吸收优秀难童。

丁、成立晓庄研究所，由陶行知负责。

戊、编辑战时教育，已出刊至十五期，生活教育通讯及成人班教材，现尚在研究中。

己、该社理事潘尘及唐又祥等在浙江云和县，现已着手组织生活教育分社，又理事张敬仁、杨野明已于上月离开韶关，往华南游击区工作。

庚、新安旅行团留桂工作队，日见发展，现已有新旧团员七十余人，组成东郊、西郊两乡村工作队，分布桂林乡村工作，并组织伤兵之友队，在军政部第六、第七两陆军医院服务。

辛、成立儿童工学团，招收十二岁以上十六岁以下失学儿童，难民儿童，卖报儿童，学习抗战常识，并予以集体生活与简易生产训练。成立以来，已有男女团员二十余人，现报名投考者尚源源不绝。该团由张继新、昌惟馨负责，团址设东旭路六十五号。

（四）其　他

甲、登记合格社员已有二千四百余人，社员分赞助与工作两种。

乙、社员社费年缴一元，工作社员征收所得税拨充事业费，赞助社员认缴特别捐。

丙、政治部原按月津贴二千元，七月份起停发。该社现缩小范围，裁撤人员达三分之二。

(4) 中央社会部与广西、福建、浙江等省党部往来文电
（1939年9月—1940年5月）

①中央社会部与广西省党部往来函

中央社会部密函　渝字第1915号

查生活教育社设于广西，前经本部委托贵会代行指导，并规定于该社设立党团，以资领导，并监督其工作，函请查照办理各在案。据报：上海救国会（即人民阵线）亟图利用该社藉其掩

护,以从事政治活动,应即设法予以防止,即希查照酌办见复为荷。此致
广西省执行委员会
中华民国二十八年九月二日

国民党广西省执行委员会公函　社字第一〇四号
　　准党部渝字第五九一五号密函,除原文有案邀免冗赘外,后开相应函请查照酌办等由。准此,自应照办。惟在生活教育社内设立党团之规定一函,本会并未奉到,用特函请查照补发,俾资办理为荷。此致
中央执行委员会社会部
　　　　　　　　　　　　主任委　黄旭初
中华民国二十八年九月十三日

中央社会部公函　渝字第7072号
　　准贵会社字第一〇四号公函:为准函嘱设法防止上海救国会利用生活教育社从事政治活动一案,函复查照等由。查生活教育社份子复杂,言行左倾,实有迅谋妥善对策之必要。至组织党团一项,原为利用核心组织,以争取其领导权,可由贵会就近酌情处理。准函前由,相应复请查照为荷。此致
广西省执行委员会
中华民国二十八年十月十七日

　　②福建省党部与中央社会部往来文电
福建省党部来电:
　　重庆。中央社会部:2502。生活教育社曾否呈经钧部核准组织总社及各省分社,请电示。福建省党部。子养。社印。(廿九、一、廿二)

中央社会部电

　　福建省执行委员会鉴：×密。子养社电悉。生活教育社设于桂林，前经本部核准组织。惟该社近与救国会关系密切，应设法限制在闽设立分社。中央社会部。感。渝。印。

廿九、一、廿七

　　③浙江省党部与中央社会部往来文电

浙江省党部来电：

　　渝。中央社会部钧鉴：2052。查陶行知等所组织之生活教育社，前经禁止活动，兹潘一尘等拟在本省筹组分社。据称：该社业经中央修正章程，准许恢复组织，设总社于广西，不知是否实在。又，各省是否准许组织分社，并乞电示。浙江省电部。艳。印。

廿九、四、廿九、

中央社会部密电：

　　浙江省执行委员会鉴：艳电悉。生活教育社虽经本部核准备案，惟该社近与救国会关系密切，应该法限制在浙设立分社。中央社会部。辰灰。印。

廿九、五、十、
〔国民政府社会部档案〕

10．中华职业教育社组织及社务状况报告

（1940年5月—1942年10月）

（1）　中华职业教育社社务概况报告（1940年5月）

　　本社于民国六年五月，由教育界、实业界严修、伍廷芳、蔡元培、范源廉、余日章、黄炎培、蒋梦麟、王正廷、钱永铭、宋汉章、穆湘玥、聂其杰、张嘉璈、陈光甫、沈恩孚、顾树森等共

同发起，揭橥三大目的：一曰为个人谋生之准备（欲使无业者有业，有业者乐业），二曰为个人服务社会之准备，三曰为国家及世界增进生产力之准备。本此目的，经之营之，亦既二十有二年矣。

工作方面，根据社章，分调查、研究、试验、推行、演讲、出版等等，最初数年，注重鼓吹宣传，渐进于研究实施。以中华职业学校试验工商教育，镇江女子职业学校试验女子职业教育，上海等处职业指导所试验职业指导，各处农村改进区试验农村职业教育，各处各项补习学校试验职业补习教育。

自成立迄今二十二年中，各地赞助本社之同志日益增多，实施职业教育之机关亦日益发达，迭在南京、上海、北平、济南、武昌、汉口、杭州、镇江、福州、开封、南昌、青岛、成都等处，举行社员大会暨全国职业教育讨论会，并有数度附开职业教育出品展览会，每得当地及邻近省区人士之热烈赞助，实足使同人引起愉快而极感兴奋者。在此二十二年中，又有一关系重大之事实，即我国职业教育，在教育法令与学制上初无地位，自经本社与各方之提倡鼓吹，至民国十一年颁布教育系统改革令，而职业教育在法令上始占地位。至二十年政府提倡职业教育愈力，不但各项职业教育之法规已先后公布，于推广职业学校、职业指导、职业补习教育更有周密之计划与切实之指示。职业教育之重要，遂为全国上下所共认，在教育行政上之地位亦愈见巩固，此则使同人尤为感奋者也。

本社初无自置社所，至民国十八年经董事部诸公之发起，醵资借债，建社所于上海法租界华龙路，占地半亩余，为钢筋水泥五层楼，于十九年夏落成，礼堂、办公室、图书室等差堪敷用。至民国二十二年复就附设之中华职业学校（自建校舍）整理旧舍、添建新屋，并扩充工场，亦既楚楚可观，讵未及五年而"八一三"抗战发动，校舍工场，被敌焚毁，社所以在沪特区尚告无恙，而其情形亦不堪回首矣。

自抗战开始，同人一部分参加后援工作，一部分办理救济工作，中华职业学校校长则带同一部分机器，溯江西上，到武汉后，原拟会同武汉办事处同人，就武昌筹办分校，一切已有头绪，不料局势又变，乃再溯江入川，幸得川省当局及实业团体人士之助，重庆分校，于二十七年九月成立，亦设机械、土木、商业三科。实习工厂并先期成立，开工制造。

在此期间，上海方面同人办理救济事业照常进行，中华职业学校迁地上课，实习工场亦经办好，职业指导所，求事求人，仍极众多，各职业补习学校，来学人数，特别增多，原有四校势不能容，陆续增设，现有七校。各项事业，犹在努力维持之中。惟沪郊农村改进事业无法进行。其他重要职员如常务董事、办事部正副主任，均于二十六年十月相继离沪，各方奔走，固不仅为社务也。至二十七年二月广西办事处成立，十月四川办事处成立，本年云南办事处、贵州通讯处亦相继成立，均得省当局与地方人士之赞助，故所办事业，如职业指导，补习教育，社会服务，乃至合作之工厂等，均能顺利进行，相当开展。除上述各方面外，本社重要职员，尚有协助地方办理重要事业者，如江苏省救济失学失业青年委员会，上海国际救济协会，均有一部分职员参加工作，如现在湘西之江苏失学失业青年工读服务团，采用特殊教育方法，训练一班青年，其主持人员即为本社重要职员。其他如上海、重庆、广西之难民收容所，桂林之义民纺织工厂，四川之永川振济纸厂，均由本社派员代办，除收容工作外，职业补习教育及社会教育，亦包含在内。更有与本社关系密切之《国讯》旬刊，于去年"八一三"在渝复刊，今且在香港、云南发行特版，同人参加其工作者颇多。以上所述，仅举大概，尚不乏其他事业，恕未能一一列举。

现在抗战已入第三阶段，国家之独立，民族之生存，胥在此举，同人念时局之艰难，知负荷之益重，当以最高之热诚，拥护国策，拥护领袖，拥护我神圣之抗战。并愿以最大之努力，从事职业教育，为国家培养实用人才，为后方增加生产力量。惟愿宏力薄，尚有待于各方面之提携赞助。

二、组织

本社有二十二年以上之历史，组织方面，因适应需要，屡有变更。兹经本年四月，昆明工作讨论会之缜密研究，力求配合客观需要，订定组织系统如左：

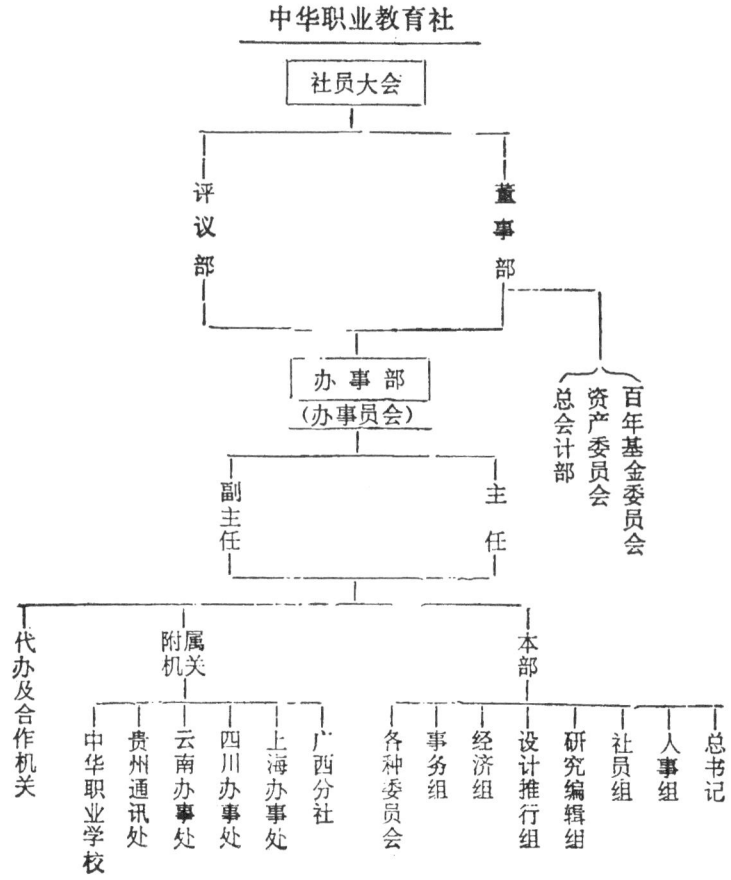

三、事工

本社工作可分内外两部，属于内部，除人事、社员、事务各组属社务行政者外，则有研究、编辑、设计、推行、经济等组。其工作可得而报告者，有如下列数种，限于篇幅，只举项目。

一、调查 用通讯调查全国职业学校状况者，凡五次，先后编有《全国职业学校调查报告》、《全国职业教育统计报告》及《全国职业学校概况》三书。毕业生出路状况、农民生计调查、中外职业教育图书、各地物价工作等亦调查若干次。实地调查者，如民国六年、八年、十年三赴南洋；六年、十二年两赴东三省，十年赴浙、皖、赣，十一年、十三年两赴湘、鄂、豫，十二年赴冀、鲁、晋、滇，十四年赴察、绥，十七年重赴苏、浙、豫、鄂，十九年赴粤，二十一年再赴冀、鲁、豫，二十四年赴桂、粤。国外调查，如刘湛恩、顾树森在欧，钟道赞、王志莘在美，王云五在欧美，黄炎培、江恒源、杨卫玉、潘文安在日本，其报告或有专书，或散见于《教育与职业》月刊。

二、研究 研究工作，关系綦重，向请专家主持，并有助手若干人协助，先后主持研究工作者，如顾树森、黄伯樵、钟道赞、沈有乾、陈选善、何清儒、喻兆明等，皆为国内有数之职业教育专家。研究之项目，有职业分析，职业阶梯，职业兴趣测验，职业性能测验，职业适应测验，职业分类，人事管理，事务管理，择业自审等。或有专册报告，或有论文发表，或有为力求正确尚在继续研究中者。

三、编辑 历年来编辑职业教育书籍，在数量上说不为不多，截至本年止，出版之统计如下：定期刊《教育与职业》月刊至一百七十期，英文年刊已出过五期，合作之《国讯》旬刊出至二〇九期。（至本年八月十三日止）其他有专著一种，职业教育丛刊十二种，职业修养丛书五种，平民职业小丛书三十三种，工业丛书两种，农村教育丛辑七种，职业教育研究报告类二十七种。

测验类四类，规章类三种，杂类六种，都凡一百五十种。大部分由商务书馆发行，间亦有本社及其他书局发行者，惜自"一二八"后，有一部分版已经被毁，正在整理修订。

四、推行　本社推行工作，社章所规定的为设计、讲演、劝导、通讯、协助、调查六项。现在的组织，设计推行并成一组，盖两者有相互的关系，如此可以比较联系而便于活动也。以往代人设计办理职业学校，办理实习工场，代订课程，设计校舍与设备等，年必有数起乃至十余起之多，尤其在民国二十年后，各省市纷纷举办或改组职业学校，委托设计者更多。讲演方面，有定期演讲、学术演讲、临时演讲、出外演讲，除每星期有定期之学术演讲外，各学校、各工商机关请去讲演者尤多，每年平均总在百次以上。而于暑假寒假前之升学职业指导演讲，竟有应接不暇之势。抗战以后，如四川、广西两办事处尚有战时讲座，青年座谈等。通讯方面，有国外特约报纸，由本社发稿宣传职业教育消息，职业指导消息，广西分社、四川、上海二办事处，并为当地报纸，如扫荡报、国民公报、大公报等担任主编"社会服务"一栏，此皆属于推行工作者也。

以上四项工作，为总社内部之工作，此外关于实施之事业，二十年来之累计，数不在少，恕不追叙。兹就最近一年间本社所办之事业列举于下，至于详细内容，则将来各有专册报告，不再赘述。其在游击区域，暂时停顿者，亦不列焉。

（甲）总社直辖事业

（一）中华职业学校

（二）中华职业学校渝校

（三）各省分社办事处通讯处（事业见后）

（乙）总社代办事业

（一）广西省立职工训练所

（二）云南蚕桑新村有限公司村务处

（三）鸿英乡村小学管理处
（四）上海私立□育实验小学
丙　总社合作事业
（一）中华铁工厂沪厂
（二）中华铁工厂桂厂
（三）中华营造厂
（四）中华合作无线电研究所
（五）国讯旬刊
（丁）各办事处事业（以成立先后为序）
（一）广西办事处（自本年八月起改成分社
1.桂林职业指导所
2.中华职业补习学校（共三校）
3.代办江苏义民纺织工厂
4.代办联立难童保育院（江苏部分）
（二）四川办事处
1.重庆职业指导所
2.中华职业补习学校（共三校）
3.代办永川振济造纸厂
4.代办难民职业介绍所
5.代办难民收容所（共二所）
（三）上海办事处
1.上海职业指导所
2.中华职业补习学校（共七校）
3.中华业余图书馆
4.国际救济会难民教育
（四）云南办事处
1.昆明职业指导所
2.中华职业补习学校

（五）贵州通讯处
1. 贵阳职业指导所
2. 贵阳社友招待所
3. 中华职业补习学校

[附录] 中华职业教育社章程

第一条　同人鉴于吾国最重要最困难问题无过于生计根本解决，惟有从教育下手，进而谋职业上之改善，因此联合同志创设本社，同人认此为救国家救社会惟一方法，矢愿相与终始之。

第二条　本社事业之目的如左列：

（甲）推广及改良职业教育；

（乙）改良普通教育，俾为适于生活之准备；

（丙）辅导职业之改进。

第三条　本社事业之种类及项目如左列：

第一类

（甲）调查：(一)调查现行教育之状况，(二)调查职业界之状况，(三)调查关于职业教育之材料，(四)调查社会百业供求之状况，(五)调查学校毕业生之状况，(六)调查各地已办职业教育之状况。

（乙）研究：集会研究或通讯研究——此为关于各类各项事业所以构成本社意思之总机关。

（丙）劝导：(一)劝政府督促并推广职业教育，(二)劝导社会注意职业教育，(三)劝导社会有力者倡办职业教育，(四)劝导工商家倡办补习教育，(五)劝导一般学校注重职业教育，(六)劝导职业学校改进其教育方法，(七)劝导青年之不能升学者使受职业教育，(八)劝导实业界录用学校毕业生，(九)劝导学校毕业生使就相当之职业，(十)劝导已经任事而有受补习职业教育之机会者勿失机会。

（丁）计划：(一)受中央或地方政府之委托计划职业教育，(二)受团体或个人之委托计划职业教育。

（戊）讲演：(一)定期讲演，(二)临时讲演，(三)出发讲演，(四)就学校讲演或就各业中心地讲演。

（己）出版：杂志书籍图表定期刊布或临时刊布————此为关于各类各项事业所以发表本社意思之总机关。

（庚）表扬：职业教育机关之办有成绩者及实业机关之倡办职业教育者，征取其方法或以出品或以文字或以影片随时随地表扬之。

第二类

（甲）倡办或代办职业教育机关。

（乙）倡办或代办补助职业教育之图书馆、博物院、科学馆等。

（丙）倡办或代办补助职业教育之实业机关。

第三类

（甲）设职业指导所。

（乙）改进乡村试验区。

（丙）举行职业教育出品展览会。

（丁）设职业教育出品介绍所。

其他各项事业视财力能力所及次第举办之。

第四条 凡有正当职业之个人及农工商业或教育团体愿研究并提倡职业教育者，得以社员二人以上之介绍，并经审查及格后为本社社员。

凡现任职业学校教职员得依其志愿自由加入本社，不必经介绍手续。

第五条 本社社员分四类如左：

（一）甲种普通社员 岁纳社费银五元，有选举及被选举为本社评议部评议员之权，并得无偿领受本社各种定期刊物。

（二）乙种普通社员　岁纳社费银二元，有选举及被选举为本社评议部评议员之权，并得无偿领受本社定期刊之一种。

（三）永久社员　纳社费银二百元以上为永久社员，有选举及被选举为本社董事部董事、评议部评议员之权，并得无偿领受本社定期刊及其他出版物。

永久社员纳费一次或分次均可，但分次缴者至多不得过十次（每次二十元），缴足社费之日起，取得永久社员资格，永免纳费，在未缴足时，暂以普通社员待遇。

（四）特约社员　凡于职业教育有专门之研究，或对于职业教育有实在之赞助者，得由社员提出，经评议会之通过，请为本社特约社员。

凡社员欠缴社费，满一年以上，停止其应得权利。

第六条　凡表同情于职业教育之个人或团体，愿以经济赞助本社者，推为赞助员，分三种如左：

（甲）一次纳捐者为临时赞助员；

（乙）每年纳捐有定额者为常年赞助员；

（丙）一次纳捐二百元以上者为永久赞助员。

社员愿兼充赞助员者听。

赞助员酌赠纪念品，其办法由办事部定之。

第七条　本社社员大会每年举行一次，于暑期内行之。

第八条　本社职员分三部如左：

（甲）董事部

（乙）评议部

（丙）办事部

第九条　董事部董事均名誉职，由永久社员互举，董事名额暂定九人。

董事任期四年，每二年改选半数，再被选者得连任，第一届选出之董事应以半数为二年任期，用抽签法定之。

第十条　董事部之职权如左：

（甲）管理本社资产，并筹划本社经费；

（乙）审核本社每年经费预算决算；

（丙）核定本社大政方针；

（丁）聘任本社办事部主任、副主任。

董事部规则及资产管理规则由董事部自定之。

第十一条　评议部评议员均名誉职，暂定每社员一百人举一人，但至少以十一人为限，至多以三十五人为限，由董事部加倍提出候选人，由社员选举之。

评议员任期二年，每年改选半数，再被选者得连任，第一届选出之评议员应以半数为一年任期，用抽签法定之。凡评议员有以董事职任者，其董事资格仍存在之。

第十二条　评议部之职权如左：

（甲）研究并规划本社每年应办事业纲要；

（乙）推举本社办事部主任、副主任于董事部；

（丙）协助本社办事部推行事务。

评议部得推代表于董事部会议时出席报告或陈述意见。

评议部议事细则由评议部自定之。

第十三条　评议部设主任一人，副主任一人或数人，总书记一人，其下依事务之繁简分置若干股，股设主任一人，事务员若干人。

第十四条　主任副主任由评议部就社员中推举于董事部，经董事部公决聘任之，总书记、各股主任及事务员由主任延聘之，不以社员为限。

主任负办事部完全责任，副主任协助主任办理事务，均二年一任，再被任者得连任，其薪金额由董事部定之。

主任、副主任于董事部、评议部议事时有出席报告或陈述意见之义务。

凡办事部职员有以董事或评议员兼任者,其董事或评议员之资格仍存在之。

办事部各项办事规章,由办事部自定之。

第十五条　办事部得以事实上之需要设分组委员会,延聘专家担任,不以社员及办事员为限。

第十六条　本社经费以社员社费、赞助员特捐及公款充之,不足时董事部负筹划之责。

第十七条　本社取交通之便利,设于上海,分社规则由评议部定之。

第十八条　本章程随时提议修改,由社员大会公决。

(附注):本社近以特殊原因,暂移重庆办公,再章程条文因事实变迁,有应行改正之处,但因社员大会不易召集,故暂仍其旧。

(2) 中华职业教育社团体概况报告表(1942年10月)

名　　称:中华职业教育社

地　　址:重庆张家花园五十六号

负责人姓名:常务董事黄炎培、事务主任江恒源、杨卫玉。

成立年月:民国六年五月六日。

沿革:本社于民国六年,由教育界、实业界人士严修、蔡元培、余日章、蒋梦麟、黄炎培、王正廷、钱永铭、聂其杰、宋汉章、穆藕初、沈恩孚等共同发起组织,迄今二十五年。最初数年,注重宣传,鼓吹职业教育,其后渐进于实施,旁及农村与一般社会服务工作,总社向设上海,"八一三"后随政府内迁,初迁桂林,继迁重庆。

组织状况:社员大会为最高机构,其下常设董事、评议两部,董事部附设资产、基金保管委员会、总会计部等,董评两部之下设办事部,为日常工作推进之总枢,分股办事。此外,省各直属机关,如各分处办事处、中华职业学校补习学校合作事业,代办事业机关亦均在办事部指导之下进行。

设备状况:有图书资料室一处,约有图书二千册,报纸杂志五、六十份,其他办公及家具设备齐全。

经费:岁入274,920元,岁出274,920元。

出版刊物:全国职业学校调查报告一册(三十年度),原稿呈部,教育与职业季刊,社务通讯(简称社讯),其他单行出版物二百余种。

民国三十一年十月二十四日杨卫玉填报

〔国民政府教育部与社会部档案〕

11. 国民党河北省党部转报该省抗战建国教育协会成立经过呈及中央社会部批电

(1939年10—11月)

(1)河北省党部致中央社会部呈(10月21日)

事由:为据王承曾等呈报河北省抗战建国教育协会成立经过,检附章程、宣言及职员名单,恳请备案,据情转呈,请鉴核备案由。

案据河北省抗战建国教育协会委员王承曾等呈称:"为集中教育界之力量,推进本省战时教育,以完成抗战建国之大业,于本年九月初间,教育部督导员刘延福与本省教育界人士杨悲天等三十余人,发起组织河北省抗战建国教育协会,业蒙钧会许可,并呈准于九月二十日召开成立会在案。计出席会员三十二人,由教育厅长王承曾监选,钧会王委员南复出席指导,当时公推刘延福为临时主席,通过章程、宣言,并选举王承曾、刘延福、王南复、谢书由、杨悲天、乔铭阁、范秉之、刘宋卿、朱玉清等九人为委员,除呈报河北省教育厅准予备案外,理合检同章程、宣言及当选委员名单呈请鉴核备案"。等情。据此,查该会宗旨为合抗战需要，且所有会员亦尽系本党同志与本省教育界之中坚份子，除指令准予备案外，理合抄同该会章程及委员名单，呈报钧会鉴核备案。谨呈
中央社会部

附抄河北省抗战建国教育协会章程乙份。协会委员名单乙份

　　　　中国国民党河北　　主任委员鹿钟麟
　　　　省执行委员会

中华民国二十八年十月二十一日

河北省抗战建国教育协会章程

第一章　总　则

第一条　本会定名为河北省抗战建国教育协会。

第二条　本会以集中教育界之力量，遵照抗战建国纲领关于教育之规定，协助改进本省教育，以期完成抗战必胜、建国必成之使命为宗旨。

第三条　本会以河北省行政区域为区域，会所设于省政府所在地。

第二章　会员

第四条　凡本省教育界人士，年满二十岁，确实信仰三民主义，赞成本会宗旨者，经本会会员二人以上之介绍，得为本会会员。

第五条　有左列各款情事之一者，不得为本会会员。

一、褫夺公权尚未复权者；

二、有反革命行为经判决确定者；

三、染有毒品嗜好者；

四、参加未经政府核准之政治组织者。

第六条　本会会员如有违犯本会纪律或发觉其有第五条各款

情事之一者，须依法惩戒之。

本会会员经依法惩戒后其介绍人须负连带责任。

第三章 职务

第七条 本会之职务如左：

一、关于本省教育之调查、研究、设计及改进事项；

二、关于纠集全省教育界优秀份子，群策群力，从事于抗战教育事项；

三、关于宣达中央教育政令，介绍抗战教材，沟通战区文化等事项；

四、关于协助本省教育机关，促进战时教育事项；

五、关于揭发并打破敌人奴化教育之阴谋事项；

六、关于介绍青年学生和知识分子受训来学，或参加工作等事项；

七、关于辅导会员修养身心，砥砺学行等事项。

第四章 组织

第八条 本会设委员九人至十三人，内设主任委员一人，由本省最高教育机关长官兼任，余由本会会员大会选举之。

本会委员任期一年，但连选得连任。

第九条 本会委员得推定三人为常务委员，组织常务委员会。

第十条 常务委员会之下设秘书一人，由常务委员互推兼任，承主任委员及常务委员会之命，处理日常事务。

第十一条 本会分设总务、指导、宣传三组，其职权如左：

一、总务组 掌理本会印信、文牍、会计事务及不属于其他各组织之事；

二、指导组 管理本会组织及各支会分会工作及会员进修成绩之考查及指导事宜。

三、宣传组 管理本会出版图书介绍及宣传上之一切事宜。

第十二条 各组设组长一人，由委员互推兼任，各组设干事及书记若干人，视事务繁简，分股办理。

第十三条 本省每专员区得设支会，每县得设分会，其组织章程另定之。

第五章 会议

第十四条 本会分委员会议及常务会议，两种委员会每月举行一次，常务会议每二周举行一次，但遇必要时，得召集临时会议，开会时以主任委员为主席，遇主任缺席时，由常务委员互推一人为主席。

第十五条 本会会员大会每半年举行一次，遇必要时，得由委员会决议，召开临时委员大会。

第十六条 本会会员大会职务如下：

一、变更章程；

二、改选本会委员；

三、关于全省教育之改进事项。

第六章 经费

第十七条 本会经费由会员自行捐助，必要时得呈请教育部或教育厅补助。

第十八条 本会委员及干事概为义务职，但专任干事及雇员不在此例。

第十九条 本会会员每年纳会费一元。

第七章 附则

第二十条 本章程如有未尽事宜，得提请会员大会修正之。

第二十一条 本章程自呈请省党部核准后施行，并呈报教育部、省政府备案。

河北省抗战建国教育协会委员名单

姓名	籍贯	年龄	略历	通讯处
王承曾	河北定县	五十八	河北省政府秘书长，河北省教育厅长	河北省教育厅
朱玉清	河北蓟县	三十七	河北省党部委员	河北省党部
乔铭阁	河北巨鹿	四十	河北省民政厅秘书	河北省民政厅
刘延福	河北巨鹿	三十三	教育部督导员	河北省教育厅
范秉之	河北邢台	三十七	河北省党部委员	河北省党部
谢书田	河北邯郸	三十六	河北省教育厅科长	河北省教育厅
王南复	河北沧县	五十	河北省党部委员	河北省党部
杨悲天	河北临城	四十六	河北省民政厅秘书	河北省民政厅
刘宋卿	河北沙河	三十七	山东济阳县县长，河北省财政厅科长	河北省财政厅

（2）中央社会部致河北省党部代电（12月8日）

中央社会部代电　利字第116号

河北省执行委员会鉴：十月二十一日呈悉河北省抗战建国教育协会组织章册，经核准予备查，特复查照转知为荷。中央社会部。鱼。印。

　　附抄社会部孟健民签呈

　　准河北省执行委员会呈报指导组织河北省抗战建国教育协

会，附呈该协会组织章程及委员名单，请鉴核备案等由。查该项章程之规定，如职员之名称、会员之惩戒、主任委员由省最高教育行政机关长官兼任等，核与人民团体之组织稍异。惟该省久已沦陷，情况特殊，似可变动办理，准予备查。当否？呈核

孟健民
十一、十八

照拟

钊十．十九．

〔国民政府社会部呈〕

12. 晏阳初报送《中华平民教育促进会史略》及今后工作计划等致中央社会部呈

（1940年4月）

（1）中华平民教育促进会致中央社会部呈（4月9日）

案奉重庆市党部二十九年三月十一日社字第一七七九号训令开：案奉中央社会部二十九年二月十五日公函饬示处置已履行总登记而未呈准备案之人民团体办法：一、已履行登记手续尚未呈准备案之人民团体，其属于全国性者，应饬知向本部补行备案手续，其属于地方性者，应饬知向当地最高党部补行备案手续；二、应行补办备案手续之人民团体，除属于重庆市者外，应由贵会将登记表加具意见汇案分送各主管党部以作审核之参考；三、饬知各该应行补办备案手续之人民团体，应予奉到通知后一个月内遵照办理，否则停止其活动。等因。奉此。查该会已履行总登记而尚未呈准备案，应即向中央社会部补行备案手续，仰勿延误。此令。等因。奉此，查本会已于十八年八月呈准教育部立案，并于二十八年十一月在重庆市党部履行总登记，惟尚未呈钧部备案，理合将本会成立经过、组织情形、工作计划、经费概况、会员名单及本会出版书籍等备文呈报，仰祈鉴核俯准备案，

藉利进行，实为公便。谨呈
中央社会部
　　　　　　　中华平民教育促进会干事晏阳初
中华民国二十九年四月九日

中华平民教育促进会史略

平教运动，创始迄今垂十余年，然追溯其源，应始于华工教育。民国七、八两年，本会干事长晏阳初，在法教导参加欧战之华工，发见我国民众蕴藏无限能力，但缺乏教养，乃决定致力于平民教育。民国九年由美归国，奔走各省，提倡平教，风声所播，全国兴起，国内之平教运动亦以萌芽。民国十二年八月，本会成立于北平。自是而后，由探讨而实验，由城市而乡村，由识字教育以至农村建设、县政改革之研究。兹撮录历年重要事项如下：

十二年五月，熊朱其慧夫人等发起组织中华平民教育促进会。

八月二十六日，本会成立于北京，选出董事九人，推熊朱其慧夫人为董事长，晏阳初为总干事。会址暂设帝玉庙中华教育改进社内。

本会创编之平民千字课出版。

本年平民教运动扩展至十七省，工作偏重城市方面。

十二年四月　在奉天陆军第二十六、七两旅，作军队平民教育之实验。

八月晏阳初就总干事，旋改称干事长，会址移北京石驸马大街二十二号。

十月创立乡村教育部，树乡村教育之先声。

拟定乡村教育实施计划，以各省乡村情形不同，将全国分为华北、华南、华中、华东、华西、东北、西北七大区，并决定由华北入手。

十一月,在河北旧保定道属清苑、定县、巨野等十二县,作乡村平民教育之实验。

十四年三月,刊行农民报。

在旧京兆区二十县,推行乡村教育,京兆尹薛子良召集所属各县长,举行平教讲习会。

六月干事长晏阳初应太平洋国民会及檀香山中国大学学生会之请,赴檀香山参加太平洋国民会议(与会者九国),讲演平教运动。当地华侨及各国代表深为感动,国际学术界,交相赞许。

组织华侨平民教育促进会,开办华侨平民学校。

九月设乡村生产教育科与统计调查科,着重于生计教育之学术的研究实验。

制定通用字表,基本字表完成通俗用字之研究,为编辑平民书报之根据。

十五年十一月以定县为本会华北实验区,同人相率下乡,作深入民间之倡导。

设办事处于定县翟城村,作"村单位"的平民教育实验。

定文艺教育、生计教育及公民教育为工作重心。分设农民教育部,普及农业科学部,乡村社会调查部,普及家庭科学部。

划定县东亭区六十二村作"区单位"的平民教育实验。

十六年春,举办第一次村长佐平民教育讲习会于翟城,组织各村区平民教育促进会,与本会实验区通力合作。分会组织由村而区,自下而上试办平民图书馆,平民阅报所。

设农业科学试验农场。

十七年农民千字课实验完成。

拟定平教学制为:初级男女平校,高级男女平校,平民职业学校三段。

组织卫生会,指导平校毕业生灭蝇、种痘、防疫、拒毒。

二月举办军队智慧测验于河北邢台（旧称顺德府）。受测验士兵凡五千余，为国内大规模测验之创举，开士兵教育基础之先河。

五月，干事长晏阳初母校美国耶鲁大学，以其创办平教奖予名誉学位，及美国全国教育会之请赴美讲学，在美讲演二百余次，听者数百万人，朝野人士对于平教运动，认识极深，国际学术界与本会合作益密。

开始定县全县社会概况调查。

十八年，干事长晏阳初由美归国。鉴于我国以农立国，农民占全人口百分之八十以上，而文化落后，失学者最多，决定暂停城市平民教育、军队平民教育、华侨平民教育各工作，而专致力于"农村建设"之研究与实验。全部工作人员，集中定县。

定县实验区办事处，由翟城迁城内考棚，实验工作由区单位扩为"县单位"，拟定十年计划。

增设定县城内农场，研究实验方面，有植物育种及动物改良，推广方面创立表证农家。

编辑平民字典。

设平民教育学院师范科，培植平教师资。

八月二十九日，奉教育部批一〇七〇号准予备案。

十九年，创设艺术教育部、卫生教育部。

确定以学校、社会、家庭三大方式，实施文艺、公民、生计、卫生四大教育。

制定平教视导网，以"实验平教"统辖"表演平校"、"表演平校"统辖"普通平校"。

春，考棚平民诊疗所开诊。

夏，师范科学生毕业，改组为平民教育专科学校，提高学生程度。

秋，改造考棚大礼堂。

冬，开始研究广播无线电教育，设广播无线电台。

二十年成立社会式教育委员会。

设妇女平校教师训练班。

八月二十五日，董事长熊朱其慧逝世。

冬，设实验小学及幼稚园于考棚，设实验村于高头。

二十一年，九一八后，国难严重，本会加紧工作，改缩"十年计划"为"六年计划"。

试验组织平校毕业生同学会，以期集合农民青年力量，从事农村建设。

成立农村戏剧研究会。

干事长晏阳初等出席内政部第二届国内政治会议，提议各省设立实验县，作县政建设实验，企图改善县政机构，推动农村建设。

开始"组织教育"研究。朱谷、东和等村平校，实验"军事化组织"，西平、朱谷等村平校实验"生产化组织"。

二十二年，确立保健制度，县设保健院，区设保健所，村设保健员。

普设自助社，为推行合作社之预备。

设东建阳村实验学校，分青年、儿童、妇孺三部，用大队组织及导生传习办法。

实验句本位教学，完成注音符号教学新法。平民读物改用词类连书，并一律加注国音。

设西平、朱谷村建设委员会，试办村长佐普选。

完成平教实施方案。

与银行界合作，于定县各大镇设立仓库。

五月，河北省政府设立县政建设研究院，以定县为实验县，干事长晏阳初被聘为院长。开学术与政治合一之研究实验，使政治学术化，学术事业化。

二十三年，实验县单位经济合作制度。

西平、朱谷等八村平校毕业生，试组自卫队，夜间演习，并采用军事政治合一办法。

设实验生产互助社于小陈村，拟定农村教育学制，及县单位农村建设机构。

《民间》半月刊出版。

八月，改北平会所礼堂为景慧堂，纪念故董事长熊朱其慧夫人。

二十六日，开十周纪念会于北平北海，干事长演讲平教运动之回顾与前瞻。

九月，设训练委员，训练农建实施人才，以应各地迫切之需求。

协助江西黎川农村建设实验区工作。

十二月，设露天剧场于西建阳村。

二十四年一月，与研究院合作，划东建阳等二十二村为表证示范区，作农村建设之综合实验。

示范区各小学校均采用组织教育方法。

三月各村成立公民训练班，训练青年成人，健全农村建设之基层组织。

完成县单位生计训练制度，农业推广表证制度。

完成平民教育读物五百册。

划吴咬等十村为运用保甲实施导生传习之试验。

训练委员会续招教育、经济、农业、政治、卫生各部门研究生。

协助绥远省乡村工作人员训练所，主讲各种功课。

协助广西柳州试办区，及河南省宛西三县教育建设。

二十五年一月，广西省政府邀请本会协助建设及教育工作，因而设驻桂办事处于南宁。

六月，湖南省政府设县政委员会，省府各委员、保安处长、高等法院院长及本会干事长等均为委员。

本会设办事处于长沙。

七月一日，衡山实验区成立，本会专门干事彭一湖任县长。

协助衡山县政府办理小学教员讲习会及自治工作人员训练班。

秋，湖南省教育厅设乡村师范学校于衡山实验县，本会专门干事汪德亮为校长。

十月二日，四川省政府成立设计委员会，邀请本会协助全省建设工作，省主席任委员长，本会干事长晏阳初任副委员长，省府各委员及本会专门干事陈筑山等为委员。下设教育、农业、卫生、地方政治四委员会，定苏民困、建基础、救国难为工作目标。

与清华、燕京、协和、南开四大学联合组织华北农村建设协进会，培植高级农建人才。干事长兼任会长，下设研究、训练委员会及实验区两部。

设农村建设育才院，干事长任院长，下设农村教育、农村经济、农村卫生、地方政治四研究所，招收大学毕业生为研究生，省政府如湖南、四川等亦保送学生入院研习。

十月十二日，育才院研习生开始共同训练于定县。

二十六年二月一日，本会与衡山县政府，湖南省立乡师，合设衡山师古乡农村建设示范区。

二月二十日，定县农村合作社开第五届代表大会，筹设合作金库，当场认股达数十万余元。

三月十二日，本会与衡山县政府合作，开始衡山经济调查。

四月，成立驻川办事处。

十一日，新都实验县成立，本会派员协助办理教育建设。

五月，定县推广脱字棉八万三千亩，斯字棉一万三千亩，全年增加收入一百五十万元。

六月一日，定县合作金库开幕。

定县第一届生计训练巡回学校结束，毕业农民一百三十九人。

本会第二届农村公共卫生护士研究班结束，毕业者六人。

七月七日，卢沟桥抗战爆发，八月八日干事长晏阳初应邀抵京，参加国防参议会。

九月八日，干事长晏阳初返长沙，筹划发起《农民抗战教育》运动。

十八日，本会公布非常时期紧缩办法。

二十四日，定县失陷，在定工作人员一分份参加敌后工作，一部分陆续迁来长沙。

十月一日，举办抗战戏剧讲习会。

二十四日，在长沙、汉口同时举行农民抗战教育工作人员征集考询，录取四十一人。

十一月一日，抗战剧团公演于长沙，其后巡回于川汉各地。

二十二日，农民抗战教育团编为六个分团，赴衡山实习，两星期后分赴湘潭等十二县工作。

十二月农民抗战丛书第一集五十册出版。

本会干事李芳兰组织湖南青年战地服务团，出发津浦线战地服务，本会同人购买救国公债三千元，捐制棉衣四百套。

二十七年一月，协助湖南省政府发动知识分子办理战时民众训练，成立湖南省民众训练指导处，并民训干部训练班，同人参预其事者有：干事长晏阳初任设计委员、编审委员会主任、教职员组主任指导员及"战时民众组织"教官，本会专门干事瞿菊农任设计委员、编审委员、指导员及"战时民众训练"教官，孙恩三、姚石庵、孙伏园、谢扶雅任编审委员，汪德亮等任设计委员、指导员等，受训者四千余人。

湖南省民众训练指导处，委托本会编辑抗战传习片二十四种，抗战挂图十二幅，战时民训手册及其他民众训练教材等。并采购本会编辑之农民抗战丛书六千五百余套。每套五百册。

抗战剧团抵蓉，由四川动员委员会敦请于四川各大戏院公演。

二月，应江西省政府电邀，干事长晏阳初偕专门干事瞿菊农、黎锦纾等同赴南昌，与赣省当局商讨民众动员及地方政治建设、干部人员训练各问题。

衡山县举办合作讲习会。

抗战剧团在川公演《吴越春秋》。

三月，协助湖南省政府举办地方行政干部学校，干事长晏阳初任校务委员会常务委员，瞿菊农任校务委员。

衡山实验县县长彭一湖勤劳致疾辞职，湖南省政府任命本会专门干事孙伏园为衡山实验县县长。

四月，编辑民众组训丛书，出刊两种。

五月，本月襄理江西政治讲习院工作，派孙恩三，余先亮任该院编审委员会委员。

抗战剧团在川公演《儿童世界》，筹备四川省立剧校，委本会专门干事熊佛西为校长。

参加四川省民训指导员训练工作，派陈行可、陈开泗、吴文奎、熊佛西、任致荣等为民众训练指导员讲习会教席。

干事长晏阳初夫人晏许雅丽女士，应蒋夫人召，出席庐山妇女谈话会。

六月，应江西省政府电邀，干事长晏阳初参加江西政治讲习院开学典礼。

本会同人捐款一百五十二元汇汉口大公报救护伤兵。

国府明令组织参政会，干事长晏阳初选任为参政员。

七月，应中央日报请，干事长晏阳初撰文发表对参政会之意见。题曰:"参政会与农民"。

衡山实验县颁二十七年度下半年施政计划纲要,通过衡山县民众组织暂行办法。

本会同人家庭会协助中国红十字会救护队,备制绷叠纱布,成绩优良,红十字会为酬答劳绩,赠以锦旗一方,上题"爱国热忱"。

八月,衡山实验县师资训练所学员结业,举行小学教师总登记,合作社兼办农仓开始进行,农场实验之改良猪成功,改良猪肉上市。

二十六日,举行本会第十五周年纪念,干事长晏阳初讲演平教运动历史。

衡山乡师协助办理民训,湖南省民训指导处传令嘉奖。校址移往渣口,出刊《我们的教育与生活》与《衡山乡师两年来工作述要》两巨册。

本会专门干事霍俪白任江西省地方政治研究会书记长,干事梁旅超任遂川县县长,着重新县政机构之实验。

九月,本会派员协助金陵大学农业经济系调查各省出口产品之价格、运销及生产成本等问题。

本会试制二十锭人工脚踏纺纱机。

农民报继续刊行。

开始筹备本会泸溪办事处,干事张品三、岳钟华装运书籍等乘船抵达泸溪。

干事长晏阳初应四川省主席电邀飞蓉,商谈川省政治改进计划及办法。

筹设中国乡村建设学院,开始举办研究设计,第一个设计为湖南省地方行政机构之考察。

本会协助湖南省第五行政督察区办理保学人员训练。

衡山经济调查报告编辑完成。

衡山县政府举办户籍，招考户籍员。

本会纪念"九一八"，募捐百余元，慰劳前线将士。

十月，本会历受中央振济委员会之邀请，协助办理战区难童难民教育，振委会第八区镇特派员可托来长沙与本会商定难民工作步骤，开始调查工作。

编印抗战建国连环图画，出刊"大众抗敌歌"，农民抗战丛书陆续编印，增至百种。

十一月十二日以前，本会一部分已迁移湖南泸溪，一部分已迁往四川成都。

协助振委会第八区难民工作，成立编委会，编辑难民教育材料。

组织难民教育巡回团，分赴湘西湘中湘南等地办理难民教育生产训练等。

十二月，泸溪办事处成立开第一次会议。

农民旬刊继续出刊，绘制抗战挂图，编辑抗战日历。

二十八年一月，本会泸溪办事处出刊《平报》，刊载中央广播电讯，并撰述短评及本县消息，此为泸溪创见，党政各界热烈订销。

二月，衡山乡师由渣口迁新宁。

单人脚踏纺纱机试验成功。本会与中国工业合作协会、振委会第八救济区事务所、湖南省各合作事业委员会、湖南省农业改进所、湖南省难民救济处、新生活运动促进会等机关组织湖南省战时人工纺织生产推行委员会，办理纺织事业，推广单人脚踏纺纱机。

三月本会专门干事孙廉泉，原任湖南第五行政督察区专员，经行政院调任四川第十行政督察区专员。

拟定本会工作方针，筹备"中国乡村建设学院"制定出版书籍目次。

四月，中国乡村建设学院筹备处，在渝成立，选定重庆近郊歇马场之高坑岩为院址。

抗战建国连环图画续出两种。

四川省成立卫生实验处，委任本会专门干事陈志潜为处长。

衡山乡师自迁新宁后积极参加社会教育工作，为新宁妇女会募集基金公演话剧三天。

五月，衡山乡师第一届学生毕业。成立实验小剧场。采用本会干事王向辰编抗日三字经，作民众学校课本。

衡山乡师三年实验期满，校长汪德亮撰《社会化的乡村教师训练》一书，共长十万字。

本会成都办事处家庭会定每星期一、四为会期，为成都及郫县两保育院之难童缝制衣服。

本会成都办事处同仁十余人，分别参加四川省战时民众教育委员会及战时乡村服务团工作。

六月，成都办事处举行乡村建设工作座谈会，讨论"平民教育运动"在抗战建国中之任务。

协助振济委员会筹备办理璧山保育院。

七月，乡村建设协进会主办之乡政学院，选任本会专门干事瞿菊农为院长。

八月，本会泸溪办事处撤销，同仁均调来重庆，全力筹备中国乡村建设学院，起草课程纲要。

九月，重庆南岸南城坪胡家祠堂本会办事处，因巴县女中通讯处失慎延烧房屋两所，被焚研究参考材料数十种。

本会专门干事陈筑山，原任四川省政府秘书长，经行政院改任建设厅厅长。

十月，江西省政府电请本会协助筹办中正大学，聘干事长晏阳初为筹备处主任委员，本会专门干事马博庵为委员。

十一月，本会开始在歇马场征购中国乡村建设学院院址。

二十九年一月，测绘中国乡村建设学院院址图，並筹集学院基金。

二月，筹办璧山实习区，作为将来中国乡村建设学院学生实习场所，学院院址开始兴工建筑。

本会十余年来工作情形已略如上述，此后全力创办中国乡村建设学院，其工作计划另附。

中华平民教育促进会工作计划（4月1日）
中华平民教育促进会工作计划：
一、中国乡村建设学院学术纲领
二、中国乡村建设学院组织大纲草案〔略〕
三、中国乡村建设学院五年研究计划大纲草案

本会现正筹办一训练乡村工作人员之学院，此将为本会最近之中心工作，惟学院事体甚大，一切正在草创，章程名称俟呈报教育部备案后方能定实下列各件，仅见大体耳！

附志　廿九年四月一日

中国乡村建设学院学术纲领

中华平民教育促进会以其年致力乡村工作之经验，深信中国今日欲完成抗战建国之神圣任务，必须确认：农民大众为中国民族力量的源泉，乡村社会为中国社会结构之基础，而欲发动农民的伟大力量，必须注重民众组训，欲促进社会改造，必先致力建设乡村。而此种艰巨事业之完成，必有赖乎科学的实际研究与夫朴实人才之培养。爰联合二十年来热心从事乡村建设的同志，创办乡村建设学院，期对此民族复兴大业，竭效贡献之诚，特制定学术纲领如左：

壹　根本认识
一、农民教育是引发民众自力的基本工作，

二、基层建设是改造中国社会的基本工作。

贰　教育精神

一、建树诚朴仁勇之学风，以转移社会动向，为新中国确立重心。

二、发扬光大本国固有之讲学精神，致勉于师生人格的感应。

三、置重实习力行，使学术与行动融合为一。

叁　工作要领

一、进行现实研究　应用科学方法，以实际需要为研究对象，检讨社会事实，提供改进计划。

二、致力社会证验　表证并实验所研究的结果，以期完成实际的改进。

三、达成研训合一　以研究的结果，证验的过程，为教学的内容与方法。

四、实现任务训练　以国家建设计划，社会实际任务，为培养人才之目标。

五、推进联锁教学　着眼与社会上各种任务与活动之连锁关系，求得其共同的学术基础。

六、发展集体服务　注重计划的与组织的训练，使于实际服务国家社会时能收分工合作之效。

中国乡村建设学院五年研究计划大纲草案

（一）原则

1．适应抗战建国的要求；

2．注重基层建设与民众力量之引发；

3．以农民实际生活为研究对象，应用科学方法，注重客观事实，以改进农民生活为目的；

4．以研究结果为训练方法内容，达成研训合一；

5．以国家社会建设计划为训练内容，注重各种实际任务与活动间之连锁关系；

6．训练注重实习，以期理论与实际扣合。

（二）分系研究及课程

1、各系中心工作之规定：

a、地方政治系注重县及县以下之行政机构与自治机构及其运用；

b、农村经济系注重改进农民经济生活之条件及组织；

c、乡村教育系注重改进乡村生活的教育与农民组织及基层教育干部之训练；

d、农事系注重教民实际问题之研究、推广材料之准备与应用技能之训练。

e、公共卫生系注重公医人才训练，妇婴卫生工作，各级卫生机关应用材料之制造，卫生基本问题之研究。

2．制定各系分年课程与实习指导说明书。

3．制定各系分年研究设计进度表，包含：a、问题、b、方法、c、期限、d、预期结果、e、人员、f、经费、g、材料及设备。

4、编行学术刊物。

三、教学准备

1．拟定物理化学生物心理各实验室分年设置计划。

a、物理实验室——普通教学实验，设备一年完成；

b、化学实验室——注重土壤化肥之研究，设备两年完成；

c、生物实验室——二年完成；

d、心理实验室——注重学习心理、社会心理研究设备，一年完成。

2．拟定卫生设备五年计划。

3．拟定农场五年设备计划。

4．拟定图书馆五年设置计划（包括共同科目图书），并根据各系需要拟定购书经费预算。

5．拟定军训及体育设备计划。

以上各项设置计划，均须依照项目、年度、设备、经费各项，制成表格。

（四）师资准备

根据研究计划，需要拟具教师及专门研究人员准备计划：包含：a、所任课程及研究问题；b、资格；c、研究考查地点；d、研究方式；e、研究期限；f、研究前后（前后）。

（五）学生

1．自办中学或与其他机关合办中学，或与适当之中学取得联络。

2．拟定分年招生数额。

3．拟定学费征收与奖学金办法（免学费1/3，学生可与贷金）。

4．拟定优良学生深造办法。

5．规定结业学生之出路与任务。

6．拟定学生（包含女生管训办法、包含人员准备）。

（六）实习与推广

1．规定实习种类：

a、考察；

b、参观各机关工作；

c、参观改革现行机构工作。

2．划定区域：

a、直属区域；

b、县专员区省立推广工作；

3．拟定三种区域内三种实习工作，分年推广实习工作计划，并制成表格。

经费收支概况

一、来源　美国洛氏基金会（Rockfidblfoundation）捐助合法币六万元。

二、支出：

1. 职员薪金　　四一，四〇〇元
2. 办公费　　　八，五五〇元
3. 出版垫款　　六，〇〇〇元
4. 各通讯处办公费　　三，〇五〇元
5. 预备费　　一，〇〇〇元

三、学院筹备处经费概算

1. 来源

甲、本会历年节余　　一二五，〇〇〇元

乙、董事认捐　　二〇〇，〇〇〇元

丙、党政领袖捐助　　二〇〇，〇〇〇元

丁、美国文化基金机关捐助　　三五〇，〇〇〇元

2. 支出概算

甲　基金　　五〇〇，〇〇〇元

乙　院舍购置　　一五〇，〇〇〇元

丙　设备费（图书购置在内）　　二〇〇，〇〇〇元

丁　筹备处经费　　二五，〇〇〇元

（2）中央社会部吉德梁等致部长签呈（4月23日）

审核中华平民教育促进会申请备案之意见，胪陈如左：

一、该会于民国十二年在北平成立，迄今十有八载，历史悠久，曾以河北定县为实验县，致力农村建设，实验政教合一方法，出版刊物，计有九十余种，以平民千字课、推行较广，抗战以后，对于各地地方政府，办理各种教育事业，颇多协助，最近筹设中国乡村建设学院，不久或可成立，实为国内仅有之教育学术团体。

二、该会董事会及负责人员为张伯苓、蒋梦麟、黄炎培、晏阳初等，均为教育界知名之士。

三、美国洛氏基金会每年拨助该会法币六万元，既有固定经费，事业自易推动。

四、该会会员计有二百六十五人，份子是否复杂，有待考察。

总之，该会组织颇类似中国乡村建设学会，其实际负责人为干事长晏阳初，惟业于民国十八年呈准教育部备案，本部在原则上是否可准备案之处，请核！

职

吉德梁　四、廿二、

拟准备案。高士　四、廿二、

如拟。正纲　四、廿三、

［附录］中华平民教育促进会负责人名单

①现任董事

张伯苓（董事长）　张　群　周诒春　蒋梦麟
卢作孚（会计）　　周作民　黄炎培　陈光甫
晏阳初（书记）　　熊　芷

②中华平民教育促进会负责人员名单

职务	姓名	性别	年龄	籍贯	出身	略　历	附　注
干事长	晏阳初	男	四六	四川	留美	河北省县政建设研究院院长、最高国防参议会参议	现任国民参政会参政员
专门干事	瞿菊农	男	四一	江苏	留美	清华大学教授，湖南大学文学院院长	现任行政院县政计划委员会委员
专门干事	姚石庵	男	四二	山西	留美	北平大学教授，湖南行政学校技术辅导员班主任	现任全国农产促进会委员
专门干事	黎锦纾	男	四二	湖南	留德	国民革命军总司令部教育股长，国立中山大学教授	现任中国乡村建设学院筹备委员

续表

职务	姓名	性别	年龄	籍贯	出身	略历	附注
专门干事	孙伏园	男	四六	浙江	留法	国立中山大学教授	本会秘书主任
专门干事	汪德亮	男	四一	广东	留美	国立武汉大学教授	中国乡村建设学院筹备委员
专门干事	陈志潜	男	四二	四川	留美	北平协和医学院教授，定番乡政学院院长	现任四川省卫生实验处处长
专门干事	彭一湖	男	四九	湖南	留日	衡山实验县县长	现任衡山师范学校校长
专门干事	陈筑山	男	五二	贵州	留美	中国公学校长，四川省政府秘书长	现任四川省建设厅厅长
专门干事	孙恩三	男	四一	山东	留美	江西省政治讲习院编辑委员会主任委员	中国乡村建设学院筹备委员
专门干事	谢扶雅	男	四六	浙江	留日美	岭南大学教授	中国乡村建设学院筹备委员
专门干事	熊佛西	男	四一	江西	留美	北平艺术学院教授	现任四川省立音乐戏剧专科学校校长
专门干事	霍佩白	男	四八	广东	留日美	四川省设计委员会秘书长	现任江西省立中正大学筹备委员
专门干事	孙廉泉	男	四一	山东	留日	湖南第五区专员	现任四川第十区专员
专门干事	马博庵	男	四二	江苏	留美	华西大学教授	现任江西省立中正大学筹备委员
专门干事	张鸿钧	男	四一	北平	留美	燕京大学教授	中国乡村建设学院筹备委员

〔国民政府教育部与社会部档案〕

13. 教育部转报上海市教育社团概况表致中央社会部函件

（1940年6—7月）

（1）教育部致社会部公函（6月17日）

教育部公函　普字第18760号

案据本部驻沪专员蒋建白呈为呈报上海市教育社团概况表，请咨转备案等情。据此，相应抄送原呈及概况表，函请查照核办见复为荷。此致

社会部

附：（一）抄原呈，（二）上海市教育社团概况表

中华民国二十九年六月十七日

抄原呈

案查前奉钧座二十八年十一月佳电，以沪市教职员之各种组织，因变节者太多，即检讨干部，另建基础，切实负责，努力推进等因。奉此遵即分头进行，当以沪市义务教育已于二十八年度起扩大推行，义务教育人员为数殊多，爰即督导组织上海市义务教育协进会，首先成立，继以沪市小学教育最为发达，公私立学校数以千计，爰又督导组织上海市小学教育研究会，从事吸收小学负责人员。至于中等教育方面，则因敌伪两方注意特甚，爰经督导各校校长成立上海市中等学校联合会，以为行政上之联系，复联合各校训育主任，组织上海市中等学校训导研究会，以为研究青年训练之中心组织，他如职业教育方面，因职业青年为社会中坚，敌伪正企图利用，爰亦督导成立上海市职业青年进修会，从事组织职业青年。自伪"上海市补习教育研究会"发现后，并督导组织补习学校教职员联合会，以谋对抗，上列各团体之进行活动，均由职随时指示机宜，组织既极健全，工作亦备著成效，其有利于

教育界精神堡垒之建立者至巨,所有办理情形及组织章则,业经先后呈请钧座鉴核备案,并由各该社团联名电呈钧座致敬,表示其拥护之赤忱,奉电奖勉有案。兹谨检呈各该社团概况表一份,备文呈请鉴核并祈转咨中央社会部备案,以利进行,实为公便。谨呈
教育部长　陈

　　　　　职　蒋建白
　　　　　二九、三、一五。

附呈上海市教育社团概况表

上海市教育社团概况表

名称	组织	干部人员	会员人数	工作概况
上海市义务教育协进会	会员大会下设理事会,由理事会互推五人为常务理事,分任书记、组织、总务、训练调查等工作	徐心翼、陈岑德、钱鸿烈、刘致远、凤葆根	二百余人	研究义务教育之设施及其推进之方法
上海市小学教育研究会	本会会员以学校为单位,会员大会为最高权力机关,下设理事会,复设常务理事五人,互推主席一人,余分任总务、研究、调查、组织等工作	杨于慎、沈西宾、朱国威、陈布民、须文祥	二百余人	联合小学校长,研究小学教育之推进
上海市中等学校联谊会	会员大会下设理事会,由理事会互推五人为常务理事	陈梦渔、谢恩皋、程克猷、彭弼亚、段以文	一百余人	研究并促进中等教育之实施,以及联络中等教育人员加强抗建力量

续表

名称	组织	干部人员	会员人数	工作概况
上海市中等学校训导研究会	会员大会下设干事会，由干事互推五人组织常务干事会	许开甫、洪绍栋、许苍波、张昌望、杨锦堂	一百余人	推行导师制度，研究训育问题，及改进训导设施
上海市职业青年进修会	由全体大会推举干事十五人，组织干事会，由干事互推五人为常务干事，总会下设分会与直属支会，分会下设支会	崔思诒、龚启锐、丁焱、单勉成、王惠民	三百余人	联络情谊，研究学术，增进服务效能，加强抗建力量，以及监视职业青年之行动
上海市职业补习学校教职员联合会	会员大会下设理事会，复设常务理事五人处理理事会闭幕期间日常会务，并分设八股及合作事业委员会	钱国凯、叶为怡、瞿青岩	一百余人	研究补习教育之发展及指导职业青年之进修

（2）中央社会部致上海特别市党部公函（7月6日）

中国国民党中央执行委员会社会部公函　利组字第5005号

准教育部普字第一八七六零号公函，为驻沪专员蒋建白呈为呈报上海市教育社团概况表，请咨转备案一案。抄送原呈及概况表，函请查照核办见复等由。准此，查沪市情形特殊，该教育社

团之组织,尚能切合实际,所呈概况表准予备案,除函复教育部查照转知外,相应抄送原呈及概况表,函请查照。此致
上海特别市执行委员会
　　附抄原呈暨上海市教育社团概况表各一份〔略〕
中华民国二十九年七月六日

　　(3)中央社会部致教育部公函(7月6日)
中国国民党中央执行委员会社会部公函　利组字第5004号
　　案准贵部普字第一八七六零号公函,为据驻沪专员蒋建白呈为呈报上海市教育社团概况表,请咨转备案一案,抄送原呈及概况表,请查核办见复等由。附抄原呈暨上海市教育社团概况表各一件。准此,查沪市情形特殊,该教育社团之组织,尚能切合实际,所呈概况表,准予备案。除函上海市党部外,相应函复,即希查照转知为荷。此致
教育部
中华民国二十九年七月六日

〔国民政府社会部档案〕

14. 中国地理教育研究会组织概况表

(1942年11月11日)

　　名称:中国地理教育研究会
　　地址:重庆中央大学内
　　负责人员姓名:胡焕庸
　　成立年月:25年8月
　　沿革:本会于25年8月在南京成立,会为多为中学地理教师,抗战而后,经费不足,原出版地理教育月刊一种,停刊后,始终未能复刊。

组织状况：本会设常务理事一人，理事长一人，理事五人，候补理事二人，监事二人，候补监事二人，另聘书记一人。

设备状况：杂志百余种，地理教科书百余种，地图百余幅。

经费：岁入：五千元，岁出一万元。

研究工作：已完成者：初中地理教授书，正在研究中者：（1）中学地理教授书，（2）中学地理教课挂图，（3）时事地图图集。

出版刊物：《地理教育》月刊已停刊

战后有何种新研究计划：（1）地理教材之研究，（2）中国地名厘定，（3）外国地方译名厘定。

中国地理教育研究会职员一览表

姓名	性别	年龄	籍贯	职务	任职日期	略历
胡焕庸	男		江苏	理事长	二十五年四月	现任中央大学地理系主任
李旭旦	男		江苏	常务理事	二十八年六月	现任中央大学地理系教授
张其昀	男		浙江	理事	二十五年四月	现任浙史地系主任
沙学浚	男		江苏	理事	二十六年七月	现任中大史地系授教
沈鲁珍	男		安徽	理事	二十五年八月	现任女子师院教授
封开基	男		安徽	监事	二十六年八月	大学先修班
严德一	男		江苏	监事	二十八年九月	中央大学讲师
任美锷	男		浙江	监事	二十九年十月	浙大教授

填报时间：民国三十一年十一月十一日

负责填报者：胡焕庸

〔国民政府教育部档案〕

15. 华侨教育总会筹备委员会工作简况

（1943年3月12日）

一、筹备缘起

推进华侨教育为侨务行政之重要部门，关系侨务前途与华侨本身事业发展，至深且巨。华侨教育会之设，系以研究华侨教育协助政府谋华侨教育之发展与普及为宗旨，对于华侨教育之推进，实为一有效之辅助机构。抗战以前，南京原有华侨教育总会筹备委员会之设，意期组成总会主持于上，遍设分会于海外各地，以便实地协助华侨教育之进展。政府西迁以后，筹备人员以职务关系，星散各方，工作无形停顿。乃由侨务委员会会同教育部于廿八年底改派筹备委员，赓续筹备工作，并以关于侨教调查、研究、设计、建议、提倡、推进以及其他符合于本会宗旨之事项，列为本会之任务。因应事实需要，在筹备间以筹备委员会代行总会职权，使兼负筹备与督导双重工作。

二、组织及人员

筹备委员会改组后，设委员二十一人，互推三人为常务委员，下设秘书一人，并分总务、指导、设计三组办事，每组设组长一人，干事、助理干事若干人。筹备委员由部会先后派定余俊贤、顾树森、王志远、陈宗周、曾养甫、郭威白、周演明、林乾祜、吴研因、黄天爵、李朴生、黄文山、胡寄南、甘潆、张客公、刘石心、陈炳权、童行白、翁之达、周尚、蒋建白等充任。并于二十九年三月二十八日开第一次筹备会议，互推余俊贤、顾树森、王志远三人为常务委员，陈宗周兼任秘书，同时决定各组人员开始工作。

三、工作进行步骤

筹备委员会组成之后，第一步，择定和尚坡一号为会址，厘订详细工作计划，并编造为实施此项工作计划之经费预算呈请政府核拨经费。第二步，进行调查及组织各地分会，对于海外原有华侨教育团体状况之调查，原有华侨□教育会之改组或整理，新支分会之筹备组织。第三步，于三十一年暑期召集第一次华侨教育会议，讨论协助政府推进华侨教育各项问题，同时选出第一届华侨教育总会理监事，正式成立华侨教育总会。此项预定计划，后因太平洋战事爆发，不能如期进行，故本会现仍在筹备期间。

四、工作实施概况

筹备委员会之第一年（二十九年）工作，侧重于海外华侨教育与华侨教育社团之调查，根据调查结果，订立第二年工作计划，故第二年（三十年）工作即以整理各地原有华侨教育社团及组织各地支分会为中心。新加坡中华教育研究会、巴城、南圻华侨教育联合会，棉兰、缅甸、安南、菲律宾、砂、胜越之华侨教育会，均先后实施改组，故各地支分会均于此一期间完成。太平洋战事爆发后，组织工作不能积极开展，本会因应情势之需要，乃一面协助政府救济回国侨教员生，辅导其就业就学，同时设法予以组织，以保持彼此之联系。一方面制定战时工作纲领，指导合格支分会从事战时工作，又以南洋各岛之支分会机构必须继续保持，使在敌人暴力控制之下，从事秘密活动，亦经设法办理。至美非澳印各地分会则仍经常督导其依照原定计划进行工作。

五、现有支分会之组织

计至三十一年底止，海外支分会之组织由本会直接发动者，有华侨教育会香港分会，新加坡分会，怡保分会，实兆运分会，吉隆坡分会，北婆罗洲分会，荷属婆罗洲分会，巨港分会，棉兰分会，西里伯分会，帝汶分会，美利坚分会，檀香山分会，澳洲分会，非洲分会，印度分会等十六个单位，经本会整理已与本会取得密切联系者有缅甸分会、加拿大分会等二个单位；因环境特殊，暂以原有团体名称与本会联系取得分会地位者，有旅越归仁华侨教育会，会安华侨教育会，芹苴华侨教育会，越南华侨教育会，高棉华侨教育会，槟城华校教师联合会，马六甲华校教师公会，柔佛塔株巴辖华校教师联合会，昔加末属华校教师联合会，麻属华校教师联合会，柔佛华校教师联合会，居銮华校教师联合会，吉打华校教师联合会，万隆华校联合会，三宝垄华校联合会，外南梦华校联合会，泗水华校联合会，澳门中华教育会，毛里西亚华侨教育会等二十一个单位，因环境特殊，暂以原有团体名称与本会联系取得分会地位者，有菲律宾华校联合会。合计共有分会三十九个，支会一个，惟因战事影响关系，间有已迁回国内者，亦有暂时失联系者。

〔国民政府教育部档案〕

16．中国卫生教育社组织概况表与工作概况报告

（1942年11月）

（1）中国卫生教育社概况报告表①

地址：四川北碚新村八号。

负责人员姓名：理事长陈果夫、副理事长潘公展、洪兰友、理事兼总干事胡定安。

成立年月：二十四年七月。

沿革：本社于二十四年七月，成立于镇江，二十六年十月，以沪滨战事北移，镇扬告急，乃迁离镇江，二十七年三月，抵达湘西沅陵，同年十月又西迁黔筑，转辗于二十八年五月抵达四川北碚。三十年八月假南温泉中央政校举行第二届社员大会，产生本届理监事。

组织状况：

---

① 此件原为表格，抄录时改现式，文字内容保持原貌。

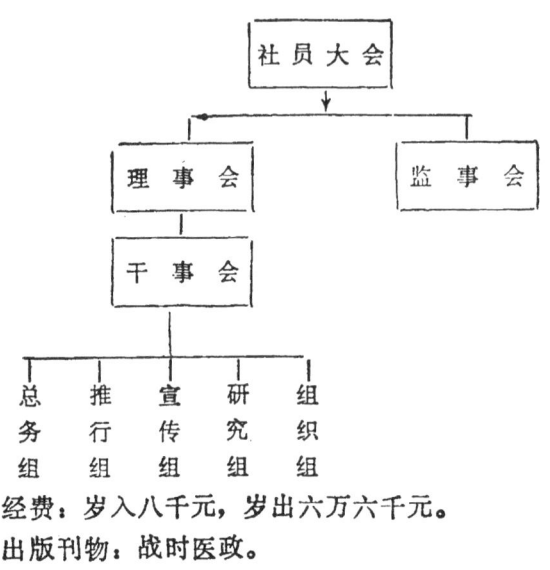

经费：岁入八千元，岁出六万六千元。
出版刊物：战时医政。

（2）中国卫生教育社职员一览表

姓名	性别	年龄	籍贯	职务	略历
陈果夫	男	五一	浙江吴兴	理事长	现任中央执行委员
潘公展	男	四八	浙江吴兴	副理事长	现任中央宣传部副部长
洪兰友	男	四三	江苏	副理事长	现任社会部次长
胡定安	男	四六	浙江吴兴	理事兼总干事	现任江苏医学院院长
张渊扬	男	三七	江苏	候补理事	现任中央政校总务主任
洪式闾	男	四九	浙江乐清	监事长	现任江苏医学院教授

续表

姓名	性别	年龄	籍贯	职务	略历
吴南轩	男	四七	江苏仪征	监事	现任复旦大学校长
程天放	男			监事	现任四川大学校长
陆殿扬	男	四九	江苏吴县	监事	现任国立编译馆组长
胡宣明	男		福建龙溪	监事	现任立法委员
吴俊升	男	四二	江苏如皋	监事	现任教育部司长
赵兴让	男	三〇	江苏邳县		
卞宗孟	男	四五	辽宁	候补监事	现任社会部参事
庞京周	男	四六			现任滇缅铁路卫生处长
张 建	男	四一	广东梅县	驻渝干事	现任军医学校教育长
胡定安	男			驻渝干事	
叶 毅	男	三八	安徽桐城	驻渝干事	现任社会部秘书
沈阶升	男	五一	浙江吴兴	总务组干事	现任陈部长公馆秘书
高梅芳				理事	
陈立夫	男	四二	浙江吴兴	理事	现任中央执行委员及教育部长
金宝善	男		浙江绍兴	理事	现任卫生署长
王星舟	男	四一	辽宁	理事	现任宁夏教育厅长
俞松筠	男	四五	浙江吴兴	理事	现任卫生署医政处处长
汪元臣	男	四二	江苏江都	理事	现任教部医教会秘书
彭百川	男	四六	江西宁岗	理事	现任教育部简任秘书
胡叔异	男	四五	江苏昆山	理事	现任教育部科长
曹 刍	男	四九	江苏江都	理事	现任大学先修班主任

续表

姓名	性别	年龄	籍贯	职别	略历
邵象伊	男	三六	浙江杭县	理事	现任江苏医学院教授
高梅芳	男	二八	江苏无锡	理事	现任卫生署视察
孟浦	男	四三	江苏泰县	理事	现任教育部卫教会秘书
马客谈	男	四九	江苏六合	候补理事	现任重庆师院校长
胡嵩山	男	三六	江苏六合	候补理事	现任卫生署科员
盛克猷	男	二八	安徽南陵	候补理事	
孙懋禄	男	三四	江苏江都		
奚权中	男	四四	江苏宜兴	总务组干事	现任江苏医学院总务主任
宋锦章	男	三六	江苏奉贤	总务组干事	江苏医学院出版组主任
邵象伊				研究组干事	现任江苏医学院教授
刘崇燕	男	五一	浙江镇海	研究组干事	现任江苏医学院秘书
高达	女	二七	江苏高邮	研究组干事	
孟浦				组织组干事	
尹家骐	男	三三	江苏泰兴	组织组干事	现任江苏医学院卫生事务所科长
陈定阆	男	三〇	江苏镇江	组织组干事	现任复旦大学讲师
李紫衡	男	四〇	浙江桐乡	推行组干事	现任立法院医师
陈邦贤	男		江苏镇江	宣传组干事	
濮良赣	男	三九	江苏溧水	宣传组干事	现任江苏医学院文书组主任
承寒松	男	二四	江苏武进	宣传组干事	

民国三十一年十一月五日填报

中国卫生教育社总干胡定安

（3）中国卫生教育社工作概况

为谋普及卫生教育，以促进民族健康起见，于二十四年七月创立本社于南京。二十五年间复先后成立镇江分社，上海分社，杭州分社，徐州分社，七月间开第一届社员大会于镇江医政学院，二十六年抗战军兴，即择镇江重要文件，妥运后方，二十七年三月抵达湘西沅陵，辗转于二十八年五月抵达四川北碚。抵碚后，即从事整理社务，力谋发展，并联络国立江苏医学院推行北碚区各项卫生教育工作，迨社务整理，粗具规模，乃于三十年八月假南温泉中央政治学校举行第二届社员大会，同时举行卫生展览会及国产药品展览会，三十二年八月又举行第三届社员大会于重庆，同时举办卫生教育展览会。两次大会均议决要案颇多，并照议案切实推行，社务乃逐渐发展。兹将本社抗战以来之工作概况，摘要简述如下：

一、出版湘西卫生周刊——本社迁抵湖南沅陵后，为提高人民卫生知识，曾藉沅陵国民日报副刊地位，发刊《湘西卫生》周刊，以资倡导，共出二十期，嗣因本社离沅陵停刊。

二、发起夏令卫生运动——二十七年六月，本社曾联络国立江苏医学院、沅陵县卫生院、长沙青年会沅陵服务处等，举行夏令卫生运动，其工作要项为改善环境卫生、举行卫生宣传及发起防疫运动，二十八年及二十九年六月，又联络北碚地方卫生机关，发起北碚区夏令卫生运动，工作范围极为广泛，三十年及三十一年由北碚新运会发起夏令卫生运动，本社担任卫生宣传工作。

三、举办婴儿健康比赛——本社于二十七年九月为提倡育婴保健起见，曾发起联络国立江苏医学院、长沙青年会沅陵服务处举办湘西儿童健康比赛，计报名人数为四〇二人，参加比赛人数二七六人，比赛结果，录取一岁组张思坤等二十人，二岁组孙纪科等八人，五岁组刘润生等五人，当由各机关团体发给各胜利者奖品；再，参加比赛而未种牛痘之婴儿，并由社予以免费接种，以防天花。三十一年四月四日，联合国立江苏医学院附属公共卫生事务所及北碚管理局卫生院举办北碚区儿童健康比赛，计分五组，报名者共四二六人，参加比赛者三四四人，比赛办法分初赛、决赛两种，初赛为体格检查及简单智力测验，初赛及格儿童，均于四月四日齐集北碚民众会场，正式比赛，比赛结果，每组录取五名，每五名中更决选一名为标准健康儿童，经录取之儿童均分别给奖，以资奖励。至体格检查不及格之儿童，则委托国立江苏医学院附设公共卫生事务所代为免费矫治缺点。凡参加体格检查之儿童，均一律免费种痘。

四、设立通俗卫生讲座——本社于二十七年八月起与长沙青年会沅陵服务处合设青年讲座，每两星期举行一次，合计七次，由本社在沅陵社员担任。

五、发刊战时医政——本社自镇江迁抵长沙后，即组织"战时医政旬刊"，发刊战时医政，其主旨在促进战时医政之改善，倡导卫生教育之实施，计发刊二十期，以湘垣大火，仓卒迁出，随本社转辗入川，抵北碚后亟谋复刊，并改组为月刊社，继续发刊，刻已出版至四卷五期。惟至三十年秋季起，印刷费用飞涨，致印刷费异常拮据，已〔以〕至不能按期发刊，引为憾事。

六、举行学术演讲——中国教育学术团体联合办事处在渝举行学术讲演，本社曾由邵理事象伊前往讲演"德国种族卫生政策之现况及其批判"，及汪理事元臣讲演"推行公医制度"。

七、放映卫生教育电影——本社于三十年四月为庆祝儿童节，并藉以实施饮水卫生宣传起见，特于四月四日晚假北碚民众会场放映陈理事长编制之饮水卫生影片，观众极为踊跃。

八、举行卫生展览——二十八年双十节，本社应三峡区署之请，参加该署峡区事物大检阅，并举行卫生展览，展览品除各项卫生图表及模型外，并备有显微镜十余架，各项病菌标本数十种。三十年及三十二年八月二、三两次社员大会时，亦举行卫生展览。

九、举行国产药品展览——本社为提倡国药，发扬国粹起见，于三十年八月举行国产药品展览会。参加展览者有药专实验药厂，中国制药厂等七家，药品计二百五十余种。

十、举办儿童卫生讲座——三十一年四月，本社曾联合国立江苏医学院附属公共卫生事务所，及北碚管理局卫生院主办北碚小学儿童卫生讲演，计高中低三组，报名参加者计十八人，共三校，比赛结果，每组各取一名，均分别奖励。

十一、成立卫生教育实验区——本社第二届年会交下"本社应如何利用国民教育之推进，以大量实施民众卫生教育"一案，经提第二次理事会联席会议，决定以璧山国立社会教育学院国民教育实施区为卫生教育实验区，并推定理事彭百川、胡叔异、孟浦会同拟具实施方案，与该区金主任商洽合作事宜，结果甚圆满。并订定工作大纲如下：

（一）关于民众卫生教育者：

1．设置卫生教育指导员；
2．各校组织卫生教学队，巡回施教；
3．民教班注重卫生教育；
4．举办国民运动会；
5．举办家庭整洁比赛；
6．选举模范家庭；
7．举行儿童健康比赛；
8．发动季节性之卫生运动；
9．普遍种痘及注射防疫针；
10．训练保健员；
11．设立民众诊察所。

（二）关于学校卫生教育者：

1．充实中心学校卫生室设备，及设置国民学校简易药箱；

2．各学校设卫生指导员，由教员中遴选一人兼任；

3．组织及训练各校卫生队；

4．注意各校环境卫生之改善；

5．注意师生健康运动；

6．检查各校儿童体格（由本区卫生指导员轮流指导办理）；

7．诊治师生沙眼及皮肤病等；

8．举行种痘及防疫注射；

9．注意饮食之清洁及饮水之煮沸；

10．特别注意厨房厕所之清洁。

十二、举办小学校长卫生教育实施报告奖金——本社为使卫生教育逐次普及于基层起见，特举办小学校长卫生实施报告奖金，奖励小学校长推行小学卫生教育，养成小学生良好卫生习惯，奖金分为甲、乙、丙三种，凡小学校长均得就确切推行卫生教育之成绩，编拟实施报告寄社，即经本社聘定评阅委员胡定安、邵象伊、马客谈、俞松筠、孟浦等分别评阅，并经陈理事长核定，计甲等一名，给予奖金五百元，乙等二名，奖金三百元，丙等一名，奖金二百元。上项办理情形，并已呈报教育部备查。

十三、出版民族健康特辑——为加强民族健康之宣传，本社特商请中央周刊于五卷十五期（三十一年十一月十九日出版）出版民族健康特辑。

十四、举行民族健康讲座——本社与中国科学社于三十一年十月间在北碚合办举行民族健康讲座，请专家讲演与健康有关衣食问题，听众极为注意。

十五、订定心理卫生实施方案——本社已分请专家研究，拟将研究结果订定心理卫生实施方案，请教育部采择施行。

十六、实施小学卫生教育——本社曾联络国立江苏医学院附设公共卫生事务所，实施国立重庆师范附属小学及迁建区北碚小学卫生教育。工作方面计分学校行政、卫生训导、保健防疫、卫生活动等,均分别指导。并订定最低限度实施办法八条,使该两校师生一致力行,因两校校长及教师均颇重视儿童身心健康,故实施上尚称顺利。

十七、参加中国教育学术团体联合会——中国教育学术团体联合办事处经第三届联合年会通过改组为联合会,本社推定理事兼总干事胡定安、理事孟浦及监事徐诵明等三人为代表,参与改组联合会事宜,并担任联合会理监事。

十八、建议卫生教育改进事项——本社负有提倡卫生教育使命,故二、三届社员大会中议决各案,颇多为卫生、社会、教育改进事项,均经沥陈缘由,分别建议卫生署、社会部及教育部采择施行。

十九、出版北碚区卫生教育壁报——本社推行卫生教育,提高民众常识,自三十四年元旦起出版北碚区卫生教育壁报,定每月出版一次。

二十、搜集卫生教育实施材料——已向各省市教育厅局及卫生局搜集下列各种材料:

1. 学校卫生实施材料;
2. 民众卫生教育实施材料;
3. 有关卫生教育实施上之法规及章则。

二十一、研究儿童时期各年龄健康标准——已向各地卫生机关搜集儿童健康比赛检查纪录,俟收到后,整理纪录,订定儿童时期各年龄健康标准。

二十二、举办卫生运动——本社本年度工作计划,拟在北碚发动夏令卫生运动及发动机关学校清洁运动,现在筹备中。

二十三、办理技术人员登记——办理技术人员登记达一一三人,并得劳动局的重视,委托本社继续办理中。

二十四、筹刊卫生教育演讲集——本社第四届第一次理监事联席会议,鉴于卫生教育宣传工作至关重要,决议请各专家巡回演讲。兹以演讲费用浩大，议决改换通俗文字，每篇均二千五百字至三千字左右，汇编为卫生教育讲演集，并分送各省市翻印，以广流传。

说明：本文以三十四年八月中国教育学术团体联合会年会本社英文工作报告之蓝本写成。

〔国民政府教育部档案〕

17. 中华儿童教育社关于申请补助费与报送组织概况及社务活动表的呈

（1942年9月—1947年12月）

（1）中华儿童教育社致社会部呈（9月27日）

查本社于民国十八年成立，研究儿童教育，推广儿童教育事业，刊印儿教月刊及读物，提倡良师兴国运动等。抗战军兴，本社随政府西迁，除仍继续维持社务外，又提倡难童教育，设立教师服务介绍部，举办学术讲演，刊行良师月刊及活教育，推动国民教育及家庭教育，一切更加积极进行，发展不遗余力。惟所举办之事在在需款，仅靠社员年纳之社费为数极少，在此物价高涨之际，势难久持，素仰钧部对儿童之福利事业正急谋提倡，而本社所做工作，无论直接间接皆为增进儿童之福利，正与钧部之主旨相吻合，故特具文呈请钧部按月拨助一千元，以便继续发展社务，增加儿童之福利。是否可行，仰祈鉴核示遵，实为公便。谨呈

社会部部长谷

中华儿童教育社常务理事　马客谈　李清悚　胡叔异

计呈送《良师月刊》创刊号及《活教育》二卷一期各一册〔略〕

中华民国三十一年九月十七日

附录：《活教育》二卷一期刊载的郭沫若文章
　　——把全人类由恶魔的血手中救起

古时候的人说：世间上有恶魔，凡相信科学的人都不大相信了，但现在看来，的确是有的。

现在那企图征服全世界、奴役全人类的法西斯蒂，不正是千真万确的恶魔吗？

人类是由兽类进化而来，具有九分的兽性。人类费了几千年的努力所建设出的文明，不论是东方或西方，其主要的动向之一即在克服人性中的兽性，以增进共同的幸福，而使世界成为理想的世界。

这动向，为法西斯恶魔所完全摈弃了，他们把人类弄入黑暗的深渊。

目前是临到了人类所自造的冰河时代，法西斯恶魔群如不消除，人类的文明只好全部毁灭！

目前的世界差不多整个都成为战场了，中英美国对日本，苏英对德意，正举行着人类空前的惨斗。但这决不是甲民族对乙民族的战争，而是理性对兽性的战争，人类对恶魔的战争！

凡是理智清明的人，应该迅速携起手来，保工文明，救活人类，打倒恶魔。

集中一切力量来援助中苏英美等国的抗战！

集中一切力量来解除德日意等国的武装！

（2）中华儿童教育社概况报告表（10月30日）

名称：中华儿童教育社

地址：四川北碚国立重庆师范学校内

负责人员姓名：马客谈、李清悚、胡叔异、顾树森、陈鹤琴、吴研因、薛天汉、陈剑垣、董任坚、沈子善、张达善、吴鼎。

成立年月：民国十八年八月

沿革：民国十五年南京研究幼稚教育的同志组织了幼稚教育研究会，从事幼稚教育的研究，到了民国十八年从事小学教育的同志参加渐多，就扩大改组为中华儿童教育社，总社在南京，总事务所设上海，抗战军兴，迁至四川北碚，前后共举行社员大会九次，末届即在北碚举行的。

组织状况：本社设理事九人，常务理事三人，干事二人，共分五部。（1）编辑部，（2）儿教推广部，（3）儿教书报流通部，（4）社员服务介绍部，（5）社员储金部。

设备状况：战前搜集刊物万余册，抗战军兴未能携出，现仍存上海。

经费：岁入：教育部年补助一千五百元，社员社费约五百元，岁出：五千元，短少三千元。

研究工作：已完成者有：（1）儿童发育研究，（2）当代小学教育问题，（3）编辑世界儿童教育名著分类选粹，（4）编辑世界儿童教育名著译丛，（5）编辑小学教师文库，（6）创造的小学教学的研究，（7）儿童教育新设备的研究，（8）世界儿童故事集的编辑，（9）中国儿童连环画的研究，（10）儿童教育新动向，（11）师范生的精神训练及考查标准，（12）今后的国民教育，（13）民教班字音教学实验报告。正在研究中者：（1）研究难童教育实施法，（2）研究及推动国民教育，（3）良师兴国之道，（4）建国期中儿童教育新设施的研究实验。

出版刊物：（1）年报（二期），（2）第一期千种丛书（已出版者约三十种），（3）儿童教育月刊（七卷），（4）良师月刊，（5）活教育。

战后有何科新研究计划：（1）战时儿童福利事业及其救济方法的调查和研究，（2）抗战期间国民教育新设施的研究实验，（3）抗战期间师资训练新设施的研究实验。

填报时间：民国三十一年十月三十日

负责填报者：马客谈

中华儿童教育社职员一览表

姓名	性别	年龄	籍贯	职务	任职日期	略历
马客谈	男	49	江苏	常务理事兼总干事	1942年1月	美国哥伦比亚大学师范院研究生，重庆师范学校校长
李清悚	男	41	南京市	常务理事	1942年1月	东南大学毕业，中国教育电影制片厂厂长
胡叔异	男	40	江苏	常务理事	1942年1月	东南大学毕业，教育部国民教育司科长
陈鹤琴	男	51	浙江	理事	1942年1月	美国哥伦比亚大学师范院毕业生，江西省幼稚师范校长
顾树森	男	48	江苏	理事	1942年1月	英国伦敦大学研究生，教育部国民教育司司长
吴研因	男	55	江苏	理事	1942年1月	教育部专员
陈剑垣	男	38	山东	理事	1942年1月	美国哥伦比亚大学师范院毕业生，中央大学教授
董任坚	男	45	浙江	理事	1942年1月	美国哥伦比亚大学师范院毕业生，教育部特约编审
沈子善	男	44	江苏	理事	1942年1月	东南大学毕业，国立编译馆编纂
薛天汉	男	48	江苏	理事	1942年1月	江苏省一师毕业，教育部国民教育司科长
张达善	男	36	江苏	理事	卅一年一月	中央大学毕业，国立重庆师范学校推广部主任
吴鼎	男	35	安徽	理事	卅一年一月	高考及格，国立编译馆编辑
陶季良	男	38	南京市	理事	卅一年一月	国立重庆师范学校文书
姚骏程	男	41	南京市	理事	卅一年一月	国立重庆师范会计主任

（3）中华儿童教育社抗战以来的社务报告

1. 南京总社的迁渝

南京自政府西迁后，本社总社亦即随政府西来重庆，一切社务仍继续进行。现在国〔北〕碚国立重庆师范学校为临时通讯处。

2. 难童教育的发动

当总社迁至汉口时，理事马客谈、李清悚诸氏，目击下江战区西来的难儿日多，乃与汉口各慈善团体接洽收容办法，后又建议振济委员会作整个统筹的计划。上海总事务所方面，理事董任坚、陈鹤琴诸氏，联络教育界人士，举办街童学校数十所，对于难童教育，各收相当的效果。

3. 失业教师救济工作的促成

军兴以来，各地教育事业停顿，教师失业者渐多，本社已先在南京作救济失业教师的运动，当时由本社马、李二理事联络南京市人士，向第六部及教育部建议救济失业教师办法，已蒙采纳。旋因首都西迁，教师四散作罢，及马、李二理事西来汉口时，京苏浙皖各战区中小学教师西来者更多，一时工作无着，生活堪虞，乃又由马、李二理事建议第六部及教育部组织教师服务团及国立中学，以谋救济，适教育部正筹救济的办法，乃采纳此项建议，使数百教师各有适当工作。

4. 教师节中良师兴国运动的推动

民国二十六年六月六日教师节中，本社曾发动全国的教师举行良师兴国运动的扩大宣传，影响所及，收效颇大。次年并在重庆、汉口、成都、北碚各地大日报皆发行特刊，由国内教育专家执笔为文，作有力之提倡。

5. 重庆分社的设立

本社社员在重庆的不下二百人，已由总社约请社友周勣成、崔纫秋、吴鼎、陈一斋、孙邦振诸君发动组织重庆分社，并征求新社员，以谋社务的发展。

6．北碚分社的成立

在北碚的社员为数亦多，为便于社员的联络及推进社务起见，乃成立北碚分社。

7．街童教育实施报告之编印

该社于上海实施街童教育，甚著成绩，已由董任坚君编成报告一册。

8．推动街童教育

本社鉴于上海方面从事街童教育的推动颇著成绩，乃在总社附近北碚、澄江、文星各镇，亦推动此项工作。

9．编辑国民教育丛书

国民教育亟待推行，而一切具体方法多属创举，颇乏陈规。本社为谋实施国教之行政人员及学校教师的便利计，编辑国民教育丛书一套，计分十册，每册说明一种具体方法。举凡关于国教之筹备计划、行政设施、经费、师资、教学训导、课程教材及辅导改进等问题，皆分别作系统的、切实的说明，以供参考与采行。现已集稿，即将印行。

10．编辑抗战建国儿童教育丛书

本社原编印之千种丛书，已发行数十余册。兹为适应目前迫切之需要，拟特约社友，编辑抗战建国儿童教育丛书一百册，以灌输抗战建国的基本知识于儿童。本丛书分低中高三阶段，低级以连环图画为主而辅以文字，中级文字图画各半，高级以文字为主而辅以图画。现已收到稿本十余种，仍在继续进行中。

11．组织各分社读书会

本社平时各地社友联络研究方法以读书会为中心，每月一次，集中各当地社友，报告读书心得，研究儿童教育问题，或评论社务进展，会后殿以茶点，参以余兴。各地实行以来，收效颇大。

(4)中华儿童教育社发展简史(1947年12月)

一、发展简史

中华儿童教育社，创立于中华民国十八年，创立之初仅有社员四十七人，经过八年的发展，至民国二十六年已增至社员四千余人，总社设于南京，分社渐设于全国各大城市。抗战军兴，总社随政府西迁，设于陪都重庆之北碚，虽日处艰难困苦中，仍继续发展社务，使本社精神深入内地各省。八年之间，又增社员及分社甚多。胜利后，总社随政府复员，设于南京太平路三八二号。本社工作又积极展开，现在分社已普设于各省市，社员已逾万人，本社不但为国内研究儿童教育的中心，且参加国际新教育同盟（Wew Education Fellowship）及世界教育专业组织（Wonld arganigation of the teaching profeseion）对于世界儿童教育之改进，亦颇多贡献。

二、主要业务

本社规定业务的总目标有三：

一、研究儿童教育；

二、推进儿童福利；

三、提倡教师专业精神。

根据上列三大目标，用下列各种工作方式，以推动有关儿童教育的各项业务，如：(1)研究问题，(2)实验方案，(3)提倡风气，(4)建议政府，(5)编辑图籍，(6)流通书报，(7)协助社友，(8)辅导教师，(9)采访资料，(10)联络研究等各按时地的需要，皆作有计划的进行。

三、历届年会

本社年会之目的有六：(1)讨论中心问题，(2)报告研究心得，(3)展览实验成绩，(4)提倡研究风气，(5)联络社友情谊,(6)检讨社中业务。

自成立至今,共举行年会十一次,每次年会皆能给予儿童教育上以极大的贡献及良好的影响,经提要列表如下:

会次	地点	时间	到会人数	讨论中心
成立会	杭州	十八年七月	四七	讨论社章
第一届	无锡	十九年七月	六二	讨论小学课程
第二届	上海	二十年四月	三二二	讨论儿童中心教育
第三届	南京	二十一年十一月	二〇四	讨论儿童健康
第四届	济南	二十二年七月	一一三	讨论小学公民训练
第五届	武昌	二十三年七月	二一五	讨论小学实际问题
第六届	庐山	二十五年七月	七〇〇	讨论良师兴国运动问题
第七届	北平	二十六年七月	六〇〇	讨论乡村教育及幼稚教育
第八届	重庆	二十七年十一月	二五〇	讨论战时儿童教育
第九届	北碚	三十一年一月	二七〇	讨论战后儿童教育及师资培训
第十一届	北碚	三十四年八月	二八九	讨论儿童福利
第十二届	南京	三十六年十月	四一〇	发动普及国民教育运动

四、过去贡献

本社十数年来,对于儿童教育之贡献甚多,兹择其尤重要者,分述如下:

(一)研究和实验

1．协助教育部编修小学课程
2．协助教育部修订各种师范课程
3．发展儿童中心教育的理论体系
4．发表儿童中心教育的理论体系

5. 发表儿童健康教育的研究结果
6. 发表小学公民训练的研究结果
7. 发表师资训练方法的研究结果
8. 发表幼稚教育理论的研究成果
9. 发表乡村教育理论的研究结果
10. 发表各种新教育方法的实验经过
11. 发表儿童福利事业的实验经过
12. 发表儿童电影教育的实验经过
13. 发表小学国语、算术、常识各科教学方法的研究结果
14. 发表小学体、音、美、劳教材的实验经过
15. 发表教育顽〔玩〕具的实验经过
16. 发表家庭教育实验区的实验经过
17. 发表师范学校品格修养考查标准的实验结果
18. 发表分科师范制度的实验经过
19. 发表儿童书法教学方法的研究结果
20. 发表儿童心理的实验研究结果

（二）提倡和建议

1. 提倡良师兴国运动
2. 推进儿童福利事业
3. 建议普及教育设施方案
4. 建议战时初等教育设施方案
5、建议战时小学师资培养与调整计划
6. 建议世界儿童教育改进计划
7. 响应师范教育运动
8. 提倡小学教师复位运动
9. 调查发表小学优良教师
10. 鼓励小学教师著述和发明

（三）协助和联络

1. 协助地方办理假期教师研究机构
2. 介绍小学教师的工作
3. 协助社友组织研究会、读书会
4. 举行教育学术讲演会、座谈会
5. 流通中西教育图书
6. 调查统计各种有关儿童教育的资料
7. 联络国内教育团体，组织中国教育学术团体联合会
8. 参加国际教育同盟及世界教育专业组织

（四）编译图书

社中原有千种丛书编辑计划，现已出版者有、

1. 儿童教育研究丛书
2. 小学教师辅导丛书
3. 新儿童文库
4. 小学儿童读物集
5. 儿童文学丛书
6. 儿童科学丛书
7. 儿童卫生丛书
8. 儿童工艺丛书
9. 儿童书法范本
10. 儿童音乐集
11. 儿童美术集
12. 幼稚儿童读本

（五）定期刊物

1. 儿童教育良师及活教育等月刊
2. 年报

〔国民政府教育部与社会部档案〕

18. 华侨教育协进会报送会章、会议录及理监事名单等致教育部呈及附件

（1943年4月）

（1）华侨教育总会致教育部呈（4月18日）

华侨教育总会呈　华32字第一二三六号

兹据本会华侨教育协进会四月五日呈称："查本会筹备以来，逾时数月，经于三月十四日上午十时假座山洞新开市南洋研究所礼堂举行成立大会，到会员余俊贤、王泉笙、顾树森、李朴生、翁之达、陈宗同、郭威白、周演明等七十五人，到长官陈委员长树人、刘部长维炽、代表顾执中等，依时开会。除行礼如仪、并请各长官训示外，首由侨务委员会侨民教育处余处长俊贤报告最近侨民教育之实施，继由华侨教育总会陈秘书宗周报告最近工作概况，王泉笙、吴铁民、周尚、黎少达、蓝东海、叶人分别报告菲律宾、缅甸、香港、马来亚、暹罗、越南之侨教实况。下午一时卅分开始讨论提案，计决议案件十二种，讨论毕即选举余俊贤等廿一人为理事，王泉笙等十一人为监事。直至下午五时方始散会，理合将成立经过情形，连同会章、会议录、理监事名单各乙份，备文报请察核，准予备案。"等情。附呈会章、会议录及理监事名单各乙份。据此，除指定准予备案外，理合备文抄同该会会章、会议录及理监事名单各乙份，随文呈报钧部察核备查。谨呈
教育部

附呈会章、会议录、理监事名单各乙份

常务委员顾树森
余俊贤
王志远

中华民国三十二年四月十八日

华侨教育协进会章程

（一）定名　本会定名为华侨教育协进会。

（二）宗旨　本会以研究及促进华侨教育为宗旨。

（三）会址　本会会址设于首都。

（四）会员　凡侨教行政人员、回国侨教人士及有志于华侨教育而愿加入本会者，由会员二人之介绍，填写登记表，经理事会之通过，得为本会会员。

（五）组织

1．本会以会员大会为最高权力机关，于大会开幕后，由理事会执行一切会务，监事会执行一切监察事宜。

2．本会理事会设理事二十一人，候补理事九人，并互推常务理事五人，综理全会会务，秘书一人，协助常务理事，处理日常事务。

3．在理事会之下，设总务、研究、通讯等组，各设组长一人，干事若干人，办理各该管事项。

4．监事会设监事十一人，候补监事三人，并互推常务监事一人，综理一切监察事宜。

5．本会理事监事，均由会员大会推选之，任期一年，连选得连任之。

6．本会设名誉会长若干人，由会员大会决议聘请之。

（六）权利　凡本会会员均有选举权及被选举权。

（七）义务　凡本会会员均有遵守本会决议案及缴纳会费协助会务进行之义务。

（八）会期　本会会员大会每年举行一次，理监事会每月举行一次，遇必要时得举行临时会议。

（九）经费　本会经费之来源：

1．会员每年缴纳会费五元。

2．必要时举行募捐。

3．请求主管机关补助。

(十）附则

1. 本章程如有未尽事宜，由会员大会修改之；
2. 本章程经会员大会通过，呈主管机关核准后施行。

华侨教育协进会第一届 理 监 事 / 候补理监事 名单

职别	姓名	现在通讯处
理事	陈宗周	山洞新开市华侨教育总会
理事	翁之达	青木关教育部
理事	李朴生	重庆九道门海外部
理事	余俊贤	山洞新开市侨务委员会
理事	吴铁民	山洞新开市南洋研究所
理事	黄天爵	福建省政府
理事	林乾祐	山洞新开市南洋研究所
理事	廖鸾扬	山洞新开市南洋研究所
理事	李如勉	山洞新开市南洋研究所
理事	伍瑞锴	山洞新开市侨务委员会
理事	岳守愚	山洞新开市南洋研究所
理事	周尚	青木关教育部

续表

职别	姓名	现在通讯处
理事	顾树森	青木关教育部
理事	黎少达	山洞新开市侨务委员会
理事	林庆年	重庆五四路中南树胶厂
理事	曾特	重庆外交部
理事	薛超	山洞新开市华侨教育总会
理事	祝秀侠	重庆上清寺中央党部
理事	陈孝奇	重庆民生路正中书局重庆分局
理事	吴士超	重庆九道门海外部
理事	张绚	重庆九道门海外部
候补理事	李继渊	重庆九道门海外部
候补理事	顾执中	重庆九道门海外部
候补理事	梁大鹏	重庆九道门海外部
候补理事	林仪甫	山洞新开市侨务委员会
候补理事	杨新声	重庆上清寺中央党部

续表

职别	姓名	现在通讯处
候补理事	张礼千	山洞新开市南洋研究所
候补理事	苏子达	山洞新开市侨务委员会
候补理事	陈立人	重庆九道门海外部
候补理事	沈厥成	重庆民生路正中书局重庆分局
监事	郭威白	山洞新开市侨务委员会
监事	王泉笙	重庆中央党部招待所
监事	王志远	重庆林森路双巷子十二号
监事	何葆仁	重庆五四路中南树胶厂
监事	周演明	山洞新开市侨务委员会
监事	罗香林	重庆上清寺中央党部
监事	黄文山	北碚立法院
监事	章渊若	重庆市上清市中央党部
监事	郑振文	重庆九道门羊子坝副十二号义大公司
监事	张北海	青木关教育部

续表

职别	姓名	现在通讯处
监事	陈恩成	重庆九道门外海外部
候补监事	马行公	重庆市上清寺交通部
候补监事	刘伯群	重庆林森路五号
候补监事	丘瑾璋	山洞新开市南洋研究所

华侨教育协进会成立大会记录

（一）时间：本年三月十四日上午十时

（二）地点：南洋研究所礼堂

（三）出席会员：余俊贤等七十五人

（四）推举主席团：余俊贤、王泉笙、李朴生、陈宗周、翁之达

上午会议主席：余俊贤　　记录：钟晨晖

（五）主席致开幕词（略）

（六）陈委员长树人训话（略）

（七）刘部长维炽训话（略）

（八）报告（陈秘书宗周报告华侨教育总会工作概况，王泉笙报告菲律宾侨校状况，周尚报告港澳湾各地侨校状况，吴铁民报告缅甸侨校状况，黎少达报告马来亚侨校状况，蓝东海报告暹罗侨校状况，叶人报告越南侨校状况。）

下午会议主席：王泉笙　　记录：钟晨晖

（九）讨论

（1）筹备会提议：拟就本会组织规程十条，敦候公决案。

决议：修正通过。

（2）筹备会提议：根据本会章程第五条第六项之规定，拟由大会推请陈委员树人、陈部长立夫、吴秘书长铁城、刘部长维炽为本会名誉会长案。

决议：通过。

（3）筹备会提议：拟以大会名义电林主席、蒋总裁致敬，并电海外侨教同人慰问电案。

决议：通过。

（4）吴铁民提议：拟请政府对非国立中学肄业之华侨学生，一并核发膳食代金，以资救济案。

决议：通过。

（5）吴铁民提议：拟请政府对于此次因战事回国侨教人士尚未就业者，设法介绍工作，以资救济案。

决议：通过。

（6）吴铁民提议：拟请政府设立国立侨务学院，以造就侨务人材案。

决议：通过，详细办法交理事会研究。

（7）吴敬民提议：改良华侨学校教师待遇，俾网罗人材案。

决议：原则通过，具体办法交理事会研究。

（8）吴敬民提议：奉行总裁军事教育四大要旨，以养成侨校学生自重自爱之良好风尚案。

决议：交理事会办理。

（9）吴敬民提议：提高教育水准，指导毕业侨生就业，以维系中文学校在华侨社会中的地位案。

决议：交理事会办理。

（十）临时动议：［略］

（十一）选举：［略］

（2）华侨教育总会致教育部呈（4月19日）

华侨教育总会呈　华（32）字第一二三七号

现据本会华侨教育协进会三十二年四月五日呈称："本会于三月二十八日上午子时假座华侨教育总会会议厅举行第一届理监事第一次联席会议，计到会理事余俊贤等十三人，监事郭威白等三人列席，候补理事林仪甫等三人列席，监事马行公一人，依时开会，除将大会决议交办案件分别决议办理外，依照本会章程第五条第二项之规定，当即票选余俊贤、陈宗周、李朴生、林乾祐、翁之达等五人为常务理事，监事会因出席不足法定人数，其常务监事人选当经决议，俟各监事选举票寄到后，由常务理事负责开票公布之。等语。记录在卷。理合备文连同会议记录一份，检呈均会察核备案"。等情。附呈会议录一份。据此，除指饬准予备案外，理合备文抄同该会议录一份，随文呈请钧部察核备查。谨呈教育部

　　　　　　　　　　常务委员　顾树森
　　　　　　　　　　　　　　　余俊贤
　　　　　　　　　　　　　　　王志远

中华民国三十二年四月十九日

华侨教育协进会第一届理监事第一次联席会议纪录

（一）时间：本年三月廿八日上午十时

（二）地点：华侨教育总会礼堂

（三）出席人数：

理事：余俊贤、薛超、林乾祐、吴铁民、丘守愚、李加勉廖鸾扬、伍瑞锴、陈宗周、陈孝奇、李朴生、黎少达、祝秀侠

监事：郭威白、郑振文、周演明

（四）列席人数：

候补理事：杨新声、顾执中、林仪甫、苏子达

候补监事：马行公

主席：余俊贤　　纪录：薛超

（五）报告事项：

（1）报告开会理由（略）

（2）宣读会员大会决议案（略）

（3）报告来文（略）

（六）讨论事项：

（1）关于成立大会决议，推请陈委员长树人、陈部长立夫、吴秘书长铁城、刘部长维炽为本会名誉会长，应如何办理请公决案。

决议：交常务理事办理。

（2）关于成立大会决议，请政府对非国立中学华侨学生一并核发膳食代金，以资救济一案，应如何办理请公决案。

决议：交常务理事办理。

（3）关于成立大会决议，奉行总裁军事教育四大要旨，以养成侨校学生自重自爱之良好风尚一案，应如何办理请公决案。

决议：交常务理事办理。

（4）关于成立大会决议，请本会派员调查国内侨中侨师教学情形及学生生活一案，应如何办理请公决案。

决议：交常务理事办理。

（5）关于成立大会决议，提高教育水准，指导毕业侨生就业，以维系中文学校在华侨社会之地位一案，应如何办理请公决案。

决议：交常务理事办理。

（6）关于成立大会决议，拟请政府对于此次因战事回国侨教人士尚未就业者，设法介绍工作，以资救济一案，应如何办理请公决案。

决议：交常务理事办理。

（7）关于成立大会决议，改良华侨学校教师待遇，俾网罗人材一案,应如何办理请公决案。

决议:交常务理事办理。

(8)关于成立大会决议,请本会拟具办法呈请教育部侨委会联合有关机关切实办理归国侨教人士之登记及组训案,应如何办理请公决案。

决议:交常务理事办理。

(9)关于成立大会决议请本会呈请教育部侨委会联合有关机关有计划的开展海外沦陷区侨教工作一案,应如何办理请公决案。

决议:交常务理事办理。

(10)关于成立大会决议,请政府设立国立侨务学院,以造就人材一案,应如何办理请公决案。

决议:交吴理事铁民、廖理事鸢扬、伍理事瑞借详加研究后再行决定,由吴理事负责召集。

(11)关于会员会费应如何征收请公决案。

决议:自即日起开始征收。

(12)拟请上级机关补助本会经费案。

决议:交常务理事办理。

(13)关于候补理事梁大鹏同志呈请辞职,应如何办理请公决案。

决议:慰留。

(14)监事出席人数不足,常务监事不能选定,应如何办理请公决案。

决议:俟各监事选举票寄到后由常务理事开票公布之。

(15)选举:结果是余俊贤、陈宗周、林乾祐、李朴生、翁之达五人当选为常务理事。

(16)散会。

〔国民政府教育部档案〕

19. 中国教育学会会章、会务概况与历届理监事名录

(1944年5月)

(1) 中国教育学会总章(1944年5月5日年会修订)

第一条　本会定名为中国教育学会。

第二条　本会以研究及改进教育为宗旨。

第三条　本会任务如左：

（一）研究教育问题　　（二）搜集教育资料

（三）调查教育实现　　（四）提倡教育实验

（五）贡献教育主张　　（六）促进教育改革

（七）发刊教育书报

第四条　本会会员分个人会员、团体会员两种。

第五条　凡对于教育有专门研究或从事教育工作有贡献者，由本会会员二人以上之介绍，经本会理事会之通过，得为本会个人会员。

第六条　凡教育团体或机关赞助本会工作，由本会会员二人以上之提议，经本会理事会之通过，函请加入者，得为本会团体会员。

第七条　个人会员入会时，缴纳入会费国币五十元，每年纳常年费国币二十元，但除入会费外一次缴纳二百五十元者，得为永久会员，免纳常年费。

第八条　团体会员每年缴纳常年会费国币一千元。

第九条　本会设理事会，由个人会员及团体会员之代表（每团体一人）公选理事十五人组织之，计划本会进行事宜，任期分为三年二年一年三种，由每届理事会第一次会议时自行抽签定之。

第十条　本会设监事会，由个人会员及团体会员之代表（每

团体一人）公选监事五人组织之，任期一年，连选得连任。

第十一条　本会理监事均由年会开会时选出之。

第十二条　本会设常务理事五人，由理事互选之，处理本会日常事务。

第十三条　本会设常务监事一人，由监事互选之。

第十四条　本会为研究工作进行之便利，得设各种委员会，由理事会斟酌情形组织之，其细则另定之。

第十五条　本会总会设于首都，各省市有会员五人以上，得组织分会，推干事若干人，处理该地会务，其细则另订之。

第十六条　本会每年举行大会一次，开会时间及地点，由前届年会议定之。

第十七条　本会经费除会员会费外，遇有特别需要时，得随时筹集之。

第十八条　本章程如有未尽事宜，由会员十人以上之提议，经年会议决修正之。

（2）中国教育学会会务进展概况（5月5日）

本会为一具有全国性的教育学术团体，会址设于首都，自民国二十二年成立至今，已十有余年。当组织之初，仅有会员百余人，渐次发展，今则已达八百余人，凡全国著名之教育学者、教育行政人员及赞助本会之各教育机关团体，无不网罗在内。兹请胪述本会十余年来进展概况，谅亦本会各同仁暨社会人士所乐闻者也。

Ⅰ．抗战以前之会务进展

一、成立概况及会务进行

本会一部分同人以鉴于研究教育学术人士散处各方，少有连络机会，又鉴于我国教育问题，倍极复杂，必须联合全国教育界同志相与研讨，始能解决，因有筹组本会之议。民国二十二年筹备成功，即于一月二十八日在上海举行成立大会。集全国研究教育人士于一堂，通过本会总章，并相与商讨种种教育问题，颇称盛事。当经选定刘廷芳等十五人为理事，并经互选常道直、许恪士、陈礼江、郑晓沧、郑西谷等五人为常务理事，处理本会日常事务。其时加入为会员者计有一百五十余人。

民国二十三年一月二十五日、二十六日两日，又在南京举行第二届年会，到会有平、津、闽、粤、湘、鄂、皖、京、沪、镇、锡各地会员百余人，先后讨论教育学术之研究工作及会务进行办法暨重要论文多篇，当经决议以师资训练问题，大学教育院系之方针及课程问题与生产教育问题为三届年会讨论中心，组织高等、中等、初等、师范、民众、职业、教育行政等七种委员会进行各种研究，并选定张伯苓等十五人为理事，经互选陈剑脩、许恪士、陈礼江、杨亮功、郑西谷等为常务理事，当时计有会员三百七十七人。自后曾在京、杭、锡、苏、沪各地共举行八次理事会议。

民国二十五年二月一日至三十日在武昌举行第三次年会，到有各种会员百余人，先是该届年会原经决定于二十四年七月在北平举行，讵料适值丰台事变，发生交通梗阻，因临时决定改在武昌举行。当开会时除讨论会务、报告中心研究工作及宣读重要论文外，并决议以国难时期之教育、中小学课程问题、地方建设干部人才训练问题等为下年度各会员研究中心问题。是时会员计有三百五十五人，此外有浙、豫、皖教厅及北师大、燕大、中山大学、中央大学、皖大、厦大等加入为团体会员。

民国二十六年七月七日至九日，本会与中华儿童教育社在北平举行联合年会，出席各地会员数十人，开幕日之夜间即发生芦沟桥事变，然一切会议均按预定程序进行，并未因芦沟桥之炮声而改变。

未几，全面抗战开始，本会在首都一切物件尽毁于敌人炮火之下，各种文件案卷亦均经丧失，殊为可惜。国府西迁，本会亦赓即移渝，继续推进。

二、教育学术研究举隅

本会战前各种教育研究结果，均系集各地会员几经研究及讨论而成，或已公诸社会，或已建议教育行政当局，对教育学术界之影响当不在小，惟本会以仓卒西移，文件散失，以前各种研究工作，目前无法详细调查，爰就各种规模较大，而有文献可征者，略述一二，以示一斑。

1. 生产教育问题：本会于第二届年会时曾决议以生产教育问题为各会员中心研究问题之一。嗣后于第一次理事会议时，议决组织生产教育问题研究委员会，先后推定邰爽秋、陶知行、江问渔、陈礼江、钟道赞、许恪士、庄泽宣、古梅等八人为委员，进行研究工作，当时除参考国内外各种书报外，并曾发出问卷调查各专家对于生产教育之意见，暨各级学校及社教机关生产教育实施状况，研究结果著有中国生产教育问题一书，内分绪论，生产教育发展史，生产教育的意义和目标，实施生产教育的条件，实施生产教育的原则，各地生产教育实施状况，结论等七章。附录有各国生产教育状况。该书已由商务于二十四年七月出版。

2. 师范教育研究：本会举行第二届年会时，曾决议组织师范教育委员会，并经决定以常道直为该委员会干事，分师范教育之一般问题，中学师资训练问题，小学师资训练问题等三组，由各会员分头从事研究与讨论，结果曾在二届年会时宣读报告，内容大要如下：（一）为造就合格中学师资，宜规定适当训练办法。（二）为适应小学教学上之需要，师范学校课程宜酌量分组。（三）现制师范毕业生服务之年限及办法，宜酌量变更。（四）现行师范学校会考规程未能实现预期之目的，仍以改善毕业考试之办法较为惬适，并于平时举行抽考，以利进行，而宏效益。（五）现行师范学校规程中之简易师范学校，其名称、设置标准及学生入学年龄均宜酌加改订。

3. 国难时期教育方案：本会在武昌举行第三届年会时，各会员鉴于当前国难之严重，若仅恃此蹈故袭常之教育，讵能挽回国运之危殆，必须对于被教之儿童青年民众于通常课程外实施有效的特种教育，因有非常时期教育之研讨，当时并曾由主席团及加推之黄任之等十会员先行讨论，草成国难教育施行纲要，经通过后交由理事会负责进行，理事会于是先就各地会员中汇集意见提交理事会议缜密讨论，最后根据各理事意见，用郑西谷之原拟方案推由陈剑恃等加以整理，除提供教育行政当局参考外，并曾将原文刊载于会友通讯第八期，内容分总纲、中学以上学校、小学及民众教育等部分，凡于行政设备、课程教学、公民及生活训练、体育童军、社会服务等无不详为说明。

Ⅱ. 抗战以来之会务进展

本会自全面抗战开始，首都总会会址被炸后，文件散失，会友流徙不定，联络匪易，致使工作失去中心。负责诸理事亦因职务关系散处各地，集会为难，以致主持乏人，各种重要工作多有延搁。迨中央大学迁渝复课，本会总会亦移渝继续推进，稍稍整理，渐有端倪。兹将抗战以来之会务进展情形略述于后：

一、会务行政

1. 约集其他教育学术团体组织中国教育学术团体联合办事处：我国各界所组织之学术团体即以教育而论，在民国二十六年计已有二十余单位，本会有鉴于联合组织以谋相互密切连系之必要，特于二十六年春约集中华儿童教育社、中华职业教育社、中国教育电影协会、中国卫生教育社、中华健康教育研究会各团体联合组织办事处于南京，乃国府西迁，办事处亦移至重庆，一切关系仍旧。

2. 参加教育学术团体联合年会：各教育学术团体原各因旧习，年自集会一次，惟自抗战以来，播迁无常，会友星散，各自举行年会，势多困难，因有联合年会之举行，本会亦同时参加焉。计第一届联合年会系于民国二十七年十一月二十七日至三十日在重庆川东师范礼堂举行，本会推张伯苓为代表，参加大会主席团，并有提案十余件提付讨论，联合年会结束，本会又召开第五届会员大会，通过登记联络本会各地会员，与四川省教育厅合作进行研究工作，与国立编译馆合作审查教育学名词，并加入世界新教育协会等议案。第二届联合年会系于民国三十一年二月一日至三日在重庆中央图书馆举行，以今后三年教育建设为中心讨论问题。本会提付讨论"拟请确定今后三年各级教育建设计划，备供政府采择施行案"。本提案系经本会理事会约集重庆附近各会员几经研究讨论后所决定，内容计分下列各部：

甲、教育行政之部

总纲

一、缩短现行学制之总年数，俾能加速造就抗战建国建设所需人才。

二、各级学校应一律实行春秋两季始业，以求教育节约，而符政府会计年度。

三、确定教育审议机关在各级教育行政组织中之地位，以收集思广益之效。

四、加强视导组织，提高视导人员之地位，以收教育上中央集权之实效。

五、并合现行中学会考与大学统一招生办法，为中学学业检定考试。

六、废除中等以上学校之贷金制，代以工读及奖学金办法。

七、增加相当程度（同等学力）学额，以广造就。

八、创办实际教育调查所，协助政府推行计划教育。

九、加强导师制度，养成善良学风。

十、大学参考［书］及中小学教科书由政府设厂自行印刷，以资解救后方书荒,增加教学效率。

乙、幼稚教育之部

普遍设立幼稚儿童各种教育机构,积极训练师资,以奠定国民身心健康基础,完成教育建设大业。

丙、国民教育之部

总纲

一、国民教育"量"之推广与"质"之提高,应兼筹并顾。

二、乡镇中心学校、保国民学校校长及教职员均应改为专任,不兼地方行政职务,以保持教育事业精神。

三、实施国民教育期间,仍应注重高才儿童之培育。

四、加强国民教育视导制度。

丁、小学教育之部

一、提倡初等教育之研究,以建设健全理论,增进实际效率。

二、提倡高小学教师训练标准,改善小学教师待遇办法。

三、广设公务员子弟小学,招收公务员之"第四子",由国家教养,实施极优良之教育。

戊、中等教育之部

总纲

一、确定中等教育政策之方案。

二、准备重组中学之课程。

三、明定国、省、市、县立中学之各别主要功用,以便互相发挥中学教育一般性能。

己、师范教育之部

子、关于初级师范者

总纲

一、增设师资训练机关。

二、调查师资训练课程。

三、改善师范生待遇。

丑、关于高级师范者

总纲

一、设立教育研究所,并增设师范研究教育学部,以提高教育学术水准。

二、师范学院应尽量使其独立设置,俾为发挥其特殊之功能。

三、各大学教育院系应与师范学院并存。

四、师范学院招生办法应酌予变通,解除实际上之困难问题。

五、师范学院应酌行正辅系办法。

六、改善师范学院学生待遇及任用办法。

七、注意培养职业教育之师资,以应职业学校实际上之需要。

庚、职业教育之部

总纲

一、促成建教合作之具体实现,增加生产教育费,协助各大工厂兼办职工训练。

二、补救现行学制之缺点,使辍学或失学之青年或成人均有深造之机会,应在工商业繁盛区域设置国立或省市职业补习学校。

三、为求造就职业教育行政人员计,各师范学院教育系应以职业教育课程为必修科。

四、扩充职业学校生产设备,加强实习工厂、农场、商店等行政机构,以期造成真正职业环境,提高教学效率。

五、职业学校应试行学分制及活期招生办法。

辛、大学教育之部

总纲

一、大学组织应民主化。

二、切实规定保障教授办法。

三、各大学之相同院系应尽量通力合作。

四、大学各院系之修业期间，应随各院系之需要，重行厘订。

五、战后专科以上学校之地域的分布，应依据客观标准，妥为配置。

举行联合年会后，本会赓即于二月八日举行第六届会员大会，除改选理事外，并决议筹设中国教育调查所，从事国内实际教育调查研究工作。第三届联合年会即系于本年五月五日至六日在重庆中央图书馆举行。到有各教育学术团体会员三百余人，以战后世界和平与教育改造问题及实业计划最初十年所需人材培养问题二案为讨论中心。本会各地分会如沙磁区、青木关、广东、四川、江西等事前均曾几经严密商讨研究，制为方案，贡献大会。五日下午本会曾假联合年会会场举行第七届会员大会，到有王凤喈等五十余人，由常道直主席，曾将本会会章详为修正，其最重要者，一为增加会员缴纳会费数额，一为增设监事会，由大会选举监事五人组织之。

3．改选理事，增加监事：按本会会章，本会原仅设有理事会，由各会员及团体会员之代表选举理事十五人组织之，任期分为三年、二年、一年三种，由每届理事会第一次会议时自行抽签决定。嗣于第七届年会，修正会章时议决增设监事会，亦由个人会员及团体会员之代表选举监事五人组织之，任期定为一年。本会于第六届年会时曾改选全体理事，结果张伯苓、常道直、许恪士、艾伟、李蒸、吴俊梯、陈礼江、王凤喈、钟道赞、谢循初、罗廷光、马客谈、邵鹤亭、杜元载、曹刍等当选为理事，邰爽秋、程其保、陆殿扬、林本、邱升、周邦道、陈时等当选为候补理事，继又选举监事，结果赵迺传、黄炎培、黄敬思、杨卫玉、姜琦等当选为监事，朱经农、顾树森等当选为候补监事。

年会后曾赓即召开第一次理监事联席会议，互选张伯苓、常道直、许恪士、艾伟、陈礼江等为常务理事，赵迺传常务监事，张伯苓、常道直、邵鹤亭为教育学术团体联合办事处代表。

4.登记旧会员，吸收新会员：自抗战以来，各地会员播迁流徙，行止不定，原有地点，多有变更，辄与本会失去联络，致令会务进行殊感困难。本会迁渝后，因即办理旧会员登记工作。兹经整理稍有头绪，特重编会员题名名录附刊于年报之后，惟以交通阻碍，通讯不便，调查各会员极为困难，多数会员，尚不能详悉其行止，本会今后仍当继续办理调查登记事宜。又，本会吸收新会员，向采慎重态度，以是至今，会员尚不能称多。查个人会员入会按本会会章第五条之规定，须"对于教育有专门研究或从事教育工作有贡献者，由本会会员二人之介绍，经本会理事会之通过。"第五届理事第八次会议时又曾将会员入会资格具体规定为"大学各院系教授讲师，师范学院教授讲师及助教，或中等学校校长及教师，对于教育研究有特殊兴趣者。"查本会于民国二十二年初成立时，仅有会员一百五十余人，二十三年第二届年会时入会会员共有二百七十七人，二十五年第三届年会时共有三百五十五人，目前则已达九百余人。

此外，在战前加入为团体会员者，大学及独立学院计有中央大学、北平师大、燕京大学、安徽大学、中山大学、厦门大学等，各省教育厅计有河南、安徽、福建、浙江等；抗战以来，加入者师范学院及专科学校计有：国立师范学院、中央大学师范学院、四川大学师范学院、西北师范学院、西南联大师范学院、贵阳师范学院、中央造纸印刷专科学校等。各省市教育厅局计有四川、甘肃、贵州、西康、河北、湖南、广东、新疆、云南、重庆市等，其他各大学及各省市教育厅局亦多在接洽之中。

二、学术研究及出版刊物

1．审查教育名词：教育名词审查，关系教育学术前途之进展至巨，用是本会成立不久，即注意此事，后经第四届理事第二次会议议决与国立编译馆合作。本会移渝后，审查工作仍赓续进行，兹初步工作已完成云。

2．专题研究：本会之组织夙重教育学术研究工作，战前由各会员从事之学术专题研究，结果除在各届年会报告外，并已散载教育杂志及本会会友通讯。抗战以来，各会员虽播迁不定，惟对本会交付之专题研究工作，仍能积极进行。兹将较为重要者概述于后：

（一）教育学系之目标及课程：此为教育部委托本会从事研究之问题，本会经各会员详细交换意见后，交由常道直理事起草研究，结果提交本会理事会及重庆分会第五次常会研究讨论，经通过后，已送呈教育部，提供参考矣。

（二）缩短现行学制之总年数：本会以我国当前公私经济拮据，抗战建国需才孔亟，实有在不降低原有程度情状之下，缩短各级学校修业年限，删节重复或非必要部分教材之必要，因于第二届联合年会对于今后三年教育建设之提案中，有"缩短现行学制之总年数，俾能加速造就抗战建国所需之人才"一项，其后又曾将提案中该项理由及办法分送各会员发表意见，兹经汇齐归纳，一并列入本会年报。

（三）今后十年教育建设计划及方案：本会已鉴于全面抗战胜利已在不远，战后欲保持国际地位，当务之急莫如教育建设。近总裁手著中国之命运一书，对于今后教育建设工作，多具体指示，本会深感本问题之迫切需要，曾分函各会员拟具今后十年教育建设计划及方案，或就全盘教育立论，或就某一方面提供意见。兹正在汇集整理之中，不日当可公诸社会，并呈请行政当局采择施行。

3. 印行年报：本会在战前为谋与各会友联络，并供给本会进行消息，曾印有会友通讯，战前出版十一期，总会迁渝后又曾印行第十二期，后以经济困难未能赓续，本会消息及重要论文，不得已均请教育学术团体联合办事处印行之建国教育刊登。惟本会重要研究报告甚多，实有定期印刊之必要，因于第六届理事第五次会议时决定刊印年报，除刊入各会员重要论文外，并有本会举办之教育调查报告。

三、教育调查〔略〕

四、分会概况

本会为便于会员联络及进行研究工作起见，曾经规定凡各省市有会员五人以上，得组织分会。战前分会有南京、上海、无锡、北平、天津、安庆、武昌、福州、长沙、广州、香港等处，计逾十数处，惟今则各地沦陷，或因会员星散，无法赓续进行工作。自抗战以来，各地成立新分会者为数甚多，计有重庆分会，沙滋分会，青本关分会，广东分会，湖南分会，江西分会，桂林分会，四川分会，遵义分会等等，此外，尚有正在积极筹备中者。兹将各分会数年来情形略述如下：

1. 重庆分会：系于二十八年二月成立。自二十八年至三十年共举行常会五次，三十二年计举行常会二次，负责干事原经选定为杜元载、喻传鉴、陈东原、王凤喈、沈子善等五人，后又加推黄觉民、陈剑恒、彭百川等三人。举行常务会时除讨论会务、研究教育问题外，并先后曾请朱家骅、朱经农、康泽、雷啸岑等先生出席讲演。

2. 西北分会：系设于陕西城固，会员多在国立西北师范学院，平时除定期开会商讨会务进行外，并举行郊游及学术问题讨论，惟近因该院一、二、三年级经先后迁至兰州，教职员亦大部分随之移动，该会会址亦已迁至兰州云。

8. 兰州分会：系于三十一年夏季成立，负责人为郑西谷、李云亭、沈亦珍等，会员近二十人，分别在甘肃教育厅、国立西北师范学院、省立甘肃学院及兰州省立中等学校服务。该会曾于三十一年秋季联合甘肃教育厅及国立西北师范学院举办教育问题座谈会，每月一次，参加者除会员外，并有甘肃教育厅高级职员及兰州中小学教职员，现仍按期继续举行云。

4．广东分会：系于中山大学迁坪石后，由广州分会旧会员连络曲江、连县等地所有会员组织而成。会员大部分系中山大学教育研究所及师范学院教授，曾举行常会多次，除讨论会务外，並曾系统地研讨教育问题。

5．湖南分会：本会会址设于湖南蓝田，会员多系国立师范学院教授，曾举行常会数次，今由廖世承、罗季林等会员负责会务。

6．江西分会：本会会址设于江西泰和，系改组"江西教育学会"而成。会员有百余人，现任干事为：程时烓、胡昌麟、杨亮功、邱椿、陈鹤琴、罗廷光等会员。

7．桂林分会：本会系于三十一年二月成立，经选定曾作忠、雷沛鸿、陈剑翛、高阳、唐现之等为干事，曾经举行会议多次。

8．四川分会：本会会址设于成都，原称成都分会，后为加强推行会务起见，曾于三十二年十一月改组为四川分会，今会务由郭有宋、蔡乐生、黄建中等会员负责。

9．遵义分会：本会系于浙江大学迁贵州遵义后始行成立，会员多系浙大师范学院教授，会务原由卫士生会员主持，今卫氏离去，由王欲为、李相勖等人负责。

五、今后计划

本会为充实本会内容发展会务起见，曾经缜密厘定今后进行计划。兹择其重要者分述如下：

1．关于会务行政者

(一)筹集基金：本会过去一切经费开支均仰赖各会员会费之收入。唯各会员会费无多，致迄今尚无固定基金。进行研究工作或办理实际事业辄觉经费筹集不易。因此本会今后必须设法筹集固定基金，以为推进会务及创办事业之用。

(二)创建会所：本会会址向系暂设于中央大学教育学系，迄无固定会所。昔在南京，原有创建会所之议。后以未得适当地点而抗战发生，暂作罢论。自迁渝后，又以地址系临时性质，会所一事即未作何积极之进行。今则抗战胜利在望，国府迁回首都后，本会亟须购置地产，兴建会所，以期本会会址固定，会务进行必多便利。

(三)参加世界教育学术团体：抗战前，世界教育会议在日本开会，我国教育当局拟以本会为教育团体代表前往参加，并由理事会数次讨论，拟推会员胡适数人，携带议案往日赴会，后以抗战发生即行中止。查本会为国内具有全国性之教育学术团体，以后自须以团体名义参加世界教育学术团体，以为团体会员而与世界各国教育学术界人士取得连系，共同研究各种教育问题，交换各种意见，合作各种实际事业。

2．关于教育学术研究者

(一)研究战后和平计划中之教育并改造问题：方今盟国胜利在迩，和平可期，吾人如不顾再蹈战争之祸而得长享和平之幸福者，惟有先事彻底消灭侵略国之侵略思想。因此，在战争结束之和平计划中，对侵略国家充满侵略思想之教育设施，亟须设法协助其彻底改造，务使其不再甘为戎首，破坏世界之和平。本会以兹事体大，亟须厘定研究纲要由各会员分头进行研究，以收集思广益之效。然后由本会将研究结果贡献政府，俾得提供于盟国和平会议，从长计议，采择施行。

(二)计划战后复员工作中之教育建设问题：我国抗战，胜利可期，因此，战后复员工作中之教育问题实应为吾人所亟应及早计划与策励者。例如：战后有功将士之文化进修，解放区内之教育整理，敌伪奴化思想之破除等问题，均在在须赖众力商讨计划始能成功。本会既为全国性之教育学术团体，于此问题自应策动全体会员共同研究，以期有所贡献。

（三）厘定今后建国工作中之教育建设方案：我国抗战虽能成功，而今后建国大业仍须积极完成，始能挽国运于不坠。建国之道，经纬万端，而教育实居首要，是则有赖我全国教育界同志之努力者。本会会员散布全国，多为各地教育界之领袖，对本问题之研究自更有重大之责任，今后建国工作中之教育建设事业，应如何决定计划，厘定方案，是则有赖于本会同仁之所致力者也。

（3）中国教育学会历届理监事名录（5月5日）

第一届（上海 二十二年一月三十日选定）

刘廷芳 庄泽宜 常道直 郑西谷 邰爽秋 郑晓沧 孟宪承 刘湛恩 欧元怀 汪懋祖 许恪士 陈鹤琴 陈礼江 杨亮功 陶知行

以上十五人当选为理事

张伯苓 廖茂如 罗季林 谢循初 高君珊 李蒸 罗廷光 彭百川 俞庆棠

以上以次多数当选为候补理事

常道直（驻会理事兼文书） 许恪士（会计） 陈礼江 郑晓沧 郑西谷

以上常务理事

第二届（南京 二十三年一月二十六日选定）

张伯苓 杜佐周 郑晓沧 陶知行 孟宪承（抽定任期三年）

刘廷芳 陈礼江 杨亮功 郑西谷 许恪士（抽定任期二年）

邰爽秋　陈剑翛　常道直　欧元怀　庄泽宣（抽定任期一年）

以上当选为理事

谢循初　艾伟　程其保　陈鹤琴　郭一岑

以上次多数当选为候补理事

陈剑翛（驻会理事兼文书）　许恪士（会计）　陈礼江　杨亮功　郑西谷

以上常务理事

第三届（武昌　二十五年二月三日就上届改选三分之一）

邰爽秋　程其保　陈剑翛　谢循初　庄泽宣（当选理事，任期三年）

张伯苓　杜佐周　郑晓沧　陶知行　孟宪承（任期仍有二年）

刘廷芳　陈礼江　杨亮功　郑西谷　许恪士（任期仍有一年）

以上当宣为理事

艾伟　江问渔　黄任之　常道直　胡毅　姜琦　陈时

以上当选候补理事

常务理事

陈剑翛（驻会理事兼文书）　许恪士（会计）　郑西谷　杨亮功　陈礼江

第四届（北平　二十六年七月七日）

因芦沟桥事变发生，举行年会后未行改选。

第五届（重庆　二十七年十一月三十日就上届改选三分之一）

陈礼江　许恪士　常道直　江问渔　姜琦（任期三年）

841

邰爽秋　程其保　陈剑修　谢循初　庄泽宜（任期二年）
张伯苓　杜佐周　郑晓沧　陶知行　孟宪承（任期一年）
以上当选为理事
艾　伟　黄任之　胡　毅　陈　时
以上当选候补理事
常务理事
常道直（驻会理事兼文书）　许恪士（会计）　陈礼江
程其保　姜　琦
附：出席联合办事处代表
张伯苓　常道直　许恪士　程其保

第六届（重庆　三十一年二月八日选定）
张伯苓　常道直　章　益　程其保　郑西谷　许恪士
吴俊升　陈剑修　欧元怀　吴南轩　李　蒸　艾　伟
黄炎培　高　阳　萧孝嵘
以上当选为理事
顾树森　郭有守　邱　椿　杨卫玉　庄泽宜
以上当选候补理事
常务理事
常道直（驻会理事兼文书）　许恪士（会计）　张伯苓
吴俊升　艾　伟
附：出席联合办事处代表
张伯苓　许恪士　程其保

第七届（重庆　三十三年五月五日选定）
常道直　许恪士　李　蒸　艾　伟　吴俊升　陈礼江
王凤喈　张伯苓　钟道赞　罗廷光　马客谈　邵鹤亭
杜元载　曹　刍　谢循初

以上当选为理事

邰爽秋　程其保　陆殿扬　林　本　邱　椿　周邦道
陈　时

以上当选为候补理事

朱经农　顾树森

以上当选为候补监事

常务理事

张伯苓　常道直　许恪士　艾　伟　陈礼江

常务监事

赵迺传

附出席联合办事处代表

张伯苓　朱经农　邵鹤亭　常道直

〔金陵大学档案〕

20．中国教育学术团体联合会章程、第一届理监事和常务理监事会议录

（1944年7月16日）

（1）中国教育学术团体联合会组织章程

第一条　本会定名为中国教育学术团体联合会。

第二条　本会设立之宗旨在促进各教育学术团体之密切合作，协助推行国家教育政策，沟通国际文化，共谋教育事业之建设。

第三条　本会设立在国民政府所在地。

第四条　凡有全国性之教育学术团体，经本会理事会之通过，均得加入为本会会员，各推一人至四人为代表。

第五条　本会设理事二十五人至三十一人，监事七人至九人，分别组织理事会及监事会，均由会员代表互选之，任期均为一年，连选得连任。

第六条　本会理事互选常务理事五人，组织常务理事会，监

事互选常务监事三人，组织常务监事会，常务理事中并互推理事长一人，负对内对外一切责任。

第七条　本会设总干事一人，由常务理事会聘任之，承理事长之命，综理本会日常会务，干事若干人，助理干事若干人，均由总干事任免之。

第八条　本会得视事实需要，设置各种委员会及调查研究机构。

第九条　本会常务理事会及常务监事会每三个月举行一次，全体理事会及全体监事会每六个月举行一次，遇必要时均得举行临时会议。

第十条　本会经费，除由各会员按年缴纳会费外，得呈请政府拨款补助之。

第十一条　本章程未尽事宜，由理事四人、监事二人以上之连署，得提请全体理监事联席会议修正之。

第十二条　本章程经全体理监事联席会议通过后，分呈社会部、教育部备案。

（2）中国教育学术团体联合会第一次理监事会议录

日期：三十三年七月十六日上午十时。

地点：重庆教育部大礼堂

出席人：贾观仁、杨卫玉、郝更生、黄炎培、徐诵明（孟浦代）、胡定安、孟浦、艾伟、常道直、丁瓒、朱章赓（丁代）、邵鹤亭、吴蕴瑞、彭百川、陈礼江（彭百川代）、许自诚、魏学仁、沈祖荣、邵爽秋、袁同礼、罗刚。

主席：黄炎培　　记录：朱家泽

行礼如仪

主席报告

常总干事导之报告：

本会遵照第三届中国教育学术团体联合年会决议改组成立，经拟就会章，请本次会议修正通过。并选举理监事。又，今后各项工作，亟待推进，如中心工作之决定及经费之增加等，均须详加商讨。

许秘书自诚报告：

各团体代表额与理监事之分配，均系遵照联合年会之决议及社会部非常时期人民团体组织法之规定办理。又，办事处经费已结算清楚，俟监事选举后请推定一位负责稽核，尚有四川教育厅所允补助款项尚未汇到，俟收到后，拟请拨充年报印刷费。再，社会部迭次催报三十三年度工作计划，应请讨论决定本会中心工作，俾便陈报。

决议事项：

1. 本会组织章程草案应如何修正通过案。

决议：修正通过（附修正章程一份）

2. 本会理监事应如何推定案。

决议：于本会会员代表中推定黄炎培、朱经农、钟灵秀、王书林、吴蕴瑞、吴南轩、沈祖荣、徐诵明、彭百川等九人为本会监事，张伯苓、邵鹤亭、常道直、马客谈、李清悚、胡叔异、杨卫玉、贾伟如、陈礼江、刘季洪、魏学仁、罗刚、胡定安、孟浦、朱秀清、丁瓒、袁同礼、蒋复璁、萧孝嵘、艾伟、吴俊升、邰爽秋、郝更生、程登科等二十四人为本会理事。

3. 本会常务理事及常务监事应如何推定案。

决议：（1）由理事监事分别互推，（2）监事互推黄炎培、彭百川、沈祖荣三人为常务监事，（3）理事互推张伯苓、常导之、杨卫玉、艾伟、郝更生五人为常务理事。

4. 本会理事长应如何推定案。

决议：由本日出席之常务理事互推张伯苓为本会理事长。

5. 本会总干事应如何推定案。

决议：由本日出席之常务理事推定常导之为本会总干事。

6．本会之经费应如何确定案。

决议：（1）每一会员每月缴纳会费伍五元，（2）俟工作确定后再向有关方面请拨补助费。

7．本会中心工作应如何规定案。

决议：请各出席理监事发表意见，由总干事归纳后订定工作计划（各出席理监事发表意见附后）〔略〕

中心工作项目：（1）继续分区举行学术讲演，（2）搜集并整理国内教育学术文化资料，加强国际宣传，（3）印行各团体专题研究报告及各团体工作概况（英文本），准备向世界教育学术团体交换刊物，（4）举行各团体研究工作会报，注重中国教育学术之综合的研究，以谋中国教育哲学体系之确立。

（3）中国教育学术团体联合会第一次常务理监事会议录

日期：三十三年八月十三日上午十时

地点：南开中学校长室

出席人：杨卫玉、艾伟、黄炎培、张伯苓、郝更生、常道直。

主席：张伯苓　　纪录：李素开

常导之理事报告上次第一次理监事会议经过。

讨论事项：

（一）本会应否组织委员会，以商决本会对教育学术之一般政策案。

议决：

（1）组织中国教育基本理论研究委员会，先行拟定讨论大纲，提付座谈会中讨论，第一次委员会定本月内在南开中学举行。

（2）推举张伯苓、艾伟、常导之、许恪士、瞿菊农、黄任之、朱经农诸先生为委员,由张伯苓先生召集。

(3)定九月中旬举行座谈会,并请参政会教育组各参政员出席共同讨论。

(二)请推定常务理事一人负财务方面责任案。

议决:请郝更生理事担任会计。

(三)请决定本会会所地址案。

议决:会所设青木关,另假重庆两路口滑翔总会跳伞塔管理处设置办事处。

(四)请确定本会英译名称案。

议决:本会英译名称由总干事约请英语专家讨论决定。

(五)如何筹措本会经费案。

议决:除由本会各团体各负担五百元外,并由常导之、郝更生两理事编造预算,请张伯苓、黄炎培、蒋复璁、魏学仁、邵爽秋五先生进行向政府机关接洽。

(六)本会中心工作应如何进行案。

议决:(1)学术演讲不定期举行,视需要决定,(2)函知各团体编写工作概况及专题研究报告。

(七)请决定本会总办事处设置干事员额事。

议决:暂行设置兼任干事二人。

(八)本会理监事出席会议,应否致送旅费案。

议决:缓议。

散会。

〔国民政府社会部档案〕

21.中国教育电影协会抗战以来会务活动概况报告书

(1945年7月)

一、创立史略

自电影事业发达以来，欧美各国莫不利用电影以为辅助教育，宣扬文化之工具。近年以还，电影应用之范围尤广，举凡军事训练、政治传播、社会动态、企业记述、图书缩影、战争纪实等等，不可胜数，均足征电影对于社会人类贡献之大，效力之宏。

从前，国际联合会所设之国际文化合作委员会曾接受义政府之提议，于罗马设立国际教育电影协会，办理国际间教育电影事业之合作、交换、提倡、宣传等事，专以教育电影消除民族隔膜，倡导人类和平为职志。各会员国应声而起，分设协会，以谋合作。民国二十一年，我国由国内教育、科学、艺术、电影企业家、电影从业员及热心教育电影人士，发起组织"中国教育电影协会"于南京。同年七月八日在南京正式成立，以研究利用电影补助教育，宣扬文化，并协助教育电影事业为宗旨。翌年二月国际教育电影协会致函我国教育部，请求指定协会为该国际协会驻华正式代表，并希望于最短期间，开始彼此间最有兴趣之合作。当奉教育部转令到会，由会迳函该国际协会表示合作愿望，旋由该协会函复认可为该协会中国协会，加称：The National Committee of The I.I.E.C. 为该协会在华之代表机关。我国组织团体，网罗各方人士，研讨教育电影事业，实以协会为嚆矢。民国二十五年，教育部推行电影教育与播音教育，电影教育始于是年正式列入教育行政之内。其后，各省市教育行政机关先后兴办电影与播音教育，巡回施教，有关之学校亦多举办专修科或专开是项学程，以资培植人才，因是教育电影在近十年成为教育上新兴事业。

二　过去事业

教育协会成立迄今，十有二载，过去所办事业，虽经次第揭载，似堪有摘要追述之必要，是提纲絜领区分为国内与国外两项：国内方面，协会倡导"教育"电影化，"电影"教育化两大标的，并揭橥教育电影取材标准，分为发扬民族精神，鼓励生产建设，灌输科学知识，发扬国民精神，建立国民道德五大项。公布以后，一般国产电影，颇能因此转移作风。二十二年及二十三年该会举行之国产影片比赛，即以此五项为评选标准之一。以后继续举办者，有南京、上海两地推行电影教育，京沪、沪杭甬、京芜、淮南四铁路沿线各中等学校放映教学影片，自制《首都风景》《两湖风景》《开封》《防毒》《酱油》《开采煤矿》《灯泡制造》《搪瓷》《玻璃仪器》《调味粉》《紫砂器》《造纸》《陶瓷》《蚕丝》《底皮之制造》《农人之春》《中国体育》等十七种教育影片，代教育部摄制教育影片两种，购置教育影片六十三种，加制中文字幕，分租各地放映；与教育部、南京市政府、江苏省教育厅及该会共筹经费在江苏省立南京公共体育场内建筑首都民众教育台一座；推行民众教育，刊行《中国电影年鉴》等刊物多种；先后设立上海、杭州、青岛、济南、昆山五处分会，并于二十二年五月在南京举行第一届年会，二十三年五月在上海举行第二届年会，二十四年五月在杭州举行第三届年会，二十五年五月在无锡举行第四届年会，二十六年五月复在南京举行第五届年会等。国外方面：曾参加第一次国际教育电影会议，该会代表朱英当选为大会副会长，参加农村影片国际竞赛，该会出品《农人之春》影片参与比赛，结果获得特奖，将自制《中国体育》影片，委托波人敖京斯基氏在欧美各国放映，又与美、德、义三国教育电影机关交换教育影片，协助国际教育电影协会调查电影教学与交换刊物诸端。

三　迁川工作

二十六年七月七日我神圣抗战序幕揭开，八一三沪战又起，协会原办之京沪、沪杭甬、京芜、淮南四铁路沿线各中等学校教学电影因之停顿，爰将是项人才设备，改办伤兵教育，与首都各界抗敌后援会伤兵教育处联络合作，派员在治疗抗战受伤将士之中央医院及其各分院,暨首都医院及其各分院巡回放映教育影片,寓教育于娱乐之中。同年十一月,我政府为长期抗战,将中央行政机构西迁重庆,协会负责人士多随同其服务机关入川,乃将机件影片存于金陵大学理学院,文书档案存于傅厚岗郭理事宅中,并留干事戴尧年、冯绍文两君驻守珠江路七二八号会所,相机办理会务,仅由协会郭常务理事有守携出小方形木质会印一颗,匆匆西上。十二月初,南京告急,戴冯两君不得已亦相率离京。戴君出走皖省,避居乡间,冯君由皖经赣入川。二十七年二月协会在渝恢复会务,设会所于重庆中四路一一二号,首先举办会员通讯登记,并筹办其他工作。是时冯干事亦间道来渝,执行职务。二十九年七月八日敌机袭渝,不幸会所被毁,经即迁至青木关教育部内继续办公。兹将迁川后重要会务分述于次:

(1) 推行电影教学 协会前在京沪杭甬等地各中等学校推行电影教学,颇能增加学生学业成绩,二十七年春,鉴于迁川学校日多,爰仍与金陵大学理学院继续合作,在重庆、成都、万县三处各中学免费推行电影教学,除照旧放映生物、物理、化学三门教育影片外,并增映《抗战教育》一学门。经由协会呈准教育部拨发放映机,幻灯机各一具,《防毒》《防空》影片各二套,购置生物、物理、化学等教学影片费两千四百元,当即一面调查各校交通状况、电源供给情形、理科教师姓名等项,一面开列应行注意事项,分函映放各校预行准备,其要点为规定每一学生不可连续参观生物与理化影片,应于映放生物片时,以本学期修习生物学生观看,放映物理与化学影片时亦然。至于影片讲解、放映时间、放映场所之设备等亦均详为订定。时值抗战展开,运输困难自不待言,协会于春季开始时,即向上海与香港订购及复制影片,有于四月初旬寄到者,有迟至六月中旬始到者,影片一经选定,即着手于说明书之编辑及印刷,致延至五月十日始得出发,至六月二十九日按预定程序映演完毕。当时曾就视察所及,将各

校观众之反映,列举要点如左:

甲、对于科学教育影片者:

(一)各中等学校之科学设备颇感不足,实验缺乏,学理无从证实,教学电影,颇能补充实验之不足。

(二)理科学理之抽象者,学生往往难以明瞭,看教育电影之带有活动画者,如电流在线路上之流动及游子在电解质内之移动等现象,疑难即可迎刃而解,印像又至为深刻。

(三)教学电影颇能引起观众研究科学之兴趣,并可助长其记忆力。

(四)教学电影对于理科教学及初学科学者,均收事半功倍之效。

乙、关于战时教育影片者:

(一)看过《我们的首都》,使观众具有同仇敌忾之精神,足以加强人民抗战意识。

(二)看过《防毒》,对于防毒知识,颇多认识。

(三)看过《民族痛史》,对于我国历代疆域之沿革,一目了然,足以激发卫国之热忱与收复失地之决心。

(四)看过《蒋公寿辰》,对于拥护领袖之至诚心理,油然增强,更加爱戴。

各期所映教学影片

期别	影片名称	备考
二十七年春季	白喉 蚕丝 动物肥料 提炼石油 淮北海盐 陶瓷 电光与电热 电煅与气煅 防毒 民族痛史 我们的首都	成都部分因科学教育影片未到仅放映我们的首都、防毒、民族痛史三种

续表

期别	影片名称	备考
二十七年秋季	海底动物 电光与电热 淮北海盐 提炼石油 防空 战时童子军	
二十八年春季	电光与电热、淮北海盐、提炼石油、海底动物、防空、战时童子军	
二十八年秋季	从树到新纸、开采煤矿、民国二十五年日食、夏威夷群岛（以上系中学用者）、我们的首都、给小朋友们、小学生课外运动、空军战绩（以上系小学生用者）	本季在重庆方面扩充至小学部分

各期所映校数统计

期别	所在地与校数	备考
二十七年春季	重庆与北碚9 成都17 万县6	
二十七年秋季	重庆与北碚4 成都37 万县4	
二十八年春季	重庆、北碚、合川14 成都37	万县停映
二十八年秋季	重庆22 成都27	
二十九年春季	重庆10 成都7	

二十九年秋季，正拟赓续办理时，以各校遵令疏散，迁于市郊者甚多，因无电源供给以及交通关系，未能前往映片；在渝之校，悉无日间映片设备，晚间又常有空袭，以致停顿。自三十年以还，物价继续上涨，补充影片与放映器材不易，购买汽油亦感困难，此项工作迄未恢复，殊为可惜。

（2）摄制教育影片

（一）代川教厅摄制教片　协会以川省素称天府之国，在平时已为国家重要资源所在，值此抗战时期，其地位益见重要，爰函请四川省教育厅转呈省政府拨助经费，特予倡导，就该省所有资源工业、农村状况、山川石胜、边疆人民等择尤制成教育影片，以广宣传，经教育厅提请第二二三次省府会议通过，补助摄制经费一万元，由协会交由与金陵大学合组之教育影片摄制委员会办理，该委员会按照预定制片计划指派段君天育前往川省西南边区摄制《川西南区》一片，由教育厅指派义务教育指导员柴君有光参加，会同合组"四川边区教育考察团"，任段君为团长，乘便考察教育设施，于二十七年六月间出发，由土司岭光电响导，历经雅安、越嶲、西昌、盐边，适因水阻，乃绕道云南边境，复经西昌、木里、冕宁等地，所至之处，即将总裁肖像及建国言论集、抗战书籍、新生活挂图、新式武器挂图、拒毒挂图等有关公民教育与抗战宣传书籍多种，分赠各土司，并开映教育影片共三十余次，各该地放映电影此为第二次，故多空巷来观。共计不下二十余万人。此行经川康滇三省边境，悉荷各地军政当局与民众协助，共历时数月，始毕全程。与教育厅代制之片，共计六种，摘录每片内容要点如次：

子、成都　内容包含名胜、交通、商业及其他设施。

丑、巍眉天下秀　内容为峨眉风景

寅、井盐　本片表示地质层脉，天然焰气、热气原理、杂质成分等，以备改良之依据。

卯、竹纸 夹江产纸，肇自隋唐，年产二三百万元，本片描述自采竹、制浆、至成品之制成程序。

辰、灌县水利 本片摄制灌县水利之成就与现状及农村灌溉之情形。

巳、川西南区 本片就该区之山川形势，交通资源，生活习惯，风土人情等实地摄制，以为介绍。

（二）与中央摄影场合作制片 协会以中央电影摄影场人才设备，堪称完善，经双方迭次会商合作摄制教育影片，商定以一年为期，由摄影场摄制十二套含有教育意义之影片，定名"教材广辑"，每套长一千尺，每月出品一套，因题材关系，得增加长度，并展缓摄制期间。其内容采用新闻片与纪录片之混合编辑，注重后方生产、军事训练及音乐教材等。由协会津贴该场摄制费用共一万元，分四期付款。所有制片技术事宜，概归摄影场办理，制成之影片，其十六厘小型片版权暨发行权，全属协会所有，三十厘大型片版权暨发行权，则全属该场所有。已订定合作摄制教材广辑影片简则八项。旋于二十九年七月由该场订定制片计划商得协会同意，当即由会支拨第一期制片费二千五百元进行摄制。兹将已制成影片两种内容撮要于后：

子、西北风物志 共三卷，包括西北各省之疆域交通与文化、风景、物产等，使观者对今日之边陲有具体认识，以增进其地理知识及爱国观念。

丑、纸是怎样造成的 内容从纸之原料至成品，表演其制造程序。

（三）建议分工摄制教片 三十年十月协会举行第七届第三次理事会议，陈常务理事立夫亲自发表制作教育影片意见，略以各制作教育影片机关，所选题材，似皆漫无系统，甚至内容偶有重复，今后各制片机关宜特别注重某一部门，如：中央电影摄影场可注重于"国防的科学"及"党义宣传"影片之摄制，中国电影制片厂可注重于"科学的国际"及"军人精神教育"影片（近代军人教育与建军）之摄制；中华教育电影制片厂可注重于"爱国的教育"影片（分史、地，先从地理做起）之摄制，其他制作教育影片机关，可专制"科学的教育"影片（自然科学教材），庶各方配合，即成一整个之贡献云。当经决议；通过。并由协会将上项意见分函中央电影摄影场、中国电影制片厂、中华教育电影制片厂、教育部电化教育委员会、浙江、福建、四川、广西四省教育厅及金陵大学理学院教育电影部等有关机关参考。嗣准教育部电化教育委员会函复，自当参照实施并检送中华教育电影制片厂制片纲要，以为参考。浙江省教育厅函复，今后教育影片之制作，应就学校教育、社会教育之对象、儿童青年及民众分别摄制适用之教材。四川省教育厅函复：该省注重乡土教材影片，如本省特产、地理、风俗、文物、改良农具、农种与打破迷信等，并盼协助迅速摄成。福建省教育厅函复赞同协会意见。综观该项建议宣布后，各方响应良好，亦为协会之一大收获。

（3）调查国产影片　协会以抗战开始后，中央行政机关悉迁重庆，电影检查行政，亦因交通梗阻，大多数制片商未将新制影片依法申请检查，致抗战后国产电影之产量、内容等等，在官方不但无法管理，且无一个比较完善之记载，协会因此决定，以学术团体立场，按照预定工作计划调查。自二十六年六月起至二十九年六月止之国产影片，无论某一影片已否取得法律上之地位，旨在明了三年来国产影片之状况，以供关心电影事业人士之参考，经就调查所得之资料，加以统计，计二十六年下半年（六月至十二月）二十九个制片单位，共制六十六部影片，国语片占二十三，粤语片占四十三，片长共为五〇八，五七三公尺。二十七年度三十七个制片单位，共制一百三十九部影片，国语片占六十四，粤语片占七十五，片长共为九五八，二四七公尺。二十八年度七十五个制片单位，共制一百九十三部影片，国语片占七十四，粤语片占一百一十九，片长共为一，六六〇，二六八公尺。二十九年上半年（一月至六月）三十九个制片单位，共制八十三部影片，国语片占三十五，粤语片占四十八，片长共为六九三，六〇三公尺。关于古装影片，在二十七年度共有七片，占该年度产量百分之五；二十八年度共有十六片，占该年度产量百分之八。二九，二十九年上半年则无。由此可知古装片不合观众口味。依据影片分类各项统计加以检讨：第一，抗战影片少；第二，武侠神怪片多；第三，后方产量少；第四，制片公司多；业由协会将上项统计连同影片目录印为小册，分赠各有关机关及各地会员参考。

（4）参加联合年会 二十七年秋，各教育团体以中央既颁布抗战建国纲领，复于战时各级教育有所厘订，教育界人士对此不能无所建白，又以各团体播迁无常，会友星散，自集年会，有所难能，为办事便利与集中意志起见，爰议举行中国教育学术团体第一届联合年会、协会第六届年会，经理事会决定与联合年会合并举行。大会于二十七年十一月二十七日在重庆川东师范学校大礼堂举行，参加此次联合年会者，计有中国教育学会、中华儿童教育社、中华职业教育社、中国社会教育社、中国教育电影协会、中国卫生教育社、中华健康教育研究会、中国测验学会、中国心理卫生协会、中华图书馆协会、中华体育学会、中国民生教育会共十二团体。三十一年二月八日举行第二届联合年会于重庆国立中央图书馆内，参加团体仍为十二单位，协会第七届年会亦合并举行。两次联合年会颇为热烈，对于教育电影方面，亦有若干决议。考协会历届年会决议案，有已为政府采择施行者，有尚待鼓吹倡导者，爰摘录重要者如次，以供参考。

二十三年五月五日第二届年会：

　　子、呈请中央制定保护中国电影业法规案。

　　丑、呈请教育部转令凡有文学院系之公私立大学在戏剧及文艺批评课程内应加上电影剧本之著作与电影批评之材料案。

寅、呈请教育部转令设有理工学院之公私立大学注意电影材料之研究及制造案。

卯、呈请教育部转令各省市教育厅局于派遣留学生时酌定名额研究电影事业案。

辰、呈请中央与上海租界当局严重交涉请其协助关于中华民族复兴之影片在租界内映放不得任意阻难案。

二十四年五月五日第三届年会：

子、呈请中央通令全国凡六岁以下儿童非因电影院映放儿童教育影片特准入场观看外，平时不准入普通电影院案。

丑、呈请中央对于电影从业员设法提高其社会地位加以保障案。

寅、呈请教育部通令各省市教育厅局摄制乡土影片案。

卯、建议中央悬赏征求以民族光荣历史为题材或以民族英雄为中心人物之剧本并补助私人电影公司摄制此项电影之费用案。

辰、摄制中国本位的教育电影以利教育案。

巳、呈请中央令饬各电影公司充分摄取新生活电影以发展民族性案。

午、奖励德艺兼优之电影演员案。

二十五年五月三日第四届年会：

子、请奖励发明胶片案。

丑、呈请行政院实行奖励并保护国产电影制片业案。

寅、统制国片输出海外，俾免华侨映观武侠神怪片案。

卯、由本会摄制非常时期教育影片，以求普遍实施国难教育，并注重灌输军事学识及生产知能案。

辰、本会应根据中小学课程标准，摄制切合各级学生程度之影片，以辅导教育案。

巳、各县教育局应组织教育电影巡回讲演队案。

二十六年五月四日第五届年会：

子、建议中央以物质的力量切实扶植国产电影事业案。

丑、建议中央从速确立全国整个推行电影教育计划案。

寅、呈请教育部从速摄制中小学校教材电影案。

卯、建议中央补助各省市经费完成全国电影教育网案。

辰、政府应严格取缔不良影片，积极提倡教育影片，以挽颓风而维国本案。

巳、摄制有关民族复兴、文化建设、新生活运动七项运动等影片，并购置简便放映机深入农村巡回放映，以资唤起民众加强民族意识案。

午、呈请中央交涉立予撤消沪上租界所设之电影检查制度案。

二十七年十一月二十七日第六届年会：

子、请确定以"抗战建国"为我国摄制影片中心之目标案。

丑、呈请教育部强化电化教育网以利抗战建国案。

寅、呈请政府积极培植电化教育人才案。

卯、请奖励电化教育设备之研究及制造案。

三十一年二月八日第七届年会：

子、抗战建国期间电影教育应如何积极利用与普遍推行案。

（5）主办文化界月会　协会准中央文化运动委员会指定主办陪都文化界三月份国民月会，经数度筹备，于三十一年三月十七日下午六时在重庆夫子池新运服务所举行，由协会陈常务理事立夫主席，并报告集会意义，嗣由国防最高委员会王秘书长宠惠、协会张常务理事道藩讲演随同委座访问印度经过，协会洪理事兰友讲演入缅劳军情形，继由在渝印度僧人格加拉都沙拉苏第讲演，并由大会通过慰问印度文化界人士一电，又于会场内展览委座访印照片。会毕，由中央广播电台国乐组演奏国乐，旋由协会放映《战时印度》《日食》及其他教育影片，文化界人士到会者甚为踊跃，情况异常热烈。兹将致印度文化界电文录次：

印度文化界同志公鉴：中印两大民族二千年来文化对流，友谊悠久，实为国际共存共荣之模范。最近我国最高领袖蒋委员长访问印度与贵国中国日之举行，更足以表示两大民族友谊之永恒不变，历久弥亲。吾人特举行印度日，以示其快慰与谢忱，中国之长江与印度之恒河同为著名世界之大川，长之意义为长久，恒之意义为永恒，尤能象征吾两大民族道德友谊之长久不衰，文化关系之永恒不变，吾人深信反侵略战争之必告胜利，民族解放之必见成功，实在于伟大民族之能精诚团结，共同奋斗，并确信诸君之同情此意，以为东方文化而努力也。中国陪都文化界国民月会叩。

（6）督导上海分会　协会上海分会于二十七年七月成立，历年会务，逐步进展，原拟扩大工作范围与上海市社会局合作组织"电化教育服务处"，讵料"八一三"战事爆发，上海沦为战区，烽火连天，学校停顿，该分会在沪地各校放映工作，亦即暂行停止。但在此期间，该分会鉴于难民众多，蝟集收容所，遂乘此机会在各难民收容所巡回放映影片。二十六年度总计放映机关五百四十二所，放映次数六百八十二次，观众人数为三十四万四千五百五十人。二十七年度较少，二十八年度以上海大多数学校，校小生多，咸将礼堂改作教室，映片场所困难，故映片次数之少为该分会实施电教巡回放映以来所未有，该年度放映机关一百另四，映片次数二百十一次，观众人数约四万三千余人，所映影片为：（1）壮志凌云（国产缩小影片）九卷，（2）华盛顿四卷，童话影片六卷。该分会于二十六年三月第四届年会时，选举第五届理事蒋建白、黎照寰、周剑云、陈鹤琴、杨敏时、卢莳白、张秉辉等七人，候补理事高天栖、张百川、陶伯逊、金擎宇等四人，监事潘公展、陈白、童行白、吴开先等四人，候补监事欧阳予倩、邵醉翁、周寒梅等三人，复经互选蒋建白、杨敏时、卢芧白等三人为常务理事,潘公展为常务监事。自二十九年以还,该分会以沪上环境恶劣,并以负责人相继脱险离沪,会务因此停顿。

（7）增设香港分会 二十八年十月协会为推行华南教育电影事业,经在渝常务理事决定,特派罗候补监事明佑赴港筹组香港分会,经两阅月之努力,于同年十二月十二日假座胜斯酒店举行会员大会宣告成立。大会修正通过会章、宣言暨电委座致敬,并选出第一届理事监事。兹将宣言录后：

历史昭示我人,立国之道,着重教育,国家民族以强弱兴衰,视其教育之发展与否以为断。溯自电影发明以来,先进国家莫不利用之以为辅助教育,促进文化、宣扬国策之重要工具。诚以电影乃综合之艺术,绘影绘声,所以表现调剂美化、改进人生者,至真且切,其效能实千百倍于语言文字也。

环顾我国强邻侵袭,大好山河,沦丧半壁,千万同胞,陷于水深火热之中,而电影之制作,鲜能向抗战建国复兴民族之途迈进。甚且利令智昏,置国家民族安危于不顾,尤以华南大部分之出品,非虚无缥渺之妖魔鬼怪,即荒谬无聊之民间故事,卑鄙浅陋,粗制滥造,不特污辱我全国同胞之人格,且因销场均属海外,直接影响我广大之革命侨胞,间接替敌人竭尽麻醉诱惑之能事,对内则销沉民族意识,破坏抗战精神,对外则有失国体,贻羞友邦。倘任长此以往,则流弊所及,国家民族前途何堪设想？同人等心所谓危,正谋有以补救之策,适奉中央中国教育电影协会之命,集合留港同志成立香港分会,对兹窳败情况,不忍再任意其潜滋默长。当兹成立伊始,除依照总会所颁总章,努力促其实现外,务纳华侨电影事业于正轨而后已。深望社会贤达之士,文化先进,及电影界同志共同策励,民族复兴前途实利赖之。

该分会依照章程选举第一届理事罗明佑、王云五、叶恭绰、李应林、许地山（故）、高廷梓、王棠等七人,候补理事赵树燊、薛觉先、苏怡、郑洪年等四人；监事金曾澄、吴铁城、曹学愚、何玉英、陈君超等五人，候补监事胡喋、何强、麦啸霞等三人。并推罗明佐为总干事。又设设计委员会，由罗总干事兼任主任委员，黎民伟任秘书，下设编审、技术、推广三组，负研究、设计、推动会务之责。

该分会成立后，对于电教事业，颇多设施，举其要者，有：（1）函各片商勿代摄毒素片，与分会向具同一信念之大地、真光两影业公司，特提前实行合作；（2）向全国电影界会议提议请政府在华南恢复检查指导之工作，以辅导良好影片之抬头案等提案六件，均由有关机关采纳执行；（3）协助设立中国影业联营公司，以谋海外市场之发展；（4）发行会刊及真光电影刊，售价低廉，销数亦多；（5）在港地各校放映教育影片，特发表宣言，港地申请前往映片之学校及文化团体甚多；（6）联合作家组织剧本供应部，分请作家担任写作剧本；（7）协助总会调查三年来国产影片状况；（8）筹编抗战电影年鉴；（9）指导大地、真光两公司联合摄制《人类呼声》之英语片；(10）介绍中央摄影场所制之《重庆大轰炸》一片插入美国米高梅公司《今日新闻》片中，在全世界放映；(11）委托真光影片公司拍制《蔡子民先生逝世纪念》影片，纪录饰终情况等项，均皆努力以赴，颇具成绩，直至三十年十二月日军侵入香港，该分会始停止进行。

（8）筹设马来亚分会 三十年三月协会罗候补监事明佑在星加坡考察电影事业时，适遇香港分会吴监事铁城，曾由其指示在星宣传教育电影事业设立星洲分会，当经召集电影同业会谈，取得一致赞同，经由协会推派罗明佑、林霭民、薛永泰三人为星洲分会筹备员，嗣为扩张该分会会务，将星洲分会改组为马来亚分会，除前派之筹备人员外，续推派连瀛洲、林庆年、王吉士、林乾祐、胡少炎、傅无闷、林耀翔、胡昌耀、周寒梅、李西浪、王道明、林国璋、苏秋生等十三人为筹备员，共同进行筹备，并经先后呈报中央宣传部、教育部、社会部核准备案。方期该分会循序筹画，而日寇铁蹄又临斯士，该分会之组设，致遭摧毁。

四今后业务

（1）摄制实业计划影片　协会为宣扬国父物质建设起见，拟将国父手著之实业计划分别摄制电影片、幻灯片，分发各地放映。三十年十月协会七届三次理事会决议推魏学仁、叶秀峰、鲁觉吾、裘逸苴、余仲英五会员研究。三十一年三月由魏学仁召集第一次谈话会，并邀国父实业计划研究会叶德干事参加，协会陈常务理事立夫特出席发表意见甚多，当经决定要点：(子)分制电影片与幻灯片两种，(丑)以国父实业计划第一、二、三、四计划各制影片一本，第五计划暂定片名"民生"，内容包含食、衣、住、行者一本,第六年计划暂定片名《矿冶》一本,《农业》《水利》《重工业》《边疆》各制一本，共计十本；(寅)幻灯片制为四十本，制片预算及技术合作机关亦经有所商讨。经提出四月协会八届一次理监事联席会议报告，金以兹事体大，复经决议：推理事魏学仁、罗学濂、郑用之、余仲英、专家叶秀峰、刘秀洪、史东山、徐苏灵诸先生编拟摄制计划大纲，并推叶秀峰召集。三十二年五月协会八届一次常务理监事联席会议，又将是案加以决议：(1)影片部分,请王理事平陵遵照实业计划写成故事,再行编撰剧本；（2）幻灯部分，请浙江大学张教授其昀设计绘制画面。同年六月十四日协会八届二次理监事联席会议，王理事平陵报告，请由大会指示编写体裁，爰经决定：(一)编写电影故事体裁，以每一事业开始方式，表现已完成之事实，并显示将来之希望；(二)幻灯片须介绍实物，如工业建设等，无须全部图表，共分二十讲。关于影片剧本，业由王理事著手编写，关于幻灯分部，以张教授其昀须赴美讲学，改请任教授美锷担任，任教授以课务甚繁，不克办理，又由会敦请中央大学胡教务长焕庸办理，不久均可脱稿，提会审定后即进行摄制工作。

（2）摄制中学教材影片　年来以战事关系，各中等学校之理科设备，补充不易，类多因陋就简，教学颇感困难。至于自然现象，生物形态、生理模型、山川形势等等，仅于课本上覩其文学叙述多无实物印证，间有插印图表，亦每为印刷窳陋，模糊不清，更难索解。因此，教学效率，日就低减，此种现象，殊有设法补救之必要。协会有鉴于斯，三十二年五月于八届一次常务理监事联席会议决议，先行邀集教育部中等教育司、中华教育电影制片厂、金陵大学理学院派员会商，由彭常务理事召集，六月十三日邀集各专家加以研讨，复经提出六月十四日协会八届二次理监事联席会议通过摄制有系统之中学教材影片案，并决议：（一）先制理科（自然与卫生）、地理、公民三类影片共计五十本；（二）在公民、地理片内尽量加入抗战事实，（三）邀集教育部中等教育司、中华教育电影制片厂、金陵大学理学院与协会合组设计委员会；（四）预算定为（甲）底片费及摄制费一百万元，（乙）行政费与购置外国理科影片费一百万元，（丙）复制影片费一百万元，（丁）补充放映设备费一百万元，（戊）软片、幻灯片费一百万元，共计五百万元；（五）请教育部中等教育司将该款列入三十三年度概算，定名为"增进中学教学"一项目，并援用租借法购置上项原料。已由协会呈请教育部核示。嗣准该部中等教育司十一月二十九日函复，请择要先行摄制若干本，所需经费，可由部补助一部分，现正在编制制片预算中。

（3）摄制《糖与盐制造》影片

协会与中央电影摄影场原定合作摄制《教材广辑》影片，嗣该场拟变更原定制片内容，以新摄者为主，间有可资利用之旧片，则尽量插入名称与内容，事前征取协会同意，并以物价关系，采用每一片之合作为单位，协会已于同意。决定赓续由该场合作摄制教材广辑第四卷《糖与盐之制造》影片一种，内容为：（一）糖与盐在人身生理的营养的关系，（二）糖与盐所含之维生成分，(三)糖与盐之制造过程，(四)糖与盐之专卖。该场预算该片费用为六千四百元，已由协会拨给补助费五千元，并已进行摄制工作。

（4）举行国产影片竞赛　协会为提倡国产影片，前曾以竞赛方式择优奖励，业经举行国产影片竞赛两次。协会八届二次理监事联席会议，以此举有赓续必要，爰经决定举行第三次国产影片竞赛，并拟邀集教育部、内政部、社会部工作竞赛委员会、中央图书杂志审查委员会、中央文化运动委员会、非常时期电影检查所与协会合组评选委员会，选定优良之影片，则由协会赠给奖状，其每一参加竞赛单位，须自行选择抗战以来含有教育意义之本单位所制影片一部或二部，送会登记参与竞赛。嗣经调查，自香港沦陷以后，国产影片公司均未迁至后方，接洽需时，现已由会函请非常时期电影检查所就抗战以来检查通过之影片择优介绍，一方面由会向渝市各影业社调查经租或经售之影片目录，以便选取优良者，据以征求与赛影片。

（5）出版刊物　协会前在南京出版有关教育电影专著有《中国电影年鉴》等十八种，迁川后以应各方需要，将协会陈常务理事所著"中国电影事业的新路线"一书再版印行。分发各地教育机关暨各会员参考，其后编印"国产影片调查第三辑"亦经广为分送，现拟将协会陈候补监事友松译成奥特利著"英国教学电影"(D、Charles ottley：The Cinema in Education)一书，列为协会丛书之一。该书对于英国利用电影辅助教学之设施及方法颇详，足资参考，已送正中书局印行。

五、组织与经费

协会迁川后，对于会员动态，极为注意，迭经登报通告各地会员举办通讯登记，只以抗战期间，各地会员通讯处时有更易，故履行登记者不多，惟协会时加注意，凡发现会员变更通讯处者，即随时代为登记。关于征求会员，协会仍继录如次：

中国教育电影协会第八届职员名单：

理事：陈立夫　张道藩　潘公展　顾毓琇　郭有守　陈布雷　彭百川　洪兰友　方　治　洪　深　罗　刚　陈剑翛　余上沅　王平陵　张北海　罗学濂　李清悚　王星舟　魏学仁　欧阳予倩　段锡朋

候补理事：邵力子　郑用之　吴研因　田　汉　应云卫　孙　瑜　余仲英

监事：陈果夫　吴稚晖　叶楚伧　王世杰　余井塘　朱家骅　梁寒操

候补监事：罗明佑　吴保丰　陈友松

常务理事：陈立夫　张道藩　潘公展　顾毓琇　彭百川

常务监事：陈果夫　吴稚晖　叶楚伧

总务组主任：彭百川，副主任：鲁觉吾

编辑组主任：王平陵，副主任：姚苏凤

设计组主任：李清悚，副主任：余仲英

教课组主任：魏学仁，副主任：孙明经

推行组主任：方　治，副主任：

宣传组主任：刘季洪，副主任：甘豫源

协会除参加两次联合年会外，对于会务之商讨，曾举行会议多次。入川以来，计有：二十七年三月三日教育影片摄续进行，并侧重征求各省中等学校教师及从事影业人员为会员，曾经分函各省教育厅转知各中等学校教职员入会，并由会迳函各校接洽，截至现在止共有会员九百一十九人，仍随时继续征求。

按照协会章程第十四条之规定，由会员互选理事二十一人，候补理事七人，组织理事会，监事七人，候补监事三人，组织监事会，任期一年，连选得连任，于每年五月五日举行全体会员大会时改选，理事会并互选常务理事五人，执行日常会务；监事会互选常务监事三人，监察一切事务。协会于二十六年五月改选第六届理监事后，二十七年第六届年会参加中国教育学术团体第一届联合年会，即宣告以六届理监事连任为第七届理监事，二十九年五月以常务理事邵力子任驻苏大使，常务理事郭有守任四川省教育厅厅长，经各理事票选陈立夫、张道藩、潘公展、洪兰友、张北海为常务理事，又决议以候补理事卢荫白、段锡朋递补为理事。三十年十月协会七届三次理事会决定改选，并经决议：（一）以现任常务理事、常务监事全体组织第八届理监事候选人提名委员会，商订候选人名单，（二）候选人名额照规定理监事名额加倍推选，再由会员圈选，（三）会员除圈选外，并得另提人选。同月十五日举行提名委员会第一次会议，选定八届理事候选人四十二人，监事候选人十四人，分送各地会员圈选，因远地会员寄回选票较需时日，并为举行会议关系，于三十一年四月协会八届一次理监事联席会议始宣告当选名单，其后又于会议中续推各组负责人选。兹三十一年一月份起，亦按月补助经费二百元，三十二年教育部与社会部仍各月拨二百元，中央宣传部则于是年三月份为每月补助三百元，余则为会员所缴入会费、常年会费暨经常费节余数项存于银行之息金，为数颇微，仅敷经常开支，其事业经费仍需另筹，深盼中央加以扶植，俾克发展。

〔国民政府教育部档案〕